韓日聚落研究

韓日聚落研究會

일러두기

1. 이 책은 2005년 9월 10일에 발족한 한일취락연구회(日韓集落研究會)의 최종적인 연구논문집이며, 2008~2011(平成 20~23)년도 科學研究費 補助金(基盤研究A)「日韓集落の研究 -彌生・古墳時代および無文土器~三國時代-」(課題番號 : 2024024)의 최종보고서이기도 하다. 더불어 일본어판에 수록하지 않았던 이건무선생님의 개관과 연구회 활동에 열정적이었던 故김현 회원의 유고를 추가하였다.

2. 이 책은 본 연구회의 한일 양국 회원 전원이 집필하고, 일본에서는 일본어판, 한국에서는 한국어판을 동시 출판하는 것으로 계획하였다. 그러나 제반 사정으로 한국어판이 늦어지게 되었다. 일본어 원고는 이기성, 천선행 등 회원 외에 히라고리 타츠야(平郡達哉, 부산대학교)씨가 번역하였다. 역자의 이름은 각각 논문의 말미에 명기하였다. 역자의 이름이 없는 일본측의 논문은 집필자 자신이 작성한 한국어 원고이다. 집필자의 소속 등은 책의 말미에 게재하였다.

3. 이 책의 간행비용은 한국측 회원들이 납부하여 적립한 회비와 7회에 걸친 공동연구회 발표자료집 판매 수익금과 일본측의 우정 어린 판매 협조금, 그리고 강원고고문화연구원, 한국고고환경연구소, 중부고고학연구소, 강릉원주대학교박물관 등 기관의 공동연구회 개최를 위한 협조 및 지원금, 그리고 한국측의 전 대표이신 이건무선생님의 찬조금으로 충당하였다.

4. 이 책이 사용하는 시대명칭은 한국에서는 A. 무문토기시대-원삼국시대(고구려·옥저·부여·예·삼한의 시대)-삼국시대와 B. 청동기시대 - 초기철기시대 - 원삼국시대 - 삼국시대, C. 청동기시대 - 철기시대 - 삼국시대를 사용하는 3가지가 있다. 일본에서는 야요이시대·고분시대의 순이다. 이 책에서는 집필자들의 의견을 존중하여 통일하지 않았다. 무문토기시대 조·전기가 청동기시대 조·전기, 무문토기시대 중기가 청동기시대 후기, 무문토기시대 후기가 초기철기시대에 해당한다. 日本과의 관계로는, 무문토기시대 중기(청동기시대 후기)가 彌生時代 조기와 전기전반, 무문토기시대 후기(초기철기시대)가 彌生時代 전기중경~중기전반, 원삼국시대가 彌生時代 중기후반~후기, 삼국시대가 古墳時代에 대체로 병행한다.

5. 이 책은 武末純一, 桃崎祐輔 두 분의 도움을 받아, 김무중, 김권중, 정명주가 편집하였으며, 최종적으로 안재호가 검토하였다.

韓日聚落研究會

韓日聚落研究

韓日聚落研究會

한국어판 간행을 축하드리며(武末純一)

간행까지 경위 —서문을 대신하여—(武末純一·桃崎祐輔 / 安在晧·金武重)

第1部 總論·方法論

聚落考古學 斷想(李健茂)_ 13

彌生·古墳時代 聚落構造論 序說(武末純一)_ 17

韓日 先史考古學에 있어서 '集團'研究에 대한 檢討(李基星)_ 39

沖積地 立地 聚落의 空間配置 檢討(尹昊弼)_ 51

第2部 靑銅器時代의 聚落

雙砣子文化의 住居樣相과 變化(千羨幸)_ 69

西北韓地域의 靑銅器時代 聚落에 대하여(李亨源)_ 83

江原 嶺西地域 靑銅器時代 聚落의 編年과 變遷(金權中)_ 91

南關東의 彌生時代 聚落의 特徵과 問題點(浜田晋介)_ 105

湖南 北西部 海岸地域의 靑銅器文化(金奎正)_ 117

洛東江中流域 靑銅器時代 聚落의 變遷 -大邱地域을 中心으로-(河眞鎬)_ 135

錦江中流域 靑銅器時代 前期 聚落의 成長(孔敏奎)_ 155

南部 東海岸地域 靑銅器時代의 聚落(朴榮九)_ 175

韓半島 東南海岸圈 靑銅器時代의 家屋葬(安在晧)_ 191

松菊里型 住居의 構造比較 -日本 九州地域을 中心으로-(李宗哲)_ 215

中部地方 粘土帶土器段階 聚落과 社會 性格(宋滿榮)_ 225

中部地域 圓形粘土帶土器期의 聚落構造論(庄田愼矢)_ 237

第3部 據點聚落과 環濠聚落

靑銅器~原三國時代 環濠聚落의 展開樣相(裵德煥)_ 251

彌生時代 據點聚落의 構造變化와 首長의 墳墓 -彌生時代 中期부터 後期終末期의 佐賀·神崎地方의 例-(七田忠昭)_ 269

近畿 彌生時代 據點聚落再考(禰宜田佳男)_ 287

第4部　原三國時代~三國時代(彌生時代~古墳時代)의 聚落相과 竪穴住居

據點聚落의 變異를 통해 본 榮山江流域의 古代社會(李暎澈) _ 307

百濟의 泗沘遷都와 周邊聚落의 動向(山本孝文) _ 317

三國時代 嶺南地方의 特殊聚落 檢討(兪炳琭) _ 331

初期百濟 交易據點都市의 地形景觀(李弘鍾) _ 347

日本列島의 古墳時代 豪族居館과 韓半島의 當該遺蹟과의 比較(橋本博文) _ 361

鐵器時代 벌림집과 장군형 주거구조의 검토(池賢柄) _ 379

全南 南海岸一帶 1~3世紀 聚落의 動向(朴泰洪) _ 389

三國時代 南海岸地域 住居·聚落의 地域性과 變動(李東熙) _ 407

西日本 吉備南部에 있어서 彌生·古墳時代의 聚落과 社會(松木武彦) _ 421

北部九州에 있어서 古墳時代 聚落의 展開 -浮羽地域을 事例로-(重藤輝行) _ 441

古墳時代 聚落動態와 부뚜막(?)의 導入·土器組成의 變化에 대하여 _ 459
-北武藏에 있어서 渡來系 文化要素의 導入·普及의 프로세스(高久健二)

大邱·慶北地域 三國時代 聚落의 特徵과 性格(金昌億) _ 481

西日本의 竪穴建物 變遷過程-彌生時代 後期에서 古墳時代 中期 前半을 中心으로(寺井誠) _ 495

第5部　生産聚落과 土器

原三國~百濟漢城期의 鐵器 및 鐵生産聚落의 動向(金武重) _ 511

山陰에 있어서 鍛冶聚落의 展開(角田德幸) _ 533

嶺南地域 3~4世紀 日常土器의 研究 現況과 方向(朴升圭) _ 551

慶南 西部地域 3~5세기 聚落의 編年(金賢) _ 567

4~6世紀 南江水系 聚落出土 土器의 編年(河承哲) _ 591

日常用土器 生産의 專門化 : 打捺文 甕과 鉢의 生産(李盛周) _ 605

百濟 土器가마(窯)의 特徵과 生産體系(鄭一) _ 623

牧의 考古學 -古墳時代 목장(牧)과 牛馬飼育集團의 聚落·墓-(桃崎祐輔) _ 639

第6部　聚落과 渡來人

渡來人의 마을을 생각하다(龜田修一) _ 665

粘土帶土器 文化期의 移住와 聚落(李昌熙) _ 679

近畿의 渡來人 聚落(田中淸美) _ 687

奈良盆地의 支配據點과 渡來人(坂靖) _ 717

三國時代 壁柱(大壁)建物研究, 그 後(權五榮) _ 733

四國 槪觀(梅木謙一) _ 745

•韓日聚落研究會 活動 現況 및 會則 _ 763

•執筆者 所屬一覽 _ 767

간행사

한국고고학을 위하여 또 다시 전진!

2002년 후쿠오카대학의 다케스에 준이치교수로부터 처음 한일취락연구회 결성의 제의를 받았을 때 적잖이 일본연구자와 공동으로 할 수 있을까라는 자신감과 불안감을 가졌습니다. 그런데 다케스에 준이치교수는 처음으로 한국에 유학한 일본인 고고학 연구자이며, 예전 「한일교류의 고고학」의 실무자로서 최초로 한일 연구자들의 공동연구를 이끌어 내었던 경험이 있었고, 또 후쿠오카대학에 한국의 연구자를 장기간 초청하는 프로그램을 만들어 한국의 연구자들을 지속적으로 초청한 바가 있었으며, 후쿠오카대학의 고고학연구실 학생들이 한국고고학에 관심과 전공을 갖도록 환경을 만들고자 노력하였던 것입니다. 저는 이런 과정을 보면서, 다케스에 준이치교수야 말로 일본 내에서 한국고고학과의 공생공영의 이상을 열렬히 실천하신 분이시라는 사실을 인식할 수 있었기 때문에 한일취락연구회의 제의도 그런 실천의 하나로서 이해하고 수용할 수 있었습니다.

연구회의 한국측 회원은 당초부터 논의의 중심에 있었던 권오영 김무중 선생과 함께 균형있게 전국 각지의 관련연구자들을 선정하였고, 이건무선생님을 한국측 대표로서 추대할 수 있었습니다.

마침내 2005년 연구회가 시작되고 매년 양국을 왕래하여 발표와 토론을 거듭하였고, 또한 모든 한국측 회원이 단기 연수차 1주일 동안 일본을 방문하면서 상호의 우의와 학문적 이해와 교감을 가지며, 각자의 연구를 진행하여 갔습니다. 본 연구회가 한일연구자들의 공동논문집을 출판한 것은 가히 획기적인 사건이라고 할 수 있습니다. 이번 논문집을 출판할 수 있었던 것은 이건무 · 다케스에 준이치 두 분 선생님의 지도와 함께, 위와 같은 연구시스템에 힘입은 바가 컸다고 생각합니다. 그리고 회원 모두가 꿈과도 같이 훌륭히 최종과제를 완수하신 것도 7년간의 단합과 우정의 결실이라고 생각합니다.

본 논문집은 한일회원 46명의 다양한 논문을 실은 것이다. 여기에 학문의 열정을 불태우다 안타깝게 요절한 김현씨의 유고와 논문 전체를 개관한 이건무선생님의 글을 더하여 한국어판을 완성할 수 있었습니다. 본 논문집의 연구 성과는 미래의 취락연구에 크나큰 초석이 될 것입니다. 우리는 이를 바탕으로 다시 한국취락연구회를 결성하고 한국고고학의 목표를 향하여 나아갈 것입니다.

그동안 모든 한국과 일본측의 회원에게 감사와 함께 깊은 우의를 표하는 바이며, 사무를 전담하여 실제적으로 연구회가 가동할 수 있었던 모모사키 유우스케교수와 김무중선생님의 노고에 깊이 감사드립니다. 그리고 본 연구회를 구상하고 학문적으로나 행정적인 측면에서 본회를 이끌어 오신 다케스에 준이치교수님에게 존경하는 마음과 공로를 기리고자 합니다.

2012년 5월
안재호

한국어판 간행을 축하하며

한일취락연구회의 공동연구논문집(최종보고서)의 한국어판이 발간되었습니다. 가슴 속 깊이 축하드립니다. 한발 먼저 간행된 일본어판의 이건무 선생님의 축사에도 있었지만, 이 논문집의 발간은 한일 양국의 고고학계에 있어서 매우 기쁘고 훌륭한 일입니다.

돌이켜 생각해보면 7년전인 2005년 9월 제1회 한일취락연구회 공동연구회를 개최하였을 때에는 반응을 느끼면서도 마지막까지 할 수 있을지 불안함 역시 있었으며, 제가 일본측 대표로서 과연 역할을 할 수 있을까 역시 고민이었습니다. 본 연구를 달성할 수 있을 것이라고 확신한 것은, 2007년 8월 제3회 공동연구회를 끝내고, 10월에 과학연구비의 신청서류를 작성하기 시작하였을 때입니다. 그 전해인 2006년 10월에도 한번 신청하였는데, 그 당시는 불안감을 떨치지 못한 채, 설명에 박력이 없어 낙선하였습니다. 그에 비해 2007년도의 신청서류는 그 간의 회원 여러분의 열의와 노력에 의한 후원, 뜻을 같이 하는 젊은 연구자의 타계를 넘어서 전진하고자 하는 마음가짐을 더해, 정말로 원활하고 정확한 문장이 떠올라 박력있는 신청서를 작성할 수 있었습니다. 따라서 2008년 4월에 채택 통지를 받았을 때에도 그렇게 놀라지 않았습니다. 조금 불손한 말일지 모르겠지만 '회원 여러분이 이 정도 열의를 가지고 활동하였기 때문에 채택되지 않는 것이 이상하다'고 생각하였으며, 정말로 '최선을 다하고 하늘의 명을 기다린다'는 기분이었기 때문이었습니다.

과학연구비가 채택된 후에도 여러 가지 어려운 일이 있었지만, 자비로 실시하였던 제1~3회 공동연구회에 비교하면 편하였습니다. 물론 이렇게 말할 수 있는 것은 한국측 대표인 안재호 선생님과 전 대표인 이건무 선생님, 그리고 정말로 헌신적으로 인간접착제의 역할을 해주신 한국측 사무국 김무중 선생님을 비롯한 한일취락연구회 모든 분들의 끊임없는 노력이 있었기 때문입니다. 이번의 최종보고서는 회원 전원이 논고를 제출하여 7년간의 연구교류활동이 응축되어 있다는 점에서 정말로 「한일취락연구회의 기적」이라고 말할 수 있을 것입니다. 한일 양국 고고학의 미래를 밝히는 등불이 될 것이라고 믿어 의심치 않습니다.

그러나 제 자신에 대해서는 어디까지 연구대표자 또는 일본측 대표로서 직책을 수행할 수 있을까, 내심 부끄럽습니다. 「저렇게 하면 좋았을 걸」『이렇게 하면 어땠을까』등의 생각이 떠오르며, 이 회에서의 제 자신의 활동은 65점, 겨우 합격점이지 않을까라고 생각합니다. 그럼에도 불구하고 이러한 훌륭한 보고서를 간행할 수 있었던 것은 다시 한번 말씀드리지만 회원 전원의 끊임없는 연구 덕택입니다. 마음속 깊이 감사드립니다.

이후에도 여러분과 함께 한일교류고고학의 새로운 과제에 도전하고 있는 중에, 로켓공학의 아버지로 불리는 Robert H. Goddard의 「어제의 꿈은 오늘의 희망이며, 내일의 현실이다」는 말을 가슴에 품고, 새로운 꿈을 같이하기를 기원합니다.

2013년 12월
武末純一(다케스에 쥰이치)

武末純一(다케스에 쥰이치)·安在晧
桃崎祐輔(모모사키 유우스케)·金武重

간행까지의 경위 - 서문을 대신하여

본서를 간행하는데 있어 한일취락연구회의 지금까지의 경위를 기록하면서 서문을 대신하고자 한다.

한일취락연구회(日韓集落研究會)는 2005년 9월 10일 정식으로 발족되었다. 이 연구회의 구상 자체는 안재호, 김무중, 다케스에 쥰이치(武末純一)가 한국 학회에서 만날때마다 의논하였지만, 그 실현이 본격화된 것은 2002년 10월 한국 부산시 복천박물관에서 개최된 국제학술대회『고대 동아시아와 삼한·삼국의 교섭』의 간친회장에서 이루어진 권오영과 안재호, 다케스에 쥰이치의 회담부터이다.

그 회담을 받아들여 다케스에와 김무중이 여러번의 세부적인 협의를 거쳐, 일본측에서는 日韓集落研究會, 한국측에서는 한일취락연구회로 명칭을 정하고, 2005년 4월 우선 일본측 회원 14명, 한국측 회원 11명으로 조직하여 회칙의 원안을 작성하였다. 연구회 활동계획의 개요는 아래와 같으며, 연구보고논문집의 간행을 최종 목표로 하였다.

- 양국의 연구자가 참석하여 매년 1회의 연구회를 개최한다(한국과 일본에서 교대로 개최).
- 대상 시대는 일본의 야요이시대~고분시대, 한국의 청동기(무문토기)시대에서 삼국시대로 한다.
- 한일 취락의 계통, 영향관계에 대한 비교 분석을 실시한다.
- 연구의 다양화(다양한 시점의 형성)을 도모하는 한편, 발표와 논의를 통해 한국 일본 각각의 연구자 시점에 의한 분석법과 분석자료, 분석결과의 공유를 목적으로 한다.
- 최우선의 구체적인 과제는 한일 각각의 취락연구사 공유, 수혈주거지·굴립주건물·광장·환호(구)·수혈·출입구·도로 등의 제 시설 연구의 현상 파악, 다양한 생산유적과 생산유구, 수장층거택·토성·취락에서 보이는 지역구조를 해명한다.

2005년 10월 제1회 공동연구회에서 회칙이 승인되어 한일취락연구회가 정식으로 발족되었으며, 그 후 회칙은 몇 번의 개정을 거쳐 현재에 이르게 되었다. 당초의 대표는 한국측 이건무, 일본측은 다케스에 쥰이치, 사무국은 한국측이 서울역사박물관에 두고 김무중이 담당, 일본측은 후쿠오카대학 인문학부 역사학과 고고학연구실에 두고 모모사키 유우스케(桃崎祐輔) 담당으로 출발하였다. 도중 한국측의 사무국은 한국고고환경연구소를 거쳐 중부고고학연구소로 옮겼으며, 대표는 이건무의 문화재청장 취임에 의해 안재호가 이어받았다.

본회가 간행한 도서와 연 1 회 공동연구회의 발표제목은 본고의 말미에 별도로 기록하였다. 본회의 큰 전환점은 역시 다케스에 쥰이치를 연구대표자, 한일취락연구회의 회원을 분담연구자, 제휴연구자, 연구협력자로 조직한 科學研究費補助金基盤研究(A)「日韓集落の研究 -彌生·古墳時代および無文土器~三國時代」(課題番號 : 2024)가 2008년도에서 2011년도까지의 4년 기간으로 채택된 것이다. 이 연구의 목적을 신청서류에서 발췌하면 다음과 같다.

A. 농촌과는 다른 논리로 움직이는 산촌·해촌의 실상을 유구만이 아닌 유물을 포함한 총체적인 검토함으로써 부각시킨다. 특히 해촌에 대해서는 단순한 어촌이 아닌 해상교역 활동을 포함한 개념으로 새롭게 설정한다.

B. 한일의 도래인 관계 취락의 양상을 구체적으로 밝힌다. 야요이시대 전반기의 후기무문토기집단과 고분시대의 삼국
   계 도래인집단을 추출하여, 그들 취락양상을 검토함으로 역사적 역할을 확인한다. 그리고 한반도 남부에 거주하는
   왜인계집단을 추출하여, 그 역사적 역할을 해명한다.
C. 해당시기 한일 양 지역의 생산유적을 규명한다. 석기·토기·옥류의 생산유적을 비롯하여, 금속기(철기·청동기),
   유리 생산유적, 와질토기·도질토기·스에키 생산유적, 그리고 목장과 마사집단 등의 실태를 해명하고, 상호 비교
   검토한다.
D. 한국 무문토기시대의 환호취락·거점취락과 고지성취락을 대상으로 각 지역에 있어서의 전체상을 해명하고, 일본
   야요이시대 전·중기 환구거점취락, 고지성취락과 비교 검토하고 관련성을 확인한다.
E. 한국의 수장층거택·토성·도성과 일본 야요이·고분시대 수장층거택을 비교 검토하고 관련성을 확인한다.
F. 한일 양지역 주거유적의 동태 분석을 종합적으로 비교 검토한다.
G. 한일 취락연구관계 기본 문헌을 각각의 언어로 번역 후 소개하여 취락연구의 인식을 향상시킨다.
전체적으로 정체되어있는 취락론의 현상을 타개하고 새로운 조류의 창출을 목적으로 한다.」

　　그리고 이 연구에서는 일본측의 연구대표자가 1년에 1회 1개월 정도, 분담연구자가 1년에 1회 1주간 정도, 한국측 회원을 초빙하여 일본측의 취락연구를 검토해 공동연구를 실시하였다(단기연수).

　　또한 이 연구를 전후하여 한일 양국 모두 제반의 사정으로 인해 조직을 일부 변경할 수 밖에 없었으며, 그 후 추가회원을 포함해 본서 말미에 제시하였듯이 한일취락연구회는 최종적으로는 한일 총 45명의 조직이 되었다.

　　2005년부터 7년간에 걸친 한일취락연구회의 활동은 연 1회의 공동연구회에서 간행된 발표자료집 7권 및 과학연구비보조금 연도별 중간보고 3권과 이 책에 집약되어 있다. 전체를 살펴보면 알 수 있듯이 이 책은 각 회원의 연구 활동의 일단을 보여주는 것에 불과하며, 그 중에는 처음의 연구를 끝내고 다음의 과제로 이어지는 연구도 있다. 또한 취락 분석의 방법은 상당 부분 공유되었다고 할 수 있을 것이다. 다만 전체적으로 한국측에서는 청동기시대 전기·후기의 비중이 높은데, 이것은 한국에서 이 시기의 대규모 발굴이 활발하다는 것을 반영하고 있다고 할 수 있다.

　　그리고 중간보고 1~3에서는 제1회 한일취락연구회 공동연구회의 결과로 발표자료집에 미수록되었던 안재호, 김현, 禰宜田佳男 3인의 논문과 제2·3회 공동연구회의 성과로 이영철, 김창억 양씨의 논문을 수록하였다. 또한 한일취락관계 기초문헌으로서 윤용진의 「대구의 초기국가 형성과정」, 최종규 「광장에 대한 인식」, 황기덕 「우리나라 청동기시대 사회관계에 대하여」를 일본어로, 近藤義郎 「共同體と單位集團」을 한국어로 번역하여 수록하였다.

　　제7회 공동연구회에서는 거의 모든 회원이 한 장소에 모여 전원이 발표하였으며, 이를 바탕으로 회원 전원이 원고를 작성하여 제출하였다. 2012년 3월말에 일본어판을 간행할 수 있었던 것은 기적에 가깝다고 할 수 있을 것이다.

　　무엇보다 중요한 것은 이 연구 활동을 통해 무릎을 맞대고 논의하던 과정에서 한일 양국의 연구자간에 두터운 신뢰관계가 만들어졌다는 점이다. 이것이야말로 7년간에 걸친 한일취락연구회의 최대의 성과일 것이다. 본서를 만드는데 있어 회원 여러분의 노력에 마음속 깊이 감사한다.

　　또한 한국측은 이후 한국취락연구회의 명칭으로 새롭게 활동을 모색할 예정이다. 일본측 역시 2012년도에 이후의 방침을 결정할 예정이다. 앞으로도 관계 제현의 지도와 편달을 바랄 뿐이다.

第 1 部

總論 · 方法論

1. 聚落考古學 斷想 / 2. 彌生 · 古墳時代 聚落構造論 序說 /
3. 韓日 先史考古學에 있어서 '集團' 硏究에 對한 檢討 / 4. 冲積地 立地 聚落의 空間配置 檢討

聚落考古學 斷想

李 健 茂

1. 머리말

인간은 개인으로 생활을 영위하기가 힘들다. 옛부터 집단을 형성하고 집단자체가 생존경쟁의 단위가 되었다. 동물들의 군집과는 다른 유기체적인 사회를 구성하여 발전하게 되었다. 단위집단의 생활 근거지로서 마을이 조영 되었는데 이 마을을 의미하는 「聚落」의 聚는 원래 고대 중국에서 혈연적, 지연적 자연발생의 촌락을 의미하는 말이었고, 「社會」의 社 또한 촌락을 의미하였다. 주지하다시피 이러한 취락의 형성은 개인에서 집단으로, 집단에서 공동체로, 공동체에서 사회로 그 규모가 커지고 발전하게 된다.

2. 취락고고학에 대한 관심

한국고고학에서 취락에 대한 본격적인 관심은 청동기시대 欣岩里遺蹟과 松菊里遺蹟 발굴 이후에 고조되었다고 할 수 있다. 물론 그동안 신석기시대 취락에 대한 조사도 이루어졌지만, 신석기시대 중기 이후의 주거지로 이루어진 소규모의 것들뿐이라 취락의 유형이나 구조, 변천과정에 대해서 제대로 파악하기가 어려운 실정이다. 주거지 중심의 조사와 유구와 유물의 편년 작업에 치중되었던 연구가, 소규모이지만 한 지역 발굴에 집중되면서 조사에 대한 관심과 인식이 '주거' 에서 '마을(취락)' 로 넓어지게 되었다. 근년에 들어 개발에 의한 구제발굴의 규모가 커지면서, 청동기시대 취락과 중부지역 원삼국시대 취락, 그리고 삼국시대의 취락에 대해서 조사가 많이 이루어졌다. 또 대규모 조사가 늘어나면서 많은 새로운 내용이 밝혀지고 체계적인 분석도 가능하게 되었다.

松菊里型住居와 松菊里型土器를 지표로 한 松菊里文化類型의 취락은 경기, 강원도의 일부 지역을 제외하고는 한반도 남부 전역에서 모두 확인되고 있고, 비교적 유적의 범위가 커서 주변의 분묘유적과의 연결, 유물의 특성 등으로 그 정형성을 잘 요약할 수 있는 좋은 자료이다. 특히 송국리형 주거는 도작농경과 밀접한 관계를 가지고 있고 일본지역에서도 많이 보이고 있어 문화전파와 관련하여서도 큰 관심을 가지게 하였다. 정원형의 주거는 평면에 대한 혁신적인 구조로 이러한 혁신은 전파로 널리 퍼질 수 있다. 특히 토기, 석기와 도작기술 등의 문화 복합은 이주 문제를 다룰 수 있는 내용이다. 이러한 청동기시대의 취락에 대한 관심은 곧바로 각 시대별 취락연구 전반에 대한 관심으로 이어지고 있다.

3. 농촌마을의 경관과 취락

光州 新昌洞遺蹟에서는 주거지나 취락을 확인하지 못하였으나, 인근에 이 유적과 관련된 주거구역과 공동묘지가 있을 것으로 추정되고 있다. 이 유적에서 출토된 농기구들을 보면 '가까운 옛날' 의 농촌에서 사용된 목제 팽

이, 가래, 낫, 절구 공이 등이 많다. 여기서는 이밖에 많은 볍씨와 함께 각종 농작물의 씨앗, 그리고 경작유구 등이 함께 발견되어 농경 중심의 생업경제방식을 채택하였음을 잘 알 수 있었다. 또한 목기, 칠기 생산 공방과 함께 유아옹관묘군, 추정 저수지, 추정 논 등을 확인하여 대체적인 취락 주변의 경관을 살펴볼 수 있게 되었다. 고대의 촌락의 경관이 근래 농촌마을의 그것과 가까울 것이라는 것은 충분히 상정할 수 있다. 취락 분석에 농촌에 대한 민속 조사 성과를 도입하는 것이 바람직하다고 생각한다.

도시화 이전의 취락의 형성은 농지경영과 연결될 수밖에 없다. 어촌, 산촌이라고 해도 농지가 있어야 하기 때문이다. 정주에 의해서 인구가 늘고 인구의 증가 즉 인구압이 농경 집약과 확산을 가져왔는지, 농경기술의 진보가 인구의 증가를 가져왔는지는 확실하지 않지만 취락은 대체로 저지의 농경이 가능한 곳을 택하고 있다. 물론 곡간지대에도 농지가 형성되어 있고 구릉에도 취락이 존재하지만 물의 공급이 용이한 곳을 찾아 정착하는 것은 오늘날의 농촌과 차이가 날 수 없다. 혼암리 취락도 밭농사와 관련이 깊고, 송국리 취락도 벼농사와 관련이 깊다. 원삼국시대의 철자형주거 중심의 취락들도 거의 모두가 천변, 강안에 위치해 물을 관리하기 좋은 곳을 택하였다. 이 시기의 소규모 보의 축조는 물을 규제하고 관리하는 경제적 기능을 갖추고 있었음을 시사한다. 물과 땅을 관리하는 수리시설을 통한 관개는 토지 비옥화와 수확을 증대시키고 인구밀집을 가져와 도시화를 촉진한다고 한다. 인구집단의 단위가 커지면 취락유형의 변화가 일어나는 것이 당연하기 때문이다. 농경과 취락의 성쇠는 당시의 기후조건과도 깊은 관련이 있을 수 있다. 농업 자체가 홍수, 가뭄 등 기후에 민감한 것이며, 식량 공급은 생존과 깊이 관련된 것이기 때문이다.

4. 취락 연구의 주안점

취락연구와 관련하여서는 다음과 같은 내용을 유의해 살펴볼 필요가 있다고 생각된다.

먼저 취락의 유형 파악이다. 가장 기본적인 작업이지만 단위집단의 수와 취락의 규모(동일시기에 조영된 주거군의 수), 취락의 입지(구릉, 연안, 저지대, 고지대 조영), 환호시설 등과 관련한 유형 분류작업이 이루어져야 한다. 취락유형 파악과 함께 그 지역 일대의 분포정형을 파악하는 일이 우선되어야 할 것이다. 취락분석에서 분포정형에 대한 이해는 사회규모를 파악하는데 크게 도움이 되기 때문이다. 동일한 문화내용을 보이는 부여 송국리 취락 유적과 公州 南山里 墳墓遺蹟이 그러한 예이다. 인근지역이지만 오늘날에는 행정구역을 달리하고 있어, 별도의 개별 유적으로 취급되는 경우가 있다. 같은 문화내용을 가진 유적의 범위를 파악하는 것은 분석에 있어서 기본이다. 취락의 규모는 취락간의 위계설정에 도움을 얻을 수 있다. 중심취락과 주변 소규모 취락의 우세 정도 구분은 규모에 의해 크게 좌우될 수 있으며, 문화영역의 개념을 적용한다면 문화중심에서의 거리와 우세정도는 반비례할 것이다. 취락은 몇 채의 주거로 구성된 것도 있고 수십 채의 주거로 구성된 것도 있다. 시기에 따라 입지에 따라 중심지 여부에 따라 또 그 밖의 상황에 따라 그 규모와 수가 달라질 수도 있겠지만, 역사시대 이전의 취락에서 한 시기에 대규모로 주거가 밀집된 경우는 없다. 중국 전국시대 이후에는 村落(社)이 25戶로 규정되었던 것도 참조가 될지 모른다.

다음은 취락 구조에 대한 분석이다. 마을이 지니고 있는 구조는 다양할 것이다. 공동우물, 광장, 주거, 배수시설, 창고, 우리, 작업장, 야외노지, 종교관련 시설, 망루, 도로 등의 배치에 대한 기획성은 공동체를 유지하려고 한 마을 주민들이 공유한 인지도의 결과물일 수가 있다. 주거형식, 유물들의 상사가 지속적 관념에 의해 표출된 것이라면 취락 구조도 상사로 나타날 수 있을 것이다.

다음은 취락 주변의 생산 유구와 분묘, 제사유구 등 관련 유구와의 관계 파악이다. 논, 밭 등의 농경관련 유구와 작업장 그리고 공동묘지와 특수 제사 관련 시설 등에 대한 내용이 그것이다. 지석묘 중 묘로 사용되지 않은 거대한 기념물은 단일공동체의 구심점 역할을 하는 모임의 장소로서 기능하였을 가능성도 있는 것이다. 전형적인 취락이 이러한 유구와 상호간에 가진 관계는 매우 중요하다. 예를 들어 광주 신창동유적과 같은 유적이 주변의 어떠한 취락, 어떠한 분묘유적과 관련되었는지를 파악할 수 있다면 그 중요도가 어떠한지 미루어 짐작할 수 있다.

다음은 취락의 존속기간과 폐쇄와 관련된 내용 분석이다. 취락 존속기간 동안의 자체적인 변천 양상 파악은 그 사회의 변화상을 파악하는 데 유리하다. 환호가 더 깊어지거나 증가하였다면 취락에 대한 외부의 위협이 증대되었음을 말해 준다고 하겠으며, 주거의 증가와 농경지의 확장은 인구의 증가를, 취락의 폐쇄는 유행병(역병)에 의한 것이거나 외적의 침입에 의한 것 또는 재해로 인한 농경지 상실이나 자원의 고갈 등을 추정해 볼 수 있다. 특정한 문화내용을 지닌 취락의 성립과 소멸 그리고 잔존에 대해 검토할 때 어떤 사회집단이 등장하였는가에 대해 관심을 가질 필요도 있다. 예를 들어 점토대토기문화의 등장과 송국리형문화의 공존과 소멸 등이 그러하다.

이밖에 저지대나 평지, 구릉 또는 고지 등 취락의 입지에 따른 분석은 조직 및 기능과 관련하여 많은 내용을 파악할 수 있을 것이다. 정주공동체의 사회조직에 대한 연구는 취락을 조사해야 이루어질 수 있다. 거소(주거)의 규모나 구축재료, 구조, 출토유물 등의 비교를 통해 본 위계의 차이로 사회적 지위의 차이에 대한 추론이 가능해 지며, 취락의 위계화를 통해 지배적, 종속적 관계의 판단과 중앙 집중적인 내용의 파악도 가능하다. 또는 관련 분묘에서 출토되는 위세품의 차이로 위계의 차이를 추론할 수 있다. 예를 들면 송국리 석관묘 출토 요령식동검과 송국리 유아용 옹관에서 출토된 관옥 목걸이는 당시 신분 질서에 대한 암시를 주고 있는 것이라고 할 수 있다. 출토유물에 대한 분석으로 취락간의 교역이나 가치재의 교환에 대한 파악도 가능할 것이다. 예를 들어 거리는 상당히 떨어져 있고 주거의 형태는 다르나 유물 내용에 있어서 매우 유사함을 보이는 유적간(송국리유적과 고남리유적)의 교역을 연구주제로 삼아 볼 수도 있을 것이다. 소금이 꼭 필요한 내륙지역에서는 해안지역과 어떠한 루트를 통해서든 교역 네트워크를 가지지 않으면 안 되었을 것이므로 그러한 지역과 초점을 맞출 필요가 있겠다. 원삼국시대 茶戶里遺蹟은 취락은 아니지만 한 또는 한사군, 왜와의 교역과 가치재 교환이 이루어졌음이 확인되었다. 이 밖에 시기별 인구문제라든지 도로, 광산, 공방, 가마 등의 조영과 관련된 분업 내용 분석도 필요한 부분이며(채광, 수송, 제련 등) 기층문화와 상층문화가 취락경관에 어떠한 영향을 주었는지도 알아볼 필요가 있다. 경제, 인구, 사회조직 등 취락에 담겨진 공동체 전체의 유기적 관계 파악에도 신경을 써야할 부분이다. 고지성 취락이나 환호, 목책 유구는 정치적 대립이나 군사적 긴장상태를 이야기 한다고 할 수 있으나, 특별히 한시적 목적으로 사용된 제작소이거나 다른 성격을 가진 것일 수도 있다. 환호취락이라 하더라도 환호가 얕고 취락 내부의 규모가 작을 때는 보다 뚜렷한 물질적 증거를 찾아야 대립, 긴장상태 운운이 가능할 것이다.

5. 맺음말

오늘날 연구자의 연구 영역은 그 전문범위가 시대나 나라의 경계를 크게 벗어나지 못한다. 따라서 한 시대 문화의 윤곽을 찾는 정도이기 때문에 문화의 흐름이나 문화화, 문화접변 등 문화변동의 내용을 제대로 조망하기가 어렵고 모델을 구축하기도 어렵다. 또한 자료가 양적으로 크게 증가하고 있는 요즈음의 현실은 개인적 연구 진전을 기대하기 어렵게 한다. 따라서 오늘날의 연구경향은 여러 연구자의 공동협력과 분석 그리고 생각의 다양성을 중시하는 방향으로 흐르고 있다. 우리 고고학에서도 향후에는 질문을 던져놓고 답을 찾는 방식의 연구조사 즉 문제 해결을 위한 계획된 조사가 필요할 것이다. 특히 국가 연구기관에서 장기 프로젝트로 이러한 작업을 공개적으로 시행하는 것이 바람직하다. 각 지역별로 심화된 연구가 축적되어야 할 것이며, 무엇보다도 취락연구에 앞서 개별 주거에 대한 분석 작업이 잘 이루어져야 한다. 현재 조사된 취락의 대부분은 도로, 공단, 택지개발 등에 의한 구제발굴로 확인된 것이므로 연구대상 표본추출이라는 관점에서 볼 때 편차나 오류 없이 일반화가 가능한 것인지에 대해서도 신중하게 검토해야 할 부분이다. 그러나 무엇보다도 취락연구에 있어서 중요한 것은 주변지역의 분포정형부터 제대로 파악하는 일이다. 개별 취락연구에 대한 관심과 연구가 취락과 취락 사이의 관계에 대한 관심으로 한 단계 상향되기 위해서는 가장 선행되어야 하는 일이기 때문이다.

고대사회 연구에 있어서 취락에 대한 자료 분석은 최상의 답을 얻는 중요한 과정으로 보고 있다. 여러 가지 제한적인 문제점이 많음에도 불구하고 우리가 취락연구에 보다 깊은 관심을 갖는 이유가 여기에 있다고 하겠다.

彌生・古墳時代 聚落構造論 序說

武末純一(다케스에 쥰이치)

1. 聚落構造論

聚落構造論에서는 모든 유물과 유구를 총동원하여 특정 시기 제 시설의 배치와 관계를 결정하고 그곳에 숨겨져 있는 구조를 밝혀낸다. 그리고 그러한 배치와 관계의 시기별 변화로부터 취락구조의 변동을 읽어 낸다. 취락 내 제 시설의 배치와 규모는 결코 아무렇게나 만들어진 것이 아닌, 계획적이고 기본설계가 있으며 그곳에는 각각의 취락이 짊어지고 있는 시대성과 지역성, 당시의 사회구조가 새겨져 있다. 유물도 또한 취락에서의 존재양태를 검토함으로 그 의미가 명확해 진다. 본고에서는 지금까지 필자가 기회가 있을 때마다 생각하였던 몇 개의 과제를 모아 제시하고, 구체적인 고고학 자료와 결합시켜 보았다.

2. 空白論

하나의 거점취락이나 하나의 村의 범위는 空白部로 확정된다(도 1). 이 空白論은 이미 몇 번 설명하였기 때문에(武末 2004・2009b) 여기에서는 간단히 설명한다면, 他者를 받쳐주는 空白部를 「空白」, 미확정적인 空白部를 「空白？」, 의미가 있는 空白部를 「空白！」으로 부른다. 空白의 확정은 중요한 작업임과 동시에 어려운 작업이기도 하다. 그것은 부분적인 조사로는 어떠한 고고학자료가 없음을 증명할 수 없기 때문이다. 다만 그 고고학자료가 密集部에서 疎散部 그리고 空白部로 연속되는 상황이 간취된다면, 그 空白部는 「空白」이라고 확정할 수 있다.

「空白」의 유효성의 구체적인 사례를 들면, 佐賀縣(사가현) 柚比遺蹟群(유비유적군)의 本村遺蹟(혼무라유적) 1・2구에는 묘지와 수혈주거지가 있어, 하나의 마을로 착각하지 않을 수 없다. 그렇지만 인접하는 安永田遺蹟(야스나가타유적)과 大久保遺蹟(오오쿠보유적)에서도 묘지와 수혈주거군이 마찬가지로 세트로 존재한다. 그리고 柚比遺蹟群과 다른 유적군과의 사이의 空白은 柚比遺蹟群 내부 각 유적간의 空白보다도 훨씬 크기(武末 2011a)[1] 때문에 柚比遺蹟群 전체로 하나의 마을이 된다. 따라서 柚比遺蹟群 전체를 柚比遺蹟이라고 칭하고, 柚比遺蹟群 속의 각 유적은 地區라고 칭하는 편이 적합하다.

3. 遺蹟分析・地域分析・世界分析

취락연구뿐만 아니라 고고학의 연구에서는 유적구조분석・지역구조분석・세계구조분석의 삼자가 갖추어져

---

1) 武末 2011a의 도6에 분포도를 제시하였다.

처음으로 역사적인 의의가 분명해진다.[2] 여기에서는 彌生時代(야요이시대) 전반기(조기~중기 전반)에 있어서 國의 시작을 예로 들도록 한다(도 2).

福岡市(후쿠오카시) 吉武遺蹟(요시타케유적)의 거주역은 10만m²를 넘고, 묘지의 존재양태와 청동기의 보유상, 묘광의 크기에서 高木—大石—기타 묘지라는 계층서열을 알 수 있다(遺蹟構造分析). 다음으로 이것을 早良平野(사와라평야) 속에서 보면(地域構造分析), 청동기는 吉武遺蹟에 집중되며(다뉴세문경 1, 세형의 동모 3, 동과 4, 동검 14), 東入部(히가시이루베)나 飯倉唐木(이이쿠라카라키), 有田(아리타), 野方(노카타) 등 다른 거점취락에서는 1~2점 밖에 가지고 있지 않은 거주역도 2~3만m² 정도로, 早良平野 속에서는 盟主인 吉武遺蹟—기타 거점취락—소취락이라는 서열이 생겨나,[3] 여기에서 國 형성의 출발점이 인정된다. 그리고 國 안의 계층차는 거점취락 내부의 대형건물에도 나타난다. 吉武遺蹟에서는 高木地區(타카키지구)에 중기 초두에 만들어져 몇 번이나 개축되고 중기 후반의 폐절시에는 바닥면적이 최종적으로 115.2m²가 되는 超大型 墓前建物이 세워진다. 한편 그 슬하의 東入部遺蹟의 대형건물은 바닥면적 50m² 정도로 질과 양 모두 吉武遺蹟에 미치지 못한다. 柚比遺蹟 本村地區에서도 중기 전반대에 세형동검 7점을 집중적으로 소유한 墓群의 앞에는 중기 후반이후의 시기에 여러 번 개축되었고 최대 바닥면적이 167m²이나 되는 초대형 묘전건물이 있다.

이 시기의 북부 구주에서는 각각의 單位地域(國)의 중심취락이 지닌 청동기의 양과 질에 별다른 차이는 없으며 거주역도 10~20萬m² 전후로 등질적으로 일제히 출현한다(世界構造分析). 이는 國이라는 지역 정치조직이 일제히 생기고, 게다가 서로 실력의 차가 없음을 나타낸다.

이상 3개의 레벨에 걸치는 검토가 결여된 취락연구는 결론이 한쪽으로 치우치는 경우가 많다. 또한 취락의 내부에서는 유구분석, 유구군분석, 취락분석의 삼자를 통합할 필요가 있다.

4. 地域의 多軸性, 重層性, 多樣性과 취락의 多軸性, 重層性, 多樣性

하나의 지역은 몇 개의 지역과 연결되는 軸을 동시에 지닌다(多軸性). 彌生 전기말~중기 전반의 북부구주는 한반도와 동일한 세형청동무기 부장지대라는 의미에서는 하나의 문화권 속에 있지만, 동시에 中國(츄고쿠)·四國地域(시코쿠지역)과 연결되는 彌生土器 사용지역이기도 하며, 한반도의 무문토기문화권과는 선이 그어진다. 그리고 하나의 지역은 내부에 작은 지역을 포함하고 있음과 동시에 보다 큰 지역의 일부이며(重層性), 더욱이 각각의 지역은 상하좌우로 열려있다. 또한 지역의 안은 농촌일색이 아니며 山村이나 海村과 같은 다른 성격의 취락을 포함한다(多樣性).

공간의 일부라는 점에서 취락은 지역과 다르지 않기에 취락도 또한 多軸性, 重層性, 多樣性을 가진다. 하나의 취락 내부도 몇 개의 구역으로 나뉘고(重層性), 각각이 다른 기능을 한다(多樣性). 또한 거기에는 몇 개의 지역과 연결되는 특색이 동시에 존재한다(多軸性). 예를 들면 原の辻遺蹟(하루노츠지유적)과 西新町遺蹟(니시진마치유적) 등에 나타나는 것과 같이(武末 2008b·2010d) 彌生·古墳時代의 도래인 주체의 취락이 지역 안에 있거나 취락내부에 도래인 주체의 지구가 있기도 한다(重層性). 이들 도래인 주체의 유적과 지구는 후술하겠지만, 지역내의 다른 유적과 유적내의 다른 지구와는 다른 기능을 하지만(多樣性), 기원지의 요소 및 재래의 요소만으로 구성되는 것은 아니며, 山陰地域(산인지역) 등 타지역의 요소도 보인다(多軸性).

이는 한반도의 구산동유적(도 5)과 동래패총 등, 무문토기시대 후기와 삼국시대 전기의 왜계토기가 다량으로

---

2) 이 시각은 中村(2009)에게 배운 것이다. 中村氏는 미크로·메조·매크로스케일이라고 부른다. 미크로스케일 분석이 遺蹟構造分析, 메조스케일 분석이 地域構造分析, 매크로스케일 분석이 世界構造分析에 해당된다.
3) 이러한 早良平野에서의 청동기 보유에 관한 분석결과는 이미 下條信行이 이야기하고 있다(下條 1989).
  그리고 早良平野奧部의 岸田遺蹟에서 최근 중기 초두부터 전반의 甕棺墓·木棺墓 4基에서 細形의 銅劍 4點·銅矛 2點이 출토되었다. 그 평가에 대해서는 정식보고서 간행 후에 검토하고자 한다.

18_韓日聚落研究

출토되는 유적에서도 마찬가지이다((財)慶南考古學研究所 2010, 武末 2010e, 洪 2004). 예를 들면 늑도식기의 구산동유적에서는 竈狀遺構가 보인다. 한국의 중부지방에서는 경기도 반제리유적(中原文化財研究院 2007)과 강원도 고성 송현리유적((財)江原文化財研究所 2007) 등으로 수석리식기에서도 비교적 이른 단계(수석리·대전 괴정동단계)에 이미 이러한 竈狀遺構가 존재하고(庄田愼矢 2009), 구산동유적은 이것들보다 늦은 시기이기 때문에 이 竈狀遺構는 북쪽과 연결되는 요소이다.[4] 또한 동래패총에서는 왜계토기나 가야토기 외에 百濟(馬韓)계토기도 보인다. 이는 도래인의 취락과 지구도 그것만으로 닫혀 있어서는 존재할 수 없다는 것, 그리고 우리가 손에 넣은 자료는 아무리 짧아도 수십년의 행위가 누적된 결과라는 점에 기인하는 것이다.

통상의 일반취락을 넘는 질과 양을 가진 취락에도 몇 개인가의 위계가 있다. 예를 들면 古墳時代의 수장층 거택은 지역의 핵이 되는 거점취락이지만, 그것을 뛰어 넘는 倭政權를 위한 취락(시설)이기도 하다. 石川縣(이시가와현) 七尾市(나나오시) 萬行遺蹟(만교유적)(七尾市 2003)의 古墳時代 전기 전반의 창고군이 그 실례(도 3-3·4)로, 남북 74m, 동서 39m 이상의 방형구획 안에 위치한 東群 3동, 西群 3동 計 6동의 굴립주건물은 모두 總柱의 高床建物로, 桁行은 4間으로 통일되어 있으며 梁行은 2~4間이다. 바닥면적은 약 148~320㎡의 초대형으로,[5] 처마(下屋) 내지 緣이 있으며 동서 각 3 동이 한조를 이루고 西群이 先, 東群이 後이다. 그리고 東群·西群 모두 남북방향의 주축은 일직선으로 통한다.

이것이 수장층 거택의 건물군이라면,「ㄱ」字形의 배치를 가지고 건물의 방향과 기둥구멍의 크기도 다양할 것이다. 또한 약 7400㎡의 방형 거택인 三ツ寺遺蹟(미츠데라유적)(群馬縣 1988)에서도 바닥면적 100㎡를 넘는 초대형건물은 158㎡의 1동이라는 점을 감안한다면, 萬行遺蹟의 약 3000㎡의 방형구획에서는 바닥면적 100㎡ 정도의 초대형건물 1동이 고작인 것이다.

또한 이들 건물을 祭殿이라고 하는 설도 있다. 그러나 彌生時代(야요이시대)부터 古墳時代 중기의 祭殿은 1시기 1동으로[6] 역시 창고군이다. 그 바닥면적은 彌生時代 지역정권의 정점에 서 있는 취락의 창고군과 古墳時代 지역 수장층 거택의 창고군을 훨씬 능가하기 때문에 倭政權의 시설로 보아도 좋다. 개개의 고상창고의 면적이나 방향이 아직 통일되어 있지 않은 彌生時代의 倉庫群과 100㎡를 넘으며 바닥면적이 상당히 통일되어 기둥 방향이 일치하는 10동이 넘게 정연하게 서 있는, 古墳時代 중기 倭政權의 창고군인 大阪市(오사카시) 法円坂遺蹟(호엔자카유적)(積山·南 1991, 小笠原 1991)(도 3-2)과 和歌山市(와카야마시) 鳴瀧遺蹟(나루타키유적)(和歌山縣 1983)의 창고군[7]과의 중간에 위치하는 형태와 구조를 갖추었다. 그 외 奈良縣(나라현) 纏向遺蹟群(마카무쿠유적군)은 倭政權의 수도일 것이다.

그리고 후술하겠지만 彌生時代에는 지역 수장 거주취락에 인접하여 수장묘가 있지만, 古墳時代에는 수장층 거택과 그 수장의 고분이 반드시 인접하는 것은 아니다. 또한「원칙적으로는 1수장, 1거택, 1고분」이라고도 하지만, 大分縣(오이타현) 宇佐市(우사시) 小部遺蹟(코베유적)(宇佐市 2004) 및 熊本縣(쿠마모토현) 宇土市(우토시) 西岡台遺蹟(니시오카다이유적)(宇土市 1977, 2001)의 검토결과(武末 2000)로는 小部遺蹟에 대응하는 고분으로

---

4) 이전에 문제가 되었던 福岡縣 小郡市北 松尾口 II地點의 彌生時代 중기 전반의 수혈주거지(8·12·27·28·47·50·90·91·103·105·118號) 및 一ノ口 I地點의 彌生時代 전기말의 수혈주거지에 보이는 벽가의 소토(49號) 역시(速水 1992, 小郡市 1990, 1994a) 이러한 부뚜막(竈)의 전파로 이해할 수 있을 것이다.

5) 각 건물의 바닥면적은 아래와 같다(下屋 또는 緣 미포함).
  [西群] 建物1：146.16㎡, 建物2：312.93㎡, 建物3：146.16㎡
  [東群] 建物4：229.68㎡, 建物5：282.15㎡, 建物6：202.95㎡

6) 한반도 무문토기시대 중기의 초대형건물로 경상남도 사천 이금동유적에서는 거주구역과 묘지의 경계에 61호(최종적인 바닥면 162.5㎡)와 60호(건물 바닥면적 130㎡) 2동의 초대형건물이 있지만, 중복관계로 보아 2동은 동시기는 아니며 1時期 1棟이 된다. 유명한 吉野ヶ里遺蹟 北內郭의 彌生時代 후기의 祭殿도 바닥면적 156㎡의 초대형건물 1동이다((社)慶南考古學研究所 2003a). 또한 萬行遺蹟의 초대형건물군보다도 늦은 시기인 古墳時代 중기의 초대형 祭殿으로는 奈良縣 御所市 極樂寺ヒビキ遺蹟(坂 2006)의 예가 있는데, 바닥면적 232.5㎡의 초대형건물 1동 뿐이다.

赤塚古墳(아카츠카고분) 외에 赤塚周溝墓와 小部1號 周溝墓도 생각되며(도 22), 西岡台遺蹟은 존속기간이 더욱 길어 4기의 前方後圓墳이 대응해, 복수의 수장과 그들을 떠받치던 사람들도 거주하였다고 보여진다. 또한 小部遺蹟과 赤塚古墳의 관계로 보아 거택과 그에 대응하는 고분은 반드시 근접한 것은 아니며 3km 정도 떨어져 있다.

5. 中心과 周緣, 海村과 山村

이제까지 중심은 주변을 지배하고, 주변은 중심을 활성화시키는 존재로 인식되어 왔다. 그러나 주변이 중심을 컨트롤하는 경우가 있고, 다른 지역과의 경계이기도 하며 새로운 물건(モノ)·일(コト)이 생산되는 장소이기도 하다. 그래서 간혹 주변은 다음의 중심이기도 하다.

長崎縣(나가사키현) 壹岐市(이키시) 原の辻遺蹟(하루노츠지유적)에서는 彌生時代 전기말~중기 전반에 水石里式과 勒島式의 무문토기·유사무문토기가 대량으로 출토되어 무문토기인집단의 계속적인 도래·정착을 나타내지만, 그러한 토기가 나오는 지점은 대지 북서측의 주변부 環溝의 바깥으로, 이 취락을 통괄하는 환호 내의 중심부가 아니기 때문에 그들은 중심에 의해 제어된다. 그러나 부근에는 중기 전반에 만들어진 선착장이 있기 때문에 그들은 결코 단순한 종속적인 집단이 아닌 어느 정도 자유롭고, 항구의 건설을 시도하며, 故地와의 교류 회로를 개설·유지하고 國의 교역에 참가하여 주변에서 중심을 제어하였다(武末 2008a).[8]

청동기의 생산도 이러한 집단이 교류 회로를 유지하던 중에 원형점토대토기, 유사무문토기단계에 기술도입이 실현되고 개시되었다. 북부 구주를 벗어 난 중부 구주의 熊本市(쿠마모토시) 護藤遺蹟(곤도유적) 八ノ坪(하치노츠보)地區(熊本市 2005, 2008)에서도, 전기 전반에 출현하여 면적도 넓은 A地區가 아니라 중기 초두~전반의 유사무문토기가 집중되는 주연부의 B地區(도 4)에서 청동기가 생산된다(武末 2008b). 원형점토대토기의 충실재현품이 탁월하게 확인되는 福岡市 諸岡遺蹟(모로오카유적)(福岡市 1975)과 福岡縣 小郡市(오고리시) 橫隈鍋倉遺蹟(요코쿠마나베쿠라유적)(小郡市 1985) 등의 도래인 집주지구에서도 청동기의 용범은 나오지 않으며 佐賀縣(사가현) 土生遺蹟(하부유적)(片岡 1999)과 吉野ヶ里遺蹟(요시노가리유적)(七田 2005)에서 유사무문토기와 수반하여 나오는 현상은 공통되어, 도래라고 하는 입력과 신기술의 정착이라고 하는 출력이 상당한 시간차가 있음을 나타낸다. 大阪府(오사카부) 柏原市(카시와라시)의 大縣遺蹟(오오가타유적)(柏原市 1986, 1988, 1996)의 古墳時代 중기 야철생산 역시, 토기 등으로 본 도래의 중심 시기는 중기 전반이지만, 야철유구로 본 안정대량생산은 중기 후반 이후이다(武末 2005, 2008c).

한편 한반도에서도 김해지역의 중심은, 세형동검과 동사가 출토되고(榧本 1957) 북부 구주의 彌生 전기부터 후기의 토기가 골고루 나타남과 함께 近江系(오우미계)의 彌生後期甕도 출토되는 김해 회현리패총((財)三江文化財研究院 2009)이다. 그리고 彌生時代 중기 초두~전반에 왜인계 집단이 집중적으로 거주한 김해 구산동유적은 김해 회현리패총의 주변에 위치한다(武末 2010e). 구산동유적의 彌生土器나 擬彌生土器의 양상으로 본다면, 역시 끊임없이 왜인이 와서 일본열도(주로 북부구주)와의 교류를 담당하는 역할을 하였기 때문에 일본의 도래인집단

---

7) 大阪市 法円坂遺蹟의 總柱建物群은 이제까지 16동이 확인되었고, 東群(6동)과 西群(10동)으로 나뉘어진다. 東群과 西群은 모두 南列과 北列의 二列構成으로, 개개의 건물은 각각의 群中에서 동서남북의 기둥 배열을 정확히 맞추고 있다. 건물은 모두 5間×5間의 總柱로, 桁行 약 10m, 梁行 약 9m, 바닥면적은 88~96m²의 사이에 집중된다. 구조도 모두 같은데, 지붕을 지탱하는 6개의 기둥이 따로 있어, 入母屋造가 된다. 總床面積은 약 1470m²이다. 이 건물군이 倭政權에 의해 조영되고, 고대의 항구인 「難波津」와 관련된 고상창고군이라는 점에 이론은 없는 것 같으며 필자 역시 그렇게 생각한다.
   이것보다 규모가 떨어지는 和歌山市 鳴瀧遺蹟의 고상창고군의 경우는 7동으로 구성되며 모두 4間×4間의 總柱建物로, 2列(東側에 2동, 西側에 5동)로 정연하게 세워져 있다. 바닥면적은 東側이 68.2m²와 80.8m², 西側이 58.1~62.8m²로, 시기는 法円坂보다 빠른 5세기 전반~중엽이다. 鳴瀧의 경우는 조영 주체를 倭政權으로 하는 의견과 紀伊의 大豪族인 紀氏로 하는 의견의 二者가 있지만, 여하튼 「紀伊水門」으로 불리웠던 고대의 港과 관련하는 고상창고군으로 보는 점에는 이론이 없다.
8) 武末 2011a의 도15에 전체도면을 제시하였다.

과 마찬가지의 구도인 것이다. 따라서 당시의 한일교류에서 사천 늑도유적만을 과대 평가할 필요는 없다. 또한 늑도유적((財)慶南考古學研究所 2003, 2006)은 지리적·사회적으로 보아 결코 당시 지역(國)의 중심이 아니고, 주변이었다고 보여진다. 구산동유적의 설치 목적은 출토된 주조철부편과 철소재편 등으로 보아 주로 철을 둘러싼 교역이었다. 이 점에서 김해지역, 사천지역과 함께 주목되는 곳이 울산지역이다. 울산 달천유적(蔚山文化財研究院 2008, 2010)은 1993년까지 철광석이 채광되었던 達川鐵場의 일부로, 원삼국시대의 유구(도 9)는 채광장→환호·구·목책·수혈주거지·수혈·굴립주건물→채광갱의 순으로 변천하며, 연대는 袋壺에 의해 古式瓦質土器의 전반단계(기원전 1세기~기원후 1세기 전반)로 비정된다. 실제로 48호 수혈에서는 초기 낙랑계 와질호와 함께 須玖(수구)II式 彌生土器甕이 출토되었다. 그러나 채광장은 원삼국시대보다 오래되어 늑도식기까지 소급되며, 31호 수혈출토토기에는 須玖 I 式의 甕도 있기 때문에 왜인은 彌生 중기 전반부터 철을 구하기 위해 이 지역과 교류하였다.[9]

海村은 彌生時代 후반기(중기 후반~후기)에 현저해진다. 이 彌生 후반기에는 농촌도 거대화되고, 圓形環溝의 안에 首長層을 위한 方形環溝가 내재되어 있으며, 마침내 方形環溝가 圓形環溝의 바깥으로 돌출하여「圓形環溝가 없는 方形環溝 = 彌生 首長層居宅」이 되고(도 7), 彌生 종말기에 일부는 方形環溝를 중심으로 재편되어 도시적인 양상으로까지 전개된다(武末 2002 등). 伊都國(이토코쿠)의 國邑인 福岡縣 糸島市(이토시마시) 三雲(미쿠모)·井原遺蹟(이하라유적)이 좋은 예로 중기 후반에는 南小路地區(미나미쇼지지구)에 완형 중국경을 30면 이상 보유하는 王墓(福岡縣 1985)가 있으며, 下西地區(前原市 2006)에는 方形環溝가 만들어진다(도 8).[10]

이에 대하여 같은 伊都國의 해변에 있는 糸島市 御床松原遺蹟(미토코마츠바라유적)(인접하는 新町遺蹟도 포함, 志摩町 1983, 1987, 1988)에서는 어로 관계유물이나 대외교섭관계의 유물이 풍부하며, 반월형석도는 비슷한 규모와 시기인 安永田遺蹟(야스나가타유적)의 1/5 정도이기 때문에 농경작업의 비율이 극히 낮은 명확한 海村이다. 御床松原은 중국경의 파편밖에 보유하지 못했고 취락의 규모도 작기 때문에 三雲·井原 취락의 제어 하에 있다(도 11). 그러나 같은 중국제품인 錢貨는 三雲·井原에서는 0點임에 비해 御床松原은 6點(도 10中)이다. 서일본의 다른 취락에서도 中國錢貨는 海村에 집중되며 포함층 등의 생활유구로부터 나와 代價로 사용되었다고 생각되며, 國邑에는 거의 없다. 낙랑토기가 海村에 집중하는 점도 감안한다면 各 國의 海村은 각 지역 정권단위로의 결집 보다 더 연결되어 한반도 해안부의 海村[11]도 포함하여 낙랑군에 이르는 독자적인 교역세계를 형성하였다(武末 2009a). 즉 교역을 통해 國 안의 海村은 國邑을 제어했다고 말할 수 있다.

한편 山村에는 佐賀縣 押川遺蹟(오시고유적)(佐賀縣 1981)과 같이 唐津平野(카라츠평야)의 서쪽에 있는 上場台地(우와바대지) 위에서도 서쪽 끝에 있어 彌生時代가 되어도 산을 내려오지 않고 농촌지역과는 격리된 오쿠야마무라(オクヤマムラ)와 佐賀縣 湊中野遺蹟(唐津市 1985)과 같이 농촌지역에 접하여 감시소(봉화유구가 있음)의 역할을 담당하였던 사토야마무라(サトヤマムラ)가 있다(도 16).

필자가 지금 주목하는 것은 농촌에서 파견된 산림개척집단이다. 福岡縣의 京都平野(미야코평야)에서는 당시의 해안선 가까이의 저지에 전기 초두의 環溝聚落이 생겨난다. 그리고 전기 후반(板付 IIB期)에 行橋市(유쿠하시시) 下稗田遺蹟(시모히에다유적)에서는 표고 20~40m의 대지상에 취락이 시작된다. 이 下稗田聚落은 나중에는 반월형석도가 집중되어 농촌으로 보지만, 板付 IIB期에서는 벌채구인 합인석부가 많다(도 13). 계곡부에는 농구 등의 목기 미제품을 물에 담근 동 시기의 유구가 있어(도 14), 이곳은 농촌에 목기와 기둥·판재를 공급하였던 사토

---

9) 이외 울산지역에서는 중산동유적에서도 중기 초두~전반의 彌生系土器가 상당량 출토되고 있다. 이 지역의 彌生系土器에 대한 본격적인 검토는 별고에서 다루고자 한다.

10) 이러한 方形環溝의 직접적인 연원은 당시의 倭人이 通交한 낙랑군·대방군의 郡治와 縣城, 혹은 三韓의 國邑에서 찾을 수 있으며, 경기도 미사리유적의 方形環溝(도 6)는 그 좋은 예이다(武末 1997).

11) 늑도유적은 한반도의 海村으로, 半兩錢·五銖錢을 합쳐 5점이 출토되었으며(李東注 2004), 최근 발굴된 인천운북동 5지점 2호주거지에서는 초기 낙랑토기 등과 함께 五銖錢 15점이 줄에 꿰어진 상태(도 10上)로 출토되었다(이길성 2010). 이러한 교역세계가 서일본에서 낙랑군까지 연결되었다는 것을 나타내는 사례이다.

야마무라(サトヤマムラ)였다(行橋市歷 2011). 평지 거점취락의 경우에는 한 곳에 모여 관리되었던 袋狀貯藏穴이 下稗田遺蹟에서는 수혈주거지와 혼재하며 수혈주거지에 부수되는 듯한 양상도 보이지만, 이것은 평지의 거점취락에서 파견되었던 소집단에 대한 규제의 느슨함을 나타낸다. 전체를 둘러싼 책렬이 나타난 小郡市 一ノ口遺蹟(이치노구치유적)도, 실은 취락이 시작할 때에 우수한 今山産(이미야마산) 石斧가 우선적으로 공급되었던 산림개척 파견집단으로, 나중에 몇 개의 단위집단을 내포하는 거점취락이 되지만, 역시 수혈주거지와 袋狀貯藏穴이 혼재하고 있다. 彌生時代 전기말~中期 전반의 築紫野·小郡地域에는 今山産石斧 이외에 靑銅鉇와 鐵鉇·鑄造鐵斧片加工의 扁平方刃鐵斧 등이 집중되어(도 15), 목제품의 집중 생산지역이었다는 지적도 있다(比嘉 2011).

彌生時代 후기에는 大分縣에서 宮崎縣의 산간부에 걸쳐 독자의 문화를 가진 산촌이 전개된다. 중국경의 鏡片 출토는 북부·구주의 國들로부터의 제어를 나타내는데, 이 지역에서 북부구주의 國들의 제어 유무는 금후의 검토과제이다.

6. 生産聚落

彌生時代의 생산과 유통은 석기와 청동기가 주가 되지만 다음의 점에 유의해야만 한다.

(1) 생산체제와 유통조직은 彌生時代의 시작부터 끝까지 동일한 것은 아니고 변화하기 때문에 단계설정을 해야 한다는 점.
(2) 器物에는 기종과 재질 등으로 한정된 가치 체계가 있었고, 일반적으로 소형품과 어디에서도 입수할 수 있고 생산 가능한 재질(토·석·목)은 상대적으로 가치가 낮으며, 대형품과 간단하게는 손에 넣을 수 없는 재질(철·청동 등)은 가치가 높다. 그렇기 때문에 생산체제와 유통조직도 器物마다 다르다는 점.
(3) 따라서 생산유적과 유구의 존재 양태도 1·2의 양상을 반영하면서 단계적으로 전개되었다고 보인다는 점.

자급자족적 생산의 정점은 福岡縣 曲り田遺蹟(마가리타유적)에서 얻을 수 있다(도 17). 이곳의 조기의 반월형 석도는 취락전체에서 만들어지며 전업적 생산구역은 없다. 이 시기의 미성품율은 어느 곳도 50% 전후로 전기 초두에는 20% 전후가 된다. 다음의 定點은, 북구주시 香月聚落(카즈키취락)에서는 석기 제작 주거지가 거점취락 내에 나타날 뿐만 아니라(辻田西 H－25住居), 香月聚落과 인접한 구릉에 석기제작집단(住居群)이 파견된다(도 19·20). 이러한 제작 시스템은 금속기류의 생산체제로 이어진다(武末 2008).

彌生時代 후반기에는 거점취락 안에 청동기제작 공인집단의 場(공방의 전체상)이 명확해지고 대규모화된다. 安永田遺蹟에서는 청동기를 주조한 중기 후반의 주거군 내측에 용해로가 설치되어(도 18), 주조 때에는 특수한 토기(瓢形土器 등)도 이용하는 제사를 지냈다. 공방구역의 넓이는 1500㎡이다. 한편, 奴國(나노쿠니)의 중심취락인 福岡縣 春日市 須玖遺蹟에서는 복수의 청동기공방이나 철기공방, 게다가 유리공방을 포함해 대대적인 생산이 이루어진다. 永田 A地區에서 확인된 주구를 가진 평면장방형의 주조공방구역은 최저로 보아도 2,000㎡로 安永田의 공방구역보다도 넓다. 게다가 남측의 溝는 분기하여 다른 구획으로 연장되어 街區를 형성한다(도 20). 須玖坂本 (수구사카모토) B地區에서는 奴國王의 居宅의 일부로 보이는 안쪽으로 둑을 쌓은(內土手) 溝도 있고, 居宅에 부속되는 형태로 각종의 공인이 재편되었다. 청동기 등의 가치가 높은 기물은 수장층이 독점적으로 생산하고 재분배하였다.

古墳時代 생산취락의 특색은 거점취락으로부터 떨어져 있다는 점에 있다.[12] 6세기말~7세기 전반의 일대 窯場인 北九州市 天觀寺山窯跡群은 曾根平野(소네평야)의 동쪽 모퉁이에 단독으로 존재하고, 그곳으로부터 100m정도 떨어져 상대하는 狸山 A遺蹟(타누키야마 A유적)(北九州市 1981)의 주거군은 天觀寺山窯跡群産의 須惠器(스에키)가 출토 토기량의 9할 이상을 차지하며, 그 중에서도 3호주거지에서는 청백색의 점토를 넣어 놓은 토광도 있어 須惠器 제작공인의 취락이다(도 24).

구주에서 5세기의 도래인을 이야기할 때에 반드시 거론되는 朝倉窯蹟群(아사쿠라가마군)은, 그 공인집단을

---

12) 물론 전부는 아니며, 일부에 이러한 경향이 현저해 지는 점을 평가하는 것이다.

포함한 福岡縣 朝倉市 池の上(이케노우에)·古寺墳墓群(고데라분묘군)(甘木市 1979·1982)에 초기 단계부터의 제품이 계속 대량으로 부장되지만, 공인집단의 취락자체는 불명이다. 朝倉窯蹟群과 池の上·古寺墳墓群의 중간에 있는 大刀洗町(타치아라이마치) 西森田遺蹟(니시모리타유적)(大刀洗町 1993·2000, 福岡縣教育委員會 1996)에서는 수장층 거택의 가능성이 있는 溝에서 朝倉窯産을 포함한 대량의 須惠器가 출토되며 이곳이 朝倉窯의 공인집단을 총괄하였다. 또한 西森田遺蹟에 인접하는 本鄕野開遺蹟(혼고노비라키유적)·本鄕鶯塚古墳群(혼고우구이스즈카고분군)에는 5세기 후반의 殉葬馬의 토광이 있고(大刀洗町 2009), 鶯塚 1호분과 3호분(大刀洗町 1994·2005)은 평면이 L字形을 이루는 5세기 후반에서 6세기 전반의 한반도계 석실이기 때문에(桃崎 2009), 도래계 馬飼集團도 총괄하였다(武末 2010d). 다만 赤燒平底鉢 등은 없어 도래 須惠器 공인집단은 좀더 가마군에 근접해 있을 가능성이 높다(도 23).

7. 聚落 안의 埋納祭祀

彌生時代의 취락제사에는 家의 제사(마쯔리, マツリ)와 村의 제사가 있다. 전반기에는 일상생활 유구군 안의 소토광에 토기 2점을 매납한 중기 전반의 福岡縣 古賀市(코가시) 流遺蹟(古賀市 2009)의 예는 家의 제사이다(도 12-1). 또한 전기 후반부터 중기 전반에는 마을과 떨어져 석부와 지석을 소토광에 매납하는 村의 제사가 長崎縣 田平町(타비라쵸) 里田原遺蹟(사토타바루유적)(田平町 2001), 福岡縣 小郡市 一ノ口遺蹟(도 12-3), 柚比遺蹟 大久保地區 등에서 보인다. 이들은 벌채·개척·목기제작에 수반되는 제사일 것이다. 福岡縣 飯塚市(이츠카시) 立岩遺蹟(타테이와유적)의 村의 제사(도 12-2)에서는 일상생활구역에서 약간 떨어져서 石戈를 매납한다(下條 2008). 이러한 家·村의 제사는 한반도에서도 무문토기시대 중기의 대구시 동천동 유적(嶺南文化財硏究院 2002)에 있으며, 주거군 안의 소수혈에 토기와 석기를 (주로 1점) 매납하는 家의 제사와 河道에 직교하는 溝와 원형수혈군에 集石한 村의 제사가 있다.

마을의 중앙 광장에 다뉴세문경 2점을 옹에 넣어 소토광에 매납한(도 12-4) 福岡縣 小郡市 若山遺蹟(와카야마유적)의 예도 村의 제사로, 수장층의 묘에 들어가야 할 器物을 매납한 점으로 보아 수장층이 이러한 제사를 본격적으로 집행하기 시작했다고 할 수 있을 것이다. 청동기의 매납 제사도 선행하는 한반도로부터의 영향을 생각할 수 있다.

중기 후반 이후에는 무기의 기능을 잃고 대형화되어 제사의 도구가 된 무기형 청동제기(중광형·광형의 동모·동과 등)의 단일 기종을 대량으로 매납하는 제사, 즉 國이나 國들의 제사가 村으로부터 떨어진 장소에서 이루어진다. 그리고 무기형청동제기 1~2점을 사용하는 村의 제사도 나타난다. 예를 들면, 福岡縣 うきは市(우키와시) 日永遺蹟(히나가유적)(福岡縣 1993·1994)에서는 村의 경계인 溝의 바깥에 대형건물과 근접하여 광형동모와 광형동과 각 1점을 소토광에 매납한다(도 12-5). 吉野ヶ里遺蹟(佐賀縣 1992)의 北內郭에서는 대형건물을 세울 때에 중광형동과 1점을 매납하였다. 北九州市 重留遺蹟(시게토메유적)(北九州市 1999)에서는 구획 자체도 없으며 정상부에는 광형동모매납 대형주거 한 동밖에 없고, 그 주위 특히 남측은 큰 공백지(廣場)가 되며, 일정의 거리를 두고 수혈주거지와 고상창고가 수 동 배치되어, 이 村의 제사는 대형주거 사람들이 관리하였다. 이들 제 사례, 특히 吉野ヶ裏와 重留의 사례는 수장층에 의한 村의 제사의 독점을 여실히 나타내는 것이다(武末 2010a).

8. 맺음말

이상 미흡하지만 취락의 구조를 어떻게 생각할지, 그리고 어떠한 문제가 있는지에 대해서 현재 생각하고 있는, 혹은 최근 수년간 발표했던 논고를 바탕으로 이야기하였다. 논해야 할 과제는 그 외에도 많이 있어, 彌生時代 聚落構造論과 비교해 古墳時代 聚落構造論의 여정은 아직 멀지만, 동시에 새로운 古墳時代像의 제시 역시 이 방향밖에 없음을 확신한다.

李 基 星 번역

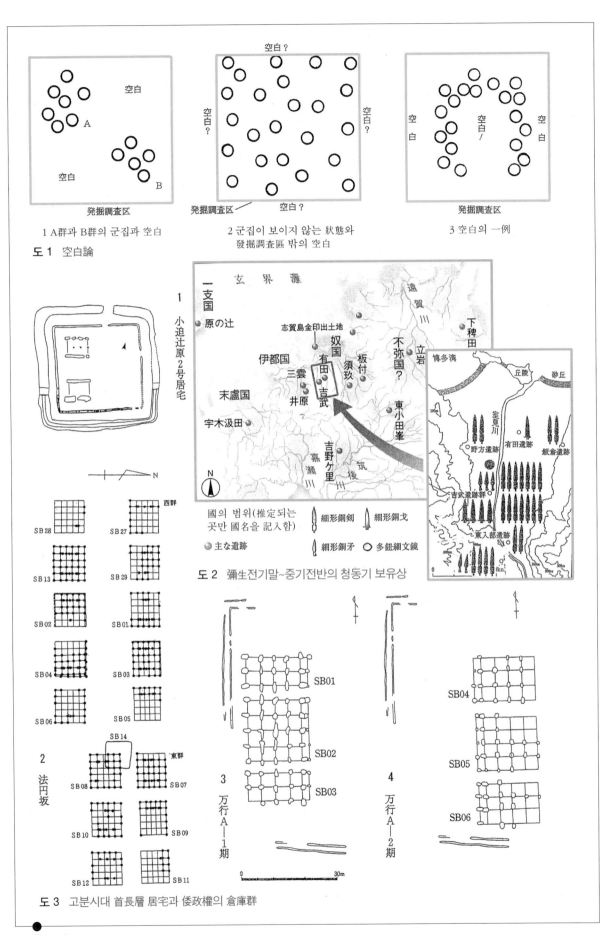

도1　空白論

1 A群과 B群의 군집과 空白

2 군집이 보이지 않는 狀態와 發掘調査區 밖의 空白

3 空白의 一例

発掘調査区

空白
A
空白
B

空白？

発掘調査区

空白？

空白？

空白？

空白

空白！

空白

発掘調査区

小迫辻原2号居宅

1

玄界灘

一支国

原の辻

志賀島金印出土地

奴国

伊都国

三雲

有田

吉武

井原

末盧国

宇木汲田

嘉瀬川

吉野ヶ里

板付

須玖

不弥国？

東小田峯

立岩

筑後

遠賀川

下稗田

博多湾

丘陵

砂丘

宝見川

野方遺跡

有田遺跡

飯倉遺跡

吉武遺跡群

東入部遺跡

國의 범위(推定되는 곳만 國名을 記入함)

細形銅劍　細形銅戈

主な遺跡　細形銅矛　多鈕細文鏡

도2　彌生전기말~중기전반의 청동기 보유상

N

西群

SB28　SB27

SB13　SB29

SB02　SB01

SB04　SB03

SB06　SB05

SB14

2

法円坂

SB08　東群　SB07

SB10　SB09

SB12　SB11

3

万行A－1期

SB01

SB02

SB03

0　　　　　　　30m

4

万行A－2期

SB04

SB05

SB06

도3　고분시대 首長層 居宅과 倭政權의 倉庫群

도1~3

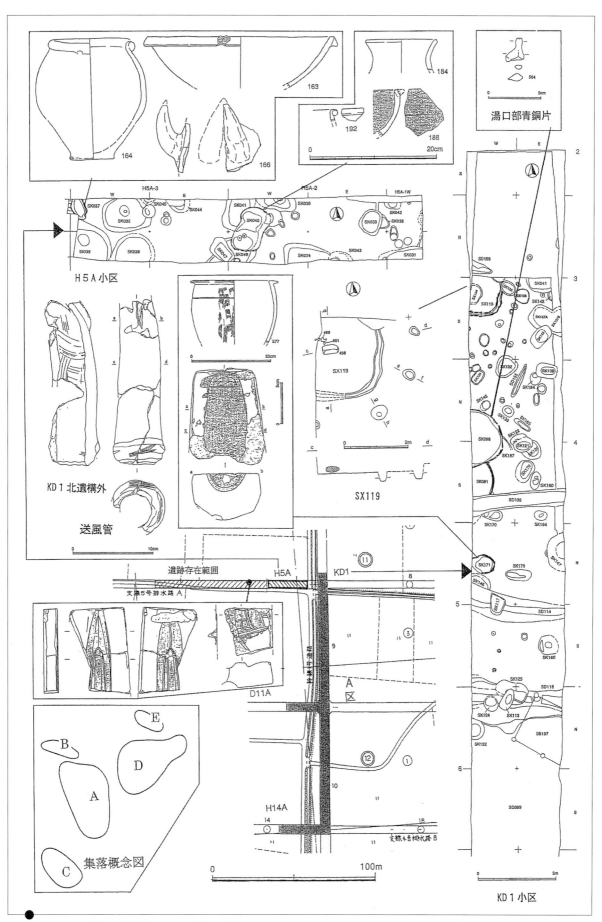

도 4 八ノ坪(하찌노쯔보) B지구의 유구와 유물

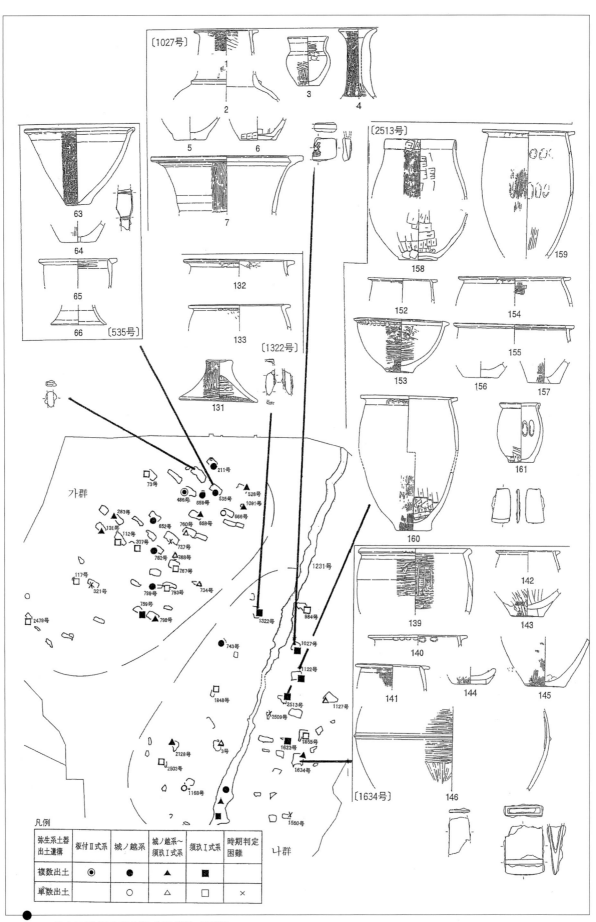

도5 龜山洞의 彌生系土器 출토유구 배치도

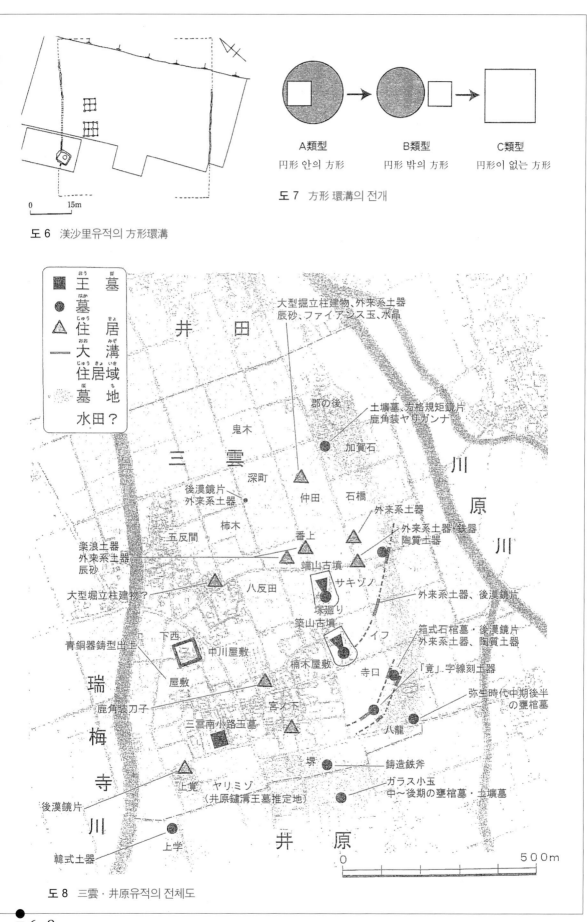

0 ____ 15m

도 6 渼沙里유적의 方形環溝

A類型
円形 안의 方形

B類型
円形 밖의 方形

C類型
円形이 없는 方形

도 7 方形 環溝의 전개

凡例

■ 王墓

● 墓

▲ 住居

— 大溝

▦ 住居域

▒ 墓地

水田?

井 田

三 雲

川 原 川

鬼木

大型掘立柱建物、外来系土器
辰砂、ファイアンス玉、水晶

郡の後

土壙墓、方格規矩鏡片
鹿角装ヤリガンナ

加賀石

深町

後漢鏡片
外来系土器

仲田

石橋

外来系土器

柿木

外来系土器・鉄器
陶質土器

五反間

番上

楽浪土器
外来系土器
辰砂

端山古墳

大型掘立柱建物?

八反田

サキゾノ

塚廻り

外来系土器、後漢鏡片

築山古墳

イフ

青銅器鋳型出土

下西

中川屋敷

箱式石棺墓・後漢鏡片
外来系土器、陶質土器

屋敷

楠木屋敷

寺口

「竟」字線刻土器

鹿角装刀子

宮ノ下

弥生時代中期後半
の甕棺墓

三雲南小路王墓

八龍

瑞 梅 寺 川

堺

鋳造鉄斧

上覚

ヤリミゾ
(井原鑓溝王墓推定地)

ガラス小玉
中〜後期の甕棺墓・土壙墓

後漢鏡片

井 原

上学

韓式土器

0 ____ 500m

도 8 三雲・井原유적의 전체도

도 6~8

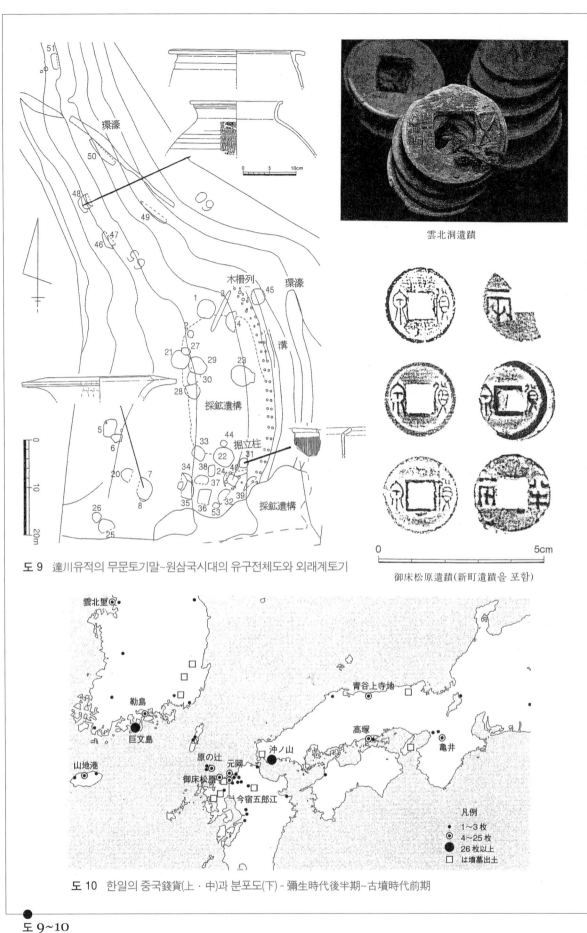

雲北洞遺蹟

도 9　達川유적의 무문토기말~원삼국시대의 유구전체도와 외래계토기

御床松原遺蹟(新町遺蹟을 포함)

凡例
・　1~3枚
◉　4~25枚
●　26枚以上
□　는 墳墓出土

도 10　한일의 중국錢貨(上・中)과 분포도(下) - 彌生時代後半期~古墳時代前期

도 9~10

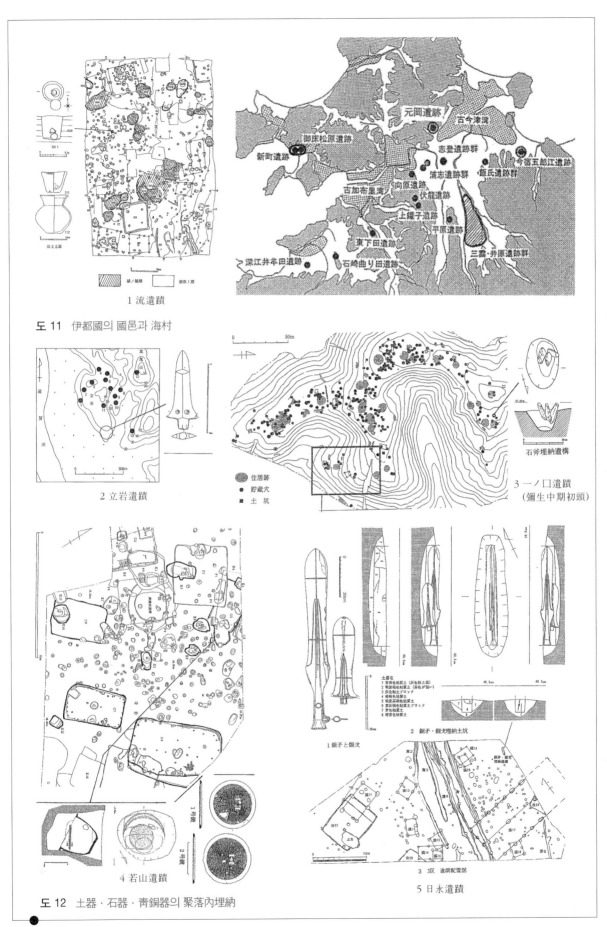

1 流遺蹟

도 11 伊都國의 國邑과 海村

2 立岩遺蹟

3 一ノ口遺蹟
（彌生中期初頭）

住居跡
貯藏穴
土坑

石斧埋納遺構

1 銅矛와 銅戈

2 銅矛・銅戈埋納土坑

4 若山遺蹟

3 3區 遺構配置圖

5 日永遺蹟

도 12 土器・石器・青銅器의 聚落內埋納

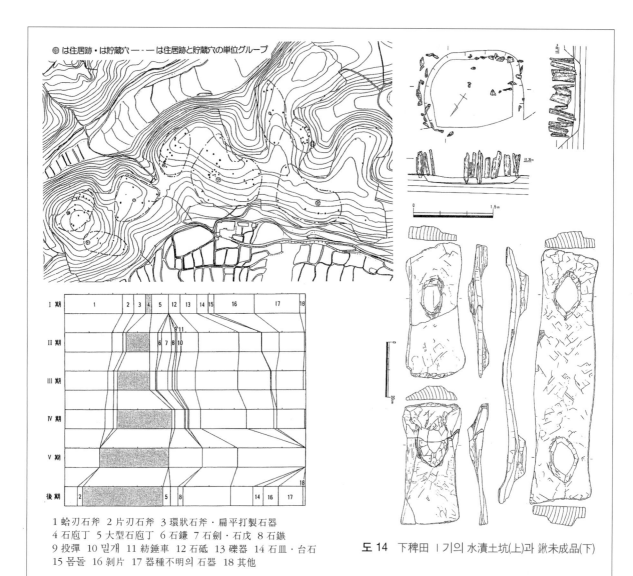

◎ は住居跡・は貯蔵穴 ─・─ は住居跡と貯蔵穴の単位グループ

I期
II期
III期
IV期
V期
後期

1 蛤刃石斧　2 片刃石斧　3 環狀石斧・扁平打製石器
4 石庖丁　5 大型石庖丁　6 石鎌　7 石劍・石戊　8 石鏃
9 投彈　10 밀개　11 紡錘車　12 石砥　13 礫器　14 石皿・台石
15 몸돌　16 剝片　17 器種不明의 石器　18 其他

도 14　下稗田 I기의 水漬土坑(上)과 鍬未成品(下)

도 13　下稗田 I기의 유구(上)와 I~V기의 蛤刃石斧(1)・石庖丁(4)의 비율변화(下)

도 15　북부九州 출토 銛

(△는 靑銅製, □는 鉄製, ☆는 靑銅・鉄製 ともに出土, 黒塗りは鋳造鉄斧片出土)
1. 東入部遺跡　2. 吉ヶ浦遺跡　3. 峰畑遺跡　4. 七坂遺跡　5. 三沢北松尾口遺跡
6. 小郡正尻遺跡　7. 上の原遺跡　8. 道蔵遺跡　9. 柚比本村遺跡　10. 本村籠遺跡
11. 釈迦寺遺跡　12. 神水遺跡　13. 下郡遺跡

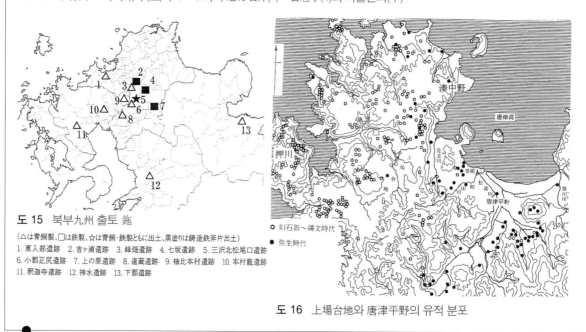

◎ II石器~繩文時代
● 弥生時代

도 16　上場台地와 唐津平野의 유적 분포

도 13~16

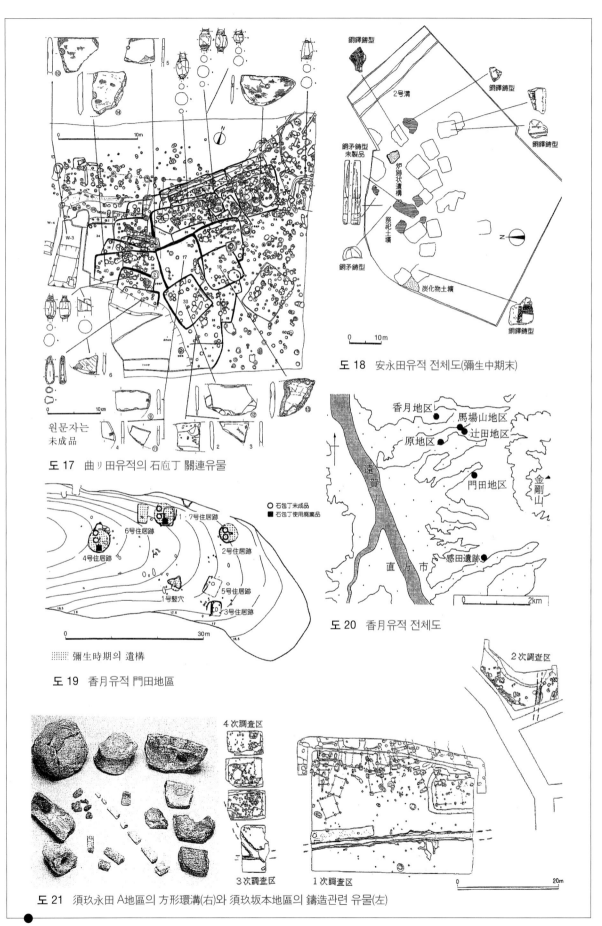

원문자는
未成品

도 17 曲リ田유적의 石庖丁 關連유물

도 18 安永田유적 전체도(彌生中期末)

○ 石庖丁未成品
■ 石庖丁使用廢棄品

:::::: 彌生時期의 遺構

도 19 香月유적 門田地區

도 20 香月유적 전체도

도 21 須玖永田 A地區의 方形環溝(右)와 須玖坂本地區의 鑄造관련 유물(左)

도 17~21

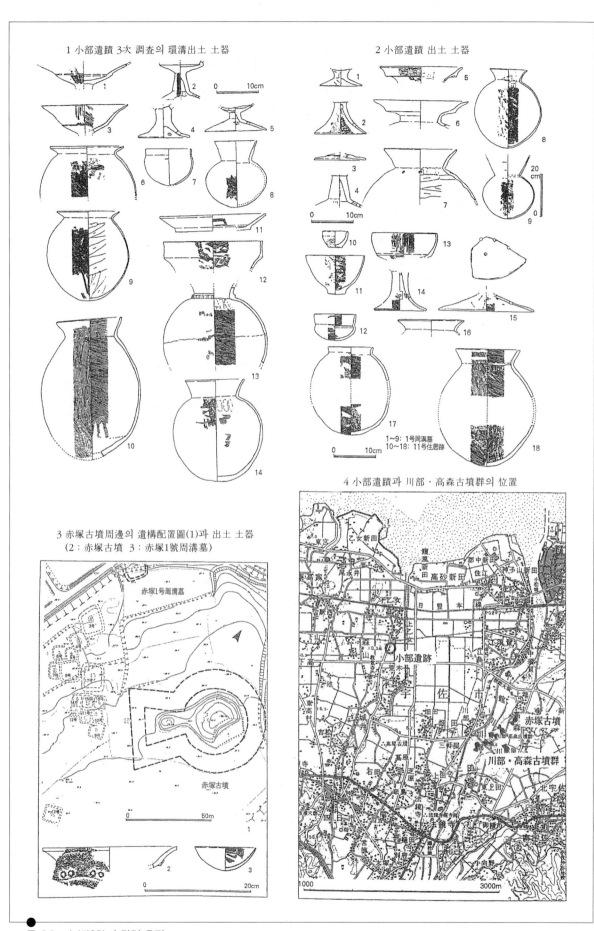

1 小部遺蹟 3次 調査의 環溝出土 土器

2 小部遺蹟 出土 土器

1~9: 1号周溝墓
10~18: 11号住居跡

3 赤塚古墳周邊의 遺構配置圖(1)과 出土 土器
(2: 赤塚古墳　3: 赤塚1號周溝墓)

4 小部遺蹟과 川部・高森古墳群의 位置

도 22　小部遺蹟과 관련 유적

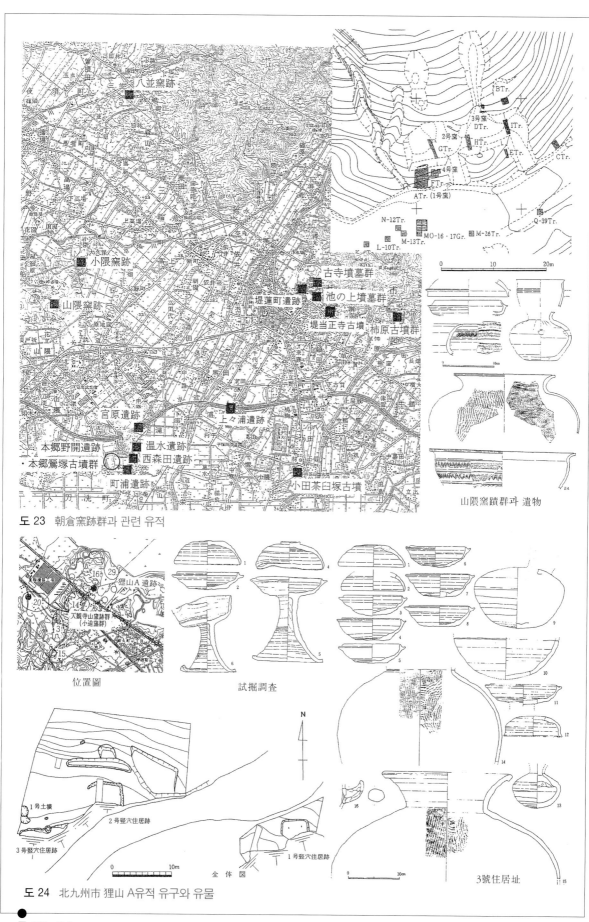

도 23 朝倉窯跡群과 관련 유적

山隈窯蹟群과 遺物

位置圖　　　　試掘調査

도 24 北九州市 狸山 A유적 유구와 유물

도 23~24

●참고문헌●

日本語

宇佐市教育委員會, 2004, 『小部遺蹟』, 宇佐地區遺蹟群發掘調查報告書 I.

_____, 1977, 『宇土城跡(西岡台)』, 宇土市埋藏文化財調查報告書 第1集.

_____, 2001, 『新宇土市史基礎資料第9集 考古 西岡台遺蹟 石ノ瀬遺蹟 上 松山遺蹟』.

小笠原好彦, 1991, 「集落遺蹟からみた古代の大型倉庫群」, 『クラと古代王權』, ミネルヴァ書房.

小郡市教育委員會, 1985, 『橫隈鍋倉遺蹟』, 小郡市文化財調查報告書 第26集.

_____, 1990, 『北松尾口 II 地點』, 小郡市文化財調查報告書 第63集.

_____, 1994a, 『一ノ口遺蹟 I 地點』, 小郡市文化財調查報告書 第86集.

_____, 1994b, 『小郡若山遺蹟3』, 小郡市文化財調查報告書 第93集.

_____, 2001, 『小郡若山遺蹟6』, 小郡市文化財調查報告書 第150集.

柏原市教育委員會, 1986, 『大縣・大縣南遺蹟 - 下水道管暗渠埋設工事に伴う』, 柏原市文化財槪報 1985-III.

_____, 1988, 『大縣遺蹟 -竪下小學校屋內運動場に伴う-』, 柏原市文化財槪報 1988-II.

_____, 1996, 『大縣の鐵 -發掘調查15年-』.

春日市教育委員會, 1980, 『赤井手遺蹟』, 春日市文化財調查報告書 第6集.

_____, 1987, 『須玖永田遺蹟』, 春日市文化財調查報告書 第18集.

_____, 1994a, 『須玖五反田遺蹟』, 春日市文化財調查報告書 第22集.

_____, 1994b, 『奴國の首都 須玖岡本遺蹟』, 吉川弘文館.

_____, 2005, 『須玖永田A遺蹟 2 -4次調查-』, 春日市文化財調查報告書第40集.

_____, 2005, 『須玖永田A遺蹟 3 -2次調查-』, 春日市文化財調查報告書第43集.

片岡宏二, 1999, 『彌生時代渡來人と土器・靑銅器』, 雄山閣.

榧本杜人, 1957, 「金海貝塚の甕棺と箱式石棺 -金海貝塚の再檢討(承前)-」, 『考古學雜誌』 第43券 1號(『朝鮮の考古學』同朋社
　　　　1980所收).

唐津市教育委員會, 1985, 『湊中野遺蹟』, 唐津市文化財調查報告書 第14集.

北九州市教育委員會・北九州市敎育文化事業團, 1979, 『門田遺蹟』, 北九州市文化財調查報告書 第33集.

北九州市敎育文化事業團・北九州市敎育委員會, 1980, 『北九州直方道路および都市計劃道路建設關係埋藏文化財發掘調查報
　　　　告書』

北九州市敎育文化事業團埋藏文化財調查室, 1981, 『狸山 A遺蹟』, 北九州市埋藏文化財調查報告書 第6集.

_____, 1999, 『重留遺蹟 第2地點』, 北九州市埋藏文化財調查報告書 第230集.

九州大學考古學硏究室, 1990, 「山隈窯跡群の調查 -福岡縣朝倉郡三輪町所在の初期須惠器窯跡群-」, 『九州考古學』第65號.

熊本市教育委員會, 2005, 『八ノ坪遺蹟』 I.

_____, 2008, 『八ノ坪遺蹟』IV.

群馬縣敎育委員會・(財)群馬縣埋藏文化財調查事業團・東日本旅客株式會社, 1988, 『三ッ寺 I 遺蹟』.

古賀市敎育委員會, 2009, 『流遺蹟』, 古賀市文化財調查報告書 第55集.

佐賀縣敎育委員會, 1981, 『押川遺蹟・座主遺蹟・前田原遺蹟』, 佐賀縣文化財調查報告書 第60集.

_____, 1992, 『吉野ケ裏 神埼工業團地計劃に伴う埋藏文化財發掘調查槪要報告書』, 佐賀縣文化財調查報告書 第
　　　　113集.

_____, 2001, 『柚比遺蹟群』1, 佐賀縣文化財調查報告書 第148集.

_____, 2003, 『柚比遺蹟群』3, 佐賀縣文化財調查報告書 第155集.

七田忠昭, 2005, 『日本の遺蹟2 吉野ケ里遺蹟』, 同成社.

志摩町教育委員會, 1983,『御床松原遺蹟』, 志摩町文化財調查報告書第3集.

_____, 1987,『新町遺蹟』, 志摩町文化財調查報告書第7集.

_____, 1988,『新町遺蹟II』, 志摩町文化財調查報告書第8集.

下條信行, 2008,『大陸系磨製石器論 -下條信行先生石器論文集-』.

庄田愼矢, 2009,「円形粘土帶土器期の集落構造論(1) -中部地方-」,『日韓集落研究會第5回共同研究會 日韓集落研究の新たな視角を求めて』.

角浩行, 2000,「伊都國の遺蹟と遺物 - 糸島地區出土朝鮮半島系遺物について」,『考古學からみた弁・辰韓と倭』.

第19回國民文化祭前原市實行委員會ほか, 2004,『シンポジウム邪馬台國の時代「伊都國」』.

武末純一, 1989,「山のムラ, 海のムラ」,『古代史復元4 彌生農村の誕生』, 講談社.

_____, 1997,「韓國・渼沙里遺蹟の溝と掘立柱建物(上) - 崇實大學校發掘A地區-」,『古文化談叢』第38集.

_____, 2000,「日本古墳時代首長層居宅をめぐる二・三の問題 -九州の事例から-」,『韓國古代文化の變遷と交涉』.

_____, 2002,『彌生の村』, 山川出版社.

_____, 2003,「萬行遺蹟掘立柱建物群の性格と造營主體」,『石川縣萬行遺蹟調查報告』.

_____, 2004,「空白, 空白?, 空白! -考古學における空白論ノート-」,『海峽の地域史 - 水島稔夫追悼集』.

_____, 2005,「考古學から見た榮山江流域と日本九州地域 -彌生・古墳時代を中心に-」,『榮山江古代文化圈の歴史的性格』.

_____, 2007,「考古學からみた地域史」,『七隈史學』第8號.

_____, 2008a,「倭人と韓人の移動 - 彌生中期と古墳時代前期例からの檢討」,『人間文化研究機構連携研究 ユーラシアと日本 境界の形成と認識 - 移動という視點』.

武末純一, 2008b,「彌生時代生産遺蹟」,『第4回日韓集落研究會共同研究會 日韓集落の研究 -生産遺蹟と集落遺蹟-』.

_____, 2008c,「日本出土榮山江流域關聯考古學資料の性格」,『古代榮山江流域と日本の文化交流』, 全羅南道・(社)王仁博士顯彰協會.

_____, 2009a,「三韓と倭の交流 -海村の視點から-」,『國立歴史民俗博物館研究報告』第151集.

_____, 2009b,「考古學における空白論ノート(承前)」,『東アジアの古代文化』第137號, 大和書房.

_____, 2010a,「彌生武器形青銅祭器の集落內埋納」,『先史學・考古學論究』V.

_____, 2010b,『日本九州地域古墳時代集落調查および研究の現況』, 大韓文化遺産研究센터・全南文化財研究院.

_____, 2010c,「日本の彌生據點集落とネットワーク」,『青銅器時代の蔚山太和江文化』, 蔚山文化財研究院.

_____, 2010d,「集落からみた渡來人」,『古文化談叢』第63集.

_____, 2010e,「韓國・金海龜山洞遺蹟AI地區の彌生系土器をめぐる諸問題」,『古文化談叢』第65集(1).

_____, 2011a,「彌生時代の集落 -北部九州を中心に-」,『第5回日本東アジア考古學會・(財)中原文化財研究院學術大會』, (財)中原文化財研究院.

_____, 2011b,「彌生時代の東アジアの狀況 -倭と韓-」,『東アジア國際ミニシンポジウム 彌生時代の倭と韓 原の辻遺蹟と新昌洞遺蹟』, 長崎縣埋藏文化財センター.

武末純一・森岡秀人・設樂博己, 2011,『列島の考古學 彌生時代』, 河出書房新社.

大刀洗町教育委員會, 1993,『大刀洗町內遺蹟群』, 大刀洗町文化財調查報告書 第3集.

_____, 1994,『本郷鳶塚1號墳』, 大刀洗町文化財調查報告書 第6集.

_____, 2000,『西森田遺蹟2 IV・V・VI地點』, 大刀洗町文化財調查報告書 第19集.

_____, 2005,『本郷鳶塚3號墳・本郷野開遺蹟VI』, 大刀洗町文化財調查報告書 第28集.

_____, 2009,『本郷野開遺蹟V・VII』, 大刀洗町文化財調查報告書 第47集.

田平町教育委員會, 2001,『里田原遺蹟 -國營再編整備事業に伴う發掘調查概報-』, 田平町文化財調查報告書 第8集.

積山洋・南秀雄, 1991,「二つの大倉庫群－大阪府法円阪の五世紀代倉庫群と前期難波宮內裏西方官衙」,『クラと古代王權』, ミネルヴァ書房.

鳥栖市教育委員會, 1985,『安永田遺蹟 -佐賀縣鳥栖市に所在する安永田遺蹟銅鐸鑄型出土地點の調査報告書-』, 鳥栖市文化財調査報告書 第25集.

_____, 1997,『本行遺蹟』, 鳥棲市文化財調査報告書 第51集.

長崎縣教育委員會, 2005,『原の辻遺蹟總集編』, 原の辻遺蹟調査事務所調査報告書 第30集.

_____, 2007,『原の辻遺蹟』, 原の辻遺蹟調査事務所調査報告書 第36集.

中村大, 2009,「祭祀考古學研究と解釋：コンテクストとスケール」,『環狀列石をめぐるマツリと景觀』.

七尾市教育委員會, 2003,『石川縣萬行遺蹟調査概報』.

速水信也, 1992,「一ノ口Ⅰ地點」,「北松尾口Ⅱ地點」,『古墳時代の竈を考える』第三分冊 -追加資料 發表要旨-, 埋藏文化財研究會.

坂靖, 2006,「葛城の集落構成と墓域」,『第2回日韓集落研究會共同研究會 日韓集落研究の現況と課題Ⅱ』.

比嘉えりか, 2011,「鑄造鐵斧片の分布からみた彌生時代の日韓交涉」,『七隈史學』第13號.

福岡縣教育委員會, 1983,『石崎曲り田遺蹟 -Ⅰ-』, 今宿バイパス關係埋藏文化財調査報告書 第8集.

_____, 1984,『石崎曲り田遺蹟 -Ⅱ-』, 今宿バイパス關係埋藏文化財調査報告書 第9集.

_____, 1985,『三雲遺蹟 南小路地區編』, 福岡縣文化財調査報告書 第69集.

_____, 1988,『九州橫斷自動車道關係埋藏文化財調査報告 -14- 甘木市所在宮原遺蹟の調査Ⅰ(B・C地區)』.

_____, 1990,『九州橫斷自動車道關係埋藏文化財調査報告 -17- 甘木市所在宮原遺蹟の調査Ⅱ(AⅠ地區)』.

_____, 1993,『日永遺蹟Ⅰ』, 一般國道210號線浮羽バイパス關係埋藏文化財調査報告 第6集.

_____, 1994,『日永遺蹟Ⅱ』, 一般國道210號線浮羽バイパス關係埋藏文化財調査報告 第7集.

_____, 1996,『野口遺蹟・西森田遺蹟』, 福岡縣文化財調査報告書 第125集.

_____, 1975,『板付周邊遺蹟調査報告書2』, 福岡市埋藏文化財調査報告書 第31集.

_____, 1995,『吉武遺蹟群Ⅶ』, 福岡市埋藏文化財調査報告書 第437集.

_____, 1996,『吉武遺蹟群Ⅷ』, 福岡市埋藏文化財調査報告書 第461集.

洪潽植, 2004,「釜山東萊貝塚出土の土師器系土器」,『福岡大學考古學論集 -小田富士雄先生退職記念-』.

前原市教育委員會, 2002,『三雲・井原遺蹟Ⅱ -南小路地區編-』, 前原市文化財調査報告書 第78集.

_____, 2006,『三雲・井原遺蹟Ⅴ -屋敷・下西地區の調査』, 前原市文化財調査報告書 第90集.

宮崎貴夫, 2008,『日本の遺蹟32 原の辻遺蹟』, 同成社.

桃崎祐輔, 2009,「牧の考古學 -古墳時代牧と牛馬飼育集團の集落・墓」,『第5回共同研究會 日韓集落研究の新たな視角を求めて』, 日韓集落研究會.

行橋市教育委員會, 1985,『下稗田遺蹟』, 行橋市文化財調査報告書 第17集.

行橋市歷史資料館, 2011,『平成23年度特別展 彌生時代の下稗田村』.

若狹徹, 1998,「三ッ寺Ⅰ遺蹟」,『第8回東日本埋藏文化財研究會 古墳時代の豪族居館をめぐる諸問題』.

和歌山縣教育委員會, 1983,『鳴瀧遺蹟發掘調査概報』.

韓國語

(財)江原文化財研究所, 2007,『高城 松峴里遺蹟』.

(社)慶南考古學研究所, 2003a,『泗川梨琴洞遺蹟』.

_____, 2003b,『勒島貝塚A地區住居蹟群』.

_____, 2006,『勒島貝塚』Ⅱ~Ⅵ.

_____, 2010,『金海 龜山洞遺蹟Ⅸ -無文時代集落-』.

(財)三江文化財研究院, 2009,『金海 會峴里貝塚』.

(財)嶺南文化財研究院, 2002,『大邱 東川洞聚落遺蹟』, 嶺南文化財研究院 學術調査報告 第43冊.

(財)蔚山文化財研究院, 2008, 『蔚山達川遺蹟 -1次發掘調査-』, 蔚山文化財研究院 學術調査報告 第52册.

_____, 2010, 『蔚山達川遺蹟 -3次發掘調査-』, 蔚山文化財研究院 學術調査報告 第83册.

이길성, 2010, 「永宗島 雲北洞 原三國時代遺蹟」, 『仁川學學術大會 永宗島의 考古學』.

李東注, 2004, 「泗川 勒島 C地區의 調査成果」, 『영남고고학 20년 발자취』, 創立 20周年 記念 學術大會 第13回 定期學術發表會.

(財)中原文化財研究院, 2007, 『安城盤諸裏遺蹟』.

出典一覧

도1・7：武末作成／도2・20：下條 1989／도3：七尾市 2003, 武末 2003／도4：熊本市 2005・2008／도5：慶南考古學研究所 2010／도6：武末 1997／도8：第19回國民文化祭 2004／도9：蔚山文化財研究院 2008・2010／도10：이길성 2010, 志摩町 1988, 武末 2008b／도11：角 2000／도12：古賀市 2009, 小郡市 1994a・1994b・2001 下條, 2008, 福岡縣：1993・1994／도13・14：行橋市 1985／도15：比嘉 20011／도16：武末 1989／도17：福岡縣 1983・1984／도18：鳥栖市 1985／도19：北九州市 1979／도21：春日市 1987・2005a・2005b／도22：宇佐市 2004, 武末 2000／도23：九州大學考古學研究室 1990, 武末 2010d／도24：北九州市 1981

* 모든 도면은 일부 편집해서 작성.

韓日 先史考古學에 있어서 '集團' 硏究에 대한 檢討

李 基 星

1. 들어가며

　　과거 사회의 복원을 목적으로 하는 고고학에 있어 당시의 '집단'의 양상을 명확히 파악하는 것은 가장 기초적인 작업에 해당될 것이다. 그러나 이러한 '집단'의 양상을 파악하는 것은 단순히 주거지의 규모, 하나의 마을에서 조사된 주거지의 수 등을 확인함으로써 알 수 있는 것은 아니다. 과거의 사회를 이해하기 위해서는 연구의 시각이 반드시 전제되어야 할 것이며, '집단'의 연구에 있어서도 이론적인 논의가 뒷받침되어야 할 것이다.

　　그러나 2000년대 이후 한국고고학에 있어 두드러지는 양적·질적 성장에도 불구하고 아직까지 이에 대한 구체적인 이론적 접근은 이루어지지 못하고 있다. 그리고 선사시대의 '집단'에 대한 해석에 있어서는 많은 부분에 있어 일본 고고학의 영향을 받고 있음을 부정할 수는 없을 것이다. 더욱이 일본고고학에서 말해지고 있는 '공동체' 또는 '단위집단'에 대한 구체적인 이해 없이 단순 인용에 그치는 경우 역시 적지 않다고 할 수 있다.

　　이러한 문제점을 인식하고 본고에서는 과거 집단의 해석에 있어서 한국과 일본에서 어떠한 논의가 이루어져 왔는가를 연구사적으로 검토해보고자 한다. 특히 일본의 경우 1940년대 이후부터의 繩文時代와 彌生時代의 공동체론에 대해 살펴보고, 현재 한국의 선사고고학에서 어떠한 방식으로 공동체에 대한 논의가 이루어지는지를 확인해보고자 한다.

2. 韓國과 日本의 '集團' 硏究의 시작

　　일본고고학에 있어 '단위집단'의 개념이 논의되기 시작한 것은 다른 고고학 분야에 비해 매우 늦은 1940년대부터이다. 이미 1930년대부터 서구전통고고학의 시대구분을 따르지 않는 일본 독자적인 승문문화와 미생문화에 대한 대체적인 성격이 밝혀졌지만(山內淸男 1932 등), 취락을 통해 과거의 사회를 이해하고자 하는 시도는 '원시공동체론'부터 시작되었다. '원시공동체론'이 본격적으로 고고학적 증거를 기반으로 이야기되기 시작한 것은 1940년대 후반부터로, 이는 일본의 패전과 더불어 천황제가 무너지면서 과학적인 과거 복원에 대한 시도였다. 이것은 '원시공산제사회론'으로 불리는 역사학의 논쟁 중, 실제 고고학적 발굴 결과를 근거로 원시고대의 사회 성격에 대한 논의가 본격적으로 시작된 것이다.

　　당시의 繩文·彌生 취락연구는 이미 繩文社會=狩獵採集社會, 彌生社會=農耕社會라는, 각 시대가 서로 다른 사회경제체제라는 인식에서 출발하였기 때문에 깊은 연관을 가지고 있으면서도 서로 다른 방향으로 진전되었다.

　　집단 내 사유재산과 계급이 존재하지 않는 繩文時代에 하나의 집단 또는 단위를 이루는 취락은 결국 소수의 인원으로는 극복하기 어려운 자연환경에 대한 대책으로서 하나의 생활 단위를 이룬 것이며, 이것은 공동으로 생산과 소비를 하는 하나의 단위를 의미한다고 볼 수 있다. 이러한 점에서는 彌生時代의 단위 개념과 유사하다. 彌

生時代의 단위취락 역시 생산과 소비, 특히 농경지 운영에 있어서의 단위로 이해할 수 있으며, 여기에 繩文·彌生時代 모두 묘역, 생산역 등의 전유 또는 공유에 대한 문제가 포함된다.

그러나 한국의 경우는 전혀 다른 양상을 보여준다. 일본이 원시·고대사회의 성격을 밝히기 위한 마르크스주의적 접근에서 집단에 대한 연구가 시작되었다면, 한국의 경우 그러한 접근 자체가 불가능했던 사회적 상황에서, 1970년대까지의 고고학에서는 집단의 연구 자체가 거의 이루어지지 못하였다.

이것은 남한뿐 아니라, 마르크스주의적 접근을 표방하였던 북한의 고고학에서도 마찬가지였다. 1960년대 이전까지의 북한 선사고고학을 주도하였던 都宥浩는 신석기시대, 청동기시대 해석에 있어 마르크스주의적 접근을 차용하지 않았으며, 오히려 유물, 유적에 천착하는 연구의 방식을 취하였다(李基星 2011). 물론 초기의 고고학에 있어 집단 연구의 가장 기본이 되는 주거지가 거의 조사되지 않았다는 점 역시 큰 이유가 될 것이다.

아래에서는 한국과 일본에 있어서의 '집단' 연구의 흐름을 살펴보도록 하겠다.

3. 日本의 先史時代 '集團' 研究

일본고고학에서 취락의 단위가 이야기되기 시작한 것은 繩文時代의 환상집락으로부터이다. 1940년대 和島誠一는 繩文社會에 대해 이전부터 주목되어 왔던 환상집락에 대한 해석에서 열약한 단위가 결집되어 자연을 정복할 수 있는 큰 취락을 형성하며 이러한 하나의 환상집락이 단위취락을 이룬다고 보았다(도 1·2, 和島誠一 1948, 1962). 이 和島誠一의 논문은 '패전에 의한 천황제 파시즘의 붕괴에 의해, 원시사회의 연구에 대한 제약이 사라지고, 전화에 의해 황폐한 중에서 연구의 자유와 그 발전에 대한 희망이 불타오르던 시기(原秀三朗 1972 : 389)'에 발표되었던 논문으로 전후의 과학적 원시사회 연구에 있어 중요한 위치를 가지고 있는 논문으로 평가된다.

이 논문은 기존의 논의에 대한 반론으로부터 시작되었다. 당시까지 확인되는 적은 수의 대규모 유적 중 대표적인 登呂遺蹟을 예를 들어, 주거지가 모두 노지를 가지고 있으며 다른 주거지와 규모의 차이도 별로 없다는 점에서, 또한 더 나아가 선사시대에 있어 이러한 주거지의 규모는 거의 변화가 없었다는 점에서 일본의 경우는 대가족제도가 존재하지 않는다는 戶田貞三박사의 견해에 대한 반론에서 시작되었다. 즉 하나의 노지를 둘러싸고 생활하는 일단의 사람들을 하나의 세대로 상정하는 것은 타당한 일이지만, 문제는 그것을 단순한 하나의 가족으로 설정하는 것이 가능한가라는 의문에서 시작한 것이다. 즉 '우선 주거지와 그 성원이 어떠한 성격의 취락에 속해 있고, 그리고 그 취락의 구성성분으로서 어떠한 기능을 담당하는가를 구체적으로 그리고 역사적으로 추구할 필요가 있는 것이다'(和島誠一 1948).

이 연구는 '과학적 원시사회연구의 자립을 위한 전제라고도 할 수 있는 사회구성=공동체연구의 기초를 놓은 것으로 그 사학사적 의의는 높게 평가된다'(原秀三朗 1972 : 390).

이 논문에서는 결론적으로 독립적 소가족으로 인식되었던 개개의 주거지는 繩文時代에는 취락을 구성하는 '동질의 열약한 단위'에 불과하며, 그들의 집합체로서의 취락이 하나의 강고한 통일체이며, 그 사회적 성격으로서는 씨족공동체가 상정되었던 것이다. 이후 繩文時代의 취락 연구는 환상집락 내에서 단위로 구분이 가능한가(水野正好 1963, 1969), 또는 그러한 단위가 어느 정도 규모의 영역을 점유하는가(西田正規 1980), 그리고 단위 집단의 규모와 어느 정도의 이동성과 정주성을 가지고 있는가(도 3, 矢野健一 2001, 2009) 등 매우 다양한 방향으로 연구가 이루어지고 있다.

彌生時代 취락연구에 있어 단위집단에 대한 연구는 1940년대 조사된 福岡縣의 比惠遺蹟의 조사성과로부터 시작되었다(도 4, 鏡山猛 1941). 유적의 분석을 통해 하나의 취락 내 복수의 주거집단을 추정하였으며, 이후 近藤義郎의 '단위집단'에 큰 영향을 주게 된다. 近藤義郎은 누마(沼)遺蹟의 발굴 성과를 근거로 수 기의 주거지와 1~2동의 굴립주건물 그리고 주거지 외부에서 확인되는 공동취사시설 등을 하나로 묶어 '단위집단'으로 부르며, 그러한 '단위집단'을 彌生社會의 최소 생활·소비단위로 평가하였다(도 5, 近藤義郎 1959). 近藤義郎의 논문에서 논의되는 개념은 '단위 집단'과 '공동체'가 있으며, 단위집단은 소비단위, 경영단위, 생산단위로 구분되는데, 이 중 소비

는 취사생활을 기반으로 하는 일상생활, 경영은 경작 행위 자체, 생산은 당시의 생산수단, 즉 농경지의 개척과 운영을 의미한다. 하나의 취락에 있어 각각의 단위는 일치할 수 혹은 그렇지 않은 경우도 있는 것이다.

본 논문에서는 두 가지의 경우를 예로 들고 있다. 주거지 4, 5기로 이루어진 하나의 단위를 이루고 있는 누마(沼)遺蹟은 취사를 공동으로 한다는 점에서 소비의 단위이며, 지형상 소규모일 수 밖에 없는 계곡 수전을 운영한다는 점에서 경영단위, 생산단위이다. 즉 소규모의 수전이기에 주거지 4, 5기의 인원으로도 개척, 운영이 가능하였던 것이며, 이 경우는 생산, 소비, 경영의 단위가 일치하는 것이다. 그리고 이러한 독립된 단위 집단들이 제사 등을 기제로 결집되는 것이 공동체이며, 각 단위는 공동체내에서도 상대적인 자립성을 가지는 것이다.

그에 비해 주거지 4, 5기로 이루어진 단위가 몇 개 같이 존재하면서 만들어진 히에(比惠)遺蹟, 토로(登呂)遺蹟 등은 계곡 수전이 아닌 평야지대에 위치한 수전을 공반하는 유적으로, 주거지 4, 5기로 이루어진 단위가 소비단위, 경영단위가 된다. 그러나 계곡 수전에 비해 대규모인 평야지대 수전의 개척과 수리시설을 운영하는 생산단위는 소비단위, 경영단위가 결합된 것으로 이해하고 있다. 그리고 이러한 생산단위가 여러 개 결합되어 있는 것이 공동체인 것이다.

이와 같이 소비단위, 경영단위, 생산단위는 각각의 상황에 따라 차이를 보이는 것이다. 이러한 차이는 물론 지형적인 조건에 의해서이기도 하지만, 近藤義郎은 이를 농경 기술의 발전과 연계시켜 보고 있다.

낮은 수준의 농경에서는 대규모의 농경지를 개척하는 것이 아니라 상대적으로 제한된 면적의 저습지에 분산되어 농경이 이루어지게 된다. 그리고 아직 대규모 농경지 개척의 기술단계에까지 이르지 못했을 때, 농경의 정착으로 인한 인구 증가는 「분촌(分村)」으로 해결된다. 그러나 농경 기술 발전에 따른 대규모의 농경지 개척과 생산성 향상은 필연적으로 수리 시설과 관련이 있으며, 이러한 수리시설의 건설, 운영을 위해 경영단위, 소비단위의 규모를 넘어서는 생산단위가 등장하게 되는 것이다. 여기에서 각 경영단위의 자립성과 공동체내의 규제라는 모순이 등장하게 되고 계급이 발생하게 된다. 그러나 그 계급의 발생은 각 경영단위의 경제적인 우열에 의한 것이 아니라, 자립성과 규제라는 모순을 해결하기 위해 권력이 주어진 수장과 공동체 성원들 사이에서 발생하였다고 보는 것이다.

많지 않은 고고학적 증거에 기반하고 있기 때문에 개념적인 측면에 보다 집중되어 있으며, 선사시대 전체를 통괄하는 것이 아니라, 도작 농경 사회를 전제로 하고 있기 때문에 수렵채집경제 사회인 繩文時代를 대상으로 하지 않는다는 한계를 가지고 있기는 하지만 近藤義郎의 '단위집단'과 '공동체'에 관한 개념은 이후 都出比呂志의 세대공동체론으로 이어지게 되며, 彌生時代의 취락 구성을 설명하는데 있어 하나의 도식처럼 이해되고 있다.

이후 '단위집단'의 개념은 보다 더 발전된다. 1970년대 들어와서는 그러한 사회 단위의 발전 단계를 이야기한다. 대표적인 예가 高倉洋彰(1975)으로 그는 彌生時代 전기에 주거지 수 기로 구성된 거주단위가 단독으로 마을을 구성하게 되며, 이러한 집단을 '가족집단'으로 보았다. 도작농경이 보다 대규모화하는 彌生時代 중기가 되면 복수의 가족집단이 하나의 대규모 취락을 만들거나 지형적으로 하나의 영역을 이루는 곳에서 근접해서 마을이 만들어지게 되는데, 이러한 취락을 '지역집단'으로 칭하고 있다. '가족집단'은 생산과 농작물관리의 기초단위로 일상생활을 공동으로 하는 반면에, '지역집단'은 수도경작에 있어서 협업관계를 통해 형성된 지역적 유대관계로 맺어졌다고 해석하였다. 그리고 이러한 과정 속에서 각 지역집단의 이해관계를 조정하기 위해 복수의 지역집단을 통합한 '지역적 통합집단'도 성립된다. 지역적 통합집단의 성립은 조정자로서의 기능을 가진 정치적 통솔자의 출현을 불러일으키게 되며, 정치적 통솔자는 공동체를 규제하게 된다. 그리고 그러한 과정의 마지막으로 가족집단이 해체되고, 공동체 구성원과 정치적 통솔자의 계급관계가 彌生時代에 성립된다고 보는 것이다.

앞에서 살펴본 사회 단위에 관한 논의 중, 가장 최소단위는 주거지 수 기와 부속건물을 가지고 있는 혈연관계의 집단이었다. 그러나 그에 대해 都出比呂志는 다른 의견을 제시한다. 그는 수 기로 이루어진 수혈주거지 군이 아니라 개개의 수혈주거지를 독립된 하나의 생활·소비단위로 이해하였다(도 6, 都出比呂志 1970, 1989). 그가 근거로 이야기하고 있는 것은 近藤義郎과 마찬가지로 노지였다. 서일본 수혈주거지의 노지는 길이 1m 내외, 폭 50cm 내외의 토광을 파고 재를 채운 다음 그 위에서 불을 사용하는 '灰穴爐'로 토광 바닥이 붉게 변하지 않아도 취사시설로 판단할 수 있으며, 주거지에서 사용되는 토기의 기종 구성이나 용량 등으로 보아 개개의 주거를 취사와 식사의 단위로 추정할 수 있다는 것이다. 즉 이렇게 독립된 생활을 영위했던 개개의 주거지는 남녀와 아이들로 구성된 '세대'에 해당하는 것이며, 이러한 주거지들이 여러 기 모여있는 것—近藤義郎의 단위집단에 해당되는—은 서로 근친관계에 있는 복수의 세대로 이루어지는 '세대공동체'로 해석하고 있다. 그리고 彌生時代에 있어서 주거지의 군집 중 한 기의 주거지가 간혹 특별하게 큰 경우가 있는데, 이것은 공동작업장의 기능을 포함한 리더의 거주지일 가능성을 지적하고 있다.

이상에서 살펴보았듯이 일본 고고학에서 이야기하는 사회 최소단위는 그 내용에 있어서 조금씩 차이를 보이고 있기는 하나 공통되는 점이 많다. 즉 취사를 같이 하면서 생활을 공동으로 영위하는 것이 사회의 최소단위이며, 그러한 최소단위는 독립적으로 수전을 경영하는 생산ㆍ소비의 단위라는 것이다. 近藤義郎은 공동취사장의 존재로 주거지 수 기의 군집을 최소단위로 판단하였고, 都出比呂志는 개개의 주거지에 취사를 위한 노지가 존재한다는 점을 근거로 개별 주거지를 최소 단위로 파악하였으며, 수전의 개척, 수로의 조성 등의 대규모 토목 공사에는 그러한 최소단위의 군집이 그 역할을 수행하였다는 것이다.

이와 같은 '단위집단'의 개념은 일본 고고학, 특히 彌生時代 집단의 해석에 있어서는 지금까지도 강한 영향력을 가지고 있다. 그러나 최근에 와서는 그에 대한 의문이 제기되고 있다. 2000년대 이후의 유적 재발굴 조사와 그간의 고고학적 성과에 의해 시기적 세분이 가능해지게 되면서 각 유적과 유구간의 동시기성이 의심받게 된 것이다. 즉 근본적으로 하나의 군을 이루고 있었다고 판단되는 주거지들이 동시기에 존재하고 있었다는 것을 무엇으로 증명할 수 있는가의 문제 제기로 앞으로 풀어나가야 할 과제라 할 수 있다.

그러나 실제로 고고학적 자료에서 가장 많이 문제가 되는 것은 이러한 '단위집단'이 복수로 존재하면서 하나의 취락을 형성하는 경우이다. 흔히 환호취락으로 대표되는 彌生時代의 대형 취락 내부에 구분되는 단위가 있을 것이라는 추정은 彌生時代 취락 연구의 초기부터 있어왔지만, 본격적으로 논의되기 시작한 것은 1980년대 이후이다(都出比呂志 1989). 都出比呂志는 彌生時代의 취락을 3가지 유형으로 구분하였다. 1유형은 수혈주거지 수 기와 부속건물로 이루어진 하나의 단위가 마을을 형성하는 경우이고, 2유형은 환호취락이기는 하지만 평면 배치상에서 수혈주거지군의 구분이 명확하지 않은 것으로, 단위 간의 독립성이 약한 것으로 해석하고 있다. 3유형 역시 환호취락이기는 하지만 2유형과 달리 수혈주거지군의 단위가 명백하게 보이며, 기능을 달리하는 구역이 내부에서 확인되는 취락이다. 잘 알려진 吉野ヶ里遺蹟이나 池上遺蹟 등이 3유형에 해당된다. 1980년대의 이론적인 취락의 유형 구분은 1990년대 들어 발굴 조사의 성과를 근거로, 취락 내부의 단위 간 통합성과 분절성 중 어느 쪽을 강조하는가에 따라 상반된 두 방향으로 발전된다(松木武彦 2008). 우선 단위간의 통합성을 강조하는 것으로는 池上遺蹟의 발굴 성과를 바탕으로 제기된 '彌生都市論'을 들 수 있다(廣瀬和雄 1988). 池上遺蹟의 '신전'과 취락 내 수공업 공방 구역이 구분되어 존재하고 있다는 점을 근거로, 彌生時代 중기의 대형취락은 당시 사회에 있어 수장 권력에 의한 사회 통합 거점의 역할을 하였다고 본다. 그에 비해 단위 간의 분절성을 강조하는 시각은, 彌生時代의 대형 환호취락도 장기간 존속한 경우는 매우 드물다는 점, 수장의 권력을 중심으로 하는 대규모 거점 취락이 古墳時代에는 매우 적다는 점 등을 들어 池上遺蹟과 같은 대규모 취락은 당시 사회 관계의 변화에 있어 한 시점의 특징적인 양상이었다고 평가하는 것이다(若林邦彦 2001). 대신 단위 취락의 복합체가 당시의 사회적인 관계에 따라 거점 취락의 역할을 하였으며, 이는 당시의 상황에 따라 연합과 해체를 반복하였다고 해석하고 있다.

일본 고고학에서 彌生時代 대형 취락에 대한 구체적인 해석은 이제 시작이라고 할 수 있다. 전통적인 통합성을 강조하는 거점취락의 개념에 대해 실제 발굴 성과를 바탕으로 단위취락간의 일시적인 복합체가 거점의 역할을 한다는 의견이 제시되고 있는 상황으로, 앞으로의 발굴 성과에 따라 보다 진전된 논의가 가능할 것이다.

4. 韓國의 先史時代 '集團' 研究

한국 선사시대 연구에 있어 '집단'에 대한 이론적 논의는 매우 적다고 할 수 있으며, 이는 남한과 북한에 모두 공통되는 현상이다.

초기 북한 고고학에서 '집단'의 성격에 대한 논의는 거의 찾아 볼 수 없다. 1960년대까지 발견되었던 신석기시대, 청동기시대 유적은 대부분이 유물포함층이었으며, 주거지는 단편적으로 수 기만이 발견되었을 뿐이었다. 당시의 선사고고학은 마르크스주의적 시각에서 과거를 해석하고자 하는 의도는 전혀 없었으며, 당연히 선사시대 사회 성격에 대한 규명 역시 적극적으로 시도되지 않았다. 남한과 북한을 통틀어 최초의 고고학 개설서인 『朝鮮原始考古學(1960)』에서 사회 구조에 대한 언급은 거의 찾아 볼 수 없다. 오히려 고고학적 자료를 통한 과거의 복원에 있어 기계적인 복원이 비속화를 초래한다는 문제점에 대해 언급하고 있다(都宥浩 1960 : 268). 이렇듯 집단에 대한 연구 자체는 이후에도 이루어지지 않지만, 사회 성격에 대한 해석과 관련해서는, 이후 1970년대 이데올로기에 고고학이 매몰되기 시작한 후부터는 보다 구체적인 논의가 시작된다. 그러나 당시의 연구는 이미 기존에 논의되고 있던 마르크스-엥겔스의 역사발전단계론에 한반도의 선사시대를 끼워 맞추는 것에 불과했던 것으로, 실제 고고학적 자료를 가지고 집단의 성격, 규모를 확인하고자 하는 시도는 거의 전무하였다. 단순히 원시사회를 모계 씨족공동체 사회로 비정하고 있는 것에 불과하였다.

남한의 경우 역시 크게 다르지 않다. 1960년대까지의 초기 고고학에서 '집단'에 대한 언급은 거의 찾아 볼 수 없으며, 북한의 고고학과도 달리 집단의 사회 성격에 관한 논의 역시 거의 이루어지지 않았다. 남한 최초의 고고학 개설서인 『韓國考古學槪說』에도 그에 관련된 언급은 전혀 없다(金元龍 1973). 1970년대 松菊里遺蹟, 欣岩里遺蹟 등의 대규모 취락 유적이 발견되기 이전까지 신석기시대, 청동기시대를 통틀어 마을이라고 부를 수 있는 정도의 유적이 발견되지 않았기 때문이기도 할 것이다.

이후 한국고고학에서 과거의 '집단'에 대한 연구는 1990년대 중반, 본격적으로는 2000년대 이후에 집중되며, 특히 청동기시대 연구에 있어 두드러진다. 반면 신석기시대의 연구에서 집단의 규모, 성격에 대한 논의는 거의 이루어지지 않는 듯하다. 이것은 한국 고고학에서 '집단'에 대한 연구가 당시의 사회적 성격을 규명하고자 하는 방법론에서 출발한 것이 아니라는 것을 말해주는 것이다. 신석기시대에 대규모 취락 유적의 발굴이 적기 때문이기도 할 것이지만, 보다 더 중요한 것은 '집단'의 해석에 대한 목적이 무엇인가에 대한 인식이 부족하다는 점을 지적할 수 있을 것이다.

이것은 한국고고학에서 집단의 연구가 청동기시대에 집중되어 있다는 점에서도 명확하게 알 수 있다. 청동기시대 집단의 연구는 청동기시대 도작 농경의 양상이 밝혀지는 것과 흐름을 같이 하고 있다. 1990년대 이후 청동기시대 수전유구가 본격적으로 발굴 조사 되면서 청동기시대 중기에 도작농경이 본격적으로 정착, 대규모화되었다는 것이 고고학적으로 증명되기 시작한다. 물론 청동기시대 전기에도 도작 농경이 인정되기는 하였지만, 본격적인 수전의 발굴로 인해 도작농경이 도입되는 청동기시대 전기와 도작농경이 정착, 대규모화되는 청동기시대 중기의 차이가 본격적으로 인식되기 시작하고 그와 더불어 주거지 규모의 시간적 변화에 대한 인식이 더해지게 된다.

세장방형주거지로 대표되는 청동기시대 전기의 주거지와 원형 또는 장방형 주거지로 대표되는 청동기시대 중기의 주거지 규모의 축소가 우선적으로 인식되면서, 이에 대한 해석이 청동기시대 도작농경의 정착과 연결되고, 집단의 존재 양상의 변화로 이어지게 된 것이다. 아래에서는 그 대표적인 사례로 安在晧와 金承玉의 견해를 살펴보도록 하겠다. 안재호는 집단의 변화를 농경사회의 정착과정과 연관시켜 청동기시대의 각 시기별로 구분하고 있다. 청동기시대 조기의 경우 2-4기의 주거지가 모여 하나의 세대공동체를 이루는 단위집단이 되며, 이러한 단위는 각 지역별로 그 수에 있어 차이를 보인다. 또한 기본적으로 1개의 노지를 1 단위의 단혼가족으로 상정하여, 노지가 1기 있는 일반적인 주거지는 1단위의 단혼가족으로 구성되며, 복수의 노지를 가지는 대형주거지의 경우 2단위의 단혼가족으로 구성되는데, 이를 고려한다면 2-6단위의 단혼가족이 하나의 세대공동체를 이루는 것으로 이해하고 있다(도 7, 8). 청동기시대 전기에 일반적으로 확인되는 세장방형 대형주거지의 경우 그 내부에서 다수의 단혼가족이 거주하나, 각 단혼가족이 차지하는 공간적 범위에 차이가 있으며 이것은 결국 가부장의 1단위와 방계의 복수단위로 이루어진 대가족체로 보고 있다(도 9). 청동기시대 중기(도 10)에 이르면 중형의 방형주거지 1기와 소형의 정방형주거지 2-3 기가 하나의 단위집단이 되며, 1기의 주거지는 소형화되어 1단위의 단혼가족으로 구성되게 된다고 말한다(安在晧 2000). 즉 안재호의 논지는 복수의 노지가 설치된 세장방형의 전기 주거지에서는 복수의 가족이 거주하지만, 중기에 이르면 이러한 대가족제가 분화하여 핵가족 혹은 개별가족으로 변화한다는 것이다(安在晧 1996, 2006).

金承玉은 이에 대해 다른 의견을 제시하고 있다. 그는 기본적으로 핵가족이라는 것을 경제적 독립성을 유지하는 가족제도로 이해하며, 청동기시대 중기에 주거지 수 기로 구성된 주거군은 혈연적으로 가까운 친족집단(세대공동체)의 개별세대로 해석하여야 한다고 한다. 즉 청동기시대 중기 취락구성의 최소단위는 개별 주거(개별세대)이고, 친족적으로 가까운 개별세대들이 공간적 군집을 이루어 주거군(세대공동체)이 형성되고, 이러한 주거군이 하나의 취락을 구성한다는 것이다(金承玉 2006).

안재호와 김승옥이 차이를 보이고 있는 부분은 세대공동체에 대한 해석의 부분이다. 선사시대에 있어 취락의 기본단위는 세대공동체인데, 이러한 세대공동체는 소형 주거지 수 기로 구성된 것이며, 거주는 세대별로 하고 생산과 소비는 공동으로 행하던 경제의 기본단위인 것이다(權五榮 1997). 즉 김승옥은 청동기시대 전기에서 중기의 변화를 대가족에서 핵가족제도로의 전환이 아니라, 조기와 전기의 공동거주형 주거방식에서 독립거주형 주거방식으로의 변화로 해석하고 있다(도 11). 청동기시대 조기와 전기는 화전경작을 포함한 밭농사와 수렵·채집의 혼합경제로 대규모취락의 형성을 통한 협업의 필요가 적고 상대적으로 이동성의 생활이 필요하다. 즉 조기와 전기는 공동거주형 세대공동체의 구성원들의 공동생산, 공동소비였을 것이다. 그러나 청동기시대 중기부터의 수도작농경의 정착은 취락의 대규모화를 야기시켰고, 결과적으로 농경사회의 사회조직과 노동의 전문화가 세대공동체의 개별세대가 독립적으로 거주하는 방식을 불러일으켰다는 것이다. 명확하게 명시되어 있지는 않지만, 그럼에도 생산과 소비에 있어서 공동생산 공동소비의 형태는 변하지 않는 것으로 인식하고 있는 듯하다(金承玉 2006).

즉 지금까지의 인식은 일정 범위를 가지고 발견된 마을은 하나의 취락을 이루는 것이고, 또한 이 취락 내에서 군을 이루고 있는 수 기의 주거지가 하나의 단위를 이루고 있다고 이해되고 있을 뿐이다.

이에 대해 주목할 만한 것이 최근 제기되고 있는 가구고고학적인 접근(金範哲 2006, 2007, 2011)이다. 물론 이것이 '단위집단'을 구체적으로 설명하고 있는 것은 아니지만, 이에 대한 이론적 접근이 이루어진다는 점에서 매우 고무적이라고 할 수 있다(도 12).

5. 마치며

이상에서 보았듯이 한국과 일본 고고학의 선사시대 연구에 있어서 '공동체' 또는 '집단'에 대한 연구는 전혀 그 방식을 달리하여 논의되고 있다. 일본고고학에서는 '공동체'의 구체적인 해석에서부터 '단위집단'에 대한 연구가 시작되었는데, 이는 직·간접적으로 한국의 고고학에 많은 영향을 주었으나, 청동기시대 도작농경 정착 단계의 주거지 규모의 변화로 집단의 변화를 이해하고자 하는 한국고고학과는 큰 차이를 보이는 것이다.

최근 한국고고학의 취락연구에 있어 일본 취락고고학의 개념이 다수 차용되고 있음은 주지의 사실로, 일본고고학의 취락연구에 대한 올바른 이해는 한국고고학에의 적합한 적용과 응용을 위한 기초가 될 것이다.

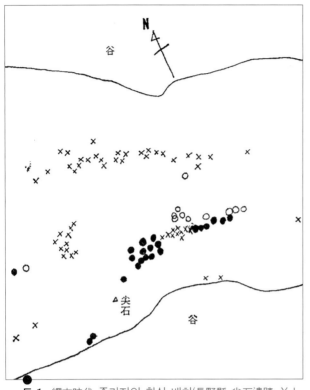

도 1 繩文時代 주거지의 환상 배치(長野縣 尖石遺蹟, X 노지, ○ 추정주거지, ● 발굴주거지) (和島誠─ 1948, 제3도를 필자 일부 편집)

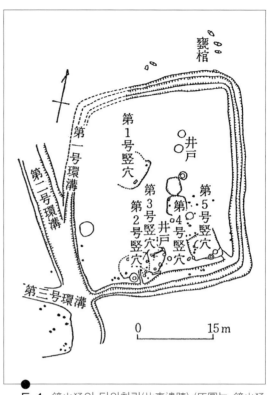

도 4 鏡山猛의 단위취락(比惠遺蹟) (原圖는 鏡山猛 1941, 近藤義郎 1985, 도 II-2 전재)

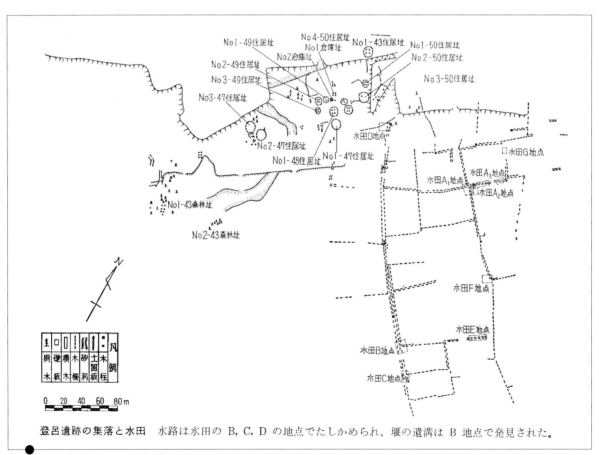

登呂遺跡の集落と水田　水路は水田の B, C, D の地点でたしかめられ, 堰の遺溝は B 地点で発見された。

도 2 登呂遺蹟의 집단 단위(和島誠─ 1962)

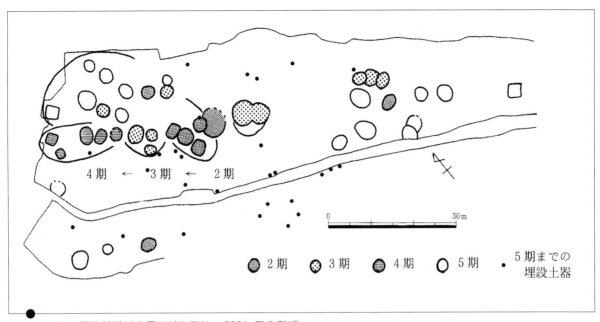

도3 繩文취락 집단의 소규모성(矢野健一 2001, 도 2 전재)

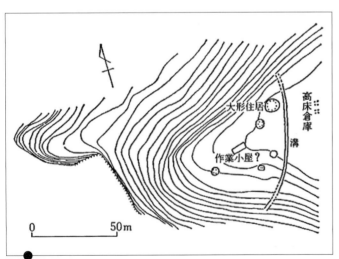

도5 近藤義郎의 단위취락(沼遺蹟, 近藤義郎 1985, 도 II-1 전재)

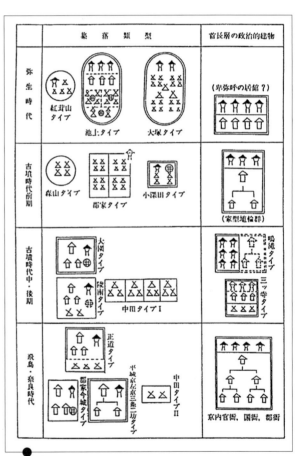

도6 일본 시대별 취락의 구성(都出比呂志 1989, 도 37
一部 필자 편집)

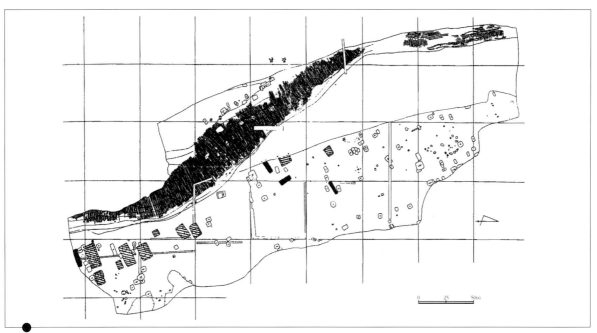

도 7 청동기시대 조기의 취락 구성(복수 세대공동체, 大坪里 漁隱1地區 遺蹟) (安在晧 2000, 도 4-1 필자 일부 편집, ▨가 조기 주거지)

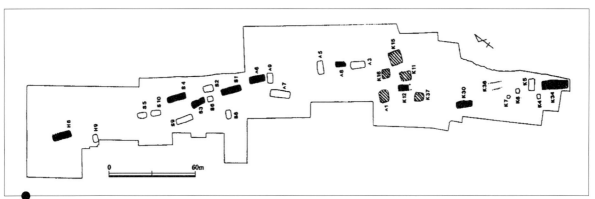

도 8 청동기시대 조기의 취락 구성(1단위의 세대공동체, 渼沙里遺蹟) (安在晧 2000, 도 4-2 필자 일부 편집, ▨가 조기 주거지)

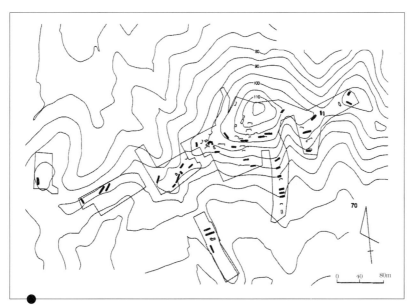

도 9 청동기시대 전기의 취락 구성(대가족제 세장방형주거지의 분포, 白石洞遺蹟) (安在晧 2000, 도 6-1 필자 일부 편집, ■가 세장방형주거지)

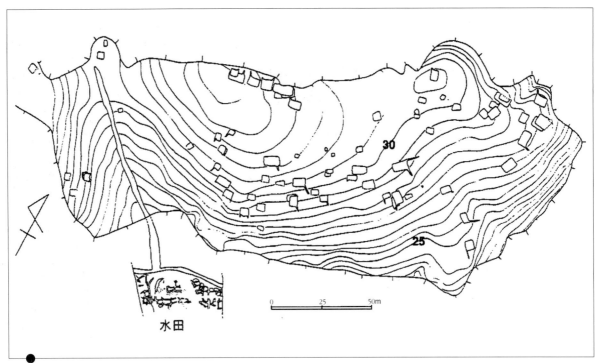

도 10　청동기시대중기 취락 구성(玉峴遺蹟) (安在晧 2000) (도 7-1 필자 일부 편집)

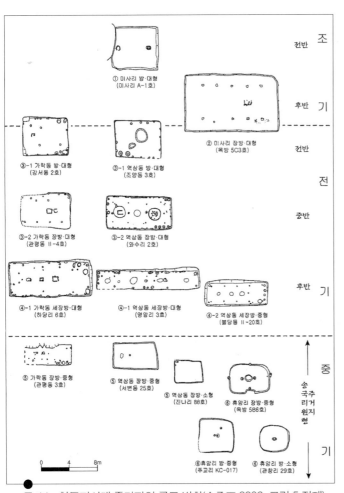

도 11　청동기시대 주거지의 규모 변화(金承玉 2006, 그림 5 전재)

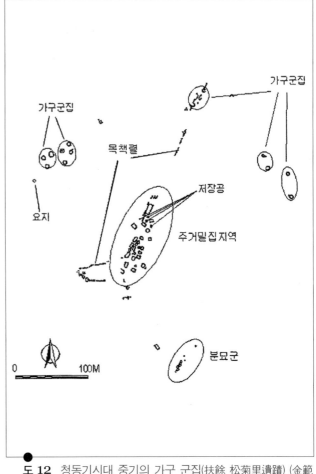

도 12　청동기시대 중기의 가구 군집(扶餘 松菊里遺蹟) (金範 哲 2006, 도면 8 필자 일부 편집)

●참고문헌●

韓國語

權五榮, 1997, 「韓國古代의 聚落과 住居」, 『韓國古代史研究』 12

金範哲, 2006, 「錦江 中・下流域 松菊里形 聚落에 對한 家口考古學的 接近」, 『韓國上古史學報』 51.

_____, 2007, 「韓國 古代 '村落'에 對한 考古學的 接近을 위한 몇 가지 提言」, 『韓國古代史研究』 48.

_____, 2011, 「青銅器時代 前期 住居樣相과 家口發達週期」, 『韓國上古史學報』 72.

金承玉, 2006, 「青銅器時代 住居址의 編年과 社會變遷」, 『韓國考古學報』 60.

金元龍, 1973, 『韓國考古學概說 1版』.

都宥浩, 1960, 『朝鮮原始考古學』, 科學院出版社.

社會科學院 考古學研究所, 1977, 『朝鮮考古學概要』, 科學百科事典出版社.

安在晧, 1996, 「無文土器時代 聚落의 變遷 -住居址를 通한 中期의 設定-」, 『碩晤尹容鎭教授停年退任紀念論叢』.

_____, 2000, 「韓國農耕社會의 成立」, 『韓國考古學報』 42.

李基星, 2011, 「初期 北韓 考古學의 新石器・青銅器時代 區分」, 『湖西考古學』 25.

日本語

高倉洋彰, 1975, 「彌生時代의 集團組織」, 『九州考古學의 諸問題』.

谷口康浩, 1998, 「環狀集落形成論」, 『古代文化』 50-4.

_____, 2010, 「繩文時代概念의 基本的問題」, 『繩文文化의 輪郭』.

近藤義郎, 1959, 「共同體와 單位集團」, 『考古學研究』 6-1(近藤義郎, 1985, 『日本考古學研究序說』에 再收錄).

都出比呂志, 1970, 「農耕共同體와 首長權」, 『講座日本史』 1, 東京大學出版會.

_____, 1989, 『日本農耕社會의 成立過程』.

鏡山猛, 1941, 「日本原始聚落의 研究 - 福岡市比惠遺蹟의 紹介」, 『歷史』 16-2.

山內清男, 1932, 「日本遠古의 文化」, 『ドルメン』 1-7.

西田正規, 1980, 「繩文時代의 食料資源과 生業活動 - 鳥浜貝塚의 自然遺物을 中心으로서」, 『季刊 人類學』 11-3.

原秀三朗, 1972, 「日本에 있어서 科學的原始古代史研究의 成立과 展開」, 『日本原始共産制社會와 國家의 形成』, 歷史科學大系 第一卷.

松木武彦, 2008, 「彌生時代의 集落과 集團」, 『集落에서 읽는 彌生社會』.

矢野健一, 2001, 「西日本의 繩文集落」, 『立命館大學考古學論集 II』.

_____, 2009, 「小規模集落의 長期定着性」, 『關西繩文時代의 集落과 地域社會』, 關西繩文文化研究會.

和島誠一, 1948, 「原始聚落의 構成」, 『日本歷史學講座』.

_____, 1962, 「序說 -農耕・牧畜發生以前의 原始共同體-」, 『古代史講座』 2.

若林邦彦, 2000, 「河內潟沿岸地域에 있어서 彌生文化成立期의-I相」, 『彌生文化의 成立』, 埋藏文化財研究會.

_____, 2001, 「彌生時代의 大規模集落의 評價」, 『日本考古學』 12.

_____, 2008, 「集團과 集團2-近畿」, 『集落에서 읽는 彌生社會』.

沖積地 立地 聚落의 空間配置 檢討

尹昊弼

1. 序言

취락은 단순히 주거지를 중심으로 한 가옥 집합체로 보는 협의적인 개념보다는 인간의 주거생활과 관련된 모든 유구들 즉, 주변의 경작지, 도로망, 행위공간, 패총(폐기장), 분묘, 요지, 사회공공건물지, 제사(의례)장소 등을 모두 포함한 광의적 개념으로 이해할 필요가 있다(秋淵植 1994). 따라서 취락연구는 보다 다양한 관점에서 살펴보는 것이 필요하다.

이에 본고에서는 취락을 개별 유구 중심으로 검토하기 보다는 거시적 맥락에서 취락형태 및 취락 구성요소들의 공간배치 양상을 살펴보고, 이를 자연환경 및 사회적 변화에 따른 변천과정을 시대별로 검토하고자 한다. 하지만 모든 입지환경을 검토하지는 못하고 지형적 변화가 비교적 많이 일어나고 취락의 구성요소가 가장 많이 확인되는, 충적지를 중심으로 취락의 공간배치 양상을 살펴보고자 한다. 충적지는 하천과 접해있어 어로 및 용수확보가 용이하며, 넓은 공간과 비옥한 토양으로 주거공간 및 대규모 경작활동이 가능하다. 또한 하천을 중심으로 교통로가 형성되어 있어 주변과의 소통도 용이하다. 따라서 충적지는 선사시대부터 현재에 이르기까지 가장 중요한 취락입지라 할 수 있으며, 가장 많은 취락 구성요소들이 확인된다. 또한 충적지는 하천퇴적지형으로써 침식, 운반, 퇴적 작용에 의해 지형적 변화가 비교적 활발하여 유적의 생성과 폐기라는 일련의 life cycle이 잘 드러나는 지형이다. 따라서 자연환경 및 사회적 변화에 따른 변천과정을 거시적으로 검토할 수 있다.

2. 沖積地와 立地環境

1) 沖積地의 形成과 變遷過程

'충적지'는 하천퇴적지형의 한 종류로서 물이나 바람에 의해 흙이 운반되어 쌓여서 만들어진 지형으로 운적토에 해당되며 대부분 물에 의해 형성된다. 또한 물의 흐름에 따라 침식(erosion), 운반(transportation), 퇴적(sedimentation) 작용이 일어나며(權赫在 2001), 이는 취락의 외형적 요건과 주변 경관을 만든다.

한국의 지형적 특징은 대부분 노년기 지형으로 지속적인 침식작용을 받았으며, 선상지 발달이 빈약한 반면, 자연제방의 발달이 현저하게 나타난다(曹華龍 1987). 충적지의 구성물질은 자갈, 모래, 실트, 점토로 퇴적물 양상에 따라 입지환경이 달라진다. 또한 퇴적지형의 특성과 하계에 강수가 집중되는 기후적 특징으로 다른 지형에 비해 지형적 변화가 심하고 유적의 폐기와 생성에도 많은 영향을 미친다. 따라서 최초에 형성된 충적지의 형태는 지속적인 퇴적과 침식작용으로 많은 지형적 변화가 일어난다. 전체적으로 보면 자연제방은 규모가 점차 확대되는데, 하천방향으로 범위가 넓어지며 후사면은 점차 평탄화 된다. 배후습지(저지)도 점차 평탄화 되면서 범위가 넓어진다. 따라서 전체적으로 보면 충적지는 서서히 평탄화 되어가는 양상을 보인다.

2) 細部地形의 堆積樣相 및 特徵

충적지의 세부지형은 크게 자연제방과 배후습지(저지)로 구성되어 있다. 자연제방은 물이 河道를 넘칠 때 하도의 양안 가까이에 퇴적되어 만들어지는데, 기본적으로 기반암-자갈-모래-실트 순으로 퇴적되어 있다. 자연제방은 배수가 잘 되며, 유기물을 많이 포함하고 있어 식물이 자라기 좋은 토양조건을 가진다. 규모는 하천의 크기와 유량에 비례하며, 단면형태는 제형으로 각 부분의 위치에 따라 전사면, 상면, 후사면으로 구분된다. 전사면은 경사가 가파르고 후사면은 완만하다. 상면은 평탄하나 후사면으로 완만하게 기울어져 있다. 자연제방은 하천의 규모 및 형태에 따라 여러 개가 형성되기도 한다. 이는 충적지의 생성과정을 말해줄 뿐만 아니라 시간성을 반영하고 있기 때문에 유구들에 대한 다양한 분석이 가능하다.

배후습지는 자연제방이 만들어질 때 그 배후에 토사의 유입이 적어지게 되면서 자연제방보다 낮게 만들어지는 지형을 말한다. 배후습지에 유입되는 토사는 부유하중으로 운반된 것 중 가장 가벼운 점토가 쌓이게 된다. 점토는 모래나 실트에 비해서 단위 무게당 표면적이 훨씬 넓어 토양 가운데 수분 및 양분의 보유력이 강해 점성이 강하며 부식이 잘된다. 따라서 배수가 불량한 지역이 된다.

3. 細部地形에 따른 遺構立地 및 空間區分

충적지에 입지한 취락은 대부분 복합유적으로 매우 다양한 유구들이 함께 분포하며, 종류별, 층위별, 시대별로 세부지형에 따른 다양한 입지패턴과 배치양상이 나타난다.

1) 自然堤防과 背後濕地의 遺構立地

(1) 自然堤防 立地

전사면의 지형형태는 후사면에 비해 경사면이 급하고, 구성물질도 모래와 실트 중 모래의 비중이 높은 편이다. 특히 하천에 가까울수록 모래의 비중은 높아진다. 이는 전사면의 위치가 하천과 마주보는 지역으로 하천과 가깝고, 유량이 증가하며 항시 하천의 영향을 받아 침식과 퇴적작용이 일어나기 때문이다. 즉, 항시 유수의 피해를 염두에 두고 있어야 한다. 이러한 입지적 특징은 인간이 장기적으로 거주하기에는 위험부담이 크기 때문에 주거공간으로 활용되기는 어렵다. 따라서 전사면을 효율적으로 이용하기 위해서는 단기간에 필요한 성과를 가져올 수 있고, 유수의 피해가 있더라도 단기간에 복구할 수 있는 유구가 입지하게 된다. 또한 구성물질에 모래가 많이 포함되어 있기 때문에 이 점도 충분히 고려한 유구가 입지한다. 따라서 취락 구성요소로서 가장 적합한 유구는 경작유구인 '田'이 입지한다. 전은 水田과 달리 물을 많이 사용하지 않고, 모래성분이 많은 토양에서도 작물재배가 가능하다. 또한 작물의 파종에서 수확까지의 기간도 짧으며, 경사면에서도 재배가 가능하고, 유수의 피해를 입더라도 복구에 용이하다. 대표적인 유적은 晋州 大坪里遺蹟과 晋州 平居洞遺蹟이 있다.

상면은 자연제방의 가장 높은 곳으로 범람의 위험이 적은 지역이다. 상면의 형태는 평탄면을 이루며 길게 뻗어 있다. 종단면은 후사면 쪽으로 아주 완만하게 기울어진 형태이다. 구성물질은 모래, 실트, 점토가 모두 포함되며, 배수가 잘된다. 이중 실트의 비중이 높아 전사면에 비해 토양이 단단하며, 수혈과 구조물을 만들기에도 적합하다. 따라서 상면은 자연제방 중 가장 많은 종류의 유구가 입지하며, 취락의 중심을 이룬다. 공간적으로 중심부분과 가장자리 부분으로 구분할 수 있는데, 유구의 성격이나 종류에 따라 입지양상이 달라진다. 중심부분은 유구들이 집중적으로 입지하기 때문에 유구 밀집도가 가장 높고, 그중 주거지가 가장 높은 비율을 차지한다. 주거지는 인간이 생활하는 가장 기본적인 공간으로 취락의 중심이며, 주변에 입지하는 모든 유구와 관련성을 가진다. 중심부분은 주거지를 비롯하여 분묘, 굴립주, 수혈, 저장공, 구상유구, 환호, 전 등 다양한 유구들이 입지한다. 이는 주거지를 중심으로 생활공간과 활동공간이 만들어지기 때문이다. 상면에서 확인되는 유구 중 환호는 이러한 양상이 잘 나타난 유구로 주 활동공간을 명확하게 구분하고 있다. 분묘는 중심부분과 함께 양쪽 가장자리 부분에 입지한다. 특히 상면과 후사면이 만나는 지점에 열을 지어 배치되는 경우도 있다. 상면에 입지한 유구는 몇 가지 특징이 있다. 첫째, 중복관계가 많이 나타난다. 이는 주 활동공간의 범위가 자연제방이라는 한정된 공간속에 있기 때문이다. 또한 자연제방 상면의 퇴적양상이 일정한 높이 이후에는 퇴적이 잘 이루어지지 않아 후 시대의 유구가 전 시대의 유구를 파괴하고 조성되기 때문이다. 즉, 공간적 범위가 한정되어 있고 퇴적이 잘 이루어지지 않기 때문에 유구의 중복양상이 두드러지게 된다. 둘째, 주거공간과 매장공간이 매우 근접하게 배치되고 일부는 혼존되어 조성되는 경우도 있다. 이러한 양상은 구릉정상부나 산사면에서 입지하는 것과 다소 다른 양상이다. 이들 입지는 주거공간과 매장공간의 위치가 같은 구릉 내에 배치되는 것이 아니라 따로 분리되어 배치되거나, 같은 지역 내에서도 공간분할이 완전히 이루어진 상태로 배치된다. 하지만 자연제방에서는 주거공간과 매장공간이 분리되어 배치되기는 하나 완전한 상태의 공간분할은 이루어지지 않는다. 이는 지형적 영향이 가장 큰 것으로 보인다. 셋째, 주거지와 경작지는 분리되어 배치된다. 이는 지형양상과 구성물질의 차이로 인해 나타나는 것으로 유구의 성격에 따른 입지양상을 잘 보여준다.

후사면은 상면과 배후습지를 연결하는 지역으로 경사가 완만하며 지형적 범위도 다른 지역에 비해 넓다. 구성물질은 모래, 실트, 점토가 모두 포함되어 있으며, 이중 실트와 점토의 비중이 높다. 하지만 범람에 의해 모래층이 쌓이기도 한다. 이 지역은 완만한 경사면으로 인해 상면에 입지한 유구들이 연장되어 배치되기도 한다. 이는 상면에 집중된 유구 중 주거지보다 분묘의 배치에서 더욱 두드러진다. 즉, 분묘는 중심지역을 벗어나 전사면과 후사면까지 배치되는 것이다. 이는 자연제방의 유구 입지패턴이 주거지를 중심으로 이루어지기 때문이다. 따라서 후사면에 배치되는 유구도 주거지와의 관계 속에서 배치된 것으로 생각된다. 후사면은 전사면과 같이 田이 주를 이루나, 田이 형성되지 않은 지역은 분묘나 주거지의 일부가 배치된다. 이는 후사면이 완만할수록 田보다는 다른 유구가 배치되는 경향이 높다. 따라서 후사면에 입지하는 유구는 田을 비롯하여 주거지, 분묘, 수혈, 집석, 야외노지 등 비교적 다양하다.

자연제방은 지형적 형태 및 위치에 따라 유구의 입지형태가 다른데, 이는 유적이 형성될 때 유구의 성격을 지형양상 및 퇴적토의 성격 등을 고려하여 배치한 것으로 보인다. 즉, 자연제방에 입지한 사람들은 자신이 생활하는 공간에 대한 자연·지리적 특성을 잘 파악하고 있었음을 알 수 있다. 하지만 모든 유구가 지형과 퇴적양상에 맞게 배치된 것이 아니며, 일부는 기본적인 입지패턴 속에서 집단의 문화적 특성에 따라 자유롭게 배치된 것도 확인된다.

⑵ 背後濕地 立地

배후습지의 지형 및 퇴적토의 양상은 유구의 성격을 결정하는 중요한 요인이 된다. 배후습지(저지)의 구성물질은 실트와 점토가 주를 이룬다. 이로 인해 토양은 점성이 강하며 배수가 불량하다. 또한 주변보다 낮은 저지대로 물이 모이기 때문에 생활유구의 입지가 어렵고, 경작유구인 '水田'만 입지한다. 즉, 수전은 전과 달리 용수확보가 유리하고 배수가 불량한 지역이 좋은 입지조건이 되는 것이다. 하지만 모든 배후습지에 수전이 존재하는 것은 아니며, 자연제방에 입지한 유구의 성격 및 시대에 따라 달라진다. 수전은 청동기시대에 본격적으로 경작되기 시작한 농법으로 현재까지 확인된 것은 청동기시대 수전이 가장 빠르다. 이후 수전경작은 농경 중에서 가장 기본적이고 중심적인 활동으로 자리 잡는다. 배후습지가 최근까지 수전경작지로 이용되고 있는 것도 이런 이유라 하겠다.

2) 聚落內 空間區分

취락은 인간의 일생이 모두 이루어지는 곳으로 다양한 성격의 공간들이 공존하게 된다. 이를 유구의 성격에 따라 세부적으로 구분하면 생활공간, 생산공간, 제사(의례)공간, 분묘공간 등으로 나눌 수 있다.

생활공간은 주거, 회의, 놀이, 생산물의 저장과 폐기, 음식조리, 일상의례, 도로, 공간구획, 방어, 통행, 운반 등 다양한 성격을 가진 유구들이 분포한다. 유구는 주거지(주거시설), 굴립주건물지(회의시설, 의례시설, 저장시설),

저장혈(저장시설), 수혈(저장시설, 폐기시설, 의례시설), 구상유구(구획시설, 의례시설, 폐기시설), 야외노지(조리시설, 조명시설), 집석유구(폐기시설, 의례시설), 도로(통행·운반시설), 광장(회의공간, 놀이공간), 환호(방어시설) 등이 있으며, 자연제방 상면과 후사면에 주로 입지한다.

생산공간은 크게 식량생산과 수공업품생산으로 구분된다. 식량생산 유구는 수전과 전이 대표적으로 충적지 세부지형 및 토질에 따라 전은 자연제방에 입지하며, 수전은 배후습지에 입지한다. 수공업품생산 유구는 토기와 기와를 생산하는 가마(소성유구)와 도구(석기 등)나 장신구를 생산하는 주거지나 수혈 등이 있으며, 자연제방의 상면에 주로 입지한다.

제사(의례)유구는 개인보다는 집단적 의례에 주로 활용되는 전용 제사(의례)공간을 말한다. 제사(의례) 양상은 크게 거석기념물, 제단, 암각화 같이 건축물을 만들거나 상징물을 새기는 것과 매납, 공헌(희생물, 선물)을 통해 공포를 떨치고 안녕을 기원하고자 하는 것이 있다. 매납과 공헌과 관련된 유구는 특정한 형태를 하거나, 혹은 일반적인 유구라 하더라도 내부 출토물이 다른 유구의 출토물과는 구별된다. 유구는 주로 수혈, 구상유구, 폐기장 등이며, 주로 자연제방의 전사면에 입지한다.

분묘공간은 생자의 공간과 구별되는 사자의 공간으로 장송의례가 행해지는 제사(의례) 공간이자 신성시되는 공간이다. 또한 군집을 이루면서 조성되기 때문에 일정한 공간이 필요할 뿐만 아니라 특정 공간에 입지하게 된다. 충적지에서는 주로 자연제방의 상면과 후사면에 입지한다. 분묘의 종류는 지석묘, 석관묘, 토광묘, 옹관묘, 석곽묘, 석실묘 등이 있다.

4. 沖積地 立地 聚落의 變遷과 特徵

취락내 공간구분 및 유구입지는 앞서 살펴본 대로 유구의 성격과 기능, 지형 및 토질에 따라 구분되어 배치되며, 이는 충적지의 특징과 시대에 따른 사회적 변화로 취락의 구조가 다양하게 변화한다. 즉, 충적지는 하천퇴적 지형의 특징인 퇴적과 침식작용에 의해 자연제방과 배후습지(저지)가 점차 확대되고 지형 기복이 줄어들면서 평탄화되어 간다. 신석기시대에서 청동기시대는 자연제방과 배후습지의 형태가 뚜렷하여 미지형에 따라 공간이 구분되었으나, 삼국시대부터는 점차 세부지형들이 확대되고 평탄화되어 조선시대가 되면 현재와 같은 지형이 완성된다. 따라서 이러한 지형적 변화에 따라 유구의 입지환경도 점차 변화한다.

사회적으로는 농경의 발달과 사회구조의 변화에 따라 취락의 구조도 변화하기 시작한다. 신석기시대는 주거지와 야외노지 중심의 생활공간이 주를 이루었다면, 청동기시대는 정주 취락이 본격화되고 활발한 농경활동이 이루어지면서 농경지에 대한 수요도 증가한다. 이와 더불어 사회구조도 계층화과정을 거치게 되어 다양한 취락구조가 나타난다. 즉, 생활공간, 생산공간, 제사(의례)공간, 분묘공간이 상호 복합적으로 나타나는 것이다. 하지만 충적지 전체를 본격적으로 활용하지는 못하였다. 삼국시대부터는 국가체제가 완비되고 농경이 가장 중요한 사회·경제적 활동으로 됨으로서 충적지는 가장 중요한 취락입지이자 농경지로 충적지 전체를 효율적으로 활용하였다. 하지만 주로 생활공간과 식량 생산공간으로 이용될 뿐 분묘공간과 제사(의례)공간은 일부만 이용되었다. 고려시대와 조선시대는 주로 식량 생산공간으로만 활용되었다.

표 1 _ 충적지의 유구입지 양상

유구종류		자연제방			배후습지	시대
		전사면	상면	후사면		
생활공간	주거지		○			신석기시대~삼국시대
	굴립주건물지		○	○		청동기시대~삼국시대
	환호		○			청동기시대
	수혈		○	○		신석기시대~고려시대
	야외노지		○	○		신석기시대~삼국시대
	구상유구		○			청동기시대~삼국시대

		집석유구		○	○		신석기시대~청동기시대
		저장혈		○			청동기시대~삼국시대
		주혈		○			신석기시대~삼국시대
		도로		○			청동기시대~삼국시대
생산 공간		소성유구		○			청동기시대
		전	○	○	○	○	청동기시대~현대
		수전				○	청동기시대~현대
제사(의례)공간		제사(의례유구)	○				신석기시대~삼국시대
분 묘 공 간		지석묘		○	○		청동기시대
		석관묘		○	○		청동기시대
		토광묘		○			청동기시대
		옹관묘		○			신석기시대~삼국시대
		석곽묘		○			삼국시대~고려시대
		석실묘		○			삼국시대

5. 結語

충적지에 입지한 취락은 지형적인 양상과 함께 사회적 환경과 기술수준이 반영되어 공간이 구분되고 유구들이 배치된다. 이는 기술의 발전으로 자연을 개척하여 생활공간으로 편입시킴으로서 인간의 활동 영역을 더욱더 넓혀나가는 것이다. 즉, 생활공간만으로 구성된 취락에서 생활공간, 생산공간, 제사(의례)공간, 분묘공간이 복합적으로 구성된 취락으로 변화하였다가 삼국시대 이후부터는 점차 식량생산공간이 주가 되는 취락으로 확대한 것으로 보인다. 결국 충적지는 주거를 중심으로 한 취락입지에서 식량생산이 주가 되는 공간으로 변화되었음을 의미한다.

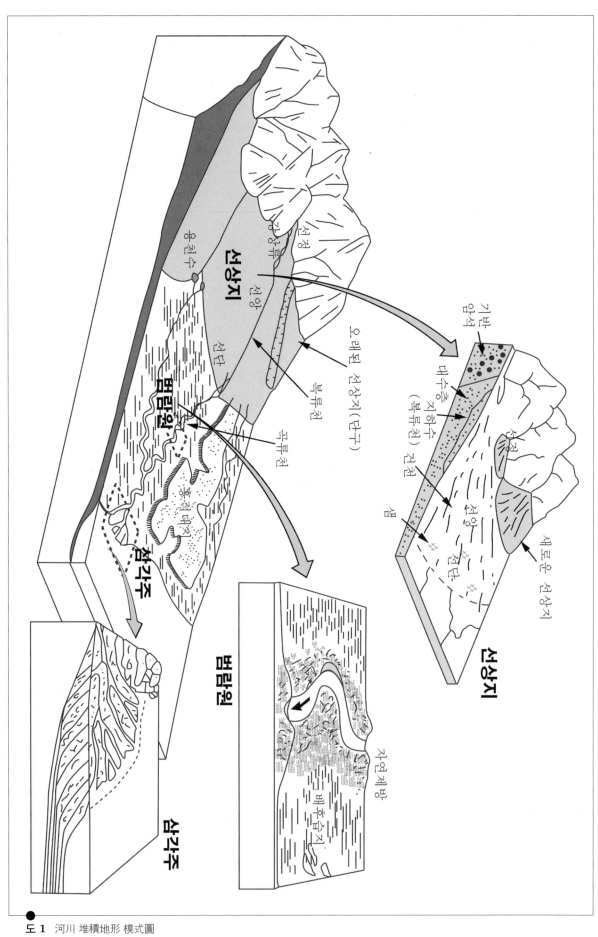

도 1 河川 堆積地形 模式圖

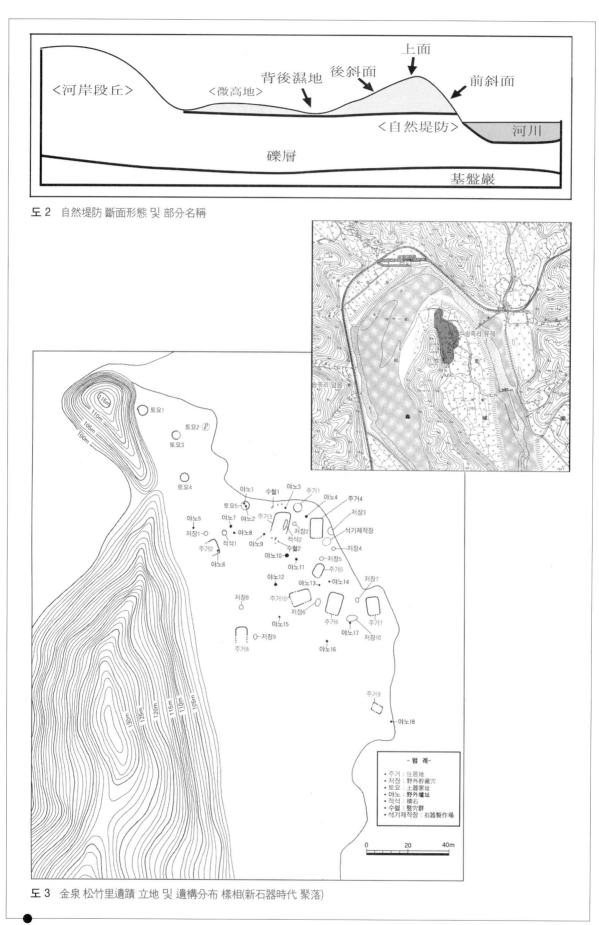

도 2 自然堤防 斷面形態 및 部分名稱

도 3 金泉 松竹里遺蹟 立地 및 遺構分布 樣相(新石器時代 聚落)

- 범 례 -

- 주거 : 住居地
- 저장 : 野外貯藏穴
- 토요 : 土器窯址
- 야노 : 野外爐址
- 적석 : 積石
- 수혈 : 竪穴群
- 석기제작장 : 石器製作場

0   20   40m

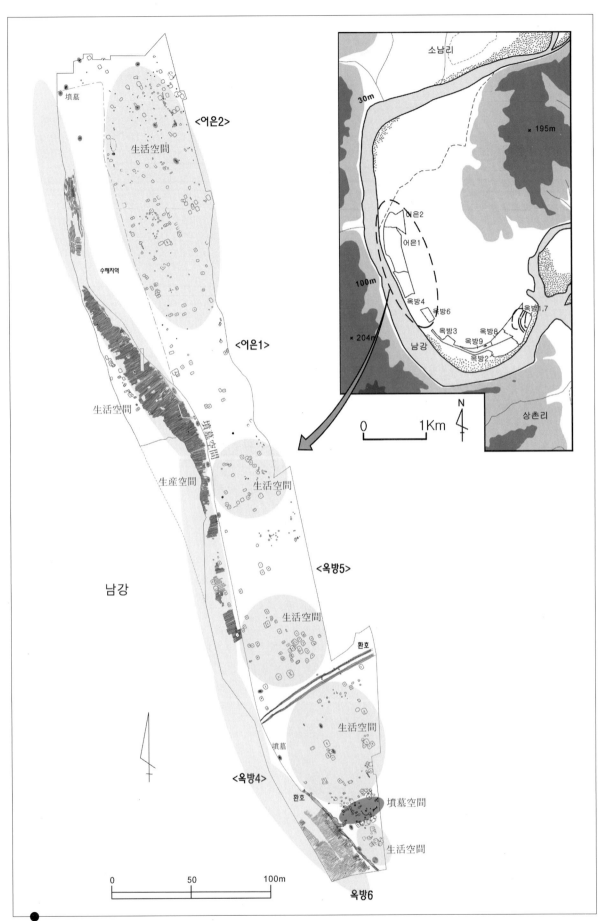

도 4 晋州 大坪里 漁隱遺蹟 聚落構造(靑銅器時代)(高旻廷 2010 : 52 修正)

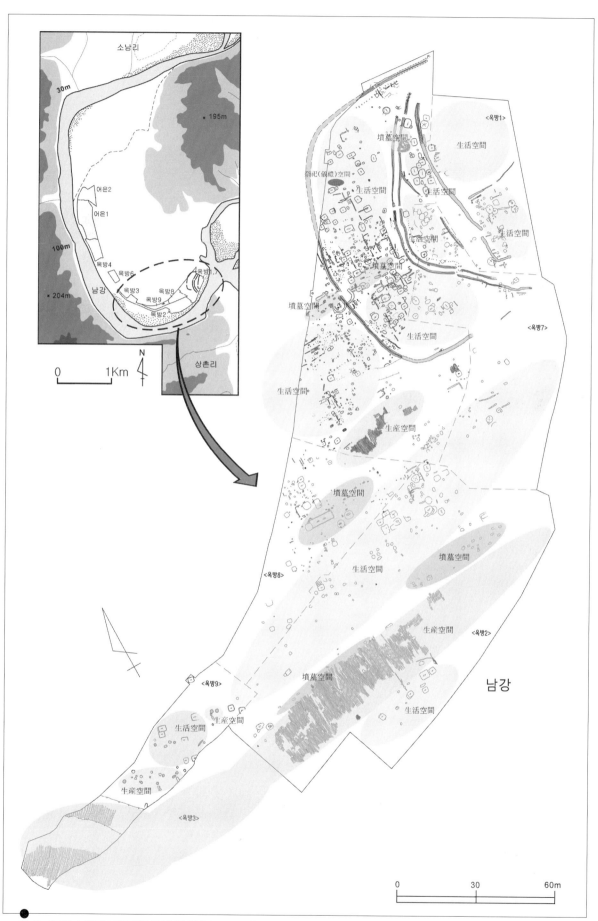

図 5 　晉州 大坪里 玉房遺蹟 聚落構造(靑銅器時代)(高旻廷 2010 : 52 修正)

도 6 晉州 平居洞遺蹟 立地樣相

도 7 晉州 平居 3-1地區遺蹟 A地區의 自然堤防과 後背濕地遺構 分布全景

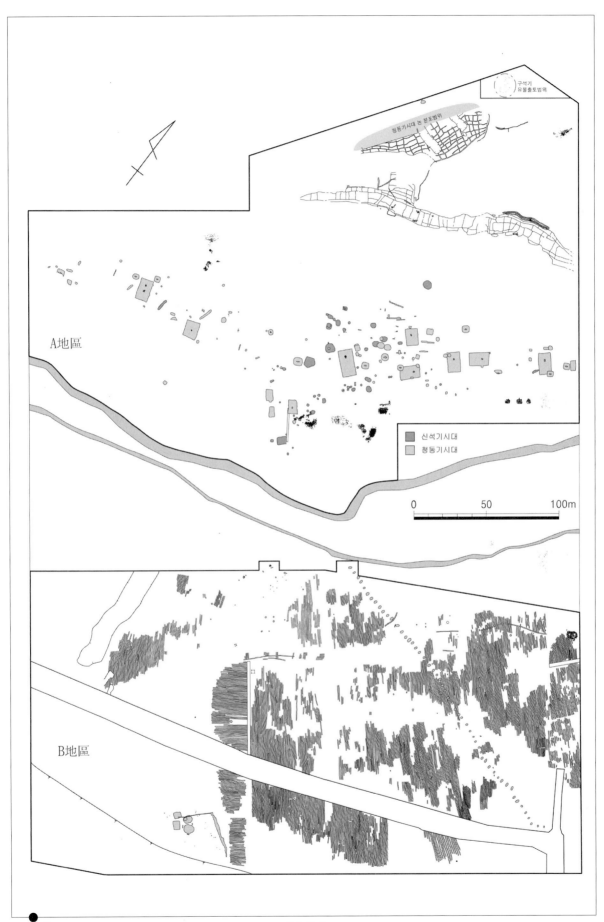

청동기시대 논 분포범위

A地區

신석기시대
청동기시대

0   50   100m

B地區

도 8 晋州 平居 3-1地區遺蹟 新石器時代~靑銅器時代 聚落構造

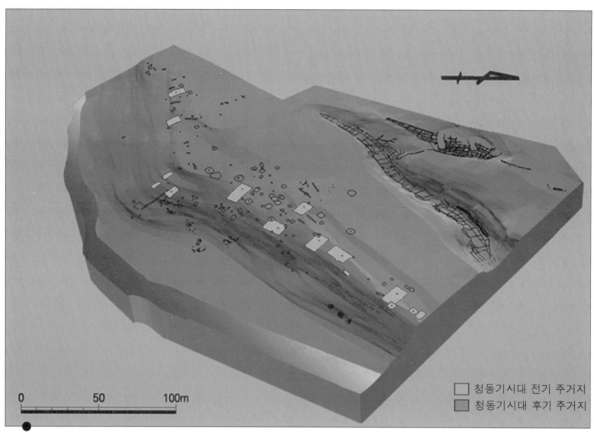

청동기시대 전기 주거지
청동기시대 후기 주거지

도 9   晋州 平居 3-1地區遺蹟 A地區의 3D 古地形復元(新石器時代~靑銅器時代)

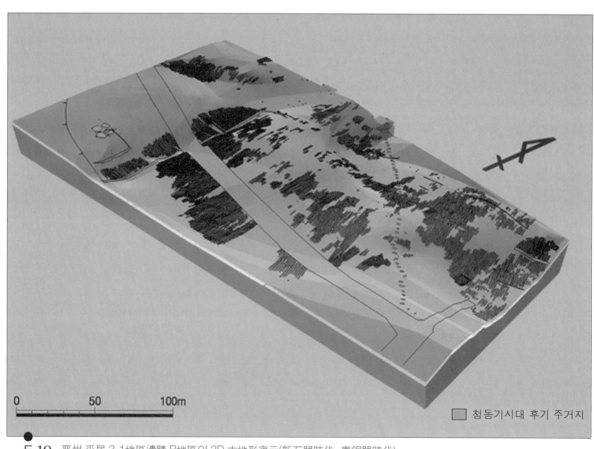

청동기시대 후기 주거지

도 10   晋州 平居 3-1地區遺蹟 B地區의 3D 古地形復元(新石器時代~靑銅器時代)

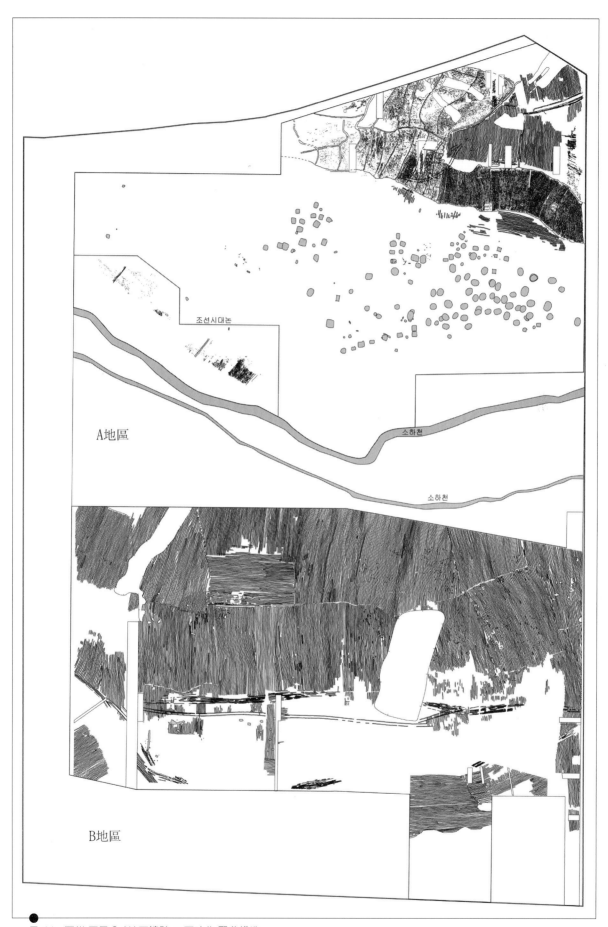

조선시대논

A地區

소하천

소하천

B地區

도 11 晉州 平居 3-1地區遺蹟 三國時代 聚落構造

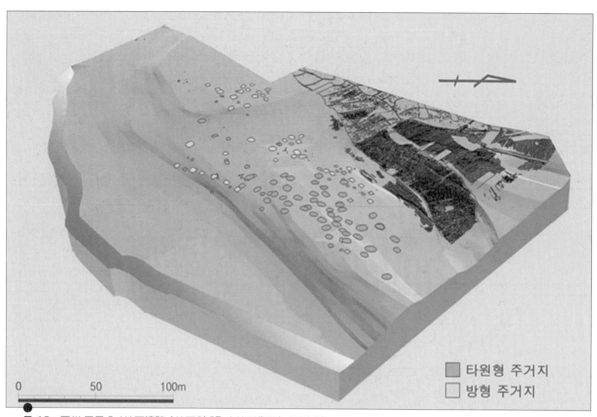

타원형 주거지
방형 주거지

도 12 晋州 平居 3-1地區遺蹟 A地區의 3D 古地形復元(三國時代)

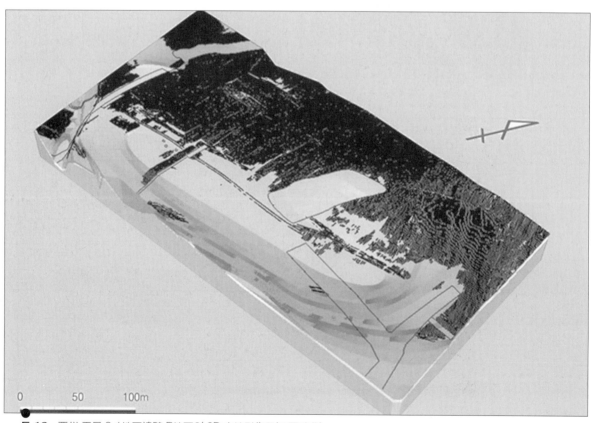

도 13 晋州 平居 3-1地區遺蹟 B地區의 3D 古地形復元(三國時代)

●참고문헌●

高旻廷, 2010, 「南江流域 青銅器時代 後期 聚落構造와 性格」, 『嶺南考古學』 53號, 嶺南考古學會.

郭鍾喆, 2002, 「우리나라의 先史~古代 水田 밭 遺構」, 『韓國 農耕文化의 形成』, 學研文化社.

慶南發展研究院 歷史文化센터, 2010, 『晋州 平居3-1地區遺蹟 1권~6권』.

權赫在, 2001, 『地形學』 제4판 法文社.

尹昊弼, 2005, 「沖積地形에 立地한 遺蹟 調査法 및 分析方法」, 『발굴사례·연구논문집』 第2輯, 한국문화재조사연구전문기관
협회.

_____, 2010, 「沖積地形에 立地한 聚落遺蹟 發掘調査法」, 『한국매장문화재 조사연구방법론』 6, 國立文化財研究所.

尹昊弼·高旻政, 2006, 「밭遺構 調査法 및 分析方法」, 『野外考古學』 創刊號, (사)한국문화재조사연구기관협회.

李亨源, 2009, 「韓國 青銅器時代의 聚落構造와 社會組織」, 忠南大學校大學院 博士學位論文.

이진주, 2009, 「沖積地遺蹟 調査法 -沖積地遺蹟에서의 層 槪念 및 解釋과 관련된 제 要素의 理解를 위한 試論-」, 『2009년도 제7
회 매장문화재조사연구원 교육』, (사)한국문화재조사연구기관협회.

李弘鍾, 2009, 「古地形分析과 活用」, 『2009년도 제6회 매장문화재조사연구원 교육』, (사)한국문화재조사연구기관협회.

曺華龍, 1987, 『韓國의 沖積平野』, 教學研究社.

崔憲燮, 1998, 「韓半島 中·南部 地域 先史聚落의 立地類型」, 慶南大學校大學院 碩士學位論文.

秋淵植, 1994, 「聚落考古學의 世界的 研究傾向」, 『마을의 考古學』, 韓國考古學會.

高橋學, 2003, 『平野の環境考古學』, 古今書院.

松井 章, 2003, 『環境考古學マニュアル』, 同成社.

海津正倫, 1994, 『沖積低地の古環境學』, 古今書院.

第 2 部

青銅器時代의 聚落

5. 雙砣子文化의 住居樣相과 變化 / 6. 西北韓地域의 青銅器時代 聚落에 대하여 /
7. 江原 嶺西地域 青銅器時代 聚落의 編年과 變遷 / 8. 南關東 彌生時代 聚落의 特徵과 問題點 /
9. 湖南 北西部海岸地域의 青銅器文化 / 10. 洛東江中流域 青銅器時代 聚落의 變遷 /
11. 錦江中流域 青銅器時代 前期 聚落의 成長 / 12. 南部 東海岸地域 青銅器時代의 聚落 /
13. 韓半島 東南海岸圈 青銅器時代의 家屋葬 / 14. 松菊里型 住居의 構造 比較 /
15. 中部地方 粘土帶土器段階 聚落과 社會 性格 / 16. 中部地域 圓形粘土帶土器期의 聚落構造論

雙砣子文化의 住居樣相과 變化

千羨幸

1. 雙砣子文化 住居樣相과 變化

雙砣子遺蹟, 大嘴子遺蹟으로 대표되는 雙砣子文化는 한반도 전기 청동기문화와의 관련성으로 일찍부터 주목받아 왔다. 반면, 해당 문화의 주거지는 쌍타자유적 하층에서 확인된 두 칸 주거지, 쌍타자유적 상층에서 확인된 석벽주거지라는 특징으로만 이야기 될 뿐, 쌍타자문화내 주거지 변화와 분포양상, 지역성 관련 연구는 부분적으로 확인될 뿐이다. 쌍타자문화 관련 대부분의 연구가 토기를 대상으로 한 병행관계 검토에 집중되고, 최근에 자료가 풍부한 대취자유적의 쌍타자 3기문화를 대상으로 주거지와 출토유물을 검토한 논문(張翠敏 2006, 하용인 2010)이 주목된다. 이들 연구를 살펴보면, 대취자유적의 층서관계, 주거지 확인면의 차이에도 불구하고 유물 중심으로만 선후관계를 설정하여 층위관계와 부정합을 이루는 예가 확인되므로 세분편년의 재검토가 필요하다고 생각된다. 본고에서는 쌍타자문화 세분편년과 병행관계를 재설정하여, 요동반도 남부 전기 청동기문화 주거양상 특징과 변화에 대하여 검토해보고자 한다.

2. 雙砣子文化 遺蹟 編年 및 並行關係

쌍타자문화는 쌍타자유적의 하층·중층·상층을 표지로 하여, 각각 1기문화, 2기문화, 3기문화로 지칭된다. 주거지는 압도적으로 3기문화에 집중하고 상대적으로 1기문화와 2기문화의 주거지는 극히 적거나 유적에서 확인되지 않고 문화층내 유물로만 확인된다. 따라서 1기문화와 2기문화는 병행관계의 재검토를 위한 자료가 충분하지 않다고 판단되고, 기존의 견해를 활용할 수밖에 없다.

문제는 쌍타자 3기문화이다. 3기문화는 주거지간 중복관계, 층서에 따른 주거지 출토면의 차이를 통해 세분편년이 가능해지리라 생각되고, 실제로 쌍타자 3기를 세분하기 위한 노력들이 시도되었다(華玉冰·陳國慶 1996, 하용인 2010, 張翠敏 2006). 취락연구라는 측면에서 볼 때, 쌍타자 3기문화는 주거지 벽을 돌로 쌓은 석벽주거지, 주거지를 둘러싸는 돌담이라는 특징으로만 이야기되고 있는 것이 사실이다. 그러나 쌍타자 3기문화에 해당하는 대취자유적 39기 주거지는 석벽주거지만이 아니라, 일반적 수

도 1 쌍타자문화 취락유적분포(❶대취자, ❷쌍타자, ❸묘산, ❹양두와, ❺우가촌

혈주거지(석벽시설이 없는 반수혈주거지, 이하 수혈주거지) 등 다양한 형태가 나타난다. 쌍타자 3기문화의 유적별 세분편년과 병행관계 설정은 쌍타자 3기문화의 취락연구를 더욱 심화시킬 수 있는 실마리를 제공하리라 생각된다.

1) 대취자유적 단계설정

대취자유적은 층위와 유물을 근거로 3개 문화층으로 구분되는데, 현재 1987년(주거지 39기·돌담 3기·灰坑 8기), 1992년(주거지 12기·灰坑 3기·돌담 1기) 발굴되었고, 층위를 대조하고 보고서의 단계를 참조하면 (도 2)와 같다. 그리고 주거지를 비롯한 유구는 각 층 하면에서 확인되는데, 1987년 발굴시 확인된 주거지 39기는 모두 3기문화에 포함되지만, 각각 3A층, 2층 하면, 2층, 1층 하면에서 확인되고, 1층 하면과 2층 하면에 해당하는 주거지에서 중복관계가 확인되는 등 세분가능성이 많다.

먼저 대취자 1987년 발굴을 살펴보면, 쌍타자 1기에 회갱만 확인되고, 쌍타자 2기는 문화층만, 쌍타자 3기에 주거지 39기가 포함된다. 1992년 발굴에서는 쌍타자 1기단계 주거지 2기, 쌍타자 2기 주거지 1기, 쌍타자3기 주거지 9기가 확인되었다. 이처럼 대취자유적 대부분의 주거지가 쌍타자 3기에 해당하고, 1992년 발굴 쌍타자 1기와 쌍타자 2기의 주거지는 보고되지 않아 전체상을 파악하기 힘들고 세분 또한 힘들다. 다만 층위적으로 볼 때, 〈표 1〉과 같이 대취자유적 층위대조를 통해 본다면, 쌍타자 1기의 92년 F11과 F12는 1987년 H2호, H7호보다 이르다. 쌍타자 2기의 92년 F10호는 4층보다 이르므로 세분의 여지는 있다. 상대적으로 쌍타자 3기의 주거지가 풍부하고 중복관계가 확인되므로 세분연구가 진행되어 왔다.[1]

이들 연구성과를 살펴보면, 華玉冰·陳國慶(1996)은 대취자 1992년 발굴을 성과를 토대로 층위, 석벽주거지가 수혈주거지를 파괴하고 설치된 점, 토기변화를 통해 대취자 3기를 조기(3층·F1·F5)와 만기로 나누고, 만기는 다시 만기전반(F3·F4·F9·H1), 만기후반(F2·F4상층·F6·F7·F8·H3·H4·2층)으로 세분하였다. 이러한 세분편년은 2층 하면 주거지의 중복관계(F5→F3→F2·H1)에 기초한 것이다. 즉 F5단계인 조기, F1단계인 만기전반, F2단계인 만기후반으로 나눈 것이다. 한편, 주변유적과 비교하였을 때, 조기는 쌍타자 F7, 羊頭洼, 廟山 F6과 유사하고, 만기전반은 쌍타자 F4·F17, 于家村陀頭積石墓, 單砣子와 동일하며, 묘산, 高麗寨, 望海堝는 만기에 해당하는 것으로 파악하였다. 그러나 이러한 3기의 세분은 대취자 1992년 2층 하면 유구에만 한정될 뿐, 1987년 2층, 1층 하면을 포함한 쌍타자 3기의 세분으로 볼 수 없을 것이다. 즉, 1992년 2층 하면의 중복관계로 3기 조기와 만기로 나누면, 층서관계상 이후에 포함되는 1987년 1층 하면과 2층 하면의 소속시기가 불분명해진다.

그리고 張翠敏(2006)은 대취자유적 3기를 A·B·C·D의 4단계로 나누었는데, 층위와 중복관계에 따라 A단은 2층 하면 주거지중 중복관계상 아래에 놓인 F27·F31, 1992년발굴 F4·F5를, B단은 2층 하면 주거지중

1987년 발굴 층위	1992년 발굴 층위	
1층 : 경작층	1층 : 경작층	
2층 : 흑갈색토	2층 : 흑갈색토	3기문화
3A층 : 황회색토	3층 : 황갈색토	
3B층 : 회갈색토	4층 : 회갈색토	2기문화
4층 : 황갈색토	5층 : 황갈색토	1기문화
5층 : 흑회색토	6층 : 흑갈색토	

도 2 대취자유적 1987년과 1992년 발굴 층위 대조

---

1) 쌍타자문화의 편년에 대한 연구는 출토 토기문양을 대상으로 활발하게 진행되었다(宮本 1985, 宮本 1991, 千葉 1990, 안재호 2010 등). 본 연구는 토기문양에 대한 세부편년을 수립하는 것이 아니라, 주거양상을 검토하는 것이므로, 주거지의 중복관계, 층서관계를 통한 단계설정에 비중을 두고 검토하고자 한다.

표 1 _ 대취자유적 층위별 출토 유구 및 보고서에 제시된 단계(보고서 참조하여 작성)

보고서 단계	1987년 발굴			1992년 발굴			절대연대
	층위	유구	중복관계	층위	유구	중복관계	
·	1층	경작층(황회색혼토)	·	1층	경작층		·
3기문화	1층 하면	F3·F5·F7·F8·F9·F10·F12~F14·F16·F17?·F21?·F24·F28·F34·F38·2호돌담·1호돌담·H1·H3·H4	F7→H1	·	·	·	F3탄화미 : 3090±75B.P. F14목탄 : 3365±145B.P.
	2층	F6·F15·F18·F22?·F23·F29·F32·F35·F39·3호돌담	F6→F5/F15→F14/F19→F18→F17/F22→F21/F29→F24/F36→F35→F34/F39→F38	2층	흑갈색토	·	·
	2층 하면	F1·F2·F4·F11?·F20·F25·F26·F30·F31·(F36)·F37·H5·H6	F31→F30	2층 하면	F1·F2·F3·F4·F5·F6·F7·F8·F9·H1~H3·돌담	F5→F3→F2·H1/F4→F7/F9→F8/F6→돌담	F1목탄(92년) : 3384±92b.p. (1691-1459BC) F4목탄(92년) : 3053±86b.p. (1373-1051BC)
2기문화	3A층	(F27)·F33·H8	F27→F26	3층	황갈색토	·	·
	3B층	회갈색토	·	4층	회갈색토	·	·
1기문화	3B층 하면	H2·H7	·	4층 하면	F10	·	·
	4층	황갈색토	·	5층	황갈색토	·	·
	5층	흑회색토	·	6층	흑갈색토	·	·
·	·	·	·	6층 하면	F11·F12	·	·

*진한글씨체는 석벽주거지임.

위에 놓인 F1·F2·F25·F26·F30과 1992년 발굴 F1·F3·F8을, C단은 2층과 1층 하면주거지와 중복되는 F6·F15·F22·F36·F37를, D단은 1층 하면 주거지로 F3·F5·F8·F10·F12·F13·F17·F34·F38을 포함시켰다. 그러나 張翠敏이 이야기하는 것처럼, 동일층내에서 확인된 주거지간 시간차가 크지 않다는 점을 고려하면, A단을 B단계에서 분리시킬 근거가 뚜렷하지 않고, 3A층에서 확인된 F33의 단계가 불분명하다. 그리고 C단의 F37은 2층 하면에서 확인된 유구로 1층 하면주거지와 중복되는 것이 단계설정의 근거로 보기는 어렵다.

華玉冰·陳國慶의 주거지 변화를 감안하여, 하용인(2010)은 쌍타자 3기를 4단계로 세분하였다. 즉 Ⅲ-1기는 무시설식으로 단시설이 없는 Ⅰ식주거지(1·3·4·6·7·10·12·18·19·20·21·22·25·31·33·34·35·36·37·39호)를, Ⅲ-2기는 단시설이 완만한 ⅡA식주거지(2·8·13·27·30호)를, Ⅲ-3기는 단시설이 편평한 ⅡB식주거지(15·17·26호)를, Ⅲ-4기는 석벽주거지 (5·11·28·29·32·38·16·23·24호)단계로 보았다.[2] 그러나 Ⅲ-1기에 포함시킨 F1·4·20·25·31·37호는 2층 하면에서 주거지가 확인되었고, F3·7·10·12·21·34호는 1층 하면에서 주거지가 확인되어 층위로 보자면, 전자가 후자보다 빨리 축조되었음이 된다. 또한 늦다고 본 석벽주거지도 1층 하면과 2층 하면에서 모두 확인되는 등 주거지의 구조가 그대로 편년을 나타낸다고 보기 어렵다.

이상으로 보아 요남지구에서 쌍타자문화를 3시기로 세분하는 것은 연구자들간에 합의가 이루어진 부분이다. 그러나 쌍타자 3기문화 세분편년은 쌍타자유적, 대취자유적 1987년 발굴, 대취자유적 1992년 발굴 성과만을 대상으로 하고, 각 유적 세분편년이 쌍타자문화 전체 세분편년으로 이해되고 있는 점은 요남지구 청동기시대 편년망

---

2) 그 밖에 대취자유적을 대상으로 하지 않았지만, 쌍타자 3기문화의 세분가능성은 「羊頭窪(쌍타자 3기전엽)→於家村 상층(쌍타자 3기중엽)→쌍타자상층(쌍타자 3기후엽)」으로 일찍부터 지적되었다(宮本一夫 1991).

을 구축하는데 혼란을 야기시키는 일이라 판단된다. 이를 보완하기 위해서 주거지 중복관계는 물론 층서관계를 고려한 상대편년이 이루어져야 할 것이고, 주거지와 유물, 그리고 각 유적을 통합한 면밀한 편년연구가 이루어져야 할 것이다.

대취자유적 1987년 발굴의 경우, 2층 하면 유구의 「F31→F30」, 1층 하면 유구의 「F7→H1」중복관계를 제외하고 각 층내 유구와 각 층하면 유구간의 중복관계는 확인되지 않는다. 주거지 구조로 볼 때, 3A층과 2층 하면 주거지는 모두 수혈주거지이며, 그 위의 2층과 1층 하면 주거지들은 석벽주거지가 확인되는 차이점이 있으므로 시기적 획기를 그을 수 있다. 그러나 동일성질의 층하면에서 확인된 1992년 발굴 2층 하면 유구에는 석벽주거지가 존재하고, 2번 내지 3번의 중복관계가 확인된다. 여기서 주목할 것은 1992년 2층 하면 유구의 경우, 석벽주거지가 수혈주거지를 파괴하고 설치되어 중복관계에서 최후단계에 속한다는 점이다. 이러한 유구의 중복관계를 고려하면, 1992년 2층 하면 유구는 수혈주거지로 구성되고 1987년 2층 하면 주거지와 유사한 단계(F1·F3·F5·F4·F9)와 1992년 2층 하면 석벽주거지 단계(F2·F6·F7·F8·H1·돌담)로 나누어 볼 수 있고, 후자는 1987년 발굴 2층에 근접한 시기로 볼 수 있을 것이다. 그리고 1987년 발굴 2층과 1층 하면 석벽주거지 가운데, 지상화한 형태가 등장한다.

한편, 출토유물로 보면, 대취자유적 쌍타자 3기문화는 호형토기, 두형토기, 대부발 등의 토기에서 변화가 나타난다. 각 토기 변화는 〈표 2〉와 (도 3~5)를 참조하기 바란다.

2) 雙砣子遺蹟

1964년 발굴을 통해 주거지 17기와 회갱 10기가 확인되었다. 문화층을 기준으로 4층의 1기문화, 3층의 2기문화, 2층의 1기문화로 지칭되었고, 1기문화에 주거지 3기, 2기문화에 주거지가 없고, 회갱 5기만 확인되었으며, 3기문화에 주거지 14기와 회갱 5기가 확인되었다. 1기문화와 3기문화 주거지의 차이는 석벽주거지의 존재유무이다. 3기문화 주거지는 중복관계가 많은데, 주거지만 보면 최장 4번의 중복관계가 확인된다. 그러나 3기문화 석벽주거지는 주거 한 벽을 여러 번 사용한 것도 있는 것으로 보아 각각의 시간차는 크지 않을 것으로 생각된다. 1기와 2기는 대취자 1기, 2기와 동일하고, 쌍타자 3기의 세분이 문제가 될 것이다. 「F9→F7→F4→H3·F2→H2」의 중복관계로 볼 때, F4호 출토 대부발 구연이 직립하는 것과 외경하는 점(도 7), 호형토기 문양이 점열상으로 경부와 동부에 시문되는 점으로 볼 때, 대취자의 3C단계와 유사하다. F9는 출토유물상에서 시기를 알 수 없지만, 석벽주거지가 지상식인 것으로 미루어 보아 대취자 3B단계 이후임을 알 수 있다. 「F17→F10→F8→F6→F3」의 중복관계에서 F6호 출토 대부발(도 7)은 F4와 유사한 것으로 대취자 3C단계에 해당함이 확실하다. 그리고 F17호 출토 호형토기의 문양 단순화양상을 볼 때, 역시 대취자 3C단계에 해당할 것으로 판단된다(도 7).

이상으로 대취자유적과 비교해 볼 때, 쌍타자유적 3기문화는 석벽주거지 일색이라는 점에서 대취자 3B단계

표 2 _ 대취자유적 상층 단계설정 및 쌍타자 3기문화 세분

대취자유적		주거지구조		호형토기	기타 토기유물	단계설정	주변유적
1987년	1992년						
1층 하면		석벽주거지 출현	지상식 석벽주거지 확인(F16·F32·F23)	• 동최대경상위 • 경부문양 **단순**(어골, 집선 거치, 사선, 파상문)	• **두형토기 반부 변화** • 대부발 외경	쌍타자 3C기	쌍타자 상층 (F17·F10·F8·F6·F3·F4·F2)
2층	2층		반지하식	• 동최대경**상위** • 경부문양(사선, 사격자, 파상, 어골문) • **문양구획 점열 혹은 침선**	• **대부발 직립/외반** • 대부완	쌍타자 3B기	쌍타자 상층 (F7·F9)? 묘산유적 우가촌 상층
	2층 하면 후 (F2·F6·F7·F8·H1·돌담)						
2층 하면	2층 하면 전 (F1·F3·F5·F4·F9)	무시설 식주거	반지하식	• **동최대경중위** • 경부문양(사격자, 파상, 삼각 집선, 집선거치, 사선, 어골문) • 문양 하단과 중위에 위치 • **문양구획은 돌대**	• 대부호 • **두형토기 반부격임** • **투창고족** • 대부발 내경	쌍타자 3A기	
3A층	3층						

이후에 해당하는 것이고, 출토유물로 보아 F9호와 F7호 출토유물이 대취자 3B단계에 속할 가능성이 있지만, 나머지 대부분은 대취자 3C단계의 것으로 판단된다〈표 2〉.

3) 廟山遺蹟

1991년 시굴을 통해, 총 4개층을 확인하였고, 4층은 쌍타자 하층, 2층과 3층은 쌍타자 중층을 일부 포함한 쌍타자 상층과 유사하다고 한다. 주거지는 2층과 2층 하면에서 12기가 확인되었고, F8을 제외하고 반지하식 석벽주거지이다. 출입문은 모두 남쪽으로 돌출되었다. 보고내용에서 각 주거지들이 어느 층면에서 확인되었는지 알 수 없다. 다만, 묘산 만기라고 보고된 출토유물로 보아 호형토기 경부의 문양 다양성, 대부발의 구연직립과 외경, 두형토기의 반부형태로 보아 대취자 3B단계에 해당하는 것으로 보아도 좋을 것이다.

4) 于家村遺蹟

1977년 발굴을 통해, 주거지 7기가 확인되었다. F1호는 1층 하면에서 확인되고, F2~F5는 2층 하면에서 확인되었고, F7호는 3층 하면에서 확인되었다. 주거지의 출토양상에 따라 보고자는 1층과 2층을 상층문화, 2층 하면과 3층, 4층을 하층문화로 파악하였다. 주거지외에 회갱 5기가 확인되었는데 출토면을 알 수 없지만, 보고서에 H2호 회갱을 상층문화로, 나머지 H1·H3~H5호를 하층문화로 파악하였다.

먼저 하층문화로 파악한 F2~F7호 주거지를 살펴보면, 출토면에 따라 F7호와 F2~F5호단계로 나누어진다.[3] F5호주거지만 소개되어 있는데, 말각방형에 반지하식이며, 출입구는 불확실하다. 벽쪽 일부에서 목책열처럼 소혈이 집중되었고, 북쪽벽 가까이에서 노지로 보이는 소토괴가 확인된다. F5 출토품은 제시된 도면중에서 고배 반부의 형태차이는 있지만, 대각형태와 현문과 첩부문은 쌍타자유적 하층출토품과 유사하다. 그리고 F4호에서 출토된 노지로 이용된 관의 경동부, F7호에서 출토된 관의 견부에 시문된 현문과 원형첩부문은 쌍타자유적 하층의 특징과 동일하다. 따라서 우가촌 하층문화는 쌍타자하층문화와 병행하는 것으로 보아도 좋을 것이다.

다음으로 상층문화에 해당하는 F1호주거지는 완전하게 남아 있지 않지만, 남아 있는 한 면은 460cm로 하층의 것과 규모가 유사하다. 벽은 니토를 이용하고 일부 석괴가 확인되어 보고서에서는 석벽일 가능성이 있다고 기술되어 있지만, 단언하기 어렵다. 주혈이 외부를 일주하며 설치되어 있어 반지하식 수혈주거지로 보는 것이 좋을 듯하다. F1호주거지 출토유물을 보면, 유사한 예는 쌍타자유적 상층문화층에서 확인된다. 그리고 대부발이 직립하고, 횡선과 점열문의 다용이라는 점에서 적어도 쌍타자문화 3B기 이후일 것으로 판단된다.

다음으로 쌍타자문화의 절대연대가 해결되어야 할 부분인데, 쌍타자 1기에 해당하는 쌍타자 F16주거지 목탄 측정결과 4435±145B.P.(2465±145B.C)이고 동시기로 이야기되는 우가촌 하층의 연대는 3945±105B.P., 4510±145B.P.로 2275B.C.~1680B.C.의 연대폭을 가진다. 따라서 쌍타자 1기문화의 연대는 2500B.C.~2000B.C.로 볼 수 있을 것이다. 쌍타자 2기문화의 연대측정치는 없고, 쌍타자 3기의 연대를 통해 추정할 수 있다. 쌍타자 3기의 세분 단계별로 뚜렷한 연대차이가 확인되지 않는데, 연대측정치가 불과 6개뿐이기 때문이다. 즉 3A단계에 해당하는 대취자 1992년 F1목탄 3384±92B.P.(1691-1459BC), 1992년 F4목탄 3053±86B.P.(1373-1051BC)의 연대이고, 3C단계의 쌍타자 F4는 3305±135B.P.(1360±155B.C.), 대취자 1987년 F3 탄화미는 3090±75B.P., F14목탄은 3365±145B.P.로 비슷한 연대치가 나타난다. 또한 우가촌 상층의 연대는 3440±155B.P., 3505±135B.P.인 것으로 미루어 볼 때, 쌍타자 단계별 연대를 제시하긴 어렵지만, 쌍타자3기문화 연대는 1700B.C.~1200B.C.정도로 나타난다. 그리되면, 쌍타자 2기는 2000B.C.~1700B.C.로 볼 수 있을 것이다.

---

3) 우가촌 F6호주거지는 3층을 파괴하였다고만 보고서에 설명되어 있어, 적어도 2층 하면 혹은 3층내 유구로 볼 수 있을 것이다. 정확한 출토면을 확인할 수 없어 논외로 하였다.

3. 雙砣子文化 住居樣相과 變化

1) 大嘴子遺蹟

대취자유적에서 쌍타자 3기에 해당하는 주거지가 39기 확인되었고, 층위, 주거지간 중복관계, 유물변화에 따라 다시 3A · 3B · 3C단계로 나뉜다. 주거지 평면형태는 단계별 경향성이 보이지 않고 원형, 말각방형, 부정형 등 다양하게 시종일관 확인된다. 〈표 2〉와 같이 주거지구조는 3A단계에 수혈주거지만 확인되다가, 3B단계부터 벽을 돌로 축조한 석벽주거지가 출현하지만, 이때에는 모두 이전시기의 전통으로 지하로 약간 굴착하여 석벽을 쌓는

표 3 _ 대취자유적 주거지 및 출토유물 양상(1987년 발굴)

출토층위	유구번호	주공	출입구	단시설	평면형태	구조	규격(cm) 길이	규격(cm) 너비	규격(cm) 깊이 높이	출토유물	비고
3A층	F27	8	북	○	원형		460	(351)	80	관/호/자귀/석촉/방추차/조개목걸이	화재/27→26
	F33	8			원형		400	370	40		화재/폐기주거지
2층 하면	F1	4	북동	·	원형		300	270	37	관/저부/석부/석월/숫돌/석촉	화재
	F2	19	서남	○	말각방형		510	480	45	관/호/두/완/저부/구연/어망추/국자/숫돌	문도 1단 층계
	F4	8		·	원형		370	360	22	관	화재
	F11	2		·	방형	석축?	350	325	25	방추차/석부/骨漁卡	
	F20	14			말각방형		460	360	60		폐기주거지
	F25	14			원형		350	350	30	호/완/저부/석부/석도/석검/석과/자귀/연마석기/석개/대와석/골추	화재
	F26	·			원형		230	(210)	30	관/호/완/배/저부/석월/석촉	27→26/화재/동쪽 절반 파괴
	F30	6	서		말각방형		450	410	30	분/관/호/구연부/저부/방추차/석부/석도/대와석	화재/1단 층계
	F31	4			말각방형		380	358	35	관/호/완/저부/석부/석촉/조개목걸이	화재
	F37	8	서남		말각방형		350	320	60	관/호/두/저부/석부/석도/숫돌/석병/석개/이빨장식/골추/骨漁卡	화재/대형호 매립하여 저장고로 사용
2층	F6	9	서북	·	원형		430	390	30	관/호/저부/방추차/어망추/석부/석검	6→5/화재
	F15	17	서남	○	말각방형		550	400	47	분/관/호/궤/저부/석부/석도/숫돌/석구/석개	15→14화재/문도에 석관4매를 깔아 2단 층계
	F18	9	서		타원형		540	380	100	석부/석도/자귀	19→18→17화재주거지/문도에 3매의 판석을 이용한 층계
	F22	19	서남		타원형		550	495	50	관/호/궤/완/발/저부/석부/석월/석도/석촉/숫돌/공이	22→21/화재/8매의 판석을 이용한 층계
	F23	·	서남			석축	320	280	(80)		폐기주거지
	F29	5			말각방형	석축	450	450	20	석도/숫돌/骨漁卡/조개목걸이	29→24/화재
	F32	·			방형	석축	264	254	(50)		폐기주거지
	F35	·			말각방형		310	260	30	관/호/완/저부/골추/벼루	36→35→34화재
	F39	2			원형		220	(150)	60	완/구연부/貝勺	39→38/화재/북쪽 절반 파괴
F18下	F19	·			말각방형	석축?	320	240	60		19→18→17/폐기주거지
F35下	F36	13			원형		400	390	80	관/호/토기받침	36→35→34/화재
	F3	5		·	원형		380	370	22	분/관/호/저부	화재
	F5	·			원형	석축	450	440	25	저부/숫돌/석구	6→5/지면에 돌담 잔존
	F7	2		·	원형		450	430	30	관/병(餠)/석도/석월	

층	주거지		방향		평면형태	벽체	길이	너비	깊이	출토유물	비고
1층 하면	F8	8	서북	○	원형		560	504	65	관/호/두/궤(?)/저부/어망추/방추차/석부/석검/석도/숫돌/석구/유인석기	화재/문도 1단 층계
	F9	·		·	방형	석축	320	(230)			폐기주거지
	F10	10	서남	·	타원형		600	530	90	관/호/두/저부/방추차/석도/곤상석기	화재/주공 일부 석판으로 고정
	F12	6			원형		420	440	40	분/관/호/저부/석도/연마석기	화재
	F13	19	서		원형		560	608	30	관/호/두/구연/저부/골추/석부/석도/숫돌/자귀/환인석기/대와석	화재/문도에 석판 2개를 이용한 층계/주공일부 석판고정
	F14	1			방형	석축					15→14/폐기주거지
	F16	·	동북		방형	석축	(402)	(420)	30		폐기주거지
	F17	·	서	○	방형	석축?	300	220		관/석월/석도/자귀/숫돌	19→18→17화재
	F21	9			말각방형	석축?	370	350	40	관/호/두/완/저부/석부	22→21화재
	F24	2			방형		360	330	30		29→24/화재/폐기주거지
	F28	2			방형	석축				고주석	할석 일부만 잔존/주공상면에 석판 2매를 괴어 고정
	F34	·			원형		490	420	20	분/호/석검	화재
	F38	·			원형		280	(170)	12	관/호/궤/주형토기/저부	39→38/화재/북쪽 절반 파괴

형태이지만, 3B단계 늦은 시점부터 석벽주거지가 지상으로 건축되기도 한다. 석벽주거지라고 하여 규모상에서 수혈주거지보다 월등하지 않고, 오히려 규모가 작고, 출토유물이 적거나 없는 등 폐기된 양상이 특징적이다(표 3). 수혈주거지가 대부분 화재주거지이고 출토유물도 풍부한 점과 비교할 때, 석벽주거지의 폐기양상은 유적조성의 중지, 구조물의 잔재라는 측면과 관련되지 않을까한다.

주거지 규모는 장벽길이 6m 이하로, 3A단계에는 주거지 규모와 유물 출토량이 비례하지 않는다. 반면, 3B단계에는 주거지 규모는 5m 이상과 3m 내외로 분명하게 나누어지지만, 석벽주거지의 경우 비교적 규모가 작고, 출토유물이 없는 점으로 미루어 볼 때, 계층분화와 같은 양상을 엿보기 어렵다(도 3·4). 그러나 3C단계에는 5.5m 이상 6m이하의 대형주거지가 등장하고 이들 주거지에서 출토유물이 풍부하게 출토되었다〈표 3〉, (도 5). 특히 F10호는 발굴범위 서편 외곽에 위치하지만, F13호는 동일단계 주거지의 중앙부에 위치하고 주변에 회갱(H3)부속 시설이 딸려 있으며, 주변으로 일정한 공지가 형성되었다(도 5). 또한 F8호도 F10호만큼은 아니지만, 비교적 주거지 중앙부에 위치하고 있는 점으로 보아 규모, 출토유물의 양, 주거지의 분포위치로 볼 때, 3C단계부터 신분분화가 진행되기 시작하였던 것으로 생각된다.[4] 그러나 특정 무기류, 청동기류, 토기류 부장양상은 뚜렷하지 않다. 다만, 상기 주거지들에서 환상석부(환인석기), 유인석기, 곤상석기와 같은 다른 주거지에서 보이지 않는 석기가 출토되는 점은 주목할 만하다.

또한 주거지분포양상은 3A단계에 해당하는 주거지가 많지 않기도 하지만, 단독으로 분포하는 양상이고, 이는 3B단계까지 지속된다. 3C단계 역시 주거 단위군을 이루지 않지만, 상술한 것과 같이 F13호(F8호 포함)을 중심으로 일정 공간을 두고 호상으로 배치되는 양상이 나타난다.

대취자유적에서 출입구는 일정한 방향성이 확인되지 않고, 쌍타자유적과 같은 돌출 시설도 보이지 않는다. 다만, 출입구쪽에 판석이 몇 개 놓여 계단상을 이룬다. 한편, 39기 주거지에서 주거지내 노지가 확인되지 않는데, 주거지내 토기에 재차 불을 맞은 흔적이 확인되지 않고, 문화층내에서 취사용 관, 호가 다수 확인되므로(張翠敏

---

4) 반면, 張翠敏은 주거지내 빈부분화가 아직 보이지 않고, 주거지 면적 차이가 적으며, 특히 소형주거지인 F3호(길이 380cm)에서 탄화미를 비롯한 곡류가 확인되는 점으로 보아. 대취자유적의 사회는 아직 노예제사회가 출현하지 않은 단계로, 빈부격차가 극히 적은 씨족사회로 규정하고 있다(張翠敏 2006 : 71).

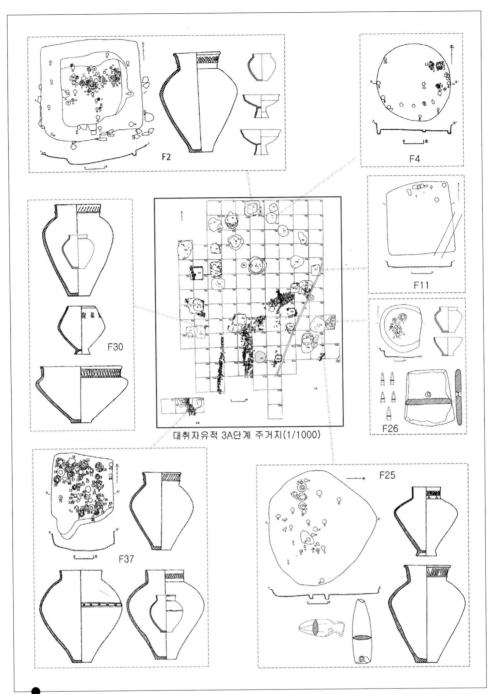

도 3 대취자유적 3A단계 주거지분포 및 출토유물(주거지 1/150, 토기 1/15, 석기 1/10)

2006 : 62), 실외 노지를 사용하였을 것으로 생각되나, 발굴구역내에서 확인되지 않아 확실치 않다. 또한 대취자 1992년발굴에서 주거지 바닥면에 황토를 깔았다는 기록이 확인되는 점으로 보아, 1987년 발굴의 주거지에서 황토, 회토, 세사 등을 깔았을 것으로 생각된다.

대취자유적에서의 특징으로 주거지 주변으로 설치된 돌담시설이다. 1987년발굴에서 3열, 1992년발굴에서 1열의 돌담이 확인되었다. 모두 3B단계 이후의 것으로 석벽주거지 건축을 위한 돌이용과 무관하지 않을 것으로 생각된다. 형상으로 보면, 1987년 발굴 3호돌담은 발굴구역이 좁아 진행방향이 확실치 않지만, 1호와 2호 돌담으로 두 개가 평행하게 남에서 북으로 직선적으로 뻗다가 1호는 오른쪽으로 꺾어져 진행되고, 2호는 확실치 않지만, F22호 남편의 돌시설 잔재를 고려하면 2호에서 왼쪽으로 꺾여 이어지는 형태였을 것으로 생각된다. 이러한 돌담의 역할

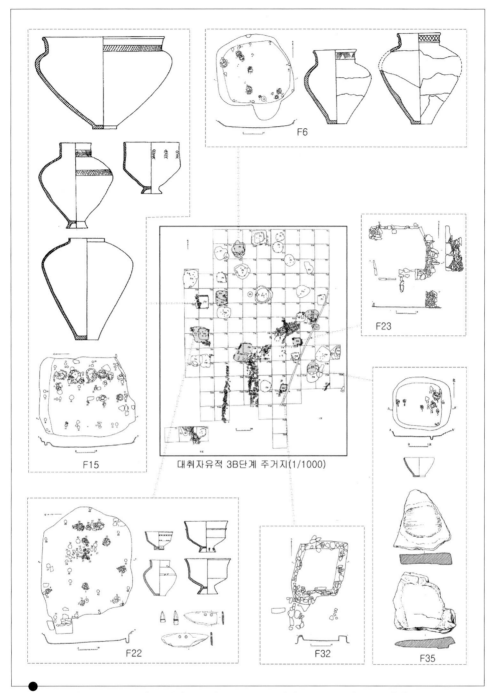

도 4 대취자유적 3B단계 주거지분포 및 출토유물(주거지 1/150, 토기 1/15, 석기 1/10)

에 대하여 張翠敏은 대취자유적에서 확인되는 야생동물이 10종으로 그중 육식류 3종, 초식류 7종으로 맹수류가 확인되지 않는 점, 주거지에서 석검, 석월, 석과가 다수 출토되고, 문화층에서 청동촉이 출토되는 점을 근거로 자연적 위협을 방어하기 위한 것이 아니라, 집단간 전투를 대비한 방어시설일 것으로 보았다(張翠敏 2006 : 71)

2) 雙砣子遺蹟

쌍타자유적 4개층에서 주거지 17기와 회갱10기가 확인되었는데, 하층에서 주거지 3기, 상층에서 주거지 14기가 확인되었다. 대취자유적처럼 상층의 쌍타자 3기에 해당하는 주거지는 모두 석벽주거지인 특징이 있다. 반면, 하층의 쌍타자1기 단계는 수혈주거지로 F15-F16과 F18-F19가 하나의 주거지로 2개의 방으로 구성되는 것이 특징

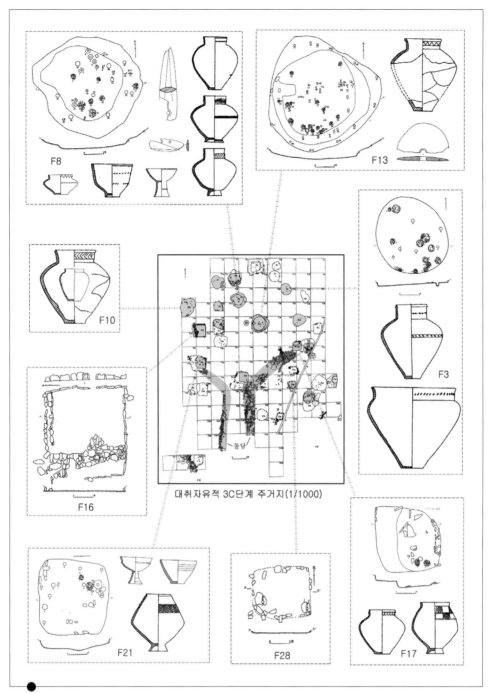

도 5 대취자유적 3C단계 주거지분포 및 출토유물(주거지 1/150, 토기 1/15, 석기 1/10)

이다(도 6). 모두 화재주거지로 유물이 풍부하고, 주거지규모는 분실형태이기 때문에 각각이 그다지 크지 않다. 특징적인 것은 각각의 방이 출입구가 따로 있는 것인데, 각각 남쪽과 동쪽으로 출입구가 돌출된다. 그리고 주거지 내부에서 노지가 확인되는데, 위석내부에 광구호 일부분을 묻어 사용하거나 광구호만을 묻어 노지로 사용하는 점이 특이하다. 자료가 적어 계층분화, 분포양상층은 알기 어렵다.

쌍타자유적 상층의 주거지는 방형 내지 말각방형이 중심이고, 모두 석벽주거지이다. 특이한 점은 쌍타자문화 3B단계 이후에 중복관계가 심한데, 주거지의 벽면을 재활용하면서 주거지 재건축이 이루어진다는 점이다. 쌍타자문화 3B단계 이후의 주거지들은 분포상 5단위로 나누어진다. 즉 F5와 F1과 같은 수평중복, F7호를 기점으로 한 수직 중복, 17호를 기점으로 한 수직중복, F13을 기점으로 한 수직중복, F11단위가 확인된다(도 7). 그리고 주거지

표 4 _ 쌍타자유적 주거지 및 출토유물 양상

단계	유구번호	평면형태	규격(cm)		벽시설(cm)		출입구	노지		주혈수	출토유물	비고
			길이	너비	벽구조	높이		위치	형태			
1기	14호	타원형	300	160	흙	54	남	서북	위석+광구호	15	관/두/완/자귀/석도/석창/어망추	화재/15호주→14호주
	15호	타원형	315	200	흙	65	남	동북	석상위석+광구호		완/관/석착/관(로사용)/방추차	화재/15호·16호 하나의 주거
	16호	타원형	380	170	흙	65	동	서북	광구호		관/완/배/관(로사용)/석부/석창	
	18호	타원형	(112)	128	흙	34	남?			3	관/석부/석도	화재/18호·19호 하나의 주거
	19호	타원형	(340)	154	흙	44	동?	서북	광구호		관/완	
3기	1호	방형	384	430	돌	67-90	서남모서리	?	?	5	관/자귀/석착/골추	
	2호	방형	420	540	돌	30-50	남?	동남	위석+광구호	6	관/다곡기/식부/석도/석촉/골추/관식	2호주→회갱2호
	3호	방형	(234)	362-386	돌	28-64	남	동남	위석		석부	
	4호	방형	480	500	돌	55	남			1	관/완/두/궤/석부/석도/석촉	화재/4호주→灰坑3호
	5호	방형?	?	?	돌	20	남			7	석도/어망추	5호주→1호주
	6호	부정형	180-300	310-360	돌	32-108	남	동	위석	4	관/甑/분/석부/석촉/석도/어망추/뼈촉	화재/6호주→3호주
	7호	방형	440	430	돌	50	서남모서리			9	관/분/석부/석착/자귀/석촉/석창/방추차/어망추	화재/7호주→4호주·회갱4호
	8호	방형?	?	486	돌	10-40	남?			2	관/석부/석도/원와석기/골비녀	화재/8호주→6호주
	9호	방형	350	360	돌	40	남	북쪽중앙	위석	6	석부/석도/석촉/지석	회갱5·7·8→9호주→7호주
	10호	방형?	?	(220)	돌	30	남				배/석부	화재/10호주→8호주
	11호	말각방형	220	(275)	돌	54	동?			4	관/언/석부/석도	화재
	12호	말각방형	360	300	돌	66	동			2	관/완	화재/12호주→13호주
	13호	말각방형	500	320	돌	60-75	동	동북	위석	1	관/석부/석도/석창	화재/12호주→13호주
	17호	말각방형	342	330-344	돌	36-80	서남모서리			4	관/석부/석도/녹각/어골	화재/17호주→10호주

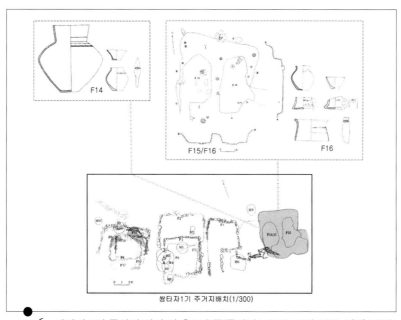

도 6 쌍타자 1기 주거지 배치 및 출토유물(주거지 1/150, 토기 1/15, 석기 1/10)

의 장축방향이 일정하고, 출입구 위치가 모두 서벽 모서리나 서벽 내에 있는 점으로 미루어 볼 때, 주거지를 둘러싼 전후의 개념을 바탕으로 주거지 축조가 이루어져 있었던 것으로 판단된다. 이들 주거지 규모가 큰 차이 없지만, F7계열의 주거지가 4m이상으로 다른 주거지에 비해서 약간 크다. 뿐만 아니라, 석제 무기류의 출토양상으로 보면, 석촉, 석창 등 무기류가 F7계열 주거지들에서만 확인되고, 동일하게 주거지가 큰 F13에서 석제무기류가 나타난다. 주거지 분포양상이나 그 밖의 상황에서 차이가 나타나지 않으므로 분명한 빈부격차로 규정하기 어렵지만, 대취자유적 예를 감안하여 볼 때, 취락내 통솔자와 같은 신분분화는 있었던 것으로 생각된다. 그리고 쌍타자3기의 주거지들은 1기문화의 전통으로 노지가 위석과 광구호가 결합된 것을 비롯하여 위석만 있는 것을 비롯해, 노지가 없는 예가 증가한다.

3) 廟山遺蹟

묘산유적에서 주거지가 12기 확인되었고, 주거지가 2층과 2층 하면에서 확인되지만, 정식보고가 되지 않아, 주거지의 중복관계는 선후관계를 파악하기 어렵다. 다만, F8은 초석이 있는 지상식주거지고 나머지는 석벽주거지로 기술되어 있으므로 모두 쌍타자문화 3B단계이후의 것으로 볼 수 있고, 주거지 출토유물로 보아 3B단계로 보아도 무방할 것이다. 주거지 평면형태는 모두 방형 내지 말각방형으로 규모는 장벽4m 이내로 소규모이다. 주거지 배치나 출토유물 양상도 전혀 알 수 없다. 대취자유적과 같이 바닥에 10cm내의 두께로 황사토를 깔았으며, 노지가 확인되지 않는 점도 동일하다. 다만, 묘산유적의 주거지가 모두 남벽쪽에 출입구시설이 돌출한다는 점은 이 유적의 특징이라고 할 수 있다.

4) 雙砣子文化 住居樣相과 變化

쌍타자문화는 요동남도 남단에 분포하는 전기청동기시대 문화로 2500~1200B.C.까지 장기간 동안 존속하였다. 크게 쌍타자 1기문화, 2기문화, 3기문화로 나누어지고, 쌍타자 1기문화는 호형토기, 옹형토기, 천발, 단이배를 특징으로 하며, 호형토기 혹은 옹형토기의 경부 혹은 견부에 현문 내지 원형첩부문이 부가되는 특징이 있다. 주거지는 쌍타자유적 하층이 유일한데, F14, F15-F16, F18-F19호가 해당한다. 2개의 방을 가진 수혈주거지가 특징이고, 내부에 광구호를 묻고 주위를 돌로 두른 노지가 특징적이다. 대취자유적에서도 쌍타자1기에 해당하는 주거지 F11, F12가 확인되었지만, 규모와 내부구조 등을 알 수 없다. 다만 평면 방형과 원형으로 쌍타자유적과 같은 방이 2개 인 것은 확인되지 않다. 이처럼 쌍타자 1기에 해당하는 주거자료가 극히 제한되어 있어, 주거 규모, 분포, 출토유물상 지역성, 변화, 특징을 파악하기 어렵다.

쌍타자 2기문화의 주거지는 대취자 1992년 4층 하면에서 확인된 F10이 유일하다. 그러나 4층 하면과 동일한 층서로 판단되는 1987년 3B층 하면 유구의 경우, 쌍타자 1기문화에 소속되어 있기 때문에, 이 주거지가 분명하게 쌍타자 2기문화에 속한다고 단정하기 어렵다. 게다가 천발 1점만 출토되어 유물상 소속시기를 추정하기 어렵다. 어떻든 보고서 기술에 따르면, 쌍타자 1기에 속하는 대취자 F11, F12주거지와 유사할 것으로 생각된다.

쌍타자 3기문화는 전술한 것과 같이, 주거자료가 풍부한데, 크게 3단계에 따라 무시설식에서 석벽주거지, 석벽주거지의 지상화라는 변화가 확인된다. 그리고 3기문화에 대취자유적은 점차 주거지의 분포상, 주거규모의 차별화, 출토유물의 양적 차이를 통해 볼 때, 어느 정도 신분분화가 이루어지는 과정을 엿볼 수 있었다. 쌍타자유적에서도 F7을 기점으로 수직중첩이 되면서 이들 주거지의 규모가 크고, 석제 무기류가 출토되는 점에서 취락내 신분분화의 맹아를 엿볼 수 있었다. 이처럼 요남지역 쌍타자 3기문화의 공통성은 석벽주거지, 신분분화로의 과정을 엿볼 수 있고, 유물상에서 호형토기, 대부발, 대부호, 두형토기, 천발, 분 등을 특징으로 한다. 그리고 일부 삼족기가 추가되기도 한다. 유물은 호형토기 경부 문양형태, 대부발, 두형토기에서 변화가 뚜렷하다. 각 단계별 변화는 〈표 2〉와 같다.

이상의 유물구성, 석벽주거지의 공통성을 제외하고, 쌍타자 3기의 대취자유적, 쌍타자유적간에 지역성이 뚜렷

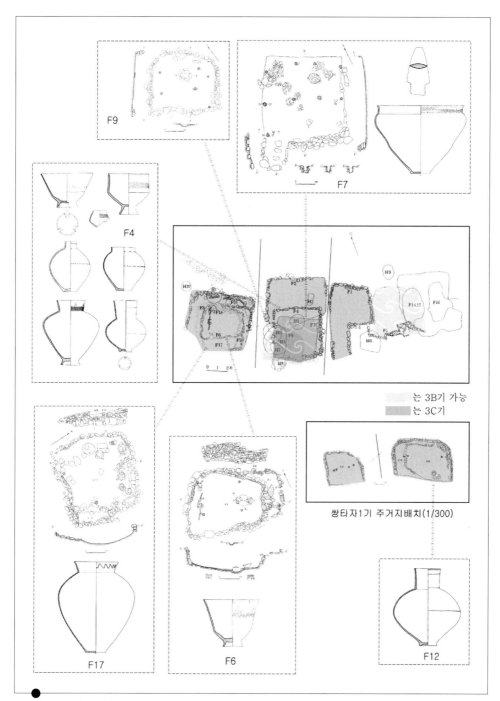

도 7 쌍타자 3기 주거지 배치 및 출토유물(주거지 1/150, 토기 1/15, 석기 1/10)

하다. 주거지구조상에서는 출입구 돌출 시설은 쌍타자유적과 묘산유적에서만 확인되고, 쌍타자유적에서 노지가 확인되나, 대취자유적과 묘산유적에서는 노지가 전혀 확인되지 않는 차이가 있다. 이러한 지역성은 쌍타자 1기문화부터 확인되는데, 전술한 것과 같이, 쌍타자 1기에 대취자유적에서 보이지 않는 두칸주거지는 쌍타자유적에서만 확인되고, 유물상에서 단이배는 쌍타자유적에서만 확인되는 차이가 있다. 쌍타자문화로 쉽게 이해되는 이들 유적의 지리적 분포를 보면, (도 1)과 같이 바로 인근한 유적관계에 있는 것이 아니라, 지리적 경계로 나누어진 유적들임에 알 수 있다. 따라서 쌍타자문화의 수혈주거지, 석벽주거지와 특징적인 호형토기, 대부발 등을 통해 쌍타자문화권의 범위를 파악할 수 있지만, 실제로 문화내용상 세부적인 지역성이 존재함을 고려해야할 것이다.

한편, 요남지역에는 옹관묘, 토광묘, 석붕, 적석묘, 석개석관묘, 대석개묘 등 다양한 무덤형태가 존재한다. 그러나 취락내에서 무덤이 확인되는 예는 전무한 것으로 보아 취락형성에서부터 거주지와 분묘구역이 분명하게 분리되었음은 확실하다. 張翠敏의 견해에 따르면, 대취자유적 인근에 옹관묘가 확인되고 있어 대취자취락을 조성한 주민들의 무덤은 적어도 옹관묘를 포함한다고 보았다. 특히 상마석유적 인근에서 확인된 옹관은 유아용으로 쌍타자 2기에 해당하므로, 대취자유적 인근 옹관묘도 동일시기일 가능성이 많다고 보았다. 그리고 대취자 3기의 취락 규모를 고려할 때, 적석묘가 대취자유적 주민의 묘제일 가능성이 있을 것으로 추정하였다(張翠敏 2006 : 71). 쌍타자 3기문화와 유사한 우가촌유지 인근에 우가촌 타두적석묘가 위치하고, 검토의 여지는 있지만, 장군산 적석묘 출토유물에서 단이배가 확인되는 점 등은 쌍타자 1기와 유사하다는 지적처럼(中國社會科學院考古研究所 1996 : 65~66), 쌍타자문화 주민들의 중심 묘제 중에 적석묘가 존재하였을 것임은 틀림없다.

4. 맺음말

이상의 쌍타자문화 유적의 층위관계, 주거지구조, 출토유물 분석을 통해, 특히 쌍타자 3기문화를 3단계로 세분화할 수 있었다. 쌍타자 3기문화는 무시설식 반지하식 수혈주거지에서 석벽주거지, 지상화된 석벽주거지로의 변천이 확인된다. 그리고 주거지의 분포상, 규모의 차별화, 출토유물 종류와 양적차이로 보아, 계층분화의 과정을 엿볼 수 있었는데, 늦어도 쌍타자문화 3C단계에는 대형주거지가 등장하고, 대형주거지내 유물이 풍부하며, 부속시설이 딸리며, 여타주거지와 거리격차가 확인되므로 취락내 신분분화가 진행된 것으로 판단된다. 이러한 쌍타자문화 3기에 발생하기 시작한 뚜렷한 계층분화의 심화로 요남지구를 비롯한 요동반도에서 비파형동검을 주축으로 하는 동검문화단계로 이행하는 것으로 볼 수 있다.

그러나 이상의 분석대상은 발굴보고된 몇몇 유적에 불과하고 쌍타자문화로 일컫는 유적들의 위치가 비교적 원거리로 지역성이 존재하며, 계층화양상은 소지역마다 그 시점과 내용이 달랐을 가능성도 있다. 앞으로의 자료 증가는 물론, 개별주거지를 벗어난 취락내 구성요소로서의 관점, 토기편년과의 조율, 계층성의 배경과 향방에 대하여 더욱 심도 있는 논의를 진행시켜야 함은 두말할 필요가 없을 것이다.

●참고문헌●

宮本一夫, 1991, 「遼東半島周代倂行土器の變遷 -上馬石貝塚A · BII區を中心に-」, 『考古學雜誌』 第76卷 第4號.

吉林大學考古學系, 遼寧省文物考古研究所, 旅順博物館, 金州博物館, 1992, 「金州廟山靑銅時代遺址」, 『遼海文物學刊』 1期.

大連市文物考古研究所, 2000, 『大嘴子』, 大連出版社.

안재호, 2010, 「韓半島 靑銅器時代의 時期區分」, 『考古學誌』 第16輯.

遼寧省文物考古研究所 · 吉林大學考古學系 · 大連市文物管理委員會, 1996, 「遼寧大連市大嘴子靑銅時代遺址的發掘」, 『考古』 2期.

張翠敏, 2006, 「大嘴子第三期文化聚落遺址研究」, 『華夏考古』 第3期.

千葉基次, 1990, 「中國遼東地域の連續弧線文系土器」 『東北アジアの考古學 〔天池〕』.

中國社會科學院考古研究所, 1996, 『雙砣子與崗上-遼東史前文化的發現和研究』, 科學出版社.

하용인, 2010, 「大嘴子遺蹟의 단계별 변화에 대한 검토 -주거지와 출토 토기를 중심으로-」, 『경남발전연구원 역사문화센터논집』 2.

華玉冰 · 陳國慶, 1996, 「大嘴子上層文化遺存的分期及相關問題」, 『考古』 第2期.

西北韓地域의 靑銅器時代 聚落에 대하여

李 亨 源

1. 序

지금까지 서북한지역의 청동기시대 취락에 대한 연구는 주거지의 구조를 검토한 것이 주류였는데, 주거구조의 분류를 통해 시기를 구분하는 편년 연구의 경향이 강했다(김용남·김용간·황기덕 1975, 김용간·석광준 1984, 최종모·김권중·홍주희 2006 등). 다만 개별 주거지에 국한하지 않고 취락론의 입장에서 취락의 기초 단위를 검토한 코모토의 연구(甲元眞之 1996)가 눈에 띈다.

이 글은 서북한지역의 청천강유역 및 대동강유역의 청동기시대[1] 유적을 검토대상으로 하여 단위 취락의 기초단위와 청동유물이 출토된 취락에 대해서 살펴본다.[2] 일반적으로 취락연구는 주거공간과 분묘공간, 생산공간 등을 포괄하는 것이 바람직하지만, 여기에서는 자료의 제약상 주거역을 중심으로 초보적인 고찰을 행하고자 한다.

2. 淸川江 및 大同江流域의 靑銅器時代 遺蹟

서북한지역의 청동기시대 취락은 검토 자료가 양호하지 않은 압록강유역을 제외하면 크게 청천강유역과 대동강유역으로 양분할 수 있다. 청천강유역은 영변 구룡강유적(석광준·김재용 2003), 영변 세죽리유적이 있으며, 대동강유역은 평양 표대유적(김종혁 2003), 평양 남경유적(김용간·석광준 1984), 송림 석탄리유적 등이 대표적이다. 청천강유역은 남한의 가락동식토기와 계통을 같이 하는 이중구연단사선문토기에 위석식 노와 초석으로 구성된 주거구조를 가지고 있는 것이 특징인데, 압록강유역도 토기와 주거구조 등의 측면에서 보면 청천강유역과 같은 문화권으로 묶을 수 있다. 이에 반해 각형토기문화가 강한 대동강유역은 무시설식 노와 주공식 기둥배치방식을 취하는 점에서 청천강유역과 양상이 다르다. 이러한 점에서 청천강유역은 압록강유역과 더불어 남한 청동기시대 전기 가락동유형과 밀접한 관련이 있는 것으로 논의되고 있는 지역이다(李亨源 2001). 이와 더불어 가락동유형의 밀집 분포지역인 호서지역의 청원 대율리유적(중앙문화재연구원 2005) 등에서 확인된 바와 같이 위석식 노나 초석이 설치되지 않은 非돈산식주거지에서 가락동식토기가 출토되는 유적에 대한 평가에서도 청천강유역의 구룡강유적이 주목된다. 구룡강유적은 위석식노지, 초석, 이중구연토기와 돌대문토기 등이 확인되었는데, 이 유적에서는 非돈산식주거지와 가락동식토기가 주체를 이루는 단계도 존재한다. 보고자들은 중복관계 등을 통해 후자를 가장

---

1) 서북한지역의 청동기시대 편년과 남한지역과의 병행관계는 裵眞晟(2007)의 연구성과를 토대로 한다.
2) 서북한지역에 해당하는 압록강유역에도 다수의 청동기시대 유적이 알려져 있지만 취락연구를 검토하기에는 발굴 자료의 상태가 좋지 않아 제외하였다.

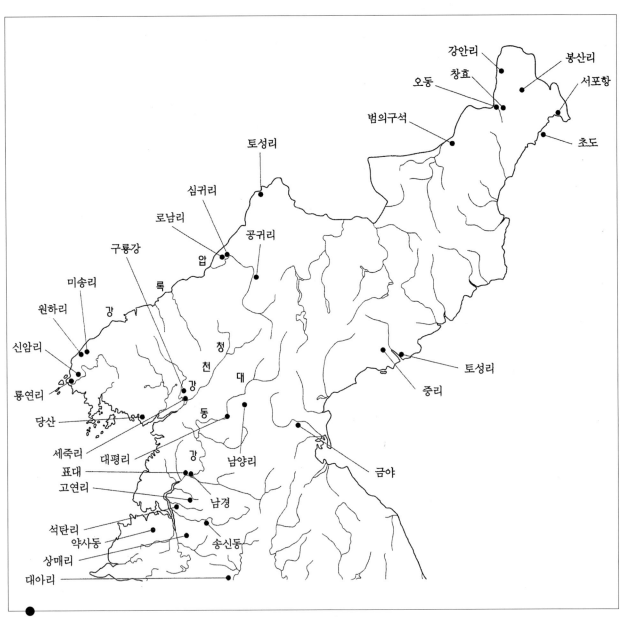

도 1 북한지역 청동기시대 주요 유적 분포(孫晙鎬 2006을 일부개변)

빠르게 편년하고 있어서(석광준·김재용 2003), 청천강유역의 청동기문화와 전형적인 가락동유형의 또 다른 양상(가락동식토기＋비둔산식주거지)과의 관련성을(李亨源 2007) 적극 검토해 보는 것이 좋다고 생각한다.

한편, 대동강상류역에 위치한 덕천 남양리유적(서국태·지화산 2003)과 북창 대평리유적은 각형토기문화가 중심인 대동강 중하류역과 그와 이질적인 청천강유역의 양 지역의 문화가 혼재되어 복합적으로 나타나는 점이지대적 성격을 갖는다. 즉 대평리유적과 남양리유적의 경우 주거구조는 청천강유역의 그것과 유사하나 토기상은 대동강유역의 각형토기와 연결되므로 압록강·청천강유역과 대동강유역 문화간에 이루어진 접촉의 산물로 볼 수 있다. 두 지역이 유사한 석기상을 공유하고 있는 점 또한 이를 잘 보여주고 있다. 물론 각형토기문화의 핵심지역에 위치한 평양 표대유적의 주거지에서도 초석이나 위석식노지가 확인되지만, 전체적인 각형토기문화의 일반적인 주거지는 무시설식노지가 대부분이며 초석이 확인되지 않는다는 점에서 볼 때, 이는 극히 예외적인 경우에 속한다. 표대유적의 양상 역시 청천강유역 문화와의 관계망 안에서 이해할 필요가 있다(李亨源 2001).

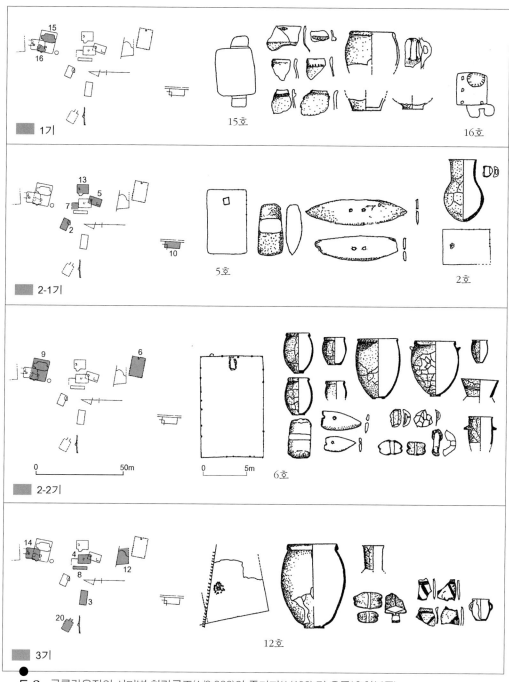

도 2 구룡강유적의 시기별 취락구조(1/2,000)와 주거지(1/400) 및 유물(축척부동)

3. 單位 聚落의 基礎 單位

한국고고학에서 사회조직, 특히 단위취락의 기초단위에 관한 연구는 일본고고학의 단위집단(近藤義郎 1959) 및 세대공동체(都出比呂志 1989)론의 영향을 많이 받았는데, 생산단위와 소비단위를 포함하는 이 분야의 연구성과는 매우 적은 편이다. 그런데 일본의 야요이문화를 대상으로 한 단위집단론이나 세대공동체론은 남한지역 청동기시대 중기의 송국리유형 시기부터 원삼국시대에 걸치는 시간적 범위에 해당하는 것이어서, 청동기시대 조기나 전기와 같이 대형주거가 주체를 이루는 시기의 자료에 이를 그대로 적용하기는 어렵다. 즉 몇 동의 소형주거로 구성된 주거군집을 단위집단 또는 세대공동체로 이해하는 것인데, 대형주거는 1동만으로도 단위집단 또는 세대공

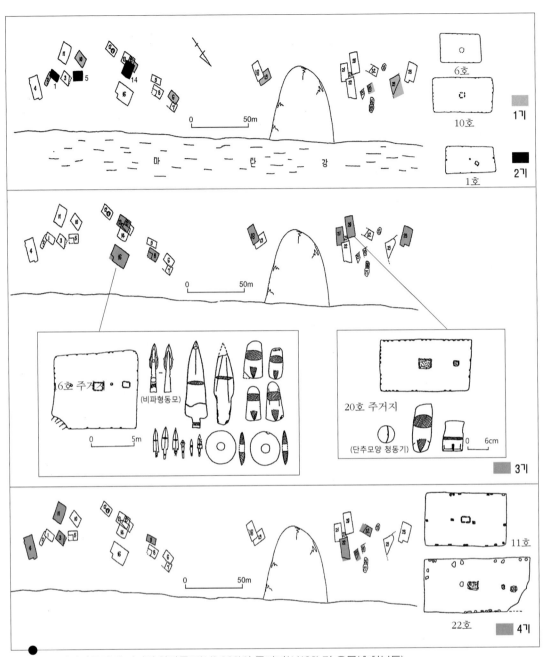

도 3 남양리유적의 시기별 취락구조(1/3,000)와 주거지(1/400) 및 유물(축척부동)

동체를 형성한다고 볼 수 있기 때문에 주의를 요한다. 남한지역의 경우, 대체로 청동기시대 전기의 1동의 대형주거는 중기가 되면 몇 동의 소형주거로 분화하는 것으로 밝혀졌다(安在晧 1996, 李亨源 2009 등). 다시 말해서 '공동거주형 주거방식'에서 '독립거주형 주거방식'으로 변화하게 된다(김권구 2005, 김승옥 2006). 이러한 점을 고려하면, 청동기시대 전기의 일반적인 대형주거 1동은 그 자체로서 세대공동체가 되고, 대형주거 2-3동의 조합이 의미 있는 주거군을 이룬다면 이를 세대공동체군으로 해석할 수 있을 것이다. 또한 취락에 따라 단위취락의 양상은 개별 세대 또는 세대공동체만으로 구성되거나 복수의 세대공동체에 해당하는 세대공동체군으로 이루어진 취락, 더 나아가 세대공동체군이 복수로 공존하는 취락 등 다양한 형태로 분류될 수 있다.

　서북한지역의 청동기시대 유적은 취락의 전모가 밝혀지거나 자세한 양상이 보고된 유적이 거의 없어 취락구조론을 논하기에는 어려움이 많은 것이 현실이다. 다만 취락의 기초단위와 관련하여 주거지 배치상에서 1동이 단독으로 존재하거나 2-3동으로 조합되는 것이 많은 점에서 볼 때, 개별세대를 비롯하여 세대공동체나 세대공동체

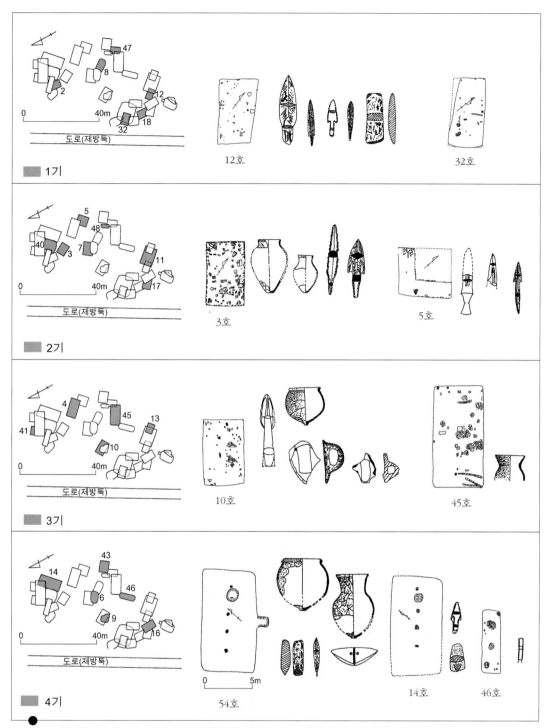

도 4 표대유적 1지점의 시기별 취락구조(1/2,000)와 주거지(1/400) 및 유물(축척부동)

군을 이루는 것이 일반적인 것 같다. 그런데 대형주거지의 경우도 노지가 1기 내지 2기인 것이 대부분이어서 남한지역의 가락동식주거지나 역삼동식주거지에 비해 비교적 적은 수의 노가 설치된 점이 다르다. 이는 대형주거에 복수의 세대가 거주하는 세대공동체의 존재가 인정될 경우 세대공동체 단위로 소비행위가 이루어졌다는 것을 나타낸다. 대형주거가 주체를 이루는 남한지역의 청동기시대 전기 주거도 다양한 패턴이 존재하지만, 2-3기 이상(7기 이상도 존재)의 노지가 확인되는 주거지가 많은 점에서 다르게 해석되어야만 한다. 이는 노지가 1기, 또는 2기뿐인 서북한지역의 일반적인 대형주거는 세대공동체의 가옥이면서, 세대공동체 내에서의 개별세대의 독립성이 낮았다는 것을 시사하는 것으로 생각된다. 물론 이에 대해서는 출토유물의 분석을 통해 세대 구성원의 수나 취락

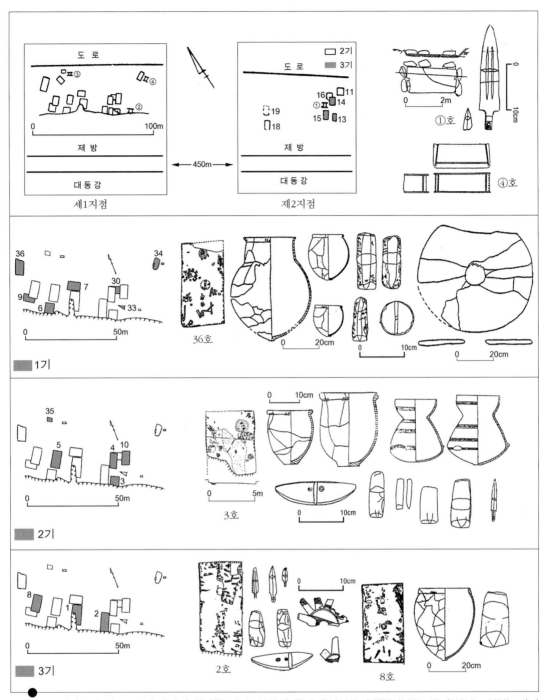

도 5 남경유적(1/3,000)의 시기별 취락구조(1/2,000)와 주거지(1/400), 분묘(1/200), 토기(1/12 · 1/20), 석기 (1/8 · 1/20)

내에서의 위계 관계 등을 검토하고, 민족지자료 등을 비교해 뒷받침할 필요가 있다. 이와 함께 남한지역의 송국리 유형 시기의 주거면적이 20㎡ 이하가 많은 것에 대해서 비슷한 시기의 서북한지역은 20㎡ 이상이 주류를 이루는 점도 비교 대상이다.

4. 靑銅器 出土 住居와 聚落

청천강 및 대동강유역의 청동기시대 주거지에서 청동유물이 출토된 유적으로는 덕천 남양리유적을 비롯해서 평양 표대, 평양 금탄리, 봉산 신흥동유적 등이 있다.

- 덕천 남양리 : 16호 주거지, 76.4m²(9.73×7.85), 비파형동모 1(화재, 동물뼈, 조개껍질)
- 덕천 남양리 : 20호 주거지, 53.1m²(10.45×5.08), 단추형 청동기 5(화재, 불탄사람 이빨)
- 평양 표대 : 10호 주거지, 33.1m²(7.2×4.6), 비파형동모 1(화재)
- 평양 표대 : 46호 주거지, 12.7m²(6.35×2), 관옥형장식품 1(화재)
- 평양 금탄리 : 8호 주거지, 60m²(10×6), 동착 1(화재)
- 봉산 신흥동 : 7호 주거지, 5.8×(4)m, 단추형 청동기 1(화재)

위에 간략히 제시한 바와 같이 청동 유물은 대부분 대형주거지에서 출토된 점에서 청동기 소유자의 취락 내에서의 위계는 비교적 높았음을 알 수 있다. 다만 비파형동모가 출토된 표대유적 10호 주거지는 33.1m²로서, 동시기로 보고된 45호(54.5m²)나 4호(41.6m²) 주거지에 비해서 작은 규모이며, 관옥형장식품이 출토된 46호 주거지는 면적이 12.7m²로 매우 좁은 편이다. 표대취락에서는 청동기 소유와 취락 내의 위계 관계가 비례하지는 않았던 것 같다. 이러한 점에서 청동제품을 소유한 자가 취락의 집단 내에서 어떠한 위상을 가지며, 그것이 어떻게 취급되었는지에 대해서 종합적으로 검토할 필요가 있다는 것을 말해주는 좋은 예이다. 다만 유물 출토 패턴에 대한 분석, 즉 ①유물 출토 양상이 사용 당시의 맥락을 나타내는지, 아니면 ②사용 전 또는 사용 후의 보관 또는 관리상태를 보여주거나, ③폐기 이후의 퇴적 과정에서 무질서하게 흩어진 상태인지, 마지막으로 ④유물이 출토되지 않는 경우 등을 면밀하게 분석하여 해석하는 것이 중요할 것이다.

또한 청동기가 출토된 주거지가 모두 화재를 입었다는 점도 생각할 필요가 있는데, 취락 내에서 발생한 실화나 비화, 또는 거주자에 의한 의도된 방화보다는 적대적 관계에 있는 집단으로부터 불의의 습격을 받은 결과일 가능성이 높다. 농경사회에서의 전쟁의 산물로 해석하는 쪽이 더욱 타당할 것으로 생각한다. 왜냐하면 거주 집단이 자신들의 실수 등으로 인해 화재가 발생했다면 희소품이면서 고가품으로서 매우 소중하게 여겼을 청동기를 불이 난 주거 내에 그대로 방치해 놓지는 않았을 것으로 생각되기 때문이다.

한편, 단추형 청동기가 5점 출토된 남양리 20호 주거지에서는 불탄 사람의 이빨도 확인되었는데, 이는 거주자가 전염병으로 사망한 후 집을 소각한, 소위 '가옥장'의 한 형태(兪炳琭 2010, 安在晧 2012)일 가능성과 전술한 바와 같이 적에 의한 방화와 관련될 가능성 두 가지 모두를 상정해 놓을 필요가 있을 것이다.

5. 結

이 글은 서북한지역의 청동기시대 취락과 관련하여 단위 취락의 기초 단위와 청동기 출토 주거지에 대해서 간략하게 검토한 것이다. 일본 야요이시대 공동체 연구의 기본 개념에 해당하는 단위집단 또는 세대공동체론을 한반도 청동기시대의 사회고고학 연구에 적용할 때에는 신중해야 한다. 그것은 야요이문화의 공동체론이 단위 주거의 규모가 소형화 경향을 보이는 한반도 청동기시대의 송국리유형 단계에서 원삼국시대에 걸치는 시기에 대응하기 때문이다. 이러한 이유로 송국리유형 이전 시기의 주거 및 취락의 분석은 다른 관점에서 살펴보아야 하는데, 남한과 북한의 청동기시대 조기-전기의 집단 관계 연구에서는 그것이 요구된다. 또한 남한과 북한의 청동기문화 역시 공통점과 차이점을 가지고 있다는 점을 분명히 인식해야 한다는 점에서, 본고는 주의 환기 차원의 문제 제기를 한 셈이다. 그리고 청동기를 소유한 자와 그가 살았던 주거, 그리고 취락 내에서의 집단 관계 등에 대해서도 관심을 가지고 적극적으로 검토해야만 한다고 보았다. 이와 관련된 내용은 후속 논문을 통해서 심도 있는 논의를 진행할 예정이다.

●참고문헌●

김권구, 2005, 『청동기시대 영남지역의 농경사회』, 학연문화사.

김승옥, 2006, 「청동기시대 주거지의 편년과 사회변천」, 『한국고고학보』 60.

김용남·김용간·황기덕, 1975, 『우리나라 원시집자리에 관한 연구』, 사회과학출판사.

김용간·석광준, 1984, 『남경유적에 관한 연구』, 과학백과사전출판사.

김종혁, 2003, 「표대유적 제1지점 팽이그릇 집자리 발굴보고」, 『마산리, 반궁리, 표대유적 발굴보고』, 백산자료원.

裵眞晟, 2007, 『無文土器文化의 成立과 階層社會』, 서경문화사.

서국태·지화산, 2003, 『남양리유적 발굴보고』, 백산자료원.

석광준·김재용, 2003, 「구룡강유적 발굴보고」, 『강안리, 고연리, 구룡강유적발굴보고』, 백산문화원.

孫晙鎬, 2006, 『青銅器時代 磨製石器 研究』, 서경문화사.

安在晧, 1996, 「無文土器時代 聚落의 變遷 -住居址를 통한 中期의 設定-」, 『碩晤 尹容鎭 教授 停年退任紀念論叢』, 碩晤 尹容鎭 教授 停年退任 紀念論叢 刊行委員會.

_____, 2012, 「墓域式支石墓의 出現과 社會相」, 『湖西考古學』 26.

俞炳琭, 2010, 「竪穴建物 廢棄行爲 研究 I -家屋葬-」, 『釜山大學校 考古學科 創設20周年 記念論文集』, 釜山大學校 考古學科.

李亨源, 2001, 「可樂洞類型 新考察 - 錦江流域을 中心으로」, 『湖西考古學』 4·5合輯.

_____, 2007, 「湖西地域 可樂洞類型의 聚落構造와 性格」, 『湖西考古學』 17.

_____, 2009, 『青銅器時代 聚落構造와 社會組織』, 서경문화사.

中央文化財研究院, 2005, 『淸原 大栗 -細橋間 道路工事區間內 淸原 大栗里·馬山里·楓井里遺蹟』.

최종모·김권중·홍주희, 2006, 「각형토기문화유형의 연구」, 『야외고고학』 창간호.

甲元眞之, 1996, 「朝鮮先史時代の集落構造」, 『住の考古學』.

近藤義郎, 1959, 「共同體と單位集團」, 『考古學研究』 6-1.

都出比呂志, 1989, 『日本農耕社會の成立過程』, 岩波書店.

江原 嶺西地域 靑銅器時代 聚落의 編年과 變遷

金權中

1. 序言

강원 영서지역 청동기시대 취락의 특징은 험준한 지형적 조건으로 인해 하천 유역의 자연제방에 집중되고 반복 점유되며, 대규모로 형성되는 특징이 있다. 강원 영서지역은 크게 북한강과 남한강 수계로 구분되어 물질문화의 양상에서 차이를 보이며, 시기구분에 따른 각 단계의 변천 양상이 뚜렷하게 확인되고 있다.

강원 영서지역 청동기시대의 기존 연구 성과를 간단하게 살펴보면, 초기에는 공렬토기를 중심으로 연구가 이루어지거나(崔鍾模 1998) 점토대토기문화를 중심으로 연구(李姃任 2003)가 진행되기도 하였지만 자료의 한계로 두드러진 성과를 이루지는 못하였다. 특히, 송국리문화의 영향이 미치지 않아 전기 공렬문토기문화가 변화 없이 늦은 시기까지 이어지거나 전기의 하한을 내려 보는 관점(金壯錫 2003)이었다. 이후 자료의 급증과 함께 연구도 진전되어 중기의 설정과 함께 전기에서 과도기를 거친 중기로의 변화상에 대한 연구(金權中 2005, 김권중 2005)가 있었고 단계 설정과 편년을 중심으로 연구(鄭元喆 2007)가 진행되었으나, 취락의 구조에는 연계되지 않았다.

본 글의 목적은 청동기시대 문화의 획기를 구분하고 단계를 설정하며, 각 단계의 취락 구조를 파악하고 단계별 변천 양상을 살펴보고자 하는 것이다. 행정구역상으로 경기도에 속하지만 동일 수계에 분포하는 加平 連下里 遺蹟, 大成里遺蹟, 達田里遺蹟 등의 유적도 함께 언급하고자 한다.

2. 段階 設定

각 단계의 설정은 주거지 중복관계를 기반으로 하며 주거지의 평면형태, 규모, 구조, 출토유물을 통하여 모두 5단계로 구분하였다.

1) I 단계 - 突帶文土器段階(도 1)

전체적으로 돌대문토기문화가 강하게 영향을 미친다. 수계에 관계 없이 큰 차이를 보이지 않는데 북한강유역의 洪川 哲亭里II遺蹟과 外三浦里遺蹟, 春川 泉田里 121-16番地遺蹟, 加平 連下里遺蹟과 大成里遺蹟과 남한강유역의 旌善 아우라지遺蹟, 平昌 泉洞里遺蹟(예맥) 등이 해당된다. 이 단계의 취락은 대부분 충적대지에 입지하는 특징을 보이고 있다. 최근 春川의 錦山里와 玄岩里, 華川의 居禮里, 原川里 등 다수의 유적에서 돌대문토기 주거지가 지속적으로 확인되고 있다.

주거지의 주축방향은 강과 직교하는 것이 대부분이고 평면형태는 대형의 (장)방형을 띤다. 내부시설로서는 石床이나 粘土床, 또는 土床의 위석식노지를 설치하는 것이 기본적인 구조이고, 일부는 초석이 설치되기도 한다. 노지는 수혈식도 화천이나 춘천 지역에서는 부가적으로 확인되며 강의 반대편 단벽쪽으로 치우쳐 배치되는 경향이 강하다.

유물은 심발형이나 옹형의 돌대문(절상과 무각목 절상 포함)토기와 외반구연토기, 장경호, 대부토기, 瘤付土器 등과 석검(아우라지 5호와 연하리 13호), 양인의 장방형석도, 무경식석촉(1류), 단면 반원형 방추차, 공구형석기 등이 특징적이다. 철정리Ⅱ유적, 외삼포리유적, 천전리121-16번지유적에서는 이중구연토기나 이중구연에 단사선문이나 거치문이 결합되어 공반되기도 하는데 이러한 요소는 기원지의 양상을 반영하는 것이라고 판단된다. 특히 주거지의 구조와 토기의 기형 등으로 볼 때 新岩里Ⅱ期나 公貴里·沈貴里Ⅰ期 등과 관련되거나, 요동계 이중구연단사선문토기 등 다양한 요소가 내포되어 있다. 이 단계의 세세한 편년은 어렵지만 일부 유적(금산리 A-1호, 연하리 13호)에서는 구순각목문과 결합되거나 공반되는 양상이 확인되는데 다소 늦은 단계로 판단된다.

이 단계는 돌대문토기문화가 중심을 이루지만 原州 桐華里遺蹟은 방형계통의 주거지에 위석식노지를 갖추고 이중구연단사선문이 시문된 토기로만 구성된 양상이 확인된다. 토기의 양상으로 볼 때 可樂洞類型의 범주에 포함될 수 있겠지만 충적대지에 입지하는 것과 가락동유형의 중요 속성(李亨源 2007)인 초석이 확인되지 않는 것에서 차이가 있기 때문에 다른 계통으로 판단된다. 이 단계에 공렬문토기문화는 거의 확인되지 않는다.

2) Ⅱ단계 - 孔列文土器 1段階(도 2·3)

이 단계는 돌대문토기문화가 쇠퇴하고 공렬문토기문화가 중심을 이룬다. 수계에 따라 다소 차이를 보이며 북한강유역의 경우 이른 단계에는 두 가지 계통이 모두 공존하는 양상을 띤다.

북한강유역의 대표적인 유적으로 화천의 용암리, 춘천의 천전리, 新梅大橋敷地, 擧頭里, 牛頭洞, 홍천의 철정리Ⅱ, 가평의 달전리 등이다. 주거지의 구조는 다수의 수혈식노지를 갖춘 대형의 세장방형주거지가 중심을 이루고, 다수의 저장공이 설치된다. 분리된 작업공간은 무시설을 기본으로 하며, 중심주공(중앙주공)이 규칙적인 배치를 보이는데 대형주거지에서는 3×5~7주식의 배치양상이 다수 확인된다.

유물은 공렬문토기와 대형의 호형토기, 적색마연토기와 이단병식석검(유혈구), 합인과 편인의 석부, 이단경식과 무경식(2류) 석촉이 출토된다. 구릉에 분포(朴性姬 2006)하는 驛三洞類型의 제요소와 유사하지만 입지와 출토유물에서 다소 차이가 있으므로 한강유역의 충적대지에 분포하는 한 갈래가 북한강을 중심으로 유입되어 형성되었다고 판단된다.

북한강유역에서는 가평 달전리 33호, 춘천 신매대교부지 21호, 우두동의 다수 주거지와 같이 공렬문과 구순각목문이 결합되거나 단사선문이 시문되기도 하고, 대부소호가 출토되기도 하며, 신매대교부지26호와 같이 위석식노지와 초석을 갖춘 주거지가 확인되지만 늦은 단계까지 지속되지는 않는다. 최근 화천 거례리와 원천리, 홍천 외삼포리와 철정리Ⅱ유적에서도 위석식노지만을 갖추거나 수혈식노지를 함께 갖춘 주거지도 확인된다.

남한강유역은 原州 加峴洞과 台庄洞, 정선의 아우라지, 寧越 酒泉里와 臥石里, 平昌의 泉洞里, 馬池里 등이 해당된다. 주로 한 쪽 단벽으로 치우쳐 1~2(3)기의 위석식노지를 설치한 중대형의 (장)방형 주거지가 중심을 이룬다. 유물은 구순각목문이나 공렬문 또는 이들이 결합된 문양이 주류를 이루며, 대부토기가 다수 출토되고 이중구연이나 단사선문이 시문된 토기도 일부 확인된다. 석기는 석검(유혈구), 무경식석촉(2류), 이단경식석촉이 주류인데, 특히 가현동, 태장동과 아우라지에서는 주거칼(동북형석도)이 특징적으로 출토된다. 이 지역은 (장)방형의 평면형태와 위석식노지를 비롯하여 대부토기, 장경호, 무각목의 돌대문토기가 일부(가현동) 잔존하는 것을 볼 때 부분적이지만 북한강유역과 달리 전단계의 전통을 이어가는 양상을 보인다.

3) Ⅲ단계 - 孔列文土器 2段階 : 過渡期(도 4)

이 단계는 Ⅱ단계(전기)와 Ⅳ단계(중기)의 요소가 혼재하는 양상을 띤다. 주거지는 별다른 시설이 없던 전단계의 작업공간에 작업공이라는 시설이 설치되고 이색점토구역이 등장하는 Ⅳ단계 이전의 과도기적인 양상으로 판단되는데, 남한강유역에서는 뚜렷하게 확인되지 않고 북한강유역의 일부 유적에서만 확인된다. 용암리유적은 50 여기의 주거지가 이 단계에 해당되고 천전리유적에서도 1기(51호)가 확인되었다. 내부시설은 소수지만 2×3주식 또는 2×4주식의 내측주공을 배치한 주거지도 일부(용암리 2호·116호) 확인된다. 용암리유적 3호, 9호, 122호와 같이 전단계의 세장방형을 띠는 주거지가 여전히 확인되지만 전체적으로는 (장)방형의 주거지 증가가 뚜렷하다. 유물 양상에서는 대체로 큰 변화가 없지만 토기의 문양에서는 구순각목문이 지속되는 우두동유적을 제외하면 대부분 공렬문만 남게 되고 소형의 호형토기가 등장하기 시작한다. 석기는 전단계의 구성에 일체형석촉, 일단경식석족 등 IV단계의 주류를 이루는 유물의 출토예가 증가하기 시작한다. 절대연대는 B.C. 9~8세기 정도로 검출되는데 II단계의 하한과 IV단계의 상한과 겹친다.

4) IV단계 - 孔列文土器 3段階(도 5)

남한강유역에서는 일부 유적에 한정되며, 주로 북한강유역을 중심으로 확인된다. 분포지역의 범위가 확산되어 하류지역인 가평의 대성리와 달전리, 南楊州의 長峴里와 같이 북한강에 인접한 한강의 지류(王宿川), 남한강의 지류인 蟾江 일대(文幕里)까지 분포하고, 단위 취락의 규모도 최대를 이루게 된다.

주거지의 구조는 평면 (장)방형인 중소형의 주거지가 취락의 중심을 이루며 주거지 내부에는 수혈식노지를 갖추고 작업공간에는 작업공과 함께 이색점토구역이라는 특수한 시설을 갖추게 된다. 중앙주공과 함께 2×3주식 또는 2×4주식의 내측주공 배치가 증가하며 주거지 내부의 저장공 수는 현저하게 감소하는 반면, 옥외에 전문저장시설(방형수혈유구)과 전문공방시설(B식 주거지)을 갖추거나 이색점토구역만을 갖춘 주거지가 등장하기도 한다.

유물은 공렬문토기와 함께 소형호형토기, 적색호형토기 등의 특징적인 토기와 일단경식석촉, 일체형석촉, 유경식과 일단병식의 석검, 유구석부 등이 표식적인 유물이다. 이러한 주거지(소위 '泉田里式住居址') 구조와 유물상을 '泉田里類型'이라고 설정하고 송국리문화와 동일한 단계로 판단하고 있다(김권중 2005).

남한강유역은 IV단계로 판단되는 주거지가 명확하지 않지만 원주 태장동과 가현동 유적 지표에서 일단경식과 일체형석촉, 일단병식석검 등이 수습되었고, 태장동유적에서는 수혈유구로 판단되는 8호 유구에서 공렬문토기와 적색마연의 소형호형토기가 출토되었으며, 절대연대도 중기단계로 확인되었기 때문에 추후 이 단계 주거지의 확인 가능성이 높다. 평창 천동리유적(예맥)도 방형으로 추정되는 1호 주거지도 내부에서 호형토기가 출토되었기 때문에 이 단계로 판단된다. 한편, 가현동 14호 주거지의 구조는 전단계와 차이가 없지만 유구석부를 비롯하여 석촉은 대부분 일단경식이고 일체형석촉과 일단병식석검 등의 유물로 볼 때 이 단계로의 편년이 가능하다. 이러한 상황으로 볼 때 전단계(III단계)의 물질문화가 상당부분 지속되었을 가능성이 있다.

5) V단계 - 無文樣·粘土帶土器段階(도 6)

이 단계는 북한강유역과 남한강유역에서 다소 차이를 보이고 있다. 북한강유역은 기존의 재지문화가 전통을 이어가기도 하지만 전반적으로 쇠퇴하는 양상을 보이고, 새로이 점토대토기문화가 등장하는 단계이다. 재지문화는 여전히 충적대지를 중심으로 취락이 분포하며 토기문양의 시문에서 공렬문토기가 거의 사라진 구성을 보이는데 下中島遺蹟의 전환기적 성격에 대해 지적하면서 공렬문이 사라지는 단계를 설정한 바(박성희 2002) 있다. 철정리II유적도 33기의 주거지가 이 단계에 해당되는 것으로 판단되는데 공렬문토기가 확인되지 않기 때문에 이 단계로의 설정이 가능하다. 주거지의 양상은 천전리식주거지의 구조를 그대로 계승하였고 유물은 전단계의 토기상이나 석기상에서 차이를 보이지 않는다. 철정리II유적 55호 주거지에서는 점토대토기가 공반되기도 한다.

다른 하나는 구릉을 중심으로 새로이 유입된 점토대토기문화이다. 춘천의 거두2지구, 漆田洞, 楊口 亥安 등의 유적이 이에 해당되는데 주거지의 평면형태는 명확한 것이 방형과 장방형으로 확인되며 모두 소수의 주거지로 구성되고 취락의 규모가 작지만, 천전리유적 B지역에서는 약 200여기 이상의 수혈유구가 확인되기 때문에 이를 조성할 정도로 규모가 큰 취락의 존재가능성도 있다. 유물은 점토대토기, 두형토기, 흑도장경호, 조합식우각형파수,

무경식석촉(3류)과 소형의 유구석부 등이 출토된다.

춘천 현암리유적의 경우에는 점토대토기와 관련 유물이 출토되는 주거지가 확인되며, 新梅里 47-1番地遺蹟, 철정리Ⅱ유적, 거두리유적 등지에서 점토대토기가 출토되고 있어 점토대토기문화가 충적지대로의 확산이나 교류의 결과로 판단된다.

남한강유역에서는 기존의 재지문화는 거의 확인되지 않는데 그 이유는 전단계에서 이미 쇠퇴한 양상을 보이며 이 단계에 이르면 소멸되었을 가능성이 높기 때문이다. 북한강유역과 마찬가지로 점토대토기문화가 새로이 유입되는데 구릉과 충적대지에서 모두 확인된다. 영월 三玉里遺蹟이나 원주 法泉里遺蹟, 정선 아우라지유적이 대표적이다. 주거지가 확인된 것은 충적대지에 입지한 법천리유적이 유일한데 22호 주거지는 중형급의 평면 장방형을 띠며 수혈식노지를 갖추었다. 삼옥리유적 Ⅲ지구 23호, 26호, 28호 수혈유구에서 점토대토기가 출토되었고, 아우라지유적 1호 고인돌에서는 점토대토기가 출토된 바 있다.

이 단계는 전반적으로 재지문화를 계승하지만 쇠퇴하거나 소멸되고 이와 함께 새로이 유입된 점토대토기문화와의 교류와 지역적인 공존양상이 확인되는 단계이다.

3. 聚落 構造의 變遷 樣相

북한강유역과 남한강유역의 청동기문화는 형성 당시에는 유사한 양상으로 시작되지만 단계를 거치면서 주거지의 구조는 각각 다른 변천 과정을 거치게 된다. 그러나 취락의 구조는 수계에 상관없이 거의 동일한 패턴으로 전개되고 있다.

Ⅰ단계는 아우라지, 철정리Ⅱ, 외삼포리, 대성리, 연하리 등의 유적에서 어느 정도 파악이 가능하다. 부분만 조사되어 취락 전체의 구조는 파악하기 어렵지만 취락의 단위는 대형급의 (장)방형주거지 2~3기 정도가 강을 따라 병렬적인 線狀構造를 보이는 것이 특징이다. 주거지 주변에는 1~2기 정도의 수혈유구를 갖추기도 한다(도 7).

Ⅱ단계는 용암리유적과 아우라지유적이 대표적인데 용암리유적은 대형의 세장방형 주거지를 중심으로 3~5기 정도의 방형과 장방형 주거지가 분포하는 것으로 판단되고, 아우라지유적은 전단계의 (장)방형의 대형주거지는 감소하지만 중형급의 (장)방형 주거지가 다수 분포하는 양상이다. 전반적으로 밀도는 높지 않지만 다수의 주거지가 일정 공간범위 내에 분포하는 面狀構造를 보인다고 할 수 있다. 소규모이지만 거두2지구와 태장동, 가현동 유적에서도 이러한 구조가 확인된다. 가현동은 동서 2개 단위로 취락을 형성하고 있으며, 거두2지구와 태장동은 1개 단위가 취락을 형성한 것으로 파악되는데 규모 차이가 크지 않은 5~6기의 주거지가 일정 공간에서 크게 벗어나지 않고 밀집하고 있다(도 8).

Ⅲ단계는 일부 유적에 한정되어 용암리유적에서만 구조를 파악할 수 있다. 취락의 구조를 살펴보면 개별주거지는 여전히 세장방형이 확인되지만 장방형과 방형 주거지의 증가가 뚜렷하게 확인된다. 5~6기 정도의 단위를 이룬 면상구조가 확대되어 다면구조로 변화하는 양상이 파악되고 있다(도 9).

Ⅳ단계는 용암리유적과 천전리유적에 특징이 잘 나타난다. 개별주거지는 단면의 길이가 길어진 세장방형과 장방형 주거지가 소수 확인되며 방형의 주거지가 좀 더 높은 비율로 증가하는 양상을 보인다. 용암리유적을 비롯하여 우두동유적 등 많은 유적에서 전단계보다 밀집도가 높은 고밀도의 다면적인 면상구조를 보이는 것으로 파악된다. 특히, 천전리유적의 경우 일정 공간에서 제한적인 분포를 보이던 양상에서 Ⅱ·Ⅲ단계 주거지와 구상유구, 주구묘 등을 파괴하고 유적 전체로 취락의 규모가 확대되고 있다(도 10).

Ⅴ단계의 유적은 재지문화의 경우 철정리Ⅱ와 하중도 유적이 대표적인데 일부만 조사되었지만 취락의 구조는 Ⅳ단계와 큰 차이를 보이는 않는 다면구조를 보이지만 유적의 수가 제한적이고 밀집도가 다소 낮은 것으로 파악된다. 점토대토기문화의 주거지는 대부분 확인된 유적이 소수이기 때문에 취락 구조를 파악하기 어렵다. 거두2지구의 북지구에서 등고선과 나란하게 3기의 주거지가 선상으로 분포하는 정도이고 다른 유적은 명확한 분포 패턴이 확인되지 않는다(도 11).

이상과 같은 내용을 종합하면 I 단계에서 IV단계까지 주거지의 형태와 규모의 변화와 함께 취락구조는 선상구조→면상구조→다면구조(저밀도)→다면구조(고밀도)로의 변화를 거치는데, 단계를 거듭할수록 취락 범위가 확대되어 IV단계에는 정점에 이른다. V단계에는 천전리유형이 큰 변화 없이 지속되는 취락구조를 보이며 동일 단계인 점토대토기 주거지는 뚜렷한 구조를 파악하기 어렵다.

4. 結語

강원 영서지역의 청동기시대 문화는 성격이 다른 다양한 물질문화의 유입에 의해 형성된다. 이후 수계에 따라 단계를 거치면서 주변 지역과는 다른 각각의 독자적인 변화를 거쳐 발전하게 되는데, 북한강유역을 중심으로 두드러진다. 취락은 반복적이고 대규모로 형성되는 특징이 있으며 이러한 배경에는 다양한 생업방식과 함께 안정적인 식량획득이 가능하였기 때문이다. 이 지역의 청동기시대 문화는 형성(출현) 이후 발전(성장), 쇠퇴(소멸)의 과정을 거치는데, 취락의 구조는 선상구조에서 면상구조로 변화되고 다면구조로 발전하게 되며, 소규모에서 대규모로 변화한 후 점차 쇠퇴하거나 소멸된다.

강원 영서지역 청동기시대 문화는 수계에 따라 전개 양상과 변천 양상에서 다소 차이를 보이는데, 이러한 차이는 유입 당시의 물질문화의 차이, 즉 집단의 차이에 기인하며 환경에 따라 주거방식에도 영향을 미친 것으로 판단된다.

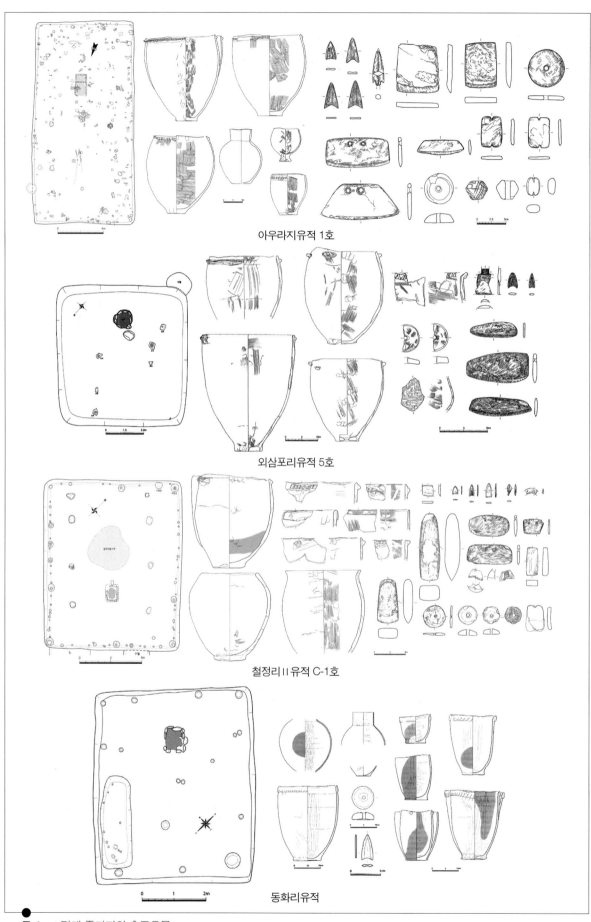

아우라지유적 1호

외삼포리유적 5호

철정리Ⅱ유적 C-1호

동화리유적

도 1 Ⅰ단계 주거지와 출토유물

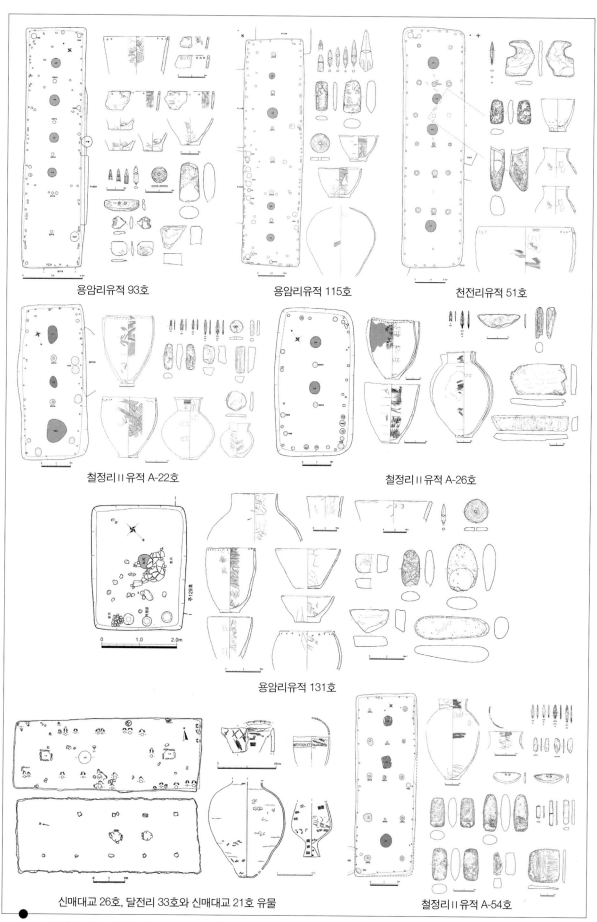

용암리유적 93호   용암리유적 115호   천전리유적 51호

철정리 II 유적 A-22호   철정리 II 유적 A-26호

용암리유적 131호

신매대교 26호, 달전리 33호와 신매대교 21호 유물   철정리 II 유적 A-54호

도 2   북한강유역 II단계 주거지와 출토유물

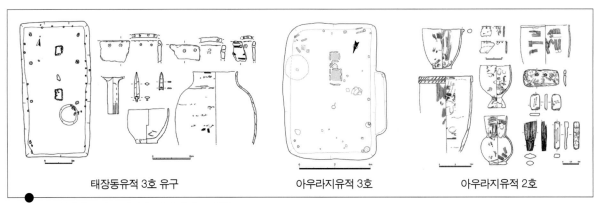

태장동유적 3호 유구   아우라지유적 3호   아우라지유적 2호

도 3 남한강유역 II단계 주거지와 출토유물

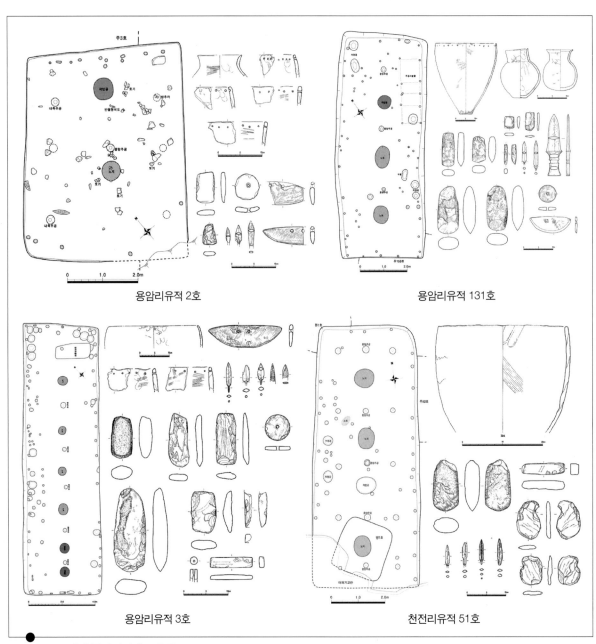

용암리유적 2호   용암리유적 131호

용암리유적 3호   천전리유적 51호

도 4 III단계 주거지와 출토유물

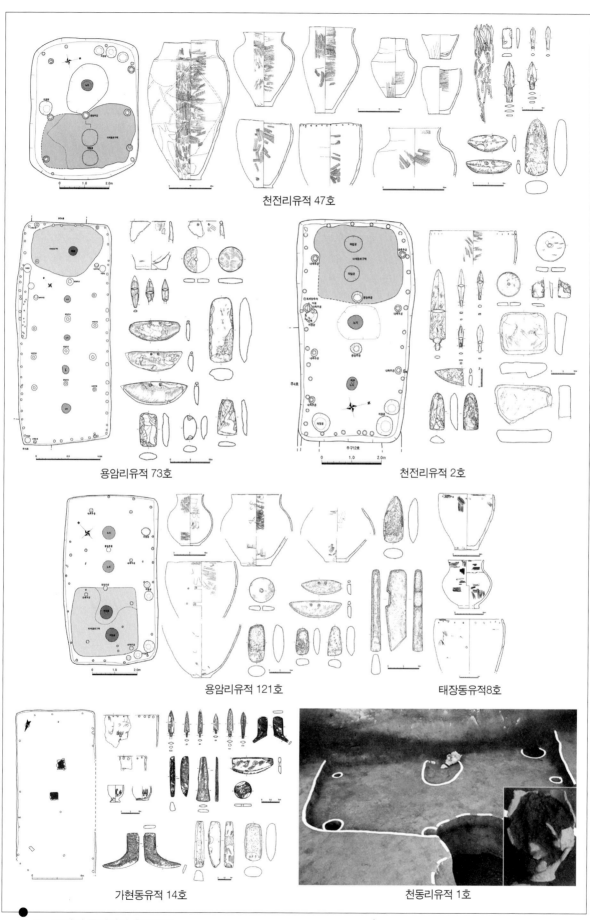

천전리유적 47호

용암리유적 73호

천전리유적 2호

용암리유적 121호

태장동유적8호

가현동유적 14호

천동리유적 1호

도 5 IV단계 주거지와 출토유물

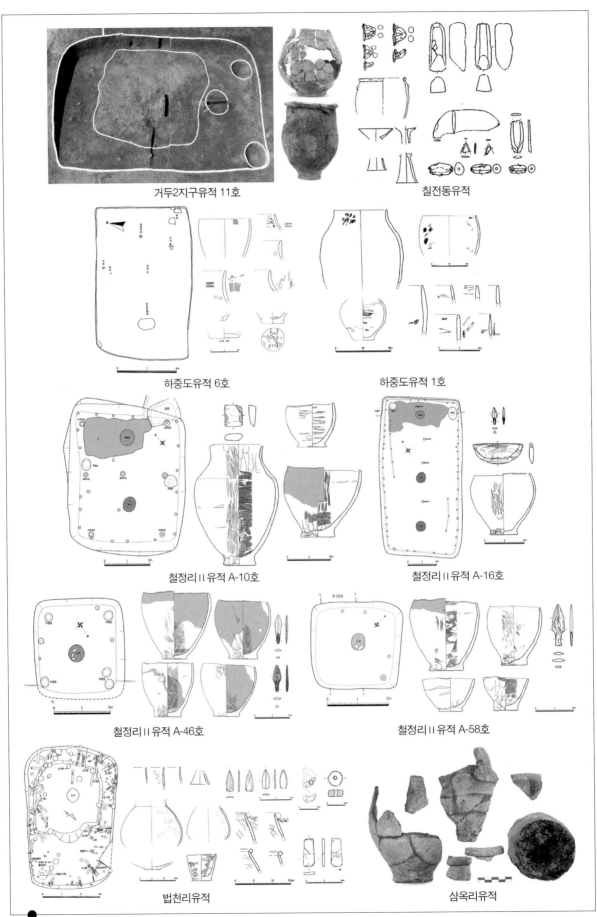

거두2지구유적 11호

칠전동유적

하중도유적 6호

하중도유적 1호

철정리Ⅱ유적 A-10호

철정리Ⅱ유적 A-16호

철정리Ⅱ유적 A-46호

철정리Ⅱ유적 A-58호

법천리유적

삼옥리유적

도 6 Ⅴ단계 주거지와 출토유물

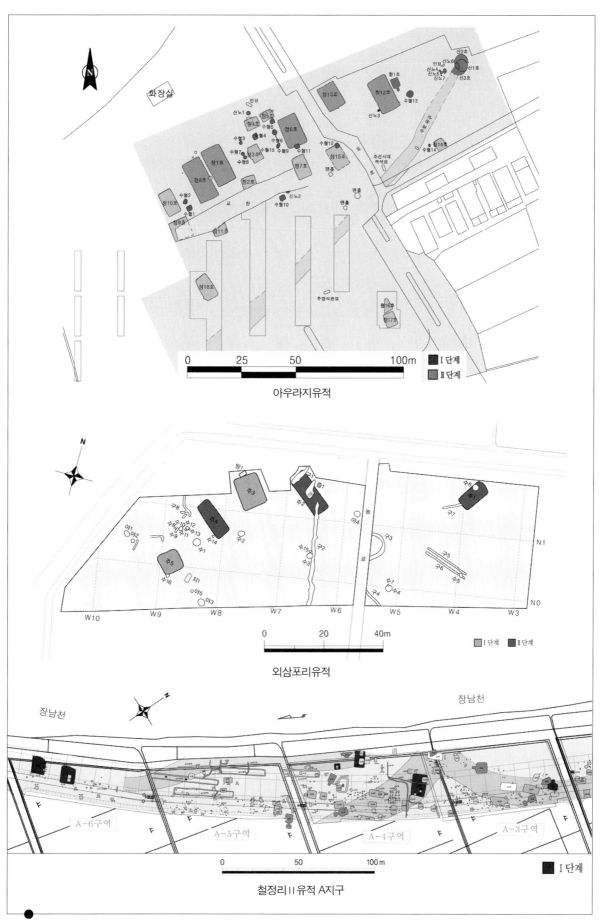

도 7 I 단계 유구배치도

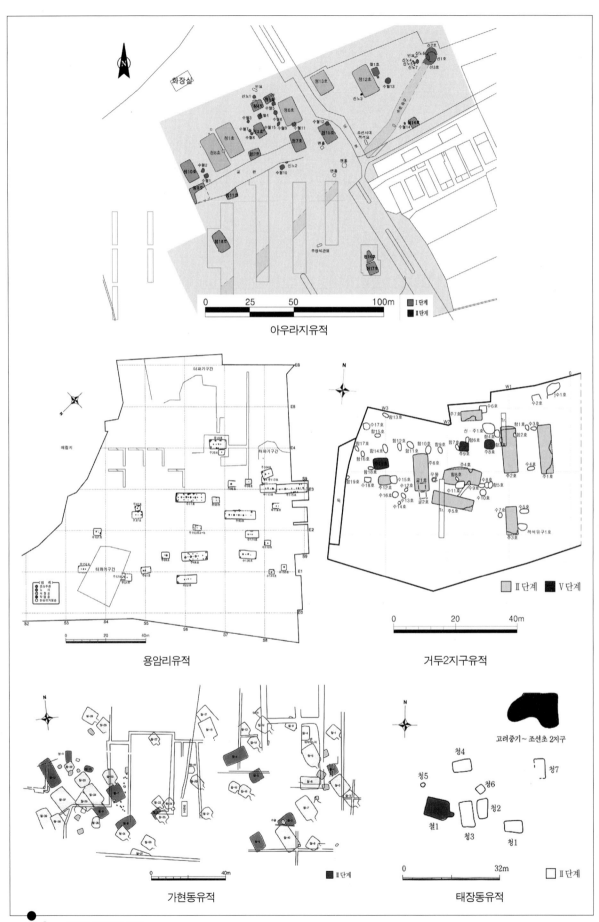

아우라지유적

용암리유적

거두2지구유적

가현동유적

태장동유적

도 8 II단계 유구배치도

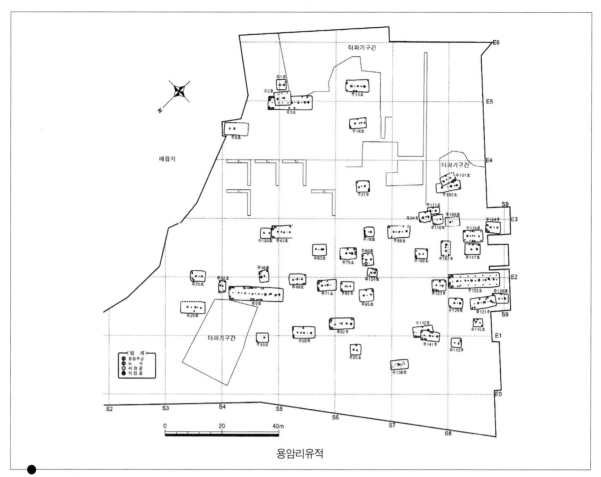

도 9 Ⅲ단계 유구배치도

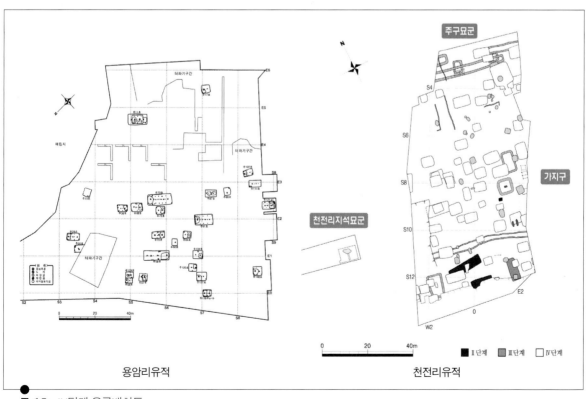

도 10 Ⅳ단계 유구배치도

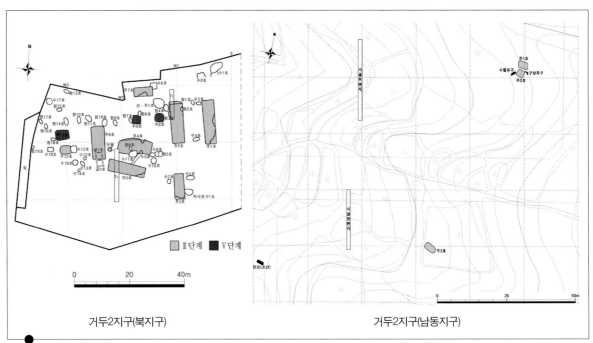

도 11   Ⅴ단계 유구배치도

●참고문헌●

金權中, 2005, 『北漢江流域 靑銅器時代 住居址 硏究 -龍岩里・泉田里 遺蹟을 中心으로-』, 檀國大學校 碩士學位論文.

_____, 2005, 「嶺西地域 靑銅器時代 住居址의 編年 및 性格 - 北漢江流域을 中心으로」, 『2005년 추계 학술대회』, 江原考古學會.

金壯錫, 2003, 「충청지역 松菊里유형 형성과정」, 『韓國考古學報』, 第51輯.

김재윤, 2004, 「韓半島 刻目突帶文土器의 編年과 系譜」, 『韓國上古史學報』 第46號.

박성희, 2002, 「하중도유적의 전환기적 성격에 대하여」, 『강원고고학회 제1회 학술발표회』.

朴性姬, 2006, 「靑銅器時代 聚落類型에 대한 考察 -中西部地域 遺蹟을 中心으로-」, 『韓國上古史學報』 第54號.

安在晧, 2006, 『靑銅器時代 聚落硏究』, 釜山大學校大學院 博士學位論文.

李娕任, 2003, 『江原地域 粘土帶土器文化 硏究』, 翰林大學校 碩士學位論文.

李亨源, 2007, 「湖西地域 可樂洞類型의 聚落構造와 性格」, 『湖西考古學』 17.

鄭元喆, 2007, 「강원 영서지역 청동기시대의 편년 연구-주거지 출토 무문토기를 중심으로-」, 『韓國考古學報』 第56輯.

千羨幸, 2005, 「한반도 돌대문토기의 형성과 전개」, 『韓國考古學報』 第57輯.

崔鍾模, 1998, 『江原地方의 無文土器文化硏究 -孔列土器文化를 중심으로-』, 翰林大學校 碩士學位論文.

南關東 彌生時代 聚落의 特徵과 問題點

浜田晋介(하마다 신스케)

1. 목적

관개용수를 갖춘 수도경작을 도입한 이래, 북해도와 남서제도를 제외하고 일본열도는 본격적인 농경사회로 들어섰다. 그러나 농경취락이면서도 열도의 동과 서에서는 출토유물 양상, 출토유구 종류, 유적 분포상 차이가 많이 확인된다. 그 상이성의 원인을 분석하는 기초로서 남관동 야요이시대 취락을 개관하고, 지역적 특징을 나열하여 금후 연구의 문제점을 추출하는 것이 본고의 목적이다.

취락은 근본적으로 주거군·묘역·생산지 삼자를 포괄하는 개념이라고 생각하는 연구자가 많을 것이다. 필자도 그 중의 한사람이다. 그러나 삼자를 모두 분석할 수 있는 사례는 현재까지 거의 없다. 오히려 삼자의 하나 혹은 둘 정도의 요소 일부가 발굴되는 경우가 많다. 그리고 분석에 이용하는 자료는 생산지-묘역-주거군 순으로 많고, 특히 주거군에 관한 데이터가 가장 많다. 이러한 경향을 고려하여 여기에서는 주거군과 일부 묘역사례를 취락의 대표적인 예로 파악하여 분석하도록 하겠다.

2. 시기적 특징

남관동지역[神奈川縣(카나가와현)·東京都(토쿄도)·千葉縣(치바현)·埼玉縣(사이타마현) : 이하 남관동으로 약칭]에서 현재 취락으로 인식되는 것은 彌生時代(야요이시대) 중기중엽 단계부터이다. 그 이전의 전기·중기전엽 단계는 해당하는 토기가 포함층에서 출토되거나 저장혈이라고 판단되는 수혈과 토기 棺이 확인되는 등의 사례가 있지만, 주거지에서는 발견되지 않는다. 그래서 현재 이 시기 취락을 상세하게 분석하는 것은 불가능하다. 이러한 경향은 관동전역으로 넓혀 봐도 群馬縣(군마현) 安中市(안나카시) 注連引原 2(시메비키하라 2)유적의 전기취락(小林·井上·大工原 2003) 사례가 유일한데, 관동지역에서도 야요이시대 전기 취락의 보편적 존재를 보여주는 예는 확인되지 않는다.

그리고 전기부터 중기초두의 토광 14기가 확인된 神奈川縣(카나가와현) 中屋敷(나카야시키)유적 조사에서는 조·벼 등이 출토되었지만, 주거지는 확인되지 않는다(山本·小泉 2008). 土器棺墓의 존재는 이 시기에 남관동에서 생활이 이루어졌음을 보여주는 증거가 되지만 주거의 실태는 알 수 없다.

어떻든 남관동에서 전기부터 중기전반까지의 취락양상은 금후 조사연구를 기대할 수 밖에 없는 상황이다.

중기중엽이 되면, 카나가와현 中里(나카사토)유적(戶田 1999), 사이타마현 池守·池上(이케모리이케가미)유적(中島 1984), 치바현 常代(토코시로)유적(甲斐 1996)에서 취락과 묘역이 확인된다. 또한 무덤 형태가 방형주구묘인 점, 나카사토유적 출토토기에 瀨戶內地域(세토우치지역) 토기가 존재하는 점으로 보아 서쪽으로부터의 영향으로 취락이 형성되었음을 알 수 있다.

중기후반이 되면, 취락·묘역 모두 폭발적으로 증가하지만, 카나가와현 鶴見川(츠루미가와)유역, 치바현 養老川(요로가와)·村田川(무라타가와)유적 등에서 수 킬로의 좁은 지역에서 환호취락을 포함한 다수 취락이 확인되는 예가 있다. 한편, 相模川(사가미가와), 多摩川(타마가와), 荒川(아가카와)유역에서는 그 수가 적은 등 유적의 지역적 편재가 보인다. 이 경향은 후기에도 이어지는데, 후기초두에 취락이 확인되는 예가 급감하는 현상이 나타난다. 즉 중기후반에서 중기말에 취락이 형성된 유적에 지속적으로 후기에도 동일한 규모의 취락이 지속되는 예가 적어진다.

그리고 중기후반이후 고분시대 전기까지 남관동 취락은 불규칙적으로 중복되는 주거가 한 취락내에서 복수 확인되는 특징이 있다. 중복되는 주거의 존재시기가 토기의 세분형식에서 1~2형식내의 극히 짧은 시간인 점도 특징적이다(浜田 2011).

3. 입지 특징

야요이시대가 수도경작이 일반화된 시대라면, 취락과 생산지를 고려할 때, 지형적인 입지(수원 확보)가 중요한 요소가 될 것이다. 수원 확보라는 관점에서 보면, 남관동 야요이시대 취락에서 대지·구릉에 위치하여 수원을 확보할 수 없는 것을 高位面聚落, 대지·구릉·충적지·미고지에 위치하는 취락 가운데, 수원확보가 가능한 취락을 低位面聚落으로 대별할 수 있다. 그리고 양쪽 모두 환호취락, 비환호취락이 확인된다.

남관동지역의 지금까지 발굴조사는 유적을 확인할 수 있는 구릉과 대지에 있는 고위면취락에 집중되고, 반대로 수 미터 높이의 하천퇴적물이 확인되는 저위면취락의 조사사례는 극소수이다. 그렇기 때문에 과거 취락연구는 고위면 유적을 기반으로 분석되었고, 거점적 취락과 주변적 취락의 관계(田中 1976) 등, 후대 연구에 큰 영향을 미치는 분석도 탄생하였다. 그러나 저위면취락도 근년 다수 확인되어 남관동지역 야요이취락은 고위면취락만으로 형성된 것이 아니고, 저위면취락과의 관계를 고려하지 않으면 안되는 단계에 와 있다.

남관동지역에서의 지금까지의 취락을 판단하는데 있어 이러한 연구상 편향성이 존재함을 고려해야할 것이고, 저위면취락의 존재는 남관동지역에서의 저위면취락 형성이 특이한 것이 아니라, 부연적 존재임을 전제로 해야할 것이다. 이와 함께 지금까지 거의 고위면취락 사례만으로 분석해 온 야요이 취락 연구성과는 근본적인 재검토가 필요할 것으로 생각된다(浜田 2011).

4. 환호취락 형태의 특징

야요이취락을 특징지우는 환호취락은 남관동에서 그 형태적 특징과 시기에 몇몇 특징이 보인다. 환호취락은 문자그대로 주거군을 환상으로 파서 돌리는 취락형태이고 다수 확인되었다. 이처럼 환상을 둘러싸는 형상의 환호취락을 A타입이라 분류해둔다(도 1). 그러나 최근에 완전한 환상이 아닌 형태도 확인되었다. 대표적인 유적이 가나가와현 橫須賀市(요코스가시) 佐島の丘(사도노오카)유적군과 치바현 木更津市(키사라즈시) 東谷(히가시다니)유적 등이다. 대지(구릉)의 선단과 불리한 곳에 대지를 분단하는 형태의 짧은 호를 구축한 것이다.

사도노오카유적군의 高原(타카하라)유적에서 Y1호구로 불리는 길이 21.8m, 폭 2.7m, 깊이 1.6m의 호가 세장한 설상대지의 평탄부를 가로질러 확인되었다. 그 양단은 암반까지 굴착하여 곡부를 향해 경사변환에서 그대로 관통되어 굴착되었다. 만약 대지 주위를 둘러싸려는 의식이 있었다면, 호는 그대로 곡부의 경사로 이어지다가 다시 등고선에 평행하게 굴착되었어야 한다. 따라서 Y1호구는 원래 그 형태였다고 판단된다(도 4). 그리고 그 북쪽에는 후기전반에서 후엽의 주거지 309동이 확인되었다. 타가하라유적·高原北(타가하라키타)유적이 분포한다. 타카하라유적에서 타카하라키타유적으로 이어지는 대지평탄부에도 Y3호구로 불리는 길이 47.6m, 폭 2.6m, 깊이 2.8m의 호가 확인되었다. 북단은 타카하라키타유적의 깊은 곡부에 해당하고, 역시 굴착하여 관통시킨 형상으로 나타난다. 남단은 Y214호 주거지와 중복되었고, 주거 복토내에서 토갱형태를 이룬다. 그 말단은 점차 얕아지므로 후세의 교란에 의해 호가 확인되지 않은 가능성도 있다. 그러나 일정 깊이의 호가 주거지와 중복되는 부분에서 급격하게 중지되는 점, 만약 호가 이어졌을 경우 존재했을 남쪽에는 동시기의 방형주구묘와 주거지가 확인되는 점에서 Y3호구는 여기에서 중단되었을 가능성이 높다(도 4). 그 외에도 타카하라유적의 곡부를 끼고 서측의 구릉 선단 중간에 중단되는 호(Y2호 구)가 있지만, 그 동단은 교란되어 확인할 수 없다.

히가시다니유적에서는 좁은 구릉 평탄면에 후기전반에서 중엽에 걸친 주거지 356동이 존재하고, 평탄면이 가장 넓은 부분에 길이 111.67m, 폭 2.0m, 깊이 1.2m의 새로운 환호가, 그 북쪽에 길이 51.4m, 폭 2.8m, 깊이 1.4m(모두 최대치)의 古環壕(고환호)로 불리는 환호가 한 조씩 확인되었다. 두 환호 모두 곡부를 향해 직행하는 방향으로 구축되었고, 조사 범위내의 각 양단은 곡부를 향하지 않는다. 특히 고환호의 남동단은 대지상에 급격히 중단된 형태이다(도 4). 이러한 대지(구릉) 선단과 불리한 지형면에 대지를 분단하는 짧은 호가 취락에 딸려 존재하는 사례를 C타입이라고 하자.

지금까지 서술한 C타입의 취락 사례를 확인할 수 있다면, 호가 완전히 환상이 아니고, 특히 호상을 이루는 예도 존재할 가능성이 높다고 판단된다. 그 후보로서 카나가와현 海老名市(에비나시) 海老名本鄉(에비나혼고)유적, 사이타마현 사이타마시 北宿(키타쥬쿠)유적 · 馬場北(바바키타)유적이 있다(도 2 · 3).

카나가와현에서는 에비나혼고유적의 남쪽 호와 키타쥬쿠유적, 바바키타유적에서는 강에 면한 호가 직행하는 점에서 호가 일주하지 않을 가능성이 많다. 에비나본고유적은 야요이시대 이후의 토사붕괴 등에 의한 지형변화 가능성을 부정할 수 없지만, 전술한 C타입의 호가 존재함을 고려할 때, 완전히 호가 일주하지 않고 호상을 이루는 것도 있을 개연성이 높다. 이 호상타입을 B타입이라고 해두자. 그밖에 후보 유적으로 가나가와현 橫浜市(요코하마시) 關耕地(세키코치)유적, 秦野市(하다노시) 砂田台(스나다다이)유적, 川崎市(카와사키시) 元石川-1(모토이시카와 1)유적, 치바현 草제(쿠사카리)유적 J구 등이 있다.

호상의 B타입과 짧은 호가 대지를 가로지르는 C타입은 단어의 의미상 「環壕(환호)」라고 부를 수 없지만, 지형을 포괄한 주거군의 경계 혹은 거주영역의 명확화라는 관점에서 동일 범주에 포함시켜 파악하기로 한다. 환상을 A타입, 호상을 B타입, 짧은 호를 C타입으로 구별하였지만, A타입에는 20,000m²를 넘는 것과 그 이하(약 5,000m² 정도)의 것과 면적에서 대소가 존재하므로 큰 것을 A1타입, 작은 것을 A2타입으로 구별해 둔다.

환호 형상과 시기적인 분포의 대표적인 유적으로 소개한 것이 〈표 1〉이다. 형태를 파악할 수 있는 유적은 적지만, 여기에서 어느 정도 특징을 이끌어낼 수 있을 것이다. 하나는 중기와 후기에 환호취락 형태 다양성에 차이가 있다는 점, 두 번째는 소규모 환호취락이 후기에 들어 존재하는 점, 세 번째는 지역적인 편재가 있긴 하지만, 중기후반에서 후기후반까지 환호취락이 축조되는 점이다. 그리고 환호취락은 고위면만이 아니라, 저위면에도 존재함이 밝혀졌음을 명기해 둔다.

5. 환호취락의 근접존재

환호취락의 형태에서 본 시기적 분포를 통해, 몇 개의 특징을 파악할 수 있는데, 환호취락이 근접하여 존재하는 경관도 남관동 특징의 하나로 들 수 있을 것이다(제5 · 6도). 중기후반 단계에는〔大厩(오오마야)유적 · 大厩淺間樣古墳下(오오마야센겐사마고분하)유적 · 潤井戶西山(우루이도니시야마)유적 : 이들을 오오마야 · 우루이도유적군으로 칭한다〕,〔菊間(키쿠마)유적 · 菊間手永(키쿠마테나가)유적 · 菊間深草(키쿠마후카쿠사)유적 : 키쿠카유적군〕,〔根田代 · 台(네다다이)유적〕. 후기전반에는〔下山(시모야마)유적 · 堂ヶ谷戶(도우가야도)유적〕. 후기후반에는〔中里前原(나가사토마에바라)유적 · 中里前原北(나가사토마에바라키타)유적 · 上太地(카미타이지)유적〕등이 대표적이다. 이들 환호취락은 좁은 곡부를 끼고 서로 마주하는 대지와 저위면에 존재하는 근접 분포하는 사례이다. 게다가 2~3km정도의 간격으로 존재하는 사례도 있다. 중기후반에는〔鶴見川(츠루미가와)유역의 제유적군〕,〔砂田台(스나다다이)유적. 根丸島(네마루시마)유적 · 眞田北金目(사나다키타카네메)유적 · 原口(하라구치)유적〕,〔키쿠마유적군과 오오마야 · 우루이도유적군과 草제(쿠사카리)유적〕. 후기전반에는〔東谷(히가시타니)유적 · 鹿島塚A(카시마츠카A)유적〕. 후기후반에는〔藤沢 No208(후지사와 No208)유적 · 大藏東原(오오쿠라히가시하라)유적 · 臼久保(우스쿠보)유적 · 高田(타카다)유적 · 宮山中里(미야야마나카사토)유적〕 등의 환호취락이 근접해서 존재하는 유적을 더하면, 남관동에서는 근접하여 환호취락이 존재한다는 특징을 이해 할 수 있다(浜田 2011).

6. 남관동 야요이취락의 새로운 시점

남관동 야요이취락에 보이는 특징을 시기 · 입지 · 형태 · 환호취락간의 위치 각각을 통합하면, 전기 · 중기전반까지의 자료부족으로 남관동 야요이취락 실태를 파악하기는 곤란하다. 비교적 조사자료가 증가하는 중기중엽에 환호취락이 도입된 이래, 중기후반에 폭발적이라고 표현되는 취락 증가현상이 보인다. 남관동의 이 시기 취락은 보기에 큰 취락과 그 주변에 주거 몇 동으로 이루어진 환호가 없는 취락이 존재하기 때문에 거점취락과 주변취락이라는 개념을 이끌어낼 수 있는 학사적인 무대였다고 평가된다(田中 1976). 후기에 들어오면 초기단계의 취락이 중기말 취락에 비해 극단적으로 적어지며, 그 후 전통적이었던 소위 대규모 취락이 존재하는 한 편, 규모가 작은 환호취락(A2타입)과 환호의 대담한 생략이 이루어지는 취락(C타입) 등, 환호취락형태에도 큰 변화가 일어난다. 그리고 환호취락은 후기후반과 일부 종말단계까지 존속한다고 이해할 수 있다.

이러한 종래의 남관동 야요이취락의 특징에 대하여 새로운 시점을 부가하면, 취락이 좁은 범위(수 킬로내)에 근접하여 존재하는 것이 중기후반 이후의 일반적인 양상이었다고 볼 수 있다. 여기에서는 취락의 범위가 명확한 환호취락을 대상으로 하였지만, 이러한 환호취락이 수 킬로내에 복수 존재하는 지역에는 환호가 없는 취락도 다수 존재함을 고려할 때, 이들 취락이 동시기에 존재하였는지 아닌지에 따라 종래의 야요이 취락상은 재검토가 요구된다(浜田 2011). 또한 지금까지는 고위면취락을 대상으로 한 연구가 중심이었지만, 저위면취락의 존재가 확실해진 지금, 저위면취락과 고위면취락을 종합하여 새로운 집단구조, 취락간 관계성을 논의해야할 것이다(浜田 2011).

千羨幸 번역

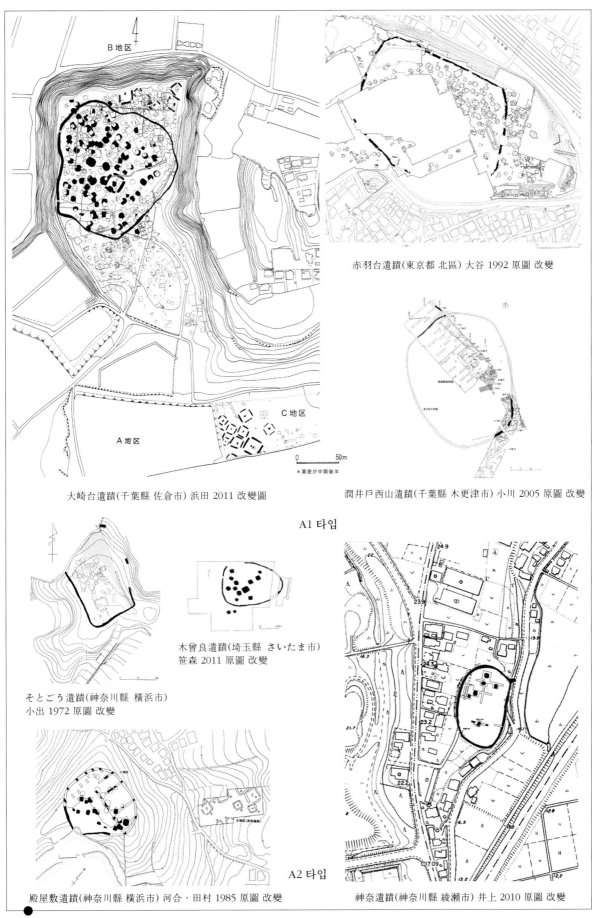

赤羽台遺蹟(東京都 北區) 大谷 1992 原圖 改變

大崎台遺蹟(千葉縣 佐倉市) 浜田 2011 改變圖

潤井戶西山遺蹟(千葉縣 木更津市) 小川 2005 原圖 改變

A1 타입

木曾良遺蹟(埼玉縣 さいたま市)
笹森 2011 原圖 改變

そとごう遺蹟(神奈川縣 橫浜市)
小出 1972 原圖 改變

A2 타입

殿屋敷遺蹟(神奈川縣 橫浜市) 河合・田村 1985 原圖 改變

神奈遺蹟(神奈川縣 綾瀨市) 井上 2010 原圖 改變

도 1 AE타입 環壕聚落

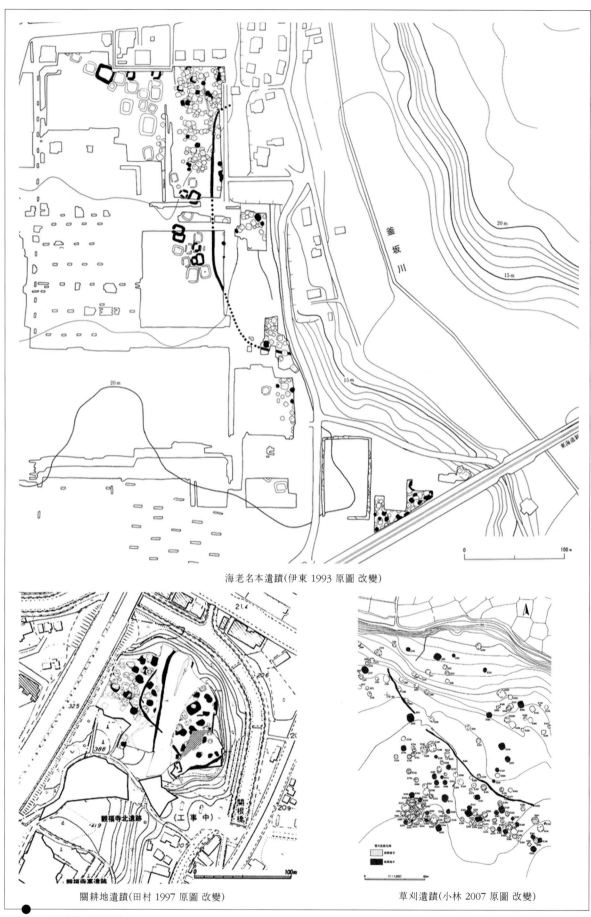

海老名本遺蹟(伊東 1993 原圖 改變)

20 m

15 m

15 m

20 m

釜坂川

0 100 m

關耕地遺蹟(田村 1997 原圖 改變)

草刈遺蹟(小林 2007 原圖 改變)

도 2 B타입 環壕聚落

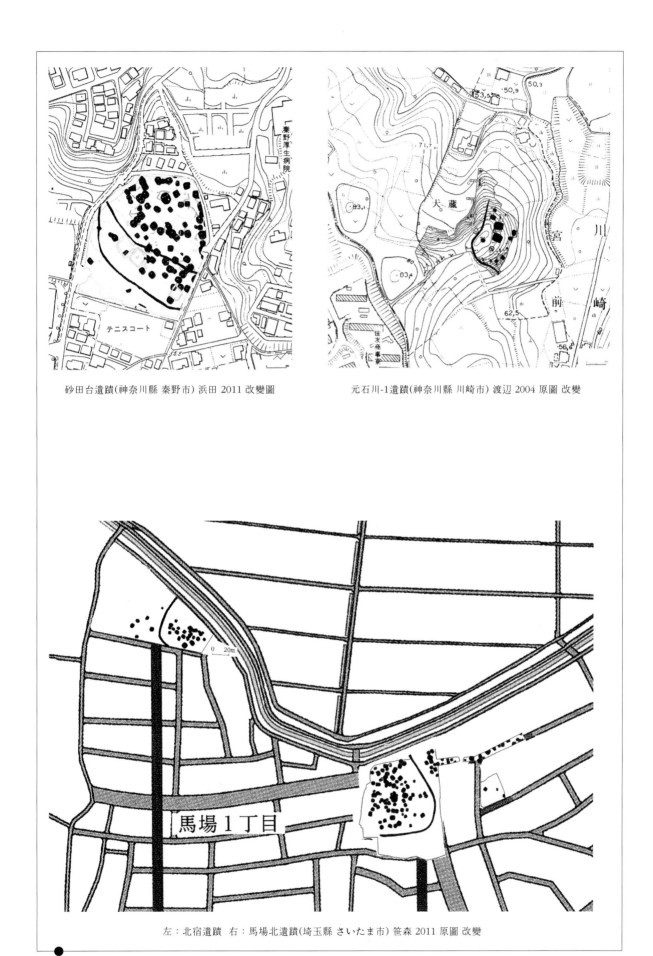

砂田台遺蹟(神奈川縣 秦野市) 浜田 2011 改變圖　　　　　　元石川-1遺蹟(神奈川縣 川崎市) 渡辺 2004 原圖 改變

左：北宿遺蹟　右：馬場北遺蹟(埼玉縣 さいたま市) 笹森 2011 原圖 改變

도 3　B타입 環壕聚落

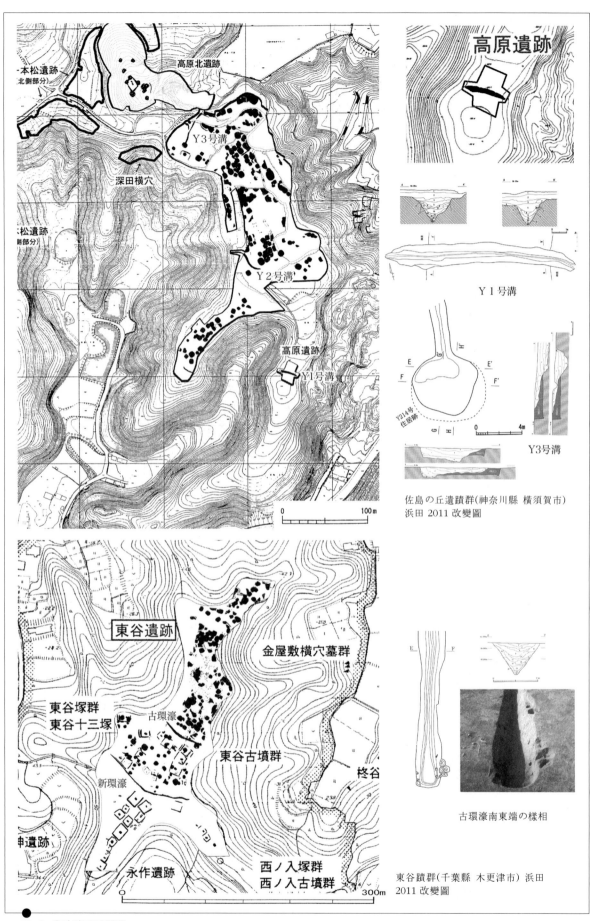

高原遺跡

Y1号溝

Y3号溝

佐島の丘遺蹟群(神奈川縣 横須賀市)
浜田 2011 改變圖

古環濠南東端の樣相

東谷蹟群(千葉縣 木更津市) 浜田
2011 改變圖

도 4　C타입 環壕聚落

표 1 環壕의 형태와 존속시기

環壕形態	中期中葉	中期後葉	後期前半	後期後半	後期終末
A1 ⬭ A2		大崎台(千葉) 潤井戸西山(千葉)	下戸塚(東京) 寺谷戸(神奈川)	赤羽台(東京)	
			殿屋敷(神奈川) 神崎(神奈川)	木曽良(埼玉) そとごう(神奈川)	
B ⊂		砂田台(神奈川)	元石川1(神奈川)	海老名本郷(神奈川)	北宿(埼玉) 馬場北(埼玉)
C ╲			東谷(千葉)	佐島の丘(神奈川)	
그 외의 주된 유적(○은 환호취락)	中里(神奈川) 常代(千葉)	三殿台(神奈川) 北島(埼玉)	大塚(神奈川) 芝野(千葉)	○宮山中里(神奈川)	○土屋下(埼玉)

低位面遺蹟

千葉縣 根田代遺蹟 · 台遺蹟

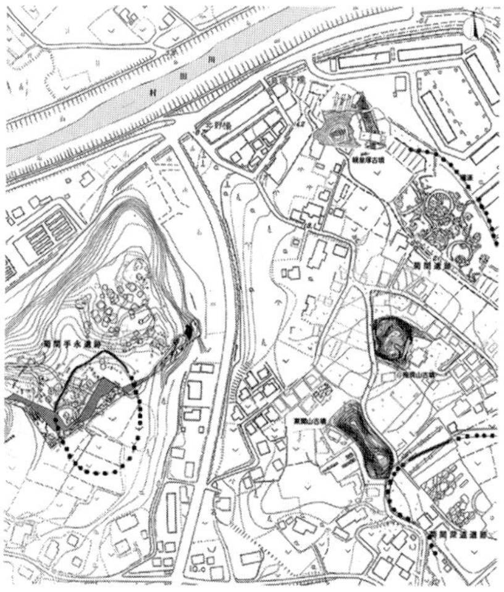

千葉縣 菊間手永遺蹟 · 菊間遺蹟 · 菊間深道遺蹟
(上下とも 浜田 2011 改變圖)

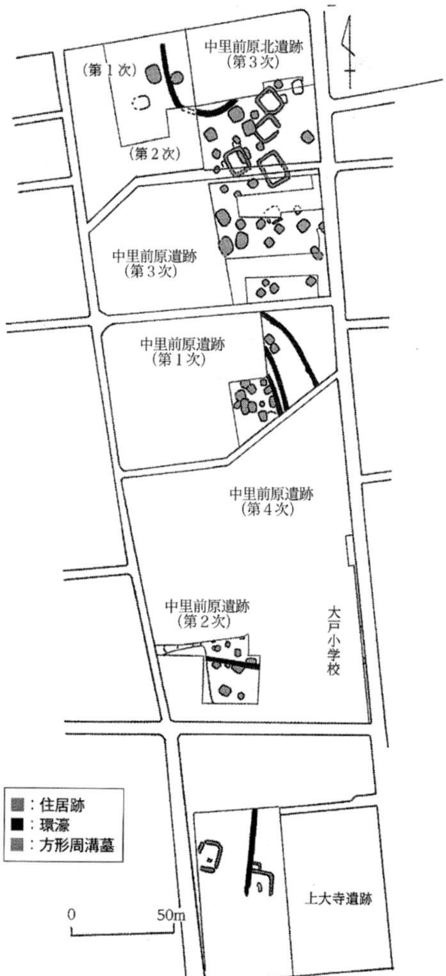

埼玉縣 中里前原北遺蹟 · 中里前原遺蹟 · 上大寺
遺蹟(笹森 2011 原圖 改變)

■ : 住居跡
■ : 環濠
■ : 方形周溝墓

0   50m

도 5 근접한 環壕聚落 1

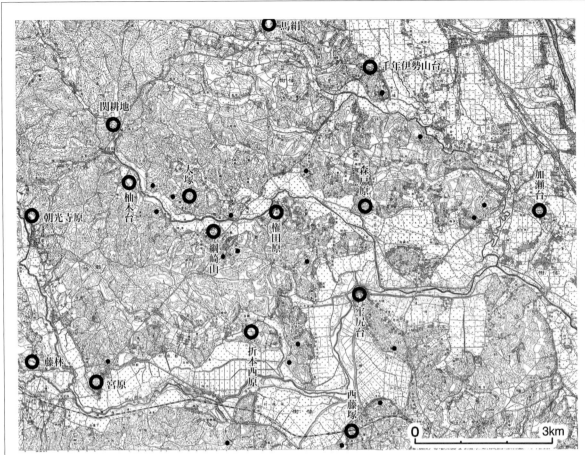

神奈川縣 鶴見川流域의 聚落(中期後半)

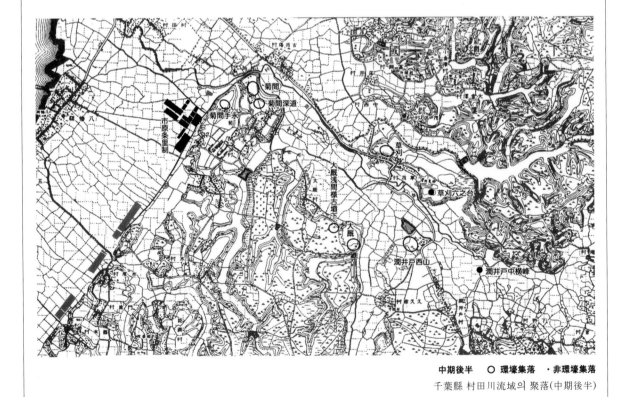

中期後半 　○ 環壕集落　 ・非環壕集落

千葉縣 村田川流域의 聚落(中期後半)

도 6　근접한 環壕聚落 2

●참고문헌●

伊東秀吉, 1993, 『海老名本鄕』(IX), 富士ゼロックス株式會社・本鄕遺蹟調査團.

井上洋一, 2010, 『神崎遺蹟範圍確認調査報告書』, 綾瀬市敎育委員會.

大谷猛, 1992, 『赤羽台遺蹟』, 東北新幹線赤羽地區遺蹟調査會.

小川浩一, 2005, 『市原市潤井戶西山遺蹟D地点』, 市原市文化財センター.

甲斐博幸, 1996, 『常代遺蹟群』, 君津軍使考古資料刊行會.

河合英夫・田村良照, 1985, 『殿屋敷遺蹟群 C地區發掘調査報告書』, 殿屋敷遺蹟群C地區發掘調査團.

小出義治, 1972, 『そとごう』, 考古學資料刊行會.

小林淸隆, 2007, 『千原台ニュータウンXIX』, 千葉縣敎育振興財團調査報告 第581集 千葉縣敎育振興財團.

小林靑樹・井上愼也・大工原豊, 2003, 「群馬縣安中市注連引原遺蹟群における彌生時代前期集落の硏究」, 『日本考古學協會
　　　　第69回總會硏究發表要旨』, 日本考古學協會.

笹森紀己子, 2011, 『彌生時代のさいたま』圖錄, さいたま市博物館.

鈴木重信, 1990, 「大原遺蹟(ル7)」, 『全遺蹟調査槪要』, 橫浜市埋藏文化財センター.

田中義昭, 1976, 「南關東における農耕社會の成立をめぐる若干の問題」, 『考古學硏究』22-3, 考古學硏究.

田村良照, 1997, 『關耕地遺蹟發掘調査報告書』, 觀福寺北遺蹟發掘調査團.

戶田哲也, 1999, 「東日本彌生農耕成立期の集落」, 『季刊考古學』67, 雄山閣.

中島宏, 1984, 『池守・池上』, 埼玉縣敎育委員會.

浜田晋介, 2011, 『彌生農耕集落の硏究』, 雄山閣.

山本暉久・小泉玲子, 2008, 『中屋敷遺蹟發掘調査報告書』, 昭和女子大學人間文化學部歷史文化學科中屋敷遺蹟發掘調査團.

渡辺 務, 2004, 『犬藏地區遺蹟群』, 日本窯業史硏究所.

湖南 北西部 海岸地域의 青銅器文化

金奎正

1. 序

호남 북서부해안지역은 최근에 群山 飛鷹島에서 扶安 邊山半島에 이르는 33km의 방조제가 완공되면서 해안과 도서지역이 대부분 육지화된 지역이다. 방조제가 완공되기 이전에도 이 지역은 대규모의 간척사업이 이루어져 대부분의 해안지역이 육지화 되었다. 1990년대 후반에 국가공단 조성으로 군산 비응도를 포함한 箕簑群島 일대까지 육지가 되었다.

고고학적 조사는 국가공단 조성에 따라 오식군도의 비응도, 노래섬, 駕島, 오식도, 띠섬 등에서 패총 조사가 이루어진 것을 제외하면 이렇다할 고고학적 조사는 없었다. 특히 청동기시대의 경우 다른 시기에 비해 조사가 빈약하다. 그러나 호남 북서부내륙의 경우 청동기시대 유적은 주거지의 비율이 높게 나타나고 조사된 주거지의 약 90%가 송국리유형주거지로 이는 송국리문화가 수도작을 기반으로 하기 때문에 당시의 자연환경이 현재와 큰 차이가 없다면 호남 북서부해안지역의 경우 현재 육지의 저지대는 대부분 수도작에 적합하지 않은 간석지였을 가능성이 있다.[1] 따라서 농경에 불리한 자연환경적인 조건에 따라 소규모의 농경과 바다자원에 의존할 수밖에 없었을 것이다.

본고는 호남 북서부해안지역 청동기문화의 양상을 파악하고자 작성되었다. 그러기 위해서 먼저 호남 북서부해안지역에서 조사된 유적을 성격별로 살펴보면 주거지와 패총으로 분류된다. 조사된 유적은 많지 않고 대부분 패총이다. 格下패총을 제외하면 대부분 군산 오식군도에 밀집되어 있다. 패총의 경우 정주성 취락을 갖추지 못하고 특정 계절에 한시적으로 이용된 것으로 보고 있어(김장석 2001), 패총의 이용과 이를 남긴 집단의 성격을 규명하기 위해서는 주변지역과 비교연구가 필요하다.

---

[1] 호남 북서부해안지역에 대한 청동기시대 자연환경에 대한 연구는 없지만, 인접한 서천 옥북리의 자연환경 복원을 참조하면 현재 답으로 이용되는 저지대가 대부분 바다였을 것으로 추정되며(전일용 2007), 군산지역의 경우 일제강점기의 지형복원을 참조하면 역시 현재 畓으로 이용되는 저지대가 대부분 바다였던 것으로 보고 있다(崔完奎 外 2002).

2. 遺蹟의 檢討

본장에서는 호남 북서부해안지역에서 조사된 유적을 주거지와 패총으로 나누어 살펴보고자 한다.

1) 주거지

호남 북서부해안지역에서 조사된 청동기시대 주거지는 군산 노래섬, 가도, 띠섬, 桃岩里, 余方里, 高峰里, 官元里, 築山里 등 8개 유적 18기, 金堤 石潭里, 長山里, 堤上里, 劍山洞 등 4개 유적 7기, 扶安 新里, 下立石里, 驛里 등 3개 유적 8기 등 모두 33기의 주거지가 조사되었다.

(1) 군산지역

군산지역에서 조사된 주거지는 도서지역인 노래섬 1기, 가도 2기, 띠섬 3기 등 3개 유적 6기와 내륙의 도암리 1기, 여방리 1기, 고봉리 4기, 관원리 4기, 축산리 2기 등 5개 유적 12기 등 모두 18기의 주거지가 조사되었다. 보고서가 미간인 관원리 유적 제외한 주거지 현황은 〈표 1〉과 같다.

표 1 _ 군산지역 청동기시대 주거지 현황

| 유구 번호 | 형태 | 규모(cm) | | | 면적 (㎡) | 내 부 시 설 | 출 토 유 물 |
		장축	단축	깊이			
노래섬	부정형	330	180?	100		무	외반구연토기편, 적색마연토기호편
가 5	반원형	420~460	200?	35		최소 5회 사용, 1, 2차 면 천석형 노지, 소주혈	
가 6	반원형	420	200?	40		최소 3회 사용	
띠 I A	원 형	357	350	56		중앙 토광형노지, 구덩이	없음
띠 I B	장방형	470	390~260	20		무시설식노지, 주혈	심발, 적색마연토기완
띠IIA	원 형	480	?	50		원형구덩이(노지), 주혈	무문토기편, 적색마연토기완, 석촉
도 1	원 형	490	414	110	15.92	타원형구덩이, 내 2주식＋외 2주式, 벽주혈	저부편, 원형점토대토기편
여 1	방 형	400	380	60	15.2	타원형구덩이, 점토다짐	구연편, 저부편, 석기, 지석
고II-1	원 형	341	372	44	9.63	타원형구덩이, 내 2주식, 바닥불다짐	대석
고II-2	방 형	482	461	64	22.2	타원형구덩이, 내 2주식, 바닥불다짐, 바닥내부 주혈	토기편, 석촉, 홈돌
고II-3	방 형	350?	200?	19?	7.0?	타원형구덩이, 외 2주식	지석
고D-1	방 형	491	435	28	21.3	타원형구덩이, 내 2주식, 주혈	
축 1	원 형	414		12	13.45	타원형구덩이 내 2주식	저부편, 석촉
축 2	원 형	300		30		타원형구덩이	구연편, 저부편, 석촉편

먼저 도서지역의 경우 노래섬 주거지는 명확하지 않으며, 가도 5호와 6호 주거지는 각각 5차례, 3차례 등 수차에 걸쳐 재사용한 흔적이 확인되고 있어 정형성이 없는 야영지의 성격이 강한 것으로 보고 있다. 그러나 띠섬 I 지구 A패총 1기, B패총 1기, II지구 A패총 1기 등 3기는 주거지 중앙부에 노지가 설치되어 있어 차이를 보인다.

내륙에서 조사된 주거지는 12기로 모두 송국리형주거지이다. 평면형태는 여방리 1기와 고봉리 1기 등 2기는 방형이고 나머지는 모두 원형이다. 주거지에서 출토되는 유물은 빈약하여 무문토기편, 석촉, 지석 등이 약간 출토되었으며, 도암리 주거지에서는 원형점토대토기편이 출토되었다.

(2) 김제지역

김제지역에서 조사된 주거지는 石潭里 2기, 長山里 1기, 堤上里 2기, 劍山洞 2기 등 4개 유적 7기가 조사되었다. 조사된 주거지 현황은 〈표 2〉와 같다.

표 2 _ 김제지역 청동기시대 주거지 현황

유구 번호	형태	규모(cm)			면적 (m²)	내 부 시 설	출 토 유 물
		장축	단축	깊이			
석 D1	방형?	380?	220?	10	?	소주혈	직립구연편, 저부편
석 D3	방형	436	392	28	17.09	타원형구덩이, 내 2주식	석촉, 석촉편
장 1	원형	460		50	16.6	타원형구덩이, 내 2주식	저부, 적색마연토기 완, 석기
제 A1	장방형	1,120?	864	35	96.8?	노지2, 초석2×5, 벽주혈	직립구연편, 동체편, 저부, 대각편, 토제방추차, 삼각만입촉, 주상편인석부편, 환상석부, 미완성석기, 지석
제 B1	장방형	1,000	370?	10	37	주혈, 초석5, 벽구, 벽주혈	이중구연단사선문토기편, 직립구연편, 동체편, 대각편, 저부편, 토제방추차, 반월형석도편, 양인석부, 이단경식석촉, 갈판, 미완성석기, 지석
검 1	원형	490	424	18	16.3	타원형구덩이, 내 2주식	구연, 동체, 저부편, 석촉, 석제품
검 2	원형	510		20	20.4	타원형구덩이, 내 2주식, 벽구, 벽주혈	구연, 동체, 저부편, 석도편, 석제품

김제지역에서 조사된 주거지는 제상리에서 장방형주거지 2기가 조사되었다. 내부시설은 노지, 주혈(초반), 벽구, 벽주혈 등이 설치되었다. 유물은 A-1호에서 직립구연편, 동체편, 저부, 대각편, 토제방추차, 삼각만입촉, 주상편인석부편, 환상석부, 미완성석기, 지석, B-1호에서 거치문이 시문된 이중구연단사선문토기편, 직립구연편, 동체편, 대각편, 저부편, 토제방추차, 반월형석도편, 양인석부, 이단경식석촉, 갈판, 미완성석기, 지석 등이 출토되었다.

석담리와 검산동에서 조사된 주거지는 타원형구덩이가 설치된 송국리형주거지로 석담리 주거지만 방형이고 나머지는 모두 원형이다. 출토유물은 장산리 주거지 출토 적색마연토기완을 제외하면 대부분 편으로 출토되었다.

(3) 부안지역

부안지역에서 조사된 주거지는 新里 1기, 下立石里 2기, 驛里 5기 등 3개 유적 8기가 조사되었다. 조사된 주거지 현황은 〈표 3〉과 같다.

표 3 _ 부안지역 청동기시대 주거지 현황

유구 번호	형태	규모(cm)			면적 (m²)	내 부 시 설	출 토 유 물
		장축	단축	깊이			
신 1	원 형	480		40	18.0	타원형구덩이, 내 2주식	동체편, 저부편, 석촉편
하 1	원 형	480	340	50	12.8	타원형구덩이, 외 2주식, 벽구	
하 2	원 형	395	350	20	10.85	타원형구덩이	
역 1	원 형	?	?	?		2호에 의해 파괴.	
역 2	원 형	470			17.34	타원형구덩이, 내 2주식, 벽구	
역 3	원 형	300?				타원형구덩이, 벽구, 벽주혈	
역 4	원 형	450	420		14.83	타원형구덩이, 내 2주식	외반구연편, 저부편
역 5	원 형	280?				타원형구덩이, 내 2주식	

부안지역에서 조사된 주거지는 평면형태가 모두 원형이며, 파괴된 역리 1호를 제외한 7기 모두 중앙에 타원형구덩이가 설치된 송국리형주거지다. 유물은 신리 1호와 역리 4호를 제외하면 출토되지 않았다.

2) 패총

호남 북서부해안지역에서 조사된 청동기시대 패총은 도서지역의 군산 비응도, 노래섬, 가도, 오식도, 띠섬 패총과 해안지역인 부안 격하패총이 있다.

(1) 비응도패총(전북대학교박물관 2002)

　　패총은 동남쪽에 형성된 작은 만의 북쪽에 모두 3개 지점에서 확인되었다. A패총은 후대 경작으로 파괴되어 10cm내외로 얇게 형성되어 있다. 암회색패각층에서 점토대토기가 출토되고 그 아래층에서 빗살무늬토기가 출토되었다. 유물은 갈돌 1점과 석제어망추 2점을 제외하면 대부분 점토대토기 구연편과 무문토기 저부편이다. B패총은 무문토기 포함층은 50~100cm내외로 유물상에서 큰 차이가 없는 것으로 보아 동일시기에 형성된 것으로 보고 있다. 5기의 야외노지가 확인되었다. 표토하 180cm내외의 모래층에서는 두개골이 없는 4기의 인골이 출토되었다. 인골과 관련된 부장품은 출토되지 않았으나 주변에서 무문토기가 출토된 것으로 보아 청동기시대로 추정하고 있다. B패총 출토유물은 무문토기, 적색마연토기, 점토대토기 등의 토기류와 석검편, 대팻날, 석촉, 석착 등의 석기류, 골각기 등이 출토되었다. 무문토기는 공열토기, 공열+구순각목토기, 공열+구순각목+이중구연단사선토기, 구순각목토기편이 출토되었다. 적색마연토기는 대부발, 호 등이 출토되었다. C패총은 패각층의 최대두께 100cm이다. 유물은 적색마연토기 구연편, 무문토기 저부편과 석검미완성품과 일단경식석촉, 석제어망추가 출토되었다.

(2) 노래섬패총(최완규 · 김종문 · 이영덕 2002)

　　노래섬 패총은 신석기시대부터 삼국시대에 이르는 패총 6개소가 분포하고 있다. 청동기시대와 관련된 패총은 나지구 Ⅱ문화층, 라지구 A패총 Ⅲ문화층과 B패총이다. 청동기시대 유구는 Ⅱ문화층에서 주거지 1기와 집석유구가 조사되었다. 주거지는 경사면 위쪽은 자연암반을 이용하고 양쪽 벽은 10~100cm가량 굴광하였으며 경사면 아래쪽은 굴광을 하지 않은 'ㄴ' 자 형태이다. 내부시설은 확인되지 않았으나, 바닥면에서 무문토기편과 퇴적층에서 적색마연토기호편이 출토되었다. 나 지구 Ⅱ문화층의 패각층에서 출토된 유물은 구순각목토기, 적색마연토기호, 완, 유병식석검편, 대팻날, 일단경식석촉, 석부편, 지석, 석제 · 토제어망추 등이 출토되었고, 라지구 A패총 Ⅲ문화층과 B패총에서도 무문토기, 적색마연토기, 석부편, 지석 등이 출토되었다.

(3) 가도패총(충남대학교박물관 2002)

　　가도패총은 신석기시대부터 라말선초까지 조성되었고 패각의 두께는 20~120cm이다. 청동기시대 유구는 야영지 2개소와 독립노지 4개소가 확인되었다. 야영지는 최소 3~5회 정도 사용하였던 흔적이 있다. 독립노지는 야영지와는 별개로 단기적인 행위와 관련된 것으로 보고 있다. 가도패총의 주거지는 3~5회 정도 재사용한 흔적으로 보아 정주집단에 의해 점유된 것이 아니라 특정자원의 획득을 위해 집단의 일부가 주거유적을 떠나 일시적, 반복적으로 점유한 것으로 보고 있다. 주거지내에서 유물은 출토되지 않았다. 패각층에서 출토된 유물은 무문토기 약 100여개체, 적색마연토기 43개체로 보고자는 무문토기 가운데 외반구연의 비중이 높고 적색마연토기도 3가지 기형이 나타나는데 원저호가 28개체로 가장 많고 송국리식심발로 추정되는 적색마연토기가 출토되는 것으로 보아 송국리유형에 해당되는 것으로 보고 있다.

(4) 오식도패총(최성락 · 김건수 2001)

　　오식도패총은 2곳에서 확인되었다. A패총은 중앙부에 교통로가 조성되면서 일부 파괴되었다. B패총은 A패총에서 서남쪽으로 약 400m 지점에 위치하고 있다. 패총의 중심부와 말단부는 교통로와 참호로 인해 파괴되었다. 청동기시대 유물은 주로 A패총에서 출토되었다. 유물은 적색마연토기 구연편, 점토대토기편, 저부편, 유구석부편 등이다. B패총에서는 적색마연토기편과 양인석부, 석촉편 등이 출토되었다. 자연유물은 참굴과 성게 등 패류 이외에 출토되지 않은 것으로 보아 일정한 계절인 겨울에 일시적으로 형성된 것으로 야영지의 성격을 가진 유적으로 보고 있다.

(5) 띠섬패총(최완규 · 이신효 · 이영덕 2001)

띠섬패총 신석기시대부터 백제시대 까지 입지를 달리하면서 시기에 따라 모두 7개소의 패총이 형성되어 있다. 청동기시대 패총은 I지구 B패총과 II지구 A패총이다. I지구 B패총은 패각하층에서 주거지 1기가 조사되었다. 주거지는 평면형태 장방형에 가깝다. 규모는 장축 470cm, 단축은 390~260cm, 깊이 5~20cm이다. 내부시설은 중앙에 노지가 설치되어 있다. 노지는 약간의 시차를 두고 3회에 걸쳐 사용되었다. 유물은 심발형토기, 적색마연토기 완, 무문토기편, 적색마연토기편, 공이돌이 출토되었다. 무문토기저부편 가운데 볍씨자국이 찍힌 토기가 출토되어 주목된다. II지구 A패총은 패각층 하층에서 원형주거지 1기가 조사되었다. 규모는 480cm 내외로 중앙에는 원형구덩이가 설치되어 있고 내부에서는 재와 목탄이 출토되었다. 유물은 적색마연토기완, 무문토기편, 석촉이 출토되었다. B패총은 평탄대지상에 위치하며 무문토기편이 약간 출토되었다. 띠섬 패총의 패각구성은 굴이 98% 이상이며 피뿔고둥, 대수리, 복털조개, 눈알고둥이 소량 포함되었다.

(6) 격하패총(김건수 · 이영철 · 이영덕 2005)

격하패총은 변산반도 서쪽에 위치한 공동산(해발 97.0m) 서록 완사면 해발 9.0~11.5m 지점에 위치하고 있다. 패각층은 대부분 교란되어 두께가 15~30cm 내외로 패각층은 굴혼패층과 민들조개층, 바지락층 등 단일패각으로 구성되어 있다. 패각층 하부에서는 13기의 적석노지가 확인되었다. 출토유물은 무문토기편, 원형점토대토기편, 백제토기편, 고석, 대석, 굴지구, 어망추와 민들조개층에서 이중구연단사선문토기편과 무문토기저부편이 출토되어 청동기시대 전기에 형성된 패총으로 가락동식토기문화의 확산과정에 의해 형성된 것으로 보고 있다.

3. 出土遺物의 檢討

호남 북서부해안지역에서는 주거지와 패총이 조사되었다. 출토유물은 주거지에 비해 패총에서 출토된 유물이 수량이 많고 다양하다. 유물은 크게 무문토기, 마연토기, 석기로 분류되며 이 외에도 토제품과 자연유물이 있다.

1) 무문토기

호남 북서부해안지역 출토된 무문토기는 문양에 따라 가락동식토기, 역삼동식토기, 흔암리식토기, 구순각목 토기로 구분되며[2] 기형에 따라 발형토기, 옹형토기로 분류된다. 전자는 대부분 전기 장방형주거지에서 출토되고 있어 전기무문토기로 후자의 경우 발형토기는 전기는 물론 송국리단계에도 출토되고 있으나, 옹형토기는 송국리 문화 단계에만 출토되고 있어 일반적으로 송국리식토기로 본다.

호남 북서부해안지역 전기 무문토기의 문양 속성분류는 〈표 4〉와 같다.

〈표 4〉에서 보는 바와 같이 호남 북서부해안지역 가락동식토기는 격하패총에서 이중구연+단사선이 시문된 IIb식과 퇴화이중구연+단사선이 시문된 IId식 토기가 출토되었으며, 김제 제상리 B-1호 주거지에서 이중구연+단사선이 시문된 IIb식 토기가 출토되었다. 격하패총 출토 IIb식은 이중구연과 동체의 두께가 확연하여 구분이 뚜렷하고 이중구연의 폭이 좁고 문양도 이중구연부에만 시문되어 있다. 그러나 IId식은 이중구연은 퇴화되어 구

---

2) 호남지역 전기주거지 출토 무문토기는 문양속성에 따라 돌대문토기를 I식, 이중구연토기를 II식, 공열토기를 III식, 구순각목 토기를 IV식으로 분류하고, 돌대문토기(I식)는 다시 돌대의 부착방법에 따라 돌대가 구연을 일주하는 a식, 일주하지 않고 끊어지는 절상돌대나 계관형돌대를 b식으로 세분하였다. 가락동식토기(II식)는 이중구연을 a식, 이중구연+단사선을 b식, 이중구연+단사선+구순각목을 c식, 퇴화이중구연+단사선을 d식으로 세분하였다. 공열토기(III식)는 순수 공열을 a식, 공열+구순각목인 b식은 역삼동식토기로 공열+구순각목+단사선의 c식과 공열+구순각목+단사선+이중구연의 d식, 공열+단사선의 e식, 공열+단사선+이중구연의 f식은 흔암리식토기로 세분하였다. 이 외에 구순각목은 IV식, 점열문은 V식으로 분류하였다(金奎正 2010).

표 4 _ 호남 북서부지역 청동기시대 전기 무문토기 문양 속성분류표

지역구분	유적	유구	미사리식		가락동식				역삼동식		흔암리식				구순각목	비고
			Ia	Ib	IIa	IIb	IIc	IId	IIIa	IIIb	IIIc	IIId	IIIe	IIIf	IV	
북서부내륙	益山 永登洞	주거지 I-2						◆							■	방형주거
		주거지 I-3		◆		◆		◆							■	장방형주거
		주거지 I-17						◆								장방형주거
		주거지 II-7						◆								장방형주거
	全州 聖谷	주거지 2						◆								장방형주거
	全州 孝子(4)	주거지 I-7				◆										장방형주거
	全州 長洞	주거지 I-8						◆								장방형주거
		주거지 I-9			◆	◆	◆					●				장방형주거
		주거지 I-35						◆							■	장방형주거
	全州 馬田	주거지 IV-1													■	장방형주거
북서부해안	金堤 堤上里	주거지 B-1				◆										장방형주거
	飛鷹島	B패총							●	●	●				■	패총
	格下	패총				◆		◆								패총

연과 동체의 구분이 뚜렷하지 않다. 문양의 시문은 동체상위까지 내려서 시문되었다. 김제 제상리 B-1호 주거지 출토 IIb식 토기는 박락되어 문양이 희미하게 남아 있으나 격하패총 IIb식 토기와 같이 이중구연이 뚜렷하고 폭이 좁으며 문양은 이중구연부에만 시문되어 있다. 격하패총과 제상리에서 출토된 가락동식토기는 거치문이 시문되어 있는데 이처럼 이중구연에 거치문이 시문된 토기는 북서부내륙지역인 영등동 II-7호 출토 심발형토기와 이중구연은 퇴화되었지만, 영등동 I-3호 출토품에서도 확인된다.

역삼동식토기는 비응도패총에서만 출토되었다. 공열만 시문된 IIIa식과 공열+구순각목이 결합된 IIIb식이 공반되어 출토되었는데 공열의 투공방법에 있어 차이를 보인다. 공열은 완전 관통된 형식과 반관통된 형식으로 세분되는데 공열만 시문된 IIIa식은 모두 완전 관통된 반면 공열+구순각목이 시문된 IIIb식은 모두 반관통된 것이 특징이다. 반관통의 경우 안쪽에서 투공한 형식과 밖에서 투공한 형식으로 세분되는데 비응도에서는 두가지 형식이 모두 확인된다.

호남지역 역삼동식토기는 주로 중부내륙인 영산강유역의 光州 水門 2호 주거지, 羅州 橫山 주거지, 동부내륙의 南原 高竹洞 1호 주거지, 求禮 鳳北里 1호 주거지, 동남해안의 光陽 福星里 1호, 3호 주거지 등에서 출토되고 있다.

흔암리식토기는 비응도 패총에서 출토되었다. 비응도 출토 흔암리식토기는 공열+구순각목+단사선이 시문된 IIIb식으로 호남지역 출토 흔암리식토기는 가락동식토기나 역삼동식토기에 비해 출토예가 많지 않으며, 흔암리식토기 단독으로 출토되기 보다는 대부분 가락동식토기나 역삼동식토기와 공반된다.

발은 비응도, 노래섬, 가도, 띠섬, 격하, 제상리 등에서 출토되었다. 발은 청동기시대 전기부터 송국리문화단계까지 시기에 관계없이 출토되고 있다. 호남 북서부해안지역 출토 발 가운데 비응도와 노래섬 출토 발에서 구순각목이 시문된 발이 출토되었다.

외반구연토기는 격하패총과 제상리유적을 제외한 호남 북서부해안지역 모든 유적에서 출토되고 있지만 완전한 형태로 남아 있는 토기는 거의 없고 대부분 편으로 출토되었다. 기형은 호남 북서부내륙에서 출토된 유물과 대동소이할 것으로 보인다.

2) 마연토기

마연토기는 대부발, 호, 완으로 구분된다. 대부발은 비응도패총에서 1점이 출토되었다. 저부는 축약되었으며 평저에 굽은 높이가 2cm정도로 낮은 편이며 동최대경이 동체 중위에 위치하고 있는 구형의 동체로 구연은 '〈'자 형태로 외반되었다. 적색마연토기대부발은 호남지역에서는 아직 출토된 예가 없으며 비응도 출토품이 유일하다. 비응도 출토 대부발은 (도 9)에서 보는바와 같이 충남 북부내륙인 天安 白石洞 출토품(3·6)과 비교된다.

대각이 부착된 토기들은 역삼동유형에서 주로 출토되고 있으며 가락동유형에서는 거의 확인되지 않는 것으로 보고 있으며(김미영 2010 : 62), 세부 속성에 있어서 약간의 차이는 있지만, 비응도 출토 대부발과 백석동 출토 대부발은 기형상 유사하다. 기형상 유사한 대부호의 경우 대각이 안정적이고 낮은 형태에서 높고 불안정한 형태로 변화되고, 상반부의 호는 동최대경이 점차 뚜렷해져 하위로 내려가면서 구연부가 강하게 외반되는 형태로 변화되고 최후단계에는 대각과 호가 급격히 낮아지면서 전체적으로 퇴화되는 양상으로 변화되는 것으로 보고 있다(宋永鎭 2006 : 43). 대부발 역시 전체적으로 대부호의 변화양상과 동일하게 변화되었을 것으로 보이기 때문에 비응도 출토 대부발의 시간적 위치를 가늠할 수 있다.

호는 비응도, 노래섬, 가도패총에서 출토되었다. 비응도 출토 호는 기형복원이 가능한 것은 2점으로 1점(도 10-11)은 저부가 말각평저에 가깝고 동최대경이 하부에 있으며, 동체에서 구연부로 올라가면서 급격하게 축약되고 구연부는 시선으로 외반된다. 1점(도 10-10)은 전체적으로 플라스크형에 가깝지만 목이 형성되지 않고 구연이 완만하게 외반된다. 전자(도 10-11)는 全州 如意洞(도 10-20), 完州 盤橋里 출토 적색마연토기호(도 10-23 · 24)와 비교된다. 완주 반교리 주거지 출토품은 구연이 직립에 가깝게 완만하게 외반되지만, 여의동 출토품은 짧게 외반된다.

비응도 출토품은 동최대경이 하부에 있고 곡선을 그리며 내만되어 사선에 가깝게 외반된 구연부와 연결된다. 후자(도 10-10)는 전체적으로 플라스크형에 속하지만 경부가 형성되지 않은 것이 특징이다. 진안 농산 8호 주거지(도 10-18), 20호 수혈(도 10-22) 출토품과 비교된다. 플라스크형호는 송국리유적에서 확인되는 대표적인 기형으로 그 분포권이 금강유역을 중심으로 하는 송국리문화권과 일치하고 있어 강한 지역색을 가진 것으로 보고 있다.

이외에도 노래섬, 가도 패총 출토 원저호는 동최대경이 하위에 있고, 세장한 동체에 긴 경부에 완만하게 외반되는 구연부와 연결된다. 이런 특징의 호는 益山 興岩里 주거지와 全州 孝子(5) 5호 · 6호주거지 출토품과 비교된다. 원저단경호는 역삼동식 주거지 출토 대부호에서 대각이 탈락되면서 변화된 것으로 원저단경호의 분포권이 역삼동유형과 송국리유형이 결합되어 나타나는 분포권과 일치하는 것으로 보고 있다(김미영 2010 : 51~57). 호서지역 마연토기호는 구연은 점차 외반하고 동최대경이 중하위로 이동하며, 저부형태는 말각평저로 진행되면서 경부각이 사라지고 완만하게 외반되는 것으로 보아(이홍종 · 허의행 2010 : 123) 호남지역의 마연토기호도 변화양상은 비슷할 것으로 보인다.

완은 노래섬, 가도, 띠섬 패총과 김제 장산리 주거지에서 출토되었다. 기형은 축약된 저부에 동체는 저부에서 완만한 곡선을 그리며 구연부까지 연결되고, 구연은 직립에 가깝게 약하게 내만되었다. 적색마연토기완은 북서부 내륙지역에서 조사된 송국리형주거지에서 일반적으로 출토되고 있으며 가장 많이 출토된 기종으로 일상용으로 널리 제작 · 사용된 것으로 볼 수 있다.

적색마연토기의 용도는 시기별로 약간씩 달라 전기에는 위세품적 성격이나 희귀재로 인식되었으나, 송국리문화단계에는 보편적 의례용품(생활의례 및 부장)으로 점차 그 기능이 일반화되어간 것으로 보고 있다(김미영 2010 : 60~61). 그러나 호남지역에서의 적색마연토기는 거의 모든 주거지에서 출토되고 있어 의례용의 성격 보다는 일상생활용기로 사용되었던 것으로 보인다. 특이한 것은 송국리식 원형주거지에서 적색마연토기가 일반적으로 출토되고 있으나, 휴암리식 방형주거지에서는 거의 출토되지 않는데 이는 원형주거지와 방형주거지간에 문화적 전통의 차이에서 기인한 것인지 아니면 기능적인 차이에서 기인한 것인지 현재로서는 명확하지 않다.

3) 석기

호남 북서부해안지역 출토 석기는 석검, 석촉, 석부, 석착, 지석, 어망추 등이다. 석검은 이단병식석검과 일단병식석검으로 분류되는데 이단병식석검은 비응도 패총에서 병부와 신부 일부만 남은 석검편이 출토되었다. 병부에는 중앙부 가장자리에 홈이 있는 유구식이단병식석검으로 이영문의 분류(李榮文 1997) 유병 Ⅰa식(유구병식)으로 이 형식의 석검은 호남지역에서는 순천 오천동 출토품이 있다. 이단병식석검은 대체로 전기유적에서 출토되고 있는데 비응도 패총의 경우 역삼동식토기와 흔암리식토기가 출토되고 있어 서로 관련성이 있는 것으로 볼 수 있다. 일단병식석검은 노래섬, 가도패총에서 출토되었다. 노래섬과 가도패총은 공반유물이 직립구연토기와 송국리식토기가 출토되었다.

석촉은 석기 가운데 가장 많이 출토되는 유물로 호남 북서부해안지역의 패총과 주거지에서는 주로 일단경식석촉과 재가공촉이 출토되었다. 석부는 양인석부, 주상편인석부, 유단석부, 유구석부로 구분되는데 양인석부는 오식도 패총에서 1점이 출토되었고, 주상편인석부는 비응도 패총에서 3점이 출토되었다. 유단석부는 비응도 패총에서 1점이 출토되었으며 익산 영등동 III-7호와 영암 장천리 6호 주거지 출토품과 비교된다. 유단석부는 서남부지역에서 주로 출토되고 있으며 유구석부에 비해 대형이고 팽이형토기문화권의 유단석부와는 형태상 차이가 있다. 서남부지역에서 출토되는 유단석부는 시기적으로 송국리문화단계에 한정되어 있다(裵眞晟 2001 : 30~31). 비응도 출토 유단석부는 송국리문화와 관련된 것으로 볼 수 있다. 유구석부는 오식도 패총과 노래섬 패총에서 출토되었다. 오식도패총 출토 유구석부는 구의 형태가 'ㄴ'자 형태로 뚜렷하고 신부의 단면형태는 제형에 가깝다. 그러나 노래섬 출토 유구석부는 구의 형태가 뚜렷하지 않고 신부의 단면형태도 원형에 가깝다. 유구석부는 송국리문화의 대표적인 석기로 북서부내륙지역 송국리형주거지에서 일반적으로 출토된다. 이밖에도 노래섬에서 편평편인석부가 출토되었으며, 비응도에서 소형석착과 갈돌 등이 출토되었다.

4) 其他

기타 석제어망추와 토제어망추가 있다. 석제어망추는 비응도와 노래섬에서 출토되었는데 신석기시대의 석제어망추와 대동소이하며 이런 대형의 어망추는 바다와 같이 물살이 있는 곳에서 망어법에 의한 어로가 이루어진 것으로 볼 수 있으며 주로 후리그물에 사용된 것으로 본다.

토제어망추는 노래섬·오식도·띠섬 패총에서 출토되었다. 토제어망추는 청동기시대 주거지에서 보편적으로 출토되는 유물로 크기와 형태, 구멍, 홈의 유무에 따라 단추형, 구슬형, 원통형으로 분류되며 단추형은 상대적으로 내륙쪽에 있는 작은 하천변의 유적에서 확인되고 구슬형과 원통형은 큰 하천과 바닷가에 위치한 유적에서 출토되고 있어 무게가 가벼운 단추형은 투망용, 무게가 무거운 구슬·원통형은 유자망이나 후리그물에 사용된 것으로 보고 있다(김도헌·권지영, 2002 : 112~123). 노래섬 출토 어망추는 원통형에 가깝지만 약간 편평하고 단면형태는 중앙부에 오목하게 홈이 있는 '8'자형으로 구멍이 없는 것이 특징이다. 오식도 출토 어망추는 평면형태는 원형에 가깝고 단면형태는 편평한 장타원형으로 중앙에는 원공이 투공되어 있으며 양쪽 가장자리에 홈이 있는 단추형이다. 띠섬 패총 출토 어망추는 층위가 명확하지 않지만, 평면형태는 타원형에 가깝고 단면은 가장자리를 따라 오목하게 홈이 있는 '8'자형이다. 청동기시대 어로는 농경이 본격화되면서 어로를 생업의 주된 생계방법으로 이용해 오던 신석기시대와는 달리 농경의 보조적인 양상을 띠며 토제어망추를 이용한 망어법을 기본으로 내륙 쪽에 위치한 크고 작은 하천변을 중심으로 내수면어로가 행해지는 것으로 보고 있는데(김성욱 2008 : 15), 호남 북서부해안지역에서는 석제어망추와 토제어망추가 함께 출토되고 있어 다양한 어로행위가 이루어진 것으로 볼 수 있다.

이 외에도 패총에서는 패각, 어류, 짐승뼈 등의 자연유물이 출토되었다. 어류와 짐승뼈는 거의 출토되지 않고 대부분 패각이다. 각 패총의 패각구성을 살펴보면 비응도 패총은 참굴이 주체를 점하고 있으며, 노래섬 패총은 참굴이 98%로 중심을 이루고 백합과 피뿔고등이 일부 포함된다. 가도 패총은 참굴이 주체를 점하고 일부 동죽이 섞여 있다. 오식도 패총은 참굴이 주체를 점하고 있으며 피뿔고등과 대수리가 약간 포함되어 있다. 띠섬 패총은 굴이 98% 이상이며 피뿔고등, 대수리, 복털조개, 눈알고등이 소량 포함되었다. 이처럼 도서지역의 패총은 참굴이 주체를 점하고 있으며 피뿔고등, 대수리, 백합 등이 포함되어 있다. 그러나 해안가에 위치하고 있는 격하 패총의 경우 굴이 24.8%, 민들조개가 58.9%, 바지락이 16.2%로 민들조개와 굴이 주체를 점하고 있다. 이것들은 저질이 모래로 형성된 조간대의 얕은 바다에 서식하는 것으로 패총이 형성될 당시의 환경과 현재의 환경이 차이가 없었던 것으로 볼 수 있다(金建洙 2005 : 108).

서해 도서지역의 패총은 이처럼 참굴의 비중이 높은 것은 많은 노동력을 들이지 않고 누구나 쉽게 채취가 가능하고 패류 그 자체가 갖는 칼로리는 낮으나 안정된 식자원으로서 세계 각지에서 여러시대에 걸쳐 이용되며 우리나라에서도 신석기시대부터 현재에 이르기까지 전국적으로 분포되어 있다(金建洙 2004 : 106). 이는 결국 청동기시대가 비록 농경을 기반으로 하였다고는 하지만 해안이나 도서지역에 위치한 유적은 농경 보다는 바다자원에 비중을 두었던 것으로 볼 수 있다.

4. 湖南 北西部海岸地域과 周邊地域

1) 호남 북서부해안지역 청동기시대 패총의 이용

호남 북서부해안지역 청동기시대 패총은 공단조성에 따라 조사가 이루어진 비응도, 노래섬, 가도, 오식도, 띠섬 패총과 부안 격하패총이 있다. 격하패총을 제외하고 5개소의 패총은 모두 오식군도에 분포하고 있으며, 패총이 형성된 섬들은 비응도와 오식도를 제외하고는 규모가 크지 않아 음용수를 구하기 용이하지 않았던 것으로 보인다. 따라서 이들 패총은 정주성 취락이 형성되기에는 한계가 있었을 것이며, 농경 또한 적합하지 않았던 것으로 보인다. 이런 자연환경으로 인해 도서지역의 경우 조개 채집과 어로활동을 통하여 생계를 유지하였을 것이며 패총은 청동기시대에 농경민이 생업의 위험성을 대처하는 방법 중 하나로(최종혁 2010 : 1166) 수산자원을 활용한 결과 남겨놓은 것으로 볼 수 있다.

호남 북서부해안지역에서 확인된 청동기시대 패총의 경우 가도 패총에서 조사된 야영지를 통하여 볼 때 가도 패총은 굴 채집을 위해 일시적으로 가도 지역을 방문했을 뿐 일정 기간 동안 거주하면서 여기에 필요한 여러 행위가 일어났던 증거가 없는 것으로 보아 청동기시대 가도 지역은 굴 채집만을 위한 일시적인 방문만 있었으며(이준정 2002b : 11~14), 노래섬의 경우도 나지구에서 임시 주거지가 확인되고 있어 작은 섬이라는 공간의 특수성과 한시적 생활이라는 보편성이 결부되어 정형성이 없는 임시주거의 형태로 나타나고 있다(최완규 외 2001 : 356). 이러한 양상은 인근 舒川 玉北里 패총에서 확인되는데 옥북리에서는 2개소의 패총이 조사되었으며 패각층의 두께가 얇고 규모가 작은 것으로 보아 농업을 기반으로 하는 내륙의 소규모 집단이 춘궁기에 식량획득을 위해 바닷가에 이동하여 생활하면서 형성된 패총으로 보고 있다(田鎰溶 2007 : 244).

이처럼 청동기시대가 되면 서해도서지역의 패총은 정주집단에 의해 점유된 것이 아니라 특정자원의 획득을 위해 집단의 일부가 주거유적을 떠나 일시적, 반복적으로 점유한 것으로 보고 있다(김장석 2001 : 270). 그렇다면 호남 북서부해안지역 패총의 주체를 이루는 것이 굴이며 굴은 식용으로 이용하기 가장 적합한 시기가 가을부터 이듬해 봄으로 굴을 중심으로 하는 패류 채집을 위해 한시적으로 패총을 이용하였다면 그 이외의 계절에는 패총이 이용되지 않았는가 하는 문제가 남는데 노래섬과 가도 패총 출토 자연유물 가운데 민어 어골과 이석을 통하여 볼 때 시사하는 바가 크다.[3] 군산지역에 민어가 출현하는 시기는 5~7월을 전후한 시기로 어류의 회귀시기를 이용한 패총의 형성시기를 추정하면 5월에서 7월 사이의 초여름으로(김건수 2001 : 13~17) 민어과 어류는 산란을 위해 여름철과 가을사이에 연안으로 회유하는데 이때 어획한 것으로 보고 있다(안덕임·이태원 2010 : 16~17). 이처럼 호남 북서부해안지역의 패총은 주로 참굴 중심에 민어가 주를 이루는 패총으로 이 둘은 서로 상반된 성격을 가지고 있는데 참굴은 여름에 식용이 불가능 한데 반하여 민어는 이 계절에 잘 잡히기 때문에 여름철의 패총은 민어를 잡기 위한 캠프(김건수 2004 : 102)로 당시의 생업활동은 봄부터 가을에는 도미와 민어를 중심으로 하는 어로활동이, 가을부터 이듬해 봄에는 굴을 중심으로 하는 패류 채집이 중점적으로 이루어진 것으로 볼 수 있다(김성욱 2008 : 13).

호남 북서부해안지역에서 확인된 패총의 경우 한시적으로 이용된 것으로 보고 있는데 고남리 패총의 경우 쌀, 보리, 조, 기장 등 곡물재배에 생업의 바탕을 두고 계절에 관계없이 연중 이용되고 있어(안덕임·류동기 2010 :

---

[3] 패류를 식용으로 이용하기 적합하지 않은 여름과 가을철에 조개 채집이 이루어지지 않고, 어로활동만 이루어졌다고 본다면 어류가 패각과 함께 버려지지 않았을 경우 어로의 흔적을 찾기는 쉽지 않을 것이다. 즉 어로와 관련된 다양한 어망추가 출토되고 있는데도 어골의 출토가 많지 않은 이유에 대해서는 어류를 가공하여 외부와 교역품으로 이용되는 경우(김건수 2004 : 104)와 어류를 건조하여 이용할 경우 패총에 그 흔적이 남지 않았을 가능성이 높다.

14~15) 호남 북서부해안지역의 패총도 고남리패총처럼 연중 이용되었을 가능성도 있다. 물론 농경의 흔적이나 정주성 취락으로 볼 수 있는 주거지의 조사가 많지 않아 농경에 대해 정확하게 알 수 없지만, 띠섬과 노래섬 출토 무문토기 저부에 찍힌 볍씨자국의 흔적[4]으로 보아 패총을 남긴 집단이 벼농사를 지었을 가능성이 충분하기 때문에 호남 북서부해안지역의 패총을 남긴 집단의 성격을 몇 가지로 추정가능하다. 첫째 곡물재배와 같이 농업을 기반으로 하는 내륙의 소규모 집단이 특정 계절에 부족한 식량의 획득을 위해 도서지역으로 이동하여 생활하였을 가능성, 둘째 비교적 큰 섬이나 해안가에 근거지인 정주취락을 두고 바다자원의 이용을 위해 수시로 섬을 옮겨 다녔을 가능성, 셋째 계절에 관계없이 섬에 연중 머물러 있으면서 어로와 채집활동을 하였을 가능성 등 이다. 특히 비응도와 오식도의 경우 비교적 규모가 큰 섬으로 정주취락이 존재할 가능성이 충분하지만 조사가 패총에 한정되어 있었기 때문에 취락을 찾지 못했을 가능성이 있고, 노래섬의 경우도 건수를 확보할 수 있는 우물이 있어 음용수 문제를 해결할 수 있었다는 점에서 정주가 가능하였을 것이다.

2) 청동기시대 호남 북서부해안지역과 주변지역

앞에서 살펴본 것처럼 호남 북서부해안지역은 현재는 간척사업과 대규모 방조제가 축조되면서 붙여진 지명으로 호남북서부의 해안과 도서지역에 해당된다. 특히 해안지역의 경우 청동기시대 당시의 환경을 복원한다면 현재의 논으로 이용되고 있는 저지대는 대부분은 바다에 해당된다. 호남 북서부해안지역에서 조사된 주거지는 도서와 내륙에서 조사된 주거지간에 차이가 있다. 도서의 경우 띠섬 3기, 가도 2기, 노래섬 1기 등 6기로 이들 주거지는 정형성이 없는 임시거주의 성격이 강한 주거지로 특정 자원의 획득을 위해 잠시 머물렀던 것으로 본다(金壯錫 2002). 그러나 해안내륙에서 조사된 주거지의 경우 현재까지 확인된 주거지는 군산 5개 유적 12기, 김제 4개 유적 7기, 부안 3개 유적 8기 등 조사된 주거지를 모두 합쳐도 30기를 넘지 않으며, 조사된 유적의 수에 비해 주거지는 많지 않고, 그나마도 扶安 驛里 5기를 제외하면 1~2기로 소규모의 취락으로 볼 수 있다. 따라서 청동기시대 북서부해안지역은 대규모의 취락이 입지하기에 적합한 환경이 아니었을 가능성도 있다.[5]

청동기시대 전기는 주거지는 김제 제상리 주거지가 해당된다. 2기 모두 평면 장방형에 내부시설은 노지, 주혈, 초석 등이 설치되어 있다. 패총은 격하패총과 비응도 패총이 해당된다. 김제 제상리 B-1호 주거지와 격하패총에서는 가락동식토기[6]가 출토되었는데 김제 제상리 B-1호 주거지에서는 이중구연＋단사선이 시문된 IIb식이, 격하패총에서는 이중구연＋단사선이 시문된 IIb식과 퇴화이중구연＋단사선이 시문된 IId식 토기가 출토되었다. 가락동유형은 한반도 서북지역인 압록강~청천강유역 일원에서 확인되는 문화와 관련된 것으로 중부이남지역에서 확인되는 문화상으로 보아 주민의 직접적인 이주가 상정되며, 서해안을 통한 루트가 상정될 수 있으며, 초기에는 서북지역인 압록강~청천강유역과 유사한 지형조건을 가진 지역에 정착하여 차츰 주변지역으로 확산된 것으로 보인다(孔敏奎 2005 : 23).

호남지역 가락동식토기는 북서부내륙지역인 익산 영등동, 전주 성곡, 효자 4, 장동 주거지에서 출토되었다. 호남지역 가락동식토기는 금강중상류역의 대전-청주의 가락동유형이 주변으로 확산되는 과정에 역삼동식과 흔암리식토기와 접촉 내지는 교류가 이루어지면서(金奎正 2010 : 8) 전주 장동 I-9호 주거지 출토 이중구연＋공열＋단사선＋구순각목이 결합된 IIId식의 흔암리식토기처럼 일부 요소들이 채용된 것으로 보인다. 이는 공열을 기본

---

4) 청동기시대 유적 가운데 강화도 우도에서 볍씨자국 토기가 출토되었다고 하여 이를 벼가 재배 되었다고 보기에는 무리가 있으며, 볍씨자국 토기는 交易을 통하여 외부로부터 반입되었을 가능성이 있는 것으로 보고 있다(신숙정 2001 : 21).

5) 이는 현재 발굴조사된 고고학적 자료에 근거한 것으로 추후 조사 여하에 따라 대규모의 취락이 조사될 가능성도 있다.

6) 가락동식토기에 있어 이중구연과 단사선은 높은 상관관계를 가지면서 시간에 따른 변화의 흐름이 비교적 뚜렷하게 나타나는데, 처음에는 이중구연이 뚜렷한 형식에서 차츰 퇴화되는 형식으로 변화되고, 이중구연의 폭은 좁은 것에서 넓은 것으로, 문양의 시문위치는 이중구연부에 한정된 것에서 후기로 가면서 동체부로 내려간다. 그리고 마지막에는 이중구연의 요소는 사라지고 문양도 정형성이 없어진다(李弘鍾・許義行 2010 : 126).

으로 하는 역삼동식토기가 현재까지 북서부내륙지역에서는 전혀 출토 예가 없다는 것에서도 알 수 있다.

전기 전반에는 이중구연이 뚜렷하고 단사선도 이중구연부에만 시문된 IIb식이 유행하다가 전기 후반이 되면서 격하패총 출토품 처럼 이중구연의 요소는 퇴화되어 이중구연의 모티브만 남아있고 단사선도 동체부까지 내려오는 등 퇴화된 IId식 토기가 출토된다. 김제 제상리와 격하패총 출토 IIb식토기에 시문된 문양은 거치문으로 영등동 II-7호 주거지 출토품과 비교되며 김제 제상리와 격하패총은 북서부내륙지역의 가락동유형과 관련된 것으로 볼 수 있다.

다음으로 비응도패총에서는 흔암리식토기와 역삼동식토기가 출토되었는데 흔암리식토기가 특징인 흔암리유형은 주민집단을 반영하는 유형으로 보기 어렵고(金壯錫 2001), 흔암리식토기는 역삼동식의 물질문화를 바탕으로 이중구연단사선이라는 요소만 가미된 것으로 보았다(金壯錫 2008 : 107). 곧 역삼동유형과 흔암리유형은 토기에서 차이만 보일 뿐 석기와 주거구조는 동일하고 전국적으로 분포권을 공유하고 있어 양 유형을 하나로 묶어 역삼동·흔암리유형으로 분류하고 있다(李亨源 2002). 그러나 순수 공열토기만으로 구성된 유적과 뚜렷하게 구분되어 흔암리식토기상을 보이는 유적들 또한 존재하고(羅建柱 2007 : 34), 특히 충남 서해안과 내륙지역에 흔암리유형으로 판단되는 유적이 증가하고 있어 흔암리유형의 집단 설정이 타당하다(許義行 2007 : 73).

호남지역에서 흔암리식토기는 전기유적에서만 출토되는데 반하여 역삼동식토기는 송국리문화단계까지도 지속되고 있으며 지역적으로는 중부내륙, 동부내륙의 섬진강수계, 동남해안 등 서부지역을 제외하고 호남지역 전역에서 확인되고 있어 가장 넓은 분포권을 가지고 있다. 그러나 중심분포권은 동부내륙지역인 것으로 보아 호남지역 중앙부를 북에서 남으로 가로지르는 호남정맥에 의해 서부평야지역인 북서부와 중서부는 가락동식토기문화권, 동부내륙과 동남해안은 역삼동·흔암리식토기 문화권으로 분류된다(金奎正 2010 : 8). 그리고 중부내륙 경우 가락동식토기와 일부 역삼동식토기가 확인되는데 이는 영산강중하류의 경우 큰 장애물이 없이 중서부지역 및 북서부지역과 연결되고 영산강상류지역의 경우 큰 장애물이 없이 담양을 통하여 섬진강수계의 순창지역과 서로 연결되기 때문에 영산강유역에서는 양 지역의 문화양상이 나타나는 것으로 볼 수 있다.

비응도 출토 흔암리식토기와 역삼동식토기는 북서부내륙과 중서부지역에서 현재까지 출토유적이 거의 없다. 그러나 중부내륙, 동부내륙, 동남해안지역과 호남 북서부해안지역과 인접하고 있는 충남 서해안지역에서는 현재까지 많은 유적이 확인되고 있다. 또한 비응도 출토 적색마연대부발은 충남 북부내륙의 천안 백석동유적과 비교된다. 호서지역 역삼동·흔암리유형은 차령산맥 이북의 천안-아산 지역에 밀집 분포하고 있으며 서해안의 홍성 장척리, 보령 주교리, 보령 관산리 등에서도 확인되고 있다(羅建柱 2007 : 34). 결국 비응도 패총 출토 흔암리식토기와 역삼동식토기는 충남 서해안지역의 역삼동·흔암리유형의 분포권으로 볼 수 있다. 호남 북서부해안지역의 청동기시대 전기의문화양상은 해안과 내륙은 가락동유형, 도서지역의 패총은 역삼동·흔암리유형이 분포하고 있어 문화적인 차이가 있었던 것을 알 수 있다.

송국리문화단계는 해안이나 내륙에 위치하고 있는 주거지는 모두 송국리형주거지로 송국리문화권에 포함된다. 그러나 주거지 출토유물은 김제 장산리 출토 마연토기완 1점을 제외하면 기형복원이 가능한 토기가 전혀 없다. 패총의 경우 주거지에 비해 다량의 유물이 출토되고 있으며, 띠섬 주거지에서는 심발형토기와 적색마연토기완이 출토되었다. 비응도에서는 직립구연토기와 외반구연토기가 모두 출토되는데 직립구연토기가 많다.[7] 노래섬에서는 외반구연토기와 직립구연토기가 거의 같은 비율을 보이고 있으며, 가도와 띠섬은 외반구연이 약간 우세하다.

무문토기 이외에 적색마연토기 호, 완 등이 출토되는데 외반구연토기[8]와 적색마연토기 호와 완은 북서부내륙지역의 송국리형주거지에서 일반적으로 출토되는 유물로 북서부내륙지역의 송국리문화와 관련성이 상정되지만, 북서부내륙지역에서는 외반구연토기가 압도적으로 많이 출토되는 반면 북서부해안에서는 오히려 직립구연토기

---

7) 비응도 출토 무문토기의 경우 구연부만 남아 있어 정확한 기형의 추정은 어렵지만, 보고서에 수록된 개체를 살펴보면 구연부는 약 78개체 정도가 확인되었으며, 이 가운데 45개체가 직립구연이고, 33개체가 외반구연으로 직립구연이 우세하고 여기에 역삼동식토기, 흔암리식토기, 구순각목토기도 대부분 직립구연이기 때문에 직립구연토기는 보다 많아진다.

가 우세하다. 이는 전형적인 송국리문화를 보이는 북서부내륙지역과는 차이가 있고, 오히려 토기조합은 충남 서해안과 연결될 가능성이 있으나, 중서부해안의 특징적인 원시타날문이 시문된 고남리식토기(兪炳隣 2001)는 현재 까지 확인되지 않았다. 노래섬의 경우 전기의 구순각목이 지속되고, 휴암리유적에서 보이는 기형(내만구연심발, 직구옹)이 외반구연호와 결합되는 것으로 보아 송국리문화의 방계문화로 보고 있다(최완규 외 2002 : 360).

이상에서 살펴본 것과 같이 호남 북서부해안지역의 취락은 북서부내륙지역과 같이 대규모의 취락은 확인되지 않고 소규모에 불과하다. 그러나 북서부해안지역은 금강과 만경강을 통하여 북서부내륙지역으로 진출할 수 있는 지리적 조건을 가지고 있으며 북서부내륙지역의 취락과 호남 북서부해안지역의 취락간에는 주거의 형태와 출토유물에서 문화적 동질성이 확인된다. 그러나 패총의 경우는 양상이 다르게 나타나는데 패총유적에서는 취락의 존재는 확인되지 않았지만 유물의 경우 확연하게 구분되고 있다. 대표적인 유물은 비응도 패총 출토 전기 역삼동식토기, 혼암리식토기, 적색마연토기 대부발이다. 이들 유물은 북서부내륙지역에서 전혀 출토되지 않는 유물로 청동기시대 전기에 있어 북서부내륙지역의 취락과 호남 북서부해안지역의 패총을 이용한 집단 간에 문화적 접촉이나 교류가 없었을 가능성이 있다. 그리고 송국리문화단계가 되어도 역시 유물에서 북서부내륙지역의 요소 보다는 충남 서해안의 요소가 나타나고 있다.

지금까지 조사된 청동기시대 패총은 신석기시대에 비해 상대적으로 많지 않다. 이는 신석기시대에 바다자원이 적극적으로 이용되어 많은 패총을 남겼지만 청동기시대에는 농경이 본격화되면서 바다자원의 이용은 상대적으로 소극적인 것으로 보인다. 그러나 청동기시대 전기부터 본격적인 농경이 이루어진 것으로 보기에는 한계가 있으며 대체로 전기에서 중기로의 전환은 송국리형주거지나 송국리식토기의 등장과는 무관하게 수전도작농경의 정착과 대규모취락의 등장이 획기를 이루며(이기성 2010 : 125) 청동기시대에 농경을 기반으로 하고 있는 농경사회로 농경이 유리한 북서부내륙지역에 유적이 집중되는 양상은 당연하다고 볼 수 있다. 호남 북서부해안지역에 대한 당시의 환경복원은 이루어지지 않았지만 인접한 서천 옥북리 패총과 옥남리 유적의 환경복원을 참조하면 옥북리 패총은 현재는 내륙 깊숙한 곳에 자리하고 있지만, 청동기시대 해안선을 복원한 결과 패총에서 바다까지의 거리가 약 100m 이내로 좁혀져 주변의 저평한 대지가 모두 바다에 포함되고(田鎰溶 2007 : 243~244), 인접한 옥남리 유적도 주거지가 입지한 지역은 농업의 의존도가 상당히 취약한 지역으로 보고 있다(류창선 외 2008 : 415). 따라서 이와 유사한 자연환경을 가지고 있는[9) 호남 북서부해안지역에서도 청동기시대 주거지는 1~2기로 소규모의 취락이 산발적으로 확인된다. 그러나 인접하고 있는 북서부내륙지역의 경우 대규모의 취락이 형성되어 있는데 북서부내륙지역은 전체적으로 농경에 유리한 지역이고, 호남 북서부해안지역은 자연환경적인 요인으로 볼 때 농업의 의존도는 취약할 수밖에 없었을 것이다. 따라서 호남 북서부해안지역의 청동기인들은 주변의 농경지 확보에서 밀린 일부 소규모 집단이 농경에 불리한 호남 북서부해안지역으로 이동하여 소규모의 농경을 바탕으로 바다자원을 적극적으로 활용하여 패총을 남겼던 것으로 추정할 수 있다.

5. 結

이상에서 호남 북서부해안지역 청동기유적을 살펴보았다. 현재까지 조사된 유적은 패총과 주거유적이 있다. 패

---

8) 외반구연토기는 송국리유형에서 일반적으로 출토되는 유물로 옹형토기로 분류되며, 구연각과 동최대경, 세장도의 속성에서 형식이 분류가 가능하다. A형은 직립 혹은 직립에 가까운 외반구연이면서 동최대경이 중위에 위치하며, B형은 A형과 유사하나 동최대경이 중상위로 이동하고 다소 세장한 형식으로 변화된다. C형은 구연의 외반도가 더 크며, 동최대경이 중위에 위치한다. D형은 동최대경이 중하위로 이동되고 구연의 외반도가 확연해진다. 각 형식의 시간적인 순서는 A→B→C→D형으로 변화되는 것으로 보고 있다(李弘鍾·許義行 2010 : 119~122).

9) 청동기시대의 해안선 복원은 아니지만, 호남 북서부해안지역인 군산 일대에 대해 1910년경의 해안선 복원 결과 현재 육지인 內草島일대 까지도 도서지역에 해당되며, 구릉지역을 제외하고 현재 논으로 이용되는 지역은 대부분 바다였던 것으로 보고 있다(崔完奎 外 2002, 地形圖 2 參照).

총은 대부분 신석기시대 패총과 중복되어 있어 크게 관심을 받지 못하였으나, 지표조사를 통하여 무문토기가 수습된 패총이 상당히 존재하는 것으로 확인되었다. 패총의 성격에 대해서는 정주적인 성격의 패총 보다는 특정 계절에 한시적으로 이용하고 버려진 것으로 노래섬과 가도패총의 야영지가 이를 잘 반영한다고 보고 있다. 그러나 도서지역에서 정주를 목적으로 하는 주거지가 조사되지 않았다고 하여 패총이 한시적으로 이용되었다고는 볼 수 없다.

패총에서 출토된 자연유물의 경우 굴이 대부분이지만, 일부 어류나 수류 등이 출토되고 있다. 자연유물을 통한 계절성 연구에서도 굴을 채취하는 시기와 어류를 포획하는 시기는 서로 다른 것으로 확인되고 있어 패총은 연중 이용되었을 가능성이 있다. 물론 연중 이용하였다면 패총을 형성하였던 사람들의 근거지는 큰 섬들과 해안지역에 대한 조사가 이루어진다면 찾아질 가능성이 있다.

패총에서 출토된 토기는 부안 격하패총에서 가락동식토기, 비응도 패총에서 역삼동식토기와 흔암리식토기가 출토되었다. 격하패총출도 가락동식토기는 김제 제상리와 북서부내륙지역의 가락동식토기와 연결된다. 비응도 출토 역삼동식토기와 흔암리식토기는 북서부내륙지역인 전주 장동유적에서 흔암리식토기편 1점이 출토되었으나, 장동의 경우 공반유물이 모두 가락동식토기로 비응도와 차이를 보인다. 특히 역삼동식토기는 북서부내륙 및 중서부지역에서도 아직까지 출토예가 거의 없어 비응도 출토 역삼동식토기는 충남 서해안과의 밀접한 관련이 있는 것으로 보인다.

호남 북서부해안지역은 패총 출토유물로 보아 청동기시대 전기부터 점토대토기 단계까지 지속되고 있다. 현재의 자료로 본다면 시기적으로 전기는 도서지역은 역삼동유형과 흔암리유형이, 내륙은 가락동유형이 중심이 될 가능성이 있다. 송국리문화 단계에는 복잡한 양상을 보이는데 토기에 있어 일부 전기적인 요소가 가미되어 있으나, 전체적으로 송국리문화의 영향을 받았으며 조사된 주거지는 김제 제상리를 제외하면 모두 송국리형주거지로 송국리형문화권에 포함된다고 볼 수 있지만, 북서부내륙지역과는 달리 유적의 규모와 주거지의 밀집도가 떨어지고 소규모의 취락만 확인되는 것으로 보아 농경지의 확보에서 밀린 소규모의 집단이 선택한 결과로 볼 수 있다. 추후 호남 북서부해안지역에 대한 보다 많은 발굴조사가 이루어진다면 보다 명확하게 밝혀질 것으로 생각된다.

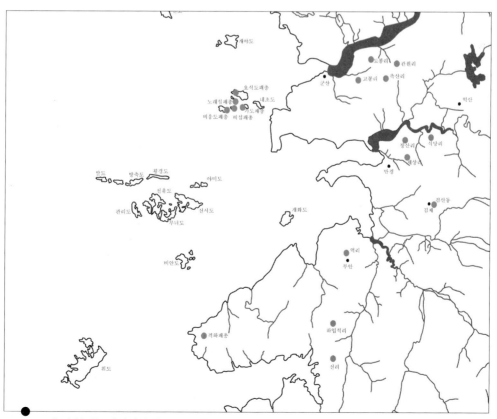

도 1 호남 북서부해안지역 청동기시대 유적 분포현황 (1918~1919지도)

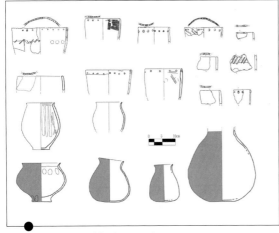
도 2 비응도패총 출토 토기

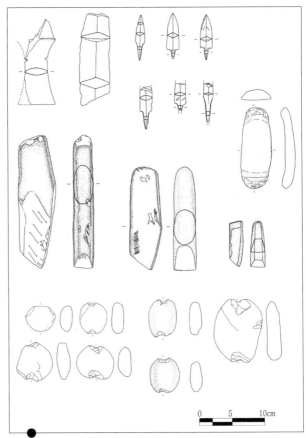
도 3 비응도패총 출토 석기

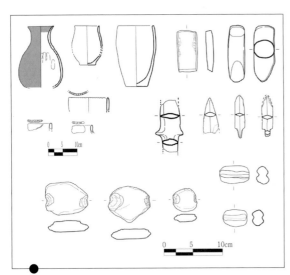
도 4 노래섬패총 출토유물

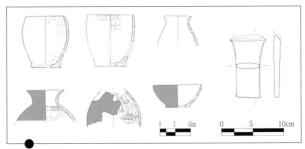
도 5 가도패총 출토유물

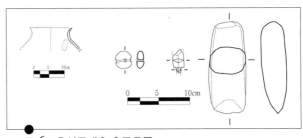
도 6 오식도패총 출토유물

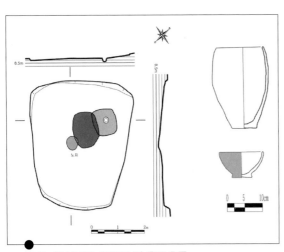
도 7 띠섬패총 주거지 및 출토유물

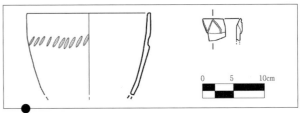
도 8 격하패총 출토유물

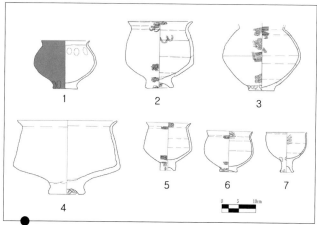

도 9 비응도와 백석동 출토 대부발

1 : 비응도, 2~7 : 천안 백석동

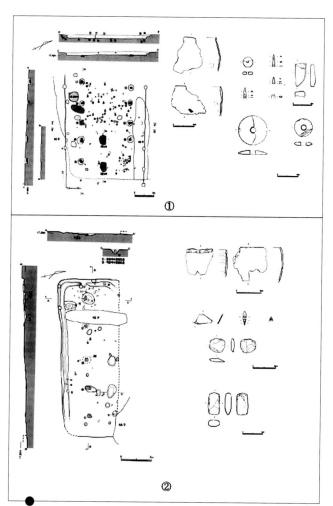

도 11 북서부해안지역 전기주거지

1 : 김제 제상리 A-1호, 2 : 김제 제상리 B-1호

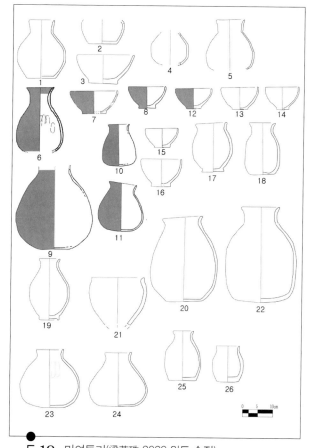

도 10 마연토기(梁英珠 2009 원도 수정)

1 : 익산 영등동 I-1주, 2~4 : I-3住, 5 : II-7주, I-14주 : 13~15, 6 : 군산 노래섬, 7 : 가도, 8 : 띠섬, 9~11 : 비응도, 12 : 김제 장산리 1주, 16 : 진안 농산 20수, 17 · 18 : 8주, 22 : 20수 25 · 26 : 1주, 19 · 20 : 전주 여의동, 21 : 효자(4) III-4주, 23 · 24 : 완주 반교리 1주

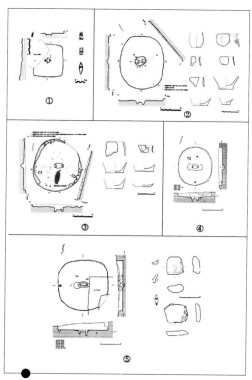

도 12 북서부해안지역 송국리형주거지

1 : 김제 석담리, 2 · 3 : 김제 검산동, 4 · 5 : 군산 고봉리

●참고문헌●

단행본 및 보고서

國立全州博物館, 1999,『扶安 海岸一帶 遺蹟地表調査 報告』.

群山大學校博物館, 2002,『김제 공덕-전주간 도로확·포장공사구간내 문화유적 발굴조사 보고서 金堤 石潭里』.

金建洙·李暎澈·李永德, 2005,『扶安 格下貝塚』, 湖南文化財硏究院.

金鍾文·金奎正·金大聖, 2007,『全州 孝子4遺蹟』, 全北文化財硏究院.

김승옥·김진·김은정, 2003,『扶安 下立石里 遺蹟』, 全北大學校博物館.

김승옥·유향미·김은정, 2003,『扶安 新里 遺蹟』, 全北大學校博物館.

류창선·이의지·지민주·최지연, 2008,『舒川 玉南里 遺蹟』, 忠淸文化財硏究院.

박순발·임상택·이준정·김장석, 2001,『群長國家工團造成地域(群山地區) 文化遺蹟發掘調査報告書Ⅲ 駕島貝塚』, 忠南大學校博物館.

박현수·윤성준, 2009,『金堤 劒山洞 遺蹟』, 전주대학교박물관.

양영주, 2010,『송국리형주거지 집성 Ⅳ -전라북도-』, 韓國靑銅器學會.

尹德香, 2002,『群長國家工團造成地域(群山地域) 文化遺蹟發掘調査報告書 Ⅰ 飛鷹島』, 全北大學校博物館.

______, 2002,『群長國家工團造成地域(群山地域) 文化遺蹟發掘調査報告書 Ⅰ 飛鷹島·駕島·箕篒島貝塚』, 전북대학교박물관.

윤덕향·장지현, 2003,『金堤 長山里 遺蹟』, 전북대학교박물관.

윤정국, 2010,「전라지역」,『한국의 조개더미(貝塚)유적』1, 한국문화재조사연구기관협회.

이형원, 2009,『청동기시대 취락구조와 사회조직』, 서경문화사.

전상학·최선애, 2008,『금강 Ⅱ지구 옥구유적 -축산리유적-』, 전북문화재연구원.

田鎰溶, 2007,『서천 옥북리 유적』, 충청문화재연구원.

최성락·김건수 2002,「群山 箕篒島貝塚」,『群長國家工團造成地域(群山地域) 文化遺蹟發掘調査報告書 Ⅰ 飛鷹島·駕島·箕篒島貝塚』, 목포대학교박물관.

崔完奎·金鍾文·李信孝, 2001,『群山 余方里古墳群』, 圓光大學校 博物館.

崔完奎·金鍾文·李永德, 2002,『노래섬(Ⅰ)』, 圓光大學校 馬韓·百濟文化硏究所·圓光大學校博物館.

崔完奎·李信孝·李永德, 2001,『群長國家工團造成地域(群山地區) 文化遺蹟發掘調査報告書Ⅱ 띠섬貝塚』, 圓光大學校博物館.

충남대학교박물관, 2007,『호서지역의 청동기문화』.

湖南文化財硏究院, 2003,『群山 高峰里遺蹟』.

______________, 2009,「金堤 대청리, 堤上里遺蹟」.

論文

孔敏奎, 2005,「中西內陸地域 可樂洞類型의 展開」,『松菊里文化를 통해본 農耕社會의 文化體系』, 서경.

金建洙, 2005,「格下貝塚 自然遺物」,『扶安 格下貝塚』, 湖南文化財硏究院.

김건수, 2001,「群山 노래섬貝塚 食料資源의 季節性 檢討」,『韓國新石器硏究』第2號, 韓國新石器硏究會.

______, 2004,「貝塚 硏究 方法論 검토」,『韓國新石器硏究』第8號, 韓國新石器硏究會.

金奎正, 2006,「湖西·湖南地域의 松菊里型 住居址」,『금강: 송국리형문화의 형성과 발전』, 호남·호서고고학회 합동학술대회 발표요지, 湖南考古學會·湖西考古學會.

______, 2010a,「湖西·湖南地域 松菊里型住居址硏究」,『인문학연구』, 원광대학교 인문학연구소.

______, 2010b,「湖南地域 靑銅器時代 前期 聚落 檢討」,『청동기학회 취락분과 발표요지』, 韓國靑銅器學會.

______, 2010c,「湖南地域 靑銅器時代 前期 聚落 檢討」,『日韓聚落硏究の新たな視角を求めて』, 韓日聚落硏究會.

김도헌·권지영, 2002,「靑銅器時代 토제(土製) 어망추에 대한 검토 -울산지역 출토품을 중심으로-」,『울산연구』제4집, 울산 대학교박물관.

김미영, 2010,「赤色磨研土器의 변천과 분포에 대한 연구 -원저호를 중심으로-」,『慶南研究』2, 경남발전연구원 역사문화센터.

김성욱, 2008,「靑銅器時代의 어로활동」,『韓國靑銅器學報』3號, 韓國靑銅器學會.

金壯錫, 2001,「欣岩里類型 再考 : 起源과 年代」,『嶺南考古學』28, 嶺南考古學會.

김장석, 2005,「新石器時代 경제 연구와 貝塚」,『韓國新石器研究』第9號, 韓國新石器研究會.

金壯錫, 2007,「南韓地域 新石器 靑銅器時代 轉換 - 資料의 再檢討를 통한 假說의 제시」,『韓國考古學報』48, 韓國考古學會.

김장석, 2008,「無文土器시대 조기설정론 재고」,『韓國考古學報』69, 韓國考古學會.

김진경·우경식, 2007,「7. 패각류 채집활동의 계절성 연구」,『서천 옥북리 유적』, 충청문화재연구원.

裵眞晟, 2001,「柱狀片刃石斧의 變化와 劃期 -有溝石斧의 發生과 無文土器時代 中期 社會의 性格-」,『韓國考古學報』44, 韓國 考古學會.

宋永鎭, 2006,「韓半島 南部地域의 赤色磨研土器 研究」,『嶺南考古學』38, 嶺南考古學會.

신숙정, 2001,「우리나라 靑銅器時代의 생업경제 -경기도를 중심으로 한 시론-」,『韓國上古史學報』35, 韓國上古史學會.

안덕임, 1993,「물고기유체와 고고학 -안면도 고남리 貝塚 출토자료를 중심으로-」,『先史와 古代』4, 韓國古代學會.

安德任, 1993,「貝塚출토 동물유체 -안면도 고남리 貝塚을 중심으로-」,『韓國考古學報』29, 韓國考古學會.

안덕임·류동기, 2010,「고남리 貝塚 출토 바지락을 이용한 계절성 연구」,『韓國上古史學報』69, 韓國上古史學會.

安德任·李泰源, 2010,「魚類 耳石을 利用한 季節性 研究 -참조기 耳石의 成長線 分析을 中心으로-」,『韓國考古學報』76, 韓國 考古學會.

梁英珠, 2009,『湖南中北部地域 靑銅器時代 住居址의 變化樣相』, 忠南大學校大學院碩士學位論文.

유병린, 2001,「古南里類型의 一檢討」,『畿甸考古』창간호, 기전문화재연구원.

李榮文, 1997,「全南地方 出土 磨製石劍에 관한 研究」,『韓國上古史學報』24, 韓國上古史學會.

李俊貞, 2002,「駕島 貝塚 新石器·靑銅器時代 生計樣式의 變化相」,『韓國新石器研究』第3號, 韓國新石器研究會.

李亨源, 2002,『韓國 靑銅器時代 前期 中部地域 無文土器 編年研究』, 忠南大學校大學院碩士學位論文.

李弘鍾·許義行, 2010,「湖西地域 無文土器의 變化와 編年」,『湖西考古學』23, 호서고고학회.

최종혁, 2001,「生産活動으로 본 韓半島 新石器文化 - 中西部地方과 東北地方의 貝塚遺蹟을 中心으로」,『韓國新石器研究』第2 號, 韓國新石器研究會.

_____, 2010,「2. 우리나라 新石器時代·靑銅器時代 貝塚」,『한국의 조개더미(貝塚)유적』1, 한국문화재조사연구기관협회.

하인수, 2010,「1. 貝塚 조사 연구의 현황과 과제」,『한국의 조개더미(貝塚)유적』1, 한국문화재조사연구기관협회.

허의행, 2007,「호서지역 역삼동·흔암리유형 취락의 변천」,『湖西考古學』17, 호서고고학회.

洛東江中流域 靑銅器時代 聚落의 變遷
-大邱地域을 中心으로-

河眞鎬

1. 머리말

취락(촌락)의 개념은 지리학에서 주로 사용되는 것으로 도시와 대별되는 용어이다. 인간의 근원적인 욕구는 의식주이며 이를 충족시키기 위한 인간 활동의 표현물이 주거(가옥)라 할 수 있고, 이 주거의 모임이 취락이다. 그러나 이러한 협의의 개념을 넘어 주거뿐 아니라 이에 수반되는 부속건물, 도로, 수로, 경지, 방풍림 등 당시의 경관을 이루는 모든 것이 광의의 취락개념으로 이해하는 것이 일반적이다. 취락고고학의 연구대상은 주거군을 중심으로 하여 매장시설, 도로, 수로뿐만 아니라 그것들을 둘러싸고 있는 경작지, 제사유적, 삼림 등을 모두 포함한 것이 될 수 있다. 또한 다양한 경관으로 둘러싸인 취락간의 연계망 속에 시공간으로의 확산을 통한 하나의 통합된 지역으로 발전하는 과정을 추적하는 것도 필요할 것이다.

취락고고학의 연구경향을 취락을 중심으로 살펴보건대 유물이나 유구의 분류 및 편년작업에 치중한 한편 대부분의 연구가 지역적 특성의 추출로 국한되어 취락내의 사회상이나 취락간 관계에 대한 연구가 부족하였다. 취락에 대한 연구 또한 취락구조론에 집중되었으며 한반도 남부 전역 등 광범위한 지역 전체를 대상으로 하는 가락동유형, 역삼동유형, 흔암리유형, 송국리유형취락 등의 연구가 중심이 되어 한반도 청동기시대의 큰 흐름은 파악할 수 있었지만 각 지역 안의 변화양상을 관찰하는 데는 미흡한 점이 없지 않았다. 특히 공시적인 취락 분포 정형을 통시적인 선상에서 파악하여 취락의 변화과정을 시간의 흐름에 따라 추적하는 작업도 부족하다고 하겠다.

본고는 한국 청동기시대 취락연구가 대부분 광역의 지방을 대상으로 진행됨에 따라 취락의 변천을 단선적·광의적으로 파악하는 데 그침으로써 전반적인 큰 흐름의 변화는 인지할 수 있지만 지역적으로 다양한 변화양상과 지역 내의 특수성과 보편성을 파악하는 데는 어려움이 있다는 문제의식에서 비롯되었다.

아울러 취락고고학의 기본방법론인 3단계의 분석(개별건물-취락-취락간)을 충분히 적용하지 못하고 최소레벨인 개별주거지 및 기타 구조물의 분석에만 머문다거나 아니면 최대레벨의 세부연구과제 중 하나인 취락의 분포에만 집착한 점도 기왕의 지닌 한계점으로 인식하였다.

본고는 취락고고학의 기본연구방법인 3단계의 분석 모두를 구사하면서 청동기시대 취락을 공시·통시적으로 고찰하고자 하며, 이러한 연구방법은 광역의 지방보다는 지역단위를 대상으로 할 때 가장 효율적일 것으로 판단된다.

따라서 낙동강 중류의 주요평야 지대인 대구 분지를 검토대상으로 삼는다. 대구 분지는 洛東江 본류와 琴湖江 등 여러 지류의 연안에 분포하는 평야이다. 본고에서는 현재의 대구지역을 관류하는 금호강을 중심으로 그 지류인 桐華川, 新川, 八溪川, 辰泉川유역의 충적대지와 구릉에 형성된 청동기시대 취락에 대하여 살펴보고자한다. 이는 大邱盆地라는 한정된 지역을 대상으로 청동기시대 전·후기의 취락 구조와 그 변동을 살펴봄으로써 취락의 변화과정을 명확히 파악하고자 함이다.

2. 小地域圈의 設定 및 編年

1) 소지역권의 설정

　대구지역 청동기시대 취락은 입지상으로 산지 취락과 평지 취락으로 대별된다. 산지 취락은 하천이나 평지를 굽어다 보는 해발고도 40-75m 사이의 침식구릉지 또는 구릉산지에 입지하며, 평지취락은 하천에 의해 형성된 자연제방 또는 선상지에 입지한다. 수계별로 보면 진천천일대(A군)와 신천중류일대(B군), 팔계천일대(C군), 동화천 및 不老川일대(D군)의 4개 군으로 구분된다.

　취락지 주변의 매장유구(지석묘, 석관묘)의 경우 신천상류(嘉昌面 일대의 지석묘), 팔계천(東明面 일대의 지석묘), 동화천(西邊洞遺蹟의 소형석관묘)유역은 10기 이하로 분포하고 있으나 신천중하류역(上洞, 大鳳洞)과 진천천 일대(上仁洞, 大泉洞, 月城洞)는 수십 기 이상이 군집 분포하고 있어 무덤의 분포권이 취락의 분포권과 유사하다. 다만 밀집도를 보면 A군과 B군 일대에 집중되는 양상이다.

　각 지구군이 포괄하는 지리적 범위는 대략 A군이 전장 1.4km, B군이 2km, C군이 2.6km, D군이 1.0km이며 각 군의 중심지간 거리는 10km 내외이다. (도 1)에서 보면 대구지역의 청동기시대 취락은 낙동강 동안의 범람원지대와 금호강 및 신천하류역의 범람원지대를 제외한 이 4개 지구에 분포하고 있음을 알 수 있다. 각 군은 소하천을 가까이에 두고 있으며 군 간에 일정한 거리를 유지하고 있을 뿐 아니라 신석기시대 이래로 청동기시대 전 기간을 통해 유적이 분포하고 있어 각 군이 하나의 취락공동체 단위(촌락)를 이루고 있었을 가능성이 크다고 판단된다.

표 1 _ 소지역별 유적현황

구분	수계	입지	해당 유적
A군	진천천유역	선상지, 구릉지	1.月岩洞立石(1990), 2.月城洞 일대의 유적(772-2 · 1412 · 591 · 600 · 498 · 585 · 1261 · 1557-6 · 1396-1 · 1275 · 1300 · 1361 · 1363 · 472-2)3.月城洞山6番地(1991), 4.月城洞支石墓 I -IV(1990), 5.松峴洞(2002), 6.上仁洞 일대의 유적(123-1 · 128-8 · 152-1 · 171-1 · 98-1 · 87)7.上仁洞支石墓 I -III(1980), 8.上仁洞立石(1990), 9.大泉洞 일대의 유적(511-1 · 497-2 · 413 · 467), 10.流川洞 일대의 유적(248-1 · 89 · 103), 11.辰泉洞 일대의 유적(595-39 · 15-1 · 508 · 740-2 · 716-6 · 684-27 · 655-5), 12.辰泉洞支石墓 I -IV(1990), 13.辰泉洞立石(2002)
B군	신천유역	범람원(하안단구)	1.大鳳洞마을遺蹟(2004), 2.東門洞支石墓(2002), 3.三德洞支石墓(1990), 4.大鳳洞支石墓(1990), 5.七星洞支石墓(1990), 6.三德洞188-1(2009), 7.大鳳洞187-3(2008), 8.梨川洞支石墓(1990), 9.上洞(2002, 2004), 10. 燕巖山(1990), 11.上洞支石墓(1990)
C군	팔계천유역	범람원(하안단구) 개석곡지, 구릉지	1.東川洞(2002), 2.東湖洞(2003), 3.東湖洞477(2005), 4.東湖洞451(2006), 5.八達洞(2000), 6.鶴亭洞373-1(2004), 7.鳩岩洞(1990), 8.梅川洞(2010), 9.鳳岩里支石墓(2006)
D군	동화천 불로천유역	범람원(하안단구) 개석곡지	1. 西邊洞(2002), 2.鳳舞洞(2010)

2) 편년

　편년의 기준은 토기의 문양구성과 주거지의 형식변화를 기준으로 대구지역의 청동기시대 취락유적을 전기와 후기로 나누고 다시 전기는 3단계, 후기는 2단계로 세분하여 취락의 변천과정을 살펴보았다.

　현재까지 확인된 단위문양의 구성은 돌대문, 이중구연문, 공열문, 사선문, 구순각목문, 무문 등이며 이 문양이 단독으로 혹은 결합하여 나타난다.

　돌대문은 절상돌대문만 확인되며 이중구연은 폭 3cm 미만의 전형이중구연토기와 3cm 이상으로 이중구연대 하단이 토기기벽에서 뚜렷하게 융기된 것과 접합흔으로 남은 유사이중구연이 있다. 공열문은 토기표면에서 안쪽을 자돌한 것과 토기내면에서 외면으로 자돌한 것(돌류문)이 있으나 주거지내에 혼재한다. 사선문은 이중구연이나 공열문, 구순각목문과 결합되어 나타나는 것이 많고 소위 검단리식토기의 난알문이라 부를 수 있는 길이가 짧은 것은 그 예가 적어 경주·울산지역과의 관련성에 주목된다. 구순각목문은 돌대문토기의 소멸이후 등장하여 다른 문양과 결합되어 나타나기도 하며, 단독으로 확인되기도 한다. 가장 늦은 시기까지 잔존하는 문양구성으로 파악된다.

대구지역에서 출토된 무문토기의 구연부장식은 이중구연토기(1), 이중구연+단사선문토기(2), 이중구연+단사선문+구순각목문토기(3), 이중구연+단사선문+공열토기(4), 이중구연+단사선문+공열문+구순각목문토기(5), 이중구연+공열문+구순각목문토기(6), 이중구연+구순각목문토기(7), 공열문+구순각목문토기(8), 공열문(9), 구순각목문토기(10), 사선문토기(11), 무문양토기(12) 등 12개의 형식으로 구분된다.

문양구성을 통해 본 각 취락의 단계는 돌대문토기, 이중구연토기의 출현과 소멸, 이중구연토기와 결합된 문양요소의 변화, 복합문에서 무문양으로의 변화 등을 획기로 삼아 설정한다.

주거지의 경우는 위석식이나 수혈식의 노지를 갖춘 여러 형태의 주거지에서 소결된 노지가 없는 평면 방형 또는 원형 주거지로의 전환을 전기와 후기로 구분하는 기준으로 삼았다. 방형계열 주거지는 중대형의 방형, 장방형에서 세장방형으로 다시 소형방형(말각방형)으로 변화하는 경향성이 있고, 소위 송국리식인 소결된 노지없는 소형방형주거지와 원형주거지는 병행시기를 거쳐 원형주거지로 정착하는 것으로 파악하였다(계기적 선후관계로 파악).

취락 내에서 복잡한 양상으로 나타나는 주거지군은 평면배치상태, 주거지간의 거리, 주축방향 등을 고려해 시기별 주거군을 판정하였다.

표 2 _ 대구지역 편년

시기	단계	주거지	유물	주요유적
전기	I	방형·장방형, 중소형중심 단수의 위석식(판석)노지, 수혈식노지	돌대문(절상) 이중구연토기 무경식석촉	西邊洞, 三德洞188-1 月城洞1275遺蹟, 月城洞1261 大泉洞511, 大泉洞413, 上洞
	II	방형·장방형·세장방형 중대형주거지중심 위석식·수혈식노지 복수설치 저장공	단사선·공열·구순각목과 결합한 퇴화이중구연 무경식석촉, 이단경식석촉 이단병식석검	大鳳洞마을遺蹟 月城洞, 上洞, 西邊洞, 八達洞 松峴洞, 月城洞585, 東川洞 上仁洞90-1, 上仁87
	III	방형·장방형·세장방형 중형주거지 중심 단수의 수혈식노지, 저장공	이중구연소멸 공열, 공열+단사선, 공열+구순각목, 구순각목 이단경식석촉, 일단경식석촉이단병식석검	西邊洞 大鳳洞마을遺蹟 上仁123, 月城洞1275, 月城洞585, 東川洞, 梅川洞
후기	IV	방형, 말각방형, 원형 소형주거지중심 수혈식노지 중앙토갱외 2주식 등	무문양 구순각목, 사선문 파수부토기 평근일단경식석촉	東川洞, 西邊洞, 梅川洞 月城洞 大泉洞511, 上洞
	V	말각방형, 원형 소형주거지중심 중앙토갱외 2주식 등	무문양 구순각목, 사선문 파수부토기 평근(첨근)일단경식석촉	東川洞, 月城洞1300, 月城洞1363 上仁123, 大泉洞511, 月城洞585, 上洞

3. 聚落構成 要素에 대한 檢討

1) 수혈주거지

대구지역의 경우 전기의 이른 시기에는 방형이 주로 사용되며 일부 장방형주거지도 확인된다. 방형주거지는 앞 시기인 신석기시대 말기의 방형주거지에서 계승된 것이다. 이후 취락 내의 주된 주거형식인 장방형주거지로 대체되나 세부 형식과 그 기능을 달리하며 후기전반까지 사용되기도 하고 상동유적의 경우 전기의 전 기간 동안 취락의 주된 주거형식으로 유지되기도 한다. 장방형주거지는 전기의 전 기간 동안 사용되다 후기에 이르면 대부분 사라지고 취락 내에서 소수의 주거지로 남는다. 세장방형주거지는 전기의 이른 시기에는 확인되지 않고 전기

Ⅱ기에 출현하여 전기Ⅲ기까지 사용되나 후기에 이르면 확인되지 않는다. 원형주거지는 후기에 집중적으로 등장하며 중소형으로 규모가 일정해진다. 주거지의 면적은 취락 내에서 다수를 차지하는 주거형식의 변화에 따라 중소형에서 대형과 중소형의 공존을 거쳐 소형이 중심이 되는 중소형주거로 변화하고 있다.

주거지 내부시설의 변화는 노지의 경우 위석식과 수혈식의 공존에서 수혈식의 변화가 확인되며 노지가 벽면 가장자리 측에 치우쳐 위치하다 주거지 장축선의 중앙에 배치되며 후기의 방형주거지의 경우 정중앙에 배치됨으로써 주거지 상부구조와 연동한 노지 위치의 정형화를 통해 주거지내 공간분할이 완성됨을 의미한다 하겠다.

저장공의 경우 전기Ⅰ기와 Ⅱ기에 집중되며 전기Ⅲ기에는 부분적으로 확인되나 후기에 오면 주거지내에서 완전히 사라진다. 주거지내 저장공의 기능이 생산과 소비를 위한 식용품(곡물)의 저장이라 판단되므로 저장공의 소멸은 개별주거지단위로 생산과 소비를 하는 방식에서 몇 동의 주거지가 모여 공동생산과 소비를 하는 생업경제의 변화와 연동한다고 파악되며 이는 굴립주건물과 수혈유구 설치가 집중되기 시작하는 전기Ⅲ기의 양상과 잘 부합된다. 다시 말해서 굴립주건물과 수혈유구의 본격적인 사용이 주거지내의 저장공을 소멸시킨 원인이라 판단되는 것이다.

2) 굴립주건물

대구지역에서 확인된 굴립주건물지는 동천동유적 20기, 서변동유적 3기, 상인동123유적 1기 등 3개소 유적 24기가 있다. 대구지역의 굴립주건물의 시기는 청동기시대 전기의 늦은 시기에 출현하여 후기에 이르러 가장 활발하게 사용되고 있음을 알 수 있고, 그 용도는 취락내의 분포정형으로 볼 때 창고 또는 공공시설의 기능을 하였다고 판단된다.

한반도 남부지방에서 굴립주건물은 미사리유적이나 금천리유적의 조사 예에서 전기에 이미 출현하였다고 판단된다. 그러나 대다수의 유적에서 확인된 굴립주건물은 후기에 해당하므로 이러한 건물의 주된 사용 시기는 송국리형주거(원형·방형)단계라고 할 수 있을 것이다. 일본의 경우 江辻遺蹟(彌生前期)과 池上曾根遺蹟(彌生中期) 및 吉野ヶ里遺蹟(彌生後期)에서 전형적인 굴립주건물이 확인되었다. 특히 江辻遺蹟은 송국리형주거지 11기가 감싼 내부에 고상건물이 배치되는 등 한반도남부 송국리문화요소의 영향을 잘 보여준다 하겠다. 대구지역의 예도 한반도 남부지방의 다른 지역이나 일본의 경우와 마찬가지로 주사용 시기나 배치형태, 기능에서 궤를 같이하고 있다고 판단된다.

3) 수혈유구

대구지역에서는 구릉지에 입지한 취락에서 확인된 수혈유구는 없고, 모두 충적지에 입지한 취락에서만 확인된다. 가장 많은 수혈이 확인된 유적은 동천동유적으로 90기의 수혈유구가 조사되었다. 서변동유적과 대봉동마을유적에서도 각각 46기와 34기의 수혈이 발견되었고, 상인동123유적·월성동1300유적·상동유적 등에서도 5-6기의 수혈유구가 취락 내에 조성되어 있다. 대구지역에서 조사된 취락 내 수혈유구의 성격 및 분포와 시기를 살펴본 결과 일부 특수한 용도(요지, 제사, 우물, 작업장, 야외노지의 수혈유구도 있지만 대부분 저장시설로 파악되며 전기의 이른 시기부터 몇 기가 확인되나 전기Ⅲ기 이후 본격적으로 조성되다 후기에 이르면 동천동유적의 예를 통해 알 수 있듯이 그 수량이 폭발적으로 증가한다.

4) 방어 및 구획시설

방어 및 구획시설은 거주의 정착성을 반영하는 구조물로서 전기후엽(Ⅲ기)에 등장하여 후기에 본격적으로 취락의 경관을 이루는 중요 요소로 자리 잡는다. 동천동유적의 환호처럼 대규모 복합취락을 구획하는 경우도 있지만 진천천유역권에서 확인된 환호(구)는 소규모취락을 구획하는 경우도 있어 취락간의 위계도 상정된다.

대구지역 취락유적에서는 방어시설로서 인정될 만한 환호나 취락전체를 감싸는 환호는 현재까지 확인되지 않았다. 그러나 동천동유적의 2중 환호나 진천천유역에서 부분적으로 확인된 환구의 흔적을 통해 환호취락의 존재 가능성은 충분히 짐작할 수 있다.

진천천유역권의 월성동777-2유적은 반원상의 환호(구)내부에 방형계주거지 14기가 중복관계를 이루며 배치 되어있다. 대략 전기말에서 후기전반의 시기로 추정되는 유적이다. 동일 수계권의 월성동1261유적은 아파트공사 과정에서 부분적인 조사를 하였는데 2중의 환호(구)가 확인되었다. 진행 방향을 통해 추정하건대 원형 또는 타원 형의 평면형일 것으로 생각된다.

이 유적에서 서남쪽으로 500m 떨어져 위치하는 대천동413유적과 대천동497유적에서 확인된 구가 있어 주목 된다. 두 유적은 도로 하나를 사이에 두고 연접한 유적인데 대천동413유적에서 직선적으로 진행되는 구가 대천동 497유적에서 북서쪽으로 꺾이기 시작한다. 구의 진행 방향으로 추정한다면 두 유적의 북편에 위치한 석관묘군 유 적인 대천동511-2유적을 포괄하는 횡타원형의 환호로 추정해 볼 수 있을 것이다. 이 경우 대구지역에서는 가장 넓 은 면적을 감싸는 환호가 되는 셈인데 부분적인 조사 결과물에 대한 무리한 해석일지도 모르겠다.

환호 외 구획시설로 추정되는 목주열이나 구획구의 흔적이 확인된 유적도 있다. 월성동1300유적에서는 유적 남쪽에 2-3열의 주혈열이 북동-남서방향으로 진행하는데 조사된 길이는 30m이다. 토층에서 목주를 수직으로 세 운 양상이 확인되어 목책시설로 판단된다. 취락내의 배치상을 보면 서편의 원형주거지군과 동편의 석관묘군 사이 에 놓여있어 주거군과 매장구역의 경계를 짓는 기능을 하였을 것으로 추정된다. 서변동유적에서도 목주열이 확인 되는데 조사구역내 남서편 지역에 위치한 주거군(3-5기)을 구분하는 배치양상을 띠고 있다.

이상과 같이 방어 및 구획관련 시설물에 대한 검토를 한 결과 대구지역에서는 전기에 해당하는 유적에서 환호 (환구) 및 목책시설, 경작관련 구획구 등은 그 예가 적고 대부분 후기에 집중되는 양상을 알 수 있다.

5) 매장시설

매장시설의 경우 매장주체부의 형식이 냇돌이나 할석, 판석을 이용 평적한 석곽형과, 편평한 판석 수매를 이용 수적한 석관형, 그리고 이 둘을 혼용한 혼축형의 3형식이 확인된다. 상석의 경우 일부 잔존하는 것도 있으나 대부 분 후대에 훼손되어 남아있지 않다. 진천천구역의 경우 200여기 이상의 지석묘가 존재하고 있었다고 하나 현재는 20여기 정도만 남아있는 상태이다. 묘역시설은 장방형 또는 원형인 것이 확인된다.

무덤의 분포권은 소지역군별로 모두 확인되지만 A군(진천천구역), B군(신천구역)을 중심으로 밀집 분포한 정 형을 파악할 수 있다. C군(팔계천구역)과 D군(동화천·불로천구역)에는 대규모 취락지 내에 소형석관묘가 10여 기 이내로 조성되어 있어 A·B군과는 다른 양상을 보여준다. 대구지역의 경우 지석묘의 축조는 전기후엽에 등장 한다고 판단되며 후기에 이르러 활발히 조성되는데 이와 함께 입석, 제단과 같은 기념물의 조성도 이루어진다. 진 천천구역과 신천구역의 경우 주거군 주변에 10여기 이내로 소군집을 이루며 조성되는 것에서 후기후반으로 가면 50여기 이상의 무덤이 특정구역을 중심으로 공동묘역의 형태로 조성되는 것이 간취된다. 진천천구역의 대천동 511-2유적의 무덤군과 신천구역의 상동유적의 무덤군이 대표적이라 할 것이다.

4. 聚落의 構造

1) 전기의 취락구조

먼저 취락의 입지에 대하여 살펴보기로 하자.

취락의 입지유형은 전작이 용이한 평지형, 화전이나 수도작이 용이한 산지형(구릉형)으로 구분할 수 있겠다. 대구지역의 청동기시대 취락의 입지는 하천변이나 선상지 선단부에서(전기 I 기) 구릉지 및 평지(전기 II 기)로, 이 후 하천변 충적지나 선상지의 선단부 또는 선앙부로 (전기III, 후기IV·V기) 입지의 변화가 관찰된다. 세부적으로 살펴보면, 앞 시기인 신석기시대유적의 분포권과 동일한 지역을 중심으로 입지한 초기 취락이 점차 구릉지역으로 입지를 확대함과 더불어 하천변 및 선상지 등의 평지 충적지대로 점차 넓혀나가는 형국으로 변천한다. 전기 II 기의 구릉지 취락은 동시기 평지성 취락과 달리 초보적인 중심지의 존재를 확인할 수 있어 취락의 구조화가 평지성 취락보다 다소 분명하므로, 이 시기의 취락 중 유력취락은 구릉지를 중심으로 입지하며 이 취락들은 곡간저지를 이용한 수도작 또는 화전과 같은 산지 개간을 통한 생업경제방식으로 운영되었을 것으로 판단된다. 이는 취락의 자연 방어적 측면도 고려한 입지선택으로 해석된다.

전기III기 이후의 취락은 현재까지 산지나 구릉지역에서 확인되지 않고 대부분 평지성 취락이 주류를 이룬다. 향후 조사에서 산지나 구릉지역에서 이 시기의 취락이 확인될 여지는 있지만 대다수의 취락은 평지를 중심으로 운영되었을 것으로 판단된다.

다음으로 단위마을(주거군)에 대하여 살펴보자

전기의 이른 시기인 전기 I 기의 취락은 개별주거지가 분산 독립적으로 분포하는데 주거지들이 일정한 간격으로 분포하여 취락을 구성하므로 아직까지 주거군의 형성은 이루어지지 않았다고 판단된다. 전기중엽인 전기 II 기에는 개별주거지 2기 또는 3기가 결집되어 한 단위의 주거군을 형성한다. 이러한 주거군은 취락 내에서 4-5개의 소구역으로 구분되어 취락을 구성하고 있는데 개별주거군의 구성방식은 대형주거지 2기, 대형과 중형주거지 2기, 대형과 중소형주거지 3기 등으로 결합되어 있어서 대부분의 주거군내 중대형주거지가 포함되어있고 주거지간의 편차가 심하지 않다. 따라서 주거군단위의 유력개인의 등장은 확인하기 어렵다. 그래서 취락 내 대형주거지를 보유한 복수의 주거군이 취락 운영을 주도하였을 것으로 판단된다. 주거군의 평면배치를 보면 구릉지역의 경우 구릉평탄면을 중심으로 경사면을 따라 반원상으로 배치되어 있어 취락 내에서 초보적인 중심지의 존재(광장)가 확인된다. 그러나 평지의 경우 뚜렷한 중심지는 확인되지 않고 주거군이 병렬적으로 나열되어 있는 듯한 인상을 주고 있어 이 시기의 유력취락은 구릉지를 선호하였을 가능성이 있지만 확실히 알 수는 없다.

전기후엽인 전기III기의 취락은 개별주거지 4-5기가 결집되어 한 단위의 주거군을 형성한다. 서변동유적의 경우 4-5기로 이루어진 최소단위 주거군이 3개의 소구역으로 나뉘어 취락을 구성하는데 개별주거군의 구성방식은 대형주거지 1기와 중소형주거지 4기가 결집되거나 중형주거지 2기와 소형주거지 3기, 중소형주거지 4기로 결집된 양상을 파악할 수 있어 앞 시기에 비해 주거지군 사이의 편차가 심해졌다는 것을 알 수 있다. 이러한 현상은 대형주거지1기와 중소형주거지 4기로 구성된 상인동123유적에서도 확인할 수 있어 주거군내에 특정주거가 등장했음을 알 수 있으며 이 특정주거(대형주거지)가 포함된 주거군이 취락 내에서 주도적인 역할을 했을 것으로 판단된다.

2) 후기의 취락구조

취락 입지는 강(하천)의 진행방향과 동일하게 주거군이 배치되는 것(전기 II 기)에서 강과 연결되는 하도를 활용한 배치(전기III기), 하도주변에 경작 관련 구획구 및 관개시설의 설치 등 하도를 적극적으로 활용하거나 자연하도(구)를 이용하든지 환호(구)를 설치하여 취락범위를 정하는 등(후기IV, V기) 변화가 관찰된다. 구릉지역에서 평지로의 전환 및 자연환경의 적극 활용·개발이라는 취락입지의 변화는 경제행위방식의 변화와 관련된 것으로 해석되며 그 중요한 요인은 인구의 증가와 농경기술의 발달로 볼 수 있겠다. 즉 후기에 이르러 본격적인 농경문화가 정착되었다고 할 수 있을 것이다.

후기전반(IV기)의 취락 중 서변동유적의 경우 조사구역 북편에 방형주거지 6-7기가 군집되어 있는데 이를 한 단위의 주거군으로 파악하므로 앞 시기에 비해 주거군을 구성하는 가옥수가 늘어났음을 알 수 있다. 후기후반이 중심인 동천동유적의 경우에도 이 시기의 주거지로 파악되는 방형주거지가 조사구역의 서북쪽에서 6기가 확인되었다. 주거군의 구성방식은 모두 소형주거지로 결집되어있어 앞 시기와 확연한 차이를 보여준다.

후기후반인 후기 V 기의 취락은 원형주거지가 주로 사용되는 시기이다. 전체적으로 확인된 주거지의 수는 많지만 취락단위로 조사된 유적은 몇 예가 되지 않는다. 동천동유적의 예로 본다면 최소단위 주거군 구성방식은 소형주거지 5-6기로 이루어진 주거군 5-6개와 소구역들로 구분되어 취락을 구성하고 있다. 주거군내 특정주거는 확인되지 않지만 다수의 주거군이 감싸는 공지 가까이에 중형주거지 1기가 단독으로 분포하고 있어 이 주거지의 거주자가 취락 내 유력개인의 역할을 담당하였을 가능성이 크다. 취락의 평면배치를 보아도 27호 중형주거지 주변의 공지를 중심으로 환상으로 배치되어 있어 취락내의 분명한 중심지를 확인할 수 있다.

　이상에서 살펴본 바와 같이 대구지역 청동기시대 취락 구성단위의 변화를 요약하면 개별주거지가 독립적으로 분포하여 취락을 구성한 것에서 2-3기의 주거지가 결집되어 하나의 주거군을 형성하며 이 주거군이 몇 개의 소구역으로 구분되어 취락을 구성하는 형태로 발전한다. 최소단위 주거군의 구성방식은 중대형주거지 2-3기에서 전기후엽에는 중대형 및 소형주거지 4-5기, 후기에 이르면 중소형주거지 6-7기로 주거지의 수가 늘어남과 동시에 주거지의 규모는 소형화되어 간다. 취락의 평면배치는 분산 독립적인 배치에서 결집된 주거군이 병렬적으로 나열되는 양상을 거쳐 중심지를 중심으로 주거군이 포진하는 구심구조의 배치로 변화해 가는 것을 알 수 있다.

5. 聚落의 變遷

1) 전기의 취락(Ⅰ기)

　앞 시기 취락의 연속선상에 있다고 판단된다. 취락의 규모가 작을 뿐 아니라 주거지 외 다른 개별구조물의 공반 예를 찾아보기가 어렵다. 주거지의 평면 형태는 방형과 장방형이 확인되며 면적은 중소형으로서 영남지방의 南江流域이나 密陽江流域의 여러 유적에서 이 시기 주거지가 중대형인 것에 비해 차이가 있다. 취락구성을 보면 몇 기의 개별주거지가 결집되어 주거군을 형성한 예는 없고 개별주거지가 독립적으로 분포하여 단위 취락을 구성하고 있어 취락의 구조화는 이루어지지 않았다고 판단된다. 취락의 운영은 일반 다수에 의해 이루어졌다고 파악된다. 취락의 입지는 하천변의 충적지나 선상지를 선호하며 취락간 관계망은 별반 없었다고 판단된다.

2) 전기의 취락(Ⅱ기)

　앞 시기에 비해 취락별 개별주거지의 수가 늘어났을 뿐 아니라 취락의 수도 증가한다. 취락의 입지는 평지와 함께 구릉지역까지 확대되었다. 주거지는 앞 시기의 방형, 장방형에 이어 세장방형주거지가 등장하며 면적은 중대형이 중심이 된다. 앞 시기에 보이지 않던 개별주거지 2-3기로 이루어진 최소단위 주거군 몇 개가 소구역으로 구분되어 취락을 구성하기 시작한다. 평지의 취락은 병렬적으로 배치된 주거군이 나열된 모습이다. 그러나 구릉지역의 취락은 구릉평탄면을 중심으로 초보적인 중심지의 존재가 확인되기 시작하여 취락의 구조화가 진행되고 있음이 확인되었다. 취락 운영은 대형주거지를 보유한 복수의 주거군에 의해 주도된 것으로 파악된다. 취락의 규모를 보면 주거지 10-15기 내외로 구성되었으며 취락간 규모 변이 폭은 그다지 크지 않으며 취락간의 연계망은 아직까지 미약했다고 판단된다.

3) 전기의 취락(Ⅲ기)

　평지를 중심으로 취락이 조성되기 시작한다. 강과 연결되는 하도를 활용한 취락 배치가 개시되어 하도를 활용한 전작이 활발히 진행되기 시작한다. 주거지는 앞 시기의 방형, 장방형, 세장방형이 모두 조성되며 장방형이 취락 내에서 주류를 차지하나 앞 시기에 비해 규모가 작아졌다. 주거지 내부시설로는 위석식노지가 소멸되며, 주거지 내부에서 다수 확인되던 저장공이 점차 감소하기 시작한다. 이 시기가 되면 주거지 외 굴립주건물, 수혈유구, 구 등이 취락의 경관을 이루는 요소로서 본격적으로 조성되기 시작한다. 최소단위 주거군 구성방식은 앞 시기의 2-3기에서 4-5기로 주거지의 수가 증가함과 동시에 주거지의 면적은 줄어들었다. 취락의 운영은 대형주거지를 보유한 특정주거군에 의해 이루어졌다고 보이며, 취락의 규모를 보면 앞 시기와 비슷한 10-15기의 주거지가 단위취락을 구성하는데 일부 지역을 중심으로 20여기 이상의 단위취락도 확인된다.

4) 후기의 취락(Ⅳ기, Ⅴ기)

　청동기시대 후기에 해당하며 농경문화가 정착되는 시기로 판단된다. 평지취락만 확인되며 이전시기의 나열적인 선상의 평면배치에서 면상 또는 구심 배치를 가지기 시작한다. 하도 주변에 경작관련 구획구 및 관개시설을 설치하는 등 하도를 적극적으로 활용하거나 자연하도(구)를 이용하든지 환호(구)를 설치하여 취락범위를 정하기도 하며 취락 내에 굴립주건물과 수혈유구가 집중적으로 조성된다. 주거지의 경우 세장방형주거지는 사라지고 중형의 장방형 또는 타원형주거지는 취락 내에서 소수로 존재한다. 취락을 구성하는 대부분의 주거지는 소결된 노지가 없는 방형주거지(Ⅳ기)와 원형주거지(Ⅴ기)로 대체되며 주거지의 규모는 20㎡ 이하의 소형으로서 규격화되기 시작한다. 취락의 운영은 취락 내에 소수로 존재하는 특정주거지의 거주자(유력개인)에 의해 주도되었을 것으로 판단된다. 최소단위 주거군에는 주거지가 4-5기 또는 6-7기(4기)이 포함되어 개별주거지의 수가 증가하였다. 5기가 되면 주거군의 구성방식에 편차가 심해져 2-3기, 4-5기, 6-7기 등 다양해진다. 취락의 규모 또한 40여기 이상을 보유한 단위취락과 10여기 미만의 단위취락 등 변이 폭이 커졌다. 이 시기는 취락간의 협업에 의해 입석과 지석묘와 같은 거석기념물이 본격적으로 조영되므로 단위취락들이 자기완결적으로 존재하기보다는 중심취락과 주변취

표 3 _ 대구지역 청동기시대 취락의 변천

내용	시기	전기			후기	
		Ⅰ기	Ⅱ기	Ⅲ기	Ⅳ기	Ⅴ기
주거지	평면	방형, 장방형	장방형, 방형 세장방형	장방형, 방형 세장방형	방형, 장방형, 원형 말각방형	원형, 말각방형, 타원형
	면적	중형, 소형 중소형중심	대형, 중형, 소형 중대형중심	대형, 중형, 소형 중소형중심	중형, 소형 소형중심	중형, 소형 소형중심
	내부시설	위석식, 수혈식 불규칙한 주혈 저장공	위석식, 수혈식 중심주공 저장공 2개이상	수혈식 중심주공 저장공 2개미만	중앙수혈 중앙수혈내외 2주식 저장공소멸	중앙수혈 중앙수혈내외 2주식 저장공소멸
기타 개별 구조물	굴립주	확인안됨	확인안됨	출현	증가	집중
	수혈	1-2기 확인	일부확인	수량증가	집중분포	집중분포
	환호(구)	없음	없음	출현	증가	집중
	구획시설	없음	없음	출현	증가	집중
	경작유구	확인안됨	확인안됨	가능성유	증가	집중
무덤(묘) 기념물	무덤(묘)	없음	없음	등장	주거군과 묘군이 분리 취락주변 소군집 (10기 이내)	특정구역으로 공동묘역조성(?)
	기념물	없음	없음	확인안됨	출현	활발히 조성
취락	입지	하천변 선상지	구릉지 하천변, 선상지 강을 따라 입지	하천변 선상지 자연하도근접	하천변 선상지 하도활용	하천변 선상지 하도활용
	최소단위 주거군 구성방식	주거군의 구성 없음	2-3기	2-3기 또는 4-5기	4-5기 또는 6-7기	2-3기, 4-5기, 6-7기 등 주거군의 구성 방식에 편차 많음
	배치	분산독립적 점상배치	병렬나열적 선상배치(평지) 기초적인 중심지 환상배치(구릉지)	선상배치 취락주변 경계의 구 설치 굴립주 건물 등장 수혈유구증가	면상배치 취락지주변에 10여기미만의 매장유구설치 수혈유구증가	구심구조 취락내 중심지 존재 수혈유구집중
	규모	5基 미만	복수의 주거군 10-15기내외	복수의 주거군 10-15기내외 또는 20기내외	복수의 주거군으로 구성 40기이상의 취락 20여기내외의 취락 10여기내외의 취락 5기이하의 취락 등 취락간 규모차 큼	
	운영	일반다수	복수의 주거군	특정주거군	유력개인(?)	유력개인
	규모의 차이	없음	없음	소	중	대
	연계망	미약	미약	증가	활발	긴밀
	비고				중심취락의 등장 취락의 위계발생	

락의 관계 속에 긴밀한 연계망을 통해 복합적인 사회구조로 진전되고 있음을 알 수 있다.

　3기에서부터 확인되기 시작하는 경작유구와 목제 농경구 및 석부, 석도, 석착 등 농경관련 석기가 이 시기에 크게 증가하는 현상으로 본다면 이 시기 이후 농경기술의 확대 및 보급, 기술의 진전에 따른 가경지의 확대, 동일 가경지로부터 더 많은 식량자원 획득 등 식량생산 의 집약화를 통한(잉여생산물의 증가) 과정을 거치면서 주변취락과 구분되는 중심취락의 등장이 촉발되었을 것으로 판단된다. 그러나 이 시기에 등장한 중심취락이라는 것이 지역 내에서 어느 정도의 통합력을 가지고 있었는가는 알 수 없다. 다만 청동기시대 후기와 직접 연결되는 유적으로써 석기생산장(유구석부)으로 파악된 대구 燕岩山遺蹟을 예로 본다면 농경과 관련된 석기생산 전문공인 집단을 상정할 수 있고 생산된 석기의 분배와 교환을 주도한 취락의 존재 또한 추정된다. 이러한 취락들은 이전과는 달리 한층 넓은 지역에 통합력을 발휘하는 수준의 사회구조(읍락사회)를 발전시켰을 것이다.

6. 맺음말

　개별주거지의 변화는 최소단위의 취락구성 방식과 밀접한 관계가 있음은 물론 취락분포체계와 연동하여 변화함을 알 수 있었다. 취락의 구성은 대구분지내 몇 개의 수계권을 중심으로 농경기술의 발전에 따른 식량생산의 집약화로 인해 취락의 규모를 확대시켜나감을 알 수 있었다. 취락분포정형을 통해 볼 때 단위집단에 가까운 소규모 집단의 취락이 점차 대규모화 하는 과정을 거쳐 점차 지역 중심체로 성장한다는 일반론적인 가설은 대구지역을 통해 볼 때 후기에 이르러 큰 취락과 그보다 작은 취락으로 구분되는 취락분포체계를 파악할 수 있었으나 지역중심체의 존재는 확인되지 않았다. 즉 전기의 청동기시대 사회는 어떤 취락도 다른 취락보다 우월하지 않은 복수의 공동체사회로서 서구의 사회분류로 본다면 분절사회로 보아도 무방할 것으로 판단된다. 후기의 청동기시대 사회는 취락규모의 변이 폭이 클 뿐 아니라 취락 내의 개별구조물의 복합도 또한 증가되고 입석, 지석묘 등의 기념물의 조성 등 취락분포정형이 복잡해져 있어 게서에 의한 사회의 운영을 추측가능하게 하므로 이전시기 보다 발전된 사회구조를 하고 있음을 알 수 있었다.

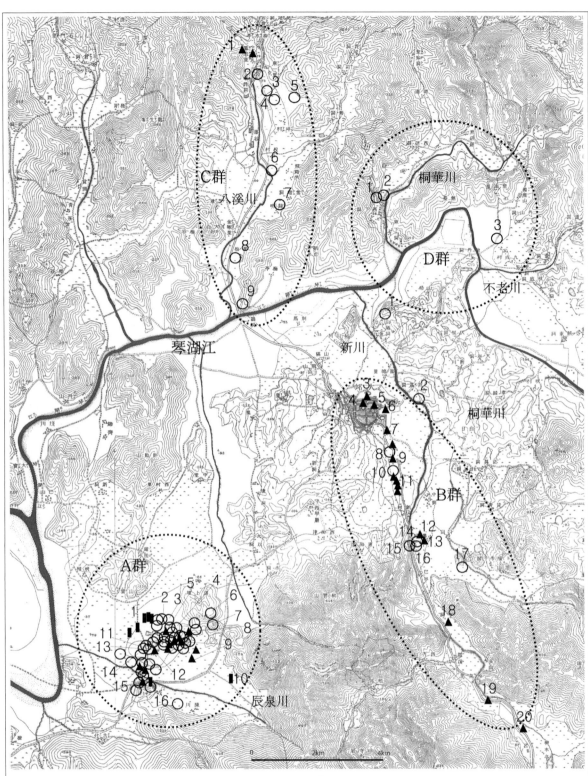

도 1 대구지역 청동기시대유적 분포도

A群：1.月岩洞立石Ⅰ-Ⅴ, 2.月城洞77-2遺蹟, 3.月城洞591遺蹟, 4.月城洞585遺蹟, 5.月城洞支石墓, 6.月城洞先史遺蹟, 7.松峴洞遺蹟, 8.月城洞山6番地遺蹟, 9.上仁洞支石墓Ⅰ-Ⅳ, 10.上仁洞立石, 11.大泉洞511-2遺蹟, 12.大泉洞支石墓, 13.大泉洞497-2遺蹟, 14.大泉洞413遺蹟, 15.辰泉洞支石墓, 16.辰泉洞立石

B群：1.燕巖山遺蹟, 2.新川洞靑銅器遺蹟 3.七星洞支石墓, 4.太平路支石墓 5.校洞支石墓, 6.東門洞支石墓, 7.三德洞支石墓, 8.三德洞188-1遺蹟, 9.大鳳洞支石墓, 10.大鳳洞마을遺蹟, 11.梨川洞支石墓, 12.中洞支石墓, 13.上洞支石墓, 14.上洞74遺蹟, 15.上洞89-2遺蹟, 16.上洞162-2遺蹟, 17.斗山洞靑銅器遺蹟

C群：1.鳳巖山支石墓, 2.東湖洞451遺蹟, 3.東湖洞遺蹟, 4.東湖洞477遺蹟, 5.鶴亭洞373-2遺蹟, 6.東川洞遺蹟, 7.鳩岩洞遺蹟, 8.梅川洞遺蹟, 9.八達洞遺蹟

D群：1.西邊洞860-1遺蹟, 2.西邊洞聚落, 3.鳳舞洞遺蹟

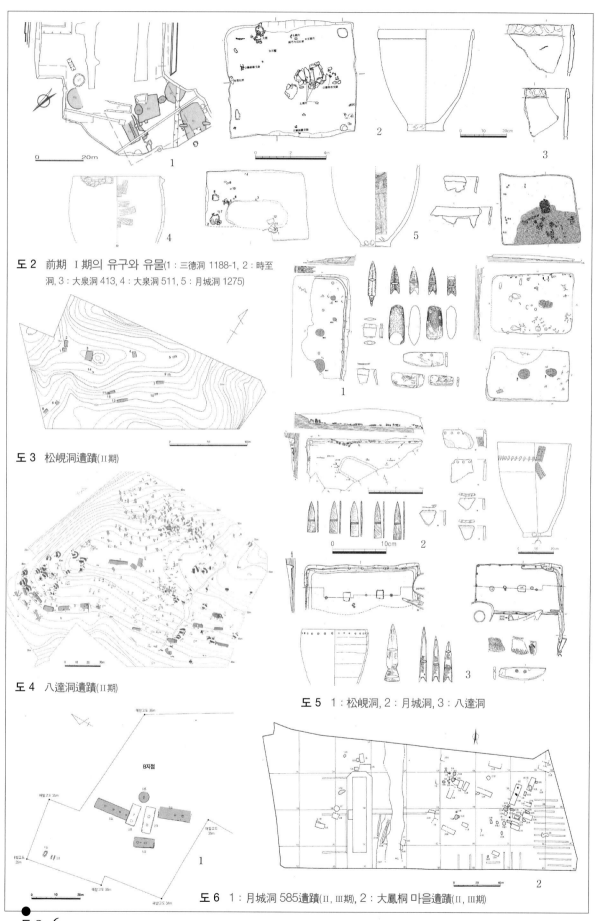

도 2　前期 Ⅰ期의 유구와 유물(1 : 三德洞 1188-1, 2 : 時至洞, 3 : 大泉洞 413, 4 : 大泉洞 511, 5 : 月城洞 1275)

도 3　松峴洞遺蹟(Ⅱ期)

도 4　八達洞遺蹟(Ⅱ期)

도 5　1 : 松峴洞, 2 : 月城洞, 3 : 八達洞

도 6　1 : 月城洞 585遺蹟(Ⅱ, Ⅲ期), 2 : 大鳳桐 마을遺蹟(Ⅱ, Ⅲ期)

도 2~6

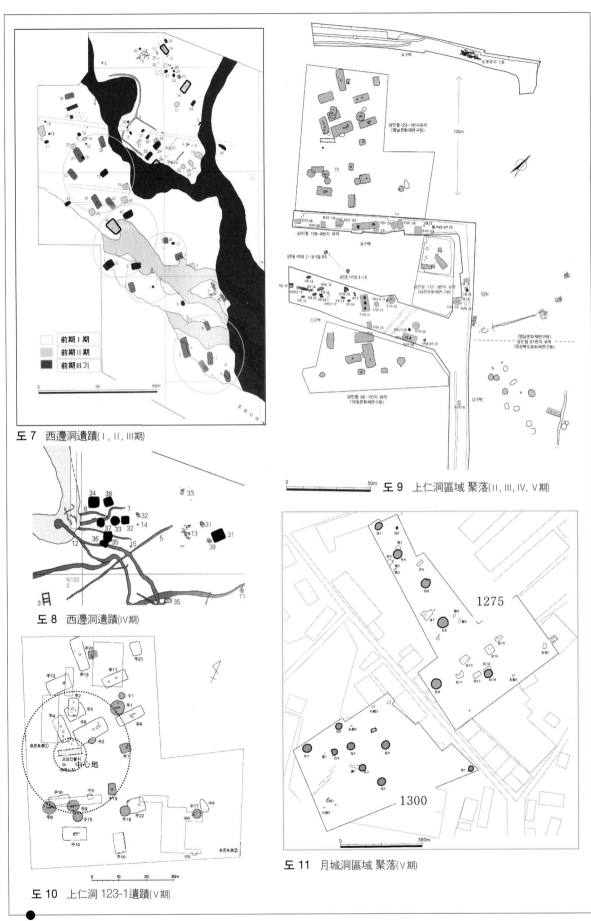

도 7 西邊洞遺蹟(Ⅰ, Ⅱ, Ⅲ期)

前期Ⅰ期
前期Ⅱ期
前期Ⅲ기

도 8 西邊洞遺蹟(Ⅳ期)

도 9 上仁洞區域 聚落(Ⅱ, Ⅲ, Ⅳ, Ⅴ期)

도 10 上仁洞 123-1遺蹟(Ⅴ期)

中心地

도 11 月城洞區域 聚落(Ⅴ期)

1275

1300

도 7~11

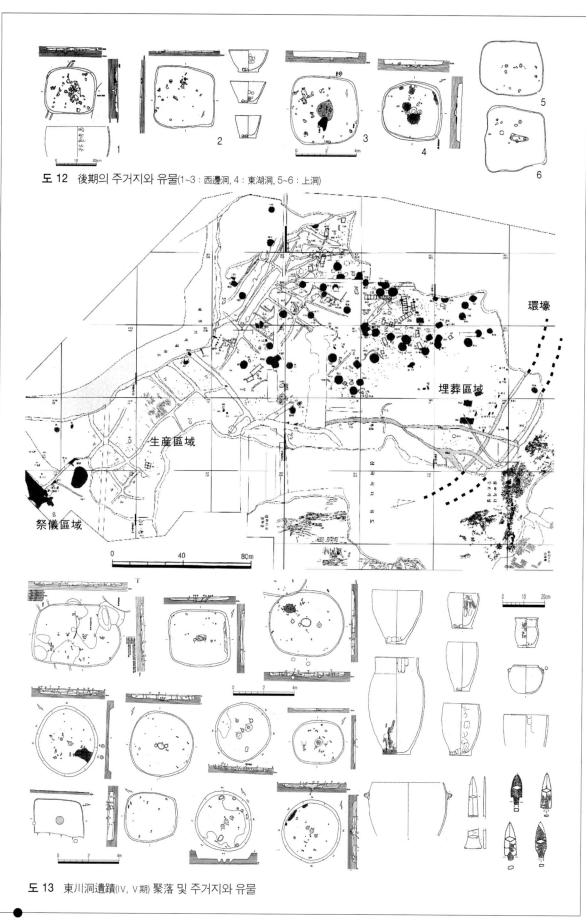

도 12 後期의 주거지와 유물(1~3：西邊洞, 4：東湖洞, 5~6：上洞)

環壕

埋葬區域

生産區域

祭儀區域

도 13 東川洞遺蹟(Ⅳ, Ⅴ期) 聚落 및 주거지와 유물

도 12~13

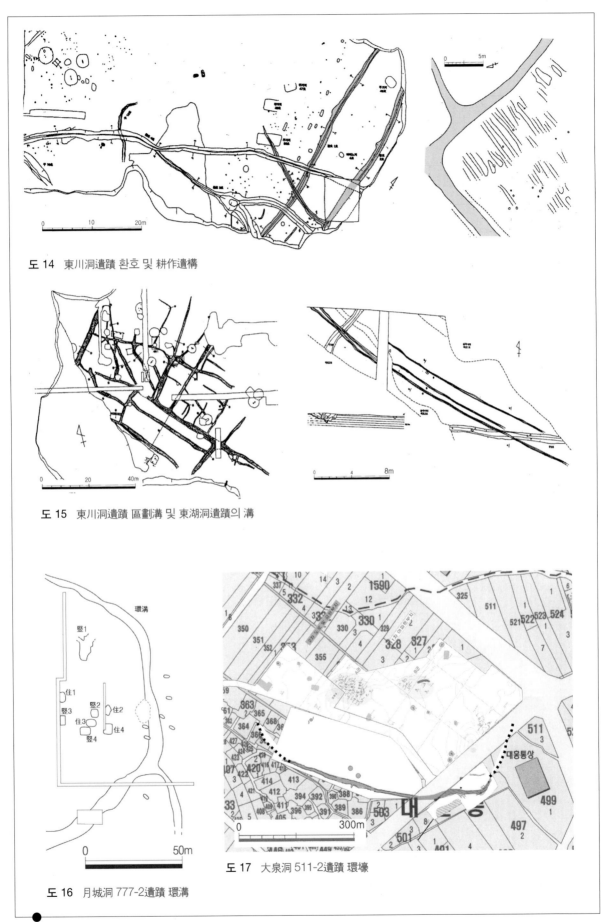

도 14　東川洞遺蹟 환호 및 耕作遺構

도 15　東川洞遺蹟 區劃溝 및 東湖洞遺蹟의 溝

도 16　月城洞 777-2遺蹟 環溝

도 17　大泉洞 511-2遺蹟 環壕

도 14~17

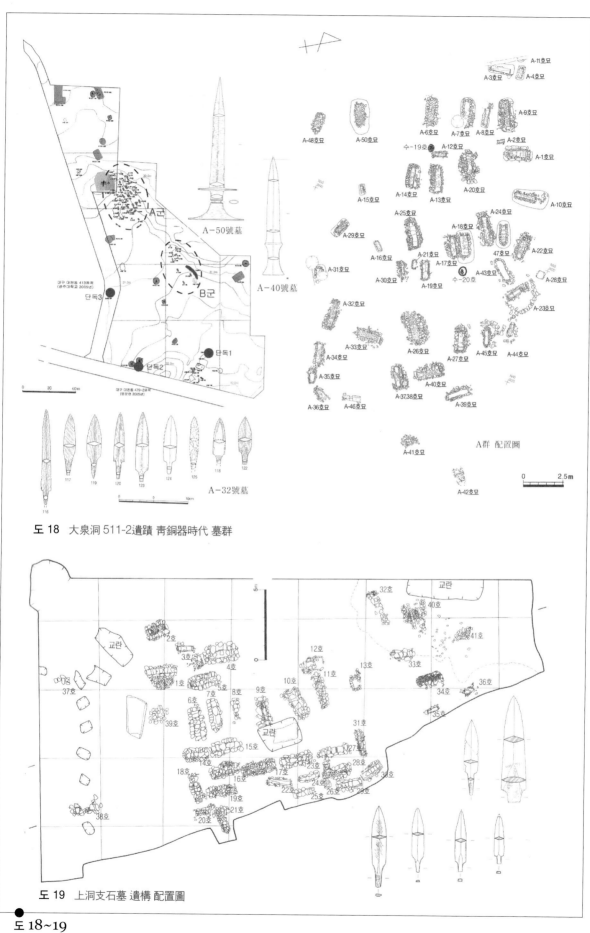

도 18 大泉洞 511-2遺蹟 靑銅器時代 墓群

A-50號墓

A-40號墓

A-32號墓

A群 配置圖

도 19 上洞支石墓 遺構 配置圖

도 18~19

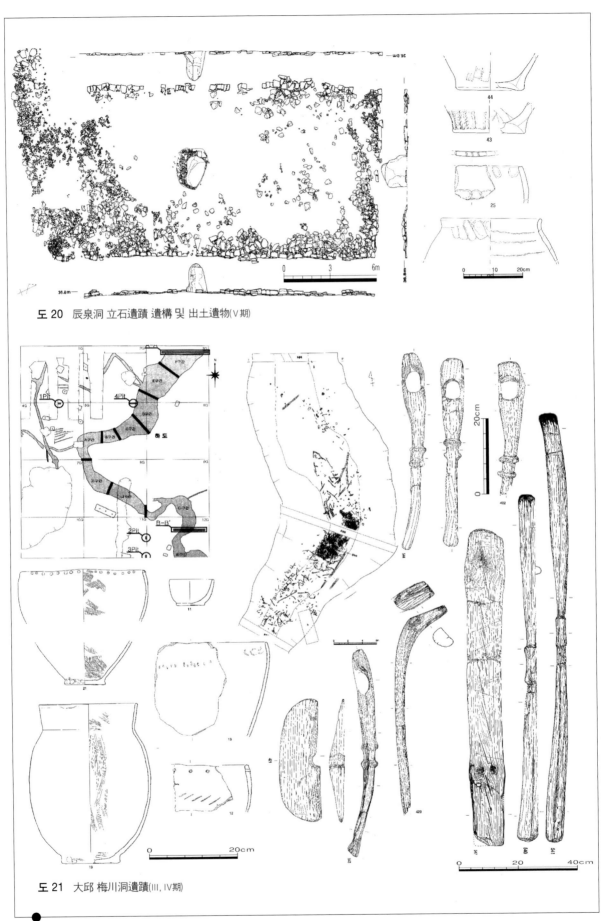

도 20   辰泉洞 立石遺蹟 遺構 및 出土遺物(Ⅴ期)

도 21   大邱 梅川洞遺蹟(Ⅲ, Ⅳ期)

도 20~21

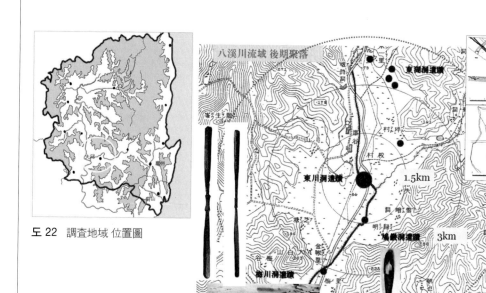

도 22 調査地域 位置圖

도 23 C群(八溪川流域) 靑銅器時代 後期의 中心聚落과 周邊 聚落

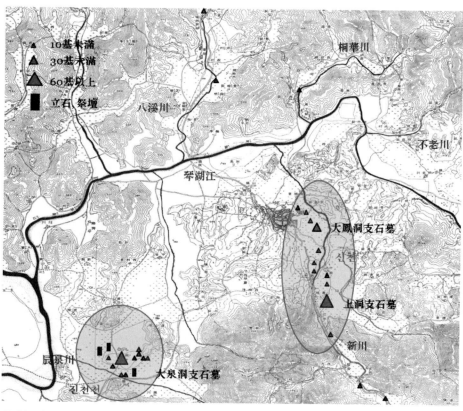

도 24 大邱地域 靑銅器時代 後期 支石墓 分布圖

●참고문헌●

慶北大學校博物館, 1990, 『大邱의 文化遺蹟-先史・古代』.

_____, 1991, 『大邱 大鳳洞 支石墓』.

_____, 2000, 『辰泉洞・月城洞 先史遺蹟』.

慶尙北道文化財研究院, 2002, 『대구 수성구 상동우방아파트건립부지내 上洞遺蹟發掘調査 報告書』.

_____, 2004, 『대구 수성초등학교부지내 上洞遺蹟發掘調査報告書』.

_____, 2006, 『大邱 大鳳洞마을遺蹟』.

_____, 2008, 『大邱 上仁洞87番地遺蹟』.

_____, 2008, 『大邱 月城洞772-2番地遺蹟』.

_____, 2009, 『大邱 月城洞498番地遺蹟』.

_____, 2009, 『大邱 月城洞1361番地遺蹟』.

慶州大學校博物館, 2007, 『大邱 大泉洞 現代홈타운 新築敷地內 發掘調査報告書』.

大東文化財研究院, 2008, 『大邱 月城洞1363番地遺蹟』.

_____, 2008, 『大邱 上仁洞98-1番地遺蹟』.

_____, 2008, 『大邱 月城洞1363-1番地遺蹟』.

_____, 2011, 『大邱 上仁洞119-20番地遺蹟』.

東國大學校博物館, 1998, 『松峴洞遺蹟』.

三韓文化財研究院, 2009, 「大邱 三德洞 188-1番地遺蹟 指導委員會 資料」.

_____, 2010, 『大邱 上仁洞128-8番地遺蹟』.

聖林文化財研究院, 2009, 『大邱 月城洞591番地遺蹟』.

申鍾煥, 2000, 『大邱上洞支石墓發掘調査報告書』, 國立大邱博物館.

嶺南大學校博物館, 2006, 『大邱 月城洞1275遺蹟』.

_____, 2007, 『大邱 月城洞585遺蹟』.

嶺南大學校民族文化研究所, 2005, 『大邱 月城洞1300遺蹟』.

嶺南文化財研究院, 2000, 『大邱 八達洞遺蹟Ⅰ』.

_____, 2002, 『大邱 東川洞聚落遺蹟』.

_____, 2002, 『大邱 西邊洞聚落遺蹟』Ⅰ.

_____, 2003, 『大邱 東湖洞遺蹟』.

_____, 2003, 『大邱 辰泉洞遺蹟』.

_____, 2005, 『蔚山 東湖洞477遺蹟』.

_____, 2006, 『蔚山 東湖洞451遺蹟』.

_____, 2006, 『文化遺蹟分布地圖-大邱廣域市Ⅰ』.

_____, 2007, 『大邱 月城洞 1261番地遺蹟』.

_____, 2007, 『大邱 辰泉洞508番地遺蹟』.

_____, 2008, 『大邱 上仁洞123-1番地遺蹟』.

_____, 2008, 『大邱 大泉洞 497-2番地遺蹟』.

_____, 2009, 『大邱 大泉洞 511-2番地遺蹟』.

_____, 2010, 『大邱 梅川洞遺蹟』.

尹容鎭・李白圭, 1990, 『大邱 月城洞 先史遺蹟』, 慶北大學校博物館.

權鶴洙, 1994, 「역사시대 마을고고학의 성과와 과제」, 『마을의 考古學』, 韓國考古學會.

大邱廣域市, 2000,『大邱市史』, 大邱市史編纂委員會.

安在晧, 1992,「松菊里類型의 檢討」,『嶺南考古學』11, 嶺南考古學會.

_____, 1996,「無文土器時代 聚落의 變遷」,『碩晤尹容鎭教授停年退任紀念論叢』.

_____, 2001,「中期 無文土器時代의 聚落構造와 轉移」,『嶺南考古學』29, 嶺南考古學會.

_____, 2006,『青銅器時代 聚落研究』, 釜山大學校大學院博士學位論文.

_____, 2009,「南韓 青銅器時代 研究의 成果와 課題」,『동북아 청동기문화 조사연구의 성과와 과제』, 학연문화사.

柳志煥, 2010,「大邱 辰泉川一帶 青銅器時代 聚落研究」,『慶北大學校大學院 碩士學位論文』.

尹容鎭, 1986,「大邱市 月城洞 先史遺蹟」,『嶺南考古學』1, 嶺南考古學會.

_____, 1995,「第2編 先史 및 古代」,『大邱市史』, 大邱市史編纂委員會.

李盛周, 2007,『青銅器・鐵器時代 社會變動論』, 학연문화사.

李熙濬, 2000,「大邱地域 古代 政治體의 形成과 變遷」,『嶺南考古學』26, 嶺南考古學會.

_____, 2000,「삼한소국형성과정에 대한 고고학적 접근의 틀 -聚落分布定型을 中心으로-」,『한국고고학보』43, 한국고고학회.

콜린렌프류・폴반(이희준 역), 2006,『현대고고학의 이해』, 사회평론.

河眞鎬, 2008,「大邱地域 青銅器時代 聚落研究」,『慶北大學校大學院 碩士學位論文』.

乾哲也, 1995,「池上・曾根遺蹟의 變遷」,『研究紀要』3, 大阪府埋藏文化財協會.

禰宜田佳男, 2005,「彌生時代 聚落研究史」,『韓日聚落研究의 現況과 課題』, 韓日聚落研究會.

武末純一, 2002,『彌生의 村』, 山川出版社.

新宅信久, 1994,「江辻遺蹟의 調査」,『九州考古學會・嶺南考古學會 第1回 合同考古學會 資料集』, 九州考古學會・嶺南考古學會.

七田忠昭, 2005,『吉野ヶ里遺蹟』, 同成社.

錦江中流域 靑銅器時代 前期 聚落의 成長

孔敏奎

1. 序

　금강 중류역에서는 최근에 진행되고 있는 여러 대규모 개발사업과 관련하여 다수의 고고유적이 확인되었다. 청동기시대의 경우 기왕의 이해와 같이 전기의 표지인 가락동유형 관련취락이 규모를 달리 하여 다수 조사되었으며, 충적지를 중심으로 미사리유형 관련 자료도 증가하고 있는 추세이다. 특히 燕岐 松潭里・松院里遺蹟[1]에서 확인되는 청동기시대 전기의 취락은 압도적인 규모로서 취락 성장 양상의 일단을 엿볼 수 있는 자료로 판단된다. 또한 燕岐 大坪里遺蹟에서는 미사리유형과 관련된 평지 취락이 대규모로 확인되어 향후 취락연구와 전기 제유형간의 관계에 대한 고찰에 심도를 높일 수 있을 것으로 기대한다. 본고에서는 금강 중류역 일원에서 제일성을 나타내는 가락동유형의 취락성장에 대하여 검토할 것인데, 이 중 대규모 취락인 연기 송담리・송원리유적을 중심으로 살펴보고자 한다.

2. 硏究地域 內 前期 聚落의 樣相

　송담리・송원리취락이 위치하는 세종시 예정지역은 금강 본류가 동남부지역을 관통하여 흐르고 있으며 동부지역에는 금강의 지류인 美湖川이 합류되고 있다. 송담리・송원리취락을 비롯한 가락동유형의 취락은 대부분 금강 북안의 구릉지에 조성되어 있으며, 미호천 동안의 구릉지에서도 일부 확인된다. 금강 남안에서는 충적지에서 연기 大坪里 취락유적이 확인되어 입지상 차이를 보이고 있으나, 최근 燕岐 長在里遺蹟 등의 미보고된 양상을 통해 볼 때 남안의 구릉지에서도 역시 가락동유형의 취락이 다수 존재할 것으로 추정된다. 본장에서는 송담리・송원리취락 주변에 위치한 여타의 취락상에 대해 개략적으로 살펴봄으로써 군소취락과 송담리・송원리취락과의 관계 설정을 위한 기초를 다져두고자 한다.

　(도 1)과 〈표 1〉은 연구지역내 청동기시대 전기 취락의 분포와 개별 취락내에서 조사된 주거지의 수를 주거형식(孔敏奎 2011)에 따라 나타낸 것이다.[2] 각 취락에서 확인되는 둔산식주거지의 형식은 다양하게 보이지만, 주거형식별로는 대부분 2~3기 내외이다. 이것은 금강유역권에서 확인되는 가락동유형의 여타 취락에서 확인되는 것과 일맥상통한다. 즉, 2기 내외로 구성된 가족공동체 중심의 소규모 취락조성이 청동기시대 전기의 기간 동안 보

---

1) 연기 송담리유적은 총 4개 지점으로 이루어져 있으며 본고에서의 송담리유적은 이 중 28지점을 지칭하며, 그 외의 지점은 별도의 지점명을 표시한다.
2) 송담식주거지에 대한 문제는 다음 장에서 검토한다.

편적으로 이루어진 것을 잘 나타내준다. 그리고 개별 취락의 존속기간과 관련해서는 삼분해 볼 수 있다. 우선 燕岐 龍湖里遺蹟(93지점)이나[3] 연기 장재리유적과 같이 가락동유형의 전시기(孔敏奎 2011)에 걸쳐 지속적으로 취락이 영위되는 양상이 있다. 용호리유적(93지점)에서는 11기의 주거지가 조사되었는데, 중심시기는 필자 분류의 龍岩Ⅰ式을 중심으로 한 가락동Ⅱ기 단계로 추정된다. 동유적에서는 주거지간의 중복이 1예 확인되는데 용암Ⅰa식의 3호가 2호를 파괴하고 조성되어 있다. 2호는 일부 잔존하여 전체를 파악하기 어려우나 2열 초석의 양상과 용암Ⅰ식에 선행하는 점을 통해 볼 때 屯山式으로 판단할 수 있다. 연기 장재리유적은 금강 남안에 위치한 대규모 유적이다. 최근 조사된(2011年) 유적으로서 정확한 양상을 파악하기 어려우나 관련자료와 필자의 실견을 통해 볼 때 동일 지형면이 반복적으로 점유된 장기존속형 취락으로 판단된다. 그리고 조사된 주거지의 수나, 취락내 주거지의 배치상을 볼 때 금강 북안의 송담리·송원리취락과 비견될 여지도 충분하다. 다음은 燕岐 燕岐里·石三里遺蹟, 公州 濟川里·唐岩里遺蹟과 같이 단기 또는 일정기간 영위된 취락이다. 연기리유적[4]은 4기의 주거지 중 용암Ⅰ식계가 3기인데, 주거지 배치상을 통해 볼 때 2·3호는 동시기로 보기 어려우나 큰 시차는 없을 것으로 판단된다. 제천리유적은 연결되는 지형면에서 2차에 걸쳐 조사가 이루어졌으며, 동일유적으로 판단해도 무리가 없을 것이다. 둔산식과 용암Ⅰ식의 주거지가 조사되었으며, 가락동Ⅰ기에서 Ⅱ기에 해당된다. 마지막은 중간에 시간적 공백을 두고 취락이 조성된 유적으로 연기 송담리유적 29·30지점이 해당된다. 가락동Ⅰ기의 둔산식주거지가 선조성되고 일정기간 이후 가락동Ⅲ기의 용암Ⅱ식주거지가 출현하는데, 동일 전통 집단의 재점유에 따른 결과인지의 여부는 확실치 않다. 다만 인접한 대규모의 송담리취락의 존재를 통해 대취락에서 분리된 소취락의 가능성은 열어두고자 한다.

3. 松潭里·松院里聚落의 檢討

송담리·송원리유적의 청동기시대 전기 취락은 금강 본류의 북안에 위치한 저구릉의 정상부에 입지하고 있다. 주거지는 송담리의 경우 해발 34~50m에서 확인되며, 송원리는 해발 39~68m로 상대적으로 볼 때 송원리취락의 주변 조망이 유리한 편이다. 양 취락의 특징은 가락동유형 관련 최대 취락, 청동기시대 전기의 전시기에 걸친 주거지의 조성, 반복점유에 따른 주거지 중복관계 다수확인 등이다. 양 취락에서 확인된 주거지는 기왕의 둔산식주거지의 분류안에 의거 나눠볼 수 있으며, 새로운 형식의 설정 가능성도 제기할 수 있다.

1) 주거지의 분류와 송담식주거지의 설정

송담식주거지는 평면비 2.0:1 내외의 장방형이며 내부에 무시설식노지가 설치된 것으로서[5] 규모는 둔산식주거지에 비해 소형에 해당된다. 금강 중류역에서 제일성을 띠는 가락동유형의 둔산식주거지와 확연히 다른 이 주거형은 통상적으로 역삼동 또는 흔암리유형에서 확인되는 그것과 유사하며 시기로는 청동기시대 전기 후반의 늦은 단계에 해당되는 것으로 판단된다. 따라서 송담리·송원리취락에서 확인되는 동형식의 주거지 역시 역삼동유형 또는 흔암리유형의 양상으로 볼 여지가 있다. 그러나 필자는 이러한 형식의 주거지가 송담리·송원리취락의 둔산식주거지 전통의 연장선에서 외래요소의 유입에 따른 결과로 이해하고자 한다. 이 문제는 후술하기로 한다. 송담식주거지는 송담리취락에서 11기 이상(20%↑), 송원리유적에서는 15기 이상(25.9%↑)으로서 둔산식주거지

---

3) 연기 용호리유적은 2개 지점에서 조사가 실시되었는데, 93지점은 국방문화재연구원, 89지점은 중앙문화재연구원이 각각 조사하였으며, 두 지점은 1km 이내에 인접하고 있다.
4) 연기리유적에서 조사된 주거 중 2호(후)와 4호(선)는 중복관계이다. 그런데 위석식노지 없이 2열 초석이 확인된 2호는 용암Ⅰ식계로 판단되며, 4호는 무시설식노지가 확인된다. 현재까지 금강유역권에서 용암Ⅰ식에 선행하는 무시설식노지 설치 주거지는 확인된 바 없기 때문에 이례적인 양상이다.
5) 일부의 주거지에서는 노지가 확인되지 않는다.

에 비해 적지 않은 비율을 나타내고 있다. 그러나 앞 장에서 살펴본 여타 유적에서는 거의 확인되지 않는다. 이러한 점이 중심취락으로서의 송담리·송원리취락의 특징을 반영하는 것으로 판단된다. 즉 송담리·송원리취락은 장기간 존속한 취락으로서 가락동유형의 출현과 성장, 쇠퇴과정을 잘 나타내주며, 그러한 과정에서 송담식주거지의 위치를 생각해 볼 수 있을 것이다.

〈표 2〉는 송담리·송원리취락에서 확인된 주거지를 형식에 따라 분류한 것이다. 송담리취락은 가락동Ⅰ기의 둔산식주거지가 11기인 반면, 송원리에서는 3기이다. 그런데 가락동Ⅱ기의 용암Ⅰ식주거지는 각각 3기, 10기로 반대의 양상이 나타난다. 가락동Ⅲ기는 용암Ⅱ식과 하당식주거지로서 각각 14기, 15기로 유사하며, 송담식 역시 같은 양상이다. 이를 통해 청동기시대 전기 전엽에서 중엽의 송담리·송원리취락은 약 2km의 거리를 두고 중심의 역할을 나누었을 가능성이 엿보인다. 그러나 전기 후엽의 양 취락은 대등한 규모를 보이는데 이 시점이 송담리·송원리취락의 최대 성장기로 판단된다.

한편 송담리취락에서 기타로 분류된 주거지 중 장면비 2.5:1 이상의 세장방형의 평면에 무시설식노지가 설치된 주거지가 일부 확인된다. 이 주거지는 송담식과 노지의 형태는 유사하나 평면형에서 차이가 있다. 금강 중류역에서 이러한 형태의 주거지는 청원 쌍청리유적(2-8호), 大田 老隱洞遺蹟(高-4호), 大田 加午洞遺蹟(2호), 大田 龍山洞遺蹟(2-12호) 등에서도 확인되는 것과 유사한 것으로 판단된다. 필자는 이러한 주거지를 가락동유형에 파급된 외래 요소로 파악한 바 있다(孔敏奎 2011). 이러한 판단의 기저에는 호서 서부지역에 집중 분포하는 동형의 주거지가 竝川川 등 수계망을 따라 금강 중류역으로 유입되었을 가능성에 무게를 두고 있는데, 병천천 서안 구릉지에 위치한 쌍청리유적이 대표적인 조사예일 것이다.

송담리의 세장방형+무시설식노지의 주거지의 시간적 위치는 출토유물이 적어 판단하기 어렵다. 다만 송담리 58호주거지의 출토유물 중 활석제 장신구와 동형식인 것이 대전 용산동유적 2지구 4호주거지에서 출토되어 비교가 되는데, 동 주거지에서는 이중구연단사선문토기 등이 출토되었다. 물론 시간적 속성에 민감하지 않은 장신구의 특성에서 양자의 병행 가능성은 무리가 따르지만 가락동유형 전체에서 동형식의 장신구 출토예가 송담리의 예를 포함하여 3점뿐으로 큰 시차를 두기는 어려울 것이다. 어쨌든 송담리의 동형식 주거지는 가락동Ⅱ기에서 Ⅲ기 정도로 판단해 두며 절대연대상으로는 기원전 11~9세기 내외의 시점이다. 필자가 이에 대하여 비교적 많은 부분을 할애한 점은 송담식주거지의 출현 또는 성립과 관련된 부분을 정리하기 위해서이다.

송담식주거지의 출현은 금강 중류역에 유입된 세장방형주거지가 가락동유형의 쇠퇴과정과 맞물려 나타난 결과로 추정된다. 금강 중류역의 청동기시대 전기 후엽이 되면 대전 가오동유적이나 報恩 上長里遺蹟의 예와 같이 재지계 둔산식주거지의 전통이 해체되기 시작하는데, 아마도 송담리·송원리취락에서는 이를 대체할 새로운 주거형으로서 간헐적으로 유입된 외래계의 요소를 적극적으로 수용하여 전 시기에 비해 소형화된 송담식주거지가 출현한 것으로 판단된다. 그리고 소형화의 이면에는 청동기시대 전기와 후기의 가족구조의 차이 즉, 확대가족에서 핵가족화로의 이행과정이 포함되어 있음을 부언할 수 있다.

下唐式住居址는 송담식과는 다르게 재지계 가락동유형 전통의 기반위에 국부적 요소로서 외래계가 반영된 형식이다. 필자는 과거 동형식 주거지의 시간적 위치를 가락동유형의 마지막 단계로 比定하고, 극히 제한적인 지역(가락동유형의 외곽지역)에서 나타나는 것으로 판단한 바 있다. 그러나 송담리·송원리취락에서의 양상으로 볼 때 재고의 여지가 충분하다. 이것은 역시 송담리·송원리취락의 특징과 결부시켜 보면 명료하다. 주변을 아우르는 중심지에는 다양한 외래요소의 유입이 우월하며, 하당식주거지의 위석식노지+무시설식노지의 결합은 이러한 바탕위에 등장한 것이다. 또한 시간적 위치에서도 가락동Ⅲ기 전기 후엽의 늦은 시점이라는 이해보다는 시간적으로 상향될 가능성도 충분하다.

2) 토기와 석기에 대한 검토

송담리·송원리취락의 개별 주거지에서 유물 출토량은 적은 편이며, 편년에 적용할 수 있는 것은 극히 일부에 불과하다.

송담리취락의 주거지내에서 출토된 유물 중 가락동식토기의 표지인 이중구연단사선문은 주로 둔산식주거지에서 출토되고 있는데, 금강 중류역의 여타 취락과 동일한 양상이다. 차이를 보이는 점은 단사선문 단독시문상인데 종래 금강유역권에서 단사선문 단독시문은 가락동유형 II기 말 또는 III기에 나타나는 양상으로 파악되어 왔다. 그런데 송담리취락의 경우 21·34·54호의 둔산식주거지의 단계에서도 단사선문 단독시문이 확인된다. 이것이 송담리취락 토기상의 특징인지의 여부는 현단계에서 단언하기 어렵다. 구순각목은 가락동유형의 전시기에 걸쳐 나타나는 특징으로 송담리취락도 동일한 양상이다. 단지 송담식주거지 단계에서는 구순각목의 문양만이 잔존하고 있으며, 이러한 점에서 송담식주거지의 시간적 위치를 가늠해 볼 수 있다.

송원리취락의 토기상은 이중구연단사선문과 구순각목의 결합상이 이중구연단사선문토기에 비해 다수 출토되는 점이 특징이다. 동토기는 가락동 I 기에서 II기까지 존속되는 것으로 판단할 수 있다. 그런데 이러한 문양속성이 결합된 토기는 淸州 內谷洞遺蹟, 大田 屯山遺蹟 1호주거지, 大田 官坪洞遺蹟 I-1호주거지에서 간헐적으로 출토되었을 뿐이다. 따라서 송원리취락의 청동기시대 전기 전엽에서 중엽에 걸쳐 이중구연단사선문구순각목토기가 성행하는 양상은 금강 중류역의 가락동식토기와는 차별화된 것으로 지적할 수 있다. 그리고 이중구연단사선문구순각목토기는 하당식주거지인 31호에서도 1예가 확인되는데(도 6-17) 이중구연의 폭이 여타의 가락동식토기에 비해 넓으며 구연 아래에서 동체부의 발달없이 저부로 축약되는 기형이다. 즉 기형적인 면에서 가락동식토기의 이른 단계 양상과는 일정부분 차이가 있다. 그러나 현재까지 하당식주거지에서 이중구연계토기의 출토예가 없는 점을 감안한다면 송원리취락의 하당식주거지는 전술한 바와 같이 종래의 전기 후엽에서 중엽으로 소급될 가능성이 있다. 단사선문토기는 32호 주거지와 하당식주거지인 36호 출토품 2예가 확인되는데, 특히 36호 출토품(도 5-13)은 동체 상부에 퇴화이중구연 또는 이중구연의 효과를 위한 횡선을 돌린 후 그 위에 사선방향의 긴 단사선문을 시문하였다. 이러한 토기는 가락동식토기에서는 유례가 없고 호서 서부지역이나 서남부지역의 흔암리유형 토기상에서 다수 보이는 양상이다. 하당식주거지가 재지계에 외래계의 요소가 일부 가미된 점에서 동토기의 의미를 구할 수 있을 것이다.

송원리취락 출토의 토기 중 주목되는 자료는 32호주거지 출토의 구순각목공렬문토기이다. 금강 중류역에서 공렬문의 요소는 대전 노은동유적과 신대동유적에서 소편의 출토예가 보고되었을뿐 뚜렷한 형태의 출토는 송원리가 유일하다. 이러한 구순각목공렬문토기 역시 호서 서부지역권의 주류토기인 점에서 송원리취락에 유입된 외래기원의 요소일 것이다. 그리고 이 구순각목공렬문토기가 출토된 32호주거지는 용암 I a식 주거지로서 횡대구획거치문 호형토기, 3조의 단사선문대가 시문된 토기, 단사선문 완, 구순각목호형토기, 적색마연장경호 등 다양한 토기가 공반된다. 끝으로 횡선과 단사선문이 복합된 토기의 문제이다. 16호와 74호주거지에서 출토된 이 토기는 구연 하부에 횡선을 시문한 후 그 아래에 두립문에 가까운 짧은 단사선문을 시문하였다. 이와 유사한 토기로서 대전 용산동 6-12호주거지 출토품과 淸州 鳳鳴洞 신석기시대 주거지 출토품이 있다.

송담리·송원리취락에서 출토된 석기는 〈표 6·7〉과 같이 정리할 수 있다. 양 취락의 석기상은 대동소이한 편으로 특별한 점이 간취되지 않는다. 가락동유형 II·III기에 개별 주거지내에서 전반적인 석기량의 증가와 맥락을 같이하여 지석의 출토량이 증가하며, 반월형석도는 가락동 II기 이후에야 출현한다. 석촉은 삼각만입촉과 이단경촉 위주의 출토상이 확인되며, 방추차는 석제에 비해 토제가 다수이다. 그리고 석기 이외의 도구로는 토제 어망추가 타유적에 비해 다수 출토되는 점이 특징이다. 금강 본류에 인접한 양 취락의 입지상 특징이 반영된 것으로 이해할 수 있다.

4. 聚落 成長에 對한 考察

1) 취락의 형태와 구조

송담리·송원리취락의 취락형태는 구릉 또는 능선의 정점에 주거지가 입지하는 단독점상취락(A1형), 분산형점상취락(A2형)과 열상의 배치를 보이는 선상취락(B형), 면상취락(C형)으로 나눠볼 수 있다.[6]

송담리취락(도 10 · 11)의 가락동유형 1기는 전형적인 A2형 취락이다. 2기 내외의 주거지가 가족공동체를 구성하여 취락의 남동부에서 북서부의 넓은 지역에 분산되어 있다. 특히 남동부에는 2기로 구성된 2개의 주거군이 일정한 간격을 두고 분포되어 있다. 가락동유형 2기는 A1형으로 약 100m 이상의 거리를 두고 3기의 용암 I 식주거지가 독립적으로 위치하고 있다. 전단계와는 다르게 독립적인 분포를 보이는데 용암 I 식주거지의 대형화에 따른 결과로 볼 수 있다. 가락동유형 3기는 다시 A2형 취락의 형태가 나타난다. 취락의 중앙부를 중심으로 2~4기로 구성된 주거군이 비교적 일정한 간격을 두고 조성되어 있다. 이러한 양상을 가족공동체 규모의 확대로 볼 수 있는지의 여부는 뚜렷하지 않지만 전단계에 비해 공동체 규모의 다양성 측면에서 접근할 수 있을 것이다. 송담식주거지의 단계[7]는 C형 취락의 형태로 판단된다. 금강 중류역에서 C형 취락은 가락동유형의 늦은 단계에 출현하는 것으로 생각되는데, 송담식주거지 단계의 시간성과 연결시켜 볼 수 있다. 3~4기로 이루어진 주거군이 면상으로 펼쳐지는데, 일부에서는 주거지 1기가 단독으로 존재하기도 한다.

송원리취락(도 12 · 13)의 가락동유형 1기는 A1형 취락이며, 가락동유형 2기는 A2형 취락이다. I 기에는 3기의 주거지가 일정한 간격을 두고 조성되어 있으며, II기에는 취락의 북동부에 일부 밀집분포하는 양상을 보이기도 하지만 동부와 남동부의 넓은 지형면에 걸쳐 주거지가 분산 조성되어 있다. 특히 밀집분포지역인 북동부는 송원리취락 가락동유형 II기의 중심지로 추정되며, 다양한 토기상이 확인되는 32호주거지도 이곳에 위치한다. 가락동유형 III기는 A2형 취락으로서 2~3기 내외의 주거군이 분산되어 있으며, 단독으로 위치한 주거지도 확인되는데 송담리취락 가락동유형 III기와 유사한 양상이다. 송담식주거지 단계는 B형 취락이다. 취락 북부의 능선 정점을 따라 선상의 배치가 나타나며, 주거군은 2~5기로 구성되어 있다. 특히 12~15호주거지와 26~30호주거지는 각각 4기와 5기로 이루어진 주거군이며 확대된 가족공동체의 모습을 나타내고 있다.

2) 중심취락으로서의 가능성 모색

본격적인 농경사회로의 진입 이전 단계인 청동기시대 전기에 중심취락 또는 거점취락의 상정은 난점이 많다. 선학들에 의해 제기된 중심취락의 구성요건을 충족시키기도 어려우며, 주거군으로만 구성된 유적의 성격으로 인해 다양한 접근이 용이하지 않기 때문이다. 따라서 본고에서는 제한적인 의미로서 '중심취락' 이라는 용어를 도입하고자 한다.

송담리 · 송원리취락의 가락동유형 단계별 주거지 수는 최소 3기에서 최대 20기 이상이다. 주거지의 규모는 최대 80m² 에 이르는 대형에서부터 10m² 내외의 소형까지 다양하다. 주거지의 입지는 둔산식주거지의 일반적 양상에서 구릉 또는 능선의 정점이 선호되어 주거지별 입지의 우월성이나 차별성은 간취되지 않는다. 반면에 취락의 차원에서는 남쪽으로 대하천인 금강 본류를 기반으로하고 북쪽으로 구릉성 산지에 연결되는 자연경관은 주변의 군소취락에 비해 확실히 우위에 있다. 이러한 취락 입지상의 장점에 기인하여 주변을 조망하거나 생계자원 획득에 일차적으로 접근함으로서 취락의 사회적 · 경제적 안정도모에 유리했을 것으로 판단된다. 또한 2~3차 하천을 기반으로 한 금강 중류역의 여타 취락과는 다르게 금강 본류를 직접적으로 활용할 수 있는 지리적 이점은 주변 문화와의 교류나 교역의 중심지로 성장할 수 있는 잠재력이 내재되어 있는 것으로 볼 수 있다.

송담리 · 송원리취락에 적용할 수 있는 중심취락의 구성요소 중 일부는 다음과 같다. 먼저 취락의 규모를 볼

---

6) 가락동유형의 취락형태와 관련하여 필자는 단독점상취락(A형), 분산형점상취락(B형), 면상취락(C형)으로 분류한 후 금강 중류역의 청동기시대 전기 취락을 살펴보았으며, 선상취락의 존재는 부정한 바 있다.(孔敏奎 2011) 송원리 · 송담리취락을 제외한 대부분의 취락은 중소규모로서 李弘鍾(2007)과 李亨源(2009)의 열상촌 또는 선상취락의 적용이 타당치 않다는 생각에는 변함이 없다. 그러나 대형취락인 송원리 · 송담리취락에서는 선상의 배치가 확인되기 때문에 李亨源의 선상취락 개념을 받아들여 새롭게 구분하고자 한다.

7) 동단계는 청동기시대 전기 말 또는 후엽의 늦은 단계로서 후기로 이행하는 과도기적 시기로 생각된다. 위석식노지나 이중구연단사선문의 요소가 完全히 소멸된 단계로서 가락동유형 III기보다 확실히 늦을 것으로 판단되지만 큰 시차는 없을 것 같다.

때 금강 중류역에서 확인된 가락동유형 최대의 장기존속형 취락이다. 물론 일시적인 단절이 있겠으나 가락동유형 I 기에서 전기말의 송담식주거지 단계까지 오랜 기간 동일한 취락의 영역내에 주거지가 축조된 것이다. 현재까지의 조사성과를 참고할 때 시기를 막론하고 단위 유적에서 확인되는 주거지의 수는 5~20기 내외이며, 이것을 가락동유형의 단계별로 구분하면 한 시기에 2~5기 내외이다. 송담리·송원리취락 역시 유사한 양상이 나타나는 단계도 있으나, 전체적으로는 50기 이상이며 이것은 가락동유형의 전시기에 걸쳐 있다. 이러한 점은 취락의 입지로 선정된 지형면이 반복적으로 점유되어 이용되고 있음을 나타내 주는 것이다. 취락은 여러 가지 이유[8]로 확산되거나 이동하는 과정에서 과거의 지역에 재정착할 수 있다. 또한 동일지역에서 장기간 유지되는 취락도 존재할 것이다. 그런데 주거밀도가 낮았을 것으로 볼 수 있는 청동기시대 전기에 다수의 주거지를 장기간에 걸쳐 밀집 조성하는 것은 금강 중류역의 여러 자료에서 많이 나타나는 양상은 아니다.

〈표 5〉와 (도 14)는 송담리·송원리취락에서의 주거지간 중복관계와 그 양상에 대한 내용을 제시하고 있다. 특히 송담리취락의 15호~20호주거지간의 중복은 개별 주거형식의 선후관계를 지시함은 물론 장기간 존속한 동취락의 특징을 대표적으로 나타내준다. 가락동유형의 각 단계에 걸쳐 송담리취락은 지속적으로 운영된 것이며 전술한 바와 같이 주변의 군소취락에 비해 다수의 주거지가 단계별로 조성되는 것이다. 이러한 주거지간의 중복은 대전 신대동유적과 관평동유적에서도 일부 확인되고 있으며, 동지역에서 중심적인 위치를 점했을 가능성도 있다.

중심취락으로서 다음의 요소는 외래기원 물질문화의 수용이다. 송담리·송원리취락에서 확인되는 외래계의 문화는 하당식주거지의 무시설식노지, 세장방형주거지와 여기서 파생 또는 발전된 송담식주거지를 비롯하여 구순각목공렬문토기, 흔암리식토기, 대부발, 유경식석검 등이 있다.

하당식주거지는 재지계의 가락동유형 둔산식주거지 전통에 외래계의 무시설식노지가 수용된 것이다. 동형식의 주거지는 음성 하당리유적과 보은 상장리유적 등 가락동유형 중심지의 외곽에서 주로 확인되었던 것이며, 청동기시대 전기 후엽의 늦은 시점에 해당된다. 그러나 송담리·송원리취락의 하당식주거지는 가락동유형Ⅲ기에 병행하거나 상회할 가능성이 있으므로 송담리·송원리취락 내에서 외래 요소의 수용에 의한 변화과정으로 판단할 수 있다. 송담리취락의 세장방형주거지는 호서 서부지역의 주거문화가 수계망을 따라 금강 본류로 유입된 이후 송담리·송원리취락에 일부 조성된 것으로 추정된다. 이러한 세장방형주거지는 병천천 서안의 쌍청리유적에서도 확인되며, 대전 용산동유적과 가오동유적에서도 확인할 수 있다.

구순각목공렬토기와 흔암리식토기는 호서 서부지역 청동기시대 전기문화의 특징적인 토기이다. 공렬토기는 전술한 바와 같이 대전 신대동과 노은동유적에서 출토예가 보고되어 있다. 흔암리식토기와 대부발, 유경식석검은 금강 중류역의 청동기시대 전기 문화에서 확인되지 않는 것으로 역시 호서 서부지역에서 유입된 것으로 판단된다.

이상에서 볼 때 송담리·송원리취락의 외래계문화는 2가지로 나누어 설명할 수 있다. 세장방형주거지와 공렬토기의 요소는 송담리·송원리취락에 파급된 이후 대전 등 주변지역으로 확산되었을 것이다. 특히 용암 I 식주거지 즉, 가락동유형Ⅱ기에 도입된 공렬토기는 송담리·송원리취락을 거쳐 노은동이나 신대동유적까지 확산된 것으로 판단된다. 구순각목공렬토기가 출토된 송원리 32호주거지는 용암 I a식 주거지로서 노은동이나 신대동의 주거지 형식에 선행하는 것이기 때문이다. 이와 같이 외래기원의 문화요소를 금강 중류역 각지의 가락동유형 취락에 파급시키는 매개자의 역할로서 송담리·송원리취락의 특성을 살필 수 있으며, 금강 본류의 수운을 활용한 교역 또는 교류의 중심으로 생각해 볼 수 있다.

흔암리식토기와 대부발, 유경식석검은 금강 중류역에서 이질적인 것이며, 송담리·송원리취락에서도 한정된 주거지에서만 출토된다. 한정된 재화인 외래 물질문화를 독점적으로 소유할 수 있는 유력개인 또는 집단을 상정할 수 있다면 동일 시기 취락내 주거지 또는 주거군간의 위계화 가능성을 조심스럽게 제시할 수 있을 것이다. 전술한 바와 같이 대형의 주거지, 풍부하고 다양한 도구와 토기의 보유, 외래계 물질문화의 독점 등이 특정 집단 혹

---

8) 대표적으로 화전농경에 의해 남벌된 산림과 지력의 회복을 위한 취락의 이동을 고려할 수 있다.

은 개인에게 집중된다면 이를 정점으로 한 수직적 구조가 발생할 수 있을 것이다. 물론 이것을 수장(층)의 출현과 결부시키기에는 시기의 제한이 있으나, 제한적 의미에서의 중심취락 성립에 한 부분을 이룰 가능성은 충분하다.

3) 취락의 성장과 주변 취락의 관계

금강 중류역에서 청동기시대 전기 취락의 성장을 잘 나타내는 것은 송담리·송원리취락임은 주지의 사실이다. 전술한 바와 같이 송담리·송원리취락은 주변지역을 아우르는 대규모의 취락건설, 청동기시대 전기를 포괄하는 취락의 존속, 대하천을 통한 외래문화의 도입과 전달의 매개라는 점에서 금강 중류역의 다른 취락과 차별성이 있다.

송담리·송원리취락은 청동기시대 전기 전엽의 어느 시점에 금강유역권에 출현 또는 이주한 한반도 서북계의 주민집단에 의해 최초 건설된 것으로 판단된다. 가락동유형 I 기에 동지역에 등장한 최초 취락의 중심은 송담리취락으로서 구릉성 산지의 정점을 중심으로 주거지를 조성하였는데, 2기 정도의 주거지가 한 주거군으로서 가족공동체의 단위를 구성하여 생활을 영위한 것으로 판단되는데, 4개의 주거군으로 구성된다. 송담리취락의 주변의 반경 5km 범위에는 가락동유형 I 기에 해당되는 송원리·송담리29지점·송담리30지점·제천리·당암리·용호리(93지점)취락이 분포하는데 대부분 2~3기의 주거지로 이루어진 주거군으로서 특히 송원리·송담리29지점·송담리30지점·제천리·당암리취락은 1km 정도의 거리에 위치하고 있으므로 송담리취락을 중심으로 한 동일 생활권을 상정해 볼 수 있다(도 15).

가락동유형 II 기에는 송원리취락을 중심으로 주거지가 조성된다. 이 시기의 용암 I 식주거지는 전단계의 둔산식주거지에 비해 대형화의 경향이 나타나는데, 취락 동북부를 중심으로 4기의 주거지가 집중되며, 구순각목공렬토기를 비롯하여 다수의 유물이 출토된 32호주거지가 위치한다. 아마도 송원리취락 II 기의 중심은 이 일대였을 것으로 판단되며 그 외의 주거지는 구릉 또는 능선의 정점을 따라 각 1기가 점상으로 분산되어 배치된다. 가옥의 대형화에 따라 I 기와는 다르게 복수의 세대로 구성된 공동체가 2기 이상의 노지를 갖춘 단일가옥내에서 거주했을 가능성이 있다. II 기의 송원리취락 주변에는 송담리·제천리·용호리취락이 I 기로부터 지속되며, 연기리·용호리(89지점)에서도 동시기의 취락이 확인된다. 특히 제천리·용호리취락은 주거지 축조가 미약하나마 증가하는데 어느 정도 독자성을 갖는 것으로 판단된다. 이와 같이 II 기에 이르러 취락의 중심이 송담리에서 송원리취락으로 전환되는데 이러한 점이 중심의 이동인지의 여부는 뚜렷하지 않다. 어쨌든 송원리의 II 기 취락은 이주 등에 따르는 초기의 불안정성을 극복하고 안정적인 정착의 단계로 진입하였을 것으로서 주거지의 대형화와 비교적 넓은 지형면을 이용하여 취락의 범위를 확장하는 등 내적 역량이 강화되었을 것이다. 또한 외래의 물질문화가 도입되는 등 주변문화와의 교류가 본격적으로 시작된다(도 16).

가락동유형III기의 송담리·송원리취락은 양 취락이 서로 대등하게 성장하는 양상이 나타난다. I 기와 II 기에서 중심의 전환이 이루어진 것에 비해 III기에는 각각의 취락 영역에서 다수의 주거지가 축조된다. 이 단계부터 송담리·송원리취락은 완연히 재지화되는 것으로 판단되며, 양 취락의 본격적 성장기가 시작된다. 금강 중류역의 청동기시대 전기 제취락은 이 단계에 이르러 쇠퇴하는 경향이 나타나는데 송담리·송원리취락은 반대로 확대되는 점에서 차이가 있다. 송담리취락은 2~4기의 주거지로 구성된 주거군이 한 단위의 공동체를 이루는데 각 주거군은 일정정도의 간격을 두고 조성되어 있다. 송원리취락은 II 기에 이어 취락 동북부지역에 주거지가 비교적 밀집되고, 넓은 지역에 점상으로 분산배치되는 것 역시 동일한데, 이러한 점이 전단계의 취락이 지속적으로 운영된 것을 나타내준다. III기의 중심을 이루는 용암 II 식의 주거지는 세장한 평면형태를 기본으로 장축의 중앙을 따라 1열 초석과 2개 이상의 위석식노지가 설치되는 특징이 있으며, 규모는 II 기에 비해 약간 줄어드나 큰 차이는 없다. 또 다른 주거지인 하당식주거지는 기존의 가락동유형 주거지 전통에 새로운 요소인 무시설식노지가 채용되는 것으로서 토기 등 외래계 유물의 유입에서 나아가 주거문화의 변화가 시작되는 것이다. III기의 송담리취락 주변에는 2개 정도의 주거군으로 구성된 송담리 29·30지점 소규모 취락이 위치한다. 이러한 양상을 통해 중심취락과 주변의 하위취락의 관계를 설정할 수 있으며 한편으로는 모촌과 자촌의 대비도 고려할 수 있다. 그러나 송원리취락의 주변에 위치한 공주 제천리·당암리취락은 II기 이후 취락의 운영이 중단된다. 송원리취락은 송담리취락에 비해 넓은 지형면을 취락영역으로 활용하였기 때문에 송원리취락 자체에서의 분화 가능성도 배제할 수 없다. 그 외에 연기 용호리 93지점과 89지점에서도 소규모의 취락이 확인되는데 용호리 93지점의 취락은 규모의 차이는 있으나 I기에서 III기까지 취락이 존속되는데, 북쪽에 위치한 용호리 89지점과의 관계를 고려할 때 자연경계를 이루는 美湖川 동안의 지역권에서 일정부분 중심적 위치를 점유했을 가능성이 있다(도 17).

　　송담식주거지의 단계는 III기에 이어 송담리·송원리취락의 최대 성장기를 이룬다. 종래 가락동유형의 중심인 금강 중류역에서 무시설식노지가 단독으로 설치된 소형화된 장방형주거지는 가락동유형의 III기 말 또는 이후에 소수 출현하는 것이 보통인데, 송담리·송원리취락에서는 15~20기 이상으로 다수이다. 이러한 주거형식의 출현 배경으로는 호서 서부지역 등 외래계 주거문화가 직접 파급되었거나 세장방형+무시설식노지의 주거지가 파급된 이후 재지계의 주거문화를 변형시키면서 등장했을 것으로 판단되는데, 후자의 가능성이 높다. 그것은 외래계 주거의 도입과 관련된 물질문화의 수반이 뚜렷하지 않고, 가락동유형의 중심 분포권의 재지적 전통이 완전히 소멸될 가능성이 없는 점에 근거한다. 동단계의 시간적 위치는 층위관계를 고려할 때 가락동유형 III기 말 또는 그 이후이며, 금강 중류역에 청동기시대 후기의 송국리유형이 출현하기 이전 단계로 판단된다. 따라서 청동기시대 전기에서 후기로 이행하는 과도기적 단계로서 송담식주거지가 위치할 것이다. 동단계의 송담리취락은 면상의 형태로 중앙에 4기의 주거지로 구성된 주거군을 중심으로 주변에 소형 주거군이 배치된다. 주변에 위치한 송담리29지점에서도 소형 주거군이 위치하는데 중심에서 분가한 것으로 추정되며, III기와 같이 중심취락과 하위취락 또는 모촌과 자촌의 관계를 고려할 수 있다. 송원리취락은 가락동유형 II·III기와 같이 취락 동북부에 주거지가 밀집 분포하는데 남-북방향의 선상취락을 이룬다. 주변으로는 2기의 주거지가 한 주거군을 이루거나 점상으로 분산 배치되는데 직전 단계와 유사하다. 그 외에 지역에서 동단계의 주거지가 확인되는 예는 현재까지 연기 석삼리유적이 유일한데, 미보고된 자료 중 유사한 주거지가 확인되나 그에 대한 판단은 유보한다(도 18).

　　이상과 같이 금강 중류역의 공주·연기지역의 일부에서 확인되는 가락동유형 취락의 성장과정을 송담리·송원리취락 중심으로 검토하였다. 가락동유형의 I기부터 시작된 취락의 건설과 운영은 II기를 지나 III기와 송담식주거지의 단계에 정점을 이룬다. 금강 중류역의 미호천유역권이나 갑천유역권에서 나타나는 시기별 변천상과 송담리·송원리취락의 성장과정은 차이가 있다. 즉 청동기시대 전기 후엽에 이르러 취락의 해체 또는 소멸상이 나타나는데 비해 송담리·송원리취락에서는 오히려 최대화되는 점으로서 이러한 점이 동 취락의 중심적 면모를 반증해주는 것이라고 볼 수 있다.

表1_ 公州 燕岐地域(世宗市 豫定地) 靑銅器時代 前期 聚落遺蹟 調査 現況

遺蹟名	住居址	屯山	龍岩Ⅰa	龍岩Ⅰb	龍岩Ⅱa	龍岩Ⅱb	松潭	其他
燕岐 燕岐里遺蹟	4		1	2				1
燕岐 龍湖里遺蹟(93地點)	11	1	2	2	2	2		2
燕岐 龍湖里遺蹟(89地點)	6		1		1			4
燕岐 石三里遺蹟	3						3	
燕岐 長在里遺蹟	28				?			
燕岐 松潭里遺蹟 29地點	14	3				2	2	7
燕岐 松潭里遺蹟 30地點	9	2			1	2		4
燕岐 松潭里遺蹟 34地點	6				2			4
公州 濟川里遺蹟	3		2					1
公州 濟川里 감나무골遺蹟	4	2	2					
公州 唐岩里 막음골遺蹟	2	1						1

表2_ 松潭里·松院里 聚落 型式別 住居址數

型式	屯山	龍Ⅰ	龍Ⅱa	龍Ⅱb	下唐	松潭	其他	計
松潭里	11	3	7	3	4	11	16	55

型式	屯山	龍Ⅰ	龍Ⅱa	龍Ⅱb	下唐	松潭	其他	計
松院里	3	10	6	4	5	15	15	58

表3_ 松潭里 聚落 住居址 出土土器의 文樣(二重口緣短斜線文 : a 二重口緣 : b 短斜線文 : c)

住 No.	型式	a	c	d	c+d	赤色磨研	臺附壺類
31	屯山a				●		
55	屯山	●					
2	屯山	●		●			
42	屯山b	●		●			
54	屯山b	●	●				
21	屯山b		●			●	●
34	屯山b		●				
44	龍岩Ⅰ	●				●	
10	龍岩Ⅱb		●	●			●
37	下唐式					●	
8	龍岩Ⅱa						●
16	龍岩Ⅱa					●	
30	松潭a			●			
28	?			●			

표4_松院里 聚落 住居址 出土土器의 文樣(二重口緣短斜線文 : a 二重口緣 : b 短斜線文 : c 口脣刻目 : d 鋸齒文 : e 斜格子文 : f 孔列文 : g 橫線文 : h)

住No.	型式	a	a+d	d	c	c+h	e+h	f	d+g	赤色磨研	臺附壺類
33	屯山			●				●		●	
43	屯山		●								
16	屯山	●	●			●					
14	龍岩Ⅰ		●							●	
32	龍岩Ⅰ		●	●	●	●	●		●	●	●
35	龍岩Ⅰ		●								
38	龍岩Ⅰ		●								
19	?		●	●							
31	下唐		●								
36	下唐				●						
50	下唐							●			
74	龍岩Ⅱ					●					
11	龍岩Ⅱ									●	
26	松潭			●							
39	松潭									●	

표5_松潭里·松院里 聚落 住居址 重複關係(數字는 住居後의 號數)

後↑先	松潭里							松院里			
	4,6	12		20			←松潭a		13		←松潭b
			18	19	53	53	←龍岩Ⅱ	10	12	39	←松潭a
		10	16	17	51	52				38	←龍岩Ⅰ
			15		50		←龍岩Ⅰ	9			←龍岩Ⅰa
	5	11					←屯山				

표6_松潭里 聚落 出土 石器類 一括

住No.	型式	石斧	扁平偏刃	三角灣入	二段莖鏃	一段莖鏃	半月形石刀	石劍	紡錘車	砥石	敲石	漁網錘	其他	用途未詳	未製品
1	屯山	3								2	3			2	1
2	屯山	2							2			1	1	9	3
21	屯山									5	2				5
33	屯山									1				4	
34	屯山				1									3	3
42	屯山									2				1	1
54	屯山		1	1			3(土)			1	1	7	土裝身具1	5	1
55	屯山			1				1	1					1	2
15	龍岩Ⅰa			1			2(魚)			2				4	1
32	龍岩Ⅰa						1(魚)						異形石器1	3	6
44	龍岩Ⅰ	1								2				1	8
10	龍岩Ⅱb	-1		2	1		1		1(土)	3	1			10	10
29	龍岩Ⅱb													1	2

表 7_松潭里 聚落 出土 石器類 一括

住 No.	型式	石斧	扁平偏刃	三角灣入	二段莖鏃	一段莖鏃	半月形石刀	石劍	紡錘車	砥石	敲石	漁網錘	其他	用途未詳	未製品
8	龍岩IIa													4	
16	龍岩IIa	4						2	3(±2)	9	1	1		1	7
17	龍岩IIa					1				2					
18	龍岩IIa	1		1		1								1	1
19	龍岩IIa									2			柱狀偏刃1	3	2
46	龍岩IIa											1		1	1
25	下唐式								2(±)	5				2	
45	下唐式		1												
37	下唐式	1												2	2
39	下唐式				1										2
14	細長方	1								1				5	3
23	細長方									1	1				
51	細長方			1			1				1		裝身具1		
53	細長方									2		1		2	4
4	松潭				1				2(±1)	5				2	1
6	松潭		1		1					1					1
20	松潭	1打							1(±)	1				3	1
30	松潭	2					1舟			2				6	5
35	松潭														3
49	松潭			1									有段石斧1	1	1
38	松潭														1
5	?									1				3	
7	?								1(±)					1	
9	?													1	2
24	?	1								2				1	
26	?													2	2
28	?									2					
48	?									1					
50	?							1							
52	?			1						1					

표 8_松院里 聚落 出土 石器類 一括

住No.	型式	石斧	扁平偏刃	三角灣入	二段莖鏃	一段莖鏃	半月形石刀	石劍	紡錘車	砥石	敲石	漁網錘	其他	用途未詳	未製品
16	屯山b	2								2				7	4
33	屯山a									1			臺石1	1	1
43	屯山a	1							1(土)		1		圓形石器2 環狀石斧1	1	
9	龍岩Ⅰa									3	5		石鑿1		
14	龍岩Ⅰa				1			1	1(土)	2	1			1	2
32	龍岩Ⅰa	1	1				1(舟)							6	3
35	龍岩Ⅰa									2				1	
18	龍岩Ⅰa	1								1					2
19	?	1													3
38	龍岩Ⅰ									1					
45	龍岩Ⅰb									1				1	
50	龍岩Ⅰb	1								11	5			5	18
3	龍岩Ⅱb			2						3				1	7
44	龍岩Ⅱb				1			2?	1(土)	11				4	9
46	龍岩Ⅱb													1	6
5	龍岩Ⅱa			1	1					2				2	5
11	龍岩Ⅱa													3	
21	龍岩Ⅱa				1						1				1
34	龍岩Ⅱa		1				1(魚)			4	1		礪石1	5	2
52	龍岩Ⅱa														
55	龍岩Ⅱa	1					3							6	
22	下唐式						1(舟)			1					
23	下唐式									3					
25	下唐式	1			1?				2	3		2		10	4
31	下唐式				3		1(魚)		1			19		2	2
36	下唐式	1					1		1(土)	1	4			2	
42	下唐式			1						7	7			6	10
7	?									1					
8	松潭a									1					1
10	松潭a				1							3		4	2
15	松潭a									1				1	
17	松潭a									1					
26	松潭a									1				1	
27	松潭a									1				1	
30	松潭a														1
39	松潭a									2	1			1	1
41	松潭a										1			1	2
13	松潭b									1			凹石1		1
47	?								1(土)					1	2
2	圓形系	1						1							

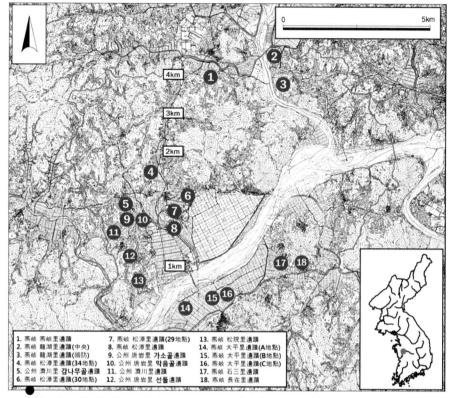

도 1 公州 燕岐地域(世宗市 豫定地域) 靑銅器時代 聚落遺蹟 分布

1. 燕岐 燕岐里遺蹟	7. 燕岐 松潭里遺蹟(29地點)	13. 燕岐 松院里遺蹟
2. 燕岐 龍湖里遺蹟(中央)	8. 燕岐 松潭里遺蹟	14. 燕岐 大平里遺蹟(A地點)
3. 燕岐 龍湖里遺蹟(國防)	9. 公州 唐岩里 가소골遺蹟	15. 燕岐 大平里遺蹟(B地點)
4. 燕岐 松潭里遺蹟(34地點)	10. 公州 唐岩里 막음골遺蹟	16. 燕岐 大平里遺蹟(C地點)
5. 公州 濟川里 감나무골遺蹟	11. 公州 濟川里遺蹟	17. 燕岐 石三里遺蹟
6. 燕岐 松潭里遺蹟(30地點)	12. 公州 唐岩里 선돌遺蹟	18. 燕岐 長在里遺蹟

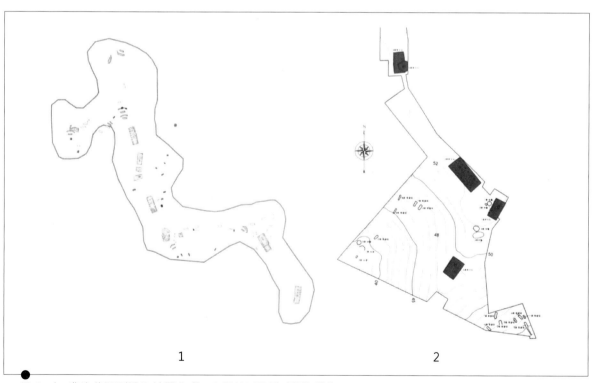

1   2

도 2 A : 燕岐 龍湖里(93地点) 聚落 B : 公州 濟川里 감나무골 聚落

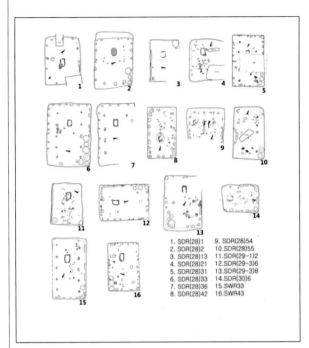

도 3 松潭里 · 松院里 聚落 屯山式 住居址(縮尺同一)

1. SDR(28)1호   9. SDR(28)54호
2. SDR(28)2호   10. SDR(28)55호
3. SDR(28)13호   11. SDR(29-1)2호
4. SDR(28)21호   12. SDR(29-3)6호
5. SDR(28)31호   13. SDR(29-3)8호
6. SDR(28)33호   14. SDR(30)6호
7. SDR(28)36호   15. SWR33호
8. SDR(28)42호   16. SWR43호

도 4 松潭里 · 松院里 聚落 龍岩II式 住居址(縮尺同一)

1. SDR(28)16호
2. SDR(28)17호
3. SDR(28)19호
4. SDR(28)46호
5. SDR(30)5호
6. SDR(34)1호
7. SWR11호
8. SWR21호
9. SWR34호
10. SWR52호
11. SWR55호

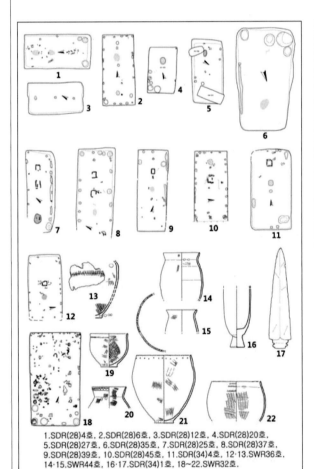

1.SDR(28)4호, 2.SDR(28)6호, 3.SDR(28)12호, 4.SDR(28)20호,
5.SDR(28)27호, 6.SDR(28)35호, 7.SDR(28)25호, 8.SDR(28)37호,
9.SDR(28)39호, 10.SDR(28)45호, 11.SDR(34)4호, 12·13.SWR36호,
14·15.SWR44호, 16·17.SDR(34)1호, 18~22.SWR32호.

도 5 松潭式 · 下唐式 住居址, 外來系遺物(縮尺下同)

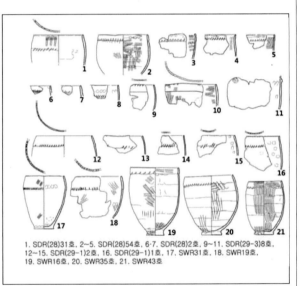

1. SDR(28)31호, 2~5. SDR(28)54호, 6·7. SDR(28)2호, 9~11. SDR(29-3)8호,
12~15. SDR(29-1)2호, 16. SDR(29-1)1호, 17. SWR31호, 18. SWR19호,
19. SWR16호, 20. SWR35호, 21. SWR43호

도 6 松潭里 · 松院里 聚落 土器類(縮尺同一)

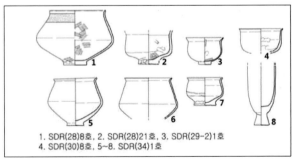

1. SDR(28)8호, 2. SDR(28)21호, 3. SDR(29-2)1호,
4. SDR(30)8호, 5~8. SDR(34)1호

도 7 松潭里 聚落 臺付土器類(縮尺同一)

도 3~7

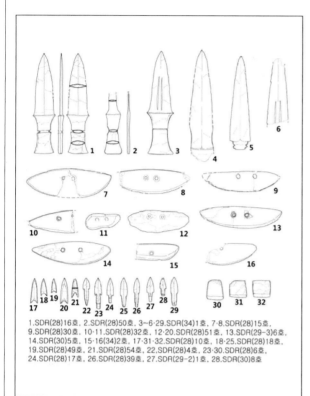

1.SDR(28)16호, 2.SDR(28)50호, 3~6·29.SDR(34)1호, 7·8.SDR(28)15호,
9.SDR(28)30호, 10·11.SDR(28)32호, 12·20.SDR(28)51호, 13.SDR(29-3)6호,
14.SDR(30)5호, 15·16(34)1호, 17·31·32.SDR(28)10호, 18·25.SDR(28)18호,
19.SDR(28)49호, 21.SDR(28)54호, 22.SDR(28)4호, 23·30.SDR(28)6호,
24.SDR(28)17호, 26.SDR(28)39호, 27.SDR(29-2)1호, 28.SDR(30)8호

도 8 松潭里 취락내 주거지 출토 石器1(縮尺同一)

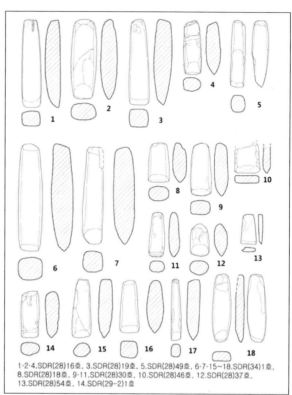

1·2·4.SDR(28)16호, 3.SDR(28)19호, 5.SDR(28)49호, 6·7·15~18.SDR(34)1호,
8.SDR(28)18호, 9·11.SDR(28)30호, 10.SDR(28)46호, 12.SDR(28)37호,
13.SDR(28)54호, 14.SDR(29-2)1호

도 9 松潭里 취락내 주거지 출토 石器 2(縮尺同一)

도 10 松潭里 聚落 可樂洞類型 Ⅰ·Ⅱ期

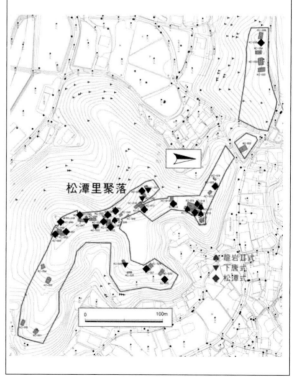

도 11 松潭里 聚落 可樂洞類型 Ⅲ期 松潭式

도 8~11

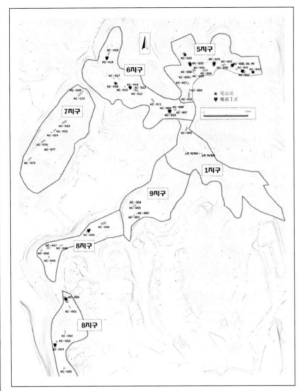

도 12 松院里 聚落 可樂洞類型 Ⅰ·Ⅱ期

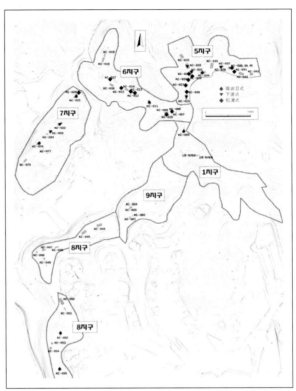

도 13 松院里 聚落 可樂洞類型 Ⅲ期 松潭式

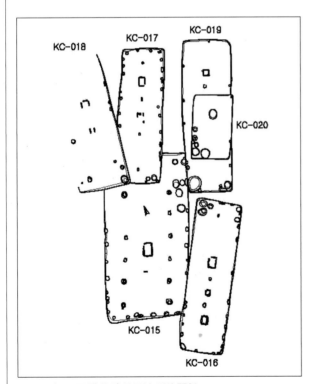

도 14 松潭里 聚落의 住居址 重複關係

도 12~14

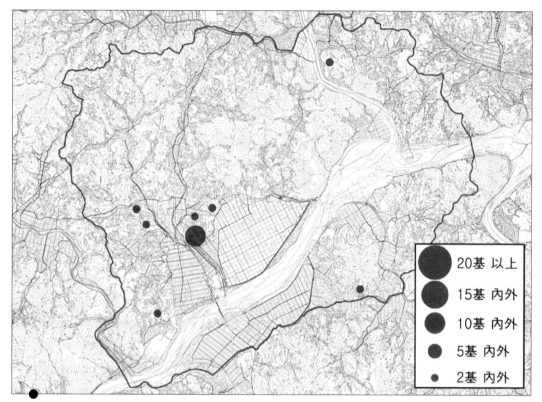

도 15   可樂洞類型 Ⅰ期 聚落의 分布와 規模

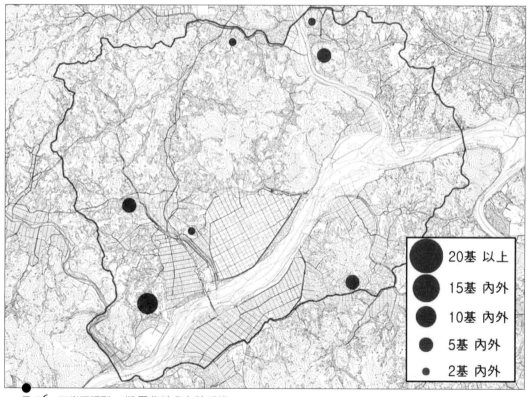

도 16   可樂洞類型 Ⅱ期 聚落의 分布와 規模

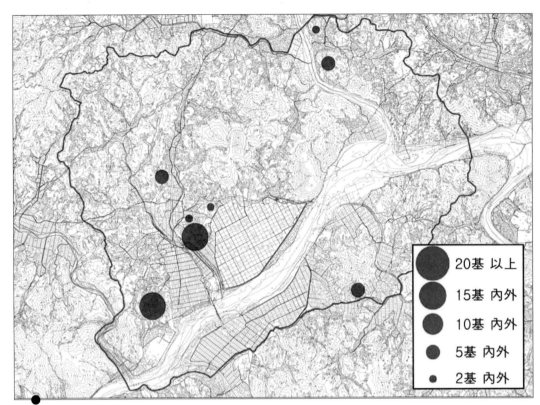

도 17 可樂洞類型 III期 聚落의 分布와 規模

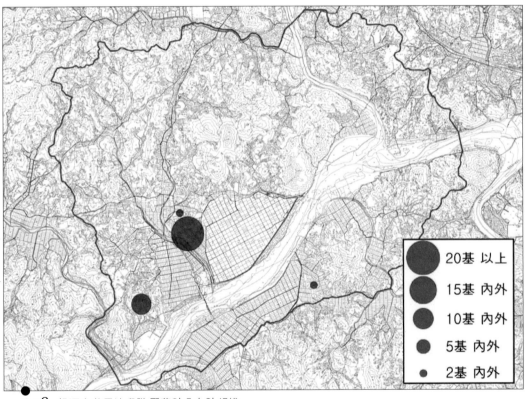

도 18 松潭式 住居址 段階 聚落의 分布와 規模

●참고문헌●

孔敏奎, 2011, 「錦江 中流域 青銅器時代 前期 聚落의 檢討」, 『韓國青銅器學報』8號, 韓國青銅器學會.

國防文化財研究院, 2010, 『燕岐 龍湖里遺蹟』, 指導委員會 資料.

百濟文化財研究院, 2008, 『公州 濟川里 감나무골 遺蹟』, 指導委員會 資料.

＿＿＿＿＿＿＿, 2011, 『行政中心複合都市 建設敷地內 2-2地區 遺蹟 文化遺蹟 發掘調査 略報告書』.

安在晧, 2009, 「韓國 青銅器時代 研究의 成果와 課題」, 『東北亞 青銅器文化 調査研究의 成果와 課題』, 學研文化社.

李亨源, 2007, 「湖西地域 可樂洞類型의 聚落構造와 性格」, 『湖西考古學』17, 湖西考古學會.

＿＿＿, 2009, 『韓國 青銅器時代의 聚落構造와 社會組織』, 忠南大學校 博士學位論文.

李弘鍾, 2007, 「松菊里型 聚落의 空間配置」, 『湖西考古學』17, 湖西考古學會.

李弘鍾 外, 2010, 『燕岐 松潭里·松院里遺蹟』, 韓國考古環境研究所.

中央文化財研究院, 2010, 『燕岐 燕岐里遺蹟』.

中央文化財研究院 外, 2011, 『行政中心複合都市 醫療福祉地域 生活圈 5-1·3(試掘2-4地點) 89地點(龍湖里遺蹟)』, 學術諮問會議 資料.

忠南大學校博物館, 1998, 『大田 老隱洞遺蹟 發掘調査報告』.

忠清南道歷史文化院 外, 2007, 『公州 濟川里遺蹟』.

南部 東海岸地域 靑銅器時代의 聚落

朴榮九

1. 序言

남부동해안지역은 기존 울산식주거지와 검단리식 토기를 표지로 하는 검단리문화권을 공유하고 있으며, 강원 영동지역과 문화적 공통성을 공유하는 지역이다. 최근 들어 포항 구룡포 일대 유적과 경주 어일리유적, 울산 강동 산하지구유적을 포함해 대규모 취락유적이 조사되고 있다.

남부동해안지역 청동기시대문화 및 편년에 대한 기존의 연구(동진숙 2003, 황현진 2004, 김권구 2005, 박영구 2009)는 영남지방 청동기문화양상에 대한 검토과정에서 형산강, 태화강유역이라는 지역적인 범주 속에서 다루어 져 왔다.[1]

본고에서는 남부동해안지역 중 울진지역과 포항, 경주 및 울산지역 중 최근에 조사가 활발히 이루어진 해안에 입지한 청동기시대 취락을 중심으로[2] 통해 취락구조를 살펴보고, 주거지 구조 및 출토유물에 대한 분석을 통해 취락의 편년작업을 시행하고자 한다.

2. 聚落構造

1) 聚落의 立地樣相

청동기시대 취락의 입지양상은 대부분 하천 주변 구릉과 해안단구면에 입지하며, 일부 충적대지(해안평야)에 서도 확인된다. 입지비고에 따라 하천 주변지역의 구릉성 입지유형과 고지성[3] 입지유형, 충적대지에 위치한 평지 성 입지유형으로 구분된다. 주거지 분포양상은 구릉부 능선부와 사면, 충적대지로 구분된다. 대표적 유적으로는 蔚珍地域의 烽山里, 德川里遺蹟, 浦項地域은 草谷川 周邊의 草谷里, 城谷里·大蓮里遺蹟, 冷川 周邊의 院洞, 虎洞, 仁德洞, 仁德山 遺蹟, 해안에 입지한 三政1里 遺蹟, 慶州 奉吉里, 漁日里 遺蹟, 蔚山 山下洞, 亭子洞 遺蹟 등이다.

---

1) 기존 연구에서는 영남동해안지역(동진숙 2003), 동남해안지역(황현진 2004), 형산강유역·태화강유역·동해안지역(김권구 2005)으로 구분하였으나, 필자(박영구 2009)는 강원영동지역을 중부동해안지역으로 구분하고, 경북 울진군-포항시-경주시-울 산광역시에 이르는 지역을 남부동해안지역으로 구분하였다.

2) 경주의 형산강유역, 울산의 동천 및 태화강 유역의 취락은 별고를 통해 검토하고자 한다.

3) 고지형과 구릉지형 구분은 비고 40m를 기준으로 이상은 고지성, 미만은 구릉성으로 구분한다.

표 1 _ 입지분류

구분 / 유적	입지지형			입지비고			주거지		
	해안	하천	해발	구릉성	고지성	평지성	능선부	사면	충적 대지
蔚珍 德川里	O		8~29	O				4	
蓬山里	O		42~66	O			5		
浦項 草谷里		O	20~35	O			10	7	
南松里		O	32~36	O				5	
南松里 I		O	7~19	O				39	
南松里 II		O	11~15	O				3	
南松里 III		O	15~17	O				2	
城谷里		O	40~50	O			43	15	
城谷里 I		O	29~36	O				2	
城谷里 II		O	12~13	O				3	
大蓮里		O	30	O				15	
大蓮里(성림)		O	60~84	O				39	
芝谷洞		O	15~25	O				2	
虎洞 I지구		O	74~77		O		26		
II지구		O	75~79		O		52		
院洞 3지구		O	38~40			O	13		
2지구		O	40~45			O		4	55
1지구		O	12~25	O		O		24	
仁德洞		O	44~67	O	O		23	3	1
仁德山		O	70		O		14		
三政1里	O		13~29	O			59		
三政2里	O		9~18	O			9		
石屏里	O		41	O			1		
江沙里	O		26	O			7		
大甫里	O		25~27	O			3		
九萬里	O		29~34	O			12		
慶州 五柳里	O		90		O		1		
奉吉里	O		35~55	O				14	
奉吉里(울산대)	O		8~10	O				2	
奉吉里(경북)	O		37~40	O				2	
奉吉里 117-2	O		37~40	O				2	
漁日里		O	50~104	O			345		
下西里	O		21-26			O		12	
蔚山 山下洞(울발)	O		45~60	O				16	
山下洞山陰(울문)	O		16~27	O				19	
亭子洞	O		60~70	O			48		

2) 聚落構造

(1) 주거지

남부동해안지역 청동기시대 유적 41개소에서 조사된 주거지는 1,189기이다[4]. 이번 분석대상 35개소 유적에서 조사된 627기 중 평면형태가 확인된 주거지는 방형 211기, 장방형 72기, 세장방형 11기 등 294기[5]로 전체적으

---

4) 현재 어일리 유적에서는 373기(신라문화재연구원 134기, 한빛문화재연구원 110기, 세종문화재연구원 101기, 추가조사지역 28기), 강동 산하지구 189기(울산문화재연구원 89기, 동서문물연구원 89기, 우리문화재연구원 11기)는 최근에 조사가 끝난 상황이거나 아직 보고서가 간행되지 않은 상황으로 전체 주거지 수량에는 포함하였으나, 분석 대상에서는 제외되었다.

로 보면 약 47% 가량이 확인된 상황이다.

주거지의 평면형태는 장방형과 방형이 대부분[6]이고, 세장방형이 일부 확인되는데, 대련리 I-2호 세장방형 주거지는 장단비가 3.7:1로 초세장방형의 범주에 속한다. 한편 방형 주거지는 길이가 2.5m~5.7m, 장방형은 길이 6m~11.4m, 세장방형은 길이 8.4m~12.8m 범주에 포함된다. 주거지의 평면형태는 장방형계가 계속 이어지면서 방형계로 변하고 면적이 대형에서 중형-소형으로 축소되는 경향을 보이며, 구조의 정형화 혹은 분화되는 형태의 울산식주거지가 정착된다. 울산지역의 경우 세장방형주거지 및 이중구연토기 등으로 대표되는 청동기시대 전기에는 중복현상이 확인되지 않다가 울산식주거지가 정형화되는 단계에 중복현상이 증가함-주거지의 구조적인 차이나 출토유물의 시기적인 차이가 없어 일정한 시기에 중복현상이 집중하고 있다.

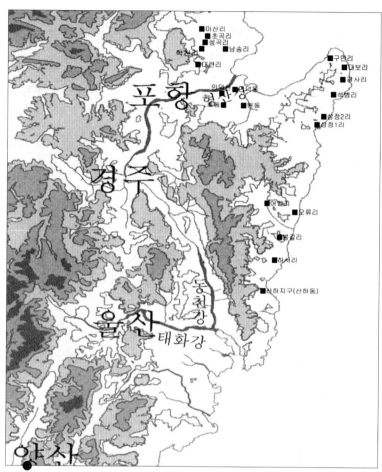

도 1 남부동해안지역 취락 분포도

주거지의 면적은 소형(1~20㎡), 중형(21~40㎡), 대형(41~80㎡), 초대형(80㎡ 이상)으로 구분하였다. 세장방형 주거지 11기는 세장방·대형(7-63.7%), 세장방·중형(3-27.3%), 세장방·소형(1-9%), 장방형 주거지 70기는 장방·중형(41-58.6%), 장방·소형(16-22.9%), 장방·대형(13-18.5%), 방형 주거지 208기는 방·소형(165-79.3%), 방·중형(43-20.7%)의 빈도수를 보인다.

① 주거지 내부구조

주거지의 바닥은 대부분 생토면을 그대로 이용하였고, 취락별로 일부 불다짐하거나 점토다짐한 주거지가 확인된다. 주거지 폐기방법으로는 내부에서 목탄과 소토가 다량 확인된 화재폐기가 있으며, 화재흔적이 확인되지 않는 주거지는 자연폐기된 것으로 판단된다. 화재주거지의 경우 내부에 유물이 소량으로 확인되는 것과 유물이 산재되어 있는 주거지가 관찰되며, 이들 주거지는 폐기 후 의도적인 화재와 주거지 사용 시 급작스런 화재에 의해 폐기된 경우로 추정 가능하다. 또 일부 주거지에서 노지가 확인된 부분을 중심으로 주변에 인위적으로 다량의 잡석과 토기류, 석기류 등의 유물을 파기한 후 폐기하였을 것으로 추정되는 주거지도 일부 관찰된다.

원동2지구의 충적대지에 위치한 주거지 55기는 자연폐기가 37기(67%), 화재폐기가 18기(33%), 구릉의 경우 4

---

5) 분석 대상 중 성곡리 유적 58동은 전체 주거지 동수에는 포함되었으나 지형이 삭평되어 대부분 일부만 잔존한 상태로 면적을 환산할 수 있는 주거지는 3기에 불과하다.

6) 인덕산유적 주거지(14동)와 원동3지구 주거지(13동)들은 모서리각을 줄인 말각방형, 말각장방형으로 구분하였으나 본고에서는 방형, 장방형의 범주에 포함시켜 분류하였다.

기 모두 화재폐기 되었다. 구릉에 입지한 어일리 유적 C구역 101기는 화재폐기 55기, 자연폐기 46기로 구분된다.

한편 원동2지구 Ⅲ-1, 7호와 삼정리 19, 41호에는 주거지 내부에 부분적으로 집석[7]이 되어 있다. 삼정리의 경우 19호는 자연폐기 주거지이고, 41호 주거지는 화재폐기된 주거지이다.

주거지의 내부시설로는 주거지 내부에서는 노지, 벽구, 외부돌출구, 주혈, 저장공, 작업공, 선반시설, 출입구, 내구, 외구 등이 확인된다.

가. 노지

노지는 원형 또는 타원형의 형태를 띠며, 중앙에 위치하거나 벽쪽(편북, 편서)으로 편재하고 있다. 노지는 무시설식(수혈식·평지식)노지, 위석식, 부석식, 점토띠식 노지로 구분되며, 전체 616기 주거지 중에서 337기 주거지(약 54.7%)에서 확인된다.[8]

무시설식 노지는 수혈을 판 형태인 수혈식(273기-81%))과 아무런 시설 없이 평면상이 소토화된 형태인 평지식(59기- 17.5%)으로 구분하였다. 삼정리 21호 노지에는 외부돌출구가 설치되어 있다.

위석식 노지[9]는 삼정리유적에서만 확인된다. 11호는 바닥을 약간 굴착 한 후 할석을 ㄷ자형으로 돌려서 만든 형태이고, 12호는 타원형의 위석식 노지이다.

부석식 노지는 성곡리 30호와 대련리 15호에서 확인되었다. 바닥에 납작한 천석을 깔고 점성이 강한 점토를 이용하여 천석 사이와 외부를 보강하였다.

점토띠식 노지는 성곡리 33호주거지에서만 확인되며, 생토면 바로 위에 점토띠를 둘러서 만들었다.

나. 벽구

벽구는 벽체를 세우기 위한 기초 홈으로 보는 견해, 배수와 제습의 기능으로 보는 견해, 수직벽체를 세우기 위한 홈의 기능과 배수시설을 겸했던 것으로 보는 견해가 있다.

벽구의 형태는 네벽에 돌려진 형태(ㅁ형), 세벽에 돌려진 형태(ㄷ형) 두벽에 둘려진 형태(ㄱ형), 한벽 또는 일부(주혈간) 돌려진형태 (一형)로 구분된다. 한편 인덕산 3호, 4호, 10호, 원동 1지구 Ⅰ-가구역 2호, 6호, 9호, 10호, 15호의 경우에는 벽구가 단절된 형태로 확인되며, 대련리 Ⅱ-7호, 인덕산 3호, 남송리 3호, 삼정리 9호, 35호, 오류리 1호, 산음 16호에서는 이중벽구의 형태로 확인된다.

주거지 616기 중 벽구가 확인되는 주거지는 408기(66%)이며, 형태상으로는 ㅁ형(164기-41%) → ㄷ형(132기-32%) → ㄱ형(75기-18%) → 一형(37기-9%)의 순으로 빈도수를 보인다.

다. 외부돌출구

외부돌출구는 주거지의 습기나 외부에서 벽면을 타고 유입된 소량의 물을 자연경사면을 따라 주거지 외부로 배수하는 역할을 하고, 원동 2지구 Ⅱ-1·23·41호 등의 충적대지에 위치한 외부돌출구는 일시 침수를 막기 위해 구 등과 연계시켜 배수를 원활히 한 것으로 파악된다(한국문화재보호재단 2008). 대련리 Ⅲ-7호는 외부돌출구가 양벽을 따라 2개가 확인된다.

외부돌출구는 조성방법에 따라 수혈식, 터널식, 석조식으로 구분된다. 벽구가 설치된 주거지 408기 중에서 외부돌출구[10]가 설치된 경우는 125기(30.6%)이며, 형태는 수혈식이 115기(92%)로 가장 많고, ㅁ형 벽구에 외부돌출구가 설치된 경우(60기-82%)가 다른 형태보다 많은 빈도수를 보인다.

---

7) 집석은 의례유구, 단순폐기장, 질병이나 중독에 의한 폐기라고 파악하고 있다.

8) 어일리 C구역 101기 중 65기 주거지에서 확인(수혈식 38기, 평지식 27기).

9) 영동지역에서는 강릉 교동 1호를 제외하면, 입암동 1·2호, 방내리 7·11호, 방내리(강·문) 11·13·14호, 고성 대대리 6호·8호 등 주로 역삼동유형 주거지에서 확인되었다.

10) 영동지역에서는 고성 사천리 7·10호, 방내리(강원문화재연구소 2006) 1·15호, 동해 지흥동 3호에서 확인되었다.

라. 주혈

주혈은 정형성을 보이는 경우와 벽구 내 벽주가 조성된 경우로 구분된다. 주혈의 배치는 인덕동 2호 같이 중앙 노지를 기준으로 양장벽에 주혈 1개식 배치하는 경우는 소형주거지에서만 채용된다. 2×2의 대칭을 이루는 4주식, 3×3의 대칭을 이루는 6주식, 4×4의 대칭을 이루는 8주식과, 5×5의 대칭을 이루는 10주식(정자동 1호), 7×7의 14주식(원동 II지구 44호) 등이 확인된다. 벽주가 벽구 내에 조성된 경우는 벽주의 기능은 짚 등으로 섞어서 만든 벽체를 유지해 지붕을 받쳐주거나 가옥의 구조를 지탱해 주는 보조적 역할을 했을 것으로 여겨진다.

마. 저장공

초곡리 2·6호, 삼정1리 3·36호, 원동2지구 II-8·22·29호, III-4·5·7호, 인덕산 2호, 인덕동 2·3·16·23호, 산하동 4호에서 확인된다. 무시설식 수혈구조로, 위치는 주거지 단벽 모서리에 대부분 위치하나, 인덕동 23호 주거지는 양단벽 모서리에 위치한다. 내부에서는 무문토기편과 서건병부편, 서부 등이 출토되었다.

전형적인 울산식주거지가 나타나는 시기부터 주거지 내의 저장공은 확인되지 않고, 주거공간과 저장공간의 분리되어 수혈유구, 고상창고 등으로 확인된다.

바. 작업공

인덕산 7호, 인덕동 3호, 삼정리 35호, 원동2지구 III-10호에서 확인되는데, 노지와 대칭적으로 설치되어 있다. 삼정1리 35호에서는 모서리에 위치하는데 내부에는 석재를 만들기 위한 소형할석이 들어 있으며, 원동 2지구 III-10호에서는 점토다짐 내 작업공을 갖추고 있다.

사. 선반시설

인덕동 16호에서는 남쪽과 서쪽벽면에 걸쳐 'ㄱ'자 형태로 나타나며, 주거지 한쪽 벽면의 암반 굴곡을 이용하였다. 상면에서는 공구형석기, 합인석부 등이 출토되었고, 남송리 2호에서는 동장벽에서 거리를 두고 약간의 단을 이루며 유물이 집중적으로 출토되고 있어 저장용 토기 등을 놓아두는 선반으로 여겨진다.

아. 출입구

대련리 7호주거지에서는 동쪽 부분이 60cm 정도 돌출되어 있는 형태, 인덕산 7호 주거지에서는 동장벽의 벽구내에 70cm 간격으로 주혈이 배치되어 있는 형태[11]로 사용한 것으로 판단된다. 한편 원동 2지구 II-6에서는 서단벽에 벽주 2기가 확인되어 출입구로 추정된다.

자. 내구

주거지 내부 공간을 분리하는 역할을 하는 것으로 여겨지며, 호동 II지구 4기(1호, 3호, 38호, 40호), 어일리 C-38호 주거지에서 확인된다. 공간비가 1:1(40호)이거나 2:1(1호, 3호, 38호)이다. 이중 II-3·40호에서는 복수의 노지가 확인되었다.

차. 외구

인덕동 2호 주거지, 대련리 10호 주거지, 남송리 I-37호 주거지, 어일리 B구역 2기, C구역 6기에서 확인된다. 주거지를 감싸듯이 외구[12]가 둘러져 있으며 내부에서 공구형석기와 무문토기편 등의 유물이 출토되었다. 울타리 등 구획의 용도보다는 주거지 내의 우수의 침입 등을 방지하기 위한 실질적인 기능에 중점을 두었을 것으로 여겨진다.

---

11) 주거지 내 일정범위의 상면다짐현상, 벽구의 평면형태가 사면에 일부분만 트여진 경우, 벽면에 인접해 2개의 주혈이 있는 경우를 출입시설로 추정 해 볼 수 있다(취락연구회 2004).

12) 주거지 바깥에 설치되어 있는 구는 대련리와 인덕동 등의 주거지는 경사면에 입지하며 경사면 위쪽에 반원형 또는 타원형으로 구가 설치되어 있고, 울산 연암동의 경우에는 평지에 입지한 유적인데 주거지 외곽을 감싸는 원형의 구가 확인되었다.

(2) 수혈유구

수혈유구의 기능은 화장실, 폐기장, 의례유구, 작업장, 주거지의 보조시설, 함정, 토취장, 공방시설 등 다양하게 유추되나 명확하지는 않다. 취락구성 내 구성 비율이 매우 낮다는 것은 개인이나 가족단위의 유구가 아니라 공공적인 성격으로 파악된다.[13]

남부동해안지역 개별 취락내에서 확인되는 수혈유구의 수는 적은편이나, 남송리 I 유적에서는 26기, 어일리 유적 24기 포함 전체 유적에서 86기가 확인되었다. 대부분 주거지 주변에 인접하여 위치한다, 형태는 방형, 타원형, 원형의 형태를 띤다. 하서리 5호 수혈유구에서는 유단식 장식석검 병부편, 대보리 1호에서는 석재가 출토되었고, 2호에서는 무문토기, 소토, 목탄, 동물뼈가 확인되어 폐기장으로 추정된다. 한편 원동2지구 II-3호 수혈유구에서는 노지 1기가 확인된다. 남송리 19·26호에서는 삼각형점토대토기가 출토되었다.

(3) 구상유구

구상유구는 배수시설, 폐기장, 소성유구 등의 기능을 가지고 있는 것으로 분류된다. 어일리유적 29기 포함 92기가 확인되었는데, 남송리 I 유적에서는 절반이 넘는 32기가 확인되었다. 형태는 'ㅡ', 'ㄱ', 'ㄷ' 형태로 내부에서는 공열토기편, 무문토기편, 어망추, 석기 등이 출토되며, 원동2지구 I-1호, 남송리 I-30호 구상유구에서는 무문토기저부, 삼각형점토대토기편, 두형토기 등이 출토되었다.

(4) 굴립주 건물지

울산 산하지구에서(산하동-울산발전연구원 2010) 6기[14]가 조사되었다. 굴립주 내부에서는 무문토기, 어망추 석축 등이 출토되었다. 산하동에서는 3기가 군집(3기 중복), 1기 단독으로 존재하며 대부분 창고 역할을 하는 것으로 판단된다.

(5) 무덤

남부동해안지역 청동기시대 무덤은 지석묘, 석관묘, 토광묘, 주구묘이다. 무덤양상은 남한지역의 다른 지역과 비슷하며, 청동기시대 조기, 즉 돌대문토기단계에 속하는 묘제는 아직 확인되지 않았다. 발굴조사된 무덤은 원동2지구 지석묘 1기, 강사리 지석묘 1기, 호동 주구묘 1기, 삼정리 토광묘 1기, 봉길리 석관묘 1기, 산하동 석관묘 4기 등 주거지의 숫자에 비해 분묘가 희소한 편이다.

청동기시대 무덤의 입지는 대부분 낮은 구릉에 입지하며, 일부 충적대지에서 확인되는데, 청동시대 취락의 입지 경향과 대동소이한 양상을 보이고 있다. 묘제 중 가장 이른 묘제는 석관묘로 전기 후엽에 등장하여 원형점토대토기 단계인 청동기시대 후기 까지 소형의 석관형태로 지속적으로 축조된다. 포항 마산리 석관묘 출토 삼각만입촉은 포항지역의 초곡리 2호 주거지, 남송리 3호 주거지 출토품과 유사하여 청동기시대 전기 후엽으로 편년되고, 송현리 B유적을 포함한 영동지역의 석관묘와 포항 학천리 석관묘가 원형점토대토기 단계에 해당하며, 유물은 마제석검, 석착, 검파두식 등이 출토된다. 호동 1지구 주구묘와 삼정리 토광묘로, 호동 주구묘 출토 구순각목단사선토기와 삼정리 토광묘 출토 단도마연토기[15] 등은 포항지역 2기로 편년되어 전기 후엽에 편년되며, 울산 산하동 2-1호 석관묘에서는 파수부발이 출토되어 중기 후반으로 편년된다.

지석묘는 많은 수가 조사되지 않았지만 묘역시설이 확인되지 않고 독립적 분포양상을 보이고 있는 것이 특징이다. 포항 원동2지구 IV-1구역 지석묘에서 출토된 석창은 학천리 4호 석관묘에서 출토된 석창과 유사하다.

---

13) 허의행, 2008, 「전기 청동기시대 수혈유구의 성격과 변화양상」, 『한국청동기학보』제3호, 한국청동기학회.
14) 경주 하서리에서는 굴립주건물지 12기가 조사되었으나 내부 출토유물이 없어 정확한 시기를 알 수 없다.
15) 남한지역 묘제에 단도마연토기가 부장되는 시기는 전기후반으로 비정하고 있다(송영진 2006).

주구형 유구는 기존 연암동 구, 환구(울산발전연구원 문화재센터 2009- 매장관련 유구로 판단)로 명명된 유구로, 주거지와는 무관한 화장, 세골장과 같은 이차장의 매장방법을 채용한 주구묘로 판단한 이수홍(2010)[16]의 의견과 같이 매장관련 유구로 판단되지만, 현재 까지 매장주체부가 확인되지 않아 주구묘와 구분하고자 한다.

울산 산하지구 39기(울산발전연구원 문화재센터 10기,[17] 우리문화재연구원 20기, 울산문화재연구원 C지구에서 8기), 경주 하서리에서 4기가 조사되었다. 한편 호동 II지구 1·2호, 경주 어일리 A-III-1호 구상유구도 규모 및 취락내 위치 등을 고려할 때 주구형 유구로 판단 된다.

평면형태는 말각장방형, 말각방형으로, 주거지가 구릉 사면에 분포하는 반면 주구형 유구는 능선에 분포하여 같은 구릉에서 주거지보다는 시각적으로 높은 곳에 분포하는 것이 특징이다(이수홍 2010). 산하동 1호 주구형 유구는 1호 주거지를 파괴하고 조성, 4호에서는 횡선문, 9호에서는 공열문과 단사선(낟알문)이 출토되어, 검단리유형의 중기 후반에 해당하는 시기의 매장관련 유구이다.

동해안지역 청동기시대 무덤의 분포양상은 전기~후기까지 취락내에서 독립된 형태로 분포한다. 청동기시대 전기의 전통이 지속되는 가운데 송국리문화의 부재에 따른 지역성과 밀접한 관련성이 있는 것으로 해석할 수 있다(황창한 2010). 또한 동해안지역은 넓은 충적지가 형성되지 못한 지리적 특성으로 인해, 稻作문화가 성행되지 못했고, 대규모 취락이 형성될 수 있는 지형적인 공간, 즉 개별구릉의 규모가 작은 관계로, 단일 취락의 규모가 작을 수밖에 없다. 따라서 농경사회에서 장송의례가 사회적 위치나 신분을 나타내는 것 외에 집단의 결속을 강화하고자 하는 목적도 동시에 있었다는 의견(이상길 2000)을 고려해 보면 울산지역을 포함한 동해안지역은 이러한 집단의 결속(농경문화)를 보여주는 무덤의 축조 및 무덤을 조영할 수 있는 계층이 적음으로 인한 사회적 위치나 신분을 나타내기 위한 대형구획묘의 축조가 상대적으로 불필요했던 것으로 이해(황창한 2010)하는데 동감한다.

표 2 _ 무덤 편년

지석묘	석관묘	토광묘	주구묘	주구형 유구	
전기 중엽		강릉 방내리	양양 송전리		
전기 후엽		포항 마산리	포항 삼정리	포항 호동 I	
중기 전반	양양 포월리 고성 대대리				포항 호동 II
중기 후반		경주 봉길리 울산 산하동			울산 산하지구 경주 하서리
후기	조양동 1. 2호 포항원동2지구 IV-1구역	고성 송현리, 초도리 강릉 방동리 포항 학천리			

3) 聚落樣相

남부동해안지역 청동기시대 취락의 입지양상은 하천 주변의 구릉성 입지, 평지성 입지, 해안성 입지 유적으로 구분되며, 주거지 분포양상은 구릉부 능선부와 사면, 충적대지로 구분된다. 주거지는 장방형, 방형이 대부분이며, 일부 세장방형이 확인되며, 내부시설로는 주거지 내부에서는 노지(무시설식이 대부분), 벽구, 외부돌출구, 주혈, 저장공, 작업공, 출입구, 내구, 외구 등이 확인된다.

전기 중엽부터 전기 후엽에는 혼암리식 토기가 출토되는 혼암리형 주거지가 확인되며, 중기부터는 검단리식

---

16) 묘역을 조성한 무덤은 전기에는 한반도 남부지방에 주구묘가 채택되었다가 후기가 되면 송국리유형 분포권에서는 묘역에 본격적으로 돌이 주재료로 이용, 지하에 위치하는 매장주체부, 신전장을 주매장방법으로 채택, 군집하여 분포하는 포석형지석묘로 발전한 반면에 검단리유형 분포권은 매장주체부의 지상화, 묘역이 소규모화하며 주구묘의 전통이 이어졌다고 추론하고 있다(이수홍 2010).

토기가 출토되는 울산식 주거지가 확인된다. 주거지의 입지는 전기에는 구릉 정상부를 따라 1-2기가 배치되며, 중기부터는 기존 울산지역과 마찬가지로 능선을 따라 배치된다.

취락의 공간구조[18]에는 주거공간만 외에 분묘, 환호, 생업(농경)이 포함된다. 포항지역은 대부분 주거공간만 확인된 취락으로, 영동지역 청동기시대 취락과 같은 양상을 보인다.

인덕동, 인덕산, 호동1·2지구, 성곡리 취락에서는 구릉 정상부와 일부 구릉사면 평탄부가 공지[19]로 남겨져 있는데, 이러한 양상은 입지상 가장 좋은 곳을 공지로 남겨 두고 주거지들이 거의 구릉 말단부에 집중적으로 분포하는 것으로 보아 중앙부는 공동체 성원의 규제가 존재하였던 공공용익을 위한 광장으로 이용되었던 것으로 여겨진다.[20] 삼정리 유적의 경우 주거지의 분포는 유적의 남서쪽 사면, 중앙 사면, 북동쪽 사면에 밀집 분포하고 있으며, 남서쪽 사면과 중앙 사면 사이는 공지로 남아 있다. 삼정리 유적의 공지 부분은 중앙부와 양쪽 사면의 주거지 간에는 시간차가 확인되어, 유적 내에서 어느 정도 시기차를 두고 주거군의 분포가 구릉의 중앙부에서 양쪽으로 이동해간 양상을 보여주는 주거군의 이동으로 인해 형성된 공간으로 여겨진다.

냉천주변에 위치한 취락은 이중구연요소의 토기 단계, 이중구연요소가 사라지고 구순각목공열, 공열토기가 보이는 단계, 공열문과 횡선문이 시문되며, 울산식 주거지가 확인되는 단계로 변화한다. 취락의 입지는 1기에는 충적대지(원동 2지구 3구역 주거지)와 해발 50m 내외의 구릉(인덕동)에 입지하다가, 2기(호동 1지구, 인덕산)와 3기(호동 2지구)에는 해발 70m 이상의 고지성 구릉지역으로 취락이 이동하는 양상을 보인다. 한편 호동 1지구의 경우 주거공간과 분묘구역이 분리되어 위치하는 양상을 보이며, 원동 2지구 IV역 구릉 정상부에는 지석묘 1기만이 위치하고, 주거지들은 구릉 능선상에 분포하는 양상을 보인다.

해안에 위치한 울산산하동 취락은 각각 구릉(정자동, 산음, 산하지구 울산문화재연구원조사지역 A, B, D~G구릉), 해안단구면(울산문화재연구원 조사지역 C지구, 산하동)에서 확인되며, 단구면에서는 주거지와 굴립주 건물지, 구상유구, 석관묘, 주구형 유구 등이 조사되어 입지 차이에 따라 차별성을 가진 유구가 확인되고 있다.

울산 산하동(울산발전연구원 2010) 취락에서 주거지는 2~4기 정도가 군집을 이루어 전지역에 고루 분포하고 있으며, 분묘인 석관묘는 북쪽에서 2기, 남쪽에 2기, 주구형 유구는 대부분 능선에 분포하여 같은 구릉에서 주거지 보다 높은 곳에 분포한다.

북쪽 구릉 평탄면에는 주거지 3기, 석열, 석관묘 2기, 남쪽 구릉평탄면에는 주거지 2기, 주구형 유구 3기, 석관묘 2기(2.2-1호 석관묘), 남서쪽 지역에는 주거지 3기, 주구형 1기, 구상유구가 분포하고 있다.

묘제는 지석묘, 주구묘, 토광묘, 석관묘 등이다. 그러나 각 취락에서 주거지와 같이 발굴조사된 분묘는 원동2지구 지석묘 1기, 강사리 지석묘 1기, 호동 주구묘 1기, 삼정리 토광묘 1기, 봉길리 석관묘 1기, 산하동 석관묘 4기 등 주거지의 숫자에 비해 분묘가 희소한 편이다.

남부동해안지역 청동기시대 취락에서는 생업과 관련된 경작유구는 조사되지 않았고, 탄화곡물 또한 出土되지 않았다. 취락 간에 석기조성비 차이를 보이는 것은 생활양식의 차이로, 취락이 입지한 지리적 위치가 생활양식을 決定하는 하나의 요소로 작용했음을 보여준다. 어로에 사용되었던 토제 어망추 출토량이 가장 많으며, 취락이 입지한 지역이 산림으로 둘러싸여 있어 주거지에 사용할 자재제작을 위한 목공구 및 수렵을 위한 수렵구가 다음으로 많다. 한편 출토된 수확구와 식량처리구의 출토량[21]을 보면 어로 및 수렵뿐만 아니라 농경도 생업활동의 일면

---

17) 보고서에서는 환구 10기로 보고되었으나, 3호 구상유구는 주구형 유구로 판단된다.

18) 이형원, 2007, 「호서지역 가락동 유형의 취락구조와 성격」, 『호서지역 청동기시대 취락의 변천』, 제15회 호서고고학회학술대회.

19) 강릉 방내리 유적과 천안 백석동 유적에서도 구릉 정성부를 공지로 남겨두었고, 보령 관창리 유적은 구릉 정상부를 묘역으로 활용하였다.

20) 최종규, 1990, 「광장에 대한 인식」, 『역사교육논집』, 제13·14합집.

21) 전체 석기 출토량 대비 수확구와 식량처리구의 출토량은 草谷川 지역은 3.5%, 冷川 지역은 11.1%, 海岸 지역은 18.2%를 차지하여, 초곡천 지역은 생업에서 농경이 차지하는 비율이 다른 지역에 비해 상대적으로 적었던 것으로 보여진다.

을 담당한 것으로 판단된다.

3. 聚落 編年

남부동해안지역 청동기시대 취락은 주거지의 평면형태와 내부구조, 출토유물에 대한 검토를 통해 4기[22]로 구분된다. 토기양상[23]은 1기에는 흔암리유형의 복합문양 특히 이중구연요소가 성행하며, 2기에는 이중구연요소가 소멸되고 복합문양인 구순각목공열. 구순각목단사선, 공열단사선이 확인된다. 3기에는 복합문이 점차 소멸되고, 공열문이 단독으로 출토되거나 단사선(낟알문)토기가 공반되며, 호형토기가 출현한다. 정자동 1호는 공열단사선과 단사선과 같이 확인되어 복합문의 마지막 양상을 보여준다. 4기에는 구만리 5호는 공열문과 횡선문이 확인되며, 나머지는 대부분 횡선문과 파수부발이 출토된다. 전체적으로 이중구연-구순각목-공열단사선-공열-단사선-횡선문의 순서도 복합문에서 난독문으로 변화한다.

1期는 대형 또는 중형에 가까운 대형의 장방형, 세장방형의 주거지와 일부 소형의 방형 주거지(삼정1리 26호, 29호, 32호, 인덕동 16호, 17호)도 확인된다. 무시설식 노지 1~2기, 저장공, 벽구가 확인된다. 토기는 이중구연단사선, 이중구연단사선구순각목(거치). 이중구연단사선공열, 이중구연구순각목공열토기 등의 흔암리유형 토기가 성행하며, 유단식석검, 삼각만입촉, 이단경식석촉, 공구형석기(무추)등이 출토된다. 1기는 전기 중엽에 해당하는 시기로 영동지역의 조양동 유적 단계에 해당한다. 초곡천 주변의 대련리 1기(9호, 11호, 14호. 15호), 성곡리 4·9·24·28·29·43·49호, 초곡리 1기(2호, 5호, 6호), 냉천 주변의 원동 2지구 Ⅱ구역(22호, 24호, 44호), Ⅲ구역(3호, 7호), 인덕산 2기(3호, 10호), 인덕동 7기(2호, 3호, 5호, 8호, 16호, 17호, 23호), 해안 지역의 삼정1리 3기-복합문 출토 주거지(이중구연요소)(구릉 중앙에 위치하는 주거군 - 26호, 29호, 32호 등)가 해당한다.

2期는 8주식 장방형, 방형의 평면형태, 면적은 중형과 소형이며, 무시설식 노지 1~2기, 벽구내 주혈이 있는 것과 없는 것 혼재하며, 외부돌출구가 확인된다, 토기는 이중구연소멸, 구순각목공열, 구순각목단사선, 공열단사선의 복합문과 공열문(내-외 반관통), 석기는 일단병식석검, 일단경식석촉, 무경식(신부세장), 주상편인석부, 반월형석도(어형, 주형)가 출토된다. 2기는 전기 후엽에 해당하는 시기로 영동지역 방내리 유적 단계에 해당한다. 초곡천 주변의 대련리 2기(3호, 4-1호, 4-2호, 5호, 8호, 10호), 초곡리 2기(3호, 12호, 17호), 남송리 3호, 냉천 주변의 호동 Ⅰ지구 주거지, 인덕동 2기(1호, 14호, 15호), 원동 2지구 Ⅲ구역 1·8호, 원동3지구 Ⅳ구역 4호, 7~9호), 삼정리

---

22) 필자의 동해안지역 청동기시대 편년안(박영구 2009 일부수정)은 아래와 같다.

조기 - 방형주거지, 석상위석식노지, 각목돌대문토기(경주 충효동 2·23호)
    강릉 교동 1호
전기 - 장방형, 방형, 세장방형주거지
    (석상)위석식노지. 무시설식노지, 이단병식석검, 삼각만입촉, 이단(일단)경촉
전기전엽 - 돌대문토기+이중구연토기 - 경주 충효동 3호, 경주 금장리(성림문화재연구원)
    이중구연토기(단사선, 거치문)- 고성 사천리, 양양 임호정리
전기중엽 - 흔암리식토기 ↔ 남부동해안지역 1기(이중구연 요소)
전기후엽 - 역삼동식토기 ↔ 남부동해안지역 2기(이중구연 소멸)
중기 - 장방형, 방형주거지(울산식주거지)
    무시설식노지, 일단경촉, 일체형석촉
중기전반 - 공열토기, 검단리식토기(단사선(낟알문) ↔ 남부동해안지역 3기(공열문, 단사선)
중기후반 - 무문토기호 ↔ 포항지역 4기(횡선문, 파수부토기)
후기 - 말각장방형. 말각방형, 방형, 장방형
    무시설식노지
    원형점토대토기, 무문토기 호, 일체형석촉, 삼각형석촉

23) 토기에서 흔암리단계와 검단리단계를 구분하는 가장 큰 기준은 복합문과 단독문양의 구성방식이다. 울산지역과 마찬가지로 남부동해안지역 검단리 단계에서는 공열문·단사선문·횡선문등의 단독문양으로 시문된다(배진성 2005).

2기 - 단순공열문 출토 주거지(남서쪽사면 주거지군, 북동쪽사면 주거지군), 삼정2리 4·9호, 오류리 1호가 해당하며, 분묘로는 포항 마산리 석관묘, 삼정리 토광묘, 호동 1지구 주구묘, 등이 해당된다.

3期는 중형 이하의 장방형, 방형의 평면형태를 보이는 울산형 주거지[24)]가 출현한다, 무시설식 노지 1개가 확인된다. 주혈배치는 4주식, 6주식이며, 벽구, 외부돌출구가 대부분 확인된다. 토기는 공열단사선문이 복합문으로 공존하고, 공열문이 단독으로 출토되거나 검단리유형[25)]의 단사선(낟알문)토기가 공반되며, 호형토기가 출현한다. 흔암리유형과 검단리유형이 공존하는 단계이다. 석기는 유경식석검, 일단경식 석촉, 반월형석도(단어형, 단주형), 주상편인석부가 출토된다. 3기는 중기 전반에 이르는 시기로 영동지역의 포월리 단계에 해당한다. 영동지역에서 양양 포월리 유적과 고성 대대리[26)] 5호주거지 등 단순공열토기의 유물구성을 보이는 단계가 중기로 편년되고, 묘제로서는 포월리 지석묘, 대대리지석묘가 이단계에 해당한다. 울진 봉산리, 덕천리 주거지, 초곡리 7호, 11호, 12호, 16호, 대련리(성림문화재연구원 2009) 주거지, 남송리 I·II주거지, 인덕산 2기(2호, 7호), 호동 2지구 주거지, 인덕동 3기(22호, 23호, 24호), 원동 2지구 II구역(7호, 18호, 23호, 32호, 36호), III구역 19호, 4구역(3호, 4호), 원동3지구 IV구역(1호, 2호, 6호, 10호), 강사리(4호, 7호), 대보리(1호, 3호), 구만리(2호, 10호), 봉길리 10호, 산하동, 정자동(1호, 18호, 22호, 26호)과 호동 II지구 주구형 유구가 해당하며, 절대연대는 공열문이 출토된 구만리 5호주거지는 B.C. 910년, 공열문과 일단경촉이 출토되는 대보리 1호 주거지가 B.C. 790년이 측정되었다.

4期는 방형의 평면형태를 보이는 울산형 주거지로, 무시설식 노지 1개가 확인된다. 주혈배치는 6주식. 4주식이며, 벽구는 여전히 존재한다. 검단리식 토기요소인 횡선문이 확인되며, 석기로는 유구석부가 출토된다. 구만리 5호에서는 공열문과 횡선문이 공반하며, 횡선문은 대련 III-7호, 봉길리 1호, 6호, 8호 주거지, 인덕동 25호, 강사리 구상유구 1호, 단사선파수부발이 출토된 산하동 13호, 횡선문파수부발이 출토된 구만리 7호, 횡선문+단사선파수발이 출토된 구만리 2호, 횡선문파수부발과 유구석부가 출토되는 삼정리 3호 수혈, 유구석부가 출토되는 성곡리 3호, 원동 2지구 II구역 13호, 16호 등이 해당된다. 무덤은 산하동 주구형유구, 산하동 2-1호 석관묘가 해당된다. 4기는 중기 후반에 이르는 시기로 영동지역의 방동리 단계에 해당한다.

한편 원형점토대토기 단계에 해당하는 취락유적은 확인되지 않았고, 학천리 석관묘에서 검파두식이 출토되어 영동지역 원형점토대토기 단계인 고성 사천리와 강릉 송림리 주거지에서 출토되는 유물과 같아 청동기시대 후기로 편년된다.

원동 3지구 II구역 주거지 3기, 남송리 19호, 26호 수혈유구, 원동 II지구 1구역의 구 1호, 남송리 I -30호 구상유구에서는 삼각형점토대토기, 대각 등이 출토되어 초기철기시대로 편년된다.

4. 結語

본고에서는 남부동해안지역 중 포항지역과 경주 및 울산지역은 최근에 조사된 해안에 입지한 청동기시대 취락을 중심으로 취락구조를 살펴보고, 주거지 구조 및 출토유물에 대한 분석을 통해 취락편년 작업을 시행하였다.

앞으로 이번 논고에서 아직 보고서가 미발간 되었던 상태로 검토하거나 분석대상에서 제외되었던 제 유적들과 경주지역의 형산강유역, 울산지역의 동천 및 태화강 유역의 취락과의 비교 분석작업을 순차적으로 시행하여 남부동해안지역 청동기시대 취락에 대한 종합적인 고찰작업을 검토하고자 한다.

---

24) 주거지의 주혈이 주거바닥 모서리에 4각으로 배치, 주혈의 수는 주거의 규모에 따라 4·6·8주식의 차이, 노지의 위치는 단축 중앙에서 장축으로 치우친 곳에 위치, 주거지 중축 흔적을 울산식 주거지의 특징으로 인식하고 있다(김현식 2006).

25) 검단리유형의 구성요소는 검단리식토기(압날단사선, 횡선문, 파수부심발형토기, 소형옹), 석창, 단면 타원형 혹은 방형의 토제 어망추, 주형석도, 울산식주거지, 방형의 소형석관묘를 포함한다(김현식 2006).

26) 고성 대대리 유적은 구순각목공열토기편과 무경식석촉 등이 출토되어 전기후반으로 편년되나, 5호주거지에서는 공열토기만이 확인되어 중기로 편년 될 수 있다.

표 3 _ 주거형태 및 유물 출토현황

유구번호	세장방	장방	방	면적	위석	수혈식	평지식	벽구	외부돌출구	단사선	단사선공열	구순강목공열	구순강목공열	공열단사선	공열	단사선낟알문	횡선문
草谷里 2		■		대형		■		ㄱ					■				
6	■			중형		2		ㄷ									
大蓮里 9	■			대형		2		一		■	■						
院洞2 III-7		■		대형				ㄱ		■	■						
仁德山 3	■			중형		■		ㄷ	■	삼각만입촉, 이단병식석검							
仁德山 10		■		대형		■		ㄷ		이단병식석검							
仁德洞 6		■		대형		■		ㄱ		단사구순각목거치							
仁德洞 16			■	중형		■				단사구순각목							
仁德洞 17			■	중형				1		구순각목거치							
三政1里 26			■	소형			2	ㅁ		■		■			■		
三政1里 29			■	소형		■				■	■	■	■		■		
三政1里 32			■	소형		■		ㅁ		■	■			■			
大蓮里 3		■		중형		2		ㄷ							■		
仁德洞 15			■	중형		■							■				
虎洞 I 13			■	소형		■		ㅁ	■				■				
大蓮里III 3		■		중형		■		ㄷ					■				
院洞 3IV-7			■	소형										■			
院洞 3IV-9			■	소형				ㅁ	■				■				
三政1里 41		■		중형		■		ㄷ					■	■			
三政1里 42			■	중형		2		ㅁ	■				■		■		
三政2里 4			■	소형				ㄷ					■				
大蓮里 I 4			■	중형											■		
大蓮里 II 1		■		중형				ㄱ							■		
仁德山 2			■	소형		■		ㄷ							■		
虎洞 II 12		■		중형			■	ㅁ	■						■		
虎洞 II 17		■		소형			■	ㅁ							■		
大甫里 3			■	소형		■		ㅁ	■						■		
江沙里 4			■	중형		■		ㅁ	■						■		
山下洞 17		■		중형		2									■		
山下洞 1			■	소형			■								■		
亭子洞 18		■		중형		2		ㅁ							■		
亭子洞 21		■		중형		■	■	ㅁ							■		
亭子洞 1		■		대형		■		ㅁ						■		■	
亭子洞 26		■		중형		■		ㅁ	■						■		
亭子洞 9			■	중형		■		ㅁ	■						■		
九萬里 2			■	중형		■		ㅁ								■	
下西里 8			■	소형		■		I								■	
九萬里 5			■	소형		■											■
仁德洞 25			■	소형				ㄷ									■
九萬里 7			■	중형		■		ㅁ	■								■
奉吉里 8		■		중형				ㄷ									■
奉吉里(慶北)1			■	소형		■		ㄷ									■
大蓮里III 7		■		중형				ㅁ	■	파수부 발							

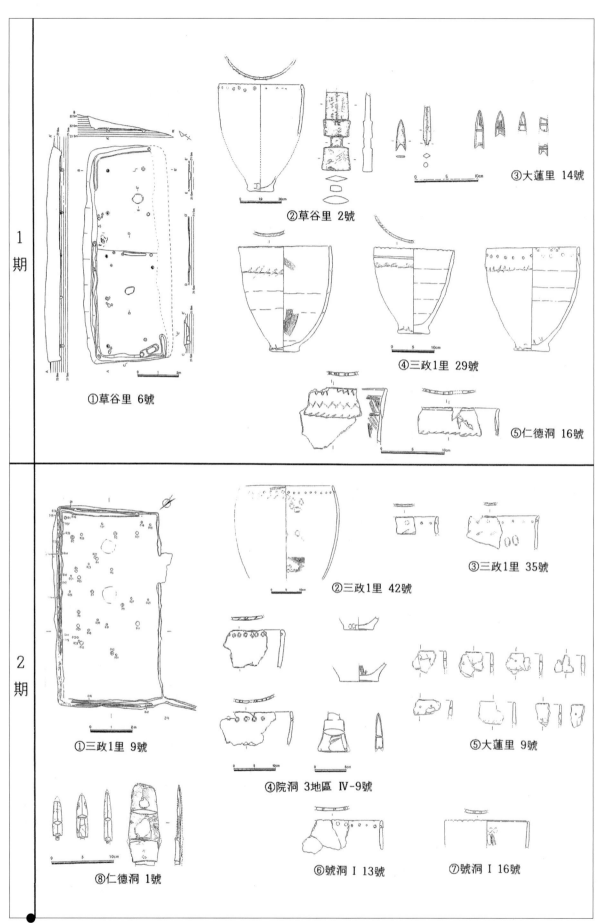

②草谷里 2號

③大蓮里 14號

①草谷里 6號

④三政1里 29號

⑤仁德洞 16號

②三政1里 42號

③三政1里 35號

①三政1里 9號

⑤大蓮里 9號

④院洞 3地區 Ⅳ-9號

⑧仁德洞 1號

⑥號洞 Ⅰ 13號

⑦號洞 Ⅰ 16號

도 2　남부동해안지역 무문토기 전개양상(1期~2期)

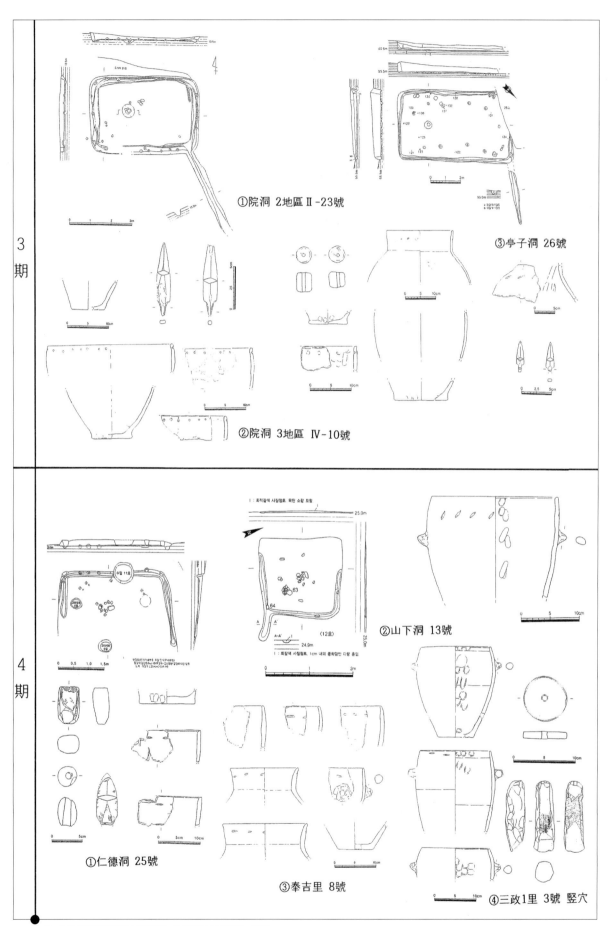

3期

4期

①院洞 2地區 Ⅱ-23號

③亭子洞 26號

②院洞 3地區 Ⅳ-10號

②山下洞 13號

①仁德洞 25號

③奉吉里 8號

④三政1里 3號 竪穴

도 3 남부동해안지역 무문토기 전개양상(3期~4期)

●참고문헌●

金權九, 2005, 『青銅器時代 嶺南地域의 農耕社會』, 學研文化社.

金賢植, 2006, 「青銅器時代 檢丹里類型의 形成過程과 出現背景」, 『韓國上古史學報』第 54號, 韓國上古史學會.

童眞淑, 2003, 「嶺南地方 青銅器時代 文化의 變遷」慶北大學校 大學院 碩士學位論文.

朴榮九, 2009, 「南部東海岸地域 無文土器文化 展開樣相 - 浦項地域을 中心으로-」, 『嶺南考古學』51, 嶺南考古學會.

_____, 2011, 「東海岸地域 青銅器時代 무덤의 變遷」, 『韓國青銅器學報』9號, 韓國青銅器學會.

裵德煥, 2005, 「青銅器時代 嶺南地域의 住居와 마을」, 『嶺南의 青銅器時代 文化』제14회 嶺南考古學會 學術發表會.

裵眞晟, 2005, 「檢丹里類型의 成立」, 『韓國上古史學報』第48號, 韓國上古史學會.

安在晧, 2006, 「青銅器時代 聚落研究」, 釜山大學校 博士學位論文.

_____, 2009, 「南韓 青銅器時代 研究의 成果와 課題」, 『東北亞 青銅器文化 調查研究의 成果와 課題』, 學研文化社.

_____, 2011, 「墓域式支石墓의 出現과 社會相 -한반도 남부의 청동기시대 생업과 묘장의 지역상-」, 『東北亞 青銅器文化와 支石墓』, 한국학중앙연구원 학술회의 문집, 한국학중앙연구원.

俞炳琭, 2010, 「竪穴建物 廢棄行爲 研究 1- 家屋裝葬」, 『釜山大學校 考古學科 創設20周年 記念論文集』, 釜山大學校 考古學科.

李秀鴻, 2005, 『檢丹里式土器에 대한 一考察』, 釜山大學校大學院 碩士學位論文.

_____, 2010, 「青銅器時代 蔚山地域 周溝形 遺構에 대하여」, 『釜山大學校 考古學科 20周年 記念論文集』, 釜山大學校 考古學科.

_____, 2011, 「檢丹里類型의 무덤에 대한 研究」, 『考古廣場』8, 釜山考古學研究會.

黃炫眞, 2004, 「嶺南地方 無文土器時代 地域性 研究」, 釜山大學校 大學院 碩士學位論文.

黃昌漢, 2010, 「蔚山地域 青銅器時代 墓制의 特徵」, 『青銅器時代의 蔚山太和江 文化』, 蔚山文化財研究院 10週年 紀念論文集』, 蔚山文化財研究院 · 慶州大學校 博物館, 2003.

慶州大學校 · 慶州大學校博物館, 2003, 『浦項 芝谷洞遺蹟』.

慶尙北道文化財研究院, 2002, 『浦項 鶴川里遺蹟 發掘調查報告書』.

_____, 2005, 『浦項 馬山里古墳群』.

_____, 2005, 『浦項 虎洞遺蹟 Ⅰ』.

_____, 2006, 『浦項 南宋里遺蹟』.

_____, 2007, 『浦項 三政1里遺蹟』.

_____, 2007, 『浦項 三政2里 · 石屛里遺蹟』.

_____, 2008, 『浦項 虎洞遺蹟』.

_____, 2009, 『浦項 江沙里遺蹟 Ⅱ』.

_____, 2009, 『浦項 大甫里遺蹟』.

_____, 2009, 『浦項 九萬里遺蹟』.

_____, 2010, 『浦項 城谷里遺蹟 Ⅰ · Ⅱ』.

_____, 2011, 『浦項 南宋里 Ⅰ 遺蹟』.

_____, 2011, 『浦項 南宋里 Ⅱ · Ⅲ遺蹟』.

東國大學校慶州캠퍼스博物館, 2004, 『陽南下西里遺蹟』.

成林文化財研究院, 2009, 『浦項 大連里 青銅器時代 聚落遺蹟』.

蔚山大學校博物館, 2000, 『蔚山 奉吉古墳群 Ⅰ』.

蔚山文化財研究院, 2005, 『蔚山山下洞山陰遺蹟』.

蔚山發展研究院文化財센터, 2009, 『蔚山 亭子洞 遺蹟』.

_____, 2010, 『蔚山 山下洞 遺蹟』.

嶺南大學校博物館, 2000, 『浦項 大連里遺蹟』.

嶺南文化財研究院, 2000,『浦項 草谷里遺蹟』.

_____, 2005,『慶州 奉吉里遺蹟』.

_____, 2005,『慶州 奉吉里 117-2番地 遺蹟』.

韓國文化財保護財團, 2003,『浦項 院洞 第3地區 -文化遺蹟 發掘調査報告書-』.

_____, 2006,『浦項 仁德洞遺蹟』.

_____, 2007,『浦項 仁德山 遺蹟』.

_____, 2008,『浦項 院洞 2地區 遺蹟』.

_____, 2009,「포항 원동1지구 토지구획정리사업부지내(Ⅰ-가구역) 문화유적 발굴조사 -1차지도위원회의자료-」.

한빛문화재연구원, 2008,「포항 성곡지구 발굴조사 1차(1지구) 지도위원회자료」.

韓半島 東南海岸圈 靑銅器時代의 家屋葬

安在晧

1. 머리말

浦項-慶州-蔚山地域의 동남해안권은 川上里型住居址(蔚山式住居址)·檢丹里式土器·直立長頸式 赤色磨硏小 壺 등의 분포권으로서 非송국리문화권이다. 역사적으로는 한반도 동북지역이나 大邱圈과도 밀접한 관련이 있고, 蓮岩洞型住居址라든가 원형 혹은 말각방형의 蓮岩洞型周溝, 주거지 폐기의 集石行爲 등도 동남해안권의 특징으 로 지적할 수 있다.

또 이 지역은 다른 지역과는 달리 구형 혹은 원통형의 어망추, 북방형석도, 석창, 함정 등의 수렵과 어로와 관 련된 유구와 유물이 생업방식을 짐작할 수 있는 자료로서 주목할 만하다. 이 지역이 주거지의 조사는 많은 반면 묘가 발견된 예는 다른 지역보다 월등이 적은 이유에 대해서 모든 연구자들이 의문을 품어왔던 것처럼, 필자는 무 덤의 부재가 중도식토기분포권과 제주도에서도 그러하듯이 생업방식과 관련이 깊은 것이라고 생각해왔다.

그리고 최근 포항과 경주에서 주거지에 매장한 인골이 검출됨으로써 가옥장의 존재가 밝혀지게 되었다. 이것 은 지금까지 동남해안권의 특징으로 여겨왔던 연암동형주거지와 연암동형주구도 무덤(金賢植 2009)이 아닐까라 는 생각을 가지게 되었다.

가옥장의 최초 연구를 시도한 兪炳琭(2010)은 신석기시대부터 청동기시대 또 일본의 가옥장에 대해 소개하고 있다. 신석기시대는 주거지 내의 매납토기 속에서 인골이 출토되고, 咸北 茂山 虎谷遺蹟에서는 신석기시대와 청 동기시대의 주거지에서 인골이 검출되었다. 그리고 청동기시대에는 浦項 虎洞遺蹟과 慶州 千軍洞遺蹟의 가옥장 을 소개하고, 가옥장은 일반적인 장법이 아닌 가옥폐기행위로서 파악하였다.

가옥장의 확인은 단순히 장제의 문제만이 아니라, 동남해안권의 거점취락의 성격에서도 또 취락의 구조분석 에서도 매우 중요한 것임을 인식하게 되었다. 이 문제에 접근하기 위하여 우선 필자의 상대편년(安在晧 2011)을 토대로 하되, 기존 취락연구에서 필자가 단계 설정한 바를 그대로 사용 연계시켜 이해와 편의를 꾀하고자 한다. 그리고 취락구조의 분석 방법으로서 주거지의 규모와 입지 그리고 주거지의 분석 등을 통하여 살펴보고자 한다.

그래서 우선 동남해안권의 묘제에 대해서 살펴보고, 그 다음 가옥장의 두 예를 분석하고, 동남해안권에서 가옥 장의 보편적 가능성과 주거지를 통한 의례적 행위에 대해서도 검토하고자 한다.

2. 東南海岸圈의 墓制

동남해안권에서의 묘제의 변천을 통하여 전·후기의 묘제가 어떤 양상인지를 밝히는 것은 가옥장의 해석에서 도 필요하다. 최근 이 지역의 묘제연구를 우선 소개하고자 한다.

黃昌漢(2010)은 전기와 후기의 고고자료를 표지로 삼아, 무덤은 전기 후반부터 출현하고, 전기의 묘제로는 목

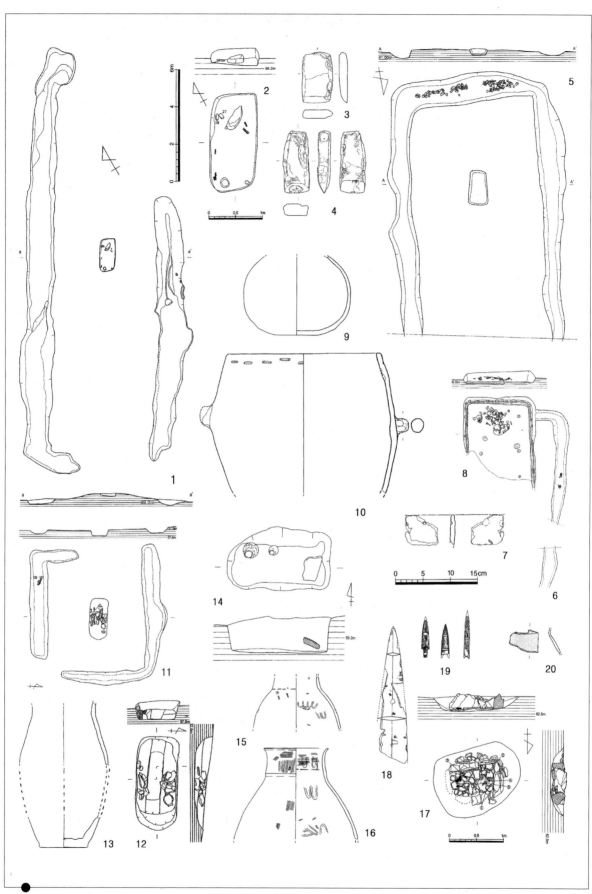

도 1 동남해안권의 주구식구획묘와 토광묘 · 석관묘(구획묘 1/180, 매장주체 1/60, 유물 1/6)

1~4：蔚山 中山洞 藥水 I 遺蹟 區劃墓, 5：蔚山 泉谷洞 가재골川 遺蹟 1號區劃墓, 6 · 7：(前同) 2號 區劃墓, 8~10：(前同) 7號住居址, 11~13：蔚山 東川里遺蹟 24號區劃墓, 14~16：蔚山 新泉洞 A地區 1號土壙墓, 17~20：慶州 德川里遺蹟 1號石棺墓

관묘(토광묘) · 주구묘(주구식구획묘) · 석축형석곽묘, 후기는 점토대토기단계를 포함한 시기로서 상형석관묘(평면 방형) · 판석열석곽묘 · 지석묘가 확인된다고 한다.

李秀鴻(2011)의 전 · 후기의 시기구분은 황창한과 동일한 것 같은데, 전기에는 토광묘, 후기에는 지석묘, 전 · 후기에 걸쳐 지속하는 묘제로서는 판석형석관묘 · 할석형석관묘로 고찰하였다. 특히 울산지역에서 발견되는 주구형유구는 매장주체부가 지상화하여 삭평되어 주구만이 잔존한 것으로 보고, 후기로 편년하고 있다. 주구묘의 평면형태는 주거지의 평면형태와 연계된 것으로 판단하여 전기의 세장방형에서 후기의 방형으로 변화한다(李秀鴻 2010)고 보았다. 그리고 씨는 동남해안권에서 묘의 수가 절대소수인 점에 대해서 유병록의 가옥장과 연계하여, 주거지의 폐기행위로서 인식되어 왔던 화재와 집석행위가 무덤의 한 형태라고 주장하였다. 그는 주거지 구성원의 사망으로 인하여 주거지 내의 매장이라는 방법을 통한 주거지 폐기로 연결된 것으로 파악하였으나, 金賢植(2005)은 주거지의 적석은 취락폐기와 관련된 것으로서 주거지 내에 유물과 돌을 폐기하는 의례를 통하여 표시한 것으로 해석한 점은 다르다.

두 연구자의 묘제연구의 초점은 매장주체부의 구조에 있다고 하겠다. 그런데 필자는 무덤의 가시적 속성 즉 묘형이라든가 지석묘 상석의 형태와 규모 등이 시간속성이라고 판단하고 싶다. 예를 들어 주구식구획묘에서 주구의 평면형태가 세장방형에서 방형 혹은 원형으로 바뀌는 것이, 매장주체부의 변화보다 더욱 민감한 변화를 보일 것이라는 점이다. 아직 밝힐 수는 없지만 지석묘에서도 상석의 소형화라는 경향을 지적할 수 있겠다.

묘제와의 관련에서 주구식구획묘를 특별히 주목하고자 하는 점은 연암동형주거지와 같은 것이 가옥장과 구획묘의 결합이라는 측면의 검토를 위해서이다. 그리고 이수홍이 분류한 방형의 주구만 존재하는 구상유구를 지상화한 주구식구획묘로 인식하는 문제때문이기도 하다.

한반도 전체의 관점에서 裵眞晟(2011)은 전기 후반부터 분묘가 대체로 조영되지만, 전기 전반의 가능성도 염두에 두고 있다. 전기의 분묘에서 토광묘와 석관묘가 가장 이르고, 구획묘와 지석묘는 전기 후반의 늦은 시점에 출현하는 것이라 한다.

필자는 지석묘와 구획묘의 관계에서 지석묘는 대규모취락이 형성되는 館山里型住居址 출현시기에 출현하며, 구획묘는 그보다 더 늦은 전기 말경에 출현하는 것으로 보았다(安在晧 2009a). 동남해안권에서의 주구식구획묘는 주구의 평면형태가 세장방형 혹은 장방형인 것은 전기에 해당한다. 藥水遺蹟Ⅰ(李慶仁 · 成璟浩 2007)의 주구식구획묘는 비고 72m의 구릉 능선에 입지하는데, 길이 23.1m 폭 9.6m의 초대형으로서 매장주체부인 토광묘에서는 사능부(도 1-4)가 출토되었다. 蔚山 泉谷洞 가재골遺蹟Ⅲ(崔得俊 2009)의 2호 주구식구획묘는 후기의 7호 주거지에 의해서 파괴되었는데, 폭이 좁은 세장방형으로 복원된다. 주구에서는 전기의 돌류사선문심발(도 1-7)이 출토되었다. 그리고 후술할 포항 호동유적 Ⅰ지구 C구릉의 초대형 주구식구획묘의 주구에서 출토된 구순각목사선문호(도 11)도 전기에 해당한다.

東川里遺蹟(金度憲 · 黃大一 2006)의 24호 주구식구획묘는 주구의 한 변이 7.5m 전후인 평면 정방형인데, 매장주체부는 목관묘(도 1-12)일 것이다. 목관묘에서 출토된 토기는 長胴하여 후기로 보아도 좋겠다. 이렇게 보면 주구식구획묘는 매장주체부의 형식보다는 묘역의 형태에 시간적 의미를 부여하고 있는 그 당시 사회적 풍조를 알 수 있다. 즉 전기[1]에는 세장방형이고, 후기가 되면 주구부는 소형화하고 정방형을 띤다는 점을 알 수 있다.

慶州 德川里遺蹟의 1호 석관묘(도 1-17)는 소형의 정방형석관묘로서, 소토와 목탄 불맞은 흔적 등으로 시신을 화장하였다.(한도식 · 이석범 2008) 무경식석촉(도 1-19)으로 볼 때 전기로 편년되지만, 평근일단경식석촉(도 1-19 左)과 적색마연소호(도 1-20)로 본다면 전기말경에 둘 수 있을 것이다. 출토된 석검과 적색마연토기는 파손품으로서 아마도 화장한 탓이라고 판단된다. 소형석관[2]에서의 화장흔적은 경기도지역에서도 관찰되며(李亨源 2007) 이는 이차장한 인골을 화장한 것이라고 추측되며, 동남해안권의 전기 주묘제일 것이다.

---

1) 출토된 토기의 문양 돌류사선문과 구순각목사선문을 필자(2011)의 편년에 맞추면 6~9기(전기 후반)에 해당한다.

蔚山 新泉洞 A구역(박강민·최진녕 2010) 1호 토광묘에서는 2점의 적색마연토기(도 1-14~16)가 출토되었다. 동남해안권에서 무덤의 부장품으로서 전형적색마연토기소호는 매우 이례적인 것이 틀림없는데, 토기의 일부를 깨뜨려서 부장한 풍습이 있었는지에 대한 검토가 필요하다. 이 적색마연토기소호는 直立頸과 외반구연인 점에서는 이미 동남해안권의 지역색이 발현된 기형이라고 보이므로, 후기 전반에 해당할 것이다.

이상으로 주구식구획묘는 전기의 세장방형에서 후기의 정방형 주구로 변화한다. 전기 묘에서는 화장한 풍습을 찾을 수 있고, 후기 묘에서는 적색마연토기의 부장이 드물고, 토기의 일부를 파손시켜 부장할 가능성이 보인다.

3. 家屋葬의 實例

1) 경주 천군동 Ⅰ-5호 주거지

(1) 가옥장의 형태(도 2)

2인의 인골이 검출되었는데, 노년 남성(1호 인골) 이외에도 성년 이상의 1명(2호 인골)이 더 밝혀졌다. 노년 남성은 신전장으로 매장되었으나, 나머지 한명은 이 인골의 두개골로부터 동쪽으로 1m가량 떨어져 두개골편만 확인되었다. 1호 인골은 그 잔존상태로 보아 시신을 굴러 넣어 안치하였을 것(김재현 2010)이라고 하는데, 이것은 인골의 출토상태가 앙와신전장의 상태와 다르기 때문에 내린 결론일 것이다. 그러나 유물의 출토양상은 당초부터 유물의 부장과 함께 장례가 이루어진 것으로 보고 싶다. 만약 인골의 상태가 앙와신전장한 것과는 다른 부분이 있다면, 혹시 이차장을 시행한 것이 아닌가 하는 의문도 제기할 수 있을 것이다. 그리고 "인골의 매장 → 가옥의 소실 → 주거지의 매몰" 이라는 과정상에서도 인골의 위치는 흐트러질 수도 있을 것 같다.

이 2인이 동시 사망이 아니라 자연사라고 한다면 두 사람의 사망시점은 다를 가능성이 많으므로, 어느 한 사람은 이차장이 되어야하고 나머지 한명이 죽으면서 비로소 가옥에 동시 매장될 수 있었을 것이다. 2인의 인골잔존상태가 다른 것도 이렇게 사망 시기가 다른 이유 때문이 아니겠는가.

무덤에서와는 달리 주거지 내에서 부장유물의 확인은 쉽지 않지만, 1호 인골의 피장자가 손을 뻗쳐 닿을 수 있는 거리에 위치하는 유물은 피장자의 부장품으로 인식해도 좋지 않을까 생각한다. 이런 가정아래 그림1에서 1호 인골의 부장품으로 간주할 수 있는 것은 4군데로 나누어진다. 첫째 머리 위쪽으로서 합인석부(44)·지석(51)·박편(57)이, 左腕의 옆에서는 파손된 적색마연소호(41)가, 골반 상부에서는 인부가 파손된 편평편인석부(47)가, 발 아래에서는 심발(31)·지석(52)·석재(55)·파손된 석촉(54)과 석부(45)가 출토되었다(金熙哲·李東柱 외 2010). 이렇게 보면 부장된 유물의 특징은 지석과 석재 그리고 파손된 석기류가 중심인 것을 알 수 있다. 이것은 아마도 노년 남성이 생전에 석기제작과 벌목에 관여한 사실을 시사하는 부장양상으로 판단된다.

이에 반하여 주거지의 남동쪽에는 호 1점·발 5점·석도 2점이 군집하고, 이 유물이군 북동쪽 가까이에는 연석과 갈봉 그리고 제분용기로 사용한 듯한 심발의 하반부편이 출토되었는데 분업에 있어서 여성의 귀속물이 아닐까 판단되며, 동시에 가옥 내 이곳이 여성의 공간이었음을 시사하는 것이라 추정된다.

이렇듯 본 주거지에서는 남성과 여성의 분업공간이 분명히 분리되어있다는 것을 알 수 있다. 성인 인골 2구가 혹시 이 주거지의 생전 구성원이라면 남자와 여자의 인골일 가능성이 높다.

본 주거지에서 2점의 적색마연소호가 출토되었다. 1호 인골 남쪽에 출토된 파손된 호(41)는 매장의식으로서 구연부를 의도적으로 파손한 것인지는 단정할 수 없다. 묘의 부장품으로서 적색마연토기의 용도를 종자의 보관용기로 상정한 바(安在晧 2009b) 있다. 그렇지 않고 적색마연소호가 개인분의 용기라고 한다면 매장의례로서 파손

---

2) 慶州 隍城洞遺蹟(韓國文化財保護財團)과 蔚山 新峴洞 黃土田遺蹟(金賢植·金度憲 외 2003)의 소형석관에서 찾을 수 있고, 慶州 錫杖洞遺蹟(박영호 2010)의 석축식구획묘의 매장주체부도 소형석관으로서 인근의 토광유구에서는 화장한 인골이 검출되었다.

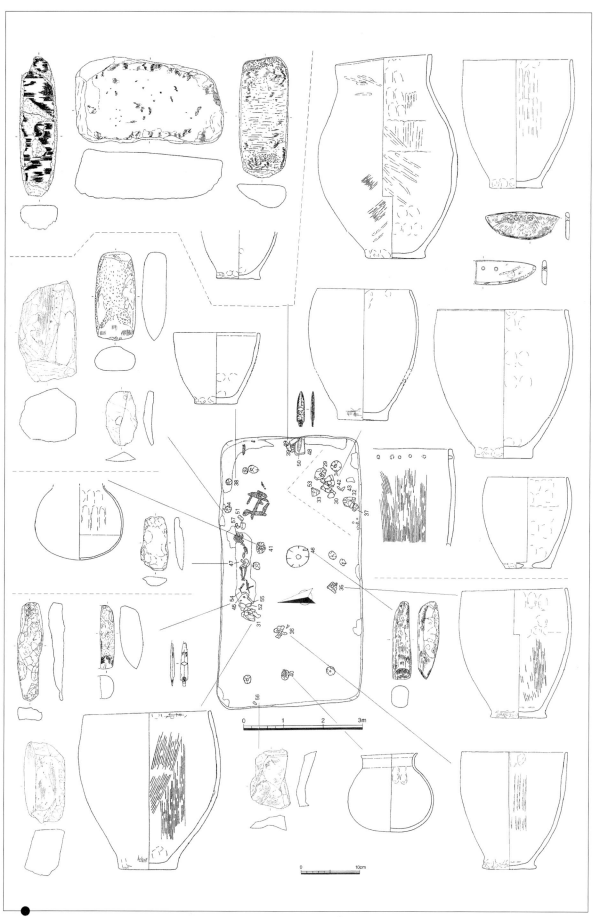

도 2 경주 천군동유적 Ⅰ-5호 주거지의 유물출토 상황(유물 1/6, 유구 1/90)

할 수도 있겠지만, 종자보관용기로서 내세에서의 농경활동을 기원한 것이라면 의도적인 파손은 상상하기 힘들다. 주거지의 서단벽 보조주혈에 놓여있는 것(40)은 완형인데, 주혈을 뽑아 주거지를 폐기시키는 의례로서 매납한 것인지도 모르겠다.

전형 적색마연소호는 의례와 부장용으로 제작된 정제품이다. 도 2-41의 파손된 적색마연소호가 부장된 1호 인골은 석기제작자로서의 능력을 인정받은 자이기 때문에 농경인으로서의 종자보관용기를 부장한 것이 아니라, 개인 소유 혹은 개인의 상징물로서 부장된 것이며, 그 기능과 효능이 단절되었음을 표시하고 알리기 위하여 파손시켜 매납한 것이 아닌가 추측하고자 한다. 본 가옥에서 의례용의 곡물보관용기로서는 40의 적색마연소호로 추정하며, 가옥의 폐기 즉 가옥을 상징하던 신물로서의 적색마연소호를 폐기하면서 뽑혀진 기둥자리에 매납되었다고 생각하고 싶다. 그리고 가옥을 소실하는 행위는 제천의식과 관련된 것이라고도 볼 수 있다.

경주 천군동 Ⅰ-5호 주거지는 돌류문발(30)로 보면 4~12기(安在晧 2011)에 속하는데, 2점의 석촉(53·54)은 경부에서 신부 일부까지 삭마된 평근이며, 적색마연토기는 직립경으로서 동남해안권의 특징을 가지고 있으며, 장주형석도(43)와 장동직립경의 호(29), 편인주상석부(46) 등과 함께 무문토기에 복합문이 존재하지 않고, 유구석부 등장의 전단계라고 본다면 전기 말 정도로서 천상리2기와 동시기로 상정해도 좋을 것이라 판단한다.

(2) 편년과 사회상

그럼 편년을 중심으로 천군동유적 가옥장의 사회성에 대해서 살펴보자. 우선 이른 시기(전기)의 요소는 노지가 2기 이상인 세장방형주거지, 복합문양의 무문토기, 구순각목문, Ⅰ류의 석촉,[3] 이단병식석검이며, 늦은 시기(후기)의 요소는 파수부토기와 외경구연의 무문토기형적색마연토기, 단순문양 특히 공렬문과 단횡선문의 무문토기, 직립장경의 전형 적색마연토기, 유구석부를 들 수 있다. 이 기준에 따라 3단계의 상대편년이 가능하며 이것은 보고자(김희철 2010)들의 3단계 구분과도 유사한 결과를 보이고 있다. 1단계는 전형적색마연토기 출현 이전 시기

표 1 _ 경주 천군동유적 주거지의 단계설정

단계	주거지			무문토기	심발 문양 편년	전형적색마연호 (C14 B.P.)	석촉	석검 (석부)
	번호	평면형	규모					
1	9호	장방	대형			2800±60		
	10호	세장방	대형				Ⅲa	
	11호	세장방	초대형				Ⅰ	이단병
	19호	장방	대형	구순각목돌류문발	6~7기		Ⅲa	
	21호	장방	소형	구순각목돌류사선문발	6~9기	2750±50		
	22호	?	?	구순각목문호	(4~6기)			
	23호	세장방	대형?	돌류문발	4~12기			
2	5호	장방	중형	돌류문발, 직립경호	4~12기	직립단경	Ⅲa	
	12호	장방	중형				Ⅲa	
	15호	장방	대형	돌류·단횡선·사선문 발	9~12기	외반구경		
	18호	장방	대형	적색마연외경구연소호				이단병
3	1호	정방	소형	공렬문발, 양이부호	10~13기			
	2호	정방	소형	파수부토기				
	3호	장방	소형	십자문호, 외반구경호	(9기)			
	4호	장방	중형	공렬파수부발	12~14기	2480±60		(유구)
	7호	장방	소형	파수부발				
	20호	정방	소형	단횡선문발	10~13기			

* 주거지의 중복관계(축조순서) : 6호 → 7호, 11호 → 12·13호, 14호 → 15호 → 16호

---

3) 이하 석촉의 형식은 安在晧(1991)의 분류에 따른다.

로서 전기 후반이며, 2단계는 전기 말, 3단계는 후기 전반이라고 판단된다. 〈표 1〉에서 각 단계는 심발의 문양편년에 따르면 1단계는 6-7기, 2단계는 9-12기, 3단계는 12-13기에 해당한다. 이렇게 보면 1단계와 2단계는 단절적 선후관계이고, 2·3단계는 계기적 선후관계에 있다는 것을 알 수 있다. 이것은 전기 말경에 새로운 집단이 여기에 정착한 것이며, 그 원인은 수장의 등장으로 지역공동체의 재편성(安在晧 2009b)의 파장 때문일 것이다. 여기서 한 단계의 시간 폭은 대략 두 세대일 것이다.

결국 가옥장이 시행된 5호 주거지는 2단계 즉 새로운 집단이 이주한 시기에 속하는 중형의 주거지이다. (도 3)에서 5호 주거지는 취락의 동단부에 홀로[4] 위치한다.

가옥장의 성격은 1구역의 2·3단계 취락의 성격 속에서 이해되어야 할 것인데, 2단계에는 5호 주거지를 제외한다면 취락이 서반부에 한정되어 조영되었다. 대형주거가 인접하여 병존하는 것은 아직도 전기적인 취락구조

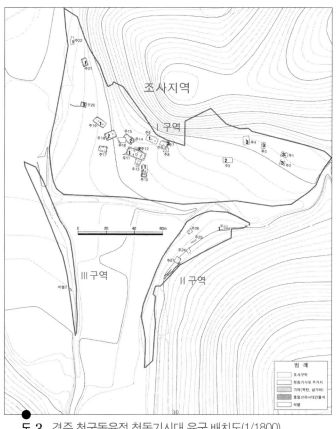

도 3 경주 천군동유적 청동기시대 유구 배치도(1/1800)
(주거지의 짙은 숫자는 단계를 나타냄)

즉 가옥의 배치는 분산적이면서 수장의 가옥이 존재하지 않았던 것 같다. 그러다가 3단계가 되면서는 동반부로 취락의 중심이 이동한 것인데, 동반부는 2동으로 구성된 세대공동체 2단위가 배치되는데 반하여, 서반부의 가옥은 분산된 것 같다. 따라서 3기는 대형주거가 사라지고, 동반부의 중형 4호 주거지가 중심이 된 듯하다. 그 원인이 혹시 2단계의 5호 주거지에 거행된 가옥장이 아니겠는가. 그런데 2단계에서 왜 중형의 5호 주거에 가옥장을 거행하였는가라는 의문이 남는다. 먼저 가옥장의 피장자는 5호 주거에 거주한 인물이었을 것이다. 2단계는 아직 대형주거가 병존하는 상황으로 보아 주거면적에 대한 사회적 규제는 없었던 전기의 양상을 아직 잔존하고 있었다고 생각된다. 그런 상황에서 주거면적에 대한 서열적 구분은 희박하고, 중형주거의 구성원이라도 취락의 유력개인이 거주하였을 가능성은 있겠다. 그렇지 않다 하더라도 3단계에서 가옥장이 거행되었던 5호 주거지로 취락의 중심이 이동되었던 것은 가옥장의 피장자가 사회적으로 주목받았던 것을 시사하는 것임은 틀림없겠다.

따라서 천군동유적의 가옥묘는 전기말 또는 후기전반의 유력개인의 묘일 가능성이 높고, 새롭게 이주한 집단의 시조묘로서의 의미를 가진다고 하겠다. 물론 이 시기에는 아직 성토분구를 가진 묘는 존재하지 않으므로, 주거지는 매립되고 인식할만한 흔적만을 남겼을 것이다. 인근의 피막유적(張正男·金鍾픔 1999)에서처럼 계곡 주위의 산 말단부를 이용한 소규모 취락과 함께 하나의 지역공동체를 이루고 있었을 것이다. 입지적인 면에서 본다면 그 중에서 본 1지구취락이 그 중심에 있는 것은 확실하다.

천군동유적은, 경주의 北川이나 南川을 조망하면서 경주분지와 동해안 및 울산을 지나는 길목인 교통의 요지에 위치할 수도 있는데, 오히려 明活山 중의 계곡으로 잠입한 듯하다. 이것은 도피적인 이주였을 수도 있겠지만,

---

4) 3호 주거지의 외반구경무문토기호는 외반구연무문토기호보다는 빠른 것이지만 직립경무문토기호보다는 늦은 것으로 볼 수 있으므로, 3단계에 두었다. 십자문은 심발의 문양이 아니라 무문토기호에 시문되었으므로 정확한 시기는 불투명하다.

동남해안권의 생업형태처럼 山을 기반으로 한 수렵채집생활을 영위하기 위한 것 때문이 아니겠는가.

2) 포항 호동 29호 주거지

도 4 경주 천군동 · 피막유적의 위치도

호동유적 II지구(권혜인 · 한진연 외 2008)는 평지에서의 비고 약 55m에 해당하는 대상 구릉 정상부에 입지한다. 삼한시대 취락의 하층에 존재하는 청동기시대 취락은 주거지 52동, 구상유구 5기로 구성되어 있다. 취락은 전체의 약 3/4가 발굴되었다. 구상유구라는 것은 매장주체부가 확인되지 않았지만, 동남해안권에서 볼 수 있는 주구묘(李秀鴻 2010a, 黃昌漢 2010) 즉 주구식구획묘임이 틀림없다고 생각한다.

유적의 존속시기에 대해서는 보고자의 견해는 없지만, 대략 호동유적 전체의 주거지에서 보면, 토기는 단순문양만 보이는데 돌류문과 공렬문 · 단횡선문 뿐이며, 무문토기호는 단경이다. 석촉은 IIIa류가 많고 I · IIIb류도 보인다. 유구석부와 I 식의 동북형석도(裵眞晟 2006) 그리고 유구이단병식석검이 출토되었다. 주거지는 2기 이상의 노지를 갖춘 세장방형은 3호뿐이며 대부분은 중 · 소형의 방형이다. 이런 공반상으로 본다면, 전기 말경(호동 I 기)에서 후기 전반의 이른 시기(호동 II 기)에 걸친 시기라고 판단된다. 그러므로 상한 시기는 경주 천군동유적 II단계와 같고 하한은 III단계에 해당할 것이다.

(1) 29호 주거지의 가옥장

주거지는 절반만 잔존하지만 중형으로 추산되며, 인골은 2개체로서 주거지의 장벽과 나란하게 확인되었다. 보고자들은 인골이 심하게 흐트러져 있었던 탓인지, 가옥의 화재로 인하여 사망한 것(권혜인 · 한진연 외 2008)으로 파악하고 있으나, 인골을 정리 분석한 김재현(2008)은 20대와 30대에 해당하는 남성 2인이 나란히 신전장된 가옥장으로 판정하였다. 필자는 보고자들이나 김재현의 의견을 모두 반영하여, 천군동유적의 예와 같이 이차장한 풍습으로서 인골을 바르게 안치하고 가옥에 점화하여 화장한 것이라고 보고 싶다. 그렇기 때문에 인골이 소실되면서 어지럽게 흐트러진 것은 아니겠는가?

부장유물로서는 인골의 머리 쪽에 토기 1개체로 보이는 파편들이 출토되었는데, 복원 불가능한 동체부라고 하므로 파손품을 부장하였던 것인지 가옥 내에서 사용하던 것이 부서진 것인지 의문이다. 2인을 안치하고 매장의 개념이라면 머리 위쪽의 공간을 정리하고 부장하였을 가능성은 높다고 생각되지만, 과연 토기를 파괴하여 그 일부분을 부장했는가에 대해서는 의문이다. 석부 1점은 벽구에서 출토되었기 때문에 부장유물인지 단정하기는 어렵다. 만약 석부는 목병에 착장된 것이고, 화장과정에서 위치가 다소 이동되었다면 피장자의 발쪽에 부장하였을 가능성도 배제하기는 어려울 것이다.

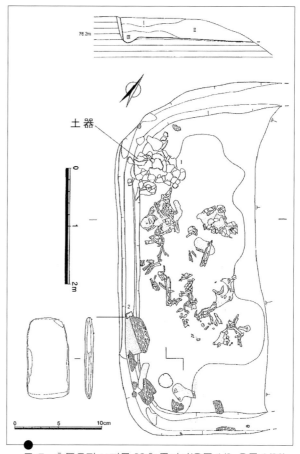

土器

도 5 호동유적 II지구 29호 주거지(유물 1/6, 유구 1/90)

(2) 주거지와 묘와의 관계

호동유적의 주거지를 우선 가옥의 평면적을 통하여 (도 6)처럼 대·중·소형으로 분류한다. 그 결과 대형 2동 - 중형 8동 - 소형 22동이 확인되었다.

동남해안권에서 전기 말부터 주거의 규모와 위치에 대한 규제와 함께 표준화가 이루어지는데(安在晧 2001), 도7은 대형과 중형 주거의 위치를 표시한 것이다.

우선 대형주거는 남북으로 떨어져 있는데, 2개의 지구 즉 3호 주거를 중심으로 한 문화재보호지역과 36호 주거의 발굴지역으로 나누어질 것이다. 그리고 대형과 중형 주거는 2동씩 근접하여 존재한다. 그 위치는 주구식구획묘에 가깝다는 특징도 보인다. 취락 내에서 1동의 대형 혹은 중형주거가 의례공간이나 선조의 묘역에 인접하는 것은 일반적인 현상이다(安在晧 2001). 특히 본 호동유적처럼 3호주거-1호묘, 12·15호주거-2호묘, 28호주거-29호가옥장, 36·37호주거-4호묘, 40·42호가옥-5호묘, 23호가옥-3호묘의 군집은 6개단위의 세대공동체가 존재한 것이라고 판단된다.

그런데, 5기의 주구식구획묘는 제각각 분산하여 위치하며, 장축의 방향성이나 등고선과의 일정한 규칙을 가지지도 않고, 주거역과 공터 또는 다양한 지형 속에 입지하고 있어서 전혀 규칙성을 찾을 수가 없다. 이것은 이 무

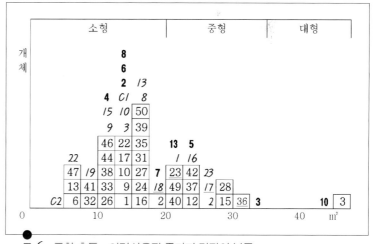

도 6 포항 호동·인덕산유적 주거지 면적의 분류
호동II지구 - □, I지구-편지체, 인덕산 - 견gothic체(번호는 잔존면적임)

덤들이 연속적인 기획 속에서 조영된 것이 아니고, 반독립적인 각 집단별로 소속된 것인 까닭이다. 그 피장자는 유력개인으로서 호동취락의 최초로 조영된 즉 세대공동체의 시조였던 것은 아닐까. 다시 말해서 2동의 대·중형 가옥은 서로 1·2세대에 속하여서 존속시기가 다른데, 최초 호동취락을 열었던 제1세대의 유력개인을 주구구획묘에 안치하였던 것은 아니겠는가? 이를 확인하기 위해서 전술한 6개 군집에서 각 군집의 대·중형 가옥은 조영된 시기가 다르다는 점을 증명하고 싶다.

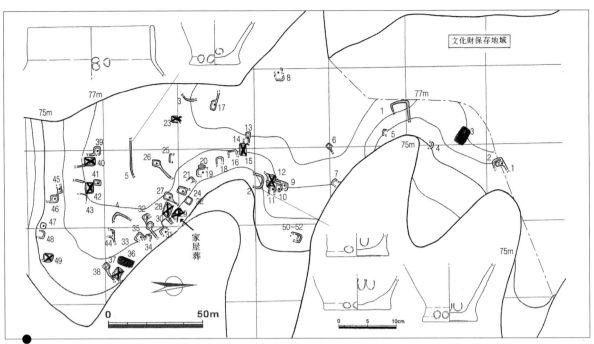

도 7 포항 호동유적 II지구 청동기시대 유구 배치도와 출토유물(배치도 ≒1/1800, 유물 1/6)
　　　■ 대형, ⊠ 중형 주거지

　　시기구분은 인접하는 2동의 중·대형주거지의 시기 관계를 비교할만한 유물이 검출되지 못하여 쉽지만은 않지만, 3호 주거지는 IIIa·IIIb류 석촉(도 8-2)과 장방형석도(도 8-3)가 출토되었으므로 호동 I 기에 해당한다. 12호 주거지의 토기는 돌류문 단순문양(도 8-9)이지만 심발의 구순이 둥글거나 평탄하여 호동 I 기에 포함시킬 수 있지만, 15호 주거지는 직립단경호(도 8-11)이지만 頸과 胴의 경계가 완만한 특징에서 원저의 적색마연소호(도 8-10)와 함께 후기로 보아도 좋겠다. 그리고 40호 주거지도 I·IIIb류 석촉(도 8-14)이 출토되어 호동 I 기로 편년된다. 42호 주거지에서는 시기를 가름할 유물은 없고, 장방형주거지에 노지와 토광이 중앙의 1기 주혈을 마주하고 있는 형태로서 이색점토는 깔려있진 않지만 천전리형주거(金權中 2005)의 일유형이라 판단되므로 후기에 속할 것이다. 그리고 또 42호 주거지와 인접한 41호 주거지는 직립중경호(도 8-15)로서 동체부가 구형인 점에서 전기의 유물이 분명하므로, 중복된 42호 주거지는 호동 II 기로 둘 수 있다는 점과도 상응한다. 36호 주거지(도 8-5)에서 출토된 얇은 원반상의 환상석부(도 8-6)는 전기에 속하는 유물이고, 주거지의 평면에서 2기의 노지 배치가 비대칭인 점에서도 관산리형주거에 가까운 장방형주거지라고 판단된다. 이에 반하여 인접한 37호 주거지는 노지가 대칭으로 배치되어있는 점(도 8-7)이 다른데, 이와 같은 구조는 울산 검단리32호 주거지와 송국리유적의 장방형주거지에서도 찾아 볼 수 있다. 따라서 36호 주거지가 37호 주거지보다는 이른 시기로 보아도 무방하겠다. 28호와 29호 주거지는 유물로써 시기를 판정할 수 없지만, 28호주거와 1m의 거리를 두고 인접하여 동시기로 볼 수 없는 30호 주거지에서는 장주형석도(도 8-12)와 단횡선문발(도 8-13)이 출토되므로 호동 II 기로 설정가능하다. 그렇다면 인접한 28호 주거지는 호동 I 기, 29호 주거지는 II 기의 가능성도 있다.

　　이런 판단에서 호동 I 기의 대·중형주거는 3호·12호·28호·36호·40호 주거지이고, II 기는 15호·29호·37호·42호 주거지가 해당한다. 그렇다면 각주거의 군집에서는 12호→15호 주거, 28호→29호 주거, 36호→37호 주거, 40호→42호 주거의 관계가 된다. 필자는 선축된 대·중형주거의 유력개인이 각 세대공동체의 시조이면서 주구식구획묘의 피장자였다고 추정할 수 있게 되었다. 그러므로 「12호주거 = 2호묘」 「36호주거 = 4호묘」 「40호주거 = 5호묘」와 동일시할 수 있다고 판단된다. 이와 마찬가지로 3호주거도 1호묘와, 23호주거도 3호묘와 연결할 수 있겠다.

　　구획묘의 구에서 출토된 유물 중에서 시기를 확정할 수 있는 것은 5호묘의 직립중경호(도 7)로서 후기의 직립

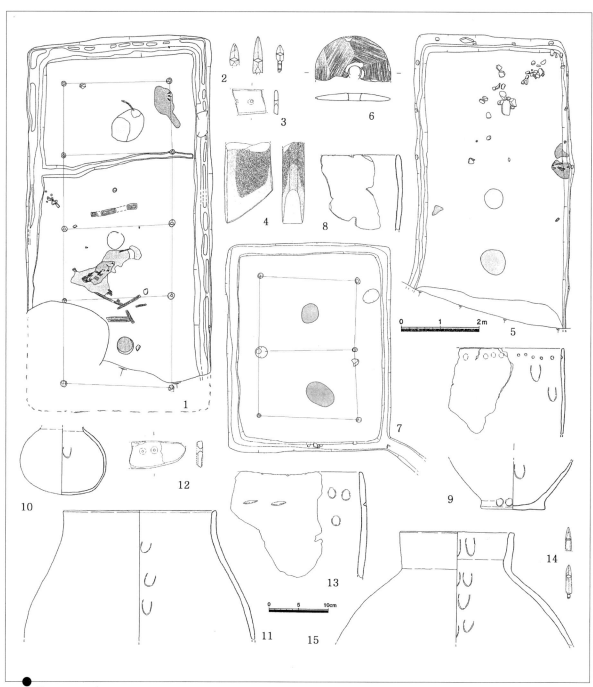

도 8 포항 호동유적 ‖지구 주거지와 출토유물(유물 1/6, 유구 1/90)

1~4 : 3호 주거지, 5·6 : 36호 주거지, 7·8 : 37호 주거지, 9 : 12호 주거지, 10·11 : 15호 주거지, 12·13 : 30호 주거지, 14 : 40호 주거지, 15 : 41호 주거지

단경호나 외반구연호보다 빠른 형식으로 보고 싶다. 아마 주거지의 시기에 국한 된 묘라고 한다면 전기말 호동 I 기가 될 것이다. 2호묘에서는 무문토기의 저부 3점이 출토되었을 뿐인데 5호묘의 출토 저부와 유사한 기형이 간취되므로 호동 I 기로 두어도 좋겠다. 이것이 아니라고 해도 장방형 혹은 세장방형의 주구를 가진 주구식구획묘는 전기 후반대의 묘제(金權中 2008)로 인정되기 때문에 호동유적에서도 제 I 기의 무덤으로 인식해야 할 것이다.

결국 최초의 전기 말경에 각 세대공동체의 유력개인의 묘로서 각 세대공동체 영역내에 주구식구획묘를 조영하게 되었다는 것이다. 그러므로 호동유적에서는 아직 씨족간의 통합을 이루지 못한 단계로서 수장의 존재는 상정하기 어렵다. 이것은 전기에 2동의 대형주거가 공존하는 현상으로써도 짐작할 수 있다.

⑷ 취락의 성격과 가옥장

호동유적 II지구는 7단위의 세대공동체적인 小氏族으로써 형성된 부족집단이다. 각각의 소씨족은 주거군 속에 시조묘를 조영하면서 독자적인 조상신을 모시고 있다. 취락의 구조는 천상리취락형(安在晧 2001)으로 분류될 수 있다.

시조묘로서의 주구식구획묘에 대하여, 29호 주거지는 늦은 제II기로서 가옥장이 시행되었다는 점이 다르다. 즉 주구식구획묘는 기념물적 조영물이지만, 가옥장의 주거지는 폐기의례와 같이 남겨지는 기념물은 아닐 것이다. 29호 주거지를 이용한 가옥장은 단순히 29호 주거에 거주한 구성원을 위한 매장은 아니고, 공동체적 성격의 장례였다고 추측하고 싶다. 다시 말해서 취락의 폐기와 관련하여 마지막으로 거행된 의례적 행위가 아니겠는가?

여기에서 다시 검토해야할 깃은 28호 주거지의 시간성이다. 28·29호 중형주거지가 소속된 공동체의 주구식구획묘는 조영되지 않았다는 점은 본 호동취락의 일관성에 벗어난 점이다.

이러한 의문에서 28호 주거지의 2점의 토기(도 9-2·3)는 구순이 모두 둥근 형태이고, 심발은 무문으로서 내경구연이며, 천발은 동체부가 직선적인 점은 후기적 요소에 가까운 것이라고 판단하고 싶다. 이렇게 본다면 오히려 29호 주거지가 전기에 속할 수도 있겠다.

그런데 28·29호 주거가 위치하는 곳은 가장 주거의 밀도가 높으며 많은 주거가 군집하고 있어서 흡사 호동유적의 중심지와 같은 모습을 띤다. 그렇게 본다면 호동유적에서의 중심인 씨족집단임에도 불구하고 대형주거와 구

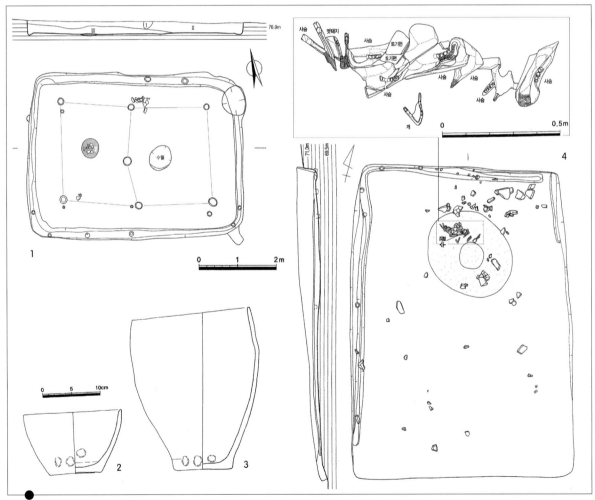

도 9 호동II지구·인덕산유적(유구 1/90, 유물 1/6)

1 : 호동II 42호 주거지, 2·3 : 호동II 28호 주거지, 4 : 인덕산 10호 주거지

획묘를 조영하지 않았다
는 것은 이해하기 어렵
다. 그러므로 필자는
28·29호 중형주거는 모
두 늦은 시점인 후기에
속하는 것으로서, 전기와
같이 분산적 집촌구조에
기인한 것이 아니라, 후
기의 집주적인 취락조성
원리에 따라 변모한 것이
라고 생각된다. 이런 맥
락에서 28호주거의 피장
자는 후기사회의 신흥유
력개인으로서 구획묘는
조영하지 못하고, 가옥장
을 통하여 공동체적 장례
의식을 거행한 것이라고
상정할 수 있지 않을까
생각한다.
　묘지가 주거군 사이
에 입지하는 것은 일반적
인 농경사회의 구조는 아
니고, 농경사회에서의 주
거역과 묘지는 분리되어
조성된다(安在晧 2001·
2009a). 이런 측면에서
본 유적이 해발 78m의 고
지성취락이기 때문에 수
렵과 채집활동이 중시된
사회였을 것이라고 추정

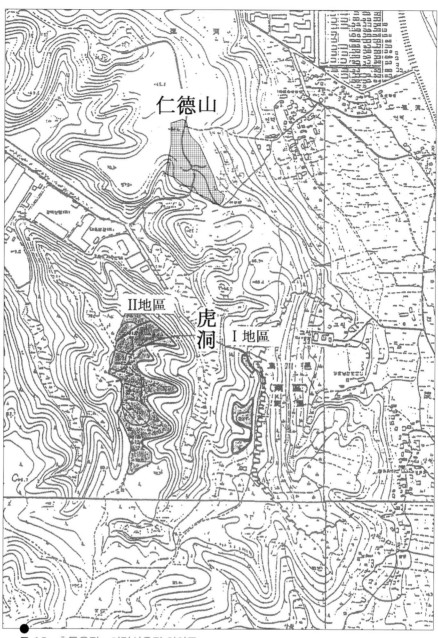

도 10　호동유적·인덕산유적 위치도

하고 싶다. 물론 농경활동은 취락 인근의 밭이나 산지의 화전을 경영하였을 것이고, 반월형석도의 출토예를 보면
잡곡만이 아니라 벼도 재배하였다. 그러나, 이런 농경활동은 채집활동에서의 부족분을 보완하는 정도였을 것이라
는 점에서 수렵채집사회라고 보고자 한다.
　이와는 다른 양상의 주구식구획묘가 호동Ⅰ지구(도 11)에서 가장 높은 C구릉에서 발견되었다. 호동Ⅰ지구는
Ⅱ지구와 좁은 협곡을 사이에 두고 마주하고 있으며 취락의 고도도 비슷하지만, 주거지는 26동으로서 소규모에
해당한다. 구획묘는 길이 32m 폭 8.6m로서 초대형의 세장방형이며 매장주체부는 발견되지 않았지만 주구 내부
에서 구순각목사선문단경호가 출토되어 전기 후반에 조영된 것임을 알 수 있다. 호동Ⅰ지구에서는 복합문과 구순
각목문이 보이고 있어서 천군동1단계와 병행하고, 호동Ⅱ지구보다는 선행한 취락으로 보이며 이 두 취락은 상호
연속성은 찾을 수 없다. 취락구조는 B구릉에서 6동의 중형주거지가 중앙의 광장을 사이에 두고 환상으로 배치된
대략 4단위의 세대공동체로 구성되었다. 70m 남쪽에 위치하는 C구릉의 1호구획묘는 B구릉 집단의 시조묘일 것
이다.

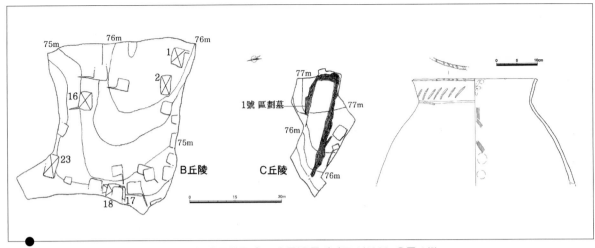

도 11　호동 | 지구유적 유구배치도와 1호구획묘 출토 유물(유구배치도 1/1800, 유물 1/6)
　　　　⊠ 중형 주거지

　　본 유적의 북동쪽 약 300m 거리에 위치하는 인덕산유적(배덕환·임재형 외 2007)은 해발 71m의 산정에 입지한 고지성취락인데, 유일한 대형주거지인 10호 주거지에서는 직경 2m에 이르는 대형노지에서 사슴 7필, 멧돼지와 개 각 1필의 하악골이 나란히 출토되었다. 이것은 아마도 가옥의 노지 상부에 하악골들을 나란히 묶어서 현수한 것이라고 추정되는데, 의례행위로서 수렵이 성행했던 증거라고 생각한다. 특히 직경 1m 이상의 대형노지는 울산지역에서도 취락마다 쉽게 볼 수 있는데, 아마도 훈증과 같은 육류의 조리용이 아닐까 짐작된다.

　　본 호동유적의 경우도 인덕산유적과 비슷한 생업경제를 유지하였을 것이라고 추측하고 싶으며, 가옥장은 이러한 생업경제를 배경으로 나타난 습속이라고 생각된다.

3) 가옥장의 사회성

　　가옥장이 실시된 2개의 사례를 살펴보았는데, 공통점은 전기 말경 혹은 후기 초라는 시간성과 복수의 사람이 화장되었고, 주거지가 위치하는 경사면의 높은 쪽 장벽부에 신전장으로 안치되었으나 다분히 이차장이었을 것이라는 점 등이다. 부장품은 생전 주인공의 분업적 역할에 따라 달라지고, 무덤에서처럼 적색마연토기호가 부장품목으로서 반드시 중요시된 것은 아니라는 점이다. 그리고, 이 주거지들은 중형의 규모이고, 취락내 입지의 특이점도 발견되지 않고 있어서, 피장자는 유력자이긴 하지만 수장이라고는 볼 수가 없다. 다만 조상신으로서 기념하는 의미에서 특별히 가옥장을 택하여 취락 내에 묘를 만들었을 가능성만을 남기고 있다.

　　사실 전기 후반 동남해안지역에서는 주구식구획묘와 석관묘가 일반적인 묘제였고, 특히 전기 말경에는 수장의 등장(安在晧 2001)을 주목할 필요가 있겠다. 가옥장을 택하게 된 것은 그 당시 보편적인 장제를 채택할 수 없는 사회적 규제 때문은 아니겠는가. 즉 수장의 등장 시점에 각 집락은 거점취락을 중심으로 공동체사회의 재편성이 일어나고, 지역 정체성의 확립과 함께 각종 사회적 규제가 성행하게 되었던 시기였다(安在晧 2010b). 따라서 호동유적이나 천군동유적처럼 소규모 주변취락은 비록 전통적인 장제라고해도 거점취락의 영향을 받았고, 그에 따라서 전통적인 구획묘를 채용하지 못하고 피장자의 삶의 연장으로서 사후세계를 가옥에 재현한 것이 아닌가 판단된다. 이 시기 묘의 평면형과 가옥의 평면형태가 일치하는 것(李柱憲 2000)을 본다면 생전의 주거를 사후의 묘와 동일시하는 사회적 관념을 엿볼 수 있는데, 가옥장은 이러한 풍조 속에서 자연스럽게 받아들여졌을 것이라고 생각한다.

4. 蓮岩洞形住居址와 集石住居址의 檢討

천상리형주거지에 주구가 설치된 연암동형주거지는 최초 발견 시 주구의 조영에 대한 해석으로는 저지성취락으로서 배수시설, 강과 바다를 인접한 생업형태에서 기인한 주거형태, 개별주거의 점유공간 표식 등으로 해석하였다(金榮珉 2000). 연암동형주거지의 주구만 존재하는 연암동형주구를 주구묘 특히 이차장을 시행한 묘로 보는 최근의 견해[5](李秀鴻 2011)도 있다.

집석한 주거지의 경우는 주로 노지·주거지 혹은 취락의 폐기의례로 인식(이현석 2005, 이석범 2005, 金賢植 2005, 유병일 2006)하고 있지만, 여기에 대해서도 가옥장의 가능성을 연암동형주거지와 함께 타진해 보고자 한다.

1) 연암동형주거지 · 연암동형주구

연암동형주거지와 연암동형주구에 대하여 집성한 것이 표2이다. 연암동형주구는 매장주체부가 지상화한 이차장의 주구묘로서 인식하고 있지만(李秀鴻 2010b), 필자는 의례공간으로 본 적(2010)이 있었다. 집성한 결과를 종합하면 〈표 2〉와 같은 특징을 보이고 있다.

연암동형주거지는 첫째, 모두 청동기시대 후기에 속한다. 둘째, 주거지의 규모는 30㎡이상의 대형도 일부 존재하지만 중형과 소형의 면적을 가진 주거지가 대부분이다. 셋째, 다른 주거지와의 층서는 대체로 상층에 속한다. 넷째, 주거지의 배수구와 주구는 동시기에 만들어진 것이 아니고, 주구가 뒤에 만들어진 것이다. 다섯째, 충적평지에 입지하는 연암동유적(金榮珉·金賢哲 외 2001, 金昊鎭·黃賢淑 외 2005)을 제외하면 대부분은 소수에 국한된다.

연암동형주구는 첫째, 연암동형주거지와 함께 대부분은 청동기시대 후기에 속한다. 둘째, 취락의 존속기간 중에서 주거지와의 중복관계를 통해 보면 대부분 상층에 위치하고 있어서 가장 늦은 시기에 축조된 것으로 추정된다. 셋째, 취락 내에서의 분포는 주로 광장과 같은 공터나 구릉의 능선에 해당하는 곳에 입지한다. 넷째, 단위취락 내에서 주거지의 수보다는 절대 적은 수에 해당하는 것이 대부분이다. 다섯째, 주구간의 연접하여 중첩된 경우도 있다.

(도 12-1) 연암동유적의 배치도에 담겨있는 의미는 많다. 주구 바깥에 돌출되어 있는 주거지의 배수구 말단이 검출된 상황을 두고 본다면, 주구는 주거지가 폐기되면서 만들어진 것을 알 수 있다. 실제 가옥 주위에 주구를 만들었을 때는 물이 고인다든지, 생활오물이 모이기 쉽기 때문에 위생환경이 나빠질 것이기 때문이다. 또 하나의 사실은 주구끼리의 중복상태이다. 주구의 중첩은 기존의 유구를 부정하는 파괴의 의미가 아니라 관계의 유지를 의미하는 것이라고 판단된다. 연암동형주거에서 보면 중첩된 경우가 기존의 주거지를 파괴하는 경우는 없는데, 이것은 주구 내부가 성토되지 않았다는 것을 시사하기도 하고, 부석식구획묘에서 흔히 관찰할 수 있는 연접축조와 같은 의미라고 판단된다. 그리고, 입지의 문제로서 연암동형주거지는 주거지를 전용한 것이기 때문에 입지선택의 여지는 적지만, 연암동형주구는 울산 梅谷洞 新基I遺蹟의 예처럼 중앙광장을 점거하고 있는 모습은 연암동형주구가 취락의 기능이 끝난 시점에 조영된 것이라는 것을 시사하는 것은 아니겠는가. 물론 대다수의 경우는 연암동형주구도 분산되어 축조되었다. 이런 경우는 앞서 호동II유적의 경우처럼 취락의 구조가 세대공동체적 요소가 많은 경우일 것이고, 신기I유적의 경우는 보다 통합적인 사회구조였을 것이라고 생각된다. 그러므로, 연암동형주구의 배치는 취락의 성격에 따라 다양한 양상을 보인다고 할 수 있다. 그리고 연암동유적의 대형주거지 6호는 주구가 설치되지 않았다. 오히려 중·소형주거지에 주구가 설치된 것을 보면 대형주거지를 이용한 연암동형주거지는 울산 중산동 약수II유적의 35호 주거지가 유일한 예이므로, 취락내 대형주거의 구성원은 별도의 매장시설을

---

5) 이런 견해는 2009년 우리문화재연구원의 권석호씨도 현장설명회에서 주구시설이 묘라는 점을 피력한 바가 있었지만, 그 당시 필자는 회의적인 견해를 내었던 적이 있었다.

표 2 _ 연암동형주거지·연암동형주구의 집성

(주거지의 *인은 화재주거지임)

유적	유구	주구평면	주거지 면적m²	주구규모(m)	입지·층서	유물 (적색마연소호는 전형)
포항 대련리 10호주*	마제형	13.1		13.8×12.1	구릉능선, 9호 주거지 상층	돌류문심발, 무경식석촉
포항 대련리 III-9호주?	말각방형	23.2		12.2×10.3	구릉사면, 8호주. 상층, 10호주. 하층	10호주-무경식석촉
경주 하서리	13호 주구	말각방형		8.3×8.0	구릉정상	적색마연소호, 공렬문
	14호 주구	말각방형		11.1×10.2	구릉정상	적색마연소호, 이단병식석검
	6-8호 주구	말각방형		6.3×	구릉능선	
경주 충효동	10호 주거지*	말각방형	16.8	8.5×(7.0)	선상지	적색마연소호, 구순각목문직립단경호
	11호 주거지	말각방형	21.9		선상지	적색마연소호, 파수부사선문심발
	12호 주거지	말각방형	9.9	8.6×8.4	선상지	공렬문심발
	24호 주거지*	원형	27.5		선상지	외경장경호
	32호 주거지*	타원형	24.5	13.5×10.8	선상지	내경구연공렬문심발
	35호 주거지	말각방형	16.3		선상지, 4호구 상층	공렬문심발, 직립단경호
	1호구상유구	방형			선상지, 5호 주거지 하층-(?)	5호주-외반구경적색마연소호
	2호구상유구	말각방형		10.3×9.3	선상지, 9호 주거지 하층 -(?)	9호주-공렬문심발
	4호구상유구	원형		5.4×4.8	선상지, 35호 주거지 하층-(?)	사선문심발, 장경식적색마연소호
	8호구상유구	원형			선상지	파수부사선문심발
	12호구상유구	말각방형			선상지, 23호 주거지 하층-(?)	파수부사선문심발, 장경적색마연소호
울산 인보리	1호 구	원형		(10.8)	충적평지, 2호구 하층	공렬문심발
	2호 구	말각방형		11.2×	충적평지, 1호구 상층	공렬문심발
울산 서부리 남천 주구		말각방형		10.4×	하안단구, 2·3호 주거지 상층	3호주-적색마연소호, 평근일단경석촉
울산 신천동B	23호 주거지	말각방형	23.6	11.4×9.7	구릉능선, 5호구 하층	사능부
	3호 구	말각방형		(16.4)×10.4	구릉능선	
	5호 구	말각방형		13.4×11.4	구릉능선, 23호 주거지 상층	첨상구순천발
	6호 구	말각방형		10.4×8.8	구릉사면, 17호 주거지 상층	평탄·둥근구순심발
신천동 냉천 III19호주		원형	23.0?	10.8×8.8	구릉사면	
울산 천곡동II 26호 주		원+방형	12.7		구릉사면	둥근구순천발
천곡동 가재골I	4호 주구	원+방형		7.8×7.7	구릉능선, 광장	
	25호 주거지	말각방형	25.1	×4.4	구릉사면	파수부 공렬·사선문 발
울산 매곡동 신기 I	1호 주구	말각방형		10.8×10.0	구릉사면, 4·15호 주거지 상층	15호-적색마연소호
	2호 주구	원+방형		10.1×8.9	능선 광장	
	3호 주구	말각방형		9.6×9.2	능선 광장, 4·5호주구 하층	
	4호 주구	말각방형		14.5×13.7	능선 광장, 3호주구 상층	단횡선문·사선문 심발
	5호 주구	말각방형		(8.8)×8.9	능선 광장, 3호주구 상층	외경경장동호
	6호 주구	말각방형		14.9×11.3	구릉사면	외반구연적색마연소호
	7호 주구	말각방형		14.0×10.4	구릉사면	첨상구순심발
울산 매곡동IV 4호 구		원+방형		8.2×7.6	구릉능선	사선문심발
울산 창평동	1호 구	말각방형		(12.3)	구릉사면, 1호구·8호 주거지 상층	
	2호 구	말각방형		12.5	구릉사면, 1호구 하층	
	3호 구	말각방형		(9.3)	구릉사면	
	5호 구	말각방형		(11.7)	구릉능선	둥근구순심발
	6호 구	말각방형		(9.9)	구릉사면	
울산 중산동 약수II	7호 주거지	말각방형	23.7	14.0×12.0	구릉능선	공렬문, 장경적색마연소호
	26호 주거지	말각방형	(17.8)	11.4×9.7	구릉사면, 25·34호 주거지 하층	어형·장방형 석도
	35호 주거지	말각방형	54.0?	17.4×13.4	구릉능선, 36-39호구 하층	
	37-39호구	말각방형			구릉능선	
	38호 구	말각방형		(9.5)×8.9	구릉능선	
	41호 구	말각방형		(10.0)(7.4)	구릉능선	
	47호 구	말각방형		11.0×8.6	구릉사면	
	49호 구	말각방형		7.5×	구릉사면	

울산 연암동	1호 주구	원형		10.0	저구릉	평탄구순단횡선문심발
	2호 주구	말각방형		10.0×	저구릉	둥근구순단횡선문심발
	3호 주구	말각방형		10.9×10.0	저구릉, 1호 주거지 상층	
	1호 주거지*	타원형	28.0	14.4×7.5	저구릉, 3호주구 하층,	단횡선문파수부심발
	2호 주거지*	원형	21.8	11.1×9.9	저구릉, 3호 주거지 상층	단횡선·사선·공렬문 발
	3호 주거지*	말각방형	30.5	13.0×11.6	저구릉, 2호 주거지 하층	공렬문심발, 첨근일단경식석촉
	4호 주거지	원형	13.8	11.1×9.8	저구릉	어형석도
	5-1호 주거지*	말각방형	13.9		저구릉	
북구 연암동	1호 주거지*	말각방형	16.6	9.2×8.8	구릉능선	단횡선문·파수부 심발
	2호 주거지	말각방형	30.3	12.2×	구릉능선	
	8호 주거지	말각방형	15.5		구릉능선	둥근구순심발
	9호 주거지	원형	11.6	10.5	구릉능선	단횡선문, 첨근일단경식석촉
	6호 구	말각방형		9.4×8.9	구릉능선	
상연암IV	1호 주구	원형		8.3	구릉능선	평탄구순심발
울산 상연암V	1호 주구	원형		7.6×7.2	구릉사면	
	6호 주거지	말각방형	33.7?	12.4×9.4	구릉능선	
연암동 산성	1호 주거지*	말각방형	24.0	11.8×10.0	구릉능선, 8호 주거지 상층	이단경식석촉, 공렬·단횡선문
	1호 구	방형			구릉사면, 2호 주거지 상층	

택하였고, 중·소형주거의 유력구성원은 거주하던 가옥을 전용하여 매장지로 이용한 것은 아니겠는가.

〈표 2〉에서 보면 연암동형주구와 주거지는 취락의 가장 늦은 시점에 조영된다는 점이다. 그것은 청동기시대 후기에 치우쳐있는 현상이지만, 전기에 축조된 경우도 간혹 보인다. 浦項 大蓮里遺蹟(金龍星·黃宗鉉 외 2001)은 16동의 주거지가 발굴되었는데, 대부분의 주거지에서는 구순각목문이나 복합문의 토기(2650±40B.P. 2960± 40B.P.)이지만 연암동형주거지인 10호(2580±40B.P.)에서는 단독문양으로 돌류문이 시문된 심발이 출토되었다. 이에 뒤이어 공렬문심발의 10호 주거지가 있지만, 10호 연암동형주거지는 대련리유적취락 속에서 가장 늦은 전기 말경인 것은 확실하다.

慶州 下西里遺蹟(金鎬詳·皇甫垠叔 외 2005)의 14호 연암동형주구에서 이단병식석검·평근일단경식석촉과 전형적색마연소호가 양이부토기와 공반되었는데, 적색마연소호는 후기의 長頸式이 아니라 구경이 외반하는 형태로서 석검과 함께 전기의 특징을 가지고 있으므로, 전기 후반의 늦은 시점일 수도 있지만 양이부토기로 본다면 후기 전반에 둘 수도 있다. 하서리유적에서는 돌류문 이외에도 파수부토기와 공렬문·사선문도 검출되므로 전· 후기에 연속하여 형성된 취락임은 확실하다. 그런데 13호 연암동형주구는 후기전반이 분명하므로, 연암동형주구 는 전기에도 후기에도 존속하였던 것 같다.

이와 같이 전형적색마연소호와 공반한 구순각목문단경호와 外傾頸의 장경호가 출토된 慶州 忠孝洞遺蹟(김은 주·김현진 외 2009)의 10호와 24호 연암동형주거지도 전기에 속하는데, 취락은 후기까지 존속하므로 취락 마지 막 단계에만 설치되는 것은 아닌 것 같다.[6] 이외의 연암동형주거지와 주구는 모두 후기에 속하는 것이다. 蔚山 新 泉洞遺蹟(박강민·최진녕 2010) B지구 23호 연암동형주거지에서는 사능부가 출토되었다. 사능부는 전기 후반대 가 중심인데, 후기로 인정되는 5호주구의 하층에 속하고 있어서 층서상으로도 문제가 없다. 그런데 이단경식석촉 이 출토된 울산 연암동 산성유적(徐正珠·朴贊文 2004) 1호 주거지는 후기에 편년되는 공렬·단횡선문이 공반되 는데, 실은 이단경식석촉은 전형적인 형식은 아니고, 일단경식석촉을 재가공 이용한 것일 가능성도 있으므로 전 기로 편년할 수는 없다.

---

6) 충효동유적의 연암동식주구 1·2·4·12호는 층서상으로 주거지의 하층이라고 보고되어 있지만, 주거지와 주구의 출토유물 을 비교해 보면 주거지의 상층일 가능성이 높다.

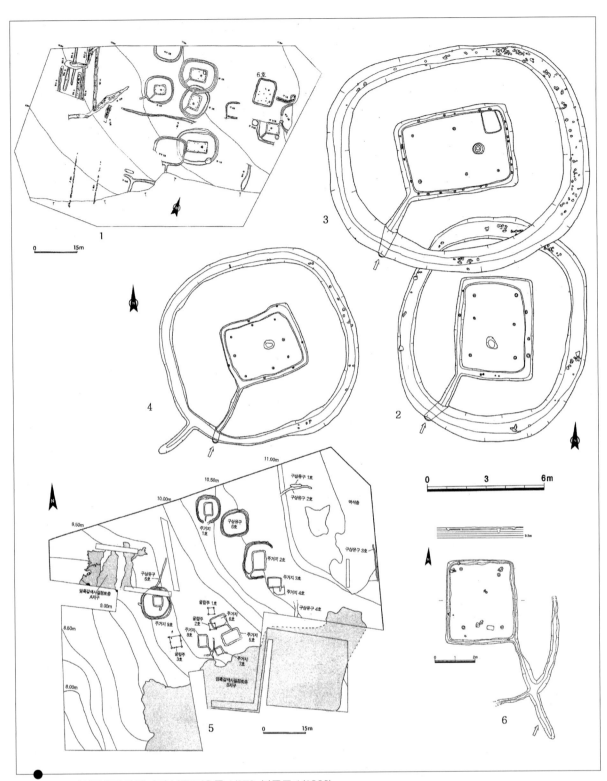

도 12 연암동유적의 주거지 분포도(유구 1/270, 분포도 1/1800)

1~4 : 연암동유적 · 2 · 3 · 4호 주거지, 5 · 6 : 북구 연암동유적 · 8호 주거지(⇜印은 배수구의 말단임)

이상에서 청동기시대 전기 후반 혹은 전기 말에 해당하는 연암동형주거지는 포항과 경주에 집중하고 울산지역은 주거지의 수효에 비한다면 매우 적다고 할 수 있다. 그리고 연암동형주구보다도 주거지가 우세하고 주로 구릉 사면부에 입지하는 것을 본다면 전기 후반대의 주구식구획묘의 배수기능도 겸비하는 주구의 기능이 가옥에도 적용된 것은 아닌가 추정된다. 그러든 것이 후기가 되면서 취락의 폐기와 관련하여 의례적 공간 혹은 유력개인의 묘지로 전용된 것은 아닌가 추정된다. 다만, 연암동형주거지는 화재를 당한 것이 38%에 불과하여 가옥장인 것 외에도 다른 사회적 기능을 지닌 연암동형주거지도 존재했던 것 같다. 이에 반하여 연암동형 주구는 후기사회의 유력개인의 무덤일 가능성을 제시하고 싶다.

2) 집석주거지의 검토

동남해안권에서 내부에 돌을 쌓아 주거지를 폐기한 의례행위의 일종으로서 집석현상(金賢植 2005)이 종종 발견된다. 그 의례의 목적으로는 취락을 떠나기 위한 것(이석범 2005, 金賢植 2005b), 주거지 혹은 노지를 폐기하기 위한 것(兪炳一 2006)으로 해석하고 있다. 李秀鴻(2011)은 주거지의 구성원이 죽음으로써 주거지가 폐기되는 이유가 되는데, 이때 의도적으로 돌을 쌓고 이차장한 인골을 화장하였을 가능성을 제시하고 있다. 필자도 이 집석주거지가 가옥장과 어떤 연관성을 가지고 있다고 가정하고 이에 대해서 집석주거지가 대규모로 검출된 3곳의 유적을 통하여 살피고자 한다.

최근 울산 천곡동 가재골Ⅲ유적에서 집석주거지를 분류(崔得俊 2009)하였다. 대부분의 주거지는 돌류문이나 복합문의 토기가 출토되어 전기에 해당하고, 다만 5호와 7호 주거지는 파수가 있는 단횡선문·공렬문 토기가 출토되어 후기로 보인다. 전기의 14동 집석주거지는 규모가 39.1m²의 대형(15호)을 포함하여 중형 소수와 소형 다수로 나누어지고, 후기에는 대형(5호)·중형(7호) 2동에 불과하다. 그리고 화재주거지의 경우는 전기에 5동, 후기에 1동이기 때문에 집석주거지는 화재로써 폐기된 것이라고만 할 수는 없다.

울산 仁甫里 번답들遺蹟(金賢植·金光洙 외 2008)의 보고자들은 발굴지

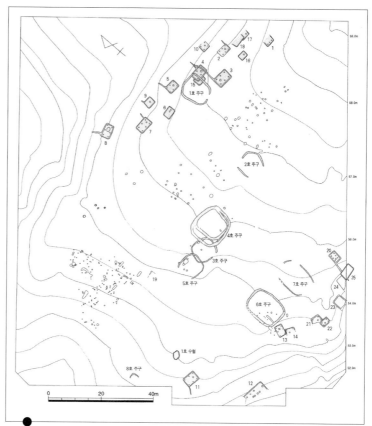

도 13 울산 매곡동 신기 I 유적 유구 분포도(1/1800)

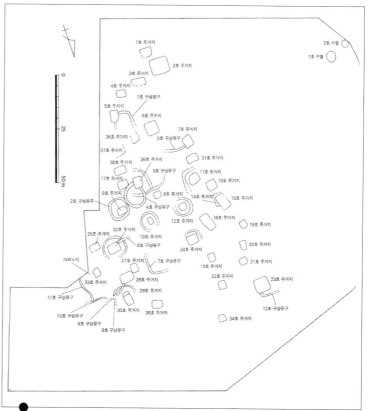

도 14 경주 충효동유적 분포도(1/1800)

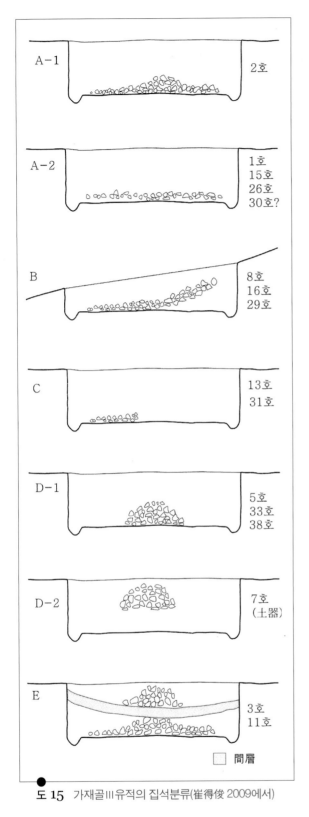

도 15 가재골Ⅲ유적의 집석분류(崔得俊 2009에서)

역에서 구릉의 높은 곳과 경사가 완만하고 낮은 곳에 위치하는 두 집단으로 분류하고, 높은 곳에는 12동의 주거지 중에서 집석현상은 7동에서 검출되었다. 집석주거지는 5동에서 화재로 폐기되고, 주거지 규모가 중형인 것은 2동이고 나머지는 소형이다. 따라서 집석주거지는 대형을 제외한 중·소형 주거지에 많고, 유일한 20호 대형주거지에는 집석현상은 없었던 것 같다. 이곳은 돌류문·구순각목돌류문·돌류사선문 토기가 출토되어 전기 후반에 해당하고, 낮은 곳에서는 단독문만 시문되는데 구순각목문·돌류문·사선문·단횡선문과 파수부심발 등이 출토되어 전기에서 후기까지도 계속되는 곳이다. 번답들집단은 높은 곳에서 점차 낮은 구릉지로 이동한 것이라고 생각된다. 문제는 이 낮은 곳에서는 집석주거지가 발견되지 않는 다는 점이고, 상대적으로 집석주거지는 고지성과 관련된 것이라고 판단된다.

慶州 松仙里遺蹟은 산사면에 입지하는데, 12동의 주거지가 조사되었다. 그 중 9동에서 집석주거지가 검출되었으며, 구순각목문·구순각목돌류사선문의 토기와 함께 무경식석촉·이단병식석검이 출토되어 전기 후반에 위치되지만, 직립구경의 적색마연소호도 출토되어 전기 말까지 존속한다. 4동의 C14연대치는 2800B.P. 연대에 있다. 집석주거지는 중·소형 주거지에 해당하고, 보고에 따르면 화재로 인하여 폐기된 것은 3동에 불과하다(이석범·박승규 2005).

이상을 종합하면, 집석주거지는 대체로 전기의 후반~말에는 일반화된 주거지 폐기의례였다고 생각된다. 이에 대해서는 주로 산림을 배경으로 생업을 영위한 취락을 중심으로 하고 있으며, 중·소형주거지를 대상으로 고의적으로 소실하여 폐기하는 경향이 우세한 것은 아니었다. 후기에도 집석주거지는 존속하지만 소수의 주거지에만 제한적이었다고 생각한다. 金賢植(2005b)이 집석주거지는 취락당 2동 정도에서 나타나며 취락존속기간 중에서 가장 늦은 시기에 한정된다는 것은 이 후기사회에 국한된 상황을 지적한 것으로 이해한다면 좋을 것이다. 그리고 집석주거지의 성격에 대해서는 노지폐기·가옥폐기·취락폐기 등의 의례적인 성격이라는 것도 주목할 만하지만, (도 15)의 집석패턴에 따라 다양한 해석이 병행되어야 할 것이다. 그러나 그 의례의 흔적이 주로 중·소형 가옥에서 발견되는 것이고, 그 수효도 적지 않기 때문에 취락단위의 의례가 아니라 세대공동체단위 혹은 씨족단위의 개인적 의례였을 것이다. 왜 대형가옥에서는 그 발견예가 적은지, 대형가옥의 수가 소수로서 제한적이었다고 한다면 적어도 중형가옥에만 한정된 의례행위가 아닌지에 대해서는 의혹을 가질 필요가 있겠다. 특히 동남해안권에서의 묘의 수가 매우 제한적인 것은 취락 내의 대형가옥에 거주한 유력개인만이 매장될 수 있었던 것은 아닌가. 이에 반하여, 산림을 배경으로 수렵채집생활을 중심으로 영위하였던 집단들은 그들의 영혼을 그들의 삶의 공간인 자연속에 귀속시키는 방법으로써 중·소형 가옥의 구성원은 특별한 묘를 만들지 않고 가옥장을 선택하였을 가능성도 고려할만 하다. 특히 전기말 혹은 후기 전반에 있어서 소수의 주거지에만 국한된 집석주거지에서 소실된 예는 취락단위의 의례행위로서 가옥장의 가능성을 예견하고 싶다. 포항과 경주에서 확인된 가옥장의 존재는 전기후반부터 수렵채집사회에서 이어져 내려온 습속에서 발생한 장법이라고 보고 싶다.

5. 맺음말

청동기시대의 생업의 차이에 따라 취락의 환경과 조건도 달라진다고 할 수 있다. 전기 후반이 되면서 대규모 취락이 출현하고, 무덤이 조상들의 기념물로서 조영되는데, 생업의 형태에 따라서 다양한 형태로 조영되었다고 생각한나. 농경사회에서는 일반석으로 농경지에 혹은 그 가까운 장소에 묘지가 조영되지만, 수렵채집사회에서는 수렵채집을 할 수 있는 장소에 묘지가 조성되는 것은 농경사회나 수렵채집사회가 같은 관념이라고 판단된다. 다만 농경사회는 자연 그대로가 아닌 땅을 개간하여 농지로 변환시키는 인위적인 기획성을 가진 사회라는 점에서 수렵채집사회보다는 역동적이고 다양한 묘제를 가질 수밖에 없다. 이런 측면에서 묘의 입지나 취락의 입지는 시사성이 매우 크다는 점을 상기할 필요가 있다.

포항과 경주에서 확인된 가옥장은 전기 말경에 중형주거지를 이용하여 화장된 상태였다. 성인 2인의 인골이 검출된 것은 가옥의 구성원이었는지 취락의 유력자였는지는 가름하기 어렵다. 이것은 이러한 장제가 가족단위의 장례인지 취락단위의 장례인지를 판단할 필요가 있는데, 이러한 가옥장의 수효가 적다면 제한적인 소수에게만 허용된 장법으로 해석해도 좋을 것이다. 그리고 취락내의 가옥을 이용하여 매장한다면 취락을 버리고 이주할 계획도 예상할 수 있고, 2인이 동시에 매장되었다면 이차장을 염두에 두지 않을 수 없다.

농경사회에서 묘지는 취락내 주거역에는 공존하지 않는다. 다만 주거지 상층에 묘지가 조영되는 예는 있지만 취락의 집단과 묘지의 피장자는 관계가 깊다고 밖에 없다. 이렇듯이 가옥을 이용한 장례는 취락을 떠날 임시에는 자연스러운 장법이라고도 생각된다.

동남해안권에서 한반도 최초로 수전지와 환호가 발견되어 농경사회의 면모를 무시할 수는 없지만, 함정유구·저형석기·동북형석도·구상어망추·대형노지 등은 어로와 수렵활동의 증거이고 특히 산악과 해안을 끼고 있는 지리적 환경에 기인한 결과일 것이다. 그러므로 이 지역은 송국리문화가 분포하는 내륙지역에 비하여 수렵채집의 경제활동이 컸다고 판단된다. 가옥장은 이러한 배경 속에서 탄생한 것이다. 가옥장이 발견될 토양적인 환경은 특수하고 드문 일이지만 취락의 입지가 주로 수렵채집활동에 유리한 장소임을 알게 되었고, 그러한 곳에서는 집석주거지도 전기에는 일반화된 습속이었다. 후기에는 연암동형주거지 혹은 연안동형주구가 취락의 폐기 시점에 조영되면서 무덤으로 전용되었을 가능성도 유추할 수 있게 되었다. 특히 집석주거지 중에서 의도적인 형태를 가진 집석 즉 도15의 A1·D·E형처럼 돌을 쌓으려고 한 의도성을 중시할 필요가 있겠다. 전기말 혹은 후기전반의 집석주거지는 가옥장과 동일한 개념을 가지고 있다고 봐야 할 것이다. 소수의 주거지에 국한되면서, 씨족의 유력개인을 매장하였을 가능성이 높고, 이에 반하여 전기말 혹은 후기의 수장묘는 석관묘·목관묘 혹은 토광묘를 비롯하여, 연암동형주구의 중심부에 지상식의 매장주체부를 조성한 것 즉 晋州 大坪里 8지구 7·9호묘(李柱憲 2000)처럼 원형 혹은 방형의 주구식구획묘가 취락의 중심부나 고지 혹은 경계부에 조영되고 집단은 이주하였던 것이다.

집석주거지가 분포하는 취락에서는 연암동형주거지가 발견되지 않고, 가옥장이 존재하는 천군동유적에서는 집석주거지가 발견되고 있다. 이것은 집석주거지와 연암동형주거지의 시간성이 다르기 때문이다. 발견된 2동의 가옥묘는 집석주거지와 연암동형주거지의 과도기에 놓여있다.

본고는 가옥장의 사회성에 대해서 분명히 밝히지 못하였고, 앞으로의 연구에 기대할 수밖에 없다. 동남해안권의 묘에는 적색마연소호가 부장품으로 지정되지 않고, 오히려 주거지에서의 발견이 많다. 이것도 하나의 지역색으로 인정할 수 있는 것인데, 무문토기는 검출되지 않지만 적색마연소호는 완전한 형태로 출토된 예도 있다. 발굴조사를 통하여 의례의 형태와 가옥장으로서의 가능성에 대해서 검토가 필요하겠다. 그리고 연암동형주구나 연암동형주거지가 존재한 취락의 사회적 역할에 대해서도 연구는 필요하다. 주거지에서 인골의 검출이 없다면 가옥장이라는 해석에는 영원히 논란이 일 것이다. 인골의 검출이 없더라도 우회적인 검증의 방법도 병행해야 할 것이다.

본고의 작성에 朴榮九, 裵眞晟, 李秀鴻, 李在賢, 黃昌漢 學兄들의 도움을 받았다. 명기하여 감사를 표하고자 한다.

●참고문헌●

권혜인·한진연 외, 2008, 『浦項 虎洞遺蹟II』, 경상북도문화재연구원.

金權中, 2005, 『北漢江流域 靑銅器時代 住居址 硏究』, 檀國大學校 大學院 碩士學位論文.

_____, 2008, 「靑銅器時代 周溝墓의 發生과 變遷」, 『韓國靑銅器學報』3, 韓國靑銅器學會.

金度憲·黃大一, 2006, 『蔚山東川里遺蹟』, 蔚山文化財硏究院.

김성태·이석범 외, 2003, 『蔚山 倉坪洞遺蹟』, 嶺南文化財硏究院.

金榮珉, 2000, 「蔚山 蓮岩洞型 住居址의 檢討」, 『울산연구』第2輯, 울산대학교 박물관.

金榮珉·金賢哲 외, 2001, 『울산연암동유적』, 蔚山大學校博物館.

金龍星·黃宗鉉 외, 2001, 『浦項 大蓮里遺蹟』嶺南大學校博物館.

김은주·김현진 외, 2009, 『慶州 忠孝洞 都市開發事業地區 遺蹟』, 신라문화유산조사단.

김재현, 2008, 「浦項 虎洞遺蹟 출토 人骨에 대한 형질 분석」, 『浦項 虎洞遺蹟VIII』, 경상북도문화재연구원.

_____, 2010, 「경주시 천군동 주변마을 주민복지시설 건립부지내 유적 5호 수혈주거지 출토 인골에 대한 분석」, 『慶州 千軍洞 靑銅器時代 聚落遺蹟』聖林文化財硏究院.

金賢植·金度憲 외, 2003, 『蔚山 新峴洞 黃土田遺蹟』, 蔚山文化財硏究院.

_____, 2005a, 『蔚山山下洞山陰遺蹟』, 蔚山文化財硏究院.

_____, 2005b, 「無文土器時代 住居址 內部의 積石現狀과 意味」, 『嶺南考古學』37, 嶺南考古學會.

_____, 2009, 「V. 考察」, 『中山洞藥水遺蹟II』, 蔚山文化財硏究院.

金賢植·金光洙 외, 2008, 『蔚山仁甫里번답들遺蹟』, 蔚山文化財硏究院.

金賢植·金羅英, 2009, 『蔚山中山洞藥水遺蹟II』, 蔚山文化財硏究院.

金鎬詳·皇甫垠叔 외, 2004, 『陽南 下西里遺蹟』, 東國大學校 慶州캠퍼스 博物館.

金昊鎭·黃賢淑 외, 2005, 『蔚山 北區 蓮岩洞 遺蹟』, 蔚山發展硏究院 文化財센터.

金熙哲, 2010, 「IV. 고찰」, 『慶州 千軍洞 靑銅器時代 聚落遺蹟』, 聖林文化財硏究院.

金熙哲·李東柱 외, 2010, 『慶州 千軍洞 靑銅器時代 聚落遺蹟』, 聖林文化財硏究院.

박강민·최진녕, 2010, 『蔚山 新泉洞 遺蹟』, 韓國文化財保護財團.

朴光烈·李相和 외, 2009, 『浦項 大蓮里 靑銅器時代 聚落遺蹟』, 聖林文化財硏究院.

박영호, 2010, 「경주 석장동 876-5번지 다가구주택 건립부지 내 유적」, 『이주의 고고학』第34回 韓國考古學全國大會, 韓國考古學會.

朴贊文·李炫知, 2010, 『蔚山上蓮岩遺蹟』, 蔚山文化財硏究院.

배덕환·임재형 외, 2007, 『浦項 仁德山 遺蹟』, 韓國文化財保護財團.

裵眞晟, 2006, 「東北形石刀について」, 『七隈史學』7, 福岡大學人文學部歷史學科.

_____, 2011, 「墳墓 築造 社會의 開始」, 『韓國考古學報』80, 韓國考古學會.

徐正珠·朴贊文, 2004,『蔚山蓮岩洞山城遺蹟』, 蔚山文化財研究院.

安在晧, 1991,『南韓 前期無文土器의 編年』, 慶北大學校大學院 碩士學位論文.

_____, 2001,「中期 無文土器時代의 聚落 構造의 轉移」,『嶺南考古學』29, 嶺南考古學會.

_____, 2009a,「南韓 靑銅器時代 研究의 成果와 課題」,『동북아 청동기문화 조사연구의 성과와 과제』, 학연문화사.

_____, 2009b,「松菊里文化成立期の嶺南社會と彌生文化」,『彌生文化誕生』, 彌生時代の考古學2, 同成社.

_____, 2010,「掘立柱建物이 있는 청동기시대 聚落相」,『한국고대의 수전농업과 수리시설』, 한국고고환경연구소편, 서경문화사.

_____, 2011,「屬性配列法에 따른 東南海岸圈 無文土器 文樣의 編年」,『韓國考古學報』第73號, 韓國上古史學會.

오재진·현대환, 2005,『國道35號線(彦陽~仁甫間) 擴·鋪裝工事區間內 遺蹟 發掘調査報告書』, 中央文化財研究院.

兪炳琭, 2010,「竪穴建物 廢棄行爲 研究Ⅰ-家屋葬-」,『釜山大學校 考古學科 創設20周年 記念論文集』, 釜山大學校 考古學科.

兪炳一, 2006,「第Ⅳ章 檢討 및 考察」,『蔚山 泉谷洞遺蹟Ⅱ』, 蔚山發展研究院 文化財센터.

兪炳一·金成美 외, 2006,『蔚山 泉谷洞遺蹟Ⅱ』, 蔚山發展研究院 文化財센터.

李慶仁·成旻浩, 2007,『蔚山中山洞藥水遺蹟Ⅰ』, 蔚山文化財研究院.

이석범, 2005,「Ⅳ. 考察」,『慶州 松仙里遺蹟』, 嶺南文化財研究院.

이석범·박승규, 2005,『慶州 松仙里遺蹟』, 嶺南文化財研究院.

李秀鴻, 2010a,「蔚山地域 靑銅器時代 周溝形遺構에 대하여」,『釜山大學校 考古學科 創設20周年 記念論文集』, 釜山大學校 考古學科.

_____, 2010b,「蔚山 靑銅器時代 文化의 性格」,『靑銅器時代의 蔚山太和江文化』, 蔚山文化財研究院 開院10周年 紀念論文集, 蔚山文化財研究院.

_____, 2011,「檢丹里類型의 무덤에 대한 연구」,『考古廣場』8, 釜山考古學研究會.

李秀鴻·權龍大 외, 2006『蔚山梅谷洞遺蹟Ⅳ地區』蔚山文化財研究院.

李柱憲, 2000,「大坪里 石棺墓考」,『慶北大學校考古人類學科20周年紀念論叢』, 慶北大學校 考古人類學科.

李炫錫·金成美, 2005,『蔚山 西部里 南川遺蹟』, 蔚山發展研究院 文化財센터.

이현석·김현철 외, 2008,『蔚山 新泉洞 冷泉遺蹟』, 蔚山發展研究院 文化財센터.

이현석, 2005,「1. 遺構 檢討」,『蔚山 西部里 南川遺蹟』, 蔚山發展研究院 文化財센터.

이형원, 2007,「경기지역 무문토기시대 묘제의 형식과 지역성 검토」,『아시아 거석문화와 고인돌』, 東北亞支石墓研究所.

張正男·金鍾吾, 1999,『慶州 千軍洞 避幕遺蹟』, 國立慶州博物館·國立慶州文化財研究所.

崔得俊, 2009,『蔚山泉谷洞가재골遺蹟Ⅲ』, 蔚山文化財研究院.

崔奉仁·金賢植 외, 2007,『蔚山泉谷洞가재골遺蹟Ⅰ』, 蔚山文化財研究院.

한도식·이석범, 2008,『慶州 德川里遺蹟Ⅰ』-靑銅器時代-, 嶺南文化財研究院.

함윤아·박선영 외, 2005,『浦項 虎洞遺蹟Ⅰ』, 慶尙北道文化財研究院.

黃昌漢, 2010,「蔚山地域 靑銅器時代 墓制의 特徵」,『靑銅器時代의 蔚山太和江文化』, 蔚山文化財研究院 開院10周年 紀念論文集, 蔚山文化財研究院.

黃昌漢·金瑩祿, 2006,『蔚山梅谷洞新基遺蹟Ⅰ』, 蔚山文化財研究院.

松菊里型 住居의 構造 比較
-日本 九州地域을 中心으로-

李宗哲

1. 序言

송국리형 주거는 한국 청동기시대의 대표적인 주거 형태이며, 송국리형 문화의 핵심이다. 송국리형 주거에 대한 연구는 많은 연구자들에 의해 다각적으로 시도되어 각각 다른 분류와 명칭이 사용되고 있다. 형식분류는 평면형태, 타원형수혈, 중심주, 4주의 형태적 차이를 근거하고 있다. 그리고 이들은 한반도 중부이남 지역에 널리 분포하고 있으며 구릉지대와 충적지에 입지한다. 명칭은 지역적 분포를 고려하여 休岩里形, 松菊里形, 檢丹里形 등 다양한 명칭으로 세분하여 부르고 있다. 그렇지만 이들 모두는 송국리형 주거문화의 범주에 속하는 것으로, 필자는 송국리형 주거로 통칭하여 불러왔다. 그리고 이러한 범주 내에서 세부적인 분류를 시도해왔다(도 2).

송국리형 주거지는 한반도 청동기시대의 대표적인 주거임에도 불구하고 일본 北部九州의 일부 학자들에 의해 '松菊里型住居'로 불리워졌으며(中間硏志 1987), 中間硏志에 의해 「松菊里型 住居」라는 명칭으로 논문이 나오게 되었다(西谷 正 1998). 中間硏志(1987)는 송국리 유적에서 확인된 원형 주거지처럼, 일본에서 확인되는 정원형의 평면형태를 가지면서 타원형수혈과 중심주가 설치된 주거지를 송국리형 주거로 보았다. 반면 한국의 학자들은 지역명칭에서 벗어나 주거지의 평면형태를 중심으로 유적을 고찰하여 왔기 때문에 '원형 주거지'라는 명칭을 사용하게 되었다.

이 글은 한반도에서 성장·발전한 송국리형 주거가 일본에 파급되어 전개되는 과정에서 파생된 형태적 변화를 중심으로 양국의 주거를 서로 비교하는 데 있다.

2. 松菊里型 住居의 展開

송국리형 주거의 기원에 대해서는 자생설과 외래설로 구분된다. 이 문제는 아직 해결되지 않았지만 錦江流域의 중하류역에서 주변으로 파급·확산되었을 가능성에 무게를 두고 있다. 송국리형 주거문화의 파급은 송국리형 토기의 전파루트를 내륙루트와 서해안루트로 설정한 것(趙現鐘 1989)을 바탕으로 송국리형 주거가 고대 교통로(郭長根 1999)로 통하는 '古道'로서, 금강 중하류→금강 상류→黃江流域圈과 南江流域圈으로 전파되거나 서해안루트를 통해 전파되었다는 견해가 제시되었다(李宗哲 2000a, 2000b). 금강 상류에서 황강이나 남강 유역으로의 내륙루트는 鎭安 如意谷遺蹟(金承玉·李宗哲 2001)을 비롯한 용담댐 수몰지역 발굴조사를 통하여 설득력을 득할 수 있었다. 이에 더하여 용담댐 수몰지역에서 조사된 송국리형 주거지와 용담식 지석묘의 존재와 분포를 통해 금강 상류지역인 용담댐 지역이 무문토기시대 전기부터 남부지역 무문토기시대의 문화적 가교역할을 했다는 견해도 제시되었다(金承玉 2003). 이러한 남부지역으로의 파급을 배경으로 송국리형 주거는 일본 北部九州뿐만 아니라 日向지역까지 전파된 것(李健茂, 1992)으로 정리된다. 李健茂는 中間硏志(1987)의 古期 송국리형 주거·新期

송국리형 주거 · 發展 송국리형 주거와 菅付和樹(1986)의 間仕切 주거를 소개하면서, 일본 彌生문화 형성기인 夜
臼式 新段階에 지석묘, 도작, 마제석기 등과 함께 北九州 지역과 日向지역까지 전파되었다고 보았다. 일본 학자들
역시 이러한 한반도로부터의 파급양상에 대해 의견의 일치를 보이고 있다.

3. 松菊里型 住居의 分布 特徵

한반도의 송국리형 주거는 지역적 분포 양상이 뚜렷하다. 백두대간을 중심으로 서부는 방형 · 원형 평면+타원
형수혈+내주공의 형태를, 동남부는 방형 · 원형 평면+타원형수혈+외주공의 형태로 대별된다. 이들 중간 지역에
서는 서로 혼합된 양상을 보이는 것이 특징이다. 그리고 대규모 유적에서는 기본구조(도 1)를 토대로 사주형과 복
합구조로 변화 · 발전(도 2)하였다.

일본에서 확인되고 있는 송국리형 주거지는 대부분 타원형수혈+내주공과 타원형수혈+외주공의 빈도가 매
우 높다. 특히 타원형수혈+외주공의 조합은 北部九州를 비롯한 서일본지역에서 비율이 더 높다. 중간연지가 고
기 송국리형 주거와 발전 송국리형 주거로 구분한 것처럼 石野博信(1985)도 송국리형 주거를 분류한 바 있는데,
타원형수혈+외주공 형식을 神邊型住居로, 타원형수혈+외주공 형식이면서 中間硏志의 발전 송국리형 주거처럼
여러 개의 주공이 타원형수혈 둘러싸고 있는 형태를 北牟田型 주거로 명명하였다. 이들 주거는 서일본에서 주로
확인되고 있는데, 전자는 廣島縣 일원에, 후자는 佐賀縣, 福岡縣, 大分縣, 兵庫縣, 大阪府 등에 밀집분포한다.

일본에서는 대부분 발전 송국리형 주거가 타원형수혈+외주공의 주거를 기본으로 하고 있고, 원형계가 대세
를 이루고 있다. 특히 중심주가 없이 타원형수혈만 존재하는 주거들과 병존하는 경향을 보인다. 이러한 조합은 한
반도 남해안지역 가운데 順天, 晋州 일원 등에서 나타나는 특징이다.

4. 松菊里型 住居의 構造的 特徵 : 韓日 比較

한반도 송국리형 주거에서 빼놓을 수 없는 자료 중의 하나는 泗川 梨琴洞에서 조사된 송국리형 주거지이다(도
14). 이 주거에 대해서 보고자는 일본 발전 송국리형 주거와의 관계를 언급하지 않았지만 연관성이 매우 높을 것
으로 판단된다. 필자는 사천 이금동의 주거지가 일본 발전 송국리형 주거와 관련이 있다고 보고 한반도 남해안으
로부터의 영향관계를 조심스럽게 언급한 바가 있다(李宗哲 2006). 한반도에서 많은 자료가 축적되어 있지 않아
속단할 수 없는 문제이지만 그 이유는 다음과 같이 정리할 수 있다.

첫째, 이금동 송국리형 주거는 타원형수혈 주변에 세워진 圍柱 또는 多主柱가 벽쪽보다 중앙부에 치우쳐 있는
점이다.[1] 일본의 발전 송국리형 주거의 다주주는 상대적으로 타원형수혈쪽보다 벽쪽에 더 가까워 주간 거리가 멀
다. 그러나 이금동에서는 타원형수혈쪽에 더 가깝고 그 거리도 짧은 편이다. 이는 주간거리를 더 확대하여 대규모
건물을 짓는 것보다 발전되지 못한 것으로 상부구조에 대한 지지강화로 보는 것이 타당하다.

둘째, 일본의 발전 송국리형 주거인들과 관련된 유물이 해당 주거지에서 발견되지 않았다는 점이다. 일본 현
지인들이 타국에 와서 적응을 하기 전까지는 어떤 식으로든 자신들의 문물을 남길 수밖에 없다. 그러나 이금동은
주거의 밀집도가 높아 유대관계가 상대적으로 강했을 것으로 추정되지만 한반도에서 일반적으로 나타나는 유물
군을 보인다는 점에서 일본의 영향에 무게를 두기에는 설득력이 적다.

이금동에서 나타나는 주거, 묘제 등 송국리형 문화는 대부분 한국적인 배경을 보이고 있는 점에서 寬倉里形

---

1) 위주와 다주주는 타원형수혈과 중심주를 중심으로 주변부에 설치되는 주를 의미하며 타원형수혈과 중심주와 밀접한 조합을
   이루는 주로서 개념상 동일하다. 주거의 상부구조를 지탱하기 위해 효과적으로 설치한 상대적으로 정형화된 주이기 때문이다.
   그러나 무의미하게 설치된 다주와는 차이가 있다. 이와 관련하여 角柱, 環狀柱 혹은 環柱라는 표현도 현재로서는 동일 범주의
   표현이다〈표 1〉.

住居와 차이를 보이는 지역적 특색을 확인할 수 있다. 특히 이금동 주거의 구조적인 측면은 당시 주거집단의 지식 체계를 보여주는 것으로서 주거의 중앙에 초기형태의 위주 또는 다주주의 개념이 적용되었던 사례로 판단된다.

일본에서 나타나는 송국리형 주거는 구조적으로 한반도의 영향을 받은 것은 분명하다. 그리고 발전 송국리형 주거가 정착될 때까지 다양한 변화를 거쳤다. 福岡縣 糟屋郡 江辻遺蹟, 佐賀縣 佐賀市 東古賀遺蹟 등 여러 유적에서 타원형수혈＋외주공의 원형 및 방형의 주거가 각목돌대문기부터 출현하고 있어 彌生 조기에 이미 송국리형 주거가 일본에 전파되어 있었음을 알 수 있다.

〈표 1〉은 한국과 일본 九州地域에서 조사된 송국리형 주거의 구조적인 특징을 정리한 것이다. 일반적인 사항은 대동소이하지만 복합구조, 즉 발전 송국리형 주거 형태에서는 일본측이 더 다양한 변화속성을 보인다. 특히 구조적으로 큰 차이를 보이는 것은 배수로의 존재여부이다. 한반도 송국리형 주거는 배수로를 따로 설치하지 않는다. 설치하더라도 내부에서 유인수로를 설치하여 타원형수혈이나 저지점으로 집수를 하는 것이 일반적이다. 그러나 福岡縣 糟屋郡의 古大間池 유적에서는 저지점을 향하여 배수로를 설치한 주거지가 조사되었다.

표 1 _ 송국리형 주거 구조의 한일 비교표

구분		한국	일본 九州	비고
평면형태		원형, 타원형, 방형, 장방형 등 다양	원형, 타원형, 방형, 장방형 등 다양	
중심주 사주 조합	A	타원형수혈＋내주공	타원형수혈＋내주공	기본구조 사주
		타원형수혈＋내주공＋4주공	타원형수혈＋내주공＋4주공	
	B	타원형수혈＋내·외주공	?	
		타원형수혈＋내·외주공＋4주공	?	
	C	타원형수혈＋외주공	타원형수혈＋외주공	
		타원형수혈＋외주공＋4주공	타원형수혈＋외주공＋4주공	
	D	타원형수혈	타원형수혈	
		타원형수혈＋4주공	타원형수혈＋4주공	
	E	중심주공	중심주공	
복합주 조합	열주	타원형수혈＋내주공＋2열6주공		복합구조
	각주		타원형수혈＋5각주	
			타원형수혈＋6각주	
			타원형수혈＋4주공＋6각주공	
		타원형수혈＋외주공＋6각주공	타원형수혈＋외주공＋6각주공	
	환주		타원형수혈＋내주공＋환상 1열 6주공 이상	
		타원형수혈＋외주공＋환상6주공 이상	타원형수혈＋외주공＋환상1열 6주공 이상	
			타원형수혈＋외주공＋환상2열 6주공 이상	
면적		직경 4~6m 내외가 보편적	직경 4~6m 내외가 보편적	
		대형은 직경 7~8m 내외	대형은 직경 8~9m 내외	
배수시설		주거 내부에서 집수 : 유인수로	주거 외부로 배수 : 배수로	

5. 結語

한반도에서 송국리형 주거는 15~30㎡ 내외의 범위로 축조되며 50㎡ 내외에서 최대형을 이룬다. 시기가 늦어질수록 송국리형 주거는 소형화되며 면적 대비에서 핵가족화되는 경향을 보인다. 이러한 경향은 제주도에서 현저하게 나타난다. 그러나 일본에서는 야요이 전기~중기에 대형의 발전 송국리형 주거가 축조되면서 취락도 대규모로 조성된다는 점에서 차이를 보인다.

일본 九州地域의 송국리형 주거는 기본적으로 타원형수혈＋외주공의 개념이 보편화되었고, 원형의 평면형태가 대다수를 차지하고 있다. 또한 타원형수혈만 있는 주거와 함께 공존하고 있으며, 복합구조에서 열주보다는 각주와 환(상)주가 발달되었다. 특히 5각이나 6각의 다주주가 발달되어 주거의 대형화에 기여하였다. 이러한 배경에는 한반도 남해안지역, 특히 순천~진주시 일원의 동남해안 송국리형 문화와 밀접한 관련이 있다고 판단된다.

다만 주거의 면적이 대형화되고 대규모 취락이 형성되고 있는 점은 한반도와 다른 일본의 시대적 상황을 보여주는 것이라고 추정된다. 이는 일본 야요이 사회의 인구 집중화와 통합, 그리고 도래인들의 선진기술이 융합된 결과로 판단된다. 이러한 추정이 가능하다면 일본 九州地域에서 송국리형 주거문화는 매우 동적이고 파급력 있는 전개과정을 거쳤을 것으로 추측된다.

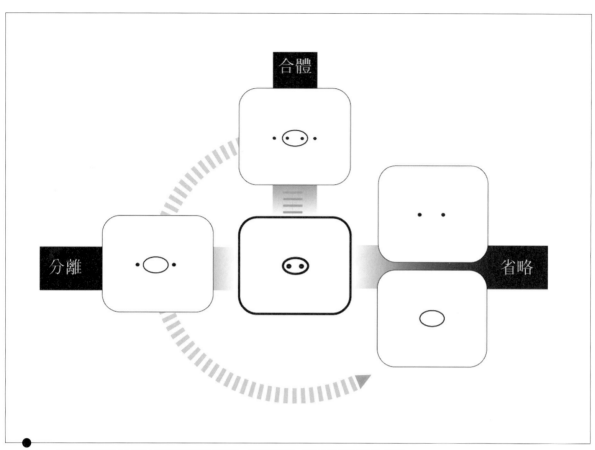

도 1 송국리형 주거의 기본 구조(李宗哲 2006) : 평면형태는 편의상 방형계로 표현

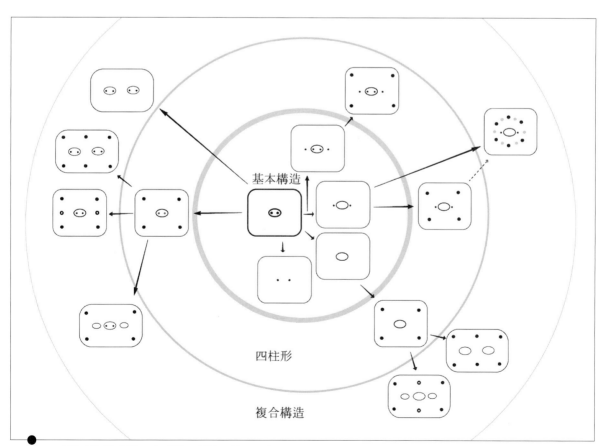

도 2 송국리형 주거 구조의 변화 모식(李宗哲 2006)

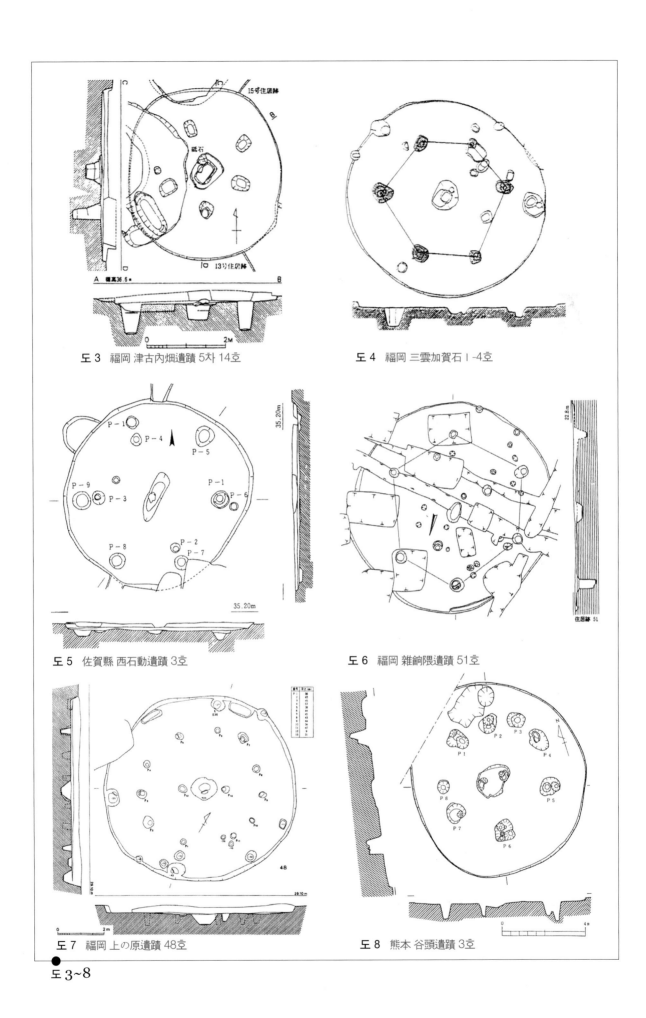

도3　福岡 津古內畑遺蹟 5차 14호

도4　福岡 三雲加賀石 I -4호

도5　佐賀縣 西石動遺蹟 3호

도6　福岡 雜餉隈遺蹟 51호

도7　福岡 上の原遺蹟 48호

도8　熊本 谷頭遺蹟 3호

도 3~8

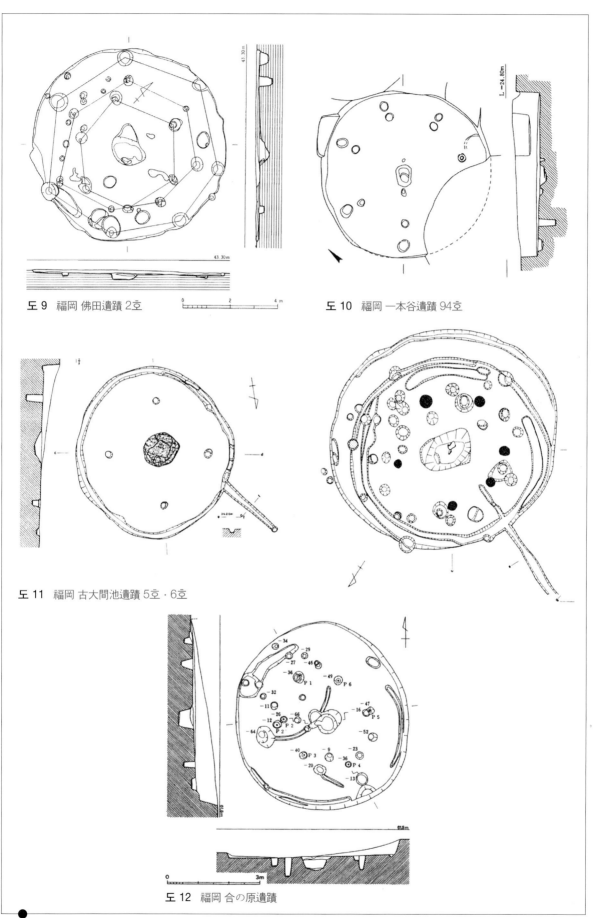

도 9　福岡 佛田遺蹟 2호　　　0　2　4 m

도 10　福岡 一本谷遺蹟 94호

도 11　福岡 古大間池遺蹟 5호 · 6호

도 12　福岡 合の原遺蹟　　　0　3m

도 9~12

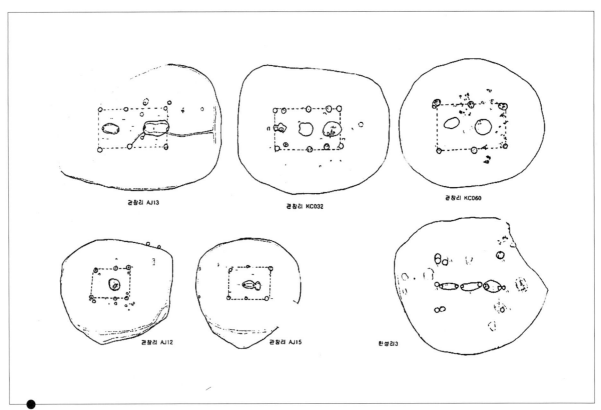

도 13　관창리형 주거 : 한반도 중서부지역 복합구조

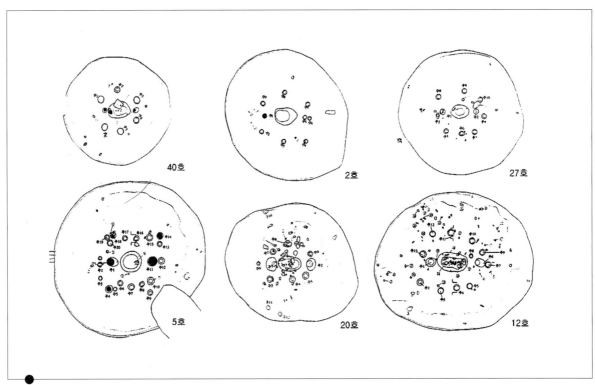

도 14　이금동형 주거 : 한반도 남동부지역 복합구조

●참고문헌●

郭長根, 1999,『湖南東部地域의 石槨墓 研究』, 全北大學校 大學院 博士論文.

金奎正, 2000,『湖南地方 青銅器時代 住居址 研究』, 木浦大學校 大學院 碩士論文.

金承玉, 2003,「龍潭댐 無文土器時代 文化의 展開過程과 特徵」,『龍潭댐 水沒地區의 考古學』, 第11回 湖南考古學會 學術大會 發表要旨, 湖南考古學會.

_____, 2006,「松菊里文化의 地域圈 設定과 擴散過程」,『錦江:松菊里型 文化의 形成과 發展』, 湖南・湖西考古學會 合同 學術 大會 發表要旨, 湖南・湖西考古學會.

김승옥・이종철, 2001,『鎭安 如意谷遺蹟』, 全北大學校博物館.

金壯錫, 2003,「忠清地域 松菊里類型 形成過程」,『韓國考古學報』51.

宋滿榮, 2001,「南韓地方 農耕文化形成期 聚落의 構造와 變化」,『韓國農耕文化의 形成』, 第25回 韓國考古學 全國人會 發表要 旨, 韓國考古學會.

_____, 2004,「湖南地方 青銅器時代 研究 現況과 展望」,『밖에서 본 湖南考古學의 成果와 爭點』, 第12回 湖南考古學會 學術 大會 發表要旨, 湖南考古學會.

安在晧, 1992,「松菊里類型의 檢討」,『嶺南考古學』11.

_____, 2006,『青銅器時代 聚落研究』, 釜山大學校 大學院 博士學位論文.

兪炳琭, 2002,「IV. 考察」,『大邱 東川洞 聚落遺蹟』, 嶺南文化財研究院.

李健茂, 1992,「松菊里型 住居分類試論」,『擇窩許善道先生停年記念 韓國史論叢』, 一潮閣.

李宗哲, 2000a,『南韓地域 松菊里型 住居址에 對한 一考察』, 全北大學校 大學院 碩士論文.

_____, 2000b,「松菊里型 住居址에 對한 研究」,『湖南考古學報』12.

_____, 2002a,「湖南地域 松菊里型 住居文化」,『韓國上古史學報』36.

_____, 2002b,「松菊里型 住居址의 構造變化에 對한 試論」,『湖南考古學報』16.

_____, 2006,「松菊里型 住居址 研究의 爭點과 課題」,『松菊里遺蹟 調査 30年, 그 意義와 成果』, 松菊里遺蹟 國際學術大會, 韓 國傳統文化學校.

李弘鍾, 1996,『青銅器社會의 土器와 住居』, 書景文化社.

_____, 2005,「松菊里文化의 文化接觸과 文化變動」,『韓國上古史學報』48.

_____, 2006,「松菊里文化의 展開過程과 實年代」,『錦江:松菊里型 文化의 形成과 發展』, 湖南・湖西考古學會 合同 學術大會 發表要旨, 湖南・湖西考古學會.

趙現鐘, 1989,『松菊里形土器에 對한 一考察』, 弘益大學校 大學院 碩士論文.

崔鍾圭, 2003,「5. 梨琴洞 聚落의 構造」,『泗川 梨琴洞 遺蹟』, 慶南考古學研究所.

石野博信, 1985,「西日本・彌生中期의 二つの住居型」,『論集日本原史』, 吉川弘文館.

中間研志, 1987,「松菊里型住居-我國稲作農耕受容期における竪穴住居の研究」,『東アジアの考古の歴史』中, 岡崎敬先生退官 記念論集, 同朋舎出版.

西谷 正, 1998,「松菊里型住居の分布とその意味」,『先史日本の住居とその周邊』, 淺川滋男編, 洞成社.

都出比呂志, 1998,「いわゆる松菊里型住居と彌生住居」,『先史日本の住居とその周邊』, 淺川滋男 編, 洞成社.

大貫靜夫, 2001,「韓國の竪穴住居とその集落」,『韓國の竪穴住居とその集落』, 日本文化班資料集3.

埋藏文化財研究會, 2006,『彌生集落の成立と展開』第55回 埋藏文化財研究集會 發表要旨集.

中部地方 粘土帶土器段階 聚落과 社會 性格

宋滿榮

1. 序論

　　기존의 중부지방 점토대토기 사회에 대한 이해는 재지 집단과 이주 집단 간의 갈등론, 그리고 재편론을 토대로 하고 있다. 그래서 고지성 취락을 집단 간의 알력과 긴장을 반영하는 자료로 인식하는 한편(鄭澄元 1991, 權五榮 1996), 이주 집단에 의한 재편을 통해 점토대토기 사회는 청동기시대 사회와는 다른 보다 광역의 지역적 통합이 이루어지고(朴淳發 1997) 본격적인 계급적 복합사회 수준으로 발전하였다고 보았다(盧爀眞 2001). 그리하여 한반도의 청동기문화는 '점토대토기 문화의 유입'에 의해 해체되었다고 보는 견해도 등장하게 되었다(中村大介 2008).

　　그러나 주민 이주에 따라 재지민과의 갈등과 경쟁은 불가피하겠지만(金壯錫 2002a), 점토대토기 사회를 집단 간의 갈등과 재편으로만 해석하기에는 관련 고고 자료에 잘 부합되지 않은 측면도 많다. 특히 취락을 대상으로 살펴볼 경우에 고지성이라는 입지를 제외하면 갈등을 단적으로 보여주는 고고 자료는 확인되지 않는다. 더욱이 최근에 중부지방에서 조사된 고지성 유적들이 제의와 관계가 있다는 견해가 늘어나고 있음을 참고할 때, 입론 자체를 원점에서부터 검토할 필요가 있다. 또한 앞으로 살펴보게 될 점토대토기 단계 취락은 소형화, 분산화가 특징인데, 이는 청동기시대보다 한층 발전된 형태의 복합 사회와는 거리가 있다.

　　따라서 이 글에서는 상기와 같은 문제 인식을 가지고 중부지방 점토대토기 사회의 모습을 살펴보고자 한다. 특히 취락 연구를 통해 사회경제적 연결망의 변화라는 관점에서 중부지방 점토대토기 사회를 이해하고자 한다.

2. 粘土帶土器 段階의 聚落 構造와 位階

　　중부지방 점토대토기 단계의 주거 유적(도 1)은 37개소에 이르며〈표 1〉, 이 가운데 구릉에 입지한 경우가 91%가량이고, 나머지는 하천변의 충적지에 입지한다. 따라서 청동기시대와 비교할 때, 취락 입지가 수계 중심에서 구릉 중심으로 변화하였다. 그러나 이러한 입지 변화는 돌발적이기 보다는 청동기시대 취락 입지를 기반으로 생계 경제와 함께 점차적으로 변화하였을 가능성이 높다.

　　점토대토기 단계의 취락 구조는 1개의 주거군이 소형 취락을 이루며, 3~4개의 주거군이 결집되어 중형 취락을 이룬다. 소형 취락의 규모는 개별 세대가 생활하는 주거지 4~6기로 구성되며, 중형 취락은 동일한 규모의 주거지 12~18기로 구성된다. 따라서 청동기시대와 비교할 때, 단위 취락별 규모가 매우 축소되었다〈표 2〉.

　　또한 점토대토기 단계의 취락은 대부분 주거지와 소형 수혈로 구성되어 있으며, 특히 충적지에 위치한 취락들에서 그러한 현상들이 빈번하게 확인된다. 이는 충적지에 입지한 청동기시대 취락이 다양한 유구, 즉 소형 수혈 이외에도 굴립주, 건물지, 함정, 경작유구, 분묘와 함께 발견된 것과 분명한 대조를 이룬다. 이러한 양상은 점토대

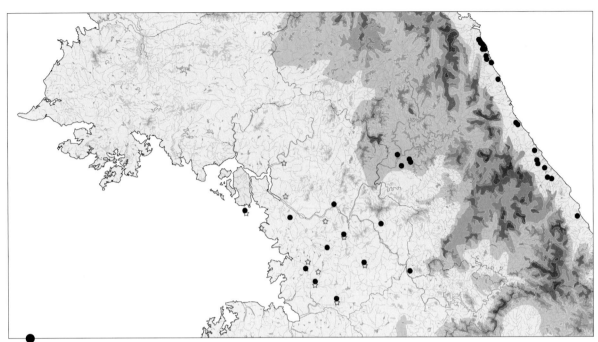

도 1 점토대토기 단계 유적 분포(● : 주거 유적, ☆ : 삼각형점토대토기 출토 유적)

토기 단계 취락의 단기 지속성과 관련되는데, 주거지 간의 중복이 많지 않은 현상도 이를 반영한다. 따라서 점토대토기 단계 취락의 특징은 구릉 중심의 입지, 단위 취락별 규모 축소, 단기 지속성 등으로 요약된다.

다음으로 점토대토기 단계 취락 내부의 계층화 양상은 주거지의 규모 및 공간 배치상의 우월성과 기능, 그리고 출토 유물을 통해 알 수 있다. 먼저 高城 松峴里 D지구 취락에서는 소형 수혈들이 집중되지 않은 동쪽의 주거군 가운데 규모가 큰 7호 주거지에서 검파두식이 출토되었다. 또한 송현리 C지구 취락은 2개의 취락이 결집된 취락인데, 이 가운데 북쪽의 소형 취락에서는 중심에 위치하면서 가장 규모가 큰 20호 주거지에서 석검과 석창이 출토되었다. 江陵 芳洞里遺蹟에서는 주거지 5~6기로 구성된 2개의 소형 취락이 A, B지구에 입지하고 있다. 각 취락 내에서는 공통적으로 가장 규모가 크면서 정상부에 가깝게 입지한 A1호, B1호 주거지에서만 석검 또는 석창이 출토된 점으로 미루어 상위의 주거지 1기와 다수의 하위 주거지로 계층화 된다. 충적지에 입지한 취락인 春川 玄岩里遺蹟에서는 4기의 주거지와 함께 수혈 20기가 조사되었는데, 이 가운데 규모가 가장 큰 1호 주거지에서만 검파두식과 반원형 옥제품이 출토되었다. 이와는 달리 중형 취락에 해당되는 방동리 C지구 취락에서는 모두 5점의 석검 또는 석창이 출토되었는데, 이 가운데 주거지 규모가 큰 6호, 7호, 21호에서 석검 또는 석창이 출토되었다(도 2).

상기의 유적 사례를 정리하면, 소형 취락의 경우에는 상위의 주거지 1기와 다수의 하위 주거지 등 2단계로 계층화 되어 있음을 알 수 있다. 또한 중형 취락의 경우에는 주거군 간의 위계 차이는 분명치 않았지만, 소수의 상위 주거지와 다수의 하위 주거지 등 2단계로 계층화 되어 있음을 알 수 있었는데, 정점에 있는 상위 주거지는 규모가 가장 크면서, 취락의 중심 또는 경관이 좋은 능선의 최상부에 위치하고 있다. 특히 이러한 상위의 주거지에서는 위세품이라고 할 만한 검파두식, 석검, 석창 등이 집중적으로 출토되었다. 이와 같이 점토대토기 단계의 취락 내부는 2단계 이상의 계층 차이를 확인하기 어려운데, 이는 청동기시대에 비교하더라도 오히려 사회 복합도가 감소된 것을 의미한다.

한편 방동리 유적은 취락 간 계층화 양상을 파악할 수 있는 매우 양호한 유적 사례이다. 이 유적에서 조사된 취락은 3개 지점에서 확인되었는데, C지구 취락이 해발 90~95m 고지에 입지하고 있는 것과는 달리 A지구 취락과 B지구 취락은 이 고지에서 뻗어내려 계곡부와 연결된 능선의 말단부에 각각 입지하고 있다. A지구 취락과 B지구 취락의 해발 고도는 55~70m 내외이며, 두 취락 사이에는 보다 작은 계곡부가 형성되어 있다. 또한 C지구 취락이 중형 취락에 해당되는 것과는 달리 A지구와 B지구 취락이 각각 소형 취락에 해당되는 점에서 위계 차이가 있다.

더욱이 C지구 취락에서 확인된 환호와 토기 요, 그리고 분묘 등을 고려할 때, A, B지구 취락들보다 좀 더 다양한 기능을 수행했던 것으로 보이며, 특히 환호 시설은 점토대토기 단계에 제의와 밀접한 관련이 있기 때문에 C지구 취락이 A, B지구 취락들보다 상위의 취락으로 파악된다(도 3). 따라서 강릉 방동리 유적의 상황만으로 판단한다면, 점토대토기 단계의 취락 간의 위계는 두 단계로 계층화되어 있다고 할 수 있다.

3. 高地性 聚落의 性格과 村落 景觀

최근에 경기 남부 지역에서는 安城 盤諸里遺蹟과 같은 고지성 취락과 더불어 취락이라 보기 어렵지만, 점토대토기 집단들이 고지를 활용한 여러 유적들이 조사되었다. 특히 이러한 유적들에서는 환호가 조사되었는데, 〈표 3〉과 같이 규모, 평면 형태, 입지에 따라 크게 두 가지 유형으로 분류된다. 먼저 A유형의 환호는 최대 직경이 30~40m 크기의 원형으로 한 줄의 환호기 구릉의 정상부를 에워싸는 특징을 보인다. 둘째로 B유형의 환호는 직경이 100m 내외의 규모로 구릉의 정상부뿐만 아니라 이와 연결된 능선부와 사면부를 모두 둘러싸고 있다. A유형과는 달리 B유형 환호는 여러 줄의 환호로 둘러져 있는데, 환호 간의 중복 양상이 확인되고 있기 때문에 여러 번 환호를 축조했던 것으로 생각된다.

이러한 환호의 기능에 대해서는 제의, 경계, 방어 등 여러 견해들이 제시되었지만, 대체로 제의와 관련되어 있다는 견해가 많다. 그 이유로 첫째 주변 지형에서 조망권이 좋은 지점에 환호가 설치된 점, 둘째 환호 내부에 수혈 유구 외에 동일 시기의 주거지가 존재하지 않고 공지의 성격을 가지는 점, 셋째 환호가 반복적으로 재사용된 점, 넷째 환호 내부에서 의례 행위를 추정케 하는 수혈유구, 목탄 등이 관찰되고 소형토기, 이형토기들이 집중적으로 출토된 점을 들고 있다(吳昇烈 2007).

제의 성격과 관련하여 산 정상부를 에워싼 환호와 함께 목책이 조사된 안성 반제리 유적(中原文化財研究院 2007a)이 주목된다(도 4). 환호 내부의 산 정상부에서는 특별한 유구가 확인되지 않았지만, 산 정상부에 자연 암석군이 형성되어 있어 제의 행위의 장소가 되었던 것으로 추측할 수 있다(李尙燁 2006). 이와 같은 사례는 烏山 佳長洞遺蹟에서도 관찰되는데, 구릉 정상부에 형성된 자연 암석군 사이에서 석부 1점이 채집되기도 하였다(도 5). 또한 富川 古康洞遺蹟(漢陽大學校博物館・文化人類學科 2000)에서는 환호 내부에서 적석 시설이 확인되었는데(도 6), 이 또한 자연 암석군과 같은 역할을 했을 것이라 판단된다. 제의 대상은 가장 고지에서 이루어지는 제의이기 때문에 하늘과 관계될 것이라는 견해(서길덕 2006)가 설득력이 있다.

이러한 제의 공간의 규모는 제의에 참여하는 집단의 규모, 즉 공동체의 범위에 따라 차이가 있었을 것으로 추측된다. 그래서 규모가 작은 반제리와 고강동유적의 경우에는 개별 취락이 단독으로 운영하였겠지만, 水原 栗田洞(도 7), 華城 東鶴山(도 8), 烏山 佳長洞과 같이 비교적 큰 규모의 제의 공간에는 촌락 단위의 구성원들이 공동으로 운영하였을 가능성이 높다. 또한 동학산유적에서 알 수 있듯이 촌락 단위의 구성원들이 공동으로 참여하는 제의에는 용범과 같은 위세품이 사용되었을 것이다(宋滿榮 2007).

한편 앞 장에서 살펴본 강릉 방동리 취락의 사례를 고려해 보면, 중부지방 점토대토기 단계의 촌락 경관을 이해할 수 있다. 즉 환호가 설치된 고지를 중심으로 촌락이 배치되는데, 환호에 보다 가까운 지점에 중형 취락이 입지하고 그보다 고도가 낮은 지점에 여러 소형 취락들이 입지했던 것으로 생각된다. 물론 사례가 많지 않아 대부분의 촌락들이 이와 같은 배치이었는지는 확언하기 어렵다. 다만 제의 공간인 환호를 중심으로 촌락들이 주변에 입지할 가능성은 높다고 생각된다. 따라서 점토대토기 단계 취락이 주로 구릉을 중심으로 입지한 배경은 당시의 생계 경제와도 관련 있지만, 이와 함께 고지의 제의 공간인 환호를 중심으로 촌락이 입지하고 있는 상황과도 무관하지 않다. 즉 청동기시대에는 수계에 분포하고 있는 지석묘를 중심으로 취락들이 결집된 양상을 보이고 있는 것과는 달리 점토대토기 단계에는 수계보다는 고지의 제의 공간을 중심으로 구릉의 취락들이 결집되며, 고지의 제의 공간들을 연결하는 사회경제적 연결망이 형성되어 있었다고 볼 수 있다.

촌락의 범위는 결과적으로 촌락 공동체가 참여하는 제의권의 범위와 크게 다르지 않을 것이라 생각된다. 가령 앞에서 사례로 들었던 고성 송현리유적은 A, B, C, D지구 등 4개 지점에서 취락이 조사되었는데, 방동리 촌락의 횡적 경관을 고려할 때, 보다 높은 고지의 취락을 중심으로 결집된 하위 취락의 횡적 경관을 반영한다고 할 수 있다. 따라서 송현리 A, B, C, D지구 취락의 범위를 고려할 때, 2km 가량의 범위가 점토대토기 단계의 촌락 범위라 생각된다.

한편 제의권의 범위는 제의 공간인 A유형과 B유형 환호에 따라 차이가 있는데, 앞에서 언급한 바와 같이 촌락의 구성원이 참여하는 제의는 B유형 환호와 관련되기 때문에 여기에서는 B유형 환호의 제의권에 대해서 살펴보고자 한다. 경기 남부의 華城, 烏山 일대에서 조사된 점토대토기 단계의 B유형 환호는 3개 지점에서 조사되었다. 환호가 조사된 지역은 북쪽에서 남쪽으로 흐르는 烏山川과 黃口池川 사이의 산지에 해당되는데, 가장 북쪽에 화성 동학산 환호가 입지하고 있으며, 그 남쪽에 오산 가장동 환호, 靑鶴洞 환호 순으로 배치되어 있다(도 9). 이 가운데 동학산 환호와 가장동 환호가 입지하고 있는 산지는 오산천으로 유입되는 작은 하천을 경계로 북쪽과 남쪽으로 양분된다. 북쪽 산지에 위치한 동학산 환호는 해발 고도가 105m 가량이며, 남쪽 산지의 가장동 환호가 75m 가량이다. 상대적으로 유적 규모가 크고 해발 고도가 높으며, 위세품이 출토된 동학산유적이 가장동유적보다 위계가 높을 가능성도 있지만, 지형으로 볼 때, 각 유적이 별개의 제의권에 귀속되는 것으로 보인다. 이러한 별개의 제의 공간은 직선거리로 6km 가량 떨어져 있어 이 정도의 범위가 점토대토기 단계의 제의권 범위일 가능성이 있다. 그런데 환호가 조사된 지점의 주변에도 盤石山(해발 122.3m), 筆峰(해발 145m) 등과 같은 또 다른 독립된 구릉들이 관찰되기 때문에 여기에서 또 다른 제의 공간이 발견될 가능성이 있다. 따라서 6km 범위가 B유형 환호의 제의권 범위라고 단정하기 어렵다.

한편 청학동 환호는 해발 고도가 70m 가량인 북동-남서 방향의 능선부에서 일부만 조사되었지만, 타원형에 가까우며, 장축 길이가 100m 가량이다. 일부 구간에서는 환호 간의 중복 양상이 확인되기 때문에 다중 환호이었을 가능성이 높아 촌락 구성원들이 공동으로 참여한 제의 공간일 것으로 판단된다. 북쪽의 가장동 환호와 남쪽의 청학동 환호는 근거리에 위치하고 있지만, 지형적으로 구분되는 산지에 독립적으로 입지하고 있으며, 직선거리로 2.2km 가량 떨어져 있다. 따라서 2km 내외의 범위가 B유형 환호의 제의권 범위일 가능성이 높다고 할 수 있으며, 이 범위 내에 촌과 소촌이 결집된 촌락 수준의 지역공동체가 분포할 개연성이 높다.

4. 粘土帶土器 段階 聚落의 系譜와 社會 性格

점토대토기 단계의 취락과 사회 성격을 이해하는 데 있어 주목해야 할 것은 청동기시대 취락과의 관련성이다. 즉 지금까지는 요령 지역의 이주민들이 재지 집단을 급격히 재편하였다고 보아 왔기 때문에 점토대토기 단계 취락과 사회는 청동기시대와는 매우 이질적인 것으로 파악되었다. 그러나 청동기시대 중기 이후 취락의 전개 과정을 고려할 때, 점토대토기 단계의 취락은 입지와 규모, 그리고 주거 유형에서 청동기시대의 취락과 연장선상에 있다.

먼저 점토대토기 단계의 취락은 청동기시대 취락이 있던 자리에 재점유되는 양상을 보이면서 다른 한편으로는 충적지, 구릉 중심의 취락 입지에서 구릉, 고지로 변화해 갔다. 이는 점토대토기 단계의 취락이 청동기시대 취락 입지를 기반으로 하면서 취락 간의 연결망이 수계가 아닌 산지 중심으로 재편되었음을 의미한다. 또한 청동기시대 중기 무렵에 대형 취락이 해체되면서 취락 규모가 급속히 감소하고 있어 이러한 현상은 점토대토기 단계의 취락 규모와도 연결된다. 게다가 점토대토기 단계의 주거 유형은 청동기시대 중기로 편년되는 소형의 방형 주거지에서 계보를 구할 수 있다. 또한 더욱이 원형점토대토기가 출토된 송현리 B-10호, C-11호, C-21호, D-10호 주거지도 소형의 방형 주거지이지만, 내부에 작업공과 중심 2주공이 있는 松菊里類型 계보의 주거지라는 점이다. 이와 같은 송국리유형 계보의 주거지는 高城 鐵桶里와 草島里, 東海 智興洞유적에서도 확인되었다. 따라서 점토대토기 단계 주거지의 계보는 청동기시대 중기 주거지와 연결되며, 벽부노지와 같은 새로운 요소가 선택적으로 수용되었다고 할 수 있다.

그런데 점토대토기 단계의 취락의 연결망과 관련하여 주목되는 것은 청동기시대의 환호 유적이다. 즉 제의 공간으로 활용된 점토대토기 단계의 환호가 청동기시대 중기 유적에서도 확인되는데, 대표적인 사례가 華城 雙松里 와 昌原 南山, 蔚山 蓮岩洞 환호이다(도 10). 화성 쌍송리유적은 해발 70m 내외의 구릉 정상부를 둘러싼 환호 시설 과 함께 환호 밖의 능선과 사면을 따라 배치된 주거지로 구성된다. 환호의 평면 형태는 원형이며, 직경이 35m이 다. 환호 내부에서 구순각목공렬토기가 출토되어 환호의 조성 시기는 청동기시대 중기 전반 무렵으로 생각된다. 매우 돌출적인 사례이긴 하지만, 구릉 정상부를 둘러싼 점, 환호의 평면 형태가 원형인 점, 그리고 환호 규모가 직 경 30~40m 내외로 소규모인 점 등 점토대토기 단계인 반제리와 고강동유적의 환호와 매우 유사하다.

또한 촌락의 구성원들이 공동으로 참여하는 비교적 큰 규모의 제의 공간은 중부지방의 경우 청동기시대에는 확인되지 않았지만, 영남지역의 청동기시대 유적에서 일부 사례가 관찰된다. 가령 창원 남산의 환호 유적(昌原大

표 1 _ 점토대토기 단계 취락별 입지와 취락 구성 요소

번호	유적	입지	주거지	소형수혈	구상유구	분묘	토기요	기타	출전
1	利川 梨峙里	구릉	1	1					김현준·안영표 2008
2	龍仁 대덕골	구릉	1	4			1(?)		畿甸文化財研究院 2003
3	廣州 驛洞	구릉	6(?)	1	1				한얼文化遺産研究院 2011
4	仁川 雲北洞	해안구릉	2	9					이길성 2010
5	南楊州 水石里	고지	6						金元龍 1966
6	烏山 佳長洞	구릉	1	9	2			환호	京畿文化財研究院 2008
7	華城 桐化里	구릉	1						한얼文化遺産研究院 2010
8	富川 如月洞	구릉	2	2					高麗文化財研究院 2009
9	安城 盤諸里	고지	72	10	7	3		환호, 목책	中原文化財研究院 2007a
10	楊平 三星里	충적지	1						中原文化財研究院 2007b
11	春川 擧頭里 北지구	충적지	3	1					金權中 2006
12	春川 擧頭里 南東지구	구릉	1						金權中 2006
13	春川 漆田洞	구릉	4(?)						翰林大學校博物館 1996
14	春川 玄岩里	충적지	4	20					濊貊文化財研究院 2009a
15	原州 法泉里	충적지	1						國立中央博物館, 2002
16	高城 松峴里 B	구릉	12	4	2	1			江原文化財研究所 2007a
17	高城 松峴里 C	구릉	26	11					江原文化財研究所 2007a
18	高城 松峴里 D	구릉	13	14					江原文化財研究所 2007a
19	高城 猪津里 A	구릉	1						江原考古文化研究院 2010a
20	高城 猪津里 D	구릉	5	5		3			江原考古文化研究院 2010a
21	高城 鐵桶里	구릉	5						濊貊文化財研究院 2009b
22	高城 草島里	구릉	15	32					江原文化財研究所 2007b 江原文化財研究所 2008a
23	高城 花浦里 1	구릉	2						江原文化財研究所 2008a
24	高城 花浦里 2	구릉	2						江原文化財研究所 2008a
25	高城 三浦里	구릉	5						濊貊文化財研究院 2008
26	襄陽 北平里	구릉	3						濊貊文化財研究院 2010a
27	襄陽 凡阜里	구릉	1						濊貊文化財研究院 2010a
28	襄陽 池里	구릉	1						江陵大學校博物館 2001
29	江陵 松林里 A	구릉	3	8	1				翰林大學校博物館 2003
30	江陵 松林里 B	구릉	1						翰林大學校博物館 2003
31	江陵 松林里	구릉	1						江原文化財研究所 2007d
32	江陵 芳洞里 A	구릉	6	4					江原文化財研究所 2007c
33	江陵 芳洞里 B	구릉	6	6					江原文化財研究所 2007c
34	江陵 芳洞里 C	고지	27			1	2	환호	江原文化財研究所 2007c
35	江陵 鑰川洞	구릉	2	1					江原考古文化研究院 2010b
36	江陵 笠巖洞	구릉	2						江原文化財研究所 2007d
37	東海 智興洞	구릉	1						濊貊文化財研究院 2010b

표 2 _ 취락 규모 비교

취락 규모	청동기 중·후기	초기철기시대	초기철기시대 주거 유적
소형 취락	10여기	4~6여기	춘천 현암리, 고성 철통리, 삼포리, 강릉 방동리 A, B지구
중형 취락	40~50여기	12~18여기	고성 송현리 B지구, 고성 송현리 D지구와 저진리 D지구, 고성 초도리
대형 취락	100여기	30~40여기	안성 반제리(?)

표 3 _ 중부지방 점토대토기 단계 환호 유형

유형	특징	유적	운영 주체
A	• 환호 평면 : 원형 / 1줄 • 환호 최대 직경 : 30~40m 내외 • 구릉의 정상부를 에워쌈	안성 반제리, 부천 고강동	개별 취락 단위
B	• 환호 평면 : 타원형/다중 • 환호 최대 직경 : 100여m 내외 • 구릉 정상부와 사면부를 에워쌈	화성 동학산, 수원 율전동 오산 가장동, 오산 청학동 강릉 방동리	촌락 단위

學校博物館 1998)인데, 출토 유물로 보아 청동기시대 중기 후반에 속한다. 이 유적은 해발 100m 정도의 독립된 구릉 정상부에 위치하고 있는데, 3중의 환호가 돌아간다. 환호의 평면 형태는 타원형으로 규모는 복원된 장축이 100m 가량이며, 단축은 44m 이다. 규모와 다중환호인 점만으로 볼 때, 화성 동학산 환호와 유사하다. 남산 유적의 환호 성격과 관련하여 방어 취락으로 보아왔지만, 제의 목적의 환호 취락으로 보는 견해(武末純一 2005)도 있다. 또한 구순각목공렬토기가 출토되어 청동기시대 중기 전반으로 편년되는 울산 연암동 환호(慶南文化財研究院 2004)도 제의와 관련된 유적으로 파악된다. 이 환호 유적은 해발 65m의 구릉 정상부를 둘러싼 이중의 환호와 내부 중앙의 수혈유구로 구성된다. 환호의 평면 형태는 원형으로 개별 취락의 제의 공간일 가능성도 있지만, 외환호의 장축 직경이 125m에 이를 정도로 규모가 크기 때문에 여러 취락의 구성원들이 제의에 참여했을 것으로 보인다. 따라서 두 유적의 사례로 볼 때, 촌락의 구성원들이 공동으로 참여하는, 비교적 큰 규모의 제의 공간이 청동기시대 중기 무렵부터 조성되었을 가능성이 높으며, 이러한 제의 목적의 환호가 점토대토기 단계에 이르러 陜川 盈倉里遺蹟의 환호와 연결된다고 생각된다.

따라서 점토대토기 단계의 주거지와 취락 양상은 이 무렵 점토대토기 이주 집단의 출현에 따른 새로운 변화라기보다는 청동기시대 중기 이래로 변화된 재지 집단의 새로운 적응 체계를 반영한다고 하겠다.

청동기시대 중기 사회의 변화와 관련하여 주목되는 현상은 대형 취락의 해체와 주거지의 소형화이다. 서울, 경기지역에서는 중기 전반에 취락의 집중도가 높고 대형 취락의 빈도가 높은 반면 중반 이후로 점차 대형 취락이 해체되는 것과는 달리 강원 영서지역에서는 중기 중반에 대형 취락이 형성되었다가 후반에 들어가면서 급격하게 해체된 양상을 보여준다. 즉 시점은 다르지만, 각 지역에서 대형 취락의 형성 시점이 해체의 출발점이 되고 있는 것이다. 또한 소형 주거지로 구성된 취락은 중서부 지역에서 먼저 출현하여 점차적으로 동쪽의 영서지역으로 파급되어 가면서 규모가 감소하는 양상을 보여준다. 이는 지역에 따라 대형 취락의 형성과 해체 시점에 낙차가 있는 현상과 관련된다.

이러한 대형 취락의 해체와 주거지의 소형화는 생업경제 체제에서 농경에 대한 지나친 의존도 때문으로 파악되는데(安承模 2006), 대형 취락이 해체되면서 일시적이나마 해양 자원에 대한 의존도가 증가되고(金壯錫 2002b) 좀 더 안정적인 생계 수단을 확보하기 위하여 농경과 수렵, 어로를 병행하는 혼합경제 체제로 전환되어 갔을 것이라 추측된다. 따라서 점토대토기 단계의 고지를 중심으로 한 사회경제적 연결망은 청동기시대의 수계 중심의 연결망(朴淳發 2002)이 해체된 이후에 형성된 것이었지만, 청동기시대 중기 중반 이래의 대형 취락 해체와 더불어 취락의 소형화, 분산화 과정의 연장선상에 있다.

5. 結論

생업경제의 변화와 이와 연동된 사회경제적 연결망의 재편이 한국 선사 및 고대 사회의 발전 과정에서 하나의 획기가 될 수 있다고 한다면, 이는 연구자 간에 개념이 모호했던 초기철기시대를 개념화 하는 데 있어 하나의 기준이 될 수 있을 것이라 판단된다. 이와 같은 관점에서 고지 중심의 사회경제적 연결망이 남한 전역에 형성된 원형점토대토기 단계부터를 초기철기시대의 시작으로 볼 수 있을 것이다.

초기철기시대와 원삼국시대의 획기와 관련하여 한번쯤 검토되어야 할 것은 삼각형점토대토기의 출현이다. 중부지방 서해 연안을 따라 분포된 삼각형점토대토기의 출토 맥락은 새로운 연결망을 의미하기 때문이다. 그러나 이 단계의 연결망은 물자와 정보가 이동하는 교류망으로 거점 또는 선 단위로 형성되기 때문에 원형점토대토기 단계의 연결망을 전면적으로 재편할 수 없었던 것으로 생각된다. 또한 뒤에 등장할 戰國系 이입토기의 연결망도 그러할 개연성이 높다.

따라서 주목되는 것이 취락의 입지 변화와 새로운 주거 유형의 출현이다. 즉 중부지방 원삼국시대 취락들은 한강 하류 및 영서지역의 경우에 일반적으로 하천의 충적지에 입지하고 있으며, 영동지역의 경우에는 해안 사구에 입지하고 있다. 이는 점토대토기 단계의 취락이 주로 산지의 정상부와 구릉에 입지하는 양상과는 매우 차이가 있다. 이와 같이 원삼국시대에 취락 입지가 산지에서 수계 중심으로 전환된 것은 농경을 위주로 한 생계 방식이 다시 복원되었으며, 수계를 중심으로 취락과 취락을 연결하는 연결망으로 재편되었음을 의미한다. 또한 취락의 입지 변화와 함께 中島式 住居址라는 새로운 주거 유형이 등장하게 되는데, 이는 농경 중심의 생계 방식에 적합한 가족 제도의 출현을 의미한다. 이러한 관점에서 초기철기시대와 원삼국시대의 획기는 특정 유물의 출현뿐만 아니라 생계경제와 관련된 사회경제적 연결망의 재편이 고려되어야 한다고 판단된다.

도 2 점토대토기 단계 주거지와 출토 유물
(1. 송현리 C지구 취락, 2. 송현리 D지구 취락, 3. 방동리 A지구 취락, 4. 방동리 B지구 취락, 5. 방동리 C지구 취락)

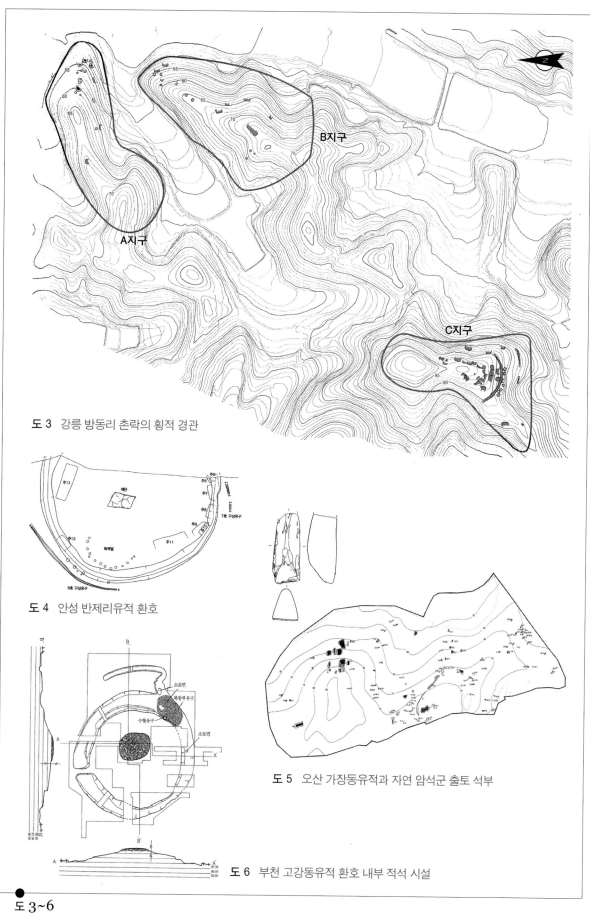

도 3 강릉 방동리 촌락의 횡적 경관

도 4 안성 반제리유적 환호

도 5 오산 가장동유적과 자연 암석군 출토 석부

도 6 부천 고강동유적 환호 내부 적석 시설

도 3~6

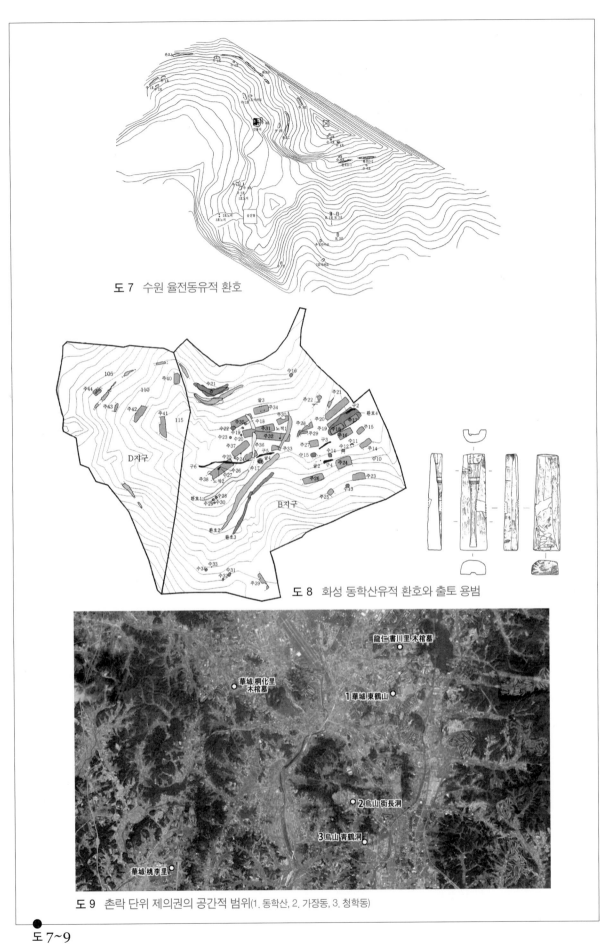

도 7　수원 율전동유적 환호

도 8　화성 동학산유적 환호와 출토 용범

도 9　촌락 단위 제의권의 공간적 범위(1. 동학산, 2. 가장동, 3. 청학동)

도 7~9

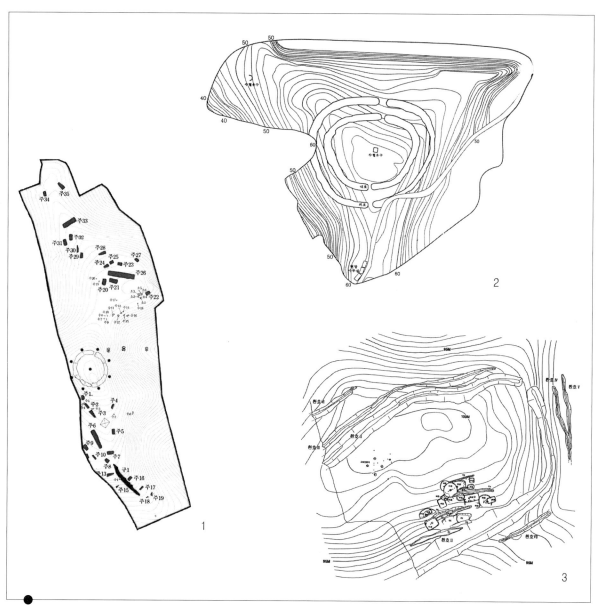

도 10 청동기시대 중기의 제의 환호
(1. 화성 쌍송리, 2. 울산 연암동, 3. 창원 남산)

●참고문헌●

江陵大學校博物館, 2001,『襄陽 池里 住居址』.

江原考古文化硏究院, 2010a,『高城 猪津里 聚落Ⅰ』.

_____, 2010b,『江陵 鎰川洞遺蹟』.

江原文化財硏究所, 2007a,『高城 松峴里遺蹟』.

_____, 2007b,『高城 草島里遺蹟』.

_____, 2007c,『江陵 芳洞里遺蹟』.

_____, 2007d,『江陵地域 文化遺蹟 試・發掘調査 報告書Ⅱ』.

_____, 2008a,「國道 7號線(杆城-縣內間) 道路工事區間 內 遺蹟 發掘調査 略報告書」.

_____, 2008b,『泉田里』.

京畿文化財研究院, 2007,『華城 東鶴山遺蹟』.

_____, 2008,『烏山 佳長洞遺蹟』.

_____, 2009,『加平 大成里遺蹟』.

慶南文化財研究院, 2006,『蔚山 産業路 背面道路 蓮岩 I.C. 開設區間內 蔚山 蓮岩洞 環濠遺蹟』.

高麗文化財研究院, 2009,『富川 如月洞遺蹟』.

國立中央博物館, 2002,『法泉里 II』.

權五榮, 1996,『三韓의 國에 對한 研究』, 서울大學校 大學院 博士學位論文.

畿甸文化財研究院, 2003,『대덕골遺蹟』.

金權中, 2006,「春川 擧頭2地區遺蹟」,『階層 社會와 支配者의 出現』, 韓國考古學會 創立 30週年 紀念 韓國考古學全國大會 發表旨, 韓國考古學會.

김용, 2010,「華城 雙松里 環濠聚落」,『移住의 考古學』, 第34回 韓國考古學全國大會 發表要旨, 韓國考古學會.

金壯錫, 2002a,「移住와 傳播의 考古學的 區分: 試驗的 모델의 提示」,『韓國上古史學報』38, 韓國上古史學會.

_____, 2002b,「南韓地域 後期 新石器-前期青銅器 轉換: 資料의 再檢討를 通한 假說의 提示」,『韓國考古學報』38, 韓國考古學會.

盧爀眞, 2001,「粘土帶土器文化의 社會性格에 對한 一考察-住居遺蹟의 特色을 中心으로」,『韓國考古學報』45, 韓國考古學會.

朴淳發, 2002,「村落의 形成과 發展」,『講座 韓國古代史』7(村落과 都市), 駕洛國史蹟開發研究院.

서길덕, 2006,『圓形粘土帶土器의 變遷過程 研究 - 서울·京畿地域을 中心으로』, 世宗大學校 大學院 碩士學位論文.

宋滿榮, 2007,「南韓地方 青銅器時代 聚落構造의 變化와 階層化」,『階層 社會와 支配者의 出現』, 韓國考古學會(社會評論).

安承模, 2006,「東아시아 定住聚落과 農耕 出現의 相關關係」,『韓國新石器研究』11, 韓國新石器學會.

濊貊文化財研究院, 2008,『高城 三浦里遺蹟』.

_____, 2009a,「春川 西面 文化産業團地 造成地區內 遺蹟 發掘調査 略報告書」.

_____, 2009b,『高城 鐵桶里遺蹟』.

_____, 2010a,「注文津-束草高速國道 4, 5工區 內 遺蹟發掘調査 3次 指導委員會議 資料」.

_____, 2010b,「東海市立博物館 建立敷地內 遺蹟 發掘調査 2次 指導委員會議 資料」.

吳昇烈, 2007,「環濠-中部地方을 中心으로」,『華城 東鶴山遺蹟』, 畿甸文化財研究院.

이길성, 2010,「永宗島 雲北洞 原三國時代 遺蹟」,『永宗島의 考古學』, 仁川學 學術大會 發表要旨, 仁川大學校 仁川學研究院.

李尙燁, 2006,「中部地域 環濠遺蹟에 對한 一檢討 -安城 盤諸里遺蹟 環濠를 中心으로-」,『考古學』5-1, 서울京畿考古學會.

鄭澄元, 1991,「初期農耕遺蹟の立地環境」,『韓日交涉の考古學』, 彌生時代編(大興出版).

中原文化財研究院, 2007a,『安城 盤諸里遺蹟』.

_____, 2007b,『楊平 三星里遺蹟』.

中村大介, 2008,「青銅器時代와 初期鐵器時代의 編年과 年代」,『韓國考古學報』68, 韓國考古學會.

昌原大學校博物館, 1998,『昌原의 先史·古代 聚落』.

翰林大學校博物館, 1996,『漆田洞 粘土帶土器 遺蹟 發掘報告書』.

_____, 2003,『東海高速道路 擴張·新設區間(松林里) 文化遺蹟 發掘調査 報告書』.

漢陽大學校博物館·文化人類學科, 2000,『富川 古康洞 先史遺蹟 第4次 發掘調査報告書』.

한얼文化遺産研究院, 2010,『華城 桐化里遺蹟』.

한얼文化遺産研究院, 2011,『光州市 驛洞 아파트 新築敷地內 遺蹟 文化財 發掘調査 略報告書』.

武末純一, 2005,『韓國無文土器·原三國時代の集落構造研究』, 平成14~16年度科學研究·費補助金〈基盤研究(C)(2)〉研究成果報告書-.

中部地域 圓形粘土帶土器期의 聚落構造論

庄田愼矢(쇼다신야)

1.머리말

지금까지 점토대토기(수석리식 · 늑도식)의 시기는 일본 연구자 사이에서는 무문토기시대 후기라고 불려 왔지만(後藤 1979), 필자는 최근의 한국 고고학계 동향을 따라서 일본에서도 초기철기시대라고 부를 것을 제안했다(庄田 2009). 이 시기의 자료는 무덤 출토품이 압도적 다수이며, 앞 시기인 청동기시대처럼 대규모 취락유적이 거의 조사되지 않았기 때문에 취락구조론적인 연구를 진행시키기가 어려웠다. 그러나 최근 몇 년 사이에 사례가 급증하고, 보고서도 속속 간행되고 있다.

원형점토대토기는 소위 朝鮮系 무문토기로서 북부구주를 중심으로 한 지역에서도 확인되었고, 취락 내에서의 분포를 바탕으로 도래인의 역할에 대해서도 논의된 바가 있다(片岡 1999). 그러나 북부구주에서 발견된 원형점토대토기의 故地인 한반도 남부에서 이러한 토기문화를 가진 사람들이 어떤 취락형태를 채용했던 것인지에 대해서는 그다지 밝혀진 바가 없다. 따라서 여기서는 논의의 기초를 만든다는 의미에서 원형 점토대토기기의 취락구조에 대한 초보적인 분석을 시도하고자 한다.

이 발표에서는 선행 연구를 간략히 정리한 후에 무엇을 문제로 삼아야 할지를 밝히고, 원형 점토대 시기의 편년과 연대에 대해 검토한 후, 중부지역의 여러 유적들을 대상으로 구체적인 취락구조에 대해 초보적인 검토를 행한다.

2. 研究略史

취락구조 나아가서 사회구조를 검토하기 위해서는 취락의 존속기간이나 취락 간의 선후관계를 파악하기 위한 편년이 먼저 이루어져야 된다는 것은 다시 말할 필요도 없다. 원형 점토대토기에 대한 편년 연구는 90년대 이후, 중국 동북지방과의 관련에서 논의하게 되었고, 박순발(1993)이나 이건무(1994)에 의한 중국 요령성 지역으로부터의 주민이주설이 바탕이 되고 있다. 이것들을 배경으로 정인성(1998)은 재지의 지석묘 집단과 외래의 세형동검 집단이 입지를 달리해서 동시병존하는 모델을 제시하였고, 더욱 이형원(2005)은 여러 취락들 안에서 「송국리유형」과 「수석리유형」이 공존함을 상정하였다. 한편 연구사 속에서 세형동검과 점토대토기는 같은 단계에 속하는 것으로 파악되어 왔지만, 이청규(2000)는 이 중 점토대토기가 앞서는 것으로 보았다. 이것을 받아들여 점토대토기의 역연대(曆年代) 상한은 청동단검을 기준으로 한 편년의 상한에 구애하지 않게 되었기 때문에 전자의 연대를 소급시키는 견해도 나타났다(박진일 2006, 2007). 박진일은 일찍부터 점토대토기의 편년을 시도해 왔으며(박진일 2000), 선구적 업적으로 높게 평가되는데, 그 편년에 대해서는 그것을 받아들이는 견해(中村 2008)가 있는 반면, 이재현(2002)이나 이창희(2009)들에 의한 정확한 비판도 있어, 편년은 정해지지 않았다.

實年代에 대해서는 김규정(2004)이 C14 교정연대가 기원전 7~4세기에 집중하는 것을 근거로 원형점토대토기의 상한이 기원전 7세기까지 소급할 가능성을 지적한 바가 있다. 그러나 이러한 연대값이 나는 것은 교정곡선의 평탄면 때문(2400년 문제)에 연대가 이른 연대까지 끌어올려져 동시에 넓은 연대폭을 보여주는 같은 값이 반복해서 얻어지기 때문이다. 교정곡선의 평탄면에 의해 야기되는 이러한 문제는 청동기시대의 소위 송국리유형과 역삼동유형의 관계에 대해서도 논의된 적이 있어(김장석 2003), 같은 과오를 밟으면 안 된다.

편년이 정해지지 않는 이상, 취락을 시기별로 분해해서 구조를 파악할 수는 없다. 그러나 분기하지 않는 수준에서도 취락이나 주거 구조를 언급한 사례도 있다. 최종규(2002 : 150)는 언덕 정상부를 중심으로 방사상으로 주거가 배치된 소규모 취락을 원형점토대토기시기의 취락 패턴 가운데의 하나로 하였다. 또 大貫 靜夫(오누키 시즈오)(2001 : 218)는 이 시기의 주거지에 대해 보령 교성리 유적에서 확인된 벽에 접한 地床爐가 祖形坑을 가지지 않는 부뚜막일 가능성을 지적하였다. 이러한 지적들에 대해서는 아래에서 긍정적으로 검증하겠다.

3. 편년을 위해

주지대로 초기철기시대의 편년은 출토 사례의 대부분을 차지하고 있었던 무덤출토 유물을 바탕으로 이루어져 왔다. 여기서 문제가 되는 것은 어느 무덤이 어느 취락과 동시기에 존재했는지를 정리하는 것이다. 무덤출토 유물에 대해서는 後藤(고토)(2006)에 의해 정리된 세트 관계를 바탕으로 한 편년이 유효하다. 이것에 더해 최근 보고된 문당동 목관묘 출토 유물(박·이 2008)은 이 조열 안에서도 가장 이른 것으로 생각된다. 그 이유는 아래와 같다. 첫째로 동검의 형태적 특징인데, 절대를 만들어 내지 않고, 關이 형성되지 않았지만, 한편에서 인부의 돌기나 脊의 돌출부가 거의 보이지 않기 때문에(도 1-1), 초기 세형동검이전의 단계이고, 또 송국리 동검 등 B군 비파형동검(庄田 2005)보다도 늦은 것이다. 그리고 두 번째는 석검(도 1-2)이 공반된다는 점, 세 번째는 공반된 천하석제 臼玉의 규격(도 1-3)이 세형동검 중 이른 시기에 속하는 동서리(두께 0.25~0.3cm, 지름 0.3~0.5cm)나 괴정동(두께 0.2cm, 지름 0.3cm 전후) 출토품과 비슷하다는 점이다. 문당동에서 동검과 공반된 토기는 원형점토대토기(도 1-4)와ㅏ 흑도장경호(도 1-5)인데, 전자는 동체부 상부가 크게 내경하고, 점토대를 내경한 구연부에 올리는 특징이 있고, 후자는 직선적으로 외경하는 구경과 둥그스름해진 동체부가 특징이다.

한편 유리 環이나 철겸과 공반되었기 때문에 확실히 늦은 것을 알 수 있는 갈동(김 외 2005)의 흑도장경호(도 2)를 보면 직립한 후에 外灣하는 구경부이고, 문당동 출토품과는 분명히 다르다. 따라서 흑도장경호는 직선적으로 외경하는 구경부를 가지는 것이 이르고, 직립한 후에 外灣하는 구경부를 가진 것이 늦은 것으로 생각된다. 또 석기에 대해서는 이미 腹部 형태를 기준으로 유구석부를 a(腹面에 단 있음, 도 3-1)와 b(腹面이 弧狀, 도 3-2)로 분류하고, a가 이르고, b가 늦은 것을 논한 바가 있다(庄田 2004).

이상과 같이 선후관계에 대한 큰 흐름을 파악했지만, 더 세밀한 구분은 취락유적 출토유물에 대한 검토로 가능해질 것이다. 또 상한과 하한연대에 구체적인 역연대를 주는 것은 현시점에서는 어렵지만, 전자를 심양시 정가와자(심양고궁박물관 외 1975), 후자를 무순시 연화보(王 1964, 도 4)와 비교하고, 대략 기원전 6세기 후반~기원전 3세기 후반의 범위 안에서 파악해둔다.

이것에 비해 방사성탄소연대법을 대규모 및 효율적으로 구사하고, 동시기의 연대관을 재검토한 이창희(2010)의 견해는 위와 다른 연대관뿐만 아니라 새로운 시대구분론까지 언급하는 것이다. 이창희(2010)는 방지리, 늑도, 原の辻(하루노쓰지)유적에서 얻어진 시료에 대한 C14연대측정을 통해 점토대토기의 역연대를 논의하였다. 약 100점에 이르는 측정결과를 교정곡선 위로 배치하고, 원형 점토대토기의 출현을 기원전 6세기, 삼각형 점토대토기의 출현을 기원전 3세기 전후, 철기의 출현을 완주 갈동 유적에서 출토된 탄화재의 측정연대를 근거로 기원전 4세기로 비정하면서 세형동검의 출현을 기원전 5세기 후반으로 보았다. 이 연구는 기존의 한국고고학에서의 C14연대측정법 운용상의 문제를 파악하면서 그것을 극복하자고 한 뛰어난 연구성과이다. 그러나 원형 점토대토기의 1점만이 6세기 전반으로 떨어져 분포되고(도 5), 철기의 출현과 관련된 갈동유적의 시료도 1점만이 4세기 전반으

로 떨어져 분포한다는 점(도 6)에서 이들을 각각의 상한으로서 인정해 전체의 연대를 소급시키는 것에는 의문을 갖는다.

필자가 위와 같은 의문을 가지는 것은 단지 수치상의 논의가 아니고, 위와 같은 연대값이 고고자료로부터 이끌어지는 현행의 연대관과 일치하지 않기 때문이다. 특히 삼각형·점토대 토기의 출현기를 기원전·300년경으로 하면, 본고에서 상정하는 원형·점토대토기의 하한연대가 100년 정도 소급하게 된다. 위에서 연대의 근거로서 제시된 완주 갈동 유적 2호 및 3호묘에서 출토된 철겸은 주조철부가 무순시 연화보 유적 출토품과 매우 흡사하고(도 2, 4), 그 연대는 전국 후기부터 전한 초로 생각된다(王 1964). 따라서 한반도 남부에서의 철기 출현을 기원전 4세기까지 소급시키는 것은 전국 연나라의 철기 보급·확산 연대를 변경시켜야 할 일이 될 수 있다. 서둘러서 결론을 내리기 이전에 적어도 이 문제에 대한 고고학적 검토가 앞장서야 할 것이다.

또 연대와 함께 여기서 논의해야 할 것은 시대구분이다. 이창희(2010 : 91)는 초기 철기시대를 「원형 점토대토기의 늦은 단계부터(철기 출현) 와질토기의 출현까지」라고 다시 설정하였다. 철기의 출현을 기준으로 시대구분한다는 참신한 견해인데, 최근에는 이형원(2011 : 83)도 같은 견해를 피력한 바가 있고, 이 시대구분안이 앞으로 여러 연구자들 사이에서 공유되게 될 가능성이 있다. 그러나 명료한 것처럼 보이는 이 구분에는 근본적인 문제가 있다. 앞에서 지적한 바와 같이 원형 점토대토기기에 가장 흔히 있는 유물인 원형 점토대토기 자체는 적어도 현시점에서는 그 존속기간 안에서 형식학적으로 구분할 수 없다. 따라서 만약 이 시대구분을 따르면 본고의 분석 대상인 반제리·송현동·방동리 등의 유적들이 어느 시대의 유적인지 현재로서는 판단할 수 없게 되고, 또 앞으로 발굴될 해당시기의 모든 유적에 대해서도 같은 문제가 생긴다. 철기라는 출토 빈도가 매우 낮은 유물이 출토하지 않는 한 시대를 인정할 수 없는 시대구분은 고고학적으로 유용하다고는 말할 수 없다.

4. 취락유적의 검토

1) 반제리 유적(중원문화재연구원 2007, 도 7)

경기도 안성시 반제리에 위치한다. 표고 85~95m의 비교적 높은 구릉의 정상부 부근에 주거지와 환호가 있고, 다소 떨어진 사면에 무덤이 분포한다. 근접한 두 개의 정상부는 공백지가 되었고, 이것을 둘러쌓듯이 주거지가 분포하는 것이 특징이다. 산 정상부를 둘러싸는 환호는 이중이었을 가능성이 있고, 또 목책열을 병설한 것으로 생각되는데, 환호와 기둥구멍의 중복 관계가 일부 보이기 때문에 환호와 목책의 조영이 각각 다를 수도 있다. 또 대부분의 주거지는 삭평에 의해 평면형태의 전체적 모습을 파악할 수 없기 때문에 평면형태를 기준으로 주거지를 분류하기가 어렵다. 그러나 노지가 남아있을 경우가 많기 때문에 주거지 구조를 크게 규정하는 노의 위치에 따라 주거지를 분류할 수 있다. 따라서 주거지의 장축 위에 노지가 있는 것을 A류(도 7-2), 벽쪽에 치우친 것을 B류(도 7-3)로 나눈다. 주거지간의 중복 관계를 보면, 10호(古)→9호(新), 16호(古)→25호(新), 20호(古)→19호(新), 22호(古)→21호(新), 38호(古)→39호(新)이고, 모두 A류(古)→B류(新)가 된다. 또 A류, B류 주거지 출토유물에도 미묘하지만 고배의 접합부나 석촉의 형태 등에서 차이가 확인된다(도 7-4, 5). 이상으로 보아 이 주거지군이 다른 시기에 속할 개연성은 높다. 즉 노지가 장축 위로 있는 것이 이르고, 벽 옆에 치우치는 것이 늦은 시기의 것이다. 한편 환호는 이러한 중복 관계 안에서는 가장 이른 단계로 볼 수 있다.

위의 내용을 종합하면 노지가 벽 옆에 치우치는 수석리가 반제리의 古段階(A류)보다 나중 나오게 되고, 수석리가 이르다고 하는 박진일의 편년(2007)과 모순된다. 이 점은 토기연구에서 이창희(2009)가 지적한 것과 일치하는데, 반제리유적 전체가 수석리보다 이르다고 말할 수도 없다. 현단계에서는 반제리의 새로운 단계가 수석리·교성리에 병행할 개연성이 높다. 다만 수석리나 교성리에서 타날이나 적색마연토기가 보이는 것은 앞 시대부터와의 연속성을 나타낼 가능성도 있기 때문에 지역성 등의 요인에 대한 주의도 필요하다.

2) 송현리유적(지현병 외 2007, 도 8, 9)

강원도 고성시 송현리에 위치한다. 조사구는 A~D구로 나뉘어지는데, 검토대상이 되는 것은 B, C 및 D지구이다. 주거지와 무덤이 조사되었고, 무덤은 주거군으로부터 떨어진 위치에 분포한다. 정상이나 산등성이 위에 주거지가 분포되는 점에서 반제리유적과 다른 패턴을 보여준다. 평면형태가 완전히 남아있는 사례가 적기 때문에 반제리와 마찬가지로 노지의 위치를 기준으로 주거지를 분류하는데, 장축 위에로 노지가 위치하는 A류를 장축상에서 한 쪽에 치우친 A1류(도 8-1)와 중앙에 위치하는 A2류(도 8-2)로 세분한다. A2류에는 형태상 송국리형 주거(휴식리형 주거)와 매우 유사한 것도 존재하지만, 중앙토광이 명확히 被熱된 점에서 적어도 전형적인 것으로 동일시할 수 없고, 출토유물에서는 양자가 다른 시기에 속하는 것으로 판단된다. 한편 주목되는 것은 「壁附爐址」로 보고된 구조(도 8-4)이다. B-1호 주거지에서는 점토로 만들어진 입체적인 구조도 검출되었는데, 이것은 아마 부뚜막일 것이다.

이 유적의 시기를 생각할 때 실마리가 되는 것은 D-16호(A1류, 古)→D-17호(A2류, 新)의 주거지간 중복 관계와, C-9호 주거지(A1류)에서 일단경촉이 출토된 것이다. 이것을 근거로 A1류가 A2류보다 이른 것을 상정할 수 있다. 여기서 주거 유적의 분포를 A1류와 A2류에 나누어서 다시 정리하면, 정상부나 산등성이 위에 주거지가 분포하는 양상은 A1류 단계에 한정되고, A2류 단계에서는 정상이 공백지가 되는 것이 확인되었다(도 9). 따라서 반제리에서 보인 정상부을 둘러싸는 주거지 분포 패턴은 A1류 단계에서는 아직 형성되지 않았던 것으로 추정한다. 다만 A1류와 A2류의 출토유물의 차이는 크지 않고, 앞으로의 검토에 기다려야 할 부분이 많다.

출토유물 전체를 보면, 원형 점토대토기 이외에 外反素口緣 토기가 다수 확인되는 점에서 반제리유적과는 큰 차이가 있고, 중심시기가 보다 이른 것을 암시한다. 주거지나 취락구조를 고려하면 송현리유적의 A2류 단계가 반제리유적의 A단계에 해당할 개연성이 높다. B류에 대해서는 출토유물이 명확하지 않으므로 분명하지 않지만, 일단 반제리유적의 B류 단계로 볼 수 있을 것이다. 얼마 안된 B류 단계의 유물 중 D-7호 주거지에서 출토된 把頭飾(도 8-7)은 宮里(2009)가 동검 I기로 편년한 것이고, 무덤 출토유물의 편년과 대응 관계를 검토하는 데 있어 참고가 될 것이다.

3) 방동리유적(지현병 외 2007, 도 10)

강원도 강릉시 방동리에 위치한다. 분석대상이 되는 지구는 방동리 청동기 유적 A~C의 세 개 지구인데, A지구에서는 점토대토기가 출토되지 않았고, 석기에는 이른 양상을 가진 유구석부a가 보인다(도 11). 보고자의 지적대로 이 지구의 주거지군이 다른 곳보다 이르다고 생각된다. 주거지는 역시 대부분이 삭평되었기 때문에 위의 두 유적에서의 주거지 분류를 따른다. A지구에서는 유일하게 화로가 잔존하고 있는 B-2호 주거지는, 화로가 장축상이 치우친 위치에 있는 A1류이며, 출토 유물로 상정한 시기와 모순되지 않는다. B지구에서도 노지가 남아 있었던 것이 B-3호 주거지뿐이고, 이것도 A1류이다. 공반된 유물은 素口緣土器와 유구석부a이고, 이른 양상을 가진 것을 확인할 수 있다. 한편 B지구에서는 이러한 外反素口緣土器가 원형 점토대토기와 공반된 사례가 있기 때문에(도 11) A지구보다 나중 나온 것으로 상정할 수 있는데, 양지구의 외반소구연토기간에서 형식차이를 인정하기가 어렵다. 다만 C-1호 토기소성유구에서 원형 점토대토기와 外反素口緣土器가 공반되었기 때문에 양자가 동시에 존재한 것은 틀림없는 것 같다.

가장 많은 유구들이 집중하는 C지구에서는 주거지 A1류와 A2류가 확인되었고, 일부 B류로 분류될 가능성이 있는 것도 존재한다. 많은 주거지간 중복이 보이기는 하지만, 분류가 가능한 주거지끼리의 중복은 보이지 않는다. 주거지군이 정상부를 둘러싸듯이 분포하는데, 분류할 수 없는 것이 많기 때문에 구체적인 배치관계를 추정할 수 없다. 또 C지구에서는 환호가 병행해서 두 줄 보이는데, 출토유물로 볼 때 환호들은 다른 시기에 속하는 것으로 생각된다. 즉 C-1 환호에서는 외반소구연토기만, C-2 환호에서는 원형 점토대토기와 외반소구연토기가 출토되었다(도 10). 거주 범위의 확대 내지 남쪽·구릉 하부로의 이동이 상정되지만, 이것과 연동하는 주거지의 움직임을 파악할 수 없다. A2류의 주거지와 공반되는 것은 원형 점토대토기와 외반소구연토기 그리고 유구석부a이다.

송현리유적과 비교하면 주거지의 특징에서는 양자가 거의 병행하지만, 외반소구연토기 단순기가 존재하는 방동리유적 A지구가 송현리보다 앞서는 개연성이 높다. 또 하한에 대해서는 방동리유적에 부뚜막상 구조가 보이지 않으므로 송현리유적보다는 이른 것으로 상정해 둔다.

5. 小結

본고는 극히 초보적인 취락분석에 머물렀지만, 위의 내용을 간략히 정리해 둔다. 우선 검토한 유적간의 시기적인 관계를 단순화시키고, 하나의 단계로서 볼 수 있는 수석리·교성리와 비교하면 〈표 1〉과 같다.

앞에서 말했던 최종규(2002)가 지적한 정상부를 둘러싸는 거주 패턴은 반제리 古段階 / 송현리 中段階에 성립한 것으로 추정되고 또 大貫(2001)이 시석한 祖形炕을 가지지 않는 부뚜막은 반제리·송현리유적의 新段階 / 수석리·교성리단계에 등장하는 것 같다. 또 반제리 및 방동리에서는 환호가 확인되었다. 방동리에 관해서는 환호의 이동이 상정되었지만, 주거지와의 배치 관계를 파악할 수 없었다. 한편 반제리에서는 高地라는 취락입지에도 불구하고 환호는 거주 영역을 둘러싸는 방어적인 것이 아니고, 공백지를 둘러싸고 있었다. 이 시기의 환호의 기능·성격에 대해서 이성주(2007 : 150)가 지적한 바와 같이 제사적 공간을 둘러싸는 의례적 성격이 강한 것이었을 것이다.

한편 위와 같은 대체적인 편년으로부터 다시 한번 유물의 특징에 되돌아가서 검토하면, 단각을 가진 고배가 이른 시기에 속한다고 하는 지적(박진일 2006)은 타당한 것으로 생각된다. 그러나 점토대의 단면이 원형이고 구연 단부의 안쪽이 거의 수직 혹은 내만하는 것이 이르고, 점토대의 단면이 원형 / 타원형이고 구연 단부의 안쪽이 외반하면서 점토대 상부까지 감싸는 것이 그것에 이어지고, 점토대의 단면이 원형/타원형이고 구연 단부가 거의 수직이고, 점토대의 안쪽을 눌러서 편평하게 처리한 것이 늦다는 지적(중원문화재연구원 2007)이나 점토대토기의 동체부 최대경의 위치가 높은 것으로부터 낮은 것으로 변화한다는 지적(中村 2008)은 적어도 제시되고 있는 자료로 볼 때는 충분한 설득력이 없다.

최근 현저한 자료 증가에 의해 취락구조론적 연구가 가능하게 되고 있는 해당시기에 대해 우선 정교하고 치밀한 토기편년이 요구되는 것은 말할 필요도 없지만, 그 편년의 조립작업은 취락구조의 분석과 동시에 진행하고 상호보완적으로 이루어져 갈 필요가 있다. 앞으로 검토대상지역을 넓히면서 시기차·지역차 문제에 대해서 검토하고자 한다. 마지막으로 본론은 2009년에 보고한 내용에 바탕으로 한 것이다. 최신의 연구논문을 참조할 수 없었던 부분에 대해서는 양해를 바라는 바이다.

平郡達哉(히라고리 다츠야) 번역

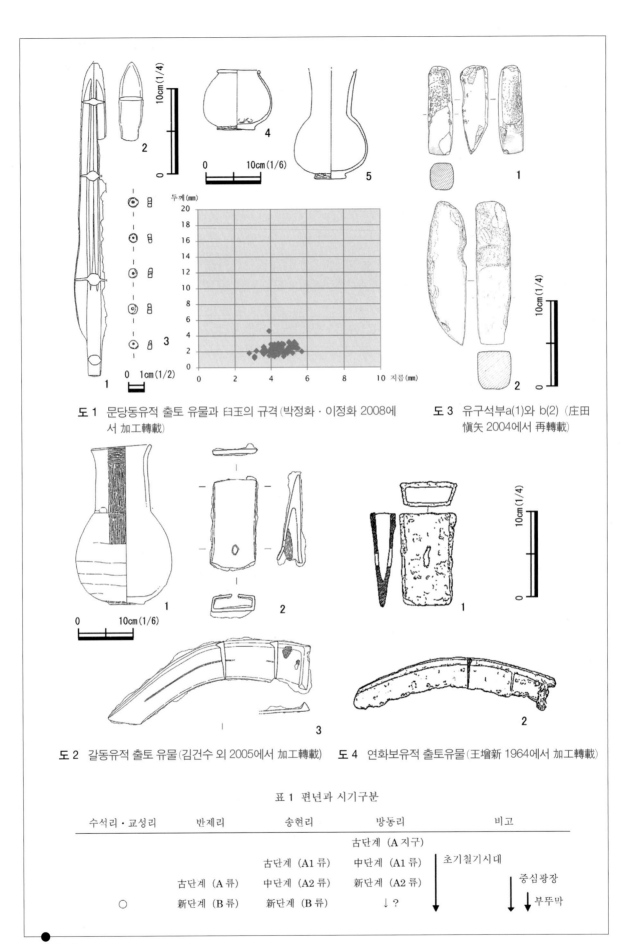

도 1 문당동유적 출토 유물과 臼玉의 규격 (박정화·이정화 2008에
　　　서 加工轉載)

도 3 유구석부a(1)와 b(2) (庄田
　　　愼矢 2004에서 再轉載)

도 2 갈동유적 출토 유물(김건수 외 2005에서 加工轉載)　　도 4 연화보유적 출토유물(王增新 1964에서 加工轉載)

표 1 편년과 시기구분

수석리·교성리	반제리	송현리	방동리	비고
			古단계 (A 지구)	
	古단계 (A1 류)	中단계 (A1 류)	초기철기시대	
古단계 (A 류)	中단계 (A2 류)	新단계 (A2 류)	중심광장	
○	新단계 (B 류)	新단계 (B 류)	↓ ?	부뚜막

도 1~4

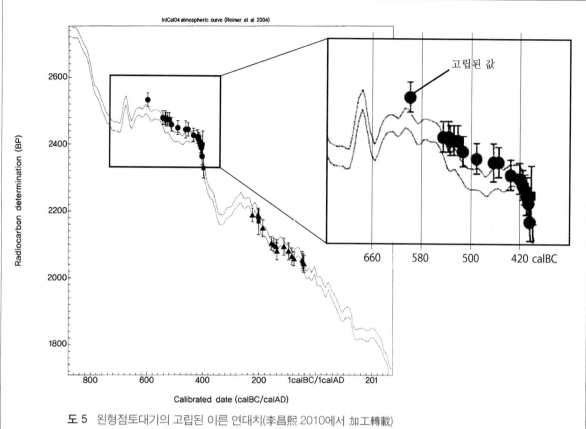

도 5　원형점토대기의 고립된 이른 연대치(李昌熙 2010에서 加工轉載)

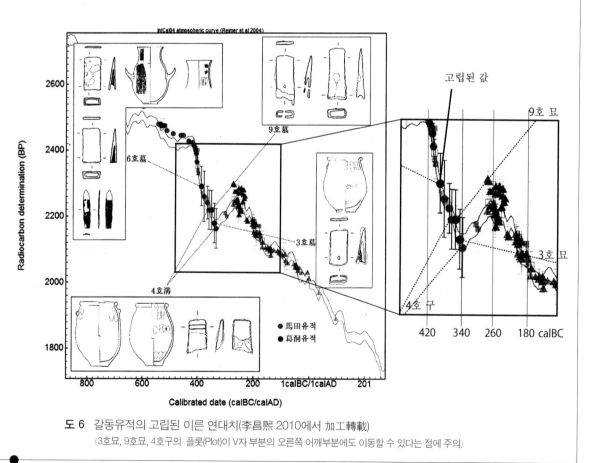

도 6　갈동유적의 고립된 이른 연대치(李昌熙 2010에서 加工轉載)
(3호묘, 9호묘, 4호구의 플롯(Plot)이 V자 부분의 오른쪽 어깨부분에도 이동할 수 있다는 점에 주의)

도 5~6

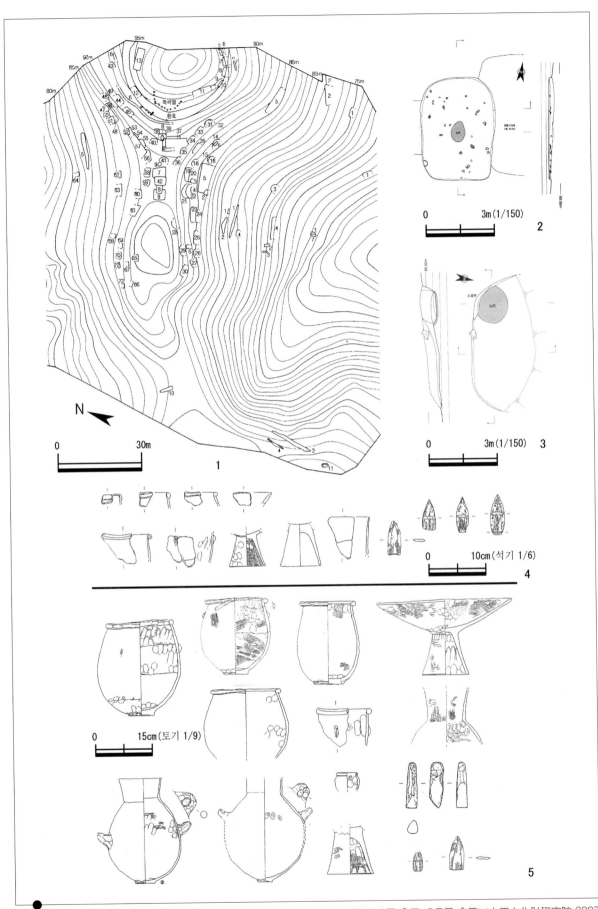

도 7　반제리유적 유구배치도(1)와 A류(2) 및 B류(3)주거지 및 출토유물(4 : A류 출토, 5:B류 출토) (中原文化財研究院 2007 에서 加工轉載)

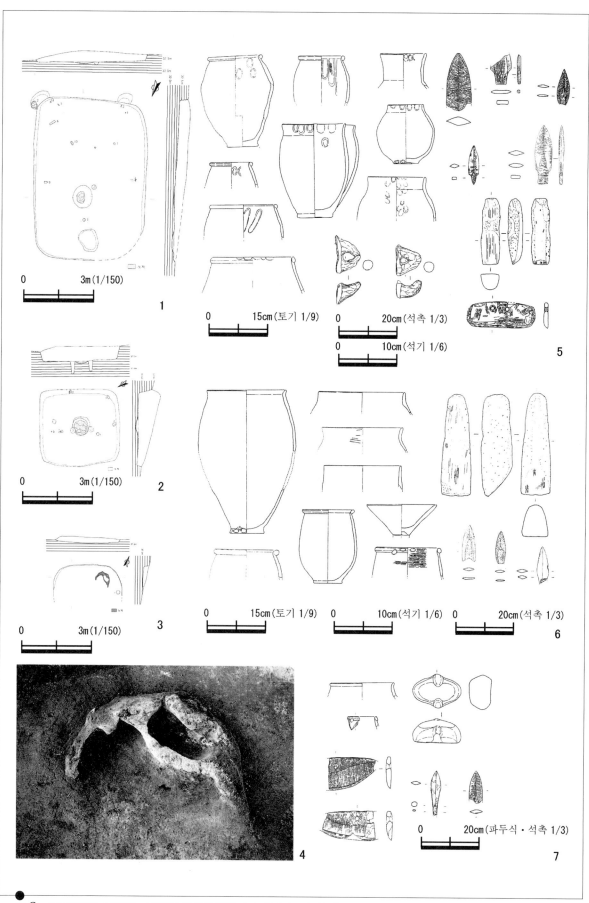

0   3m (1/150)

0   15cm(토기 1/9)

0   20cm(석촉 1/3)

0   10cm(석기 1/6)

5

0   3m (1/150)   2

0   15cm(토기 1/9)   0   10cm(석기 1/6)   0   20cm(석촉 1/3)

6

0   3m (1/150)   3

4

0   20cm(파두식·석촉 1/3)

7

● 도 8   송현리유적 A1류(1), A2류(2) 및 B류(3)주거지, 「벽부노지」(4) 출토유물(5 : A1류 출토, 6 : A2류 출토, 7 : B류 출토)
(池 외 2007에서 加工轉載)

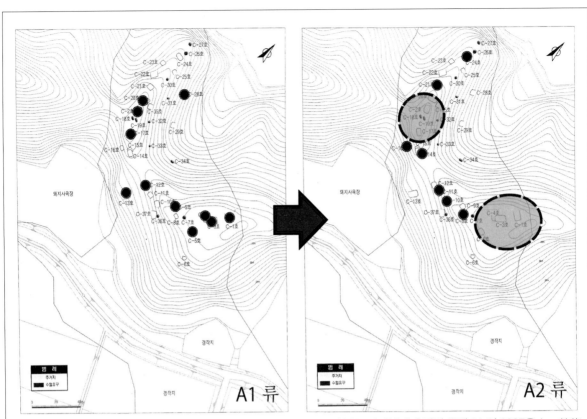

도 9 송현리유적 C지구에서의 A1류 주거지와 A2류 주거지의 분포 및 구릉 정상부에 추정된 공백 (池 외 2007을 加工轉載)

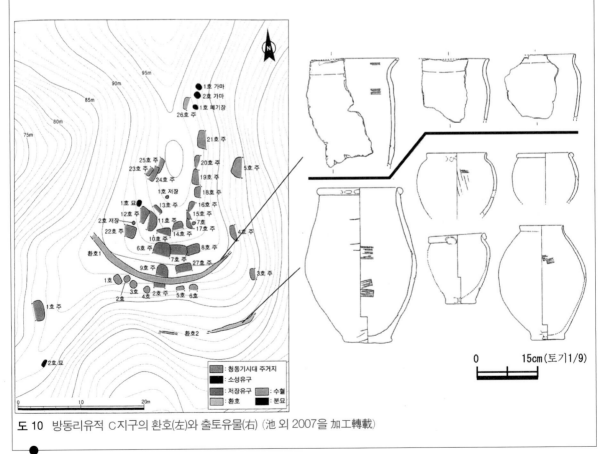

도 10 방동리유적 C지구의 환호(左)와 출토유물(右) (池 외 2007을 加工轉載)

도 9~10

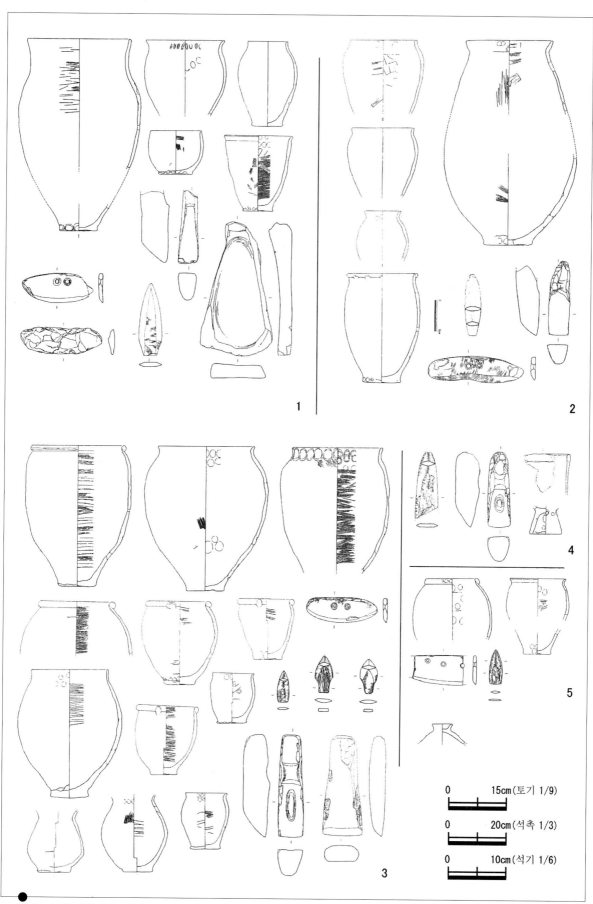

도 11 방동리유적 출토유물(池 외 2007을 加工轉載)

　　　(1 : A지구 출토유물, 2 : B지구 출토유물, 3 : A2류 출토유물, 4 : A1류 출토유물, 5 : A1류 이래의 유물)

●참고문헌●

日文

大貫靜夫, 2001, 「韓國の竪穴住居とその集落 -覺え書き-」, 『韓國の竪穴住居とその集落』, 文部科學省科學研究費補助金報告書.

片岡宏二, 1999, 『彌生時代 渡來人と土器・靑銅器』, 雄山閣.

後藤直, 1979, 「朝鮮系無文土器」, 『三上次男先生頌壽記念東洋史 考古學論集』, 同編集委員會.

_____, 2006, 「朝鮮靑銅器文化の儀禮」, 『古代アジアの靑銅器文化と社會』, 國立歷史民俗博物館シンポジウム資料.

庄田愼矢, 2004, 「韓國嶺南地方南西部の無文土器時代編年」, 『古文化談叢』 50(下).

_____, 2009, 「朝鮮半島南部靑銅器時代の編年」, 『考古學雜誌』 第93券1號.

國文

宮里修, 2009, 「韓半島 劍把頭飾의 分類와 編年」, 『嶺南考古學』 50, 嶺南考古學會.

金建洙・韓修英・陳萬江・申元才, 2005, 『完州 葛洞遺蹟』, 湖南文化財研究院.

金奎正, 2004, 「湖南地方 粘土帶土器文化 檢討」, 『研究論文集』 4, (財)湖南文化財研究院.

金壯錫, 2003, 「충청지역 송국리유형 형성과정」, 『韓國考古學報』 51, 韓國考古學會.

朴淳發, 1993, 「우리나라 初期鐵器文化의 展開過程에 대한 약간의 考察」, 『考古美術史論』 3, 忠北大學校・考古美術史學科.

박정화・이정화, 2008, 『김천 문당동유적』, 경상북도문화재연구원.

朴辰一, 2000, 「圓形粘土帶土器文化研究 - 湖西 및 湖南地方을 中心으로」, 『湖南考古學報』 12, 湖南考古學會.

_____, 2006, 「서울・경기지방 점토대토기문화 試論」, 『고고학』 5-1, 서울경기고고학회.

_____, 2007, 「粘土帶土器로 바라본 初期鐵器・彌生時代 曆年代考」, 『한일문화교류, 한반도와 일본 규슈』, 국립중앙박물관.

李健茂, 1994, 「韓國式 銅劍文化의 性格 - 成立背景에 대하여」, 『東아시아의 靑銅器文化 - 遺物을 통해 본 社會相』, 文化財管理局 文化財研究所.

李盛周, 2007, 『靑銅器・鐵器時代社會變動論』, 學研文化社.

李在賢, 2002, 「IV. 考察」, 『金海大淸遺蹟』, 釜山大學校博物館.

李亨源, 2005, 「松菊里類型과 水石里類型의 接觸樣相」, 『湖西考古學』 12, 湖西考古學會.

_____, 2011, 「中部地域 粘土帶土器文化의 時間性과 空間性」, 『湖西考古學』 24, 湖西考古學會.

李昌熙, 2009, 「水石里式土器의 再檢討」, 『考古廣場』 3, 釜山考古學研究會.

_____, 2010, 「점토대토기의 실연대」, 『文化財』 43-3, 국립문화재연구소.

李淸圭, 2000, 「遼寧 本溪縣 上堡村 출토 銅劍과 土器에 대하여」, 『考古歷史學志』 16, 東亞大學校 博物館.

庄田愼矢, 2005, 「湖西地域 出土 琵琶形銅劍과 彌生時代 開始年代」, 『湖西考古學』 12, 湖西考古學會.

中原文化財研究院, 2007, 『安城 盤諸里遺蹟』.

鄭仁盛, 1998, 「낙동강 유역권의 細形銅劍 문화」, 『嶺南考古學』 22, 嶺南考古學會.

中村大介, 2008, 「靑銅器時代와 初期鐵器時代의 編年과 年代」, 『한국고고학보』 68, 한국고고학회.

지현병・이건충・김민경・최영석, 2007, 『江陵 芳洞里 遺蹟』, 江原文化財研究所.

지현병・고동순・박수영, 2007, 『高城 松峴里 遺蹟』, 江原文化財研究所.

崔鍾圭, 2002, 「IV.考察 1.住居跡의 特徵과 遺蹟의 性格」, 『陜川盈倉里無文時代集落』, 慶南考古學研究所.

中文

沈阳故宫博物馆・沈阳市文物管理公室, 1975, 「沈阳郑家洼子的两座青铜时代墓葬」, 『考古學報』 1975-1.

王增新, 1964, 「辽宁抚顺市莲花堡遗址发掘简报」, 『考古』 1964-6.

第 3 部

據點聚落과 環濠聚落

17. 靑銅器~原三國時代 環濠聚落의 展開樣相 / 18. 彌生時代 據點聚落의 構造變化와 首長의 墳墓 /

19. 近畿 彌生時代 據點聚落再考

靑銅器~原三國時代 環濠聚落의 展開樣相

裵 德 煥

1. 머리말

환호는 취락의 형태를 결정하는 1차적인 분류기준으로서 중첩 수에 따라 單數環濠와 複數環濠로 세분된다(裵德煥 2000). 청동기시대의 환호취락은 거점취락으로서 중요시 되는 반면, 초기철기시대와 원삼국시대는 자료의 한계성으로 인해 본격적인 논의가 이루어지지 못하고 있는 실정이다. 따라서 본 고에서는 한국 청동기~원삼국시대의 환호취락 34개소를 개관하여 각 시대별 · 지역별 전개양상을 규명하고자 한다.

2. 研究史

환호에 대한 연구는 주로 1990년대 중반 이전까지는 주로 방어에 편중(崔鍾圭 1993)되어 왔으나, 1990년대 후반 이후부터는 구획 · 경계 · 의례 등 다방면에 걸친 접근이 시도되고 있다(李盛周 1998, 李東柱 1999, 李相吉 2000, 裵德煥 2000, 孔敏奎 2005).

그러나 환호취락의 수는 증가하였지만 지속적인 연구는 미진한 편이라고 할 수 있으며 환호취락을 중심적이고 특수한 취락으로 규정하는 경향이 강하다(李盛周 1999, 裵德煥 2005, 高旻廷 2009).

3. 問題의 所在

환호의 초현을 신석기시대 말기의 晋州 上村里의 구로 보는 의견도 있지만(沈奉謹 1997), 현재까지의 발굴조사 결과, 청동기시대 전기의 淸原 大栗里의 환호가 가장 근접한 형태로 볼 수 있다. 그러나 전기의 환호취락은 단 1개소에 불과하며 환호취락이 성행하는 후기 취락과의 직접적인 연관성을 찾기는 어렵다.

그리고 초기철기시대는 지역별 환호취락의 양상이 상이한데, 역시 앞 시대와 연동되지 않고 있으며 특히 경기도의 경우 취락 내 부속시설로서 환호가 채용되고 있다. 이와 같이 취락을 두르지 않고 부속시설로 채용되는 것을 과연 환호취락의 범주에 포함시킬 것인가에 대한 문제가 있다.

4. 環濠聚落의 事例(도 1)

1) 청동기시대 전기(1개소)

清原 大栗里

2) 청동기시대 후기(20개소)

① 松菊里文化圈(15개소)

扶餘 松菊里, 舒川 道三里, 大邱 東川洞·月城洞 777番地·1261番地·大泉洞, 山淸 沙月里·玉山里, 晋州 大坪里 玉房 1·4地區·加虎洞·草田洞·耳谷里, 馬山 網谷里, 昌原 南山 등에서 환호가 조사되었다. 그러나 부여 송국리, 서천 도삼리를 제외하면 경상도지역에 편중되는 경향이 강하며 주로 남강이나 낙동강 서안지역의 범람원에 취락이 입지한다.

② 蔚山文化圈(5개소)

慶州 甲山里, 蔚山 檢丹里·芳基里·川上里·蓮岩洞 등 동남해안지역의 구릉부에 환호취락이 조성되었다는 점에서 경상도지역 송국리문화권의 환호취락과 입지적인 차별성이 간취된다.

3) 초기철기시대 전기(원형점토대토기단계 : 7개소)

① 경기도(4개소)

安城 盤諸里, 華城 東鶴山, 水原 栗田洞, 烏山 佳長洞.

② 강원도(1개소)

江陵 芳洞里.

③ 경상도(2개소)

陜川 盈倉里, 泗川 芳芝里.

4) 초기철기시대 후기(삼각형점토대토기단계 : 1개소)

蔚山 校洞里 192-37番地.

5) 원삼국시대(5개소)

① 경기도(1개소)

風納土城.

② 충청도(1개소)

大田 龍溪洞.

③ 전라도(1개소)

順天 德岩洞.

④ 경상도(2개소)

金海 鳳凰洞, 梁山 平山里.

5. 時代別·地域別 展開樣相

1) 청동기시대(도 2)

전기의 청원 대율리(도 3)는 3조의 복수환호취락으로서 내호 내에 대형주거지, 외호 내에 소형주거지를 배치하였다. 이는 명확한 공간구획 하에 환호로서 취락을 구획하였음을 의미하는 것으로 초현단계에서부터 비교적 완전한 형태의 환호가 조성되었다는 점은 주목할 만하다. 후기는 주로 경상도지역에 편중(90%)되는데, 송국리문화권(錦江·南江·洛東江·琴湖江流域)과 울산문화권(太和江·東川江·兄山江流域)으로 대별된다. 양 문화는 취락의 입지 및 구성요소, 주거지의 평면형태·구조 등에서 명확한 차이가 인지되나 환호를 설치하였다는 점에서 공통성이 나타난다.

이 중 남강유역(도 5)은 상류의 산청 옥산리에서 하류의 진주 이곡리에 이르기까지 14개소의 취락이 집중분포하고 있다. 주거지의 구조는 중앙부에 타원형수혈과 主柱穴이 배치된 전형적인 松菊里式住居址를 특징으로 하나 평면형태상 방형이 원형보다 선행하는 것으로 밝혀졌으며 취락의 입지는 범람원과 구릉부로 대별된다.

먼저, 평지인 범람원에 입지하는 취락은 산청 옥산리(도 7) · 소남리, 진주 대평리 · 상촌리 · 평거동 · 초전洞(도 8) · 가호동(도 9) · 이곡리(도 10) 등 후기전반의 대규모 취락이 해당된다. 이 중 이곡리는 환호, 대규모 분묘군, 농경지로 추정되는 구, 고상건물 등을 구비하고도 주거지 수는 8동에 불과하므로 주변에 대규모 주거단지가 조성되었을 가능성이 높다. 이곡리의 환호 내 주거지 3동은 삼각배치를 보이는데, 삼각점의 중심을 취락설계의 기준점으로 삼아 환호의 출입구를 대칭적으로 설치하였다. 그리고 구릉부에 입지하는 취락은 산청 사월리 환호(도 6), 진주 귀곡동 대촌 등 10동 미만의 소규모 취락으로서 주로 후기후반으로 편년된다.

남강유역의 취락간 이격거리(도 5)는 대평리를 기준으로 5km이내에 상촌리 · 소남리, 10km 이내에 귀곡동 대촌 · 사월리 환호 · 사월리, 15km 이내에 平居洞 · 本村里, 20km 이내에 默谷里 · 玉山里 · 加虎洞 · 草田洞, 25km 이내에 이곡리가 위치한다. 남강유역의 거점취락인 대평리(도 11 · 12)는 2.5km의 직선거리 상에 옥방 1(東취락) · 4지구(西취락)의 2개소의 환호취락이 배치되어 있다. 남강의 분절지점을 기준으로 경작지, 분묘군, 복수환호, 목책 등을 각기 조성한 雙寨聚落(도 14 · 15)으로서 동취락의 가시권 분석결과, 최대관측거리는 4.3km로서 상류의 소남리, 하류의 상촌리와 상호 충분히 조망가능하다(도 13). 특히 玉房 4地區의 석기 원산지 분석에 의하면, 공구류의 출토비율이 가장 높고, 석질은 주로 이암혼펠스, 세립질사암, 화강암으로 구성되었음이 밝혀졌다. 이 중 이암혼펠스는 주변에서 손쉽게 구할 수 있는데 비해, 세립질사암과 화강암은 10~20km를 이동해서 채취해야 한다는 점에서(柳春吉 2008) 남강을 이용한 수로이동으로 각 취락간 충분한 네트워크형성이 가능하였을 것으로 생각된다.

대평리 취락의 축조순서는 상류의 서취락부터 전기 주거지가 축조되었으나 후기전반에 병행기를 거친 후(東취락이 중심취락), 후기후반에는 동취락만 조성되고 서취락은 해체된다(裵德煥 2008, 도 16). 이는 남강유역의 산청 사월리 환호, 낙동강유역의 창원 남산(도 18)과 같이 후기후반이 되면 평지에서 고지로 이동하면서 취락규모가 축소되는 현상과 관련된 것으로 생각된다.

이상으로 볼 때, 南江流域의 대규모 환호취락은 경지-물 복합체의 전형으로서 농업생산을 최대화하기 위한 경지배열을 보이는데, 이는 琴湖江流域의 동시기 취락인 대구 동천동도 유사한 양상으로 나타난다(도 19).

太和江 · 東川江流域에는 136개소의 취락이 분포하는데, 환호취락은 방기리 · 천상리 · 검단리 · 연암동 등 4개소에 불과하며 주로 전기후반~후기전반에 집중된다(도 22). 주거지의 구조는 (장)방형의 평면형태에 외부돌출구, 벽구, 4~10주의 정연한 주혈배치, 노지가 설치된 소위 蔚山式住居址로서 남강유역과는 확연히 대비된다.

태화강 · 동천강유역은 하천유역의 규모가 작아 유량이 적기 때문에 자연제방과 하안단구 등 하천지형의 발달이 미약하고, 바다의 영향이 미치는 內灣環境이었기 때문에 남강유역과는 달리 범람원이나 충적대지에 형성된 취락은 2개소에 불과하며 대부분 구릉이나 開析谷地에 입지한다(黃相一 · 尹順玉 2000). 하천의 분절과 취락의 근접도, 구릉의 연속성 등을 참고할 때, 대취락 주변에 소취락이 산재하는 형태로서(裵德煥 2005) 대부분의 취락이 한랭한 북서계절풍을 정면으로 받는 혹독한 겨울을 피하고 여름의 집중호우로 인한 하천범람의 방지를 위해 태백산맥 서구릉에 집중분포한다. 따라서 구릉사면이나 정상부는 주거역, 비교적 평탄한 곡간부나 저지대는 수전이 형성되는데, 이러한 주거입지의 공간적인 한정성은 남강유역과는 달리 수해가 적다는 장점이 있다.

대취락은 약 5km범위로 분포하는데, 남강유역과는 달리 환호취락보다는 비환호취락의 규모가 크며 동천강유역의 梅谷洞 일대의 최대관측거리는 7.3km로서 평지인 남강유역보다는 시계가 양호하다(도 23).

환호취락 중 연암동(도 27)은 대규모 복수환호임에도 주거지는 중앙부에 단 1동만 조성되어 상시적인 거주를 목적으로 하기 보다는 특수기능을 위한 시설로 생각된다. 또한 검단리(도 28 · 29)는 GIS분석결과, 주변 일대에서 가장 양호한 입지조건을 보이므로 방어를 위해 가장 유리한 지역을 선택했다고도 볼 수 있지만, 한편으로는 자신의 존재를 가시화시킨 것으로 보는 시각도 있다(金鍾一 2005).

이상과 같이 남강유역과 태화강 · 동천강유역의 취락입지는 인구, 공동성, 지형조건이라는 3요인의 복합적인 작용에 의해 주거의 응집도와 응집규모가 상이한데, 특히 지형조건은 공간적인 틀로서 취락입지와 영역 및 형태 결정에 직접적인 영향을 부여한 것으로 보인다. 따라서 양 지역의 차이는 정주의지의 구체적인 실현으로서 물·연료·경지 등 물질적 조건의 충족가능성과 생활의 안정성이 고려된 자연과의 관계에 따라 결정된 것으로 볼 수 있다(鄭鎭元 1991, 裵德煥 2005).

2) 초기철기시대

취락의 입지는 내륙보다는 주로 해안에 분포하나 그 수는 소수에 불과하다.(도 30) 특히 단독구릉 또는 고지에 입지하는 취락이 많은데(도 31), 이는 재지계 집단과의 마찰을 피해 비교적 그 세력이 약한 산상의 고지에 정착했다고 보는 의견도 있다(朴淳發 1997).

이 중 경기도의 환호취락(도 32~34)은 환호 내에 주거지가 전무하거나 극소수에 불과(화성 동학산, 안성 반제리, 수원 율전동)하다는 점, 환호 내에서 동착 용범 출토와 집중적인 토기폐기행위가 나타나는 점(화성 동학산), 환호 내부의 정상부 평탄면에 신앙의 대상이 되었을 것으로 추정되는 자연암반군이 위치하는 점(안성 반제리, 오산 가장동) 등으로 보아『三國志』魏書東夷傳 馬韓條에 전하는 "蘇塗"와 같은 신성시된 공간의 경계 및 결계시설로 생각된다(裵德煥 2010).

그리고 경상도의 합천 영창리(도 36), 사천 방지리(도 37), 울산 교동리 192-37번지(도 38)는 환호 내에 주거지가 소수에 불과하다는 점에서는 경기도의 양상과 유사하지만 취락을 중심으로 설치했다는 점에서 차이가 있다.

3) 원삼국시대

이 시대가 되면 전국적으로 취락 수가 급증하지만(2010년 7월 집계-322개소 6,800여동 : 도 39), 환호취락은 소수에 불과하며 주거지의 구조적 특징에 따른 각국의 영역이 비교적 명확하다(도 40, BAE 2010).

이 중 풍납토성(도 41)은 3조의 환호가 토성이 축성되는 3세기 중반까지 지속되는데, 환호와 토성의 진행방향이 동일하다는 점에서 환호 축조민 또는 그 후손이 토성을 축조한 것으로 추정된다. 그리고 대전 용계동(도 42)은 해발 104m의 구릉성 취락으로서 3조의 환호와 주거지 443동(원형계 164동, 방형계 181동, 불명 98동)이 조사되었다. 주거지의 평면형태는 타원형(중앙의 정상부)→원형(남쪽 능선 중앙부)→장방형(북쪽 정상부와 남쪽 구릉)→방형(구릉 전면)으로 변화하며 환호는 주거지와의 중복양상 등을 감안할 때, 북쪽 정상부에서 남쪽 사면부로 이동하면서 장기간 활용된 것으로 생각된다.

순천 덕암동(도 43)은 해발 46.5m의 구릉성 취락으로서 2~3조의 환호와 원형계 주거지 159동이 조사되었으며 양산 평산리(도 44)는 목책이 환호 내측에 설치되고, 환호 입구부에 대규모 망루시설이 조성되어 보다 완벽한 형태의 방어취락의 모습을 보인다.

6. 聚落의 特徵으로 본 環濠의 性格

1) 입지

평지입지 취락은 청동기시대 후기의 산청 옥산리, 진주 이곡리·대평리·초전동·가호동, 대구 대천동·동천동과 원삼국시대의 풍납토성 등 8개소에 불과하다. 이 중 청동기시대는 영남지역의 송국리문화기 취락에 집중되나 단기간 존속하다 후기후반에는 고지성 환호취락으로 입지이동이 일어나며 원삼국시대의 풍납토성은 백제로 발전한다.

현재까지 조사된 시대별 환호취락의 입지이동은 청동기시대 전기에는 구릉에 소규모로 조성되다 청동기시대 후기전반에는 평지와 구릉에 함께 나타나나 평지는 주로 대규모임을 알 수 있다. 그 후 청동기시대 후기후반에는 고지와 구릉에 소규모로 조성되고, 초기철기시대에는 고지에 소규모 또는 부속시설로서 채용되며 원삼국시대에는 고지, 구릉, 평지에 대규모로 조성된다.

2) 평면형태(도 45)

평지의 환호취락은 방형, 구릉·고지의 환호취락은 타원형·부정형을 띤다. 평지의 경우 이곡리처럼 취락설계가 가능한데 비해, 구릉 및 고지는 구릉자체의 입지에 좌우된다. 또한 환호의 범위는 청동기시대와 원삼국시대는 취락전체를 일주하는 경우가 많은데 비해, 경기도의 초기철기시대 환호는 부속시설로 채용되어 특수용도임을 짐작케 한다..

3) 용도〈표 1〉

청동기시대 전기는 구획·경계의 의미가 강한데 비해 청동기시대 후기에는 구획·경계·방어·의례·배수 등 다양한 목적성을 띤다. 이 후 초기철기시대 전기의 해안취락은 방어, 내륙취락은 의례성이 강하며 원삼국시대에는 다시 방어에 한정된다. 이를 통해 볼 때, 청동기시대 환호의 용도가 가장 다양하게 실현된데 비해, 그 후부터는 특화되는 경향이 강하다.

4) 廢絶

환호의 폐기는 풍납토성의 경우처럼 토성의 축조로 인해 폐기된 경우도 있다. 토성축조의 모티브는 중국에서의 토성축조기술의 유입 또는 토루에서의 발전으로 추정되나 현재로서는 불명확하다. 삼국시대의 토성 중 고구려는 中國 遼寧省 下古城子城(B.C. 37)이 초현으로 보이며 백제는 풍납토성(A.D. 3세기 중반), 신라는 金城(A.D. 37), 月城(A.D. 101) 등의 축조기사가 『三國史記』에 보인다(국립 경주·부여·가야문화재연구소 2010).

7. 맺음말

현재까지의 발굴조사 자료를 참고할 때, 환호취락의 초현은 청동기시대 전기의 청원 대율리이며 청동기시대 후기는 환호취락의 성행기로서 특히 남강유역은 거점취락의 양상을 보인다. 그 후 각 시대별로 특화되는 경향이 강하며 토성의 축조이후 환호취락은 폐절된 것으로 생각된다. 그러나 환호자체는 삼국시대의 성주 가암리나 삼국~고려시대의 청원 쌍청리처럼 늦은 시기에도 간간히 나타나나 일반적인 현상은 아닌 것으로 생각된다. 추후 환호취락의 시대별 연속성을 추적하고 토성축조기의 자료를 보완한다면 환호취락의 전개양상은 보다 명확해질 것으로 기대된다.

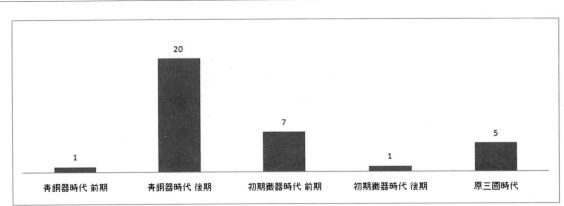

도 1 환호취락의 시대별 현황

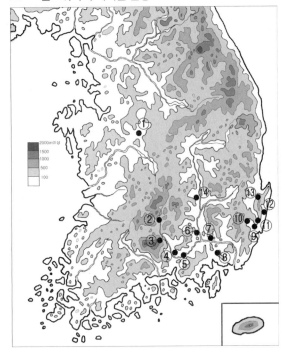

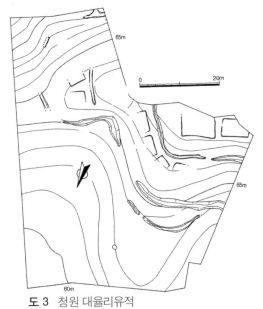

도 3 청원 대율리유적

수계	유적
금강유역	①청원 대율리
남강유역	②산청 옥산리 ③산청 사월리
	④진주 대평리 ⑤진주 초전동
	⑥진주 이곡리
낙동강유역	⑦마산 망곡리 ⑧창원 남산
태화강유역	⑨울산 검단리 ⑩울산 방기리
	⑪울산 연암동 ⑫울산 천상리
형산강유역	⑬경주 갑산리
동천강유역	⑭대구 동천동

도 2 청동기시대의 중요환호취락 분포도

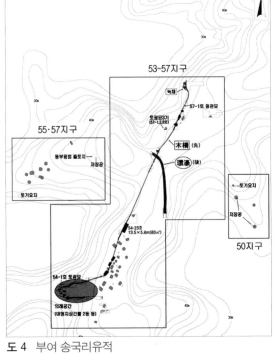

도 4 부여 송국리유적

도 1~4

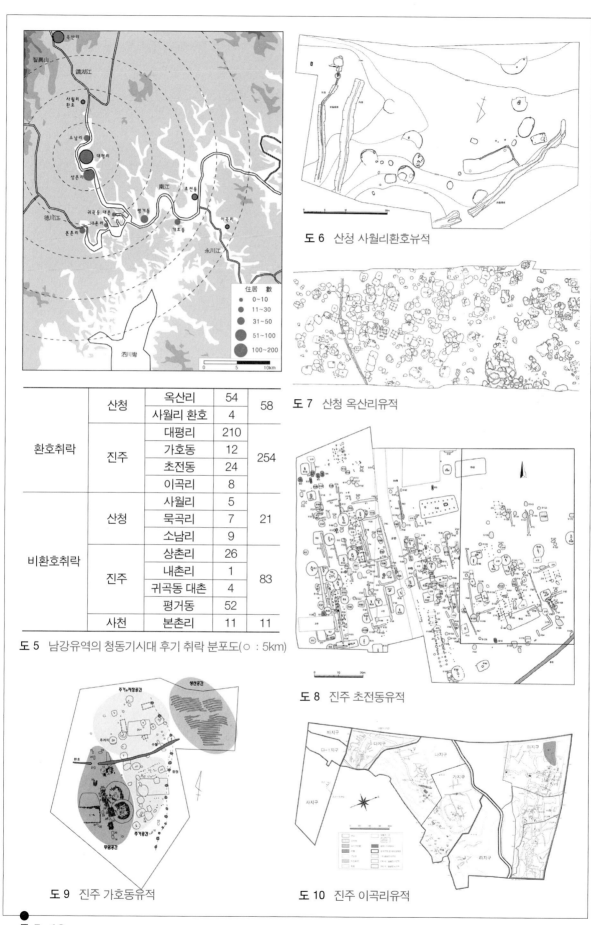

환호취락	산청	옥산리	54	58
		사월리 환호	4	
	진주	대평리	210	254
		가호동	12	
		초전동	24	
		이곡리	8	
비환호취락	산청	사월리	5	21
		묵곡리	7	
		소남리	9	
	진주	상촌리	26	83
		내촌리	1	
		귀곡동 대촌	4	
		평거동	52	
	사천	본촌리	11	11

도 5 남강유역의 청동기시대 후기 취락 분포도(○ : 5km)

도 6 산청 사월리환호유석

도 7 산청 옥산리유적

도 8 진주 초전동유적

도 9 진주 가호동유적

도 10 진주 이곡리유적

도 5~10

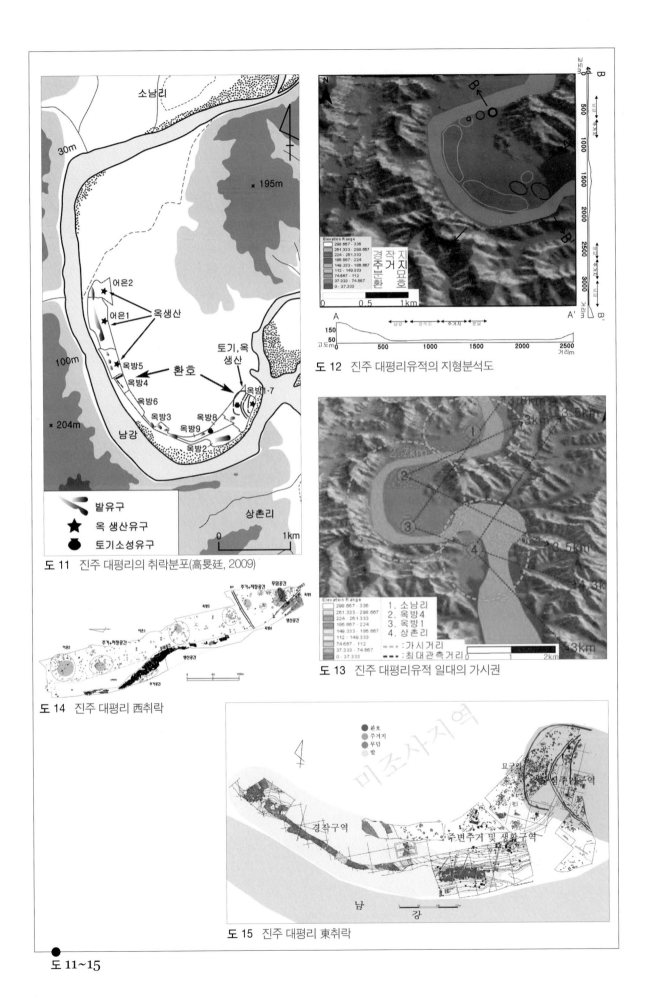

도 11 진주 대평리의 취락분포(高旻廷, 2009)

도 12 진주 대평리유적의 지형분석도

도 13 진주 대평리유적 일대의 가시권

도 14 진주 대평리 西취락

도 15 진주 대평리 東취락

도 11~15

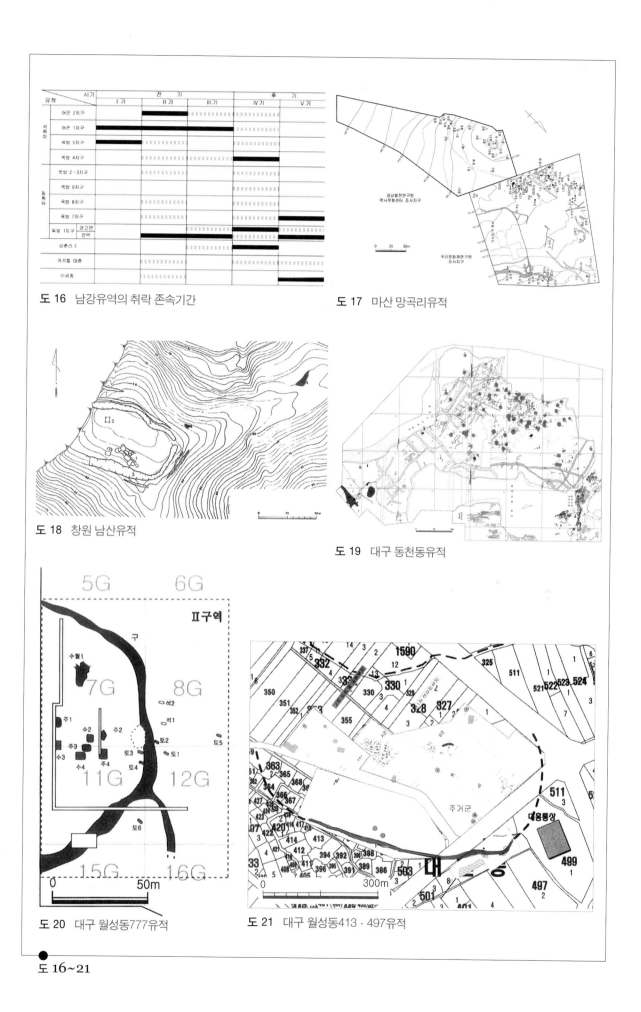

도 16 남강유역의 취락 존속기간

도 17 마산 망곡리유적

도 18 창원 남산유적

도 19 대구 동천동유적

도 20 대구 월성동777유적

도 21 대구 월성동413·497유적

도 16~21

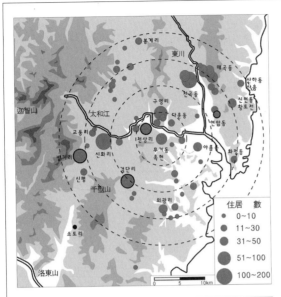

울산	北區	梅谷洞 등 48개소	928	
	中區	茶雲洞 등 10개소	118	
	南區	也音洞 등 4개소	134	2,509
	東區	和亭洞 등 6개소	179	
	蔚州郡	檢丹里 등 63개소	1,076	
	溫陽邑	外光里 등 5개소	74	
양산		所土里 등 5개소	57	57

도 22 태화강유역의 청동기시대 후기취락 분포도
(○ : 5km)

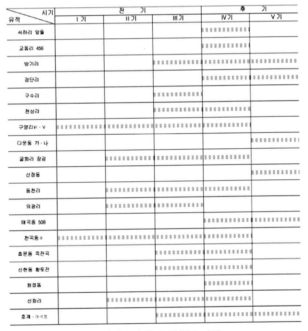

도 23 동천강유역 취락의 입지 및 가시권

1. 중산동 약수 1
2. 중산동 약수 2
3. 매곡동 신기
4. 신천 냉천
5. 매곡 1
6. 매곡 2
7. 매곡 3
8. 매곡 4
9. 매곡 5
10. 매곡 330-2
11. 매곡호계산 72
12. 천곡동

----- : 가시거리
------ : 최대관측거리

Elevation Range
693.333 - 780
606.667 - 693.333
520 - 606.667
250.112 - 520
144.444 - 250.112
80 - 144.444
50 - 80
20 - 50
0 - 20

유적 \ 시기	전기			후기	
	I기	II기	III기	IV기	V기
서하리 앞들				■	
교동리 456				■	
방기리			■	■	■
검단리				■	■
구수리		■			
천상리		■	■	■	
구영리III·V	■	■	■		
다운동 가·나					■
굴화리 장검		■	■		
신정동					■
동천리		■	■	■	
외광리		■	■		
매곡동 508				■	■
천곡동II	■	■	■		
효문동 죽전곡			■	■	
신현동 황토전			■	■	
화정동				■	
신화리	■	■			
호계·매곡동	■	■	■		

도 26 태화강·동천강유역 취락의 존속기간

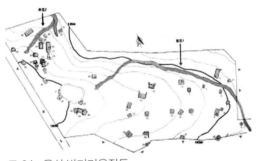

도 24 울산 방기리유적도

도 25 울산 천상리유적

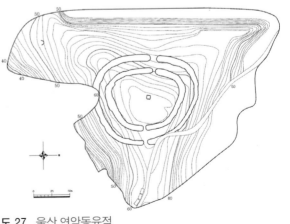

도 27 울산 연암동유적

도 22~27

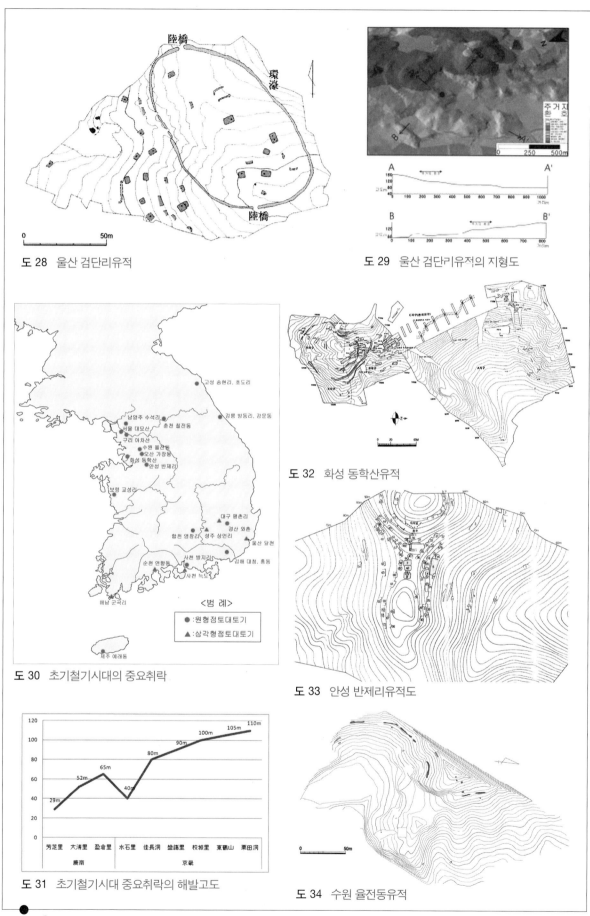

도 28 울산 검단리유적

도 29 울산 검단리유적의 지형도

도 30 초기철기시대의 중요취락

도 31 초기철기시대 중요취락의 해발고도

도 32 화성 동학산유적

도 33 안성 반제리유적도

도 34 수원 율전동유적

도 28~34

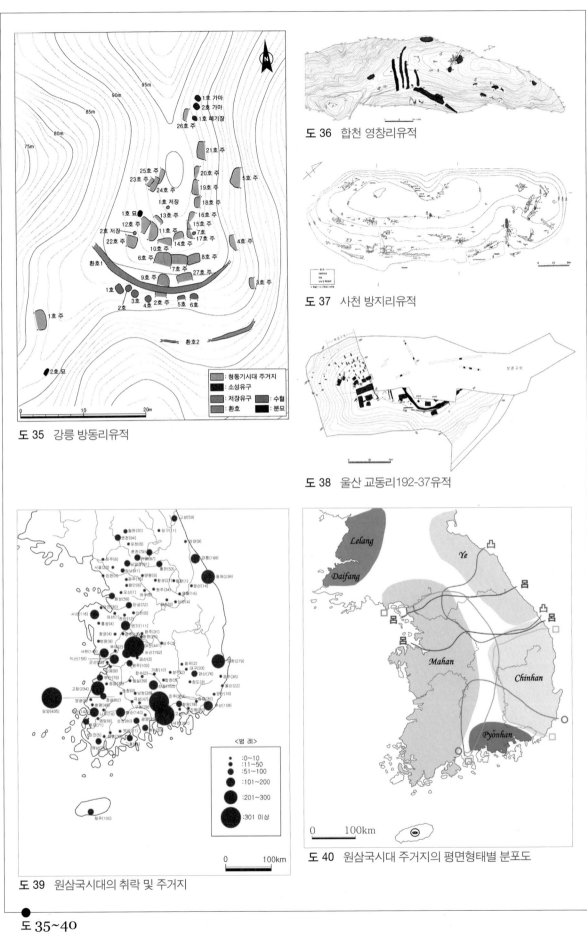

도 35 강릉 방동리유적

도 36 합천 영창리유적

도 37 사천 방지리유적

도 38 울산 교동리192-37유적

도 39 원삼국시대의 취락 및 주거지

도 40 원삼국시대 주거지의 평면형태별 분포도

도 35~40

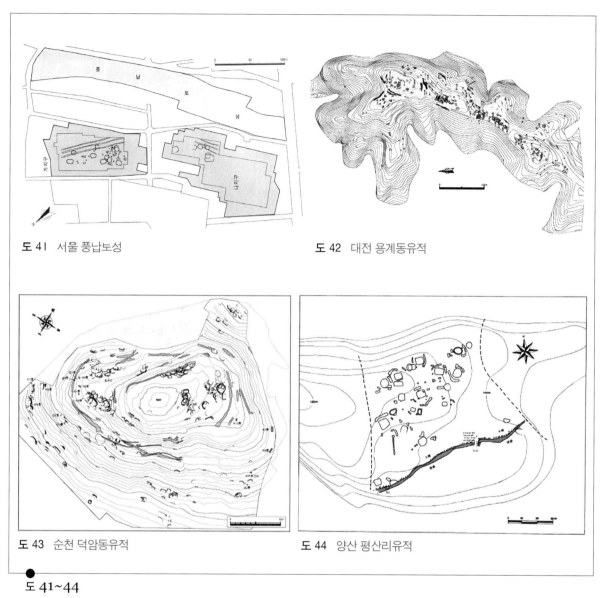

도 41 서울 풍납토성

도 42 대전 용계동유적

도 43 순천 덕암동유적

도 44 양산 평산리유적

도 41~44

시대 \ 지역		강원도	경기도	충청도	전라도	경상도		
						남강	금호강 낙동강	태화강
청동기시대	전기			대율리				
	후기			송국리		이곡리 대평리 사월리	대천동 동천동 남산	천상리 검단리 연암동
초기철기시대	전기	방동리	반계리 동학산 율전동			영창리		
	후기							교동리
원삼국시대			풍납토성	용계동	덕암동		봉황동	평산리

도 45 시대별·지역별 환호의 평면형태(축척부동)

●참고문헌●

논문

국립경주문화재연구소·국립부여문화재연구소·국립가야문화재연구소, 2010, 『한국의 도성』, 국립경주·부여·가야문화재연구소 개소 20주년 기념 국제학술심포지엄.

高旻廷, 2009, 「남강유역의 청동기시대 후기 중심취락과 취락간 관계」, 『청동기시대 중심취락과 취락 네트워크』, 한국청동기학회 취락분과 제2회 워크숍 발표요지, 한국청동기학회.

孔敏奎, 2005, 「中部地域 無文土器文化 前期 環濠聚落의 檢討」, 『硏究論文集』創刊號, 中央文化財硏究院.

金鍾一, 2005, 「景觀考古學의 理論的 特徵과 適用可能性」, 『景觀의 考古學』, 高麗大學校 考古環境硏究所 第1回 國際學術會議.

禰宜田佳男, 2010, 「彌生時代の大規模集落について - 環濠集落と高地性集落を中心に」, 『日韓集落研究の新たな視角を求めて II』, 日韓集落研究會 第6回共同研究會.

柳春吉, 2008, 「남강댐 수몰지구내 진주 옥방4지구 유적의 석기 분석」, 『晋州 大坪里 玉房4地區 先史遺蹟 I』, 東義大學校博物館.

武末純一, 1998, 「日本の環溝(濠)集落 - 北部九州の彌生早·前期を中心に」, 『環濠聚落과 農耕社會의 形成』, 嶺南考古學會·九州考古學會 第3回 合同考古學大會, 嶺南考古學會·九州考古學會.

_____, 1998, 「彌生環溝集落と都市」, 『古代史の論点 3 - 都市と工業と流通』, 田中琢·金關恕(編), 小學館.

埋藏文化財硏究會·東海埋藏文化財硏究會, 1998, 『彌生時代の環濠集落をめぐる 諸問題』, 第23回埋藏文化財研究集會·第4回東海埋藏文化財研究會.

朴淳發, 1997, 「漢江流域 基層文化와 百濟의 成長過程」, 『韓國考古學報』36, 韓國考古學會.

裵德煥, 「嶺南地方 靑銅器時代 環濠聚落硏究」, 東亞大學校大學院 碩士學位論文, 2000.

_____, 2005, 「청동기시대 영남지역의 주거와 마을」, 『영남의 청동기시대』, 第14回 嶺南考古學會 學術發表會, 嶺南考古學會.

_____, 2005, 「南江·太和江流域의 靑銅器時代 據點聚落 硏究」, 『文物研究』제9호, 동아시아문물연구학술재단.

_____, 2007, 「靑銅器時代 環濠聚落의 展開樣相」, 『石堂論叢』第39輯, 東亞大學校 石堂學術院.

_____, 2008, 「GISを用いた韓國慶南地方の靑銅器時代前期-後期の聚落」, 『日韓の先史時代聚落 - GIS分析の可能性』, 立明館大學 グローバル COE プログラム 國際シンポジウム.

_____, 2010, 「韓國環濠聚落の成立と展開」, 『平成二十二年度 九州史學會大會 シンポジウム·研究發表要旨』, 九州史學會.

BAE DUCK-hwan, 2010, 'Settlements, Households, and Society from the Late Mumun to the Late Proto-historic' "Settlements, Households, and Society c. 1500BC to AD 935", The 2nd Early Korea Project Intensive Workshop in Korean Archaeology, the Early Korea Project at the Korea Institute, Harvard University.

寺澤 薰, 1998, 「集落から都市へ」, 『古代國家はこうして生まれた』, 角川書店.

石黑立人, 1990, 「濠のある集落とない集落」, 『季刊 考古學』第31號, 特輯 - 環濠集落とクニのおこり.

_____編, 2009, 『中部の彌生時代研究』, 中部の彌生時代研究 刊行委員會.

沈奉謹, 1997, 「韓國の環濠遺跡」, 『東アジアの環濠聚落』, 第2回 橿原考古學研究所 日韓古代シンポジウム, 奈良縣立橿原考古學研究所.

安在晧, 2006, 『靑銅器時代 聚落研究』, 釜山大學校大學院 博士學位論文.

李東注, 1999, 「韓國 靑銅器時代에서 三韓時代로의 聚落의 形成과 變遷 -嶺南地方을 中心으로-」, 『彌生時代の聚落 -中·後期を中心として-』, 第45回 埋藏文化財研究集會, 埋藏文化財研究會.

李相吉, 2000, 『청동기시대 의례에 관한 고고학적 연구』, 대구효성카톨릭대학교대학원 박사학위논문.

이성주, 1998, 「한국의 환호취락」, 『환호취락과 농경사회의 형성』, 영남고고학회·구주고고학회 제3회 합동고고학대회, 영남고고학회·구주고고학회.

_____, 1999, 「세계사적 견지에서 본 울산의 환호」, 『청동기시대 울산의 집과 마을』, 제3회 울산대학교박물관 학술심포지움, 울산대학교박물관.

庄田愼矢, 2007,「南韓 靑銅器時代의 生産活動과 社會」, 忠南大學校大學院 博士學位論文.

鄭義道, 2000,「남강유역의 환호유적」,『진주 남강유적과 고대일본』, 인제대학교 가야문화연구소.

鄭鎭元, 1991,「韓國의 自然村落에 관한 硏究 -形成과 形態를 中心으로-」,『地理學論叢』別號 13, 서울大學校 社會科學大學 地理學科 論文集.

鄭漢德, 1995,「東아시아의 環濠聚落」,『蔚山 檢丹里마을遺蹟』, 釜山大學校博物館.

佐賀縣立博物館, 2001,『彌生都市はあったか - 據點環濠集落の實像』.

七田忠昭, 2000,「韓日環濠聚落에서 變革의 劃期와 그 原因 -彌生時代 後期의 北部九州와 三韓時代 弁辰의 環濠聚落에 대하여-」,『진주남강유적과 고대 일본 -고대 한일 문화교류의 제양상-』, 경상남도·인제대학교 가야문화연구소.

_____, 2010. 8,「據點集落の首長とその墳墓 -彌生時代中期から後期の地域集落群の動向の一例-」,『日韓集落研究の新たな視角を求めてⅡ』, 日韓集落研究會第6回共同研究會.

최종규, 1996,「한국원시의 방어집락의 출현과 전망」,『한국고대사논총 8 - 특집 : 한국고대의 마을과 성』, 한국고대사연구소 편.

_____, 2002,「옥방환호」,『청동기시대의 大坪·大坪人』, 국립진주박물관.

河眞鎬, 2009,「聚落考古學의 觀點에서 본 大邱地域 靑銅器時代 聚落」,『韓日 聚落 硏究의 새로운 視角을 찾아서』, 韓日聚落硏究會.

황상일·윤순옥, 2000,「蔚山 太和江 中·下流部의 Holocene 自然環境과 先史人의 生活變化」,『韓國考古學報』43, 韓國考古學會.

황상일, 2002,「남강 중류 대평 충적평야의 지형발달」,『청동기시대의 大坪·大坪人』, 국립진주박물관.

發掘調查 報告書, 現場說明會 資料集

江原文化財研究所, 2007,『江陵 芳洞里遺蹟』

慶南考古學研究所, 2002,『晋州 大坪 玉房1·9地區 無文時代 聚落』

_____, 2002,『陜川 盈倉里 無文時代 聚落』

_____, 2003,『泗川 梨琴洞遺蹟』

慶南文化財研究院, 2006,『蔚山 蓮岩洞 環濠遺蹟』

慶南發展研究院 歷史文化센터, 2007,『泗川 芳芝里遺蹟』

慶尙大學校博物館, 2002,『山淸 玉山里遺蹟-木槨墓-』

慶尙北道文化財研究院, 2006,『慶州 甲山里遺蹟』

_____, 2008,『大邱 月城洞 777-2番地 遺蹟(Ⅱ)』

國立文化財研究所, 2001,『風納土城Ⅰ』

國立公州博物館, 1993,『松菊里Ⅴ - 木柵(1)』

國立晉州博物館, 2001,『晉州 大坪里 玉房1地區 遺蹟Ⅰ·Ⅱ』

東西文物研究院, 2009. 02. 18,「晉州 加虎地區宅地開發事業敷地 內 遺蹟 發掘調查 2次 指導委員會 및 現場說明會 資料集」

東亞大學校博物館, 1998,『梁山 平山里遺蹟』

東亞細亞文化財研究院, 2010,『晉州 耳谷里 先史遺蹟Ⅱ』

東義大學校博物館, 1999,『山淸 沙月里遺蹟』

_____, 2008,『晉州 大坪里 玉房4地區 先史遺蹟Ⅰ』

馬韓文化研究院, 2010,『順天 德岩洞 遺蹟Ⅱ-環濠·其他遺構-』

釜慶大學校博物館, 1998,『山淸 沙月里 環濠遺蹟』

釜山大學校博物館, 1995,『蔚山 檢丹里 마을遺蹟』

_____, 1998,『金海 鳳凰臺遺蹟』

嶺南文化財研究院, 2002,『蔚山 川上里 聚落遺蹟』

_____, 2002,『大邱 東川洞 聚落遺蹟』

蔚山文化財研究院, 2009,『蔚山 校洞里 192-37遺蹟』

中央文化財研究院, 2005,『淸原 大栗里・馬山里・楓井里遺蹟』

_____, 2006,『淸原 雙淸里 多重環濠』

中原文化財研究院, 2007,『安城 盤諸里遺蹟』

昌原大學校博物館, 2003,『蔚山 芳基里 靑銅器時代聚落』

_____, 2003,『昌原 南山遺蹟』

韓國文物研究院, 2009. 03. 19,「晋州 草田地區 都市開發事業敷地 內 文化遺蹟(II地區) 發掘調査 4次 諮問會議 資料」

彌生時代 據點聚落의 構造變化와 首長의 墳墓
-彌生時代 中期부터 後期終末期의 佐賀·神埼地方의 例-

七田忠昭(시치다 다다아키)

1. 머리말

九州(규슈) 북부에서는 彌生(야요이)시대 전기 말 이후, 동검이나 동과·동모 등 한반도제 청동무기 혹은 국산 한반도계 청동무기를 부장한 분묘가 출현하거나 특정한 집단을 매장한 것으로 생각되는 분구묘가 출현한 것으로 보아 唐津(가라쓰) 평야나 絲島(이토시마) 평야, 福岡(후쿠오카) 평야 등 玄界灘(겐카이나다) 연안지방과, 佐賀 평야, 嘉穂(가호) 분지 등에 수장급 인물이 출현했던 것을 확인할 수 있다.

야요이시대 중기 후반이 되면 기존의 한반도에 계보가 있는 청동제 무기로부터 동경이나 철제 무기로, 즉 부장품의 내용이 중국제 문물로 변화한다. 중기의 春日市(가스가시) 須玖岡本(스구오카모토) 유적, 飯塚市(이이즈카시) 立岩(다테이와) 유적, 후기의 佐賀縣(사가현) 唐津市(가라쓰시) 櫻馬場(사쿠라노바바) 유적, 絲島市(이토시마시)의 三雲南小路(미쿠모미나미쇼지) 유적이나 平原(히라바루)유적 등에서 다수의 漢鏡을 주로 한 호화스러운 부장품을 가진 소위 「왕묘」라고 불리는 분묘의 존재가 주목된다.

한편, 有明海(아리아케카이) 북해안에서는 佐賀縣 神埼郡(간자키군) 吉野ヶ里町(요시노가리쵸) 三津永田(미츠나가타) 유적이나 吉野ヶ里町와 三養基郡(미야키군) 上峰町(가미미네쵸)에 걸치는 二塚山(후타츠카야마) 유적 등, 사가평야 동부의 神埼 지방에서 다른 부장품과 함께 漢鏡을 1점만 부장한 분묘가 많이 존재한다. 漢鏡을 다수 부장하는 분묘가 존재하지 않기 때문에 이러한 분묘들은 「왕묘」라고 불리지 않았고, 神埼지방에서는 「취락을 단위로 하는 족장도 평야단위의 사회를 통솔하는 상위의 지역수장도 안정된 세습적인 권력을 장악할 정도까지는 도달하지 못했던 것으로 생각된다」라고 보기도 했다(岡村秀典 1999).

佐賀縣 吉野ヶ里 유적의 발굴조사는 繩文(죠몽)시대 만기 후반부터 후기 종말기에 이르는 취락의 발전적 변천을 밝히고, 중기 전반이 대규모 분구묘나 후기 후반부터 종말기에 걸친 대규모 및 정연히 정비된 거점취락의 모습이나 중국의 성곽을 의식한 구조물의 존재 등은 「평야단위의 사회를 통솔하는 상위의 지역수장」의 존재를 충분히 시사하는 것이었다.

여기서는 요시노가리 유적이 존재하는 사가현 간자키 지방을 대상으로 하여 취락의 동향이나 취락구조의 변화 그리고 부장품을 가진 묘지의 양상 등을 검토하여 이 지방의 야요이시대에 서의 수장층의 모습이나 취락구조의 국제화와 그 요인에 대해 본인의 생각을 말하고자 한다.

2. 聚落의 動向

1) 槪要

九州 북부지방 有明海 북해안의 사가평야에서는 玄界灘 연안지방과 마찬가지로 죠몽시대 만기 후반(야요이시대 조기) 이후 각지에서 농경취락이 조영되었고, 脊振(세부리)山地로부터 有明海로 南流하는 하천이나 하안단구로 구분된 小地域마다 취락군이 통합을 보여준다. 이러한 소지역에서는 야요이시대 전기 이후 소규모 환호취락이 형성되고, 더욱 소지역이 모인 1～2군 정도의 지역에서는 대규모 환호취락을 정점으로 한 피라미드 구조의 정치적 지역취락군이 형성된다.

간자키 지방에서는 주로 城原川(죠바루가와)나 田手川(다데가와)·切通川(기리토오시가와) 등의 하천이나 志波屋(시와야)·요시노가리 구릉이나 目達原(메타바루) 구릉으로 구별된 지역이나 남쪽에 있는 有明海로 흐르는 하천가 그리고 해안에 핵심이 되는 취락을 중심으로 한 8개 정도의 소지역 취락군이 형성되고 있었던 것을 중소규모 환호취락이나 환호를 갖추지 않는 취락의 분포를 통해 이해할 수 있다. 동쪽의 切通川와 右岸의 二塚山段丘 주변에서는 중심취락은 아직 확인되지 않았지만 二塚山 유적이나 松葉(마츠바) 유적, 坊所一本谷(보우죠잇본다니) 유적 등 漢鏡이 부장된 묘지를 조영한 취락을 상정할 수 있고, 요시노가리 유적의 북동쪽의 目達原(메타바루) 단구 위에 있는 橫田(요코타)(松原(마쓰바라))유적, 북북동의 산록부 田手川 右岸에 위치하는 夕ケ里(유우가리) 유적, 요시노가리 유적의 북서쪽에 있는 志波屋一の坪(시와야이치노츠보) 유적, 城原川 右岸에 있는 八子六本黑木(야고롯본쿠로키) 유적이나 迎田(무카이다) 유적, 城原川 중류역 右岸에 있는 黑井八本松(구로이하치혼마쓰) 유적 등의 환호취락이 소지역의 거점적인 취락으로 생각된다. 또 아리아케카이 하구인 城原川 右岸에 위치하는 佐賀市 諸富町(모로도미초)에 많이 존재하는 취락들에서는 東海(도카이)지방 以西의 외래계 토기 및 그것들의 영향을 강하게 받은 토기가 다수 출토하는 등 요시노가리 유적 등 산록부나 단구 위에 존재하는 거점적인 취락의 항구로서의 기능을 가진 취락군이었다고 생각된다.

2) 中國의 城郭構造를 意識한 聚落

이러한 상황에서 야요이시대 중기 전반의 福岡縣(후쿠오카현) 小郡市(오고오리시) 一ノ口(이치노쿠치) 유적에서는 취락을 둘러싸는 목책의 반원형 돌출부 안쪽에 굴립주건물, 중기 말부터 후기 초두에 걸친 佐賀縣 みやき町(미야키쵸) 平林(히라바야시) 유적에서는 굴립주건물군으로 구성된 취락의 한 구역을 직선적인 도랑(壕)을 굴곡해서 둘러싼 방형을 기조로 한 환호구획과 고리모양의 복잡한 구조를 가진 출입구가 출현하였다. 그때까지 일본 국내에는 존재하지 않았던 외부적 요소가 아리아케카이 북해안의 취락구조에 영향을 주기 시작했다고 볼 수 있다.

그리고 후기 중반 이후에는 사가평야를 중심으로 한 아리아케카이 북해안 지방에서 평면형태가 반원형이나 방형의 환호 돌출부를 가지는 환호취락이 많이 출현하였다. 특히 요시노가리 유적에서는 돌출부와 함께 망루로 추정되는 굴립주건물이나 고리모양으로 굴곡한 출입구 구조가 출현하였다.

이와 같은 특수한 구조물은 고대 중국의 성곽에서 성벽과 함께 보이는 甕城이나 護城墻 등 방어를 목적으로 한 城門이나 角樓, 馬面 등 성벽 곳곳에 마련된 돌출한 방어시설의 영향을 강하게 받은 것으로 생각한다(七田忠昭 1996·1997). 그 분포의 중심이 된 것이 요시노가리 유적이 위치하는 佐賀縣 神埼지방이다.

돌출부를 가진 환호는 현재까지 13유적에서 19개 확인되었다. 요시노가리 유적을 중심으로 한 사가평야 동부(10유적, 15개)에 집중하고 있고, 福岡縣 久留米市(구루메시) 道藏(도우조우) 유적, 동 八女市(야메시) 中里(나카자토) 유적, 大分縣(오이타현) 日田市(히타시) 小迫辻原(오자코츠지바루) 유적 등 筑後川(지쿠고가와) 유역에 단편적으로 존재하는 뿐이다. 福岡縣 太宰府市(다자이후시) 國分松本(고쿠부마쓰모토) 유적에서는 중기 후반의 濠가 크게 돌출하는 부분에 다리 모양(木道)시설, 大分縣(오이타현) 日出町(히지마치)의 藤原友田(후지와라토모다) 유적에서는 크게 돌출한 종말기의 환호가 확인되었는데, 돌출부 안쪽이 직각으로 밖으로 돌출하는 앞의 사례와 양상이 다르다.

한편 사가평야에서 현저한 환호구획의 평면형태나 요시노가리 유적의 남북 내곽(內郭)이 중축선에 대해 대칭적인 평면형태를 띠는 것이나, 대조적인 위치에 돌출부를 마련하는 것 등은 평면형태가 방형을 기조로 한 고분시대 豪族居館과의 공통성이 강하다(蒲原宏行 1995). 요시노가리 취락의 구조가 호족거관을 조영하는 데 있어 적지 않은 영향을 준 것은 부정할 수 없다.

3. 墓地의 動向

1) 中期 中頃까지의 槪要

九州 북부에서는 彌生시대 전기 후반부터 대형화해 성립한 대형옹관을 관으로서 사용하는 묘세가 성행했다. 神埼지방에서도 전기 말 이후 인구의 증가, 취락의 증가에 따라 각지에서 옹관묘를 주로 한 묘지가 조영되었다. 당초에는 취락 옆에 묘지를 조영하는 것이 일반적이었지만, 중기 전반이 되면 여러 집단들의 묘역이 집합한 대규모 열상매장묘지 등 묘지의 형태에도 변화가 보이게 된다. 여기에서 사회규제의 강화와 지역사회통합의 조짐을 확인할 수 있다.

규슈 북부지방에서는 야요이시대 전기 말부터 동검·동과·동모 등 청동제 이기를 옹관묘 등의 분묘에 부장하는 것이 시작되었지만, 사가평야에서는 확실한 사례로서 요시노가리 유적 田手一本黑木지구 Ⅰ구에서 확인된 중기 초두의 사례가 가장 이른 것이다. 중기 전반이 되면 요시노가리 유적의 동북동 약 4.0km에 위치하는 上峰町(가미미네초) 切通(기리도오시)유적이나 남쪽 약 4.3km에 위치하는 神埼市 高志神社(다카시진쟈)유적 등에서 옹관묘에 세형동검이 부장되었다. 또 동쪽 약 1.8km에 위치하는 前方後圓墳의 하층에서 세형동검이 부장된 옹관묘가 발굴된 吉野ヶ里町 瓢簞塚(효탄즈카) 하층도 이 시기에 해당하는 것으로 추측된다.

이렇게 분산되는 경향은 요시노가리 유적 분구묘가 출현하면서 큰 변화가 일어났다. 중기 전반에 축조된 남북 약 40m, 동서 약 27m의 대규모 분구묘는 최초로 매장된 SJ1006옹관묘를 포함해 중기 중반 말 사이에 총 14기의 옹관묘이 계속해서 조영되었다. 분구묘 안에 있는 옹관묘은 후대에 파괴된 것이 대부분이었지만, 그 중 8기의 옹관묘에서 세형동검 7점(주변에서 지표채집된 1점을 포함시키면 8점)과 중세형동검 1점 이외에 청동제 把頭飾 2점, 유리제 관옥 79점 등이 출토되었다. 이 분구묘가 조영된 이후, 주변취락의 묘지에서 동검 등의 부장품이 출토된 사례는 현시점에서는 전무하다.

神埼지방에서의 중기 중반까지의 분묘에 威信財로서 부장된 것은 한사람의 분묘에 1점의 동검이고, 동과나 동모가 없는 것도 이 지방의 특징이다. 중기 중반의 청동제 이기를 부장한 분묘는 현시점에서 요시노가리 유적 분구묘 이외에 간자키 지방에서는 발견되지 않았는데, 이것은 지역취락군이 맹주가 되는 취락을 중심으로 해서 통합되어 가는 과정을 보여주는 현상으로 생각된다.

2) 中期 後半 以後의 槪要

야요이시대 중기 후반이 되면 기존의 한반도계 靑銅製 利器 대신해 중국제 동경이 부장품의 주류가 된다. 기원전 108년의 낙랑군 설치가 倭에 중국 문물이 유입하는 계기가 된 것이 『漢書』地理志에 기록된 倭諸國의 조공 기사 등에서 알 수 있다. 한반도에서 계보를 찾을 수 있는 위신재도 당연히 중국제품으로 바꾸고, 이후 동경이 부장품의 주류가 되었다.

간자키 지방에서 가장 이른 중국 문물의 부장사례는 요시노가리 유적(요시노가리지구 Ⅱ구)에서 중기 전반의 옹관묘에 부장된 철제 경첩이다. 요시노가리 유적에서는 중기 초두부터 전반에 폐기된 청동기 주조 관련 유구에서 중국제 주조 철부 측면의 파편을 이용한 끌과 함께 청동제 小環頭가 달린 철도자도 출토되었고, 중기의 이른 단계부터 중국제품이 유입되었던 것을 알 수 있다.

가장 이른 漢鏡 부장의 사례는 吉野ヶ里町과 上峰町에 걸치는 二塚山유적과 요시노가리 유적(구릉지구 Ⅸ구)

에서 중기 후반의 옹관묘에 부장된 漢鏡3期의 連弧文「絜淸白」鏡과 連弧文「久不相見」銘鏡이다. 그 후 후기 후반까지 적어도 14군데의 단구 위에 분산해서 조영된 묘지에서 옹관묘이나 토광묘, 상식석관묘 등에 漢鏡이 계속 부장되었다. 이 지방에서 동경부장의 특징으로서 중기 중반까지의 동검과 같이 하나의 관에 漢鏡 한 점이 부장된 것이 기본인데, 二塚山유적이나 三津永田유적, 橫田유적 등에서 출토된 素環頭鐵刀 등에서도 철제무기도 같은 종류를 여러 점 부장한 예는 없다. 또 후기 이후에는 완형의 거울을 의도적으로 깨뜨려서 관외에 매납시키는 예가 많은 것도 이 지방의 부장방법으로서 특징적이다.

이 중 中型鏡은 후타츠카야마유적이나 미츠나가타유적, 松原(마쓰바라) 橫田(요코타)유적, 松葉(마츠바)유적, 坊所一本谷유적 등 다섯 개 유적에서 총 9점이 출토되었고, 小型鏡은 二塚山유적이나, 三津永田유적을 포함한 7유적에서 총 9점이 출토되었다. 그 중에서도 二塚山유적에서는 漢鏡 3期부터 漢鏡 5期에 걸친 중형·소형 동경을, 三津永田 유적에서는 漢鏡 4期와 5期의 중형·소형 동경이 출토되었다.

이러한 묘지들은 요시노가리유적의 북쪽으로부터 동쪽까지 동서 4.5km, 남북 3.5km의 범위 안에 위치하는데, 특히 중형경은 二塚山유적과 三津永田유적을 중심으로 요코타(橫田), 松葉(마츠바), 坊所一本谷의 각 묘지에서 순서대로 부장된 것으로 생각된다. 그 중에서도 二塚山유적과 三津永田유적은 모두 전기 말부터 후기 후반까지 계속 조영된 특이한 묘지이며, 神埼지방에서도 유력한 계속형 취락이 만든 묘지로 생각된다.

4. 佐賀·神埼地方의 特質

1) 聚落構造의 變化와 그 要因

佐賀縣 神埼 지방의 핵심(거점)취락의 구조변화는 크게 세 개의 획기가 있다고 생각된다. 제 I 기는 죠몽시대 만기(야요이시대 조기 : 기원전 6세기 이후)에 한반도문화 도입기에 환호취락 형태가 전파된 시기, 제II기는 야요이시대 중기 전반기(기원전 2세기 말~기원전 1세기 초두 이후)에 구획의 돌출부와 망루, 고리모양의 출입구 등 중국 성곽의 성벽구조를 부분적으로 모방한 시기, 제III기는 후기 후반~종말기(기원 2세기 후반부터 3세기 전반)에 중국 성곽의 성벽구조를 전체적으로 모방한 시기이다. II기·III기의 변화는 사가평야를 중심으로 한 아리아케카이 북해안 지방의 독자적인 특징이다.

이러한 취락변화의 제II기 변혁의 요인으로서는 漢의 낙랑군 설치나 『漢書』에 보이는 倭 각국의 「以歲時來獻見」한 조공외교로 대표되는 외교 등이 계기가 된 것으로 생각되고, 제III기 변혁의 요인으로서는 『後漢書』, 『三國志』魏書東夷傳倭人條 등에 보이듯이 「倭國大亂」상태를 거쳐 倭國王의 중국왕조에 대한 조공 등의 외교관계에서 볼 수 있는 긴밀한 외교관계가 계기가 된 것으로 생각된다.

한반도에서는 원삼국시대의 양산 평산리 유적의 환호취락에서 고리모양 출입구와 망루처럼 보이는 건물지가 확인되었을 뿐이다. 倭나 韓에 큰 영향을 준 낙랑군의 郡治였던 낙랑토성에서는 馬面이나 角樓로 생각되는 융기가 土壘 곳곳에 존재한 것을 지형도에서 파악할 수 있는데, 또 帶方郡治도 같은 구조였다고 생각된다. 사가평야에서의 야요이시대 환호취락의 구조변화·변혁이 중국 본토나 낙랑·대방군의 성곽구조로부터의 영향이었던 것은 부정할 수 없지만, 그것이 한반도 남부를 경유한 것인지는 한반도에서의 환호취락이나 토성에 대한 앞으로의 발굴조사나 연구를 기다릴 수밖에 없다.

어쨌던 지역의 핵심이 되는 취락이 중국 성곽의 성벽에 보이는 눈에 띈 구조물을 모방한 배경으로는 일반적인 교류·교역이 아니라 中國 正史가 나타내는 것 같은 외교라는 측면이 크게 영향을 준 것으로 생각된다. 중국제 동경이나 철제 무기 등의 위신재가 부장품으로서 출토된 것도 이것을 뒷받침하고 있다.

2) 首長의 動向과 墳墓

분묘의 부장품이나 분묘의 구조 등으로 본 神埼지방에서의 수장무덤의 동향은 야요이시대 중기 초두의 동검이 부장된 분묘의 분산적 경향이 중기 전반의 어느 시기 이후 요시노가리 취락의 북쪽에 축조된 대규모 분구묘에 집중하는 것으로 수속되었다. 그리고 중기 중반의 마지막 단계에 분구묘에 수장이 매장된 이후 중기 후반에 이르러 靑銅利器로부터 중국의 동경이나 철제 무기가 부장품의 주류를 이루게 되었는데, 요시노가리 유적에서는 소형의 漢鏡을 부장하는 여성의 분묘가 1기 확인되었지만, 중형 이상의 漢鏡을 부장한 분묘는 출현하지 않았다.

한편 중기 후반 이후 요시노가리 유적의 북쪽으로부터 동쪽에 걸친 단구 위에서 조영된 묘지 옹관묘에서 중형이나 소형 漢鏡이 부장되기 시작되고, 후기 후반에 이르기까지의 기간에 토광묘나 상식석관묘를 더한 분묘에 중형이나 소형 漢鏡과 함께 중국제나 한반도제 철제 무기가 부장되기 시작된다. 특히 동경은 漢鏡 3期부터 漢鏡 5期(마연된 漢鏡 6期의 거울 파편도 존재)에 속하는 장기간에 걸치는 동경이 묘지를 달리하듯이 잇따라 부장된 것은 주목된다. 이것에 대해서 岡村秀典는 「야요이시대 중기부터 후기에 걸쳐 요시노가리로부터 二塚山 그리고 三津永田으로 청동기를 부장한 수장묘가 이동했던 것 같아서 취락을 단위로 하는 족장도 평야단위의 사회를 통솔한 상위의 지역수장도 안정된 세습적인 권력을 장악하기 못했다」고 보고 있다(岡村秀典 1999).

그러나 요시노가리 유적의 취락 변천이나 구조, 더욱 지역취락군의 동향을 보면 岡村(오카무라)의 견해와 다른 사회상황을 추정할 수 있다. 즉 중기 전반에 요시노가리 취락이 대형화되고, 환호취락 내의 거주구역과 수반된 저장시설(저장공)과 다른 구획에 저장시설만을 모은 창고군이 마련된 것은 요시노가리 취락뿐만 아니라 『クニ(쿠니:國)』 전체의 물자를 집중해서 관리하는 구조가 완성된 것을 시사한 것이고, 이러한 지역의 통합이 대형 분구묘의 축조에도 나타난다. 중기 초두부터 유력취락의 각각 묘지에 분산해서 동검을 부장한 분묘가 조영된 것이 중기 전반의 어느 시점 이후에 요시노가리 분구묘에 집중하는 사실은 혈연관계가 희박한 것으로 생각되는 성인 14명을 순차적으로 매장한 것으로 볼 수 있다. 분구묘의 피장자는 요시노가리의 『國』 중의 유력취락에서 뽑혀 요시노가리 취락에 상주하고, 리더쉽을 발휘한 후에 분구묘에 매장된 『國』의 수장들로 생각해야 할 것이다.

또 분구묘에 수장을 매장하는 행위가 종료되었고 중기 후반 이후 수장층 분묘의 행방을 생각할 때 二塚山나 三津永田과 같은 주변 묘지에 중국의 권위를 띤 中型 漢鏡이나 素環頭鐵刀 등을 부장한 분묘가 큰 실마리를 제공한다. 中型 漢鏡의 부장예를 보면 二塚山 유적에서는 漢鏡 3期와 4期와 5期의 거울을 각 1점을 부장한 분묘가 3기, 三津永田 유적에서는 漢鏡 5期의 거울을 부장한 분묘가 2기, 松葉(마츠바)유적이나 松原(마쓰바라) 유적, 坊所一本谷 유적에서는 漢鏡 5期의 거울을 부장한 분묘가 각 1기씩 확인되었고, 二塚山나 三津永田, 松原(마쓰바라)에서는 素環頭鐵刀 등의 중국제 무기도 부장되었다. 二塚山로부터 三津永田로, 그리고 다시 二塚山나 松葉(마츠바), 松原(마쓰바라), 坊所一本谷 등 요시노가리의 『國』을 구성하는 유력집단의 묘지로 위신재를 부장한 분묘가 계속 이동하는 것이다(七田忠昭 2010).

후기에 취락 규모를 확대시키고 종말기까지 내부에 다양한 기념물적 및 중국적인 시설을 건설해서 도시적인 양상을 보인 요시노가리 취락 인근에서 수장층을 매장한 것으로 생각되는 분묘가 확인되지 않았던 상황으로 보아 주변에 분포하는 중국의 권위를 띤 위신재가 부장된 분묘의 피장자를 요시노가리의 『國』의 역대 수장으로 보는 것도 필요하다고 생각한다. 요시노가리 취락은 지역의 모체가 된 취락이었지만, 지역사회 전체의 힘으로 발전한 취락이며, 중기 이후 긴밀해진 네트워크는 지역사회의 통합 과정에서 더욱 긴밀해진 것은 의심할 수 없다. 이러한 사회상황 아래에서 중기 전반 이후와 마찬가지로 지역사회 전체의 유력취락에서 『國』의 수장이 共立된 것으로 생각된다. 그러나 중기 중반과 달리 수장의 역할을 마친 후, 또 사망한 후 자신의 출신지인 취락의 묘지에 가족과 함께 매장된다는 수장의 매장방법으로 크게 변화되었다고 생각할 수도 있다.

『國』의 수장을 중기 중반까지는 분구묘라는 거대한 기념물에 매장하는 방식으로부터 출신취락의 가족 집단묘에 매장하는 방식으로 변화했던 요인은 알 수 없지만, 요시노가리 취락에 중국의 성곽 구조가 반영되었던 점이나 中型의 漢鏡나 素環頭鐵刀 등 중국의 권위를 띤 문물을 부장하는 사례가 많은 점, 중국의 高官과 마찬가지로 화장용구로서의 동경을 1점만 부장하는 점 등으로 보아 중국 풍습의 영향을 받은 가능성도 있다.

漢鏡 등의 위신재를 부장한 분묘의 피장자 성별에 대해서는 출토 인골이나 관의 규모 등으로 보아 판별할 수 있다. 二塚山 유적이나 三津永田 유적, 기타 주변의 사례를 보면 중형 동경이나 素環頭鐵刀 등 중국의 권위를 띤 문물을 부장한 피장자의 대부분은 남성이며, 소형 漢鏡을 부장한 피장자는 여성이었을 가능성이 높다. 神埼지방

수장묘의 모습은 『三國志』魏書東夷傳倭人條에 나오는 「其國本亦以男子爲王 住七八十年 倭國亂 相攻伐歷年」의 「男子爲王 住七八十年」이라는 상황과 유사한 모습을 보여준다고 말할 수 있을 것이다.

　규슈 북부에서는 야요이시대 중기 후반이 되면 기존의 한반도에서 계보를 찾을 수 있는 청동제 무기로부터 동경이나 철제 무기로 부장품과 위신재의 내용이 중국제 문물로 변화하였다. 福岡(후쿠오카)나 絲島(이토시마), 唐津의 평야부에서는 중기 후반의 春日市 須玖岡本유적(D지점)이나 絲島市의 三雲南小路유적, 후기의 絲島市 井原鑓溝(이와라야리미조) 유적이나 佐賀縣 唐津市 櫻馬場 유적 등에서 다수 혹은 복수의 漢鏡을 주로 하는 호화스러운 부장품을 가진 분묘의 존재가 주목되고, 흔히 「王墓」라고 불려 왔다. 그러나 이 지방에서는 漢鏡 등의 위신재를 부장해서 매장된 수장층이 후기 후반에 이르는 사이에 존재한다거나 연속성을 인정하기 어렵고, 이러한 왕묘들의 모든 피장자에 과연 政事를 전문으로 한 세속적인 수장으로서의 성격을 부여할 수 있는지도 의문이다.

　한편 사가평야에서는 동경이 복수 부장되지 않았던 점은 玄界灘 연안지방과 양상을 달리하고 있지만, 漢鏡을 부장한 분묘의 수는 다른 지역을 능가하고, 특히 요시노가리 유적을 중심으로 한 간자키 지방에서는 중기 초두부터 시작된 동검 부장으로부터, 중기 후반부터 후기 후반에 이르기까지 漢鏡이나 철제 素環頭大刀 등 중국왕조의 권위를 띤 위신재가 계속 부장되는 특이한 지역이다.

　이와 같이 사가현 간자키 지방에서는 한반도에 계보가 있는 환호취락에 중국의 성곽(성벽)구조가 받아들여진 취락구조변화나 중국의 권위를 띤 부장품을 가진 수장들의 분묘의 분포나 연속성 등에 중국과의 외교의 증거가 확인되고, 이 지역의 수장층이 계속적으로 중국과의 외교에 깊게 관여했던 것을 보여준다고 말할 수 있을 것이다.

平郡達哉(히라고리 다츠야) 번역

표 1 _ 神埼(간자키)지방의 彌生(야요이)시대 취락의 동향

番号	遺跡名	所在地	前期 末	初頭	中期 前半	中頃	後半	後期 前半	中頃	後半	終末期	古墳初頭	備考
1	一本谷	上峰町											
2	坊所三本松	上峰町											
3	瀬ノ尾	吉野ヶ里町											
4	松原（横田）	吉野ヶ里町											
5	大曲柏原	吉野ヶ里町											弥生前期・終末期の環壕集落
6	亀作A	吉野ヶ里町											
7	大曲B	吉野ヶ里町											
8	下石動	吉野ヶ里町											
9	石動二本松	吉野ヶ里町											
10	石動西一本杉	吉野ヶ里町											高地性集落？
11	夕ヶ里	吉野ヶ里町											
12	西前田A	吉野ヶ里町											弥生後期～終末期の環壕集落の可能性大
13	長谷	吉野ヶ里町											
14	吉野ヶ里：大曲一の坪	吉野ヶ里町											
15	吉野ヶ里：南部一帯（後の環壕集落南部）	吉野ヶ里町											縄文晩期～弥生終末期の環壕集落
16	吉野ヶ里：中部一帯（後の環壕集落中北部）	吉野ヶ里町・神埼											弥生後期～終末期の環壕集落
17	吉野ヶ里：志波屋三の坪周辺	神埼市											
18	吉野ヶ里：志波屋三の坪乙	神埼市											
19	吉野ヶ里：志波屋三の坪甲・六の坪甲	神埼市											
20	吉野ヶ里：志波屋六の坪乙	神埼市											
21	的五本黒木	神埼市											
22	的	神埼市											
23	志波屋一の坪	神埼市											弥生後期～終末期の環壕集落
24	石原祇園町	神埼市											古墳時代方形居宅
25	馬郡	神埼市											古墳時代方形区画
26	塚原	神埼市											
27	荒堅目	神埼市											
28	川寄若宮	神埼市											
29	川寄吉原	神埼市											
30	八子六本黒木	神埼市											弥生後期～終末期の環壕集落
31	利田柳	神埼市											
32	尾崎土生	神埼市											
33	迎田	神埼市											
34	黒井八本松	神埼市											弥生後期～終末期の環壕集落
35	姉・黒井遺跡	神埼市											弥生後期～終末期の環壕集落の可能性大
36	高志神社	神埼市											
37	詫田西分	神埼市											
38	森の木	神埼市											中期に環濠集落形成か？
39	柴尾・柴尾橋下流	神埼・佐賀市											
40〜48	諸富集落跡群	佐賀市（諸富）											村中角、徳富権現堂、府入廟、畑田、太田本村、土師本村、小杭村中、三重樋ノ木、阿高の諸遺跡

표 2 _ 神埼(간자키)지방의 위신재를 가진 彌生(야요이)시대 분묘

※装身具のみ出土したものは除く

番号	遺跡名	所在地	墳墓番号	墳墓形式	時期	威信財の種類	備考
1	吉野ヶ里	吉野ヶ里町	SJ0100	甕棺墓	中期初頭	細形銅剣（I式）1	田手一本黒木地区I区墓地
2	吉野ヶ里	吉野ヶ里町	SJ0298	甕棺墓	中期前半	鉄製蛇番	吉野ヶ里地区II区墓地
3	切通遺跡	上峰町	4号甕棺墓	甕棺墓	中期前半	細形銅剣（I式b類）1	
4	高志神社	神埼市	SJ018甕棺墓	甕棺墓	中期前半	細形銅剣（I式）1	絹布片
5	瓢箪塚下層	吉野ヶ里町		甕棺墓	中期前半？	細形銅剣（I式b類）1	前方後円墳の下層で、小墳丘墓の可能性
6	吉野ヶ里	吉野ヶ里町		甕棺墓？		細形銅剣（I式）	田手二本黒木地区II区墓地出土の可能性
7	吉野ヶ里	吉野ヶ里町	墳丘墓 SJ1002	甕棺墓	中期中頃	細形銅剣（有柄式）（I式）1	
8	吉野ヶ里	吉野ヶ里町	墳丘墓 SJ1005	甕棺墓	中期中頃	細形銅剣（II式）1	ガラス管玉79、絹布片
9	吉野ヶ里	吉野ヶ里町	墳丘墓 SJ1006	甕棺墓	中期前半	細形銅剣（II式）1	墳丘墓で2番目に新しい甕棺墓
10	吉野ヶ里	吉野ヶ里町	墳丘墓 SJ1007	甕棺墓	中期中頃	細形銅剣（II式）1	墳丘墓最古の甕棺墓
11	吉野ヶ里	吉野ヶ里町	墳丘墓 SJ1009	甕棺墓	中期中頃	細形銅剣（II式）・把頭飾1	
12	吉野ヶ里	吉野ヶ里町	墳丘墓 SJ1054	甕棺墓	中期中頃	細形銅剣（I式）1	
13	吉野ヶ里	吉野ヶ里町	墳丘墓 SJ1056	甕棺墓	中期中頃	細形銅剣（I式）1	
14	吉野ヶ里	吉野ヶ里町	墳丘墓 SJ1057	甕棺墓	中期中頃	細形銅剣（b類）・把頭飾1	
15	吉野ヶ里	吉野ヶ里町	墳丘墓？	甕棺墓？		細形銅剣（I式）1	墳丘墓そばで表面採集
16	吉野ヶ里	吉野ヶ里町	SJ2775	甕棺墓	中期後半	小型漢鏡（3期）（連弧文「久不相見」鏡）1	吉野ヶ里丘陵地区IX区、貝輪30、絹布片
17	二塚山	上峰町	15号甕棺墓	甕棺墓	中期後半	中型漢鏡（3期）（連弧文「紫清白」鏡）1	
18	二塚山	上峰町	46号甕棺墓	甕棺墓	後期初頭	小型鏡鏡（渦文鏡）1	
19	二塚山	上峰町	76号甕棺墓	甕棺墓	後期前半	小型漢鏡（4期）（連弧文「昭明」鏡）1	鉄矛1
20	二塚山	上峰町	17号土壙墓	土坑墓	後期	小型仿製鏡1	ガラス勾玉1・ガラス管玉小玉2
21	二塚山	上峰町	19号土壙墓	土坑墓	後期	鉄剣1	
22	二塚山	上峰町	26号土壙墓	土坑墓	後期	中型漢鏡（5期）（長宜子孫系連弧文鏡）1	ガラス管玉221＋
23	二塚山	上峰町	29号土壙墓	土坑墓	後期	中型漢鏡（4期）（細線式獣帯鏡）	
24	二塚山	上峰町	36号土壙墓	土坑墓	後期	素環頭鉄刀1	
25	二塚山	上峰町	52号土壙墓	土坑墓	後期	素環頭鉄刀1	
26	五本谷	上峰町	25号土壙墓	土坑墓	後期	小型仿製鏡1	
27	五本谷	上峰町	75号土壙墓	土坑墓	後期	中型漢鏡（4期）片（方格規矩鏡）	
28	坊所一本谷	上峰町		箱式石棺墓	後期	中型漢鏡（5期）（長宜子孫系連弧文鏡）1	
29	松原（横田）	吉野ヶ里町		箱式石棺墓？	後期	中型漢鏡（5期）（方格規矩鏡）1	素環頭鉄刀1・鉄剣1
30	松葉	吉野ヶ里町		箱式石棺墓	後期	中型漢鏡（5期）（方格規矩鏡）1	ガラス小玉多数
31	石動四本松	吉野ヶ里町	SJ032	甕棺墓	後期前半	小型漢鏡（4期）（連弧文「昭明」鏡）1	硬玉製勾玉2・碧玉製管玉5
32	南角	吉野ヶ里町		土坑墓	後期	中型漢鏡（4期）片（長宜子孫系連弧文鏡）1	
33	三津永田	吉野ヶ里町	104号	甕棺墓	後期前半	中型漢鏡（5期）（細線式獣帯鏡）1	素環頭鉄刀1
34	三津永田	吉野ヶ里町	105号	甕棺墓	後期初頭	小型鏡（4期）（鳥龍文鏡）1	
35	三津永田	吉野ヶ里町		甕棺墓	後期	小型漢鏡（4期）（連弧文「昭明」鏡）1	
36	三津永田北方	吉野ヶ里町		？（墳墓）		中型漢鏡（5期）（長宜子孫系連弧文鏡）1	三津永田遺跡の範囲
37	志波屋三本松	神埼市		？（墳墓）		小型漢鏡（4期）片（鳥龍文鏡）1	三津永田遺跡の範囲
38	上志波屋	神埼市		？（墳墓）		小型漢鏡（4期）（方格規矩鏡）1	
39	上志波屋	神埼市		箱式石棺墓	後期後半以降	小型漢鏡（4期）（連弧文「昭明」鏡）1	鉄鏃1
40	城原三本谷	神埼市		箱式石棺墓	後期後半以降	小型漢鏡（6期）（方格規矩鏡）1	
41	北外			？（墳墓）		大型漢鏡（5期）片（連弧文鏡、復元径20cm＋）1	

(参考)墳墓以外の遺構から出土した漢鏡

番号	遺跡名	所在地	遺構番号	遺構	遺構の時期	威信財の種類	備考
1	吉野ヶ里遺跡	吉野ヶ里町	SD0925	環壕跡	後期～終末期	大型漢鏡（5期？）片（縁のみ、復元径22cm＋）1	
2	吉野ヶ里遺跡	吉野ヶ里町	SD0829	環壕跡		漢鏡片（鈕のみ）1	
3	吉野ヶ里遺跡	神埼市	SH0544	竪穴住居跡		中型漢鏡片（縁のみ）1	
4	瀬ノ尾遺跡	吉野ヶ里町	SH102	竪穴住居跡		中型漢鏡（4期）片（方格規矩鏡）1	
5	柴尾橋下流	佐賀市	SD004	溝跡		中型漢鏡（5期）片（連弧文鏡）1	

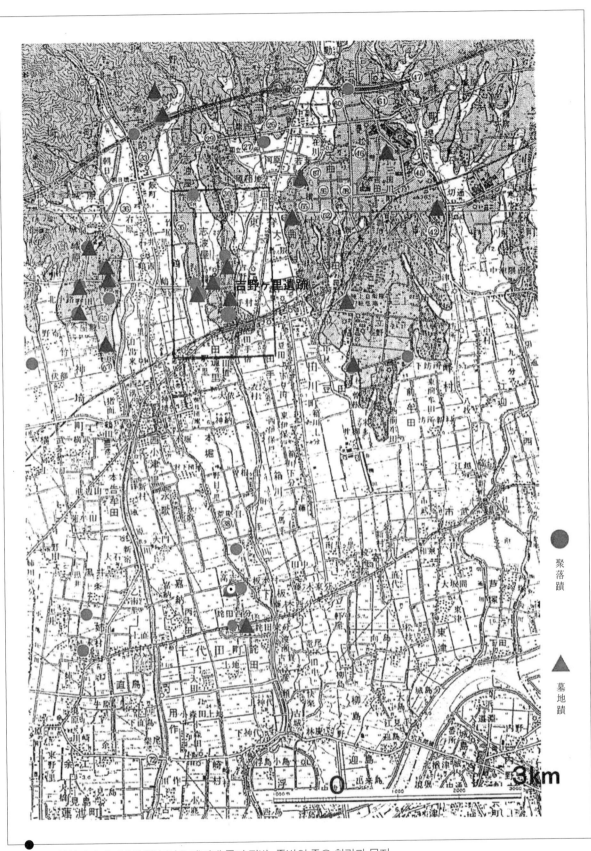

吉野ヶ里遺跡

聚落蹟

墓地蹟

도 1 神埼(간자키)지방의 彌生(야요이)시대 중기 전반~중반의 주요 취락과 묘지

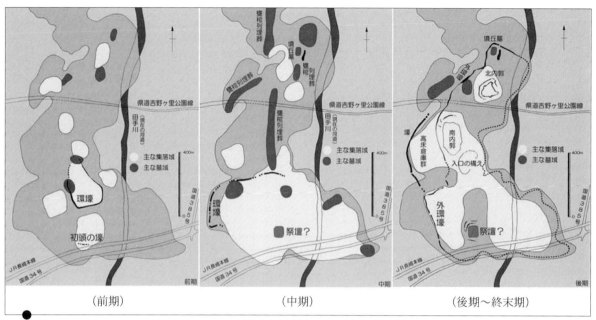

| (前期) | (中期) | (後期~終末期) |

도 2 吉野ヶ里(요시노가리)유적 취락의 변천

표 3 _ 吉野ヶ里(요시노가리)유적 환호취락의 변천

시대 · 시기	環壕圍郭 범위	내부시설	비고
繩文(죠몽)만기~	?		환호취락의 성립
彌生(야요이) 전기 전반 ~후반	추정 2.5ha	수혈주거(송국리형 포함) · 穴倉	후반에 청동기 주조관련 유물(풀무 송풍관 取甁), 한반도계 마제석기, 환호 바깥에 후반의 옹관묘· 토광묘·목관묘
彌生(야요이) 전기 말 ~중기 후반	추정 20ha 이상	수혈주거(송국리형) · 穴倉 · 굴립주건물 (고상창고)	전반에 청동기(검·모 등)주조, 한반도계 무문토 기, 전반부터 중국제 주조철부·書刀·鐵蝶番· 耳環(반지?)·絹布·동검·유리제 관옥, 南海産 조개 팔찌, 환호 바깥에 많은 옹관묘·토광묘군, 분구묘
彌生(야요이) 후기 전반 ~종말기	40ha 이상	수혈주거 · 굴립주건물 (고상창고) · 남내곽 · 북내곽 · 入口構	전반에 청동기(파형동기)주조, 조합식 도끼 자루, 「貨泉」, 종말기에 외래계 토기 증가, 환호 바깥에 전반까지 옹관묘·토광묘·목관묘·상식석관묘가 일부
〔남내곽〕 후반~종말기	1.1ha	수혈주거 · 굴립주 건물(망루)	수혈주거만, 서쪽 外環壕 바깥에 2ha 이상 범위에 고상창고군
〔북내곽〕 후반~종말기	0.78ha	굴립주건물(祭殿 · 고상주거 · 망루 등), 鍵形門	굴립주건물이 많음. 北環壕 바깥에 고상창고군, 외래계토기(畿內 · 山陰 · 瀨戶內 등)
고분 초두	없음	수혈주거 · 굴립주건물	외래계토기 등, 전방후방분 · 방형주구묘

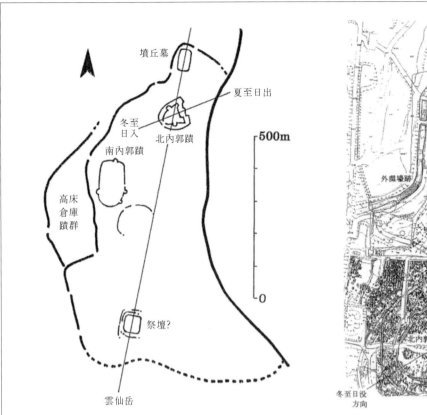

도 3 吉野ヶ里(요시노가리)유적 환호취락 개요도(후기 종말기)

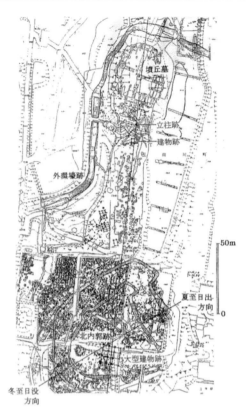

도 4 吉野ヶ里(요시노가리)유적 북내곽과 분구묘

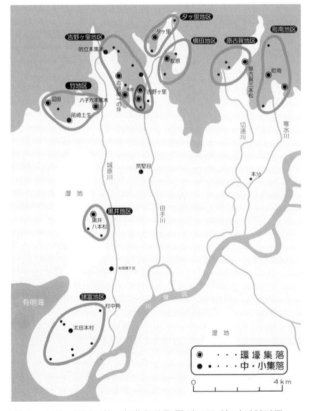

도 5 吉野ヶ里(요시노가리)유적을 중심으로 한 지역취락군

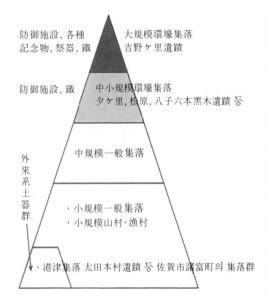

도 6 지역취락군의 구조

도 3~6

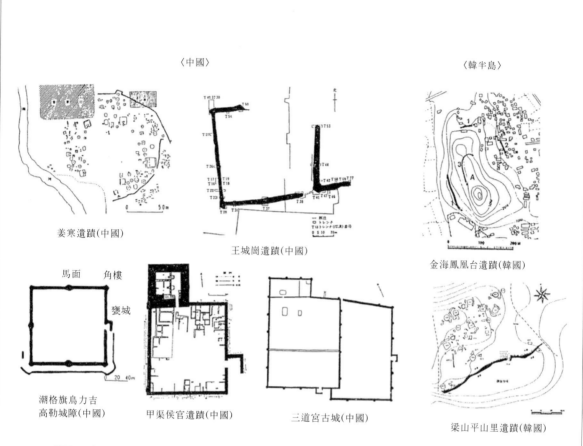

〈中國〉　　　　　　　　　　　　　　　　　　　〈韓半島〉

姜寨遺蹟(中國)

王城崗遺蹟(中國)

金海鳳凰台遺蹟(韓國)

馬面　　角樓
甕城

潮格旗鳥力吉
高勒城障(中國)

甲渠侯官遺蹟(中國)

三道宮古城(中國)

梁山平山里遺蹟(韓國)

도7　중국·한국의 환호취락과 성곽지

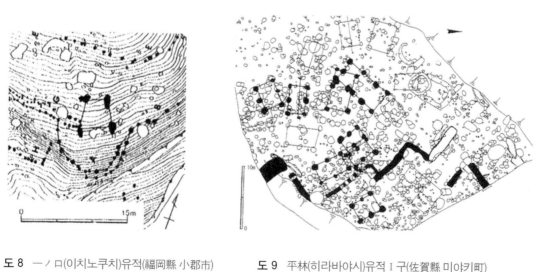

도8　一ノ口(이치노쿠치)유적(福岡縣 小郡市)　　도9　平林(히라바야시)유적 I 구(佐賀縣 미야키町)

도7~9

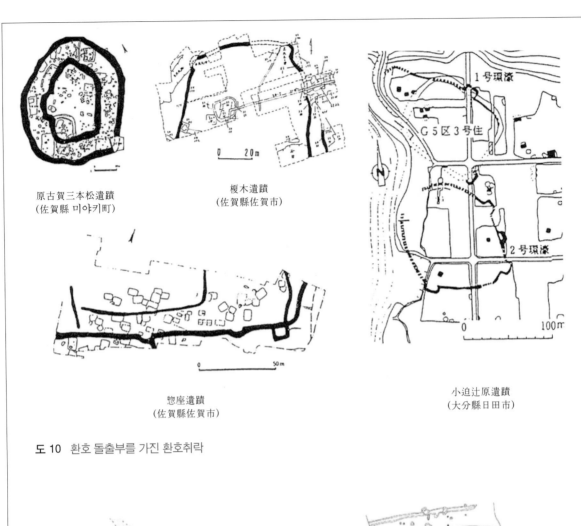

原古賀三本松遺蹟
(佐賀縣 미야키町)

榎木遺蹟
(佐賀縣佐賀市)

1号環濠

G5区3号住

2号環濠

惣座遺蹟
(佐賀縣佐賀市)

小迫辻原遺蹟
(大分縣日田市)

도 10 환호 돌출부를 가진 환호취락

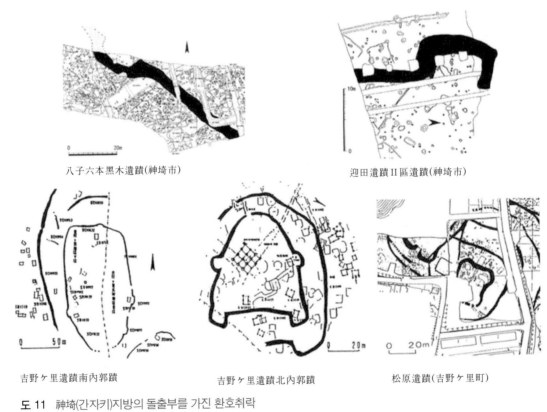

八子六本黑木遺蹟(神埼市)

迎田遺蹟II區遺蹟(神埼市)

吉野ケ里遺蹟南內郭蹟

吉野ケ里遺蹟北內郭蹟

松原遺蹟(吉野ケ里町)

도 11 神埼(간자키)지방의 돌출부를 가진 환호취락

도 10~11

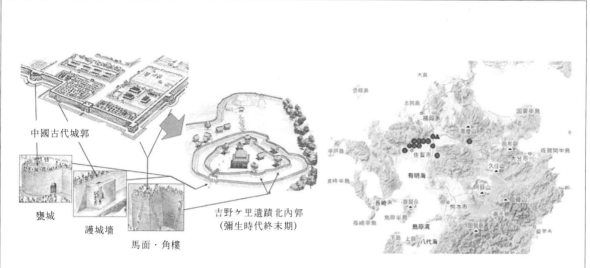

도 12　중국 성곽의 영향을 받은 吉野ヶ里(요시노가리)유적 북내곽
　　　　(來村多加志 編, 1994, 『戰略戰術兵器事典①〔中國古代編〕』)
　　　　등에서 作圖

도 13　돌출부를 가진 환호취락의 분포

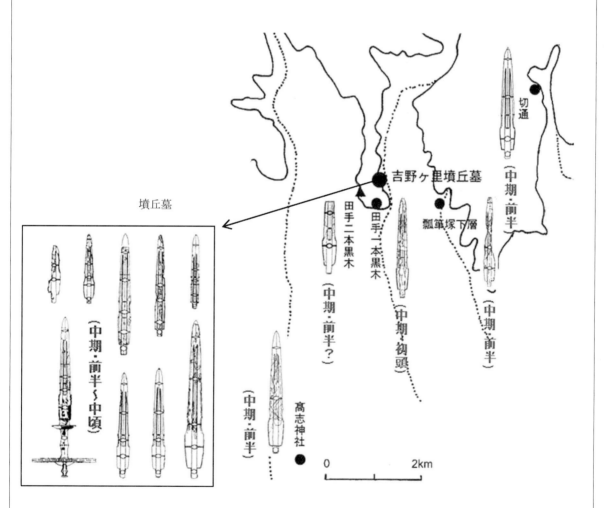

도 14　神埼(간자키)지방의 동검을 부장한 분묘(중기 전반~중기 중반경의 옹관묘)

도 12~14

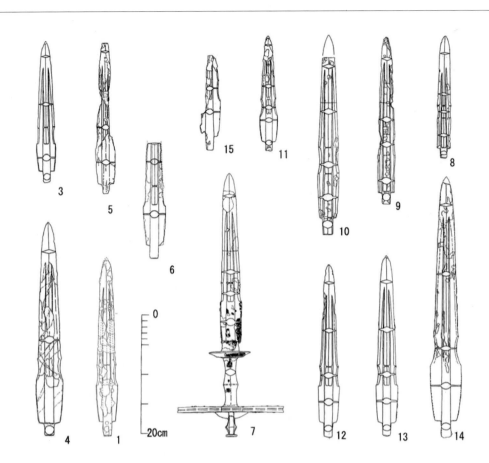

도 15   神埼(간자키)지방의 옹관묘에서 출토된 동검(중기 초두~중반경)

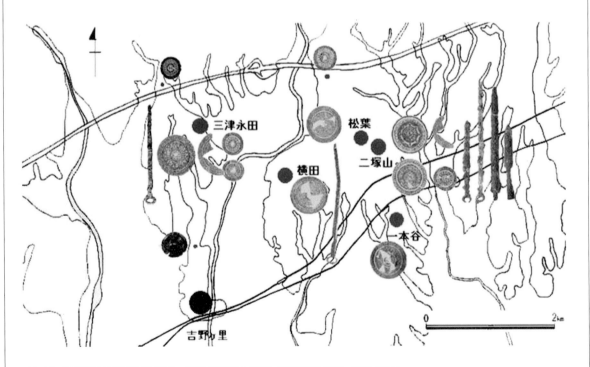

도 16   神埼(간자키)지방의 한경 · 철제 무기를 부장한 분묘(중기 후반~후기 후반)

도 15~16

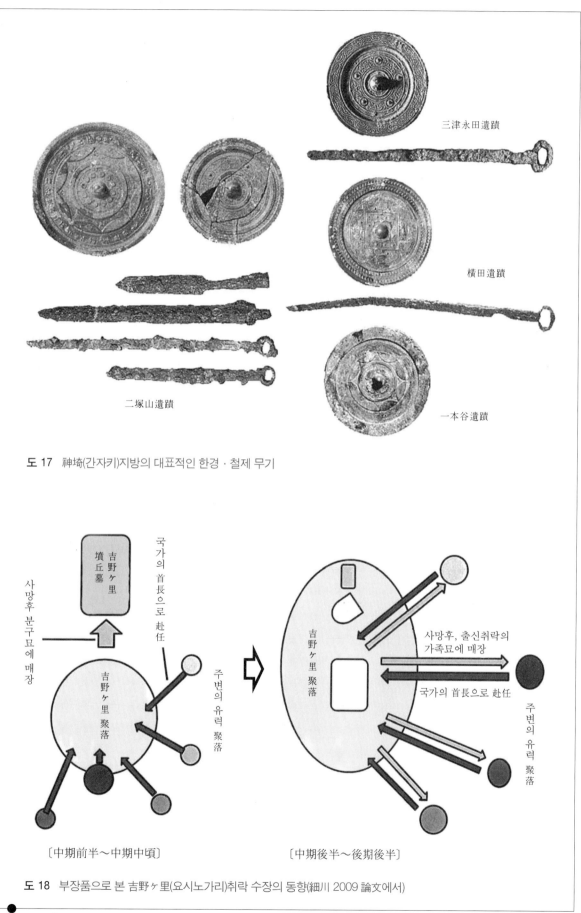

図 17　神埼(간자키)지방의 대표적인 한경 · 철제 무기

도 18　부장품으로 본 吉野ヶ里(요시노가리)취락 수장의 동향(細川 2009 論文에서)

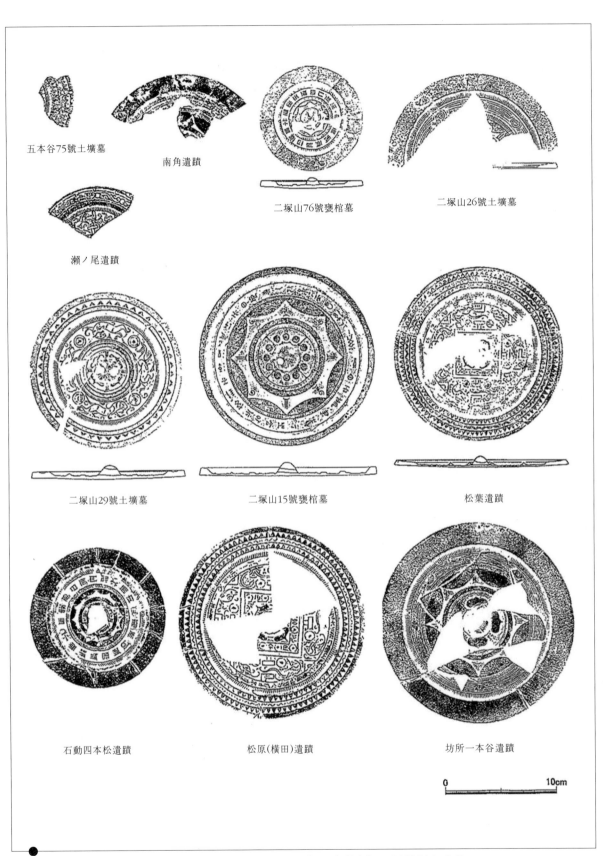

五本谷75號土壙墓

南角遺蹟

二塚山76號甕棺墓

二塚山26號土壙墓

瀨ノ尾遺蹟

二塚山29號土壙墓

二塚山15號甕棺墓

松葉遺蹟

石動四本松遺蹟

松原(橫田)遺蹟

坊所一本谷遺蹟

0   10cm

도 19　神埼(간자키)지방에서 출토된 彌生(야요이)시대 유적 출토 한경(1) (細川 2009 論文에서)

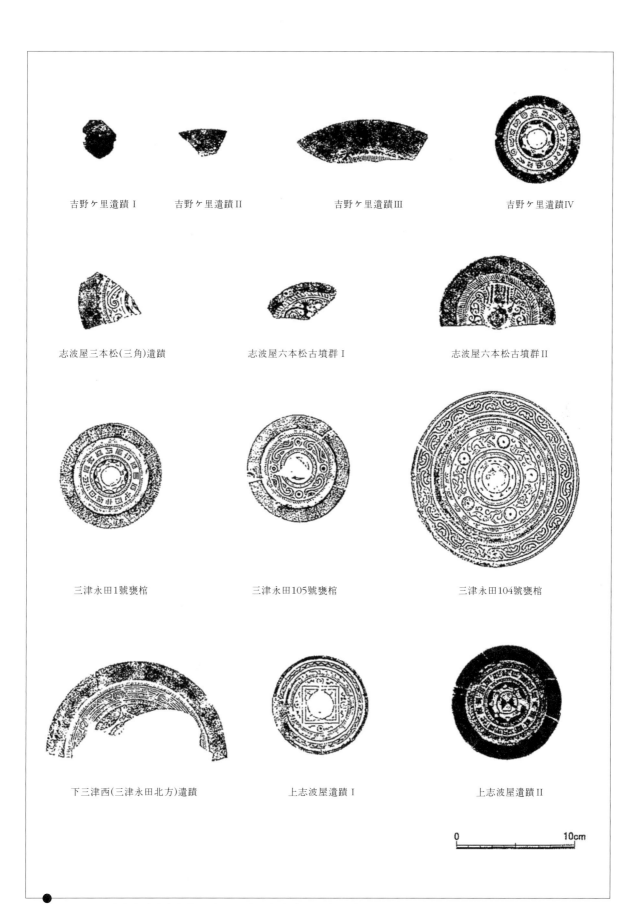

吉野ヶ里遺蹟 I   吉野ヶ里遺蹟 II   吉野ヶ里遺蹟III   吉野ヶ里遺蹟IV

志波屋三本松(三角)遺蹟   志波屋六本松古墳群 I   志波屋六本松古墳群 II

三津永田1號甕棺   三津永田105號甕棺   三津永田104號甕棺

下三津西(三津永田北方)遺蹟   上志波屋遺蹟 I   上志波屋遺蹟 II

0   10cm

도 20   神埼(간자키)지방에서 출토된 彌生(야요이)시대 유적 출토 한경(2) (細川 2009 論文에서)

●참고문헌●

岡村秀典, 1999, 『三角緣神獸鏡の時代』, 吉川弘文館.

蒲原宏行, 1994, 「古墳時代初頭の佐賀平野」, 『日本と世界の考古學 - 現代考古學の展開』.

_____, 1995, 「九州2(佐賀縣)」, 『ムラと地域社會の變貌 -彌生から古墳へ-』, 埋藏文化財研究會.

七田忠昭, 1996, 「日本の彌生時代集落構造にみる大陸的要素 -環濠集落と中國古代城郭との關連について-」, 『東アジアの鐵器文化』, 韓國國立文化財研究所.

_____, 1997, 「有明海沿岸地方の彌生時代環濠集落にみる大陸的要素(予察)」, 『佐賀考古』第4號.

_____, 2010, 「據點集落の首長とその墳墓 -彌生時代中期から後期の地域集落群の動向の一例-」, 『日韓集落研究の新たな視角を求めて Ⅱ』, 日韓集落研究會.

細川金也, 2009, 「有明海北岸出土の彌生時代靑銅器の研究 -彌生時代靑銅鏡の分布と地域性-」, 『財團法人鍋島報效會研究助成研究報告書』第4號.

近畿 彌生時代 據點聚落再考

禰宜田佳男(네기타 요시오)

1. 머리말

彌生(야요이)시대의 취락연구를 추진시켜 온 것은 1970년대 후반에 제시된 「거점취락」이라는 개념이다. 그 후 1990년대에 들어 彌生都市論이 제창되자 대규모 취락의 성격에 대한 검토가 잇따라 진행되었다. 그 중에는 거점취락의 존재 자체를 의문시하는 견해도 제시되었는데, 현재 야요이시대의 취락연구, 거점취락연구는 혼돈한 상황에 있다.

이러한 현상을 염두에 놓고, 본고에서 야요이시대의 거점취락과 관련된 연구사, 특히 야요이도시론이 제기된 이후의 연구 동향을 중심으로 정리하면서, 近畿(긴키)에서의 야요이시대의 대규모취락을 다루면서 거점취락이란 무엇인지에 대해 생각하고자 한다.

1) 近年의 據點聚落研究

거점취락이라는 말을 처음으로 사용한 것은 田中義昭(다나카 요시아키)이었다. 다나카는 南關東(미나미간토)의 취락에 대규모 환호 등으로 격리된 공간 안에 2~3개 이상의 소그룹의 결합체로 구성된 취락과 그 주변에 자기완결적인 한 단위로 구성된 취락이 존재하는 것을 지적하고, 전자를 거점적 취락, 후자를 주변적 취락으로 보았다. 그리고 「거점」―「주변」이라는 관계를 유지하고 병존하는 형태는 宮の台(미야노다이)時期의 취락의 특징으로 보았다(田中 1976).

그 후 酒井龍一(사카이 류이치)는 大阪府(오사카부) 池上曾根(이케가미소네) 유적 등의 발굴조사 성과를 바탕으로 거점취락은 직경 300m 정도의 기본생활 영역을 중심으로 해서 그것을 둘러싸는 큰 도랑(大溝)이나 하천 등의 外緣施設, 묘역·논 등의 기능공간, 그리고 그 주위의 자연환경으로부터 구성되었고, 하나의 거점취락은 직경 5km 정도의 영역 안에서 기능했던 것으로 보았다. 그리고 각각 거점취락은 지리적 상황, 예를 들면 석재출산이 풍부한 지역과 그렇지 않은 지역 등으로 고유한 영역을 만들었다. 사회를 유지하는 데 있어 물자의 교환이 필요한데, 畿內(기나이)지역에서는 야요이시대 중기에 생산물의 교환에 의한 關係體인 大社會가 형성되었고, 거점취락이 유통의 핵심을 담당한 것을 논한 바 있다(酒井 1982). 이 모델은 발굴 조사 성과를 근거로 한 것이고, 동시에 논의의 전개가 명쾌했기 때문에 近畿(긴키)의 야요이시대 사회를 복원하는 데 있어 영향을 주게 되었다.

게다가 사카이의 구상을 답습하여 都出比呂志(쓰데 히로시)는 물자는 거점취락 간에 유통되고, 각 거점취락에서 각각 주변취락으로 초래되었다고 생각하며, 기나이 지역에 물자유통을 통괄하는 기구가 존재했을 것을 상정했다(都出 1989b). 이것을 바탕으로 기나이 지역의 야요이시대 중기에는 경제적 관계를 통해 정치적인 통합이 형성되어 있었던 것을 시사했다. 그리고 고분의 출현과정, 고대 국가의 형성과정에서 물자유통, 특히 원격지유통이 중요한 역할을 했던 것을 인식시켰다.

이러한 상황에서 廣瀨和雄(히로세 가즈오)은 대규모 환호취락을 ①集中居住(集住)에 의해 인구밀도가 높고, ②농민뿐만 아니라 수공업·어로·수렵·교역의 종사자, 司祭者, 도래인, 수장 등 이질적인 직무를 가진 사람들이 공생하고, ③공동 환상을 창출한 신전이 존재했다고 보고, 센터로서의 기능을 장악해 다양한 사람들을 한 곳에 모으고, 수장권력이 구심력을 가지는 취락은 농촌과 구별할 필요가 있다고 해서 야요이도시라는 개념을 제창했다. 바꿔 말하자면「일정지역의 집단의 再生産 구조를 담당하는 사람들이 集住한 공간이고, 거기서는 정치적·경제적·종교적 센터 기능이 발휘되고, 그것들이 수장권력에 수렴되는 장소, 수장권력의 재생산에 불가결한 인적·물적 자원이나 정보가 집적되고, 그것들의 관념적 결합 장치로서 종교시설을 가진 공간」으로 정의한 바가 있다. 게다가 그 이론적 배경으로서 도시는 권력이 만든다고 하는 사회학의 학설 등을 채용한 것이다(廣瀨 1996a·1996b·1998).

야요이도시론이 발표되자마자 비판적 견해가 잇따랐다. 都出比呂志(쓰데 히로시)는 대형 환호취락에는 도시에서 확인되는 과도한 集住와 외부의존이 보이고, 정치적·경제적인 센터 기능을 가진 것으로 보면서 수장이나 수공업종사자와 농민이 集住하기 때문에 농촌이 아니라 도시가 아닌「城塞聚落」을 제창했다(都出 1997).

또 武末純一(다케스에 준이치)은 도시에서는 제2차·재3차 산업의 종사자가 주류가 되는 것에 비해 佐賀縣(사가현) 吉野ヶ里(요시노가리)유적과 같은 환호 안에 방형구획이 존재하는 취락은 환호 내에 많은 농민이 존재하고 있어 도시가 아니라고 보았다(武末純一 1998). 더욱 秋山浩三(아키야마 고소)은 야요이도시론의 기점이 된 오사카부 이케가미 소네 유적의 조사 성과를 정리하면서 상정된 것처럼 내부가 기능마다 정연히 구분되었던 상황은 확인되지 않았고, 도시의 요건인 전업공인의 존재도 생각할 수 없고, 또 비농업적 노동층이 다수존재하는 상태를 추인할 수 없기 때문에 도시로 인정할 수 없다고 했다(秋山 1999). 그리고 대규모취락은 농업의 기술적 제약 속에서 集住가 이루어진 결과로 보게 되었다(秋山 2005).

이와 같이 대규모 취락의 생산기반과 생산체제에 대한 검토를 통해 농업생산을 기반으로 하는 이상 도시가 아니라는 견해가 대세를 차지했다. 야요이도시에 대한 비판은 치밀한 분석을 근거로 한 것이었다. 다만 도시의 특징은 외부의존에 있다는 都出의 견해에 대해 농촌도 외부의존할 경우가 있었다는 점 이외에 반론하지 않았다(廣瀨 1998). 그 사이에 石黑立人(이시쿠로 다쓰히토)은 도시라는 개념은 취락 고유의 현상을 파악할 때 편의적으로 설정된 것이며, 개념이 실재하는 것은 아니다고 해서 도시개념에 엄밀성을 요구하는 것은 現象과 다른 방향으로 나아가는 것이 아닐까라고 당시의 논의에 경종을 울렸다. 게다가 거점취락이라는 말에 대해서는 거점이란 무엇인가라고 문제제기하고, 주변에 대한 거점만으로는 유효하지 않다고 지적한 바 있다(石黑立人 2000).

그 후 대규모취락, 거점취락의 인식에 대한 새로운 견해도 제시되었다. 若林邦彦(와카바야시 구니히코)은 긴키의 야요이시대 취락을 구성하는 단위에 대해 수혈건물 20~50棟 정도의 집합을 취락의 기본으로 파악하여 기초집단이라고 부른다. 그리고 대규모취락은 단일구조가 아니고, 여러 기초집단의 집합체로 보고 거점취락으로 생각되는 취락은 기초집단이 우연히 근접해서 존재했던 결과에 불과하고, 거점취락=대환호취락이라는 도식도 성립되지 않는다고 보았다(도 1, 若林邦彦 2001). 와카바야시가 제시한 각 유적에서의 유구구조 복원은 스스로의 조사경험과 조직으로서 장기에 걸치는 발굴조사의 축적을 근거로 한 것이며, 타의 추종을 불허하는 귀중한 성과라고 말할 수 있다.

또 浜田晋介(하마다 신스케)는 南關東에서의 구릉 위에 입지하는 대규모취락을 분석하여 정주의 근거가 되는 수전도작에 대한 의거는 있을 수 없고, 밭농사가 주요 생업이었다고 생각했다. 그리고 대규모취락이라는 것은 사실은 이동을 반복했던 결과이며, 이동할 때 회귀성이 강한 장소가 거점취락으로 인식되어 온 것이라고 하고, 이러한 현상은 西日本의 구릉 위에 입지하는 대규모취락에서도 확인할 수 있다고 지적한 바 있다(浜田晋介 2011). 하마다의 견해는 기본적인 생업을 밭농사에서 찾았던 것이고, 서일본의 구릉 위에 있는 대규모취락에도 적용할 수 있을지는 생업과 연결시킨 검토가 필요하다.

하마다의 연구에 앞서 秋山浩三(아키야마 고소)는 『彌生 大型 農耕聚落의 研究』를 출판하고, 야요이시대의 대규모취락은 ①혈연관계를 기축으로 한 복합집합체이고, ②그것들의 集住와 해체는 농업생산기술과 관계가 있고, ③취락 내의 노동은 청동기 생산 등을 제외하면 비교적 균질하고, 어떤 업종에 특화하지 않았다고 정리한 후 야요이도시론을 다시 비판하고 농경취락의 다소 특이한 한 형태라고 평가했다(秋山浩三 2007).

한편 야요이도시 부정론에 대해 거의 의견을 피력하지 않았던 히로세는 야요이도시라는 개념을 제시했는데도 불구하고, 그것에 대한 반론은 도시인지 아닌지하는 인정문제에 그쳤다고 하고, 「개념화와 체계화에 대한 지향이 약하다는 문제를 안은 일본고고학은 야요이시대에 있어 도시의 존부 문제를 왜소화해버렸다」(廣瀬 2003)고 말하는데, 야요이도시론에 관련된 논의는 맞물리지 않은 채 오늘에 이르게 되었다.

그런데 야요이도시론이 제시되면서 「彌生都市」를 주제로 한 전시회·강연회 등이 많이 행해졌다. 그 중에서도 고고학연구회의 1997년도와 1998년도 총회에서 「도시의 성립」, 일본고고학협회의 2002년도 대회에서 「'도시적' 거점취락에서의 교역과 분업의 재검토」라는 심포지엄이 개최된 것은 야요이노시가 일반인한테만 매력적이고 임펙트가 있었던 것 뿐만 아니라 학계에서 중요한 문제제기이었던 것을 보여준다. 덧붙이자면 야요이도시론을 「매스컴의 반응을 우선시키는 자세」라고 평가하는 견해도 있지만(若林邦彦 2001), 결과로서 매스컴 등에서 다루게 되었다고 보아야 할 것이다.

그리고 2008년에도 九州國立博物館에서 「되살아나는 야요이도시」라는 전시회가 열렸다. 이것은 학계에서의 평가와는 별도로 야요이도시는 아직 견인력이 있다는 것을 말해준다. 이렇게 될 것이 예상되었기 때문에 야요이도시에 대한 비판이 바로 나왔다고 생각된다.

현재 대규모 취락을 둘러싼 견해는 다양하고 도시·야요이도시로 보는 입장이 있는 한편 거점성을 평가하는 견해나 거점성 자체를 의문시하는 견해도 있다. 본고에서는 거점취락이라는 말을 이용하는 것에 비판이 있다는 것을 이해하면서 검토를 진행시키고자 한다.

2) 소위 大規模聚落의 內容

(1) 唐古·鍵(가라코·카기)遺蹟과 그 周邊의 遺蹟

奈良縣(나라현) 唐古·鍵(가라코·카기)유적은 奈良(나라)분지 중앙부에 위치하고, 야요이시대 전기부터 후기 그리고 고분시대까지 계속 조영되었다.

야요이시대 전기에는 북지구, 서지구, 남지구로 구분되는 세 개의 微高地에 취락이 성립했다. 전기 후엽에는 북지구와 서지구에서 큰 도랑(大溝)이 굴착되고, 목기 저장공이 다수 검출되었다. 상세한 것은 앞으로의 과제이지만 각 지구에서 생산으로부터 소비까지 자기완결적이었다고 생각되고 있다. 야요이시대 중기에 이 大溝는 묻히고 이 세 개의 각 집단을 둘러싸는 환호가 굴착되었다. 주목되는 것은 중기 전엽의 西地區에서 總柱式(총주식)의 獨立棟持柱(독립동지주)를 가진 대형 굴립주건물이 확인된 것이다. 주변에 유구는 존재하지 않고, 유물도 적은 것으로 보아 특수한 공간이었을 가능성이 있다(도 2).

이 유적의 큰 획기는 야요이시대 중기 중엽이고, 세 개의 집단 모두를 둘러싸는 환호가 굴착되었다. 그 범위는 직경 400m 정도이고, 환호는 3~5줄로 多重化한다. 이 취락에서 큰 획기이다. 중기 후엽에는 西地區의 가장 북쪽에서 獨立棟持柱를 가지지 않는 대형 굴립주건물이 확인되어 구획구도 수반한다. 주변에서 비취제 대형 곡옥을 수납한 「鳴石」「壺石」이라고 불리는 용기도 출토되었는데, 건물의 성격을 유추하는 데 있어 흥미로운 점이다.

南地區에서는 야요이시대 중기 후엽에 청동기 주조와 관계된 유구·유물이 발견되고, 게다가 중국식 누각을 모티프로 한 繪畫土器도 출토되었다.

부분적인 조사이지만 환호 내부는 세 개의 微高地로 구성되었고, 각각 내부에는 많은 區劃溝가 굴착되었다. 발굴조사보고서에서는 굴립주건물의 지구, 수혈건물의 지구, 청동기 주조지구 등 기능이 분화되었을 가능성이 지적되었다. 그렇다고 하면 각 지구는 등질적이지 않게 되고, 후술하는 이케가미 소네 유적에서 상정되는 상황과 다를 가능성도 생긴다.

야요이시대 중기 후엽에 환호는 홍수와 모래에 의해 매몰되었지만 다시 후기에 굴착되었다. 긴키에서는 중기에 低地의 대규모취락이 폐절 혹은 축소하는 것에 비해 후기까지 계속 조영되는 극히 드문 예이다. 그 후 후기 후엽에 환호는 메워지고, 고분시대 전기에는 환호를 가지지 않는 세 개의 취락이 된다.

유물은 다양한데 토기·석기·목기 등이 다수 검출되었다. 토기로는 야요이시대 중기의 吉備(기비)·瀬戸内(세토우치)지역, 播磨(하리마)·攝津(셋쓰)·河内(가와치)·紀伊(기이)지역 등 서쪽 지역의 토기, 近江(오우미)·伊賀(이가)·尾張(오와리)·伊勢灣(이세만)지역과 같은 동쪽 지역의 토기들이 반입품으로서 확인된다. 또 토기에 시문된 櫛描文樣의 구성이 긴키 각 지역의 특징을 겸비하는 최대공약수적인 양상인 것으로 보아 이 유적이 긴키의 물류를 통괄하는 데 있어 중요한 역할을 했다는 견해가 있다(都出 1998). 게다가 전국에서 400점이 출토된 회화토기 중 이 유적에서는 약 250점이 출토되었으며 압도적 다수를 차지하고 있다(도 3).

다만 금속기의 출토는 적다. 철기는 야요이시대 후기 후엽의 판상철부가 알려지는 정도이다. 청동제품은 동촉 12점, 銅釧 1점 등이 있는데 대부분이 후기 이후의 유물이다. 褐鐵鑛으로 형성된 용기에서 비취제 곡옥 2점이 출토된 점도 흥미롭다. 이것에 대해서는 야요이시대 중기 후엽에 신선사상이 이해되고 있었다고 보는 견해가 있다(辰巳 2001).

유적 주변에서는 여러 취락들이 확인되었다. 북쪽 약 600m 지점에는 淸水風(시미즈가제)유적이 있는데, 회화토기 약 50점이 출토된 점이 특필된다. 이 유적은 唐古·鍵유적의 묘역 중 하나임과 동시에 거주영역에 대해서는 唐古·鍵유적으로부터의 分村 혹은 일시적인 이주지로 보는 견해, 그리고 가라코·가기 유적과 일련의 취락으로 파악하는 의견도 있다(도 4, 藤田 1997).

야요이시대의 회화에 대해서는 畵題의 조합으로 보아 농경과 관련된 신화의 존재가 상정된 바가 있다(春成 1999). 가라코·카기 유적과 시미즈가제 유적에서의 회화토기 출토수가 월등히 차이가 난다. 그러한 신화가 있었다고 하면 처음에는 북부 九州(규슈)에 전해진 것으로 생각되는데, 가라코·카기 유적으로부터 긴키 일대, 더욱 그 주변으로 확산되어 갔다고는 볼 수 있을 것이다.

유적의 규모나 존속기간, 출토유물의 내용 특히 회화토기의 출토량이나 중국과 관계가 있었던 것을 상정시키는 문물의 출토 등을 감안하면 가라코·카기유적은 긴키 안에서도 특별한 취락인 것을 다시 한번 확인할 수 있을 것이다.

(2) 池上曾根(이케가미소네) 遺蹟과 그 周邊의 遺蹟

이케가미소네 유적은 오사카부의 남부, 오사카만 연안의 선상지 위에 위치하는 야요이시대 전기부터 후기에 걸쳐 존속한 유적이다. 취락은 야요이시대 전기 후엽에 시작되었는데, 환호가 있었는지 없었는지는 명확하지 않다. 환호는 야요이시대 중기에 굴착되었고, 그 범위는 직경 300m 정도가 된다. 이 시기가 큰 획기가 된다(도 6).

여기에도 동서방향의 대형 굴립주건물이 존재했다(도 8). 시기는 야요이시대 중기 후엽이고, 같은 장소에서 다섯 번 정도 개축이 이루어졌다. 건물의 바로 남쪽에서는 지붕을 가진 구조물(覆屋)이 있는 직경 2.5m 정도의 녹나무를 드러내서 만든 대형 우물이 검출되었다. 그리고 부근에서 Sanukite(사누카이트) 박편과 太型蛤刃石斧 그리고 문어항아리 등이 집중해서 출토되었다. 전자는 태형합인석부를 중심으로 해서 그 주변에 사누카이트 박편이 배치되고 있었다. 사례가 없는 희귀한 출토 상황이다.

게다가 이 건물과 직각 방향에 다른 굴립주건물이 존재했다는 견해가 있다. 그러나 없었다고 보는 의견도 있다. 이 점에 대해서는 정식 발굴조사보고서가 간행되지 않았기 때문에 충분히 검토할 수 없다. 대형 굴립주건물의 양상은 이케가미소네 유적의 성격을 생각할 때 중요한 부분이기 때문에 많은 識者의 의견을 종합한 정리가 이루어져야 한다.

출토유물에서 주목되는 것은 紀伊(기이)지역에서 출산되는 綠泥片巖製(녹니편암제) 석도의 완성품·미완성품 및 원석이 다수 출토되었다는 점에서 석도는 기본적으로 미완성품 상태로 유통되고, 각 취락에서 제품으로 마무리된 것으로 생각된다. 그리고 이케가미소네 유적은 기이지역과 河内(가와치)지역 사이에 위치하고 있기 때문에 석도 미완성품의 중계지로서의 역할이 있었다고 상정된 바가 있다(都出 1989, 禰宜田 1998). 그리고 환호 내의 각 지점에 있어서의 석기조성을 비교했는데, 그 조성에 차이가 보이지 않았다. 즉 농업생산, 수공업생산 등은 각 지구에서 비교적 균질적으로 이루어진 것으로 생각된다(秋山 1999).

금속기는 가라코·카기 유적과 마찬가지로 철기는 확인되지 않았다. 다만 청동기의 거푸집으로 생각되는 석재가 출토된 바가 있어 청동기 생산은 이루어진 것으로 생각된다.

야요이시대 후기가 되면 취락 규모는 축소하지만 존속한다. 다만 이 시기에 4km 정도 떨어진 觀音寺山(간온지야마) 유적 및 2km 떨어진 惣ノ池(소노이케) 유적이 출현한다. 이러한 취락으로 이동했다고 생각된다. 유적 주변에서는 야요이시대 중기에 대규모화한 후 크고 작은 20여 개의 취락이 존재했다. 다만 이것들과 이케가미소네 유적과의 관계에 대해서는 아직 밝힐 수 없다(도 7).

⑶ 玉津田中(다마쓰다나카) 遺蹟과 그 周邊의 遺蹟

兵庫縣(효고현) 玉津田中(다마쓰다나카) 유적은 明石川(아카시가와) 유역 左岸의 충적지로부터 段丘에 걸친 지점에 위치하고, 야요이시대 전기부터 후기까지 斷續的으로 존속했다.

유적은 야요이시대 전기 중엽에 출현하고, 중기 전엽에 본격적인 취락 형성이 확인된다. 다만 환호가 굴착되지 않고, 장변 250m, 단변 100m 정도의 범위에 거주영역이 있고, 북동쪽으로 350m 떨어진 곳에 한 변 50m 정도의 거주영역도 있다. 중기 중엽부터 후엽에는 규모가 확대하고, 약 250m 사방 범위 안에 있는 微高地 여섯 군데에 거주영역이 조영되었다(도 9). 중기 말에는 대규모 홍수에 의해 취락의 대부분이 폐절되었지만, 홍수가 미치지 못했던 장소에 散在的으로 거주영역이 조영되었다. 후기에도 세 군데에서 거주영역이 확인된다.

출토유물에서 주목되는 것이 세 개 있다. 첫 번째는 야요이시대 중기 중엽의 주조철부의 자루이다. 긴키에서의 철기 존재를 보여주는 최고급 자료이며 긴키에서 주조철부가 실제로 사용된 것을 나타내는 귀중한 자료이기도 하다(도 12). 두 번째는 목관묘에서 출토된 세형동검의 봉부이다. 이것도 긴키에서 유일한 자료이다. 덧붙이자면 玉津田中(다마쓰다나카) 유적 주변에 위치하는 新方(신포우)유적에서는 중기 중엽의 주조철부가 출토된 바가 있다. 明石川(아카시가와)유역에서는 야요이시대 중기부터 긴키에서는 출토예가 적은 철기·청동기가 출토된 셈이다. 마지막으로 세 번째는 四國(시코쿠) 香川縣(가가와현)에 있는 金山(가나야마)에서 산출된 사누카이트의 대형 판상박편이 다수 출토된 점이다. 岡山縣(오카야마현)에서도 대부분이 3점 미만밖에 출토되지 않지만, 원산지에서 약 100km 떨어졌는데도 불구하고 4점이나 출토되었다. 이것은 금속기뿐만 아니라 석기에서도 유통의 거점이었던 것을 보여준다(도 10·12).

다마쓰다나카 유적이 야요이시대 중기 후엽의 홍수에 의해 규모가 축소한 단계에 부근의 구릉 위에 수많은 취락이 출현하게 된다. 그 중 3km 정도 떨어진 西神(세이신) 뉴타운 65지점 유적에서는 동탁 거푸집이 출토되었다. 야요이시대 중기의 청동기생산 관련 자료가 각 지역의 대규모취락에서 확인된 것을 고려하면 이 취락도 동일한 성격을 가진 것을 짐작케한다. 또 철기가 다수 출토된 유적도 있다. 이 유역의 구릉 위에 위치하는 유적도 거점성을 가진 것으로 파악한 바가 있다(도 11, 禰宜田 2010).

야요이시대 후기가 되면 明石川의 지류에 고지성 환호취락인 表山(오모테야마) 유적이 출현한다. 환호 바깥쪽에서도 수혈건물이 조사되었다. 구릉 전체에 유구가 펼쳐져 있었다면 長徑 200m, 短徑 70m로 추측된다. 긴키에서 가장 이른 북부 규슈산 소형 방제경이 출토되었는데 야요이시대 중기와 마찬가지로 금속기 유통에 있어 핵심적 존재였다고 생각된다.

明石川 유역의 야요이시대 중기에 다마쓰다나카 유적과 신포우 유적의 두 대규모취락이 3km 정도의 거리를 두고 병존했다. 이 지역에서는 직경 4.5km 범위 안에서 다마쓰다나카 유적과 신포우 유적이 물자유통의 중추로서 전개된 것으로 보았다(山本 2000, 禰宜田 2010).

(4) 大規模聚落의 內容

여기서 대규모취락에 갖추어지는 사항을 정리하고자 한다.

첫 번째는 말 그대로 수혈건물 등의 유구가 넓은 범위에 걸쳐 검출된다는 점이다. 규모는 어디까지나 상대적이지만 긴키의 야요이시대 중기에는 직경 200~300m 정도가 하나의 기준이 되지 않을까 한다. 그 경계는 가라코·가기 유적이나 이케가미소네 유적과 같이 환호가 굴착될 경우, 다마쓰다나카 유적과 같이 하천 등으로 둘러싸여진 미고지 혹은 구릉 등의 자연지형에 의한 경우가 있다.

두 번째는 복수의 집단으로 구성되었다는 점이다. 대규모취락 내에는 미묘한 지형변화가 있는데 미고지에 거주영역이 전개했다. 가라코·가기 유적에서는 세 개의 미고지에 있었던 거주영역이 야요이시대 중기 중엽에 그 모두를 둘러싸는 환호가 굴착되었다. 다마쓰다나카 유적에서도 유구는 근접한 미고지 위에 위치하고, 하나의 집합을 형성한 것으로 간주된다.

세 번째는 대형굴립주건물이 존재하는 점이다. 가라코·가기 유적이나 이케가미소네 유적의 예를 보면 獨立棟持柱를 가지는 것, 그렇지 않은 것이 있고, 여러 번에 걸쳐 개축이 이루어졌다. 건물의 주위에 구획을 가지는 것도 있다.

네 번째는 방대한 양의 유물이 출토된다는 점이다. 많다 적다는 표현은 객관적이지 않지만, 이케가미소네 유적에서는 100톤에 이르는 유물이 출토되었다고 한다. 이러한 양으로 보아 集住하고 있었던 것을 부정하기가 어렵다.

다섯 번째는 청동기생산 관련 유구·유물이 출토된다는 점이다. 가라코·가기 유적에서는 주조 관련 유구와 동탁 등의 거푸집이나 숫돌 등 주조와 관련된 유물들이 출토되고, 이케가미소네 유적에서도 거푸집으로 생각되는 유물이 출토된 바가 있다.

여섯 번째는 원격지에서 초래된 문물이 다수 출토된다는 점이다. 가장 특징적인 것은 금속기인데 동경·동촉·동검, 철촉·철검·철부·철사(鐵鉇) 등이 출토된다. 다만 야요이시대 중기에 가라코·카기 유적이나 이케가미소네 유적에서 철기가 출토되지 않았던 점도 고려해야 할 것이고, 원래 없었던 것인지에 대해서는 평가가 갈라진다. 토기의 경우 반입품의 비율이 주변의 소규모 취락보다 높다는 것이 지적된 바가 있다(森岡 1982). 아마 석재 등도 같은 흐름였다고 생각된다. 이러한 것은 물자유통의 중추였다는 것을 의미한다.

위에서 정리한 점은 彌生都市의 인정 과정에서 논의된 사항과 겹치는 부분이 많고, 기존의 거점취락론에서 제시되어 왔던 부분과 크게 달라진 것이 아니다.

3) 據點聚落의 內容과 歷史的 意義

(1) 據點의 意味

그러면 대규모취락의 거점성이란 어떤 내용을 말하는 것인가, 거점취락을 어떻게 생각하면 좋을까? 이러한 부분이 애매했기 때문에 거점취락이라는 말을 사용하는 것에 소극적인 견해도 나와 있다는 것은 이미 지적하였다.

기존의 연구를 되돌아보면 母聚落이라고 불리는 대규모 취락, 歷代聚落이라고 불리는 장기간에 걸쳐 존속한 취락을 거점취락으로 보아 왔다. 긴키의 경우 야요이시대 중기의 환호취락은 두 개의 특징을 겸비하고 있었기 때문에 거점취락의 이미지가 고정되었다.

앞에서 확인한 바와 같이 긴키 야요이시대 중기의 대규모취락에는 대형 굴립건물이 수반된다. 이 건물의 성격에 대해서는 수장거택, 제사시설, 창고, 취락구성원의 공유시설 등으로 생각되어 있다. 창고에 대해서는 쌀이라는 집단을 존속시키는 데 있어 불가결한 것을 저장하는 중요한 장소이기 때문에 신성한 장소로 간주되고, 제사시설로서의 성격을 가지게 되었다는 견해가 있다(春成 1999).

나는 대형굴립주건물에 대해서는 수장거택 혹은 제사시설, 또 그러한 성격을 가진 창고라고 수장과 관련이 있는 시설였다고 상정한다. 이케가미소네 유적의 대형굴립주건물은 야요이시대 중기 후엽에 같은 장소에서 다섯 번 정도 개축되었다. 다른 취락유적의 사례를 근거로 하면 거의 같은 장소에서 개축되었던 경우와 장소를 옮겨 개축되었었을 경우가 있다. 고분시대의 수장거관은 한 세대마다 개축했던 점을 고려하고 수장에 취임한 상징으로서 대가 바뀔 때마다 개축하지 않았을까 한다.

그러한 의견이 허락된다면 대규모취락에는 수장이 있고 제사에서도 중심적 역할을 담당했다. 더구나 물자유통의 중추이며, 청동기생산도 행한 셈이다. 이러한 특징은 바꾸어 말하면 정치적 거점·경제적 거점·종교적 거점이 된다. 거점취락이란 이러한 세 가지 거점으로서의 성격을 겸비한 취락이라고 생각한다. 덧붙이자면 이것들은 야요이도시론에서 제시된 속성과 공통된다.

야요이시대의 긴키에서 거점취락은 다수 존재한다. 그 중에서 가라코·카기 유적에 있어 야요이시대 중기의 내용은 다른 거점취락과 비교할 때 월등하다. 물론 그것이 야요이시대 후기 이후, 전방후원분 출현에 이르기까지 행한 역할에 대해서는 별도로 검토할 필요가 있다는 것은 말할 필요도 없지만, 이 취락이 담당했던 역할은 이것과 별도로 생각할 필요가 있을 것 같다.

그런데 若林邦彦(와카바야시 구니히코)는 혈연집단이 우연히 밀집했던 상태를 거점취락으로 인식해 왔다고 해서 대규모취락의 據點性을 의문시했다. 거기서는 대규모취락이 단일구조였던 것을 문제점으로 삼은 것인데, 이러한 점은 야요이도시론에서 廣瀨和雄(히로세 가즈오)이 주장한 것이다. 지금까지 야요이시대 취락 연구에서는 환호취락은 기본적으로 복수의 집단으로 구성되었다고 생각되어 왔다. 또 와카바야시는 여러 집단들의 이해조정을 위해 수장이 존재한 것으로 생각하고, 대형굴립주건물과 같은 모뉴먼트(monument)의 존재는 대규모취락과 그 주변에서 관계를 가지는 여러 기초집단의 공동성 증대를 보여주는 것으로 평가하였다(若林 2001). 야요이시대 중기에 있어 수장의 모습 및 대형굴립주건물의 성격에 대한 견해는 기본적으로 같다.

집단의 단위를 「기초집단」으로 볼 것인지, 「단위집단」으로 볼 것인지에 대해서는 일단 뒤로 하고 집단의 통합이 혈연을 기본으로 이루어졌다는 견해가 가장 유력할 것이다. 그렇다면 대규모취락은 복수의 혈연집단이 集住함으로써 성립되었다고 간주된다. 그렇게 된 것은 수전도작을 경영하는 데 있어 필요하기 때문일 것이다.

그런데 정치적·경제적·종교적인 거점이라는 측면 중 야요이시대 중기만큼 큰 규모가 아니지만 거점적 성격을 가지는 취락이 있다. 高地性 취락으로서 유명한 兵庫縣(효고현) 會下山(에게노야마)유적은 긴키에서는 희소한 금속기가 출토되었고, 야요이시대 후기 전반에 있어 물자유통의 거점이었다고 생각된다. 여기서는 수장거택이라고 상정되는 수혈건물이 있고, 제사유구로 추정되는 시설도 있다(禰宜田 2012). 그러한 점을 고려하고 규모는 시기에 따라 변화하고 상대적이었다고 하면 거점취락이라고 볼 수 있을지도 모른다. 또 야요이시대 후기 후반의 兵庫縣(효고현) 五斗長垣內(곳사카이토) 유적에서는 철기제작지가 확인되었다. 유적의 전체적 모습을 보면 철기생산이라는 중요한 역할을 담당했던 유적이었다. 이러한 경우 여러 유적들이 모여서 하나의 통합이 형성되었던 것을 생각할 필요가 있을 것이다.

야요이시대 후기에는 중기와는 조금 다른 형태의 거점취락으로 생각되는 취락이 존재했던 것을 지적했다. 또 금속기를 제작하는 유구군이 단독으로 존재하게 되었다. 야요이시대 후기 거점취락의 양상은 야요이시대 중기와는 다르게 된 것 같다.

(2) 據點聚落의 範圍

다음에 문제가 되는 것은, 거점취락의 범위 즉 경계를 어떻게 인식하느냐는 것이다. 환호를 가질 경우 環濠內가 범위를 인식하는 하나의 지표가 될 것이다. 그러나 이케가미소네 유적과 같이 환호의 바로 바깥쪽에 수혈건물이 존재할 경우도 있다. 또 오사카부 龜井(가메이)유적에 환호가 없는 것은 이미 지적되었는데, 와카바야시가 지적한 바와 같이 河內(가와치)지역에서는 환호가 없는 취락이 많고, 경계를 고고학적으로 찾는 것은 매우 어려운 일이다. 환호를 가지지 않는 점은 다마쓰다나카 유적도 마찬가지다. 야요이시대 중기에 환호를 가지지 않는 취락 혹은 경계가 명확하지 않은 취락은 상당수가 된다(若林 2001). 그러한 의미에서 발굴조사에서 「공백」의 존재를 인식하는 것이 대단히 큰 의미를 가지게 되지만 (武末 2010), 긴키의 低地에 입지하는 취락에서는 그러한 인식을 증명하기가 어렵다는 것이 現狀이다.

그러면 대규모취락과 그 주변의 소취락을 어떻게 파악하면 좋을 것일까. 이 문제를 생각하는 데 있어 참고가 되는 것이 가라코·카기 유적과 시미즈가제 유적이다. 이 두 유적에서는 회화토기가 다수 출토되었다. 다른 유적을 보면 회화토기는 거점취락에서 몇 점 정도가 출토되는 정도이고, 주변이라고 생각되는 취락에서 출토되는 경우는 드물다. 시미즈가제 유적에서의 출토 수는 거점취락에서 출토된 수를 훨씬 넘는 것이다. 즉 회화토기의 출토 수로 보면 가라코·카기 유적과 시미즈가제 유적이 거점과 주변이라는 관계였다고 생각하기가 어렵다. 오히려 양자를 같은 취락으로 파악하면 두 개 유적의 관계를 이해하기 쉬워질 것 같다고 생각된다.

「하나의 집단」이란 와카바야시의 말로는 기초집단이 밀집해서 존재하는 취락과 드문드문하게 존재하는 취락을 합친 범위(若林 2001), 다케스에의 말로는 거점취락뿐만 아니라 단기간에 끝나는 주변의 소취락을 포함시킨 마을에 상당하는 범위(武末 2010)를 상정할 필요가 있을 것이다. 사카이의 직경 5km의 범위도 이것에 포함될 것이다. 거기에는 대규모취락과 그것보다 규모가 작은 취락이 있었다. 양자는 거점과 주변처럼 고정적으로 파악할 필요는 없다. 소규모취락은 원래 대규모취락과는 독립해 존재하는 것이고, 대규모취락으로부터의 分村이나 일시적인 이주 장소였을 가능성도 상정되며, 성립한 요인은 하나가 아니었다. 모두 대규모취락과 관련하면서 수전도작이나 제사, 유통해 온 물자의 수용 등에서 밀접하게 관련되었다. 이것들은 대규모취락의 입장에서 보면 거기에 존재한 수장이 관여하는 범위였다고 생각한다.

즉「하나의 집단」으로서의 활동 범위, 일정한 영역 안에서 중심적인 역할을 담당한 대규모취락, 이것을 거점취락으로 파악한다. 그렇다면 이제와서 말할 필요도 없지만, 거점취락을 고고학적으로 인식할 수 있는 것은 각 지역의 각 시기에 있어 상대적으로 규모의 큰 취락이 된다. 취락의 존속기간에 대해서는 한 군데에서 장기간에 걸치는 경우 이외에 시기에 따라 이동하는 경우도 상정할 수 있기 때문에 부차적인 요소가 된다. 당연히 행정적으로 구분된「유적」이 아니고, 유적을 群으로서 파악하는 시점도 필요하게 된다.

(3) 據點聚落의 意義

그럼 대규모취락이라는 점만으로 거점취락이라고 해도 좋은 것일까? 나는 이 문제는 수장, 인류학에서 사용되는 chief를 포함한 의미이지만, 수장이 어디에 거주하느냐와 관련되는 것으로 생각한다. 죠몽시대 전기부터 후기, 중부지역으로부터 동북지역이나 동일본에서 확인되는 環狀聚落은 지금까지 언급해 온 것과 기본적으로 같아서 거점취락이라고 불린다(谷□ 2005). 거점취락은 시대나 지역에 따라 상대적으로 인식할 필요가 있다.

또 각 지역에서 거점취락을 형성하지 않는 시기도 있었다. 긴키의 경우 죠몽시대부터 야요이시대 전기 중엽에 있어 대규모취락을 확인하는 것은 현시점에서는 어렵다. 야요이시대 전기 후엽 이후가 되면 거점취락이 출현하는 것이 이 지역의 특성이라고 할 수 있다. 한편 關東(간토)에서는 죠몽시대 전기에 환상취락이라는 거점취락이 확인되지만, 그 후에는 대규모취락을 형성하지 않고, 야요이시대 중기 후엽에 형성되는 것이다.

거점취락은 각 시대, 각 지역에서 존재하고, 시대·지역마다 변화되었다. 또 그러한 거점을 필요하지 않는 시대·지역도 있었다. 거점취락이 성립해 해체하는 의미, 그 역사적 역할 등에 대해서는 地域史 안에서 검토할 필요가 있다.

그런데 야요이시대 후기 전엽 혹은 중엽까지 수장은 거점취락 안에서 거주했다. 그때쯤부터 취락구조에 변화가 일어나고 후기 후엽의 양상은 명확하지 않지만, 늦어도 종말기에는 수장거관이 성립했다.

수장거택 성립 이후 대규모취락에 수장은 존재하지 않게 된다. 정치적 거점으로서의 성격을 가지지 않게 된 것이다. 수장의 계층성에 따라 수장거관의 구조는 달랐을 것이지만, 거기가 정치적·종교적인 거점이 되었다. 수장거관 성립 이후의 대규모취락은 그 이전의 그것과는 성격이 달라지게 되었다.

죠몽시대나 야요이시대에 있어 수장은 거점취락 안에서 一般成員과 함께 있었다. 다만 수장거관이 성립되면 대규모취락에서 수장은 없어져버린다. 그렇게 생각하면 정치적·경제적·종교적인 거점인「거점취락」이라는 개념은 죠몽시대부터 야요이시대 후기의 어느 단계에서 사용되어야 할 말이라고 할 수 있다.

2. 맺음말

본고에서는 애매했던 거점취락에 대해서 새로 정의하고 성격을 정리했다. 게다가 거점취락은 죠몽시대와 야요이시대 후기까지 적용할 수 있는 취락개념으로 간주함으로서 일본에서의 계층분화의 진전을 취락을 바탕으로 검토할 수 있는 시점을 제시할 수 있지 않을까 한다.

다만 거점취락의 내용은 같지 않다. 묘제나 제사에 지역차가 있듯이 거점취락에도 지역차가 있었다. 다케스에 준이치는 북부 규슈, 하마다 신스케는 거점취락이라고 말하지 않겠지만 南關東에 있어 대규모취락의 양상을 정리했다. 일본열도에서의 거점취락의 특징을 도출하고 비교·검토하는 것은 의미가 있는 것이고, 앞으로 한일에서 비교할 수 있으면 사회의 모습에 관한 광역적인 검토의 길을 열 것이다.

마지막으로 야요이도시와의 관계에 대해 언급하면 거점취락이 정치적·경제적·종교적 거점이기 때문에 야요이시대의 거점취락은 「도시적 요소와 농촌적 요소를 겸비한 취락」이 되지 않을까? 아직 검토가 충분하지 않다는 것을 숙지하고 있으며, 많은 비판을 부탁하는 바이다.

平郡達哉(히라고리 타츠야) 번역

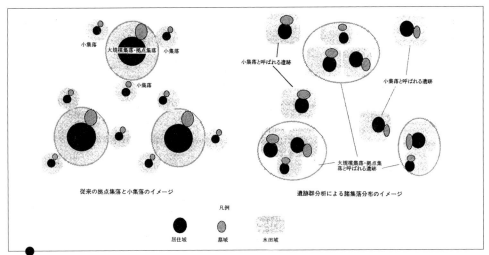

도 1 대규모취락 · 거점취락의 모델(若林 2001)

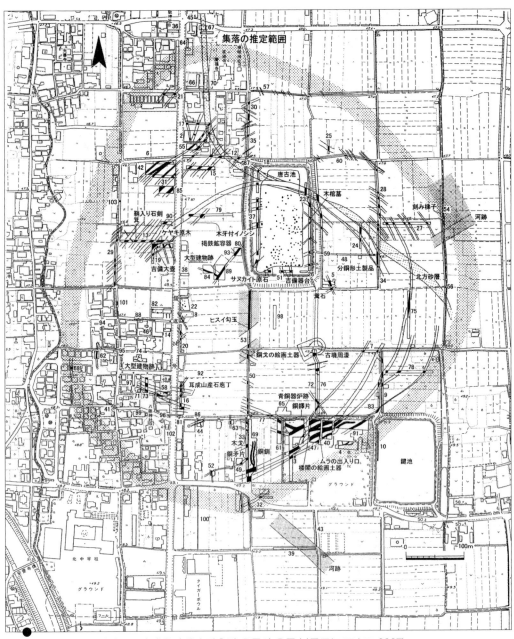

도 2 唐古 · 鍵(가라코 · 카기)유적에서 검출된 유구와 유물 분포도(田原本町 2007)

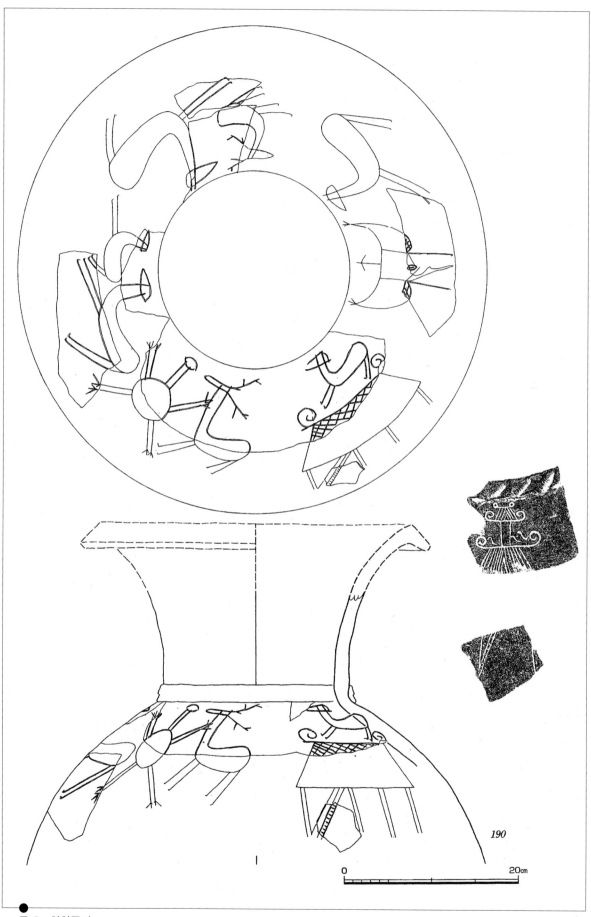

190

0   20cm

도 3　회화토기

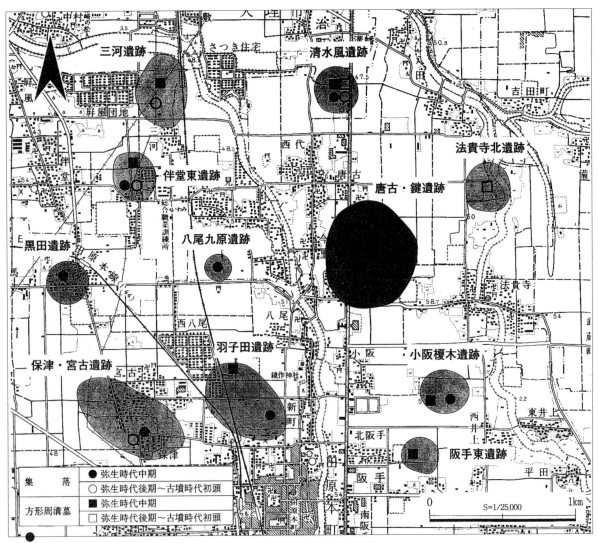

도 4　唐古・鍵(가라코・카기)유적 주변의 彌生(야요이)유적(田原本町 2007)

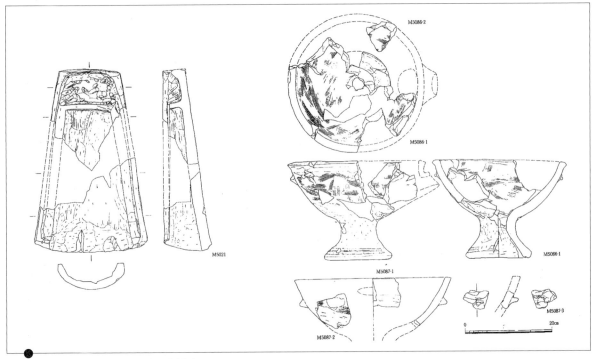

도 5　주조 관련 유물(田原本町 2007)

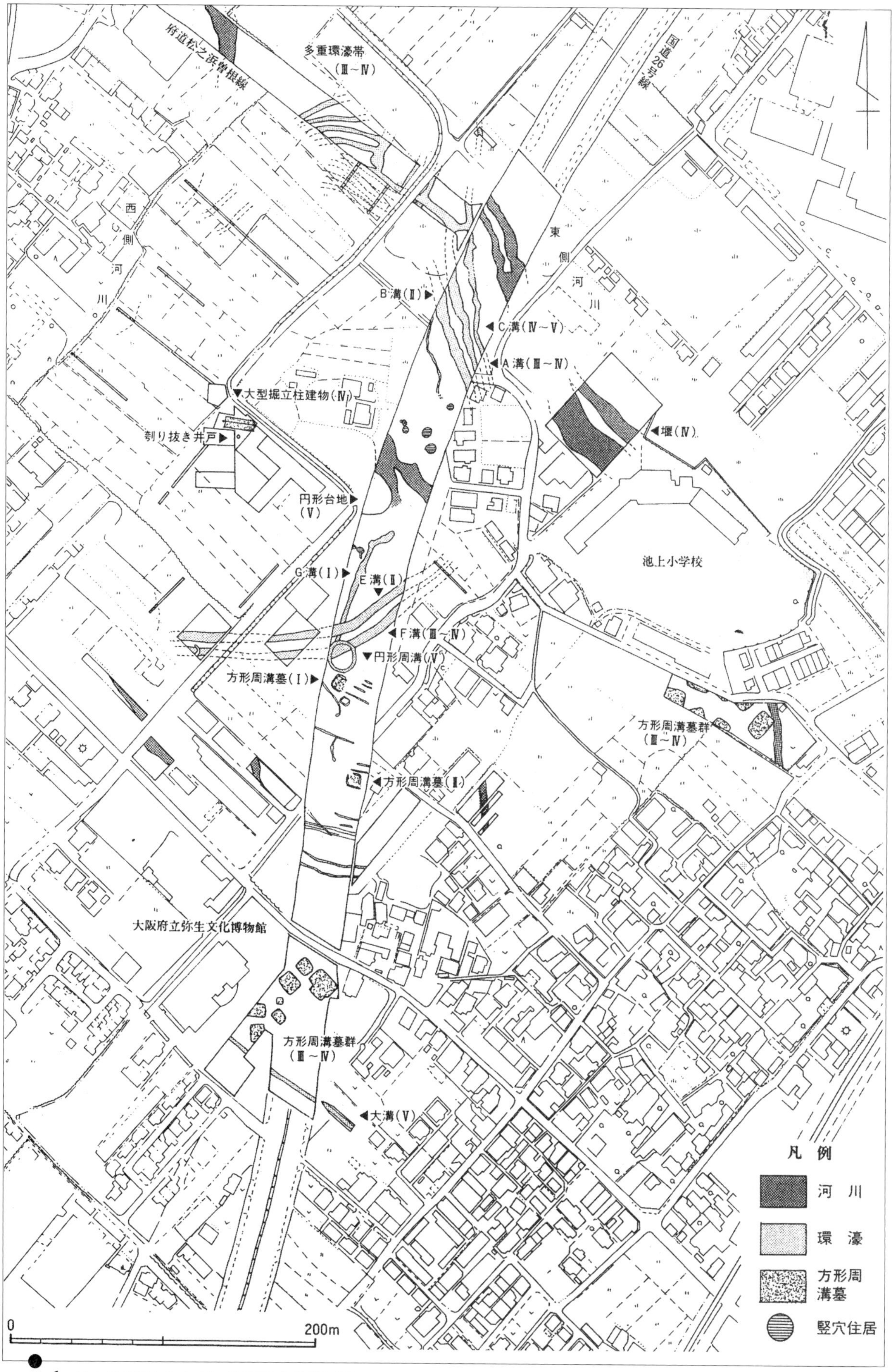
府道松之浜曽根線
多重環濠帯
(Ⅲ~Ⅳ)
国道26号線
西側河川
東側河川
B溝(Ⅱ)
C溝(Ⅳ~Ⅴ)
A溝(Ⅲ~Ⅳ)
大型掘立柱建物(Ⅳ)
刳り抜き井戸
堰(Ⅳ)
円形台地
(Ⅴ)
池上小学校
G溝(Ⅰ)
E溝(Ⅱ)
F溝(Ⅲ~Ⅳ)
円形周溝(Ⅴ)
方形周溝墓(Ⅰ)
方形周溝墓群
(Ⅲ~Ⅳ)
方形周溝墓(Ⅱ)
大阪府立弥生文化博物館
方形周溝墓群
(Ⅲ~Ⅳ)
大溝(Ⅴ)
凡例
河川
環濠
方形周溝墓
竪穴住居
0
200m

도 6 池上曾根(이케가미소네)유적의 유구분포도

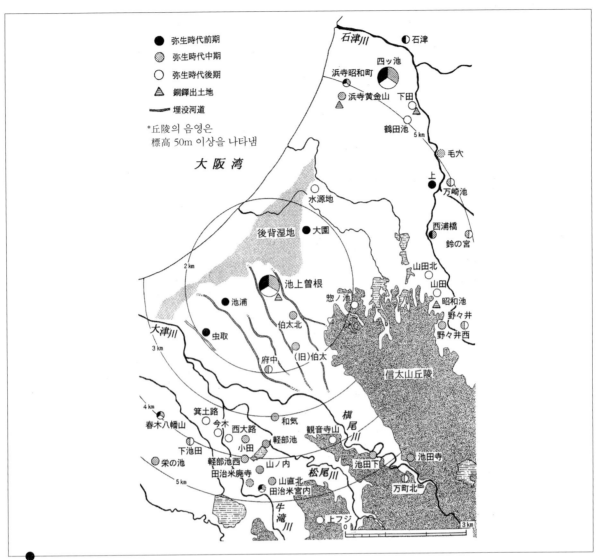

도 7 池上曾根(이케가미소네)유적과 주변의 유적(乾 1998)

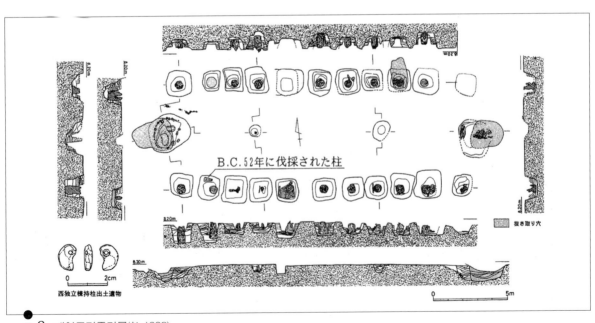

도 8 대형굴립주건물(乾 1998)

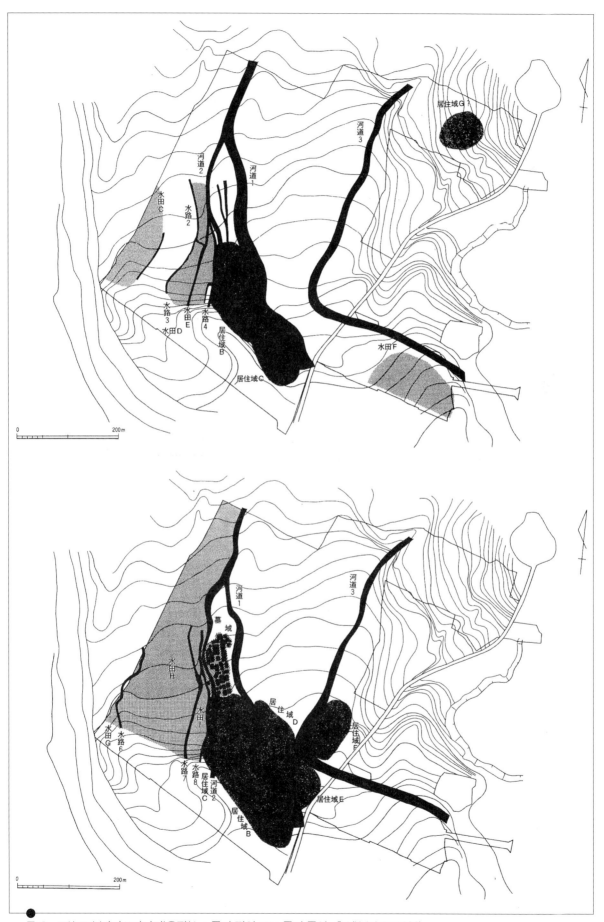

図 9 玉津田中(다마쓰다나카)유적(上 : 중기 전엽, 下 : 중기 중엽~후엽)(兵庫縣 1996)

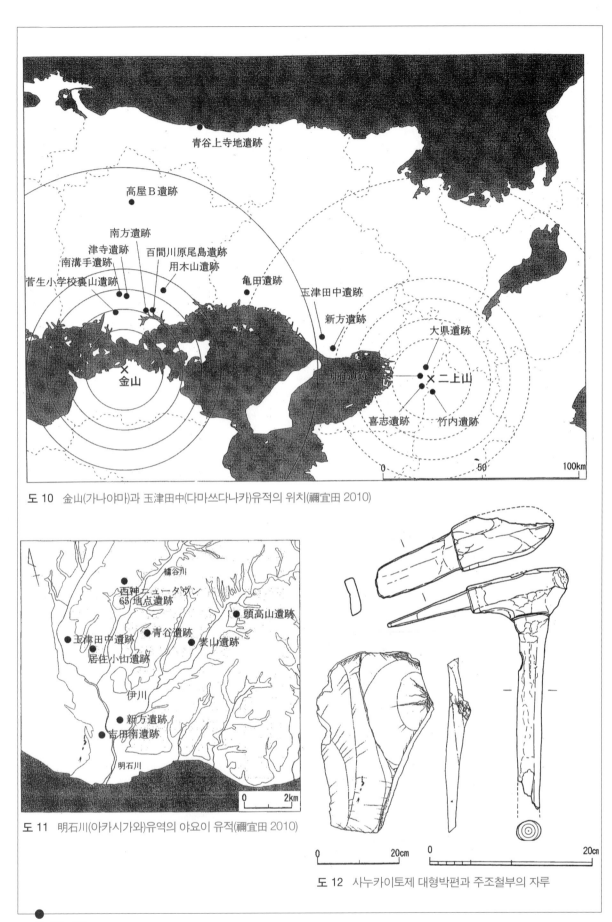

도 10　金山(가나야마)과 玉津田中(다마쓰다나카)유적의 위치(禰宜田 2010)

도 11　明石川(아카시가와)유역의 야요이 유적(禰宜田 2010)

도 12　사누카이토제 대형박편과 주조철부의 자루

도 10~12

●참고문헌●

引用論文 · 參考論文

秋山浩三, 1999, 「近畿における彌生「神殿」「都市」論の行方」, 『ヒストリア』第63號, 大阪歷史學會.

_____, 2005, 「彌生大形集落斷想」, 『大阪文化財研究』27 · 28, (財)大阪府文化財センター.

_____, 2007, 『彌生大形農耕集落の研究』, 青木書店.

石神怡, 1977, 「池上彌生ムラの變遷」, 『考古學研究』25-4, 考古學研究會.

石黒立人, 2000, 「彌生集落隨想1999」, 『あまのともしび』, 原口正三先生の古稀を祝う集い事務局.

乾哲也, 1998, 「池上曾根遺蹟とその時代」, 『都市と神殿の誕生』, 新人物往來社.

酒井龍一, 1982, 「畿內大社會の理論的樣相 -大阪灣岸における調査から-」, 『龜井遺蹟』, (財)大阪文化財センター.

武末純一, 1998, 「北部九州の彌生都市論」, 『都市と神殿の誕生』, 新人物往來社 1998.

_____, 2010, 「日本の彌生據點集落とネットワーク」, 『青銅器時代の蔚山太和江文化』, (財)蔚山文化財研究院.

辰巳和弘, 2001, 「神仙界への憧憬」, 『古墳の思想』, 白水社.

田中義昭, 1976, 「南關東における農耕社會の成立をめぐる若干の考察」, 『考古學研究』22-3, 考古學研究會.

谷口康浩, 2005, 『環狀集落と繩文社會構造』, 雄山閣出版.

都出日呂志, 1989, 「地域圈と交易圈」, 『日本農耕社會の成立過程』, 岩波書店.

都出比呂志, 1997, 「都市の形成と戰爭」, 『考古學研究』44-2, 考古學研究會.

_____, 1998, 「交易圈と政治組織」, 『日本農耕社會の成立過程』, 岩波書店.

禰宜田佳男, 1998, 「石器から鐵器へ」, 『古代國家はこうした生まれた』, 角川書店.

_____, 2010, 「明石川流域の彌生時代集落」, 『坪井淸足先生卒壽記念論文集 -埋文行政と研究のはざまで-』, 坪井先生の卒壽をお祝いする會.

_____, 2012, 「會下山遺蹟の再檢討」, 『菟原』Ⅱ, 菟原刊行會.

浜田晋介, 2011, 「彌生集落の構造」, 『彌生農耕集落の研究 -南關東を中心に-』, 雄山閣.

春成秀爾, 1999, 「鳥 · 鹿 · 人」, 『彌生の神々』, 大阪府立彌生文化博物館.

廣瀨和雄, 1996a, 「彌生の防禦集落と豪族居館」, 『別冊歷史讀本』71, 城郭研究最前線, 新人物往來社.

_____, 1996b, 「彌生時代の首長 -政治社會の形成と展開-」, 『彌生の環濠都市と巨大神殿』, 池上曾根遺蹟史蹟指定20周年記念事業會.

_____, 1998, 「彌生都市の成立」, 『考古學研究』45-3, 考古學研究會.

_____, 2003, 『日本考古學の通說を疑う』, 洋泉社.

藤田三郎, 1997, 「唐古 · 鍵遺蹟周辺の方形周溝墓」, 『みずほ』第21號, 大和彌生の會.

_____, 2007, 「唐古 · 鍵遺蹟の集落構造と變遷」, 『唐古 · 鍵遺蹟』Ⅰ, 田原本町教育委員會.

豆谷和之, 2008, 「奈良盆地 唐古 · 鍵遺蹟」, 『彌生時代の考古學』8, 集落からよむ社會, 同成社.

森岡秀人, 1982, 「東六甲の高地性集落(中)」, 『古代學研究』97, 古代學研究會.

山本三郎, 2000, 「明石海峽 · 明石川流域における彌生時代高地性集落小論」, 『あまのともしび』, 原口先生の古稀を祝う集い事務局.

若林邦彦, 2001, 「彌生時代の大規模集落の評價 -大阪平野の彌生時代中期遺蹟群を中心に-」, 『日本考古學』第12號, 日本考古學協會.

關係發掘調查報告書

(財)大阪府文化財センター・和泉市教育委員會, 1996,『史跡池上曾根 95』.

(財)大阪府文化財センター・和泉市教育委員會, 1998,『史跡池上曾根 96』.

(財)大阪府文化財センター・和泉市教育委員會, 1999,『史跡池上曾根 97・98』.

田原本町教育委員會, 2007,『唐古 鍵遺蹟』I.

兵庫縣教育委員會, 1996,『玉津田中遺蹟』-第6分冊-(總括編).

兵庫縣教育委員會, 2000,『表山遺蹟 池ノ內群集墳』.

인용・참고문헌은 최소한으로 제시하였다. 세 유적을 설명하는 부분에서도 하나씩 인용하지 않고 생략하였다. 양해해 주기시 바란다.

第 4 部

原三國時代~三國時代
(彌生時代부터 古墳時代)의
聚落相과 竪穴住居

20. 據點聚落의 變異를 통해 본 榮山江流域의 古代社會 / 21. 百濟의 泗沘遷都와 周邊聚落의 動向 /
22. 三國時代 嶺南地方의 特殊聚落 檢討 / 23. 初期百濟 交易據點都市의 地形景觀 /
24. 日本列島의 古墳時代 豪族居館과 韓半島의 該當遺蹟 比較 / 25. 鐵器時代 벌림집과 장군형 주거구조 검토 /
26. 全南 南海岸 一帶 1~3世紀 聚落의 動向 / 27. 三國時代 南海岸地域 住居·聚落의 地域性과 變動 /
28. 西日本 吉備 南部에 있어서 彌生·古墳時代의 聚落과 社會 / 29. 北部九州에 있어서 古墳時代 聚落의 展開 /
30. 古墳時代 聚落動態와 부뚜막(竈)의 導入·土器組成의 變化에 대하여 /
31. 大邱·慶北地域 三國時代 聚落의 特徵과 性格 / 32. 西日本의 竪穴建物 變遷過程

據點聚落의 變異를 통해 본
榮山江流域의 古代社會

李暎澈

1. 序言

영산강유역 고대사회는 분구와 주구에 목관과 옹관을 복수로 매장한 다장분 전통의 고분이 출현하면서부터 본격적으로 전개되었다.

영산강유역 고분 출현은 靈巖과 羅州 일원에 집중되는 '옹관고분' 과 같은 독특한 묘제에 근거해 논의되고 있는데, 흔히 '옹관고분사회' 로 알려져 있다. 그러나 3세기 후반부터 축조되기 시작한 옹관고분은 영암, 나주, 무안 지역 이외에 영산강의 고대 문화권으로 이해되어 왔던 新安, 海南, 康津, 長興, 咸平, 靈光, 長城, 和順, 潭陽, 光州 地域에서는 간헐적으로 확인되고 있다. 이들 지역에서는 옹관고분 보다는 제형 분구에 목관을 주매장시설로 채택 하는 분구묘 전통이 강하게 지속되고 있었다. 이러한 지역간 중심 묘제의 차이는 金洛中에 의해 지적되었으며(金 洛中 2009), 결과적으로 지역 단위간 정치체 구분과 변천 양상에 대한 연구가 요구되어 왔다(李暎澈 2001・ 2004・2011).

따라서 고분의 출현과 함께 집단내 혹은 지역간 계층구도 형성이 활발히 진행된 영산강 고대사회는 본류로 유 입되는 지류(甑巖川, 光州川, 長城川, 支石川, 古幕阮川, 咸平川, 三浦川 등)를 배경으로 지역단위별 정치 집단이 출현하기 시작하였다.

그동안 영산강유역에서의 지역정치체 출현은 고분 자료를 중심으로 논의되어 왔으나, 분구 흔적이 미약한 5세 기 이전 단계의 적극적 자료는 명확히 제시하지 못했다. 그러나 최근 활발한 발굴조사가 이루어지면서, 이와 관련 한 자료들이 증가되고 있다. 특히 취락유적의 확보는 지역별 정치체의 구체적인 내용을 파악하는데 주요한 자료 가 되었다. 이에 본 발표에서는 영산강유역에서 발굴조사된 취락자료 분석에 근거하여, 지역단위별 거점취락을 확인함과 동시에 변천과정을 정리함으로서 고대사회의 일면을 살펴보았다.

1) 취락구분과 유형 분류(도 1)

⑴ 취락구분

소촌 : 10동 이내의 주거지가 모여 구성된 취락.

　　　5동 이내로 어우러진 주거군은 2~5개소 내외 규모.

중촌 : 20~30동의 주거지가 모여 구성된 취락.

　　　10동 이내로 어우러진 주거군 1~3개소 내외 규모.

대촌 : 30동 이상의 주거지가 모여 구성된 취락.

　　　10동 이상으로 어우러진 주거군 5개소 이상 규모.

(2) 취락유형

> 하위취락 : 소촌 규모이거나 소촌과 중촌 규모의 취락이 어우러진 유형.
>
> 거점취락 : 중촌 규모이거나 중촌과 대촌 규모의 취락이 어우러진 유형.
>
> (동일 단위체 내에는 복수의 하위취락이 존재하는 유형)
>
> 중심취락 : 대촌 규모의 취락으로 단위체 내에 복수의 거점취락을 거느린 유형.

2. 據點聚落의 出現

영산강유역에서는 제형계의 다장 고분이 축조되면서 거점취락이 출현하는데, 그 시기는 4세기 전반에 해당된다. 거점취락은 영산강 본류에 맞닿은 충적지 혹은 본류로 유입되는 지류를 배경으로 등장하는데 대체적으로 수계의 상류 일원에서 확인되는 경우가 많다. 이처럼 일정 공간을 무대로 성장한 거점취락은 지역단위체를 관할하는 수장층이 거주하는 곳으로서, 長城川, 風泳亭川, 平洞川, 支石川, 咸平川, 古幕院川, 內洞川, 三浦川 등지에서 확인되고 있다(도 1~4). 특히, 거점취락이 자리한 상류 일원에서는 중촌과 대촌 규모의 취락들이 지근 범위 안에 다수 밀집되는 양상을 보이는 반면, 하류 쪽으로 갈수록 취락 단위의 밀집율이 떨어진다. 이러한 지역단위체의 취락구조는 묘제에서도 동일한 변화를 읽을 수 있다. 거점취락 주변에는 제형계의 다장 고분이 집단으로 조영된 거대한 묘역군이 갖추어지는데 반해 외곽의 취락 주변으로는 소수의 고분이 군집되거나 단독(목관 · 옹관)묘가 축조되는 양상이다. 결국 거점취락의 출현은 인구의 밀집율과 상관되는 것으로서, 규모가 확장되는 취락들이 등장하면서 개인간 혹은 집단간의 계층차가 발생되고 그 내부에서는 복잡 다양한 사회화가 진행되기 시작하였다. 이는 영산강유역 고대사회에서 지역단위별 정치체가 성립됨을 의미하는 것으로 해석된다.

3. 據點聚落의 變動

한편, 영산강유역에서 성장한 지역단위별 정치체들은 마한이라는 동질성을 바탕으로 상호 대등한 위치를 유지한 것으로 보이며, 지역정치체를 통괄하는 맹주 세력은 확인되지 않는다. 그러나 5세기 전반 어느 시점에 이르러서는 삼포천 수계를 무대로 성장한 나주 潘南 세력을 정점으로 보다 광역적인 통합화 과정이 감지된다. 그 범위는 나주 반남 일원과 영암 始終, 무안, 함평과 나주 일부에 한정되는 것으로 보이는데, 직경 20km의 범위를 갖는 옹관분(고총)단계의 중핵지역이 해당될 수 있을 것이다(金洛中 2009). 그러나 중핵지역에서 드러나는 지역단위간 위계화는 국가 단계의 제도화된 통치체제 수준에는 미치지 못한 것으로 보인다. 즉, 4세기 중반을 전후해 등장하는 거점취락의 규모나 내용이 여전히 지속되고 있으며, 다장 전통의 집단제형분을 조영하는 묘제 유형에서도 별반 차이가 보이지 않고 5세기 전반까지 지속되고 있기 때문이다.

그런데 이러한 고대 사회구조가 변동의 조짐을 보이기 시작한 것은 5세기 중엽에 이르러서이다. 거점취락에서도 일반 수혈주거지와 구분되는 직경 8~10m 규모의 대형 수혈주거지나 벽주건물이 출현한다. 務安 良將里, 羅州 郞洞, 光州 山亭, 東林洞, 和順 龍江里聚落 등지에서 확인되는 취락구조의 변화는 제철, 토기생산, 옥생산 등의 특정 수공업을 전담하는 전문취락의 등장을 의미하기도 했다. 더불어 지역단위로 성장 지속했던 거점취락 간에도 새롭게 위계가 성립되면서 보다 광역적인 범위로 통합 관리되는 시스템의 정점에 중심취락이 조영되었다. 이와 같은 거점취락의 변동 양상은 영산강 상류지역 자료를 통해 명확히 제시되었다(李暎澈 2011). 광주 동림동취락과 같은 중심취락을 기점으로 수 개의 거점취락이 배치되는 구조는 영산강유역 고대사회에 새로운 변화와 획기를 말해주는 것으로서 묘제에서도 고총이 출현하는 배경이 되었다(도 7 · 9). 중심취락의 성립은 백제의 직접적인 지배의지를 반영하는 산물로서 통치행정의 실체를 보여주는 것이며, 백제의 지방지배 방식을 확인시켜 주는 것이다. 단일 중심취락과 복수 거점취락으로 이루어진 새로운 취락구조의 수립은 거점취락과 하위취락 관계에서도 위계화를 정립시키기도 했다.

이러한 필자의 견해는 영산강 상류지역의 취락자료 분석을 통해 정리한 바 있다(李暎澈 2011). 영산강 상류에서 확인된 취락은 특히 5세기에 접어들면서 지역간 위계화가 진행되고, 후반에 이르러 그 실체가 명확해지는 것은 내부적인 변화·발전 요인보다는 외부로부터의 관여와 운영에 의해 취락간 위계가 정립된 것으로 이해된다. 그리고 위계화의 주체로는 백제가 지목된다.

영산강유역에 대한 백제의 영역화 시기는 연구자에 따라 4세기 후반, 5세기 후반~6세기 초, 6세기 중엽으로 거론되고 있는데, 필자는 적어도 5세기 후반에 들어서면서 직접적인 지배권에 포함된 것으로 본다. 그 지배권의 범주는 광주천 수계의 동림동유적과 같이 기획·설계된 중심취락을 건설한 후 나주시 이북에 속한 지석천, 장성천, 황룡천, 풍영정천, 광주, 담양일원을 직접적으로 관할하였을 것이다. 또한 각 수계의 지역단위에는 농업생산을 비롯해 제사의례를 주관하거나 토기생산, 철기제작, 옥생산 등과 같은 각종 수공업 물자 생산을 전문적으로 담당했던 거점취락과 하위취락을 관할함으로서, 수취 및 행정취락의 면모를 갖춘 명실상부한 직접지배 조직망(network)를 형성하였을 것이다.

光州 東林洞, 河南洞, 山亭洞, 仙巖洞, 月田遺蹟 등지에서 확인되고 있는 유형, 즉 지상식 혹은 고상식 창고군을 갖춘 대규모 취락은 그 동안은 주로 일본에서 빈출하는 자료유형으로, 일본 오사카(大阪) 호엔사카유적(法圓坂遺蹟)의 경우는 5세기 河內政權 직속의 창고군으로 해석되기도 함에 따라(權五榮 2008) 전방후원분이 집중되는 영산강 상류지역의 정황을 이해하는데 조심스러움이 있었다. 그러나 한강과 금강 수계에서도 風納土城을 비롯해 河南 漢沙里, 牙山 葛梅里, 淸原 蓮提里, 華城 旗安里, 燕岐 羅城里遺蹟에서 드러난 한성기 취락자료 속에서도 확인되고 있다(도 5).

특히, 연기 나성리유적은 유적 중심에 남북으로 개설된 도로를 만들고 도랑으로 구획된 거대저택(호족거관)과 함께 고상건물과 굴립주건물, 수혈 등이 세트를 이룬 채 배치된 취락으로 조사됨으로서 광주 동림동유적과 산정동유적을 이해하는데 귀중한 자료가 되었다.

그렇다면 5세기 후반 영산강 상류에서는 이 같은 취락변동이 왜 일어난 것일까? 백제의 지배방식과 그 시기에 관한 답을 찾는 것은 한편으로 왜계석실의 출현과 전방후원분의 축조 배경을 이해하는데 있어 중요한 작업이라 생각된다. 또한 東城王의 武珍州 남정기사나 왕·후제 시행, 한성 함락(475年) 전 昆支의 일본 파견과 같은 역사적 기록을 확인할 수 있는 고고학적 증거로 참고 될 수도 있을 것이다.

4. 結論

영산강유역 고대사회는 제형계의 다장 고분이 출현하는 4세기 전반에 거점취락이 출현한다. 거점취락은 영산강 본류나 지류의 수계를 바탕으로 한 지역단위를 갖춘 독자적 정치체 집단이다. 무안, 함평, 영암, 나주, 화순, 광주, 담양 등지에서 확인되는 거점취락은 5세기 전반까지 대동소이한 정치적 수준으로 동반 성장하는데, 이러한 배경은 마한이라는 동질성에 뿌리를 두고 있다. 이후 백제의 직접적인 지배가 확인되는 5세기 중반을 전후해 거점취락 간에는 새로운 위계화가 진행된다. 즉, 직접지배의 정점에는 행정과 수취를 체계적으로 수행하는 중심취락이 등장하고 기존에 지역단위별로 중심이 되었던 거점취락들을 관장하는 새로운 구도가 성립된다(도 2). 즉, "중심취락-거점취락-하위취락" 이라는 취락구조의 지배질서가 정비되는 것이다. 특히 영산강 상류지역에서 드러나는 취락 자료들, 즉 동림동유적으로 대표되는 최상위 중심취락을 정점으로 직경 4km 이내에 제사, 토기생산, 옥생산을 전담하는 거점취락이 배치됨과 동시에, 각 수계에는 농업, 제철, 토기, 물자유통 등의 생산활동에 종사한 전문 하위집단을 거느린 거점취락이 등장함으로서 취락간 계층분화 모델(model)은 매우 귀중한 자료라 생각된다.

이러한 영산강 상류지역 지역정치체의 구조 개편은 백제의 직접적 지배방식의 적극적 증거로서 500년을 전후해 출현하는 석실분과 전방후원분 축조 배경을 이해하는데 뒷받침이 되는 귀중한 자료라 판단된다. 더욱이 영산강유역에서 갈수록 자료가 증가되고 있는 왜계 및 가야계 유구와 유물은 한성 함락이 이루어진 475년 전후, 백제가 한강 이남지역, 가야, 일본열도 등을 대상으로 전개했던 다각적인 정치적 외교의 결과를 반영하는 산물인 것이다.

이와 같은 취락구조 변동은 영산강유역에서 고총고분이 출현하는 직접적인 배경이 되는 것이며, 백제의 지방 통치 방식이 직접지배로 전환된 증거로 이해하고 싶다.

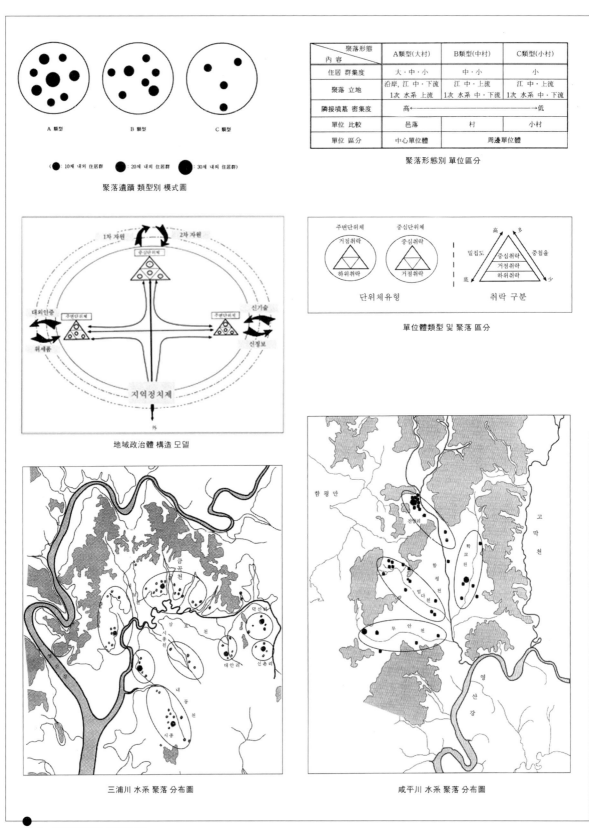

도 1 취락구분과 유형분류

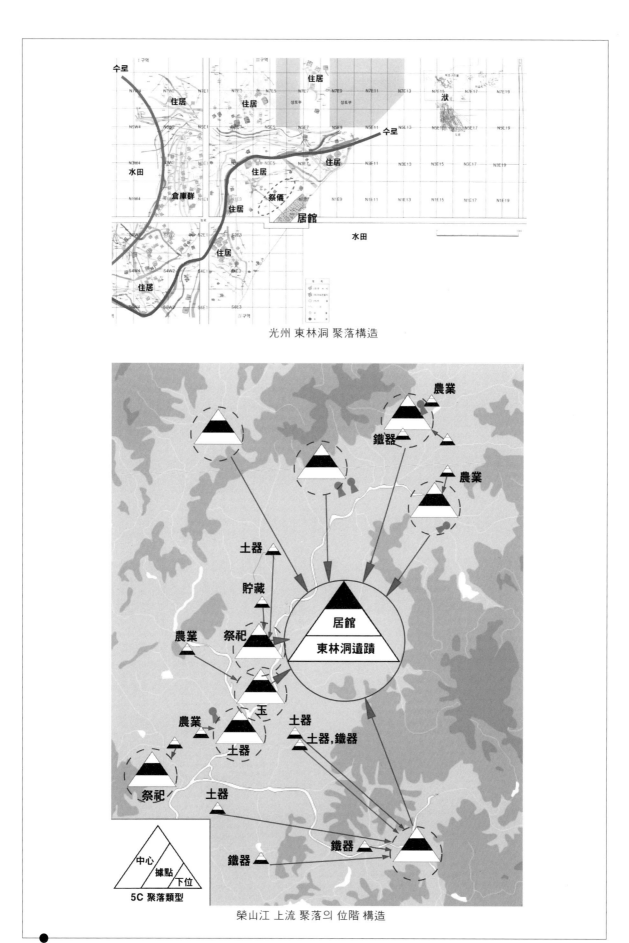

光州 東林洞 聚落構造

榮山江 上流 聚落의 位階 構造

도 2　광주 동림동 취락구조 및 영산강 상류 취락의 위계 구조

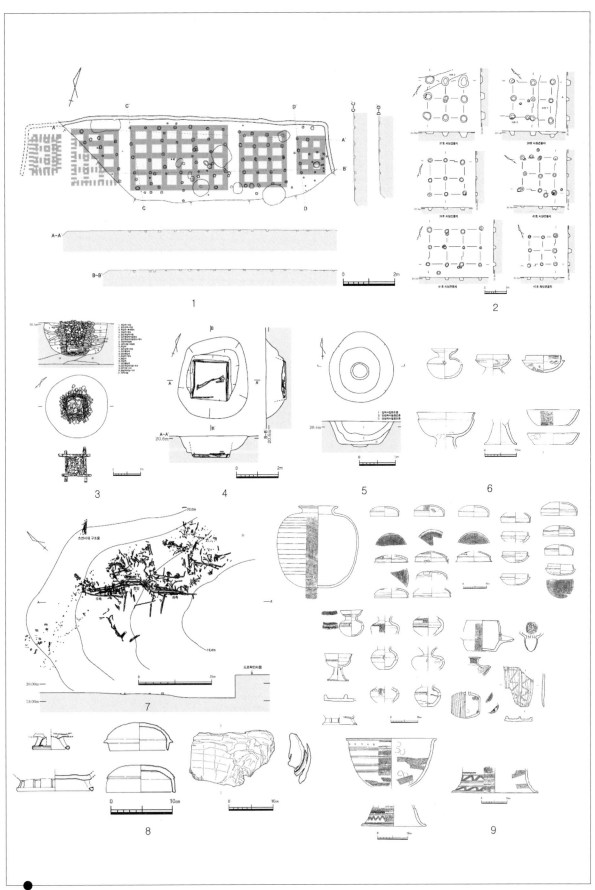

도 3 광주 동림동유적 지상건물지와 출토유물
(1 : 65호 건물지군, 2 : 37~47호 지상건물지, 3 : 2호 정, 4 : 수혈 출토유물, 7 : 목조구조물,
8 : 목조구조물 출토유물, 9 : 구 출토유물)

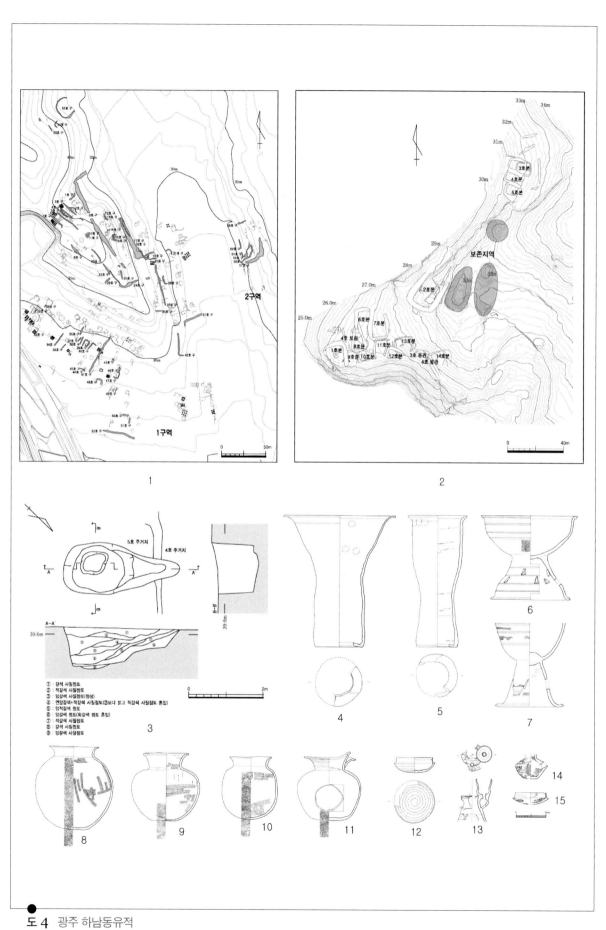

도 4 광주 하남동유적
(1 : 1·2구역 유구배치도, 2 : 3구역 유구배치도, 3 : 3구역 3호 수혈, 4~15 : 1구역 9호 구 출토유물)

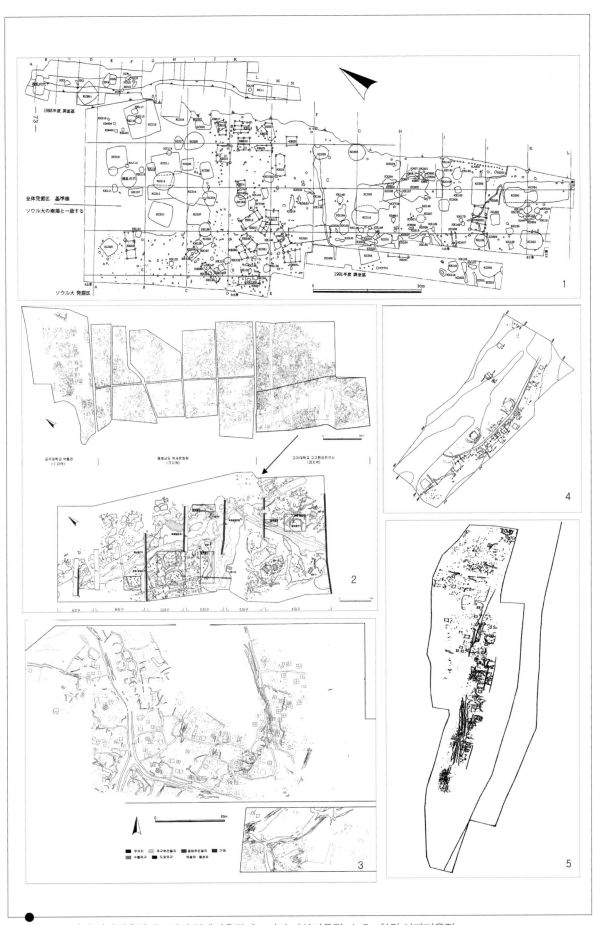

도 5 1 : 하남 미사리유적, 2 : 아산 갈매리유적, 3 : 연기 나성리유적, 4~5 : 청원 연제리유적

●참고문헌●

권오영, 2008, 「백제의 생산기술과 유통체계 이해를 위하여」, 『백제생산기술의 발달과 유통체계 확대의 정치사회적 함의』, 학연문화사.

김낙중, 2009, 『영산강유역 고분 연구』, 學硏文化社.

김무중, 2007, 「취락으로 본 호서지역 읍락사회의 변천」, 『호서지역 읍락사회의 변천』 17회 호서고고학회 학술대회, 호서고고학회.

대한문화유산연구센터, 2010, 『집중해부 한국의 전방후원분』, 學硏文化社.

박순발, 1999, 「백제의 남천과 영산강유역 정치체의 재편」, 『한국의 전방후원분』, 忠南大學校 百濟硏究所.

박천수, 2007, 『새로 쓰는 고대 한일교섭사』, 사회평론.

서현주 2008, 「영산강유역권 3~5세기 고분 출토유물의 변천양상」, 『湖南考古學報』 28, 湖南考古學會.

이영철, 2003, 「3~6세기 영산강상류의 고고학적자료 검토」, 『목포대학교박물관 20주년기념논총』, 목포대학교박물관.

_____, 2004, 「옹관고분사회 지역정치체의 구조와 변화」, 『湖南考古學報』 20, 湖南考古學會.

_____, 2009, 「百濟 收聚聚落의 一例」, 『現場考古』 1, 대한문화유산연구센터.

_____, 2011, 「영산강 상류지역의 취락변동과 백제와 과정에 관한 시론적 검토」, 『백제와 영산강』, 호남문화재연구원 · 백제학회.

_____, 2011, 「영산강 상류지역의 취락변동과 백제와 과정」, 『百濟學報』 第6號, 百濟學會.

이정호, 1996, 「영산강유역 옹관고분의 분류와 변천과정」, 『韓國上古史學報』 22, 韓國上古史學會.

정일, 2008, 「호남지역 마한백제 토기의 생산과 유통」, 『호남고고학에서 바라 본 생산과 유통』, 호남고고학회.

百濟의 泗沘遷都와 周邊聚落의 動向

山本孝文(야마모토 다카후미)

1. 머리말 - 전제로서의 도성인구

본고에서는 새로 개발된 지역에 한 나라의 도성이 건설되었을 때의 주변취락의 동향을 가설적으로 확인하고 도성 건설과 주변취락의 변천 사이의 유기적인 관계에 대해 전망한다.

538년에 백제는 웅진성에서 사비성으로의 천도가 단행되었으며, 현재의 부여시가지에는 도로에 의한 거주 공간의 구획, 나성이라 불리는 외곽성 등을 포함하는 중국적인 요소를 가지는 도성이 건설되었다. 단, 원래 부여지역은 금강이 만곡하면서 통과하고 다른 하천도 합류하는 지점에 위치하는 저습지대에 해당되며, 거주에 적합한 토지환경을 갖추지 않았다. 따라서 백제가 이 땅을 수도로 정하기 이전에는 인간의 집단이 정착 거주했던 흔적은 거의 확인되지 않고 있다(朴淳發 2003a). 즉, 사비성은 취락·거주지로서의 기반이 없는 이른바 당시의 新興都市 였다고 할 수 있다. 천도 후, 이 신흥도시인 사비에 상당히 많은 인구가 거주했음은 현재의 부여 시가지에서 발굴 되는 유적에서도 잘 나타나고 있으며, 무엇보다 사비성에 부속된 매장지인 부여 東郊의 능산리·염창리지구를 비롯하여 주변지역에서 상당히 많은 고분들이 확인되고 있는 점에서도 알 수 있다(도 2, 山本孝文 2005a). 짧은 기간에 신흥도시인 사비에 많은 사람들이 거주하게 된 배경은 한성에서의 피난으로 정착한 웅진성으로부터의 인구 이동만으로는 설명할 수 없으며, 사비천도에 수반하는 주변취락에서의 이주를 고려할 필요가 있다.

이하에서는 우선 사비성 건설의 땅으로 선택된 현재 부여지역의 천도 이전의 상황을 재확인한 다음, 조사가 이루어진 사비성 주변취락의 존속기간을 출토품을 통해 추정한다. 또한 취락의 존속기간과 천도 시기와의 대비를 통해 도성 출현과 취락 변천 사이의 상관성에 대해 살펴보고자 한다. 아울러 도성과 취락에 공급된 토기의 양상을 확인함으로써 도성으로의 집단 거주 현상에 대해 전망한다.

2. 遷都 以前의 扶餘地域과 都城의 建設

부여 시가지는 현재도 남쪽에 저습지대가 형성되어 시가지 북쪽에서도 사비기의 문화층이 보통 지하 2~5m 깊 이에서 확인된다. 도성이 폐기된 후 상당히 빠른 속도로 흙의 퇴적이 이루어졌음을 알 수 있다. 官北里遺蹟이나 定林寺址 등 현 지표면과 거의 동일한 높이에서 확인되는 유적의 존재로 미루어 보면 당시 도성의 생활면이 상당 히 기복이 많았던 것으로 추정된다(山本孝文 2005a). 박순발에 의하면 부여 시가지 및 그 주변에는 청동기시대 이 래 취락이 형성된 흔적이 보이지 않고 천도 이전의 부여 땅은 대부분이 방치된 상태였으며, 이 지역에 도성을 조 영할 때 대규모 저습지 개발이 이루어졌을 것이라고 한다(朴淳發 2003a).

부여 시가지에 인접하는 도성 부속 매장지로 추정되는 능산리·염창리지역의 고분에서도 같은 상황을 볼 수 있는데, 이 지역의 고분군 중에서 축조 시기가 웅진기까지 올라갈 가능성이 있는 고분은 극히 한정되어 있다(山本

孝文 2006a). 이와 같이 특정한 시기에 고분군의 조영이 시작되는 사실로도 도성 건설에 따르는 인구의 집중 현상을 볼 수 있다.

문헌에는 백제의 사비 천도는 538년으로 기록되어 있는데, 화급한 도피적 천도였던 웅진 천도와는 달리 사비 천도는 계획적인 천도였던 것으로 생각된다. 실제로 사비성은 538년 이전부터 이미 건설이 시작되어 있었음이 지적되고 있으며, 그 상황이 발굴 자료에 의해서도 뒷받침된다. 즉, 중국 南朝 梁代의 연호로 생각되는 '大通' 명 기와가 부여의 중심적 산성인 부소산성에서 출토된 점이나 정림사지 정지면 하층 및 동나성 성벽의 성토 내부에서 웅진기에 해당되는 삼족기가 출토되고 있는 점 등으로도 사비성의 주요 시설이 웅진기부터 이미 준비되어 있었음은 분명하다. 다만, 일반계층이 거주했을 가능성이 높은 현 부여 시가지에서 거주의 상한을 나타내는 유구나 유물은 확인되지 않았으며, 도성에 거주했던 집단이 어느 단계에 이 지역으로 이주한 것인지에 대해서는 명확히 알 수 없다. 도시구획의 정비와 관련하여 향후 구체적인 조사 사례를 기다려야 할 것이다.

3. 新都城 周邊의 百濟聚落과 그 年代

이와 같이 건설된 새 도성에 사람들이 집중 거주하게 된 상황을 주변 취락의 동향을 통해 살펴보고자 한다. 다만, 부여 주변에서 웅진기~사비기에 경영된 비교적 대규모인 취락유적에 대한 조사 예는 극히 한정되어 있기 때문에, 여기서는 백제의 거점지역의 하나였던 것으로 생각되는 논산에서 부여로 이르는 경로 상에 있어 비교적 큰 취락을 형성하고 있었던 원북리유적, 정지리유적의 예를 들어 그 동향이 백제의 사비 천도와 연관되었을 가능성에 대해 모색해 보고자 한다.

院北里遺蹟 및 定止里遺蹟은 각각 논산 지방산업단지와 천안-논산간 고속도로의 건설에 따라 중앙문화재연구원과 충남대학교박물관에 의해 발굴조사된 낮은 구릉의 유적으로, 많은 조선시대의 분묘 및 청동기시대·초기철기시대의 주거·분묘 등과 함께 부뚜막을 가지는 백제시대의 수혈식주거지 및 저장공으로 추정되는 수혈유구 등이 많이 발견되었다(도 3·4).

원북리유적의 백제시대 유구에서는 장란형토기나 심발형토기 등 일상생활에 사용된 적갈색 연질토기 외에 개배·고배·삼족기 등의 배류나 통형기대 등 백제토기 중에서 연대적 위치를 비교적 쉽게 알 수 있는 기종이 출토되고 있어(도 5), 그 중심연대와 존속기간 추정의 근거가 되어 있다. 백제토기 편년에 하나의 기준이 되고 있는 삼족기 등의 기종을 근거로 유적의 대략적인 존속기간을 살펴보면, 출토품 중에 서울 풍납토성 출토품과 유사한 것이 포함되어 있는 점으로 보아, 한성기에 이미 취락의 형성이 시작되었던 것으로 추정된다. 출토품으로 알 수 있는 유적의 하한은 삼족기의 배신이 납작한 것으로 이행하는 시기, 즉 웅진부터 사비에 걸친 시기까지임을 알 수 있다. 원북리유적에서는 정형화된 사비기의 완이나 대부완이 출토되지 않았으며, 또 사비기 토기양식에 보이는 고구려토기의 영향은 확인되지 않기 때문에, 존속연대가 사비기 중간까지 이어져 있었다고 볼 수는 없다. 출토품으로 보는 유적의 중심연대는 웅진기로 생각된다(도 6).

원북리유적에 인접하는 정지리유적에서도 거의 같은 상황인데, 이 유적에서는 원북리유적에 비해 부뚜막이 달린 주거지가 다수 조사되었다. 역시 구릉 사면의 좋은 입지를 차지하며, 유구 배치에서도 백제시대의 대형 취락이었음을 알 수 있다. 정식 조사보고서는 아직 발간되지 않았지만, 약보고에 의하면 취락은 한성기의 3세기 경에는 조영이 시작되었고 6세기까지 존속되었다고 한다(忠南大學校博物館 2000). 취락의 하한은 분명치 않지만 출토된 대부완이 백제 후기양식의 정형화된 모습이 아니라, 소위 초기 대부완에 포함되는 것이다(도 8, 山本孝文 2005b). 또한 그 외의 소형 기종도 백제 전기의 양식을 이어받은 것이기 때문에 늦어도 사비 천도를 전후하는 시기에는 단절되었을 가능성이 있다.

위의 두 유적에서 보는 바와 같이 토기편년으로 보았을 때 특정한 시기에 비교적 대규모의 취락이 단절되었음을 인정할 수 있다면, 전쟁·침략 등에 의한 괴멸이 아닌 이상 이주의 가능성을 고려하는 것이 자연스러울 것이다. 원북리·정지리유적의 취락에는 화재주거 등 특이한 상황을 나타내는 유구는 보이지 않으며, 인접 지역에 도성이 건설되었다는 역사적 사실 및 그 연대를 고려하면 주변취락 주민의 도성으로의 강제 혹은 자발적 이주가 이루어진 것으로 추정할 수 있다. 향후 사비성 주변의 취락유적에 대한 조사 사례가 증가하고 그 존속 연대가 확정되어 가면 도성 건설에 있어 이주 대상이 된 지역 범위도 밝혀질 것으로 예상된다.

그 후의 주변취락의 동향을 보면 천도한 뒤에도 도성 외곽지역에 취락이 형성되는 사례가 보이기 때문에 이러한 천도 후 형성 취락의 성격에 대해서도 한 사례를 제시해 둔다. 사비성에서 백마강을 올라간 북동쪽에 위치하는 정동리유적은 출토유물로 보아 사비 천도 이후에 형성된 소규모 취락으로 생각된다(도 9). 유적은 단순한 수혈식 주거가 아니라 구들시설을 가지는 소수의 건물지가 확인되었기 때문에 일반적인 취락이 아닐 가능성도 있다. 이 취락은 출토된 토기를 바탕으로 6세기 후반부터 7세기 전반 경에 걸쳐서 존속했던 것으로 추정되지만, 도성 내에서 동 시기에 성행하기 시작한 완류 등은 출토되지 않았고 전통적 기종의 최종 형식에 해당되는 것들만이 사용되었던 듯하다. 또한 이 유적에서는 일본에서 반입된 須惠器의 중형 옹이 출토되었는데, 이 須惠器의 형식도 유적의 연대석 위치를 확인하는 데 하나의 근거가 된다. 이 시기 부여 주변에서 출토되는 須惠器 및 그 파편은 옹 등의 중형 기종이 많아 반입의 목적이 토기 자체가 아니라 내용물이었음을 알 수 있는데, 그 경로는 일단 도성에 들어간 것이 각지에 분배된 것으로 생각되기 때문에 이 취락을 경영한 집단이 외래 문물을 입수할 수 있는 위치에 있었고 도읍과의 연계를 유지하고 있던 집단이었음을 알 수 있다.

도성으로의 집중 거주가 장려되거나 강제되었던 것으로 생각되는 이 시기에 도성 외곽에서 새로 취락이 형성된 배경으로서는 역시 도읍으로서의 부여의 여러 환경에 한계가 있었다는 점을 들 수 있을 것이다(山本孝文 2005a). 원래 지리환경면에 있어 거주지로서 많은 문제를 안고 있었던 사비성으로의 이주와 그 후의 인구 증가로 인해 천도 이후 바로 적당한 거주지(집중 거주 영역)가 포화상태가 된 것으로 추측된다. 그 문제를 타개하기 위해 당초 도성 범위 외곽에도 거주지가 확대되어 간 사실이 최근의 조사에서도 확인되고 있다. 정동리유적의 취락 역시 일단 도성에 집약된 집단이 다시 분산되어 가는 과정에서 형성되었던 것으로 추정된다.

4. 土器生産地와 聚落 · 都城

취락의 일상생활과 분리시킬 수 없는 문제로서 취락에서 사용하는 도구의 생산지와 그 공급에 대해 언급해 두고자 한다. 백제에서는 장기간에 걸쳐서 넓은 지역으로 토기를 공급했던 대규모 토기 가마군은 발견되지 않았으며, 현재까지 확인된 토기 가마는 모두 地域分散型이라고 할 수 있는 비교적 소규모의 생산지이다. 이러한 생산체제를 반영하는 것처럼 백제토기는 신라나 가야토기에 비해 규격성이나 제작기법 면에서 전체적으로 통일되지 않은 느낌이 있으며 동시기에 사용된 동일 기종 내에서도 다양성이 보인다.

부여 북방의 靑陽에 있는 鶴岩里遺蹟은 백제시대의 경질토기를 굽던 생산유적 가운데 한 사례인데(도 10), 확인된 가마는 2기에 불과하며 역시 廣域 · 多地域으로의 공급이 가능한 체제는 아니다. 다만, 청양에서는 이 외에도 백제 중앙으로 공급했던 기와나 전을 구웠던 유적도 발견되고 있어 당시의 수공업생산의 거점적인 지역 가운데 하나였던 것으로 추정된다. 학암리유적의 가마에서 출토된 토기들은 한성기 이래의 백제 전기 토기양식을 계승한 것으로, 생산된 토기 형식은 일부 한성기 자료와 유사한 개체가 포함되지만 대체적으로 사비기에 해당되는 것이 많은 듯하다. 앞서 본 원북리 · 정지리유적 출토 토기의 연대와도 겹치며, 기대나 고배 등에서 보이는 공통적 특징으로 보아 백마강의 수운을 통해 양 유적으로 토기를 공급했던 생산지였을 가능성이 상기된다. 다만, 원북리 · 정지리유적과는 달리 학암리유적에서는 사비기의 특징을 가지는 토기도 많이 출토되고 있어 사비성 건설 후까지 토기를 생산하고 있었음을 알 수 있다. 만약 원북리 · 정지리 등 주변 취락의 주민들이 사비성으로 이주했다는 이해가 가능하다면, 그 후에도 존속되었던 학암리가마 제품은 도성에도 반입되었을 가능성이 높아진다. 이러한 상황을 통해 다음과 같은 현상을 하나의 가능성으로 제기할 수 있을 것이다.

전술한 바와 같이 백제토기는 형태 · 제작기술 면에서 매우 다양하며, 전기양식의 단계를 통해 국가 내지 중앙세력에 의해 기술이나 형태의 통일이 철저하게 이루어져 있었다고 보기는 어렵다. 이 경향은 도성에서 출토되는 다량의 유물에 있어서 특히 현저하게 보이는데, 각기 다른 장소에서 제작된 토기가 도성에 집적되어 있었던 듯하다. 이와 같은 도성유적 출토 토기의 형태적·기술적 다양성의 원인은 여러 가지 있겠지만, 위에서 본 바와 같이 각 지역에서 독자적인 토기 생산지를 가지고 있었던 각 집단이 도성에 거처를 옮긴 다음에도 일정한 기간 동안 원래의 생산지로부터 토기 공급을 받고 있었기 때문이라고 볼 수도 있을 것이다. 그리고 그 이해가 타당하다면, 역설적으로 천도에 따라 여러 지역의 취락 집단이 도성으로 집중 이주한 상황을 말해주는 현상으로 평가할 수도 있을 것이다.

사비기 중간 정도(6세기말~7세기초 경)가 되면 도성 내부에서 사용된 토기는 양식적으로 통일되어 도성에 토기를 공급한 생산지는 도성에 인접해서 조영된다. 대부완을 비롯한 백제 후기양식 토기를 구웠던 정암리요지 등이 그 대표라고 할 수 있다(도 12). 각 지역에서 운영되었던 가마의 단절은 이 시기에 일어난 삼족기, 개배, 고배 등 전통적인 기종의 쇠퇴와 연동된 현상으로 이해할 수도 있을 것이다. 사비기에 성립된 새로운 토기양식은 완, 접시, 突帶碗(전달린토기) 등 저부에 高臺가 달린 기종을 주체로 하는 一群의 토기류로, 그 외에 등잔, 도가니, 벼루, 원통형토기, 호자 등 매우 다양하다(도 12·13). 이러한 토기들은 도성인 부여 주변, 그리고 왕궁지로 추정되는 유적이나 거대한 가람을 가지는 사찰, 왕묘로 전해지는 고분이 있는 익산지역에만 복합적인 토기양식으로 존재하며, 그 외 지역에서는 정착되지 않았다. 소위 '도성양식' 이라고도 할 수 있는 토기군이다. 이 양식이 보이지 않는 지역은 중국식의 의례·식사양식이 침투되지 않았던 지역으로 볼 수 있으며, 나라가 멸망할 때까지 백제의 전통적인 토기양식을 계속해서 사용하고 있었던 지역이다. 앞서 본 바와 같이 사비기 후반에는 토기생산이 도성에서 어느 정도 일원적으로 이루어지기 시작한 것으로 추정되는데, 지방에서의 토기 생산과 유통은 아직 개별적으로 운영되고 있었을 가능성이 높으며, 각 지역별로 검토할 필요가 있다.

5. 결론을 대신하여

도성 주변 취락의 동향과 생산지, 그리고 도성에서 출토되는 유물을 바탕으로 천도에 따른 주변 취락의 도성 이주 문제에 대해 살펴보았다. 토기 편년으로 본 취락의 성쇠와 도성의 건설이라는 역사적 사건을 유기적으로 연관시켜 해석하기에는 본고의 내용은 아직 가설 단계에 지나지 않으며, 향후 구체적 자료의 제시와 더욱 많은 고증을 반복할 필요가 있다.

당장의 과제로서는 웅진~사비 단계 백제토기에 대한 더욱 세밀한 편년을 바탕으로 사비성 주변 취락의 동향, 특히 취락 단절의 연대를 확정하는 작업을 들 수 있다. 도성으로의 집중적 거주 현상을 증명하기 위해서 주변 취락에 대한 발굴조사가 너무 많이 이루어져 많은 사례가 축적될 필요가 있음은 물론이다. 또한, 취락 단절의 연대가 확정되었다고 하더라도 그 집단이 도성으로 이주했는지 여부를 검증하기 위해서는 역시 고고자료를 통해 취락에서 도성으로의 계통적 연속성 등을 확인할 필요가 있다. 그리고 도성에서 출토되는 토기에서 보이는 다양성의 요인을 구명하는 작업이 결국에는 전통적 생활 기반이 없는 지역에서의 도성의 건설과 집단의 이주를 설명하는 단서가 될 것임을 전망해 둔다.

도 1 관련유적 위치도

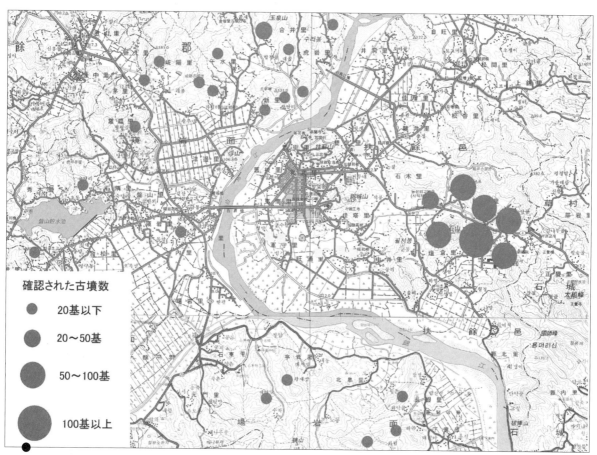

確認された古墳数

20基以下

20～50基

50～100基

100基以上

도 2 부여 시가지와 주변의 고분분포

도 3 논산 정지리유적

도 4 정리지유적의 수혈식주거지

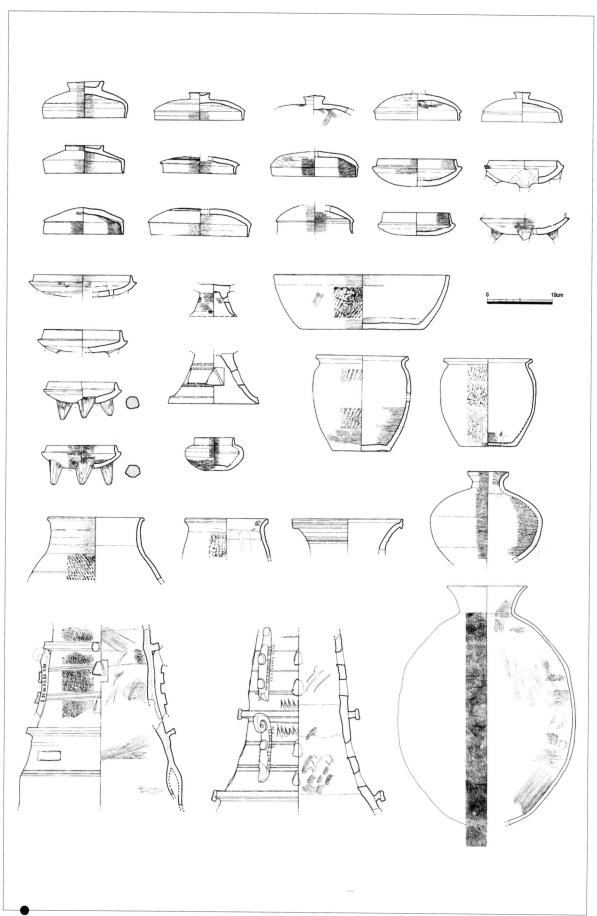

도 5 논산 원북리유적 출토토기

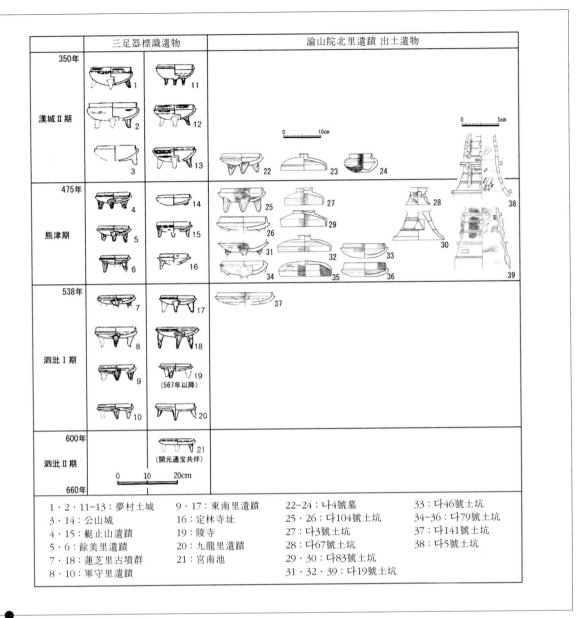

	三足器標識遺物			論山院北里遺蹟 出土遺物				
350年 漢城Ⅱ期	1 · 2 · 3	11 · 12 · 13		22 · 23 · 24				38
475年 熊津期	4 · 5 · 6	14 · 15 · 16	25 · 26	27 · 29	28 · 30	31 · 32 · 33	34 · 35 · 36	39
538年 泗沘Ⅰ期	7 · 8 · 9 · 10	17 · 18 · 19 (567年以降) · 20	37					
600年 泗沘Ⅱ期 660年		21 (開元通宝共伴)						

1 · 2 · 11~13 : 夢村土城　　　9 · 17 : 東南里遺蹟　　22~24 : 나4號墓　　　33 : 다46號土坑
3 · 14 : 公山城　　　　　　　16 : 定林寺址　　　　25 · 26 : 다104號土坑　34~36 : 다79號土坑
4 · 15 : 艇止山遺蹟　　　　　19 : 陵寺　　　　　　27 : 다3號土坑　　　37 : 다141號土坑
5 · 6 : 餘美里遺蹟　　　　　20 : 九龍里遺蹟　　　28 : 다67號土坑　　　38 : 다5號土坑
7 · 18 : 蓮芝里古墳群　　　　21 : 宮南池　　　　　29 · 30 : 다83號土坑
8 · 10 : 軍守里遺蹟　　　　　　　　　　　　　　　31 · 32 · 39 : 다19號土坑

도 6　백제의 삼족기 편년과 원북리유적의 토기편년(박순발 2003c를 개변)

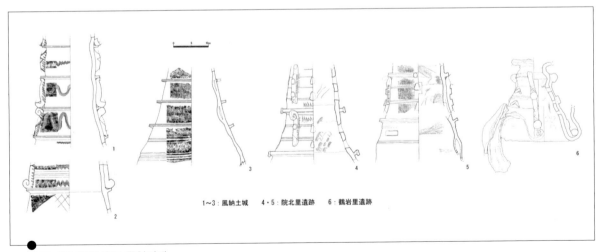

1~3 : 風納土城　　　4 · 5 : 院北里遺跡　　　6 : 鶴岩里遺跡

도 7　관련유적 출토 통형기대

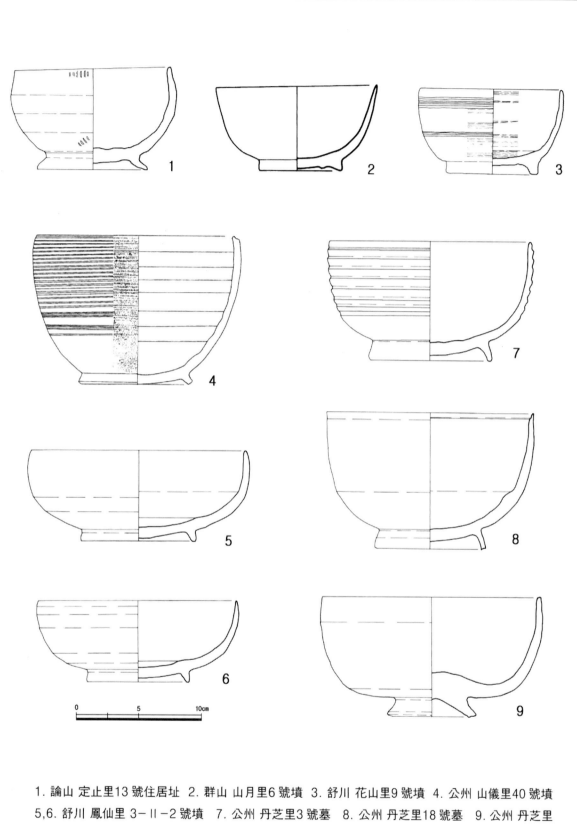

1. 論山 定止里13 號住居址 2. 群山 山月里6 號墳 3. 舒川 花山里9 號墳 4. 公州 山儀里40 號墳
5,6. 舒川 鳳仙里 3-Ⅱ-2 號墳 7. 公州 丹芝里3 號墓 8. 公州 丹芝里18 號墓 9. 公州 丹芝里
21 號墓

도 8 백제 초기 대부완

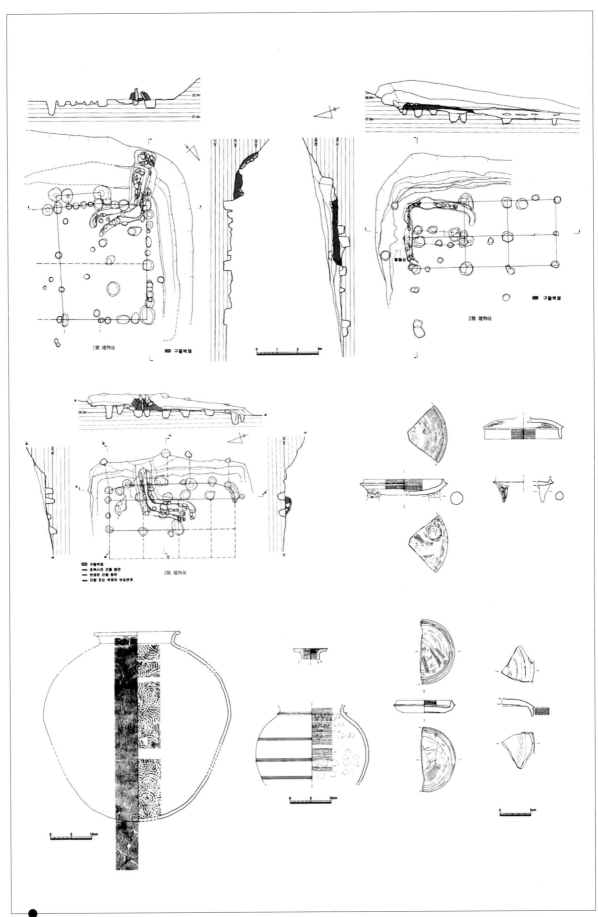

도 9 부여 정동리유적의 건물지와 출토유물

도 10 청양 학암리요지 출토토기

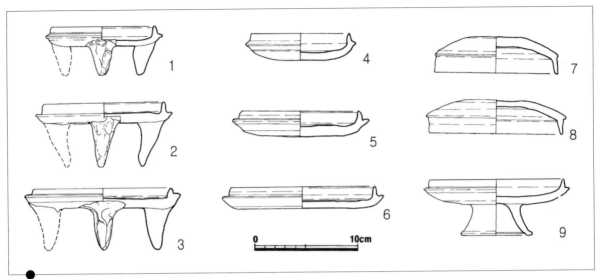

도 11 사비기의 백제토기 전통기종

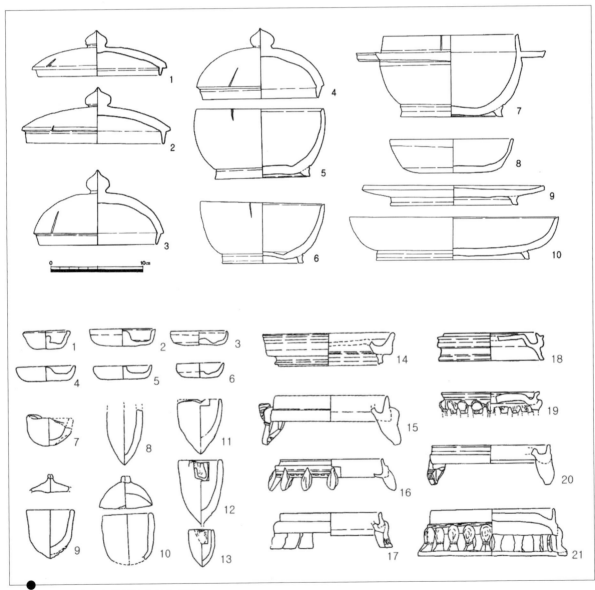

도 12 사비기의 백제토기 신출기종 1

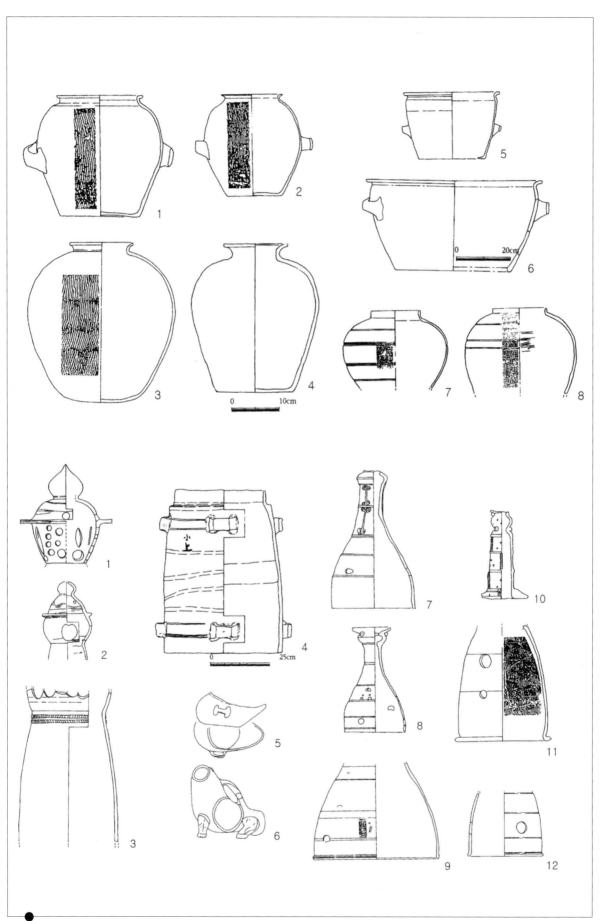

●참고문헌●

朴淳發, 2000,「泗沘都城의 構造」,『사비도성과 백제의 성곽』, 國立扶餘文化財研究所.

_____, 2003a,「熊津 遷都 背景과 泗沘都城 造營 過程」,『백제도성의 변천과 연구상의 문제점』, 國立扶餘文化財研究所.

_____, 2003b,「泗沘都城 空間 區劃 豫察」,『湖西地方史研究』, 景仁文化社.

_____, 2003c,「熊津・泗沘期 百濟土器 編年에 대하여」,『百濟研究』37, 忠南大學校百濟研究所.

_____, 2004,「泗沘都城」,『東アジアの都市形態と文明史』, 國際日本文化研究センター.

_____, 2010,『백제의 도성』, 忠南大學校出版部.

山本孝文, 2005a,「百濟 泗沘都城의 官僚와 居住空間」,『古代 都市와 王權』, 忠南大學校百濟研究所.

_____, 2005b,「百濟 臺付碗의 受容과 變遷의 劃期」,『國立公州博物館紀要』4, 國立公州博物館.

_____, 2006a,「泗沘期 石室의 基礎編年과 埋葬構造」,『百濟研究』43, 忠南大學校百濟研究所.

_____, 2006b,「百濟 泗沘期 土器樣式의 成立과 展開」,『百濟 泗沘時期 文化의 再照明』, 國立扶餘文化財研究所.

申光燮・金鍾萬, 1992,『부여 정암리 가마터(II)』, 國立扶餘博物館・扶餘郡.

李炳鎬, 2002,「百濟 泗沘都城의 造營過程」,『韓國史論』47, 서울大學校人文大學國史學科.

_____, 2003,「百濟 泗沘都城의 構造와 運營」,『한국의 도성』, 서울시립박물관부설 서울학연구소.

中央文化財研究院, 2001,『論山 院北里遺蹟』.

忠南大學校博物館, 2000,『논산 정지리 백제 취락지』.

忠淸南道歷史文化院, 2006,『靑陽 鶴岩里・分香里遺蹟』.

忠淸文化財研究院, 2005,『扶餘 井洞里遺蹟』.

三國時代 嶺南地方의 特殊聚落 檢討

俞 炳琭

1. 聚落의 種類와 特殊聚落

취락종류 구분에 따른 취락별 개념을 살펴보면,

1) 기간을 기준으로 [長期聚落]과 [短期聚落]의 구분은 시대마다 차이가 있을 수 있겠지만, 삼국시대의 경우 50~60년을 단위로 하여 2세대 정도가 거주한 경우 단기로, 그 이상을 장기로 구분하고자 한다. 전세, 이주, 유입 등의 특성이 있는 취락출토 토기의 경우 고분출토 토기 편년에 의존해야 하기 때문에 시간 폭 계산에 어려운 점이 있다.

2) 입지를 기준으로 하면 [丘陵聚落]과 [平地聚落]의 구분은 말 그대로 지형적으로 높은 구릉이나 산지에서 입지한 경우는 전자, 해안 및 강변, 선상지상의 충적지에 입지하면 후자의 경우에 속할 것이다.

3) 취락의 위계와 관련해서 가장 중요시되는 것이 [中心聚落]과 이에 대비되는 [周邊聚落]과의 구분[1]이다. [중심취락]은 일단 유구의 수적 우월성과 다양화가 전제되어야 할 것이다. 또한 장기취락이면서 특수취락을 같이 포함할 수 있다. [주변취락]은 중심취락의 주변부이거나 아직 중심취락이 확인, 조사되지는 않았지만 유구의 수량, 내용을 파악해서 취락의 성격을 파악할 수 있을 것이다.

4) 취락의 조성에 인위성나 의도성의 유무도 중요한 부분이다. 여기에서 말하는 '의도성'은 일상적인 거주를 위한 것이 아닌 정치적, 사회적 의도를 의미하는 것이다. 이러한 의도에 의해 조성된 취락은 본 논문에서 주제로 하는 [特殊聚落]에 해당하며 [특수취락]은 [目的聚落]이라는 용어로도 대체될 수 있을 것 같다. [특수취락]의 종류에는 [生産聚落], [交通聚落], [防禦聚落], [祭儀聚落] 등이 포함될 수 있을 것이다. 대립되는 개념에서는 자연발생적인 [一般聚落]이 해당된다.

각 취락의 성격을 규정할 때 입지적 측면을 제외하고라도 실제 한 취락유적당 적어도 두 가지 이상의 성격을 가진 취락으로 규정할 수 있는 곳도 있다. 예를 들면, 당초 특수기능취락이면서 점차 기능과 성격이 확대되어 중심취락으로 변화되었거나 중심취락 내에 특수취락적 성격이 가미된 경우도 있을 수 있다.

---

1) 중심취락은 일반적으로 '거점취락' 과도 동일시 되기도 하는데, 거점취락의 개념이 유통이나 새로운 영역을 개척하는 의미에 가까워 여기에서는 사회, 경제, 정치적으로 아우르는 용어로서 중심취락이라 부르고자 하며, 주변취락은 '하위취락' 과 동일개념이지만, 중심취락의 직접적인 지휘를 받는다는 입장에서 벗어나 일반 취락개념의 주변취락으로 규정하고자 한다.
한편, 李暎澈(2004)은 영산강유역의 지역정치체에 속하는 취락을 중심취락-거점취락-하위취락으로 규정하여 중심취락을 거점취락보다 상위의 개념으로 이해하고 있다. 일본 奈良地域 古墳時代 취락의 대표적 연구자인 坂靖(2008. 9)은 고분시대 전기 大和政權의 지배거점을 '樞軸聚落', 고분시대 중기에는 '中核聚落'으로 규정하였다.

2. 特殊聚落의 種類

1) 생산취락

(1) 제철

三國志 魏志 東夷傳에서도 언급되었듯이 삼한시대부터 '辰弁韓' 지역은 철생산과 그 교역지로서 유명한 곳이었다. 그럼에도 불구하고, 정작 철생산과 관련되어 알려진 유적은 많지 않다는 점이 고고학적 딜레마다.[2] 이 지역은 목곽묘, 석곽묘 등에서 엄청난 양의 철기부장품들이 출토되고 있어 東夷傳의 기록을 신뢰하게 하지만, 철생산 관련 유적이 그런 현실에 비해 너무나 미미하다는 점에서 향후 유적의 증가가 기대된다.

영남지방에서 제철과 관련된 유적은 2000년대 후반 주로 경남 남부지방을 중심으로 여럿 조사되었다. 金海 餘來里(도 1)遺蹟에서는 직접적인 제철유구는 확인되지 않았지만 다수의 철광석과 철재(slag), 철괴, 단야송풍관 등으로 보아 제련부터 단야에 이르는 모든 공정이 이루어진 취락으로 추정된다. 또한 함께 출토된 내박자나 이기재로 보아 제철을 비롯한 다양한 생산관련 취락으로 판단되기도 한다. 이와 함께 고상식과 지면식의 지상식건물지, 다양한 수혈, 목탄요, 도로 등 생활유구 및 생산, 운반(유통)시설까지 함께 확인되었다. 다만, 조사된 부분이 취락의 일부라는 점과 지상건물지의 규모 등으로 보아 특수취락을 포함하는 중심취락의 가능성도 존재[3]한다.

같은 제철유적으로서 昌原 鳳林洞遺蹟(도 2) 역시 여래리유적과 유사한 양상을 보여준다. 취락의 규모나 유구의 유사함 등으로 보아 여래리와 유사한 성격의 취락일 가능성이 있다. 이에 비해 金海 右溪里遺蹟은 일부 제련과 관련된 제철유물들과 제철공방으로 추정되는 수혈건물지가 조사된 바 있는데 규모로 보아 특수취락보다는 일시적 취락일 가능성이 있다. 따라서, 전적으로 제철만을 위한 특수취락의 존재는 분명치 않고 중심취락의 일부로서 각종 생산을 담당하였던 특수취락이 포함되어 있었을 가능성이 있다.

(2) 토기제작

영남에서 앞서 기술한 제철유적과 마찬가지로 토기출토 양에 비해 그 토기를 생산하였던 가마유적의 조사 예는 많지 않다. 입지적 특징으로는 개활된 지역보다는 대개 구릉지대 안쪽 사면부에서 확인된다. 아마도 같은 생산시설인 제철에 비해 그 기술적 중요성이 떨어지고 무엇보다 흙이나 땔감 등의 채취와 수급문제로 산간을 선호하게 된 이유일 것이다.

현재까지 영남 내륙 낙동강 중류지역에서 5세기 이후로 편년되는 慶山 玉山洞, 大邱 新堂洞, 慶州 蓀谷洞(勿川里)과 같은 대규모 토기가마 유적인 반면 하류역에서는 주로 4세기대로 편년되는 昌寧 余草里나 咸安 于巨里유적 등이 대규모로 알려져 있다.

문제는 토기생산유적과 관련된 취락의 조사 예가 많지 않다는 점이다. 영남지방에서 확인된 토기가마유적의 특징을 든다면, 먼저 대량생산을 위한 토기생산역이 따로 존재하는 것과 이와 달리 단지 한 취락의 자급자족적 성격으로 한 기만 존재하는 것, 두 가지로 이분할 수 있다. 그런데, 이 중에서 토기생산만을 위한 목적으로 조성된 취락이 확인된 곳은 慶州 蓀谷洞이 거의 유일하다(도 3).

(3) 성곽축조

경남 鎭海 自隱3地區 龜山城 주변에서 채석장과 함께 30여 동의 고상식건물이 포함된 취락이 조사되었다. 고상식건물은 4군으로 군집되어 있는데, 공간배치상 체계적이고 조직적인 관리가 엿보인다. 따라서, 이러한 경우의

---

2) 李賢惠(1995)는 경주 이외에 철 생산지로 추정될 수 있는 곳으로 김해와 부산 동래지역을 들었다. 『日本書紀』(繼體期紀23年 4月條)에 나오는 가야지역의 명칭 중 '須那羅'는 김해, '多多羅'는 동래를 지칭하는 것으로 보고있다.
3) 최근 여래리유적 바로 북쪽 구릉에서 삼국시대 고분군이 조사되고 있어 기존 고분군을 갖지 못한 특수취락일 가능성이 사라졌다.

취락은 성곽 축조를 위한 부역인들의 일시적인 취락으로 추정된다(도 4).

⑷ 고분축조

삼국시대는 대규모로 고분이 축조되는 시기이기 때문에 이와 관련한 축조집단이 주변에 존재하였을 것으로 판단된다. 크게는 기존 자연취락 혹은 특수취락에서 일상적인 형태로서 고분축조가 필요할 때마다 인원이 동원되었을 가능성과 별도로 고분축조만을 위한 전문집단의 존재가능성도 점쳐진다. 후자의 사례로서 金海 退來里遺蹟이 주목된다(도 5). 취락의 전체가 아니지만 퇴래리고분군의 전방 사면부에서 고상식건물 19동이 조사되었다. 이러한 취락의 경우 4세기 후반이라는 시기적 특성을 고려하면 고상식건물은 매우 특별한 예로서 고분군을 축조하기 위한 부역자취락으로 추정되고 있다(裵德煥 2009).

시기적으로 다소 늦은 6세기 전반의 高靈 池山洞遺蹟의 경우도 비교대상이 될 듯하다. 입지로 보면 퇴래리의 예와 비슷하게 주변이 온통 고분군으로 둘러싸인 구릉의 곡간부에 수혈건물 13동과 158개의 주혈을 가진 취락이다. 주혈의 경우 수혈건물과 중복되어 있는데, 보고서에는 정형적인 건물로 판단하고 있지 않지만 평면형태상 지상건물로 간주할 수 있다(도 6).

2) 교통취락

현대에서도 마찬가지이듯이 지역과 지역을 연결하는 교통로상에는 항상 거점지역이 있어왔다. 삼국시대 역시 지역을 연결하는 지리적 거점으로서의 취락유적들이 일부 확인된다. 陜川 鳳溪里와 釜山 古村遺蹟(도 7)은 육지상의 교통로 거점으로, 金海 官洞里와 金海 新方里遺蹟은 발굴조사된 선착장을 통해 해로를 연결하는 항구이자 교역장소로 추정된다.

특히 김해 관동리유적의 경우 선착장 그 유구 자체도 매우 이례적이지만, 이 선착장과 연결되는 도로와 함께 주변으로 많은 지상건물(고상식)들이 존재하고 있었다는 점에서 전형적인 교통취락[路邊聚落]의 모습을 보여준다(도 8). 봉계리유적의 경우 사통팔달이 되는 사거리 주변 구릉지에서 확인되었으며(도 9), 釜山 古村遺蹟은 부산 내륙에서 동해안으로 올라가는 가장 빠른 단축로의 중간 지점에 위치하고 있다. 특히 고촌유적은 곡간의 넓은 평지에 다양한 유구와 저습지를 활용한 생산취락의 모습까지도 보여주고 있다. 이곳에서 확인되는 수많은 지상건물지 중 일반적인 사각형의 고상식과 지면식 외에 김해 여래리에서 확인된 바 있는 內陣柱를 가진 팔각건물지를 비롯한 다양한 형태의 지상건물지들도 조사되어 그 기능이 주목된다.

삼국시대라는 고대의 특성상 이러한 교통취락은 그 입지적 특징으로 중심취락으로서의 발전가능성이 있다. 즉, 당초 지리적 이점에서 자연취락으로 발생하였던 것이 점차 그 기능과 역할이 더해지면서 국가나 지역 세력가의 의도에 의해 그 중요 거점으로 기능했을 가능성이 있다. 그러한 대표적인 예로 관동리유적이나 고촌유적인데 전자가 해상과의 교류장소로서, 후자는 지역과 지역을 연결하는 결절지로서 성장하였을 것이다.

한 연구에 의하면 도시의 발생은 산악지대의 입구, 하천의 도하지점, 사막의 관문, 육지와 바다의 접촉점(해안선), 산악과 평야의 경계, 도서지방, 곶, 만, 하구 등도 도시로의 발생가능성이 높은 지역으로 알려져 있다.[4] 여기의 교통취락들도 결국 도시로 간주되는 중심취락화 되었다고 할 수 있다.

3) 방어취락

삼국시대는 국가의 형성 이후 정치적, 사회적으로 전쟁과 같은 많은 분쟁이 일어나는 시기였다. 따라서, 정치적 거점지역에 목적을 가진 취락을 세우기 위해서 지형적으로 방어가 용이한 입지를 선택하였을 것으로 보인다.

---

4) Vidal de Blache, .P.,*Principle de Geographe Humaine*, 1922. 남영우 논문(2000)에서 재인용.

星州 加岩里遺蹟의 경우 역시 구릉의 정상부와 사면부에는 수혈건물지가 50여 동 가깝게 확인되었고, 이들을 둘러싼 수차례에 걸쳐 개축된 환호가 확인되었다(도 10). 자연취락이라기 보다는 어떤 목적성이 있는 취락으로 추정된다. 浦項 虎洞遺蹟은 환호가 확인되지는 않았지만, 그 입지상 별도의 방어시설이 필요 없을 정도로 주변 평지와 해발비고가 40m에 가까운 구릉정상부를 중심으로 원삼국시대 후반부터 5세기에 이르는 수혈건물 300동에 가깝게 확인되었다.

4) 제의취락

선사시대나 고대에나 제사적 의미가 있는 유구나 유적을 규정하기는 매우 어려운 일이다. [제사라는 것이 '신과 같은 초자연적인 존재에게 기원하거나, 공헌물을 가지고 받드는 의례적 행위' 이고, [제사유적]이라는 것은 '제사를 실제 행하기 위한 목적으로 조성된 유적' [5]으로 규정한다면 취락 내 일부 지역에 제한된 유적일 수도 있지만, 제사유구가 중심이 된 유적인 경우에는 제사행위를 위해 존재한 취락의 존재도 설정가능하리라 여겨진다.

그런데 삼국시대 유적 중에 유적자체가 제사유적으로 인정받고 있는 곳은 그리 흔하지 않다. 釜山 大羅里遺蹟의 경우 전체는 아니지만 하나의 구릉에 제사와 관련된 시설로 추정되는 주혈군들이 집중되어 제의관련 유구로 추정된다(도 7). 독립구릉의 사면에 6열의 목책열이 돌아가고 있고, 그 내부의 정상부로는 대형고상건물지와 수혈식의 유구들을 묶어 모두 제사유적으로 간주되고 있다. 또한 대라리유적과 멀지 않은 곳에 대라리유적과 거의 동일한 형태의 유적이 확인되었으니 靑光里遺蹟이다. 역시 구릉지의 중심부 가장 높은 구릉의 정상부를 둘러싼 최대 8열까지의 목책열이 확인되고 그 내외에 다수의 주혈과 수혈이 집중되어 있다(도 11). 두 유적 모두 제사유적으로 추정되는 구릉 주변에 지상식건물지를 포함한 취락이 위치하고 있어 제사행위를 책임졌던 특수취락으로 추정된다.

이러한 양상의 유적지로 咸安 道項里遺蹟(도 12)도 있다. 이곳 역시 주변이 잘 조망되는 구릉 정상부에 장축 40m, 단축 15m의 타원형 대형 건물지의 흔적이 남겨져 있다. 그리고 이 건물지를 둘러싼 구릉부에 9동의 고상식 건물이 위치하고 있다. 수혈건물지도 일부 있고, 수혈 등이 공존하고 있지만 대체로 고상건물의 규모가 작아 거주용이 아닌 제의용으로 활용된 창고용건물로 추정된다. 참고로 도항리유적의 대형건물과 동일한 형태가 같은 지역의 咸安 梧谷里87番地遺蹟과 晉州 平居洞遺蹟에서도 취락내 한 기씩 확인되고 있어 당시의 특별한 건축물이었을 가능성을 대변한다.

제의취락은 무엇보다 특별한 형태의 건물이 확인된다는 특징이 있다. 또한 이러한 건물들은 입지상 주변에서 잘 조망되는 높은 구릉에 위치하고 있다는 점에서 제의적 성격과 관련될 수 있다.

3. 特殊聚落의 特徵

앞서 특수취락의 범주로서 각종 생산관련 취락과 방어취락, 교통취락, 제의취락 등으로 나누어보았다. 그 중 생산관련 취락의 경우 가장 큰 특징은 거주시설이 모두 지상식건물로 이루어져 있다는 사실이다. 그리고 교통취락이나 제의취락의 경우도 상당수가 지상식건물로 이루어졌다는 점에서 특수취락의 한 특징이라고 할 수도 있을 것이다. 그러나 특수취락 중 생산관련 취락이나 교통취락 등은 중심취락으로 성장하고 있고 이러한 취락의 시기가 5세기 이후라는 점에서 이 당시 보편적인 주거건물이 수혈식보다는 지상건물(지면식과 고상식)으로 전환되었을 가능성도 있어 특수취락만의 특징으로 보기에 어려운 점도 있는 것이 사실이다.

한편, 방어취락은 생산취락과 반대로 대부분 수혈건물 위주로 구성된 것이 특징인데, 아마도 주변보다 고지에 위치한 까닭에 건물의 안전성을 고려한 결과로 추측된다.

---

5) 김동숙(2008)과 穗積裕昌(2009)의 개념정리를 기본으로 재작성하였다.

4. 特殊聚落의 社會的 性格과 意味

1) 역사학계의 연구를 통한 사회적 성격 검토

역사학계에서는 취락문제를 자연촌과 행정촌의 문제로 엮어서 생각하고 있다(李洙勳 2007). 특히 신라 중고기에 중앙에서는 자연촌락 중에서 비교적 규모가 크고 중요한 촌락을 거점으로 설정하여 정치적-행정적 목적을 수행하는 인위적인 행정촌으로 규정하였다는 것이다. 여기에서 행정촌은 특별한 목적의식에서 설정되었다는 점에서 특수취락과 비슷하다고도 할 수 있지만 정치적-행정적 목적이라는 측면에서보면 특수취락보다는 중심취락 혹은 거점취락의 개념에 가깝다.

고고학적인 의미에서도 중심취락과 특수취락은 다소 개념에서 차이가 있고, 내용에서도 차이가 있다고 할 수 있다. 문제는 이러한 삼국시대 특수취락의 형태에 대한 관련 문헌자료가 거의 없다는 점이다.

특수취락 중 생산취락의 예만 본다면 마치 고려시대 이후의 천민집단인 鄕·所·部曲에 가깝다는 점에서 주목된다. 향과 부곡의 천민은 농업에 종사하는 것은 일반 양인과 다름이 없었지만 특수행정구역에 거주하였으므로 천시되었고, 소의 주민은 수공업에 종사하여 역시 천민으로 간주되었다. 이 밖에도 육지 교통요지에 설치된 驛과 숙박시설인 館, 그리고 수상의 교통요지에 설치된 津의 주민들도 모두 천민으로 여겨졌다(邊太燮 1986). 따라서 삼국시대 역시 고려시대 천민집단과 유사한 집단이 존재하였을 가능성이 있다고 할 수 있다.

참고로, 우리의 통일신라로부터의 영향을 많이 받았다고 여겨지는 일본 平安時代(794~1185) 후기부터 室町時代(1392~)에 이르는 시기에 우마해체, 어로, 제철, 세공, 주물, 주술사 등의 다양한 분야를 담당하였던 직능인 집단이 문헌과 유적을 통해 확인되었는데, 모두 천민 같은 '被差別民' 이었다(도 13, 別所秀高 2005)고 한다.

그러나 국가의 면모가 갖추어지고 신분체제가 정착된 사회인 고려시대 이후와는 달리 삼국시대는 중앙의 권력이 지방에 미치지 못하고 다수의 소국이 경쟁하던 시기였다는 점에서 특수취락민들은 오히려 기능인으로서 대우받았을 가능성이 있다.

2) 특수취락의 의미

삼국시대는 앞선 선사시대나 원삼국시대에 비해 매우 다양한 취락의 모습을 보여주고 있다. 그러한 모습의 배경에는 삼국뿐 아니라 각지의 소국들이 흥망성쇠하던 국가 정립기 당시의 사회적, 정치적 성장기였음을 보여주는 증거일 것이다. 또한 문헌사학에서도 인정하듯이 4~6세기 정치·사회적 변화가 급변하였던 양상은 4세기보다는 이후 시기로 갈수록 취락의 규모가 커지고 내부양상이 복잡해진다는 점을 통해 알 수 있다. 이러한 과정에서 특수취락이 조성되고 운용되었다고 여겨진다. 즉, 사회의 발전과정에서 생산이나 특수한 목적을 수행하기 위한 다양한 집단의 필요성이 커지고 이러한 집단의 거주지로서 특수취락이 조성되었으며, 이들 중 일부는 지리적 이점이나 권력자의 목적에 따라 규모가 커지면서 중심취락으로 성장하기도 하였다.

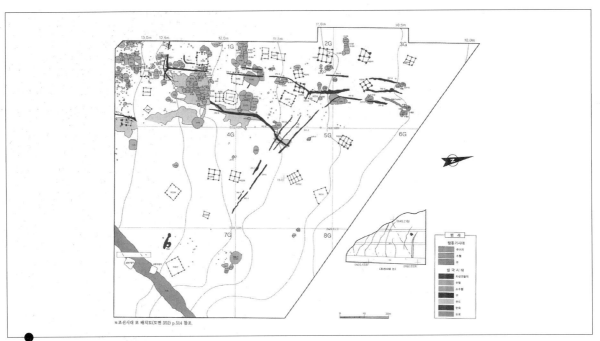

도 1 金海 餘來里遺蹟 配置圖

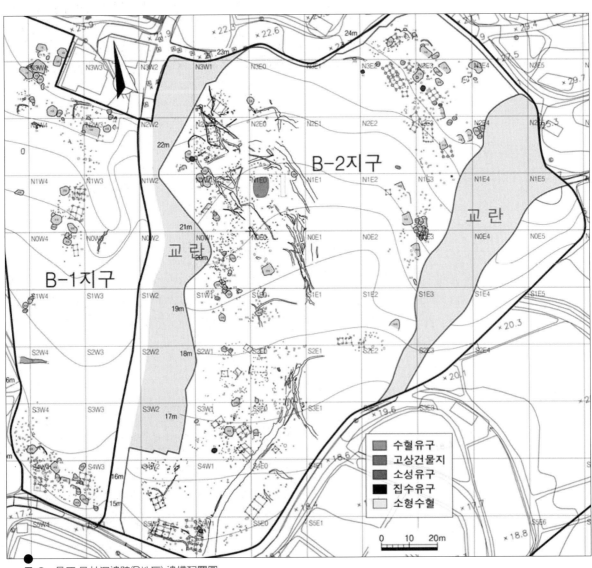

도 2 昌原 鳳林洞遺蹟(B地區) 遺構配置圖

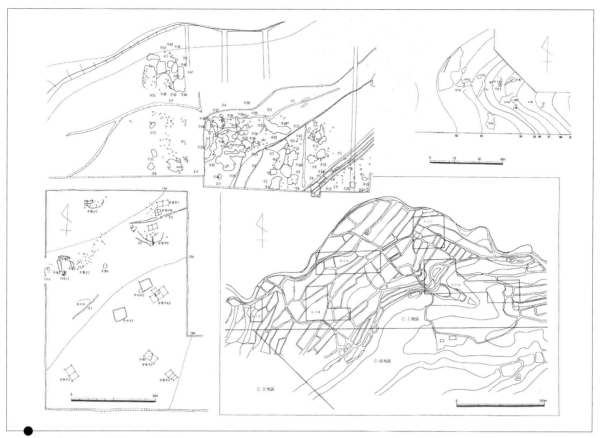

●도 3　慶州 蓀谷洞遺蹟 土器窯遺蹟

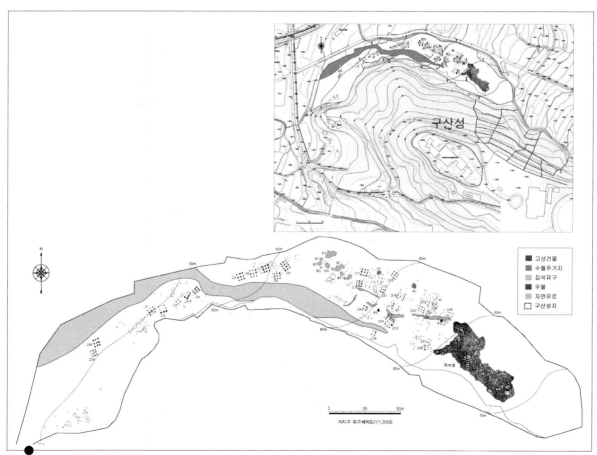

●도 4　鎭海 自隱洞遺蹟 遺構配置圖

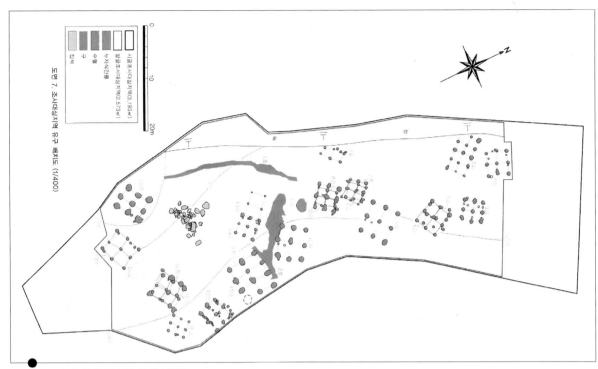

도 5 金海 退來里遺蹟 遺構配置圖

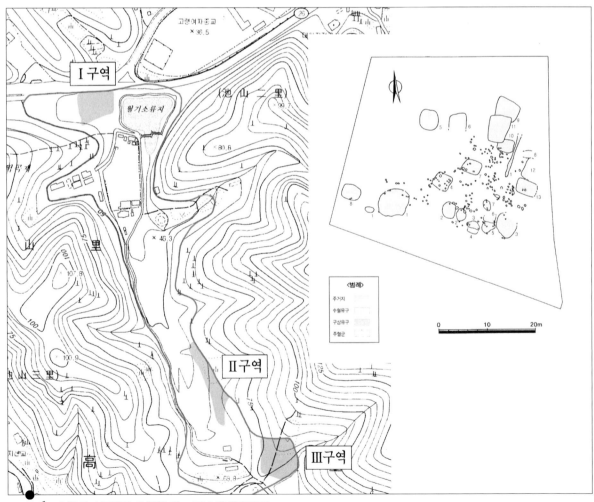

도 6 高靈 池山洞遺蹟 位置圖 및 Ⅰ區域 遺構配置圖

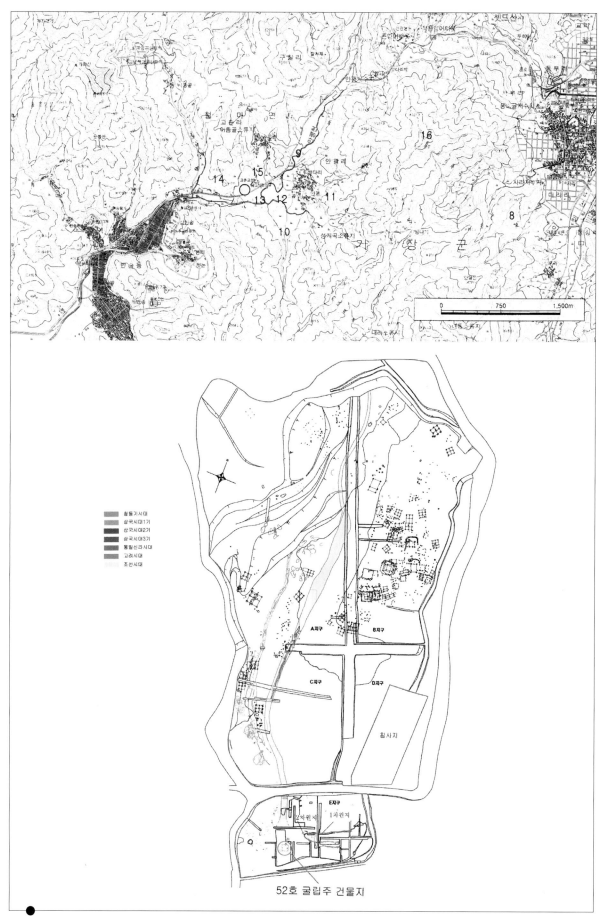

도 7　釜山 古村遺蹟 位置와 遺構配置圖(Ⅰ地區)

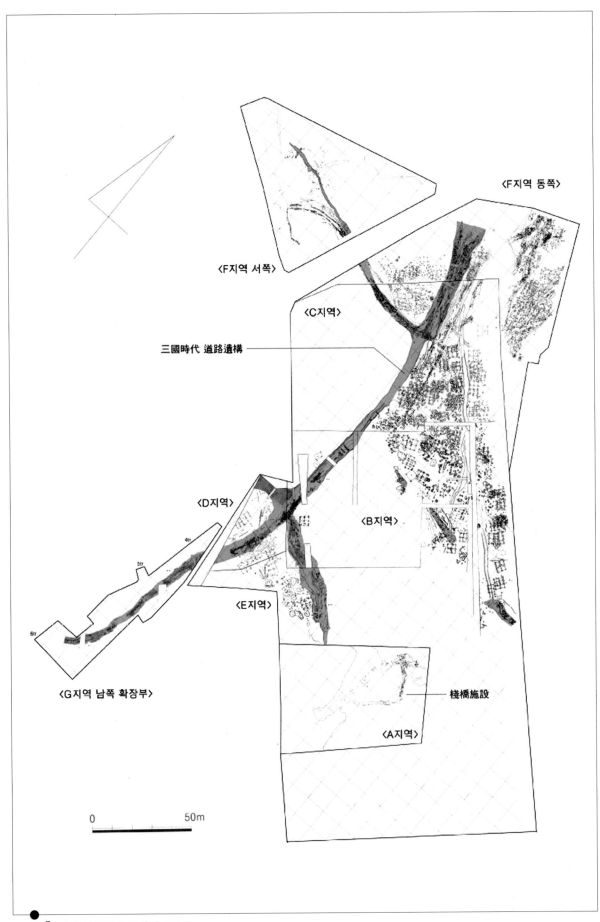

〈F지역 동쪽〉

〈F지역 서쪽〉

〈C지역〉

三國時代 道路遺構

〈D지역〉

〈B지역〉

〈E지역〉

〈G지역 남쪽 확장부〉

棧橋施設

〈A지역〉

0   50m

도 8 _ 金海 官洞里遺蹟 遺構配置圖

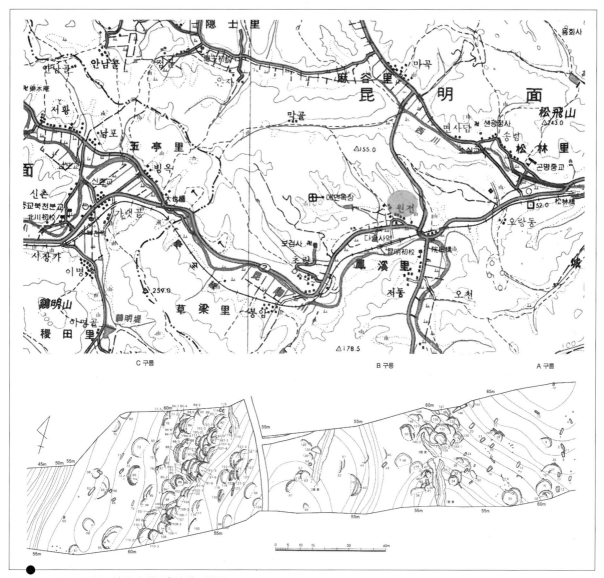

도 9　泗川 鳳溪里遺蹟 位置 및 遺構配置圖

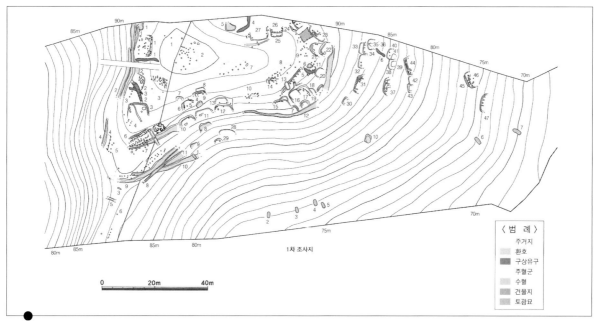

〈범례〉
주거지
환호
구상유구
주혈군
수혈
건물지
토광묘

도 10　星州 加岩里遺蹟 遺構配置圖

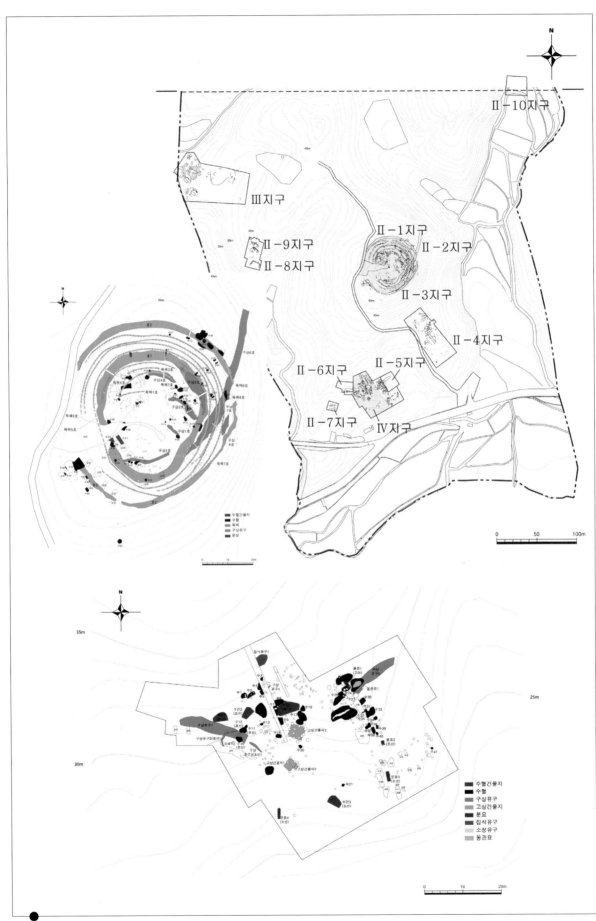

도 11 釜山 靑光里遺蹟 遺構配置圖

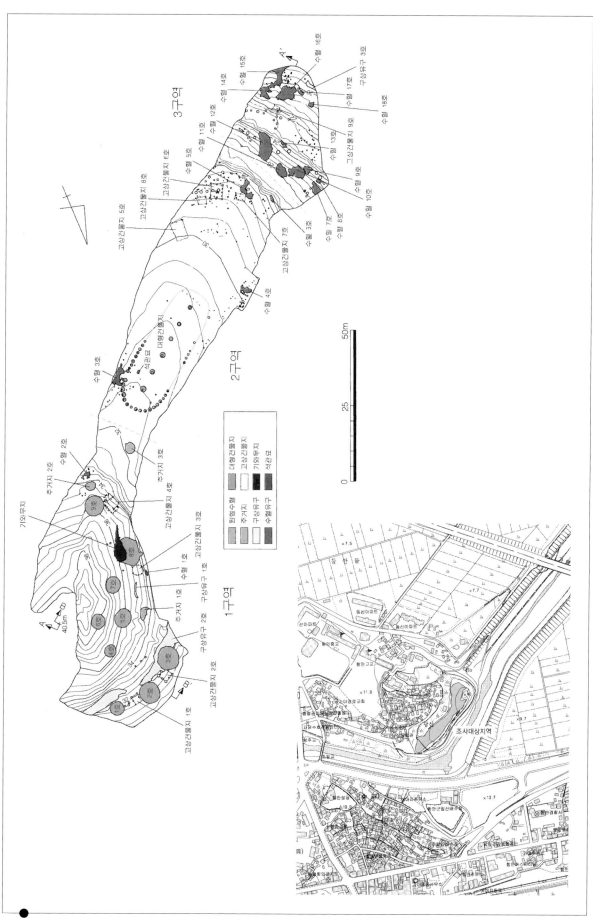

도 12 咸安 道項里遺蹟 遺構配置圖

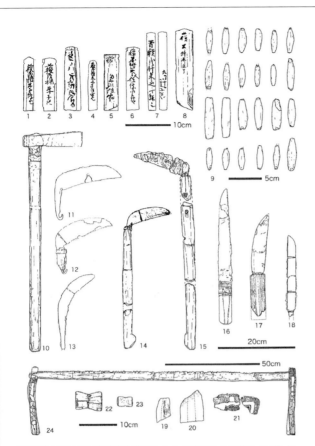

多様な職能を示唆する西ノ辻遺跡出土の道具類。1〜8：蘇民将来札、9：漁網錘、10：斧、11〜15：鎌、16〜18：刀子、19・20：鞴羽口、21：鋳型、22・23：織機錘、24：コモゲタ。大阪府教育委員会（1986）、大阪府教育委員会・㈶東大阪市文化財協会（1995・2001）、㈶東大阪市文化財協会（1996・1997）、㈶東大阪市文化財協会・東大阪市教育委員会（1996）、東大阪市教育委員会・㈶東大阪市文化財協会（1991、1998）より作成。

NTZ12（58-2）調査区でみられた平安時代開削溝出土獣骨の分布。大阪府教育委員会作成原図に加筆。別所（2005）より。

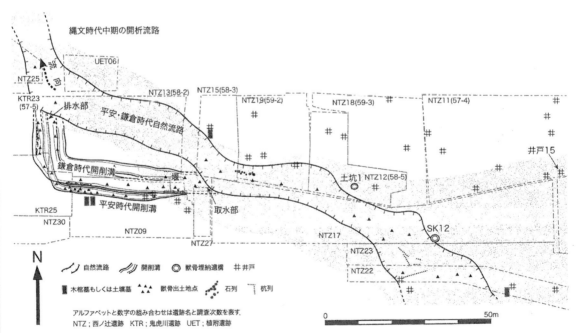

西ノ辻遺跡における平安〜鎌倉時代の遺構分布と獣骨出土地点。大阪府教育委員会（1986）、大阪府教育委員会・㈶東大阪市文化財協会（1995・2001）、㈶東大阪市文化財協会（1991 a・b、1994、2002）、㈶東大阪市文化財協会・東大阪市教育委員会（1996）、東大阪市教育委員会・㈶東大阪市文化財協会（1991、1995、1998、1999）にもとづき作成。別所（2005）より。

도 13　日本 西ノ辻遺蹟 遺構配置圖 및 遺物

●참고문헌●

姜鍾勳, 2007, 「韓國史의 劃期로서의 4~6世紀」, 『韓國古代史研究』47, 韓國古代史學會.

郭鍾喆・吳乾煥, 1989, 「金海平野에 대한 考古學的 研究(Ⅰ)」, 『古代研究』第2輯, 古代研究會.

金東淑, 2008, 「原始와 古代의 葬送儀禮 研究」, 『무덤研究의 새로운 視覺』第51會 全國歷史學大會 考古學部 發表資料集.

南永宇, 2000, 「都市文明의 發生과 肢絶率」, 『大韓地理學會誌』第35卷 第3號.

裵德煥, 2009, 「三國時代 高床建物의 住居로서의 可能性」, 『聚落研究』1, 聚落研究會.

邊太燮, 1986, 『改訂版 韓國史通論』, 三英社.

兪炳琭, 2009, 「三國時代 洛東江 下流域 및 南海岸 聚落의 特性」, 『嶺南地方 原三國・三國時代 住居와 聚落』, 第18會 嶺南考古學會 學術發表會 資料.

李洙勳, 2007, 「新羅 中古期 行政村・自然村 問題의 檢討」, 『韓國 古代의 地方統治와 村落』, 第9會 韓國古代史學會 夏季세미나 資料, 韓國古代史學會.

李暎澈, 2004, 「甕棺古墳社會 地域政治體의 構造와 變化」, 『湖南考古學報』20輯.

李賢惠, 1995, 「鐵器普及과 政治權力의 成長 -辰弁韓地域의 政治集團을 中心으로-」, 『加耶諸國의 鐵』.

_____, 1996, 「金海地域의 古代 聚落과 城」, 『韓國古代史論叢』8.

韓國考古學會, 2007, 『先史・古代 手工業 生産遺蹟』第50會 全局歷史學大會 考古學部發表資料集.

坂 靖, 2008・9, 「奈良盆地の古墳時代 集落と居館 -前期~中期における政治動向-」, 『考古學研究』第55卷 第2號(通卷 218號).

穗積裕昌, 2009, 「祭祀遺蹟研究の現狀と課題」, 『季刊考古學』第106號.

別所秀高, 2005, 「河內國大江御廚供御人の多樣な活動とその消長」, 『部落解放研究』第165號.

初期百濟 交易據點都市의 地形景觀

李 弘 鍾

1. 硏究目的

선사시대 이래 취락의 입지는 여러 가지 조건에 의해 결정된다. 그 중에서도 식수와 식량의 확보가 용이한 곳이 우선적으로 선택되었다. 우리나라의 경우 제주도를 제외하고는 식수확보가 그리 어렵지는 않다. 그러나 산지가 70% 이상인 지형조건에서 식량생산이 가능한 토지는 그다지 넉넉하지 못하다. 따라서 정착농경생활로 접어든 청동기시대 이래 취락의 입지는 식량생산에 적합한 토지조건을 갖춘 충적지 주변에 집중하였다. 이러한 충적지는 비교적 큰 하천 주변에 형성되어 있어 교통 · 운반 등에 편리한 지형조건을 갖추고 있다. 그렇지만 충적지는 안정적으로 이용했던 시기와 기후환경 변화에 따라 범람이 빈번하여 토지조건이 불안정한 시기도 존재한다. 또한, 충적지의 생성요인에서 본다면, 충적지 내에서도 취락이 입지하기에 안정적인 지점, 경작지에 적합한 지점, 전혀 이용할 수 없는 지점이 혼재하고 있다. 결국, 충적지 유적을 예측할 수 있는 것은 제4기 완신세(충적세) 이후 지형의 변화 및 지형조건에 따른 토지이용 실태를 파악하는 것이 급선무이다. 본 연구는 이러한 인식하에 충적지의 지형조건을 살펴본 후, 백제초기 금강유역의 주요지역을 중심으로 이들의 거점도시가 과연 어떠한 지형에 입지하였는지를 예측해 보고자 한다. 이러한 예측이 가능할 수 있었던 것은 금강유역에 입지한 羅城里遺蹟의 항공사진 판독에 의한 예측이 발굴조사 결과에 의해 증명되었기 때문이다.

2. 沖積地의 地形環境

충적지는 단순히 평지로 위치시키는 것이 일반적이었는데 평야의 경우는 수많은 조건하(성인차이, 시기차이 등)에서 형성되었기 때문에 토지이용 또한 시기나 지형에 따라 다를 수밖에 없다. 따라서 이들 지형을 면밀히 분석하여 관찰한다면 충적지에서 인간이 점유했던 공간의 활용양상 및 시간성을 찾는데 매우 효과적일 수 있다. 충적지에서 관찰되는 지형을 살펴보면 다음과 같다.

扇狀地 : 그 성인에 대해서는 여러 가지 설이 있으나 유적의 입지와 관련해 보면, 開析谷으로부터 전면의 하천에 이르기까지 沙礫堆積層이 부채꼴 모양으로 넓게 펴져있는 지형이 이에 해당된다. 우리나라의 경우, 완전한 모습의 선상지 요건을 갖춘 곳은 많지 않지만, 취락은 선단부의 미고지상에 입지하고 그 주변 토지는 농경지로 활용되는 경우가 일반적이다. 선앙부는 취락이 입지하기에 부적합하여 伏岩里 고분군처럼 묘역으로 이용되기도 한다. 선상지의 규모에 의해 취락의 면적이 정해질 수밖에 없지만 소규모 선상지에서도 유적이 확인되고 있다. 취락과 농경지가 완전히 분리되어 있지 않은 것이 특징이다.

河岸段丘 : 과거의 하천이 현재의 하상 보다 높은 곳에 위치하다가 현재의 하천으로 통일되면서 과거 하천 경계면에 계단 모양이 형성되고 그 위쪽으로 평탄면이 연속된 지형을 하안단구라 한다. 이러한 하안단구는 제4기

기후 및 해수면 변동과 지반운동 등에 의해 발달한 지형으로 그 성인에 의해 構造段丘, 氣候段丘, 海面變動段丘로 구분하지만 우리나라에서는 기후변동과 해수면변동에 의해 이루어진 것이 대부분이다. 하안단구에는 자연제방과 구하도도 함께 관찰되는데 이는 과거 하천이 段丘崖를 만들기 이전에 형성된 것으로서 미고지상으로 남아 있다. 이러한 단구지형은 평탄면이 넓게 펼쳐지기 때문에 자연제방에 형성된 취락 보다 대규모 취락이 입지하기에 적합하다. 취락의 경관은 산지와 접한 곳은 배후산지 쪽에 취락이 입지하고 전면부를 농경지로 활용하며, 하안에 접한 단구는 하안 쪽에 대규모 취락시설이 입지하고 후면부의 단구면을 농경지로 활용하는 것이 일반적이다.

　　自然堤防 : 홍수 시 범람원에 흘렀던 하천은 퇴적물질을 유로의 양 쪽에 퇴적시킨다. 이러한 운반작용이 오랜 기간 반복되면서 현재의 충적지에는 주변 보다 높은 자연제방이 형성되는데 범람원의 하천이 그 기능을 상실한 단계가 되면 범람으로부터 안전한 지대가 된다. 우리나라 대부분의 하천변 충적지에서 자연제방이 확인되고 있으며 신석기시대 이래 취락이 입지하고 있다. 한편, 자연제방 보다 낮은 배후습지는 수전을 조성하기에 가장 적합한 지형이다.

　　三角洲(河中島) : 조수간만의 차이가 크지 않은 지역에서 하천 하류에 운반되어온 물질이 퇴적되면서 형성된 지형이다. 김해평야가 대표적이지만 기타 하천에서는 유수의 흐름이 약한 지점에 물질이 퇴적되어 하중도를 형성한다. 春川 中島, 河南 渼沙里가 대표적이다. 퇴적토양을 관찰하면 하층은 하상과 같은 사력퇴적물이 일반적이고 상층은 홍수시 부유하던 니질토가 퇴적되어 농경에 유리한 토양을 제공한다. 현재도 작은 하중도는 형성과 소멸을 반복하고 있다. 형성 시점에 따라서 다르긴 하지만 이른 곳은 신석기시대 이래 유적이 입지하고 있다.

　　舊河道 : 하천의 쟁탈에 밀려서 언제부터인가 유로의 기능을 상실한 하천을 의미한다. 자연제방이나 단구가 존재하는 곳에는 제방 바깥쪽과 단구애가 유로로서 기능하였던 곳이다. 또한 충적지에는 수 많은 크고 작은 구하도가 확인되는데 이러한 구하도를 정비하여 취락을 확장하기도 하고 이를 이용한 시설을 만들기도 한다. 전자는 일본 彌生時代 취락인 唐古鍵遺蹟 후자는 慶州 雁鴨池가 그 대표적인 예이다.

　　背後濕地 : 자연제방의 배후에 구하도를 비롯한 범람원 지역은 상대적으로 낮은 지형을 이루고 있어 우천이나 홍수 시에는 일시적인 습지환경을 형성하기 때문에 초본류들의 서식이 왕성하여 토양이 비옥하다. 이러한 곳은 이른 시기부터 谷底地와 더불어 수전지로서 선택되었다.

3. 錦江流域의 主要遺蹟

　　취락 · 생산 · 교역 · 고분군 등의 발굴조사결과, 금강유역권의 주요 중심지역의 기능과 역할 및 지형경관을 어느 성도 파악할 수 있게 되었다. 이를 근거로 중심지역으로 추정되지만 발굴조사되지 않은 지역까지 포함하여 거점 가능지역을 살펴보고자 한다.

　　牙山 葛梅里遺蹟 : 曲橋川 상류지점의 하안충적지가 단구화된 지형으로서 지상식가옥, 고상가옥, 철기제작, 토기제작, 貯木場, 목기제작, 수혈의 저장시설, 수혈주거지, 제사흔적 등 초기백제의 유구와 유물이 확인되었다. 교역, 교류, 축제, 제사 등 전반적인 행위가 이루어진 교역거점지역으로 추정된다.

　　燕岐 羅城里遺蹟 : 금강 중류지점의 하안충적지가 단구화된 지형으로서 초기백제의 고상창고, 고상가옥, 대형 토기 가마, 도로, 우물, 무덤군, 망루, 빙고 등이 조사되었다. 주변 산지에서는 동시기의 수많은 대형 석실분이 발굴되었다. 따라서 이 유적은 이들을 축조한 세력집단에 의해 건설된 거점도시임에 틀림없을 것이다.

　　清州地域 : 新鳳洞 古墳群 등의 입지로 보아 주요 세력집단이 존재하였던 지역으로 추정된다. 추정 거점지역으로서는 無心川과 美湖川이 합류되는 무심천 좌안의 충적지로서 넓은 자연제방이 단구화된 지점이 확인된다.

　　公州地域 : 水村里古墳群 등으로 보아 주요세력집단이 존재하였던 지역이다. 추정되는 거점지역은 수촌리고분군 서쪽에서 흘러내리는 正安川과 금강이 합류하는 지점으로서 단구화된 자연제방이 확인된다.

　　扶餘地域 : 宮南池 남서쪽 舊旺浦川과 금강이 합류하는 軍守里 일대로서 충적지가 단구화된 지점이 확인된다.

　　論山地域 : 論山川과 금강이 합류하는 현 佛岩마을 일대로서 단구지형이 발달되어 있고 미고지성 자연제방열

이 다수 확인되어 이 일대를 거점지역으로 추정할 수 있다.

　舒川地域 : 금강과 서해가 만나는 堂仙里 일대로서 해양과 하천을 연결하는 교역 요충지일 가능성이 높다. 배후의 道三里遺蹟에서는 거대한 주구토광묘가 발굴조사되었다.

　이 밖에도 중심지역은 아니지만 철기제작을 담당하였던 鎭川 石帳里遺蹟, 淸原 蓮提里遺蹟, 물류집하 및 저장만을 전문적으로 담당하였던 燕岐 月山里遺蹟 등은 교역거점도시의 배후 기지였을 가능성이 높다.

4. 都市의 機能

　교역을 행하기 위해서는 생산지→운송→(물류집하장)→교역장소→분배의 과정을 거치는 것이 일반적이지만, 지금까지 조사된 예로 보아 교역 중심지에서는 필요한 물품의 생산도 직접 담당한 것으로 파악된다. 교역에 대한 연구는 취락간 교환체계(George A. Johnson 1975), 원시·고대 교역의 기본구조(Karl Polanyi 1975), 교역의 종류와 방법(Colin Renfrew 1975) 등이 있다. 이를 통해 볼 때, 금강유역에서 중심지적 기능을 행하였다고 판단되는 상기 지역들은 지역세력의 거점이자 교역도시로서의 역할을 담당하였을 것으로 판단된다. 기타 하나의 전문적인 기능만을 수행하였던 지역은 일반취락의 1차 생산지와는 차별되는 특수한 취락으로서 해당지역 세력집단의 직접적인 통제하에 생산 및 물류집하를 담당하였을 것으로 추정된다.

5. 交易據點都市의 特徵

　이상의 검토결과를 요약하면 다음과 같다.

- 초기백제 금강유역의 지방중심지는 고분군 등의 분포로 볼 때, 하천유역을 중심으로 형성되어 있다.
- 지방세력의 경제적기반은 생산과 유통의 통제를 통해 실현되었을 것으로 추정된다.
- 1차 생산지에 해당되는 일반 단위취락과 더불어 특수한 물품을 생산하기 위한 거점생산지도 확인되는데 일반취락과는 달리 직접 통제하였을 것으로 판단된다.
- 교역거점도시는 단순히 교역과 교류만을 행하였던 곳도 존재하였겠지만 나성리유적에서 거관과 같은 시설이 존재하는 점으로 보아 지역세력의 중심지이자 교역도 담당했던 복합도시로서 기능하였을 것으로 판단된다.
- 이들 거점도시는 하천변 충적지에 입지하는데, 주로 자연제방과 배후습지가 단구화된 넓은 충적단구상에 자리잡고 있다.
- 그 이유는 자연제방은 폭이 좁고 길기 때문에 건물지나 시설물이 들어서기에 매우 협소하여 도시가 입지하기에는 적합하지 못한 지형조건 때문일 것이다.
- 반면, 도시가 입지한 자연제방이 단구화된 곳은 주로 하성단구 II단계(기원전 2세기 경)의 온난기에 형성된 것으로서 기원후 3~5세기에 접어들어 토지이용이 극대화된다.
- 따라서 3~5세기는 II단계에 형성된 단구 중에서 비교적 넓게 평탄면이 발달된 지형을 선택해서 도시를 계획하였을 것으로 판단할 수 있다.
- 이러한 점들을 토대로 조사가 이루어지지는 않았지만 淸州, 公州, 扶餘, 論山, 舒川地域의 거점도시 지형도 추정할 수 있었다.
- 그러나 이러한 도시도 5세기 이후 쇠퇴의 길을 걷게 되는데, 그 이유는 기후변동으로 인한 충적지의 범람 혹은 중앙집권화에 의한 지방도시의 재편 등 복합적인 측면에서 찾을 수 있을 것이다.

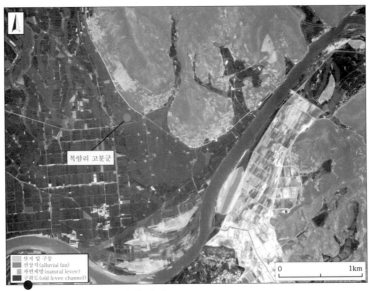

도 1 선상지(나주 복암리 지역)

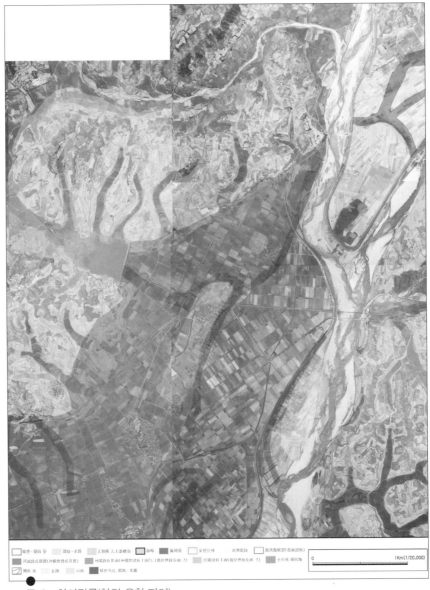

도 2 하안단구(청원 오창 지역)

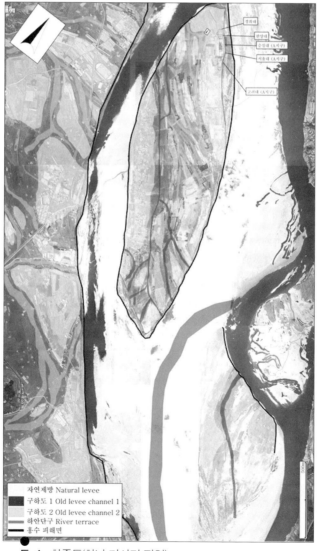

도 3 　자연제방(진주 대평리 지역)

도 4 　하중도(하남 미사리 지역)

도 5 구하도 · 배후습지(연기 대평리 지역)

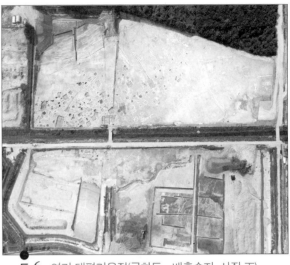

도 6 연기 대평리유적(구하도 · 배후습지, 사진 下)

도 7 아산 갈매리유적 항공사진

도 8　아산 갈매리유적 유구배치도

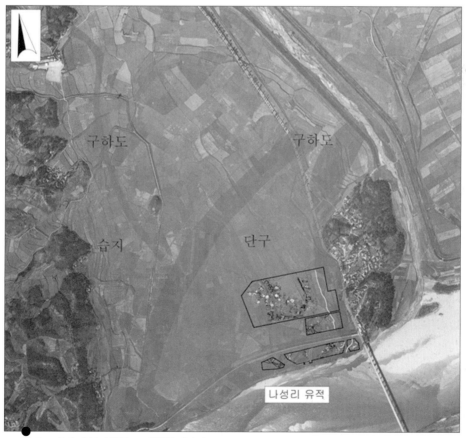

도 9　연기 나성리유적 고지형환경분석

도 10 연기 나성리유적 전경

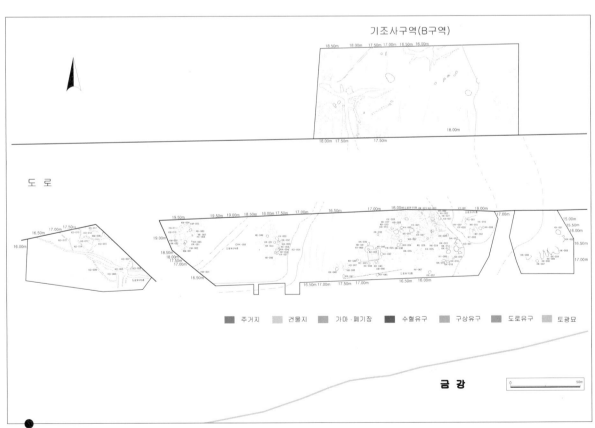

도 11 연기 나성리유적 유구배치도

도 12 청주지역 위성사진

도 13 공주지역 위성사진

도 14 부여지역 고지형환경분석

도 15 논산지역 고지형환경분석

도 16 서천지역 위성사진

도 17 연기 월산리 황골유적 위성사진

도 18 　연기 월산리 황골유적 전경

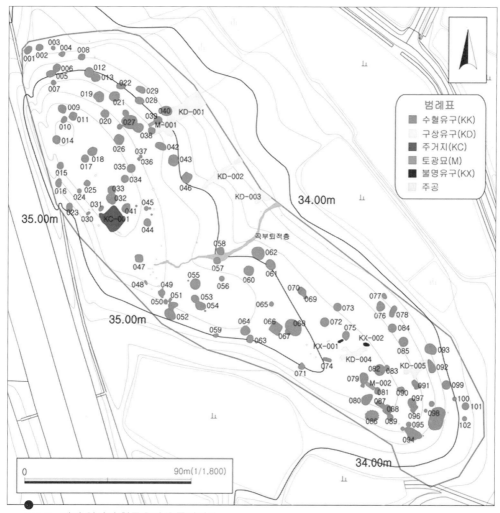
도 19 　연기 월산리 황골유적 유구배치도

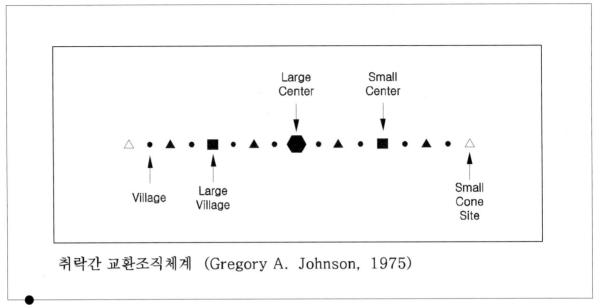

취락간 교환조직체계 (Gregory A. Johnson, 1975)

도 20 취락간 교환조직체계 (Gregory A. Johnson 1975)

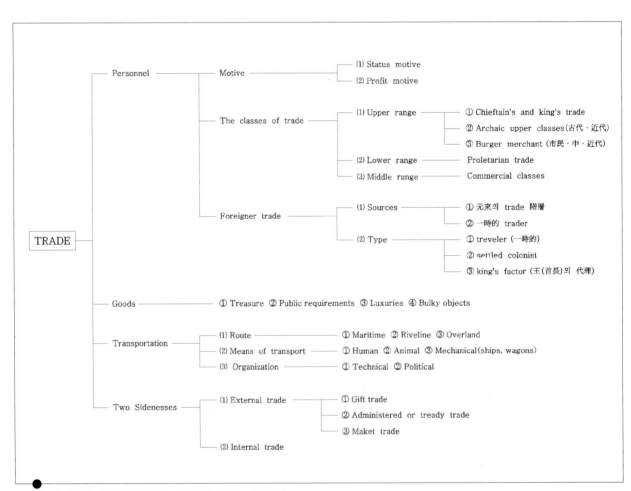

도 21 원시·고대 교역의 기본구조(Karl Polanyi 1975)

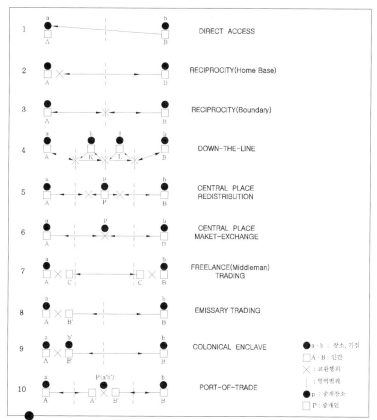

도 22 교역의 종류와 방법(Colin RenFerew 1975)

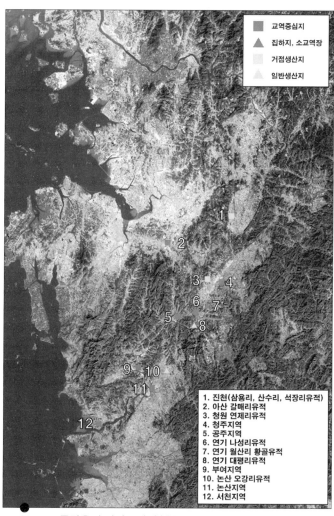

도 23 금강유역 거점도시의 분포

●참고문헌●

權東熙, 2009,『韓國의 地形』, 한울아카데미.

李弘鍾·高橋學, 2006,『行政中心 複合都市 平野地域內 古地形 및 遺蹟分布 豫測調査 報告書』, 韓國考古環境硏究所.

_____, 2008,『韓半島 中西部地域의 地形環境 分析』, 書景文化社.

韓國地理情報硏究會, 2006,『地理學講義』, 한울아카데미.

張祐榮·李日榮·李弘鍾, 2010,「沖積地遺蹟 調査를 爲한 地形環境分析의 適用」, 野外考古學 8號.

甲元眞之, 2007,「環境變化の考古學的檢證」,『砂丘形成と寒冷化現象』.

高橋學, 2003,『平野の環境考古學』, 古今書院.

貝塚爽平 外, 2001,『寫眞と圖でみる地形學』, 東京大學出版會.

松井 章 編, 2003,『環境考古學マニュアル』, 同成社.

安田喜憲 編, 2004,『環境考古學ハンドブック』, 朝倉書店.

外山秀一, 2006,『遺蹟の環境復原』, 古今書院.

_____, 2008,『自然と人間との關係史』, 古今書院.

田崎博之, 2007,「發掘調査デタからみた砂堆と沖積低地の形成過程」,『砂丘形成と寒冷化現象』.

Colin Renfrew, 1975, Trade as Action at a Distance : Questions of Integration and Communication, Ancient Civilization and Trade, University of New Mexico Press.

Karl Polanyi, 1975, Traders and Trade, Ancient Civilization and Trade, University of New Mexico Press.

Gregory A. Johnson, 1975, Locational analysis and the investigation of Uruk local exchange systems, Ancient Civilization and Trade, University of New Mexico Press.

日本列島의 古墳時代 豪族居館과
韓半島의 該當遺蹟 比較

橋本博文(하시모토 히로부미)

머리말

지난 제2회 한일취락검토회에서 발표할 기회가 있었다. 그 사이에 과학연구비에 의한 호족거관의 조사·연구가 진행되면서 한반도로부터의 도래인의 영향·관여의 모습이 서서히 밝혀져 왔다. 또 일본 국내의 해당시기의 수장거관에 대한 새로운 知見을 얻을 수 있었다. 그리고 한일취락연구회에서 새로운 정보를 얻으면서 한반도에서의 비교자료 정보가 조금씩이지만 모이기 시작했다. 여기서 한일에서의 호족거관 관련 유적을 비교하고 한일의 거관의 특성과 공통성 그리고 관련성을 검토하고자 한다.

1. 硏究史

최종규씨는 김해 봉황토성의 발굴조사를 바탕으로 특히 土壘의 구축기법에 대해 한국은 물론 중국 자료와 비교하면서 그 기술계보를 검토한 바가 있다(최종규 2005).

권오영씨는 중간층취락인 미사리 유적과 왕성인 몽촌토성의 비교를 통해 한성기의 백제사회를 고찰하였다(권오영 1996). 또 최종택씨는 미사리 유적의 편년과 구조분석을 바탕으로 취락구성을 검토하여 취락의 성격을 고찰하였다. 그 결과 입구를 갖춘 한 동의 대형 육각형수혈과 두 동의 중형 육각형 수혈주거 그리고 일곱 동의 장방형 수혈주거로 구성된 것, 미사리 백제 취락의 곡물 생산활동은 자급을 하기 위해서만 하는 것이 아니라, 지배계층의 풍납토성이나 몽촌토성으로의 공납에도 기여했다는 것을 지적하였다.

그것들의 연구성과를 받아들여 武末純一씨는 호남지역을 포함한 백제취락의 양상에 대해 대규모 조사 등으로 내부구조를 어느 정도 알 수 있는 유적을 들어 검토하였다. 그 결과 풍납토성에 대한 분석에서 한성기에는 당초부터 왕성 - 중간층의 취락 - 일반취락이라는 계층구조가 성립되었다고 결론지었다. 또 중간층의 미사리유적에 대한 분석에서 방형 環溝가 수장층 거주지의 일각에 마련된 것이나 그 바깥쪽도 도랑으로 구획된 것 등 내부의 계층구조가 현재화된 것을 지적하였다. 이에 더해서 중간층의 취락에서는 수장층의 日常的인 생활공간과 非日常의 성스러운 공간이 짝을 이룬 것으로 추정하고, 그 중에는 수공업생산영역을 포함한 것도 있었다고 보았다. 한편 풍납토성뿐만 아니라 몽촌토성에 대해서도 검토하고, 풍납토성을 문헌에 보이는 北城, 몽촌토성을 南城으로 본다. 게다가 호남지역의 취락 특히 창고에 대해 주목하였다(武末純一 2007).

龜田修一씨는 한일 고대산성를 비교하면서 야요이시대 환호취락, 고분시대 호족거관의 속성들과 대비를 시도하였다(龜田修一 2008).

이영철씨는 영산강유역의 삼국시대 취락을 「하위취락」, 「거점취락」, 「중심취락」으로 구분하고, 그 중 최상위의 「중심취락」으로서 「거관」을 가진 동림동 유적을 들었다(이영철 2011).

2. 입지

입지의 특징으로서 한반도의 王城·居館이 하천교통의 요소에 위치하는 것을 지적할 수 있다. 풍납토성은 왕성인데 한강 강변에 위치한다. 몽촌토성도 성내천과 근접한다. 下古城子토성은 渾江에 면한다. 이러한 모습은 일본 고분시대 호족거관의 모습과 공통된다. 풍납토성에서는 西晉의 施釉陶器나 倭의 圓筒埴輪(하니와)과 흡사한 것 등 외래계 유물들이 출토되었고, 수상교통에 의해 먼 원격지의 문물이 초래된 것으로 추정된다. 이야말로「동아시아의 물류센터」의 양상을 보여준다.「국제성」이라는 말이「왕성」·「왕궁」을 인정하는 데 있어 키워드가 되는 것을 말해준다. 纏向(마키무쿠) 유적에서 출토된 낙랑토기 등도 주목된다.

또 한반도 내에서도 가야·신라·고구려 등 기타 지역의 토기가 확인되었고, 교류범위가 넓은 것을 알 수 있다.

3. 平面形態

평면형태는 중국계 토성인 낙랑군의 治所로 생각되는 낙랑토성에서는 일부 지형에 맞춰서 방형상으로 성벽을 마련하였다. 또 고구려의 하고성자토성이 장방형을 띤다. 백제의 몽촌토성은 부정형, 풍납토성은 방추형을 띤다. 한편 일본열도의 호족거관은 방형을 기조로 한다. 原之城(겐노죠) 유적은 장방형을 기본형으로 한다. 다만 栃木縣(도치기현) 權現山(곤겐야마) 유적은 부정형을 띤다. 방형은 고대 중국으로부터 영향을 받은 것으로 생각되는데, 야요이 환호취락에 보이는 원형 속에 있는 방형구획이 밖으로 나가 방형을 띤 고분시대 호족거관이 성립했다는 內的發展說(武末 1989)도 매력적이다. 양자를 절충하여 고분시대 호족거관의 방형구획 성립에 고대 중국의 외적 영향이 있었던 것으로 생각하고 싶다.

4. 環濠聚落으로부터 土城으로

풍납토성의 토루 밑에 삼중환호가 존재한다. 원삼국시대의 환호취락으로부터 백제의 토성으로의 변화가 보인다. 왜에서는 야요이시대의 토루·목책열을 수반하는 환호취락으로부터 고분시대의 A류 : 해자(堀)·토루·목책[四鬪蒔(시토마키)], B류 : 해자(堀)와 목책(三ッ寺 I), C류 : 해자(堀)와 토루(原之城) 혹은 D류 : 목책만[萓俣(스가마타)B·折返(오리카에시)A]이라는 여러 차이가 있는 거관으로 遷移한다.

5. 해자(堀)

일본열도 고분시대의 호족거관에는 대부분 해자(堀)가 같이 보인다. 그 중에는 福島縣(후쿠시마현) 古屋敷(후루야시키) 유적이나 茨城縣(이바라키현) 梶內向山(가지우치무코우야마) 유적처럼 전체 내지 일부에 이중해자가 있는 것도 있다. 그러나 전술한 D류와 같이 목책만 확인된 사례나 圍郭施設 자체가 보이지 않는 거관 관련유적이 존재한다.[1] 해자는 그 규모나 湛水의 유무로 보아 그 표기방법이 마음에 걸린다.[2] 앞 시대의 야요이시대 환호의 단면은 V자형이 많은 것에 비해 고분시대가 되면 대부분 역사다리꼴을 띠게 된다. 다만 고분시대 초두의 栃木縣 下犬塚(시모이누즈카) 유적처럼 단면이 V자형을 띤 것도 드물게 존재한다. 이것은 야요이시대의 전통이 남은 것으로 생각된다. 한편 일본열도 고분시대의 일반취락에는 기본적으로 해자가 보이지 않는다.

한반도에서는 풍납토성의 토루 밑에 있는 환호의 단면형태가 역시 V자형이다. 해자(濠)의 성격은 그 규모에 따라 다르지만 규모가 작은 것은 구획, 규모가 큰 것은 방어를 의도한 것으로 생각된다.

---

1) 예를 들면 靜岡縣 古新田(고신덴) 유적을 들 수 있다.
2) 규모가 크고 담수하는 것을「濠」, 규모가 크게 담수하지 않는 것을「壕」, 규모의 크고 작음·담수의 유무와 관계없이「堀」, 규모가 작고 담수의 유무에 관계없이「溝」라는 이미지가 강하므로 여기서는「堀」로 통일하고자 한다.

6. 土壘의 位置

토루의 위치는 원삼국시대의 양산 평산리 유적에서 환호 안쪽에 목책열이 발견되었고, 환호 내 복토의 상황으로 보아 해자(濠) 바깥쪽에 토루가 있었던 것으로 추정된다(이성주 1998). 이 외곽시설의 모습은 왜의 고분시대 전기(3세기 중반경)의 栃木縣 四斗蒔 유적과 유사하다.

7. 土壘의 規模

토루의 규모는 백제의 왕성인 풍납토성이 기저부 폭 약 43m, 높이 약 12m이며 대규모이고, 몽촌토성이 기저부 폭 약 20m, 높이 약 10m이며 다소 작지만 이것도 큰 편이다. 북한에서는 하고성자토성이 기저부 폭 15.2m, 높이 1.4m이다. 기저부 폭은 한반도 남부에서 확인되는 것보다 약간 좁은 편이지만 높이가 압도적으로 낮은 것을 알 수 있다. 일본열도에서는 겐노죠 유적의 토루가 최대규모이지만, 기저부 폭 15m, 잔존 높이 70cm이고, 한반도의 토루보다 높이에서 압도적으로 뒤지고, 북한의 토루에 가깝다.

8. 土壘의 構築方法

일본열도 고분시대 호족거관의 토루 구축기법을 먼저 일본 중세의 토루 구축기법과 비교해 보고자 한다. 고분시대의 호족거관 중 토루의 구축방법이 밝혀진 것으로 群馬縣(군마현) 伊勢崎市(이세사키시) 原之城 유적을 들 수 있다. 북쪽 내부 토루의 단면조사에서 먼저 바깥쪽을 성토한 다음에 안쪽으로 성토하여 토루의 폭을 넓힌 것을 알 수 있다. 고분을 구축할 때 사용하는 제방상 성토와 유사한 구축방법이다. 바깥쪽을 도는 해자(堀)의 가장자리에 작은 도랑(小溝)이 존재하고, 더욱 안쪽 토루의 제1차 공정의 성토 가장자리에 따라 폭 약 40cm, 깊이 45cm의 토루 아래 小溝가 평행하게 있는데 조사자는 성토할 때 堰板을 설치한 것으로 생각하였다. 다만 그 내부의 성토는 판축을 베풀지 않았다.

일본 고대의 토루에는 8세기 후반~9세기 초에 조영된 동일본의 성곽 목책에서 掘込地業(地盤을 파고 그 안에 점토나 모래를 번갈아 다져서 쌓는 작업)이 보이고, 판축이나 그것과 비슷한 두 가지 흙을 교대로 수평하게 성토해가는 방법이 채용되었다(伊藤 2009).

中世城館에서는 茨城縣 이나시키군(稲敷郡) 美浦村(미호무라)에 있는 木原(기하라)성터의 詰曲輪에 남아 있는 表虎口와 裏虎口의 축조방법이 겐노죠 유적과 반대로 안쪽으로부터 성토했다(原 2000). 한편 동북 남부의 福島縣에서는 陣ヶ峯城(진가미네죠)의 토루가 겐노죠 유적과 동일하게 바깥쪽으로부터 성토했다. 이것은 수평으로 성토하거나 판축기법으로 구축하는 경우가 많은 고대의 토루 구축기법과는 다르다고 한다. 게다가 埼玉縣(사이타마현)의 青島城(아오시마조)에서도 확인되는데, 높은 토루를 유지하기 위해 해자쪽으로 흙과 모래가 붕락하지 않도록 하는 일본 전국시대 산성의 토루에 보이는 구축기술과 같은 것으로 생각된다(松井 2009).

한반도에서는 풍납토성이 敷粗朶工法을 채용한 판축이 보이는 한편 몽촌토성은 일부를 제외해서 판축을 사용하지 않았다. 겐노죠유적의 토루는 몽촌토성의 구축기법에 가까운 것이다.

몽촌토성의 A구 TR A1 남벽 토층 단면도를 보면 깊이 판 西端의 하층에 수평한 얇은 토층이 여러 겹으로 된 것을 볼 수 있는데, 조사자는 그 IV층을 1차 판축부, II층을 2차 판축부로 보고했다. 그 사이에 있는 적갈색점토층인 III층은 一見하면 噴砂가 상기되고, IV층의 상반부는 III층으로 분단된 좌우가 연결되는 것처럼 보인다. 현지를 보지 못했고, 그 「판축부」의 토층주기가 없기 때문에 단언할 수 없지만, 판축을 두 개 공정으로 나눌 필요성이 없을 가능성도 있다. 다만 분사로 보기에는 모래층이 아닌 「점토층」이고, 공급원이 되는 층이 아래에 없기 때문에 분사로 하는 것이 주저된다. 만약에 이것을 분사로 하지 않고, 판축을 두 개 공정에 걸쳐 이루어졌다고 해도 대세에 큰 영향은 없다. 어쨌든 몽촌토성의 토루에 일부 판축 기법이 사용되었다고 볼 수 있다. 다만 상부에는 판축을 이용하지 않았다. 또 다른 지구인 D구 TR G의 남벽 토층단면도에서는 토루 최고부를 깊이 판 조사구역에서 그 범위

표 1_ 植物性材料로 보강한 土構造物(小山田 2008 揭載表를 바탕으로 보충·배치 이동)

國別	年代	所在地	遺蹟名	種類	補强材
中國	1C.	安徽省 壽縣	安豊塘	제방	초본
韓國	3C.	서울	風納土城	土壘	나무 잎·수피 등
	4C.	全北 金堤市	碧骨堤	제방	초본
	6·7C.	忠南 扶餘郡	扶餘 東羅城 東門	土壘	섶나무 가지
				길	섶나무 가지
	18C.後半~19C.前半	忠南 唐津郡	合德堤	제방	섶나무 가지
日本	彌生 中期 前半	長崎縣 壹岐市	原の辻	돌제	수피
	彌生 中期 後半	埼玉縣 熊谷市	北島	보	초본
	彌生 後期	岡山縣 倉敷市	上東	돌제	초본·나무 잎·나무 편
	彌生 後期~中世	岐阜縣 可兒市	杣田	護岸·보 등(94基)	초본·수피·竹製網代 섶나무 가지 (中世前期 이후)
	古墳 前期	大阪府 八尾市	久寶寺	水路 둑	초본
	古墳 前期	群馬縣 前橋市	元総社北川	보	초본
	5C.中頃	群馬縣 高崎市	三ッ寺I	居館 濠 內壁	섶나무 가지
	5C.末~6C.初	大阪府 八尾市	龜井	제방	초본·수피
	6C.末~7C.	岡山縣 岡山市	津寺	護岸	섶나무 가지·초본·수피
	7C.(616年頃)	大阪府 大阪狹山市	狹山池	제방	섶나무 가지
	7C.前半	滋賀縣 野洲市	比留田法田	水路 둑	섶나무 가지
	7C.前半	滋賀縣 安土町	大中の湖南	돌제(第1遺構)	초본
	7C.(664年頃)	福岡縣 太宰府市	水城	土壘	섶나무 가지
	7C.後半~8C.	福岡縣 久留米市	上津土壘	土壘	초본
	7C.後半	熊本縣 山鹿市·菊池市	鞠智城蹟	貯水池의 제방	섶나무 가지
	7C.	奈良縣 明日香村	阿部山田道(飛鳥藤原145次)	길	섶나무 가지
	8C.	熊本縣 玉名市	柳町	길	섶나무 가지
	8C.(731年·762年)	大阪府 大阪狹山市	狹山池	제방	섶나무 가지
	8C.中頃	愛知縣 西尾市	室	제방	섶나무 가지·초본
	8C.後半~9C.初	兵庫縣 出石町	砂入	길(SF01)	섶나무 가지
	8C.末~9C.初	福岡縣 北九州市	長野A	제방	섶나무 가지
	8C.末~9C.頃以後	愛知縣 西尾市	室	매립(締切堤)	섶나무 가지·초본
	8C.	岡山縣 岡山市	百間川米田	길	섶나무 가지·초본
	8C.	大阪府 堺市	小阪	제방	섶나무 가지
	平安 前期	滋賀縣 米原市	入江內湖西野	보	섶나무 가지
	10C.後半	岡山縣 岡山市	百間川米田	護岸	섶나무 가지·초본
	10C.後半	岡山縣 岡山市	百間川米田	매립	섶나무 가지·초본
	古代	大阪府 岸和田市	久米田池	제방	초본 외
	中世 初	大阪府 門眞市	巢本	제방	섶나무 가지
	中世 末	滋賀縣 大津市	関津	護岸	섶나무 가지

안에서 판축은 확인할 수 없다. 부분적인 조사이기 때문에 명확한 것은 말할 수 없지만, 먼저 제1공정으로서 바깥쪽에 제방상 성토를 하고, 다음에 제2공정으로서 깊이 판 부분의 4·8·7·5층까지를 안쪽으로 성토하고 토루 기저부의 폭을 넓히고, 더욱 제3공정으로서 3층까지 쌓아서 거의 평평하게 하고, 마지막에 제4공정으로서 2·1층을 쌓아서 높게 해 마무리한 것으로 추정된다.

한편 풍납토성과 몽촌토성 토루의 차이는 전자가 평지에 성토해서 축조한 것에 비해 후자가 자연구릉을 최대한 이용해서 구축했다는 것이다(權 2011).

고구려에서는 전기의 도성으로서 오녀산성과 짝을 이룬 평지성으로 추정되는 하고성자토성이 주목된다. 토루는 黃土・黑灰土・黃色泥土・黃砂 등을 다진 판축상으로 쌓여져 있다.

덧붙이자면 일본열도의 三ッ寺 I 유적은 토루가 아니지만 본체의 기초를 주위에 있는 해자(堀)의 굴착토를 쌓아 올려서 조성하고, 해자(堀)의 내면에 돌담을 쌓을 때 敷粗朶工法을 채용하였다(橋本 2009). 아마 도래인이 기술을 전한 것으로 생각된다.

광의의 소위 敷粗朶工法에 관해서는 현시점에 있어 동아시아에서는 야요이시대 중기 전반에 해당되는 일본의 長崎縣(나가사키현) 原の辻 유적의 제방(수피 사용)이 가장 이르고, 중국 安徽省 壽縣 安豊塘의 제방을 1세기에 改修한 것(초본 사용)이 이어진다. 한국에서는 풍납토성(木葉・樹皮 사용)의 사례(3세기)가 가장 이르고, 이어서 벽골제에서 보이는 4세기의 제방(초본 사용)이 확인된다. 또 김해 봉황토성에서도 나무 잎을 사용한 예가 보인다. 일본에서는 原の辻 유적에 이어 埼玉縣 北島(기타지마) 유적의 야요이시대 중기 후반의 제방에 사용한 예(초본 사용)나 岡山縣(오카야마현) 上東(조우토우) 유적의 야요이시대 후기의 제방(초본・木葉・木片 사용) 등이 있다. 섶나무 가지를 사용한 것으로서는 동아시아에서는 三ッ寺 I 유적의 5세기의 사례가 管見이지만 가장 이른 것으로 생각된다. 덧붙이자면 한국에서는 부여 동나성 동문의 토루와 길에 시행된 6~7세기의 예가 알려져 있다(小山田 2008). 그러나 섶나무 가지의 사용예도 한반도나 중국대륙에 선행하는 사례가 있는 것으로 생각된다〈표 1 참조〉.

한편 시행된 장소는 三ッ寺 I 유적의 경우 거관의 해자 안쪽 사면부의 葺石狀 호안부 밑에 해당된다. 그 목적은 사면을 보호하는 「法覆工의 기초공법이 되는 法留工」(小山田 2008)에 상당하는데, 즙석을 설치할 때 미끄럽지 않도록 하기 위한 기초공법으로 볼 수 있다. 시공방법은 섶나무 가지를 격자상으로 뜨고 있다(下城 외 1988). 이와 같이 풍납토성의 토루 아래에 깔린 敷葉工法과 三ッ寺 I 유적의 돌담 아래에 깔린 敷粗朶工法은 그 부위나 소재에 차이가 보이고, 그 기술계보의 차이를 알 수 있다.

9. 돌담[3]

群馬縣 三ッ寺 I 유적, 北谷(기타야쓰) 유적, 本宿鄕土(모토쥬쿠고우도) 유적에서는 해자(堀)의 내벽에 돌담이 존재한다. 이 외에 奈良縣(나라현) 布留杣之內(후루소마노우치) 유적, 名柄(나가라) 유적 등 일부의 거관에서만 돌담이 확인된다. 群馬縣의 세 개 사례는 대형거관이며 권위의 표징으로 볼 수도 있지만, 대형거관에서도 群馬縣 原之城 유적처럼 돌담이 없는 것도 있어, 반드시 스테이터스의 표시라고는 볼 수 없다. 시기적으로는 三ッ寺 I 유적이 5세기 중반, 北谷 유적이 5세기 말, 本宿鄕土 유적이 6세기 중반, 布留杣之內 유적이 5세기 중반, 名柄 유적이 5세기 후반이니, 시기적인 유행이라고 말할 수 없다. 오히려 기술계보의 차이라고 이해하고자 한다. 고분에 보이는 즙석의 기술을 이은 것으로 볼 수 있는데, 즙석이 돌을 붙이는 것에 비해 거관 돌담은 쌓는다는 지적이 있다(下城 1988). 돌담은 호안의 의미로 베풀어졌을 가능성이 높다.

한반도에서는 풍납토성의 토루에 수반된 돌담이 확인되었다. 그러나 왜의 경우 三ッ寺 I 유적을 비롯해 반드시 토루와 세트를 이루지 않는다.

10. 木柵

목책열은 몽촌토성에서 동쪽 토루 외면 중단부에서 확인되었다. 왜에서는 토루와 목책의 관계가 확인된 사례는 아직 없다. 일본열도 고분시대의 호족거관과 관련된 목책을 분류・집성한 적이 있는데(橋本 2010), 한반도에서는 현시점에서 가장 단순한 것밖에 확인할 수 없다. 한반도에서 목책이 있는 취락으로서는 성주 가암리 유적의 4

---

3) 거관에 쌓여진 적석을 이전에는 「葺石」으로 한 적도 있었지만, 질적으로 다르므로 여기서는 「돌담」으로 했다.

세기의 환호, 부산 청강·대라리 유적의 5~6세기 전반의 다중목책, 창원 신방동 유적의 4~5세기의 사례 등이 있다 (兪 2008). 이것들은 모두 방형으로 둘러싸는 것이 아니고, 지형에 따라 弧를 긋는다. 왜의 거관과는 양상이 다르다.

한편 외곽시설은 해자(堀)와 토루를 세트로 한 겐노죠 유적의 경우, 북쪽 중앙의 돌출부 안쪽에 북쪽 해자와 평행하는 목책 흔적이 확인된다. 게다가 그것은 돌출부 中軸線에 대해 좌우대칭의 위치에서 끊어져 있다. 이것은 토루 안쪽을 全周하는 것이 아니고, 돌출부에서 끊어지는 토루의 안쪽에 가리개 담(目隱し塀)으로서 존재한 것으로 생각된다. 이것으로 창고군을 감추는 효과가 기대된다.

11. 突出部

거관 돌출부는 한반도 남부에 명확한 사례가 확인되지 않았다. 한편 북부의 고구려 토성에는 중국의 영향으로 볼 수 있는 돌출부가 있다. 고구려고분의 벽화에는 망루가 표현되었다. 신라 안압지가 돌출부를 가지고, 一見하면 일본열도의 三ッ寺 I 유적과 유사하다. 그러나 시기·성격도 다르다. 한반도 남부의 토성에는 부분적으로 망루가 있었을 가능성이 있다. 일본열도의 경우, 앞 시대의 야요이시대부터 돌출부가 환호취락에 출현한다. 佐賀縣(사가현) 吉野ヶ裏(요시노가리) 유적의 내곽에 돌출부가 보인다. 거기에 망루가 있었던 것으로 생각된다. 그 후 고분시대 전기에는 栃木縣 四斗蒔 유적에서 남·북변의 양변 중앙에 돌출부가 하나씩 존재한다. 중기의 三ッ寺 I 유적이나 北谷 유적에서 발달하고, 각 변에 여러 개가 보인다. 四斗蒔 유적처럼 목책열이 그 부분에도 둘러싼다. 후기의 原之城 유적에서도 보인다. 가장 늦은 福島縣 舟田中道(후나다나카미치) 유적에서는 「혼적기관」이 된다. 七田忠昭(시치다 다다아키)씨가 지적하듯이 중국의 馬面 등의 영향이라고 보고자 한다. 출입구설, 제사유구설, 방어기능설 등이 있지만, 방어기능설에 더해서 거관으로서의 시각적 莊嚴化로 보고자 한다.

12. 出入口施設

출입구시설의 구조는 야요이시대 전기 말~중기의 사가현 요시노가리 유적의 북내곽이나 후기의 新潟縣(니가타현) 八幡山(하치만야마) 유적의 고지성 환호취락에서 엇갈림 구조(食い違い構造)가 확인되었다. 고분시대의 호족거관에서는 중기(5세기 중간~후반)의 兵庫縣(효고현) 마쓰노(松野) 유적이나 福島縣 古屋敷 유적 등에서 같은 구조가 알려져 있다.

한편 한반도에서는 무문토기시대 중기(B.C. 6~4세기)의 진주 대평리 옥방 I 지구 유적이나 후기의 경산 임당동 I 지구 유적에서 이중환호의 출입구 부분에 양쪽 환호의 첨단부가 어긋나 곧게 들어갈 수 없도록 되어있다(龜田 2008). 원삼국시대의 양산 평산리 유적에서도 출입구부의 엇갈림 구조가 보인다(이성주 1998). 그렇다면 한일에서 거의 동시기에 같은 구조가 출현된 것이다. 이것들은 시치다 다다아키씨가 말하듯이 고대 중국의 성곽구조의 모방(七田 2011)이라고 보아도 좋다. 일본열도 고분시대의 호족거관에서는 四脚門 이상의 문은 확인되지 않았다.

13. 左右對稱의 建物 配置

광주시 동림동유적에서는 대형 總柱掘立柱(총주굴립주)건물군이 확인되고, 좌우 대칭의 건물배치가 보인다(李·文 2007). 이것은 관아나 도성의 건물배치를 모방한 것으로 생각되고 창고나 정치의 장소로 추정된다. 고구려의 안학궁은 궁전이지만, 좌우 대칭의 건물배치를 찾아볼 수 있다. 안학궁에 대해서는 고구려시대설과 고려시대설이 있는데, 최근에는 후자가 유력하다(千田 2011). 일본열도의 경우 奈良縣 纏向유적 辻(쓰지)지구에서 中軸線上에 나란한 여러 동의 굴립주건물지가 확인되었고(福辻·福家 2011), 좌우 대칭의 건물배치는 3세기 전반까지 소급할 것으로 생각된다. 5세기 중간~후반의 靜岡縣(시즈오카현) 古新田(고신덴) 유적에서는 창고 영역 등의 일부에 좌우 대칭의 건물배치가 확인된다.

14. 居館의 構造

한반도에서는 거관 구조의 전모가 밝혀진 사례가 거의 없다고 해도 과언이 아니다. 한국에서 「거관」을 어떻게 정의하느냐가 문제인데 지방에서 최상위 유력자의 지배 거점을 상정하는 것 같다(李暎澈 2011). 예시된 광주 동림동 유적은 협의의 「거관」인 대형굴립주건물로 구성된 정치적 건물을 중심으로 전면의 제의공간이 상정되고 있다. 그리고 그것들을 둘러싸게 수혈주거군이 배치되고 있다. 게다가 그 배후의 수로를 사이에 두고 굴립주건물 창고군이 전개한다. 또 그 창고군 주위에도 수혈주거군이 분포하는데, 협의의 거관쪽 수혈주거군과는 계층차가 존재할 것이다. 이 동림동 유적의 중심취락은 영산강 상류역 각지의 거점취락이 장악하는 토기나 철기, 옥 등을 생산하는 하위취락으로부터의 생산물을 간접적으로 입수하였다. 그러한 점이 일본열도의 三ッ寺 I 유적과 같은 거관내 공방의 양상과 다르다. 오히려 畿內의 奈良縣 南鄕(난고) 유적군의 양상(坂 1998)에 가까운 것으로 생각된다.

삼국시대 일반취락의 유형의 하나로서 김창억씨는 대구 시지 취락유적의 예를 들었다. 거기서는 취락유적을 공간분석하고, 주거영역의 주위에 근접하여 생산영역·분묘영역과 다소 떨어진 성곽영역을 상정한 바가 있다(김창억 2010). 더욱 남북 2개 있는 성곽영역은 전투를 목적으로 한 욱수동 산성과 거주를 목적으로 한 성동산성으로 나누어진다는 견해도 있다(김용성 1997). 이러한 견해는 일본열도 야요이시대의 고지성 취락론이나 중세의 산성·평성론에 가깝지만 왜의 호족거관론에는 해당하지 않는다.

15. 廣場

일본열도의 호족거관 중 광장이 확인된 것은 도치기현 사쿠라시 四斗蒔 유적이 있다. 한국에서는 광장에서 결합된 小住居遺蹟群을 취락의 최소단위, 기본단위로 한다는 견해가 있다(최종규 1990). 靜岡縣(시즈오카현) 古新田 유적과 福島縣 古屋敷 유적에서는 창고군 안에 광장이 있다. 이 공간은 수납된 물자를 출납할 때 분별·검사·계량하는 데 있어 사용된 것으로 생각된다.

광주 산정동 유적에서는 주구를 돌린 대형 건물지군이 확인되었다. 2間×3間, 2間×2間의 總柱建物址가 많이 보인다. 특히 10호 굴립주건물지는 대형이다. 곳곳에 목책열이 보인다. 이 總柱建物址는 창고일 가능성이 있다.

16. 大型住居

풍납토성에서는 2~3세기 중반으로 편년된 육각형 대형 수혈주거지가 존재한다. 한국에서는 대형주거의 성격이 어떻게 파악되고 있을까?

왜에서는 고분시대 호족거관址 안에 대형수혈주거지가 있는 것이 알려져 있다. 전기의 도치기현 四斗蒔 유적에서는 거관 내 중앙 안쪽에 한 변 7~8m가 되는 대형수혈주거지가 존재한다. 도치기현 堀越(호리코시) 유적에서도 한 변 8m 정도가 되는 대형수혈주거지가 보인다. 福島縣 菅俣(스가마타)B·折返(오리카에시)A 유적에서는 한 변 10.5m가 되는 대형수혈주거지가 확인되었다. 게다가 靜岡縣 大平(오오다이라) 유적에서도 한 변 10m가 넘는 대형수혈주거지가 확인되었다. 중기에는 群馬縣 北谷(기타야쓰) 유적에서 한 변 13m가 되는 초대형수혈주거지가 검출되었다. 후기에는 群馬縣 수井學校(이마이갓고) 유적에서 한 변 9m 정도가 되는 대형수혈주거지가 보인다. 여기서는 L자형 부뚜막이 보여 한반도계 도래인이 관련되는 것으로 추단된다. 또 群馬縣 原之城 유적은 현재 확인된 일본열도에서 최대급 거관이지만, 그 내부 중앙으로부터 약간 동쪽에 치우친 곳에 한 변 12.7m가 되는 대형수혈주거지가 위치한다.

그런데 이들 중 堀越 유적, 菅俣B·折返A 유적의 사례는 壁柱穴이 있는 것이고, 일반 수혈주거와는 달리 지붕이 지표면까지 내려가는 것이 아니라 벽이 있는 건물(壁立式)이 되는 것으로 상정된다. 한편 奈良縣 佐味田寶塚(사미타다카라즈카) 고분에서 출토된 蓋를 받친 수혈주거가 표현된 家屋文鏡이나 奈良縣 東大寺山(도다이지야마) 고분에서 출토된 집모양장식이 달린 환두대도 혹은 宮崎縣(미야자키현) 西都原(사이토바루) 고분군 110호분 출토 子持家形埴輪에서 보이듯이 일반적으로 보이는 지붕을 지표면까지 내리는 구조라도 권력자의 거주성을 가지는 건물로서 채용된 것을 알 수 있다.

한반도에서도 바닥 면적 85m² 이상이 되는 대형주거지를 가지는 나주 낭동 유적과 부근에 있는 나주 복암리고분군의 4세기 중엽~5세기대 고분과의 대응관계가 주목된다(이동희 2011).

17. 中心建物

중심건물로서는 전술한 대형수혈주거지 이외에 三ッ寺 I 유적과 같은 대형굴립주건물지의 존재가 주목된다. 西面에 차양이 달린 건물지이지만, 이 건물에 거주성이 있었는지가 문제가 된다. 굴립주건물이기 때문에 유물의 공반관계가 확실하지 않지만, 본발굴과 사전조사의 1호 트렌치의 존재범위에서 토기를가 출토되었다. 그것들은 특수한 유물을 포함하지 않고, 日常雜器로 구성된다. 한편 일본열도 호족거관의 경우, 왕궁을 포함해 기와를 인 건물은 확인되지 않았다.

그런데 原之城 유적에서는 대형수혈주거 이외에 대형굴립주건물도 확인되었다. 이들은 계절에 따라 나눠서 썼을 가능성도 있다. 앞에서 말했던 三ッ寺 I 유적의 경우 대형수혈주거지는 아직 확인되지 않았지만, 조사범위가 전체의 약 1/3로 한정되고 있어 조사구 바깥쪽에 대형수혈주거지가 존재하는 것도 충분히 상정된다. 그것은 「兄弟居館(형제거관)」이라는 異名이 있는 부근의 北谷 유적에서 한 변 13m나 되는 대형수혈주거지가 확인되었기 때문이다.

한편 한반도의 왕궁에서는 풍납토성처럼 기와로 인 지붕이 있는 건물이 빠르게 도입되었다.

18. 韓半島의 王城

왕성은 풍납토성의 양상이 잇따르는 조사에 의해 밝혀지고 있다. 풍납토성은 몽촌토성의 북쪽 약 750m에 위치한다. 한강 남안에 입지하고 미고지 위에 축성된 토성이다. 거대한 토루가 길이 약 2.5km에 걸쳐 돌고, 그것은 敷粗朶工法을 이용한 판축으로 단단하게 구축되었다. 1925년 한강의 홍수에 따라 4~5세기의 중국제로 추정되는 청동제 鐎斗를 비롯해 유리제 옥, 弩機, 거울 등이 출토된 것으로 알려져 있었는데, 최근의 성 내부에 대한 발굴조사에서 한성시대의 유구·유물이 대량 발견되었다. 특히 중국 西晉의 錢文陶器나 낙랑토기, 몽촌토성 출토 수키와와 유사한 기와 등이 주목된다. 경당지구에서는 규모가 큰 국가적인 제사를 지내는 장소, 신전으로 추정되는 44호 건물이 확인되었다. 9호 폐기토광 안에서는 철기 이외에 금제품이나 유리제품의 거푸집 등이 출토되었고, 그것들이 성 내부에서 제작된 것을 알 수 있다. 기타 도로와 정원, 왕의 우물 등이 발견되었다. 성 내부 동쪽에서는 육각형 대형수혈주거지가 다수 집중되어 확인되었다.

몽촌토성은 서울 송파구 방이동에 위치한다. 풍납토성의 동남쪽에 위치하는 해발고도 44m의 미고지 위에 입지한다. 1983~89년에 발굴조사가 실시되었다. 기저부 폭 50~60m, 높이 12~17m의 토루가 동서 570m, 남북 730m의 범위를 총 2285m에 걸쳐 둘러싸고 있다. 토루의 바깥쪽에서는 해자(濠)와 목책의 일부가 확인되었다.

19. 倉庫

광주 월전동 유적처럼 2間×2間의 總柱建物址가 3동 확인되었다. 이외에 차양이 달린 굴립주건물지로 추정되는 건물지 내지 목책열도 확인되었다(林 1996). 전자의 總柱建物址는 고상식 창고일 가능성이 높고, 동시기의 건물로 보면 창고를 여러 동 가진 집단으로 생각할 수 있다. 창고의 내부 면적은 9~12m² 정도인데 만약에 세 동이라면 33m² 정도가 된다. 지방의 중간층의 창고로 추정된다.

일본열도의 경우 오사카부 法円坂(호엔사카) 유적이나 나루타키(鳴瀧) 단지유적 등 고분시대가의 대규모 창고군이 확인된 바가 있는데 이것들은 야마토 정권이나 지방의 유력호족을 위한 창고군으로 추정된다. 그러나 거관과의 관련성은 아직 알 수 없다. 또 지방호족이라도 靜岡縣 古新田 유적이나 福島縣 古屋敷 유적처럼 창고군을 수반하는 거관관련 유적이 존재한다. 原之城 유적과 같은 대형거관에서는 그 내부에 창고군이 있는 것도 확인된다.

20. 手工業生産 工房의 存在

풍납토성에서는 송풍관 6점, 鐵滓, 靑銅滓, 단조 박편, 유리 찌꺼기, 유리옥 거푸집, 방추차 4점이나 어망추 등 생업관련 유물이 1200여 점이나 출토되었다. 이것은 토성 내부에 철기·청동기·유리 제품이나 직물 등 수공업생산, 어업과 관련된 시설·공방이나, 거기서 일하는 사람들, 공인 등이 존재한 것을 말해준다.

왜에서도 대형거관인 群馬縣 三ッ寺 I 유적에서 철·동 등 금속가공과 관련된 수혈유구나 土師器(하지키)의 고배를 전용한 풀무의 송풍관, 도가니 등이 출토되었다. 또 奈良縣 布留柚之內(후루소마노우치) 유적에서 칼집 등의 미완성품이나 鐵滓가 확인되는데, 거기서 刀劍이 제작된 것을 보여준다. 더욱 奈良縣 上之宮(우에노미야) 유적에서도 유리제 소옥의 거푸집이 출토되었고, 이외에 은으로 장식한 칼을 제작한 것을 예상시키는 木簡이 발견되어 주목된다. 전기의 거관에서도 奈良縣 菅原(스가와라히가시) 유적에서는 鍬形石·石釧과 綠色凝灰巖의 미완성품이 출토되어 거관 내에서 석제품 제작이 이루어졌을 가능성이 지적되었다(坂 1998). 이와 같이 일본열도의 고분시대 호족거관 내부에도 수공업생산 공방이 포함되고, 거기서 지배자층을 위한 각종 수공업제품이 생산된 것을 알 수 있다.

21. 居館內 祭祀

일본열도에서는 거관 내에 제사유구가 확인된 예로서 대형거관인 群馬縣 原之城 유적이 있다. 거관 내 북동부에 제사요 토기의 대량 집적이 있었다. 土師器제 미니어처 토기를 중심으로 土師器 壞가 놓아지고, 須惠器의 대형 기대, 子持器臺 등이 존재했다. 이외에 곡옥 모양·검 모양·거울 모양 등의 석제 모조품, 철제 모조품의 曲刀鎌도 확인되고, 거기서 풍작을 기원하는 농경의례가 지내진 것으로 추정된다. 기타 中溝에게서도 須惠器 子持器臺나 子持曲玉 등도 출토되었고, 거관 내부에서 수장을 중심으로 제사가 지내진 것을 알 수 있다.

이와 마찬가지로 대형거관인 群馬縣 三ッ寺 I 유적에서는 導水祭祀유구가 확인되었다. 또 해자(堀)·목책열·돌출부·우물·導水施設 등 거관 내 곳곳에서 제사유물이 출토되었다. 거관의 축조와 관계된 地鎭으로부터 시작하고 각각 소원을 담은 제사가 거행된 것을 보여준다. 제사유물의 종류로서는 앞의 原之城 유적에서도 보인 子持曲玉이 존재하고, 기타 곡옥 모양·검 모양·거울 모양 등의 석제 모조품, 거문고를 비롯한 칼 모양 등의 제사용 목제품이 있다. 거문고는 琴占 등의 ウケイ(우케이 : 誓約)에서, 칼 모양 등의 무기형 제기는 수확의 길흉을 점치는 模擬戰 등에서 사용되었을 가능성이 있다. 桃核(복숭아씨앗의 內核)이나 말·멧돼지·사슴 등의 짐승뼈도 단순한 식료잔재가 아니라 供物이나 惡靈退散 등의 除魔·辟邪, 신에 대해 奉獻하기 위한 희생물 등으로서 사용된 것으로 볼 수도 있다.

한편 한반도에서는 풍납토성의 경당지구 9호 유구에서 인위적으로 파괴된 토기류가 많이 출토되었는데, 일본열도의 고분 부장품에 유례가 있다고 지적되었다(權 2011). 또 10점에 오르는 牛馬의 하악골도 고대 동아시아에서 공통되는 전염병 치유나 기우 등 물가에서 이루어지는 제사에서 사용된 것으로 생각된다. 앞에서 말했던 三ッ寺 I 유적에서는 소는 확인되고 않았고, 말은 공통적으로 보인다. 이외에 멧돼지·사슴이 존재하고, 양지역의 공통성과 차이성을 말해준다. 게다가 같은 유구에서 매화 씨앗이 출토되었다. 이것은 고대 중국에서의 신선사상에서 仙藥이 되는 것인데 그것과 마찬가지로 복숭아의 씨앗, 桃核과 유사한 것이다(權 2011). 앞에서 말했던 三ッ寺 I 유적의 桃核과 상통한다. 왜에서는 邪馬台國(야마타이코쿠)의 중추이자 卑彌呼(히미코)의 거관으로 추정되는 奈良縣 纏向 유적에서 桃核이 대량 출토되었고, 고대 중국의 道敎思想의 영향이 지적되었다(中村·丹羽 2011). 필자도 이전에 新潟縣 裏山(우라야마) 유적의 야요이시대 후기의 고지성 환호취락에서 출토된 桃核에 대해 취락의 방어적 기능과 연결시켜 除魔說을 제창한 바가 있다(橋本 2001). 한국에서는 고령 지산동 70호분에서 蓋附壺에 든 桃核 10점이 출토되었다(국립문화재연구소 2009). 한반도에서도 삼국시대로 소급하는 桃核의 주술이 존재했을 가능성이 있다. 桃崎祐輔씨는 일본열도의 횡혈식석실에서 출토된 桃核을 집성했는데, 桃核이 출토된 고분에는 도래계 유물이 출토되는 경우가 적지 않다. 모모사키씨는 횡혈식석실에서 출토된 桃核을 야요이~고분시대에 걸쳐 중국문명권으로부터 단편적으로 수용되었던 葬送時의 벽사사상이나 신선사상·프레(Pre) 도교와 결부되었던 복숭아 신앙을 바탕으로 한 것으로 보았다(桃崎 2011). 흥미로운 지적이다.

그리고 같은 유구 안에서 출토된 같은 형태의 도기에 「大夫」·「井」이라는 刻字가 보인다. 보고자는 고구려 麗山城에서 출토된 도기에 「大夫井」이 있는 것을 지적하고, 그것이 세트가 될 가능성을 언급하였다. 그리고 「井」에 관해서는 符號로서 벽사의 효능이나 전염병을 물리치는 의미가 있었다고 보았다(權 2011). 앞에서 말했던 매화의 씨앗과 상통하는 것으로서 주목된다.

22. 祭祀와 關聯된 廢棄土壙

일본열도의 경우 이러한 제사와 관련된 폐기 토광이 확인된 예로서 거의 같은 시기인 5세기 중반의 靜岡縣 古新田 유적을 들 수 있다. 그러나 한쪽은 백제의 王城, 한쪽은 倭의 지방호족의 거관관련 유적이기 때문에 큰 차이가 있다. 古新田 유적에서는 직경 1m 정도, 깊이 20cm 정도의 원형 내지는 타원형 토광에서 활석제 臼玉이나 須惠器 옹 등이 출토되었다. 한편 풍납토성에서는 일본열도의 활석제 臼玉이 출토되어 중시된다(權 2011).

23. 庭園的 要素

일본열도의 고분시대 호족거관 관련유적에서 정원적 요소는 奈良縣 上之宮(우에노미야) 유적을 제외하면 다른 곳에서는 확인되지 않았다. 7세기대의 上之宮 유적에서는 횡혈식석실을 상기시키는 導水施設이 있어 정원적인 유구라고 볼 수 있다. 앞에서 말했듯이 群馬縣 三ッ寺 I 유적에서는 水道橋에 목제 홈통을 이용해서 거관 내에 끌어들이고, 돌이 깔린 제사유구에서 일단 물을 저수하고 성스러운 물(聖水)를 사용한 제사를 지낸 것 같은데, 이것은 정원이라고 간주하지 않는다. 한반도에서는 풍납토성 이외 익산 왕궁리유적에서 입석이 수반한 導水시설이 확인되었다. 일본열도에서는 입석을 수반한 정원적 요소는 三重縣 城の越(죠노코시) 유적에서 보이지만, 호족거관 내에서 확인된 것은 아니다.

24. 우물

거관과 우물의 관계로서는 중기의 三ッ寺 I 유적의 사례를 들 수 있다. 上屋이 있는 우물이 대형굴립주건물지 부근에서 확인되고, 그 안에서는 석제 모조품 등 제사유물이 출토되었다. 소급해서 전기에는 群馬縣 中溝深町 유적에서 우물이 확인되고, 그 안에서 목제 농구 등이 출토되었고 여기에서도 제사가 지내진 것으로 추정된다. 앞 시대인 야요이시대 중기에는 오사카부 池上曾根(이케가미소네) 유적의 환호취락 내의 대형굴립주건물지 전면에서 발견된 녹나무로 만들어진 우물 테두리를 가지는 대형우물이 상기되는데, 이것들은 제사에서 중요한 역할을 담당한 것을 알 수 있다.

기타 圍形埴輪(위형하니와)과 관련해서 導水시설의 埴輪이나 圍形埴輪 안에 들어간 우물모양 埴輪이 미에현 다카라즈카(寶塚) 고분에서 확인된 바가 있고, 우물이 聖水祭祀에 있어 중요한 역할을 담당한 것을 시사한다.

한편 고분시대부터 율령기, 平安(헤이안)시대 전기인 10세기에 걸쳐 우물의 바닥에서 完形 토기가 구연부를 위로 해서 집중적으로 출토되는 경우가 있다. 이것은 의도적으로 「納置된 것」으로 보고 있다(北田 2000).

한편 한반도에서는 백제의 왕성인 풍납토성에서 「御井」이 확인되었다. 그 안에서 215점이나 되는 完形土器가 대량 출토되었다. 이것들은 백제 중앙을 비롯해 충청도나 전라도에서 유입된 것을 주류로 하는데, 그것으로 보아 백제 중앙과 지방세력이 우물 축조시에 어떤 종류의 의식에 공동으로 참가·거행한 것으로 생각된다. 이것은 왕의 우물로 추정되는 데, 王權祭祀에서 사용되었던 모양이다. 그 시기는 출토토기로 보아 5세기 초두로 보고 있다(權 2011). 이상으로 한일의 우물에 공통된 제사가 집행된 것을 알 수 있다.

25. 居館과 威信財

한반도에서는 풍납토성의 위신재가 주목된다. 1925년의 대홍수 때에 대옹 안에서 출토된 중국제 鐎斗, 弩機, 거울 이외에 청동제 鋪首나 晉式 대금구의 심엽형 장식 등을 들 수 있다. 이것들의 대부분이 「舶來의 물건」이다. 왕궁에서 출토된 것이기 때문에 등급이 높다.

일본열도에서는 고분시대 전기의 사례로서 동경이 출토된 群馬縣 中溝·深町 유적을 들 수 있다. 같은 시기에는 奈良縣 秋津 유적에서 동경 이외에 팔찌모양 석제품이 출토되었다. 또 奈良縣 平等坊·岩室(뵤도우보우 이와무로) 유적에서도 팔찌모양 석제품이 확인되었다. 이외에 파형동기가 출토된 岡山縣 谷尻(다니지리) 유적 191호 주거지의 대형수혈주거지 등도 중시된다. 기타 東京都(도쿄도) 堂ヶ谷戸(도우가야토) 유적이나 新潟縣 浜田 유적 1호 주거지와 같은 대형수혈주거지에서 동촉이 출토된 사례도 주목된다. 중기에는 도치기현 權現山 유적에서 출토된 도질토기의 통형기대가 위신재로 추정된다. 이것들은 유력고분의 부장품이 되는 위신재이다.

26. 出土土器로 본 居館

경당지구 9호 유구는 제의가 종료된 후 사용한 것이나 희생된 것을 버린 폐기장이다. 시기는 한성II기인 5세기 중·후엽에 해당된다. 일본열도의 三ツ寺 I 유적과 거의 같은 시기의 유구이다. 유구는 길이 13.5m, 폭 5.2m, 깊이 2.4m 이상이 되는 장타원형 수혈이다. 그 내부에서는 2000점을 넘는 유물이 출토되었다. 그중 가장 많이 출토된 1700여 점의 도기류의 기종 구성을 살펴보고자 한다. 많은 순서대로 뚜껑 241점, 직구단경호 91점, 고배 78점, 直口有肩盤形壺 69점, 삼족기 56점, 광구단경호 34점, 기대 23점, 洗 21점, 개배 19점, 소호 17점, 耳壞形陶器 9점, 기타 기종 불명 배신 51점이 있다. 뚜껑은 각 기종과 세트를 이룬 것이기 때문에 당연히 출토량이 많아진다. 주목되는 것은 각종 항류를 합쳐서 194점, 소항까지 포함시키면 211점이나 된다. 권오영씨가 지적하듯이 소형 祭器의 비중이 극히 높다. 또 중국산 도자기도 19점이나 보인다. 이러한 토기출토량은 한국의 유적으로서는 단위면적당 1위가 된다고 한다(權 2011). 왕을 중심으로 한 향연이나 제사에서 사용된 것으로 생각된다.

기종 구성은 권오영씨가 동시기, 한성 백제의 중앙·지방의 주요유적과 비교하면서 흥미로운 양상을 지적하였다. 즉 풍납토성 29종류, 이어서 몽촌토성 27종류, 하남 미사리 유적과 고양 먹절산 유적의 17종류, 파주 주월리 유적과 홍성 신금성 유적의 15종, 용인 수지 유적의 14종, 천안 용원리 유적의 13종류가 된다. 이것으로 보아 최고위에 있는 王城의 풍납토성과 몽촌토성은 기종도 다양하고, 그 다음인 중간층의 취락에서는 왕성과 달리 빠진 기종이 있다는 것이 밝혀졌다. 예를 들면 흑색 광택이 나게 연마한 대형 뚜껑이나 直口有肩盤形壺, 洗 등은 신분이 높은 사람이 특수한 용도로 사용한 것으로 생각된다(權 2011). 파수부배나 耳杯形陶器, 雙壺, 圈足盒, 圈足壺 등도 같은 용도로 사용된 것으로 생각된다. 한편 왕성에서는 일반적인 농경취락에 필수한 기종들은 많지 않고, 취사와 관련된 장란형도기나 시루, 심발형 도기 및 盤을 구비하고, 더욱 저장과 관련된 대옹이나 대형호가 엄청나게 확인되었다고 한다. 한편 풍납토성에서 기종이 풍부한 것은 토성의 기능의 다양성과 거기에 거주했던 사람들의 다양함을 보여주는 것으로 보았다(權 2011).

여기서 群馬縣 原之城 유적에서 출토된 토기의 기종구성과 비교해보고자 한다. 原之城 유적 북동쪽에 있는 1호 제사유구에서는 손으로 빚은 토기(手捏土器) 약 400점, 土師器 壞 약 70점, 고배 3점, 항아리 4점, 須惠器 대형기대 3점 등이 확인되었다. 또 中溝의 복토 안에서는 須惠器 子持器臺 1점·고배와 土師器 호가 여러 점이 출토되었다. 이것들은 대부분이 「神饌用의 什器類」로 생각된다(中澤 1982). 출토 상태를 보아도 북동구역에서 나온 것은 모두 위를 향해 놓여진 상태이고, 앞에서 말했던 풍납토성의 경당지구 9호 유구 출토품과 달리 폐기된 것이 아

표 2 _ 三ッ寺(미쓰데라)遺蹟 出土土器 組成

器種	土師器										須惠器								須惠器의 기법이 합친 土師器	
出土地点	甕	甑	壺	坩	鉢	模倣坏	內斜口緣坏	椀	高坏	手捏	大甕	甕	坏身	坏蓋	高坏	器台	유공광구소호	把手付椀	甕	高坏
南濠1區 西									1											
1區 3號溝										1										
南邊 第1張出部	2	2		1					6	1	1			3	1					
西邊 第1張出部	2		1		1	3	1	1	10	1				3	4		1			5
北濠 西	7	1	1	3	3	2	9	7	6	1	1			1	1		2			3
北濠 東	1		3			3	3	3	5		1									
南邊 柵列												2							1	
西邊 柵列	2					1	2		4										1	
中央 柵列	2						1													
1號 掘立柱建物	1			2	1		1	4	1		1									
1號 石敷	2	1	1			1	3	3	16		1	1			3				1	4
2號 石敷											1			1			2		1	
2號 石敷周邊																1	1		1	
2號 2區 우물							2				1	1								
2區 5號住	2	1					4	4	7		2		2		1					
2區 2A號住	5					1	3	4				1	1							
2區 1號住	2					2		1	2											
館內											1			1	4			1	1	
總數	28	5	6	6	5	13	29	27	59	2	11	5	2	9	15	1	7	1	5	12

니다. 향연에서 사용되어 폐기된 것이 아니고, 제사용으로 供物을 넣거나 해서 받쳐진 것으로 생각된다.

한편 수혈주거지안에서 출토된 유물은 대부분이 土師器인데 杯·甕·시루 등과 같은 일상잡기이다. 이외에 미조사구역의 거관 중앙에서 서쪽으로 치우친 부분에서도 1점 須惠器 子持器臺가 표면채집되었다. 기타 原之城 유적의 내부에서는 원통형 토제품이 여러 점 발견되었다. 같은 거관인 今井學校(이마이갓고) 유적의 사례 등을 감안하면 이것은 부뚜막의 구축재료로 생각된다.

原之城 유적에서는 일반취락에서는 보통 볼 수 없는 須惠器 대형기대나 子持器臺라는 기종을 복수 보유하고 있다고 지적할 수 있다. 물론 原之城 유적의 동쪽 低地를 사이에 두고 건너편에 위치하는 大道上(오오미치우에) 유적에서도 原之城 유적에서 출토된 須惠器 子持器臺가 1점 출토되었다. 이것은 原之城 유적에 공급하는 석제 모조품의 제작 유적이며, 그러한 관계 속에서 가져온 것으로 생각된다.

三ッ寺Ⅰ유적에서는 동시기의 일반취락의 토기조성과 비교해서 須惠器의 보유율과 고배 등의 供獻土器의 조성율이 높은 것이 지적된 바가 있다(田中·福田 1999). 須惠器의 보유율이 높다는 점에서는 6세기의 거관인 福島縣 樋渡台畑(히와타시다이바타케)도 마찬가지다. 한편 공헌토기가 차지하는 비율의 높이는 三ッ寺Ⅰ유적의 敷石祭祀遺構의 존재를 고려해야 한다〈표 2 참조〉. 한편 三ッ寺Ⅰ유적에서는 須惠器 파수부 완이나 대형기대 등 특수한 기종도 출토되었다. 이러한 점은 原之城 유적과 공통되는 점이다.

이외에 일본열도에서는 고분시대 전기의 도치기현 四斗蒔 유적에서 가장 큰 대형수혈주거지, 1호 주거지에서 畿內系(기내계)의 타날옹이나 S자상구연대부옹이 출토되었다. 이와 함께 전기의 茨城縣 森戶(모리토) 유적은 東關東에 위치하지만 南關東계 토기가 많이 확인되었다(田中 2011). 중기의 도치기현 權現山(곤겐야마) 유적에서는 도질토기의 통형기대가 발견되었다. 한반도에서는 통형기대는 풍납토성 등의 왕궁 이외에 「비교적 큰 취락」인 논산 원북리 유적등에서도 출토된 바가 있다(山本 2011). 동기기에 있어 대왕의 궁이라는 전승을 가지는 奈良縣 脇本(와키모토) 유적에서도 도질토기가 출토되었다. 후기의 群馬縣 原之城 유적에서는 須惠器의 子持器臺나 고배형 기대 등이 확인된다. 이와 같이 거관과 관련된 유적에서는 재지 토기 이외에 국내원격지의 외래계 토기나 국외로부터의 반입토기, 일반취락에서는 드문 기종인 子持기대 등이 보인다. 이것은 거관이 유통 센타로서의 기능이나 위신재로서의 가치를 가진 특수토기 등을 보유하고, 그것을 이용한 제사기능을 소유했던 것을 보여준다. 혹은 당시 선진적인 지식이나 기술을 가진 도래인과 밀접한 관계를 잇고 있었던 것을 시사한다.

한편 한반도에서는 왕성이기 때문에 수준이 다르지만 풍납토성에서 청자사이호·흑유전문옹·반구호·쌍이호 등 총 19점 이상의 중국산 도자기가 출토되었다. 몽촌토성에서도 청자사이호·흑유전문옹·반구호 등 총 20점 이상의 중국산 도자기가 확인되었다. 이러한 백제지역 출토 중국산도자기는 ① 문화매체, ② 운반매체, ③ 통치매체·위신재(정치적 하사품을 포함) 등으로서 반입된 것으로 생각된다(山本 2011). 특히 흑유전문옹은 대형이어서 내용물로서 무엇이 들어 있었는지가 문제다. 풍납토성 196호 유구에서는 일부 시유도기 옹과 장동호의 내부에서 복어와 돔의 척추뼈가 발견된 바가 있어 이 유구는 魚醬을 옹의 저장용 창고로서 사용된 것으로 생각된다. 백제왕실의 식문화 혹은 제사를 말해주는 것으로 주목된다(권오영 외 2010, 권오영 외 2011).

한편 한반도 출토 중국산 도자기의 출토량은 지역적인 편차가 있는데, 백제지역에서는 현재까지 王城 관계 이외의 자료도 포함해 100개체 이상 출토되었는데, 신라·가야에서는 각각 1~2점 정도밖에 확인되지 않았다고 한다. 이러한 차이는 중국과의 지리적·문화적·정치적 거리를 반영한 것으로 생각된다(山本 2011). 일본열도에서는 舶載 도자기의 출토량의 경향은 지리적 경사라기보다 왕권의 소재지나 지방의 정치적 거점에 집중하는 경향이 보인다.

27. 綜合〈표 3 참조〉

위의 내용을 정리하면 왜의 호족거관은 처음부터 방형을 기조로 하는데, 한반도의 왕성은 부정형을 띤다. 입지는 모두 수상교통의 요충에 위치한다는 공통점을 찾아낼 수 있다. 그러나 한일의 호족거관에는 공통성이 적고, 일본열도, 왜의 호족거관이 출현한 배경에는 앞 시대인 야요이시대에 있었던 고대 중국으로부터의 영향을 중시하면서 내적인 발전을 이룬 것으로 이해하고자 한다. 한편 한반도의 토성도 중국에 인접하는 북부에서는 고대 중국

표 3 _ 한일 거관 관련 유적의 속성 비교

屬性	日本列島 (倭)	韓半島 南部
立地	河川流域, 河川의 合流点	河川流域
形態	正方形 기조. 長方形, 가끔 不整形	不整形
突出部	있는 것이 많음. 없는 것도 있음.	없는 것이 많다(北部에는 있음).
堀	대부분 있음. 다만 없는 것도 있음.	일부에 해자(堀)가 있음.
土壘 位置	初期에는 바깥쪽, 대부분이 안쪽. 內外에 있는 것도 있음	안쪽
土壘 規模	小規模	大規模
土壘 構築技法	版築技法 채용하지 않음.	版築技法을 채용한 것도 있음.
돌담	있는 것이 적다.	있는 것은 드물다.
木柵	있는 것이 많다.	있는 것도 있음.
出入口施設	엇갈림 구조 있음.	엇갈림 구조 있음.
左右對稱配置	일부에서 보이지만 드물다.	일부에서 보이지만 드물다.
광장	있는 것도 있음.	
庭園的 要素	거의 확인되지 않음.	일부에서 확인됨. 王宮 등
大型住居	大型竪穴住居·掘立柱建物	
기와 건물	없음	있음(王宮)
倉庫	高床式倉庫를 內部에 포함시키는 것 있음.	수혈에 저장하는 것도 있음. 高床式倉庫 있음.
祭祀	산 재물(사슴·멧돼지·말), 石製·土製·木製·鐵製 模造品	산 재물(소·말)
우물	祭祀 使用	祭祀 使用
工房	石製品·金屬·유리제품의 공방	금속·유리제품의 공방
威信財	銅鏡·銅鏃	수입도자기·청동초두·鋪首·弩機·거울·帶金具
出土土器	生活雜器, 威信財로서의 土器, 祭器	威信財로서의 陶磁器, 生活雜器

의 영향을 찾을 수 있지만, 남부에서는 독자적인 길을 걸었던 것으로 생각된다.

맺음말

小論에서는 일본열도 고분시대의 호족거관과 한반도의 거의 동시기의 삼국시대 지배자층의 거점인 도성·왕성, 중간층의 취락을 비교하고, 양자 간에 있어 상관관계의 유무를 검토해 왔다. 여기서 시종 마음에 걸린 것은 일본열도에서 당시 최상위의 왕성의 실태가 여전히 안개 속에 있다는 것이다. 奈良縣 脇本(와키모토) 유적 등 일부의 왕성 비정지에 대한 부분적인 조사가 실시되었지만 아직 그 실태는 불명하다. 따라서 어쩔 수 없이 倭의 중앙을 포함한 지방의 대형거관과 한반도의 왕궁과의 비교라는 수준을 달리한 비교가 되어 버린 것은 부정할 수 없다. 언제인가 양자를 대등하게 비교·검토를 할 수 있는 날이 오는 것을 기대하면서 붓을 놓기로 한다.

小論을 작성하는 데 있어 한일취락연구회에 초청해주신 武末純一 선생님을 비롯해 일본측의 角田德行, 龜田修一, 重藤輝行, 七田忠昭, 庄田愼矢, 高久健二, 田中淸美, 禰宜田佳男, 浜田晉介, 坂靖, 松木武彦, 桃崎祐輔, 山本孝文의 여러 선생님, 한국측의 安在晧, 權五榮, 李盛周, 金武重, 金昌德, 金權中, 朴榮九, 李亨源, 李基星, 千羨幸의 여러 선생님, 寺澤薰씨, 同僚인 中林隆之, 齋藤瑞穗씨와 伊勢崎市敎育委員會의 須永泰一씨한테 많은 신세를 받았다. 끝으로 謝儀를 표한다.

일본열도 고분시대의 수장거관에 한반도로부터의 영향이 없는지 아닌지 앞으로도 계속 검토하고자 한다. 또 한일 양국의 해당기에 있어 지배자층의 활동거점에 보이는 공통점·차이점에 대해서도 밝히고자 한다. 앞으로 많은 지도·교시를 부탁하는 바이다.

平郡達哉(히라고리 다츠야) 번역

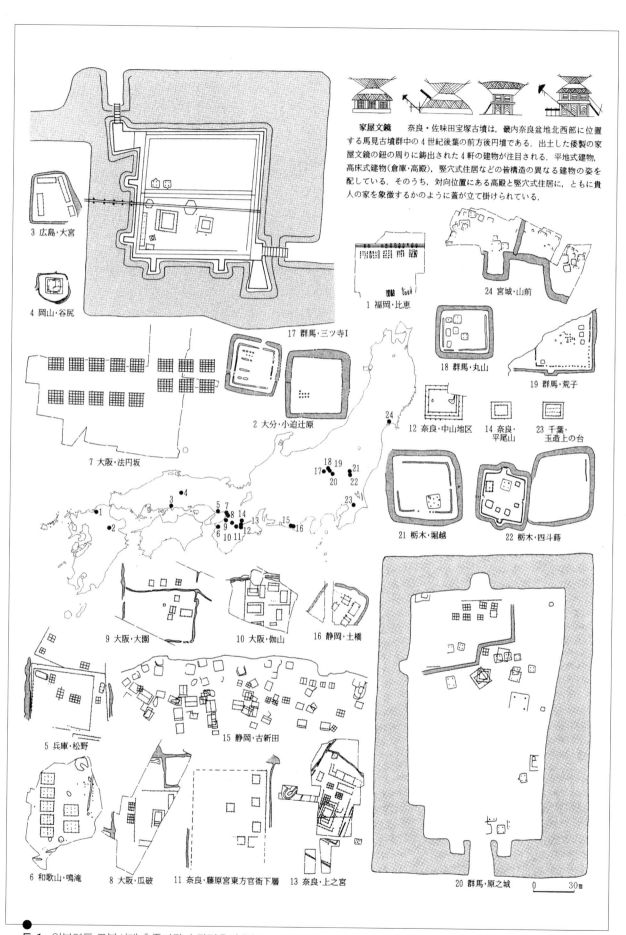

家屋文鏡　　奈良・佐味田宝塚古墳は，畿内奈良盆地北西部に位置する馬見古墳群中の4世紀後葉の前方後円墳である．出土した倭製の家屋文鏡の鈕の周りに鋳出された4軒の建物が注目される．平地式建物，高床式建物（倉庫・高殿），竪穴式住居などの皆構造の異なる建物の姿を配している．そのうち，対向位置にある高殿と竪穴式住居に，ともに貴人の家を象徴するかのように蓋が立て掛けられている．

3 広島・大宮

4 岡山・谷尻

17 群馬・三ツ寺I

2 大分・小迫辻原

7 大阪・法円坂

1 福岡・比恵

24 宮城・山前

18 群馬・丸山

19 群馬・荒子

12 奈良・中山地区

14 奈良・平尾山

23 千葉・玉造上の台

21 栃木・堀越

22 栃木・四斗蒔

9 大阪・大圍

10 大阪・伽山

16 静岡・土橋

5 兵庫・松野

15 静岡・古新田

6 和歌山・鳴滝

8 大阪・瓜破

11 奈良・藤原宮東方官衙下層

13 奈良・上之宮

20 群馬・原之城

0　　　30m

도 1　일본열도 고분시대 호족거관과 관련유적 (橋本 1992에서)

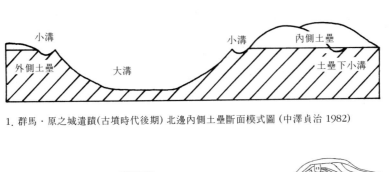

1. 群馬·原之城遺蹟(古墳時代後期) 北邊內側土壘斷面模式圖 (中澤貞治 1982)

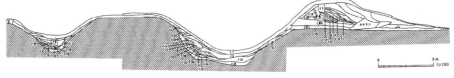

2. 陣ヶ峯城(中世) 土壘斷面圖 (松井一明 2009)

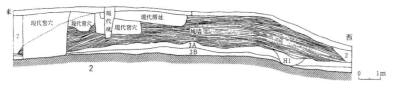

3. 北朝鮮·下古城子(高句麗) 西側土壘北側斷面圖 (佐藤興治 2007)

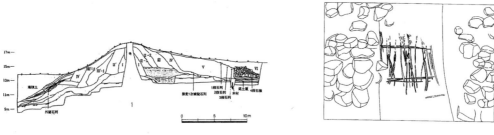

4. 韓國·風納土城(百濟) 土壘斷面圖
   (韓國國立文化財研究所 2001~2002)

6. 群馬·三ッ寺Ⅰ遺蹟(古墳時代中期)
   石垣下地敷き粗朶工法 (下城 正 外 1988)

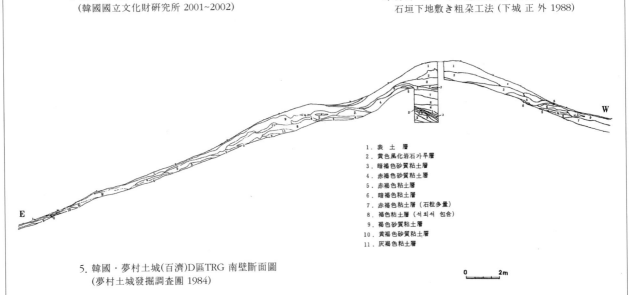

1. 表 土 層
2. 黃色風化岩石가루層
3. 暗褐色砂質粘土層
4. 赤褐色砂質粘土層
5. 赤褐色粘土層
6. 暗褐色粘土層
7. 赤褐色粘土層 (石粒多量)
8. 褐色粘土層 (석회석 包含)
9. 褐色砂質粘土層
10. 黃褐色砂質粘土層
11. 灰褐色粘土層

5. 韓國·夢村土城(百濟)D區TRG 南壁斷面圖
   (夢村土城發掘調查團 1984)

도 2 한일 거관 관련 유적 토루 등 축조기법의 비교

●참고문헌●

日本語

伊藤博幸, 2009, 「古代の土木 城柵」, 『季刊考古學』第108號 特集東日本の土木考古學, (株)雄山閣, 26-30.

小山田宏一, 2008, 「敷葉工法の再檢討 -天然素材を用いた土構造物の補强-」, 『季刊考古學』第102號 特集土木考古學の現狀と
　　　課題, (株)雄山閣, 45-47.

龜田修一, 2005, 「統一新羅の考古學と日本」, 『古代を考える 日本と朝鮮』, 吉川弘文館, 222-249.

＿＿＿＿＿, 2008, 「日韓古代山城の比較」, 『古代武器研究』第9號, 古代武器研究會, 72-83.

北田裕行, 2000, 「古代都城における井戸祭祀」, 『考古學研究』第47卷 第1號(通卷185號), 考古學研究會, 53-70.

佐藤興治, 2007, 「第8章 高句麗の都城 1前期の都城」, 『古代日本と朝鮮の都城』, ミネルヴァ書房, 272-294.

＿＿＿＿＿, 2007, 「第9章 百濟の都城 1王城」, 『古代日本と朝鮮の都城』, ミネルヴァ書房, 336-360.

七田忠昭, 1996, 「日本の彌生時代集落構造にみる大陸的要素 -環濠集落と中國古代城郭との関連について-」, 『東アジアの鐵
　　　器文化』, 韓國國立文化財研究所.

＿＿＿＿＿, 2011, 「彌生時代集落における中國城郭構造の模倣とその背景について -彌生時代中期から後期の佐賀・神埼地方の
　　　地域集落群と首長墳墓の動向から-」, 『日韓集落研究の展開』第7回共同研究會, 日韓集落研究會, 33-37.

下城正ほか, 1988, 『三ッ寺Ⅰ遺蹟』, 群馬縣敎育委員會・(財)群馬縣埋藏文化財調査事業團ほか.

千田剛道, 2011, 「高句麗都城研究と平壤安鶴宮遺蹟」, 『文學・芸術・文化』近畿大學文芸學部論集No.2, 近畿大學文芸學部,
　　　69-80.

武末純一, 1989, 「彌生農村の誕生」, 『古代史復元』4, 講談社.

＿＿＿＿＿, 2007, 『百濟集落の研究』(課題番號17520525) -平成17・18年度科學研究費補助金〈基礎研究(C)〉研究成果報告書-.

田中廣明・福田聖, 1999, 「遺物から見た「豪族居館」」, 『東國土器研究』第5號, 東國土器研究會, 313-332.

田中裕, 2011, 「茨城縣北部から出土した東京灣岸南部の土器 -茨城縣那珂市森戸遺蹟「豪族居館」出土の古式土師器の再檢討-」,
　　　『茨城縣史研究』第95號, 茨城縣, 1-16.

中澤貞治, 1982, 『原之城遺蹟・下吉祥寺遺蹟』大正用水東部土地改良事業に伴う昭和56年度發掘調査報告書, 伊勢崎市敎育委
　　　員會.

＿＿＿＿＿, 1985, 『原之城遺蹟 -古墳時代の環濠蹟-』, 伊勢崎市敎育委員會.

中村利光・丹羽惠二, 2011, 『祈りの世界』, 櫻井市埋藏文化財センター.

橋本博文, 2001, 「第1章 平野を見下ろす彌生の砦 -裏山遺蹟の發掘成果-2 戰いを物語る品々」, 『越後裏山遺蹟と倭國大亂』, 新
　　　潟日報事業社, 38-51.

＿＿＿＿＿, 2009, 「古代の土木 古墳と居館の築造」, 『季刊考古學』第108號 特集東日本の土木考古學, (株)雄山閣, 17-20.

＿＿＿＿＿, 2010, 「一群馬縣伊勢崎市一原之城遺蹟測量調査報告・今井學校遺蹟發掘調査報告 まとめ 總括」, 『新潟大學考古學研
　　　究室調査研究報告』10, 新潟大學人文學部, 51-58.

原眞, 2000, 「中世城館蹟に見る版築土壘 -關東地方の事例を中心として-」, 『研究紀要』18, 財團法人群馬縣埋藏文化財調査事
　　　業團, 27-42.

坂靖, 1998, 「近畿地方の「豪族居館」都市論の前提として」, 『古墳時代の豪族居館をめぐる諸問題』第8回東日本埋藏文化財研
　　　究會, 東日本埋藏文化財研究會群馬縣實行委員會・群馬縣考古學研究所, 617-654.

福辻淳・福家恭, 2011, 『ヤマトの王と居館』, 櫻井市埋藏文化財センター.

松井一明, 2009, 「城と都市の土木技術 館と城」, 『季刊考古學』第108號 特集東日本の土木考古學, (株)雄山閣, 43-46.

桃崎祐輔, 2011, 「橫穴式石室から出土する桃核と黄泉國神話」, 『古文化談叢』第65集, 九州古文化研究會, 51-73.

山本孝文, 2011, 「百濟遺蹟出土の中國系文物と對中交渉」, 『東アジア世界史研究センター年報』第5號, 專修大學社會知性開發
　　　研究センター, 31-50.

_____, 2011, 「百濟の泗沘遷都と周邊集落の動向に關する試論」, 『日韓集落研究の展開』第7回共同研究會, 日韓集落研究會,
　　　45-50.

兪炳琭(井上主稅譯), 2008, 「最近の成果からみた嶺南地域の4~5世紀の三國時代集落」, 『日韓集落の研究』―生產遺蹟と集落遺
　　　蹟―第4回共同研究會, 日韓集落研究會, 118-150.

李盛周(武末純一譯), 1998, 「韓國の環濠集落」, 『九州考古學會・嶺南考古學會第3回合同考古學大會 環濠集落と農耕社會の成
　　　立』, 九州考古學會・嶺南考古學會.

韓國語

權五榮, 1996, 「渼沙里聚落과 夢村土城의 비교를 통해 본 漢城期百濟社會의 斷面」, 『韓國古代史論叢』제8집, 韓國古代社會研
　　　究所, 37-82.

_____, 2010, 『2010 한신대학교 개교 70주년 기념 특별전 한신고고학 20년의 발자취』, 한신대학교박물관.

_____, 2011, 『風納土城』XII -慶堂地區196號遺構에 대한 報告-, 한성백제박물관・한신대학교박물관.

金龍星, 1997, 「大邱・慶地域古塚古墳의 研究」, 嶺南大學校大學院博士學位論文.

金昌億, 2010, 「嶺南地方 三國時代 聚落研究의 現狀과 聚落의 變遷」, 『한일 취락 연구』(중간보고2), 한일취락연구회, 88-103.

國立文化財研究所, 2001~2002, 『風納洞土城』I・II.

夢村土城發掘調查團, 1984, 『整備・復元을 위한 夢村土城發掘調查報告書』, 109 第11圖.

李東熙, 2011, 「三國時代 南海岸地域 聚落의 地域性과 變動」, 『韓日 聚落 研究의 展開』, 한일취락연구회, 133-141.

李暎澈, 2011, 「據點聚落 變異를 통해 본 榮山江流域 古代社會」, 『韓日 聚落 研究의 展開』, 한일취락연구회, 39-44.

李暎澈 外, 2007, 『光州東林洞遺蹟IV』, (財)湖南文化財研究院・大韓住宅公社.

林永珍, 1996, 『光州月田洞遺蹟』, 全南大學校博物館・光州廣域市.

최종규, 1990, 「광장에 대한 인식」, 『歷史敎育論集』第13・14集(武末純一 2010譯)『日韓集落研究の展開』第7回共同研究會, 日
　　　韓集落研究會, 45-50.

崔鍾圭・金賢・金惠珍, 2005, 『金海鳳凰臺土城址―金海 會峴洞事務所~盆城路間 消防道路開設區間發掘調查報告書』, 慶南考
　　　古學研究所.

崔鍾澤, 2002, 「渼沙里百濟聚落의 構造와 性格」, 『湖西考古學』第6・7合輯, 湖西考古學會, 141-164.

韓國國立文化財研究所, 2009, 『韓國埋藏文化財調查研究方法論』5.

_____, 2001, 『風納土城』I, 國立文化財研究所.

_____, 2002, 『風納土城』II, 國立文化財研究所.

_____, 2004, 『月城垓子』發掘調查報告書II 學術研究叢書41, 國立慶州文化財研究所.

_____, 2001, 『동아시아 1~3세기의 주거와 고분』, 國立文化財研究所.

中國語

權五榮, 2011, 「百濟最初的王城―風納土城之調查」, 『東南文化』2011年第2期 總220期, 南京博物館, 101-108.

鐵器時代 벌림집과 장군형 주거구조의 검토

池賢柄

1. 머리말

철기시대의 대표적 유적으로는 역시 취락유적이다. 철기시대의 주거구조는 철기의 전래로 인하여 건축기술의 발전과 함께 매우 복잡하고 다양한 형태의 주거구조들이 나타나고 있다. 철기시대 주거구조에 대한 본격적인 조사는 1989년 강릉 안인리유적에 대한 발굴조사를 계기로 해서 주거지의 평면형태, 출입구의 형태 및 유무관계, 벽체의 구조, 노지의 형식, 상부결구구조 등이 파악됨과 동시에 현재 우리가 보편적으로 사용하고 있는 呂字形, 凸字形 주거지란 용어가 바로 이때부터 시작되었다고 본다.[1] 최근 들어 북한강과 남한강 일대의 충적평야지대 등에서 呂字形, 凸字形, 六角形 주거지를 축조하는 취락지가 계속해서 확인되고 있다. 철기시대 주거지의 평면구조에 있어 연구자들마다 약간씩 다르게 표현하고 있지만 대체적으로 長(方)形, 凸字形, 呂字形, 六角形, 五角形 등으로 분류된다는 점에는 별 다른 이견이 없는 것으로 여겨진다. 다만 최근에 새롭게 밝혀진 벌림집(逆八字形)과 장군형[2] 주거지는 모두 철자형과 여자형 주거유형 안에 포함되나 벽체기둥구조와 평면형태가 기존의 주거구조와는 약간 다른 특징들이 나타나고 있다. 다만 최근에 밝혀진 중도 1호 주거지(B-16호 주거지)[3]와 2호 주거지(C-8호 주거지)는 각각 육각형주거지와 여자형주거지로 확인되었고, 중도 C-1호 주거지[4] 역시 여자형주거지로 확인되었으나 큰방의 구조는 장군형 주거로 남북장벽이 줄어들고 동서단벽이 늘어나는 구조를 띠고 있고 비교적 늦은 시기일수록 이와 같은 구조현상이 나타나고 있는 것으로 보여 진다. 벌림집 주거구조는 공열토기를 공반하는 청동기시대[5] 전기부터 나타나고 있어서 이미 이시기부터 주거구조의 공간 활용과 더불어 주거건축 기술이 상당히 높은 경지에까지 이르렀다고 판단된다. 따라서 본고에서는 철기시대 주거유적에서 확인된 벌림집과 장군형 주거구조에 대해서

---

1) 池賢柄, 2000, 「嶺東地域의 鐵器時代研究 -住居址를 中心으로-」, 단국대학교 대학원 박사학위청구논문.
2) 벌림집 구조는 주거지의 벽주가 약 3~5°가량 밖으로 벌어진 형태의 기둥구조를 갖춘 주거지를 말하며 주거지별로 약간씩 기울기의 차이가 나는 것으로 판단된다. 벌림집에 대한 또다른 용어는 逆八字形, 역사다리꼴 등으로 쓰고 있으나, 강릉 오기환가옥의 오금집의 예로 보아 벌림집으로 부르고자 한다.
   장군형 주거지는 철자형 주거지의 한 갈래이지만 기존의 철자형 주거지들은 거의 대부분 출입구가 남단벽 중앙에 위치하고 있는 반면, 장군형 주거지는 남장벽 중앙에 위치하여 설치되었으며, 기존의 남북장벽이 줄어들고 동서단벽이 늘어난 형태로 마치 장군형 토기와 흡사하다.
3) 한강문화재연구원, 2011, 「4대강(북한강)살리기 사업 춘천 중도동 하중도 B지구 문화재 발굴조사 학술자문회의자료」.
4) 강원고고문화연구원, 2011, 「4대강(북한강)살리기 사업 춘천 중도동 하중도 C지구 문화재 발굴조사 학술자문회의 자료」.
5) 공열토기를 공반하는 강릉 방내리유적 7·11·14호 청동기시대 주거지에서 기둥이 밖으로 바라진 형태의 기둥구멍들이 확인된 점으로 보아 이미 청동기시대 전기부터 벌림집 주거구조가 축조된 것으로 추정된다.
   江原文化財研究所, 2010, 「강릉 방내리 가축위생처리장 신축부지 내 유적 발굴조사」, 『江陵地域 文化遺蹟 發掘調査 報告書』.

간략하게 살펴보고자 한다.

2. 벌림집 住居遺蹟

1) 횡성 둔내유적[6]

본 유적은 주천강변의 충적대지에 해당한다. 조사결과 철기시대주거기 5기가 확인되었는데 나-2호 주거지만이 몸자형의 완전한 형태로 확인되었고 나머지 4기의 주거지는 결실된 채로 확인되었다. 벌림집구조로 확인된 주거지는 나-5호 주거지이다. 벽주혈의 크기는 직경이 18~22cm, 깊이 40cm로 주거지의 어깨선 밖으로 비스듬히 나오는 형태이다. 노지는 장타원형이며 삼각형의 막음돌이 넘어진 상태이고 상면은 적색소토가 소결되어있다. 출토유물로는 저장용으로 사용했던 경질무문토기와 타날문토기, 방추차, 파수편 등이 출토되었다.

2) 양양 가평리유적[7]

유적의 위치는 강원도 양양군 손양면 가평리 산 25-2번지 일원이다. 입지는 남대천 하류지역의 낮은 사구지형(해발 5~7m)이다. 유구는 신석기시대 주거지 2기와 야외노지 3기, 철기시대 주거지 3기가 확인되었다. 철기시대 2호 주거지 주거지의 평면형태는 몸자형이고, 길이는 10.5m, 폭 5.5m, 깊이는 50~60cm이다. 외측으로 지름 20~30cm의 주혈들이 8개가 좌우 대칭을 이루며 확인되었다. 노지는 원형의 수혈식 노지이다. 출토유물로는 경질무문토기와 타날문토기 철겸, 철도자, 철촉 등이 있다.

3) 춘천 우두동유적[8]

벌림집 주거지에 해당하는 유구는 철기시대 1호 주거지와 3호 주거지이다. 1호 주거지는 출입구부분이 조사

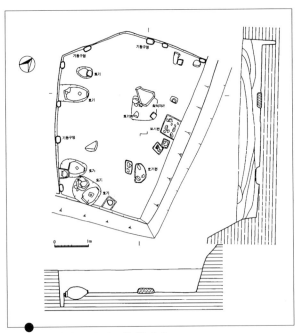

도 1 횡성 둔내 나-5호 주거지

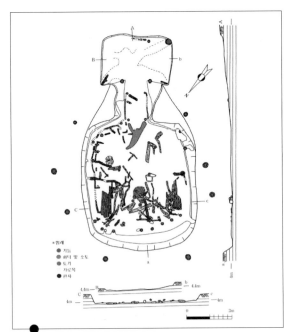

도 2 양양 가평리 2호 주거지

---

6) 강릉대학교박물관, 1997, 『橫城 屯內 住居址』.
7) 국립문화재연구소, 1999, 『襄陽 柯坪里』.

구역 밖으로 연장되어 정확한 평면형태는 알 수 없으며, 3호 주거지는 呂자형으로 우두동 707-1·35번지 유적의 2호 주거지와 연결된다.

1호 주거지의 통로를 포함한 잔존길이는 16.6m이며 폭은 7.3~7.6m, 깊이는 50~80cm이다. 벽면외측으로 지름 20~43cm 크기의 반원형돌출부가 0.85~1.8m의 간격으로 총 29곳이 확인되는데 벽기둥을 비스듬히 박아 세웠던 흔적이다. 양측벽에 10곳, 전벽에 4곳, 후벽에 5곳이 확인되었다. 노지는 수혈식노지 2기가 확인되며 북쪽에 막음돌을 놓았으나 노지 내부로 넘어져 흐트러진 것이 특징이다. 출토유물로는 경질무문토기, 타날문토기, 한식계토기(유견평저호), 삭도, 소도자, 철제송곳 등이 출토되었다.

3호 주거지의 전체길이는 14.2m이며 큰방의 길이는 10m, 너비 7.5m, 통로의 길이는 1.7m, 너비는 1.6m이며, 작은방의 길이는 2.6m, 너비 4m이다. 벽면외측에 반원형의 돌출부가 있으며 지름 약 15cm의 벽기둥이 비스듬히 세워졌으며 깊이는 40~50cm이다. 벽기둥에 인접하여 생활면에 수직으로 지름 8cm의 기둥이 몇 곳에서 확인되는데 이는 벽기둥의 보조기둥으로 추정된다. 노지는 수혈식노지이며 내부 출토유물로는 경질무문토기, 타날문토기, 목제회전판(녹로), 환두소도, 소도자, 철제송곳, 고리침, 따비형철기 등이 출토되었다.

4) 춘천 율문리유적[9]

유적의 위치는 강원도 춘천시 신북읍 율문리 335-4번지 일원이다. 유적의 입지는 동에서 서로 흐르는 소양강의 북쪽에 위치한 천전범람원지대에 위치한다. 조사결과 청동기시대 주거지 2동, 철기시대 주거지 7동 그 외에 수혈유구와 구상유구, 밭유구 등이 확인되었다. 벌림집에 해당하는 유구는 철기시대 3호 주거지이다. 주축방향은 남동-북서이다. 주거지의 평면형태는 凸자형이며 규모는 길이 7.02m, 폭 4.78m이며, 출입구의 규모는 길이

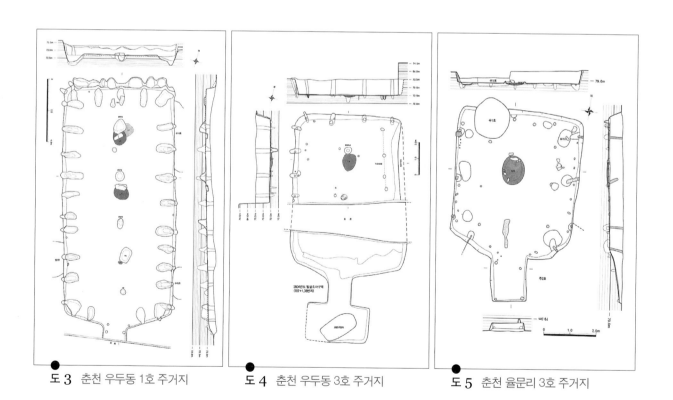

도 3 춘천 우두동 1호 주거지   도 4 춘천 우두동 3호 주거지   도 5 춘천 율문리 3호 주거지

8) 강원문화재연구소, 2007, 『春川 牛頭洞遺蹟 - 春川 牛頭洞 롯데인벤스 우두파크 신축부지 內 發掘調査 報告書』.
9) 강원문화재연구소, 2008, 『춘천 율문리 335-4번지 유적 - 춘천율문리 생물산업단지 조성부지내 유적 발굴조사보고서』.

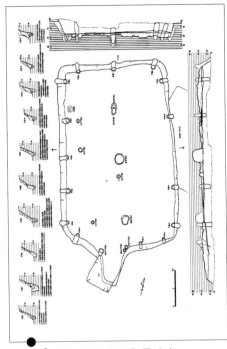
도 6 가평 대성리 10호 주거지

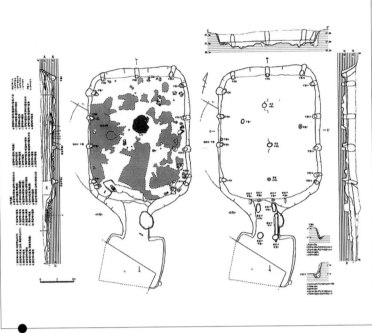
도 7 가평 대성리 20호 주거지

1.56m, 폭 1.36m이다. 노지는 점토띠식노지이다. 주공들은 2×3주식으로 확인되며 규모는 지름 5~10cm, 깊이는 9~14cm이다.

5) 가평 대성리유적[10]

유적의 위치는 경기도 가평군 청평면 대성리 393번지, 618-11번지 일대에 해당한다. 북한강 서안을 따라 남북 길이 약 1,600m, 동서 폭 약 200m, 해발 35~39m의 하안 충적대지이다. 조사 결과 청동기시대 주거지 27기 · 수혈 6기 · 경작유구 1기, 철기시대 주거지 43기 · 수혈 56기 · 굴립주 3기 · 구상유구 2기, 삼국시대 석실묘 2기, 조선시대 주거지 1기 · 구들 1기 등 총 142기의 유구가 확인되었다. 벌림집 구조에 해당하는 유구는 철기시대 주거지 2, 6, 10, 11, 20, 23, 28, 32호 등이다. 凸자형의 평면형태를 가진 주거지는 2, 6, 10, 11, 23, 32호이며 呂자형은 20, 28호 등 두기이다. 노지는 수혈식과 부석식, 부석식+막음돌 형식의 형태가 확인된다.

6) 평창 천동리유적[11]

유적의 위치는 강원도 평창군 평창읍 천동리 일원이다. 평창강의 하안충적대지에 해당한다. 조사 결과 청동기시대 주거지 4동, 주구묘 1기, 추정석관묘 1기를 비롯해, 철기시대 주거지 10동, 조선시대 수혈주거지 2동과 다수의 수혈유구가 확인되었다. 철기시대주거지는 凸자형과 呂자형뿐 아니라 부정형의 주거지도 확인되었다. 벌림집 주거지에 해당하는 유구는 철기시대 4호 주거지이다. 평면형태는 凸자이며, 길이 10.8m, 폭 7.35m, 깊이는 0.35m이다. 내부시설로는 막음돌 시설을 갖춘 수혈식노지(1×0.9m)가 있다. 각 장벽에 5개의 주혈들이 벽에 붙어 비스듬히 세워져 벌림집의 구조를 보여준다. 뿐만 아니라 주거지 외부에는 주혈이 일정간격으로 열을 이룬다. 토층조

10) 경기문화재단 경기문화재연구원, 2009, 『加平 大成里遺蹟-京春線 複線電鐵 事業區間(弟4工區)內 發掘調査 報告書』.
11) 강원고고문화연구원, 2010, 『영월-방림(2) 도로건설공사 구간 내 매장문화유적 발굴조사 약보고서』.

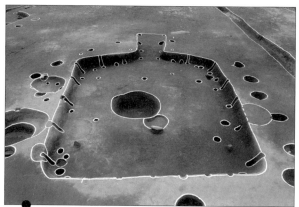

도 8 평창 전동리 4호 주거지　　　　　　　　　　　　　도 9 화천 거례리 2호 주거지

사 결과 수직기둥과 비스듬하게 조성된 기둥이 부분적으로 확인되었다. 출토유물로는 경질무문토기, 타날문토기, 발형토기, 저장용토기 2개체분, 철부와 철겸 각 1점 등이 확인되었다.

7) 화천 거례리유적[12]

유적의 위치는 강원도 화천군 하남면 거례리 일원이다. 북한강변의 충적대지에 해당하며 청동기시대부터 철기시대, 조선시대에 이르는 유구들이 확인되었다. 벌림집형태로 해당되는 유구는 철기시대 2호 주거지이다. 규모는 본실이 길이 10.1m, 폭 7.23m, 깊이 0.6m, 출입구가 길이 1.94m, 폭 1.4m로 총 길이는 1.204m이다. 장방형의 본실에 출입구가 둔각으로 연결되었으며 수혈식의 노지를 조성하였다.

출토유물로는 주로 경질무문·타날문·한식계토기 등의 토기류와 연석·작업대 등의 석기류를 비롯해 도자, 촉 등의 철기류가 있다.

3. 장군型 住居遺蹟

1) 춘천 중도유적 B지구[13]

철기시대 주거지는 총 24기이다. 주거지는 능선을 따라 약 10~20m 간격으로 열상으로 배치되었고 대부분 철자형 주거지이다. 주거지의 후단벽은 직선·곡선·둔각 등 다양하며, 반대편의 전벽 역시 직선 혹은 둔각을 이루는 양상이 확인된다. 주거지의 평면 형태는 오각형과 육각형이 대부분이며, 오각형의 형태가 규모가 크고 수혈식 노지가 대부분인 것으로 볼 때 두 형태가 시기적 차이가 있었던 것으로 생각된다. 주거지의 규모는 장축을 기준으로 3~8m 정도이며 면적에 따라 분류가 가능하다. 소형에 속하는 주거지들은 20~30m² 정도이며, 8호와 9호의 경우 약 10m²로 매우 작은 규모에 속한다. 중형에 속하는 주거지들은 40~50m² 정도이며 소형 주거지 북서쪽으로 배치되어 있는 것이 특징적이다. 출입구 및 장축방향은 모두 의암호와 직교하는 남동쪽을 향하고 있다. 출입구는 총 11기에서 확인되었고, 모두 철자형이다. 그러나 출입구부의 기둥구멍 잔존상태로 볼 때 5·11·14·16·18·21·22·23호 주거지의 경우 여자형 주거지에서 나타나는 기둥구멍과 같은 유형으로 확인 점으로 볼 때 여자형 주거지일 가능성이 매우 높다. 노지시설은 점토띠식과 부뚜막식, 무시설식(수혈식) 3가지 형태가 확인된다. 총 24기의 주거지 중 19기에서 노지가 확인되었으며, 점토띠식 13기, 부뚜막식 2기, 무시설식 4기이다. 13호 주거지에

---

12) 강원고고문화연구원, 2011, 『4대강(북하강)살리기 사업구간 내 화천 거례리 1지구 유물산포지 3구간 정밀 발굴조사 약보고서』.
13) 한강문화재연구원, 2011, 「4대강(북한강)살리기 사업 춘천 중도동 하중도 B지구 문화재 발굴조사 학술자문회의자료」.

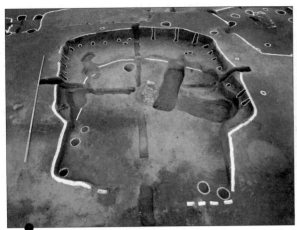

도 10　춘천 중도 B지구 13호 주거지　　　　　도 11　춘천 중도 C-1호 주거지

서는 약 40cm 간격으로 기둥이 정연하게 배치되어 있고, 기둥 뒤 후벽으로 판재가 놓여 있는 것이 확인되었다. 토기류는 외반구연의 경질무문토기와 타날문토기가 주를 이루며 호·옹·뚜껑 등 다양한 기종이 확인되고 문양은 승문·집선문·격자문 등이 관찰된다. 석기류는 갈판과 갈돌로 추정되는 석재가 확인되었고 금속류는 철촉·도자·철겸 등이 소량 출토되었다.

2) 춘천 중도유적 C지구[14]

유적은 춘천시 중도동 하중도에 위치하며 춘천 중도유적 2와 인접한다. 초기조사결과 평면형태는 凸자형이었으나 이후 정밀조사 결과 呂자형 주거지로 확인되었다. 다만 큰방이 장군형 주거지처럼 넓게 벌어진 형태이다. 노지는 점토띠식으로 5~7cm의 폭으로 둘러져 있으며, 주거지의 남벽 방향으로는 너비 20cm, 높이 24cm, 두께 5cm의 막음돌을 곧게 세워 두었다. 노지의 내부에는 인위적으로 2cm 정도의 두께로 점토를 깔았다. 주거지의 외벽 둘레에서는 지름 7cm의 기둥구멍 흔적이 확인되었다. 출입구 부분에 쌓여 있던 소토와 목탄 등을 제거하자 여자형 주거지의 기둥구멍 형식이 확인됨에 따라 앞쪽으로 확인한 결과 여자형 주거지의 앞쪽 작은방이 노출되었고, 주 생활공간과의 출입 연결부는 단순 경사식으로 판단된다. 출토유물로는 경질무문토기와 타날문토기가 있다.

3) 남양주 장현리유적[15]

유적의 위치는 경기도 남양주시 진접읍 장현리 46번지 일대이며 한강의 제1지류인 왕숙천의 충적대지에 해당한다. 조사결과 청동기시대 주거지 12기, 수혈 3기, 철기시대 주거지 85기, 수혈 55기, 구상유구 15기 등이 확인되었다. 장군형주거지에 해당하는 유구는 철기시대 주거지 15, 18, 22, 33, 37, 44호 등이다. 주거지들은 모두 '凸' 자이며, 'ㅡ' 자형의 구들을 가지고 있다. 33호 주거지의 경우 적갈색의 소성토만 확인된다. 출토유물로는 경질무문토기류와 타날물토기류가 있다.

4) 화천 원천리유적[16]

유적의 위치는 강원도 화천군 하남면 원천리 42-1~42(유)·22-4(유) 일원이다. 유적의 입지는 북한강변에 위치

---

14) 강원고고문화연구원, 2011, 「4대강(북한강)살리기 사업 춘천 중도동 하중도 C지구 문화재 발굴조사 학술자문회의 자료」.
15) 중앙문화재연구원, 2010, 『南楊州 長峴里遺蹟』.
16) 예맥문화재연구원, 2011, 『화천 원천리 2지구 유물산포지 내 유적 발굴조사 3차 지도위원회의 자료』.

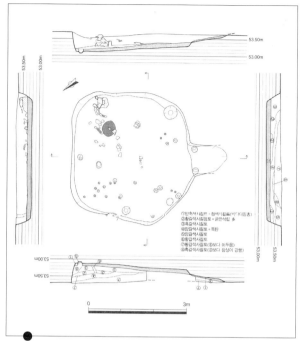

도 12　남양주 장현리 18호 주거지

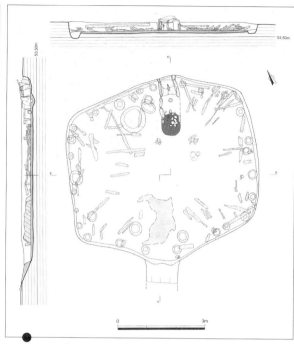

도 13　남양주 장현리 44호 주거지

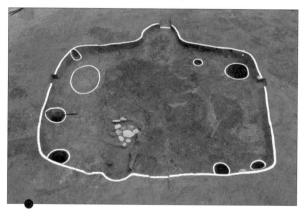

도 14　화천 원천리Ⅰ-철4호 주거지

도 15　화천 원천리Ⅱ-철7호 주거지

한 부채꼴 모양으로 돌출된 충적대지에 해당한다. 조사결과 청동기시대와 철기시대 및 삼국시대에 이르는 주거지 약 143기를 비롯하여 수혈유구 약 130기 등 많은 유구가 확인되었다. 그 중 장군형주거지는 약 18여 기가 확인되었다.[17] 대부분의 주거지가 부뚜막이 설치되었으며 일부에서 점토띠식노지도 확인된다. 출토유물로는 경질무문토기와 타날문토기, 뚜껑, 철촉, 철겸 등이 있다.

4. 住居構造 檢討

1) 벌림집 주거구조

　　최근 들어 철기시대의 취락지에서 철자형, 여자형 주거지에 이어 장군형(中島式) 주거지와 소위 벌림집(逆八

---

17) 지도위원회의 자료의 〈표 3〉 철기~삼국시대 주거지 제원표를 참고 하였다.

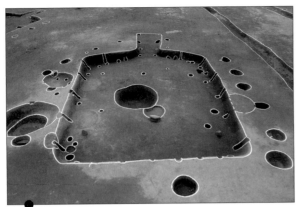
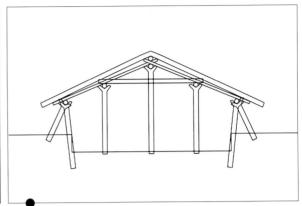

도 16 평창 천동리 4호 벌림집 주거지　　　　도 17 평창 천동리 4호 벌림집 주거지 모식도

字形)[18]의 가옥구조가 확인되고 있는 바, 벌림집 기둥구조가 맨 처음 확인된 주거지는 횡성 둔내 나-5호 주거지[19]에서 벽주혈의 깊이가 대체적으로 50cm 이상 깊이로 벽에 붙어 비스듬히 안쪽으로 뚫려 있다. 이와 같은 벌림집 기둥구조가 가장 완벽하게 남아 있는 주거지는 춘천 우두동,[20] 율문리유적,[21] 평창 천동리유적[22]에서 확인되었고, 우두동유적은 주거지 폐기 후 기둥을 재활용하기 위해 구덩이를 파고 기둥을 빼내는 과정과 벽에 붙어 불에 타다 남은 기둥들이 벌림집 구조를 확연하게 보여주고 있다. 또한 평창 천동리 철기시대 4호 주거지의 경우 앞서 언급한 바와 같이 기둥들이 벽에 홈을 파고 세워져 있는 형태로 나왔을 뿐만 아니라 주거지의 어깨선 가장자리에 일정간격으로 기둥구멍들이 확인되었는데, 이 기둥들은 반대로 안쪽으로 비스듬히 세워져 있는 것으로 보아 아마도 처마도리를 받치는 것으로 보인다. 이와 같은 형태의 기둥구조는 5호, 7호 주거지에서도 확인되었지만 4호 주거지와는 다르게 벽쪽 기둥이 수직으로 세워져 있음이 다르게 나타나고 있다.

이와 같은 벌림집 주거지는 삼국시대까지 이어져 계속해서 축조되는 것으로 보이며 가형토기의 기둥구조[23]를 보면 역시 약간 밖으로 벌어지는 형태로 나타나고 있으며, 진주 평거동 유적 II지구 27-1호·32호 주거지[24]에서 보면 역시 앞서 설명한 주거지들과 같이 기둥들이 약간 바라지게 세워져 있음을 알 수 있다.

또한 주거지 외부에 기둥들이 위치하는 것으로 보아 벌림집의 처마도리를 받쳐주며 견고한 틀을 고정시킴과 동시에 주거지의 또 다른 공간 확보를 의미하는 것이며, 더불어 냉난방 효과에 있어 상당한 영향을 끼칠 것으로 여겨진다. 따라서 벌림집 가옥구조의 건축기술은 목가구결구방식에 있어서 매우 복잡한 양상으로 전개되는데 이러한 이유는 바로 발전된 철제도구의 사용으로 치목기술과 정밀가공 기술의 비약적인 발전을 의미한다고 본다.

2) 장군형 주거구조

앞서 언급한 장군형 주거지는 소위 '중도식 주거지'라 해도 무리는 없을 것으로 판단되나 기존에 여자형, 철자형, 육각형 주거지 등이 사용되고 있어 '장군형' 주거지로 부르고자 한다. 장군형 주거지가 맨 처음 확인된 것은

18) 池賢柄, 2010, 「철기시대의 사회와 생활상」, 『江原道史』, p.568.

19) 白弘基·池賢柄, 1997, 앞의 책.

20) 江原文化財硏究所, 2007, 『春川 牛頭洞 롯데인벤스 우두파크 신축부지내 發掘調査報告書』, 學術叢書 78册.

21) 江原文化財硏究所, 2008, 『춘천 율문리 335-4번지 유적 -춘천 율문리생물산업단지 조성부지내 유적 발굴조사 보고서-』, 江原文化財硏究所 學術叢書 86册.

22) 김주홍, 2010, 『2010년 중부고고학회 유적조사발표회 -2010년도 중부지방 문화유적 발굴조사 성과-』, 「평창 천동리유적 조사 개보-국도31호선 영월 -방림(2)도로건설공사구간 발굴조사-」.

23) 이화여자대학교 박물관 소장품, 경북대학교 박물관 소장품, 호림박물관소장품, 경주 사라리 5호분 출토 가형 토기.

24) 공봉석, 2007, 「진주 평거동유적(II지구)」, 『국가 형성에 대한 고고학적 접근』 제31회 한국고고학전국대회 발표요지.

도 18 이화여대박물관 도 19 경북대박물관 도 20 호림박물관 도 21 경주 사라리 5호

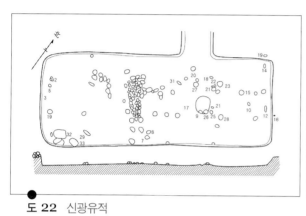

도 22 신광유적

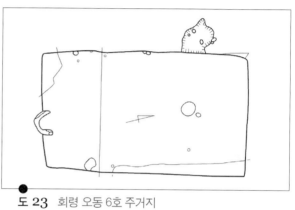

도 23 회령 오동 6호 주거지

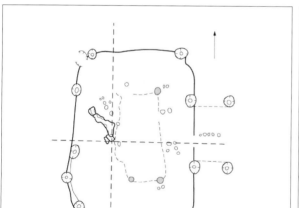

도 24 올레니 A

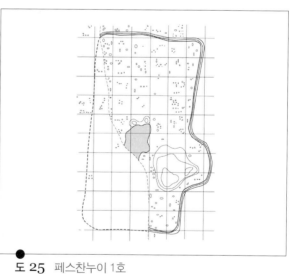

도 25 페스찬누이 1호

1980년 국립중앙박물관 고고부에서 중도에 대한 학술 발굴조사과정에서 확인된 1호 주거지[25]인데, 이 주거지는 최근 발굴조사 결과 육각형 주거지[26]로 확인되었는데, 주거지의 출입구 기둥구조로 보았을 때 여자형 주거지일 가능성이 매우 높을 것으로 추정된다. 장군형 주거지는 기존의 주거지들보다 장단벽이 바뀌는 즉, 남북 장벽이 짧

25) 李健茂·李康承·韓永熙·金載悅, 1980, 『中島 -進展報告 I』, 國立博物館 古蹟調査報告 第 十二册.
26) 한강문화재연구원, 2011, 4대강(북한강)살리기 사업 춘천 중도동 하중도 문화재 발굴조사 학술자문회의자료.

아지고 동서 단벽이 길어지는 전체 평면모양이 마치 장군처럼 생겼는데 이와 같은 형태의 주거지는 현재까지 밝혀진 바로는 중도, 남양주 장현리, 화천 원천리유적 등, 북한강유역 일대의 철기시대 취락지에서 확인되고 있다. 그런데 이와 같은 장군형 주거지의 출현시기와 장군형 주거지를 축조한 집단에 대한 문제이다. 연길 신광유적의 철자형 주거지[27]는 돌출된 출입구가 북쪽장벽의 동편에 약간 치우쳐서 축조되었는데, 철자형 주거지로 보기에는 다소 무리이긴 하나 주거지의 장벽에 출입구가 만들어진 것으로 보아 장군형 주거지의 한 갈래가 아닌가 생각된다. 회령 오동 6호 주거지[28] 또한 철자형 주거지로 확인되는데 서쪽장벽의 튀어나온 구조물은 역시 앞의 신광유적, 페스찬누이 1호, 올레니 A유적 철자형 주거지[29]와 같은 출입구로 판단되나, 장군형 주거지의 경우 남쪽장벽의 중앙부에 출입구가 마련되고 노지 또한 주거지의 중앙에서 약간 북쪽에 치우쳐서 마련된 점이 다르다고 볼 수 있다. 회령 오동 6호 주거지의 남쪽난벽에 설치된 노지는 부뚜막노지라기 보다는 아궁이형 노지일 가능성이 높다. 따라서 이들 유적에서 나타나는 주거지는 다소 비약적이긴 하지만 장벽에 출입구가 마련된 형태로 보아 중도와 북한강 상류유적에서 확인되는 장군형 주거지와 비슷한 유형이 아닌가 생각된다. 다만 출입구의 위치가 남장벽 중앙이냐, 아니면 약간 한쪽으로 치우쳐 있느냐가 문제인데 이점에 대해선 차후 집중적인 논의와 검토가 뒤따라야 할 것으로 보인다.

5. 맺는말

이상과 같이 최근 발굴조사 결과 새롭게 나타나고 있는 벌림집(逆八字形)과 장군형(中島式) 주거구조에 대해 간략하게 살펴보았다. 벌림집 주거구조는 이미 상당 수 조사된 유형으로 비교적 이른 시기인 공열토기를 공반하는 청동기시대부터 축조되기 시작하여 가형토기가 만들어지는 삼국시대까지 오랜 기간 동안 축조되었던 것으로 보인다. 그러나 오랜 기간 동안 존속했음에도 불구하고 각 취락에서 확인된 벌림집은 극소수에 불과하다. 그 이유로 벌림집을 축조하기에는 매우 까다로울 뿐만 아니라 목가구결구방식에 있어서 매우 복잡하고 정밀한 치목기술과 고도의 건축기술이 동반돼야하기 때문에 아마도 일반인들은 벌림집을 축조하기에는 경제적으로나 기술적으로 어려웠을 것으로 판단된다. 또한 조사결과 나타난 벌림의 규모면에서도 대형에 속하는 주거지들로 아마도 당시 지배계급 내지는 다른 어떤 특수한 용도로 사용했을 것으로 추정된다. 벌림집의 분포 범위는 현재까지 밝혀진 내용으로 보았을 때 강원도 영서지역 남·북한강유역에 분포하다가 삼국시대에 이르러 남쪽지방까지 일부 나타나는 것으로 보인다.

장군형(中島式) 주거지의 경우 현재까지는 북한강유역에서만 확인되고 있는데 차후 조사가 진행될 경우 남한강유역 뿐만 아니라 한강유역에서도 밝혀질 것으로 본다. 장군형 주거지의 특징은 기존의 철자형 주거지의 평면형태가 남북길이가 짧아지고 동서 폭이 넓어지는 형태이다. 남향으로 폭이 넓어지는 이유는 기후와 공간분할의 영향으로 볼 수 있으며 많은 양의 햇빛을 받기 위해서 동서 폭이 늘어나지 않았을까 추정된다. 또한 현재까지 밝혀진 내용으로 볼 때 장군형 주거지의 경우 대체적으로 규모가 작을 뿐만 아니라 독립적으로 축조되었다는 점인데 이점에 대해서는 앞으로 자료의 축적과 조사가 진행될 경우 취락과 주거구조의 형태가 점차 밝혀질 것으로 본다.

27) 김재윤, 2007, 「단결-끄로우노브까문화의 기원-토기비교를 자료로」, 『국가 형성에 대한 고고학적 접근』 제31회 한국고고학전국대회 발표요지, 442쪽.
28) 도유호, 1960, 「회령 오동 원시유적발굴보고」, 『유적발굴보고』 7, 과학원출판사.
29) 김재윤, 2007, 앞의 책, 447·477쪽.

全南 南海岸 一帶 1~3世紀 聚落의 動向

朴 泰 洪

1. 머리말

전남 남해안 일대를 중심으로 취락은 기원전후한 시점에 경질무문토기단계로 파악할 수 있는 문화가 유입된다. 시간적인 검토가 필요한 사항이지만 대체적으로 이 시기에 취락의 규모와 구조, 생업방식에 있어서 변화를 인지할 수 있으며, 세부적으로 3단계로 구분되는 양상이다. 물론 이러한 변화에 대한 원인으로 자연환경의 변화, 방어적인 취락의 확대, 해로의 발달로 연결되는 관계망 등 다양한 가능성에서 접근이 이루어지고 있다. 그러나 거시적인 맥락에서 취락구조의 변화와 단계별 확산이라는 점을 확인할 수 있다. 여기에서는 이와 같은 변화과정을 이해하고 비교적 취락자료가 충분히 확인된 지역을 중심으로 경질무문토기문화의 속성이 잔존하는 시기까지 취락의 동향을 살펴보고자 한다.

2. 聚落의 圈域別 分布

1) 光陽灣圈

광양만권은 光陽 龍江里遺蹟 · 七星里遺蹟 · 道月里遺蹟 · 石停遺蹟 등 光陽邑을 중심으로 한 충적지와 주변 구릉지에 걸쳐 형성된 유적군, 順天 上三遺蹟 · 南佳遺蹟 · 星山里 代法遺蹟 · 左也貝塚 등 삼국시대 백제산성인 檢丹山城 주변으로 소규모의 충적지와 나지막한 산지에 형성된 유적군, 麗水 月山里 虎山 · 月林遺蹟과 주변의 麗水 月山貝塚 등 麗水半島의 초입에 해당하는 유적군, 順天 也興洞貝塚 · 德岩洞遺蹟 등 順天 東 · 西川을 중심으로 한 충적지 배후 산지에 형성된 유적군 등으로 세분된다. 이들 유적군은 대부분 남해안으로 연결되는 해안루트와 관련된 지형적인 요충지에 해당한다.

이들 유적군 가운데 덕암동유적 · 좌야패총 · 야흥동패총은 I 단계에 형성된 유적으로 이후 덕암동유적은 5세기대까지 취락이 유지되는 거점취락으로 판단할 수 있다. 이후 광양 칠성리유적 · 도월리유적 등이 II단계에 들어서며, 다른 유적군은 III단계 이후에 취락이 형성되는 양상이다.

취락은 입지적으로 충적지와 구릉지, 고지 등 3가지로 구분되는 양상이다. 충적지에 해당하는 광양 칠성리유적 · 도월리유적 · 석정유적 등은 하천 주변으로 자연제방이나 미고지 등에 비교적 높은 중첩율을 이루며, 전체적으로 1자형의 배치 양상을 보이지만 세부적으로 소군집을 이루는 경향이 있다. 광양만권에서 충적지의 유적은 II단계부터 확인되는 양상이다.

반면 산사면의 끝자락에 해당하는 곳에 형성된 구릉지에는 광양 용강리유적 · 순천 상삼유적 · 남가유적 · 성산리 대법유적 · 여수 월산리 호산 · 월림유적 등으로 부분적으로 소군집을 이루며, 중첩율은 낮다. 반면 충적지의

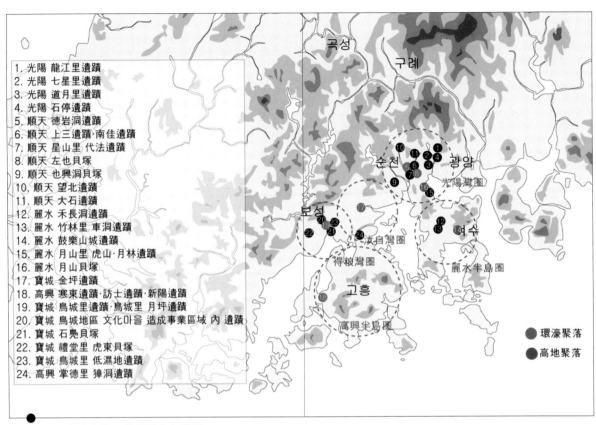

도 1 全南 南海岸 一帶 聚落分布 現況

취락에 비하여 벽구·용도미상의 구덩이 등 내부 시설물이 추가되는 양상이 확인되며, 주거지의 규모면에서는 별반 차이가 없다. 구릉지에서 확인되는 유적은 대부분 III단계 이후에 형성되는 경향이 있다.

마지막으로 구릉과 산지의 8부능선 이상 정상부에 위치한 유적으로 순천 야흥동패총·덕암동유적·좌야패총·여수 월산패총 등이 해당한다. 이들 유적은 환호취락이나 고지취락으로 월산패총을 제외한 대부분 유적이 I단계에 형성된 경우이다. 특히 덕암동유적은 환호취락으로 환호는 총 3열로 확인되었다. 출토유물의 양상으로 볼 때 시기차이가 인정되며, 가장 상면으로 돌아가는 1호에서 원형점토대토기를 비롯하여 삼각형점토대토기·두형토기 등이 출토되고 있어 선행하는 양상이다. 이후 환호는 내부에 패각층 등이 유입되면서 폐기되는 양상으로 기원후 2세기를 넘지 않을 것으로 보인다. 좌야패총의 경우도 환호취락이 폐기된 이후에 패총이 형성되었다.

지역	유적명	단계			비고
		I	II	III	
광양 용강리	용강리유적			▨	구릉지
	칠성리유적		▨		충적지
	도월리유적		▨		충적지
	석정유적				충적지 /4세기 이후
순천 성산리	상삼유적				구릉지
	남가유적				구릉지
	대법유적				구릉지
	좌야패총	▨			환호
여수 월산리	호산·월림유적				구릉지 /4세기 이후
	월산패총			▨	고지
순천 덕암동	덕암동유적	▨	▨		환호
	야흥동패총		▨		고지

2) 麗水半島圈

　여수반도권은 여수 화장동유적 · 죽림리 차동유적 등이다. 유적은 여수반도의 중앙부분에 해당하는 곳으로 중앙부분에 충적지가 형성되어 있으며, 충적지 주변은 산지로 이루어진 지형적인 구조를 갖추고 있다. 유적군은 충적지 남서쪽 산사면에 형성된 나지막한 구릉지에 위치하는 유적군, 麗水 鼓樂山城遺蹟 등 고지에 위치한 유적군 등으로 세분된다.[1] 이들 유적군은 대부분 II단계 후반에 형성되어 5세기대까지 지속적으로 이어지는 양상이다.

　취락은 구조적으로 구릉지와 고지로 구분되며, 구릉지에 해당하는 화장동유적 · 죽림리 차동유적 등은 비교적 낮은 중첩율을 보이며, 시간적인 차이를 두고 소군집을 이루는 배치 양상이다. 고지에서 확인된 고락산성유적의 경우 유적이 지협적으로 확인되어 제양상을 파악하기에는 무리가 있지만 지속적으로 취락이 유지되는 양상이다.

지 역	유적명	단계			비 고
		I	II	III	
여수 화장동	화장동유적				구릉지
	차동유적				구릉지
여수 미평동	고락산성유적				고지

3) 汝自灣圈

　여자만권은 寶城 尺嶺里 金坪遺蹟 등 筏橋邑 주변의 유적군, 高興 掌德里 獐洞遺蹟 등 고흥반도의 초입에 해당하는 곳의 유적군 등으로 세분되는데, 취락의 분포양상면에서 광양만권의 취락입지 조건과 지형적인 면에서 유사점을 찾을 수 있다.

　금평유적은 환호취락으로서의 가능성이 높으며, 패총에서 확인된 유물의 양상으로 볼 때, I단계부터 늦은 단계까지 지속적으로 취락이 이어졌을 가능성이 높은 점 등은 거점취락으로서의 가능성을 높여준다.

지 역	유적명	단계			비 고
		I	II	III	
보성 척령리	금평유적				환호 취락
고흥 장덕리	장동유적				구릉지 취락/4세기 이후

4) 高興半島圈

　고흥반도권은 현재까지 조사된 취락의 양상으로 볼 때, 고흥 寒東遺蹟을 중심으로 한 유적권만 확인되었다. 한동유적이 위치한 곳은 고흥반도 서남쪽 끝자락으로 비교적 높은 구릉과 평야지대가 비교적 잘 발달되어 있으며, 남 · 북쪽으로는 바다와 인접해있다. 주변으로 訪士遺蹟, 新陽遺蹟이 조사되었으며, 한동유적의 북동쪽 구릉 정상부에서 패각층이 조사된 바 있어, 환호취락 내지는 고지취락과 관련성이 있을 가능성이 높다.

　전체적으로 여수반도와 비슷한 지형적인 구조를 갖추고 있으며, 유적군의 형성도 유사하게 전개되었던 것으

지 역	유적명	단계			비 고
		I	II	III	
고흥 한동리	한동유적				구릉지 취락/환호 취락?
	방사유적				구릉지 취락/4세기 이후
	신양유적				구릉지 취락

---

[1] 한편 최근 돌산지역에 조사된 취락 유적군 등을 포함하면 더 세분될 가능성이 높다.

로 보인다. 이와 관련하여 고흥반도의 동부지역의 경우도 확인된 고분군 등의 양상으로 볼 때 충분히 거점지역으로서의 취락이 형성되었을 개연성이 높다.

5) 得糧灣圈

득량만권은 鳥城里遺蹟의 환호취락을 중심으로 鳥城里遺蹟 · 鳥城里 月坪遺蹟 · 寶城 鳥城地區 文化마을 조성사업구역 내 유적과 조성리 환호취락 주변의 패총군과 함께 石虎貝塚 · 禮堂里 虎東貝塚 등이 확인되었다.

조성리유적의 환호는 부분적으로 조사가 이루어졌지만, 출토유물의 양상으로 보았을 때, 기원전후한 시점에 축조되었으며, 鳥城里 低濕地遺蹟에서 확인된 보 시설과 수변제사지 등이 같은 단계로 볼 수 있다. 이후 환호가 폐기되는 시점에 패총이 형성되었으며, 취락은 5세기경까지 지속적으로 이어지는 양상이다.

지역	유적명	단계						비고
		I		II		III		
보성 조성리	조성리유적							환호 취락
	월평유적							충적지 취락
	석부패총							충적지 취락
	호동패총							

3. 聚落 構造의 變化

경질무문토기 단계에 들어서면서 남해안 일대의 취락은 구조적으로 큰 변화를 가져온다. 전 단계와 관련하여 변화양상을 살펴보아야 하지만 현재로서는 청동기시대 이후 단계로서 살펴볼 수밖에 없다.[2] 기원전후한 시점부터 경질무문토기가 소멸되는 시점까지 취락은 규모나 입지, 경관 등의 측면에서 III단계 정도의 변화양상을 보인다.

I단계는 남해안 일대를 중심으로 환호취락과 함께 취락이 확산되는 양상이다. 순천 덕암동유적 · 좌야패총, 보성 조성리유적에서 환호취락이 조사되었으며, 보성 금평유적, 고흥 한동유적 등도 환호취락일 가능성이 높다. 환호취락이 확인되는 지역은 환호취락과 함께 그 이후 단계까지 이어지는 연속성을 보이며, 취락의 규모나 지리적인 특성을 고려할 때, 거점취락일 가능성이 높다.

다만 이들 유적이 시기적으로 비슷한 시점에 형성되었으며, 덕암동유적과 좌야패총의 경우 거리적으로 얼마 떨어지지 않은 곳에 위치하고 있다는 점, 이전 단계에서 문화가 연결될 수 있는 근거가 미약하다는 점, 해상교통이 유리한 남해안 일대에만 환호취락이 형성되는 점 등을 고려해 볼 때 환호취락은 주변환경에 따른 필요에 의하여 축조되었다기보다는 그 문화를 갖춘 세력이 이 시기에 거점 지역을 점유하였을 가능성이 높을 것으로 보인다.

생활상으로 볼 때 이 시기에는 어업활동이 기본적으로 이루어졌을 개연성은 높다. 다만 조성리 저습지유적에서 확인된 바와 같이 고급 농경기술을 활용한 농경과 그와 관련한 제의가 이루어졌다는 점에서 볼 때, 농경생활의 비중이 낮지 않았음을 확인할 수 있다. 농업생활과 함께 채집활동이 병행되는 기간으로 이해해도 무방할 것으로 판단된다.

II단계는 환호가 폐기되고 개별 취락의 범위가 확대되는 양상을 보인다. 또한 경질무문토기의 문화는 지속되면서, 타날된 기종이 등장하게 된다. 전반기는 환호가 폐기되는 과정에서 패총이 형성되는데, 보성 조성리유적 ·

---

2) 현재까지 청동기시대 이후 초기철기 단계에 대한 취락의 면모를 살펴볼 수 있는 자료는 거의 전무한 실정이다. 간헐적으로 원형점토대토기와 관련하여 유물이 출토되고 있는데, 이러한 현상을 현재로서 단계의 공백이나 조사의 미진함으로 결정 짖기에는 무리가 따른다.

금평유적, 순천 덕암동유적 · 좌야패총 등에서 확인할 수 있다. 그리고 취락의 주변부와 해안가에 패총이 형성되는 양상을 보인다.

생활상으로 볼 때, 해안가 주변으로 패총이 증가되는 추세로 확인되며, 해안선에서 2~3km 이상 이격된 지점까지 패총이 확인되는 점 등을 통해서 볼 때, 수산물의 활용 즉 채집활동의 비율이 높아졌던 단계로 파악할 수 있을 것이다. 이는 패총에서 확인되는 수산물의 경우 꼬막, 굴 등 동절기에 채집되는 패류가 다수를 점하고 있어 당시 기온과 환경에 따른 생업활동의 변화로 이해되고 있는 실정이다. 다만 농업생산과 함께 계절에 따라 채집이 이루어졌을 가능성도 있다.

한편 후반기에 들어서면서 여수 월산패총 · 고락산성유적 등과 같이 더 높은 지점에 고지 취락이 늘어남과 동시에 충적지로도 취락이 확산되는 양상을 보이고 있는데 비율은 높지 않다. 또한 이 단계부터 취락은 해안 주변에 주로 분포하던 유적이 부분적으로 내륙까지 확산되는 경향을 보인다.

III단계는 고지 취락이 지속적으로 유지되면서, 구릉지 · 충적지까지 넓은 범위에 걸쳐 취락이 형성되고 있어 지형적인 측면에서 입지의 선택이 자유로워진 양상을 보여준다. 특히 구릉지 유적은 다수가 이 단계에 취락이 형성되는 양상을 보인다. 또한 경질무문토기의 문화가 쇠퇴하며, 타날문토기의 문화가 본격적으로 들어서는 단계로 볼 수 있다. 그리고 권역별로 차이는 있지만 주거지의 구조와 외부 유물이 부분적으로 유입되는 시점에 해당한다. 내륙으로는 하천변을 중심으로 취락이 넓게 확장되는 양상을 보인다.

생활상으로는 패총이 III단계까지 부분적으로 확인되며, 고지에서 확인되는 월산패총 등의 패총 형성의 중심이 이 단계로 판단되는 등 II단계에 이어 채집에 대한 의존도가 높았을 가능성이 있다. 동시에 고지취락의 기능면에서 추론해 보았을 때, 농업생산과 채집생산이 동시에 지속적으로 이루어졌을 가능성이 높다.

4. 聚落의 擴散과 그 關係

살펴본 바와 같이 경질무문토기 단계 남해안 일대 취락의 구조는 3단계에 걸쳐 변화와 확산이 이루어짐을 확인할 수 있다. 취락 개별의 확장과 내륙으로 연결되는 취락구조의 확산은 경질무문토기 단계 문화 전파와 관련하여 작은 실마리를 제공할 여지가 높다.

I 단계에서 확인되는 환호취락은 방어취락과 거점이라는 개념에서 그 의미가 크다. 그러나 어떠한 이유에서 환호취락은 지속되지 못하지만[3] 주거지의 수량과 규모, 출토유물 등의 양상을 통해서 볼 때, 환호는 폐기되었지만 거점취락으로서의 면모를 지속적으로 유지하였으며, 규모가 확장되는 양상을 보여준다. 이러한 양상은 문화가 들어오는 단계의 사회적인 분위기와 융화라는 측면에서 접근해 볼 수 있을 것이다.

II단계에서 확인되는 고지 취락과 관련하여 방어적인 측면에서의 접근 즉, 취락과 사회의 불안정화라는 개념에서의 접근방법과 함께 생산활동과 관련하여 채집과 관련된 생산의 비율이 높았을 가능성도 있다. 이와 관련하여 고지 취락에서 확인되는 패총 등을 통하여 전반적으로 경작보다는 바다와 산지에서의 채집활동을 통한 생산비율이 높았을 가능성을 통하여 고지 취락의 입지 선택과 관련지을 수 있을 것이다. 또한 이 시기는 자연환경적인 요소인 기후의 한랭화 현상으로 인한 식량감소에 따른 채집활동의 비율이 증가되는 시기로 이해되고 있기도 하다.

III단계의 취락은 다양한 입지가 선택이 이루어지며 확산되는 양상이다. 경질무문토기 단계에서 타날문토기 단계로 이행되는 시점으로 볼 수 있다. 이는 새로운 문화의 도입으로 인한 생산활동의 발달과 함께 바다에 의존하던 식생활의 변화가 이루어졌을 가능성이 있다.[4] 또한 이러한 변화 과정은 정착과 안정이라는 개념으로 받아들일 수 있을 것이다. 그리고 권역별로 분류하였지만 이 시기에는 동일한 패턴으로 취락 구조가 거점지역을 중심으로

---

3) II단계 이후 생업활동에 있어 채집활동 비율이 증가되는 양상을 당시 기온과 환경의 변화라는 측면에서 접근하였을 때, 환호취락의 해체 원인에 대하여 이해할 수 있을 것으로 판단된다.

4) 그러나 일부 패총 등에서 확인되는 양상은 채집활동이 지속되었음을 알 수 있다.

시작하여 주변부로 확산되는 양상을 보이고 있다. 그렇지만 III단계에 들어서면서 권역별로 약간의 차이를 보이기 시작한다. 반면 이 단계까지도 거점취락으로 분류된 지역은 지속적으로 대규모 취락의 면모를 갖추고 있다는 것을 알 수 있다.

5. 맺음말

전남 남해안 일원의 경질무문토기단계 취락 구조의 변화와 관련하여 동향을 살펴보고자 하였다. 이 지역에서 확인되는 환호취락·패총·고지취락과 더불어 경질무문토기의 확산이라는 측면에서 각기 특징이 유입되어 확산되는 과정에 대하여 검토해보고자 하는 취지이며, 또한 이러한 측면은 기원후 한반도 남해안 일부 지역에서 중점적으로 확인되는 평면형태가 원형계 주거지의 원류에 대한 이해와 같은 맥락으로 판단되었다.

본고에서 시기구분은 경질무문토기단계를 3단계로 나누었다. 이는 경질무문토기단계 취락의 유입과 융화 그리고 새로운 문화로 변화되는 부분으로 설명할 수 있을 것이다. I단계는 순천 덕암동유적의 1차 환호에서 원형점토대토기가 출토되어 현재까지 단계의 시점으로 설정할 수 있을 것이다. II단계는 패총이 활발하게 형성되는 시기이며, III단계는 경질무문토기가 타날문토기와 공반되는 시기로 구분된다. 한편 III단계 이후 경질무문토기는 부분적으로 제작기법상의 특징이 일부 잔존하다가 사라지게 되는데, 지역적인 차이는 다소 인정된다.

이상과 같이 경질무문토기단계 취락의 유입과 확산은 해안선을 따라 연결되는 해상교통과 관련지어 설명할 수 있으며, 거점지역의 개발과 함께 주변부로 확산해 나가는 양상을 파악해 볼 수 있었다. 또한 자연 지리적 환경 요인에 의하여 취락의 경관이 변해가는 양상을 이해할 수 있었다. 다만 이러한 문화의 원류에 대하여는 조금 더 많은 이해가 있어야 할 것으로 판단된다. 또한 제지적인 속성의 연속성과 융화 등에 대한 검토가 필요할 것으로 보인다.

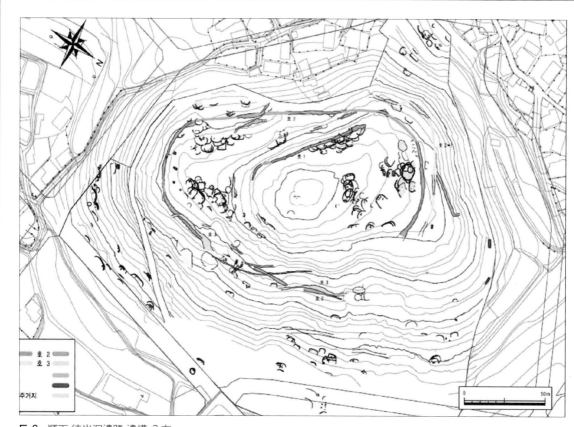

도 2 　順天 德岩洞遺蹟 遺構 分布

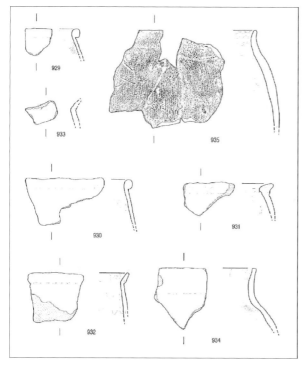

도 3 　順天 德岩洞遺蹟 1號 環濠 出土 遺物

● 도 2~3

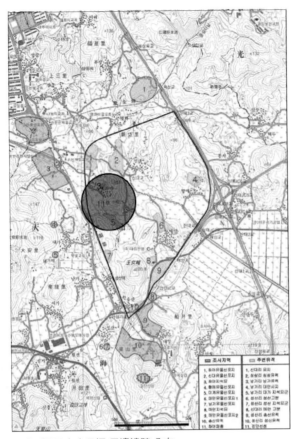

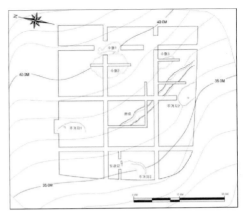

도 5 順天 左也貝塚 遺蹟 分布

도 4 順天 左也貝塚 周邊遺蹟 分布

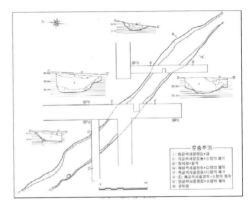

도 6 順天 左也貝塚 環濠

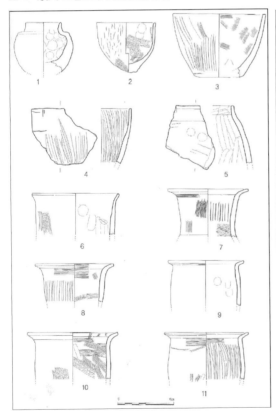

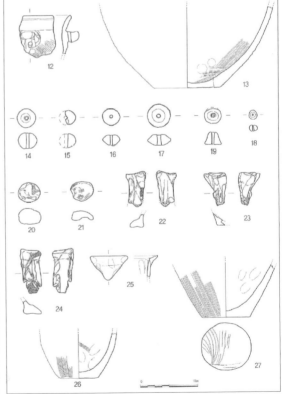

도 7 順天 左也貝塚 環濠 出土 遺物

도 4~7

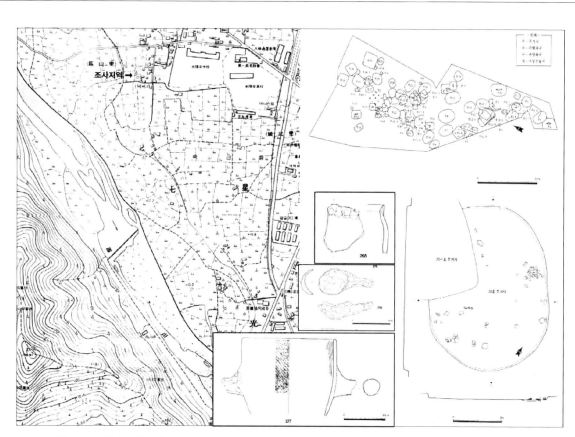

도 8 光陽 七星里遺蹟 遺構分布와 出土 遺物 樣相

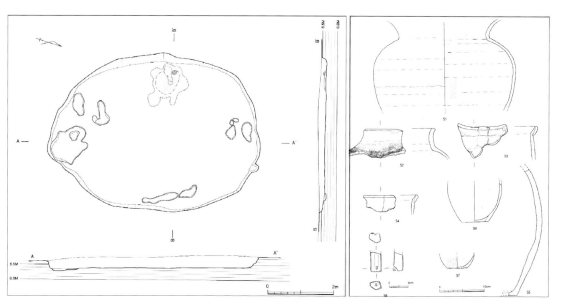

도 9 光陽 道月里遺蹟 6號 住居址

도 8~9

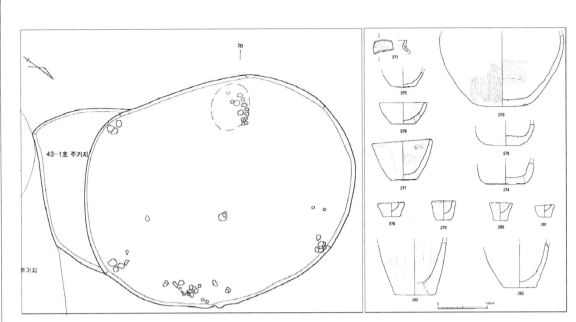

도 10 光陽 道月里遺蹟 43號 住居址

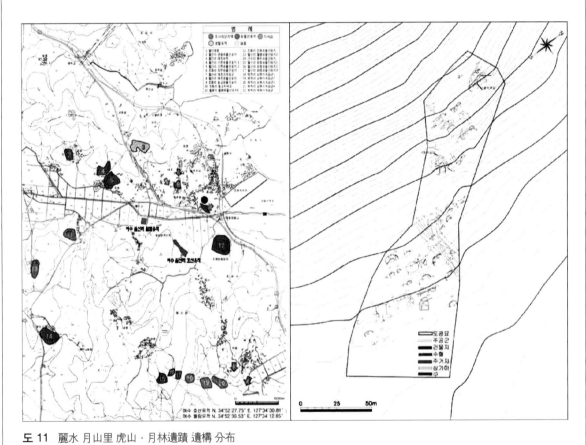

도 11 麗水 月山里 虎山·月林遺蹟 遺構 分布

도 10~11

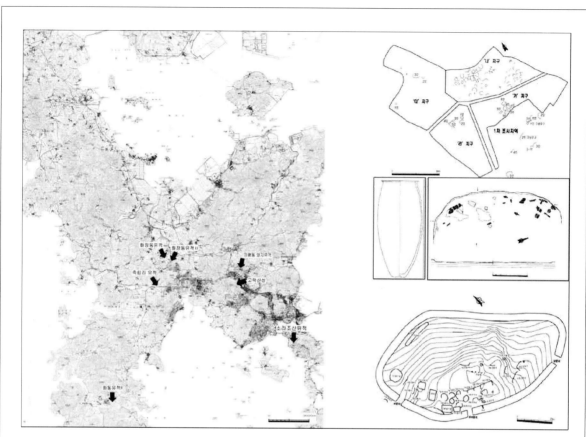

도 12 麗水 禾長洞 遺構 分布와 出土 遺物 樣相

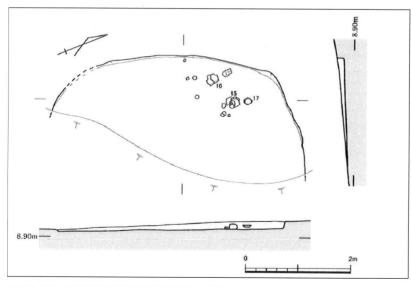

도 13 麗水 車洞遺蹟 20號 住居址와 出土 遺物

도 12~13

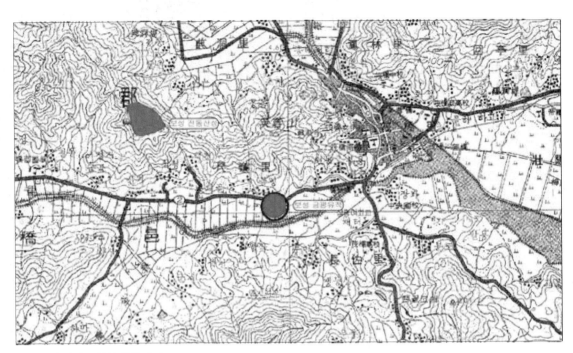

도 14　寶城 金坪遺蹟 遺蹟 分布

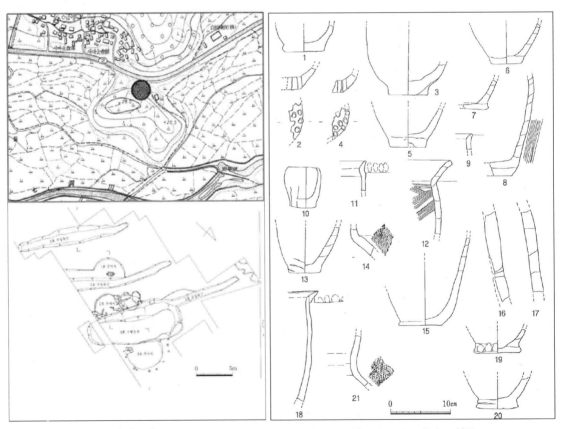

도 15　寶城 金坪遺蹟 遺構 分布　　　　　도 16　寶城 金坪遺蹟 住居址・溝 出土 遺物

도 14~16

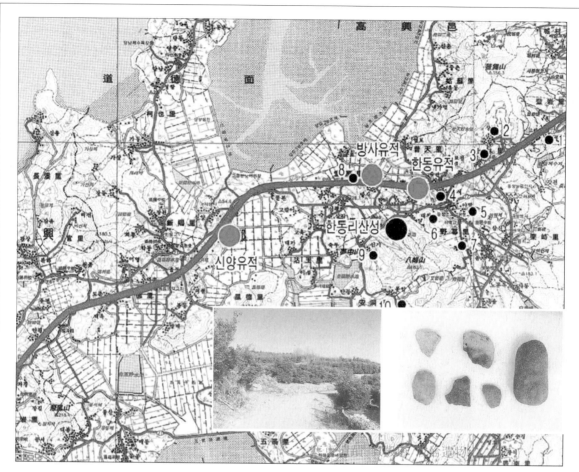

도 17 高興 寒東遺蹟 · 訪士遺蹟 · 新陽遺蹟 分布 樣相

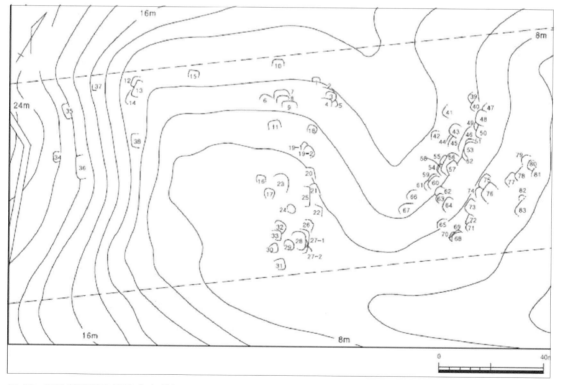

도 18 高興 新陽遺蹟 遺構 分布 樣相

도 17~18

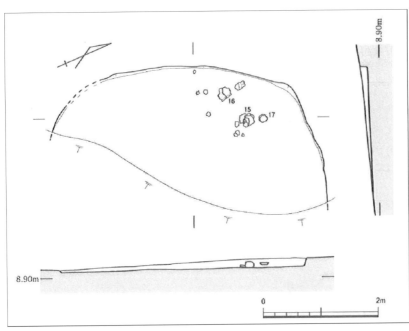
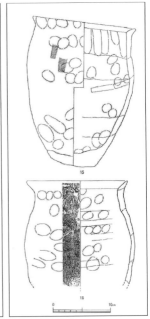

도 19　高興 新陽遺蹟 11號 住居址

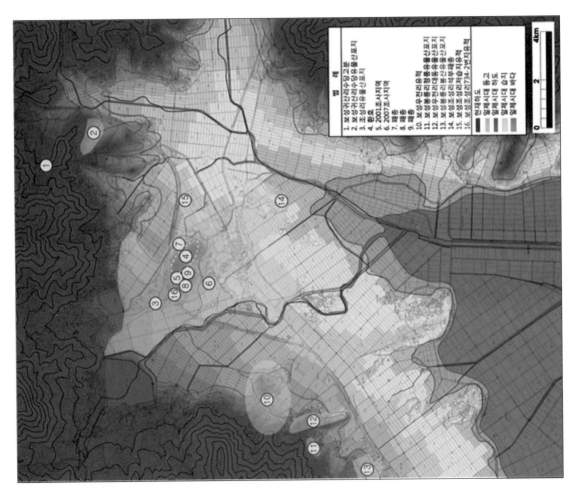

도 20　寶城 鳥城里遺蹟 周邊遺蹟 分布

도 19~20

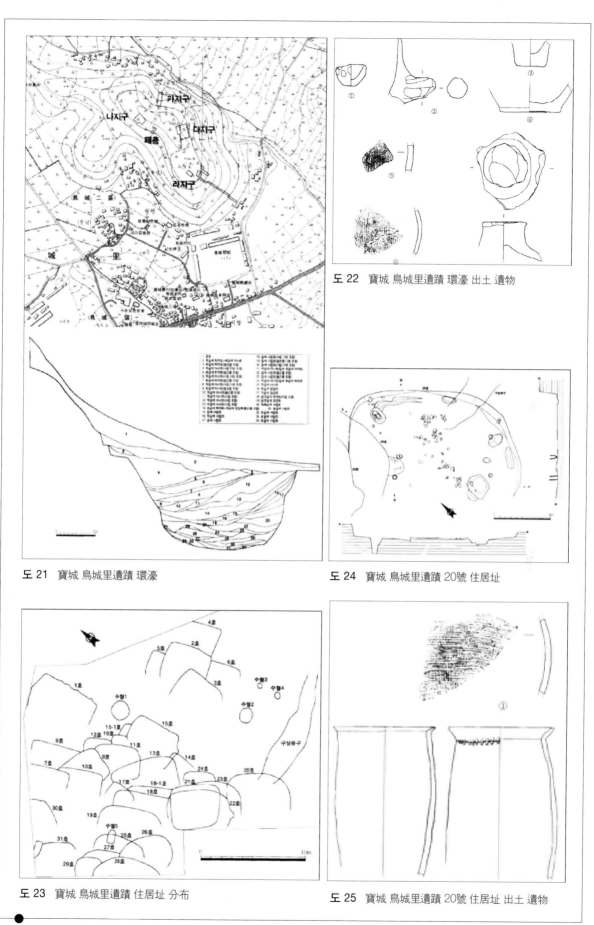

도 21　寶城 鳥城里遺蹟 環濠

도 22　寶城 鳥城里遺蹟 環濠 出土 遺物

도 23　寶城 鳥城里遺蹟 住居址 分布

도 24　寶城 鳥城里遺蹟 20號 住居址

도 25　寶城 鳥城里遺蹟 20號 住居址 出土 遺物

도 21~25

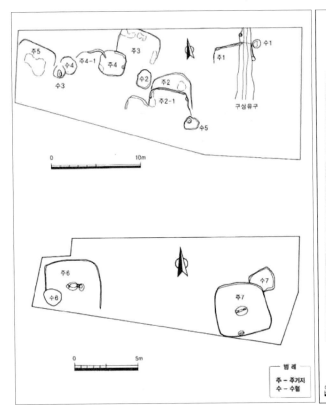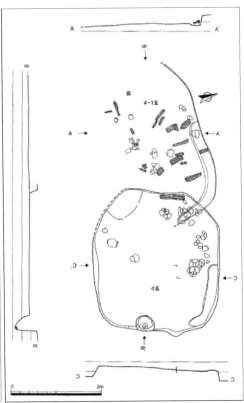

도 26　寶城 鳥城里 月坪遺蹟 遺構 分布와 4-1號 住居址

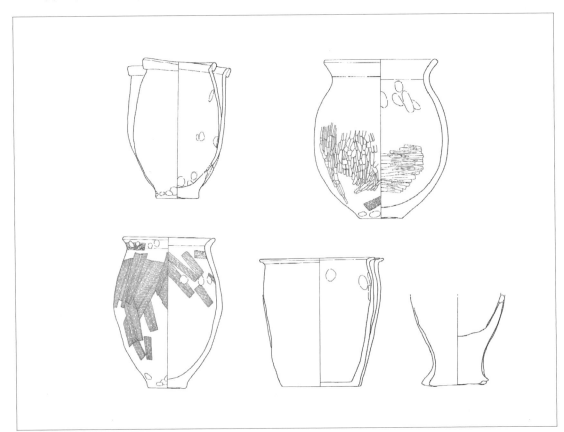

도 27　寶城 鳥城里 月坪遺蹟 4-1號 住居址 出土 遺物

도 26~27

●참고문헌●

최성락, 1987,『해남 군곡리패총』Ⅰ, 목포대학교박물관.

_____, 1988,『해남 군곡리패총』Ⅱ, 목포대학교박물관.

_____, 1989,『해남 군곡리패총』Ⅲ, 목포대학교박물관.

_____, 1993,『韓國 原三國文化의 硏究』, 學硏文化社.

최종규, 1996,「한국원시의 방어집락의 출현과 전망」,『한국고대사논총』8, 한국고대사회연구회.

국립문화재연구소, 1998,『문화유적분포지도 - 전남 순천시』.

임영진 외, 1998,『寶城 金坪遺蹟』, 全南大學校博物館.

崔仁善 외, 1999,『順天 蓮香洞 大石 遺蹟』, 順天大學校博物館.

서현주, 2000,「호남지역 원삼국시대 패총의 현황과 형성배경」,『호님고고학보』11, 호남고고학회.

崔仁善·李東熙, 2001,『順川 龍當洞 望北遺蹟』, 順天大學校博物館.

최성락·김건수, 2002,「철기시대 패총의 형성 배경」,『호남고고학보』15, 호남고고학회.

崔仁善 외, 2002a,『光陽 龍江里 遺蹟 -龍江里 택지개발지구-』Ⅰ, 順天大學校博物館.

_____, 2002b,『麗水 禾長洞遺蹟』Ⅱ, 順天大學校博物館.

_____, 2004,『麗水 鼓樂山城』Ⅱ, 順天大學校博物館.

曺根佑·朴美羅 2005,「보성 조성지구 문화마을 조성사업구역 내 문화유적 발굴조사보고서」, 남도문화재연구원.

朴泰洪, 2006,「全南 東部地域 住居址의 分布와 變化 樣相 -紀元後 住居址를 中心으로」,『硏究論文集』7, 호남문화재연구원.

湖南文化財硏究院, 2006,『高興 訪士遺蹟』, 益山地方國土管理廳.

_____, 2006,『高興 新陽遺蹟』, 益山地方國土管理廳.

_____, 2006,『高興 寒東遺蹟』, 益山地方國土管理廳.

박미라·이미란, 2007,『순천 성산리 대법유적』, 마한문화연구원.

이동희 외, 2007,『광양 칠성리유적』, 순천대학교박물관.

박미라, 2008,「全南 東部地域 1~5世紀 住居址의 變遷樣相」,『호남고고학보』30, 호남고고학회.

_____, 2009,『광양 석정유적』, 마한문화연구원.

전남문화재연구원, 2009,「광양만권 경제자유구역 신대배후단지 조성사업내 문화유적 시·발굴조사 회의자료」.

鄭一·宋蕙英, 2010,『光陽 道月里遺蹟』Ⅰ·Ⅱ, 全南文化財硏究院.

대한문화유산연구센터, 2010,「여수 월산리 호산·월림유적 지도위원회의자료」.

曺根佑·朴美羅·崔希眞·許宰源, 2010,『順天 德岩洞遺蹟』, 馬韓文化硏究院.

曺根佑·朴美羅·金京美·崔錫勳, 2011,『순천 상삼·남가유적』, 馬韓文化硏究院.

三國時代 南海岸地域 住居・聚落의 地域性과 變動

李東熙

1. 序言

한반도 남해안지역은 해안선으로 긴밀히 연결되어 있지만, 자연환경과 지정학적 측면에서 4개지역권으로 구분할 수 있다. 즉, 전남서부지역(榮山江流域圈), 전남동부지역, 경남서부지역, 경남동부지역(洛東江下流圈) 등의 구분이 그것이다. 다시 말하면, 넓은 평지를 가진 영산강유역권과 낙동강하류권, 비교적 높은 산지로 둘러싸여 있고 좁은 분지가 연접한 전남동부와 경남서부지역으로 대별되는 것이다. 경남동부지역의 경우, 경남서부지역에 비해 더 이른 시기에 신라에 통합되었고, 부산・김해를 통해 왜와 교류한 거점이다.

본고는 4~7세기대의 삼국시대에 있어 남해안지역 취락의 지역성과 특징을 살펴보고자 한다. 최근 활발한 발굴조사로 각 지역권별 취락의 양상과 특징을 어느 정도 파악할 수 있게 되었다. 먼저, 주거지 평면형태, 내부시설 등의 유구 특징과 출토유물에 근거해 단계와 지역권을 설정한다. 아울러 각 지역권・단계별 취락 입지와 관련 묘제의 변화, 취락유형, 주거지의 규모와 계층화, 수혈주거지의 소멸과 지상식 건물지로의 전환, 정치체 변동과의 관련성 등을 살펴보기로 한다.

2. 地域圈 및 段階 設定

같은 전남지역이지만, 서부권은 영산강유역권으로 넓은 평야지대가 발달되어 있고, 동부권은 높은 산지로 둘러싸여있거나 좁은 분지로 이루어져 있는 蟾津江 수계이다. 전남지역은 6세기대에 백제의 직접지배하에 들어가면서 백제계 판석재 구들이 시설된 주거지가 백제산성을 중심으로 확인되고 있다.

한편, 경남서부지역은 전남동부지역과 유사하게 좁은 분지가 발달되어 있다. 경남동부지역은 평야지대인 洛東江 하류지역과 그 동쪽 일대로, 비교적 이른 시기(5세기대)부터 신라에 편입되기 시작한다.

경남지역은 전남지역에 비해 주거지의 조사와 연구성과가 빈약하므로, 전남지역과 같은 3단계의 구분이 어렵다. 즉, 늦은 단계의 주거지가 상대적으로 희소한데 조사의 미진함도 있겠지만 신라의 영향으로 주거의 지상화가 조금 더 빨랐다고 볼 수 있다.

1) 전남서부지역(金承玉 2000, 鄭一 2006, 李恩政 2007, 李暎澈 2011)

단계	I기	II기	III기
편년	4세기~5세기전엽	5세기중엽~6세기전엽	6세기중엽~7세기
입지	구릉(사면), 평지(충적대지) 구릉 사면부의 비율이 높음	구릉(사면), 평지(충적대지) 평지 비율이 높음	평지
평면형태	방형(사주식)	사주식방형 점차 감소 무주식 증가 장방형 점차 증가	방형 혹은 장방형
내부시설	노지, 벽구	노지 벽구의 비율 낮음	구들
노시설	부뚜막(점토-,석재 지주)	부뚜막, 구들	구들(판석재)
출토유물	연질계타날문토기가 주류 회청색경질토기 점차 증가 늦은 단계부터 개배, 고배 등 새로운 기종 등장	유공광구소호, 아궁이틀, 분주토기, 삼족토기 등 새 기종 출현	발형토기, 호형토기, 개배
관련 묘제	옹관고분	옹관고분, 영산강식석실분,전방후원분	백제식 석실분
비고	취락은 영산강하류역에 집중	취락은 영산강상류역에 집중 마한전통이 남았지만 백제화되는 과도기	주거지 희소 地上式으로 변화

2) 전남동부지역(李東熙 2006, 朴美羅 2007, 權五榮 2008, 韓銑善 2010)

단계	I기	II기	III기
편년	4세기	5세기~6세기전엽	6세기중엽~7세기
입지	구릉 정상부·사면, 충적대지	구릉사면, 충적대지	야산정상부(산성) 평지
평면형태	원형계 주류 사주식 방형 유입(4세기후반)	방형계 비율 증가 원형계 잔존	백제계 (장)방형
내부시설	노지, 벽구, 벽주공	노지, 벽구, 벽주공	구들, 초석, 벽주공
노시설	부뚜막, 구들	부뚜막, 구들 부뚜막이 다수	구들(판석재)
출토유물	경질무문토기 잔존 연질계타날문토기가 주류 회청색경질토기 점차 증가 4세기후엽~5세기전엽 아라가야·금관가야 유물 유입	회청색경질토기 대규모 취락에 소가야계· 대가야계·왜계유물 출토	백제토기, 기와
관련 묘제	목관묘, 목곽묘	목곽묘, 수혈식석곽묘, 석실분	수혈식 석곽묘, 백제계 횡구식석실분

3) 경남서부지역(兪炳琭 2008·2009, 孔捧石 2008·2009, 李盛周 2009, 金羅英 2009)

단계	I기	II기
편년	4세기	5~6세기
입지	구릉사면, 충적대지	구릉사면, 충적대지
평면형태	타원형계	(장)방형계
내부시설	노지, 벽구, 벽주공	노지, 벽구, 주공
노시설	부뚜막, 구들	부뚜막, 구들
출토유물	경질무문토기 잔존 연질계 타날문토기 아라가야계 토기 유입	연질계 타날문토기 회청색경질토기 소가야계토기
관련 묘제	목곽묘	목곽묘, 수혈식석곽묘, 석실분

4) 경남동부지역 (兪炳琭 2008 · 2009, 李盛周 2009, 金羅英 2009, 金昌億 2009)

단계	I기	II기
편년	4세기	5~6세기
입지	구릉사면, 충적대지	구릉사면, 충적대지
평면형태	원형계와 방형계가 혼재 방형계로 정형화	(말각)방형계
내부시설	노지, 벽구, 벽주공	노지, 벽구, 벽주공
노시설	부뚜막, 구들	부뚜막, 구들
출토유물	연질계 타날문토기 도질토기 가야지역양식토기	연질계 타날문토기 가야지역양식토기 신라토기 증가
관련 묘제	목곽묘	목곽묘, 수혈식석곽묘, 석실분

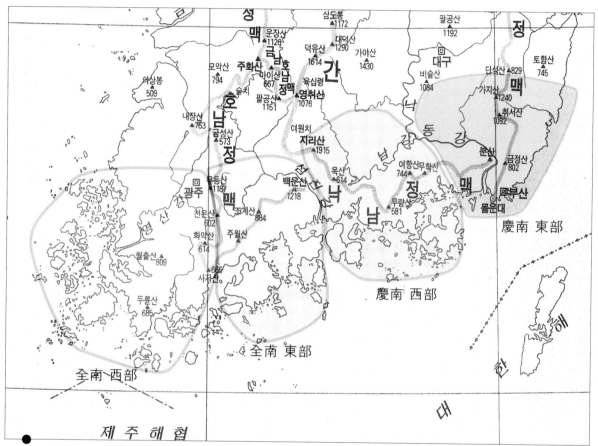

도 1 한반도 남해안의 지역권 구분

3. 住居 및 聚落의 變動과 特徵

남해안지역 삼국시대 주거와 취락의 변천은 토착세력의 자체 발전도 있지만 후기로 갈수록 외부문화의 영향을 많이 받고 있다. 예컨대, 6~7세기대 전남동부지역에서 백제의 영역확대와 더불어 주거문화도 백제화되고 있어 주거문화와 정치체와의 연동성을 엿볼 수 있다. 4개 지역권 취락의 공통점과 차이점을 살펴보면서 남해안지역의 삼국시대 주거와 취락 변천의 의의를 검토해 보면 다음과 같다.

1) 입지

삼국시대 취락의 입지는 초기에는 구릉정상부와 사면, 그리고 평지 등 여러 곳에 분포하다가 후기가 되면 하천변의 자연제방이나 선상지와 같은 넓은 지역에 주로 분포하는 형태로 변화한다. 이는 인구증가로 인한 공간부족과 사회환경 및 생업경제방식의 변화 등과 관련이 있을 것이다(金昌億 2009).

요컨대, 늦은 시기의 주거지가 충적지에 입지하는 이유는 논농사가 활발해지면서 이에 따른 생산경제의 변화에 따른 것으로 파악된다(李恩政 2007). 4세기 이후 평지부 농경의 발달로 인해 주거의 수와 규모가 커지면서 대형화되고 철기류의 출토예가 증가한다. 농경의 발전은 잉여생산물의 축적으로 이어져 경제적인 우위를 차지하는 유력자 내지 집단이 발생하게 된다. 개인간, 집단간의 차별화 내지 위계화를 의미한다. 영산강유역의 경우, 5세기대에는 입지가 평지로 이동하면서 초대형의 사주식 방형 주거지가 등장한다(鄭— 2006).

평지로의 입지 이동은 5세기 이후 점차 국가의 틀을 갖추고 정치적으로 중앙의 영향력이 커지면서 저습지의 개발이나 보의 설치 등과 같은 국가의 경제력을 뒷받침하는 요소로서 대단위 농경으로의 변화와 무관하지 않을 것이다(兪炳珠 2009).

2) 주거지 평면형태

각 지역권별로 주거지 평면형태가 상이한데, 주거지 평면형태는 시기와 지역성을 가장 잘 나타내 주는 속성이다.

전남서부지역은 3~5세기에 지속적으로 사주식 방형주거지가 확인되는데, 서해안의 마한 주류문화권과 연결된다.

이에 비해 전남동부지역과 경남서부지역은 4세기대까지 타원형계가 주류를 이루다가 5세기 이후에는 방형계로 전환되는 공통성이 간취된다. 이러한 타원형 수혈주거지의 분포범위를 가야영역권과 연결시키기도 한다(孔捧石 2008). 3~4세기대까지 전남동부지역과 경남서부지역의 주거와 묘제, 토기 문화에 있어서도 부분적으로 유사하기에(李東熙 2010), 양 지역은 이른 시기부터 일정한 동질성을 유지하고 있었다고 판단된다. 5세기대 이후의 차이점이라면, 전남동부지역에는 마한의 대표적인 주거양식인 사주식 방형주거지가 유입되는데 비해, 경남서부지역에서는 사주식 방형주거지가 보이지 않고 다른 양상을 보여준다. 즉, 경남서부권의 5세기대 방형주거지 출토 유물상을 보면 경남동부권의 영향이 보인다는 점에서 방형계의 주거형식도 같이 수용되었을 것으로 판단한다.

요컨대, 원형계 주거에서 방형계 주거로의 변화는 건축학적으로 실용성을 추구함과 동시에 주변 선진문화 파급의 결과로 볼 수 있다.

한편, 경남동부지역은 4세기대에 원형계는 소수이고, 방형계가 주류를 점하고 있다. 5~6세기대에는 신라와도 연계되는 말각방형계 주거지가 다수를 차지하게 된다.

3) 주거지 내부시설

주거지의 내부시설에는 노지, 벽구, 벽주공 등이 있는데, 입지와 지역권별로 차이가 보인다.

먼저 노지를 살펴하면, 경남서부지역에 있어서 구들(점토구들)은 평지에 입지한 유적에서 다수 확인되는 경향을 띠며 구릉에 입지한 유적은 구들이 확인되지 않거나 확인되더라도 낮은 비율로 나타난다. 부뚜막은 입지와는 무관하게 설치되나 구릉에 입지한 주거지는 구들보다는 부뚜막이 많이 사용된다. 이는 부뚜막의 설치나 배연문제가 구릉에 입지하는 주거지에 유리하였을 가능성을 유추해 볼 수 있다(孔捧石 2009). 그리고 삼국시대 점토 구들 중에 고래가 타원형 주거지의 한쪽 1/3~1/4 정도만 돌아가는 형식은 경남서부지역을 중심으로 인접한 낙동강수계, 전남동부지역, 대전지역까지 확인되는 특징을 보이고 있다. 이러한 유형의 점토구들은 타원형주거지에서만 보인다(공봉석 2008). 영남동부권에서는 부뚜막이 점토구들보다 훨씬 높은 빈도로 공존하고 있어, 점토구들이 주거의 벽면을 따라 설치된 타원형 수혈주거지가 패턴화된 서부경남지역의 양상과는 뚜렷하게 구분된다. 그리고 전남서부권에서는 마한계의 (점토)부뚜막이 다수를 차지한다(李盛周 2009).

판석재 구들은 호남지역에서 대개 6세기대에 나타나기 시작하는 것으로 백제계 주거지의 대표적인 특징 중 하나이다(金承玉 2004). 판석재 구들은 백제산성이 많이 조사된 전남동부지역에서 주로 확인된다. 예컨대, 順天 劍丹山城·麗水 鼓樂山城·光陽 馬老山城·光陽 七星里遺蹟 등지에서 조사된 바 있다. 전남서부지역에서 판석재 구들이 확인된 유적은 長興 枝川里 나-18호와 20호 주거지이다.

한편, 벽구는 평지보다는 구릉에 입지하는 주거지에서 주로 확인되고 있어 입지와 밀접한 관련성을 보인다. 이는 구릉지에서의 배수처리와 상관관계가 있을 것이다.

벽주공은 전남동부권과 경남서부권에서 주로 확인되고 있다. 전남동부지역에서는 谷城 梧枝里와 順天 德巖洞이 대표적인데 모두 타원형계로 벽구와 함께 확인된다. 개축된 주거지를 통해 볼 때 평면 타원형계에서는 벽주공이 확인되나 방형계로 변화되면서 벽주공이 사라지고 있어 타원형계의 구조와 밀접한 관련이 있다. 그리고 벽주공이 설치된 주거지 내부에서는 대부분 내부 주공이 없다는 공통점이 있어 지붕구조와 관련지어 볼 수 있다(曺根佑 2010). 이에 비해, 영남동부지역의 주거지는 방형의 평면형에 벽주식 주공배치를 한 형태가 확인된다(이성주 2009).

이와 같이 경남서부와 전남동부지역에서는 벽주공이 대형의 타원형계주거지의 견고성을 유지하는 역할을 하는데 비해, 전남서부지역에서는 대형의 사주식 방형주거지가 축조되어 비교가 된다.

4) 주거지의 규모와 계층화

4세기 이후 주거지 규모의 대형화와 고총 출현, 계층화의 진전, 고대국가의 성립은 상호 밀접한 관련성을 가진다. 전남지역에 있어서 주거지의 규모와 계층화에 대해서 살펴본다.

4~5세기대 전남동부지역 주거지의 면적은 대부분 40m² 미만의 주거지이며, 20m² 이하의 소형주거지가 다수를 차지한다(朴美羅 2007). 이에 비해 전남서부지역은 규모가 다양하며 대형주거지도 일정 비율을 차지한다. 예컨대, 和順 龍江里 遺蹟의 경우 소형, 중형, 대형 등 다양한 면적의 주거지가 확인되는데 100m² 이상의 대형 주거지도 4기가 존재한다(東北亞支石墓研究所 2009). 100m²가 넘는 대형 주거지는 아직까지 전남동부지역에서 확인된 바가 없다(曺根佑 2010).

이러한 주거지 규모의 차이는 고총의 출현과도 밀접한 관련성이 있을 것으로 본다. 즉, 전남동부권에는 5세기 말경 가야계 고총이 출현하기 전에는 토착의 고총의 존재가 거의 확인되지 않고 있다. 이에 비해 서부권은 이 무렵 대형의 고총이 축조되고 있다. 이러한 고총과 대형의 주거지의 존재 여부는 농업생산력의 차이와 밀접한 관련성이 있을 것으로 보인다.

羅州 伏岩里 古墳群에 인접한 羅州 郎洞 취락은 유물상에서 복암리 고분군과 연결되며 대형의 주거지라는 점에서 고분군과 직결된 유적으로 파악되고 있다(崔盛洛 外 2006). 7·15호 주거지는 85m² 이상의 대형 주거지이며, 중심연대는 4세기 중엽~5세기대이다.

5) 중심취락, 일반취락, 특수취락

삼국시대 취락은 규모와 기능에 따라 중심취락, 일반취락, 특수취락 등으로 구분해 볼 수 있다. 중심취락의 특징은 평지에 입지하면서 교통요지이고, 주변 고분군과 연계성을 가진다. 아울러 중심취락은 다양한 유구와 지상건물지가 확인되는데 비해, 일반취락은 주로 수혈주거 중심이다. 구릉에 입지한 취락유적은 지상건물지가 희소하다. 5세기 이후 사회가 점차 복합화하면서 중심취락과 특수기능취락이 증가한다(兪炳琭 2009).

(1) 중심취락

중심취락의 몇 예를 살펴보기로 한다.

羅州 郎洞遺蹟(전남서부지역)의 경우, 일부만 조사되었지만 사면부와 평지부에서 22기의 주거지와 지상건물지 1기가 확인되었다. 주거지의 면적은 후대로 갈수록 커지고 평지부에서 대형화되고 있다. 85㎡ 이상의 초대형 주거지가 2기이다. 4~5세기대로 편년되며, 출토유물 등으로 보면 복암리고분군의 피장자와 밀접한 관련성을 보이고 있다. 주거지의 대형화는 고총의 출현 및 계층화의 진전과 밀접한 관련성이 있다.

전남동부권의 대표적인 중심취락은 光陽邑의 道月里遺蹟이다. 철도공사구간만 조사되었음에도 대규모 주거군(76기), 수장급 고분군, 주조공방 등이 확인되었다. 광양읍내에서 청동기-원삼국시대에는 구릉지대인 龍江里에서 주로 취락이 확인되었지만, 4세기 이후에는 해안에 인접한 道月里와 七星里에 주지지가 밀집하고 있다. 특히, 4~6세기대의 아라가야·소가야·대가야·신라와 관련한 유물이 나오고 있어 교류의 거점으로 볼 수 있다. 도월리 주거군에 인접하여 소가야계의 대형 분구묘가 자리하고 있어 주목된다. 따라서 도월리취락은 대외교류의 거점으로서 소가야세력과 연계된 지역수장층이 거주한 핵심취락으로 추정된다.

전남동부지역에서 5세기 이후 가야 및 왜계 유물이 활발히 반입된 취락은 대규모 중심취락으로 볼 수 있다. 예컨대, 광양 용강리(활석제 모자곡옥), 광양 칠성리(스에끼·소가야토기), 高興 寒東(스에끼), 高興 訪士(활석제 모자곡옥), 順天 大谷里 한실(스에끼 개배)유적 등이다(權五榮 2008).

삼국시대 취락유형은 주거, 성곽, 분묘, 생산유적 등 4개의 요소 중 최소한 3개 이상의 요소가 서로 유기적 관계를 가지면서 분포한다. 주거·생산·분묘 유적 등은 주거역을 중심으로 600m 이내에 대부분이 위치하며, 성곽의 경우는 2km 정도 떨어진 경우도 있다. 경남 昌原 盤溪洞遺蹟에서는 6세기代의 취락지, 고분군, 농경지와 폐기장, 기타 취락 부속시설 등이 일정 공간내에 배치되어 있다(金昌億 2000).

전남동부권에서는 順天 劍丹山城 周邊에서 삼국시대 취락의 一面을 볼 수 있다. 順天 劍丹山城과 星山里 일대는 백제의 전남동부권 영역화 무렵의 중심취락이다. 이 일대에서는 6~7세기대의 백제산성 뿐만 아니라 대규모 주거군집(22基), 창고군(14基), 고분군이 세트를 이루고 있다. 창고군은 백제의 수취제도와 관련될 것이다. 주변 취락으로부터 공납되는 농산물, 수공업품 등 물자를 보관하고 산성에 거주하는 군사들의 용품 창고로 활용되었을 것이다. 이 일대의 백제 산성 분포로 보면 그 관할 범위는 1개 읍락에 준하기에 그곳을 관할하는 중심지이자 지배거점으로 볼 수 있다. 성산리 일대에는 3~5세기代의 주거지도 100여 기 확인됨으로써 누세대적인 지역거점이었으며 그러한 중심취락 부근에 백제산성이 축조되었음을 알 수 있다.

(2) 일반취락

일반취락(하위취락)은 주거군의 밀집도가 낮고 별다른 분업체계를 확인할 수 없는 경우이다. 일반취락은 주로 농업생산활동에 주력한 집단으로, 長城 野隱里·和順 龍江里遺蹟처럼 분묘가 군집을 이루지 못하고 단수로 조영되거나 소규모의 단독묘(옹관, 목관묘)이다(李暎澈 2011).

(3) 특수취락

특수기능취락은 중심취락을 위해 의도적으로 설치된 목적취락으로서 교통, 생산, 제의취락 등으로 구분된다. 金海 餘來里遺蹟은 대표적인 특수취락으로 철기생산과 관련된다. 중심연대는 5세기 중엽에서 6세기대로 고령계·신라계 유물이 혼재한다(兪炳琭 2009).

그 외에, 교통과 관련한 해안지역의 특수취락을 언급할 수 있다. 영남내륙지역의 삼국시대 취락은 수혈주거지가 다수를 차지하고 지상식 건물지나 고상식 건물지는 상대적으로 적은 편이나 金海 官洞里, 鳳凰臺, 退來里遺蹟, 釜山 古村遺蹟처럼 해안이나 낙동강하류역에 위치하는 취락에서는 수혈식 건물지는 거의 확인되지 않고 지상식 건물지나 고상식 건물지가 집중 조성된 경우가 있는데 이 취락들은 일반취락과는 달리 선박의 접안시설이나 선착장과 관련된 유구들로 추정된다(金昌億 2009). 김해와 부산 등지는 지정학적 입지상 일본과의 대외교류와 교역이 활발한 지역으로 그 특수성이 인정된다.

6) 수혈주거지의 소멸과 지상식 건물지로의 전환

전남서부지역의 사주식 주거지는 6세기 이후가 되면 거의 확인되지 않고 있는데 백제계 온돌을 갖춘 주거지와 지상식으로 변화하는 것으로 보인다. 長興 枝川里 나-18호 · 20호는 동쪽에 독립되어 있고 내부에 백제계 온돌시설이 확인된다. 주거군의 중앙에는 지상식 건물지(장방형)가 있는데 내부에 온돌시설이 확인되고 있어 6세기 초엽에 사주식 방형주거지가 소멸된 것으로 보인다(鄭— 2006). 이에 비해, 전남동부지역에는 順天 星山里遺蹟에서 대가야와 백제유물이 동반되는 6세기 전반대까지 사주식 수혈주거지가 확인되고 있다. 이러한 측면에서 보면, 전남동부권의 수혈주거지 전통이 좀 더 오랫동안 지속되었음을 알 수 있다.

전님서부지역에시 6~7세기대 백제주기지기 회소한 것은 전남동부지역같은 백제산성이 존재하지 않는 것과 관련성이 있을 것이다. 전술한 바와 같이, 전남동부권에서는 판석재 온돌이 있는 백제계 주거지가 順天 檢丹山城 · 麗水 鼓樂山城 · 光陽 馬老山城 · 光陽 七星里遺蹟 등지에서 조사된 바 있다.

한편, 경주를 비롯한 신라의 중심지역은 건물지의 지상화가 주변지역보다 조금 더 이른 것으로 파악되고 있다. 영남동부지역에서 주거의 형태적인 발전 중에 주목할 만한 것은 벽으로부터 분리되어 주거 내쪽으로 배치된 구들의 형태와 방형 벽주식 주거의 지상화 경향이다(李盛周 2009). 즉, 수혈주거의 지상화와 더불어 벽주의 설치가 더욱 견고해지고 벽체의 가구수법도 발달되어간다(金羅英 2009). 신라계통을 잇는 浦項 虎洞(3~5세기)와 機張 佳洞 遺蹟(4~6세기)의 주거지 평면형태가 말각방형이며, 반지상식이다. 가동유적의 반지상식 주거지는 판재나 목재를 사용하여 뼈대를 만들고 10~15cm 두께의 점토를 덧발라 소결시킨 후 단단한 소토로 만든 것이다(福泉博物館 2008). 이에 비해, 경북내륙지역의 6~7세기대 주거지는 무주식이 많다(金昌億 2009). 경남동부지역에서 6~7세기대에 지상화된 건물지의 예로는 金海 아랫德亭遺蹟을 들 수 있다. 6세기대에 이르면 부산지역을 포함한 경남동부권은 신라의 영향권 속에 편입된다.

4. 結言

한반도 남해안지역은 자연환경과 지정학적 측면에서 전남서부지역(영산강유역), 전남동부지역, 경남서부지역, 경남동부지역(낙동강하류권) 등의 4개지역권으로 구분할 수 있다.

각 지역권별로 주거지 평면형태가 상이한데, 주거지 평면형태는 시기와 지역성을 가장 잘 나타내 주는 속성이다. 전남서부지역은 3~5세기에 지속적으로 사주식 방형주거지가 확인되는데, 서해안의 마한 주류문화권과 연결된다. 이에 비해 전남동부지역과 경남서부지역은 4세기대까지 타원형계가 주류를 이루다가 5세기 이후에는 방형계로 전환되는 공통성이 간취된다. 3~4세기대까지 전남동부지역과 경남서부지역의 주거와 묘제, 토기 문화에 있어서도 부분적으로 유사하기에, 양지역은 이른 시기부터 일정한 동질성을 유지하고 있었다고 판단된다. 5세기대 이후의 차이점이라면, 전남동부지역에는 마한의 대표적인 주거양식인 사주식 방형주거지가 유입되는데 비해, 경남서부지역에서는 사주식 방형주거지가 보이지 않는다. 경남동부지역은 4세기대에 원형계는 소수이고, 방형계가 주류를 점하고 있다. 5~6세기대에는 신라와도 연계되는 말각방형계 주거지가 다수를 차지하게 된다.

노지나 주공에 있어서도 이와 유사한 지역성이 확인된다. 예컨대, 벽주공은 전남동부권과 경남서부권의 타원형계주거지에서 주로 확인되고 있다. 이에 비해, 경남동부지역의 주거지는 방형의 평면형에 벽주식 주공배치를 한 형태가 확인되고, 전남서부지역에서는 대형의 사주식 방형주거지가 축조된다.

4세기 이후 주거 규모의 대형화와 고총 출현, 계층화의 진전, 고대국가의 성립은 상호 밀접한 관련성을 가진다. 전남지역에 있어서 주거지의 규모와 계층화는 지역성이 보인다. 즉, 전남동부지역에 비해, 전남서부지역은 규모가 다양하며 대형주거지의 비율이 높다. 이러한 주거지 규모의 차이는 고총의 출현과도 밀접한 관련성이 있을 것으로 본다. 즉, 전남동부권에는 5세기 말경 가야계 고총이 출현하기 전에는 토착의 고총의 존재가 거의 확인되지 않고 있는데 비해, 전남서부권은 이 무렵 대형의 고총이 축조되고 있다. 이러한 고총과 대형의 주거지의 존재 여부는 농업생산력의 차이와 밀접한 관련성이 있을 것으로 보인다.

삼국시대 취락은 규모와 기능에 따라 중심취락, 일반취락, 특수취락 등으로 구분해 볼 수 있다. 중심취락의 특징은 평지에 입지하면서 교통요지이고, 주변 고분군과 연계성을 가진다. 아울러 중심취락은 다양한 유구와 지상건물지가 확인되는데 비해, 일반취락은 주로 수혈주거지 중심이다. 구릉에 입지한 취락유적은 지상건물지가 희소하다. 전남동부지역의 경우, 5세기 이후 외래계(가야 및 왜계) 유물이 활발히 반입된 취락을 중심취락으로 볼 수 있다.

삼국시대 취락유형은 주거, 성곽, 분묘, 생산유적 등 4개의 요소 중 최소한 3개 이상의 요소가 서로 유기적 관계를 가지면서 분포한다. 6~7세기대의 전남동부지역 백제산성 분포로 보면, 그 관할 범위는 1개 읍락에 준하기에 그곳을 관할하는 중심지이자 지배거점이며, 3~5세기대의 중심취락과 연계되어 백제산성이 축조되었음을 알 수 있다.

6세기 이후에는 주거의 지상화가 두드러진다. 6세기대에 이르면 부산지역을 포함한 경남동부권은 신라의 영향권 속에 편입되는데, 경주를 비롯한 신라의 중심지역은 주거의 지상화가 주변지역보다 조금 더 이른 것으로 파악되고 있다. 이에 비해, 전남지역은 6세기대에 백제의 직접지배하에 들어가면서 백제계 판석재 구들이 시설된 주거지가 백제산성을 중심으로 확인되고 있다. 전남서부지역에서 6~7세기대의 전형적인 백제주거지가 희소한 것은 전남동부지역과 달리 서부지역에서 백제산성이 거의 확인되지 않는 것과 관련성이 있을 것이다.

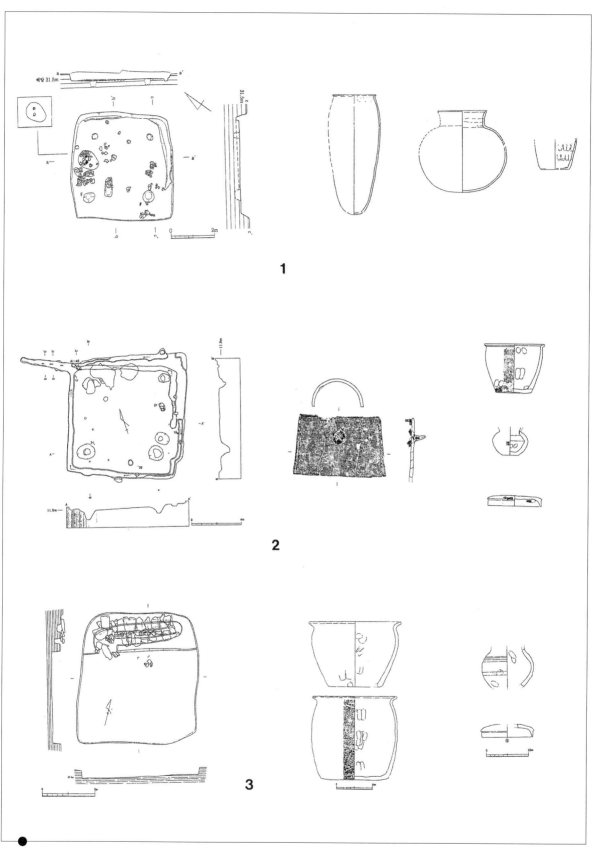

1

2

3

도 2   전남남부지역 주거형식과 출토 유물
　　　① 咸平 明洞 34號(Ⅰ期) ② 羅州 郞洞(Ⅱ期) ③ 長興 枝川里 '나' 地區 18號(Ⅲ期)

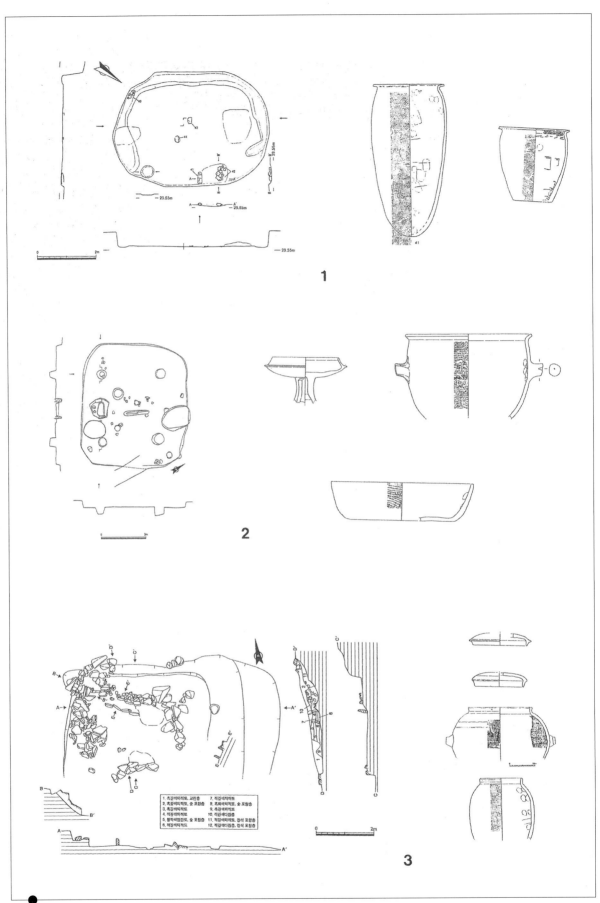

도 3 전남동부지역 단계별 주거형식과 출토 유물
　　①順川 星山里 12號(Ⅰ期) ②光陽 七星里 6號(Ⅱ期) ③麗水 鼓樂山城 10號(Ⅲ期)

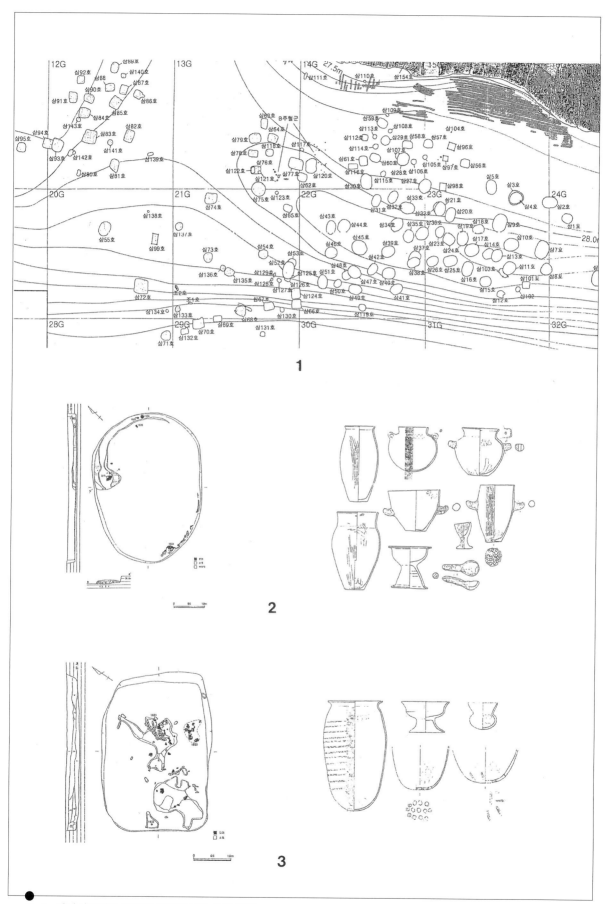

도 4 경남서부지역 단계별 주거형식과 출토 유물
① 晋州 平居洞 A地區 聚落 配置圖 ② 晋州 平居洞 A地區 18號(Ⅰ期) ③ 晋州 平居洞 A地區 58號(Ⅱ期)

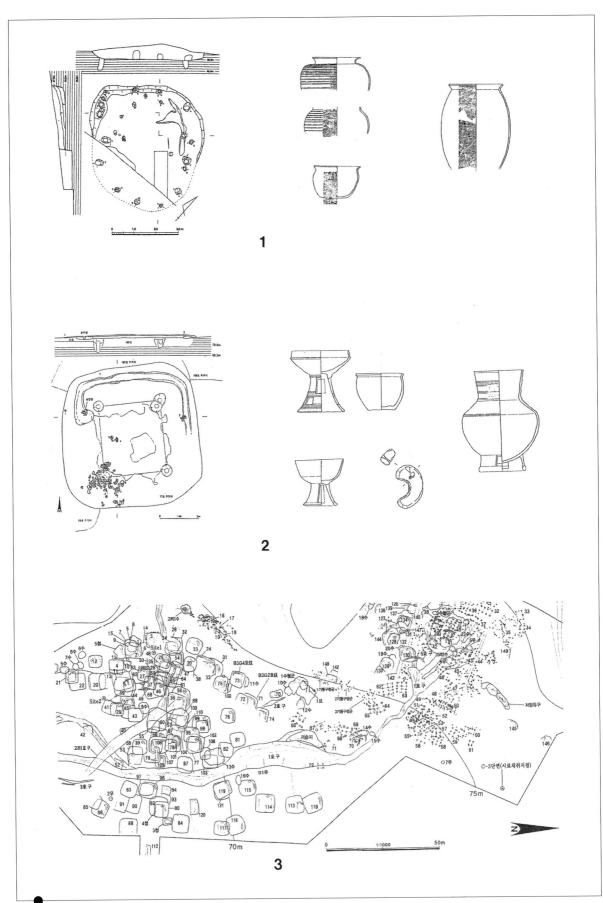

도 5 경남동부지역 단계별 주거형식과 출토 유물
① 金海 大淸 14號(I期) ② 機張 佳洞 77號(II期) ③ 機張 佳洞 聚落 配置圖

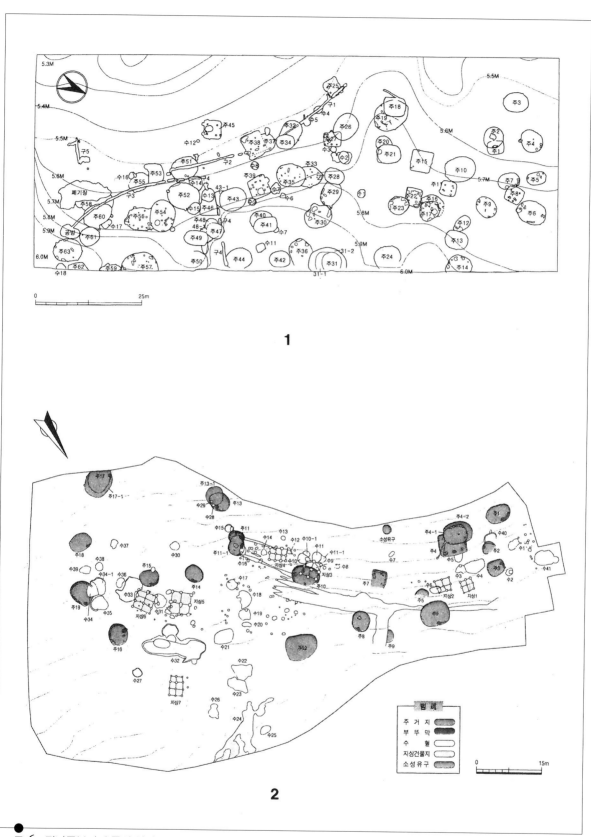

도 6 전남동부지역 중심 취락
① 光陽 道月里 聚落(4~5世紀) ② 順天 星山里 聚落(6~7世紀)

●참고문헌●

孔捧石, 2008, 「慶南西部地域 三國時代 竪穴 建物址의 구들 硏究」, 『韓國考古學報』 66.

_____, 2009, 「慶南西部地域 三國時代 住居와 聚落」, 『嶺南地方 原三國·三國時代 住居와 聚落』(第18回 嶺南考古學會 學術發表會).

權五榮, 2008, 「蟾津江流域의 三國時代 聚落과 住居址」, 『百濟와 蟾津江』, 서경문화사

金羅英, 2009, 「嶺南地方 原三國時代의 住居와 聚落」, 『嶺南地方 原三國·三國時代 住居와 聚落』(第18回 嶺南考古學會 學術發表會).

金承玉, 2000, 「湖南地域 馬韓 住居址의 編年」, 『湖南考古學報』 11.

_____, 2004, 「全北地域 1-7世紀 聚落의 分布와 性格」, 『韓國上古史學報』 44.

金昌億, 2000, 「三國時代 聚落의 空間配置 類型」, 『慶北大學校 考古人類學科 20周年 紀念論叢』, 慶北大學校 考古人類學科

_____, 2009, 「嶺南內陸地域 三國時代 住居와 聚落」, 『嶺南地方 原三國·三國時代 住居와 聚落』(第18回 嶺南考古學會 學術發表會).

東北亞支石墓硏究所, 2009, 「和順 雲住寺 觀光地造成에 따른 文化遺蹟發掘調査 略報告書」.

朴美羅, 2007, 『全南東部地域 1~5世紀 住居址의 變遷樣相』, 木浦大學校 碩士學位論文.

兪炳珠, 2008, 「最近 成果로 본 嶺南地域 4-5世紀 三國時代 聚落」, 『韓日 聚落의 硏究 -生産 遺蹟과 聚落遺蹟-』, 韓日聚落硏究會 第4回共同硏究會.

_____, 2009, 「三國時代 洛東江 下流域 및 南海岸 聚落의 特性」, 『嶺南地方 原三國·三國時代 住居와 聚落』(第18回 嶺南考古學會 學術發表會).

李東熙, 2006, 『全南東部地域 複合社會 形成過程의 考古學的 硏究』, 成均館大博士學位論文.

_____, 2010, 「全南東部地域 加耶文化의 起源과 變遷」, 『湖南東部地域의 加耶와 百濟』(第18回 湖南考古學會 學術大會).

李東熙 外, 2007, 『光陽 七星里 遺蹟』, 順天大博物館.

李盛周, 2009, 「原三國·三國時代 嶺南地域 住居와 聚落研究의 課題와 方法」, 『嶺南地方 原三國·三國時代 住居와 聚落』(第18回 嶺南考古學會 學術發表會).

李暎澈, 2011, 「榮山江 上流地域의 聚落變動과 百濟化 過程에 關한 試論的 檢討」, 『百濟와 榮山江』, 百濟學會.

李恩政, 2007, 「全南地域 3~6世紀 住居址 硏究」, 『湖南考古學報』 26.

鄭一, 2006, 「全南地域 四柱式 住居址의 構造的인 變遷 및 展開過程」, 『韓國上古史學報』 54.

曺根佑, 2010, 「4-6世紀의 全南 東部와 西部」, 『湖南東部地域의 加耶와 百濟』(第18回 湖南考古學會 學術大會).

崔盛洛 外, 2006, 『羅州 郎洞遺蹟』, 全南文化財研究院.

韓銃善, 2010, 『全南東部地域 1~4世紀 住居址 硏究』, 順天大學校 大學院 碩士學位論文.

西日本 吉備 南部에 있어서 彌生・古墳時代의 聚落과 社會

松木武彦(마츠키 다케히코)

들어가며

1) 목적

일본열도 서부(서일본)의 거의 중앙부[中國地方(츄고쿠지방) 中部]의 주요 지역을 차지하는 吉備(키비) 남부(岡山平野, 오카야마평야)의 취락 분포・입지 및 각 유적에 있어서 주거지 등 제 유구의 수량과 상호관계의 변화를 입증하고, 취락으로 본 彌生(야요이)・古墳時代(고분시대) 해당 지역의 장기적인 사회 변화의 과정을 복원하도록 한다.

2) 작업의 방법

• 대상 시기(彌生・古墳時代)를 11단계로, 공간을 7지역으로 나누고, 각각에서 주거지를 가진 취락유적을 추출하여 수혈주거지 및 기타 유구의 수량과 공간적 관계 등을 파악하고, 시기적 변화와 지역적 변이를 확인한다.

• 시기구분은 아래와 같음.

① 繩文 만기~彌生 전기 전엽(津島式)　　② 彌生 전기 중엽~후엽(門田式)

③ 彌生 중기 전엽~중엽(南方式・菰池式)　　④ 彌生 중기 후엽(前山II式・仁伍式)

⑤ 彌生 후기 전반(上東鬼川市 I ・III式)　　⑥ 彌生 후기 후반(上東鬼川市III式~才の町 I ・II式)

⑦ 古墳 전기 전엽(下田所式~龜川上層式)~중엽　　⑧ 古墳 전기 후엽~중기 중엽(~TK208)

⑨ 古墳 중기 후엽(TK23-47)　　⑩ 古墳 후기 전반(MT15)

⑪ 古墳 후기 후반~古代 초두(TK43-217)

• 공간구분은 아래와 같음(도 1).

A 吉井川(요시이가와) 하류역(現・瀨戶內市(세토우치시)・備前市(히젠시) 및 岡山市(오카야마시) 東區)

B 赤磐砂川(아카이와스나가와) 중류역(赤磐(아카이와), 現・赤磐市)

C 旭川(아사히가와) 하류역 동안(旭東, 現・岡山市東區)

D 旭川 하류역 서안(津島(츠시마)・三野(미노), 現・岡山市北區)

E 笹が瀨川(사사가세가와)・一宮砂川(이치노미야스나가와) 하류역(津高(츠다카)・一宮, 現・岡山市 北區)

F 足守川(아시모리가와) 하류역(現・岡山市北區 및 倉敷市(쿠라시키시))

G 高梁川(타카하시가와) 하류역 동안(現・總社市(소자시))

3) 작업의 방침

上記 결과의 분석과 해석은 본서에서 武末이 제시한 「遺蹟構造」(취락의 규모와 제 유구의 공간적 관계), 「地域構造」(지역 내에서 취락간의 관계), 「世界構造」(吉備 남부에서 지역간의 관계)의 3개 레벨에서의 사회와 그 변화의 복원을 목표로 한다. 변화의 복원에는 각 시기의 유적구조와 지역구조가 앞 시기의 그것과 어느 정도의 연속성을 지니고 있는가 하는 점에 대해서도 주의하였다.

1. 作業結果의 제시 -吉備 南部에 있어서 聚落의 變遷-

1) 繩文 晩期~彌生 前期 前葉 (추정 지속 년수 : 기원전 12~8세기의 약 500년간)

(1) 각 지역 유적의 전개(수혈주거자는 이중선, 굴립주건물은 점선으로 표시 : 이하 동일)

　　B 【南方前池】 저장혈(繩文晩期)

　　C 【百間川澤田】 토갱(繩文晩期), 【百間川原尾島】 토갱(繩文晩期)

　　D 【津島岡大】 저장혈 · 火處(이상 繩文晩期) · 舟形토갱5 · 토갱5(이상 前期前葉), 【津島】 토갱1(繩文晩期)

　　E 【田益田中】 토갱1(繩文晩期)

　　F 【吉野口】 수혈주거3(繩文晩期前半)

　　G 【南溝手】 토갱33 · 火處(以上繩文晩期) · 토갱1(前期前葉),

　　　　【窪木】 토갱8 · 火處4(以 上 繩文晩期) · 수혈주거3 · 토갱1(이상 前期前葉)

(2) 분석

　　① 유적구조 : 繩文 만기는 토광과 저장수혈 등의 유구와 비교해 수혈주거지의 수가 적다. 彌生 전기 전엽은 유구의 전체 수도 감소하며 확실한 수혈주거지의 예는 적다. 지속 년수를 생각하더라도, 특히 전기 전엽에는 적은 수의 사람에 의한 정착도가 낮은 산만한 거주형태(도 2)가 추측된다. 또한 이 단계 이전으로 소급되는 것으로 확인된 수전의 예는 없다.

　　② 지역구조 : 각 지역은 少人數의 집단에 의한 비교적 유동성이 높은 생활영역으로, 안정되고 중핵성을 지닌 거점적인 취락은 미확립되었다고 생각된다.

　　③ 세계구조 : 上記와 같은 지역구조와 그것을 형성하는 인구에 있어 큰 차이는 없으며, 등질적인 각 지역이 병립하는 상황을 추측할 수 있다.

　　④ 연속성 : G의 南溝手 이외는 다음 단계로의 발전적 연속성을 찾기 어렵다.

2) 彌生 前期中葉~後葉 (추정 지속 년수 : 기원전 4세기 중반~7세기의 약 350년간)

(1) 각 지역 유적의 전개

　　A 【門田】 패총(후엽), 【円張東】 패총(중엽~후엽), 【下笠加】 토갱(후엽), 【堂免】 원형주구묘

　　C 【百間川澤田】 수혈주거7 · 토갱묘 · 토기관묘 · 환호 · 수전(이상 중엽),

　　　　【百間川原尾島】 수혈주거1 · 우물1 · 토갱14 · 주형토갱3(이상 중엽) · 수혈주거4 · 우물3 · 토갱42 · 수전(이상 후엽), 【雄町】 토기관묘(중엽), 【百間川今谷】 수전

　　D 【津島】 수혈주거1 · 굴립주건물1(이상 중엽?) · 토갱1(후엽), 【南方】 토갱 · 토갱묘(이상 후엽),

　　　　【北方下沼 · 北方橫田】 수전(중엽)

　　E 【田益田中】 수혈주거1(중엽 또는 후엽) · 토갱 6 (이상 중엽) · 토갱5(후엽)

　　F 【津寺】 토갱1(후엽), 【高松田中】 주형토갱(후엽), 【加茂政所】 토갱1(후엽)

G【南溝手】수혈주거2 · 굴립주건물1 · 토갱6 · 토기관묘1 · 수전(이상 중엽) · 토갱13(후엽),

【窪木】토갱7(중엽) · 토갱1(후엽)

(총계 : 수혈주거12 · 굴립주건물2, 30년당 환산 1.08 · 0.18)

(2) 분석

① 유적구조 : 「거주역(수혈주거지+굴립주건물+토광+묘)+수전역」이 되는 유적구조가 C · D · E의 3지역에 출현, C의 百間川澤田에서는 환호가 더해진다. 다만 거주역에서는 주거지와 묘(토갱묘 · 토기관묘)가 혼재한다. 百間川澤田環濠內에서도 주거지와 묘가 혼재하고, 또한 환호 외부에도 주거지와 묘가 있는 점에서 환호에 유적의 기능 공간을 분할하는 역할은 없었다고 생각된다(도 3).

② 지역구조 : 상기와 같은 유적 구조를 지닌 취락(C에서는 百間川澤田(중엽)→百間川原尾島(후엽), D에서는 津島, G에서는 南溝手 등)을 핵으로 지역의 거점형성이 진행되고, 주변부에 소규모적인 거주지나 비항구적인 거류지가 산재하는 것과 같은 지역구조를 상정할 수 있다.

③ 세계구조 : 상기의 지역구조를 확인할 수 있는 것은 C · D · E로, 유구의 확산과 유물량으로 보아 A · F에도 비슷한 지역구조가 형성되었을 가능성이 있지만, B는 일정의 발굴 데이터가 갖추어져 있음에도 불구하고 상기의 구조는 불명확하다. B는 내륙의 배후지로 지반은 자갈층이 발달하여 수전 조성이 용이하지 않았기 때문에 개발이 늦어졌다고 추정된다.

그렇다고 한다면, 이 시기는 하천 하류 델타상의 지역과 내륙 배후지의 사이 개발진전도와 인구집중도에 차이가 생기기 시작하였다고도 생각할 수 있다. 또한 전자의 지역에는 환호와 송국리형주거지 등, 원격지와의 교류에 의해 초래된 새로운 생활문화의 정착을 발견할 수 있다는 점에서 경제적 · 문화적인 지역간의 우열을 내포한 세계구조가 발생하고 있는 상황을 추측할 수 있다.

④ 연속성 : C · D · G의 거점이 된 제 취락은 단기간에 폐절되며, 이 단계에 성립된 지역구조는 다음 중기까지 연결되지 않고 일단 단절 또는 저하되었다고 보인다.

3) 彌生 中期 前葉~中葉 (추정 지속 년수 : 기원전 2세기 중반~4세기 중반의 약 200년간)

(1) 각 지역 유적의 전개

A【船山】수혈주거1 · 토갱11

C【百間川兼基 · 今谷】수혈주거4 · 우물1 · 토갱20 · 杭列(이상 전엽) · 수혈주거7 · 굴립주건물34 · 우물14 · 토갱127(이상 중엽), 【雄町】수혈주거2 · 토갱1 · 토갱묘6(이상 전엽) · 수혈주거1 · 굴립주건물1 · 토갱묘3(이상 중엽)

D【津島】수혈주거6(중엽) · 토갱15, 【南方】수혈주거1 · 토갱4(이상 전엽) · 수혈주거2 · 토갱31 · 토갱묘(이상 중엽)

E【田益田中】토갱 9 (전엽) · 토갱2(중엽)

F【加茂政所】수혈주거10 · 굴립주건물1 · 대상토갱11 · 토갱145 · 토갱묘1 · 토기관묘1(이상 중엽), 【吉野口】수혈주거5 · 굴립주건물1 · 토갱묘1(중엽), 【高松原古才】수혈주거1(중엽), 【立田】수혈주거1(중엽), 【津寺】수혈주거1 · 굴립주건물1 · 토갱3(이상 중엽), 【矢部南向】토갱2(중엽), 【上東】토갱1(중엽)

G【窪木】수혈주거6(이 중 전엽1 · 중엽2) · 토갱23(전엽) · 토갱40(중엽), 【南溝手】수혈주거4 · 굴립주건물3 · 토갱25(이상 전엽) · 토갱5(중엽), 【井手見延】토갱3

(총계 : 수혈주거 52 · 굴립주건물 43, 30년당 환산 7.8 · 6.15)

(2) 분석

① 유적구조 : 전단계의 유적구조 「거주역(수혈주거+굴립주건물)+묘+수전역」이 충실한 형태로 이어지며, 특히 굴립주건물의 비중이 높아지고, 토광·우물도 증가한다. 百間川今谷과 같이 굴립주건물이 집중되는 구역을 지닌 취락도 나타난다(도 4). 百間川今谷의 경우는 주변에 우물과 유리滓를 내는 토광이 있는 점으로 보아 무언가의 기능적인 공간이었다고도 생각되어, 취락에서 기능공간의 분화가 진행중이었을 가능성도 엿볼 수 있다. 다만 거주 지역에서의 주거지와 묘의 혼재는 이어진다(도 5).

② 지역구조 : 上記와 같은 구조를 지닌 유적은 전단계 이래의 C·D·G에 더하여 F에서도 나타난다. 百間川今谷(C), 津島·南方(D, 다만 굴립주건물은 미확인), 加茂政所(F), 南溝手(G) 등이 그것이지만, 津島와 南溝手 이외는 전단계의 거점과는 다른 장소에 나타난 새로운 거주 거점이다(D지역의 거주거점은 유물량으로 보아 새롭게 발전한 南方으로 보인다). 이들 새로운 거점은 일부의 토광 및 굴립주건물에서 추측할 수 있는 저장기능, 일부의 굴립주건물에 상정되는 공공기능과 정치적·상징적기능 등을 갖추고 있어, 지역거점으로서의 경제적·사회적 중핵성은 전단계보다 향상되었던 상황을 엿볼 수 있다.

③ 세계구조 : 上記의 거점을 지닌 지역은 C·D·F·G의 하천 하류 델타상의 수전개발에 적합한 장소라고 할 수 있다. B·E 등, 하천 중류역을 기반으로 하는 약간 배후지적인 지역에 비하여 이들 하류 델타의 수전발전지역이 우위에 서서 인구를 집중시키는 구조가 현저해진다.

④ 연속성 : C·D·F·G에서는 이 단계의 지역거점이 그대로 다음 단계로 이어지고있는 점으로 보아 지역구조 그 자체는 장기적으로 안정되어 가면서 다음 단계로 발전한 것이었다고 생각된다.

4) 彌生 中期 後葉 (추정 지속 년수 : 기원전 2세기 중반~기원후1세기의 약 150년간)

(1) 각 지역 유적의 전개

B 【用木山】 수혈주거68·굴립주건물40·토광19, 【惣圖】 수혈주거40·굴립주건물6, 【門前池】 수혈주거22, 【齋富】 수혈주거3·토갱2·토갱묘1, 【新宅山】 수혈주거1

C 【百間川兼基·今谷】 수혈주거15·굴립주건물25·우물2·토갱118, 【雄町】 수혈주거3·토갱15

D 【南方】 수혈주거6, 【鹿田】 수혈주거5·우물1·토갱83, 【津島】 수혈주거3·토갱18, 【北方長田】 수혈주거1

E 【大岩】 수혈주거3·토갱1, 【田益田中】 굴립주건물1·토갱1

F 【矢部堀越】 수혈주거19·굴립주건물3·토갱5, 【津寺】 수혈주거17·굴립주건물7·대상토갱10·토갱21·토갱묘1, 【前池內·後池內】 수혈주서12·굴립주선물7·토갱4·토기관묘1, 【奧坂】 수혈주거7·굴립주건물5·토갱8·段狀遺構1, 【黑住雲山】 수혈주거4·굴립주건물3·토갱2·단상유구1, 【上東】 수혈주거2·토갱2, 【足守川加茂B】 수혈주거2, 【矢部南向】 수혈주거1·굴립주건물1·토갱1, 【立田】 대상토갱1, 【加茂政所】 대상토갱6·토갱20

G 【千引】 수혈주거13·단상유구25, 【南溝手】 수혈주거12·굴립주건물39·우물3·대상 토갱3·토갱97·토기관묘1, 【西山】 수혈주거5·굴립주건물1·단상유구1, 【窪木】 수혈주거3·굴립주건물8·대상토갱2·토갱15, 【殿山】 수혈주거2, 【中山】 수혈주거2·굴립주건물9·단상유구11·토갱5, 【三須畠田】 수혈주거1·토갱8

(총계 : 수혈주거 272·굴립주건물 152, 30년당 환산 54.4·30.4)

(2) 분석

① 유적구조 : 전단계의 충실한 유적구조는 점점 규모가 확대되어 거주인구가 증가되는 모습으로 충실화되지만, 묘역은 분리 독립하여 구릉상이나 산상에 木棺墓群(토갱묘군)을 형성하고, 취락 내에는 기본적으로 토기관묘만이 잔존한다. 따라서 이 시기 평지 취락유적의 구조는 「거주역(수혈주거+굴립주건물+우물·토광 등)+수전

역＋高所墓域」이 된다. 百間川兼基와 南溝手에서는 굴립주건물이 다수 집중되는 구역이 있어 기능 공간의 분화를 엿볼 수 있다(도 6·7). 또한 이 시기 최대의 특징은 구릉의 능선상과 사면 혹은 산기슭 등의 높은 곳에 거주역이 출현하는 것이다(用木山·攬도·矢部堀越·堀越·西山·中山·千引, 도 8·9). 이들 유적도 구조는 평지의 취락과 마찬가지이지만 굴립주건물의 비율이 높은 경향이 있다. 그러나 그들 대다수는 수혈주거구역과 혼재하며 기능 공간의 분화는 현저하지 않다.

② 지역구조 : 上記와 같은 구조를 지닌 대규모적인 유적이 C·D·F·G에서는 전단계의 거점성을 이어받은 형태로 평야의 중앙부에 있고, 높은 곳의 거주역은 주거지 수나 유구의 확장으로 보아 주변적인 입장에 있었다고 이해할 수 있다. 묘역 또한 주변의 高所(거주역과는 별도의 장소)에서 전개되기 때문에 평야중앙부의 거주 거점을 중심으로 한 중심 - 주변적인 지역구조가 성립된 상황을 엿볼 수 있다. 다만 B지역은 거주 거점도 高所에 위치(도 9)한다는 점에서 특이하다.

③ 세계구조 : 전체의 인구가 비약적으로 증가한다. 종래부터 인구에서 우위를 유지해왔던 하류 델타의 수전 발전지역과 어깨를 나란히 하여 당시까지는 후발적이었던 B 또한 다수의 인구를 거느리고 주요 지역의 일각을 차지한다. 이와 같은 수전도작의 비중이 낮은 지역 또한 인구 증가를 나타내는 요인에 대해서는 금후의 과제이다. 더욱이 이 단계는 吉備 남부가 동탁을 보유·사용하는 시기이지만, 그 발견수는 「傳」을 포함해 A(3)·B(0)·C(5)·D(0)·E(0)·F(2)·G(1)이다. C가 많다는 점을 유의해서 볼지는 문제이지만, 북부구주 만큼의 질적인 지역간 격차는 나타나지 않는다.

④ 연속성 : 평지의 거주 거점 중 다음 단계에 발전적으로 계속되는 것(津寺 등)은 소수로, 다수는 쇠퇴하거나 분산되어(百間川今谷·兼基, 南溝手 등), 다음 단계에는 거점이 이동하는 경우가 많다. 또한 높은 곳의 거주역은 이 시기, 늦어도 다음 단계의 이른 시기에는 소멸된다. 다음 단계로의 연속성은 희박하다.

5) 彌生 後期 前半 (추정 지속 년수 : 기원후 1세기의 약 100년간)

(1) 각 지역 유적의 전개

B 【齋富】수혈주거24·우물1·토갱14·토기관묘1, 【門前池】수혈주거10·토갱6

C 【百間川原尾島】수혈주거47·굴립주건물17·우물37·토갱218·제염로1·爐1·토기관묘7, 【雄町】수혈주거6·토갱6, 【百間川兼基·今谷】수혈주거5·굴립주건물1·土坑14·토기관묘1

D 【鹿田】수혈주거5·우물3·토갱173·토기관묘4, 【津島】수혈주거3·대상토갱5·토갱4, 【北方長田】수혈주거2, 【津島江道】수혈주거1, 【伊福定國前】토갱10

E 【田益田中】토갱7·우물5

F 【津寺】수혈주거49·굴립주건물5·우물1·대상토갱237·방형토갱2·토갱57·토갱묘2·토기관묘5, 【高塚】수혈주거33·대상토갱112·토갱111·동탁매납갱1, 【矢部南向】수혈주거28·우물1·대상토갱11·방형토갱1·토갱39, 【足守川加茂B】수혈주거18·토갱40(含·대상토갱)·토갱묘2·토기관묘1, 【加茂政所】수혈주거12·대상토갱47·토갱24·토기관묘8, 【奧坂】수혈주거11·굴립주건물6·토갱6, 【津寺三本木】수혈주거5·대상토갱6·토갱10, 【天神坂】수혈주거5·토갱2·段狀遺構1, 【上東】수혈주거2·굴립주건물2·우물4·토갱2·突堤狀遺構1, 【立田】수혈주거1·굴립주건물2·우물1·대상토갱3·토갱3, 【足守川加茂A】수혈주거1·토갱2·토기관묘1, 【下庄】수혈주거1·굴립주건물2·토갱2, 【高松原古才】굴립주건물1

G 【窪木】수혈주거22·굴립주건물9·우물5·대상토갱22·토갱22·토갱묘2, 【南溝手】수혈주거6·토갱59, 【井手見延】수혈주거3·대상토갱11·토갱2, 【窪木藥師】수혈주거1·토갱11, 【三須畠田】토갱10, 【林崎】토기관묘1

(총계 : 수혈주거 301·굴립주건물 45, 30년당 환산 90.3·13.5)

⑵ 분석

　　① 유적구조 : 「거주역(수혈주거+굴립주건물+우물・토광 등)+수전역+高所墓域」라는 遺蹟 構造의 기본은 유지된다. 高所의 거주역이 폐절되는 대신에 평야 중앙부의 거주 거점에 수혈주거지의 수가 급증한다. 서쪽의 F에서는 굴립주건물의 비율이 감소하여 토광(특히 대상토갱)이 증가하고, 기능공간의 분화는 불명료해지는데 비하여(도 10・12), C에서는 여전히 굴립주건물의 집중구역이 있어 기능공간의 분화는 더욱 명료(도 11)해진다는 유적구조의 지역차가 생긴다.

　　② 지역구조 : F에서는 평야 중앙부의 거주 거점이 많은 인구를 모아 중심성을 발휘하지만 특별한 기능공간은 上記와 같이 불명료해지기 때문에, 그것은 질적・상징적인 것 이라기보다는 어디까지나 인구 분포상의 양적인 중심 - 주변관계라고 할 수 있다. 이에 비해 C・G에서는 상술한 바와 같이 굴립주건물 집중구역 등이 나타내는 기능공간의 분화가 유지되고, 저장기능・공공기능 등으로 중심성을 표출하였을 가능성이 있다.

　　③ 세계구조 : 인구 분포로 본다면, 수혈주거지의 수가 전체의 55%를 차지하는 F지역이 인구 중심을 형성하였을 상황을 읽을 수 있다. 다만 거주거점의 기능공간의 분화가 동쪽의 C지역에 특히 현저한 점은 인구분포만으로 吉備 남부세계의 일원 적인 중심 - 주변관계을 찾아내는 것은 곤란하다는 것을 시사한다.

　　④ 연속성 : 평야 중앙부의 거주거점 중심이 이동하는 지역도 있지만, 많은 지역에서는 본단계의 거주역을 바탕으로 다음 단계로의 발전적 확대가 보인다. 유적구조에 도 본질적인 변화는 없고, 다음 단계로 연속성을 유지하면서 변화한다.

6) 彌生 後期 後半 (추정 지속 년수 : 기원후 2세기의 약100년간)

⑴ 각 지역 유적의 전개

　　B 【門前池】수혈주거4, 【齋富】수혈주거1・토갱2・토갱묘1

　　C 【百間川原尾島】수혈주거51・굴립주건물6・우물22・토갱157・토갱묘1, 【百間川兼基・今谷】수혈주거6・굴립주건물6・우물4・토갱39・토기관묘1, 【百間川米田】수혈주거2・굴립주건물1・우물5・토갱11, 【雄町】수혈주거1・토갱4

　　D 【伊福定國前】수혈주거31・우물7・토갱134・토기관묘2, 【津島】수혈주거25・우물 2・대상토갱2・토갱57・토기관묘2, 【鹿田】수혈주거7・우물12・토갱71, 【津島江道】수혈주거2, 【南方】수혈주거1・대상토갱233

　　E 【大岩】수혈주거8・굴립주건물1・대상토갱18・토갱6・토갱묘4, 【田益新田】굴립주건물2・우물2・토갱9, 【田益田中】토갱1

　　F 【高塚】수혈주거60・굴립주건물2・방형토갱104・토갱148, 【足守川加茂B】수혈주거36・우물1・방형토갱28・토갱49・토갱묘1, 【加茂政所】수혈주거26・방형토갱4・토갱40・토갱묘1・토기관묘1, 【足守川矢部南向】수혈주거25・대상토갱1・방형토갱20・토갱18・토기관묘2, 【奧坂】수혈주거20・대상토갱21・토갱18, 【足守川加茂A】수혈주거19・토갱15, 【津寺】수혈주거18・방형토갱3・토갱9・토기관묘5, 【立田】수혈주거12, 【上東】수혈주거4・우물6・토갱16・제염로1, 【高松原古才】수혈주거3・토갱2, 【吉野口】수혈주거2, 【中撫川】수혈주거1・우물4・토갱3, 【津寺一軒屋】토갱2・단야로1, 【下庄】우물1

　　G 【三須畠田】수혈주거7・토갱12, 【窪木】수혈주거1・토갱3, 【井手天原】토갱1

　　(총계 : 수혈주거 368・굴립주건물 18, 30년당 환산 110.5・5.45)

⑵ 분석

　　① 유적구조 : 평지에 거주역과 수전, 高地에 묘소라는 기본적인 원칙은 유지되고, 평야 중앙부 거주 거점의 수혈주거지 수는 더욱 증가한다. F에서는 계속해서 토광군이 현저하고 굴립주건물은 눈에 띄지 않으며, 또한 C도 이

시기는 굴립주건물 집중구역이 전후의 시기만큼 현저하지 않고, 「거주역(수혈주거＋토 광군＋우물 등)＋수전역＋高所墓域」라는 유적구조가 보편적으로 보인다. 한편 高所의 묘역은 발전하여 특정집단의 분구묘가 집단묘지에서 등장하고, 楯築과 같은 특정 개인묘에 가까운 분구묘도 나타난다. 묘에 있어서 이 움직임은 楯築이 있는 F에서 특히 현저하다.

　　② 지역구조 : 평야 중앙부의 거주거점을 핵으로 한 인구분포상의 중심-주변관계가 계속 되는 것에 더해, C·D·F의 하천 하류 델타지역의 대규모적인 거주거점은 수공업 생산시설(단야로·제염로)과 타지역으로부터의 반입토기를 가진 점에서, 생산·유통 및 사람의 움직임에서도 중심 - 주변구조가 명확한 상황을 추측할 수 있다.

　　③ 세계구조 : 전단계부터 인구 중심을 형성한 F지역의 수혈주거지 수가 전체의 약 60%를 점한다. 또한 上記와 같은 생산·유통·인적교류에서의 중심성도 F의 거주 거점에 특히 현저하다. 인구에 더하여 사회·경제면에서의 중심·주변관계가 F지역을 중심으로 현저해진 상황을 엿볼 수 있다.

　　④ 연속성 : 각 지역의 거주 거점은 그대로 이어져 발전·확대되는 점에서 다음단계로 연속성을 유지하며 이어졌다고 보인다.

7) 古墳 前期 前葉~中葉 (추정 지속 년수 : 기원후 3세기~4세기 전엽의 약 125년간)

(1) 각 지역 유적의 전개

B 【齋富】 수혈주거14·굴립주건물1·토갱1·토기관묘1,【門前池】 수혈주거2

C 【百間川原尾島】 수혈주거34·굴립주건물1·우물26·토갱10,【百間川澤田】 수혈주거28·굴립주건물20·우물53·토갱21·토갱묘2,【目黑上山】 수혈주거15,【雄町】 수혈주거9·토갱4,
　【百間川兼基·今谷】 수혈주거8·굴립주건물1·우물5·토갱9,【百間川米田】 우물9·토갱6

D 【伊福定國前】 수혈주거28·우물2·토갱10,【津島】 수혈주거19·우물10·토갱11,【南方】 수혈주거11·우물1·토갱1,【鹿田】 수혈주거11·우물6·토갱17,【北方長田】 수혈주거1

E 【田益新田】 수혈주거8·굴립주건물12·우물1·토갱10·토기관묘2,【田益田中】 수혈주거1·토갱2·토갱묘1

F 【津寺】 수혈주거264·굴립주건물3·우물1·방형토갱8·토갱76·토갱묘5·토기관묘12,
　【足守川加茂B】 수혈주거76·방형토갱1·토갱8,【矢部南向】 수혈주거22·토갱13,
　【足守川加茂A】 수혈주거14·토갱17,【高塚】 수혈주거9·토갱2,【津寺三本木】 수혈주거6·토갱3,
　【加茂政所】 수혈주거7·토갱2,【奧坂】 수혈주거6·대상토갱1,【天神坂】 수혈주거6,【上東】 수혈주거5,
　【中撫川】 수혈주거1·우물5,【津寺一軒屋】 토갱1

G 【窪木藥師】 수혈주거9,【井手天原】 수혈주거7·토갱2,【金井戸新田】 수혈주거6,【窪木】 수혈주거5·굴립주건물1·우물1·토갱1,【諸上】 수혈주거1,【大文字】 수혈주거1,【鶴龜】 수혈주거1,
　【三須畠田】 수혈주거1·토갱1,【三須美濃田】 수혈주거1

　(총계 : 수혈주거 637·굴립주건물 39, 30년당 환산 168.8·10.4)

(2) 분석

　　① 유적구조 : 전단계에 이어 「거주역(수혈주거＋토광군＋우물 등)＋수전역＋高所墓域」의 유적구조가 보이지만, 토광은 약간 감소한다. 동쪽의 C에서는 굴립주건 물이 다시 현저해져 집중구역을 형성하고, 기능공간의 분화가 재현되는 것에 비해(도 14), F를 중심으로 한 서쪽에서 이 움직임은 명확하지 않아(도 15), 유적구조의 동서 지역차가 다시 현저해진다. 높은 지역의 묘역에 서는 집단묘지가 개별의 분구묘군으로 해체되고, 그 중에서 前方後方墳과 前方後圓墳 등이 확인된다.

　　② 지역구조 : 평야중앙부의 거주거점을 핵으로 하는 인구 분포상의 양적인 중심 - 주변관계는 더욱 명확해지는 한편, 반입토기와 수공업 생산시설은 이 단계 내에서 점차 현저해지지 않게 된다는 점에서 생산·유통 측면에

서의 질적인 중심성은 오히려 희박해지는 상황도 간취된다. 이에 비해 동쪽 지역 일부의 거 주거점은, 상술한 것과 같은 굴립주건물 집중구역 등에 의한 기능 공간의 분화가 현저해져 저장기능·공공기능 등에 중심성이 표출될 가능성이 있다.

③ 세계구조 : F지역의 수혈주거지 수가 전체의 약 65%에 달해, 양적인 인구 중심으로서 F의 중심성은 건재하다. 그러나 반입토기나 수공업 생산시설이 점차 감소한다는 점과 타지역에 비해 大型墳墓의 전개가 반드시 명확하다고는 말 할 수 없는 점에서 사회·경제상 혹은 정치상의 중심성은 전단계보다도 감소되고 있다고 생각된다. 이에 비해 상술한 바와 같은 동쪽의 지역에서는 기능공간이 분화된 거주거점을 유지한다는 점에서 서쪽 지역과는 다른 형태로 중심성을 나타내고 있다. 이처럼 유적구조의 동서차이의 형성에 따라 吉備 남부의 세계구조에서 일원적인 중심 - 주변관계를 찾기는 곤란해 진다.

④ 연속성 : 각 지역의 거주거점은 다음 단계를 향해서는 쇠퇴하고, 전체적인 인구감소기를 거쳐 지역에 따라서는 새로운 장소로 거주거점이 이동한다. 연속적인 발전성은 이 단계에서 일단 단절된다.

8) 古墳 前期 後葉~中期 中葉 (추정 지속 년수 : 기원후 4세기 중엽~5세기 전반의 약 125년간)

(1) 각 지역 유적의 전개

B【齋富】수혈주거12·우물1·토갱3

C【百間川兼基·今谷】수혈주거20·굴립주건물18·우물16·토갱17,【百間川原尾島】수혈주거5,
   【百間川澤田】수혈주거2,【百間川米田】토갱14

D【津島】수혈주거10·우물4·토갱5,【北方下沼】수혈주거5

E【田益田中】굴립주건물1

F【高塚】수혈주거36·우물1·토갱4,【津寺一軒屋】수혈주거2,【三手向原】수혈주거2·토갱,
   【上東】수혈주거1,【津寺】수혈주거1,【中撫川】우물5

G【窪木藥師】수혈주거4,【窪木】수혈주거1,【井手天原】수혈주거1·토갱2,【井手見延】수혈주거1,
   【樋本】수혈주거1·토갱2
   (총계 : 수혈주거 102·굴립주건물, 30년당 환산 27.2·5.06)

(2) 분석

① 유적구조 : 전단계와 기본은 변하지 않고 「기주역(수혈주기+토광·우물 등)+수진역+高所墓域」의 유적구조는 유지되지만, 유구 수의 급격한 감소에 따라 유적은 소규모화되고 밀도 역시 낮아진다. 다만 동쪽의 C에서는 전단계에 이어 거주 거점에 굴립주건물의 집중구역이 형성되고(도 16), 그렇게 현저하지 않은 서쪽 F·G와의 사이에는 여전한 유적구조의 동서지역차이를 보인다. 높은 지역의 묘역에서는 분구묘군이 전개되지만, 前方後圓墳 등의 확인 정도와 밀도에서도 동서 지역차가 있다. 더욱이 C지역에서는 평야에도 분구묘군이 형성되어, 동서차는 점점 더 현저해진다.

② 지역구조 : 거주거점의 인구감소에 의한 인구분포상의 양적인 중심 - 주변관계의 후퇴는 서쪽의 F에서 가장 선명하다. 이에 비해 동쪽의 C에서는 굴립주건물군 집중구역에서 확인되는 기능 공간의 분화를 지속하는 것으로 중심성을 유지 하는 것으로 보인다. 이와 같은 지역구조의 동서차가 가장 현저해지는 것도 이 시기이다.

③ 세계구조 : 서쪽 F地域의 수혈주거지 수는 전체의 약 40%까지 떨어져 양적인 인구중심으로서의 중심성조차 후퇴한다. 기능공간의 분화를 유지하는 동쪽 C지역도 약간 늦게 주거지 수가 감소되어, 취락이라는 측면에 있어서는 吉備 남부 전체에 걸치는 중심성을 발휘하는 장소를 확인하기는 어렵다.

④ 연속성 : 각 지역의 거주거점은 다음 단계를 향한 부흥의 조짐을 보이며, 다시금 연속적인 발전기에 진입하려고 한다.

9) 古墳 中期 後葉 (추정 지속 년수 : 5세기 중엽~후엽의 75년간)

(1) 각 지역 유적의 전개

  B 【齋富】수혈주거18 · 굴립주건물1 · 토갱16 · 주구유구2,【門前池】수혈주거6

  C 【百間川原尾島 · 原尾島】수혈주거28 · 굴립주건물1 · 우물2 · 토갱4

  E 【津島】수혈주거16,【津島岡大】수혈주거1,【田益田中】토갱1

  F 【津寺】수혈주거26 · 굴립주건물1 · 방형토갱3,【高塚】수혈주거16,【三手向原】수혈주거4,
    【加茂政所】수혈주거2,【足守川矢部南向】수혈주거1,【三手】수혈주거1

  G 【樋本】수혈주거9 · 토갱2,【窪木】수혈주거4,【窪木藥師】수혈주거1,【南溝手】수혈주거1,
    【三須河原】수혈주거1,【三須畠田】수혈주거1
    (총계 : 수혈주거 132 · 굴립주건물, 30년당 환산 52.8 · 1.2)

(2) 分析

  ① 유적구조 : 「거주역(수혈주거＋토광 · 우물)＋수전역＋高所墓域」의 유적구조가 유지 된 채 수혈주거지의 수도 부활하지만, 대다수의 주거지가 부뚜막(カマド)을 가지게 된다는 변화가 있다(도 18). 동시에 토광과 굴립주건물이 감소하며, 동쪽에서도 굴립주건물 집중구역과 같은 기능공간의 분화가 후퇴하고 유적구조가 단순화된다. 이에 따라 전 단계까지 볼 수 있었던 유적 구조의 동서 지역차는 거의 해소된다. 高所의 묘역에서는 연이어 분구묘 군이 성대하게 전개되지만, 前方後圓墳의 분포와 밀도에도 큰 지역차가 보이지 않게 된다.

  ② 지역구조 : 거주 거점의 인구는 다시 증가하지만, 인구 분포상의 양적인 중심성은 현저하지 않다. 또한 상기와 같은 유적구조의 단순화에 따라 특별한 유적 구조를 가지고 중심성을 발휘하는 거점도 보이지 않게 된다. 지역구조에 있어서도 중심 - 주변관계는 불명료하다.

  ③ 세계구조 : 인구라는 점에서 중심성을 유지해 왔던 F지역의 수혈주거지 수는 전체의 38%까지 떨어지고, 이 시기 주거지 수의 분포는 吉備 남부를 통해 가 장 균등해 진다. 유적구조와 지역구조의 단순화 · 평준화가 모두 상호 작용 해 吉備 남부 전체에 걸치는 중심 - 주변관계는 확인하기 어렵다.

  ④ 연속성 : 다음 단계를 향해 거주거점은 주거지 수가 줄지만, 질적인 단절은 없다.

10) 古墳 後期 前半 (추정 지속 년수 : 6세기 전엽~중엽의 75년간)

(1) 각 지역 유적의 전개

  B 【齋富】수혈주거8 · 굴립주건물2 · 토갱4 · 토갱묘1 · 주구유구2

  C 【百間川原尾島 · 原尾島】수혈주거3 · 굴립주건물2 · 토갱1

  D 【津島】수혈주거10 · 굴립주건물1 · 토갱4,【伊福定國前】수혈주거1

  F 【三手向原】수혈주거3,【津寺】수혈주거2 · 토갱1,【足守川矢部南向】수혈주거2,【高松原古才】수혈주거1,
    【足守川加茂B】수혈주거1,【イキ山】수혈주거1,【吉野口】수혈주거1

  G 【窪木藥師】수혈주거16 · 굴립주건물5 · 토갱3 · 단야유구1,【三須畠田】수혈주거4 · 토갱1,
    【南溝手】수혈주거2,【窪木】수혈주거2,【井手見延】수혈주거2,【樋本】수혈주거1 · 토갱2
    (총계 : 수혈주거 60 · 굴립주건물, 30년당 환산 24.0 · 4.0)

(2) 분석

  ① 유적구조 : 「거주역(수혈주거＋토광 · 우물)＋수전역＋高所墓域」의 유적구조는 유지되지만, 다시 수혈주거지 수가 감소하고 소규모화된다. 외주에 주구를 가진 수혈주거지와 단야유구 등, 다음 단계 이후로 연결되는 새로운 요소를 갖춘 것도 나타나지만, 단순한 유적구조 전체를 변화시키는 움 직임으로는 연결되지 않는다.

② 지역구조 : 거주거점의 소규모화와 함께 지역구조에서의 중심 - 주변관계는 더욱 불명료해진다.

③ 세계구조 : 장기간에 걸쳐 인구분포의 중심이었던 F의 수혈주거지 수가 전체의 18%까지 떨어지고, 새롭게 서쪽 끝의 G가 45%를 점하며 인구상의 중심이 된다. 유적구조와 지역구조가 단순화되는 과정으로, G가 새로운 중심성을 획득하는 상황에는 이르지 못하지만, 吉備 남부 전체의 인구 분포가 크게 변동되는 획기로 위치지울 수 있다.

④ 연속성 : 다음 단계를 향해 거주거점은 다시 연속적으로 발전한다.

11) 古墳 後期 後半 (추정 지속 년수 : 6세기 후엽~7세기 전엽의 50년간)

(1) 각 지역 유적의 전개

　　B【齋富】수혈주거5 · 굴립주건물8 · 우물1 · 토갱10 · 토기관묘4

　　C【百間川原尾島 · 原尾島】수혈주거17 · 굴립주건물4 · 우물5 · 토갱7 · 토갱묘1,【百間川米田】수혈주거1

　　D【津島】수혈주거8 · 굴립주건물1 · 토갱3,【津島江道】수혈주거3 · 굴립주건물4,【津島岡大】수혈주거1,

　　　【鹿田】수혈주거1 · 토갱3

　　F【津寺】수혈주거66 · 굴립주건물1 · 방형토갱5 · 소성토갱3 · 구획구,【加茂政所】수혈주거24 · 토갱2,

　　　【高塚】수혈주거16 · 토갱4,【高松原古才】수혈주거15,【吉野口】수혈주거5,【矢部堀越】수혈주거4 · 토갱1,

　　　【足守川加茂B】수혈주거2,【足守川矢部 南向】수혈주거2,【三手】수혈주거2,【津寺三本木】수혈주거1,

　　　【立田】수혈주거1,【鄕ノ溝】수혈주거1,【吉野口】鐵滓溜

　　G【窪木】수혈주거24 · 굴립주건물11 · 토갱7,【三須畠田】수혈주거23,【窪木藥師】수혈주거17 · 굴립주건물3

　　　· 토갱21,【大文字】수혈주거15,【中林】수혈주거9,【林崎】수혈주거8,【眞壁】수혈주거3,

　　　【上三本松 · 西三軒屋】수혈주거3,【中須賀】수혈주거1,【窪木 · 宮後】수혈주거1,【石原】수혈주거1,

　　　【樋本】수혈주거1 · 토갱2,【南溝手】소성토갱2

　　　(총계 : 수혈주거 281 · 굴립주건물 32, 30년당 환산 163.5 · 18.0)

(2) 분석

① 유적구조 : 평야 중앙부의 거주거점에서는 「거주역(수혈주거+토광 · 우물)+수전역+高所墓域」의 유적구조는 유지된 채, 다시 수혈주거지 수가 증가한다. 가장 큰 변화의 첫 번째로 주거군간의 구획溝가 나타난다(도 19), 동시에 燒成토갱 · 鐵滓溜 등 특정 수공업을 위한 기능공간의 분화가 시작된다. 두 번째의 큰 변화로써 이 시기의 후반 이후, 거주시설이 수혈주거지에서 굴립주건물로 바뀐다. 高所 묘역을 이루는 분구묘군도 매장시설이 수혈계에서 횡혈계로 교대되며, 소위 군집분으로의 전개가 현저해진다.

② 지역구조 : 인구증가와 함께 확대되고, 수공업의 기능공간을 분화시킨 평야 중앙부 거주 거점의 사회적 · 경제적 거점성은 향상된다. 동시에 주변의 구릉과 능 선상에 주거군이 다시 전개되고, G에서는 그러한 주거군이 제철관련의 신 산업을 지탱하는 집단의 거주역이었을 가능성이 지적된다(도 20). 이들을 종합하면 이 시기의 지역구조는 중심-주변관계보다 오히려 지역내부의 기능 공간분화(거주거점 · 산업거점 등)와 연계를 축으로 하는 것으로 변질 되었을 가능성을 지적할 수 있다. 이러한 변질은 거주거점에 있어서 주거 군간의 구획구와 군집분의 새로운 전개에서 알 수 있듯이 집단구 조의 커다란 재편성을 수반하여 진행되었다고 생각된다.

③ 세계구조 : 수혈주거지 수의 지역별 비율에서는 F가 49%를 점하여 다시 최대가 되지만, 38%의 G는 그 외에 미보고 또는 불명의 자료가 많이 포함되어 있다고 보이기 때문에 현시점에서 이러한 순위와 차이에 큰 의미는 찾을 수 없다. 다만 어느 경우에든 F와 G를 합한 서쪽의 지역이 吉備 남부의 8할 정도의 인구를 차지하는 것은 확실하며, 그것은 군집분의 수에서도 확인할 수 있다. 제철 지대를 포함한 서쪽이 인구뿐 아니라 경제상에서도 吉備 남부의 중심성을 확립하였을 가능성이 높다.

2. 深層分析

1) 본 작업으로 밝혀진 점

(1) 이 지역에서는 彌生時代 중기 후엽에 주거지 수의 급증이 시작되고, 古墳時代 전기 전엽의 정점을 향해 주거지 수는 더욱 증가한다. 이는 인구의 급격한 증가를 반영한다고 생각되며, 그것이 彌生時代에서 古墳時代를 향해 나아가는 사회 복잡화의 기반적 요인이 되었다고 생각된다.

(2) 이 지역에서는 古墳時代 전기 중엽부터 중기 중엽에 걸쳐 주거지 수의 급감이 나타나는데, 이것은 아마 인구의 감소를 반영하는 것으로 생각된다. 거대고분이 나타나는 시기에 인구의 전체적인 감소가 관찰되는 이유에 대해서는 금후의 과제이지만, 적어도 반드시 상승하는 순조로운 인구증가가 古墳時代 사회의 변화를 촉진한 것은 아니라는 점을 알 수 있다.

(3) 古墳時代에서 飛鳥時代(아스카시대)로의 시대변화를 앞둔 후기 후반에는 다시 인구의 급증을 반영하는 주거지 수의 대폭적인 증가가 보인다. 이 주거지 수의 증가는 취락 내에서는 주거군 상호 구획의 출현, 수공업 취락의 출현 및 취락 외부에서는 군집분의 폭발적인 성행과 연동되고 있어 사회구조의 큰 변화를 엿볼 수 있다.

(4) C를 핵으로 하는 동쪽의 지역과 F를 중심으로 하는 서쪽의 지역에서는 취락의 형태와 발전 방법에 큰 차이가 있다. 즉 전자는 굴립주건물 집중구역에 나타나는 기능 공간의 분화가 비교적 현저함에 비해서 후자는 기능 공간의 분화가 미발달한 대신에 압도적 다수의 주거지가 토광군과 함께 군집하고 있다. 吉備 南部라는 하나의 세계 안에 취락구조에 반영되는 사회적 · 경제적 · 문화적인 지역차가 존재함을 알 수 있다. 그리고 이 동서의 차이가 가장 명확하게 나타나는 古墳 전기 전엽~중기 중엽은 분묘(고분)의 조영상황, 특히 前方後圓墳 · 前方後方墳築造의 밀도와 규모에 명료한 차이(서쪽보다 동쪽이 고밀도 또는 대규모화)가 나타나는 시기로 그 관련성을 검토해야 할 것이다.

(5) 吉備 남부의 彌生 · 古墳時代 취락은, C지역에서 현저화되는 굴립주건물과 같은 예는 있지만 전체적으로 대형건물 · 환호 · 圍郭 등으로 나타나는 중추적 성격과 계층적 성격이 다른 지역과 비교하여 현저하게 희박하다. 반면 분묘는 彌生 후기의 이른 단계에서 타지역보다 앞서 대형화 · 정교화를 이루고, 고분의 밀도와 규모도 탁월하다. 취락과 분묘의 대비에 보이는 이 배반적 경향에 대한 설명이 금후 吉備地域의 彌生 · 古墳時代 사회의 성격을 확인하는데 있어 중요한 점이 될 것이다.

* 본고의 기초가 된 발굴조사 데이터 출처인 각 유적의 발굴조사 보고서 및 보고문은 매우 방대한 양으로, 이후 본고가 정식 논문으로 발간될 때를 기다리며 죄송하지만 지면 관계상 생략하고자 한다.

이기성 번역

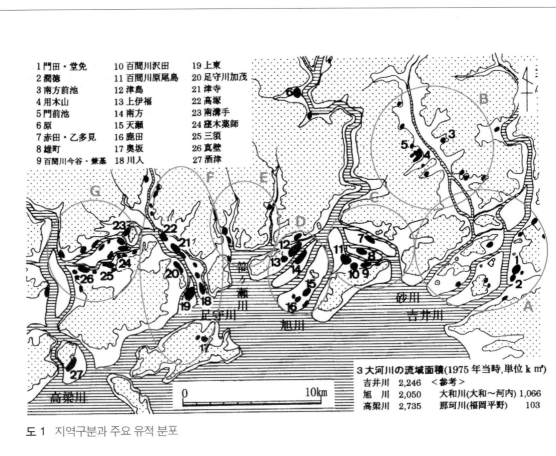

1 門田・堂免　　　10 百間川沢田　　　19 上東
2 禮徳　　　　　　11 百間川原尾島　　20 足守川加茂
3 南方前池　　　　12 津島　　　　　　21 津寺
4 用木山　　　　　13 上伊福　　　　　22 高塚
5 門前池　　　　　14 南方　　　　　　23 南溝手
6 原　　　　　　　15 天瀬　　　　　　24 窪木薬師
7 赤田・乙多見　　16 鹿田　　　　　　25 三須
8 雄町　　　　　　17 奥坂　　　　　　26 真壁
9 百間川今谷・墓墓　18 川入　　　　　　27 酒津

3 大河川の流域面積(1975年当時,単位k㎡)
吉井川　2,246　　＜参考＞
旭　川　2,050　　大和川(大和〜河内) 1,066
高梁川　2,735　　那珂川(福岡平野) 103

0　　　　　　　　　　10km

도 1　지역구분과 주요 유적 분포

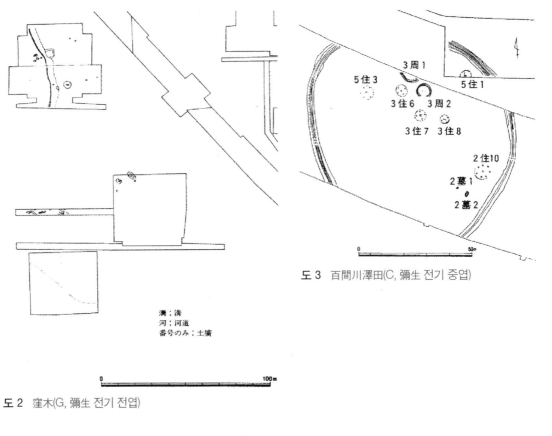

溝：溝
河：河道
番号のみ：土壙

도 3　百間川澤田(C, 彌生 전기 중엽)

0　　　　　　　　　　100m

도 2　窪木(G, 彌生 전기 전엽)

도 1~3

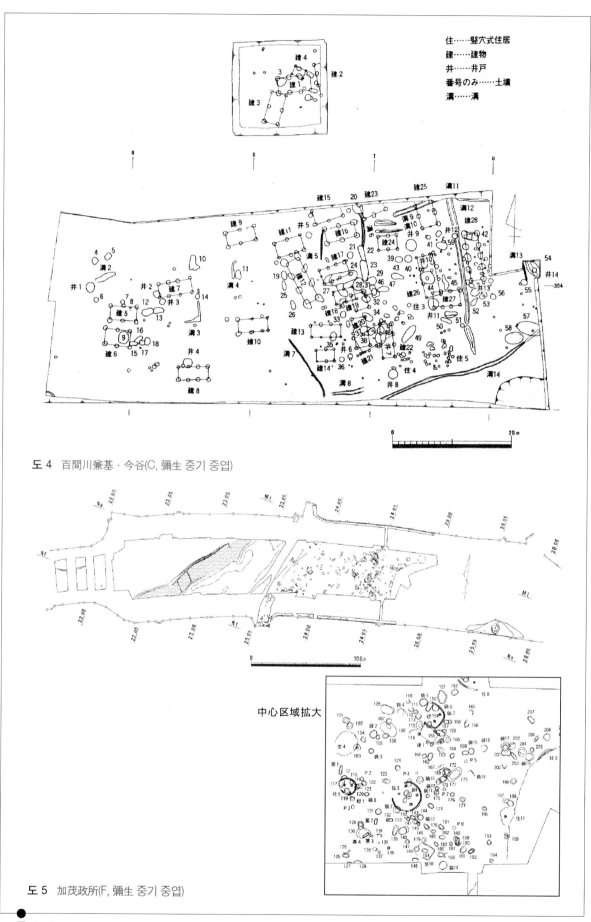

住……竪穴式住居
建……建物
井……井戸
番号のみ……土壙
溝……溝

도 4　百間川兼基・今谷(C, 彌生 중기 중엽)

中心区域拡大

도 5　加茂政所(F, 彌生 중기 중엽)

도 4~5

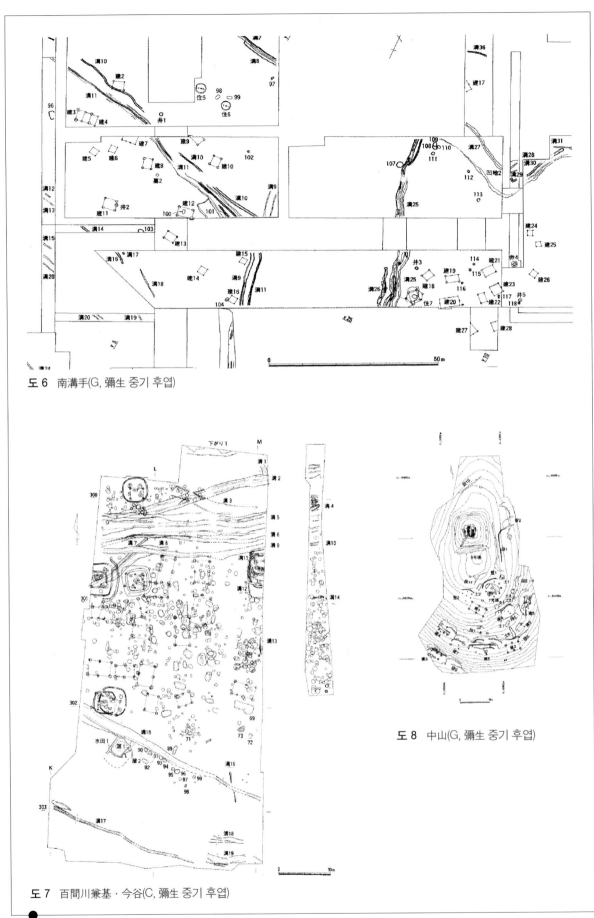

도 6　南溝手(G, 彌生 중기 후엽)

도 8　中山(G, 彌生 중기 후엽)

도 7　百間川兼基·今谷(C, 彌生 중기 후엽)

도 6~8

도 9 用木山(B, 彌生 중기 후엽 중심)

도 10 津寺(F, 彌生 후기 중심)

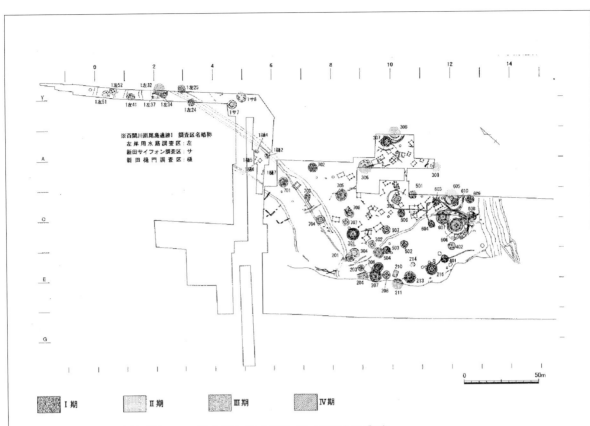

도 11 百間川原尾島(D, 圖中 I · II期가 彌生 후기 전반, III · IV期가 同 후반)

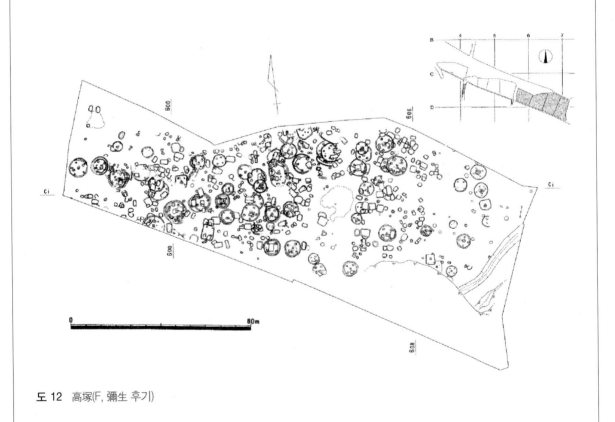

도 12 高塚(F, 彌生 후기)

도 11~12

도 13　百間川原尾島(D, 圖中 Ⅰ · Ⅱ期가 古墳 전기 전엽~중엽, Ⅲ期가 同 전기 후엽, Ⅳ期가 同 중기 전엽~중엽,
　　　　　 Ⅴ期가 同 중기 후엽, Ⅵ期가 후기 전반, Ⅶ期가 후기 후반)

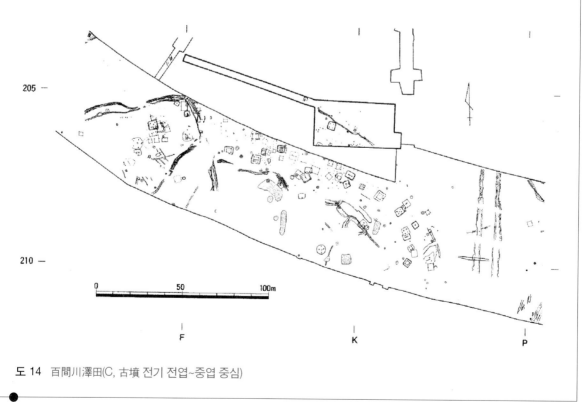

도 14　百間川澤田(C, 古墳 전기 전엽~중엽 중심)

도 13~14

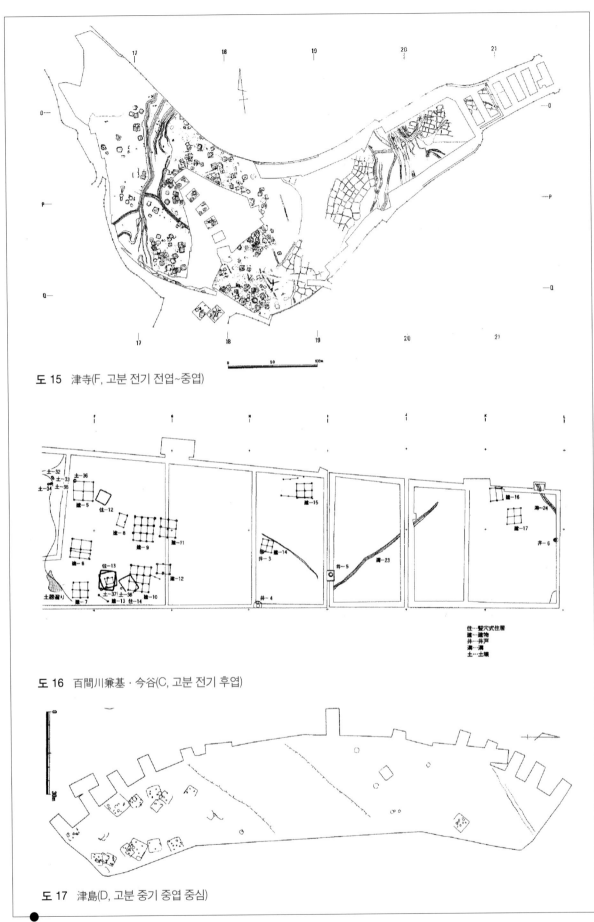

도 15 津寺(F, 고분 전기 전엽~중엽)

도 16 百間川兼基・今谷(C, 고분 전기 후엽)

住…竪穴式住居
建…建物
井…井戸
溝…溝
土…土壙

도 17 津島(D, 고분 중기 중엽 중심)

도 15~17

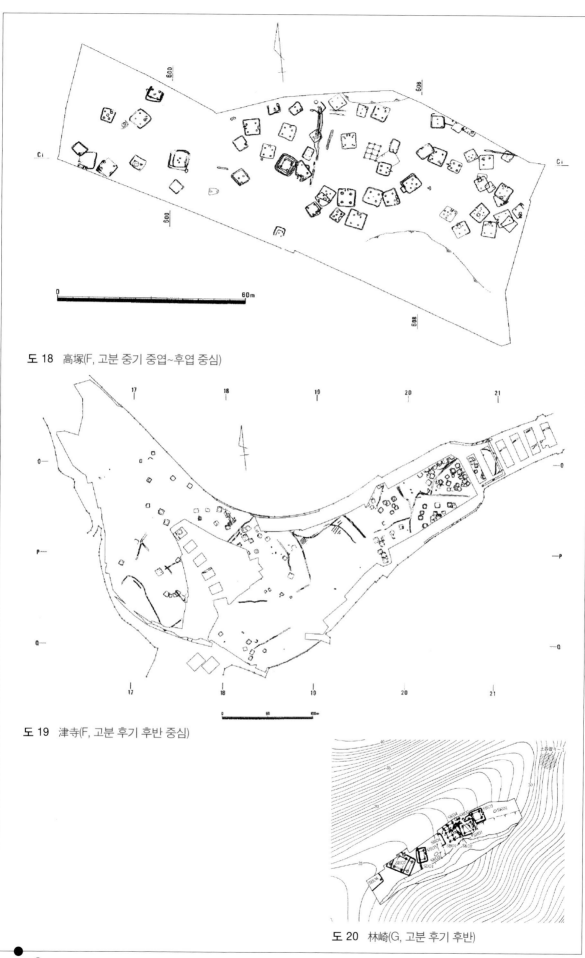

도 18 高塚(F, 고분 중기 중엽~후엽 중심)

도 19 津寺(F, 고분 후기 후반 중심)

도 20 林崎(G, 고분 후기 후반)

도 18~20

●참고문헌●

圖版出典

도 2 岡田博編, 1997, 『窪木遺蹟1』岡山縣埋藏文化財調査報告120, 岡山縣敎育委員會.

도 3·14 高田恭一郎編, 2007, 『百間川兼基遺蹟4·百間川澤田遺蹟5』岡山縣埋藏文化財調査報告208, 國土交通省岡山河川事務所·岡山縣敎育委員會.

도 4·7·16 高畑知功, 1982, 『百間川兼基遺蹟·百間川今穀遺蹟』岡山縣埋藏文化財調査報告51, 建設省岡山河川工事事務所·岡山縣敎育委員會.

도 5 平井泰男·廣田和司·柴田英樹編, 1999, 『加茂政所遺蹟·高松原古才遺蹟·立田遺蹟』岡山縣埋藏文化財調査報告138, 日本道路公團中國支社津山工事事務所·岡山縣敎育委員會.

도 6 平井泰男編, 1995, 『南溝手遺蹟1』岡山縣埋藏文化財調査報告100, 岡山縣敎育委員會.

도 8 江見正己編, 1997, 『藪田古墳群·金黑池東遺蹟·奧ケ谷遺蹟·中山遺蹟·中山古墳群·西山遺蹟·西山古墳群·服部遺蹟·北溝手遺蹟·窪木遺蹟·高松田中遺蹟』岡山縣埋藏文化財調査報告121, 日本道路公團中國支社岡山工事事務所·岡山縣敎育委員會.

도 9 神原英朗編, 1977, 『用木山遺蹟 附惣圖遺蹟第2地點·新宅山遺蹟』岡山縣營山陽新住宅市街地開發事業用地內埋藏文化財發掘調査槪報(4), 山陽團地埋藏文化財調査事務所.

도 10·15·19 高畑知功·中野雅美編, 1998, 『津寺遺蹟5』.
高畑知功編, 1982, 『百間川兼基遺蹟·百間川今谷遺蹟』岡山縣埋藏文化財調査報告127, 日本道路公團中國支社津山工事事務所·岡山縣敎育委員會.

도 11·13 高田恭一郎編, 2008, 『百間川原尾島遺蹟7·百間川二の荒手遺蹟』岡山縣埋藏文化財調査報告215, 國土交通省岡山河川事務所·岡山縣敎育委員會.

도 12·18 江見正己編, 2000, 『高塚遺蹟·三手遺蹟2』岡山縣埋藏文化財調査報告150, 日本道路公團中國支社津山工事事務所·岡山縣敎育委員會.

도 17 島崎東·岡本泰典·時實奈步編, 2003, 『津島遺蹟4』岡山縣埋藏文化財調査報告173, 岡山縣敎育委員會.

도 20 武田恭彰編, 1999, 『奧坂遺蹟群』總社市埋藏文化財發掘調査報告15.

北部九州에 있어서 古墳時代 聚落의 展開
-浮羽地域을 사례로-

重藤輝行(시게후지 테루유키)

1. 들어가며

北部九州에 있어서 古墳時代 취락유적의 조사는 개발에 앞선 경우가 대부분이고, 취락유적 전체를 완전히 발굴한 사례는 적다. 또한 취락은 당연하지만 거주에 적합한 토지에 입지하여, 각 시대를 통해 수혈주거지 등의 유구가 중복되어 검출되는 예가 대부분이다. 따라서 동시기의 건물군 만으로 구성된 유적은 드물며 동시기의 건물군을 추출하기 위해서는 유구의 중복과 분포 분석에 출토유물을 더해 검토한 후 복원적으로 접근할 수 밖에 없다. 여기에서는 조사 사례가 축적되어 있는 築後川(치쿠고가와) 流域, 특히 浮羽地域(우키와지역)을 대상으로(도 1·2), 古墳時代 취락유적의 전개를 논하고자 한다.

2. 對象 遺蹟과 編年

대상은 국도 우회도로 건설에 앞서 발굴조사가 실시되어 古墳時代의 취락유적이 밝혀진 福岡縣(후쿠오카현) うきは市(우키와시) 塚堂遺蹟(츠칸도유적)(馬田編 1983·1985, 佐々木編 1984, 副島編 1984)·堂畑遺蹟(도우하타유적)(重藤編 2002, 進村編 2004, 大庭編 2005)·仁右衛門畑遺蹟(니에몬바타케유적)(吉田編 2000)·鷹取五反田遺蹟(타카도리고탄다유적)(水ノ江編 1999)·船越高原遺蹟(후나코시타카하라유적)(齋部編 2000)이다. 유적은 築後川와 그 지류, 巨勢川(코세가와)에 끼어있는 자연제방상에 위치한다. 본격적인 발굴조사는 도로건설을 위해 굴삭된 부분 및 성토로 인해 도로건설 후에 발굴조사가 곤란한 부분을 대상으로 하여 실시되었다. 그렇기에 조사는 도로 범위로 한정되어 모든 유적이 취락유적을 횡단하는 트렌치와 같은 발굴조사가 되었다.

그리고 편년은 土師器(하지키) 편년(重藤 2009)을 기준으로 하며, 고분 편년·須惠器(스에키) 편년과의 대비, 유적의 지속 시간폭에 대해서는 (도 3)을 제시하였다.

그런데 대상으로 한 塚堂遺蹟·堂畑遺蹟·仁右衛門畑遺蹟과 인접하여, 月岡古墳(츠키노오카고분)·塚堂古墳(츠칸도고분)·日岡古墳(히노오카고분) 3기의 大形前方後圓墳이 소재한다. 月岡古墳은 TK73型式, 塚堂古墳은 TK208型式, 日岡古墳은 MT15型式때에 축조된 것으로 추정된다. 대상 취락에서도 이들 前方後円墳과 평행하는 시기의 주거지 등의 유구가 검출되어 고분 피장자나 고분의 축조와 적지 않은 관계가 있었다고 상정된다. 그러나 塚堂遺蹟, 堂畑遺蹟, 仁右衛門畑遺蹟의 조사지점내에는 물론, 주변의 조사사례를 보아도 고분에 대응하는 首長居館遺構는 현재 확인되지 않아 큰 과제라고 할 수 있다. 또한 대상 취락유적 내에서는 古墳時代 後期~奈良時代에 걸쳐 鐵滓小片만이 소량 출토되었으며 그 외에는 특별히 다른 취락으로 유통시킬 물품을 생산한 흔적은 발견되지 않았다. 아마도 농업생산을 중심으로 한 일반적인 古墳時代 農耕聚落 景觀의 한 단편을 나타내고 있는 것이라고 할 수 있을 것이다.

3. 各 時期 竪穴住居의 사례와 규모

수혈주거지의 사례 : 본 지역에서 古墳時代를 통해 취락유적의 주체를 점하는 유구는 수혈주거지이다. 그렇기에 수혈주거지의 양상에 대해 우선 소개해 두고자 한다(도 4~6).

이 지역에서는 古墳時代 전기~중기의 전반, 즉 土師器 III期 이전은 노지를 주거지의 중앙에 설치한 수혈주거지가 주체이다. 한편 土師器 IV期이후, 부뚜막(カマド)이 대부분의 수혈주거지에 설치된다. 또한 土師器 I · II期는 평면장방형으로 장축 방향 2本主柱의 수혈주거지와 평면이 거의 정방형으로 대각선상 4本主柱의 수혈주거지가 존재한다. 土師器 III期이후에는 장방형, 2本主柱의 수혈주거지는 감소하고, 부뚜막이 등장하는 IV期 이후에는 정방형에 가까운 평면플랜의 4本主柱 수혈주거지가 주체를 점한다. 이와 같은 변천은 浮羽地域 뿐만 아니라 북부구주에 거의 공통된다고 생각된다.

土師器 I · II期의 사례가 1~3이다. 1은 土師器 I 期의 塚堂遺蹟 A지구 19호 주거지이다. 장방형 2本主柱로 중앙에 노지를 설치하고 4변에 침대狀遺構의 둔덕이 돌려져 있다. 벽가에는 폭 15cm 정도의 周壁溝가 확인되었고, 침대狀遺構의 둔덕이 끊어지는 장변 중앙벽가에는 대형의 피트「壁際土坑」이 있다.

2는 土師器 I 期의 仁右衛門畑遺蹟 51호 주거지이다. 1과 마찬가지로 장방형의 수혈주거지이며 2本主柱로 생각된다. 여기에서 방형의 예는 보이지 않지만, 土師器 III期까지는 이와 같은 장방형의 주거지, 방형의 주거지에 중앙에 노지를 설치한 것이 주체가 된다.

3은 원형에 가까운 평면형의 塚堂遺蹟 A지구 14호 주거지로 土師器 II期에 속한다. 동시기에는 평면 장방형 내지 방형의 주거지가 대다수를 점하기 때문에 이와 같은 평면형의 주거지 자체가 특이한 것이다. 主柱穴 배치는 확실하지 않지만 중앙에 노지가 있고, 방사상으로 기둥이 무너진 흔적으로 생각되는 탄화재가 검출되었다. 周壁溝도 확인되는 점에서 주거지로 생각해도 틀리지 않지만, 특수한 용도를 상정할지 또는 타지역으로부터의 이주자의 거주지로 볼것인가는 검토가 더 필요하다.

4~10은 土師器 IV期의 부뚜막 출현기의 주거지이다. 4 · 5는 仁右衛門畑遺蹟 70호 주거지와 부뚜막유구의 세부이다. 이 주거지는 4本主柱로 평면정방형을 나타내며 주거지 북변 중앙부에 벽과 직교방향으로 부뚜막을 설치하였다. 부뚜막은 支脚石이 바닥면 중앙에서 검출되었고 그 전면의 바닥면이 적갈색으로 변색, 경화되어 있어 燃燒面으로 생각된다. 연소면의 앞쪽과 좌우에서 석재가 검출되었다. 이 지역의 부뚜막은 점토질로 만드는 것이 일반적이지만 이 사례와 같이 아궁이 부근을 석재로 보강한 것도 있다.

6은 仁右衛門畑遺蹟 39호 주거지로 장변 7.6m, 단변 6.3m의 비교적 대형의 주거지이다. 대형이지만 일반적인 주거지와 마찬가지로 4本主柱로 추측되며, 주거지 북변 중앙에 부뚜막을 설치하였다.

7은 평면정방형에 대각선 방향으로 부뚜막을 설치한 塚堂遺蹟 D지구 5호 주거지이다. 소규모이기 때문인지 주공의 배치는 명확하지 않다. 이 지역에서는 4 · 6과 같이 주거지의 벽 중앙에 부뚜막을 설치한 예가 대부분을 차지하기 때문에 이와 같은 대각선방향은 특이한 것으로, 한반도로부터 전파되었을 당초의 부뚜막형태의 하나였을 가능성을 상정해 두고자 한다.

8은 土師器 IV期의 노지를 설치한 仁右衛門畑遺蹟 87호 주거지이다. 주거지 남쪽 절반밖에 확인되지 않았지만, 남변이 8.6m, 노지를 중심으로 남북을 복원하면 7.2m 전후가 되는 대형주거지이다. 4本主柱로 상정되고 남변 중앙에 깊이 0.8m 남짓의 대형의 壁際土坑이 설치되어 있다. 壁際土坑의 서쪽 및 주거지 동변 중앙에는 벽과 직교하여 바닥을 구획하는 溝狀遺構가 확인된 점도 특징적이다.

9 · 10은 鷹取五反田遺蹟 90호 주거지와 부뚜막의 실측도이다. 주거지는 장방형으로 4本主柱이며 북측 장변의 중앙부 부근에 부뚜막을 설치하였다. 부뚜막은 유존 상황이 양호하고, 자비용으로 사용했다고 생각되는 土師器甕이 부뚜막 연소부의 안, 지각석 위에 얹어진 상태로 출토되었다.

12는 堂畑遺蹟 3 · 4次調査에서 검출된 156호 주거지와 161호 주거지의 중복으로, 모두 출토 토기로 보아 土師器 VII期에 속한다. 북측에 위치하는 156호 주거지가 늦지만, 모두 정방형에 가깝고 4本主柱이다. 156호 주거지는 주거지 북변 중앙에 부뚜막을 설치하고, 161호 주거지도 156호 주거지의 굴토로 부뚜막이 유존하지는 않지만, 북측에 설치되었을 가능성이 높다. 土師器 V~VI期의 사례는 제시하지 않지만 이 사례와 같은 방형 4本主柱로 부뚜막을 설치한 것이 주체가 된다.

수혈주거지의 규모 : (도 7)은 대상유적의 古墳時代 수혈주거지의 규모를 산포도로 나타낸 것이다. 상술한 바와 같이 古墳時代의 수혈주거지는 부뚜막의 유무에 의해 크게 구분되지만 전 기간을 통해 방형·장방형이 주체가 된다. 그래서 주거지의 형태, 규모가 판명되고, 장축 길이와 단축 길이를 계측할 수 있는 것을 자료로 하였다.

1은 土師器 Ⅰ~Ⅱ期의 塚堂遺蹟의 주거지 규모이다. 주거지는 장축 6m, 단축 5m를 넘는 대형주거지와 그것에 미치지 못하는 소형주거지로 크게 나뉜다. 2는 土師器 Ⅰ~Ⅲ B期의 仁右衛門畑遺蹟의 주거지를 나타낸 것으로 塚堂遺蹟 정도의 주거지 규모의 구분은 눈에 띄지 않는다. 다만 仁右衛門畑遺蹟에서도 塚堂遺蹟의 대형주거지에 상당하는 장축 8m를 넘는 것이 포함된다.

4는 土師器 Ⅳ期의 仁右衛門畑遺蹟의 주거지규모를 나타낸다. 장축 6m를 넘는 대형주거지와 장축 5.5m, 단축 5m에 미치지 않는 소형의 일군으로 명료하게 나뉜다. 土師器 ⅢB期~Ⅳ期의 塚堂遺蹟에서는 仁右衛門畑遺蹟 만큼 대소의 구분은 뚜렷하지 않지만, 장축 6m를 넘는 대형주거지가 일정 수 존재한다. 5는 土師器 Ⅳ~Ⅴ期의 鷹取五反田遺蹟, 船越高原遺蹟의 주거지의 규모를 나타낸다. 장축 6m를 넘는 대형주거지와 장축 6m, 단축 5m에 미치지 않는 소형의 주거지로 나뉘는 경향이 있다. 따라서 土師器 Ⅰ~Ⅱ期의 塚堂遺蹟에서 지적할 수 있는 대형주거지, 소형주거지의 구분이 이 시기까지 계속될 가능성이 있다.

6~9는 土師器Ⅵ~Ⅶ期의 堂畑遺蹟, 鷹取五反田遺蹟, 船越高原遺蹟의 주거지 규모이다. 소수이지만 장축 6m를 넘는 대형주거지가 존재하는데, 전체적으로 보면 土師器 Ⅰ~Ⅱ期의 塚堂遺蹟과 土師器 Ⅳ期의 仁右衛門畑遺蹟에서 지적할 수 있는 명확한 대소 주거지의 규모의 구분은 존재하지 않는다. 전체적으로 정방형에 가까운 평면형이며 장축 4~5m 정도의 것이 중심이 된다.

4. 聚落遺蹟의 展開

塚堂遺蹟(도 8) : 土師器 Ⅰ~Ⅱ期와 土師器 ⅢB期~Ⅳ期로 나누어 주거지 등의 유구 배치를 제시하였다. 조사구역을 가로지르는 수로·도로 등에 의해 A~E지구로 5분할되며 동서 400m에 이른다. 그래서 유구배치도는 유적 서부와 동부로 나누어 게재하였다. 塚堂遺蹟에서는 土師器 Ⅰ~Ⅱ期, 土師器 ⅢB期~Ⅳ期 모두 굴립주 건물유적은 확인되지 않았다. 유구의 유존상황, 유구 검출의 난이도가 영향을 미쳤을 가능성도 있지만 우선은 수혈주거지를 중심으로 취락이 구성되어 있었다고 생각해 두고자 한다.

土師器 Ⅰ~Ⅱ期에는 유적 서단의 A지구에 수혈주거지가 집중되어 있으며, 중앙부 C지구, 동쪽 E지구에 각각 2동씩 분포한다. A지구주거지는 土師器 Ⅰ~Ⅱ期에 이르고, 조사구역 외에도 유구가 연속할 가능성이 높지만 동시 존재하는 수혈주거지는 어림잡아 많아도 4~5동 정도일 것이다. E지구에서는 대형의 수혈주거지인 6호 주거지와 소형의 주거지인 3호 주거지가 같은 방향을 하고 있으며 출토 土師器에서 보면 큰 차이가 없다. C지구에서도 방향은 일치하지 않지만 土師器 Ⅰ期의 1·2호 주거지의 2동이 그룹을 이룬다. 수혈주거지의 동시존재를 입증하는 근거는 빈약하지만, 이들이 동시 병존했다고 보고 조사구역 바깥으로도 조금 전개되었다고 생각한다면 2~5동 정도의 수혈주거를 1단위로 하는 집단으로 나뉘어 있었다고 생각된다.

더욱이 A지구에는 土師器 Ⅰ期의 토기를 대량으로 폐기한 2기의 수혈이 존재한다. 수혈의 기능은 불명이지만, 주거지 분포구역의 가장자리, A지구 동남부에 위치하기 때문에 수혈주거의 한 단위로 공유되었던 것은 아닐까. 또한 A지구와 C지구의 사이에는 B지구에서 확인되었던 「大溝」가 있고, 그것을 사이에 두고 취락내 단위의 공간적인 구분도 의식되었다고 추측된다.

土師器 Ⅳ期에는 유적 중앙 약간 동쪽으로 치우친 D지구에 수혈주거지가 집중되어 있고, 유적 서부의 A?C지구에도 수혈주거지가 산재한다. 수혈주거지가 집중하는 D지구는 범위로 본다면 동시 존재하는 수혈주거지는 어

림잡아 많아도 8동을 넘지 않을 것이라고 생각된다. A·C지구에서 수혈주거지 주축이 일치하는 것을 본다면 A지구 8·9·23호 주거지, A지구 1·3·4호 주거지와 B지구 1호주거지, C지구 5·6호 주거지 등이 있다. 이 중에서 A지구 8·9호 주거지, C지구 5·6호 주거지는 각각 근접해 있기때문에 동시 존재로 보기에는 무리가 있다. 그것을 고려하면서 조사구역 바깥으로의 확장을 고려해 본다면, 土師器 I~II期와 마찬가지로 2~5동 정도의 단위를 추출할 수 있고, A~C지구에서 3단위 정도의 존재를 지적할 수 있다.

그런데 B·C지구에서 塚堂古墳의 2중 주구의 前方部角이 검출되었다. 塚堂古墳은 전술한 바와 같이 TK208型式, 즉 土師器 IV期末에 축조된 것으로 생각된다. 塚堂遺蹟의 취락은 土師器 IV期末에 단절되기 때문에 고분의 축조를 계기로 취락이 이전하였다고 생각된다. 한편 土師器 IIIA期의 수혈주거지 등의 유구에 공백이 있기 때문에 土師器 I期에 유적 동부에 수혈주거지를 영위한 집단은 그 후 동일지점에서 계속적으로 거주하였다고는 생각할 수 없다. 土師器 IV期의 D지구 수혈주거지에 선행하는 수혈주거지군도 동일 장소에서는 확인되지 않는다. 단위 또는 거주구역의 계속성이 인정되지 않는 점도 특징이다.

堂畑遺蹟(도 10·11): 조사구역은 동서 300m 가까이에 이르고, 도로 등으로 분리되기 때문에 유적 서부·중앙부·동부로 3분할하여 도면을 제시하였다. 1은 土師器 I~V期의 유구를 나타내고 있다. 장기간 사용되지만 주거지가 좁은 구역에 집중적, 계속적으로 영위되는 모습은 엿 볼 수 없다.

이에 비해 2의 土師器 VI期가 되면 유적 서부의 1·2차 조사구, 유적 중앙부의 3·4차 조사 3구, 유적 동부의 3·4차 조사 2구 동쪽에 수혈주거지의 집중역이 등장한다. 또한 3·4차 조사1구의 동부, 3·4차 조사 2구의 서단과 중앙부에도 수혈주거지가 존재한다.

3의 土師器 VII期에는 유적 중앙부의 3·4차 조사 4구·3구·1구에 3개소의 수혈주거지군, 유적 동부의 3·4차 조사구 2區에 4개소의 수혈주거지군이 출현한다. 유적 중앙부~유적 동부에 걸쳐서는 수혈주거지의 중복이 현저해, 塚堂遺蹟의 I~IV期에서 지적 가능한 것과 같은 2~5동의 수혈주거지로 이루어지는 단위의 존재를 지적할 수 있다. 또한 그림에 점선으로 나타낸 것처럼 土師器 VI期 수혈주거지군의 대다수가 이 시기에 계속되어 계속성이 인정되지 않았던 塚堂遺蹟과는 대칭적이다.

堂畑遺蹟에서도 수혈주거지가 대부분을 점하고 굴립주건물은 적다. 창고로 추측되는 総柱建物로 이 시기에 속할 가능성이 있는 것을 도면으로 제시했지만, 飛鳥時代(아스카시대)·奈良時代(나라시대)로 내려갈 가능성도 있다. 다만, 3·4차 조사 3구 12호 건물지와 3·4차 조사 1구 3호 건물지는 인접하는 土師器 VII期의 수혈주거지나 구와 주축방향이 일치하거나 동시기의 柵이 공반되는 등, 이 시기에 속한다고 생각된다.

仁右衛門畑遺蹟(도 12): 취락은 土師器 I~IIIA期에 시작되지만 유구 수는 적기 때문에 도면에 표시하지 않았다. 동시 병존하는 수혈주거지는 조사구역 외곽으로의 확장을 상정하더라도 2~3동을 넘지 않는다고 생각된다.

1은 土師器 IV期의 유구배치로 조사구역이 동서 300m에 이르기 때문에 유적의 서부와 그 이외로 나누어 도면으로 제시하였다. 土師器 IV期는 부뚜막 수혈주거지의 출현기에 부뚜막을 가진 것과 그렇지 않은 것 전후로 이분될 가능성이 있다. 그러한 점을 고려하면서 조사구역 바깥으로 수혈주거지의 확장을 상정하면, 塚堂遺蹟과 마찬가지로 2~5동을 1단위로 하는 4군 정도의 소집단으로 구분될 것이다. 다만 土師器 V~VI期의 수혈주거지는 존재하지 않고, 堂畑遺蹟의 土師器 VI~VII期와 같은 거주구역의 연속성은 확인할 수 없다. 仁右衛門畑遺蹟의 土師器 IV期에서는 대형주거지와 소형주거지로 명료하게 나뉘는데, 배치도를 보면 대형주거지는 각 단위에 각각 분포하고, 각 단위는 대형주거지와 소형주거지로 구성되는 듯 하다.

(도 12)의 2는 土師器 VII期의 유구배치로, 유구가 집중되는 유적 서부와 중앙부 서단을 도면으로 제시하였다. 유적 서부의 수혈주거지는 2군으로 나뉜다. 유적 중앙부 서쪽 끝에는 창고로 추측되는 総柱의 3호 건물지가 확인되었다. 기둥 구멍 내의 須惠器는 TK209型式 전후로, 土師器 VII期임은 확실하지만 2군의 수혈주거군의 어느 쪽에 공반되는지 그렇지 않으면 조사 구역 외 미조사 단위에 공반되는지는 불명이다.

鷹取五反田遺蹟(도 9): 1은 鷹取五反田遺蹟의 土師器 IV~VI期의 유구배치이다. 이중 土師器 IV期의 수혈주거지는 도면의 점선처럼 유적 동부에 2개소로 군을 이루는데, 이들 군은 동시기의 15호 溝를 사이에 두고 구분되는 것처럼 보인다. 土師器 V~VI期에는 유적 동부에서 수혈주거지가 2개소의 군으로 나뉜다. 다만 이들 群은 土師器 IV期의 수혈주거지의 분포역과는 장소가 다르다.

2는 土師器 VII期의 유구이다. 조사구역 중앙부에 수혈주거지 28동이 집중되며, 조사구역 바깥으로 확장된다. 동시 존재했던 주거지의 확인이 곤란해 이들이 하나의 단위가 된다고는 단정할 수 없지만, 堂畑遺蹟에서 土師器 VI期 이후 수혈주거지의 집중지구가 형성되고, 계속적으로 거주했었던 양상과 유사하다.

그런데 1·2 모두 굴립주건물지가 도면에 표시되어 있지만, 이들은 정확한 시기는 물론 古墳時代인지 조차도 불명확하다. 다만 유적 동부의 6호·7호 건물지로 명명한 総柱倉庫는 土師器 IV期의 수혈주거지와 건물축선이 일치하기 때문에 土師器 IV期의 주거군에 공반될 가능성이 높다. 마찬가지로 유적 중앙부, 조사구 북변을 따라 확인되었던 総柱倉庫, 4호 건물지도 土師器 VII期에 속한다고 생각된다. 한편 유적 서부의 굴립주건물지군은 인접한 土師器 VII期 수혈주거지와 주축방향이 다르기 때문에 도면에 표시하지 않았는데, 飛鳥~奈良時代의 주거지와 공반될 가능성이 높다.

또한 유적의 서부에는 기고 1m 가까운 須惠器 大甕을 매납한 유구, P1050이 위치한다. 須惠器 자체는 土師器 VII期와 평행하는 TK43型式 전후의 것이다. 須惠器甕의 기능은 불명이지만 주거군으로부터 떨어져 유적의 가장자리에 위치하고 있어 취락에서 공동으로 관리하였던 시설로 추측해 두고자 한다.

船越高原遺蹟(도 13) : 1은 土師器 V~VI期의 유구 배치를 나타낸다. 이 시기는 수혈주거지의 수도 한정되고, 2~3동의 수혈주거 단위가 단독으로 존재하였다고 할 수 있다.

2는 土師器 VII期의 유구 배치로, 수혈주거지의 수가 폭발적으로 증가한다. 수혈주거지의 높은 밀집성과 조사구역 바깥으로의 확장도 고려할 필요가 있기 때문에 단위로 나누는 것은 쉽지 않지만, 도면에 나타난 것처럼 수혈주거지 2~5동을 단위로 한다면, 5~7군 정도로 나누어진다. 수혈주거지의 밀집도에는 차이가 있지만, 堂畑遺蹟, 鷹取五反田遺蹟의 동시기 양상과의 공통성을 엿볼 수 있다. 또한 조사구역의 중앙에는 3호 굴립주건물, 総柱의 倉庫, 5호 건물지가 위치한다. 건물의 시기를 나타내는 출토유물은 극히 적지만 동시기의 수혈주거지가 그곳에 분포하지 않는다는 점에서 土師器 VII期로 비정하는 것 역시 상정된다.

小結 : 모든 유적에서 古墳時代 전기~중기에 상당하는 土師器 I~V期는, 수혈주거지의 집중 및 그룹핑 등으로 취락이 2~5동의 수혈주거지로 구성되는 단위가 복합하여 구성된다. 이는 彌生時代~古墳時代의 취락유적에서 지적, 확인되는 單位集團, 世帶共同體的 小集團에 상당한다고 말할 수 있다(和島·金井塚 1966, 近藤 1959, 都出 1989). 다만, 수혈주거지 수 동으로 이루어지는 단위가 취락 내의 소집단이 된다고 하여도 발굴 조사범위가 모두 한정되어 있기 때문에 취락 전체에서의 성격 비정의 문제가 남는다. 여기에서 확실한 것은 수혈주거지가 산재하는 경향과 함께 취락을 구성하는 단위는 비교적 단기간에 소멸 내지는 이동하고, 古墳時代 후기에 상당하는 土師器 VI~VII期와 비교하면, 한정된 구획을 장기적으로 이용하는 것과 같은 계속성이 인정되지 않는다는 것이다.

한편 수혈주거지 규모의 검토로 지적할 수 있었던 대형주거, 소형주거의 구분은 대형주거만이 군집하는 것은 아니기 때문에 그 단위내부에서의 계층차로 해석된다. 塚堂遺蹟의 土師器 I~II期, 仁右衛門畑遺蹟의 土師器 IV期가 전형적이다. 寺井誠氏(寺井 1995)는 古墳時代 초두 전후의 취락에서 대형주거와 소형주거가 취락 내에 혼재함을 지적하였는데, V期 경까지는 같은 구성이 존재함을 시사하고 있다.

古墳時代 후기, 土師器 VI~VII期가 되면 鷹取五反田遺蹟이나 船越高原遺蹟과 같이 수혈주거지의 중복이 현저한 지점이 나타나고, 주거지 수 그 자체도 증가한다. 土師器 I~V期와 같은 수혈주거지의 단위는 여기에서도 지적할 수 있기 때문에 단위를 구성하는 수혈주거의 증가보다는 빈번한 수혈주거지의 개축으로 생각하는 편이 좋다. 단지 堂畑遺蹟에서는 土師器 VI~VII期에 장기간에 걸쳐 수혈주거군의 단위가 동일지점에 연속하여 영위된다. 같은 상황은 鷹取五反田遺蹟, 船越高原遺蹟에서도 확인되며, 이와 같은 계속성이야말로 土師器 I~V期의 양상과는 다른 최대의 특징이라고 생각된다.

(도 14)는 지역은 다르지만, 福岡縣 遠賀町 尾崎·天神遺蹟의 6~7세기 취락변천을 보여준다. 자세한 내용은 별도로 발표하였는데(重藤 2011), 여기에서도 6세기 이후 단위의 연속성이 높다.

한편 古墳時代를 통해 취락을 구성하는 거주용 건물로서는 수혈주거지가 절대적으로 다수를 점하고 굴립주건물지는 적다. 総柱高床式倉庫도 적으며, 있다고 하더라도 鷹取五反田遺蹟의 土師器 IV期의 사례나 仁右衛門畑遺蹟의 土師器 VII期와 같이 수혈주거지 수 동으로 이루어진 단위가 된다. 취락 전체로 식량 등을 관리하는 창고군이 별도로 존재하였는지는 금후의 과제이다. 또한 畿內(키나이)에서는 古墳時代 후기 이후, 굴립주건물이 주체가 된다고 하지만(廣瀬 1978 등), 浮羽地域은 물론 북부 구주 전체를 보더라도 古墳時代의 굴립주건물를 주체로 하는 취락은 적다. (도 14)에 나타낸 尾崎 · 天神遺蹟의 예로 본다면 거주용의 건물인 굴립주건물로의 전환이 진행된 것은 7세기 후반 이후의 일이다.

5. 築後地域에 있어서 古墳時代 聚落의 展開

浮羽地域의 취락 전개에 있어서 큰 획기가 된 것은 土師器 VI期 이후의 수혈주거지 집중역의 성립과 단위의 안정적인 연속이다. 이중 堂畑遺蹟 등의 양상은 東京都(도쿄도) 中田遺蹟(나카타유적)을 예로 하여 都出比呂志氏(1989)에 의해 제창되었던 中田I타입과 유사하다.

都出比呂志氏는 古墳時代의 취락을 종합하여, 古墳時代를 통하여 溝 등으로 구획된 작은 거주구획이 형성되며, 그것이 일반의 농경취락에도 영향을 준다고 한다. 또한 東京都 中田遺蹟에 대해서는 4단위의 주거군이 성립당초부터 명확한 소단위로 분리되어 있음을 특징으로 들고, 群馬縣(군마현) 黑井峯遺蹟(쿠로이미네유적)과 비교하면서 中田遺蹟과 같은 일반농경취락에도 택지의 성립, 보유가 진행되었다고 생각하였다.

한편 築後川流域의 奈良時代 취락에서는 보다 택지의 구획이 명료해진다. (도 15)는 福岡縣 小郡市 藥師堂東遺蹟(中間 · 小田編 1988)의 주거지 분포와 그 변천을 나타낸 것이다. 보고서에서는 A~G로 수혈주거지 등의 유구가 그룹으로 묶여져 있어, 浮羽地域의 고분시대취락에서 확인할 수 있었던 주거지의 단위와 거의 일치한다. 다만 堂畑遺蹟이나 船越高原遺蹟의 土師器 VI~VII期과 비교하면 藥師堂東遺蹟에서는 단위의 사이가 공백지에 의해 명료하게 구별되고 있는 점에 차이가 있다. 또한 D · E의 그룹에서는 7세기 후엽~8세기에 걸쳐 동일지점에서 방향을 맞추어 수혈주거지가 빈번하게 개축되고 있다. (도 16)은 朝倉市 長島遺蹟(小田編 1999)의 7세기~奈良時代의 취락이다. 특히 奈良時代의 수혈주거지 배치를 보면, 크게 A~D군으로 나뉘어짐과 함께 그 주축방향도 거의 일치한다.

小田和利氏는 長島遺蹟 등, 주거지 등 다수의 건물이 중복하여 확인되는 듯한 飛鳥~奈良時代 취락의 상황에 대하여 취락관리자에 의해 토지규제가 이루어지고, 취락내의 한정된 공간 내에서 축조되었기 때문으로 해석하고 있다. 또한 小田氏는 이와 같은 취락관리자의 실태로서 郡을 총괄하는 관리인 「郡司」의 시위하에 있으며 농경취락으로부터의 징세에 직접 관련되고, 취락을 감독하는 입장에 있었던 「里長」의 존재를 상정하고 있다. 그리고 長島遺蹟에서 7세기 중엽~후반의 대형 수혈주거인 24호 주거지를 里長이 거주한 주거지로 비정하였다(小田 1996).

본고에서 분석한 浮羽地域의 古墳時代 취락은 土師器 VI~VII期에도 수혈주거지의 주축방향이 일정하지 않은 점 등에서, 長島遺蹟의 7세기 후반~奈良時代의 예와 비교하여 취락관리자에 의한 토지규제의 정도는 적었다고 생각된다. 또한 藥師堂東遺蹟에서는 G그룹에 보이는 것처럼 굴립주건물을 주체로 한 단위가 성립되고, 長島遺蹟에서는 「里長」의 주거, 24호 주거지로 구성된 C群에 奈良時代가 되면 굴립주건물이 집중된다. 이와 같은 취락 내 단위간 계층화의 진전 정도도 土師器 VI~VII期의 浮羽地域의 古墳時代 취락과는 차이가 있었다고 생각된다.

그런데 土師器 VI~VII期, 즉 古墳時代 후기에는 중소의 고분이 군집하며 때로는 고분군 전체가 100基를 넘는것과 같은 군집분이 전국 각지에서 활발하게 형성되는 것이 시대의 큰 특징이 된다. 이와 같은 군집분의 성립은 지금까지 축조하지 않았던 계층에게까지 古墳의 축조, 古墳에의 매장이 확산된 것을 나타낸다고 생각된다. 그 배경에 首長과 世帶共同體家長層 사이의 관계 변질(山中 1986), 父系 · 直系의 계승 원리 확립(田中 1995) 등의 사회구성의 변화가 상정되고 있으며, 그것이 취락유적에 있어서는 택지의 확립, 취락 및 단위의 연속성 등의 현상으로서 나타났을 가능성도 생각된다. 이와 같은 古墳時代史의 전체적 이해에 있어서도 일반적인 농경취락유적에 관한 古

墳時代와 전후 시대와의 비교, 일본열도 내는 물론 한국을 포함한 지역간 비교의 축적이 필요할 것이다.

6. 맺음말

여기에서는 福岡縣 浮羽地域에서 조사되었던 古墳時代의 취락유적을 검토하였다. 모두 古墳時代의 대규모 취락유적이지만, 조사범위가 한정되고 취락 전체가 명확하게 밝혀진 것은 아니다. 따라서 주변지역에서 금후에 실시될 발굴조사 성과를 취합하면서 그와 함께 대상지역을 넓혀 검증해야할 것이다. 또한 본고에서는 취락 내에서의 생산이나 首長居館과의 관련에 대해서는 언급하지 않았다. 양호한 사례가 적기에 금후 자료의 발굴이 요구된다.

이와 같은 과제가 남기는 하지만, 본고는 수혈주거지로 구성되는 단위의 계속성, 수혈주거지 그 자체의 수에 대해서 古墳時代 전기・중기와 古墳時代 후기 이후 사이에 큰 차이가 있음을 지적하였다. 그리고 취락유적의 전개를 규정하는 요인으로 택지의 성립과 건축 구조의 변화, 군집분의 성립과 관련된 사회구성의 변화 등을 상정해 보았다. 다만 이들 요인에 대해서는 현 단계에서 추정의 영역을 벗어나지 않으며, 금후에 비교사례의 축적을 더해 취락 내 밭의 존재양태, 古墳時代 중엽의 부뚜막출현, 농구의 변화 등에서 추측되는 식생활, 농경기술 변화와의 관련 등의 다각적인 검토도 불가결하다.

이와 같은 점에서도 본고는 古墳時代 취락의 종합적인 분석으로는 아주 먼 내용이지만, 금후 이들 연구가 심화할 때의 자료로써, 풍부한 조사사례가 축적된 築後川流域의 古墳時代 취락이 논의될 수 있는 계기가 되기를 바랄뿐이다.

본고의 작성에는 浮羽바이패스關係 등, 築後川流域의 조사담당자 여러분으로부터의 교시와 보고서에서 많은 점을 배울 수 있었다. 본문에 기재하여 감사를 표하고자 한다.

이기성 번역

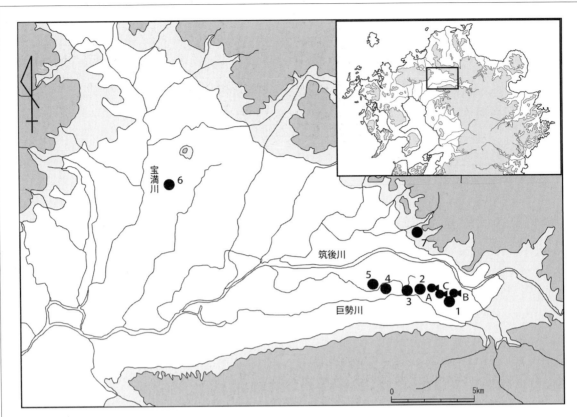

도1 對象 遺蹟의 位置

1. 塚堂遺蹟
2. 堂畑遺蹟
3. 仁右衛門畑遺蹟
4. 鷹取五反田遺蹟
5. 船越高原遺蹟
6. 藥師堂東遺蹟
7. 長島遺蹟
A. 月岡古墳
B. 塚堂古墳
C. 日岡古墳

도2 對象 遺蹟의 分布圖(1/50,000)

도1~2

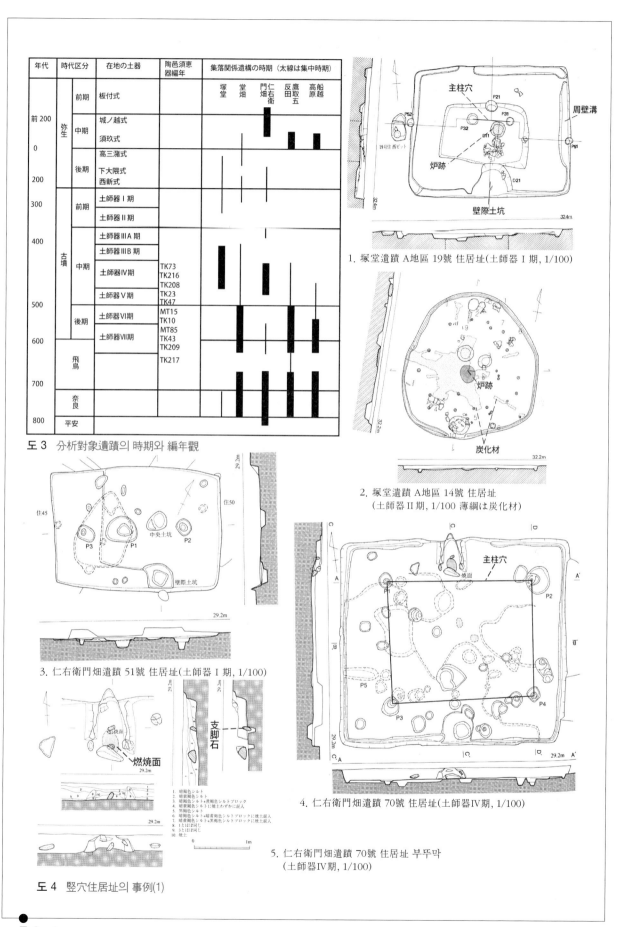

年代	時代区分		在地の土器	陶邑須恵器編年	集落関係遺構の時期(太線は集中時期)					
					塚堂	堂畑	門右衛仁	反田	鷹取五	高船原越
前200	弥生	前期	板付式							
0		中期	城ノ越式							
			須玖式							
200		後期	高三潴式							
			下大隈式							
			西新式							
300	古墳	前期	土師器Ⅰ期							
			土師器Ⅱ期							
400		中期	土師器ⅢA期							
			土師器ⅢB期							
			土師器Ⅳ期	TK73 TK216 TK208						
			土師器Ⅴ期	TK23 TK47						
500		後期	土師器Ⅵ期	MT15 TK10						
600			土師器Ⅶ期	MT85 TK43 TK209						
	飛鳥			TK217						
700	奈良									
800	平安									

도 3 分析對象遺蹟의 時期와 編年觀

1. 塚堂遺蹟 A地區 19號 住居址(土師器Ⅰ期, 1/100)

2. 塚堂遺蹟 A地區 14號 住居址
(土師器Ⅱ期, 1/100 薄綱는 炭化材)

3. 仁右衛門畑遺蹟 51號 住居址(土師器Ⅰ期, 1/100)

4. 仁右衛門畑遺蹟 70號 住居址(土師器Ⅳ期, 1/100)

5. 仁右衛門畑遺蹟 70號 住居址 부뚜막
(土師器Ⅳ期, 1/100)

도 4 竪穴住居址의 事例(1)

도 3~4

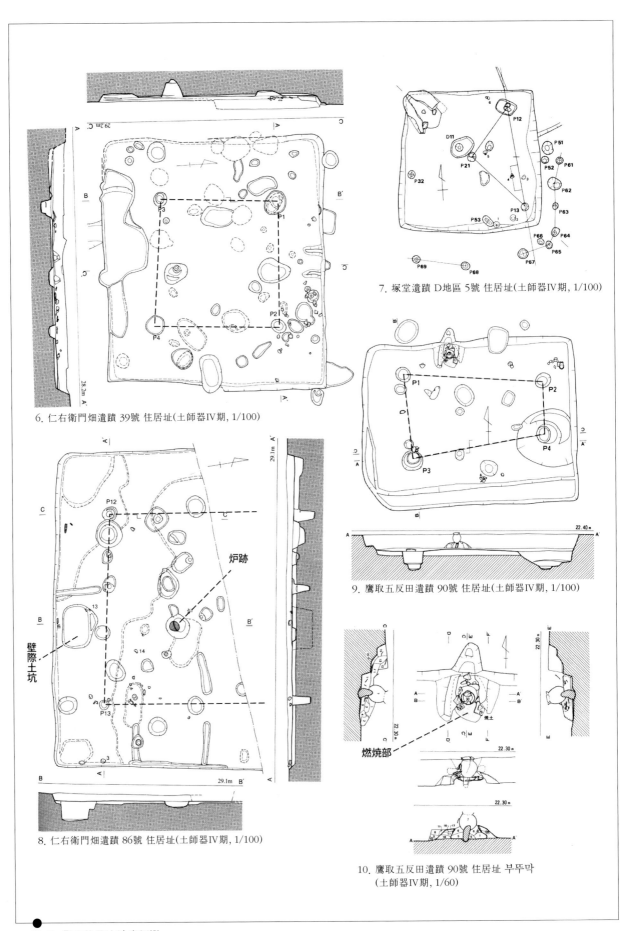

6. 仁右衛門畑遺蹟 39號 住居址(土師器IV期, 1/100)

7. 塚堂遺蹟 D地區 5號 住居址(土師器IV期, 1/100)

8. 仁右衛門畑遺蹟 86號 住居址(土師器IV期, 1/100)

9. 鷹取五反田遺蹟 90號 住居址(土師器IV期, 1/100)

10. 鷹取五反田遺蹟 90號 住居址 부뚜막
(土師器IV期, 1/60)

도 5 竪穴住居址의 事例(2)

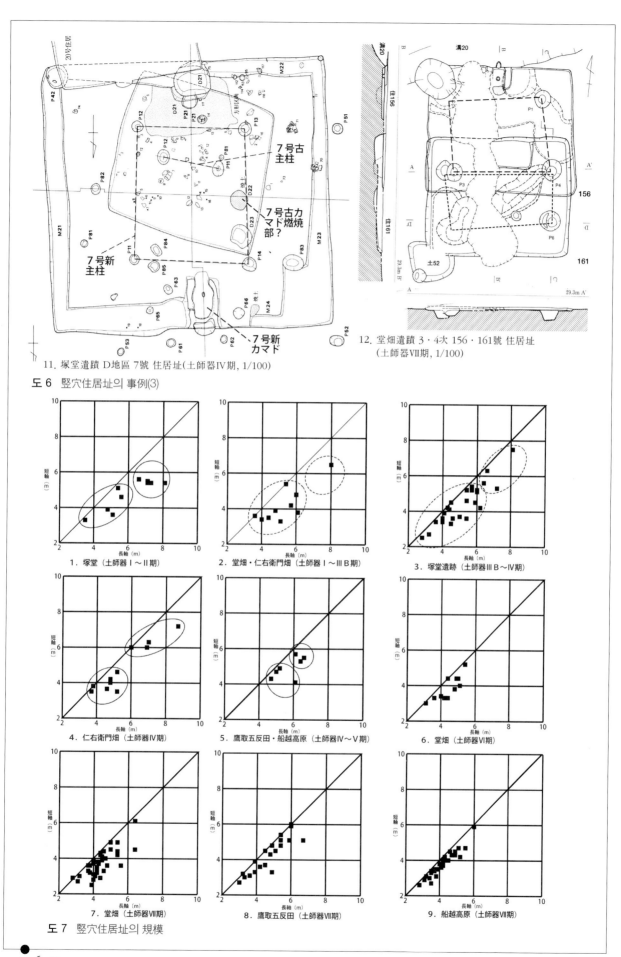

11. 塚堂遺蹟 D地區 7號 住居址(土師器IV期, 1/100)

12. 堂畑遺蹟 3・4次 156・161號 住居址
(土師器VII期, 1/100)

도 6 竪穴住居址의 事例(3)

1. 塚堂 (土師器 I ～ II 期)

2. 堂畑・仁右衛門畑 (土師器 I ～ III B 期)

3. 塚堂遺跡 (土師器 III B ～IV期)

4. 仁右衛門畑 (土師器IV期)

5. 鷹取五反田・船越高原 (土師器IV～V期)

6. 堂畑 (土師器VI期)

7. 堂畑 (土師器VII期)

8. 鷹取五反田 (土師器VII期)

9. 船越高原 (土師器VII期)

도 7 竪穴住居址의 規模

도 6~7

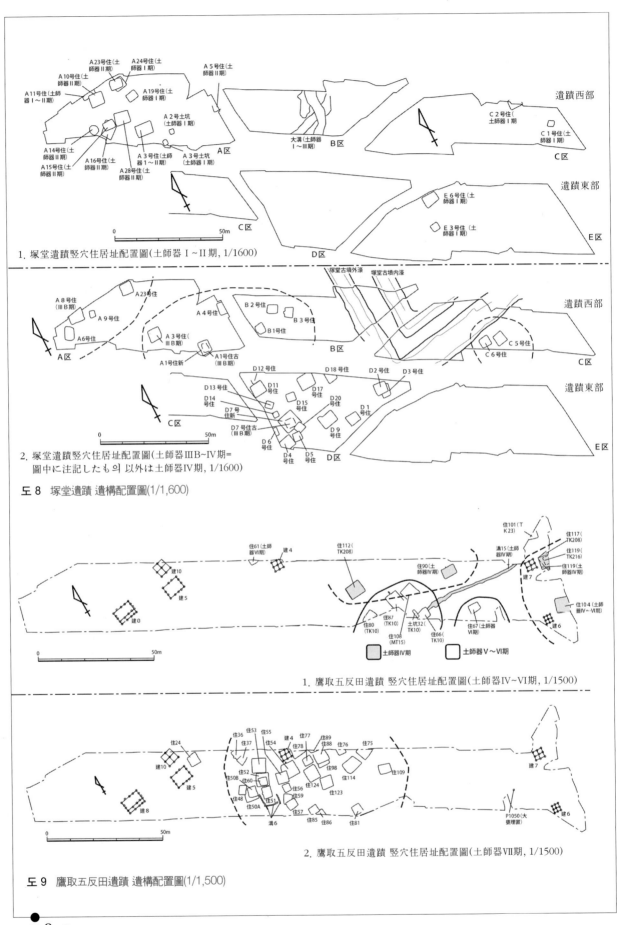

1. 塚堂遺蹟竪穴住居址配置圖(土師器Ⅰ~Ⅱ期, 1/1600)

2. 塚堂遺蹟竪穴住居址配置圖(土師器ⅢB~Ⅳ期=
圖中に注記したもの以外は土師器Ⅳ期, 1/1600)

도 8　塚堂遺蹟 遺構配置圖(1/1,600)

1. 鷹取五反田遺蹟 竪穴住居址配置圖(土師器Ⅳ~Ⅵ期, 1/1500)

2. 鷹取五反田遺蹟 竪穴住居址配置圖(土師器Ⅶ期, 1/1500)

도 9　鷹取五反田遺蹟 遺構配置圖(1/1,500)

도 8~9

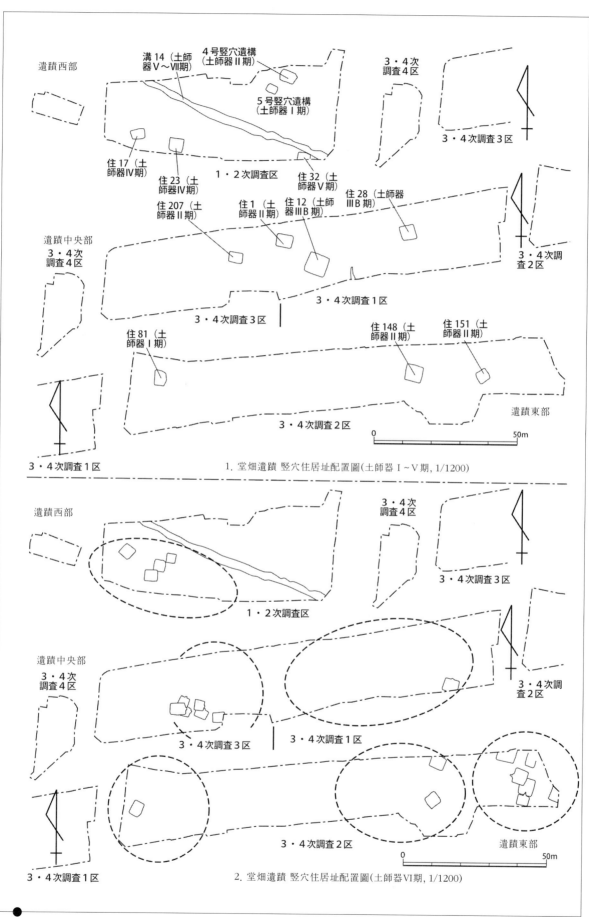

遺蹟西部

溝14（土師器V～VII期）

4号竪穴遺構（土師器II期）

5号竪穴遺構（土師器I期）

3・4次調査4区

3・4次調査3区

住17（土師器IV期）

1・2次調査区

住32（土師器V期）

住28（土師器IIIB期）

住23（土師器IV期）

住207（土師器II期）

住1（土師器II期）

住12（土師器IIIB期）

遺蹟中央部

3・4次調査4区

3・4次調査2区

3・4次調査1区

3・4次調査3区

住81（土師器I期）

住148（土師器II期）

住151（土師器II期）

遺蹟東部

3・4次調査2区

0   50m

3・4次調査1区

1. 堂畑遺蹟 竪穴住居址配置圖(土師器 I ～ V 期, 1/1200)

遺蹟西部

3・4次調査4区

1・2次調査区

3・4次調査3区

遺蹟中央部

3・4次調査4区

3・4次調査2区

3・4次調査3区

3・4次調査1区

3・4次調査2区

遺蹟東部

0   50m

3・4次調査1区

2. 堂畑遺蹟 竪穴住居址配置圖(土師器VI期, 1/1200)

도 10 堂畑遺蹟 遺構配置圖(1)(1/1,200)

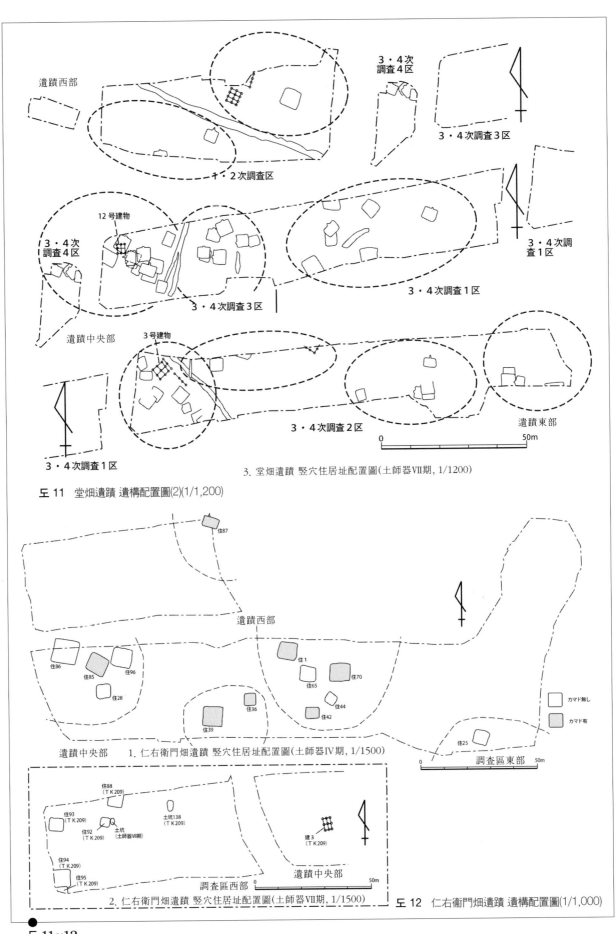

遺蹟西部

3・4次
調査4区

3・4次調査3区

3・4次
調査4区

12号建物

3・4次調査3区

遺蹟中央部

3号建物

3・4次調査1区

3・4次
調査1区

3・4次調査1区

3・4次調査2区

遺蹟東部

0   50m

3. 堂畑遺蹟 竪穴住居址配置圖(土師器Ⅶ期, 1/1200)

도 11 堂畑遺蹟 遺構配置圖(2)(1/1,200)

住87

遺蹟西部

住86　住85　住96

住28

住36

住39

住1

住65　住70

住42　住44

住25

カマド無し

カマド有

0   50m
調査區東部

遺蹟中央部　　1. 仁右衛門畑遺蹟 竪穴住居址配置圖(土師器Ⅳ期, 1/1500)

住88
(ＴＫ209)

住93
(ＴＫ209)

住92
(ＴＫ209)

土坑
(土師器Ⅶ期)

土坑138
(ＴＫ209)

建3
(ＴＫ209)

住94
(ＴＫ209)

住95
(ＴＫ209)

調査區西部　　0　　　　　50m

遺蹟中央部

2. 仁右衛門畑遺蹟 竪穴住居址配置圖(土師器Ⅶ期, 1/1500)

도 12 仁右衛門畑遺蹟 遺構配置圖(1/1,000)

도 11~12

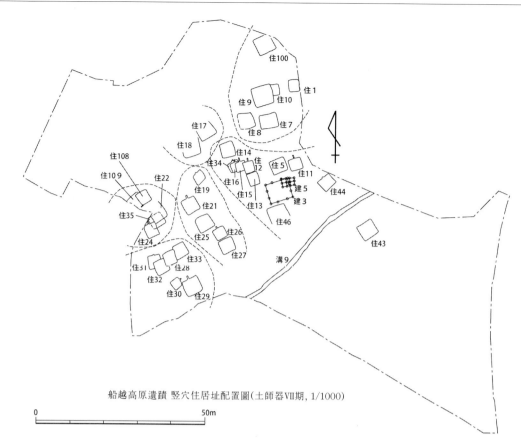

船越高原遺蹟 竪穴住居址配置圖(土師器Ⅶ期, 1/1000)

0   50m

도 13   船越高原遺蹟 遺構配置圖(1/1,000)

6世紀前半		6世紀中頃	6世紀後半	6世紀末~7世紀初	7世紀前半	7世紀第3四半期	7世紀第4四半期
MT15	TK10	MT85	TK43	TK209	TK217		

凡例
竪穴住居   高床倉庫   側柱建物(地上建物)
鍛冶関係工房?   小鍛冶炉   古墳

도 14   福岡縣 遠賀町 尾崎·天神遺蹟 6~7世紀聚落의 變遷모델

도 13~14

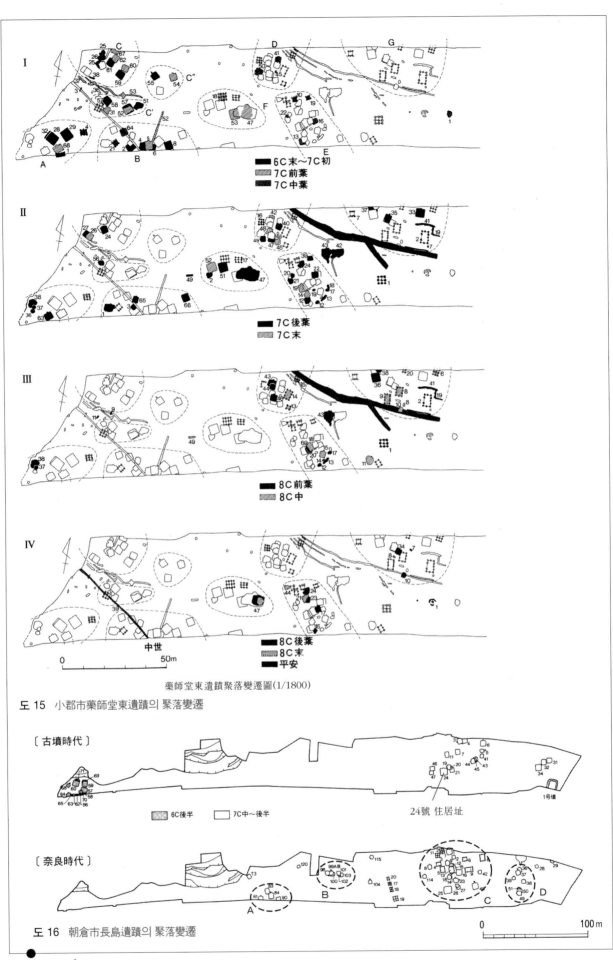

藥師堂東遺蹟聚落變遷圖(1/1800)

도 15 小郡市藥師堂東遺蹟의 聚落變遷

〔古墳時代〕

24號 住居址

6C後半　7C中~後半

〔奈良時代〕

도 16 朝倉市長島遺蹟의 聚落變遷

● **도 15~16**

●참고문헌●

小田和利, 1996, 「製鹽土器からみた律令期集落の樣相」, 『九州歷史資料館論集』 21.

甲元眞之, 1986, 「農耕集落」, 『岩波講座日本考古學』 4, 集落と祭祀.

近藤義郞, 1959, 「共同體と單位集團」, 『考古學研究』 第6卷 第1號.

重藤輝行, 2009, 「古墳時代中期・後期の築前・築後地域の土師器」, 『地域の考古學』, 佐田茂先生論文集刊行會.

_____, 2011, 「北部九州の古墳時代集落」, 『日韓集落研究の展開』, 日韓集落研究會 第7回共同研究會發表資料集.

都出比呂志, 1989, 『日本農耕社會の成立過程』, 岩波書店.

寺井誠, 1995, 「古墳出現前後の竪穴住居の變遷過程 -北部九州の事例を基に-」, 『古文化談叢』 第34集.

廣瀬和雄, 1978, 「古墳時代の集落類型 -西日本を中心として-」, 『考古學研究』 第25卷 第1號.

山中敏史, 1986, 「律令國家の展開」, 『岩波講座日本考古學』 6, 變化と劃期.

和島誠一・金井塚良一, 1966, 「集落と共同體」, 『日本の考古學』 古墳時代 下, 河出書房.

發掘調査報告書

馬田弘稔編, 1983, 『塚堂遺蹟』(塚堂古墳・C地區) 浮羽バイパス関係埋藏文化財調査報告第1集 福岡縣教育委員會.

副島邦弘編, 1984, 『塚堂遺蹟』II(A地區), 浮羽バイパス関係埋藏文化財調査報告第2集 福岡縣教育委員會.

佐々木隆彦編, 1984, 『塚堂遺蹟』III(E地區), 浮羽バイパス関係埋藏文化財調査報告第3集 福岡縣教育委員會.

馬田弘稔, 1985, 『塚堂遺蹟』IV(D地區), 浮羽バイパス関係埋藏文化財調査報告第4集 福岡縣教育委員會.

水ノ江和同編, 1999, 『鷹取五反田遺蹟』II, 浮羽バイパス関係埋藏文化財調査報告第10集 福岡縣教育委員會.

吉田東明編, 2000, 『仁右衛門畑遺蹟』I, 浮羽バイパス関係埋藏文化財調査報告第12集 福岡縣教育委員會.

齋部麻矢編, 2000, 『船越高原A遺蹟』I, 浮羽バイパス関係埋藏文化財調査報告第13集 福岡縣教育委員會.

重藤輝行編, 2002, 『堂畑遺蹟』I, 浮羽バイパス関係埋藏文化財調査報告第17集 福岡縣教育委員會.

進村眞之編, 2004, 『堂畑遺蹟』II, 浮羽バイパス関係埋藏文化財調査報告第20集 福岡縣教育委員會.

大庭孝夫編, 2005, 『堂畑遺蹟』III, 浮羽バイパス関係埋藏文化財調査報告第23集 福岡縣教育委員會.

中間研志・小田和利, 1988, 『九州橫斷自動車道関係埋藏文化財調査報告』 13, 福岡縣教育委員會.

小田和利編, 1999, 『九州橫斷自動車道関係埋藏文化財調査報告』 55, 福岡縣教育委員會.

古墳時代 聚落動態와 부뚜막(竈)의 導入・土器組成의 變化에 대하여

-北武藏에 있어서 渡來系 文化要素의 導入・普及의 프로세스-

高久健二(타카쿠 켄지)

1. 들어가며

埼玉縣(사이타만현) 북서부의 本庄台地(혼죠대지)는 古墳時代 중기의 취락유적이 많으며(도 1), 일찍부터 부뚜막(竈)을 도입한 지역으로 알려져 있다. 말할 것도 없이 부뚜막(竈)의 사용은 한반도에 계보를 가진 문화요소이지만, 関東地域(칸토지역)에서는 5세기대에 도입되기 시작하여 6세기가 되면 거의 모든 지역에 정착하게 된다(和歌山縣文化財センター 1992).[1] 또한 5세기에는 土師器 조성에도 큰 변화가 일어난다. 중기 和泉式土器(이즈미식 토기)는 畿內(키나이)의 布留(후루)式土器, 韓半島系土器, 초현기의 須惠器(스에키)를 선택적으로 모방함으로서 성립한 토기형식군으로 이해되고, 供膳具・貯藏具・煮沸具에 이제까지 볼 수 없었던 다계통의 토기가 나타나 재지 토기조성의 재편이 행해진다(坂野 1991b・2007). 이들을 근거로 본고는 5~6세기의 北武藏(키타무사시)地域의 도래계 문화요소의 도입・보급 프로세스를 부뚜막과 토기조성의 변화로 검토하는 것을 목적으로 한다. 취락유적을 분석대상으로 함에 있어, 우선 고분시대의 취락에 대한 지금까지의 연구사를 정리하고, 문제점을 명확히 해두고자 한다.

2. 고분시대 취락연구의 현상과 과제

戰後의 고분시대 취락연구는 和島誠一에 의한 共同體研究부터 시작되었다고 해도 좋을 것이다. 和島는 東京都(토쿄도) 志村(시무라)遺蹟에서 검출된 31基의 수혈주거지에 대해 下総國 大嶋鄕의 養老 五年의 戸籍과의 비교로 가부장제가 확립되어 가면서도 모계제의 잔재인 夫婦別居制의 전통이 강하게 남아 있었고, 몇 기의 수혈주거지가 모여, 나중에 鄕戸로 불리는 것과 같은 대가족을 구성하였다고 한다(和島 1948). 또한 취락구성의 변천으로 공동체의 변화를 파악하려고 하였다(和島・金井塚 1966). 한편 近藤義郎은 彌生時代(야요이시대) 중기 후엽의 岡山縣(오카야마현) 津山市(츠야마시) 沼(누마)遺蹟에서 동시 병존하는 5동의 수혈주거지, 작업용 오두막(小屋), 1~2동의 고상창고를 수전경영의 단위임과 함께 소비생활의 단위이기도 했던 단위집단이라고 하였다(近藤 1959). 近藤의 단위집단은 和島의 세대공동체에 해당하는데, 그 후의 취락연구는 이 단위집단・세대공동체의 파악과 이들의 계층분화, 상위 공동체와의 관계를 중심으로 전개되어 간다. 그리고 소비단위인 수 동의 주거가 溝와 柵으로 둘러싸이고, 창고를 공유하는 것과 같은 소경영단위를 세대공동체라고 하였으며, 고분시대가 되면, 수장층의 대

---

1) 関東地域의 부뚜막에 관한 연구로서는 笹森 1982, 谷 1982, 駒見 1984, 井上ほか 1986, 横川 1987, 外山 1989・1992, 中村 1982・1989, 利根川 1992, 杉井 1993, 高橋 1991 등이 있으며, 이들 연구사에 대해서는 末木 1994에 자세히 정리되어 있다.

규모경영부터 농민층의 소규모경영에 이르는 격차가 생기게 되고, 그것이 계층 분해를 더욱 촉진시켰다고 하는 都出比呂志의 주장에 의해 정점을 맞이한다(都出 1989).

한편 1980년대의 群馬縣(군마현) 高崎市(타카사키시) 三ッ寺Ⅰ遺蹟(미쓰데라이치유적)과 群馬縣 澁川市(시부카와시) 黑井峯遺蹟(쿠로이미네유적)의 발견은 취락연구에 큰 전환을 가져왔다. 1981년에 발견된 三ッ寺Ⅰ遺蹟은 한 변 약 80m의 방형부분이 있고, 그 주위에 폭 약 30m의 濠가 돌아가는 5세기 후반의 豪族居館이다. 거관 내부는 중앙의 柵列에 의해 이분되고, 남측 부분에 대형굴립주건물, 제사에 사용되었던 石敷遺構와 우물이 있으며, 북측 부분에는 수혈주거지가 배치되어 있다(下城 ほか 1988). 이를 계기로 하여 그 후 각지에서 호족거관이 발견되게 되고, 호족거관의 구조와 성격, 계층차, 전방후원분과의 관계 등에 관한 연구가 정력적으로 진행되었으며(橋本 1985·2001, 都出 1993). 각 지역에 있어서 居館, 취락, 고분군의 양상에서 사회구조를 복원하고자 하는 연구가 이루어졌다(若狹 2002, 坂 2006). 호족거관의 발견으로 취락연구의 주류는 일반취락을 대상으로 하는 연구에서 호족거관연구로 그 경향이 크게 바뀌게 된다.

黑井峯遺蹟은 1981~1989년에 걸쳐 6차의 조사가 실시되고, 6세기 중엽의 榛名山(하루나산) 二ッ嶽(후다츠다케)의 분화로 떨어진 輕石(Hr-FP) 바로 아래의 취락유적이 확인되었다. 이로 인해 분화 당시라는 동시성이 확실한 취락의 모습이 처음으로 밝혀진 것이다. 취락은 7群으로 나뉘어지는데, 그 중의 Ⅰ·Ⅵ군은 담으로 둘러싸인 평지 주거 4동, 작업용 오두막 1동, 고상건물 4동, 가축 우리(家畜小屋) 4동, 야외작업장, 제사장, 밭과 울타리 외곽의 수혈주거지 1동, 가축 우리(家畜小屋) 1동 등으로 이루어져 있다. 다른 6군도 대략 1동의 수혈주거지과 수동의 평지건물, 고상건물 등으로 구성되어 있지만, 가축 우리(家畜小屋)의 유무 등 군마다 성격의 차이 역시 볼 수 있다. 또한 일정한 영역을 둘러싸는 길(道)이 존재하며, 수개의 군이 한데 모여 3그룹을 이루고 있다. 수혈주거지와 평지주거지에 대해서는 전자에서는 일상용구가 거의 출토되지 않는데 비해, 후자에서는 일상용구가 산란되거나 또는 놓여진 상태로 출토되는 것으로 보아 계절적인 주거의 구분이 실시되었다고 보고 있다. 분화되었을 때가 초여름 즈음이기 때문에 평지주거지가 여름용, 수혈주거지가 겨울용으로 추정된다(石井 1991).

黑井峯遺蹟에 관한 연구에서 우선 주목되는 것이 취락에 있어서 단위의 인식에 대한 것이다. Ⅰ·Ⅵ군에서는 수혈주거지 1동과 평지주거지 4동이 군을 형성하고 있지만, 杉井健은 주로 일상생활에 사용되었던 것은 부뚜막을 가진 평지주거지 2동이라고 하며, 이곳에는 두 세대가 있는데, 겨울에는 이 두 세대가 1동의 수혈주거지에서 동거하였다고 보고 있다(杉井 2005). 이에 대해 能登健은 평지주거지를 수혈주거지의 하위에 위치 지우고, 大竪穴住居-小竪穴住居-平地住居라는 계층성이 존재한다고 한다(能登 1990). 또한 1동의 수혈주거지와 수 동의 평지주거지에 밭이 수반되는 각 군을 소비·생산·경영의 최소단위(개별경영)로서의 단위집단으로 보는 견해(橋本 2001)와 길(道) 등으로 연결된 수 군의 결집을 단위집단(세대공동체)으로 하는 견해가 보인다(杉井 2005). 후자의 경우에서도 단위집단과 각 군의 성격·관계에 대해서는 단위집단으로부터 각 군이 완전하게 독립되어 있지 않더라도, 각 군에서 창고가 있으며, 제사행위도 이루어지고, 거주지가 점유되는 등 각 군의 일정정도의 독립성·경영이 보장되어 있었다는 견해(杉井 2005), 각 군에 있어 구획의 점유개념은 존재하지 않으며, 혈연집단 속에서 배타적으로 독점성을 발휘하는 일 없이 공유하는 부분이 많다고 하는 견해(服部 2000), 각 군은 일상적인 생활단위였다고 하더라도 자율적 또는 완결된 것은 아니라고 하는 견해(大村 2002) 등이 보여, 해석에 미묘한 차이가 있다.

黑井峯遺蹟에서 확인되었던 평지주거지는 가는 기둥을 사용한 草壁으로 지표면을 거의 파들어가지 않는 점에서 火山灰下遺蹟 이외에서의 확인은 불가능하다고 할 수 있다. 黑井峯遺蹟의 발견으로 통상적인 취락 발굴조사 자료에서는 동시기 병존유구의 확정이 지극히 곤란하다는 점을 재인식하게 되었고, 고분시대 취락연구에 큰 충격을 가져다 주었다. 그 이상은 없을 정도로 동시기성이 보증된 黑井峯遺蹟의 조사데이터에 있어서도 그 해석은 다양하고, 취락에서 단위집단(세대공동체)을 추출하기는 어렵다는 점이 명백해졌다. 黑井峯遺蹟과 같은 마을(ムラ)의 모습이 고분시대 후기에 일반적인 것이라고 하는 견해(都出 1989)와 수혈주거지, 평지주거지, 굴립주건물의 비중은 지역과 입지조건 등에 따라 다양하다고 하는 견해(大村 1990)가 있어, 黑井峯遺蹟을 어디에 위치지울 것인지도 확정되지는 않았다. 현재의 취락론에서도 이들 문제의 해결방법은 확립되어 있지 않으며, 연구의 「停滯」라고 비판되는 하나의 요인이기도 하다. 黑井峯遺蹟의 검토는 금후에도 계속되어야 하지만, 동시기 병존유구를 확실하게 확인할 수 있는 화산재 아래의 유적이 각지에서 발견될 가능성은 극히 낮아 문제의 해결은 그리 쉽지 않다.

다만 현재의 고분시대 취락연구에 있어서 금후의 방향성이 전혀 보이지 않는 것은 결코 아니다. 그 하나가 遺蹟動態論이지 않을까? 말할 것도 없이 유적동태론은 이미 새로운 시점이라고 할 수 없고, 彌生時代 취락론에서는 오히려 일반적인 방법론이었다. 甲元眞之는 고분시대취락론에 있어서 「時間」관념이 결여되어 있는 점을 들어, 유적의 지속성을 고려하지 않는 분석법이 다이나믹한 역사적 변천과정을 잃게 하였다고 하며 단위집단의 파악에 더해 유적의 지속성에 착목하여 동·서일본 취락의 비교·검토를 행하였다(甲元 1986). 그 결과, 고분시대의 동일본에서는 서일본에 나타나는 것과 같은 거점취락－주변취락이라고 하는 母村－分村関係는 성립하지 않았으며, 단위집단이 일정지역을 이동하면서 형성된 것이 기본이고, 하나의 지점에 지속적으로 주거지가 영위된 예는 적다는 점을 지적하며, 그 요인으로서 동일본에 있어서 경작지의 불안정과 농경기술의 미발달을 들고 있다. 高橋一夫는 동일본의 고분시대취락에는 繼續型聚落과 廢絶型聚落이 있고, 後者가 다수를 점하며 前者는 거점취락(母村)이라고 한다(高橋 1990). 短期廢絶型聚落에서는 작은 계곡 수전 중심의 농경을 행하고 있지만, 고분 수가 많은 北武藏의 兒玉地域(코다마지역)에서는 계곡 수전에 더하여 밭농사가 중요한 비중을 차지하였다고 한다.

2000년대에 들어와서도 취락동태에 관한 연구 성과가 나오고 있다. 菊地芳朗은 東北地方(토호쿠지방)의 고분시대취락을 6期로 편년한 위에 5類型으로 분류하고, 취락의 계층성과 고분피장자와의 관계에 대해 고찰하고 있다(菊地 2001). 그 결과, 전기 초두, 중기 중엽, 종말기 후반에 취락의 단절과 출현의 획기가 있고, 중기 중엽에 각 類型이 갖추어져 취락간의 격차가 현저화되며, 계층분해가 진행됨을 분명히 하고 있다. 石井陽子는 고분시대의 博多灣(하카타만) 沿岸地域을 대상으로 취락동태와 취락구조를 검토하여, 彌生時代 종말부터 古墳時代 전기 전반에 걸쳐 취락 수와 수혈주거지 수가 급격히 증가, 전기 후반부터 감소하고, 중기 후반부터 6세기 후반에 걸쳐 재차 증가함을 밝혔으며, 古墳時代 중기 전반~중기 중엽과 7세기 초두~7세기 전반에 취락의 대규모적인 단절이 있었음을 지적하였다(石井 2009). 그리고 彌生時代 후기 후반부터 古墳時代 전기 전반의 증가는 수전개발에 따른 생산의 확대와 인구증가, 중기 후반부터 6세기 후반의 증가는 방계 친족의 분절화·독립을 나타낸다고 한다. 이와 같은 취락동태는 북부 구주만이 아니고, 전술한 菊地의 논문에도 보인 바와 같이 東北地域이나 関東地域에서도 거의 공통되고 있으며 열도 전체의 움직임으로서 주목된다. 동시기 병존유구의 동정방법이 확립되어 있지 않은 현재로서는 고고학적 시간폭에서 논의할 수 있는 遺蹟動態論을 진행해야 할 것이다. 취락연구가 「停滯」되어 있다고 평가된 1990년대 이후, 취락유적의 조사 데이터는 착실히 축적되고 있으며 각지에 있어서 취락유적의 동태를 검토할 수 있는 단계에 이르렀다.

고분시대 취락연구의 또 하나의 방향성으로서 한일취락의 비교연구를 들 수 있다. 1990년대 후반부터 한국에서는 취락유적의 조사가 급증하고, 많은 자료가 축적되고 있는 중이다. 본 연구회에서도 지금까지 한국 각지의 취락유적의 조사·연구성과가 보고되었다. 兪炳珠은 영남지역에 있어서 4~5세기 취락유적의 특징과 성격에 대해 검토하고, 농경 이외에도 제철이나 토기생산 등에 기반을 둔 다양한 취락이 있고, 장기간 존속하는 취락과 함께 단기간에 폐절하는 취락이 존재함을 지적하였다(兪炳珠 2008). 長期繼續型취락과 短期廢絶型취락의 구별은 일본의 경우와 공통되어 그 배경의 비교연구가 가능하다. 또한 토기생산에 종사한 집단의 취락으로 여겨지는 대구시 시지동유적은 須惠器 生産遺蹟인 陶邑遺蹟과의 비교도 가능할 것이다. 朴泰洪은 영산강 상류역에 있어서 5~6세기 취락유적의 분포와 특징에 대해 검토하였다(朴泰洪 2008). 그 결과 5세기대가 되면 유적 수가 증가하고 평지로의 진출이 보이는데, 그 배경으로 치수기술의 발달과 경지의 확대를 들고 있다. 또한 취락출토의 토기조성도 변화하며 거점취락에서 제사행위가 활발하게 됨과 함께 주거지에 있어서 계층분화도 진행되고 있어, 이것을 혁신적인 변화로 받아들이고 있다. 5세기대에 취락의 증가나 계층분화는 동시기 일본의 양상과도 유사하며, 특히 光州市 山亭洞遺蹟과 東林洞遺蹟은 5·6세기 일본 취락유적과의 비교검토가 가능한 유적으로서 주목된다.

이상 고분시대에 있어서 취락연구의 현황을 정리한 결과, 遺蹟動態論의 중요성을 지적할 수 있으며, 이미 각 지역에서 취락의 消長, 長期繼續型聚落과 短期廢絶型聚落 양상의 검토가 필요함을 알 수 있다. 또한 이들 결과는 동시기 한국의 취락 양상과도 비교가능하다고 말할 수 있다.

3. 本庄台地에 있어서 遺蹟動態와 부뚜막(竈)의 導入·普及의 프로세스

埼玉縣에서의 부뚜막(竈)의 도입과 土師器의 변화와의 관계에 대해서는 末木啓介가 本庄台地, 小山川(코야마가와) 右岸의 妻沼低地(메누마저지), 岩殿丘陵(이와도노구룽)·毛呂台地(모로대지) 東端部를 대상으로 분석을 실시하고 이하의 4가지 점을 지적하였다(末木 1994).

① 本庄台地에서는 다른 지역보다 먼저 부뚜막(竈)이나 大型甑 등의 새로운 문화요소가 도입되었지만, 그 양상은 점이적이고 점차로 획일화의 방향을 향한다는 점에서 재지 수장이 적극적으로 선진기술을 획득하려고 했던 부산물로써 부뚜막(竈)과 大型甑이 도입되고 보급되어 갔다.

② 妻沼低地에서는 변화가 획일적 또는 급격하다는 점에서 재지 수장의 강력한 지도하에 취락 群이 성립되고 부뚜막(竈)이 도입되었다.

③ 岩殿丘陵·毛呂台地 東端部에서는 전통성을 유지해가며 취락을 재편하고 그 위에 새로운 문화요소를 도입하였다.

④ 부뚜막(竈)이나 大型甑의 도입은 그 지역의 사회적 배경에 의해 다른 양상을 나타내며, 일률적인 요인이 아닌 지역마다 복잡한 상황을 고려해야만 한다.

동일 지역 내라고 해도 취락마다 사회적배경·성격은 다르기 때문에 상기④의 지적은 지역단위만이 아니라 취락단위에도 적용될 것이다. 따라서 본고에서는 北武藏에서 가장 빨리 부뚜막(竈)이 도입된 本庄台地을 들어 이 지역에 있어서 취락동태와 부뚜막(竈)의 도입·보급, 토기조성 변화와의 관계를 검토하고자 한다.[2] 대상 시기는 부뚜막(竈)의 도입기부터 보급기인 5세기 전엽~6세기 전엽으로 한다.[3]

1) 後張遺蹟群(고바리유적군)

本庄台地의 女堀川(온나보리가와) 右岸에 형성된 자연제방 위에 위치하는 대규모 취락유적군으로 이 중 後張遺蹟은 4~6세기 전엽에 있어서 중핵적인 취락이며, 지금까지 A~E지점의 5지점이 발굴조사 되었다(도 2~8)(立石 외 1982·1983, 戀河內 2005). 後張遺蹟에 인접하여 四方田遺蹟(시호덴유적, 增田 1989b, 太田 2005), 梅澤遺蹟(우메자와유적, 富田 외 1985, 戀河內 1995), 東牧西分遺蹟(히가시모쿠사이분유적, 戀河內 1995), 川越田遺蹟(카와코에다유적, 富田 외 1985), 今井川越田遺蹟(이마이카와코에다유적, 磯崎 1995, 伴瀬 1996, 瀧瀨 외 1997)이 분포하고 있다. 4~5세기 전엽에는 남서측의 川越田遺蹟과 東牧西分遺蹟에서노 주서시가 보이지만, 5세기 중엽 이후는 북측의 後張遺蹟과 四方田遺蹟에 통합된다. 後張遺蹟은 5세기 전엽에 C지점을 중심으로 주거지 수가 증가하고, 5세기 중엽~후엽에는 주거지 수가 약간 감소하지만, 6세기 전엽에 급증한 뒤, 6세기 중엽에는 급속히 축소되어 간다(도 12).[4] 6세기 중엽 이후는 남서측의 今井川越田遺蹟으로 취락의 중심이 옮겨가고, 7세기 중엽까지 계속된다. 이와 같이 後張遺蹟群은 4세기 후반부터 7세기 중엽까지 중단되지 않고 장기간 계속되는 대형거점취락이라고 할 수 있다.

---

2) 本庄台地의 유적 동태, 부뚜막, 토기 조성에 대해서는 이미 검토하였으며(高久 2003·2007), 본고는 그 검토에 주변지역과의 비교 및 고분시대 취락연구에 있어서의 의미부여를 더해 재구축한 것이다. 그리고 전고에서는 妻沼低地의 유적 역시 분석하였으나, 本庄台地 보다 더 부뚜막의 도입이 늦고, 양상이 다르다는 점이 밝혀져, 본고의 목적에서 벗어나기 때문에 제외하였다. 또한 妻沼低地와 양상이 유사한 本庄台地 東端의 六反田遺蹟 역시 제외하였다.

3) 본고의 시기구분은 北武藏地域의 토기편년을 기초로 하였다. 須惠器와의 대응관계에 대해서는 대략 5세기 전엽이 TK73 이전, 5세기 중엽이 TK73~TK216, 5세기 후엽이 TK208, 6세기 전엽이 TK47~MT15가 된다. 이 중 6세기 전엽으로 한 것은 5세기 말을 포함할 가능성이 높다. 중기 和泉式土器의 편년에 대해서는 주로 坂野 1991a·b·2007를 참고하였다.

後張遺蹟群에 있어서 부뚜막의 출현시기를 나타내는 자료로서 東牧西分遺蹟 41號住居蹟을 들 수 있다(도 9). 이 주거는 5세기 중엽까지 소급될 가능성이 있으며 해당 지역 最古의 부뚜막으로서 주목됨과 함께 後張遺蹟群과 같은 거점취락부터 부뚜막이 도입되었음을 보여주고 있다. 後張遺蹟에서 노지 주거지와 부뚜막 주거지의 비율을 보면, 5세기 전엽까지는 대부분이 노지를 가진 주거지이지만, 5세기 중엽부터 부뚜막이 증가하기 시작하여 6세기 전엽에는 부뚜막이 완전히 정착된다(도 12). 해당지역의 부뚜막 도입기인 5세기 중엽에 있어서는 노지와 부뚜막은 거의 같은 비율이고, 부뚜막의 보급기인 5세기 후엽에도 노지 주거지가 잔존한다. 따라서 後張遺蹟에 있어서 노지에서 부뚜막으로의 전환은 급속한 것이 아닌 점차적인 것이었다고 생각된다.

2) 本庄台地의 諸 遺蹟

本庄台地에 있어서 後張遺蹟群 이외의 유적으로서는 西富田遺蹟群(니시토미다유적군)(二木松遺蹟(니혼마츠유적), 夏目遺蹟(나쯔메유적), 社具路遺蹟(샤쿠지유적), 西富田新田遺蹟(니시토미다신덴유적), 諏訪遺蹟(스와유적)), 下田遺蹟(시모다유적), 東谷遺蹟(히가시타니유적), 古川端遺蹟(후루가와바타유적), 今井原屋敷遺蹟(이마이하라야시키유적), 古井戸南遺蹟(후루이도미나미유적) 등이 있다. 後張遺蹟群의 북쪽 약 1km의 지점에 위치한 西富田遺蹟群의 二本松遺蹟, 夏目遺蹟, 社具路(北部)遺蹟(도 10 · 11)에서는 모두 5세기 중엽에 취락 형성이 시작되었고, 중 · 소취락이 일제히 출현하였음을 알 수 있다(도 13). 또한 諏訪遺蹟에 있어서도 5세기 전엽에 공백기를 두고, 5세기 중엽부터 다시금 취락이 형성된다. 이들 유적의 부뚜막 보급율을 보면, 5세기 중엽에는 이미 노지 주거지가 사라지고, 취락의 형성기부터 이미 부뚜막이 보급되어 있는 상황이 인정된다. 이는 5세기 중엽에도 노지 주거지가 1/3을 차지하고 있는 後張遺蹟의 상황과 대조적이다. 중 · 소 신흥취락이 모인 西富田遺蹟群에서는 대형거점취락인 後張遺蹟과 달리 급속히 부뚜막이 보급되어 갔음을 알 수 있다. 또한 東谷遺蹟, 今井原屋敷遺蹟, 古井戸南遺蹟에서도 5세기 중엽~후엽에 소취락이 형성되기 시작해, 二本松遺蹟이나 夏目遺蹟과 공통된다. 下田遺蹟은 5세기 전엽~중엽에 공백기가 인정되고, 5세기 후엽에 재차 취락이 형성되어 諏訪遺蹟과 유사하다. 古川端遺蹟은 5세기 전엽부터 취락이 형성되지만, 5세기 후엽 이후에 큰 공백기가 인정된다. 東谷遺蹟과 古川端遺蹟에서는 5세기 중엽부터 부뚜막이 보이기 때문에 西富田遺蹟群과 동시기에 도입되었다고 생각되며 5세기 중엽~후엽에는 부뚜막이 거의 정착된다.

3) 本庄台地에 있어서 聚落遺蹟動態의 類型化

이상과 같이 本庄台地에 있어서 취락유적의 동태를 살펴보면 아래와 같이 A~D類型으로 구분된다.
○A類型 : 4세기대부터 6세기대까지 계속해서 취락이 영위되는 長期繼續型 據點聚落(後張遺蹟群).
○B類型 : 5세기 중엽~후엽에 새롭게 취락이 형성되고, 그 대다수가 6세기 전엽까지 폐절되는 中小短期廢絶型취락(二本松遺蹟, 夏目遺蹟 社具路(北部)遺蹟, 西富田新田遺蹟, 東谷遺蹟, 今井原屋敷遺蹟, 古井戸南遺蹟).
○C類型 : 4세기대에 취락이 영위되었지만, 그 후 공백기를 두고 5세기 중엽~후엽에 새롭게 취락이 형성되어 그 대다수가 6세기 전엽까지 폐절되는 中小短期廢絶型聚落(諏訪遺蹟, 下田遺蹟).
○D類型 : 5세기 전엽에 새롭게 취락이 형성되어 그 대다수가 5세기 후엽까지 폐절되는 中小短期廢絶型聚落(古川端遺蹟).

---

4) 後張遺蹟의 보고서에는 고분시대의 주거지를 Ⅰ期~Ⅷ期로 편년하였다(立石ほか 1983). 거기에는 Ⅰ期 = 五領Ⅱ式, Ⅱ期 = 五領Ⅲ式, Ⅲ期 = 和泉Ⅰ式, Ⅳ期 = 和泉Ⅱ式, Ⅴ~Ⅵ期 = 鬼高Ⅰ式, Ⅶ · Ⅷ期 = 鬼高Ⅱ式으로 설정되어 있어, 대략 Ⅰ · Ⅱ期가 4세기대, Ⅲ期가 5세기 전엽, Ⅳ期가 5세기 후엽, Ⅴ期가 5세기 후엽, Ⅵ期가 6세기 전엽, Ⅶ · Ⅷ期가 6세기 중엽으로 생각된다. 그러나 각 주거지의 소속시기에 대해서는 兒玉地域의 토기편년에 대한 선행연구를 참고하여 재검토 하였기에, 각 시기의 주거지는 보고서에 기재되어 있는 주거지의 수와 다르다.

이와 같이 5세기 중엽이 되면 대형거점취락인 後張遺蹟群의 주위에 西富田遺蹟群과 같은 中小短期廢絶型新興聚落이 다수 출현함을 알 수 있다. 부뚜막은 거점취락부터 도입된 것 같지만, 부뚜막의 보급율은 거점취락보다 중소신흥취락 쪽이 높은 양상을 나타낸다.

4. 本庄台地에 있어서 土器組成의 變化

1) 土器組成의 分析

여기에서는 각 유적에 있어서 토기조성의 변화를 검토하고, 비교해 보도록 한다. 분석방법에 대해서는 각 시기마다 주거지에서 출토된 土師器에 대해서 기종별 출토비율(기종별 출토 토기수 ÷ 출토 토기 총수 × 100 : 소수점이하 반올림)과 평균 출토수(기종별 출토 토기수 ÷ 주거수)를 산출하고 비교하는 방법을 사용한다.[5]

대형거점취락인 後張遺蹟을 살펴보면, 4세기 후엽(도 14-1)에서는 供膳具인 高杯·坩(小型丸底壺)이 많으며, 椀·杯는 적다. 煮沸具로는 台付甕이 많고 甕이 적다. 180號 주거지에서 전시기까지는 보이지 않았던 大型甑이 출토되는 점은 주목된다(도 4-7·8). 다음 5세기 전엽(도 14-2)이 되면, 供膳具인 高杯가 증가하고, 煮沸具로는 台付甕을 대신해 甕이 증가한다. 이들은 부뚜막의 도입기 이전에 煮沸具의 변화가 일어났음을 나타낸다(中村 1984·1989, 坂野 1991b). 즉 노지를 사용하면서도 台付甕의 사용이 감소하고 甕의 의존도가 높아지게 된다. 부뚜막의 도입기인 5세기 중엽(도 14-3)에는 煮沸具인 台付甕이 더 더욱 감소하고, 供膳具인 椀과 杯가 약간 증가하는 점을 제외하면 기본적으로 전시기와 마찬가지의 토기조성을 가지고 있어, 부뚜막의 도입에 수반되는 토기조성의 급격한 변화는 보이지 않는다. 또한 노지 주거지와 부뚜막 주거지의 토기조성을 비교하더라도 큰 차이는 나타나지 않는다. 부뚜막의 보급기인 5세기 후엽(도 15-1)이 되면, 供膳具에서는 高杯가 크게 감소하고, 대신해 杯가 급증한다. 須惠器 模倣杯가 성행하기 시작하는 시기이다. 煮沸具에서는 台付甕이 거의 사라지고 완전히 甕으로 이행한다. 다음 6세기 전엽(도 15-2)은 부뚜막이 완전히 정착하는 시기이지만, 供膳具에서는 杯가 증가하고, 高杯가 감소한다. 煮沸具로는 甕이 증가하고 大型甑이 각 주거지에 보급된다. 후기의 토기조성이 정착되는 시기이다. 이와 같이 後張遺蹟에 있어서 토기조성의 변화는 점이적이고, 특히 부뚜막이 도입되는 전후로 큰 변화가 보이지 않는다는 점을 주목해야 한다.

한편 西富田遺蹟群에서는 5세기 중엽(도 16-1)에 高杯, 甕이 많다는 점과 大型甑이 일정량 출토된다는 점은 後張遺蹟과 공통되지만, 椀과 杯라는 小型 供膳具는 後張遺蹟보다 훨씬 많다. 또한 台付甕도 이미 사용되지 않게 된다. 5세기 후엽(도 16-2)에 있어서도 椀·杯의 평균 출토수는 後張遺蹟을 상회한다. 또한 甕의 출토 수도 많다. 5세기 후엽의 下田遺蹟에서도 椀·杯·甕은 後張遺蹟보다 많아지며, 특히 杯의 증가가 현저하다(도 17). 동일한 경향이 今井原屋敷遺蹟에서도 나타난다(도 18).

2) 本庄台地에 있어서 土器組成의 변화 패턴

本庄台地의 제 유적에 있어서 토기조성의 변화를 살펴보면, 아래와 같은 두개의 패턴으로 구분된다.

○ I 패턴 : 台付甕에서 甕으로의 이행, 高杯의 증가와 감소, 杯·大型甑의 증가 등의 변화가 점이적으로 진행되는 경우(後張遺蹟).

○ II 패턴 : 5세기 중엽~후엽에 걸쳐 椀이나 杯의 증가가 현저한 경우(西富田遺蹟群, 下田遺蹟, 今井原屋敷遺蹟).

---

5) 이 중 평균출토수의 분석은, 이미 末木가 시도하였는데(末木 1994), 주거지에 따라 출토 토기수에 차이가 있기 때문에, 이것과 합쳐져 기종별 출토 비율 역시 사용하였다. 그리고 훼손율(삭평이나 중복에 의한 파괴)이 50% 이상의 주거지나 출토 토기수가 극단적으로 적은 주거지는 분석대상에서 제외하였다.

전술한 취락동태와의 대응관계를 보면, A類型의 취락은 Ⅰ패턴, B·C類型의 취락은 Ⅱ패턴이 된다. 즉 장기에 걸쳐 지속되는 A類型(大型據點聚落)은 토기조성의 변화가 점이적인 것에 비해, 5세기 중엽~후엽에 새롭게 취락이 형성되기 시작한 B·C類型(中小短期廢絕型新興聚落)에서는 토기조성의 변화가 전자와 비교해 급속히 진행됨을 보여준다. 전술한 바와 같이 A類型의 경우는 노지에서 부뚜막으로의 전환도 점이적인 것에 대해, B·C類型에서는 급속히 부뚜막이 보급·정착되어 간다. 즉 中小短期廢絕型 新興聚落에서는 대형거점취락보다도 부뚜막의 보급과 토기조성의 변화가 빠르다는 점을 알 수 있다. 따라서 北武藏에서 보다 일찍 부뚜막이 정착해 가는 요인으로서, 새로운 토기조성이나 부뚜막 등의 새로운 문화를 적극적으로 도입하는 신흥취락이 5세기 중엽에 거점취락의 주위에 출현하는 점을 들 수 있을 것이다.

5. 周邊地域과의 比較

北武藏地域과의 비교자료로서 인접하는 上野地域(우에노지역)을 들어보도록 한다. 그 중에서도 榛名山東麓에 위치하는 群馬縣 澁川市 吹屋糀屋遺蹟(후키야코우지야유적)을 분석대상으로 한다(山口 2007). 吹屋糀屋遺蹟은 利根川(토네가와)와 吾妻川(아가쯔마가와)에 끼인 산록대지, 하안 단구상에 위치하며 주위에는 火山灰下遺蹟으로서 유명한 黑井峯遺蹟과 中筋遺蹟(나카스지유적), 다수의 말발굽 흔적이 검출되어 말의 유목지가 분명한 白井遺蹟群(시로이유적군) 등이 분포한다. 또한 주변에는 적석총과 한반도로부터의 도래계유물이 출토되는 유적이 있어 榛名山 東南麓 일대는 도래인집단과 관계가 깊은 지역이기도 하다. 吹屋糀屋遺蹟도 榛名山 二ッ嶽의 분화에 의해 6세기 초두에 내린 화산재(Hr-FA)와 6세기 중엽에 내린 輕石(Hr-FP)으로 덮여 있었다. Hr-FP 輕石層의 바로 아래에서는 소구획 수전유구, 放牧地蹟이, Hr-FA 火山灰層 바로 아래에서는 소구획수전, 도로유구, 放牧地蹟이, Hr-FA 火山灰層下의 롬층 상면에서는 수혈주거지 31기, 굴립주건물 2동, 제사유적으로 생각되는 토기집중유구 4기가 각각 확인되었다. 이 중 분석대상으로 삼는 것은 롬층 상면에서 검출된 수혈주거지이다(도 19-1). 이들 수혈주거지는 Hr-FA 火山灰 바로 아래에 있어 매몰된 凹地로서 확인되고 있는 점으로 보아 6세기 초두에는 이미 폐절되고 어느 정도 시간이 지났음을 알 수 있다. 주거지에서 출토되는 土師器에는 丸底內斜口緣杯가 많고 模倣杯가 거의 보이지 않는 점이나, 19·25·31·38·39·40·43號 주거지에서 TK 216~208 型式의 須惠器가 공반되고 있는 점에서 이들 수혈주거지는 5세기 중엽경의 것이고, 5세기 후엽에 폐절된 것으로 추정된다. 따라서 취락동태는 本庄台地에 있어서 短期廢絕型新興聚落인 B類型에 해당된다. 31기 중 13기의 수혈주거지에서 부뚜막이 확인되었지만, 부뚜막이 확인되지 않은 16기의 주거지에서는 부뚜막이 많이 설치된 동벽 쪽이 잔존하지 않았기 때문에, 본래는 거의 모든 주거지가 부뚜막을 가지고 있었다고 추정된다. 또한 부뚜막 중에는 24號 주거지와 같이 연도가 없으며 주거지 벽으로부터 떨어져 설치된 초현적인 형태의 것도 있어, 爐에서 부뚜막으로의 이행기의 양상을 나타내고 있다(도 19-3). 토기조성을 살펴보면, 甕의 비율이 33%, 椀·杯의 비율이 합계 37%로 동시기의 後張遺蹟보다도 훨씬 높으며, 西富田遺蹟群(Ⅱ패턴)보다 높다(도 20). 上野의 榛名山 東麓地域에서는 부뚜막의 보급과 토기조성의 변화가 本庄台地보다 빨리 진행되었을 가능성이 있다.

若狹徹의 연구에 의하면 이 시기 榛名山 東南麓地域에서는 취락이 증가하고, 수전경영이 집약화됨과 함께 밭농사 구역이 개발되었으며 이에 더하여 馬匹生産도 실시되었고, 그 지역 경영거점으로서 三ッ寺Ⅰ遺蹟이 등장한다. 이들 지역정책을 실행하기 위해 도래계기술이 도입되었다고 한다(若狹 2002). 5세기 중엽~후엽에는 이 지역에서 積石塚, 初期馬具, 韓式系軟質土器 등이 집중적으로 발견되어, 도래인집단의 이주를 나타내고 있다(土生田 外 2003). 吹屋糀屋遺蹟에서도 2號 토기집중유구에서 승석문타날 壺나 牛角形把手를 가진 甕 등의 韓式系軟質土器가 출토되어(도 19-5), 도래계의 신기술을 도입하여 農耕과 馬匹生産을 실시하였던 집단의 短期廢絕型新興聚落이었다고 추정된다. 이와 같은 취락에서는 부뚜막이나 새로운 토기조성이 보다 일찍 도입되었음을 알 수 있으며, 이것이 인접한 北武藏에 받아들여졌을 가능성이 높다.

6. 나오며

이상 本庄台地에 있어서 취락의 동태, 부뚜막의 도입·보급의 프로세스, 토기조성의 변화에 대해 검토하고, 인접한 上野地域의 유적과 비교해 보았다. 취락동태를 살펴보면, 高橋가 지적한 바와 같이 繼續型聚落과 廢絕型聚落이 있는데 후자가 다수를 차지하며(高橋 1990), 5세기 중엽~후엽에 집중하여 전자의 주변에 후자가 출현하고 있음을 알 수 있다. 이는 母村-分村関係로 보는 것이 타당할 것이다. 이 시기 취락의 증가는 북부 구주에서도 보여, 연동된 움직임이라는 점이 주목된다. 전술하였던 바와 같이 石井는 그 요인을 방계친족의 분절화·독립에 의한 것으로 해석하고 있다(石井 2009). 방계친족이 독립하기 위해서는 그 배경으로 경지의 개발이 필요하다. 高橋는 兒玉地域에 고분 수가 많은 이유를 생산성이 낮은 계곡 수전에 더하여 밭의 개발에서 찾고 있다. 榛名山麓의 경우와 마찬가지로 새로운 경작지의 개발에 도래계의 신래기술이 도입되었을 가능성이 높다.

本庄台地에 있어 부뚜막이나 大型 甑 등 새로운 도래계문화요소는 5세기 중기 이전에 우선 거점취락인 後張遺蹟群부터 도입되지만, 5세기 후엽에도 노지 주거지가 잔존하고, 노지에서 부뚜막으로의 전환이 점이적으로 이루어졌다. 또한 토기조성의 변화도 결코 급격한 것은 아니었다. 이것은 전술했던 末木의 견해를 입증하는 것이지만, 5세기 중엽에 거점취락의 주변에 출현하는 中小短期廢絕型新興聚落에서는 부뚜막이 급속히 보급됨과 함께 토기조성의 변화가 後張遺蹟보다도 급격하여, 새로운 토기조성을 보다 적극적으로 도입했음을 알 수 있다. 도래계문화의 보급에는 이들 中小短期廢絕型新興聚落의 역할이 크다고 할 수 있다. 고분시대 중기의 関東地域에 있어서 도래계문화의 도입·보급을 생각할 때에는 도래계문화를 적극적으로 도입하는 신흥취락이 母村에서 分村하는 프로세스, 分村을 가능케 한 가경지의 확대 등의 내부적 요인을 고려할 필요가 있을 것이다. 다만 이들 신흥취락은 단기간에 폐절·이동하고 있어, 甲元이 지적한 바와 같이 경작지의 불안정이라는 한계가 극복되지 못했을 가능성도 무시할 수 없다(甲元 1986).

이기성 번역

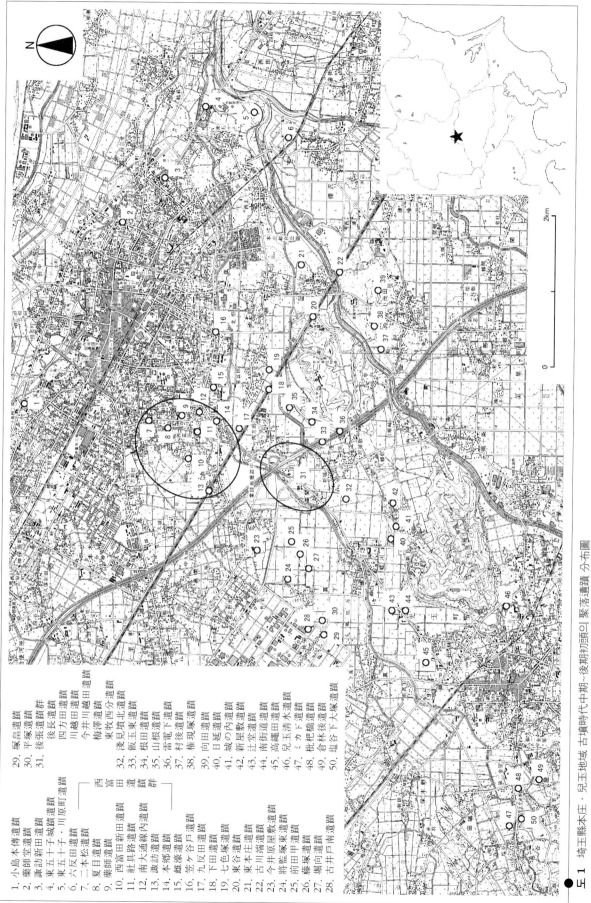

圖 1 埼玉縣本庄·兒玉地域 古墳時代中期~後期初頭의 聚落遺蹟 分布圖

1. 小島本傳遺蹟
2. 藥師堂遺蹟
3. 諏訪新田遺蹟群
4. 東五十子城遺蹟·川原町遺蹟
5. 東五十子·二本松遺蹟
6. 六反田遺蹟
7. 二本松遺蹟
8. 夏目遺蹟
9. 藥師遺蹟
10. 西富田新田遺蹟　　西富田遺蹟群
11. 社具路遺蹟
12. 南大通線內遺蹟
13. 諏訪遺蹟
14. 本郷遺蹟
15. 雌蝶遺蹟
16. 笠ヶ谷戸遺蹟
17. 九反反遺蹟
18. 下田遺蹟
19. 七色塚遺蹟
20. 東谷遺蹟
21. 東本庄遺蹟
22. 古川端遺蹟
23. 今井原塚東遺蹟
24. 將監塚遺蹟
25. 前田塚遺蹟
26. 藤塚遺蹟
27. 堀向南遺蹟
28. 古井戸南遺蹟

29. 塚畠遺蹟
30. 平塚遺蹟
31. 後張遺蹟群
　　後長遺蹟
　　四方田遺蹟
　　川越田遺蹟
　　今井川越田遺蹟
　　梅澤西分遺蹟
　　東牧西墳北遺蹟
32. 辻堂遺蹟
33. 飯玉東遺蹟
34. 新屋敷遺蹟
35. 山根遺蹟
36. 雷電下遺蹟
37. 村後遺蹟
38. 權現塚遺蹟
39. 向田遺蹟
40. 城の内遺蹟
41. 新屋敷遺蹟
42. 辻堂遺蹟
43. 南街道遺蹟
44. 高繩田遺蹟
45. 兒玉清水遺蹟
46. 杷杷稀遺蹟
47. 倉林後遺蹟
48. 堀向遺蹟
49. 倉谷遺蹟
50. 塩谷下大塚遺蹟

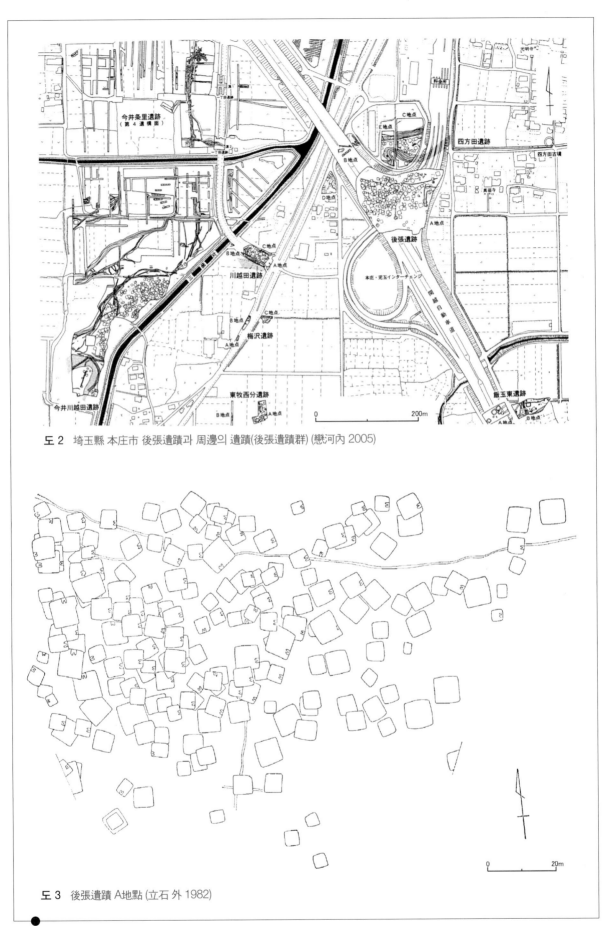

도 2 埼玉縣 本庄市 後張遺蹟과 周邊의 遺蹟(後張遺蹟群) (戀河內 2005)

도 3 後張遺蹟 A地點 (立石 外 1982)

도 2~3

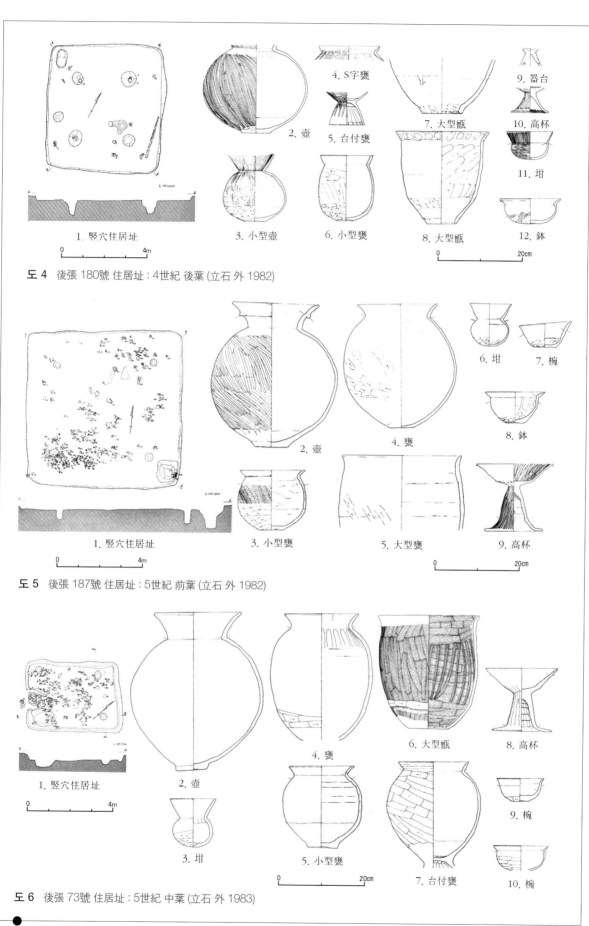

도 4   後張 180號 住居址 : 4世紀 後葉 (立石 外 1982)

1. 竪穴住居址
2. 壺
3. 小型壺
4. S字甕
5. 台付甕
6. 小型甕
7. 大型甑
8. 大型甑
9. 器台
10. 高杯
11. 坩
12. 鉢

도 5   後張 187號 住居址 : 5世紀 前葉 (立石 外 1982)

1. 竪穴住居址
2. 壺
3. 小型甕
4. 甕
5. 大型甕
6. 坩
7. 椀
8. 鉢
9. 高杯

도 6   後張 73號 住居址 : 5世紀 中葉 (立石 外 1983)

1. 竪穴住居址
2. 壺
3. 坩
4. 甕
5. 小型甕
6. 大型甑
7. 台付甕
8. 高杯
9. 椀
10. 椀

도 4~6

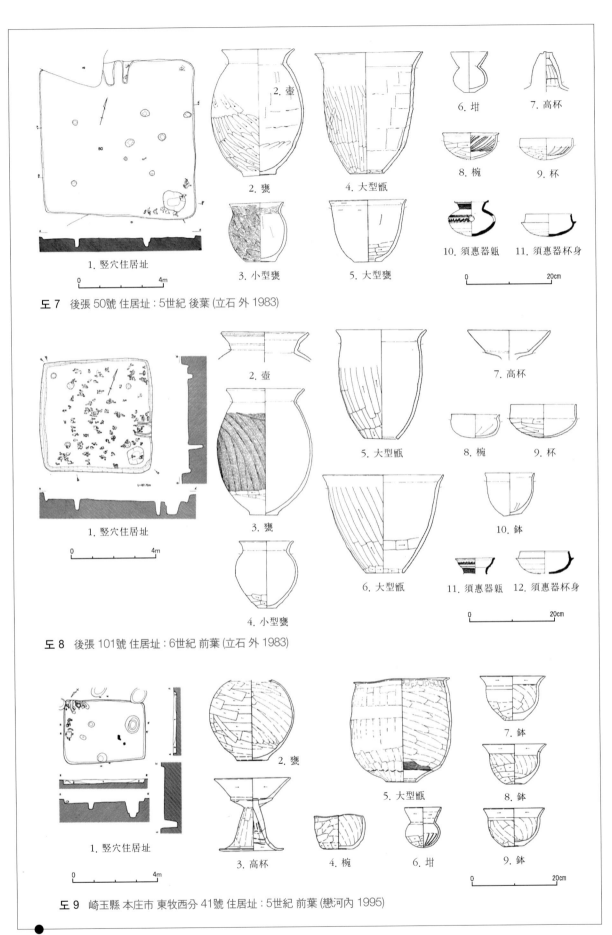

2. 壺
2. 甕
4. 大型甑
6. 坩
7. 高杯
3. 小型甕
5. 大型甕
8. 椀
9. 杯
10. 須惠器甁
11. 須惠器杯身
1. 竪穴住居址
0   4m
0   20cm

도 7 後張 50號 住居址：5世紀 後葉 (立石 外 1983)

2. 壺
7. 高杯
3. 甕
5. 大型甑
8. 椀
9. 杯
1. 竪穴住居址
6. 大型甑
10. 鉢
4. 小型甕
11. 須惠器甁 12. 須惠器杯身
0   4m
0   20cm

도 8 後張 101號 住居址：6世紀 前葉 (立石 外 1983)

2. 甕
5. 大型甑
7. 鉢
3. 高杯
8. 鉢
1. 竪穴住居址
4. 椀
6. 坩
9. 鉢
0   4m
0   20cm

도 9 崎玉縣 本庄市 東牧西分 41號 住居址：5世紀 前葉 (戀河內 1995)

도 7~9

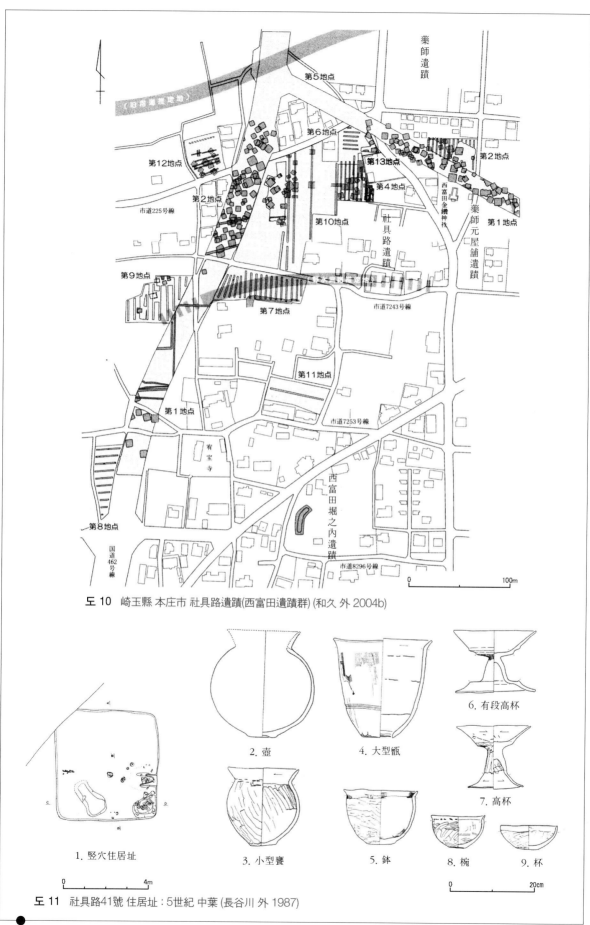

도 10　崎玉縣 本庄市 社具路遺蹟(西富田遺蹟群) (和久 外 2004b)

1. 竪穴住居址
2. 壺
3. 小型甕
4. 大型甑
5. 鉢
6. 有段高杯
7. 高杯
8. 椀
9. 杯

도 11　社具路41號 住居址 : 5世紀 中葉 (長谷川 外 1987)

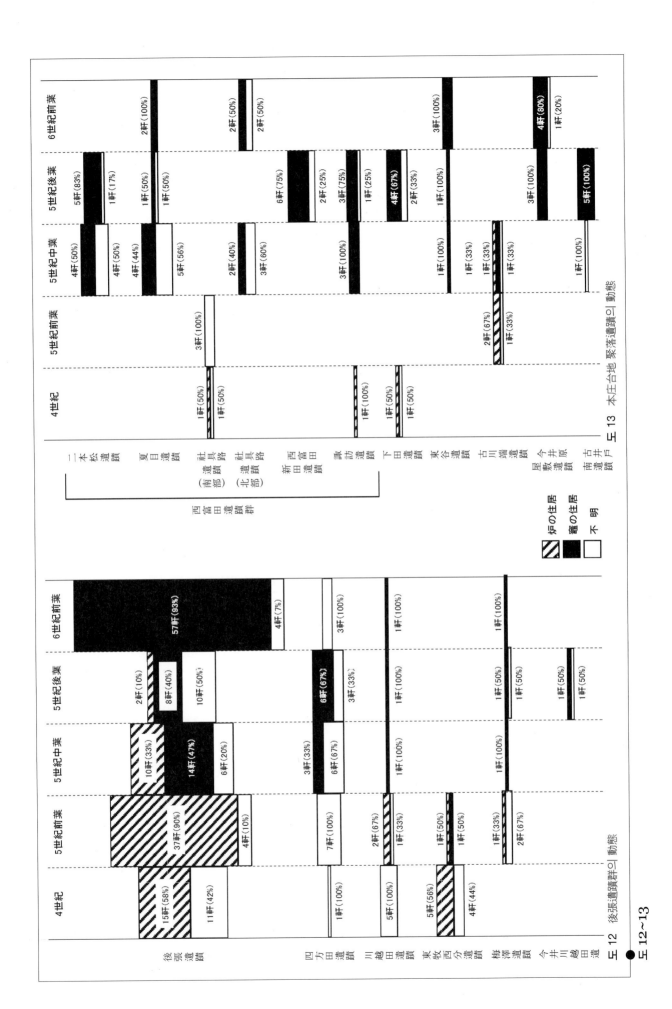

도 12 後張遺蹟群의 動態

도 13 本庄台地 聚落遺蹟의 動態

炉의 住居

竈의 住居

不明

도 12~13

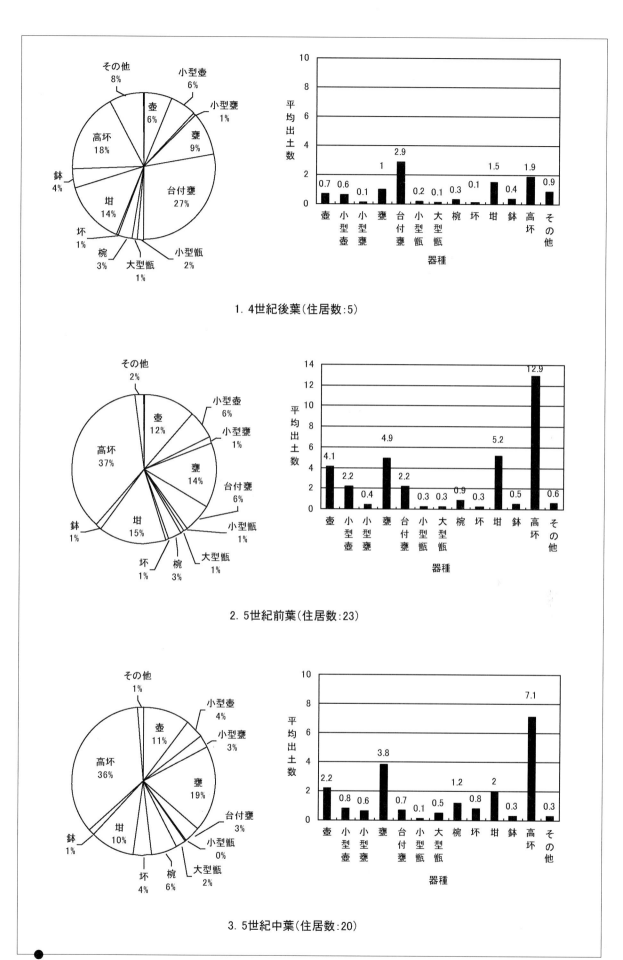

1. 4世紀後葉(住居数:5)

2. 5世紀前葉(住居数:23)

3. 5世紀中葉(住居数:20)

도 14   後張遺蹟의 器種別 出土 比率(左)과 平均 出土數(右) (1)

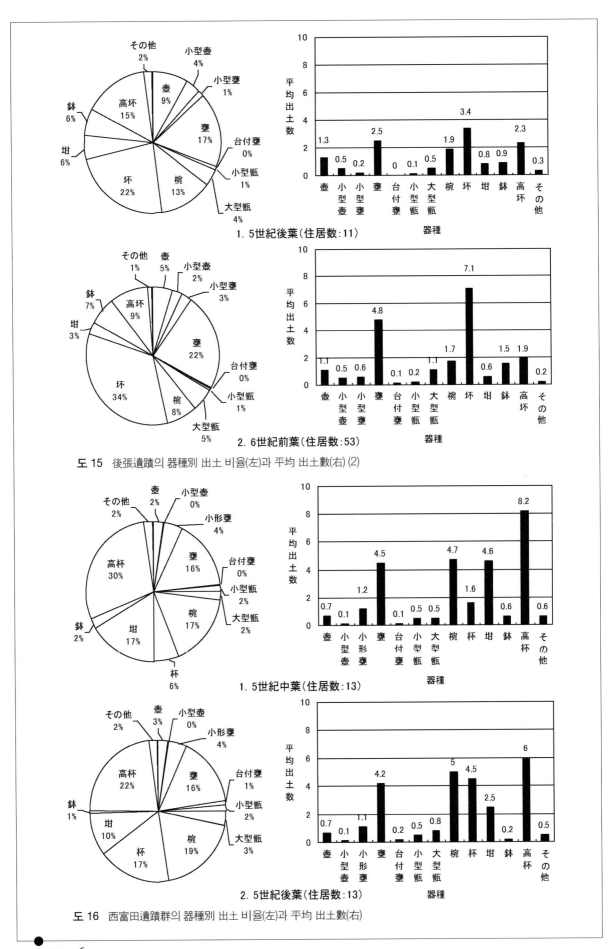

図15 後張遺蹟의 器種別 出土 比率(左)과 平均 出土數(右) (2)

図16 西富田遺蹟群의 器種別 出土 比率(左)과 平均 出土數(右)

도 15~16

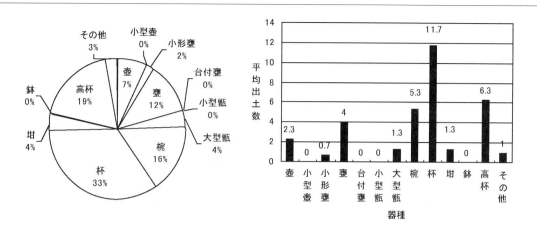

도 17 下田遺蹟(5世紀後葉)의 器種別 出土 比率(左)과 平均 出土數(右) (住居數 : 3)

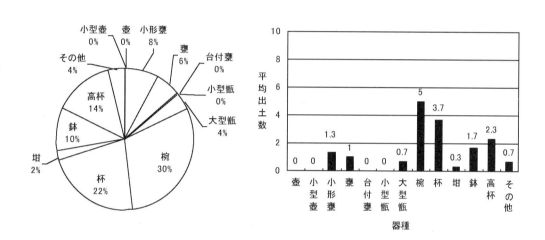

1. 5世紀後葉(住居數 : 3)

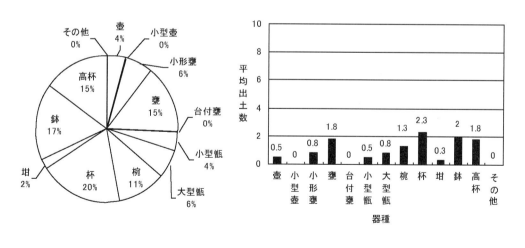

2. 6世紀前葉(住居數 : 4)

도 18 今井原屋敷遺蹟의 器種別 出土 比率(左)과 平均 出土數(右)

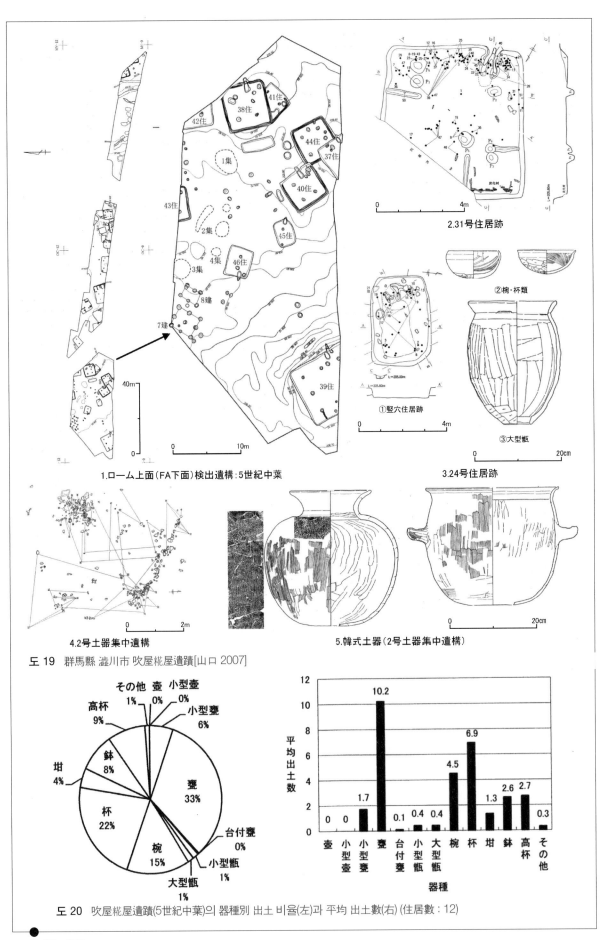

1.ローム上面(FA下面)検出遺構:5世紀中葉

2.31号住居跡

②椀・杯類

③大型甕

3.24号住居跡

①竪穴住居跡

4.2号土器集中遺構

5.韓式土器(2号土器集中遺構)

도 19　群馬縣 澁川市 吹屋糀屋遺蹟[山口 2007]

도 20　吹屋糀屋遺蹟(5世紀中葉)의 器種別 出土 比率(左)과 平均 出土數(右) (住居數:12)

●참고문헌●

石井克己, 1991, 『黑井峯遺蹟發掘調査報告書』子持村文化財調査報告第11集, 子持村教育委員會.

石井陽子, 2009, 「博多灣沿岸地域における古墳時代の集落動態」, 『九州考古學』第84號.

石橋桂一 外, 1985, 『夏目遺蹟發掘調査報告書』本庄市埋藏文化財調査報告書第5集2分册, 本庄市教育委員會.

礒崎一, 1995, 『今井川越田遺蹟』埼玉縣埋藏文化財調査事業團報告書第177集, 埼玉縣埋藏文化財調査事業團.

礒崎一 外, 1989, 『新田裏・明戸東・原遺蹟』埼玉縣埋藏文化財調査事業團報告書第85集, 埼玉縣埋藏文化財調査事業團

井上尙明 外, 1986, 『將監塚・古井戸 -古墳・歷史時代編Ⅰ-』埼玉縣埋藏文化財調査事業團報告書第64集, 埼玉縣埋藏文化財
　　　調査事業團.

太田博之, 2005, 『四方田(Ⅱ・Ⅲ・Ⅳ次調査)・久下東(Ⅱ次調査)』本庄市埋藏文化財報告第31集, 本庄市教育委員會.

_____, 2006, 『今井原屋敷遺蹟 -第4地點-』本庄市埋藏文化財調査報告書第4集, 本庄市教育委員會.

大村直, 1990, 「古墳時代のムラと家族はどのようなものか」, 『爭點 日本の歷史』第二卷 古代編Ⅰ, 新人物往來社.

_____, 2002, 「彌生・古墳時代のムラ研究について」, 『ムラ研究の方法 -遺蹟・遺物から何を讀みとるか』帝京大學山梨文化財
　　　研究所研究集會報告集4, 岩田書院.

柿沼幹夫 外, 1978, 『東谷・前山2號墳・古川端』埼玉縣遺蹟發掘調査報告書第16集, 埼玉縣教育委員會.

_____, 1979, 『下田・諏訪』埼玉縣遺蹟發掘調査報告書第21集, 埼玉縣教育委員會.

菊地芳朗, 2001, 「東北地方の古墳時代集落 -その構造と特質-」, 『考古學研究』第47卷 第4號.

戀河內昭彦, 1995, 『飯玉東Ⅱ・高繩田・樋越・梅澤Ⅱ・東牧西分・鶴蒔・毛無し屋敷・石橋』兒玉町文化財調査報告書第17集,
　　　兒玉町教育委員會.

_____, 2005, 『後張遺蹟Ⅲ -C地點の調査-』兒玉町遺蹟調査會報告書第20集, 兒玉町遺蹟調査會.

甲元眞之, 1986, 「農耕集落」, 『岩波講座 日本考古學』4, 岩波書店.

駒見和夫, 1984, 「古代における爐とカマド -北武藏での檢討を中心として-」, 『信濃』第36卷 第4號, 信濃史學會.

近藤義郎, 1959, 「共同體と單位集團」, 『考古學研究』第6卷 第1號.

笹森紀己子, 1982, 「かまど出現の背景」, 『古代』第72號, 早稻田大學考古學會.

下城正 外, 1988, 『三ッ寺Ⅰ遺蹟』上越新幹線関係埋藏文化財發掘調査報告書第8集, 群馬縣埋藏文化財調査事業團.

末木啓介, 1994, 「埼玉縣におけるカマド導入期の樣相 -カマド, 大形甑, 杯の形態を中心として-」, 『研究紀要』第11號, 埼玉縣
　　　埋藏文化財調査事業團.

菅谷浩之 1972, 『西富田新田遺蹟 -古墳時代發掘調査槪報-』, 本庄市教育委員會.

杉井健, 1993, 「竈の地域性とその背景」, 『考古學研究』第40卷 第1號, 考古學研究會.

_____, 2005, 「古墳時代集落研究序論 -黑井峯遺蹟の分析から-」, 『待兼山考古學論集 -都出比呂志先生退任記念-』, 大阪大學考
　　　古學研究室.

高久健二, 2003, 「埼玉縣における竈の導入・定著過程と器種組成變化に関する一考察 -本庄台地を中心にして-」, 『平成12年度
　　　~平成14年度科學研究費補助金(基盤研究(C)(1))研究成果報告書 古墳時代東國における渡來系文化の受容と展開』, 敷
　　　修大學文學部.

_____, 2007, 「北武藏における古墳時代の集落動態と外來系文化の定著過程について -中期~後期前半における竈の定著過程
　　　と器種構成變化の分析を中心に-」, 『韓日聚落研究の現況と課題(Ⅲ)』, 韓日聚落研究會.

高橋一夫, 1990, 「東日本の集落」, 『古墳時代の研究』2, 雄山閣.

_____, 1991, 「集落研究に関する二, 三の覺書」125號, 古代學研究會.

瀧瀬芳之 外, 1997, 『今井川越田遺蹟Ⅲ』埼玉縣埋藏文化財調査事業團報告書第191集, 埼玉縣埋藏文化財調査事業團.

武末純一, 1996, 「西新町遺蹟の竈 -その歷史的意義-」, 『碩晤尹容鎭教授停年退任紀念論叢』, 碩晤尹容鎭教授停年退任紀念論叢
　　　刊行委員會.

立石盛詞 外, 1982, 『後張 I』埼玉縣埋藏文化財調査事業團報告書第15集, 埼玉縣埋藏文化財調査事業團.

＿＿＿＿, 1983, 『後張 II』埼玉縣埋藏文化財調査事業團報告書第26集, 埼玉縣埋藏文化財調査事業團.

谷旬, 1982, 「古代東國のカマド」, 『千葉縣文化財センター研究紀要』7, 千葉縣文化財センター.

都出比呂志, 1989, 『日本農耕社會の成立過程』, 岩波書店.

＿＿＿＿, 1993, 「古墳時代首長の政治據點」, 『論苑考古學』, 天山舍.

利根川章彦, 1982, 「古墳時代集落構成の一考察 -兒玉地方の5~8世紀の集落群の動態と土師器の變遷を中心として-」, 『土曜考古』第5號, 土曜考古學研究會.

＿＿＿＿, 1992, 「埼玉縣」, 『第32回 埋藏文化財研究集會 古墳時代の竈を考える 第3分册』, 埋藏文化財研究會.

富田和夫 外, 1985, 『立野南・八幡太神南・熊野太神南・今井遺蹟群・一丁田・川越田・梅澤』埼玉縣埋藏文化財調査事業團報告書第46集, 埼玉縣埋藏文化財調査事業團.

外山政子, 1989, 「群馬縣地域の土師器甑について」, 『研究紀要』6, 群馬縣埋藏文化財調査事業團.

＿＿＿＿, 1992, 「爐かカマドか -もう一つのカマド構造について-」, 『研究紀要』10, 群馬縣埋藏文化財調査事業團.

中村倉司, 1982, 「大形甑 -埼玉縣を中心として-」, 『土曜考古』第5號, 土曜考古學研究會.

＿＿＿＿, 1984, 「器種組成の變遷と時期區分」, 『土曜考古』第9號, 土曜考古學研究會.

＿＿＿＿, 1989, 「関東地方における竈・大形甑・須恵器出現時期の地域差」, 『研究紀要』第6號, 埼玉縣埋藏文化財調査事業團.

＿＿＿＿, 1999, 「埼玉縣における5世紀代の土器 -和泉式土器の行方-」, 『東國土器研究』第5號, 東國土器研究會.

能登健, 1990, 「黑井峯遺蹟にみる古墳時代集落の樣相」, 『歷史と地理』第418號.

橋本博文, 1985, 「古墳時代首長層の居宅の構造とその性格」, 『古代探叢』II, 早稻田大學出版部.

＿＿＿＿, 2001, 「古墳時代の社會構造と組織」, 『村落と社會の考古學』現代の考古學6, 朝倉書店.

長谷川勇 外, 1983, 『二本松遺蹟發掘調査報告書』本庄市埋藏文化財調査報告書第5集1分册, 本庄市教育委員會.

＿＿＿＿, 1987, 『社具路遺蹟發掘調査報告書』本庄市埋藏文化財調査報告書第5集3分册, 本庄市教育委員會.

服部敬史, 2000, 「古墳時代集落論 -その現狀と課題-」, 『大塚初重先生頌壽記念考古學論集』, 東京堂出版.

土生田純之 外, 2003, 『劍崎長瀞西5・27・35號墳 -劍崎長瀞西遺蹟2-』敷修大學文學部考古學研究報告第1册, 敷修大學文學部考古學研究室.

坂靖, 2006, 「葛城の集落構成と墓域」, 『第2回日韓集落研究會共同研究會 日韓集落研究の現況と課題(II)』, 日韓集落研究會日本支部.

伴瀨宗一, 1996, 『今井川越田遺蹟II』埼玉縣埋藏文化財調査事業團報告書第178集, 埼玉縣埋藏文化財調査事業團.

坂野和信, 1988, 「和泉式後期土器の樣相 -竈導入期の土器群-」, 『本庄市立歷史民俗資料館紀要』第2號, 本庄市立歷史民俗資料館.

＿＿＿＿, 1991a, 「和泉式土器の成立過程とその背景 -布留式後期土器との編年的檢討-」, 『埼玉考古學論集 -設立10周年記念論文集-』, 埼玉縣埋藏文化財調査事業團.

＿＿＿＿, 1991b, 「和泉式土器の成立について -序論-」, 『土曜考古』第16號, 土曜考古學研究會.

＿＿＿＿, 2007, 『古墳時代の土器と社會構造』, 雄山閣.

朴泰洪, 2008, 「榮山江上流地域の5・6世紀代集落と土器生産」, 『日韓集落研究會第4回共同研究會 日韓集落の研究 -生産遺蹟と集落遺蹟-』, 韓日聚落研究會韓國支部.

本庄市史編集室, 1976, 『本庄市史 資料編』.

增田一裕, 1987, 『南大通り線內遺蹟發掘調査報告書 I』本庄市埋藏文化財調査報告書第9集1分册, 本庄市教育委員會.

＿＿＿＿, 1989a, 『南大通り線內遺蹟發掘調査報告書 II』本庄市埋藏文化財調査報告書第9集2分册, 本庄市教育委員會.

＿＿＿＿, 1989b, 『四方田・後張遺蹟群發掘調査報告書』本庄市埋藏文化財調査報告第14集, 本庄市教育委員會.

＿＿＿＿, 1991, 『南大通り線內遺蹟發掘調査報告書III』本庄市埋藏文化財調査報告書第9集3分册, 本庄市教育委員會.

山口逸弘, 2007, 『吹屋糀屋遺蹟』群馬縣埋藏文化財調査事業團調査報告書第404集, 群馬縣埋藏文化財調査事業團.

兪炳璨, 2008,「最近の成果からみた嶺南地域の4~5世紀の三國時代集落」,『日韓集落研究會第4回共同研究會 日韓集落の研究 -生産遺蹟と集落遺蹟-』, 韓日聚落研究會韓國支部.

横川好富, 1987,「竈の出現とその背景」,『柳田敏司先生還曆記念論文集 埼玉の考古學』, 新人物往來社.

若狹徹, 2002,「古墳時代の地域經營 -上毛野クルマ地域の3~5世紀-」,『考古學研究』第49巻 第2號.

和歌山縣文化財センター, 1992,『第32回 埋藏文化財研究集會 古墳時代の竈を考える』第1~3分册, 埋藏文化財研究會.

和久裕昭 外, 2004a,『社具路遺蹟 -第4地點-』本庄市遺蹟調査會報告第7集, 本庄市遺蹟調査會.

_____, 2004b,『社具路遺蹟 -第13地點-』本庄市遺蹟調査會報告第10集, 本庄市遺蹟調査會.

和島誠一, 1948,「原始聚落の構成」,『日本歷史學講座』, 學生書房.

和島誠一・金井塚良一, 1966,「集落と共同體」,『日本の考古學』V, 河出書房新社.

大邱·慶北地域 三國時代 聚落의 特徵과 性格

金昌億

1. 序論

근년에 들어 취락에 대한 연구가 활발히 이루어지고 있다고 볼 수 있는데, 그것은 이제까지 외형으로 드러나 있던 고분이나 지석묘와 같은 분묘중심의 발굴조사에서 대규모의 택지조성이나 국토개발로 인하여 많은 얕은 구릉이나 평지지역이 개발됨에 따라 육안으로 확인되지 않았던 취락 관련 유구들이 발굴되기 시작하면서 부터이다. 이러한 일례로 '마을의 고고학' 이라는 주제로 학술대회[1]도 개최된 바 있다.

취락고고학이란 영어의 'Settlement Archhaeology' 에서 비롯된 것으로 학자에 따라[2] 여러 용어로 사용되고 있으나 어느 것이든 나름대로의 주관적인 관점에서 파악된 것이기 때문에 완전하다고 할 수 없다.[3]

우리나라에서 취락고고학에 대한 연구는 주로 청동기시대 주거지를 중심으로 이루어져 왔는데, 근년에 들어서 원삼국시대와 삼국시대에 해당하는 취락유적들이 발굴조사 되면서 이 시대에 대한 연구도 활발히 진행되고 있는 상황이다.

이제까지 원삼국·삼국시대 취락에 대한 연구는 크게 통시적인 관점에서 취락의 분포 정형에 대한 연구와 취락유적 자체에 대한 연구로 나누어 볼 수 있겠으며, 최근 들어 취락의 지역성에 대한 연구도 이루어지고 있다.

먼저 통시적인 관점에서 취락에 대한 연구는 취락유적 자체만으로는 유적의 수가 절대 부족하므로 주로 고분자료를 이용하여 취락의 분포유형이나 규모, 위계화 정도, 그리고 '국' 으로의 발전과정을 중심지이론을 근거로 해서 접근하여 소국의 취락 분포 정형에 대한 다양한 모델을 만들고(李賢惠 1996, 權五榮 1996, 李熙濬 2000), 또 고분유적과 취락유적과의 상호 비교 및 그 출토유물들에 대한 분석을 통해 취락 내에서의 교환양상과 취락과 취락간의 교환양상에 대한 연구 등도 이루어지고 있다(金玉順 2004).

다음은 취락유적 자체에 대한 연구와 자체 유적의 분석을 통한 지역성에 대한 연구로, 이는 1990년 이후 대규모 취락유적들이 발굴되면서 주로 이루어지게 되었다. 이들 유적에는 1·2기의 주거지가 분포하는 것이 아니라 대규모로 수십기의 유구들이 넓은 범위에 걸쳐서 하나의 취락을 이루면서 분포하고 있다. 이러한 유적들에 대한

---

1) 韓國考古學會, 1994, 『마을의 考古學』, 第18回 韓國考古學全國大會 發表要旨, 韓國考古學會.
2) 住居考古學(崔夢龍 1983), 住居址考古學(金權九 1995), 聚落考古學(李松來 1989, 秋淵植 1993), 마을考古學(秋淵植 1994, 韓國考古學會 1994), 生活考古學(朴升圭 2000), 家口考古學(金範哲 2007) 등으로 使用됨.
3) 住居考古學, 住居址考古學이라는 용어는 개별주거지에 대한 고고학적인 연구를 가리키는 것에 한정된 의미로 해석되는 경우가 많고, 마을이라는 용어는 순수한 우리말이라 좋은 점도 있으나 아직 널리 보편화 되지 않은 상태이다. 또 마을이라는 용어 자체가 함축하고 있는 소규모의 정착생활 공간이라는 의미로 한정되는 느낌이다. 이에 비해 취락이라는 용어는 이미 지리학과 같은 인접 학문에서 그 개념에 대해 잘 정의되어 있고, 또 일반적으로 사용되고 있어서 가장 무난하다고 판단된다.

연구는 주거지의 평면형태, 내부시설, 주혈 배치형태 등과 같은 구조를 이용하여 형식 분류하고 편년을 검토하고, 지역성을 연구하는 것뿐만 아니라 유적 전체에 대한 성격과 변천과정 등을 파악하고자 하는 연구로 진행되고 있다(金世基 1994, 金昌億 2000·2009, 林榮玉 2000, 張容碩 2001, 林東在 2005, 崔景圭 2006, 金羅英 2007). 여기에 더해서 출토된 유물의 형식 분류를 통해서 시·공간적인 특징을 파악하는 경우, 주거유적의 특징을 중심으로 사회 성격에 대해 분석한 경우, 민속학적인 자료와 문헌사료를 기반으로 이 시기의 주거지를 파악하는 경우, 건축사적인 관점에서 수혈주거지의 구조적 복원과 공간 형태, 활용에 대해 접근한 연구가 있다. 그리고 주거지 내부구조의 개별 속성인 벽과 벽구, 온돌과 구들시설에 관한 연구가 있고, 또 발굴조사 사례를 검토하여 수혈주거지의 조사방법론을 연구한 경우도 있다(이주성 2008).

이상에서 주거 및 취락의 연구 현황에 대하여 간단히 살펴보았는데, 기존의 취락에 대한 연구가 협의적인 관점에서 이루어졌다면 근래 들어 대규모 취락유적들이 발굴조사되면서 광의의 개념에서 연구가 시도되기도 하지만 아직까지 미진한 수준이고, 원삼국·삼국시대 취락유적에 대한 자료도 부족한 형편이다(金昌億 2009).

이번 논고는 대구·경북지역 삼국시대 취락유적에서 확인되는 수혈주거지를 중심으로 주거지의 평면형태, 규모, 노시설, 주혈 배치형태에 대한 구조적인 특징과 변화과정을 분석하고 이를 통하여 취락의 특징과 성격을 파악하고자 하는 것이다. 이를 위해서는 취락의 구조적 변화나 경관뿐만 아니라 주변에 분포하고 있는 지석묘유적이나 생산유적을 비롯한 다양한 성격의 유적에 대한 분석과 각종 문헌기록이나 민족지 자료 그리고 자연·지리적 환경 등을 종합적으로 검토하여야 한다. 본고에서 연구대상의 시간적 범위는 4세기부터 7세기까지를 중심으로 하였고, 공간적 범위는 대구·경북으로 한정하였는데, 필요시에는 그 범위를 넘어서도 살펴보고자 한다.

2. 資料 分析

지금까지 대구·경북지역에서 조사된 삼국시대 취락유적은 대략 17개이며, 본 논문에서는 발굴조사 보고서가 출간된 것 중 잔존상태가 량호하고, 어느 정도 규모나 정형성을 갖추고 있는 취락유적을 중심으로 검토해 보고자 한다.

표 1 _ 대구·경북지역 삼국시대 취락유적 일람표

연번	유적명	입지	시기	수혈주거지				비고
				기수	평면형태	노시설	주형태	
1	淸道 鳳岐里	평지	3~4세기	3	타원형	부뚜막 온돌		
2	漆谷 深川里	구릉 사면	3~4세기	2	방형계	무시실	·	
3	慶州 隍城洞 나地區	선상지	3~4세기	9	방형계 다수 원형계 소수	일부 노지	일부4주식 일부벽주식	
4	慶州 下邱里	구릉 사면	3~4세기	2	추정방형계	노지, 온돌 고래시설	일부벽주식 확인	부뚜막시설로 추정됨
5	浦項 良德洞	구릉 사면	4세기 前後	17	방형계 다수 원형계 소수	고래시설 노지	6·8주식 거의 불규칙	
6	浦項 虎洞	구릉 정상 구릉 사면	3~5세기	281	방형계 다수 원형계 소수	온돌	일부벽주식 확인	고지성취락
7	慶山 林堂洞I	구릉사면말단 평지	3~5세기 (4세기 중심)	59	방형계 다수 원형계 소수	온돌	외주식 벽주+4주식	
8	大邱 梅湖洞	충적평지 (선상지)	4세기 중심	29	방형	온돌, 부뚜막	벽주식 4주+벽주식	
9	金泉 帽岩洞	구릉사면	4세기초	44	방형계 원형계	온돌	벽주식	
10	星州 伽岩里	구릉 사면	4세기	42	추정방형, 추정타원형	온돌	벽주식	환호시설 방어취락
11	大邱 新堂洞	구릉 사면	5세기초 또는 전반	2	말각장방형 장방형	무시설	벽주식	토기제작 집단 취락

12	星州 壯學里 장골	구릉 사면	5세기후반초~7세기 (5세기말~6세기중심)	70	원형 장방형	무시설 부뚜막, 온돌	벽주식, 외주식	
13	慶州 蓀谷洞 ・勿川里	구릉정상부 및 구릉사면	5세기중후엽 ~7세기초반	17	방형	무시설	정형성있는 것이 있음	토기요, 탄요, 요업관련집단 취락
14	高靈 池山洞	평지 및 계곡부	6세기전반	13	방형 타원형	무시설 온돌	불규칙하게 배치됨	
15	星州 柳月里	구릉 사면	6세기중후반	3	추정장방형	무시설	내주식있음	생산관련 취락
16	大邱 時至 地區	선상지	5~7세기	69	원형계 다수 방형계 소수	무시설 부뚜막, 온돌	대부분 불규칙 하게 배치됨	복합성격 취락
17	大邱 上洞	하천변 자연제방	7~8세기	25	방형계 다수 원형계 소수	부뚜막, 온돌	불규칙하게 배치됨	

〈표 1〉에서 보는 바와 같이 삼국시대 대구・경북지역에서 확인된 주거유적은 그 수가 많지 않고, 단위 주거군이나 취락 전체가 발굴된 것보다 일부분만 조사가 이루어진 것이 많다. 이로 인하여 전체적인 변화의 과정이나 구조적 특징 등을 상세하게 파악하기는 어렵고, 또 취락유적의 성격상 편년을 설정하기 다소 애매한 점이 적지 않기 때문에 전체 흐름 속에서 파악하고, 필요시 원삼국시대 취락뿐만 아니라 타 지역의 유적과도 비교하면서 살펴보고자 한다.

3. 竪穴住居址의 特徵과 變化過程

고고자료에 있어서 속성의 종류는 크게 시간적 속성, 공간적 속성, 사회・문화적 속성 등이 있는데, 이들은 상호 유기적으로 결합되어 있다. 수혈주거지에 대한 분석은 여러 요소로 나누어 살펴볼 수 있겠지만 여기서는 시간적・공간적 속성을 어느 정도 반영한다고 볼 수 있는 평면형태, 규모, 내부의 노시설, 주혈의 배치형태를 중심으로 주거의 구조와 변화과정에 대하여 알아보고자 한다(金昌億 2011).

1) 평면형태의 특징

평면형태는 주거지의 벽과 지붕 등의 상부구조에 많은 영향을 끼치는 중요한 요소 중의 하나로서, 평면형태의 구조와 변화과정에 대하여 알아보면 수혈주거지의 평면형태는 방형, 말각방형, 장방형, 말각장방형, 원형, 타원형, 부정형 등으로 다양하며, 크게 방형계와 원형계로 나눌 수 있다. 浦項 虎洞遺蹟의 경우는 281기의 수혈주거지가 조사되었는데, 그 중 평면형태가 완전하거나 추정이 가능한 49기를 분석한 결과, 평면형태가 방형인 것이 17기, 말각방형인 것이 24기, 장방형인 것이 1기, 말각장방형인 것이 1기이고, 원형인 것이 2기, 타원형인 것이 4기로 방형계가 월등히 많이 분포하고 있다. 慶山 林堂洞 마을遺蹟에서는 59기중 50기 정도가 평면형태를 알 수 있는데, 방형이 24기, 장방형이 9기, 원형이 13기, 타원형이 4기로, 전체적으로 보아 방형계의 분포 비율이 원형계보다 높음을 알 수 있다. 慶州 隍城洞遺蹟 나地區에서는 9기의 수혈주거지가 확인되었는데, 말각방형이 6기, 원형이 2기, 타원형이 1기로 역시 방형계가 다수를 차지하고 있다. 大邱 時至地區 生活遺蹟Ⅱ에서는 말각방형이 3기이고, 大邱 梅湖洞遺蹟의 경우는 29기의 수혈주거지중 형태가 완전한 21기를 확인한 결과 평면형태가 전부 방형인 수혈주거지로 확인되었다. 예외적으로 淸道 鳳岐里遺蹟의 경우 3기 전부 타원형주거지가 확인되는 경우도 있다. 그리고 金泉 帽岩洞遺蹟의 경우는 44기의 주거지중 평면형태의 추정이 가능한 31기에 대하여 알아보면 방형계가 17기, 원형계가 14기로 비슷한 경우도 있다. 星州 壯學里 장골遺蹟의 경우는 평면형태가 완전하거나 추정이 가능한 43기를 분석한 결과 방형계가 29기, 원형계가 14기로 방형계가 많다. 高靈 池山洞遺蹟은 13기의 수혈주거지중 방형계가 8기, 원형계가 5기로 확인되었다. 慶州 蓀谷洞遺蹟의 경우도 방형계가 12기, 원형계가 4기로 방형계가 원형

표 2 _ 삼국시대 수혈주거지 평면형태 비교

遺蹟名	방형	말각방형	장방형	말각장방	방형계 비율	원형	타원형	원형계 비율
浦項 虎洞 遺蹟	17	24	1	1	88%	2	4	12%
慶山 林堂洞 마을遺蹟	24		9		66%	13	4	34%
慶州 隍城洞 나地區		6			67%	2	1	33%
大邱 梅湖洞 1008遺蹟	21				100%			
金泉 帽岩洞 遺蹟			12	5	55%	8	6	45%
浦項 良德洞 遺蹟	5		11		84%		3	16%
慶州 蓀谷洞·勿川里	5	7			75%	4		25%
星州 壯學里 장골遺蹟			13	16	67%	2	12	33%
高靈 池山洞 遺蹟	7	1			62%	1	4	38%
大邱 上洞 遺蹟	12	1	4		94%		1	6%

계보다 많은 편이다. 大邱 上洞遺蹟의 경우는 삼국시대~통일신라시대의 수혈주거지로 평면형태가 완전한 19기를 분석한 결과 방형계가 17기이고, 원형계가 2기이다. 대구·경북지역 삼국시대 수혈주거지는 초기의 경우는 평면형태에 있어서 어느 정도 원삼국시대 후·말기[4]와 같은 지역성이 반영된 것으로 보이나 시기가 내려오면서는 전체적으로 원형계보다는 방형계가 주류를 이루고 있음을 알 수 있다. 이는 수혈주거지가 서서히 지상화되면서 상부구조에 있어서도 변화가 있었기 때문인 것으로 보인다.[5]

2) 규모의 변화

주거지의 규모는 상부구조의 변화뿐만 아니라 생활수단의 변화, 주거내 구성원의 수나 거주자의 신분, 주거용도에 따라 차이가 있다. 여기서는 크기와 그 변화과정에 대하여 알아보면 수혈주거지는 규모에 따라 소형, 중형, 대형, 초대형으로 구분[6]할 수 있다. 영남지방 원삼국시대 수혈주거지의 면적은 전기에서 후기 전반까지는 소형과 중형이 확인되지만 대체로 소형이 주류를 이루고, 후기후반에는 중형이 주류를 이루는 가운데 대형이 새롭게 나타나며, 4세기대로 넘어가면 면적이 50㎡ 이상의 초대형 주거지가 나타난다. 이에 면적이 소형→중형→대형→초대형 순으로 점차 넓어지는 것으로 보기도 한다(金羅英 2007). 실제로는 원삼국시대 전기전반부터 후기전반까지는 소형이 주류이고 중형이 각 단계별로 1기만 확인되었으나, 후기전반이 되면 중형의 주거지가 급격히 증가하고 새롭게 대형주거지가 확인된다. 그리고 말기가 되면 대형주거지의 수가 급격히 증가하고 초대형 주거지가 새롭게 나타나는데, 그래도 주를 이루는 것은 소형주거지이다. 浦項 虎洞遺蹟의 경우 소형이 28기, 중형이 16기, 대형이 2기, 초대형이 2기로, 중형이상의 주거지 비율이 증가함을 알 수 있다. 慶山 林堂洞 마을遺蹟은 25기중 소형이 7기로 28%, 중형·대형·초대형이 각각 6기로 24%씩 차지하고 있는데, 중형이상의 주거지가 많이 증가했음을 알 수 있고, 특히 초대형의 주거지가 많이 나타나는 것이 특징이라 할 수 있겠다. 또 大邱 梅湖洞遺蹟은 평면형태가 완전하여 면적을 산출할 수 있는 21기를 기준으로 한 결과, 수혈주거지는 소형이 3기로 14%, 중형이 14기로 67%, 대형이 2기로 10%, 초대형이 2기로 10%를 차지하고 있다. 慶州 隍城洞 나地區 遺蹟은 소형이 22%, 중형이 56%, 대형이 11%, 초대형이 11%이다. 慶州 隍城洞 나地區 遺蹟과 大邱 梅湖洞 1008番地 遺蹟에서도 중형이상의 주거지가 나타나는데, 특히 중형주거지가 많은 것이 특징이라 할 수 있다.

5~6세기대의 유적인 慶州 蓀谷洞·勿川里遺蹟에서 확인된 주거지에 대하여 살펴보면 10㎡ 이하가 8기,

---

4) 원삼국시대 후·말기의 경우 영남동남부지역의 경우는 평면형태가 원형계와 방형계가 비슷하게 확인되지만 서부경남지역의 경우는 평면형태가 원형계가 월등히 많고, 방형계가 적게 확인되는데, 이는 지역성을 반영한 것으로 판단된다.

5) 삼국시대 가형토기를 보아도 평면형태가 방형계임을 알 수 있다.

6) 원삼국시대 수혈주거지의 면적을 소형 24㎡ 미만, 중형 24~39㎡ 미만, 대형 39~50㎡ 미만, 초대형 50㎡ 이상으로 분류하였는데, 본 논문에서도 변화과정을 용이하게 파악하고자 이 기준을 적용하였다.

표 3 _ 삼국시대 수혈주거지 규모 비교

遺蹟名	小形		中形		大形		超大形	
	주거지 수	比率	주거지 수	比率	주거지 수	比率	주거지 수	比率
원삼국시대 후기후반	24	57%	16	38%	2	5%		
원삼국시대 末期	22	54%	9	22%	7	17%	3	7%
浦項 虎洞 遺蹟	28	58%	16	32%	2	4%	2	6%
慶山 林堂洞 마을遺蹟	7	28%	6	24%	6	24%	6	24%
慶州 隍城洞 나地區	2	25%	4	50%	1	12.5%	1	12.5%
大邱 梅湖洞 1008遺蹟	3	14%	14	66%	2	10%	2	10%
浦項 良德洞 遺蹟	18	95%	1	5%				
慶州 蓀谷洞・勿川里	8	100%						
高靈 池山洞 遺蹟	10	91%	1	9%				
大邱 上洞 遺蹟	17	100%						

10~20㎡ 사이가 8기로 소형 주거지만 확인된다. 6~7세기대가 중심인 大邱 時至地區 遺蹟의 경우도 25㎡ 이하의 소형주거지가 대부분을 차지하고 있다. 그리고 7세기대말의 유적인 大邱 上洞遺蹟의 경우는 5~10㎡ 사이가 2기, 10~15㎡ 사이가 11기, 15~20㎡ 사이가 5기, 20~25㎡ 사이가 1기로 19기 전부가 소형주거지에 속한다.

이로보아 원삼국 전기부터 원삼국 후기전반까지는 주거지의 면적이 소형이다가 후기 후반이 되면서 중형의 주거지가 급격히 증가하고 새롭게 대형주거지도 확인된다. 그리고 말기가 되면 대형주거지의 수가 급격히 증가하고 초대형 주거지도 새롭게 나타나는데, 역시 주류는 소형주거지이다. 이러한 현상은 3~4세기대의 유적인 浦項 虎洞遺蹟과 慶山 林堂洞 마을遺蹟에서도 그대로 나타난다. 4세기가 되면 대구 매호동유적처럼 소형주거지의 수가 감소하고, 중형주거지가 증가하고, 대형주거지는 비율면에서 약간 줄어들고, 초대형주거지는 그 수가 많이 감소함을 알 수 있다. 그 이후가 되면 慶州 蓀谷洞・勿川里遺蹟, 高靈 池山洞遺蹟, 大邱 上洞遺蹟처럼 중・대형, 또는 초대형주거지는 거의 확인되지 않고 소형주거지가 주를 이루는 현상을 볼 수 있다. 결국 삼국시대 수혈주거지는 초기의 경우 소형과 중형주거지를 중심으로 축조되면서 대형・초대형 주거지도 존재하였으나, 이후가 되면 대형・초대형주거지는 사라지고 소형주거지가 주를 이룬 것으로 보이는데, 이는 세대분화에 따른 현상으로 추정된다(金昌億 2009).

3) 노시설의 특징

노시설은 주거지의 내부시설 가운데 중요한 것 중의 하나로, 불을 이용하여 취사, 난방, 조명, 제습 등의 목적을 위하여 만든 시설물로 생활하는데 반드시 필요한 시설이다. 노시설의 발전과 다양화는 원삼국시대 주거지의 내부구조 중 가장 큰 변화라 할 수 있겠다. 노시설의 변화와 발달은 주거문화에 있어서 단순히 난방시설의 발전뿐만 아니라 공간구성의 변화와도 밀접한 관련이 있다(강영환 1999).

주거지내에 설치되는 노시설의 구조와 변화과정에 대하여 알아보면 원삼국・삼국시대의 노시설은 크게 평지식, 수혈식, 부뚜막식, 온돌식 등으로 분류할 수 있겠는데, 평지식과 수혈식은 별다른 상부시설이 없이 만든 형태이기 때문에 무시설식노지로 분류할 수 있겠고, 부뚜막은 아궁이와 솥걸이, 지각, 배연구가 있으며, 온돌은 부뚜막 또는 아궁이에 고래시설이 추가된 형태로 볼 수 있겠다(金昌億 2011).

영남지방 원삼국시대 노시설의 변화양상은 크게 무시설식→부뚜막식→온돌식으로 나타나는데, 이러한 노시설의 변화양상은 영남 동남부지역과 서부내륙지역에 있어서 시기적으로 차이가 있다. 대체로 동남부지역은 大邱 達成 平村里遺蹟에서처럼 판석으로 만든 온돌시설과 星州 上彦里遺蹟, 蔚州 明山里 314-1番地 遺蹟 등에서 점토로 만든 온돌시설이 확인되는 것으로 보아 원삼국시대 이른 시기부터 설치된 것으로 보이나, 서부내륙지역에서는 빠르면 3세기 후엽이나 늦으면 4세기 초에 온돌시설이 출현한다. 이를 통해서 노시설 역시 변화와 발전 양상에 있어서 각 지역에 따라 시간적인 차와 지역적인 차가 있는 것으로 보인다(金昌億 2009). 먼저 원삼국시대 말기의 온돌에 대하여 간단히 살펴보면 온돌은 부뚜막에서 연기를 배출하는 시설까지 터널처럼 길게 마련된 형태로, 재료는 주로 점토를 사용하였으며, 필요시 판석을 이용하는 경우도 있다. 온돌은 크게 위치에 따라 두 종류로 나누어지는데, 하나는 부뚜막과 고래가 주거지의 벽면과 근접하거나 밀착되게 설치된 형태이고, 다른 하나는 부뚜막과 고래가 주거지 벽면에서 일정한 간격을 두고 설치된 형태이다. 전자는 주로 수혈의 깊이가 깊은 지하나 반지하식의 주거지에서 확인되며, 후자는 수혈이 점점 얕아져 지상식으로 변해가는 주거지에서 많이 확인된다. 전자는 원삼국시대 후기에 성행한 형태이고, 후자는 원삼국시대 후기에서 삼국시대로 넘어가는 단계의 주거지에서 많이 확인되는 형태이다(金羅英 2007).

삼국시대 수혈주거지의 노시설은 삼국시대 초기의 유적인 星州 伽岩里遺蹟의 경우를 살펴보면 전체 47기의 수혈주거지 중에 21기에서 노시설이 확인되었는데, 무시설식이 10기, 부뚜막이 3기, 온돌이 8기 정도이다. 이중 부뚜막은 전부 벽면에 붙어서 설치되어 있으며, 온돌의 경우도 대부분 벽에 붙거나 벽 가까이에 설치되어 있는데, 40호와 45호의 경우와 같이 벽에서 50~70cm 정도 떨어져서 설치되어 있는 경우도 있다. 대구 매호동유적을 보면 전체 29기에서 부뚜막이 1기, 온돌이 6기 확인되었는데, 부뚜막은 수혈주거지의 가운데에 위치하며, 온돌시설은 평면형태가 'ㄱ'자형과 'ㄷ'자형으로 수혈주거지의 벽면에 붙어서 설치되어 있다. 星州 壯學里 장골遺蹟은 70기의 수혈주거지중 24기에서 노시설이 확인되었는데, 그중 무시설이 19기, 부뚜막이 3기, 온돌이 2기 확인되었다. 부뚜막과 온돌은 모두 벽면 가까이에 설치되어 있으며, 무시설의 경우 평지식이 8기, 수혈식이 11기 정도이다. 慶州 蓀谷洞·勿川里遺蹟에서는 17기의 수혈주거지 중 9기에서 무시설식 노지가 확인되었다. 高靈 池山洞遺蹟[7]의 경우는 13기의 수혈주거지 중에서 12기에서 노시설이 확인되었는데, 무시설식이 4기, 온돌이 9기이다. 온돌시설은 전부 벽면가까이에서 확인되었고, 이중 11호 수혈주거지의 경우 노지와 온돌이 함께 확인되었다. 대구 시지지구유적에서는 69기의 수혈주거지 중 16기에서 노시설이 확인되었는데, 무시설이 6기, 부뚜막이 9기, 온돌이 1기 확인되었다. 부뚜막의 경우 주거지의 중앙에 위치하는 경우가 2기이고, 7기는 벽면가까이에서 확인되었다. 온돌 1기는 벽면에서 어느 정도 떨어져서 설치된 것이 확인되었다. 대구 상동유적의 경우는 25기의 수혈주거지 중 21기에서 확인되었는데, 무시설이 1기, 온돌이 19기, 추정온돌이 1기이다. 온돌시설에서 고래부분은 외줄고래 또는 두줄 고래가 13기, 'ㄱ'자형 고래가 3기, 'T'자형 고래가 3기이다.

원삼국시대 후기전반의 노시설은 부뚜막이 61%, 온돌이 39%이고, 원삼국시대 말기는 부뚜막이 66%, 온돌이 34%를 차지하며 무시설식은 확인되지 않았다(金羅英 2007). 반면에 삼국시대 초기인 4세기대 성주 가암리유적을 보면 무시설식이 48%로 가장 많이 확인되고, 그 다음으로 온돌이 38%, 부뚜막이 14% 순이다. 그리고 5세기에서 6세기대 유적인 星州 壯學里 장골遺蹟의 경우 무시설식이 79%, 부뚜막이 13%, 온돌이 8%이고, 慶州 蓀谷洞·勿川里遺蹟은 무시설식만 확인되며, 高靈 池山洞遺蹟의 경우는 무시설식이 31%, 온돌이 69%이다. 또 7세기대말의 유적인 대구 상동유적의 경우는 무시설이 5%, 온돌이 95%를 차지하고 있다. 이러한 결과로 보아 삼국시대 초기가 되면 무시설식노지가 많이 확인되고 부뚜막과 온돌은 그 비율이 감소한다. 그리고 5세기에서 6세기대를 보면 구릉지에 위치하는 유적(성주 장학리, 경주 손곡동·물천리)의 경우는 무시설식의 비율이 높으나 평지에 위치하는 유적(고령 지산동)의 경우는 온돌이 무시설식에 비하여 훨씬 많이 확인되고 있다. 7세기대말이 되면 온돌이 대부분을 차지함을 알 수 있다. 온돌시설의 축조재료에 있어서는 4세기대까지는 주로 점토를 이용하여 구들을 축조하였으나 6세기 전반의 유적인 고령 지산동유적이나 그 보다 늦은 대구 상동유적을 보면 천석이나 할석을 이용하여 축조한 구들이 주를 이루고 있음을 알 수 있다. 삼국시대 노시설의 위치는 벽면가까이에 설치된 것이 대다수를 차지하고 있다. 수혈주거지는 입지적으로 구릉지에 위치하는 경우에는 무시설식노지가 많이 설치되고, 반면에 평지에 위치하는 경우에는 온돌시설이 설치되는 비율이 높다. 그리고 전체적으로 시대가 내려오면서 노시설이 설치되

---

7) 이 유적의 수혈건물지 11호 같은 경우는 동벽에 붙어서 온돌시설이, 북벽에 2개의 무시설노지가 확인됨.

(財)慶尙北道文化財硏究院, 2007, 『高靈 大伽倻 歷史테마 觀光地 造成敷地內 高靈 地山洞遺蹟』.

는 비율이 높아짐을 알 수 있다(金昌億 2009).

4) 주혈의 배치형태

주혈은 주거지의 상부구조를 추정하게 하는 중요한 자료이다. 건물에 있어 주혈의 배치는 그 건물의 형태, 내부공간의 활용, 견고성, 증·개축, 건물의 폐기상황 등 다양한 사실을 말해 주는 중요한 부속시설이다. 주혈은 대부분 주거지 내부에서 확인되며 상부구조를 지탱하는 주주혈과 보조주혈, 벽체를 보강하는 벽주혈, 그리고 주거지 외부에서 확인되어 처마를 받치거나 벽체와 관련된 시설로 추정되는 외부 주혈로 구분된다. 주혈의 배치를 살펴보면 주거지의 평면형태나 내부구조에 따라 다양한 형태로 확인되는데, 주로 무주식, 외주식, 벽주식, 4주+벽주식 등의 형태로 나타난다(金昌億 2011).

원삼국시대 주혈 형태를 보면 전기는 주거지 내부에서 확인되지 않거나 확인되더라도 배치형태가 정형하지 않는 무주식이 주류를 이루다가 후기가 되면 새롭게 외주식과 벽주식이 나타나고, 후기 후반이 되면 벽주식의 주혈형태가 급격히 증가하여 성행하는 단계로 전 단계에 비해서 보다 안정되고 정형한 배치상태를 보인다. 그리고 말기가 되면 기존의 벽주식 주혈형태에서 새롭게 4주식의 주주혈이 발생한다. 주혈형태는 무주식→외주식→벽주식→벽주+4주식으로 변화되는 것으로 보았다(金羅英 2007). 삼국시대의 경우를 살펴보면 초기 유적인 성주 가암리유적의 경우 전체 47기의 수혈주거지중에 벽주식의 주혈형태를 보이는 것이 13기이고, 주혈은 확인되나 형태가 정형하지 않는 것이 12기, 그리고 주혈이 전혀 확인되지 않는 것이 22기이다. 역시 4세기대인 金泉 帽岩洞遺蹟의 경우 평면형태가 완전하지는 않지만 잔존상태로 보아 벽주식이 1기, 4주+벽주식이 10기인 것이 확인되었다. 그리고 5세기말에서 6세기대가 중심인 성주 장학리 장골유적의 경우는 70기의 수혈주거지중 외주식이 1기, 벽주식이 12기이고, 바닥에서 불규칙한 주혈이 확인되는 것이 36기, 주혈이 전혀 확인되지 않는 것이 21기이다. 5세기중후엽에서 6세기대가 중심인 경주 손곡동·물천리유적의 경우 17기중 벽주식이 2기이고, 바닥에 주혈이 있는 경우가 11기, 주혈이 전혀 없는 경우가 4기이다. 그리고 고상건물지로 분류한 것 중 V-20호와 VI-14호는 벽주식 수혈주거지로 보이고, V-20호·VI-13호·VI-15호 고상건물지는 4주+벽주식의 수혈주거지로 추정된다. 6세기전반대인 고령 지산동유적의 경우는 주혈의 배치형태가 정형한 것이 1기도 확인되지 않고, 바닥에서 주혈이 확인되는 것이 8기, 주혈이 전혀 확인되지 않는 것이 5기이다. 7세기대말의 유적인 대구 상동유적의 경우는 주혈이 약간 정형성이 있는 것이 3기이나 확실하지 않고, 바닥에 주혈이 불규칙하게 있는 것이 4기, 주혈이 전혀 없는 것이 18기로 확인되었다.

이상의 결과로 보아 4세기대 수혈주거지의 주혈배치 형태는 정형성이 있는 벽주식은 원삼국시대 말기에 비하여 그 비율은 떨어지나 일부 확인되고, 무주식이 증가하는 것이 확인되는데, 이는 수혈주거지의 구조에 변화가 이루어지고 있는 것으로 보인다. 이러한 현상은 5·6세기대 유적인 성주 장학리 장골유적과 손곡동·물천리유적에서도 그대로 확인된다. 그리고 6세기 전반대의 유적인 고령 지산동의 경우는 전부 무주식만 나타나는데, 이는 구릉의 사면에 위치하는 유적과 평지에 위치하는 입지의 차이에서 기인한 것으로도 볼 수 있겠다. 7세기대말의 유적인 대구 상동유적에서도 무주식만 확인된다.

이상의 결과로 보아 4세기대까지는 주혈의 배치형태가 정형성을 가진 것이 어느 정도 있고, 그 이후의 경우는 구릉지에 위치하는 경우는 그나마 일부 확인되는 경우가 있으나, 평지의 경우에는 거의 확인되지 않을 뿐만 아니라 주혈 자체도 적게 확인된다. 이러한 현상은 취락의 입지와 수혈주거지의 구조변화에 기인한 것으로 보인다(金昌億 2009).

4. 취락의 특징과 성격

취락을 연구하는 방법에는 여러 가지 방법론이 있는데, 주로 지리학에서 발전시킨 방법론으로서, 취락의 발생과 발달을 연구하는 발생론적 연구, 취락이 특별한 장소를 선택하게 된 지리적 조건에 대한 취락의 입지관계를 연구하는 입지론적 연구, 취락이 어떠한 형태를 취하고 있는가를 연구하는 형태론적 연구, 그리고 취락이 어떤 기능을 가지고 있는지를 연구하는 기능론적 연구 등이 있다. 본장에서는 취락내 수혈주거지의 구조적인 특징과 변화과정을 분석하고, 그리고 취락의 입지적 특징 및 주변 유적과의 관계를 통하여 취락의 기능과 성격을 살펴보고자 한다(金昌億 2009).

먼저 한반도내에서 영남지방의 지형을 살펴보면 영남지방은 한반도 남부지방에서도 동쪽에 치우쳐 위치하며, 높은 산지에 의해 한반도의 중부와 서부지방과 격리되어 있는 내륙분지이다. 小白山脈과 太白山脈은 각각 북쪽과 서쪽, 동쪽을 에워싸고 있으며, 남쪽은 金海 - 固城 - 泗川 - 南海로 이어지는 산지로 되어 있다(曹華龍 1995). 이처럼 산지로 둘러싸인 嶺南盆地는 서쪽은 남류하는 洛東江에 의해 형성된 충적평야가 전개되며, 동서로는 영남분지의 가운데를 大邱 - 慶山 - 永川 - 安康, 乾川 - 浦項, 慶州가 위치하고, 퇴적암으로 된 낮은 구릉지와 琴湖江의 충적지가 펼쳐진다. 낙동강 주변의 서부 경남도 낮은 구릉성 산지와 南江의 저지가 넓게 분포하고 있다. 이러한 분지 지형들은 영남지역의 독특한 문화를 형성하면서 오랫동안 사람의 삶터 구실을 해 오고 있다. 특히 산지가 많은 영남지방은 산지 곳곳에 지질적인 차이나 지질구조선의 영향 등으로 하곡이 형성되어 크고 작은 많은 분지가 형성되어 있다. 또한 계절풍 기후로 인한 겨울바람의 영향을 덜 받는 분지에 사람들은 주거지를 정하였다. 특히 대구·경북지역에 위치하는 이런 분지는 비교적 넓은 경작지를 제공하고, 외부 침입세력에 대한 방어를 용이하게 하는 등 입지적으로 사람들이 살기 좋은 장소를 제공해 주고 있다(金昌億 2011).

삼국시대 취락의 입지는 대부분 독립된 구릉지, 선상지, 산록 완사면, 구릉 말단부와 평지가 만나는 지점, 충적지대, 하안 및 해안지역 등 다양하나 크게 구릉지대와 평지로 구분[8]할 수 있겠다. 구릉지대의 경우는 구릉의 정상부와 사면 그리고 구릉의 말단부와 평지가 접하는 부분에 주로 위치하고, 평지의 경우는 선상지나 충적지대, 하천변의 자연제방과 같은 곳에 위치한다. 취락의 입지는 3~4세기대의 유적인 포항 호동유적, 김천 모암동유적, 성주 가암리유적의 경우 구릉정상부와 구릉사면에 주로 분포하고 있는데, 이중 성주 가암리유적의 경우는 구릉의 정부를 중심으로 군집을 이루고 있다. 그리고 이 유적에서는 수혈주거지와 함께 환호, 주혈군도 확인되었는데, 환호는 구릉의 정상부를 중심으로 구릉사면에 호상으로 돌아가며 설치되어 있다. 환호는 일정 범위를 구획하여 다른 공간과 분리하는 기능을 하며 이를 근거로 취락의 경계, 방어시설, 제의적 성격 등 다양한 용도로 활용된다. 주혈군은 정상부에서 확인되었는데, 정형성을 보이지 않아 그 성격을 밝히기는 힘들지만 각 주거군의 공동시설이 있었을 것으로 추정하고 있다. 이러한 고지성취락은 포항 호동유적에서도 확인되고 있는데, 이 유적은 해발고도가 주변보다 70m 정도 높은 지점에 위치하며, 주변을 잘 조망할 수 있는 점과 장기간 유지된 점 등으로 보아 방어적인 성격이 강한 취락으로 보인다. 그리고 경산 임당동 마을유적처럼 완만한 능선사면 말단부와 평지에 걸쳐서 분포하는 경우와 淸道 鳳岐里遺蹟, 대구 매호동유적, 거창 대야리유적처럼 평지에 분포하는 경우가 있다. 삼국시대 초기에는 구릉상에 분포하는 취락유적과 평지에 분포하는 취락유적의 수는 비슷하다. 이후 대구 신당동유적, 경주 손곡동·물천리유적, 성주 장학리유적, 星州 柳月里遺蹟 등은 주로 구릉정상부나 구릉사면에 분포하고, 고령 지산동유적, 대구 시지지구유적, 대구 칠곡유적, 대구 상동유적 등은 선상지나 하천변의 자연제방과 같은 평지에 분포한다.

이로 보아 삼국시대 취락의 입지는 초기에는 구릉 정상부와 사면, 그리고 평지 등 여러 곳에 분포하다가 후기가 되면 하천변의 자연제방이나 선상지와 같은 넓은 지역에 주로 분포하는 양상으로 변화하고 있음을 알 수 있는데, 이는 인구증가로 인한 공간부족과 사회환경 및 생업경제방식의 변화 등과 관련이 있을 것으로 보인다.[9] 그리고 구릉 정부나 사면에 분포하고 있는 주거지는 중복조성 된 경우가 많고, 내부에 벽구 등이 확인되는 반면에 평지에 조성된 주거지는 상대적으로 중복된 경우가 적으며, 벽구도 거의 확인되지 않는다. 특히 주거지의 중복조성은 구

---

8) 취락의 입지를 크게 구분하여 하안대지와 구릉지로 구분하고, 하안대지는 평지형으로, 구릉지는 세분하여 상대고도를 기준으로 40m 이하는 구릉형으로, 40m 이상은 산지형으로 구분하기도 하였다(김은정 2011).

릉의 남사면에 두드러지는데, 그 이유는 남쪽으로 펼쳐진 충적지를 조망할 수 있는 점, 남향에 의한 풍부한 일조량을 확보할 수 있는 점, 겨울철 북풍을 막을 수 있는 방풍효과 등이 있기 때문으로 보인다. 이상에서 취락의 입지변화에 대하여 알아보았다.

다음은 삼국시대 수혈주거지의 단계별 변화과정과 특징에 대하여 종합해 보고자 하는데, 이에 앞서 원삼국시대 수혈주거지에 대하여 간단히 살펴봄으로써 전체를 이해하는데 도움이 될 것 같아서 이를 먼저 알아보기로 한다. 먼저 원삼국시대 전기는 주거지의 평면형태가 유적에 따라 전부 원형계 또는 방형계인 경우가 있고, 또 원형계와 방형계가 함께 나타나는 경우도 있는데, 전체적으로 보면 평면형태가 원형계인 것이 다수를 차지한다. 규모는 면적이 10~20㎡ 정도인 소형이 대다수이고, 중형은 소수 확인되는 정도이다. 그리고 노시설의 경우 무시설식이 다수를 차지하는 가운데 부뚜막과 온돌시설이 설치된 주거지가 일부 확인되는데, 온돌시설의 경우 평면형태가 원형인 주거지에는 호형으로 설치되고, 방형주거지일 경우 'ㄱ'자형으로 설치된다. 주혈의 경우 무주식이 다수이나 일부 4주식이 확인되며, 불규칙적인 주혈이 다수 확인되는 특징을 보인다. 원삼국시대 후기가 되면 주거지의 평면형태가 방형계인 것이 다수이고, 원형계가 적게 확인된다. 크기의 경우 소형과 중형이 비슷한 비율로 다수 확인되고, 대형과 초대형의 주거지가 등장하면서 일정한 비율을 점한다. 노시설의 경우 부뚜막과 온돌시설이 다수 확인되는데, 온돌은 평면형태가 주로 'ㄷ'자형으로 설치되며, 고래의 단면형태는 주로 '∩'형, '⊓'형이다. 주혈의 배치형태는 벽주식이 다수이고, 4주식과 외주식이 증가하며, 불규칙적인 주혈은 감소하는 특징을 보인다.

그럼 이제 삼국시대 수혈주거지의 단계별 변화과정과 특징에 대하여 알아보면 〈표 2〉와 같다. 먼저 1기는 4세기~5세기전엽에 해당하는 시기로, 입지는 구릉 정상부·사면·말단부에 주로 위치하며, 일부 충적지대에도 분포하고 있다. 그리고 평면형태는 방형계가 다수이고, 원형계는 소수이다. 면적은 소형과 중형이 비슷한 비율로 확인되고, 대형과 초대형은 소수가 확인된다. 노시설은 무시설식, 온돌, 부뚜막식의 순으로 확인되고, 온돌의 평면형태는 'ㄱ'자·'ㄷ'자형이고 점토를 이용하여 축조하였다. 주혈 배치형태는 무주식이 다수이고, 벽주식이 소수이다.

2기는 5세기 중엽~6세기 후반에 해당하는 시기로, 입지는 구릉의 정상부·사면·말단부에 주로 위치하고, 곡간평지에도 분포하고 있다. 그리고 평면형태는 방형계가 다수이고, 원형계는 소수이다. 규모는 소형이 대다수이고, 중형이 극소수 확인되며, 대형과 초대형은 확인되지 않는다. 노시설은 구릉에 입지하는 경우 무시설식이 다수 확인되고, 부뚜막과 온돌이 소수 확인된다. 온돌의 경우 평면형태는 'ㄱ'자·'T'자형이고 할석으로 축조하면서 자갈과 점토를 이용하여 보강하였다. 평지에 입지하는 경우 온돌이 급증하고, 무시설식은 감소하는 경향을 보인다. 주혈의 배치형태는 무주식이 대다수이고, 벽주식은 소수이며, 외주식은 극소수이다.

3기는 6세기 말~7세기에 해당하는 시기로, 입지는 구릉에 소수가 위치하고, 선상지와 하천변, 자연제방에 주로 분포한다. 그리고 평면형태는 방형계가 대다수이고, 원형계는 극소수이다. 규모는 소형만 확인된다. 노시설은 온돌시설이 대다수이고, 무시설은 극소수이다. 온돌의 경우 평면형태는 'Ⅰ'자·'ㄱ'자·'T'자형이고, 주로 할석을 이용하여 축조하였다. 주혈의 배치형태는 무주식만 확인되고, 주혈 자체도 적게 확인된다.

다음은 대구·경북지역 삼국시대 취락유적에 있어서 취락을 이루고 있는 내부구성요소와 주변 유적과의 관계를 통하여 취락의 성격과 기능을 살펴보고자 한다. 구체적으로 취락의 기능이나 성격을 밝히는 것은 쉽지 않으나, 대구 신당동유적처럼 토기요, 공방시설, 수혈주거지 등이 확인되는 경우는 토기를 생산한 취락으로 추정할 수 있겠고, 또 토기요의 기수나 조업회수, 회구부에 퇴적된 토기의 양, 공방시설의 규모, 수혈주거지의 기수 그리고 토기의 편년 등을 종합적으로 검토해 보았을 때 단기간 존속한 취락으로 추정해 볼 수 있다. 그러나 경주 손곡동·

---

9) 『三國史記』新羅本紀1, 始祖 赫居世 居西干 卽位 年條. "先是, 朝鮮遺民 分居山谷之間爲六村".

　『三國史記』新羅本紀2, 阿達羅王 七年條. "夏四月 暴雨 閼川水溢 漂流人家 金城北門自毁".

　이 기사로 보아 먼저 산곡간에 취락이 입지하고 있으며, 취락간에는 일정한 거리를 두고 분포하고 있음을 알 수 있다. 그리고 취락의 범위가 확대되어 알천 주변부까지 사람이 살고 있음을 알 수 있는데, 이는 인구증가로 인한 공간부족 현상의 해결과 넓은 평야지대로의 이동에 따른 농경지 확보의 편이성과도 관련이 있을 것으로 보인다.

표 4 _ 대구·경북지역 삼국시대 취락의 시기별 특성 (金昌億 2009)

구분 \ 시기	1기 (4세기~5세기전엽)	2기 (5세기중엽~6세기후반)	3기 (6세기말~7세기)
입 지	- 구릉 정상부, 사면, 말단부 - 충적지대	- 구릉 정상부, 사면, 말단부 - 곡간평지	- 구릉소수, 선상지 - 하천변 자연제방
평면형태	- 방형계 다수 - 원형계 소수	- 방형계 다수 - 원형계 소수	- 방형계 대다수 - 원형계 극소수
면 적	- 소형, 중형 비슷한 비율로 다수 - 대형, 초대형 소수 확인	- 소형 대다수, 중형 극소수 확인 - 대형, 초대형 확인되지 않음	- 소형만 확인됨
노시설	- 무시설, 온돌, 부뚜막의 순으로 확인됨 - 온돌의 평면형태는 'ㄱ', 'ㄷ'자 형이고 점토로 축조됨	- 무시설식 급증하고, 부뚜막, 온돌 소수 확인됨 : 구릉입지 - 온돌의 평면형태는 'ㄱ'자, 'T'형 이고 할석으로 축조하면서 자갈, 점토로 보강함 - 온돌급증, 무시설 감소 : 평지	- 온돌시설 대다수 - 무시설 극소수 - 온돌의 평면형태는 'I'자, 'ㄱ'자, 'T'자형이고, 할석으로 축조함
주혈배치형태	- 무주식이 다수 - 벽주식이 소수	- 무주식 대다수 - 벽주식 소수 - 외주식 극소수	- 무주식만 확인됨 - 주혈 자체도 적게 확인됨

물천리유적처럼 수혈주거지와 고상건물지, 요업관련 공방시설, 토기요, 목탄요 등이 대규모로 확인되고, 출토유물간의 시간폭도 상당히 있는 것으로 보아 장기간 존속한 대규모 생산취락으로 추정해 볼 수 있겠다. 그리고 경주 황성동유적의 경우는 원삼국시대부터 삼국시대에 걸쳐 형성된 주거지와 분묘 그리고 철생산과 관련된 단야로, 용해로, 폐기장 등이 조사된 곳으로 분묘역과 주거역, 그리고 생산역이 공간적으로 뚜렷이 구분되어 배치된 형태이다. 특히 유적 내에서 철기제작과 관련된 다양한 유구와 유물이 확인되는 것으로 보아 이 취락은 철기 제작 기술을 가진 특수 기능 집단으로 볼 수 있겠다. 성주 유월리유적의 경우는 생산과 직접 관련된 유구는 확인되지 않았지만 수혈주거지가 확인되고, 또 주거 용도와는 구별되는 수혈유구가 확인되고 조사구역과 인접한 곳에 토기요지가 분포하고 있는 것으로 보아 토기제작과 관련된 생산취락으로 추정된다.

한편 성주 가암리유적처럼 수혈주거지를 비롯한 유구들이 구릉의 정상부와 정상부 주변의 사면에 분포하고, 정상부 주변을 돌아가며 환호가 설치되어 있는데, 이로 보아 이 취락은 방어를 목적으로 한 방어취락으로 볼 수 있겠다.[10] 이와 함께 포항 호동유적의 경우는 환호와 같은 방어시설은 없지만 주변 지역과 비고차가 큰 구릉의 정상부를 중심으로 유구들이 분포하고 있는 것으로 보아 방어목적이 우선시 된 취락으로 추정된다.

그 외 晉州 平居洞遺蹟은 남강에 의해 형성된 넓은 충적지대에 위치하며, 취락 관련유구는 자연제방에 분포하고 있고, 이와 인접하여 대규모 경작유구가 분포하고 있는 것으로 보아 이 취락은 농경과 관련된 취락으로 추정된다. 그리고 대구 매호동유적은 경작과 관련된 직접적인 유구는 확인되지 않았지만 취락이 충적평지에 위치하고 북쪽으로 琴湖江에 이르기까지 충적평야가 넓게 펼쳐져 있고, 인접하여 梅湖川도 흐르고 있는 등 농사를 짓기에 아주 좋은 자연환경을 갖추고 있는 것으로 보아 농경을 중심으로 한 취락으로 추정된다.

대구·경북지역의 삼국시대 취락유적은 취락의 내부구성에 있어서 수혈주거지가 다수를 차지하고, 지상식건물지나 고상식건물지는 상대적으로 적은 편이나 金海 官洞里遺蹟, 金海 鳳凰臺 遺蹟, 金海 退來里遺蹟, 釜山 高村遺蹟처럼 해안이나 낙동강하류역에 위치하는 취락에서는 수혈식건물지는 거의 확인되지 않고 지상식건물지나 고상식건물지가 집중 조성된 경우가 있는데, 이들 취락은 일반취락과는 달리 선박의 접안시설이나 선착장과 관련된 유구들로 추정되며, 이러한 취락은 해안지역의 특수한 취락으로 내륙지역의 취락과는 차이를 보인다.

그리고 출토되는 유물을 용도별로 분류하여 당시 취락민들의 생업상태를 추정해 보면 먼저 平山里遺蹟에서는

---

10) 사실 잔존하는 환호의 규모가 너무 작아서 좀 더 검토가 필요한 부분이다.

농공구 47%, 수렵·무구 6%, 생활용구 47% 등이고, 어로용구는 한 점도 출토되지 않았다. 또한 9호와 12호 주거지에서 탄화곡물로 쌀, 팥, 밤이 출토된 것으로 보아 농경중심의 생활을 영위한 것으로 판단된다.

다음은 鎭海 龍院遺蹟에서 출토되는 유물을 용도별로 분류하면 농공구 3.7%, 어로구 32.1%, 수렵·무구 8.6%, 생활용구 53.1%, 기타 2.5%로 어로구가 다른 유적에 비해 월등히 높게 출토되었다. 그 외 패각층에서는 강치, 돌고래, 참돔, 소라, 전복 등의 외양성 유체와 꿩, 청둥오리, 가마우지 등의 조류, 그리고 백합, 꼬막, 굴, 바지락 등의 패류가 출토되어 사계절에 걸친 어업작업이 이루어졌음을 반영하고 있고, 조와 보리의 소량채집은 당시의 주된 생업이 농경보다는 어업활동 위주로 진행된 것을 반증한다(이주성 2008).

이러한 출토유물의 용도별 분류를 통해 그 당시들의 생업상태를 추정해 보면 해안가에 위치한 취락집단은 어업활동을, 내륙에 위치한 취락집단의 경우 농경 위주로 하였으며 주변의 하천을 이용하여 어업을 병행한 경우와 해로를 통한 교역 기지 역할을 한 경우도 있을 것이다. 따라서 원삼국·삼국시대인들은 취락의 형성배경이 되는 주변 환경을 적극적으로 활용한 것으로 생각된다(金昌億 2011).

다음은 취락의 내부구성과 주변 유적과의 관계를 통하여 취락의 기능과 성격을 잘 파악할 수 있는 대구 시지 취락에 대하여 살펴보면, 취락과 인접하여 대규모 토기요와 고분군이 분포하고 취락 내에서 토제박자가 출토되고, 녹로축혈이나 회전대혈로 보이는 주혈, 다수의 부정형 수혈유구들이 확인되는 것으로 보아 토기제작과 관련된 도공집단이 거주하였을 것으로 보인다. 또 취락내에서 제철과 관련된 송풍관편, 슬래그편, 추정도가니편 등이 출토되고, 인접한 고분군에서 망치, 집게와 같은 단야구가 출토되는 것으로 보아 철과 관련된 사람들도 거주하였을 것으로 보인다. 그리고 취락의 북쪽으로 넓은 충적지대가 형성되어 있고, 강과 조그마한 하천이 흐르고 있어 영농하기에 좋은 조건을 갖추고 있으며, 인접 고분에서 삽날, 살포, 철겸 등과 같은 농경과 관련된 유물이 출토되는 것으로 보아 농사를 짓던 농민들도 거주하였을 것으로 보인다. 이로보아 시지취락은 여러 종류의 집단이 모여 사는 복합취락으로 추정되며, 주변의 고분유적, 성곽유적, 생산유적이 공간적으로 일정한 거리에 분포하고 있고, 또 서로 유기적인 관계를 통하여 하나의 완결성을 갖춘 광의적인 의미에서의 취락이었을 것으로 추정된다. 이처럼 취락의 주거역을 중심으로 주변에 분묘역, 생산역, 성곽역이 공간적으로 일정한 거리를 두고 분포하는 것이 삼국시대 취락의 기본적인 배치유형으로 볼 수 있을 것 같다(金昌億 2007).

5. 結論

지금까지 대구·경북지역 삼국시대에 해당하는 취락유적을 중심으로 수혈주거지의 평면형태, 면적, 노시설, 주혈배치 형태 등을 시기별로 구분하여 그 특징과 변화과정을 알아보았고, 또 취락의 입지적 경관과 취락의 특징 및 성격을 통하여 당시의 사회생활상을 살펴보았는데, 이제까지의 연구를 개략적으로 정리하면, 먼저 원삼국시대의 경우 주거지는 평면형태가 원형계에서 방형계로, 규모는 작은 것에서 큰 것으로, 노시설은 무시설식에서 부뚜막식 및 온돌식으로, 주혈의 배치형태는 무주식에서 벽주식, 4주식+벽주식으로 변화·발전하는 양상을 보였다. 그리고 삼국시대의 경우를 살펴보면 주거지의 평면형태는 방형계가 계속적으로 증가하고 원형계는 감소하게 되고, 규모는 소형과 중형이 대다수이고 대형과 초대형이 소수 확인되다가 점차 중형이상은 소멸하고 소형만 확인되는 현상을 보인다. 그리고 노시설은 무시설식, 부뚜막식, 온돌시설이 확인되다가 점차 무시설식은 감소하고, 온돌이 설치된다. 주혈의 배치형태는 무주식이 다수를 차지하는 현상을 보인다. 또한 입지에 있어서는 구릉보다는 선상지나 하천변, 자연제방에 분포하는 경우가 점차 늘어나는 경향을 보인다.

아직까지 삼국시대에 해당하는 취락의 발굴 사례가 그리 많지 않고, 발굴된 경우도 취락 전체가 아니라 일부 분만 조사된 것이어서 그에 대한 연구도 종합적으로 이루어지지 않은 상태에서 취락의 규모나 취락의 전개과정, 취락간의 상대적 지위, 취락의 성격 등을 파악하는 것은 쉬운 작업이 아니다. 그렇지만 주거지의 구조나 출토유물에 대한 분석과 같은 기본적인 연구를 바탕으로 주변의 분묘유적뿐만 아니라 생산유적, 방어유적을 비롯한 다양한 성격의 유적과 문헌자료 등을 종합적으로 검토하여 당시의 사회생활상을 밝혀 나가야 할 것으로 보인다.

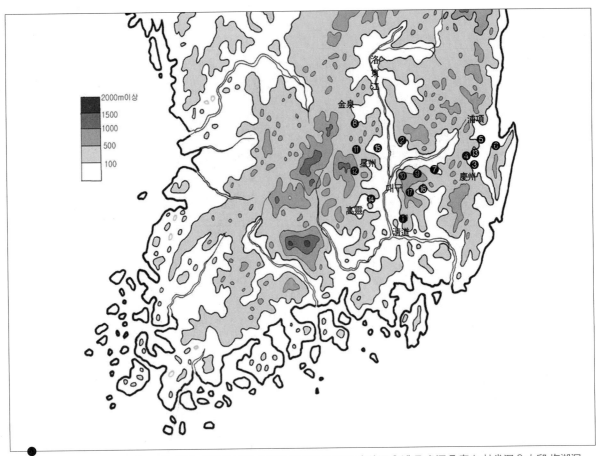

도 1　1.淸道 鳳岐里 2.漆谷 深川里 3.慶州 隍城洞 4.慶州 下邱里 5.浦項 良德洞 6.浦項 虎洞 7.慶山 林堂洞 8.大邱 梅湖洞
　　　9.金泉 帽岩洞 10.星州 伽岩里 11.大邱 新堂洞 12.星州 壯學里 장골 13.慶州 蓀谷洞・勿川里 14.高靈 池山洞
　　　15.星州 柳月里 16.大邱 時至地區 17.大邱 上洞

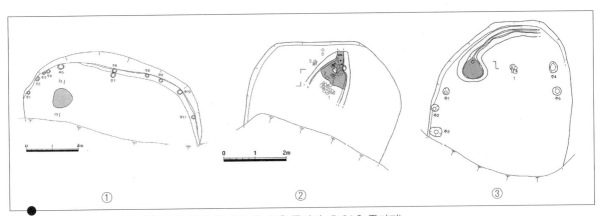

도 2　星州 伽岩里 노시설 형태 (① 35호 주거지, ② 13호 주거지, ③ 21호 주거지)

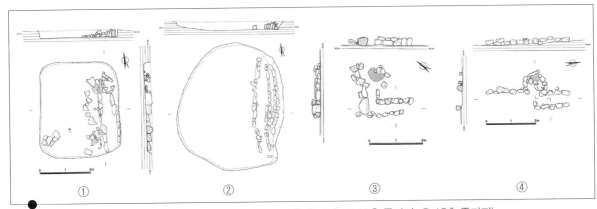

도 3　대구 상동유적 온돌시설 형태 (① 2호 주거지, ② 13호 주거지, ③ 10호 주거지, ④ 15호 주거지)

●참고문헌●

공봉석, 2008, 「慶南 西部地域 三國時代 竪穴建物址의 구들研究」, 『韓國考古學報』 66, 韓國考古學會.

권귀향・김정호, 2007, 「西部慶南地域의 三韓時代 住居址 小考」, 『東亞文化』 2・3, 東亞細亞文化財研究院.

權五榮, 1996, 「三韓의 國에 대한 研究」, 서울대博士學位論文.

權鶴洙, 1994, 「歷史時代 마을考古學의 成果와 課題」, 『마을의 考古學』, 第18回 韓國考古學會全國大會發表要旨.

金羅英, 2007, 「嶺南地域 三韓時代 住居址의 變遷과 地域性」, 釜山大學校 碩士學位論文.

_____, 2009, 「嶺南地方 原三國時代 住居와 聚落」, 『嶺南地方 原三國・三國時代 住居와 聚落』, 嶺南考古學會.

金世基, 1994, 「隍城洞 原三國時代 聚落址의 性格」, 『마을의 考古學』, 第18回 韓國考古學大會發表要旨.

金玉順, 2004, 「4~5世紀 嶺南地域 聚落의 空間性과 社會單位」, 『新羅文化』 23.

金昌億, 2000, 「三國時代 時至聚落의 變遷 研究」, 慶北大學校碩士學位論文.

_____, 2000, 「三國時代 時至聚落의 展開過程과 性格」, 『嶺南考古學』 27, 嶺南考古學會.

_____, 2000, 「三國時代 聚落의 空間配置 類型」, 『慶北大學校 考古人類學科 20周年 紀念論叢』, 慶北大學校 考古人類學科.

_____, 2001, 「大邱 時至地區 生活遺蹟」, 『6~7世紀 嶺南地方의 考古學』, 第10回 嶺南考古學會 學術發表會.

_____, 2009, 「嶺南內陸地域 三國時代 住居와 聚落」, 『嶺南地方 原三國・三國時代 住居와 聚落』, 嶺南考古學會.

_____, 2011, 「新羅 形成期의 住居와 聚落」, 『考古學으로 보는 新羅의 形成期』, 韓國文化財調査研究機關協會.

吳洪晳, 1999, 『聚落地理學』, 法文社.

尹容鎭・崔兌先, 1993, 『漆谷宅地(2)地區 文化遺蹟基礎調査報告書』, 慶北大學校博物館.

이주성, 2008, 「三韓時代 慶南地域 竪穴住居址에 對한 一考察」, 『東亞文化』 5, 東亞細亞文化財研究院.

李賢惠, 1996, 「金海地域의 古代 聚落과 城」, 『韓國古代史論叢』 8.

李熙濬, 2000, 「三韓 小國의 形成 過程에 대한 考古學적 接近의 틀 -聚落 分布 定型을 中心으로-」, 『韓國考古學報』 43, 韓國考古學會.

_____, 2000, 「大邱 地域 古代 政治體의 形成과 變遷」, 『嶺南考古學』 26, 嶺南考古學會.

_____, 2011, 「慶州 隍城洞遺蹟으로 본 西紀前 1世紀~西紀3世紀 斯盧國」, 『新羅文化』 第38輯, 東國大學校 新羅文化研究所.

林東在, 2005, 「三韓時代 慶州 隍城洞遺蹟의 性格에 대한 研究」, 東義大學校大學院碩士學位論文.

林榮玉, 2000, 「嶺南地方原三國時代의 住居址研究」, 漢陽大學校大學院碩士學位論文.

張容碩, 2001, 「慶山 林堂遺蹟의 空間構成에 대한 研究」, 嶺南大學校大學院碩士學位論文.

曺華龍, 1995, 『大邱市史』 第1卷, 大邱廣域市.

朱甫暾, 1998, 『新羅地方統治體의 整備過政과 村落』, 新書苑.

崔景圭, 2004, 「1~3世紀 慶州 隍城洞遺蹟의 性格에 대한 研究」, 東亞大學校大學院碩士學位論文.

洪慶姬, 1985, 『村落地理學』, 法文社.

慶北大學校博物館, 2000, 『慶州 隍城洞 遺蹟 III・IV』(나地區).

_____, 2006, 『大邱 漆谷 生活遺蹟』.

啓明大學校博物館, 2000, 『慶州 隍城洞 遺蹟 V』(다地區).

國立慶州博物館, 2000, 『慶州 隍城洞 遺蹟 I~III』.

國立慶州文化財研究所, 2004, 『月城垓字 發掘調査報告書 II』.

_____, 2004, 『慶州 蓀谷洞・勿川里遺蹟-慶州競馬場豫定敷地A地區』.

國立文化財研究所, 1996, 『大邱 時至洞 I』.

_____, 1997, 『大邱 時至洞 II』.

嶺南大學校博物館, 1999, 『時至의 文化遺蹟 I~VIII』.

(財)慶尙北道文化財研究院, 2002, 『大邱 壽城區 上洞 우방아파트 建立敷地內 上洞遺蹟發掘調査報告書』.

_____, 2005, 『浦項 虎洞遺蹟 I』.

_____, 2006, 『清道 鳳岐里 遺蹟』.

_____, 2006, 『清道 風角初等學校 多目的 教室 新築敷地內 清道 鳳岐里遺蹟』.

_____, 2006, 『大邱 壽城初等學校 敷地內 上洞遺蹟發掘調査報告書』.

_____, 2006, 『星州 壯學里遺蹟』.

_____, 2007, 『高靈 池山洞遺蹟』.

_____, 2008, 『浦項 虎洞遺蹟 II~VIII(II地區-原三國~三國時代住居址)』.

_____, 2008, 『星州 上彦里遺蹟-玄風-金泉間 高速國道 建設區間 內-』.

_____, 2008, 『星州 伽岩里遺蹟』.

_____, 2008, 『星州 壯學里 장골遺蹟 I · II』.

(財)大東文化財研究院, 2009, 『尙州 良凡里 134遺蹟』.

(財)聖林文化財研究院, 2011, 『浦項 良德洞遺蹟』.

(財)新羅文化遺産研究院, 2010, 『慶州의 文化遺蹟 VII-慶州 見谷面 下邱里 畜舍新築敷地內 遺蹟-』.

(社)嶺南埋藏文化財研究院, 1996, 『大邱 時至地區 生活遺蹟 I』.

(財)嶺南文化財研究院 · 韓國土地公社, 1999, 『慶山 林堂洞遺蹟 I-F, H地區 및 土城-』.

(財)嶺南文化財研究院, 2000, 『大邱 時至地區 生活遺蹟 II』.

_____, 2005, 『大邱 新塘洞遺蹟』.

_____, 2005, 『國道 33號線 星州-倭館間 擴張區間內 星州 柳月里遺蹟』.

_____, 2008, 『慶山林堂洞마을遺蹟 I』.

_____, 2008, 『慶山林堂洞마을遺蹟 II』.

_____, 2009, 『大邱 梅湖洞 1008番地 遺蹟 -大邱 梅洞初等學校 新築敷地內-』.

_____, 2010, 『慶山 林堂洞 環濠遺蹟』.

西日本의 竪穴建物 變遷過程
-彌生時代 後期에서 古墳時代 中期 前半을 중심으로-

寺井誠(테라이 마코토)

1. 들어가며

본고는 彌生時代(야요이시대) 후기부터 古墳時代(고분시대) 중기 전반에 있어 수혈건물의 지역성과 그 변천 과정의 확인을 목적으로 한다. 고고학에서 취급하는 물질문화(발굴조사된 유구와 유물)는 그것이 속하는 지역과 시기 뿐이 아니라 만이 아니라 집단의 차이, 사회계층차에도 좌우된다. 수혈건물은 땅을 파고 남겨진 「유구」이기 때문에 유물과 같은 이동을 생각할 필요 없이 지역의 인간집단에 바탕을 둔 자료로 취급할 수 있다. 게다가 수혈 건물을 사용한 계층은 사회 안에서 일정의 한정된 부분으로, 상대적으로 낮은 사회계급에 속해 있었다고 생각된 다. 이 전제가 가능하다면, 수장층의 변화와 비교 검토함으로 彌生에서 古墳時代로의 다양한 변화 측면을 볼 수가 있다.

더욱이 수혈건물은 이전에 「竪穴住居」로 불리웠지만, 그 기능을 「住居」로 한정할 수 없다는 점에서 近年에는 「竪穴建物」이라는 말이 정착되고 있는 중이다(文化廳文化財部記念物課 2010). 많은 수혈건물에는 爐와 같은 취사 사용의 불을 피우는 곳이 부설되어 있다는 점에서 대부분은 「住居」로 사용되었을 것이지만, 鐵鍛冶와 옥 만들기, 석기 만들기 등의 공방으로 사용되었다고 생각되는 것도 있다.

대상이 되는 곳은 近畿地方(킨키지방) 以西의 지역이다. 일찍이 필자는 西日本 및 北部九州의 수혈건물의 변 천과정을 종합한 적이 있지만(寺井 1995a · b), 그로부터 15년 이상이 지나 자료의 증가를 따라잡을 수 없다는 것 이 솔직한 심정으로, 본래라면 각 지역 각 시기의 수혈건물을 통계적으로 정리하고, 그 경향을 도출해야 하겠지 만 前稿에서 확인된 각 지역 각 시기의 경향에 새로운 자료를 더 해 보충, 경우에 따라서는 수정해서 정리하고자 한다.

시기는 彌生時代 후기 전반(기원후 1세기 : 일반적으로 말하는 후기 전엽 · 중엽), 同 후반(2세기~3세기 전반), 彌生時代 종말기(庄內式(쇼나이식) 병행기 : 3세기 중경~후반), 古墳時代 전기 전반(3세기 후반~4세기 중경 : 布 留式(후루식) 고 · 중단계 병행기), 同 후반(4세기 후반 : 布留式 신단계 병행기), 古墳時代 중기 전반(5세기 전 반 : 초기 스에키(須惠器)가 출현할 즈음)의 6時期로 대별하고, 각 시기의 세세한 양상보다는 광역적 비교 검토를 시도하였다.

2. 수혈건물의 구성 요소

우선 본론에 들어가기 전 전제로 수혈건물의 각 구성요소에 대해 정리해 두고자 한다. 수혈건물은 지면을 파 서 바닥면을 만들고, 그 파여진 부분을 덮듯이 지붕이 이어진 건물이다. 예를 들면, 群馬縣(군마현) 澁川市(시부가와시, 舊 子持村)의 黑井峯遺蹟(쿠로이미네유적)과 같은 화산재로 덮힌 사례와 大阪府(오사카부) 八尾市(야오시)의 八尾南遺蹟(야오미나미유적)과 같이 홍수의 토사로 덮힌 사례는 상부 구조를 검토할 때 많은 단서를 얻을 수 있지만, 이와 같은 사례는 극히 드물다. 본고에서는 우회하는 방법이기는 하지만, 발굴조사로 수집된 유구의 구성요소(평면형과 기둥 구멍 수 등)을 바탕으로 지역성과 시기적 변천을 파악하고자 한다.

먼저 수혈건물의 차이를 가장 두드러지게 하는 것은 평면형일 것이다. 원형과 방형·장방형, 어느 쪽으로도 판별하기 어려운 말각방형, 또한 다각형 등 매우 다양한 평면형이 있다. 한편 면적에 관해서는, 각 시기에 대형의 수혈건물이 존재한다. 이전에는 계층차를 반영한다고 생각하였지만(寺井 1995a·b), 그 외 工房 등 주거 이외의 용도도 염두에 둘 필요가 있다. 예를 들면, 八尾南遺蹟에서 가장 면적이 큰 方形 4本柱의 수혈건물(수혈건물9 : 도 3의 우측과 도 4-2-1)에는 통상적이라면 중앙에 노지가 있는 것에 비해 이 건물에서는 木組의 水溜狀(물을 담아두기 위한)의 시설이 있다는 점에서 공방 등의 여타 건물과는 다르게 사용되었다고 생각된다. 佐賀市(사가시) 大野原遺蹟(오오노하라유적)의 方形 4本柱의 수혈건물(SH403)은 취락 내에서 비교적 큰 부류에 해당되는데, 그곳에서는 송풍관이 출토된 점으로 보아 철기생산을 하였을 가능성이 보고서에서 지적되었다. 이와 같이 수혈건물 계층차의 검토는 크기만으로는 단순하게 도출할 수 없고, 또한 취락 내에서의 다른 건물(굴립주건물을 포함)과의 충분한 비교검토가 불가결하다. 이번은 계층차에 대해서는 다루지 않았다.

이어서 바닥면에서는 주공과 노지(爐)·부뚜막(竈), 벽구, 침대상시설,[1] 토광 등이 검출되었다. 주공의 수는 후술하겠지만 시기·지역에 따라 다양하다. 평면형과 관련되어 각지 수혈건물의 특징을 나타내는 데 중요한 요소이다.

노지의 경우 일본열도에서는 繩文時代 이래 수혈건물의 내부에 설치된다. 대다수의 경우 중앙에 얕게 파인 곳이 많은데, 山陰地方(산인지방)에서는 주공과 마찬가지로 깊게 파인 中央穴이 자주 발견된다. 이에 대해 부뚜막(竈)은 벽가에 점토로 구축된 불을 피우는 곳으로, 후술하겠지만 한반도로부터의 문화적 영향하에 등장한 것이다. 「類竈」라는 벽가에 있는 노가 부뚜막으로 발전하였다는 의견도 있지만, 문화요소의 복합체로서 본다면 자생설은 어려울 것이다.

침대상시설은 벽가와 기둥 사이의 일부 혹은 기둥를 둘러싸는 것처럼 한 단 높은 시설이다. 방형·말각방형·원형·다각형의 평면형에 부설되어 있으며, 대개 (도 2)와 같은 변형이이다. 간혹 튀어나온 부분을 한 단 높게 한 것도 있다.

벽구는 수혈건물 평면의 외연을 따라 판 구로, 건물로 사용되고 있을 때에 노출된 것과 수혈 벽의 붕괴를 막기 위해 벽을 지탱하기 위해 판 것으로 건물로 사용되고 있을 때는 묻혀 있었던 것, 양쪽을 생각해 볼 수 있다(文化廳 2010). 八尾南遺蹟의 方形 4本柱의 수혈건물(수혈건물9 : 도 3의 우측과 도 4-2-1)에서는 벽구의 위에 小板材를 걸치고, 그 위에 식물의 줄기다발과 나무 껍질을 씌어 뚜껑을 덮은 상황으로 검출되어, 이 경우는 벽구가 암거였음을 알 수 있다(大阪府文化財センター 2008).

또한 지상에 만들어진 周堤도 중요한 요소이지만, 좋은 유존상태가 아니면 검출되지 않는다. 八尾南遺蹟에서는 주제의 일부가 붙어 있으면서 동시 존재하는 수혈건물도 발견되어(도 3), 발굴조사에서 확인된 수혈건물 거리의 원근이 반드시 동시성과 비동시성을 반영하지는 않는다는 것을 말해주고 있다.

이상과 같이 다양한 요소로 구성되어 있어 지역·시기적 경향을 파악하기 위해서도 중요한 요소이기는 하지만 잔존 상황이 균일하지 않기 때문에 모든 요소를 다루어 분석하기는 어렵다. 다만 유구의 성격상, 바닥면에 남아 있는 시설은 삭평과 무관하게 대체로 균등하게 취급할 수 있다. 여기에서는 평면형과 주공 수를 주로 다루며, 필요에 따라 다른 요소도 다루어 검토하고자 한다.

---

1) 필자도 포함하여 지금까지 「침대狀 遺構」라는 명칭이 多用되었다고 생각되지만, 건물의 내부시설에 대해 「유구」라고 하는 것은 확실히 부적절하다. 文化廳의 호칭에 따르고자 한다.

3. 각 시기 수혈건물의 지역색

1) 彌生時代 후기 전반(도 4)

北部 九州(큐슈)에서는 彌生時代 중기말경부터 2本柱로 평면이 장방형인 수혈건물이 일반적이 되지만(11·12), 이 단계에서는 원형의 수혈건물도 일부 남아 있다(9·10). 장방형 2本柱의 수혈건물의 약 반수에는 A~D와 같이 벽의 모퉁이와 단변에 침대상시설이 설치되어 있는 것이 발견된다. 이것은 기둥으로 규제된 옥내 공간의 분할을 반영한다고 생각된다.

近畿(킨키)·瀨戶內(세토우치)·山陰地方에서는 평면형이 원형·말각방형·방형·다각형 등의 다양성이 확인된다. 기둥은 전반적으로 4개가 많지만, 5개 이상으로 50㎡를 넘는 대형의 원형 수혈건물도 보인다. 또한 4本柱의 수혈건물 평면형에는 모퉁이가 둥글어 원형으로도 말각방형으로도 판단하기 어려운 것이 많다. 中國地方(츄고쿠지방)에 보이는 4本柱 말각방형의 수혈건물에는 주공이 코너 가까이에 있는 것이 자주 보이며, 古墳時代 전기까지 확인한다. 침대상시설이 설치된 것은 적지만, 一の谷遺蹟(이치노타니유적)과 같이 돌출된 부분이 한단 높게 된 것도 있다(7). 北部九州와 같은 장방형 2本柱의 수혈건물은 八尾南遺蹟의 2-2와 城山遺蹟(시론야마유적), 長原遺蹟(나가하라유적) 등 近畿地方(킨키지방)에서 나타나지만, 그 시기는 약간 늦어 彌生時代 후기 중엽에 속한다. 또한 20㎡ 이하의 소형뿐이기 때문에 지리적으로 떨어진 北部 九州의 영향이라기 보다는 재지에서 출현한 소형 수혈건물의 하나라고 이해된다.

2) 彌生時代 후기 후반(도 5)

北部九州에서는 福岡縣(호쿠오카현) 東部와 大分縣(오이타현) 북동부, 舊國 豊前(부젠)地域 일부에서 方形 4本柱의 수혈건물이 등장한다(9). 기둥의 외측으로 돌아가듯이 침대상시설이 설치되어 있다. 후술하겠지만 山口縣(야마구치현) 서부지역(예를 들면 7)과 兵庫縣(효고현) 서부지역(예를 들면 2-1)에서 보이는 方形 4本柱의 수혈건물과 공통된다.

한편 福岡縣 서부와 佐賀縣(사가현)에서는 장방형 2本柱의 것이 거의 대부분을 차지하며 원형의 수혈건물은 보이지 않게 된다. 駿河遺蹟(스루가유적)(10)과 같이 50㎡를 넘는 대형의 것도 있는 반면에 20㎡를 넘지 않는 것도 있어, 동일한 장방형 2本主柱의 수혈건물 안에 大小의 구성을 이루고 있다. 침대상시설에 대해서는 A나 B와 같이 모퉁이에 설치된 것이 감소하는 한편에 E와 같이 양 단변에 붙거나, F와 같이 세 변 혹은 사방을 두르듯이 설치되는 것도 나타난다. 본래 2本柱의 수혈건물은 모퉁이나 단변을 공간 분할하지만, 주위와 중앙을 분할하게 된다. 이것은 후술할 瀨戶內的인 공간분할이 北部九州로 전파된 것을 의미한다고 생각된다(寺井 1995b).

中國四國地方에는 4本柱의 것이 많으며, 대부분은 원형이지만 말각방형의 것도 있다. 그러나 兵庫縣(효고현) 播磨町(하리마쵸)의 大中遺蹟(오오나카유적)과 山口縣(야마구치현) 下関市(시모노세키시, 舊 菊川町)의 下七見遺蹟(시모나나미유적)에서는 方形 4本柱에 침대狀施設을 돌린 수혈건물이 보인다(2-1과 7). 瀨戶內海(세토나이카이)의 東西端에서 같은 方形 4本柱의 수혈건물이 출현한 것에 대해 전파 등의 영향관계를 읽어 내기는 어려우며 각각의 지역에서 독자적으로 方形 4本柱化가 진행되었다고 상정된다.

또한 장방형에 2本主柱의 것은 香川(카가와), 兵庫 南部, 大阪(오사카) 등에서 확인되고 있지만 그다지 많지는 않다. 모두 20㎡ 이하의 소형이다. 이것들은 4本柱의 것이 크고, 2本柱의 것이 작은 것이라는 구성을 이룬다.

침대상시설은 瀨戶內 동부지역에서 대략 3~4할 정도의 비율로 나타난다. 大中遺蹟의 2-1과 香川縣 阪出市(사카이데시)의 下川津遺蹟(시모카와츠유적)의 8-1과 같이 기둥의 외측에 돌리듯이 설치된 F·G의 타입이 많다. 한편 岡山縣(오카야마현)·廣島縣(히로시마현)·鳥取縣(톳토리현)·島根縣(시마네현)에서는 침대상시설이 부설된 수혈건물은 보이지 않는다.

3) 彌生時代 종말기(도 6)

近畿地方과 四國地方은 方形 4本柱가 대대수를 차지하게 되지만, 中國地方은 말각방형·원형의 수혈건물이 여전히 남아 있다. 岡山縣域에서는 方形 4本柱에 크기가 돌출되는 것이 등장한다. 岡山市의 百間川原尾島遺蹟(켄가와하라오시마유적) 新田サイフォン地區(신덴사이폰지구)에서 발견된 6은 바닥 면적이 약 80m²로, 岡山縣 眞庭市(마니와시, 舊 北房町)의 谷尻遺蹟(타니지리유적)의 5는 150m²에 달한다. 특히 5는 벽구 내에서도 주공이 확인되어 壁立式의 건물이었을 가능성이 있다.

北部九州에서는 福岡縣 서부와 佐賀縣에서도 方形 4本柱의 수혈건물이 나타나게 된다. 대체로 40m² 정도로, 전체 중 비교적 큰 부류이기는 하지만 長方形 2本柱의 수혈건물 중에서도 같은 규모이거나 그 이상의 면적을 가진 것도 여전히 존재한다. 더욱이 이 시기 이후는 北部九州에 畿內系·山陰系의 외래계토기가 나타나지만, 수혈건물은 福岡縣 동부와 山口縣 서부지역의 영향을 받은 것으로 생각된다(井上裕弘 1991).

4) 古墳時代 전기 전반(도 7)

山陰地方과 中國山地에서는 원형과 말각방형의 수혈건물이 보이지만, 그 이외의 지역에서는 방형의 수혈건물이 주류가 된다. 岡山市의 高塚遺蹟에서는 方形 4本柱, 2本柱, 또한 기둥이 없는 것으로 수혈건물의 대소가 구성되며(6-1~3), 이것은 北部九州 이외에서는 일반적인 구성이 된다.

北部九州에서는 방형에 4本柱의 것이 증가하지만, 2本柱도 많이 있다. 이점에서는 彌生時代 종말기와 큰 변화는 없다. 다만 극히 일부에서 부뚜막이 있는 수혈건물이 등장하는 것은 주목할만하다. 福岡市 早良區(사와라쿠)의 西新町遺蹟(니시진마치유적)에서는 古墳時代 전기 전반에 부뚜막을 가진 수혈건물이 106동 발견되어(예를 들면 11), 유적 전체의 약 20%에 상당한다고 한다(福岡縣教育委員會 2009). 모래땅으로 주공 등 내부 시설의 확인은 곤란하지만, 평면형은 장방형이 많은 것처럼 보여, 北部九州 재래의 長方形 2本柱의 수혈건물에 부뚜막을 채용했다고 추정된다. 또한 福岡縣 糸島市(이토시마시, 舊 前原市)의 前原西町遺蹟(마에바라니시마치유적)에서도 부뚜막이 있는 수혈건물이 1동 발견되었다(13). 이들 모든 유적에서 한반도의 搬入土器가 출토되며 특히 西新町遺蹟에서는 甑과 鍋의 한반도계 취사구가 많이 출토되고 있다.

한편 같은 한반도계 토기가 많이 확인된 長崎縣(나가사키현) 壹岐市(이키시)의 原の辻遺蹟(하루노츠지유적)에서는 彌生時代 후기부터 古墳時代 전기에 걸친 수혈건물이 발견되고 있지만, 형태를 알 수 있는 것은 10과 같이 모두 方形 2本主柱로, 北部九州 재래의 것이다. 게다가 原の辻遺蹟의 한반도계 토기 중에는 현재 甑과 鍋가 출토되지 않으며 수혈건물에 부뚜막의 채용도 없었던 것으로 예상된다.

그런데 福岡縣 浮羽市(우키와시)의 塚堂遺蹟(츠칸도유적)에서 14와 같은 유구가 발견되었는데, 보고에서는 화재를 입은 수혈건물이라고 되어 있다. 평면형이 부정원형으로 벽구가 돌아가며, 중앙에는 노지가 있다. 전술한 바대로 北部九州에서는 方形 2本柱의 수혈건물이 일반적이고, 彌生時代 종말기에 方形4本柱가 등장하지만 이와 같은 평면형태는 일반적인 것이 아니다.[2]

5) 古墳時代 전기 후반(도 8)

서일본의 대부분 지역에서는 方形4本柱의 수혈건물이 주류가 되고, 福岡縣 那珂川町(나카가와마치)의 仲遺蹟(츄유적)과 같이 소형의 2本柱, 無柱로 대소가 구성되는 양상(10-1~3)이 점차 서일본의 표준이 된다. 또한 2本柱의

---

2) 평면형만의 비교이지만, 한반도의 慶尙南道 南西部에서 全羅南道 南東部의 수혈건물의 평면형과 유사하다. 필자 자신은 이것을 이 지역의 영향이라고 할 생각은 없지만, 일단 가능성의 하나로 염두에 두고자 한다. 大阪府 茨木市(이바라키시)의 安威遺蹟(아이유적)에서 발견된 古墳時代 중기 전반의 부정원형의 수혈건물(도 9-1-2)에 대해서도 동일한 점을 염두에 둘 필요가 있다고 생각한다.

수혈건물도 장방형이라기 보다는 정방형에 가까운 평면형태가 된다. 北部九州는 前代까지 長方形 2本柱의 수혈건물이 주류이며 그 안에서 大小가 표현되었지만, 이 단계가 되면 소형의 수혈건물에 속하게 된다. 이 점에서 이전 단계와는 자리 매김이 달라진다는 것을 알 수 있다.

山陰地方의 鳥取縣 湯梨浜町(유리하마쵸, 舊 羽合町)의 長瀬高浜遺蹟(나가세타카하마유적)에서는 육각형을 나타내는 것(4)과 원형의 수혈건물이 보여, 彌生的인 전통이 남아 있다. 그러나 山陰地方의 서부인 島根縣 出雲市(이즈모시)의 古志本鄉遺蹟(코시혼고유적)에서는 方形4本柱의 수혈건물(6)이 발견되어 원형의 수혈건물은 사라지게 된 듯하다.

古墳時代 전기 전반의 단계에서 부분적으로 부뚜막이 설치된 수혈건물이 다수 발견되었던 西新町遺蹟은 축소·소멸경향에 있었던 점에서 수적으로 부뚜막 설치 건물은 적어진다. 滋賀縣(시가현) 東近江市(히가시오미시, 舊 能登川町)의 西の辻遺蹟(니시노츠지유적) 등에서 부뚜막이 설치된 수혈건물이 확인되고 있다(1).

6) 古墳時代 중기 전반(도 9)

서일본 전체에서 수혈건물의 공통성이 증가하는 시기이다. 方形 4本主柱는 대형, 方形 2本主柱, 同無主柱가 소형의 부류에 속하는 수혈건물의 구성이 생겨난다. 다만 大阪府 茨木市의 安威遺蹟과 같이 부정원형의 수혈건물도 보인다(1-2). 註2에서도 이야기하였지만 慶尙南道 南西部에서 全羅南道 南東部까지의 수혈건물 평면형과 공통점이 있어 영향관계가 있었을 가능성도 염두에 두고자 한다.

福岡 서부와 岡山, 大阪의 일부에서는 부뚜막을 만들어 붙이는 수혈건물이 등장한다. 예를 들면, 岡山市의 高塚遺蹟에서는 方形 4本主柱와 같은 비교적 대형의 수혈건물에는 벽의 중앙에, 方形 2本主柱와 主柱가 없는 것은 코너에 부뚜막이 설치되어 있다(6-1~3). 부뚜막은 말할 필요도 없이 한반도의 영향이지만, 方形 2本主柱의 수혈건물은 필자가 확인한 한에는, 한반도에서는 보이지 않는다. 따라서 재래의 수혈건물에 부뚜막이 설치되었다고 이해된다. 더욱이 이 시기에 부뚜막의 채용이 나타나는 安威遺蹟과 岡山市의 高塚遺蹟에서는 재래의 布留甕의 저부를 투공한 改造甑이라고 불러야 할 시루 출토되었다(도 9의 左下). 이러한 점들을 보면 역시 재래 집단이 새로운 문화를 채용하려고 한 모습을 엿볼 수 있다.

한편 동시기에는 부뚜막이 없는 수혈건물도 다수 존재하며, 山陰地方은 古墳時代 중기를 통해서도 부뚜막이 설치된 수혈건물은 등장하지 않는다. 다만 龜田修一氏가 이미 지적한 바와 같이 古墳時代 중기에서도 이른 단계의 시류가 점적으로 출토되어 한반도 도래인과의 관련을 생각해 볼 수 있다(龜田 2001). 出雲國府蹟(이즈모코쿠후아토)의 하층에서는 격자타날이 시문된, 평저에 多孔인 시루와 煙突形土製品 등의 한반도계 토기가 출토되어(도 9의 左上), 일시적으로 부뚜막이 채용되었을 가능성은 남아 있다. 시루에 대해서는 형태적 특징에서 경상남도 남서부부터 전라도에 계보를 구할 수 있는 것이다.

3. 나오며 -分布域의 變遷過程과 韓半島와의 關係-

이상, 서일본 수혈건물의 변천과정에 대해서 정리해 보았다. 彌生時代 후기의 단계에서는 北部九州가 長方形 2本柱, 四國·中國·近畿地方이 원형·방형 등 다양한 평면형의 수혈건물로 구성되고,[3] 모든 지역에서 지역차는 있지만 서서히 方形 4本柱의 수혈건물이 증가하게 되어, 전체적인 구성으로는 비교적 대형의 方形 4本柱, 이어서 方形 2本柱, 方形無柱가 된다.

---

3) 櫻田小百合 外(2010)에서는 수혈건물의 복원실험을 통해 彌生時代에 있어서 수혈건물의 평면 방형화에 대해 고찰하여, 多主柱에서 4本柱로 변화해 가는 중에 원형에서 방형으로 자생적으로 변화하였다고 지적하고 있다. 또한 4本柱라면, 평면형이 원형·말각방형·방형의 차이가 있더라도 기술적 구조적으로는 그다지 큰 차이가 없다고 생각된다. 이러한 기술적·구조적 공통성이 점차적인 변화가 일어나는 배경일 것이다.

方形 4本柱 수혈건물의 출현과 보급은 大阪와 兵庫, 山口縣 서부·北部九州 동부에서는 비교적 빨리 달성되지만, 岡山·廣島 북부에서는 古墳時代 전기 전반까지, 鳥取와 島根는 古墳時代 전기 후반까지 원형 수혈건물이 일부 남아 있다. 침대상시설은 古墳時代 전기 전반을 경계로 거의 보이지 않게 된다.

또한 北部九州는 古墳時代 전기 전반까지 침대상시설이 설치된 方形 2本柱의 수혈건물이 주류이고, 그 중에서는 50m²를 넘는 대형의 것도 존재한다. 古墳時代 전기 후반이후에 침대상시설은 보이지 않게 되고, 近畿·山陰·瀨戶內와 마찬가지로 方形 4本柱·2本柱·無柱의 大小構成이 된다.

이와 같은 변천과정으로 보아, 대략적으로 말하면 近畿地方을 기점으로 方形 4本柱·2本柱·無柱라는 大小構成이 파행적으로 확산된다고 할 수 있다. 그러나 동심원상으로 정연하게 확산되는 것이 아니며, 舊來의 수혈건물이 남아 있는 지역도 있다. 또한 古墳時代 전기 전반의 福岡 서부 제 유적이나 廣島縣 북부의 龍王堂遺蹟(류오우도유적)과 같이 畿內系의 토기가 많이 나오기는 하지만 수혈건물은 舊來의 것이라는 점에서 畿內的인 토기양식의 보급이 새로운 수혈건물의 보급을 바로 촉진시킨 것은 아니었다. 또한 鳥取縣의 長瀨高浜遺蹟에서는 원형과 다각형의 수혈건물이 적어도 古墳時代 전기 후반까지는 남아있다.

한편, 부뚜막에 대해서는 古墳時代 전기 전반에 福岡市의 西新町遺蹟 등에서 수혈건물에 채용되었지만, 매우 국소적이다. 그러나 古墳時代 전기 후반에는 西新町遺蹟에서 거주하지 않게 되어 이후 부뚜막의 보급과는 연결되지 않는다. 이와 같은 국소적인 현상은 西新町遺蹟이 당시의 대 한반도 교섭을 담당한 중요한 창구가 됨과 함께 한반도의 문화를 용이하게 확산시킬 수 없는 무언가의 강제력이 움직였기 때문일 것으로 상정하고 있다(寺井 2005).

古墳時代 중기 전반에는 福岡 서부와 岡山 남부, 大阪의 일부 등에서 부뚜막이 설치된 수혈건물이 등장하지만, 초기의 부뚜막은 지역이 한정된다. 이들 지역은 보다 일찍 한반도로부터의 선진기술을 수용하는 지역이라는 점에서 地域首長主導로 행해진 신기술도입에 수반하여 새로운 생활문화인 부뚜막이 보다 일찍 도입되었던 것이다. 다만 부뚜막을 제외한 수혈건물의 제 요소는 기존의 것으로 부뚜막을 수용한 것도 대부분은 재래의 집단으로 생각된다.

이상의 점을 총괄해 볼 때, 수혈건물의 변화는 토기 양식이나 고분의 매장습속과 비교한다면 매우 완만하다고 할 수 있다. 변화의 방법도 인근 지역의 변화에 연동하고 있으며 부뚜막의 채용을 제외한다면 지리적으로 원격 지역의 영향을 받은 모습은 보이지 않는다. 이것은 사회계층의 차이에 의해 정보의 확산 시스템이 다르다는 것을 반영한 것일 것이다. 즉 前方後圓墳의 채용과 鐵器生産의 최신기술 등의 정보에 대해서는 首長層이 주도하였을 것이기 때문에 지리적으로 떨어진 곳이라도 정보가 전해지는 것에 비해, 수혈건물은 상대적으로 낮은 계층의 문화요소로 지리적인 인접관계를 바탕으로 정보전달이 행해졌던 것으로 상정된다. 이러한 가설에 대해서는 다방면의 검토가 당연히 필요하기 때문에 한 지역에서의 변화 그 자체만이 아니라, 광역적 분포의 변화와 신문화의 수용과정을 포함한 검토는 금후의 과제로 삼고자 한다.

이기성 번역

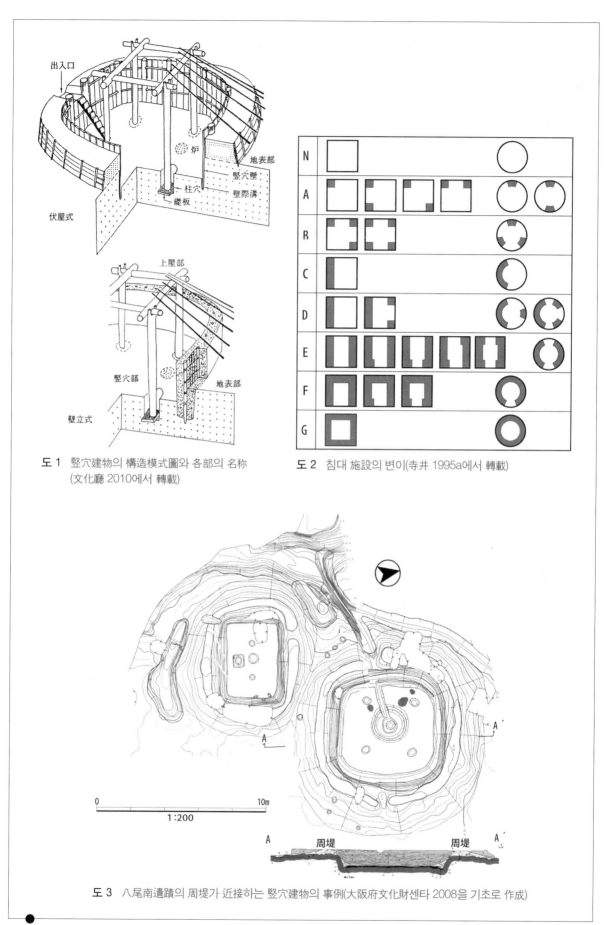

出入口

炉

地表部

竪穴壁

柱穴

壁際溝

礎板

伏屋式

上屋部

竪穴部

地表部

壁立式

도 1　竪穴建物의 構造模式圖와 各部의 名稱
　　　(文化廳 2010에서 轉載)

N						
A						
B						
C						
D						
E						
F						
G						

도 2　침대 施設의 변이(寺井 1995a에서 轉載)

0　　　　　　　　　　　　　10m

1:200

A

A

A　　　周堤　　　　　周堤　　A

도 3　八尾南遺蹟의 周堤가 近接하는 竪穴建物의 事例(大阪府文化財센타 2008을 기초로 作成)

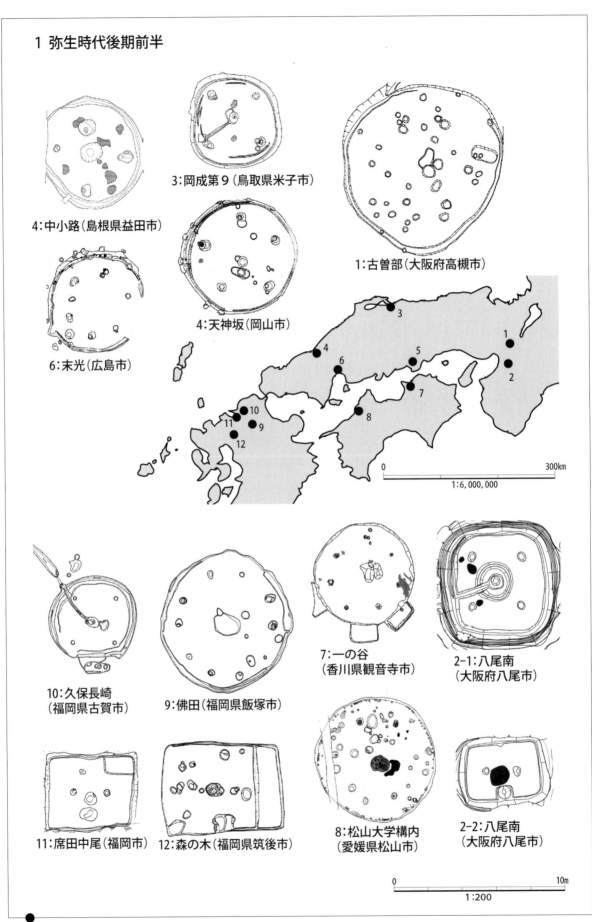

1 弥生時代後期前半

3：岡成第9（鳥取県米子市）

4：中小路（島根県益田市）

1：古曽部（大阪府高槻市）

4：天神坂（岡山市）

6：末光（広島市）

10：久保長崎
（福岡県古賀市）

9：佛田（福岡県飯塚市）

7：一の谷
（香川県観音寺市）

2-1：八尾南
（大阪府八尾市）

11：席田中尾（福岡市）

12：森の木（福岡県筑後市）

8：松山大学構内
（愛媛県松山市）

2-2：八尾南
（大阪府八尾市）

0　　　　　　　　300km
1：6,000,000

0　　　　　　　　10m
1：200

도4　彌生時代 後期前半의 竪穴建物

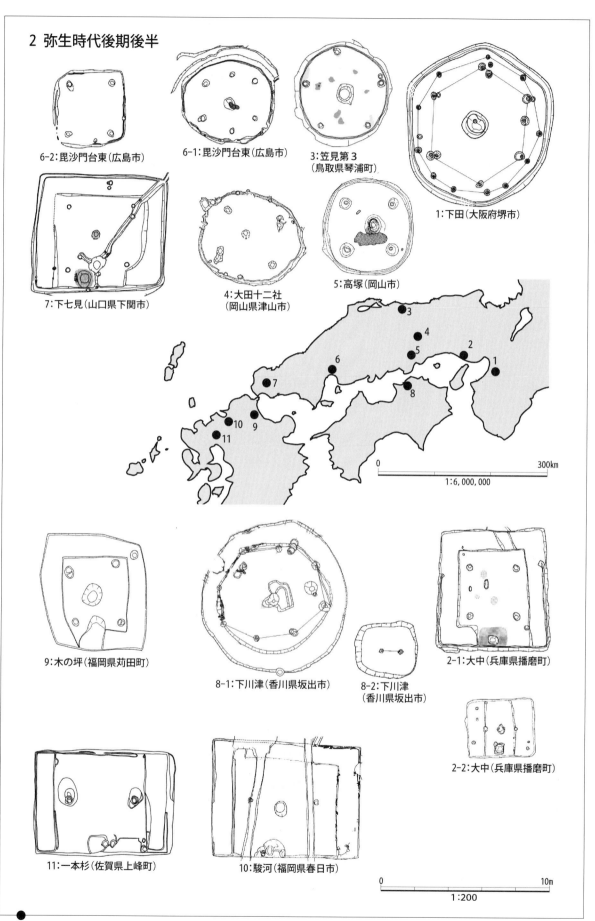

2 弥生時代後期後半

6-2:毘沙門台東(広島市)

6-1:毘沙門台東(広島市)

3:笠見第3
(鳥取県琴浦町)

1:下田(大阪府堺市)

7:下七見(山口県下関市)

4:大田十二社
(岡山県津山市)

5:高塚(岡山市)

1:6,000,000

0　　　　　　　　　　　300km

9:木の坪(福岡県苅田町)

8-1:下川津(香川県坂出市)

8-2:下川津
(香川県坂出市)

2-1:大中(兵庫県播磨町)

2-2:大中(兵庫県播磨町)

11:一本杉(佐賀県上峰町)

10:駿河(福岡県春日市)

0　　　　　　　　　　　10m

1:200

도 5　彌生時代 後期後半의 竪穴建物

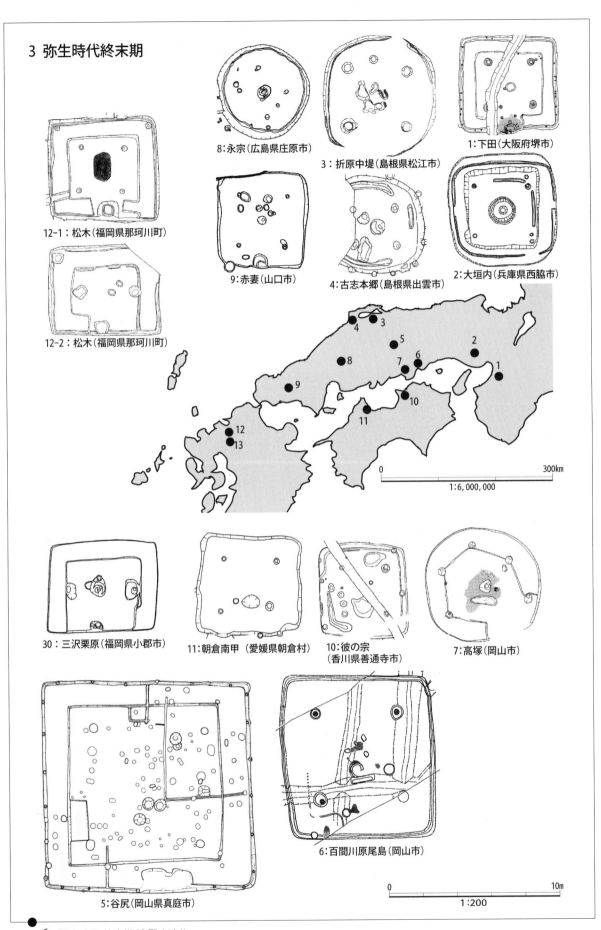

3 弥生時代終末期

8:永宗(広島県庄原市)

3:折原中堤(島根県松江市)

1:下田(大阪府堺市)

12-1:松木(福岡県那珂川町)

9:赤妻(山口市)

4:古志本郷(島根県出雲市)

2:大垣内(兵庫県西脇市)

12-2:松木(福岡県那珂川町)

300km
1:6,000,000

30:三沢栗原(福岡県小郡市)

11:朝倉南甲(愛媛県朝倉村)

10:彼の宗
(香川県善通寺市)

7:高塚(岡山市)

5:谷尻(岡山県真庭市)

6:百間川原尾島(岡山市)

0　　　　　　10m
1:200

도 6　彌生時代 終末期의 竪穴建物

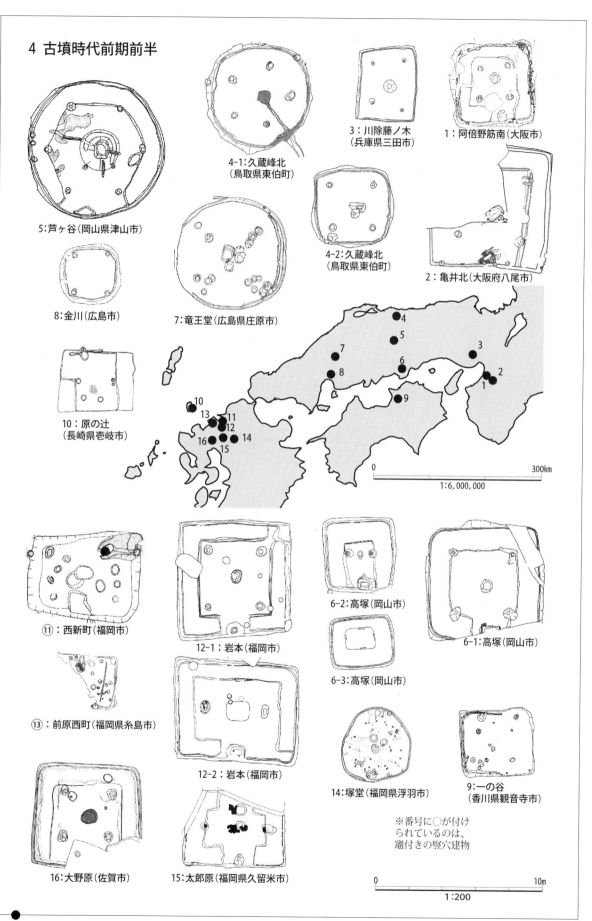

4 古墳時代前期前半

3：川除藤ノ木
（兵庫県三田市）

4-1：久蔵峰北
（鳥取県東伯町）

1：阿倍野筋南（大阪市）

4-2：久蔵峰北
（鳥取県東伯町）

5：芦ヶ谷（岡山県津山市）

2：亀井北（大阪府八尾市）

8：金川（広島市）

7：竜王堂（広島県庄原市）

10：原の辻
（長崎県壱岐市）

300km

1：6,000,000

⑪：西新町（福岡市）

12-1：岩本（福岡市）

6-2：高塚（岡山市）

6-1：高塚（岡山市）

⑬：前原西町（福岡県糸島市）

6-3：高塚（岡山市）

12-2：岩本（福岡市）

14：塚堂（福岡県浮羽市）

9：一の谷
（香川県観音寺市）

16：大野原（佐賀市）

15：太郎原（福岡県久留米市）

※番号に○が付け
られているのは、
竈付きの竪穴建物

0　　　　　　　　　10m

1：200

도7　古墳時代 前期前半의 竪穴建物

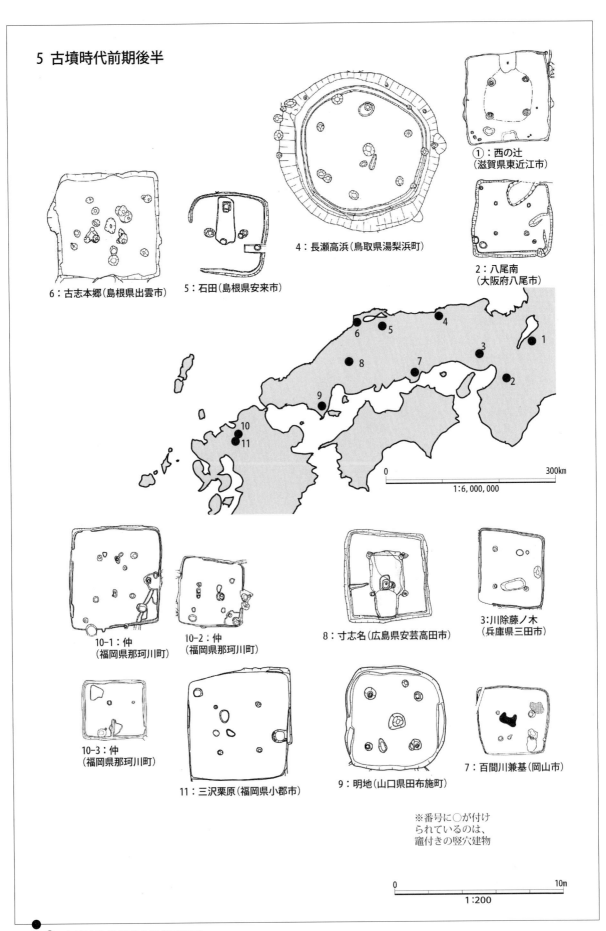

5 古墳時代前期後半

①：西の辻
（滋賀県東近江市）

2：八尾南
（大阪府八尾市）

4：長瀬高浜（鳥取県湯梨浜町）

6：古志本郷（島根県出雲市）

5：石田（島根県安来市）

10-1：仲
（福岡県那珂川町）

10-2：仲
（福岡県那珂川町）

8：寸志名（広島県安芸高田市）

3：川除藤ノ木
（兵庫県三田市）

10-3：仲
（福岡県那珂川町）

11：三沢栗原（福岡県小郡市）

9：明地（山口県田布施町）

7：百間川兼基（岡山市）

※番号に○が付け
られているのは、
竈付きの竪穴建物

1:6,000,000

0　　　　　　300km

0　　　　　　10m
1:200

도 8　古墳時代 前期後半의 竪穴建物

6 古墳時代中期前半

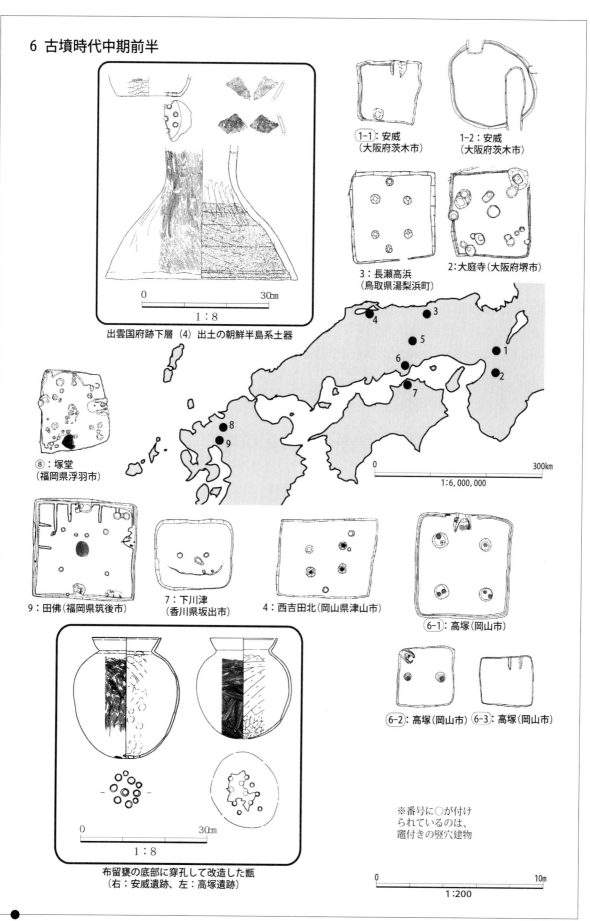

出雲国府跡下層（4）出土の朝鮮半島系土器

1:8

1-1：安威
（大阪府茨木市）

1-2：安威
（大阪府茨木市）

3：長瀬高浜
（鳥取県湯梨浜町）

2：大庭寺（大阪府堺市）

⑧：塚堂
（福岡県浮羽市）

1:6,000,000

9：田佛（福岡県筑後市）

7：下川津
（香川県坂出市）

4：西吉田北（岡山県津山市）

6-1：高塚（岡山市）

6-2：高塚（岡山市）　6-3：高塚（岡山市）

※番号に○が付け
られているのは、
竈付きの竪穴建物

1:8

布留甕の底部に穿孔して改造した甑
（右：安威遺跡、左：高塚遺跡）

1:200

●참고문헌●

井上裕弘, 1991,「北部九州における古墳出現期前後の土器群とその背景」,『古文化論叢』, 兒島隆人先生喜壽記念事業會, 314-372.

大阪府文化財センター, 2008,『八尾南遺蹟』.

龜田修一, 2001,「出雲・石見・隱岐の朝鮮系土器 -古墳時代資料を中心に-」,『斐伊川放水路建設予定地內埋藏文化財發掘調査報告書XII -蟹澤遺蹟・上澤III遺蹟・古志本鄉遺蹟III-』, 島根縣教育委員會, 85-109.

櫻田小百合・大木要・西中久典, 2010,「竪穴建物復元實驗 -彌生時代における平面方形化について-」,『滋賀縣立大學人間文化學部研究報告 人間文化』26, 100-157.

寺井誠, 1995a,「古墳出現前後の竪穴住居の形態變化 -漸移性と畫期-」,『ムラと地域社會の變貌 -彌生から古墳へ-』, 埋藏文化財研究會, 269-293.

_____, 1995b,「古墳出現前後の竪穴住居の變遷過程 -北部九州の事例を基に-」,『古文化談叢』第34集, 九州古文化研究會, 193-224.

_____, 2005,「朝鮮半島系土器」,『九州における渡來人の受容と展開』, 九州前方後円墳研究會, 286-298.

福岡縣教育委員會, 2009,『西新町遺蹟』IX.

文化廳文化財部記念物課, 2010,「竪穴建物」,『發掘調査のてびき -集落遺蹟發掘編-』, 131-157.

(※참고문헌 중 보고서는 양이 많은 관계로 생략함)

第 5 部

生産聚落과 土器

33. 原三國~百濟 漢城期 鐵器 및 鐵生産 聚落의 動向 / 34. 山陰에 있어서 鍛冶聚落의 展開 /
35. 嶺南地域 3~4世紀 日常土器의 研究 現況과 方向 / 36. 慶南 西部地域 3~5세기 聚落의 編年 /
37. 4~6世紀 南江水系 聚落 出土 土器의 編年 / 38. 日常用土器 生産의 專門化 /
39. 百濟 土器가마(窯)의 特徵과 生産體系 / 40. 牧의 考古學

原三國~百濟 漢城期 鐵器 및 鐵生産 聚落의 動向

金 武 重

1. 序論

철기에 대한 기왕의 연구는 철기의 형식, 계통론, 생산기술 등에 관한 논의가 주류이었다. 그에 반해 생산과 유통에 대해서는 피상적이고 지엽적인 논고가 있었으나(李南珪 2004), 최근에는 보다 구체적인 자료를 통한 정치사회적 관점이 제시되기에 이르고 있다(李南珪 2008a · 2008b). 2000년대 들어서 지속적인 개발 사업에 따른 조사 과정에서 관련 자료가 증가하고 있으나 많은 유적이 미보고 상태이며 그나마 보고된 자료도 조사와 보고자들의 인식 부족으로 내용이 빈약하거나 불분명한 점이 많다(李南珪 2011). 이와 더불어 해당 자료의 치밀한 분석을 통한 유적의 성격, 시기, 주변 지역과의 관련성 등을 파악하기 위해서는 자료 집성과 함께 합리적인 편년체계 수립과 같은 기초 작업이 요망된다고 하겠다.

한편 각종 개발사업에 따른 발굴조사의 증가에 따라 중부지방에서는 원삼국시대의 다양한 유적이 확인되었고, 加平 大成里, 東海 松亭洞 · 望祥洞, 漣川 三串里遺蹟과 같은 철기생산을 전담했던 생산취락이 확인되어 주변의 일반취락과 상관관계에도 관심이 두어지고 있다(金武重 2011). 또한 일반취락에서도 송풍관이나 철재 등 철기생산 관련 유물의 증가와 함께 이에 대한 집성도 이루어져(金一圭 2007, 孫明助 2008, 金想民 2010), 향후 이 분야의 연구는 더욱 활발하게 진행될 것으로 기대된다.

이들 생산 취락의 양상을 통하여 그간 막연하게 추정되어 왔던 다음과 같은 문제에 대하여 재검토가 필요하게 되었다.

① 소재(원료) 철의 수급 양상과 완성품의 종류, 계보, 재활용의 방법과 유통 여부,

② 채광에서 완성품에 이르는 철 및 철기생산과 관련하여 각 지역별 · 시기별 생산취락의 형성과 전개과정,

③ 취락내 공방이 집중하고 있는가, 일부에 한정되는가, 그러한 배경 그리고 거주역과 생산역이 분리되는 시기와 지역성의 여부 등으로 요약할 수 있다.

위와 같은 내용을 검토하기 위하여 수입 철기의 재활용과 생산취락이 형성되기 시작하는 원삼국시대부터 백제 한성기의 대규모 제철유적의 형성에 이르기까지 지역별 사례를 들어 검토하여 보고자 한다.[1]

---

2. 事例 檢討

1) 철기 전문생산 취락

(1) 加平 大成里遺蹟

경기문화재연구원에 의해 원삼국시대 주거지 43기, 수혈 56기, 굴립주건물 3동, 구상유구 2기(京畿文化財研究院 2009), 겨레문화재연구원에 의해 원삼국시대 주거지 11기, 수혈 11기 등이 추가 조사되었다.

먼저 남쪽의 B지구에서는 벽에 붙은 노지(竈狀爐址)를 시설한 말각방형, 장방형, 원형의 수혈주거지 9기, 수혈 15기에서 철경동촉, 장방형주조철부, 화분형토기, 말각평저의 회도계단경호 등이 출토되어 기원전 2세기를 전후한 시기로 편년된다. 출토유물 중 쌍합범의 장방형주조철부는 大邱 八達洞遺蹟 출토품과 유사함이 지적된 바 있으며(金一圭 2009), 팔달동을 비롯한 다른 유적의 성격이 분묘이며 대개 2점이 쌍으로 부장되는 것으로 알려져 있다(村上恭通 2008). 그러나 대성리유적의 경우 분묘가 아닌 취락에서 여러 점이 집중적으로 출토되었다는 점에서 중요하다. 이와 관련하여 이른 시기부터 전국계의 철기가 유입되고 있으나 본격적인 철기 제작의 시기는 늦게 이루어진다고 한다(李南珪 2011). 대성리 B지구의 주거지와 수혈에서 완형의 장방형주조철부가 출토하지만 이와 함께 다수의 용기편, 봉상의 철편, 철겸편, 소찰편 등의 파손품이 출토되어 단야작업을 통해 파손철기의 재가공이 이루어졌을 가능성이 높다[2](도 1).

한편 A지구의 경우 35기의 수혈주거지를 비롯하여 수혈 등이 조사되었는데 거의 모든 유구에서 철기류가 출토하고 있다. 종류로는 완형의 주조철부류와 함께 용기류의 파편, 도자편, 철겸편, 철촉, 철부편 등 파편을 비롯하여 대소의 착, 추 등의 공구류, 철기제작 후 버려진 절단철편과 잔편 그리고 완형재와 철재, 단조박편, 石槌, 대석, 지석 등 각종 석기류 등이다(도 2). 그 수량은 278여 점에 이르러 수입과 재가공, 제작공정을 이해하는데 충분한 양으로서 그간 완형의 철기류에 한정된 연구에서 벗어나 새로운 연구가 제출되기도 하였다(최영민 2010).

또한 29호 수혈 출토 日本 北九州의 彌生後期 토기인 下大隈式 고배편(도 5)과 12호 주거지 출토 쇠스랑의 인부편과 10호 주거지 출토 鋤先(삽날)은 浦項 玉城里 58호묘에서 공반 출토된 쇠스랑, 鋤先과 동일 형식인 점을 감안하면 그 시기는 2세기 후반대로 상정할 수 있다. 또한 二條線突帶鑄造鐵斧도 전한말 후한초로 비정되는 吉林省 楡樹老河深의 중층보다 후행하는 형식으로 그 중심 시기 역시 2세기로 잠정할 수 있다.

한편 鉞狀의 인부를 가진 이조선돌대주조철부는 파편을 포함하면 17개체로서 대성리유적에 압도적으로 많다. 이외에도 江陵 橋項里包含層, 東海 松亭洞 I-7호 주거지(도 7-8)에서 완형으로, 鐵原 瓦水里 26호 주거지, 楊平 兩水里 A-7호 주거지에서 파편의 출토예가 있다. 咸安 (慶)末山里 3호, 濟州道 龍潭洞 등 주로 분묘에 부장되는 한반도 남부지방과는 차이가 있다.

따라서 대성리 A지구와 B지구의 북반부에 걸친 주거군은 2세기대의 철기생산 취락으로 보아도 무리가 없다 할 수 있을 것이다. 다만 송풍관이나 노의 흔적이 확인되지 않아 상세한 정황을 설명하기 곤란하나, (도 2)와 같은 유물들로 추정하건데 본격적인 정련단야의 단계에는 이르지 못한 것으로 추정된다(李南珪 2011). 또한 8호와 19호 주거지 출토 완형재의 크기로 보아도 소형의 단야로가 존재하였을 가능성이 높다.

(2) 東海 松亭洞遺蹟(도 7)

동해안의 사구지역에 입지하며, 유적의 전체면적은 약 83,000坪(약 274,000m²), 유구밀집도와 면적대비 결과로 볼 때 주거지 수는 1,600여 기로 추정되고 있다. 영동지방의 원삼국시대 취락 중 최대의 규모이다. 모두 12차에 걸친 발굴조사 결과 총 74기의 주거지가 확인되었다. 그러나 협소한 발굴조사 범위 때문에 유구의 전모가 완전하

---

2) 주거지 중 40호에서 장방형주조철부 완형 1, 파편 3, 조침 1, 봉상철기 2, 수겸 1, 소찰편 2점이 출토되었으며, 수혈로는 39호, 49호, 51호가 단야작업의 가능성이 높은 것으로 판단된다(도 1 참조).

게 밝혀진 주거지는 거의 없다.

철기 생산과 관련된 유물은 송풍관, 철재, 지석, 대석, 고석 등이 취락의 전역에서 산발적으로 출토되는 양상이다. 따라서 취락의 외곽에 단야시설이 위치한다는 지적(李南珪 2011)에는 동의하기 어렵다고 할 수 있다.

주목되는 점은 도자와 유공지석이 다수 출토되며,[3] 유적의 서남부지점에 낙랑계토기, 이조선돌대주조철부와 환두도자가 집중하여 출토하므로(도 7-8) 이 유적에서 가장 이른 연대인 2세기에 취락이 형성되기 시작한 것으로 추정된다. 또한 가장 남쪽에 위치하는 항만확장지구 1호 주거지에서 청동제 타원형환 14개와 파경이 출토되었는데(도 7-1), 이 중 청동제 고리는 忠州 金陵洞遺蹟에서 유례가 있고,[4] 유견 단조철부는 堤川 陽坪里·桃花里 적석분구묘 출토품과 동일한 형식이다. 따라서 송정동 취락은 2세기대에 낙랑 또는 함흥지역과의 교역이 시작되었을 것이며, 이후 3세기에서 4세기에 이르면 남한강유역으로 교역의 대상이 변화한 것으로 생각된다.[5]

(3) 漣川 三串里遺蹟(도 8)

臨津江변에 위치하는 漣川 三串里 적석분구묘(國立文化財研究所 1994)의 북쪽 충적대지에 입지한다. 남쪽으로 江内里遺蹟, 북동쪽으로 合水里遺蹟, 서쪽으로 橫山里 적석분구묘가 분포한다. 수혈주거지 20기, 수혈 71기 등이 확인되었다. 이중 9기의 주거지에서 단야로 또는 철재, 단조박편이 검출되어 취락의 거의 전역이 공방으로 추정된다. 삼곶리유적에서 생산된(생산지) 철제품은 인근의 강내리유적(도 8-5),[6] 합수리유적(도 8-4) 등 주변으로 공급되었을 가능성이 높다(소비지).

2) 소규모 철기생산 취락

앞서 살펴본 바와 같이 철기생산이 취락 전반에 걸쳐 이루어졌던 사례들과는 달리 취락 내에 한정된 장소에서 소규모 조업이 이루어진 예와 어떠한 자체 생산도 없이 소비지의 역할만 하던 취락이 존재하였을 것으로 추정된다.

제한된 소규모 조업의 예로서 대성리 A지구 유구들과 동일한 시기로 추정되는 洪川 哲亭里 II遺蹟의 경우에는 18기의 수혈주거지 중 A-3호 주거지에서 2점, C-2호 주거지에서 1점의 송풍관편이 출토되어 일부 주거지에서만 단야작업이 이루어진 것으로 판단된다(도 6). 또한 驪州 淵陽里 2호 주거지의 단야로(國立中央博物館 1998)가 있으며, 南楊州 長峴里遺蹟은 한강의 지류인 王宿川변의 충적대지에 위치하며 원삼국시대부터 백제한성기의 주거지 85기, 수혈 55기, 구상유구 15기가 조사되었다. 대체로 3시기로 분기가 가능한데,[7] 철기 생산과 관련되는 자료는 1기의 43호 주거지에서 내범과 송풍관편이 출토되어 주조작업이 이루어졌음을 알 수 있다. 이외에 2기와 3기는 철기의 파편만이 소수 출토될 뿐 단야작업의 흔적은 확인되지 않는다.

華城 發安里遺蹟(도 10), 水原 西屯洞遺蹟(도 3-3), 橫城 花田里(도 3-14), 江陵 橋項里(도 3-13), 江陵 安仁里(도 3-12), 龍仁 古林洞(도 3-7), 舒川 芝山里遺蹟[8] II-24호 주거지(公州大學校博物館 2005) 등에서 송풍관이 출토되었다.

---

3) 교역과 관련된 유물로 판단되고 있다(武末純一 2009).
4) 43호 토광묘에서 3점, 107호 토광묘에서 4점이 출토되었다(忠北大學校博物館 2007).
5) 도로개설부지(도 8-6, 濊貊文化財研究院 2009) 일대를 중심으로 낙랑계토기가 집중되고, 이후 낙랑계유물은 소멸되면서 남한강유역의 단경호류와 광구장경호류가 증가하게 된다. 주된 교역의 물품은 충주를 비롯한 남한강유역의 철소재였을 것이다. 또한 도로개설 II지구(도 8-9) 3호 주거지에서 철소재가 출토되었고, 동 지구의 원삼국시대 최상층에서 확인된 단야유구 출토 완형재는 20cm에 이르는 대형으로 비교적 큰 단야로를 축조하였음을 알 수 있다.
6) 강내리유적에서는 여·철자형 주거지 70기, 방형주거지 7기 등 모두 77기에 이르는 대규모 취락이지만, 취락내에서 철기를 생산한 흔적이 없고, 출토된 철기도 24점에 불과하다.
7) 이에 대해서는 여기서 상론하지 않는다. 별도 글에서 다룰 예정이다.
8) 원삼국~백제시대(4세기대 중심)의 방형계 4주식주거지 75기가 확인되었다.

3) 대규모 생산역의 성립

집단의 규모가 커지고, 조업의 수준이 향상되어 가면서 고온 조업을 요하는 공방의 위치가 화재의 위험이 높은 취락내 보다는 별도의 공간으로 분리되어 간다. 따라서 거주역과 생산역이 분리됨을 의미하는데, 이에 따라 점차 집단의 유통망이 광범위해지는 것으로 이해된다. 한편 원삼국시대에 비해 4세기 이후에는 단위취락에 단야시설이 설치되는 비율이 떨어지는 상태가 되는데, 일례로 용인 수지 주거지에서도 단야시설이 확인되지 않아 모아놓은 철기들을 거점지역의 단야공방으로 운반하여 재활용하였을 것으로 추정하는 견해가 있으나(李南珪 2008), 舒川 芝山里遺蹟의 예가 있으므로 일률적으로 판단하기 곤란하다. 또한 牙山 葛梅里 Ⅲ구역의 예처럼 취락내 한 구역을 공방으로 활용한 경우도 있다(도 12).

(1) 華城 旗安里遺蹟과 堂下里遺蹟(도 9)

화성 기안리유적에서는 주구부 공방지가 최소 15기 이상 확인되었으며, 출토 토기 중 60% 이상이 낙랑토기를 충실히 모방한 것이다. 이외에도 수정옥, 낙랑와 제작기법의 송풍관 등으로 보아 낙랑계 공인집단이 이주하여 제철 및 철기제작을 담당한 것으로 추정된다. 전체 구조는 확인되지 않으나 직교하는 구와 3중 환호로 구획된 구조는 생활 중심의 취락과 별도의 공간에 대규모 공방을 운영하고 있었음을 보여준다고 할 수 있다.

위와 같은 기안리유적의 상황과 마한지역의 토광묘에서 대도의 부장량이 급증하고 있는 점에서 볼 때, 3세기경에 낙랑지역에서 炒鋼 등 새로운 제강기술이 유입되었을 가능성이 지적되기도 한다(李南珪 2011).

또한 인근의 당하리유적에서도 낙랑계의 토기와 송풍관과 함께 철광석이 확인되고(도 9-3) 있어 낙랑계 주민의 이주는 좀 더 넓은 범위에 걸쳐 이루어졌을 가능성이 높다(金武重 2004).

그러나 거의 형식변화가 없는 출토 토기류를 통해 볼 때, 장기간에 걸쳐 조업이 이루어진 것으로 판단되지 않는다. 연료의 공급이 원활하지 못한 저구릉지대라는 약점이 작용한 것으로 추정되고 있다(李南珪 2008).

(2) 鎭川 石帳里·九山里遺蹟群(도 13)

인근의 三龍里·山水里窯址群, 松斗里·新月里 취락, 그리고 측구부탄요가 검출된 思陽里遺蹟과 연계된다.

백제 한성기 최대 규모의 제철유적. 추정 범위는 九山里遺蹟을 포함하여 동서 약 1km 정도의 범위이다. A지구에서 노적 13기, 수혈 9기, 구상유구, 주혈 다수, B지구에서 노적 23기, 수혈 5기, 다수의 주혈이 조사되었다. 조업의 중심 시기는 4세기대이며, 5세기대까지 일부 조업이 지속된 것으로 파악되고 있다(李榮勳 外 2004). 최근에는 인근의 구산리유적에서도 노적이 추가로 확인되었으며(忠淸北道文化財硏究院 2010), 석장리 제철유적의 바로 남쪽 구릉지역에서는 제철 공인들의 무덤으로 추정되는 토광묘군이 확인되었다(韓國先史文化硏究院 2011, 도 13-5). 백제 중앙의 관리하에 조업된 것으로 추정하는 견해가 있으나(金昌錫 2008, 李漢祥 2009), 원거리이고 간접지배 지역에 해당하고, 한성양식토기 보다는 재지적인 성격이 강한 토기류로 보아 중앙세력과 鎭川 石帳里地域 지방세력간의 정치·경제적인 관계가 독자적인 지위를 유지하고 있었던 상황을 보이고 있다. 따라서 중앙의 강력한 영향력이 미치지 못하였을 가능성이 있으며, 철기의 생산과 공급체계도 이 지역의 독자성을 유지하고 있었을 것으로 추정된다(李南珪 2008). 이외에도 忠州 漆琴洞과 彈琴臺遺蹟, 淸原 蓮提里遺蹟群(中央文化財硏究院 2008)이 거론 될 수 있으나 대부분의 지역에 조사결과 보고서가 미간인 관계로 추후 검토하기로 하겠다. 다만 淸原 蓮提里遺蹟의 경우 현재까지 자료로 보는 한 燕岐 羅城里 등 하류 일대에 생산된 철기를 공급하였을 가능성이 높다.

3. 鐵器 生産의 系譜

대성리 B지구를 중심으로 한 무돌대 장방형 주조철부, 상부 모서리에 돌선이 있는 단면제형부의 시기는 회도, 화분형토기, 삼릉촉(철경동촉) 등으로 보아 낙랑군 설치이전인 기원전 2세기이며, 그 계보는 전국계로 상정되고 있다(鄭仁盛 2009·2011). 단지 수입에서 그치는 것이 아니라 파손품을 재활용하였을 가능성이 있다.

반면에 A지구는 29호 수혈출토 彌生土器를 통해 볼 때 중심시기는 2세기 후반으로 편년된다(金武重 2006a). 한편 소형의 제형 철부는 樂浪土城에서 출토되는 기종이다(鄭仁盛 2006).

최근 정리 보고된 낙랑토성 출토 철제품의 총 수량은 슬래그 포함 139점에 이른다. 종류로는 무기, 농공구 외에 정 등의 건축재와 권, 변형된 철판이 있으며, 이중 철촉이 탁월하게 많다(村上恭通 2007a). 낙랑토성의 철기들을 종류별로 나누어 출토위치를 확인한 결과 철제 공구류와 도자의 대부분이 청동기 및 유리를 제작하던 공방에 집중 출토된다는 사실이 확인되었다(鄭仁盛 2006).

특히 낙랑토성에서 출토된 철제 공구류를 비롯하여 도자, 철촉과 흡사한 철기들이 중부지방 각지의 유적에서 산견되고 있다(도 4). 따라서 기원후 2세기를 중심으로 한 원삼국시대 철기의 생산 계보는 낙랑토성을 비롯한 낙랑지역에 기원을 두고 있음이 분명하며 그러한 근거로서 현지 제작으로 판단되는 다수의 낙랑계토기를 들 수 있다.

또한 이 시기에도 모두 취락에서 다량의 철기를 생산한 것은 아니라, 가평 대성리유적과 연천 삼곶리유적과 같이 취락 내에서 다수의 공방을 운영하는 생산취락이 존재한다. 이러한 취락의 주변에는 완성된 철기를 수급 받는 소비지로써 기능하는 취락이 산재하는 것으로 추정된다. 이후 생산지로써 기능하던 취락은 화성 기안리유적과 같은 낙랑 공인집단의 이주에 의해 대규모 공방이 성립되는 것으로 추정할 수 있다(도 9).

4. 맺음말

한편 생산취락의 존재 양태 분석은 지난하다. 주변에 위치하고 있는 유적과의 상관관계의 분석도 출토유물의 시기 동정의 문제와 함께 과학적인 분석이 필수 불가결한 것인데, 실제로 철저한 목적의식과 전략이 필요한 부분이다. 이러한 사정으로 인해 백제 한성기 지역집단의 중앙편제과정을 각지의 분묘군과 그 부장품의 하나인 중국제 도자기의 시간적·공간적 분포양상을 통해 파악하려는 시도의 결과(朴淳發 2007)와 철기 및 철 생산 취락의 동향이 적절하게 호응하는지 의문이 든다. 최근 발견된 연기 나성리의 도시와 대규모 고분군의 인근에는 철 및 철기 생산과 관련된 유적이 아직 확인되지 않았다. 혹시 더욱 원거리로 이격되는 것은 아닌지 추후 검토가 필요할 것이다.

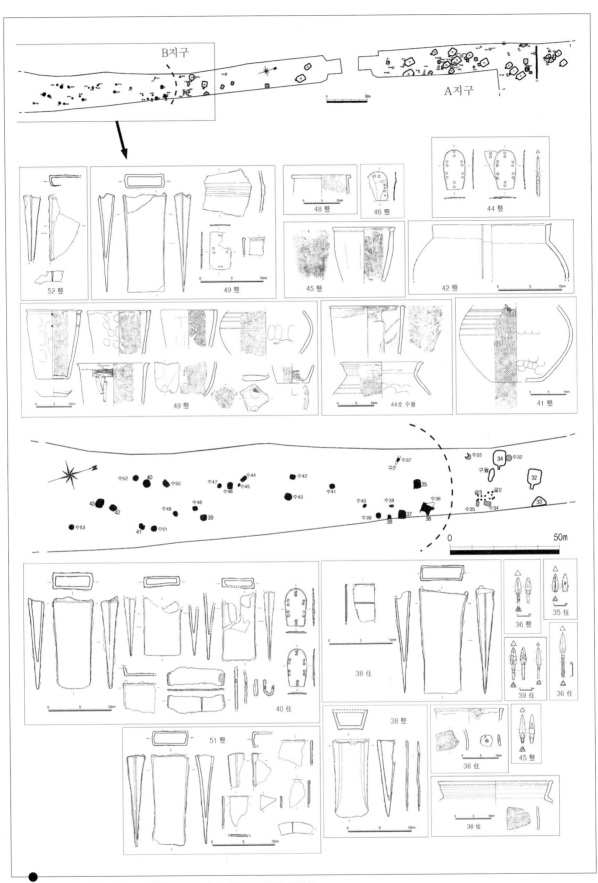

도 1 加平 大成里 B地區 遺構別 遺物 出土 現況 (金武重 2010)

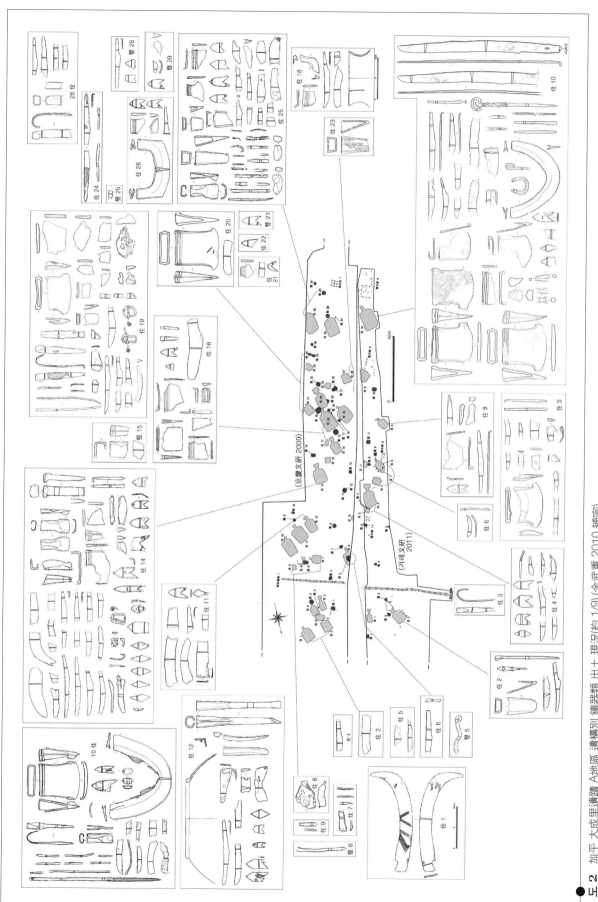

도 2 加平 大成里遺蹟 A地區 遺構別 鐵器類 出土 現況(約 1/9) (金武重 2010 補完)

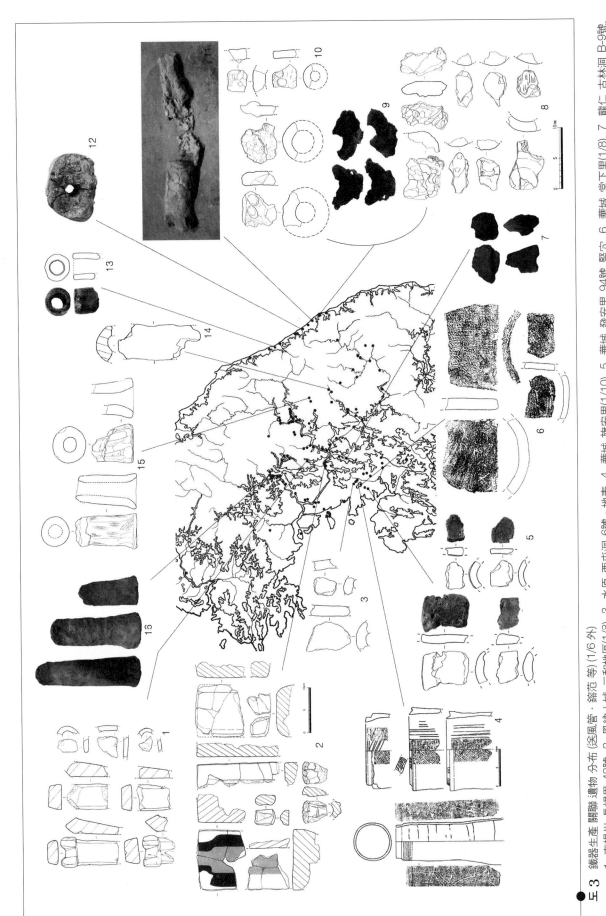

圖 3　鎌器生產 關聯 遺物 分布 (送風管・鑄范 等) (1/6 外)

1. 南楊州 長峴里 43號, 2. 風納土城 三和地區(1/8), 3. 水原 西屯洞 6號・地表, 4. 華城 旗安里(1/10), 5. 華城 發安里 94號 竪穴, 6. 華城 堂下里(1/8), 7. 龍仁 古林洞 B-9號,
8. 東海 松亭洞 Ⅰ-1號, 9. 東海 松亭洞 Ⅱ-包含層, 10. 東海 松亭洞 Ⅲ 工房址, 11. 望祥洞 3號 上部, 12. 江陵 安仁里 23號, 13. 江陵 橋項里 A-24號, 14. 橫城 花田里 Ⅱ-鎌2號,
15. 洪川 哲亭里 A-3號, 16. 漣川 三串里 (1/8)

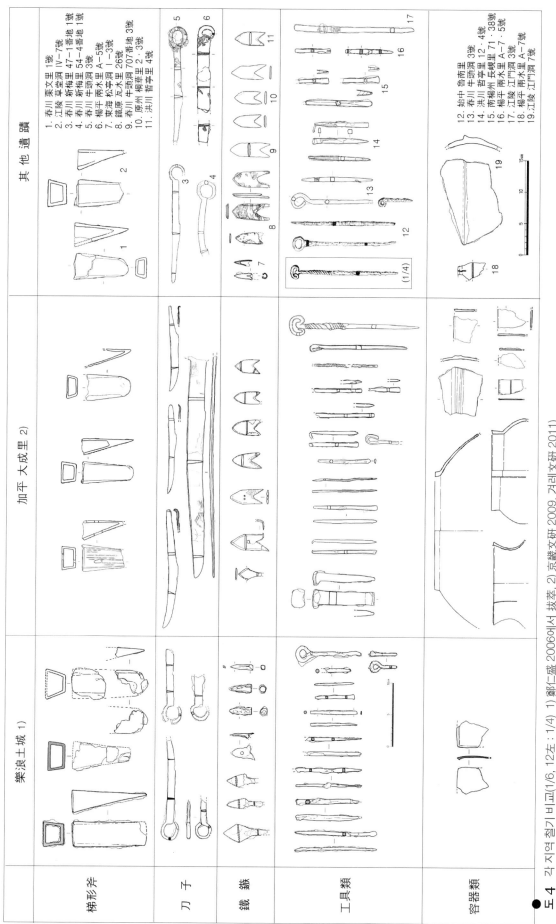

표 4 각 지역 철기 비교(1/6, 12左 : 1/4) 1) 鄭仁盛 2006에서 拔萃, 2) 京畿文硏 2009, 겨레文硏 2011)

其他遺蹟

1. 春川 栗文里 1號
2. 江陵 草堂洞 Ⅳ-7號
3. 春川 新梅里 47-1番地 1號
4. 春川 新梅里 54-4番地 1號
5. 春川 牛頭洞 3號
6. 楊平 兩水松菊亭洞 A-5號
7. 東海 松亭洞 1-3號
8. 鐵原 瓦水里 26號
9. 春川 牛頭洞 707番地 3號
10. 原州 桐華里 2·3號
11. 洪川 哲亭里 4號
12. 始中 魯南里
13. 洪川 牛頭洞 3號
14. 洪川 哲亭洞 12·4號
15. 南楊州 長峴里 71·38號
16. 楊平 兩水里 A-7·5號
17. 江陵 江門洞 3號
18. 楊平 兩水里 A-7號
19. 江陵 江門洞 7號

加平 大成里 2)

樂浪土城 1)

梯形斧

刀子

鐵鏃

工具類

容器類

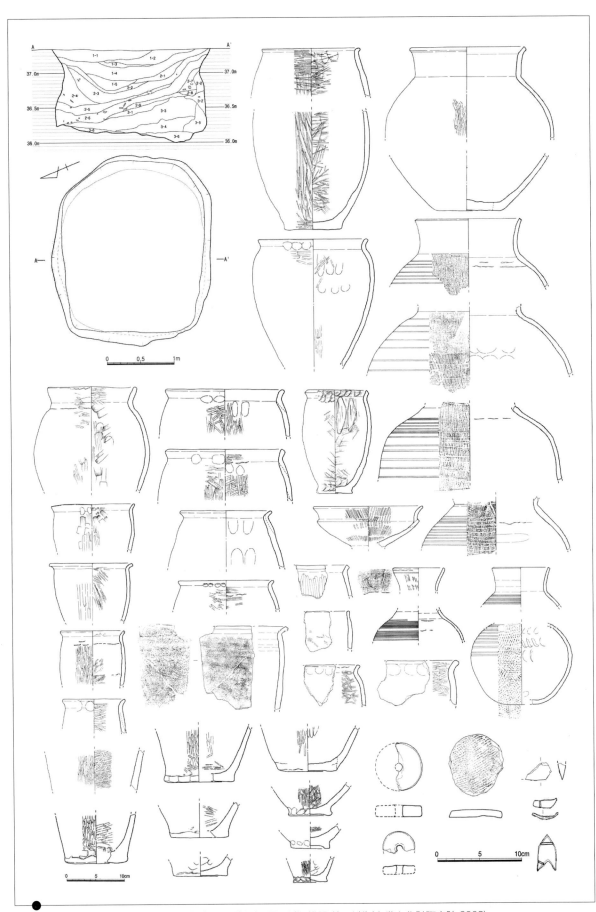

도 5 加平 大成里 29號 竪穴(1/50) 및 出土 遺物(土器 : 1/6, 鐵器 外 : 1/4) (京畿文化財研究院 2009)

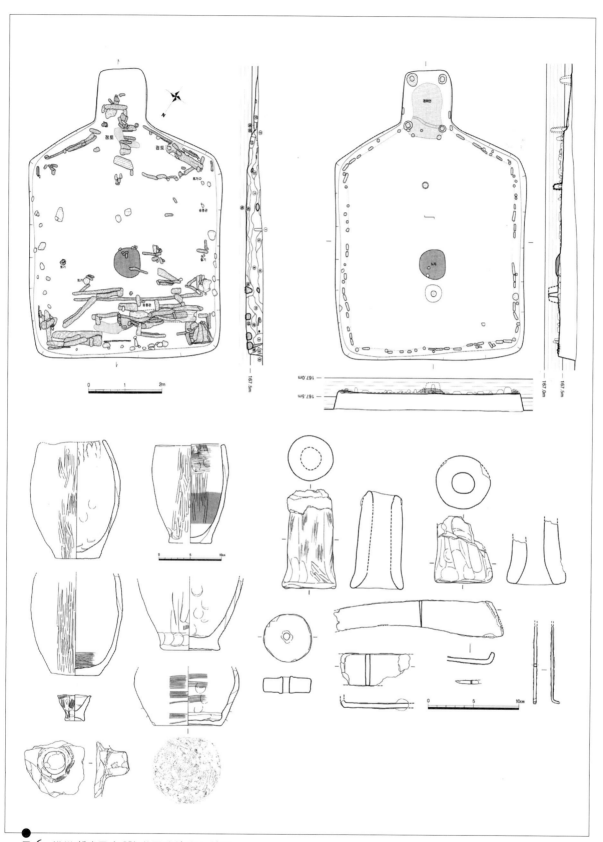

도 6 洪川 哲亭里 A-3號 住居址와 出土 遺物

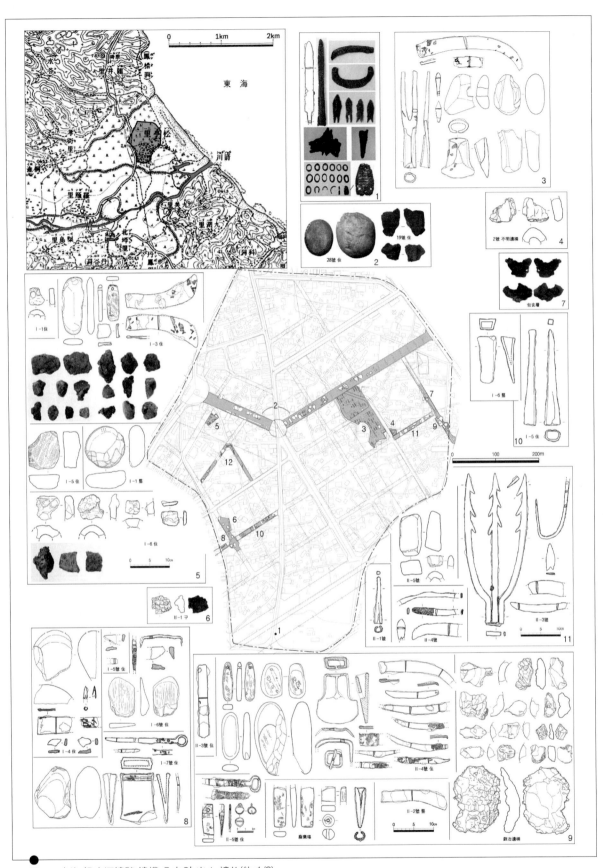

도7 東海 松亭洞遺蹟 遺構 分布와 出土 遺物(約 1/8)
1. 港灣擴張敷地(關東大博 1996), 2. 中心道路建設地域(江陵大博 1999), 3. 松亭地區 住宅建設事業地區(江原文研 2006), 4. 621-2番地(江原文研 2007), 5. 958-8番地(濊貊文研 2008), 6. 1039-5番地(濊貊文研 209), 7. 851-6番地 (濊貊文研 2009), 8. 道路開設地區(濊貊文研 2010), 9. 道路開設 II地區(濊貊文研 2010), 10. 住居環境改善 1地區 (江原考研 2011), 11. 住居環境改善 2地區(江原考研 2011), 住居環境改善 A地區(江原考研 2011)

1. 橫山里 積石墳丘墓
2. 三串里 遺蹟
3. 三串里 積石墳丘墓
4. 合水里 遺蹟
5. 江內里 遺蹟

鍛冶爐 位置

도 8 漣川 三串里 製鐵遺蹟과 關連 遺蹟

도 9 華城 旗安里遺蹟(1)과 關聯 遺蹟 · 遺物(2. 古琴山遺蹟, 3. 堂下里遺蹟) (金武重 2010)

도 10 華城 發安里 94號 竪穴 位置와 出土 遺物 (遺構 : 1/50, 遺物 : 1/4)

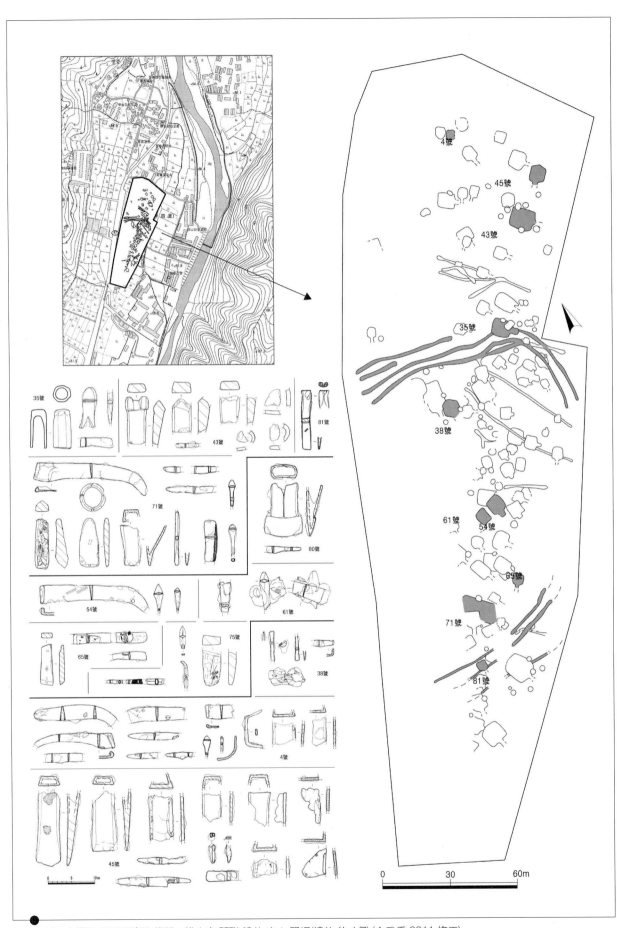

도 11 南楊州 長峴里遺蹟 鐵器·鐵生産 關聯 遺物 出土 現況(遺物 約 1/7) (金武重 2011 修正)

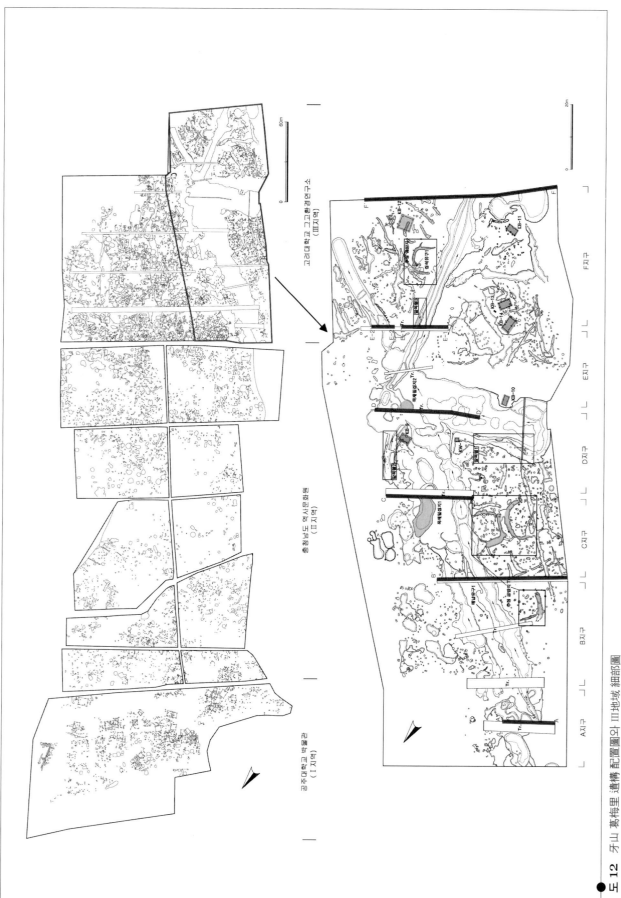

고려대학교 고고환경연구소
(Ⅲ지역)

충청남도 역사문화원
(Ⅱ지역)

공주대학교 박물관
(Ⅰ지역)

도 12 牙山 葛梅里 遺構 配置圖와 Ⅲ地域 細部圖

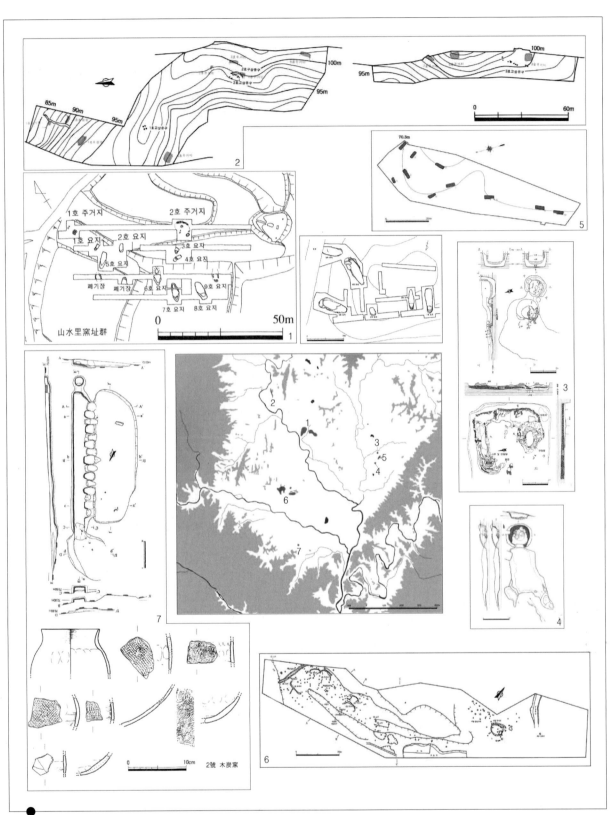

도 13　鎭川 石帳里・九山里・製鐵 遺蹟과 關連 遺蹟
　　　1. 三龍里・山水里窯址群(韓南大博 2006), 2. 新月里聚落(中文研 2005), 3. 石帳里 A-3・4號爐(國立淸州博 2006),
　　　4. 九山里 2號爐(忠北文研 2010), 5. 石帳里墳墓群(韓國先史文研 2011), 6. 松斗里 聚落(韓國文保財團 2005),
　　　7. 思陽里 2號炭窯(中央文研 2001)

<h1>●참고문헌●</h1>

報告書

江陵大學校博物館, 1999,『東海市 松亭洞 中心道路 建設地域 文化遺蹟 緊急發掘調査 略報告書』.

_____, 2000,『發掘遺蹟遺物圖錄』, 學研文化社.

江原考古文化硏究院, 2011,『東海 松亭洞聚落』I, 學術叢書 10冊.

江原文化財硏究所, 2004,『江陵 江門洞 鐵器・新羅時代 住居址』, 學術叢書 19冊.

_____, 2006,『東海 松亭地區 住宅建設事業地區內 遺蹟 試掘調査 報告書』, 學術叢書 44冊.

_____, 2007,「東海 松亭洞621-2番地 住宅新築敷地內 遺蹟 試掘調査」,『江陵 草堂洞遺蹟』III, 學術叢書 66冊.

_____, 2008,『春川 采文里 335-4番地遺蹟 -春川 栗文里 生物産業團地 造成敷地內 遺蹟 發掘調査 報告書-』.

_____, 2010,『洪川 哲亭里II 遺蹟』, 江原文化財硏究所 學術叢書 103冊.

겨레文化遺産硏究院, 2011,『加平 大成里遺蹟』II, 學術調査報告 第4冊.

京畿文化財硏究院, 2007,『華城 發安里遺蹟』, 學術調査報告 第81冊.

_____, 2009a,『安城 萬井里 신기遺蹟 -安城 孔道宅地開發事業地區 試・發掘調査 報告書-』, 學術調査報告 第100冊.

_____, 2009b,『加平 大成里遺蹟』, 學術調査報告 第103冊.

關東大學校博物館, 1996,『東海港灣擴張工事區域內 文化遺蹟 發掘調査 指導委員會議(1次) 資料(油印)』.

國立中央博物館, 1998,『驪州 淵陽里遺蹟』, 國立博物館 古蹟調査報告 第29冊.

成均館大學校博物館, 2008,『京畿道 楊平郡 兩水里 上石亭마을 發掘調査 報告書(鐵器時代 前期篇)』.

崇實大學校 韓國基督敎博物館, 2010,『水原 西屯洞 遺蹟』.

濊貊文化財硏究院, 2008,『東海 松亭洞遺蹟』I, 學術調査報告 第8冊.

_____, 2009,『東海 松亭洞遺蹟』II, 學術調査報告 第24冊.

_____, 2010,『東海 松亭洞遺蹟』III, 學術調査報告 第32冊.

李南奭 外, 2005,『舒川 芝山里遺蹟』, 公州大學校博物館學術叢書 05-01.

李鮮馥・金成南, 2000,『華城 堂下里I遺蹟』, 京釜高速鐵道 上里區間 文化遺蹟 發掘調査報告書, 崇實大學校博物館.

李榮勳 外, 2004,『鎭川 石帳里 鐵生産遺蹟』, 學術調査報告 第9冊, 國立淸州博物館.

任孝宰 外, 2002,『華城 古琴山遺蹟』, 서울大學校博物館.

中央文化財硏究院, 2001,『文百 電氣・電子農工團地 造成敷地內 鎭川 思陽里遺蹟』, 發掘調査報告 第5冊.

_____, 2005,『鎭川 梨月迂回道路建設區間內 鎭川 新月里遺蹟』, 發掘調査報告 第60冊.

_____, 2008,『淸原 五松生命科學産業團地內 淸原 蓮提里遺蹟』, 發掘調査報告 第144冊.

_____, 2010,『南楊州 長峴5地區 住宅新築敷地內 南楊州 長峴里遺蹟』, 發掘調査報告 第163冊.

池賢柄 外, 2006c,『東海 松亭地區 住宅建設事業地區內 遺蹟 試掘調査 報告書』, 江原文化財硏究所 學術叢書 44冊.

崔茂藏, 1980,「梨谷里 鐵器時代 住居址 發掘報告書」,『人文科學論叢』12輯, 建國大學校.

崔秉鉉 外, 2006,『鎭川 三龍里・山水里 土器 窯址群』, 韓南大學校 中央博物館 叢書 24.

忠淸北道文化財硏究院, 2010,『鎭川 九山里 製鐵遺蹟』, 發掘調査報告 第7冊.

韓國文化財保護財團, 2005,『鎭川~鎭川IC間 道路 擴・鋪裝工事區間內 松斗里遺蹟 發掘調査 報告書』, 學術調査報告 163.

韓國先史文化硏究院, 2011,『中部新都市 進入道路 擴鋪裝工事區間內 遺蹟 試・發掘調査 略報告書』.

韓神大學校博物館, 2003,『風納土城 III -三和聯立 再建築 事業敷地에 대한 調査報告-』.

漢陽大學校文化財硏究所, 2010,『郡南 洪水調節池 建設事業敷地內 文化財 發掘調査(F地點) 漣川 三串里遺蹟 指導委員會議 資料集』.

韓永熙, 1982,「馬場里住居址出土遺物 -資料紹介-」,『中島』III, 國立中央博物館.

單行本 · 論文 · 發表文

權五榮, 2009,「原三國期 漢江流域 政治體의 存在樣態와 百濟國家의 統合樣相」,『考古學』8-2號, 서울京畿考古學會, 31~49.

金基龍 外, 2010,「漣川 三串里 鐵器生産 마을遺蹟 發掘調査 成果 및 向後課題」,『移住의 考古學』, 第34回 韓國考古學全國大會 發表要旨, 306~320.

金武重, 2004,「華城 旗安里 製鐵遺蹟 出土 樂浪系土器에 대하여」,『百濟研究』第40輯, 忠南大學校百濟研究所, 73~97.

_____, 2006b,「馬韓地域 樂浪系 遺物의 展開樣相」,『樂浪 文化 研究』, 東北亞歷史財團 研究叢書 20, 279~306.

_____, 2010,「樂浪에서 三韓으로 -原三國時代의 移住에 대한 事例 檢討-」,『移住의 考古學』, 第34回 韓國考古學全國大會, 78~98.

_____, 2011,「原三國~百濟漢城期 鐵器 및 鐵 生産 聚落의 動向」,『韓日 聚落研究의 展開』, 第7回 共同研究會, 韓日聚落研究會, 221~227.

金想民, 2009,「鍛冶遺構를 통해 본 武器生産에 대한 研究-韓半島 南部地域을 中心으로」,『葛藤과 戰爭의 考古學』, 第33回 韓國考古學全國大會 發表要旨, 韓國考古學會, 440~457.

_____, 2010,「韓半島における鐵生産研究の動向 -初期鐵器時代から三國時代までを中心として-」,『季刊考古學』第113號, 70~74.

金一圭, 2007,「韓國 古代 製鐵遺蹟의 調査 現況과 特徵」,『先史 · 古代 手工業 生産遺蹟』, 第50回 全國歷史學大會 考古學部 發表資料集, 209~230.

朴淳發, 2007,「墓制의 變遷으로 본 漢城期 百濟의 地方編制過程」,『韓國古代史研究』48, 韓國古代史學會, 155~186.

孫明助, 2005,「原三國時代의 鐵器-嶺南地域」,『原三國時代 文化의 地域性과 變動』第29回 韓國考古學全國大會, 韓國考古學會, 157~187.

孫明助, 2008,『百濟의 鐵器文化』百濟文化開發研究院 歷史文庫 30, 周留城.

안성민 · 박성남, 2010,「漣川 江內里遺蹟」,『移住의 考古學』, 第34回 韓國考古學全國大會 發表要旨, 374~386.

安在晧, 2000,「辰 · 弁韓の木棺墓文化」,『東夷世界の考古學』, 村上恭通編著, 靑木書店, 179~211.

李南珪, 2005,「韓半島 西部地域 原三國時代 鐵器文化 -地域性과 展開樣相의 特性-」,『原三國時代 文化의 地域性과 變動』第29回 韓國考古學全國大會, 韓國考古學會, 123~156.

_____, 2008,「百濟鐵器의 生産과 流通에 대한 試論」,『百濟 生産技術의 發達과 流通體系 擴大의 政治社會的 含意』, 韓神大學校 學術院編, 學研文化社, 187~229.

_____, 2008,「百濟地域 鐵器生産과 流通의 政治的 含意-3~5世紀 樣相을 中心으로-」,『百濟 生産技術의 發達과 流通體系 擴大의 政治社會的 含意』, 韓神大學校 學術院編, 學研文化社, 275~313.

_____, 2011,「原三國時代韓半島中部地域の鐵器文化 -嶺西地域を中心として-」,『韓國における鐵生産』たたら研究會 平成23年度北九州大會 資料集, 23~28.

李漢祥, 2009,『裝身具 賜與體制로 본 百濟의 地方支配』, 書景文化社.

鄭仁盛, 2006,「樂浪土城의 鐵器와 製作」,『樂浪 文化 研究』研究叢書 20, 東北亞歷史財團, 127~189.

_____, 2011a,「原三國時代 年代論의 諸問題 -洛東江流域圈에서 瓦質土器의 成立-」,『原三國時代 年代論의 諸問題』世宗文化財研究院 開院 2周年 記念 招請講演會 資料集, 5~44.

_____, 2011b,「東北아시아에서 打捺文短頸壺의 擴散 - 中島式 打捺文短頸壺」,『韓國基督教博物館誌』第7號, 崇實大學校 韓國基督教博物館, 12~41.

정찬영, 1983,「III. 로남리의 집자리와 쇠부리터」,『유적발굴보고』제13집, 압록강 · 독로강류역 고구려유적발굴보고, 과학백과사전출판사, 40~68.

최영민, 2010, 「原三國時代 韓半島 中部地域 鐵器文化의 變遷」, 『考古學』 第9-2號, 中部考古學會, 77~114.

武末純一, 2006, 「韓國の鑄造梯形鐵斧」, 『七隈史學』 第7號, 七隈史學會, 249~270.

_____, 2009a, 「茶戶里遺蹟과 日本」, 『考古學誌』, 昌原 茶戶里遺蹟 發掘 20周年 紀念 特輯號, 247~296.

_____, 2009b, 「三韓と倭の交流」, 『"三國志"魏志東夷傳の國際環境』, 國立歷史民俗博物館 研究報告 第151集, 285~306.

松井和幸編, 2010, 『シンポジウム 東アジアの古代鐵文化』, 雄山閣.

村上恭通, 1998, 『倭人と鐵の考古學』, 靑木書店.

_____, 2007a, 「樂浪土城の鐵製品」, 『東アジアにおける樂浪土城出土品の位置づけ』, 平成17年度~平成18年度 科學研究費補助金(基盤研究(C))研究成果報告書, 73~81.

_____, 2008, 「東アジアおける鐵器の起源」, 『東アジア靑銅器の系譜』, 春成秀爾・西本豊弘編, 新彌生時代のはじまり 第3卷, 雄山閣, 148~154.

山陰에 있어서 鍛冶聚落의 展開

角田德幸(카쿠타 노리유키)

1. 들어가며

　　山陰(산인)에 있어서 초기의 철기문화는 鳥取市(톳토리시) 靑谷上寺地遺蹟(아오야카미지치유적)에서 교역을 통해 얻어진 질 높은 박재철기가 풍부하게 출토되면서 주목을 모으게 되었다. 제품과 함께 철소재도 일정량을 입수할 수 있게 되면서 彌生時代 중기 후엽경에는 철기의 제작도 개시되었다고 보여진다. 그러나 그 기술은 판상의 철소재를 자르고 간단하게 구부리는 가공방식으로 성형하여 소형품을 제작하는 미성숙한 원시 단야였다. 초기의 철기문화는 고도의 기술에 의해 만들어진 박재철기와 원시단야에 의해 제작된 소형철기의 병용이라는 양면성을 엿볼 수 있다.

　　古墳時代 전기가 되면, 북부구주에서 송풍관을 이용한 고온단야기술이 일찍부터 도입되어 철기제작이 진전되었다고 보여진다. 다만 철소재는 계속해게 한반도에서 구하지 않으면 않되었고, 그 상황은 古墳時代 중기경까지 계속되었다고 보인다. 일본열도에서 철생산이 개시된 것은 古墳時代 후기의 일로, 이 단계에 이르러 제련과 정련단야 · 단련단야가 일체가 된 철 · 철기생산을 엿볼 수 있게 된다.

　　본고에서는 이와 같은 山陰에서의 단야집락의 전개과정을 단야기술 · 단야소재 · 철기생산의 체제라는 관점에서 개관하고, 아울러 철생산개시 이전에 철소재가 어떻게 유통되었는지에 대하여 검토하고자 한다.[1]

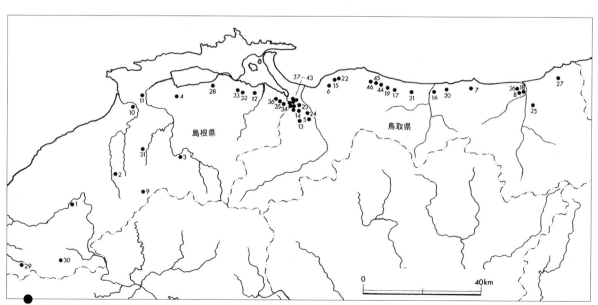

도 1　山陰의 鍛冶聚落

2. 鐵生産 開始 以前의 鍛冶聚落

1) 원시단야단계의 단야취락

山陰에서 철기가 처음 보이는 것은 靑谷上寺地遺蹟에서 출토된 주조 철부편으로, 彌生時代 전기말에서 중기 전엽까지 소급된다. 동 유적에서는 중기 후엽에 단조공구가 일정량 확인되고, 철편과 봉상철기도 출토되고 있다는 점에서 철기 생산 개시가 상정되고 있다(高尾 2002). 또한 山陰 西部의 島根縣(시마네현)에서도 彌生時代 중기 말부터 철기가 보급되게 되고, 철촉과 대패 등 소형품부터 철기의 제작이 어느 정도 실시되었다고 생각되고 있다 (池淵 2000). 후기 이전의 단야유적은 확인되지 않았지만, 이와 같은 철기의 양상은 山陰에서도 彌生時代 중기 후엽에는 비교적 용이한 소형철기의 제작이 이루어졌다는 점을 엿볼 수 있다고 할 수 있다. 현재까지 확인되는 단야 유구를 수반하는 취락유적에서 가장 소급되는 것은 彌生時代 후기 후엽~말의 島根縣 松江市(마츠에시) 上野II遺 蹟(우에노II유적), 鳥取縣(톳토리현) 米子市(요나고시) 妻木晩田遺蹟(무키반다유적)이며, 이들과 유사한 양상을 보이는 것에는 후기 말~古墳時代 전기 초두의 平田遺蹟(히라타유적)이 있다. 단야유구는 명확하지 않지만, 철편 과 미성품 등 출토유물로 가능성을 생각할 수 있는 것에는 島根縣 美鄉町(미사토쵸) 沖丈遺蹟(오키죠유적)·同 飯南町(이이난쵸) 板屋III遺蹟(이타야III유적), 鳥取縣 伯耆町(호우키쵸) 越敷山遺蹟(코시키산유적)·同 鳥取市 靑谷上寺地遺蹟·同 西桂見遺蹟(니시카츠라미유적)이 있다.

彌生時代 후기 후엽에서 古墳時代 전기 초두의 단야유구에서는 단야로의 송풍에 이용되는 송풍관이 출토되지 않기 때문에 풀무(鞴)의 사용은 상정할 수 없다. 이 단계의 단야유적에서는 철재가 출토되지 않고, 단조박편(酸化膜)이 있어도 소량인 것은 풀무를 사용한 고온 조업이 이루어지지 않았음을 나타낸다. 작업내용은 판상 또는 봉상의 광석계 철소재를 단야로에서 가열하고, 끌(鏨)로 필요한 크기로 절단하여 제품으로 성형했다고 생각되며, 철소재를 절단할 때의 부스러기인 철편이 눈에 띄는 점이 특징이다. 원시단야라고도 불리우는 기술단계로, 미성품으로 보아 철촉과 小形袋狀鐵斧·대팻날 등 비교적 간단한 것들이 제작되었다고 생각된다.

단야작업은 수혈건물 내에서 이루어졌는데, 규모는 지름 8~9m 전후의 대형건물이 上野II遺蹟 SI06과 平田III 遺蹟 등에서 보이지만, 일반적인 수혈건물과 다르지 않은 것이 많다. 단야로는 上野II遺蹟 SI06·15와 같이 보온·방습을 위해 지하구조를 가진 것도 있지만, 대다수는 거의 굴토 흔적이 없고 바닥면이 불 먹은 정도의 것으로, 1동의 수혈건물 내에 복수의 단야로가 갖추어진다. 彌生時代의 단야로를 검토한 村上恭通의 분류에 의하면, 上野II遺蹟 SI06은 지하구조를 가진 I類, SI15는 爐內에 카본 베드를 가진 II類가 되며, 각각 바닥면에 불 먹은 흔적만이 있는 IV類가 공반된다. 이들은 후기 후엽의 고단계로, 신단계에는 간단한 IV類만이 나온다고 한다(村上 2001a). 시기적으로 나중에 나오는 平田遺蹟 등의 단야로는 지하구조를 가진 I·II類는 보이지 않고, IV類만으로 구성되어 원시단야라는 기술수준에 대응하는 구조의 간략화라고 생각할 수 있을 것이다.

山陰의 단야취락은 현재 조사 사례에서는 彌生時代 후기 후엽에서 말엽의 것을 확인할 수 있지만, 철기의 양상으로는 중기 후엽 또는 말부터 철기생산이 시작되었다고 생각된다. 북부 구주에서는 彌生時代 중기 말엽에 단야공방이 있었던 것이 확인되었고(村上 2007), 中國地方(츄고쿠지방)에서도 廣島縣 三次市(미요시시) 高平遺蹟 (타카히라유적)(河瀨 1971), 庄原市(쇼바라시) 和田原D遺蹟(와다바라D유적)(松井 1999)에서 중기말로 소급되는 단야유구가 알려져 있다. 山陰의 철기생산을 중기 후엽 또는 말로 보는 견해는, 이러한 예로 본다면 개연성이 높으며 북부구주의 단야기술이 시간을 두지 않고 전해졌다고 볼 수 있다. 또한 단야유구 중에는 高平遺蹟, 岡山縣 総社市(소자시) 折敷山遺蹟(오시키야마유적)(前角 1993)·同 赤磐市(아카이와시) 門前池遺蹟(몬젠이케유적)과 같이 소량의 철재 출토가 보고된 예도 있지만, 和田原D遺蹟, 廣島縣 三次市 油免遺蹟(유멘유적)(渡邊 외 2003), 岡

---

1) 본고는 2008年 8月2日~3日에 大阪歷史博物館에서 개최되었던 第4回 日韓聚落研究會에서의 보고(角田 2008)의 고찰부분에 내용을 추가한 것이다.

山縣(오카야마현) 岡山市(오카야마시) 津寺一軒屋遺蹟(츠데라잇겐유적)(高畑 외 1999), 同 鏡野町(카가미노쵸) 夏栗遺蹟(나츠구리유적)(上椿 2005)에서는 山陰의 제 사례와 마찬가지로 간단한 단야로와 철편이 다량 출토된 단야유구가 확인되었다. 彌生時代에 있어서는 철재가 생기는 고온단야보다 이러한 원시적인 단야가 일반적이었다고 생각된다.

취락 내에 있어서 철기생산의 양상에 대해서는 불명인 점이 많지만, 2개의 해석이 가능할 것이다. 하나는 전업성이 낮고 자가소비적인 생산을 상정하는 것이다. 妻木晩田遺蹟에서 철기생산은 독립된 공방군에서가 아니라 각 거주단위의 소규모로 행해졌음이 지적되고 있다(高尾 2006). 板屋III遺蹟 등에서는 단야관련유물의 출토가 취락의 일각에 한정되어, 이들 유적에서는 취락에서 사용하는 철기를 충당하는 정도의 자가소비적인 생산을 생각할 수 있다.

다른 하나는 철기생산이 어는 정도 결집된 형태로 이루어져, 전업적인 생산을 생각할 수 있는 것이다. 上野II 遺蹟에서는 11동의 수혈건물지 중 5동에서 단야로가 확인되었고, 단야로가 없는 2동에서도 철편 또는 지석이 출토되었다. 해당 시기 6할 이상의 건물지에서 단야작업이 이루어졌던 것을 비롯해 단야로가 지하구조를 가지는 것은 고온단야를 의식한 공정의 존재를 엿볼 수 있는 것으로, 전문적인 철기생산도 생각해 볼 수 있다. 다만 그 생산실태는 불명확한 점이 많아, 여기에서는 단야전업취락이 존재할 가능성을 지적하는데 그치고자 한다.

2) 본격 단야 도입 후의 단야취락

彌生時代 중기 후엽 이후, 원시단야가 행해지는 한편 彌生時代 후기말에서 古墳時代 전기에는 단야로의 송풍에 풀무(鞴)를 사용해 고온조업을 실시하는 본격단야의 기술이 도입된다. 이 시기의 유적으로서는 島根縣 安來市(야스기시) 柳遺蹟(야나기유적), 鳥取縣 湯梨浜町(유리하마쵸) 長瀬高浜遺蹟(나가세타카하마유적)에서 단야공방이 확인되었으며, 島根縣 出雲市(이즈모시) 古志本郷遺蹟(코시혼고유적)・同 中野清水遺蹟(나카노시미즈유적), 長瀬高浜遺蹟에서는 송풍관, 島根縣 飯南町 的場尻遺蹟(마토바지리유적), 鳥取縣 南部町(난부쵸) 天王原遺蹟(텐노바라유적)・同 米子市 橋本漆原山遺蹟(하시모토우루시야마유적)・同 大山町(다이센쵸) 押平尾無遺蹟(오시나라오나시유적)에서는 철재가 출토되었다. 단야로에 풀무로 송풍하는 데 사용되는 송풍관, 노 안에 생기는 椀形滓, 鍛打作業에 수반되는 粒狀滓・鍛造剝片 등의 출토로 고온작업이 행해지고, 低溫素延에서 고온단접작업, 철소재의 除滓와 탄소량조정도 가능한 기술단계에 도달해 있다고 상정된다.

단야관련유물의 분석결과에 의하면, 古墳時代 전기의 단야취락에서는 지금까지 단련단야재밖에 확인되지 않았지만,[2] 중기가 되면 鳥取縣 鳥取市 岩吉III遺蹟(이와요시III유적)・西大路土居遺蹟(니시오오토도이유적)에서는 정련단야재의 보고 사례가 있어(和鋼博物館 1991・1993), 정련단야도 실시되었다고 보인다. 철소재는 기본적으로 광석계의 것이 사용되었고,[3] 鳥取縣 琴浦町(코토우라쵸) 笠見第3遺蹟(사카미제3유적)에서 출토된 철정과 같은 불순물이 별로 포함되지 않은 것 외에 정련단야재가 출토되는 점에서 일정 정도의 불순물을 포함한 철괴 등의 소재도 단야작업에 사용되었음을 엿볼 수 있다.

---

2) 長瀬高浜遺蹟의 98年度 출토 철재는 사철원료의 단야소재를 이용한 정련재 또는 단야재로 보고되어 있지만(ジオサイエンス 株式會社 1999), 大澤正己氏의 교시에 따르면 분석결과에 의문점이 있다. 山陰에서 古墳時代 전기의 단야유적에서 정련단야가 행해졌는지 어떠한지는 불명확하지만, 福岡市 博多遺蹟 등에서는 정련단야재가 확인되고 있고, 山陰의 단야기술에 북부구주의 영향이 엿보인다는 점으로 본다면 금후 정련단야공정이 밝혀질 것으로 생각된다.

3) 古墳時代 전기 초기의 古志本郷遺蹟과 島根縣 飯南町 的場尻遺蹟에서는 티탄의 함유량으로 보아 사철계 철소재가 사용되었음이 지적되고 있다(大澤 2003a, 和鋼博物館 1998b). 현단계에서는 한반도와 中國大陸에서 사철제련이 이루어졌는지 명확하지 않지만, 그 가능성도 배제할 수 없다. 한편 광석에는 사철과 마찬가지로 티탄・바나듐을 포함한 티탄자철광이 있다는 것도 알려져 있어, 사철과의 구분이 과제라고 할 수 있다. 또한 古墳時代 중기말에서 후기 초두의 湖山第1遺蹟에서도 사철계 철소재가 사용되었다는 지적이 있다(清永・佐藤 1989a). 이것도 마찬가지로 티탄자철광일 가능성도 있지만, 시기적으로는 일본열도에 있어서 사철제련의 개시시기와 관련된다고 생각된다는 점에서, 여기에서는 그 평가를 보류해두고자 한다.

단야작업은 수혈건물 내에서 실시되었다고 보여지는 것이 많지만, 柳遺蹟에서는 사면을 깎아서 가공한 평탄면, 笠見第3遺蹟에서는 수혈건물지의 내부 외에 밖에서 단야로가 확인되어, 일부는 굴립주건물과 같은 시설 안에서 이루어졌을 가능성도 생각할 수 있다. 단야로의 경우, 柳遺蹟에서는 지름 40~50cm · 깊이 18cm 정도의 지하구조를 가지고 있으며 이것을 다시 메운 후에 爐가 조영되었다. 또한 笠見 第3遺蹟은 지름 50~60cm 정도의 토광 내측에 점토를 발라 그 중앙을 爐로 사용하였다. 古墳時代 이후의 단야로를 대상으로 한 安間拓巳의 분류에 의하면, 전자는 지하구조를 가진 II類, 후자는 점토를 발라 노벽으로 사용한 I b類로 보인다. 단야로의 규모는 柳遺蹟에서 지름 20cm, 笠見第3遺蹟에서 지름 20~25cm, 湖山第1遺蹟은 지름 11cm로 모두 소형으로, 유구의 면에서도 단련단야를 중심으로 한 조업을 생각할 수 있다(安間 2007). 또한 笠見第3遺蹟에서는 단야로의 주위에 鐵床石의 설치로 생각되는 토광이 확인되어, 철상석을 갖춘 단야공방이 성립되어 있음을 알 수 있다.

古墳時代 전기에 고온단야가 상정되는 송풍관이 확인되는 단야유적은 전국적으로도 예가 적은데, 福岡市 博多遺蹟群(하카타유적군)(山口 1993 · 小畑 1993)과 奈良縣(나라현) 櫻井市(사쿠라이시) 勝山古墳(카츠야마고분) 周溝(靑木 1998), 石川縣(이시카와현) 小松市(코마츠시) 一針B遺蹟(히토츠하리B유적)(荒木 외 2002)이 알려진 정도이다. 특히 博多遺蹟群에서는 출토된 椀形滓 · 鍛造剝片 · 粒狀滓 · 鐵片 등에서 鐵素材의 除滓 · 炭素量調整을 하는 정련단야부터 철기제작이 이루어지는 단련단야 단계까지 일련의 단야작업이 상정되고 있다(村上 2007).

이들 유적에서 출토된 송풍관은 모두 횡단면 형태가 蒲鉾形의 특징적인 형태를 가지고 있으며, 古志本鄕遺蹟에서 출토된 송풍관과 유사하다. 野島永의 분류에 의하면, 송풍관 I b式으로 설정되어 있는 것에 가까워, 4세기 전엽 송풍관의 일반적인 형태라고 할 수 있다(野島 1997). 한편, 中野淸水遺蹟과 長瀨高浜遺蹟의 송풍관은 기부가 두텁고 선단이 좁아지는 특징을 가져 野島 III類에 해당된다. III類는 5세기 전엽에 출현한다고 이야기되지만, 中野淸水遺蹟 · 長瀨高浜遺蹟에서 4세기대로 소급될 가능성도 있고, 선단이 좁아진다는 형태적인 유사성에서 본다면, 古志本鄕遺蹟에서 출토된 I b式이 재지화하는 과정에서 성립된 것으로도 볼 수 있을 것이다.

古墳時代 전기에서 중기의 단야유적으로는 中國地方에서는 廣島縣 庄原市(쇼바리시) 大成遺蹟(타이세이유적), 岡山縣 總社市 窪木藥師遺蹟(쿠보키야쿠시유적) 등이 알려져 있다. 이중 岡山縣 總社市 窪木藥師遺蹟에서는 5세기 전반대의 11호 수혈주거지에서 단야로와 철재 · 단조박편, 13호 수혈주거지에서 철정과 단야재가 출토되었다(島崎 1993). 철정은 광석을 원료로 했을 가능성이 높은 저탄소강, 철재는 광석을 원료로 한 단련단야재이다(大澤 1993). 그리고 大成遺蹟은 구릉사면에 조성된 수혈주거지 · 굴립주건물지 등으로 이루어진, 5세기 중엽~6세기 초두에 조영된 것이다(道上 1989). 단야로는 확인되지 않았지만, 철재 · 송풍관 · 지석 등 단야관련유물이 출토되었고, 철재는 광석을 원료로 한 정련단야재로 알려져 있다(淸永 · 佐藤 1989b). 이들은 광석계의 단야소재를 사용하여 단련단야 또는 정련단야를 실시했다는 점이나 철정이 반입되는 점 등, 山陰에서의 이 단계의 단야유석과 공통점이 많다.

이 단계는 송풍관을 공반하여 고온조업을 실시하였다고 보인다는 점에서 원시단야단계와 비교하면 기술적으로는 큰 발전을 이루었다고 볼 수 있다. 그러나 취락내에 있어서 철기생산의 존재 양태는 古墳時代 전기까지 원시단야의 단계와 현저한 차가 보이지 않는다. 柳遺蹟은 수혈건물지 9동 · 굴립주건물지 30동 이상, 사면을 깎아 낸 加工段 50 이상이 확인되었지만, 단야로는 加工段에서 1기가 확인된 것에 지나지 않는다. 또한 長瀨高浜遺蹟에서는 수혈건물지가 262동 · 굴립주건물지 63동이 확인되었지만, 단야관련유물이 출토된 것은 한정되어 있으며 단야로도 명확하지 않다. 이러한 상황은 전문성이 낮고, 취락에서 사용하는 철기의 일부를 만드는 정도의 자가소비적인 생산이라 할 수 있고, 철기의 생산체제에는 큰 변화가 없었음을 엿볼 수 있다.

한편 古墳時代 중기 후반에 들어오면, 거주역에서 떨어진 지점에 공방역이 형성되는 것이 확인된다. 笠見第3遺蹟은 수혈건물지 57동 · 굴립주건물지 5동의 취락지로, 거주역에서 170m 정도 떨어진 지점에 수혈건물지 3동 등으로 이루어진 공방역이 있음이 확인되었다. 椀形滓 · 송풍관 등의 단야관련유물의 총량은 적지만, 粒狀滓 · 단조박편은 7kg을 넘는 양이 출토되어 조사구역이 대규모 공방역의 일부에 해당한다고 생각할 수 있다 그 조업규모가 하나의 취락에서 사용되는 철기의 양을 넘는 것이었는지 어떠한지는 뚜렷하지 않지만, 柳遺蹟 · 古志本鄕遺

蹟·長瀨高浜遺蹟과는 양상이 다름을 엿볼 수 있고, 어느 정도 전업적인 생산을 상정할 수도 있을 것이다.[4]

3. 鍛冶素材와 그 유통

彌生 철기는 제품으로서 유입된 것과 반입된 철소재로 제작된 것으로 대별된다. 제품으로 금속학적 분석이 이루어진 것은 적지만, 上野II遺蹟의 주조철부는 주조한 뒤에 脫炭工程을 거쳐 단단하게 한 可鍛鑄鐵製이다(大澤 2001). 島根縣 奧出雲町(오쿠이즈모쵸) 國竹遺蹟(쿠니타케유적)의 판상철부(大澤 2000)와 鳥取縣 湯梨浜町 宮內(미야우치) 第1遺蹟 1號墳丘墓의 철검(大澤 1996) 등은 炒鋼製, 島根縣 飯南町 板屋III遺蹟의 판상철부(大澤·角田 2001)는 괴련철제로, 탄소량이 다른 소재를 고온단접하는 기술이 필요한 合鍛된 것이다. 彌生時代의 단야기술에서는 이와 같은 주철의 탈탄과 고온단접은 불가능하며, 이들은 中國東北部 또는 한반도에서 제품으로 반입된 것이라고 생각된다.

彌生時代 후기의 단야작업으로 제작된 철제품은 이와 같은 우수한 제품은 아니며, 소형의 袋狀鐵斧와 촉·대팻날 등의 소형품이었다. 송풍관은 출토되지 않아 단야로로의 송풍이 필요한 고온조업을 상정할 수 없다는 점에서 철괴를 철소재로 사용했다고는 생각하기 어렵고, 低炭素系軟鋼의 끌로 자르는 성형에 적합한 판상철소재가 제공되었다고 보인다. 上野II遺蹟과 妻木晚田遺蹟에서 출토된 판상철소재는 전자가 길이 14.3cm·폭 6.0cm·두께 0.4cm, 후자는 길이 9.7cm·폭 4.9cm·두께 0.6cm로, 크기·두께에 차이가 있다는 점에서 규격을 갖춘 것은 아니었던 것 같다. 모두 광석을 원료로 한 괴련철로(大澤 2001, 大澤·鈴木 2000a), 후자는 極軟鋼~軟鋼으로 분석된다. 또한 平田III遺蹟에서는 판상철소재에서 제품을 제작할 때의 부스러기인 철편이 출토되었는데 이것도 괴련철이며 極軟鋼이었다(大澤·鈴木 2000b). 한반도에서는 원삼국시대에 철광석을 원료로 철생산이 개시되었고, 저온환원의 괴련철생산이 시작되었다고 보이는데(角田 2006b), 판상철소재는 이것을 단야원료로 한반도에서 제작된 것으로 생각된다. 妻木晚田遺蹟에서는 판상철소재와 함께 한반도제의 주조따비와 단조따비가 출토되어(村上 2000b), 그 유래를 단적으로 나타내고 있다.

古墳時代 전기가 되면, 古志本郷遺蹟과 中野淸水遺蹟·長瀨高浜遺蹟 등에서는 송풍관이 출토되어 고온조업이 가능하게 되었다는 점은 분명하다. 이것에 더불어 椀形滓 등의 단야재가 만들어지고, 단야소재에는 불순물이 적은 판상철소재(철정) 이외에, 철괴가 더해졌다고 보인다. 철소재는 광석을 원료로 한 것으로, 古志本郷遺蹟에서는 와질토기, 中野淸水遺蹟에서는 초기 도질토기가 출토되는 점으로 보아도 계속해서 한반도로부터의 반입품에 의해 조달되었다고 생각된다.

광석을 원료로 하는 철소재의 공급은 古墳時代 중기에도 계속되어, 분석된 자료는 모두 광석계 단야재이다. 笠見第3遺蹟出土의 鐵鋌廷이나 長瀨高浜遺蹟出土의 주조따비(八峠 1997)는 철소재가 한반도로부터 반입되었다는 점을 엿볼 수 있는 자료라고 할 수 있다. 또한 平田III遺蹟이 조영된 지역에 근접한 雲南市(운난시) 三刀屋町(미토야쵸)의 六重城南遺蹟(무에죠미나미유적)에서는 소형 원분의 주구에서 철제공구류와 함께 鐵鐸과 鑷子狀鐵製品이 출토되었다. 이들은 한반도계의 유물로, 특히 鐵鐸은 철기생산과 관련된 제사구이기도 하다. 단야취락의 양상은 명확하지 않지만, 古墳時代 중기 후반에 한반도와 관련있는 집단이 철기생산을 실시하였을 가능성을 생각해 볼 수 있다(米田 2009).

彌生時代 후기에서 古墳時代 중기까지 단야작업에 제공된 철소재는 한반도로부터 반입된 것으로, 단야취락을 중심으로 출토되는 한반도계 유물은 철소재의 반입에 도래인이 관여하였음을 보여준다. 한편 단야취락에서는 북

---

4) 池渕俊一은 彌生時代~古墳時代의 철기를 검토하고, 총 유구수에 있어서 철기 출토유구의 비율이 彌生時代 종말기와 비교해 古墳時代 전기~중기 전엽에 감소하는 것은 古鐵의 재이용을 가능하게 한 고온단야의 도입이 배경에 있으며, 중기 후엽 이후 증가하는 것은 古鐵을 회수·재이용할 필요가 없을 정도로 철기가 보급되는 단계에 들어섰기 때문으로 생각하고 있다(池渕 2005).

표 1 _ 彌生鐵器의 鐵素材

番號	遺蹟名	所在地	遺構	遺物	種別				時期	文獻
					可鍛鑄鐵	鑄鐵脱炭鋼	炒鋼	塊鍊鐵		
1	板屋Ⅲ	島根県飯南町	11號住居址?	板狀鐵斧				○	3C	大澤·角田2001
2	国竹	島根県奥出雲町	7號住居址北側	板狀鐵斧			○		BC.1C	大澤2000
				板狀鐵斧			○			
3	平田	島根県雲南市	Ⅲ區竪穴建物址	方形板狀鐵片				○	3C	大澤·鈴木2000
4	上野Ⅱ	島根県松江市	1區南東部包含層	鑄造鐵斧	○				2~3C	大澤2001
			1區南東部包含層	板狀鐵製品				○	2~3C	
			1區南東部包含層	棒狀鐵製品				○	2~3C	
			1區南東部包含層	棒狀鐵製品				○	2~3C	
			SI04	鑿				○	3C	
			SI08	板狀鐵素材				○	2~3C	
5	妻木晩田	鳥取県米子市	妻木山SI37	板狀鐵斧				○	2C	大澤2000
			松尾頭SI42	板狀鐵素材				○	2C	
			松尾頭SD13	刀子				○	1C	
6	宮内第1	鳥取県湯梨浜町	1號墳丘墓	鐵劍			○		2C	大澤1996
				鐵刀			○?			
7	青谷上寺地	鳥取県鳥取市	4區遺物包含層	鑿			○		1~3C	大澤2002
8	油免	広島県三次市	SB08	鑄鐵片	○				1~3C	大澤2003b
			SB11	鑄鐵片	○				3~4C	
			SB35	鑄鐵片	○				1~3C	
			SB43	鐵片			○		1~3C	
			SB45	鐵片			○		1~3C	
			SB56	鐵片			○?	○?	3~4C	
			SB102	鐵片			○?	○?	3~4C	
9	津寺一軒屋	岡山県岡山市	燒土1	鐵製品			○	○	3C	大澤1999b
			燒土2	鐵片			○		3C	

부 구주와 西瀨戶內系(니시세토우치계)의 유물이 출토되는 예도 많고, 妻木晩田遺蹟과 中野淸水遺蹟에서는 九州系의 袋部 端部에 구부려 접는 부분을 가진 철부·철착이 출토되는 것을 비롯해 上野Ⅱ遺蹟과 古志本鄕遺蹟에서는 북부구주의 下大隈(시모오오쿠마)式系의 壺, 中野淸水遺蹟에서는 北部九州 糸島地域에 현저한 橋口(하시구치)KVc式의 大形甕과 西瀨戶內系의 壺가 확인되고 있다(角田 2006). 이들은 한반도제의 철소재가 山陰에 반입되는 것에 북부구주와 西瀨戶內의 세력이 개재하였을 가능성을 나타내는 것으로, 철소재의 유통경로를 검토하는데 있어 시사하는 부분이 크다.

4. 鐵生産 開始 以後의 鍛冶聚落

古墳時代 후기에서 종말기의 제철에는 제철로가 출현한다. 岡山県에서 廣島県 동부의 吉備地域을 중심으로 시기가 판명된 것만으로도 13유적 이상의 제철유적이 있으며, 山陰에서도 今佐屋山遺蹟(이마사야야마유적)과 羽森第3遺蹟(하네모리제3유적)이 알려져 있는 등, 이 단계에는 철생산이 상당히 확대되었다고 보인다.[5] 제철원료는 岡山県 남부·廣島県 동부에서는 사철보다 광석을 주체로 하지만, 山陰에서는 사철이 이용된다.

사철제련의 개시됨에 따라 사철계 철괴의 除滓·탄소량 조정을 목적으로 하는 정련단야를 실시하는 공방이 출현한다. 송풍관과 椀形滓·粒狀滓·단조박편 등의 단야관련유물에 더하여 제련계의 철재와 노벽이 출토되는 예도 많다. 철괴에 부착된 노벽이나 철재가 제철로부터 반입되고, 선별·폐기된 것으로 보이는 점에서 제련과 정련단야·단련단야가 일체가 된 조업을 고려할 수 있다. 특히 島根県 安來市(야스기시)로부터 鳥取県 米子市에 걸친 중해 남동부지역은 이 단계의 단야유적이 집중되어 보이는 것이 특색으로, 古墳時代 후기부터 奈良時代에 걸

---

5) 6세기 전반~중엽의 廣島県 庄原市 境ケ谷遺蹟 SX40에서는 사철(松井 1983), 6세기 중엽의 岡山県 窪木藥師遺蹟 수혈주거 29에서는 철광석(島崎 1993)이 출토되었다. 모두 단야유적이기는 하지만 제철원료가 출토되는 것은 제철과의 관련을 나타내는 것이라 할 수 있어, 제철의 개시가 더욱 소급될 가능성을 엿볼 수 있다.

쳐 山陰의 중심적인 철생산 지역이었음을 상정할 수 있다. 이제까지 제철유적은 확실하게 밝혀져 있지 않지만, 단야유적 등에서 출토되는 제련재와 노벽 등으로 보아 부근에서 광범위하게 철생산이 이루어졌음을 알 수 있다. 단야유적은 古墳時代 후기에서 奈良時代, 일부는 平安時代(헤이안시대) 초기까지 계속되는데, 島根縣 安來市 山ノ神遺蹟(야마노카미유적)·德見津遺蹟(토쿠미츠유적)·五反田遺蹟(고탄다유적), 鳥取縣 米子市 陰田第6遺蹟(인다제6유적)·陰田廣畑遺蹟(인다히로바타유적)·陰田砥石山遺蹟(인다토이시야마유적) 등이 古墳時代까지 소급된다. 또한 사철계 철괴를 사용한 단야유적은 鳥取縣 琴浦町(코토우라쵸) 箆津乳母ケ谷第2遺蹟(노츠우바가다니제2유적), 同 八橋第8遺蹟(야바세제8유적) 등에서도 확인되고 있어, 古墳時代 중기까지 사용되었던 광석계 철소재는 보이지 않게 된다.

단야공방은 수혈건물 또는 사면을 단상으로 조성한 평탄면에 세워진 굴립주건물이다. 사면에 조영된 굴립주건물은 일반 취락도 산간부를 제외하면 동일한 형태의 구조로 변한다는 점에서 단야공방 특유의 건물이라고는 하기 어렵지만, 정련단야에 의해 다량으로 배출되는 철재를 사면 아래쪽으로 투기할 수 있다는 점에서 단야작업에는 적합한 구조라고 할 수 있다. 단야로는 지하구조를 가진 것은 없고, 토광을 爐床으로 하는 安間 I 型이 대부분으로, 점토를 바른 것이 남아있는 것은 적다. 노의 규모는 五反田遺蹟에서는 지름 18cm 전후·지름 25cm 전후·지름 30cm 전후, 장경 38cm·단경 27cm의 것이 있으며, 箆津乳母ケ谷第2遺蹟은 장경 46cm·단경 40cm이다. 古墳時代 전·중기의 것과 비교하면 노의 규모가 커지는 경향은 있지만, 출토된 철재의 분석결과로 보면 큰 것이 정련단야로, 작은 것은 단련단야로라고 단순하게 말할 수는 없는 양상이다. 또한 五反田遺蹟에서는 建物 5에서 단야로 9기가 중복되어 있음이 확인되어 연속적으로 일정기간에 걸쳐 조업이 이루어졌음을 알 수 있다. 이와 같은 유구는 彌生時代 후기에서 古墳時代 중기의 단야취락에서는 확인되지 않아, 이 단계의 조업이 그 이전과는 다른 성격을 지니고 있음을 나타내는 것이라고 할 수 있다.

제련과 정련단야·단련단야의 일관 작업이 상정되는 단야유적은 中國地方에서는 廣島縣 庄原市 則淸1號遺蹟(노리키요1호유적)(稻垣 1993)·三次市 見尾西遺蹟(미오니시유적)·同 見尾東遺蹟(미오히가시유적)(藤原 1998), 岡山縣 總社市 窪木藥師遺蹟(島崎 1993) 등이 있는데, 모두 6세기 후반부터 7세기 전엽에 조영된 것이다. 이중, 則淸1號遺蹟은 구릉사면에 조영된 수혈건물지 9동·굴립주건물지 1동·段狀遺構 13기로 이루어진 취락지로, 수혈건물지 4동·段狀遺構 2기에서 단야로가 확인되었다. 출토유물로는 철기미성품·지석·철광석 외, 철재가 다량 있으며, 분석 결과, 철재는 광석을 원료로 한 정련단야재·단련단야재였음이 판명되었다(淸永·佐藤 1993). 見尾西遺蹟과 見尾東遺蹟은 구릉사면에 위치하고 있으며 양 유적은 계곡을 사이에 두고 마주고보 있다. 見尾西遺蹟은 수혈주거지와 굴립주건물지로 구성된 취락지로, 6세기 말의 수혈건물지 중 39%, 7세기 전엽에는 75%에서 철재가 확인되었으며, 가장 많은 철재가 출토된 SB37에서는 총 3기의 단야로가 중복되어 있다. 見尾東遺蹟은 수혈주거지 6동·굴립주건물지 3동·평탄면 3면으로 구성된 6세기 후반에서 7세기 초두의 취락으로, SB3에서 단야로, SB3과 第2平坦面에서도 철재가 출토되었다. 見尾西遺蹟에서 출토된 철재에는 사철제련재와 정련단야재, 見尾東遺蹟에는 사철원료의 정련단야재와 광석제련재가 있어, 모두 제철유적에서 유입된 철괴의 정련단야가 이루어졌다고 보인다(大澤 1998c·d). 見尾東遺蹟에서는 사철계와 광석계의 철재가 출토되는 점이 주목되어, 복수의 제련로에서 단야소재가 공급되었다는 것도 생각할 수 있다.

이들 유적의 양상은 島根縣 安來市에서 鳥取縣 米子市에 걸친 중해 남동부지역에 조영된 山ノ神遺蹟·五反田遺蹟·德見津遺蹟·陰田第6遺蹟·陰田廣畑遺蹟·陰田砥石山遺蹟 등과의 공통성을 엿볼 수 있다. 즉 구릉사면에 조영된 수혈건물지·굴립주건물지에 단야로가 공반되는 점, 제련재·정련단야재·단련단야재가 출토되어 제련에서 정련단야·단련단야의 일관 작업이 상정된다는 점 등이다. 중해 남동부지역에서는 廣島縣 북부처럼 제철유적은 확인되지 않지만, 단야유적의 주변에 제철유적이 있고 그곳에서 반입된 철괴를 소재로 단야작업이 이루어졌음은 거의 확실하다고 할 수 있을 것이다. 또한 유구의 상황과 출토된 철재의 양으로 본다면, 그 조업은 상당히 대규모이며 제련에서 정련단야·단련단야까지 전업적으로 이루어지는 생산체제가 채택되었다고 생각된다.

5. 나오며

山陰의 단야기술은 판상 또는 봉상철소재를 단야로에서 가열하고, 끌로 필요한 크기만큼 절단하여 사용하는 원시단야단계(Ⅰ단계 : 彌生時代 후기 후엽~古墳時代 전기 초두)에서 시작하여 풀무를 사용하여 단야로에 바람을 보내는 본격단야의 기술이 도입되어, 低溫素延에서 고온단접작업을 행하는 단련단야, 철소재의 除滓와 탄소량을 조정하는 정련단야도 가능한 기술단계에 도달하였다(Ⅱ단계 : 彌生時代 후기 후엽~古墳時代 전기 초두). 그리고 사철제련의 개시에 수반하여 사철계 철괴의 除滓·탄소량 조정을 목적으로 하는 정련단야가 이루어지는 공방이 출현하고, 제련과 정련단야·단련단야가 일체가 되어 이루어지는 기술단계(Ⅲ단계 : 古墳時代 후기~종말기)로 발전하게 된다. 단야소재는 일본 내에서 제련이 개시된 Ⅲ단계까지는 한반도로부터 반입된 광석을 원료로 한 철소재가 사용되었는데, Ⅰ단계는 단야기술의 문제 때문에 판상철소재, Ⅱ段階에는 판상철소재(철정)에 더하여 어느 정도 불순물을 포함한 철괴도 사용되었다고 생각된다.

Ⅰ단계와 Ⅱ단계에는 단야기술의 면에 고온조업이 도입된다는 점에서 커다란 비약이 있지만, 철기생산체제에는 큰 차이가 없어, 기본적으로는 전업성이 낮으며 자가소비적인 생산이 중심이었다고 보인다. 다만 Ⅱ단계의 후반에는 공방역을 형성하고, 어느 정도 전업적인 생산도 엿볼 수 있는 笠見第3遺蹟과 같은 단야취락의 존재도 알려져 있다. 이에 비해 Ⅲ단계에는 제련·정련단야·단련단야의 일관조업과 함께 취락에서 소비되는 철기의 양을 넘는 전업적인 생산을 상정할 수 있는 중해 남동부와 같은 지역도 나타난다.[6] 이 지역은 奈良時代에서 平安時代 초기까지 철·철기생산이 계속해서 이루어져, 공납물로서 생산되었을 가능성을 검토할 필요가 있을 것이다.[7]

山陰의 彌生·古墳時代의 단야에 대해서는 그 흐름을 찾아볼 수 있을 정도의 자료가 겨우 축적되었다는 것이 현상이다. 彌生時代의 단야가 언제 개시었는가의 문제와 古墳時代 전기에 있어서 정련단야의 문제, 제련의 개시 시기가 어디까지 소급될 것인지의 문제, 제련에서 정련단야·단련단야까지 일체가 된 대규모조업을 상정할 수 있는 중해 남동부지역의 실태 등, 아직 충분하게 밝혀져 있지 않은 점도 많기 때문에 이후 자료가 축적되는 단계에 다시금 再論을 기약하고자 한다.

표 2 _ 鍛冶聚落의 諸段階

段階	工程				鍛冶素材		工房建物		生産體制	
	原始	鍛鍊	精鍊	製鍊	鑛石	砂鐵	竪穴系	掘立柱系	自給的	專業的
Ⅰ	○				○		○		○	△
高溫鍛冶의 導入										
Ⅱ		○	○		○		○	△	○	△
砂鐵製鍊의 開始										
Ⅲ		○	○	○		○	△	○	○	○

이기성 번역

---

6) Ⅰ·Ⅱ단계에도 거주역으로부터 떨어져 공방역이 형성된 것이 있어, 전업적인 생산이 이루어졌을 가능성도 있다. 또한 Ⅲ단계에도 제련에서 정련단야·단련단야까지 일관되게 이루어진 전업적인 생산만이 아니고, 취락에서 소비되는 철기를 충당하는 정도의 자가소비적이 생산이 있는 것 역시 당연하다.

7) 10세기대로 내려가는 예이지만, 『延喜式』에는 調·庸에 鐵·鍬를 貢進하는 國으로 伯耆의 이름이 확인된다는 것이 알려져 있다(潮見 1982). 근년 조사가 행해진 鳥取縣 伯耆町 阪長第6遺蹟에서는 郡衙에 부수된 단야공방으로 보이는 시설도 밝혀져 있어, 공납물로서 철이 생산되었음을 생각할 수 있다.

표 3 _ 山陰에 있어서 彌生·古墳時代의 製鍊·鍛冶遺蹟 一覧

番號	遺蹟名	所在地	遺構	遺物	工程				鍛冶素材		時期	文獻
					原始	鍛鍊	精鍊	製鍊	鑛石	砂鐵		
1	沖丈	島根県美郷町	SI08	鐵片·鐵器	○						3C	牧田2001
			SI15	鐵片·棒狀鐵製品	○						3C	
			SI18	未成品	○						3C	
			SI19	鏃·鐵片·棒狀鐵製品·未成品	○						3C	
			SI21	鑿·未成品	○						2~3C	
2	板屋III	島根県飯南町	西区SI03	臺石·敲石·鐵斧·鐵片	○						3C	原田2003
			西区SI06	臺石·敲石·鐵片	○						3C	
3	平田	島根県雲南市	III區竪穴建物址(鍛冶爐)	鑿·鏃未成品·斧未成品·鐵片·砥石·敲石	○				○		3C	坂本2000
4	上野II	島根県松江市	SI02	鐵片·砥石	○						3C	久保田2001
			SI06(鍛冶爐)	鏃未成品·鐵片·砥石	○						2~3C	
			SI07	鐵片·砥石·敲石	○						3C	
			SI08(鍛冶爐)	板狀鐵素材·鏃·刀子	○						2~3C	
			SI09(鍛冶爐)	鏃未成品	○						3C	
			SI12(鍛冶爐)	鏃未成品·鐵器片	○						3C	
			SI15(鍛冶爐)	鐵片·砥石	○						3C	
			1區南東部包含層	板狀·棒狀鐵製品					○		2~3C	
5	越敷山	鳥取県伯耆町	18aSI08	鐵片·砥石	○						3C	岡田他1992
			19aSI01	鐵片·棒狀鐵器·砥石	○						3C	
6	妻木晩田	鳥取県米子市	松尾頭SI33(鍛冶爐)	板狀鐵器·臺石	○						3C	松本2000·高尾2003
			松尾頭SI39(鍛冶爐)	鐵片	○						2C	
			松尾頭SI42	板狀鐵素材·鐵片·砥石	○				○		2C	
			松尾頭SI80(鍛冶爐)								2C	
			妻木山SI75(鍛冶爐)	鐵片	○						3C	
			妻木山SI93(鍛冶爐)	板狀·棒狀鐵製品·鐵片·砥石	○						3C	
			妻木山SI117(鍛冶爐)	敲石·砥石	○						2C	
			妻木山SI119(鍛冶爐)								2C	
7	青谷上寺地	鳥取県鳥取市	遺物包含層	鑿·板狀·棒狀鐵製品·未成品·鐵片	○						1~3C	高尾他2002
8	西桂見	鳥取県鳥取市	鷲谷口SI01	鐵片·臺石	○						3C	牧本他1996
			鷲谷口SI03	鐵片	○						2~3C	
			鷲谷奥SI05	鐵片·砥石	○						3C	
			鷲谷奥SI06	鐵片·砥石	○						2~3C	
			鷲谷奥SI07	鐵片·砥石	○						2~3C	
			鷲谷奥SI09	鐵片·敲石·砥石	○						2~3C	
9	的場尻	島根県飯南町	SI01	鏃·摘鎌·刀子·鐵滓			○			○?	3C	田中1998a
10	古志本郷	島根県出雲市	SD31	椀形滓·羽口·棒狀鐵器·板狀鐵器·砥石·敲石		○				○?	4C	守岡2003
11	中野清水	島根県出雲市	3~6区	椀形滓·羽口·砥石·鑿·鐵片·未成品		○			○		3~4C	久保田2005·角田2006
12	柳	島根県出雲市	加工段41(鍛冶爐)	椀形滓·羽口溶解物·粒狀滓·鍛造薄片		○			○		3C?	丹羽野1998
13	天王原	鳥取県南部町	F区SI06	鐵滓							1~3C	新井ほか1993
			B-1区SI03	鐵塊							4C	
14	橋本漆原山	鳥取県米子市	テラス3	鍛冶滓							3~4C	下江2003
15	押平尾無	鳥取県大山町	竪穴住居10	含鐵鐵滓·臺石							4C前葉	西川他2004
16	長瀬高浜	鳥取県湯梨浜町	SI163	羽口							4C末~5C初	西村他1983
			SI239	羽口							4C末~5C初	八峠1997
			SI246	鐵滓			○		○		4C中葉	牧本他1999
			SI247	鐵滓·敲石			○		○		4C後葉	
			SI249	鐵滓·砥石·敲石			○		○		4C中葉	
			SI250	鐵滓·敲石		○	○				4C前葉	
			SI253	鐵滓·敲石			○				4C前葉	
			SI260	鐵滓		○					4C前半	
			SX100	鐵滓			○				5C中葉	
17	上伊勢第1	鳥取県琴浦町	竪穴住居址4	羽口							5C前半	玉木2005
			竪穴住居址5	羽口							6C前半	
18	岩吉	鳥取県鳥取市	SD10	羽口·爐壁·鐵滓			○		○		5C前半	谷口他1991
			SE02	爐壁							5C後半	
			SK35	爐壁							4C	
19	笠見第3	鳥取県琴浦町	C区SI27	羽口·鐵滓							4C初	牧本2004
			C区SI62	鐵鋌							5C中葉	
			D区SI22b	羽口·鍛冶滓·鐵床石		○			○		5C末	高尾2007
			D区SI26	羽口·鍛冶滓		○					5C後半	
			D区SI28(鍛冶爐)	鍛冶滓·鍛造薄片·粒狀滓							5C後半	

No.	遺跡名	所在地	遺構	遺物						年代	文献
			D区SK27	羽口・鍛冶滓・鍛造薄片・粒状滓	○	○		○		5C後半	
			D区鍛冶爐							5C後半	
20	寺戸第1	鳥取県湯梨浜町	SS04・SB01	鐵滓						5C後半	牧本1998
21	頭根後谷	鳥取県倉吉市	2號住居址	鐵滓・鐵片・砥石						5C後葉	土井他1991
22	門前第2	鳥取県大山町	竪穴住居6	鐵床石						5C	中森2005
23	青木C区	鳥取県米子市	CSI11	羽口						5C～6C前葉	
24	小町石橋ノ上	鳥取県伯耆町	SI-3	鐵滓						5C後～6C前葉	北浦他1997
25	西大路土居	鳥取県鳥取市	SI19・20	鐵滓		○		○		5C後葉	谷口他1993
26	湖山第1	鳥取県鳥取市	SI14(鍛冶爐)	鐵滓						5C末	絹見1989
			SI16	鐵滓・砥石	○				○	6C前半	
			SI19	鐵滓	○				○	5C末	
27	上ミツエ	鳥取県岩美町	遺物包含層	羽口・鐵滓						5C後～6C前半	松下1987
28	面白谷	島根県松江市	SI02(鍛冶爐)	羽口						5C後半?	柳浦2006
29	今佐屋山	島根県邑南町	製鐵爐・竪穴住居址3棟	製錬滓・爐壁			○		○	6C後半	角田1992
30	長尾原	島根県邑南町	西側特殊遺構(鍛冶爐)	鐵滓	○		○	○		6C後半	門脇1969・森岡2004
31	羽森第3	島根県雲南市	製鐵爐	製錬滓・爐壁			○		○	6C後半	田中1998b
32	勝負	島根県東出雲町	SB05	鐵滓						5C後～6C後半	深田1998
			SB05・06覆土	羽口・椀形滓			○		○	6C後半?	
33	渋山池	島根県東出雲町	SB15(鍛冶爐)	鐵滓			○			7C前半	椿1997
34	山の神	島根県安来市	建物1	鐵滓			○		○	6C後半	椿1998
35	徳見津	島根県安来市	III區第1加工段	羽口・鐵床石・鐵滓						6C後半	岩橋1996
			IV區SB03(鍛冶爐)	鐵滓・砥石						7C中頃	
			IV區SB09(鍛冶爐)	羽口・鐵滓・砥石						7C後半	
36	五反田	島根県安来市	I區建物2～4(鍛冶爐)	羽口・鐵滓・砥石			○		○	7C前半	椿1998
			I區建物5(鍛冶爐)	羽口・鍛造薄片			○			7C前葉以前	
			I區加工段5～9	鐵滓				○	○	7C前葉?	
37	陰田砥石山	鳥取県米子市	第2テラスSS02	鐵滓・鐵製品						6C後半	杉谷1994
			第1テラスSK02	鐵滓・鐵製品						6C後半	
			第2テラスSB02	鐵滓・鐵製品						7C前半	
38	陰田荒神谷山	鳥取県米子市	SS2	鐵滓			○		○	7C前～中葉	北浦他1996
39	陰田マノカン山	鳥取県米子市	SS1	鏨・椀形滓・羽口		○	○		○	7C	
40	陰田ヒチリザコ	鳥取県米子市	SS5	椀形滓・鐵滓			○		○	7C中～後葉	
41	陰田小犬田	鳥取県米子市	遺物包含層	羽口・鐵滓			○		○	6C末～8C代?	
42	陰田第6	鳥取県米子市	A區SI-11	鐵塊系遺物・椀形滓						6C末～7C前葉	
			A區SS-5	椀形滓・鐵滓・爐壁・砥石						7C前～中葉	
			A區SS-9	鐵塊系遺物・椀形滓・鐵滓						7C中葉	
43	陰田広畑	鳥取県米子市	第1テラス	羽口・鐵滓						6C末～7C前葉	濱田他1998
			第2テラス	鐵滓			○		○	6C末～7C前葉	
44	八橋第8	鳥取県琴浦町	SI1	鍛冶滓・棒状鐵製品						7C前半	小口2004
			SI18	鍛冶滓・敲石						6C後半	
			SI25	鍛冶滓・敲石						6C後半	
			遺物包含層	含鐵鐵滓		○	○		○	6～7C	
45	南原千軒	鳥取県琴浦町	SI3	鍛冶滓						6C末	君嶋2005
			SI6	粘土質溶解物						6C後半	
46	籠津乳母ヶ谷第2	鳥取県琴浦町	SS4	鍛冶滓・砥石						6C末	小口2007
			SS6	鍛冶滓						7C前半	
			SS7(鍛冶爐)	羽口・鍛冶滓・鍛造薄片・粒状滓・鐵床石・砥石	○				○	7C前半	

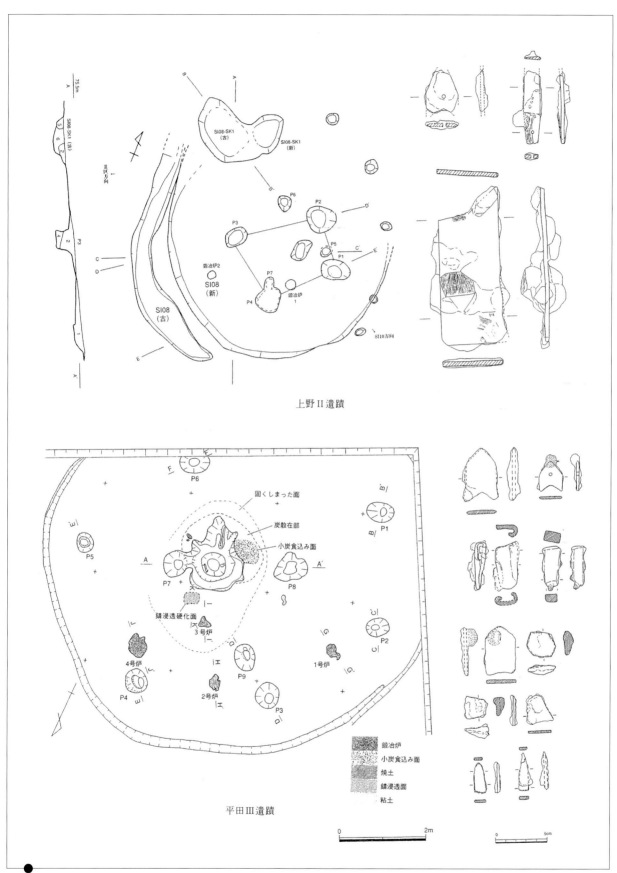

上野II遺蹟

平田III遺蹟

鍛冶炉
小炭食込み面
焼土
錆浸透面
粘土

0 _____ 2m

0 _____ 5cm

도 2 原始鍛冶段階의 鍛冶遺構와 遺物

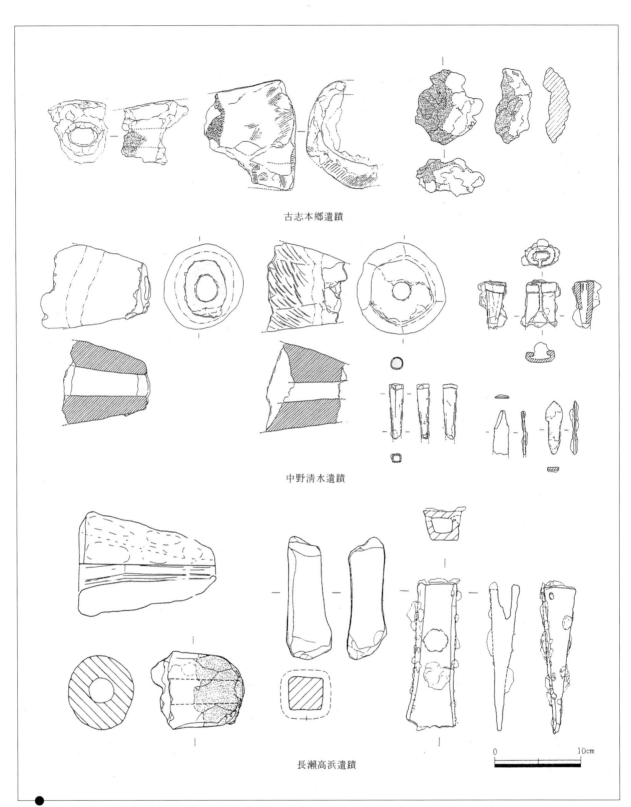

古志本鄕遺蹟

中野淸水遺蹟

長瀨高浜遺蹟

0　　　　　　　　10cm

도 3　本格鍛冶段階의 鍛冶關係遺物

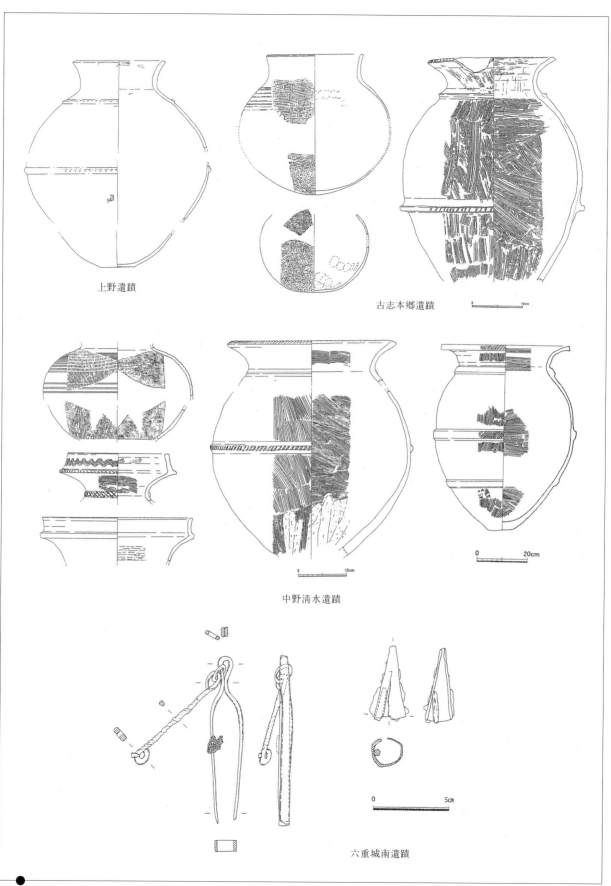

上野遺蹟

古志本鄕遺蹟

中野淸水遺蹟

六重城南遺蹟

도4 鍛冶聚落 等出土 外來系遺物

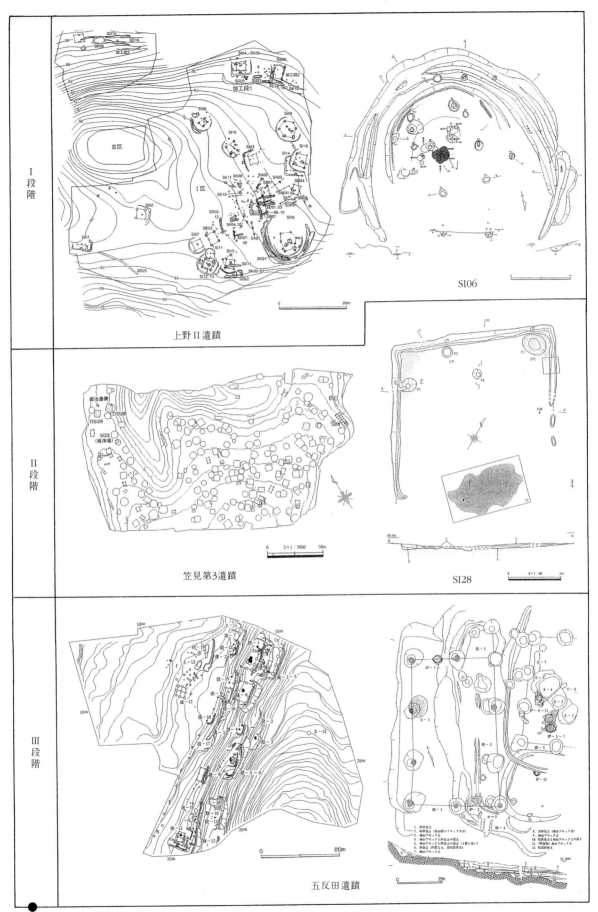

도 5 鍛冶聚落의 諸段階

●참고문헌●

青木香津江, 1998,「纒向遺蹟102次(勝山古墳第1次)發掘調査概報」,『奈良縣遺蹟調査概報(第二分册)1997年度』, 奈良縣立橿原考古學研究所.

穴澤義功, 1992,「山陰地域における古代鐵生産に関する予察」,『古代金屬生産の地域的特性に関する研究 -山陰の銅・鐵を中心として-』, 島根大學山陰地域研究総合センター.

新井宏則, 1993,『天王原遺蹟發掘調査報告書』, 會見町教育委員會.

荒木麻里子ほか,『小松市一針B遺蹟・一針C遺蹟』, 石川縣教育委員會.

安間拓巳, 2007,『日本古代鐵器生産の考古學的研究』, 渓水社.

池渕俊一, 2000,「島根縣下における彌生時代鐵器の樣相」,『考古學ジャーナル』No.467, ニューサイエンス社.

_____, 2005,「山陰における古墳時代前半期鐵器の樣相」,『考古論集』, 川越哲志先生退官記念事業會.

_____, 2010,「山陰における朝鮮半島系土器の樣相」,『日本出土の朝鮮半島系土器の再檢討』第59回埋藏文化財研究集會實行委員會.

石井 悠, 2007,「鐵器と鐵の生産」,『來待ストーン研究』8, 來待ストーンミュージアム.

岩橋孝典, 1996,『德見津遺蹟・目廻遺蹟・陽德寺遺蹟』, 島根縣教育委員會.

稻垣美和, 1993,『則淸1・2號遺蹟』, 庄原市教育委員會.

大澤正己, 1992,「今佐屋山遺蹟出土製鐵関連遺物の金屬學的調査」,『中國橫斷自動車道埋藏文化財發掘調査報告書』IV, 島根縣教育委員會.

_____, 1993,「窪木藥師遺蹟出土鍛冶IV連遺物の金屬學的調査」,『窪木藥師遺蹟』, 岡山縣教育委員會.

_____, 1996,「宮內第1・第5遺蹟出土の鐵劍, 鐵刀の金屬學的調査」,『宮內第1遺蹟・宮內第4遺蹟・宮內第5遺蹟・宮內2・63~65號墳』, 鳥取縣教育文化財團.

_____, 1998a,「柳遺蹟出土椀形鍛冶滓の金屬學的調査」,『鹽津丘陵遺蹟群』, 島根縣教育委員會.

_____, 1998b,「萱原・奧陰田遺蹟群出土製鐵・鍛冶関連遺物の金屬學的調査」,『萱原・奧陰田』II, 米子市教育文化事業團.

_____, 1998c,「見尾東遺蹟出土製鐵関連遺物の金屬學的調査」,『灰塚ダム建設に伴う埋藏文化財發掘調査報告書』IV, 廣島縣埋藏文化財調査センター.

_____, 1998d,「見尾西遺蹟出土製鐵関連遺物の金屬學的調査」,『灰塚ダム建設に伴う埋藏文化財發掘調査報告書』IV, 廣島縣埋藏文化財調査センター.

_____, 1999a,「環日本海地域の鐵の金相學的調査」,『環日本海地域の鐵文化の展開』, 日本鐵鋼協會.

_____, 1999b,「津寺三本木・津寺一軒屋遺蹟出土鐵滓の金相學的調査」,『津寺三本木遺蹟・津寺一軒屋遺蹟』, 岡山縣教育委員會.

_____, 2000,「島根縣國竹遺蹟出土板狀鐵斧の金屬學的調査」,『島根考古學會誌』第17集島根考古學會.

_____, 2001,「上野II遺蹟出土鐵関連物の金屬學的調査」,『上野II遺蹟』, 島根縣教育委員會.

_____, 2002,「青谷上寺地遺蹟出土鑿の金屬學的調査」,『青谷上寺地遺蹟』4, 鳥取縣教育文化財團.

_____, 2003a,「古志本鄉遺蹟出土鍛冶関連遺物の金屬學的調査」,『古志本鄉遺蹟』VI, 島根縣教育委員會.

_____, 2003b,「油免遺蹟出土彌生鐵片の金屬學的調査」,『灰塚ダム建設に伴う埋藏文化財發掘調査報告書』IV, 廣島縣埋藏文化財調査センター.

大澤正己・角田德幸, 2001,「島根縣板屋III遺蹟出土板狀鐵斧の金屬學的調査」,『島根考古學會誌』第18集 島根考古學會.

大澤正己・鈴木瑞穂, 2000a,「妻木晩田遺蹟出土鐵製品の金屬學的調査」,『妻木晩田遺蹟群發掘調査報告書』I~IV, 大山スイス村埋藏文化財發掘調査團・大山町教育委員會.

_____, 2000b,「平田遺蹟出土鍛冶関連物の金屬學的調査」,『平田遺蹟第III調査區』, 木次町教育委員會.

_____, 2005,「中野淸水遺蹟出土鍛冶・銅関連遺物の金屬學的調査」,『中野淸水遺蹟(2)』, 島根縣教育委員會.

_____, 2007a, 「笠見第3遺蹟出土鍛冶関連遺物の金屬學的調査」, 『笠見第3遺蹟II』, 鳥取縣埋藏文化財センター.

_____, 2007b, 「箆津乳母ケ谷第2遺蹟出土鍛冶関連遺物の金屬學的調査」, 『箆津乳母ケ谷第2遺蹟II』, 鳥取縣埋藏
　　　文化財センター.

岡田龍平ほか, 1992, 『越敷山遺蹟群』, 會見町教育委員會・岸本町教育委員會.

小口英一郎, 2004, 『八橋第8・9遺蹟』, 鳥取縣教育文化財團.

_____, 2007, 『箆津乳母ケ谷第2遺蹟II』, 鳥取縣教育文化財團.

_____, 2008, 「鳥取縣における鍛冶遺構の調査成果と展望」平成19年度埋藏文化財敷門職員研修『鍛冶関連遺構・遺物の
　　　檢討』, 鳥取縣埋藏文化財センター.

小畑弘己, 1993, 『博多376 -第65次調査報告-』, 福岡市教育委員會.

角田德幸, 1992, 『中國橫斷自動車道埋藏文化財發掘調査報告書』IV, 島根縣教育委員會.

_____, 2006a, 『中野清水遺蹟(3)・白枝本郷遺蹟』, 島根縣教育委員會.

_____, 2006b, 「韓國における製鐵遺蹟研究の現狀と課題」, 『古代文化研究』No.14 , 島根縣古代文化センター.

_____, 2008, 「山陰における彌生・古墳時代の鍛冶集落」, 『日韓集落の研究 -生産遺蹟と集落遺蹟-』, 日韓集落研究會.

門脇俊彦, 1969, 『長尾原遺蹟及び長尾原1號墳調査概報』, 島根縣川本農林土木事務所.

龜田修一, 2000, 「古代吉備の鐵と鐵器生産」, 『長船町史』, 刀劍編通史 長船町.

河瀨正利, 1971, 「廣島縣三次市高平遺蹟群發掘調査報告」, 『廣島縣文化財調査報告』第9集廣島縣教育委員會.

北浦弘人, 1996, 『陰田遺蹟群』, 鳥取縣教育文化財團.

北浦弘人ほか, 1997, 『小町石橋ノ上遺蹟・朝金第2遺蹟・田住桶川遺蹟・田住第8遺蹟』, 鳥取縣教育文化財團.

絹見安明ほか, 1989, 『湖山第1遺蹟』, 鳥取縣教育文化財團.

君嶋俊行, 2005, 『南原千軒遺蹟』, 鳥取縣教育文化財團.

清永欣吾・佐藤 豊, 1989a, 「鳥取縣湖山第1遺蹟出土鐵滓の調査」, 『湖山第1遺蹟』, 鳥取縣教育文化財團.

_____, 1989b, 「大成遺蹟出土鐵滓及び鐵器の調査」, 『大成遺蹟』, 廣島縣埋藏文化財調査センター.

_____, 1993, 「庄原市則清遺蹟出土鐵滓の調査」, 『則清1・2號遺蹟』, 庄原市教育委員會.

久保田一郎, 2001, 『上野II遺蹟』, 島根縣教育委員會.

_____, 2005, 『中野清水遺蹟(2)』, 島根縣教育委員會.

阪本論司, 2000, 『平田遺蹟第III調査區』, 木次町教育委員會.

佐藤 豊, 1998, 「安來道路建設予定地内遺蹟出土物の金屬學的調査」, 『山ノ神遺蹟・五反田遺蹟』, 島根縣教育委員會.

潮見 浩, 1982, 『東アジアの初期鐵器文化』, 吉川弘文館.

島崎 東, 1993, 『窪木藥師遺蹟』, 岡山縣教育委員會.

下江健太, 2003, 『橋本遺蹟群』, 鳥取縣教育文化財團.

ジオサイエンス株式會社, 1999, 「長瀬高浜遺蹟の自然科學分析」, 『長瀬高浜遺蹟VIII・園第6遺蹟』, 鳥取縣教育文化財團.

杉谷愛象, 1994, 『萱原・奧陰田 I』, 米子市教育文化事業團.

高尾浩司ほか, 2002, 『青谷上寺地』4, 鳥取縣教育文化財團.

高尾浩司, 2003, 「妻木晩田遺蹟における鐵器生産の一試論」, 『妻木晩田遺蹟發掘調査研究年報2002』, 鳥取縣教育委員會.

_____, 「鐵器保有狀況にみる最盛期の集落構造」, 『史蹟妻木晩田遺蹟妻木地區發掘調査報告書』, 鳥取縣教育委員會.

_____, 2007, 『笠見第3遺蹟II』, 鳥取縣埋藏文化財センター.

高畑知功, 1999, 『津寺三本木遺蹟・津寺一軒屋遺蹟』, 岡山縣教育委員會.

田中迪亮, 1998a, 『的場尻遺蹟・社日山城蹟』, 頓原町教育委員會.

_____, 1998b, 『羽森第2・羽森第3遺蹟發掘調査報告書』, 掛合町教育委員會.

谷口恭子ほか, 1991, 『岩吉遺蹟III』, 鳥取市教育委員會・鳥取市遺蹟調査團.

_____, 1993, 『西大路土居遺蹟』, 鳥取市教育福祉振興會.

玉木秀幸ほか, 2005, 『上伊勢第1遺蹟・三保第1遺蹟』, 鳥取縣教育文化財團.

椿眞治, 1997, 『澁山池遺蹟・原ノ前遺蹟』, 島根縣教育委員會.

椿眞治, 1998, 『山ノ神遺蹟・五反田遺蹟』, 島根縣教育委員會.

中森 祥, 2005, 『門前第2遺蹟』, 鳥取縣教育文化財團.

西川 徹, 2004, 『押平尾無遺蹟群』, 鳥取縣教育文化財團.

西村彰滋ほか, 1983, 『長瀬高浜遺蹟VI』, 鳥取縣教育文化財團.

丹羽野裕, 1998, 『鹽津丘陵遺蹟群』, 島根縣教育委員會.

根鈴輝雄ほか, 1991, 『頭根後谷遺蹟發掘調査報告書』, 倉吉市教育委員會.

野島 永, 1997, 「彌生・古墳時代の鐵器生産の一樣相」, 『たたら研究』第38號, たたら研究會.

花田勝廣, 1996, 「吉備政権と鍛冶工房 -古墳時代を中心に-」, 『考古學研究』第43卷 1號, 考古學研究會.

濱田龍彦ほか, 1998, 『萱原・奥陰田II』, 米子市教育文化事業團.

原田敏照, 2003, 『板屋III遺蹟(2)』, 島根縣教育委員會.

深田 浩, 1998, 『勝負遺蹟・堂床古墳』, 島根縣教育委員會.

藤原彰子, 1998, 『灰塚ダム建設に伴う埋藏文化財發掘調査報告書IV』, 廣島縣埋藏文化財調査センター.

前角和夫, 1993, 『折敷山遺蹟・雲上山11號墳』, 総社市教育委員會.

牧田公平ほか, 2001, 『沖丈遺蹟』, 邑智町教育委員會.

牧本哲雄, 1996, 『西桂見遺蹟・倉見古墳群』, 鳥取縣教育文化財團.

_____, 1998, 『石脇第3遺蹟・石脇8・9號墳・寺戸第1遺蹟・寺戸第2遺蹟・石脇第3遺蹟』, 鳥取縣教育文化財團.

_____, 1999, 『長瀬高浜遺蹟VIII・園第6遺蹟』, 鳥取縣教育文化財團.

_____, 2004, 『笠見第3遺蹟』, 鳥取縣教育文化財團.

松井和幸, 1983, 『境ケ谷遺蹟群』, 廣島縣教育委員會・廣島縣埋藏文化財調査センター.

_____, 1999, 『和田原D地點遺蹟發掘調査報告書』, 廣島縣埋藏文化財調査センター・庄原市教育委員會.

_____, 2000, 「中國地方に見る彌生時代鐵器生産の實態」, 『製鐵史論文集』, たたら研究會.

_____, 2001, 『日本古代の鐵文化』, 雄山閣.

松下利秀, 1987, 『上ミツエ遺蹟發掘調査報告書II』, 岩美町教育委員會.

松本 哲, 2000, 『妻木晩田遺蹟群發掘調査報告書 I ~IV』大山, スイス村埋藏文化財發掘調査團・大山町教育委員會.

道上康仁, 1989, 『大成遺蹟』, 廣島縣埋藏文化財調査センター.

光永眞一, 1992, 「製鐵と鐵鍛冶」, 『吉備の考古學的研究(下)』, 山陽新聞社.

村上恭通, 1994, 「彌生時代における鍛冶遺構の研究」, 『考古學研究』第41卷 3號.

_____, 1998, 『倭人と鐵の考古學』, 青木書店.

_____, 2000a, 「鐵と社會變革をめぐる諸問題」, 『古墳時代像を見直す』, 青木書店.

_____, 2000b, 「妻木晩田遺蹟出土の鐵製品について」, 『妻木晩田遺蹟群發掘調査報告書 I ~IV』, 大山スイス村埋藏文化財發掘調査團・大山町教育委員會.

_____, 2001a, 「上野II遺蹟にみられる鐵器生産の特質」, 『上野II遺蹟』, 島根縣教育委員會.

_____, 2001b, 「日本海沿岸地域における鐵の消費形態」, 『古代文化』Vol.53, 古代學協會.

_____, 2007, 『古代國家成立過程と鐵器生産』, 青木書店.

守岡利榮, 2003, 『古志本郷遺蹟VI』, 島根縣教育委員會.

森岡弘典, 2004, 「島根縣瑞穂町長尾原遺蹟の特殊遺構內製鐵関連爐と長尾原3號墳の金床石について」, 『考古論集』, 河瀬正利先生退官記念事業會.

柳浦俊一, 2006, 『縣道浜乃木湯町線(湯町工區)建設に伴う埋藏文化財發掘調査報告書』, 島根縣教育委員會.

八峠 興, 1997, 『長瀬高浜遺蹟VII』, 鳥取縣教育文化財團.

山口讓治, 1993, 『博多36 -第59次調查報告-』, 福岡市敎育委員會.

米田克彦, 2009, 『六重城南遺蹟・瀧阪遺蹟・鐵穴內遺蹟』, 島根縣敎育委員會.

和鋼記念館, 1991, 「鳥取市岩吉遺蹟出土鑛滓狀物の調査」, 『岩吉遺蹟III』, 鳥取市敎育委員會・鳥取市遺蹟調査團.

_____, 1993, 「西大路土居遺蹟出土鐵滓の調査」, 『西大路土居遺蹟』, 鳥取市敎育福祉振興會.

和鋼博物館, 1996, 「陰田遺蹟群出土鐵滓の金屬學的硏究」, 『陰田遺蹟群』, 鳥取縣敎育文化財團.

_____, 1998a, 「羽森第2, 第3遺蹟出土鐵滓, 爐壁および砂鐵の調査」, 『羽森第2・羽森第3遺蹟發掘調査報告書』, 掛合町敎育委員會.

_____, 1998b, 「的場尻遺蹟出土鐵滓及び鐵器の調査」, 『的場尻遺蹟・社日山城蹟』, 頓原町敎育委員會.

渡邊昭人, 2003, 『灰塚ダム建設に伴う埋藏文化財發掘調査報告書IV』, 廣島縣埋藏文化財調査センター.

嶺南地域 3~4世紀 日常土器의 研究 現況과 方向

朴升圭

1. 머리말

영남지역의 원삼국·삼국시대 무덤에는 다수의 토기가 부장되어 있으며, 이들 부장토기를 통한 연구는 당대의 고분문화와 사회를 이해하는 기초 자료로서 활용되어 왔다. 기왕에는 고분 위주의 발굴조사가 이루어짐으로써 이 시기의 토기 연구가 고분 출토 부장토기에 의존하였음이 사실이나, 최근 들어 주거지 등 생활유구의 조사가 확대됨으로 인해 이들 유구에서 출토된 일상토기에 대한 연구의 필요성이 제기되어 왔다. 그러나 아직까지 일상토기에 대한 연구는 주거지 연구의 부수적인 자료로서 이용되는 한계를 지니고 있다. 또한 원삼국·삼국시대의 토기 연구가 부장토기의 대부분을 차지하는 와질토기와 도질토기를 대상으로 일정한 성과를 이루었으나 일상토기의 중심이 되는 연질토기에 대해서는 초보적인 단계라고 할 수 있다.[1]

영남지역의 3~4세기는 후기와질토기로부터 고식도질토기로 이행하는 시기로서, 부장토기에 의한 편년체계와 지역성 등에 대해 다수의 선행 연구가 이루어진 바 있으나 일상토기에 대한 연구는 발굴조사 보고서에 개략적으로 언급되는 수준으로서 아직 자료의 축적단계라고 할 수 있다. 최근 들어 영남 각지에서 3~4세기 주거지 조사가 활발히 이루어지고 있고 주거지의 평면형태와 주공배치에 의한 지역성과 변천양상이 밝혀지고 있으므로 이러한 연구성과를 토대로 일상토기에 대한 새로운 연구가 기대된다.

일상토기는 고분 부장토기와 달리 일상생활과 관련된 취사(조리)용, 식기용, 저장용, 의례용, 공방용 등에 사용된 토기를 포괄하는 것으로서, 주거지와 패총 등 생활과 관련된 유구에서 주로 출토된다. 3~4세기의 일상토기의 연구는 기왕의 고분 부장토기의 연구를 통해 추출된 시·공간적 변천양상을 바탕으로 한층 점진된 연구가 이루어진다면 당대의 문화양상과 사회상에 대해 좀 더 구체적으로 살펴볼 수 있을 것으로 짐작된다.

본고는 3~4세기 일상토기에 대한 구체적인 연구가 이루어지지 않은 현 상황을 고려하여 기왕의 연구현황과 앞으로의 연구방향을 찾아보기 위한 예비적 검토로서 시도되었다. 우선, 3~4세기 주거지의 조사현황과 일상토기의 개념 및 연구현황에 대해 살펴보고, 다음으로 일상토기의 기종구성과 형식적 특징, 편년과 분포의 시공간적 양상, 제작기술과 생산체계에 대해 검토하고자 한다. 마지막으로 일상생활에 사용되는 일상토기의 기능적 측면으로서 취사에 따른 사용흔 분석의 필요성을 강조하고 그 연구방향에 대해 살펴보고자 하며, 이와 더불어 일상토기의 중심을 이루는 연질토기의 연구에 새로운 인식을 유도함으로써 원삼국·삼국시대 토기 연구에 있어서 고분 부장

---

1) 연질토기를 바탕으로 한 일상토기와 취사용 토기의 새로운 연구로서 다음의 연구가 주목된다.
李昌熙, 2005, 「三韓時代 南海岸의 日常土器 研究」, 釜山大學校 大學院 碩士學位論文.
食文化探究會, 2008, 『炊事의 考古學』, 서경문화사.

토기의 한계를 극복하기 위한 기반을 마련하는 데 의미를 두고자 한다.

2. 硏究現況

1) 주거지 조사현황

일상토기는 일상생활과 밀접한 관련을 가지는 자료로서 주거지에서 주로 출토되고 있으므로 3~4세기 주거지의 조사현황과 연구현황을 우선 정리해 둔다.

영남지역의 주거지에 대한 발굴조사는 1990년대부터 이루어지기 시작하였으며, 慶州 隍城洞遺蹟, 大邱 時至地區遺蹟, 梁山 平山里遺蹟, 慶山 林堂遺蹟, 浦項 虎洞遺蹟 등의 발굴조사를 통해 그 실체가 점차 파악되기에 이르렀다. 2000년대 이후에 주거지의 구조와 지역성 등에 대한 연구가 본격적으로 시도되었으며, 2009년에는 영남고고학회에서 "영남지방 원삼국·삼국시대의 주거와 취락"이라는 주제의 학술대회가 개최됨으로써 이 분야의 연구에 고무적인 발전을 이루게 되었다.

영남지역의 3~4세기 주거지는 평면형태가 방형계와 원형계로 크게 나눌 수 있으며, 내부구조는 부뚜막과 고래 등의 온돌시설이 채용된다. 이들 주거지의 평면형태 차이가 시기적 변화 또는 지역성을 반영하는 것으로 추정되나 구체적인 사항에 대해서는 추가적인 검토가 필요하다. 또한 기왕에는 주거지의 분류와 편년, 그리고 그 특색에 대한 개별적인 검토가 주를 이루었으나 향후에는 주거지(취락)의 상호작용 및 고분 자료와 연계를 통해 고대사회의 생활상과 사회구조의 다각적인 모색이 필요하다.

영남지역 3~4세기 주거지 중 주요 유적의 조사현황은 〈표 1〉과 같으며, 자세한 조사내용에 대해서는 참고문헌으로 대신하고자 한다.

표 1 _ 영남지역 3~4세기 주거지 조사현황(〈金羅英 2009〉에서 일부 수정 발췌함)

유적명	입지	시기	유구현황									참고문헌
			주거지								기타 관련 유구	
			총수	평면형태		노시설			기둥배치	벽구		
				원형계	방형계	무시설	부뚜막	온돌				
梁山 平山里遺蹟	구릉정상부 (145~151m)	3C	16	•	•		•	•	외주식, 벽주식	•	환호, 목책	東亞大博物館, 1998
機張 佳洞遺蹟	구릉 말단 저위 평탄지 (곡간 평지)	3~5C	158		•			•	벽주식, 벽주+4주식		굴립주건물지, 수혈, 하도	蔚山大博物館, 2005
慶州 隍城洞遺蹟	충적평지 (하상대지)	1~4C	35	•	•	•	•	•	외주식, 벽주식			國立慶州博物館, 慶北大, 啓明大, 2000
浦項 虎洞遺蹟	구릉 정상부, 사면	3~4C,	279	•	•			•			수혈, 구상유구	慶尙北道文化財研究院, 2008
慶山 林堂洞 208 遺蹟	능선 말단 저위 평탄지	3C	17	•	•				외주식, 벽주식		수혈	嶺南文化財研究院, 2008
慶山 林堂遺蹟 (I地區)	능선말단 저위 평탄지	3~5C	59	•	•		•	•	외주식, 벽주+4주식		저습지	嶺南文化財研究院, 2008
大邱 梅湖洞 1008遺蹟	충적평지 (선상지)	3~4C	29		•		•	•	벽주+4주식		주혈군	嶺南文化財研究院, 2009
昌原 南山遺蹟	구릉 정상부 (95~100m)	3~4C	29	•	•					•	수혈, 溝	昌原大博物館, 2003
昌原 加音丁洞 遺蹟	구릉정상부, 구릉저지대(37m)	3C	34	•	•						수혈	東亞世亞文化財研究院, 2007
馬山 近谷里遺蹟	구릉말단, 사면부(15~25m)	3~4C	21		•			•	벽주	•		慶南文化財研究院, 2000
鎭海 龍院遺蹟	구릉 정상, 사면부(26m)	3C말~5C	21	•	•			•	벽주+4주식		수혈, 고상건물지	東亞大博物館, 1996

유적	입지	시기	수량						주거형식		기타 유구	출처
鎭海 石洞遺蹟	구릉사면부 (50~54m)	3~4C	9	•	•			•	외주식		수혈(21), 고상건물지	慶南文化財 研究院, 2003
固城 東外洞遺蹟	구릉정산부 (32.5m), 사면부	3~4C	17		•					•	수혈(21), 고상건물지	慶南文化財 研究院, 2003
泗川 鳳溪里遺蹟	구릉 정상, 사면부(60~55m)	3~5C	152	•			•		벽주식	•	요지, 수혈	慶南考古學研究所, 2002
咸陽 花山里遺蹟	하천충적지 (170m-범람원)	3~4C	42	•			•		벽주혈		수혈, 굴립주건물지	慶南發展硏究院, 2007
居昌 大也里遺蹟	하안단구 (113.5~134m)	3~4C	5	•					외주식			東義大博物館, 1989
晋州 內村里遺蹟	구릉 사면부 (38~42m, 49)	3~4C	53	•		•				•		漢陽大 1999, 東亞大博物館, 2001
晋州 平居洞遺蹟	하천 충적지 (범림원-29m)	3~5C	307	•	•		•	•	벽주식		굴립주건물지, 정삭시, 노도	慶南文化財研究院 ·慶南發展研究院, 2005~2008

2) 일상토기의 연구현황

일상토기는 고분 부장토기에 대응되는 개념으로서 일상생활에 사용된 취사(조리)용, 식기용, 저장용, 공방용 등의 토기를 포괄하고 있다. 3~4세기의 일상토기는 주거지, 수혈, 패총 등 생활과 관련된 유구에서 주로 출토된 것으로서 연질토기가 주를 이루고[2] 일부는 와질토기와 도질토기도 해당된다. 토기의 기능 구분이 어느 시기부터 이루어지는지에 대해 명확히 단정할 수는 없지만 부장토기와 일상토기로 뚜렷이 구분되는 시점은 삼국시대부터라고 볼 수 있고 원삼국시대는 일정 부분 그러한 양상이 나타나기 시작했음을 짐작해 볼 수 있다.

주거지를 비롯한 생활유구에서 출토된 토기를 고분 출토 부장토기와 대비하여 일상토기로 부르는 점에 대해서는 재고의 여지가 없지 않지만 고고학적 측면에서 토기의 기능이 부장용과 일상생활용으로 구분된다면 나름의 타당성이 있다고 할 수 있다. 다만 토기 기능이 구분되는 시기와 각각의 기종구성이 보여주는 양상을 구체적으로 검토함으로써 용어 문제의 한계를 극복하여야 한다. 이러한 측면에서 주거지 출토 토기에 대해서 기왕에 '실용토기', '생활토기' 등의 용어가 제시되기도 하였으나 일반적으로는 '일상토기'로 불리어지고 있으므로 이에 따르고자 한다.

영남지역의 3~4세기 일상토기에 대한 연구는 원삼국·삼국시대의 주거지 연구에서 부수적으로 검토되거나 주거지 유적의 발굴조사 보고서에서 부분적으로 다루어지고 있다.

일상토기에 대한 선행 연구로는 편년과 지역권 설정에 관한 연구[3]와 취사와 관련된 연구[4]로 대별할 수 있다. 이들 연구는 대부분 중부 및 호남지역을 중심으로 이루어진 것으로서 영남지역의 일상토기에 대한 연구는 미진한 편이다. 영남지역의 일상토기에 대한 연구로는 신라·가야의 시루에 대한 분류와 편년 분석을 다룬 李海蓮의 논고[5]를 들 수 있으며, 연질옹과 시루를 통해 한반도 남부지방의 지역권 설정을 시도한 洪潽植의 연구[6]가 있다. 특

---

2) 3~4세기 일상토기의 주를 이루는 연질토기는 적갈색 또는 회갈색계로서 앞선 시기의 삼각형점토대토기(후기무문토기)로부터 기형이나 제작기법 등에서 이어지고 있는 토기이다. 그 출현 시기는 영남지역에서 후기와질토기 내지는 목곽묘가 등장하는 2세기 후반대로 볼 수 있다.

3) 李海蓮, 1993, 「영남지역의 시루에 대하여 - 삼국시대를 중심으로」, 『博物館研究論集』 2, 釜山直轄市立博物館.
  洪潽植, 2000, 「연질옹과 시루에 의한 지역권 설정 - 3세기대 한강 이남지역을 대상으로」, 『韓國 古代史와 考古學』, 鶴山金廷鶴博士頌壽紀念論叢.
  吳厚培, 2002, 「우리나라 시루의 考古學的 研究」, 단국대학교 대학원 석사학위논문.

4) 취사고고학으로 다루고 있는데, 토기 취사흔의 관찰과 기록방법, 장란형토기의 사용흔 분석, 심발형토기의 조리흔 분석, 취사용기의 시공간적 변천양상 등을 다루고 있다.
  食文化探究會, 2008, 『炊事의 考古學』, 서경문화사.

히 李昌熙는 삼한시대 일상토기에 대한 집중적인 연구를 통해 부장용토기인 와질토기에 대응되는 삼각형점토대토기와 연질토기를 일상토기로 인식하고, 삼각형점토대토기(후기무문토기) 단계에서 연질토기 단계로 변화·발전함을 검토함과 더불어 호남과 영남지역의 양식적 차별성을 통해 지역권의 존재를 언급하고 상호관계에 대해 다루고 있다.[7]

아직까지 영남지역의 3~4세기 일상토기에 대한 연구는 편년체계의 구축과 지역권의 설정을 비롯한 여러 관점의 연구가 고려될 뿐 아니라 일상토기의 主를 이루는 조리용 및 식기용 등 취사와 관련된 토기의 대해서도 새로운 연구대상으로 다루어져야 할 필요가 있다.

이하에서는 영남지역의 주요 주거지 유적에서 출토된 일상토기의 자료를 발굴보고서의 내용을 토대로 살펴본다.

(1) 慶山 林堂洞 마을遺蹟(Ⅰ地區) (嶺南文化財硏究院 2008)

3~4세기에 조영된 대규모의 주거 유적으로서 평면형태가 방형 또는 말각방형이 주를 이룬다. 주거지에서 출토되는 기종은 장동옹, 옹(심발형토기), 소옹, 대형발, 파수부발, 시루, 단경호, 노형토기가 있다. 고분에서 주로 출토되는 노형토기의 대비 분석에 의해 편년적 위치를 파악할 수 있으며, 토기의 기면에 남아있는 조리흔과 피열흔을 통해 취사용으로 사용되었음을 알 수 있다. 시루와 파수부발의 저부가 원저를 이루고 있어 지역적 특성을 보여주고 있다.

(2) 大邱 梅湖洞 1008番地 遺蹟 (嶺南文化財硏究院 2009)

주거지의 평면형태가 방형 또는 장방형이 주를 이루어 지역적 특성을 잘 보여주고 있으며, 내부에 부뚜막과 고래에 의한 온돌시설이 만들어져 있다. 주거지 출토 토기의 양상은 인접 유적인 慶山 林堂洞 마을遺蹟과 유사하다.

(3) 浦項 虎洞 遺蹟 (慶尙北道文化財硏究院 2008)

지상식 주거지로 평면형태는 방형계의 주거지가 주를 이루며, 지붕구조와 구들구조가 확인된다. 주거지에서 출토된 토기는 경질토기가 대부분이나 연질토기와 와질토기도 다량 확인된다. 후기와질토기 단계의 노형토기와 대부호류를 비롯한 개, 단경호, 시루, 옹, 발 등으로 다양하나 유개대부직구호는 출토되지 않았다. 노형토기는 역삼각형의 동체에 사격자문이 주류를 이루고, 장동옹은 둥근 바닥을 이루나 소옹은 평저와 원저가 공존한다. 시루는 증기구멍이 작은 원형과 긴 횡타원형으로 이루어진 것이 있으며, 증기구멍의 배치형태는 변화를 보여준다. 이들 유물을 통해 주거지의 조성시기는 후기와질토기가 유행하는 3세기 전반부터 5세기 중엽까지로 추정된다.

(4) 咸陽 花山里 遺蹟 (慶南發展硏究院 歷史文化센터 2007)

주거지의 평면형태는 원형 또는 타원형이 주를 이루며, 서부경남의 다른 유적과 유사한 양상이다. 출토 토기는 연질과 와질, 도질이 함께 확인되나 와질소성이 대부분으로 기벽이 두터운 양상이다. 출토 기종은 단경호, 옹, 시루, 발, 심발형토기가 있으며, 유물의 연대는 3세기 후반~4세기 전반으로 추정된다. 토기 중 옹과 시루는 평저를 이루며, 시루의 증기구멍은 원공이 뚫리는 특징이 보인다. 또 노형토기가 출토되지 않는 점도 주목된다.

(5) 泗川 鳳溪里 遺蹟 (慶南考古學硏究所 2002)

삼한·삼국시대 주거지는 삼각점토대토기가 중심되는 Ⅰ기(와질토기 단계)와 도질토기가 출현하는 Ⅱ期(3세

---

5) 李海蓮, 1993,「영남지역의 시루에 대하여 - 삼국시대를 중심으로」,『博物館硏究論集』2, 釜山直轄市立博物館.

6) 洪潽植, 2000,「연질옹과 시루에 의한 지역권 설정 - 3세기대 한강 이남지역을 대상으로」,『韓國 古代史와 考古學』, 鶴山金廷鶴博士頌壽紀念論叢.

7) 李昌熙, 2005,「三韓時代 南海岸의 일상토기 硏究」, 釜山大學校 大學院 碩士學位論文.

기 후반~5세기 전반)로 나눌 수 있다. 이 유적에서 출토된 일상토기의 기종구성과 형태는 다른 영남지역의 것들과 동일한 양상을 띠고 있으며, 그 특징을 정리하면 다음과 같다. 연질의 평저발, 시루 등 평저토기가 중심을 이루며, 노형토기의 비중이 매우 낮다. 시루의 증기공 형태는 영남 동부내륙지역의 바닥을 쩬 형태가 보이지 않으며 원공의 것만 확인되어 지역성을 보여주고 있다. 연질호, 옹, 발 등에서 특징적으로 표현되는 이단으로 외경하는 구경부의 형태는 서부경남과 호남지역의 동시기 유적에서 관찰되어 상호관계가 주목된다.

(6) 梁山 平山里 遺蹟 (東亞大學校博物館 1998)

장방형의 수혈주거지가 중심을 이루며, 적갈색과 회백색 연질의 장란형 옹형토기가 주류를 이루고 화로형, 시루형, 발형토기가 간혹 혼재한 정도이다. 이들 토기는 남부지방의 삼한시대 유적에서 유사한 것이 출토되고 있으며, 중심연대는 대략 2세기를 전후하는 것으로 보고하고 있다.

3. 3~4世紀 日常土器의 檢討

1) 기종구성과 형식

(1) 기종구성

일상토기의 기종구성은 주거지, 수혈 등 생활유구에서 출토된 토기자료에서 파악할 수 있다. 주거지 등 생활유구에서 공통적으로 출토되는 일상토기의 기종은 (도 1)과 같이 장동옹(장란형토기), 옹, 소옹, 대형발, 파수부발, 시루, 노형토기, 단경호 등으로 구성되어 있는데, 이는 고분에서 출토되는 기종이 고배, 노형기대, 컵형토기, 장경호, 단경호, 대부호 등으로 구성되어 있어 차이가 있음을 알 수 있다.[8]

일상토기는 대부분 연질제로 기면에는 타날과 긁기에 의한 정면이 이루어진다. 옹과 발은 원저와 평저로 크게 구분되며, 하부의 피열흔과 동체의 그을음 부착, 음식물이 끓어 흘러내린 흔적과 이물질 부착 등으로 보아 조리용일 가능성이 높으며, 발은 파수가 부착된 것도 있다. 시루는 하부에 뚫린 증기구멍의 형태가 여러 유형으로 나뉘는데, 평저에 원공을 여러 개 뚫은 경우, 원저의 중앙에 큰 원공과 주변에 작은 원공을 배치한 경우, 원저의 중앙에 3조의 길게 쩬 구멍을 만든 후 방사상으로 길게 쩬 구멍을 배치한 경우가 있어 지역성을 보여주고 있다.

이외에도 노형토기는 와질제로서 기면에 마연흔이 뚜렷하고 마름모꼴문, 사격자문이 암문으로 시문되고 흑색 슬립을 이루는 것도 있다. 기벽에는 이물질이나 그을음이 부착되지 않은 것으로 보아 조리용은 아닌 것으로 추정된다. 단경호는 동체에 격자문타날과 횡침선을 돌린 것이 대부분이나 일부 승문 및 승석문타날이 이루어지고 동상부에 두터운 홈대를 돌린 것도 있다.

앞서 제시한 주거지 출토 일상토기의 기종구성이 영남지역의 3~4세기대 주거지 유적에서 보편적으로 나타나고 있는지에 대해서는 좀 더 구체적인 분석이 이루어져야 할 것으로 보이나, 기왕의 주거지 조사 사례로 보아 하나의 기종복합체를 설정할 수 있다고 여겨진다. 이처럼 주거지 출토 토기에 의해 새로운 기종복합체와 생산체계 및 시·공간적 양상을 구체화함으로써 일상토기로서 새로운 양식의 설정이 가능하다면, 고분 출토 토기를 통해 설정된 3~4세기대 영남지역 토기양식과 비교·분석을 통한 새로운 차원의 연구가 가능할 것으로 기대된다.

(2) 일상토기의 형식적 특징

① 장동옹(장란형토기) : 대부분 연질제로 기벽의 두께가 고른 편으로 격자문타날이 전면에 시문되고 횡침선

---

8) 옹과 발은 형태에 따라 분류되는 것으로서, 옹은 구경보다 기고가 높으며 동최대경에 비해 구경이 좁은 것을 가리키고, 발은 옹에 비해 기고보다 구경이 넓은 경우가 대부분으로 파수가 부착되는 형식도 공존한다. 옹은 장동옹, 옹, 소옹으로 구분되고, 발은 대형발, 발, 파수부발로 구분된다. 한편 옹을 심발형토기로 부르는 경우도 있는데, 형태상으로는 옹으로 분류되는 것이나 일반적으로 뚜렷이 구분하지 않는 경향이 있다.

대가 돌려져 있으며, 일부는 무문에 횡침선대가 없는 경우도 있다. 성형시 내박자흔이 남아 있는데 일부는 동심원을 이루는 경우도 있다. 대부분의 장동옹은 환저에 무문 또는 격자문타날이 이루어져 있다. 이에 비해 외면을 긁기에 의한 정면을 하고 있고 기벽이 두텁고 평저를 이루는 것은 조리용이 아닌 공방용이었을 가능성이 있다. 동체 하단부에는 피열흔이 남아 있고, 동체 외면에는 그을음이 보이기도 한다. 또 동체 내외면에 이물질이 부착되거나 외면에는 음식물이 끓어 넘쳐흐른 흔적이 보이고 저부 내면에도 잔존음식물로 보이는 이물질이 있는 경우도 있다. 그리고 동체 외면에 점토를 바른 흔적이 있는데 이는 부뚜막에 장동옹을 설치하는 과정에 생겨난 흔적으로 추정된다.

② 옹 : 원저와 평저로 크게 구분되며, 하부의 피열흔과 동체의 그을음 부착, 음식물이 끓어 흘러내린 흔적과 이물질 부착 등으로 보아 조리용일 가능성이 높으며, 일부는 식기용일 가능성도 있다. 동체 외면은 무문이거나 긁기에 의한 정면(일부 격자타날과 횡침선을 돌린 경우도 있음)이 이루어졌는데 기면에 긁기 정면이 이루어진 것은 공방용일 것으로 추정된다.

③ 발 : 다양한 크기로 나누어지는데 구경 25cm, 기고 30cm 정도의 대형급과 그 아래의 중형급이 있으며, 이외에도 파수부 발과 소형발을 따로 구분할 수 있다. 대형 발은 파수가 부착되지 않으나 중형은 파수가 부착된 것이 많다. 대형과 중형 발은 무문도 있으나 동체 외면에 격자문타날과 횡침선대가 돌려져 있는 경우가 많으며, 저부는 환저 또는 평저상을 띤다. 대형 발에서 탄화미가 담겨진 채로 출토된 경우가 있어 이는 저장용으로 사용되었을 가능성이 높다. 중형 발과 파수부발은 동체 내외면에 이물질이 부착되고, 하부에 피열흔과 흑반상의 띠를 형성한 경우가 대부분으로 조리용으로 사용된 것으로 보인다.

④ 시루: 시루 하부에 뚫린 증기구멍의 형태가 여러 종류 보이는데, 평저에 원공을 여러 개 뚫은 경우, 원저의 중앙에 큰 원공과 주변에 작은 원공을 배치한 경우, 원저의 중앙에 3조의 길게 쨀 구멍을 만든 후 방사상으로 길게 쨀 구멍을 배치한 경우로 크게 나눌 수 있다. 기왕의 시루에 대한 연구에서는 증기구멍의 모양에 따라 지역적 특성이 나타나는 것으로 인식하고 있는데, 원저의 중앙에 3조의 길게 쨀 구멍을 만든 후 방사상으로 쨀 구멍을 배치한 경우가 이 시기 영남지역의 특징으로 알려져 있다.

⑤ 노형토기 : 후기와질토기 단계의 자료로서 기면에는 마연흔이 뚜렷하고 마름모꼴문, 사격자문이 암문으로 시문되고 흑색 슬립을 이루는 것도 있다. 기벽에는 이물질이나 그을음이 부착되지 않은 것으로 보아 조리용은 아닌 것으로 추정된다.

⑥ 단경호 : 동체에 격자문타날문과 횡침선을 돌린 것이 대부분이나 일부 승문 및 승석문타날이 이루어지고 동상부에 두터운 홈대를 돌린 것도 있다. 소문단경호도 있으며, 기면에 마연이 이루어진 소호도 있다.

2) 편년과 지역성

편년에 대해서는 주거지 출토 토기의 형식 변화와 지역적 특성에 관해서는 시루를 통해 일부 이루어진 바 있으나 구체적인 편년과 변천에 대해서는 추가적인 연구가 필요한 부분이다.

주거지 등에서 출토된 일상토기는 기능적인 측면이 강조되므로 형식적 속성의 변화가 뚜렷하지 않아 편년 연구에 한계가 있다. 그러므로 각 기종별로 속성분석을 통한 형식분류보다는 고분과 주거지 양 유구에서 각각 출토되고 있는 노형토기, 타날문단경호 등의 교차분석을 통해 편년 연구의 한계를 극복할 수 있을 것으로 보인다. 慶山 林堂洞遺蹟의 3~4세기 목곽묘 출토 토기와 동 시기의 주거지에서 출토된 노형토기, 타날문단경호를 대비하면(도 2)와 같이 형식적으로 비슷한 양상임을 알 수 있다. 더불어 기왕의 고분 부장토기에 의한 연구 결과를 바탕으로 편년과 지역성에 관한 공통성과 차별성 검토를 시도한다면, 부장토기와의 대비를 통한 상호 보완이 이루어질 것으로 보인다.

다음으로, 영남지역의 주거지는 대체로 평면형태가 원형계에서 방형계로 변화하고 있으나 3~4세기에는 평면형태에 의해 방형계와 원형계로 크게 나눌 수 있다. 3~4세기에 있어서 영남지역의 주거지는 서부내륙지역권, 남해안지역권, 동남부지역권으로 크게 지역권을 설정한 바 있다.[9] 주거지의 평면형태가 서부경남의 서부내륙지역권에 해당되는 泗川 鳳溪里遺蹟, 咸陽 花山里遺蹟 등에서는 원형계를 보이고, 동남부지역권에 해당되는 영남 내륙의 大邱 梅湖洞 1008遺蹟, 慶山 林堂洞 遺蹟, 浦項 虎洞遺蹟 등에서는 방형계가 주를 이루며, 남해안지역권의 鎭海 龍院遺蹟, 金海 鳳凰臺遺蹟 등에서는 이들 두 지역이 복합된 양상을 보여주고 있다.

영남지역 3~4세기 일상토기의 지역성은 주거지 평면형태에 따른 지역권 양상과 유사하게 전개되고 있으며, 시루의 증기공과 저부 형태를 통해 지역성을 추출할 수 있다. 일상토기의 지역별 양상으로 서부경남권(서부내륙지역권)은 저부 형태가 평저상을, 동부내륙권(동남부지역권)은 원저상을 보여주는 차이가 나타난다. 또 시루의 증기구멍 형태에 있어서도 서부경남권은 원공을, 동부내륙권은 째진구멍의 형태로서 각기 달리하고 있음이 확인된다. 이러한 시루의 증기공과 저부 형태의 차이에 의한 지역 구분은 진해 용원유적 등 낙동강하구권의 중간지대에서는 공존양상이 나타난다.

이처럼 주거지와 일상토기를 통한 영남지역 3~4세기의 지역권은 〈표 2〉와 같이 크게 서부경남권(서부내륙지역권), 동부내륙권(동남부지역권), 낙동강하구권(남해안지역권)으로 나눌 수 있으며, 주거지의 평면형태가 서부경남권은 원형계를, 동부내륙권은 방형계를 보여주는 차이가 나타나며, 시루와 옹 등의 저부형태도 서부경남권은 평저상을 이루나 동부내륙권은 원저상의 차이가 나타난다. 그리고 시루의 증기구멍 형태에 있어서도 서부경남권은 원공을, 영남내륙권은 째진 구멍의 형태로서 각기 달리하고 있음이 확인된다. 또한 서부경남권에서는 다른 지역권과는 달리 노형토기가 출토되지 않는 특이성이 나타나는데 이는 서부경남권이 호남동부권과 유사한 문화상을 보여주고 있음과 무관하지 않은 것으로 보인다.

이러한 주거지 형태와 일상토기의 형태차에 의한 지역적 차이는 고분 부장토기를 통한 지역성 연구[10]와도 관

표 2 _ 영남지역 3~4세기 주거지와 일상토기의 속성 비교

지역권	유적명	입지	총수	주거지 평면형태		시루 저부형태		시루 천공형태		노형토기 출토여부		기타 관련 유구
				원형계	방형계	평저상	원저상	원공	째진구멍	유	무	
동부 내류권	경산 임당동유적	능선말단 저위 평탄지	59		•		•		•	•		저습지
	대구 매호동 1008유적	충적평지 (선상지)	29		•		•		•	•		주혈군
	포항 호동유적	구릉 정상부,사면	279		•		•		•	•		수혈, 구상유구
낙동강 하구권	양산 평산리유적	구릉정상부 (145~151m)	16	•	•	•	•	•	•	•		환호, 목책
	기장 가동유적	구릉 말단 저위 평탄지	158		•		•	•	•	•		하도, 저습지
	진해 용원유적	구릉 정상, 사면부(26m)	21	•	•	•	•	•	•	•		수혈, 고상건물지
	김해 봉황대유적	구릉 사면부	시굴	?	?		•	•	•	•		
	창원 가음정동유적	구릉 정상부, 저지대(37m)	34		•	•		•		•		수혈
서부 경남권	사천 봉계리유적	구릉 사면부 (60~55m)	152	•		•		•			•	요지, 수혈
	진주 내촌리유적	구릉 사면부 (38~42m)	53	•		•		•			•	
	함양 화산리유적	하안단구 (113~134m)	42	•		•		•			•	수혈, 굴립주 건물

9) 金羅英, 2009, 「영남지방 원삼국시대의 주거와 취락」, 『嶺南地方 原三國·三國時代 住居와 聚落』, 제18회 영남고고학회 학술발표회.

련되고 있어 추가적인 검토가 필요하다.

3) 제작기술과 생산체계

영남지역 일상토기의 제작기술은 정면과 두께 등에서 공방용과 조리용의 기능적 차이를 보여주는 토기군이 존재한다. 공방용은 긁기흔에 의한 기면 정리와 거친 태토, 두꺼운 기벽, 저부의 평탄면 채용 등을 찾아볼 수 있고, 조리 및 식기용은 기면의 정면이 양호하거나 타날이 이루어지고 기벽이 균일한 편으로 태토의 정선된 양상을 보이는 경우이다.

일상토기는 연질제(또는 와질소성)로 대부분 이루어져 있다. 대체로 연질토기는 토기 소성온도가 낮음으로 인해 기술수준이 낮고 반전업적 생산체계를 유지한 것으로 인식하기도 하나 3~4세기 일상토기의 생산체계는 대규모 분배망과 대량생산체계에는 도달하지 않았다 할지라도 전업적, 독자적 생산체계를 유지한 것으로 추정된다. 이 점에 대해서는 추가적인 검토가 필요한 사항이나 사천 봉계리유적에서 토기 가마가 함께 분포하고 있음을 고려할 때 취락 단위의 토기생산기반이 존재하였음을 알 수 있게 한다. 또한 고분 부장토기의 생산체계가 4세기에 전업적 생산체계가 구축되고 5세기 이후에 대량생산이 이루어진 점을 고려할 때 당대 일상토기의 제작기술과 생산체계도 이와 유사하였을 것으로 유추해 볼 수 있다.

4. 問題와 硏究方向

1) 기능적 측면의 분석

주거지 출토 일상토기는 취사생활과 관련되어 있는 자료로서 기본적으로 저장용과 조리용으로 사용되었다. 주거지에서 출토된 장동옹이나 옹(심발형토기), 중형급의 발, 파수부발의 기면에는 그을음이나 피열흔, 음식물 조리시 끓어 넘친 흔적 등이 남아 있으므로 기면의 잔존흔과 사용흔 분석을 통해 이들 토기가 조리용, 저장용, 식기용(제기포함)으로 구분이 가능하다.

기왕의 연구에서도 장동옹(장란형토기)은 부뚜막에 설치하여 끓이는 용도로 사용된 것으로 파악하고 있으며,[11] 파수부발이나 중형 발 역시 음식 조리에 사용된 것으로 짐작할 수 있다.[12] 그리고 시루는 새로운 음식조리 방법에 의해 출현하는 것으로서 장동옹 또는 단경호류와 한 조를 이루어 사용되었음을 알 수 있다.

주거지 출토 일상토기의 특징으로는, 화기(열)에 의한 조리용 토기의 특성상 연질계토기로 구성된 점을 우선 들 수 있으며, 고분 부장토기와 비교하여 기종구성의 뚜렷한 차이(장동옹, 파수부발, 시루, 발 등으로 구성)가 있음도 알 수 있다. 또 기면에 남겨진 다양한 정보에 의해 연질 소성에 따른 제작상의 문제와 조리과정의 흔적 등은 고대 음식용기의 이해에 중요한 자료로서 이용가치가 높다.

일상토기에 대한 기능적 측면의 분석은 아직 초보적인 수준에 머무르고 있다. 최근 취사에 관한 고고학적 분석이 시도되어 조리용 토기의 사용흔과 잔존흔 분석 등 새로운 시도가 이루어지고 있어 고무적이지만,[13] 영남지역에서는 아직 취사용 토기와 사용흔에 관한 연구가 발굴조사 보고서에 언급되는 수준을 벗어나지 못하고 있다.

우선 취사용 토기의 사용흔 관찰을 위한 기록방법(실측)이 우선적으로 개선되어야 하겠으며,[14] 이를 통한 취사용기의 사용양상과 취사형태의 분석이 실질적으로 이루어질 수 있다. 또 영남지역의 3~4세기 주거문화는 부뚜막 설치가 보편화됨으로써 취사시설의 발달과 그에 따른 음식 조리의 변화가 상정된다. 따라서 부뚜막에 설치되

---

10) 尹溫植, 2001, 「3세기대 동해남부지역 토기 양식의 형성과 변천」, 慶北大學校 大學院 碩士學位論文.

11) 韓志仙, 2008, 「장란형토기의 사용흔 분석을 통한 지역성 검토」, 『炊事의 考古學』, 서경문화사.

12) 정수옥, 2008, 「심발형토기의 조리흔 분석」, 『炊事의 考古學』, 서경문화사.

13) 食文化探究會, 2008, 『炊事의 考古學』, 서경문화사.

14) 쇼다신야(庄田愼矢), 2008, 「토기취사흔의 관찰과 기록방법 검토」, 『炊事의 考古學』, 서경문화사.

는 장동옹 등 자비용기의 사용흔과 음식물의 잔존흔 분석은 당대 음식문화를 이해하는데 일조할 뿐 아니라 부장토기의 연구결과와 접목함으로써 고대문화 복원이 더욱 충실해질 것으로 기대된다.

2) 연질토기의 새로운 인식

일상토기는 연질토기가 주를 이루고 있으며, 연질토기의 특징으로는, 화기(열)에 의한 조리용 토기의 특성상 연질 소성의 토기로 구성된 점을 우선 들 수 있으며, 고분 부장토기와 비교하여 기종구성의 뚜렷한 차이(장동옹, 파수부발, 시루, 발 등으로 구성)가 있음도 알 수 있다. 또 기면에 남겨진 다양한 정보에 의해 연질 소성에 따른 제작의 문제와 조리과정의 흔적 등은 고대 음식용기의 이해에 중요한 자료로서 이용가치가 높다. 특히 장동옹(장란형토기)는 부뚜막에 설치하여 끓이는 용도로 사용된 것으로 파악되며, 파수부발이나 중형 발 역시 음식 조리에 사용된 것으로 짐작할 수 있다. 그리고 시루는 새로운 음식조리방법에 의해 출현하는 것으로서 장동옹 또는 단경호 류와 한 조를 이루어 사용되었음을 알 수 있다.

한편 이들 연질토기는 와질토기의 한 부분으로 인식되기도 하지만 고분 부장토기에 대비하여 볼 때 별도의 일상토기 양식으로 성립될 수 있는가 하는 점이 대두된다. 연질토기는 후기와질토기 시기에 출현하나 3~4세기부터는 토기 분류상 와질토기와 도질토기에 비교되는 한 축을 형성하는 것으로 상정된다. 그러므로 향후 신라·가야 토기의 연구에는 부장토기와 일상토기를 아우르는 양식의 구축이 필요하며 양자의 통합에 의한 상호 보완적 연구가 필요하다.

연질토기는 형식 변화가 뚜렷하지 않은 한계가 있지만 시루에서 보이는 바와 같이 지역성을 잘 나타내주고 있어서 당대의 생활상이 일정한 문화권에 따라 서로 달리하고 있음을 잘 보여주는 특성도 가지고 있다. 또 연질토기는 고분 부장토기로서도 활용되고 있어서 기왕의 부장토기에 대한 보완적 연구도 가능하다. 이러한 점에서 볼 때 연질토기에 대한 새로운 인식을 통해 체계적인 연구가 이루어진다면 원삼국·삼국시대의 고분문화와 생활문화에 대해 상호 보완할 수 있는 여지가 많을 것으로 생각된다.

5. 맺음말

최근 영남지역 주거지의 조사가 확대됨으로 인해 자료의 양적 증가가 이루어진 반면에 주거지 출토 일상토기에 대한 연구 의지는 그리 높지 않은 편이다. 종래 고분 부장토기가 자료의 개체수가 많음으로 인해 토기 분야의 연구를 기피하는 경향이 영향을 미쳤는지 의문이지만 오늘날 주거지 출토 토기에 대한 연구가 미진한 것은 사실이다. 다행히 취사고고학의 한 분야로서 조리용 토기의 사용흔을 분석하거나 유구와의 복합연구가 이루어지고 있는 점은 다행이라고 생각된다.

생활유구의 특성상 이들 주거지에서 출토된 일상토기는 당대의 생활문화 중 음식문화를 살펴보는 데 좋은 자료가 되고 있음은 의문의 여지가 없다. 특히 발굴 당시의 일상토기 출토 위치를 명확히 분석함으로써 주거지의 공간 분할과 연계하여 살펴볼 수 있으며, 토기 표면에 남겨져 있는 음식조리의 사용흔과 소성흔 등의 관찰을 통한 새로운 연구도 주목되는 부분이다.

일상토기의 연구현황을 통해서 시간성의 추출에는 일정한 한계가 있으나 지역성의 추출에는 유효한 자료가 되고 있음을 알 수 있었다. 아울러 일상토기의 대부분을 차지하는 연질토기에 대한 새로운 인식이 필요함도 알 수 있었다.

결론적으로 일상토기, 즉 연질토기에 대한 새로운 인식과 연구의 확대를 통해 종래 고분 부장토기를 통한 연구의 한계를 보완함과 더불어 일상토기와 부장토기와 비교분석을 통한 새로운 차원의 사회 연구와 생활문화의 복원이 한층 촉진되기를 기대한다.

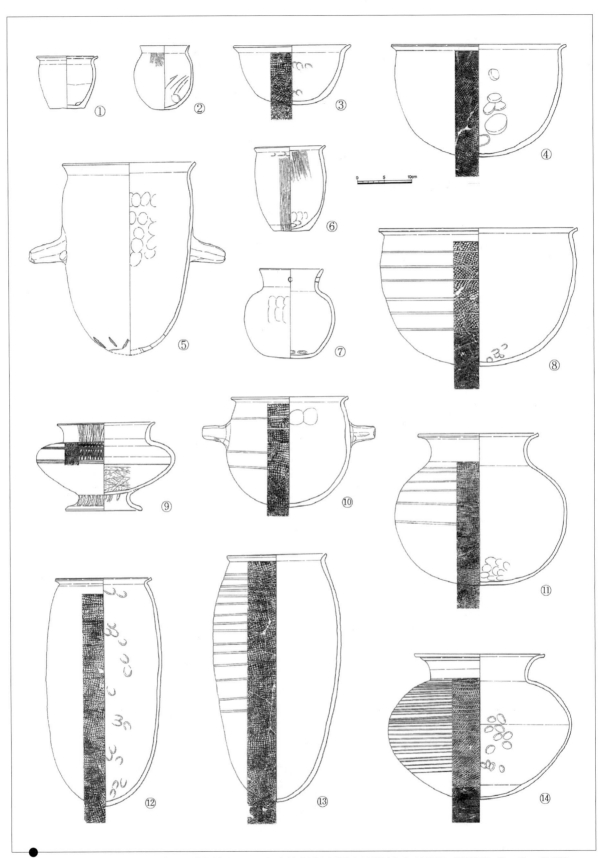

도 1 住居址 出土 日常土器의 器種構成(嶺南文化財研究院 2008 挿圖 1 轉載) (慶山 林堂洞 마을遺蹟, ① · ② · ⑭ 8號, ③ · ⑩ 23號, ④ · ⑨ 35號, ⑤ 12號, ⑥ · ⑦ 5號, ⑧ 29號, ⑪ 15號, ⑫ 43號, ⑬ 1號)

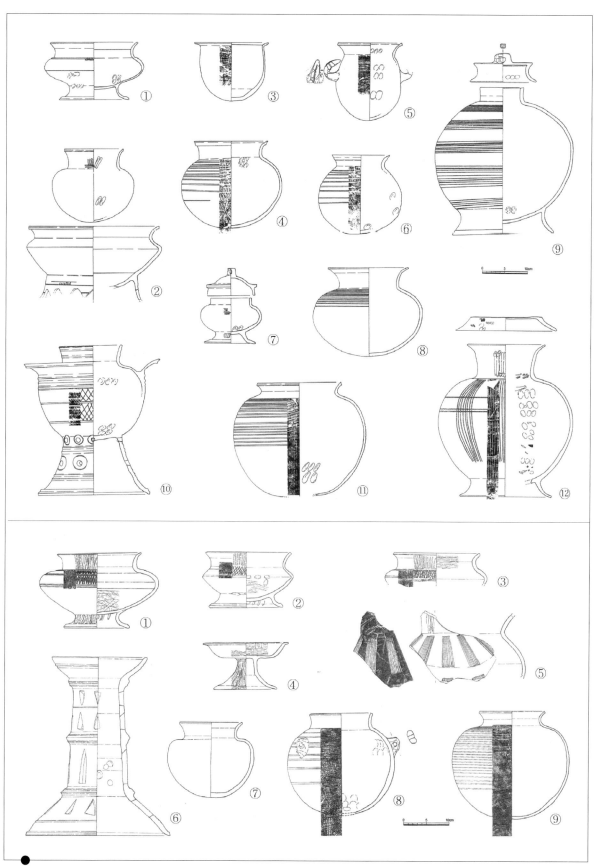

도 2 古墳 副葬土器와 住居址 日常土器의 比較 (慶山 林堂地區 古墳群(上), ① EⅠ-9號, ②·⑦·⑪ EⅡ-8號, ③~⑥ EⅢ-9號, ⑧·⑨ E1-3號, ⑩ CⅠ-4號, ⑫ EⅢ-10號 / 慶山 林堂洞 마을遺蹟(下), ① 35號, ② 23號, ③ 45號, ④ 15號, ⑤ 52號, ⑥ 26號, ⑦ 8號, ⑧ 1號, ⑨ 18號)

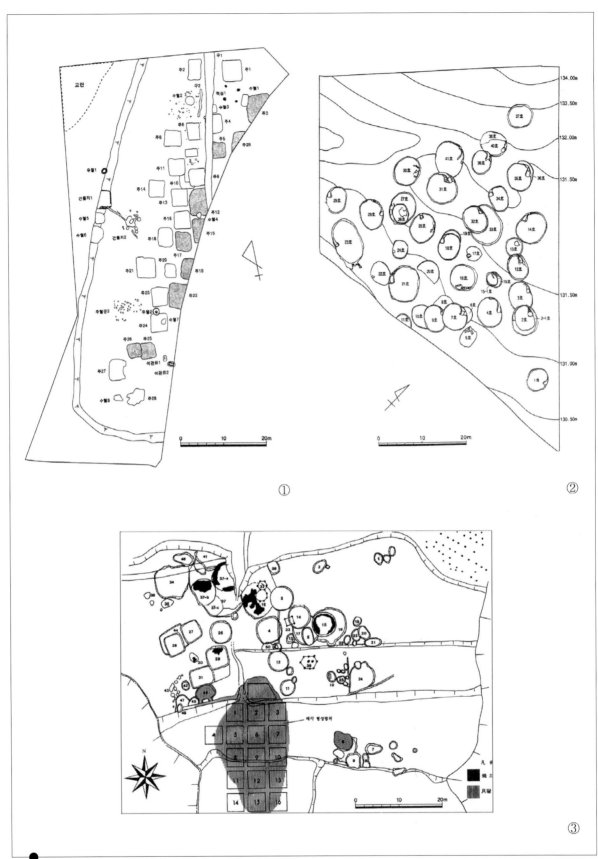

도3 嶺南地域의 各 地域別 住居址 比較 (① 大邱 梅湖洞 1008番地遺蹟, ② 咸陽 花山里遺蹟, ③ 鎭海 龍院遺蹟)

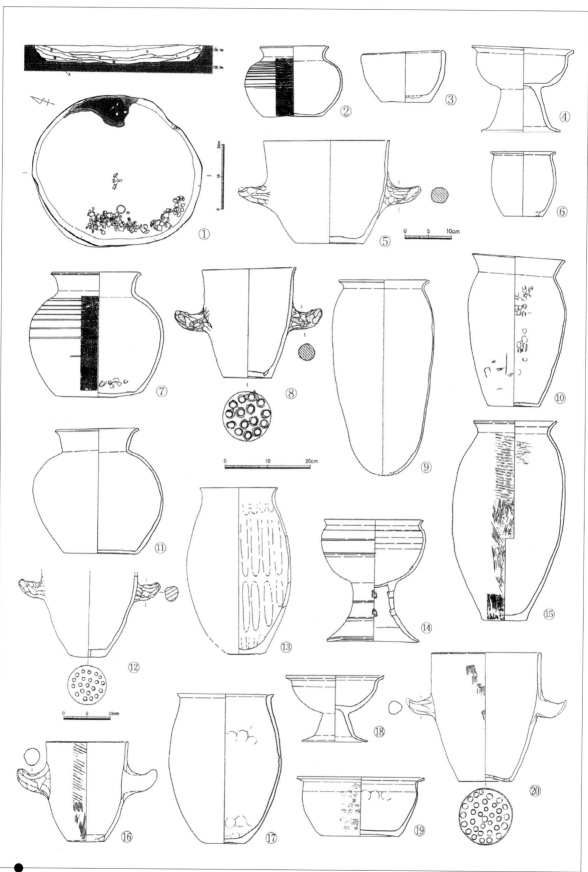

도 4 西部慶南圈 住居址와 出土 日常土器 (咸陽 花山里遺蹟, ① 住居址1號, ②・③・④・⑧ 28號, ⑤・⑥・⑪ 1號,
⑦ 15-1號, ⑩ 21號 / 晋州 안간리遺蹟, ⑨・⑭ 15號 / 晋州 內村里遺蹟, ⑫ 33號(東亞大), ⑬ 1號(漢陽大) /
泗川 鳳溪里遺蹟, ⑮ 34號, ⑯ 33號, ⑰ 28號, ⑱ 98號, ⑲ 88-1號, ⑳ 47號)

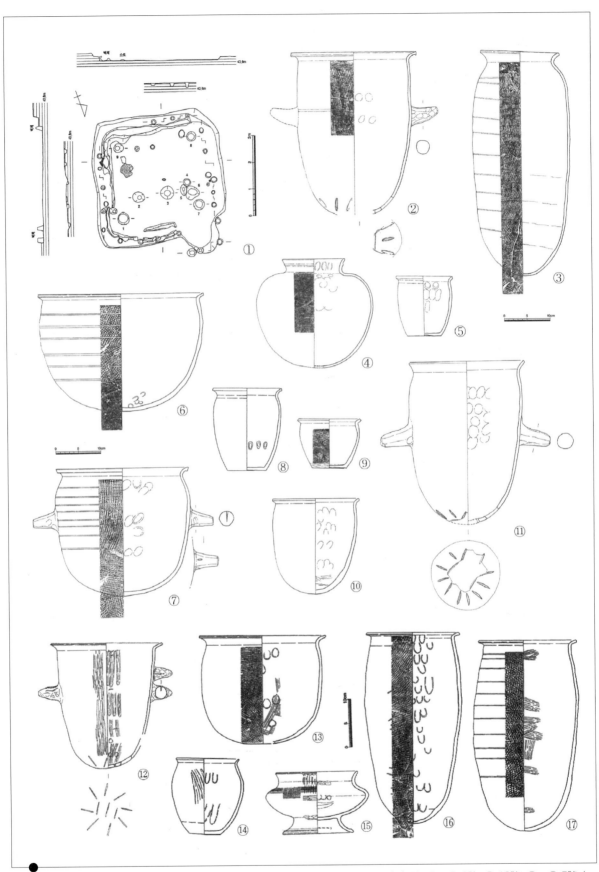

도 5　東部內陸圈 住居址와 出土 日常土器 (大邱 梅湖洞 1008番地遺蹟, ① 주거지5號, ②·④ 3號, ③ 19號, ⑤·⑧ 5號 / 慶山 林堂洞 마을遺蹟, ⑥ 29號, ⑦ 5號, ⑨ 12號, ⑩ 1號, ⑪ 12號 / 浦項 虎洞遺蹟, ⑫ 197號, ⑬ 42號, ⑭ 23號, ⑮ 269號, ⑯ 17號, ⑰ 131號)

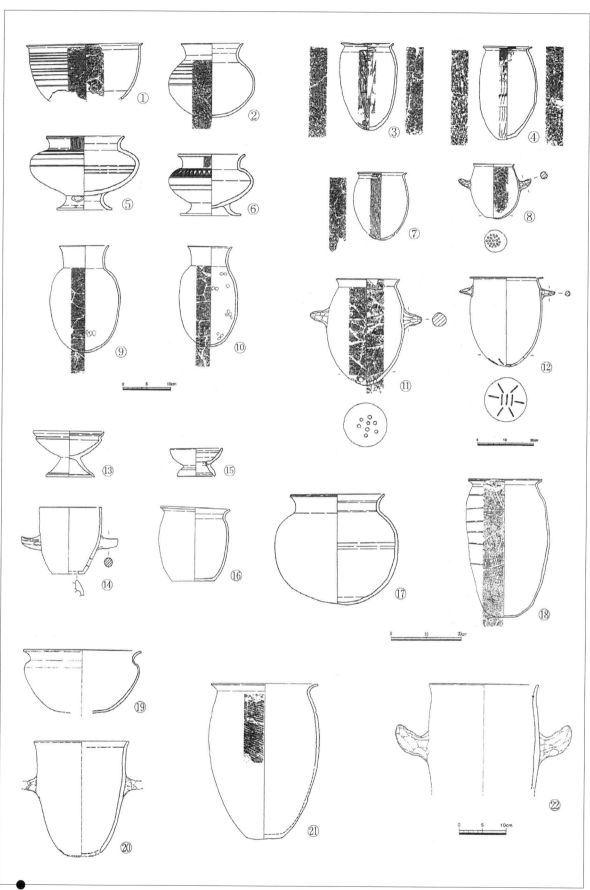

도 6 洛東江河口圈 出土 日常土器 (梁山 平山里遺蹟, ①·③·④ 7號, ②·⑪·⑫ 12-2號, ⑤·⑨·⑩ 18號, ⑥ 20號, ⑦·⑧ 8號 / 鎭海 龍院遺蹟, ⑬·⑭ 2-1號, ⑮·⑯·⑰ 37號, ⑱ 14號 / 鎭海 石洞遺蹟, ⑲ 4號竪穴, ⑳ 2號竪穴, ㉑ 4號住居址, ㉒ 9號住居址)

●참고문헌●

慶南考古學硏究所, 2002, 『泗川 鳳溪里 三國時代 聚落』.

慶南發展硏究院 歷史文化센터, 2007, 『咸陽 花山里遺蹟』.

慶尙北道文化財硏究院, 2008, 『浦項 虎洞遺蹟 I ~Ⅷ』.

東亞大學校博物館, 1998, 『梁山平山里遺蹟』.

嶺南文化財硏究院, 2008, 『慶山 林堂洞 마을遺蹟 I · II』.

_____, 2009, 『大邱 梅湖洞 1008番地 遺蹟』.

金羅英, 2009, 「영남지방 원삼국시대의 주거와 취락」, 『嶺南地方 原三國 · 三國時代 住居와 聚落』, 제18회 영남고고학회 학술
　　　발표회.

金昌億, 2009, 「영남내륙지역 삼국시대 주거와 취락」, 『嶺南地方 原三國 · 三國時代 住居와 聚落』, 제18회 영남고고학회 학술
　　　발표회.

金 賢, 2005, 「영남지역 무문토기시대-삼한시대 취락연구의 현황과 과제」, 『한일 취락연구의 현황과 과제』, 한일취락연구회
　　　제1회 공동연구회.

쇼다신야(庄田愼矢), 2008, 「토기취사흔의 관찰과 기록방법 검토」, 『炊事의 考古學』, 서경문화사.

食文化探究會, 2006, 「炊事形態의 考古學的 硏究」, 『계층사회와 지배자의 출현』, 韓國考古學會.

_____, 2008, 『炊事의 考古學』, 서경문화사.

嶺南考古學會, 2009, 『嶺南地方 原三國 · 三國時代 住居와 聚落』1~3.

吳厚培, 2002, 「우리나라 시루의 考古學的 硏究」, 檀國大學校 大學院 碩士學位論文.

尹溫植, 2001, 「3세기대 동해남부지역 토기 양식의 형성과 변천」, 慶北大學校 大學院 碩士學位論文.

李盛周, 1999, 「辰 · 弁韓地域 1~4세기 土器의 編年」, 『영남고고학』 24.

_____, 2005, 「영남지방 원삼국시대 土器」, 『원삼국시대 문화의 지역성과 변동』, 제29회 한국고고학전국대회.

李昌熙, 2005, 「三韓時代 南海岸의 日常土器 硏究」, 釜山大學校 大學院 碩士學位論文.

李海蓮, 1993, 「영남지역의 시루에 대하여 - 삼국시대를 중심으로」, 『博物館硏究論集』 2, 釜山直轄市立博物館.

정수옥, 2008, 「심발형토기의 조리흔 분석」, 『炊事의 考古學』, 서경문화사.

韓志仙, 2008, 「장란형토기의 사용흔 분석을 통한 지역성 검토」, 『炊事의 考古學』, 서경문화사.

洪潽植, 2000, 「연질옹과 시루에 의한 지역권 설정 - 3세기대 한강 이남지역을 대상으로」, 『韓國古代史와 考古學』, 鶴山金廷鶴
　　　博士頌壽紀念論叢.

_____, 2005, 「삼한 · 삼국시대의 조리시스템」, 『선사 · 고대의 요리』, 福泉博物館.

慶南 西部地域 3~5세기 聚落의 編年

金 賢

1. 序論

취락은 주지하다시피 주거군 또는 개별 가옥의 집합체 · 마을 등을 의미하는 말이다. 고고학에서의 취락은 인간의 영위활동과 관련된 제 요소를 총칭하는 개념으로 파악될 수 있다. 즉 의 · 식 · 주의 자원생산을 위한 생업활동과 인적교류, 물자의 소통 등을 유지하고 이를 확보하기 위한 네트워크와 각 네트워크간의 유기적으로 결합등을 포함한 모든 개념이 해당되는 것이다. 따라서 취락에 대한 고고학적 연구 범위는 구성원들의 안식처인 개별 주거를 주축으로 하여 그 주변에 배치된 부속시설, 농경지, 교통로, 공휴지등의 가시적 경관 내에 있는 전부가 해당되게 된다. 이러한 취락유형(Settlement Pattern)은 주변의 자연환경과 당시의 기술수준, 그리고 다양한 형태의 사회조직을 반영하는 것으로 취락유형의 분석을 통해 일상생활, 생업경제, 기술, 교역, 관습, 사회조직 등을 폭넓게 설명할 수 있다는 것이다(權鶴洙 1994, 李賢惠 1996).

과거에는 이러한 방법론을 적용할 만큼의 고고학적 자료가 충분히 조사되지 않았다. 특히 삼국시대 가야의 중심지인 김해, 함안, 고성 등지의 고고학적 발굴조사는 고분자료에 집중되어 왔다. 그러한 결과로 목관묘사회에서 목곽묘사회를 지나 고총의 출현으로 발전해 나가는 무덤중심의 고고학적 연구가 상당히 심도 있게 진행되었다. 또 『삼국지』 위지동이전이라는 문헌기록을 통해 삼한소국의 형성과정에서 삼국으로 정립되어나가는 과정에 대한 역사적인 연구도 병행되었다. 이에 반해 그동안 고고학적 자료의 부족으로 상당히 미진하였던 취락연구는 최근들어 점차 증가되고 있는 고고학적 발굴자료에 힘입어 어느 정도 활성화될 수 있는 계기가 마련되었다고 생각된다.

지금까지 많은 선학들에 의해 취락고고학의 중요성에 대한 지적과 연구방법론, 또는 가설들이 제시되어 왔지만 이를 적용해서 일목요연하게 분석해 볼 만한 마을유적들이 발굴된 예는 소수였다. 아직 취락의 구성요소들에 대한 관찰과 고찰등을 통한 통시적인 변화 · 발전 상정, 취락의 경관과 생업구조, 취락의 구조적특징 관찰을 통한 기능성의 유추 - 사회적측면, 그리고 취락의 입지와 주변취락들과의 관계를 통한 위계성의 발현 및 정치성의 존재유무 등을 심도 있게 살펴 볼 수 있는 마을유적이 그다지 많진 않지만 우리는 그러한 작업을 지속적으로 시도하여야 될 것으로 생각된다. 이번 연구에서는 그동안 자료의 부족으로 인해 그리 활발하게 이루어지지 못하였던 영남지역 삼한 · 삼국시대 취락의 연구의 初案을 마련해 보는 데 그 목적을 두며, 우선 비교적 근거리에 위치한 경남서부지역 삼한 · 삼국시대 취락유적들의 편년을 시도하고 이후 취락의 분포유형과 기능성 고찰과 단상으로 연결하고자 한다.

2. 研究動向

그 동안의 영남 지역 삼한·삼국시대 취락에 대한 연구 성과와 최근의 동향을 간략히 살펴보고자 한다.

지금까지 대두된 삼한·삼국시대 취락에 대한 연구는 크게 청동기시대부터 삼국시대까지의 통시적인 취락의 분포 유형에 대한 연구와 취락유적 자체에 대한 고찰로 나뉘어 볼 수 있다.

먼저 취락의 분포유형에 대한 연구는 삼한시기의 분묘자료와 삼국시대 고분자료를 바탕으로 하여 각 유적들의 분포유형과 조직화·위계화 정도, 그리고 '國'으로의 발전과정을 중심지이론을 근거로 해서 접근하였다. 즉 삼한 소국의 취락 분포정형에 대한 모델의 상정이 크게 하나의 축이 되어 왔다(李賢惠 1984, 權五榮 1996, 박순발 1998, 李熙濬 2000). 이는 여느 시기에 비해 상대적으로 부족한 취락에 대한 자료를 삼한 소국에서 삼국시대의 고대국가로 발전해 나가는 과정을『삼국지』위서동이전이라는 문헌기록을 바탕으로 어느 정도 유추해 볼 수 있음이 크게 작용하였기 때문이다. 즉『삼국지』위서동이전에서 삼한 소국은 복수의 읍락으로 이루어지고, 각 읍락은 다수의 취락으로 구성되어 있다는 내용에서 당시 취락의 정형을 그려 볼 수 있게 된 것이다(李熙濬 2000 : 115). 그에 대한 실체적인 증거로서 다양하게 발굴 조사되어 나타나는 분묘자료와 취락유적의 분포유형들이 거론되어지기도 하였는데, 이에 대해서는 최근 점차 늘어가는 다양한 취락유적의 발굴 조사자료들을 통해 다양한 검증이 시도될 것으로 기대된다. 아울러 비교적 최근에는 취락분포유형에 대한 다양한 가설들의 검증과 분묘유적과 취락유적과의 상호 비교 및 그 출토유물들에 대한 분석을 통해 취락 내에서의 교환양상과, 취락과 취락간의 교환양상에 대한 연구 등도 이루어졌다(김옥순 2003).

취락유적 자체에 대한 고찰로서는 시지 취락(金昌億 2000), 임당 취락(張容碩 1998, 권태용 1997) 등이 대표적이며, 이들 연구에서는 취락 유적들의 입지, 구조, 편년, 변천 등에 관해 다루어져 있는데, 앞으로 제 분야에 걸친 주변유적들과의 비교검토가 기대된다.

또 남강댐수몰지구 내 삼한시대 취락유적들에 대한 연구(임영옥 2000)가 있다. 여기에서는 남강댐 수몰지구 내에서 발굴조사된 (타)원형계 주거지들과 경남 全지역에서 발굴조사된 삼한시대의 주거지들을 대상으로 평면형태와 내부구조를 기준으로 유형화하고 편년하였다. 경남 전 지역의 삼한·삼국시대 주거지 자료들을 대상으로 한 선구적인 연구이긴 하나, 편년에 있어서는 주거지 유형간의 중복관계만을 기준으로 할 뿐 유물의 편년을 통한 검증작업이 이루어지지 못한 점이 아쉬움으로 남는다.

그 외 김해지역만을 대상으로 한 지역단위의 취락연구(李賢惠 1996)가 있다. 여기에서는 청동기시대 지석묘의 분포양상과 삼한·삼국시대 패총자료와 발굴조사된 유적들을 통해 삼한·삼국시대 김해지역의 취락분포와 유형을 고찰하였고, 구야국에서 금관국으로의 발전과 금관국의 멸망을 취락의 분포와 산성의 존재 등으로 추적하였다.

그리고 패총의 입지와 관련하여 취락의 성격을 연구한 예(崔鍾圭 1989)도 있다. 1980년대 이전까지는 김해패총을 비롯한 남해안 지역의 삼한·삼국시대 패총자료 외에 대규모 취락유적들의 발굴조사 자료가 없어 취락에 대한 연구가 그리 활발하게 진행되지 않았다. 최종규는 패총의 형성지점은 곧 취락의 존재가 인정된다는 점에 염두에 두고 삼한·삼국시대의 패총의 입지와 관련하여 취락의 성격를 유추하였다. 즉 패총의 형성지점을 입지에 따라 유형화하고, A유형인 해발 100m 이상의 고지에 입지한 유적들에 대해 방어적 기능이 부여된 특수한 취락으로 보았다(崔鍾圭 1989). 또 그러한 방어적 기능의 특수집락은 일본의 고지성집락과 동일한 것으로 보았다. 이후 그러한 고지성 집락은 환호·목책·토루 등의 방어시설를 토대로 한 방어집락에 대한 고찰에서 한국식산성으로의 운동(변화·발전 등)으로 상정하고 있다(崔鍾圭 1996).

이상과 같이 영남지역의 삼한·삼국시대 취락에 대한 연구를 살펴보면, 취락유적자체에 대한 고찰은 아직 미미한데 반해 방대한 무덤자료를 바탕으로 고분의 축조자들인 취락집단을 중심으로 한 통시적인 연구가 이루어져 왔다. 특히 삼한소국의 형성에서 고대국가로 발전이라는 큰 흐름 속에서 다양한 가설들이 제시되어 오고 있다.

앞으로는 취락유적의 발굴조사 예가 점차 증가되고 있으므로 취락자체에 대한 분석과 고찰등과 같은 기초적인 연구가 필요하다고 생각된다. 즉 주거지와 그와 관련된 수혈 유구등의 취락시설 및 출토유물들에 대한 분석과 고찰을 바탕으로 한 취락유적들 간의 동시기성의 확보와 관계정립이 가장 선결과제라고 본다. 이후 문헌사적인 검토와 취락의 분포유형에 대한 특징들을 통해 이미 제시된 다양한 가설들에 대한 검증에 접근할 수 있을 것으로 생각된다.

3. 遺蹟의 檢討

경남 서부지역에서 발굴조사 된 3~5세기 취락유적들로는 비교적 최근에 조사된 함양 화산리유적을 비롯하여, 산청 옥산리, 소남리, 진주 대평 내촌유적, 가좌동유적, 무촌유적, 사천 봉계리유적 등이 있다. 이들 유적들은 최소 20여동이상의 주거지들이 조영된 마을단위의 유적들이어서 상호 비교검토가 용이할 것으로 생각되나 현재 함양 화산리유적과 산청 옥산리·소남리유적들은 보고서가 발간되지 않아 자세한 내용을 알 수 없다.

우선 이번에는 진주 대평 내촌유적, 가좌동유적, 무촌유적, 그리고 봉계리유적만 검토하고자 한다. 이들 4개 유적들은 진주를 중심으로 한 서부 경남지역에서 비교적 최근에 발굴조사 된 삼한·삼국시대 취락들로서, 유적들 은 대체로 약 10km의 간격들 두고 동-서향을 배치되어 있다.

1) 泗川 鳳溪里遺蹟(도 2~5)

사천 봉계리 유적은 진주의 남서쪽에 위치하며, 진양호와 인접해 있으나 남강수계와는 다른 남해안으로 유입 되는 완사천의 중상류에 있다. 발굴조사는 국도2호선의 확·포장공사구간에 유적이 포함되어 실시되게 되었으 며, 조사결과 삼한·삼국시대 주거지 152동, 토기요지 4기, 수혈 10기, 구상유구 4기 등이 확인되었다.

유적은 완사천의 북편에 발달된 노년기 저구릉들 중 북에서 남쪽으로 뻗은 세 줄기의 설상구릉들의 능선과 사 면에 형성되어 있다. 주거지가 밀집 조영된 구릉의 앞쪽으로는 서쪽에서부터 흘러온 완사천이 남쪽으로 곡류하 며, 동-서향이 곡저평지로 연결되어 주변의 조망권이 좋은 곳이다.

(1) 봉계리 취락의 구조적 특징

① 주거지 평면형태가 대부분 (타)원형을 띤다. 말각 방형을 띠는 주거지는 1기에 불과하며, 타원형주거지들 중에는 장벽이 직선적인 장타원형(트랙형)도 있다. 원형주거지와 방형주거지가 공존하고 있는 경남 동부지역에 비해 원형계 주거지의 수가 압도적으로 많은 것이 특징이다.

② 56호의 1기를 제외하고 거의 모든 주거지에서 벽구가 확인되었으며, 벽구에 벽주가 조합된 특징적인 형태 의 주거지들이 확인되었다. 벽주는 장타원형주거지의 벽을 따라 돌아가며 등간격의 기둥들이 박혔던 흔적이 나 타나는데, 일부는 주혈의 평면이 원형이 아닌 방형도 있어 각재의 존재도 예상된다. 벽주혈은 주거지 어깨선에 맞물 려 약간 돌출되게 굴착된 관계로 사벽인 주거지벽과 마찬가지로 외경된 형태이다. 벽주혈이 확인되는 주거지들은 모두 도질토기가 출토되는 삼국시대의 주거지들이다.

특히 화재주거지의 잔존벽체에서 벽주(縱)+판재(橫)+점토벽(일정 두께의 美粧面)의 형태도 관찰되기도 하였 다.

③ 주거지 내부 시설로는 상면 격벽시설(칸막이구)와 노지 및 쪽구들이 확인되었다. 노지와 쪽구들은 6동에서 만 확인되었는데, 점토로 구축된 관계로 소토화된 일부만 확인되는등 잔존상태가 양호하지 않았다. 상면 격벽시 설은 진주 가좌동, 대평 내촌리등 경남서부지역에서만 확인되는 독특한 것이다.

④ 삼한시대에 비해 삼국시대에 들어서면 증·개축이 매우 활발하게 이루어져, 당시의 역동성을 엿볼 수 있 다.

2) 晋州 內村里遺蹟

(1) 漢陽大(도 6)

남강댐 수몰지구에 포함되어 발굴조사된 유적이며, 서쪽에서 남쪽으로 뻗은 완만한 설상 저구릉에 위치한다. 구릉의 일부만 발굴되어 취락의 전체 구조는 자세히 알 수 없다. 모두 7동이 확인되었으며, 평면형태가 (타)원형을 띤다.

사천 봉계리유적과 마찬가지로 시기는 출토유물로 볼 때 삼각형점토대토기시기부터 도질토기시기까지이며, 주거지 내부 시설로는 벽구·상면 격벽시설·노지등이 확인되었다. 또 1호주거지에서 10cm 두께의 소토화된 벽체편과 5~6cm 두께의 바닥 다짐시설이 확인되었고, 3호 주거지에서도 바닥점토다짐과 벽체(草泥土)편이 확인되었다. 특히 2호 주거지내에서 슬러그편이 출토되어 단야의 가능성이 추정되기도 하며, 3호 주거지의 경우에는 어깨선 외곽에 일주하는 외벽 주혈열이 확인되어 거창 대야리 유적과의 관련성도 지적된다.

(2) 東亞大(도 7·8)

위의 한양대 발굴조사유적과 마찬가지로 남강댐 수몰지구에 포함되어 발굴조사 되었으며, 한양대조사구역의 남쪽에 인접해 있는 유적이다. 유적이 위치한 곳 또한 서쪽에서 동쪽으로 연결된 설상의 구릉이며, 구릉 정상부에는 지석묘가 남쪽 능선부와 완만한 사면에는 원형주거지들이 밀집 분포해 있다.

전부 40여 동의 (타)원형주거지들이 조사되었으며, 1기의 청동기시대 주거지를 제외하고 모두 삼한·삼국시대의 주거지들이다. 보고자는 취락의 연대를 3세기로 보며, 크게 세 시기로 구분하고 있는데, 일부 와질토기와 도질토기의 존재로 볼 때 그 시기는 4세기까지 존속한 것으로 볼 수 있다. 주거지 내부시설 또한 벽구와 노지, 그리고 함몰된 벽체 등이 중심이다. 대부분 사천 봉계리유적과 내촌리유적 한양대조사구역에서 확인된 것과 성격이 동일한 것들이므로 동시기의 유적으로 볼 수 있다. 다만 위의 두 유적과 약간 다른 점은 주거지 어깨선을 따라 돌아가는 벽주혈이 확인되지 않았으며, 벽 직하에 굴착된 벽구도 확인된 예가 전체의 1/4에 불과하다.

3) 晋州 加佐洞遺蹟(도 9~11)

유적은 가좌동 택지개발지구에 그 범위가 포함되어 발굴조사 되었다. 유적의 위치는 진주시의 남쪽에 해당되며, 남강의 남쪽 연안 배후에 발달된 노년기 저구릉 지대이다. 발굴조사지점은 진주에서 사천방면으로 이어지는 교통로에 인접해 있는 설상구릉의 말단부이다.

발굴조사에서는 중복주거지들을 합쳐 약 45기의 (타)원형주거지들이 확인되었으며, 주거지들은 구릉 정부를 공지로 두고 등고선의 방향으로 사면을 따라 돌아가면서 장축방향이 등고선에 평행하게 설치되어 있다. 유적의 연대에 대해서 보고자는 4세기 이후로 보았으며, 출토유물들이 주로 연질토기와 와질·도질토기 등인 것으로 보아 봉계리 삼국시대 취락과 동시기로 추정된다. 주거지 내부시설로는 벽구와 벽주, 그리고 노지등이 확인되었다. 주거지내부 시설이나 주거지들 간의 중·개축현상이 활발한 점에서 사천 봉계리 유적과의 유사성이 인정된다.

이 유적은 크게 4개 군을 이루며 밀집 조영된 분절구조와 구릉의 정부를 공지로 두고 배치된 환상구조의 배치형태가 이 유적의 특징으로 지적된다. 각 주거군은 7~14개의 주거지로 묶여 있는데, 중복된 주거지들을 감안하면 대체로 동시기의 주거지는 각 군당 5~8동 정도로 예상되므로 마을의 규모는 약 25동 정도로 추정된다.

4) 晋州 武村遺蹟(도 12~15)

국도 2호선의 확·포장공사 구간에 유적의 일부가 포함되어 발굴조사되었다. 전체 평지구간(1지구)과 구릉구간(2지구) 등 크게 나뉘어지며, 구릉구간은 5개의 구릉이 포함되어 있다. 남쪽에서부터 북쪽으로 가면서 1구에서 5구로 명명되었는데, 2구와 3구에 4세기대 목곽에서부터 6세기대 횡구식석곽까지 많은 무덤들이 축조되어 있다.

삼국시대 주거지는 5구와 2구의 정상부와 1구의 남동쪽사면에 분포(도 11)하고 있는데, 전체적으로 보면 고상건물지 8동, 수혈주거지 10동, 그리고 수혈 24동이다. 고분에 비해 그리 많은 수는 아니나 크게 5구, 2구, 1구 등 세 군으로 나뉘어 분포하고 있는 것이 관찰되고, 각 군은 조영된 유구들의 분포와 성격이 다양하여 주목할 만하다.

먼저 5구의 정상부에 위치한 취락군은 고상 건물지 2동과 수혈주거지 2동, 그리고 부정형 수혈 2기 등으로 구성되어 있는데, 가장 정부에 위치한 고상 건물지 2동이 중심 건물로 추정되고, 주변에 위치한 유구들이 부속시설로 추정된다. 북쪽에 위치한 세장한 장타원형 수혈주거지는 상면 북쪽에 2개의 부뚜막과 구들시설이 연결된 주거지로서 대형의 주거지에 속한다. 시기는 출토유물들로 볼 때 4세기 후반의 것(도 12)으로 추정된다. 이 취락군은 당시의 특수 취락으로 상정된다.

다음 2구의 정상부에는 평면 말각방형의 수혈 주거지 1기와 고상건물지 2동으로 구성되어 있다. 그 시기를 출토 유물로 살펴보면 대략 5세기 후반쯤으로 추정된다(도 13).

마지막으로 가장 많은 유구들이 분포하고 있는 1구에는 사면의 중심에 수혈유구들이 분포하고 능선을 따라 돌아가면서 수혈 주거지들과 고상건물지들이 분포하고 있다. 특히 남쪽에 위치한 고상 건물지는 그 용도가 주목된다. 동쪽 사면에 위치한 주거지들은 여러 번 중복되어 있는 것으로 보아 취락의 존속시기가 5구나 2구에 비해 길었던 것으로 추정된다. 시기는 6세기 전반으로 추정된다(도 14).

무촌 취락에서 주목되는 점은 5구의 4세기대 취락의 성격과 1구의 6세기대 수혈주거지들의 구조가 그 전시기에 비해 확연히 달라진다는 점이다.

4. 聚落의 編年과 展開樣相

1) 編年

전장에서 살펴본 유적들의 시기는 유구 내에서 출토된 유물들로 볼 때 삼각형점토대토기시기부터 도질토기시기까지이며, 연대는 3~5세기 전반까지로 추정된다.

봉계리유적에서 삼각형점토대토기시기의 대형요지들이 조사되기도 하였으나 경남 서부지역 3~5세기 취락유적의 주거지내에서 출토되는 삼각형점토대토기들은 대부분 퇴화기의 무문토기들이다. 와질토기나 도질토기들과 동반되어 출토되는 무문계 토기들은 무문토기제작전통이 많이 남아 있는 연질토기들도 상당수 포함되어 있다. 따라서 무문토기형 저부(평저, 말각평저)인 발, 소형토기들이 출토되었다고 단순히 이른 시기로 편년하여야 할 지

표 1_ 주거지 출토 도질토기 및 와질토기 편년

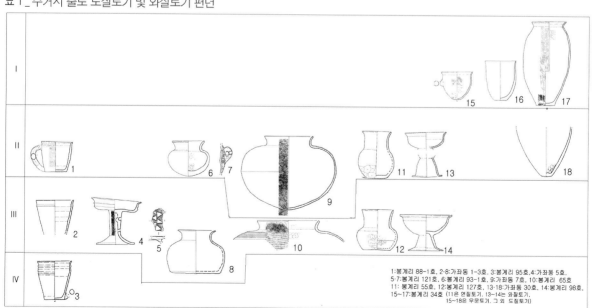

1:봉계리 88-1호, 2·8:가좌동 1-3호, 3:봉계리 95호, 4:가좌동 5호, 5·7:봉계리 121호, 6:봉계리 93-1호, 9:가좌동 7호, 10:봉계리 65호 11: 봉계리 55호, 12:봉계리 127호, 13·18:가좌동 30호, 14:봉계리 98호, 15~17:봉계리 34호 (11은 연질토기, 13~14는 와질토기, 15~18은 무문토기, 그 외 도질토기)

주저되는 부분도 있다.

이하에서는 그러한 무문토기 제작 전통 중심의 전대의 토기제작 속성을 우위에 두지 않고, 와질 단경호, 고배, 문양개, 도질 컵, 통형고배, 양이부호등의 신기종의 출현을 중심으로 편년하고자 한다. 와질 단경호나 통형고배, 문양개, 양이부호등은 진주지역 고분에서 출토량이 그다지 많지 않으므로 인근의 함안지역 고분 편년안을 참조하여 시간적인 서열을 결정하였다.

(1) 봉계리취락의 편년

봉계리취락은 보고서에서 크게 두 개의 시기(1기는 무문토기와 와질토기가 공반되는 와질 평행기 · 2기는 도질기)로 구분하였다. 즉 1기는 삼한시대 · 2기는 삼국시대에 해당된다. 1기에 해당되는 유구들은 무문토기 가마 4기와 수혈주거지 약 20동이 해당되는데, 이는 삼각형점토대토기 그 자체가 직접 출토된 유구들과 무문토기 전통이 남아 있는 연질토기 단계로 분기할 수도 있다. 2기는 단경호, 컵, 고배 등의 도질토기들로 기준으로 해서 볼 때 4세기 전반대의 것(II기)과 4세기 후반대의 것(III기), 그리고 5세기 이후의 유구(IV기)로 세분해 볼 수도 있다.

표2 _ 泗川 鳳溪里聚落 編年 私案

연대	시기	유구호수	비고
300년	I	1 · 2 · 3 · 58호 가마 101, 101-4, 133-2, 147호 주거지	4동
		6, 29, 31, 34, 34-1, 43, 44, 45, 47, 50, 57, 63, 67, 78, 91-1 · 2 · 3 · 6 · 7, 92, 92-4, 100, 101-1, 106, 107, 118, 119, 135, 137, 140-1 · 2호 주거지	31동 (23)
350년	II	30, 33, 54, 55, 56, 73, 76, 82, 84, 84-1 · 7, 86, 88-1, 90, 91-4, 93-1 · 2, 94-2, 96, 97, 99, 101-2 · 3 · 4, 104, 108, 109, 121, 121-4, 134호 주거지	29동 (25)
	III	47, 65, 85, 91-5, 98, 106, 127호 주거지	7동
400년	IV	95, 97-1호 주거지	2동
	불명	9, 15, 18, 27, 28, 32, 35, 36, 37, 40, 41, 42, 46, 51, 52, 60, 61, 68, 75, 77-1 · 2, 78, 79, 80, 81, 83, 102, 103, 103-1, 110-1 · 2 · 3 · 4, 111, 116, 117, 120, 124, 125, 130, 131, 133-1, 135, 138, 139호 주거지	45동

(2) 내촌리취락(B.동아대)의 편년

보고서에서는 구릉의 남쪽에 벽구가 없는 원형주거지들을 1기, 구릉의 능선을 따라 배치된 벽구가 있는 주거지들을 2기, 그리고 구릉의 상부 북쪽 편에 벽구가 없는 주거지들을 3기로 편년하였으며, 그 연대를 3세기로 보았다. 이 유적의 주거지들은 도질토기와 무문토기가 동반되어 나타나는 주거지들이 많은 것이 특징인데, 보고자는 일부 유물들이 교란된 것으로 보고 취락의 구조적 측면에서 단순하게 편년하였다. 이를 자세히 살펴보면 일부 와질토기와 도질토기의 존재로 볼 때 취락의 존속 시기는 3세기후반에서 4세기까지 존속한 것으로 볼 수 있다.

표3 _ 晋州 內村里聚落 編年 私案

연대	시기	유구호수	비고
300년	I	1, 4, 5-1, 7, 9, 16, 19, 20, 23, 30, 31, 37, 38, 40호 주거지	14동
350년	II	1-1, 3, 5, 6, 8, 10, 12, 13, 15, 17, 18, 21, 22, 24, 26, 27, 28, 32, 33, 35, 36, 39호 주거지	22동
	III	25(26호 주거지와 중복), 34(35 · 36호 주거지와 중복)호 주거지	2동
	불명	2, 11, 14호 주거지	3동

(3) 가좌동취락의 편년

유적의 연대에 대해서 보고자는 4세기 이후로 보았으며, 출토유물들이 모두 도질토기 출현이후의 토기들인 것으로 보아 4세기 이후의 봉계리취락과 동시기로 추정된다.

표 4 _ 晉州 加佐洞聚落 編年 私案

연대	시기	유구호수	비고
	I	1-1 · 2 · 4호, 7호, 15-2호, 20호, 30호	7동 (5)
350년	II	1-3호, 5호, 6-3호, 14호, 22호, 27-2호, 28-2호, 33호	8동
	불명	2, 3, 4, 8-1 · 2, 9, 10, 11, 12, 13, 15-1, 16, 17, 18, 19, 20, 21, 23, 24, 25-1 · 2 · 3, 26-1 · 2, 27-1, 28-1, 29, 31, 32호 주거지	31동

(4) 무촌취락의 편년

표 5 _ 晉州 武村聚落 編年 私案

연대	시기	유구호수	비고
350년	I	5구 1~6호(1 · 5호 고상건물지, 2 · 3 · 6호 수혈, 4호 장타원형수거지)	6동
450년	II	2구 44호 주거지, 112 · 125호 고상건물지	3동
550년	III	1구 43 · 51호 주거지, 17 · 118 · 151호 수혈군, 146 · 156 고상건물지	

이상과 같이 간단히 살펴 본 결과, 사천 봉계리유적은 3세기에서 5세기 전반까지 조영된 유적이고, 남강의 내촌리유적은 3세기에서 4세기, 진주 가좌동유적은 4세기, 그리고 무촌유적은 4세기 후반에서 6세기대의 취락 유적들임을 알 수 있었다. 이들 유적들에서 출토된 유물들은 대부분 후기무문토기인 삼각형점토대토기에서부터 도질토기에 이르는 토기유물들과 주조철부가 가장 많이 출토되었는데, 봉계리유적 · 내촌유적 등에서는 삼각형점토대토기가 도질토기 출현직전까지 와질토기와 연질토기들과 함께 출토되고 있다는 것이 특징이다. 도질토기가 출토된 주거지의 경우는 동시기 고분출토자료들이 많으므로 상대적으로 쉽게 시기를 가늠할 수 있지만 무문토기편이나 무문토기의 제작전통이 많이 남아 있는 연질토기파편들만 출토된 주거지들의 축조시기를 가늠하기가 사실상 매우 힘들다.

주거지의 구조 혹은 주거지 속성에 따른 형식이나 유형을 통한 편년도 쉽지 않다. 주거지의 구조나 형태에서 관찰되는 속성들 중 시간성을 반영하는 속성이 무엇인지 현재까지 자세히 알 수 없다. 평면형태에 있어서는 방형, 원형, 타원형 등의 형태는 용도나 기능 혹은 지역적 선호도에 따른 것으로 추정된다. 주거지들간의 중복관계에서 볼 때, 일정한 방향성이 인정되지 않고 불규칙적으로 중복되는 현상이 많이 나타난다. 벽주는 점토대토기시기에는 잘 나타나지 않았으나 삼한시대부터 삼국시대에 이르는 기간 동안에는 전시기 · 전지역에서 관찰되는 속성이다. 벽주혈은 각 지역 마다 다양하게 나타나는 속성인데, 벽구와 조합되어 나타나는 벽주혈은 사천 봉계리유적과 진주 가좌동유적등의 서부경남지역에서 주로 나타나는 속성이다. 그 외 격벽시설도 서부경남지역에서만 나타나는 시설로 추정된다.

이러한 제 속성들에 대한 검토는 좀 더 다양한 시각에서의 접근이 필요할 것으로 생각된다. 이하에서는 서부경남 삼한 · 삼국시대 취락에서 간취되는 취락의 구조와 전개양상을 간단히 살펴보고자 한다.

2) 수혈주거의 구조적 특징

원형주거지의 비율이 매우 높게 나타나고, 그 존속시기도 삼각형점토대토기시기부터 5세기대까지로 추정된다. 주지하다시피 이러한 원형의 플랜은 무문토기시대 중기의 송국리원형주거지 단계에서부터 시작되며, 그 전통이 삼한 시대를 거쳐 삼국시대까지 재지문화에 깊숙이 수용된 것으로 볼 수 있다. 주거지 구조에서의 지역적 특징은 앞에서 지적한 바와 같이 벽주시설과 격벽시설(床面分割 小溝)가 될 수 있을 것이다.

3) 통시적인 주거지 변천과정에 대한 검토

(타)원형계 주거지의 통시적인 변천과정을 살펴보기 위해 그 시기 폭을 후기무문토기시대에서부터 삼국시대

후기까지로 확대하여 살펴 볼 필요가 있다. 그렇게 볼 때 주거지의 복원적 고찰의 측면에서 간취되는 사항을 지적해 볼 수가 있다.

    a. 점토대토기시기의 원형주거지(벽주와 벽구가 없는 형태, 석근육토형의 벽체)

    b. 벽구가 있는 원형주거지(판자+草泥土) - 3세기대 이후

    c. 벽구와 벽주가 있는 원형주거지(각목+판자+草泥土) - 4세기대 이후

    d. 상면주혈 주거지 - 5세기 후반 이후

4) 각 취락별 기능적 특성에 대한 검토

(1) 사천 봉계리유적의 높은 인구 밀도

삼각형점토대토기를 소성한 가마가 5기 확인되었다. 규모가 커서 개인에 의한 작업보다는 공동의 작업이 상정되고, 비교적 오랫동안 소성이 이루어진 것으로 추정된다.

와질토기가 공반되는 90호 주거지에서 무문의 토제내박자가 출토되는 것으로 볼 때 취락 내에서 토기제작이 이루어졌음이 추정된다. 특히 동시기 다른 유적들에 비해 주거지의 밀도가 높아, 일반적인 농경취락외의 기능적 특성도 생각할 수 있다. 또한 교통의 요지에 위치해 있어 생산과 유통의 구심점이 될 만한 입지적 조건을 갖추고 있다.

(2) 내촌리유적의 강안취락

내촌리 취락은 남강과 덕천강이 만나는 지점의 서안에 위치한 완만한 저구릉에 조영된 강안취락이다. 출토유물에 있어 어망추가 다량 출토되는 것으로 보아 농경 뿐만 아니라 어로활동 또한 생업의 중요 부분이었던 것으로 추정된다. 아울러 내촌리 A유적 2호 주거지에서 철재편이 출토되어 단야의 가능성도 제기된다.

(3) 가좌동유적의 공지

가좌동 취락은 구릉의 정부에 광장(공지)를 두고 있는 형태이며, 공지를 두고 4개의 주거군이 배치되어 있는 형태이다. 취락 내 광장 혹은 공백에 대한 인식이 취락연구에서 매우 중요하고, 그 공간에 대한 기능이나 역할에 대해서는 다양한 견해가 제시되어 있다. 대체적으로 공동체의 공공용익(공동노동장, 생산물분배장, 의식장, 야간목장 등)을 위한 공용지라는 점과 공동체 성원의 규제가 존재하였을 것이라는 점이 일치되고 있다(崔鍾圭 1990, 武末純一 2005).

(4) 武村 5구의 특수 취락

무촌의 삼국시대 취락은 봉계리, 내촌, 가좌동 취락들과는 다른 형태를 띤다. 구릉에 조영되어 있다는 점은 유사하나 능선의 정부에 축조되어 있다는 점에서부터 약간 특수한 예이다. 수혈주거보다는 고상건물이 중심에 위치하였다는 점에서도 일반취락과는 구분된 특수취락의 형태로 간주해 볼 수 있다. 이미 청동기시대에 기능성 취락의 존재가 인지되는 만큼 삼한시대에도 취락의 기능이 예상된다.

아울러 일반취락에서 고상창고가 없다는 점도 의아스럽다. 봉계리, 내촌, 가좌동 취락에서 창고로 인정될 만한 고상건물지가 확인되지 않았다. 그런데, 무촌유적에서는 수혈주거지의 수혈주거지와 고상건물지가 set를 이루고 있다. 수혈주거지의 규모도 다른 유적들에 비해 월등히 크고 2개의 부뚜막과 고래시설이 되어 있는 주거지이다.

동지주가 있거나 총주식 고상건물지들은 창고의 기능보다는 특수한 용도의 것으로 보는 것이 일반적이므로, 무촌 5구 취락은 군사적인 시설이거나 호족의 거관, 혹은 의례적인 시설로 볼 수 있을 것이다. 따라서 원형계 일반 수혈주거지군이 중심이 되는 취락을 농경에 생업기반을 둔 일반취락으로 본다면, 고상건물지와 소수의 대형 수혈

주거로 구성된 취락은 특수취락으로 구분할 수 있겠다. 아울러 함안 충의공원유적과 같은 초특급의 대형 건물지들의 존재도 있다.

이상과 같이 볼 때 비교적 근거리에 위치한 동시기 취락들의 비교를 살펴보면, 취락의 기능분화가 인지되고, 그에 따라 취락의 규모등도 다양해지는 것이 아닐까 생각된다. 물론 위계성도 인정될 수 있는데, 이에 대해서는 앞으로 더 살펴보고자 한다.

5. 結論

이 글은 故 김현 선생이 한일취락연구회 회원으로 활동하던 당시 남긴 글입니다. 아쉽게도 중간발표의 단계였던 상황이라 마무리가 되지 않았습니다. 이점 양지해 주시기 바라며 삼가 고인의 명복을 빕니다.

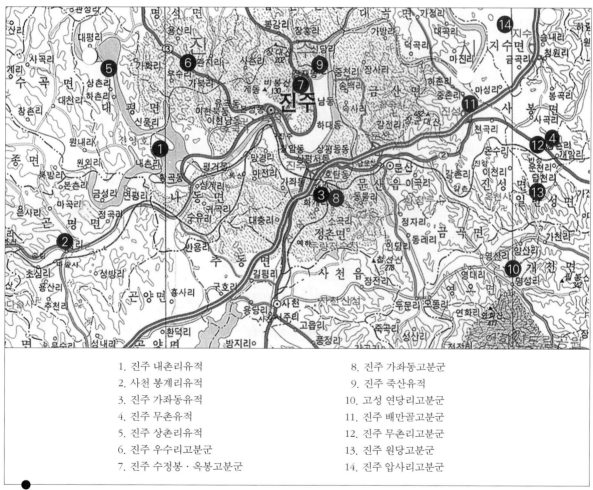

1. 진주 내촌리유적	8. 진주 가좌동고분군
2. 사천 봉계리유적	9. 진주 죽산유적
3. 진주 가좌동유적	10. 고성 연당리고분군
4. 진주 무촌유적	11. 진주 배만골고분군
5. 진주 상촌리유적	12. 진주 무촌리고분군
6. 진주 우수리고분군	13. 진주 원당고분군
7. 진주 수정봉・옥봉고분군	14. 진주 압사리고분군

도 1 유적의 분포도

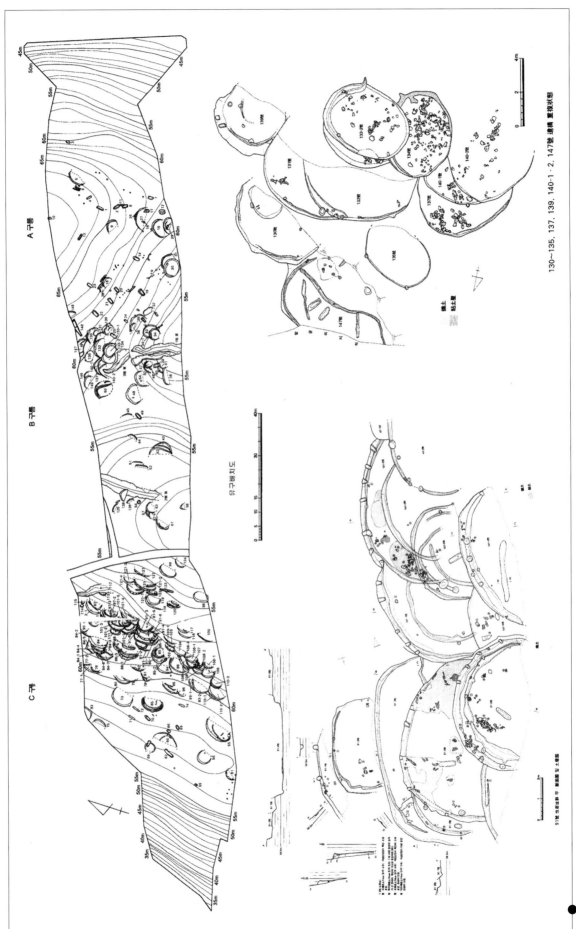

도 2 사천 봉계리 유적 유구배치도 및 주거지 평면도

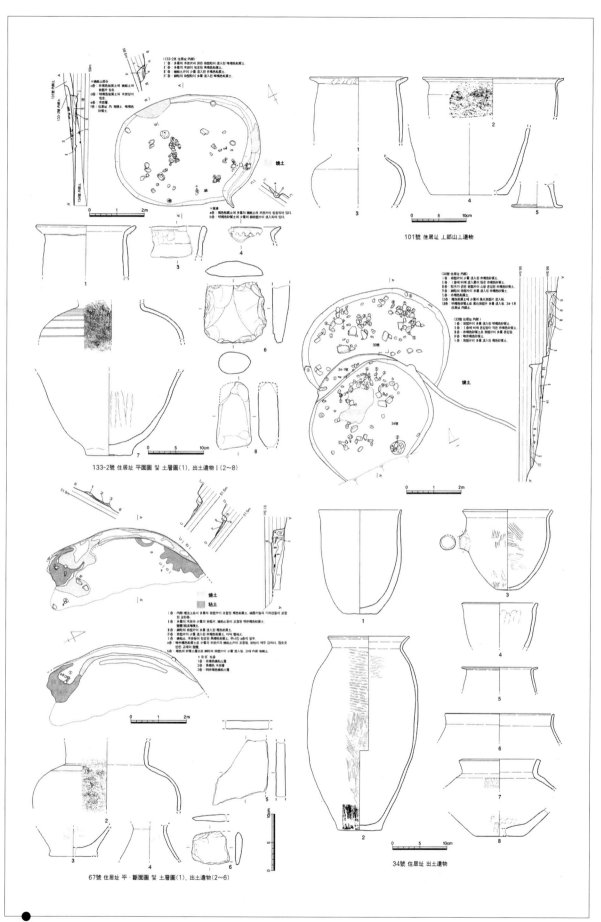

도3 봉계리 I 기의 주거지

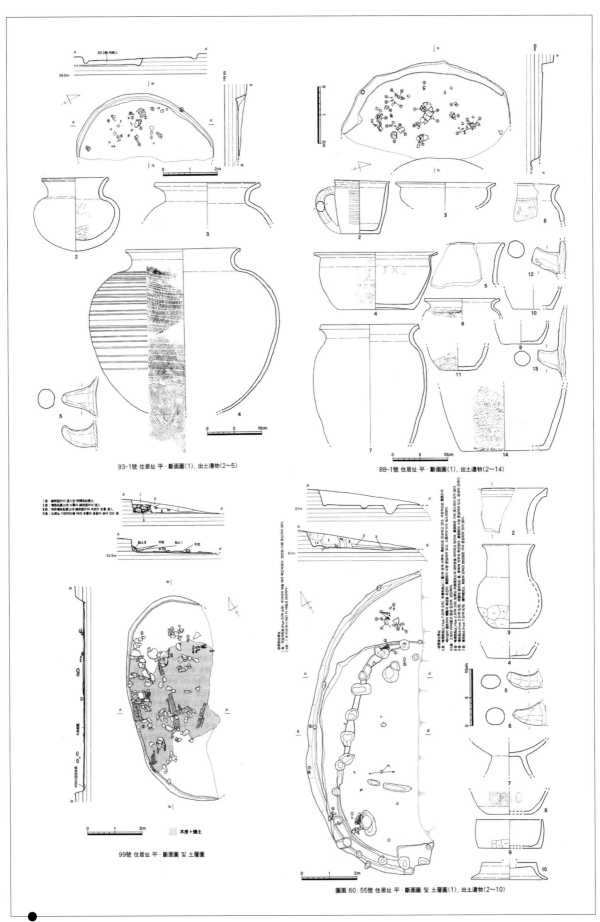

93-1號 住居址 平·斷面圖(1), 出土遺物(2~5)

88-1號 住居址 平·斷面圖(1), 出土遺物(2~14)

99號 住居址 平·斷面圖 및 土層圖

木炭+燒土

圖面 60. 55號 住居址 平·斷面圖 및 土層圖(1), 出土遺物(2~10)

도 4 봉계리 II기의 주거지

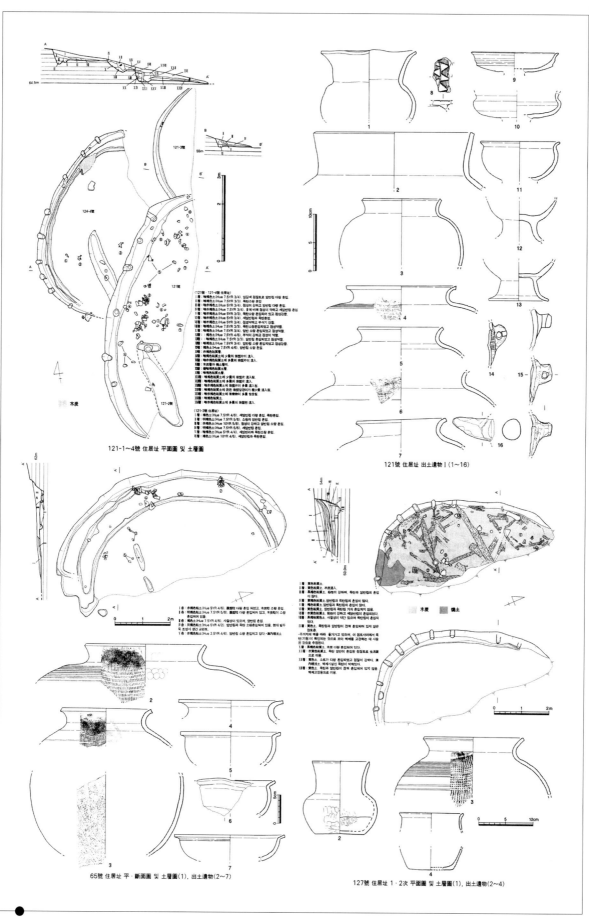

121-1~4號 住居址 平面圖 및 土層圖

121號 住居址 出土遺物 I (1~16)

65號 住居址 平·斷面圖 및 土層圖(1), 出土遺物(2~7)

127號 住居址 1·2次 平面圖 및 土層圖(1), 出土遺物(2~4)

도 5 봉계리 III기의 주거지

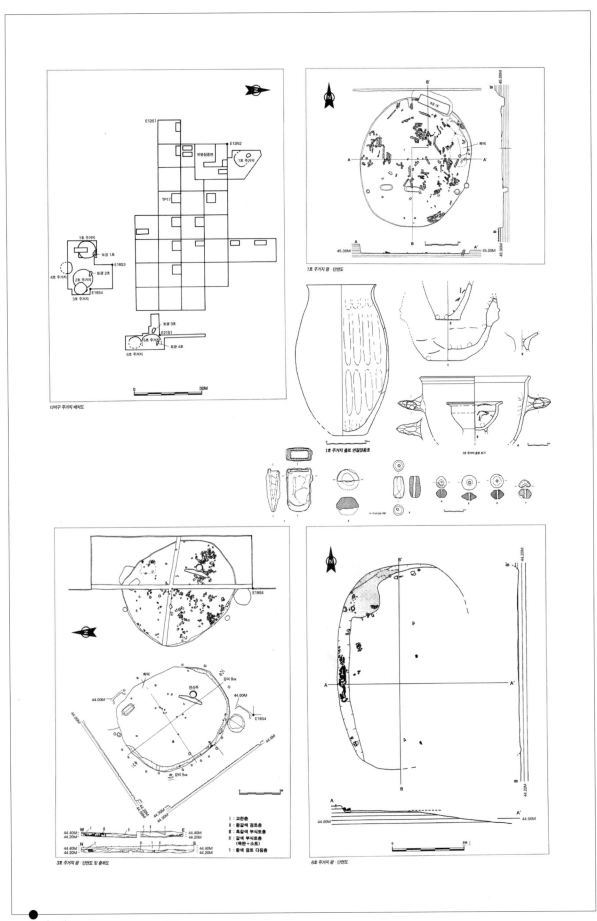

도 6 진주 내촌리유적A(한양대)

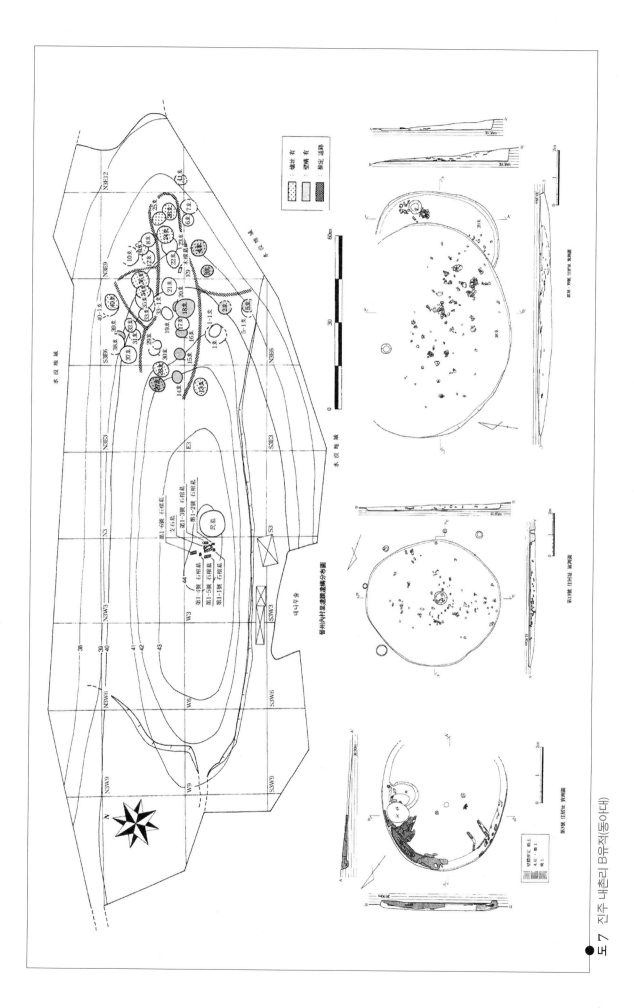

晋州內村里遺蹟遺構分布圖

도7 진주 내촌리 B유적(동아대)

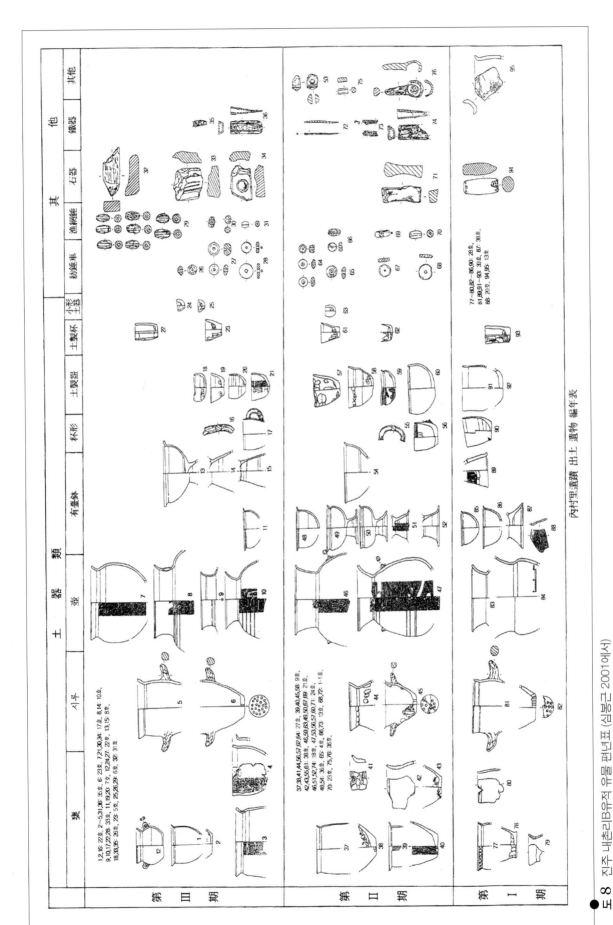

內村里遺蹟 出土 遺物 編年表

도 8 진주 내촌리B유적 유물 편년표 (심봉근 2001에서)

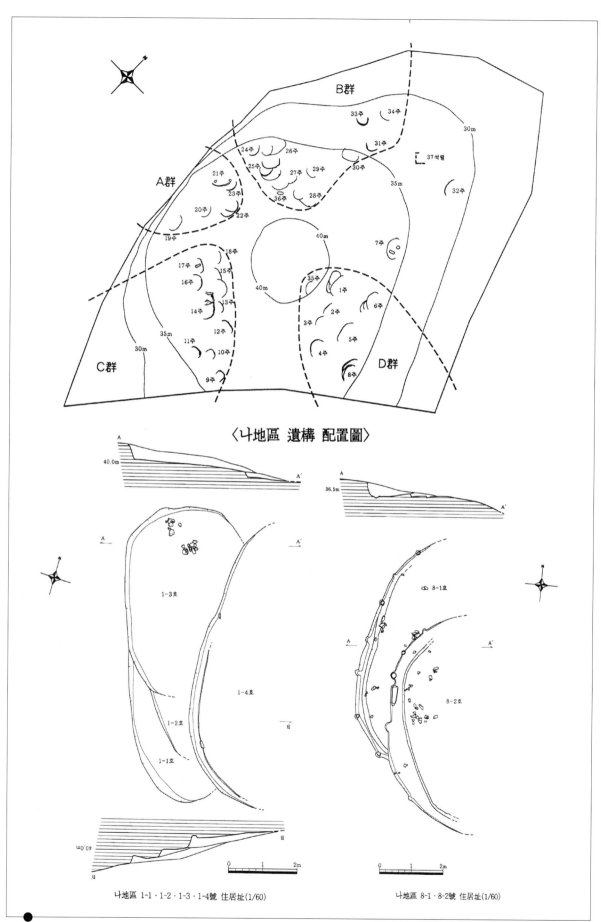

〈나地區 遺構 配置圖〉

나地區 1-1·1-2·1-3·1-4號 住居址(1/60)

나地區 8-1·8-2號 住居址(1/60)

도 9 진주 가좌동유적 유구배치도 및 주거지군 평면도

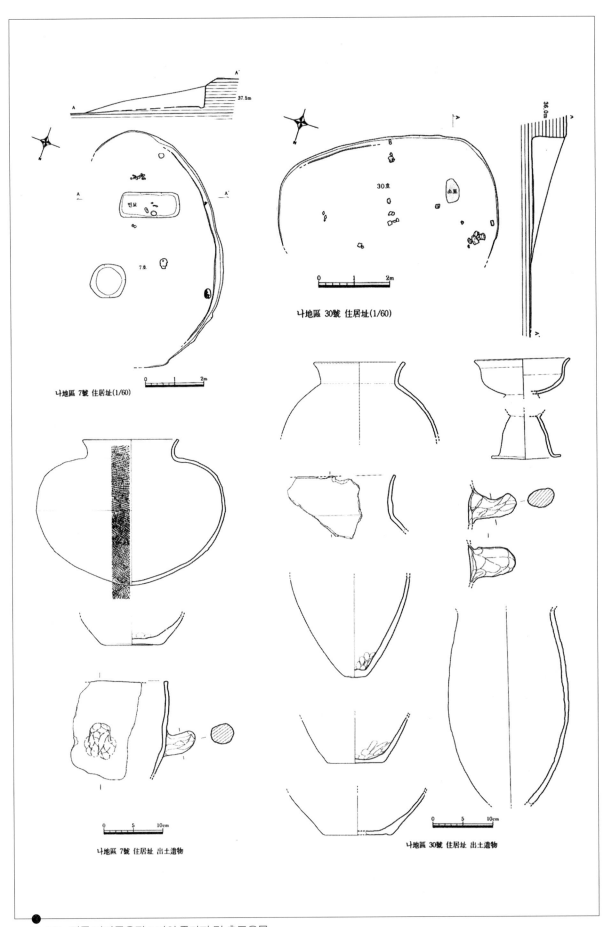

나地區 7號 住居址(1/60)

나地區 30號 住居址(1/60)

나地區 7號 住居址 出土遺物

나地區 30號 住居址 出土遺物

도 10   진주 가좌동유적 I 기의 주거지 및 출토유물

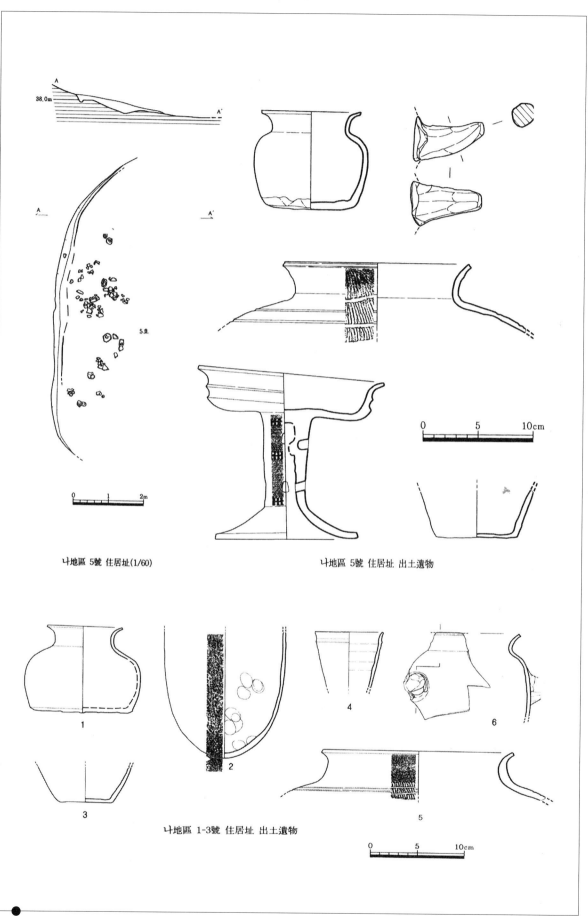

나地區 5號 住居址(1/60)

나地區 5號 住居址 出土遺物

나地區 1-3號 住居址 出土遺物

도 11 가좌동유적 II기의 주거지

도 12 진주 무촌취락 배치도

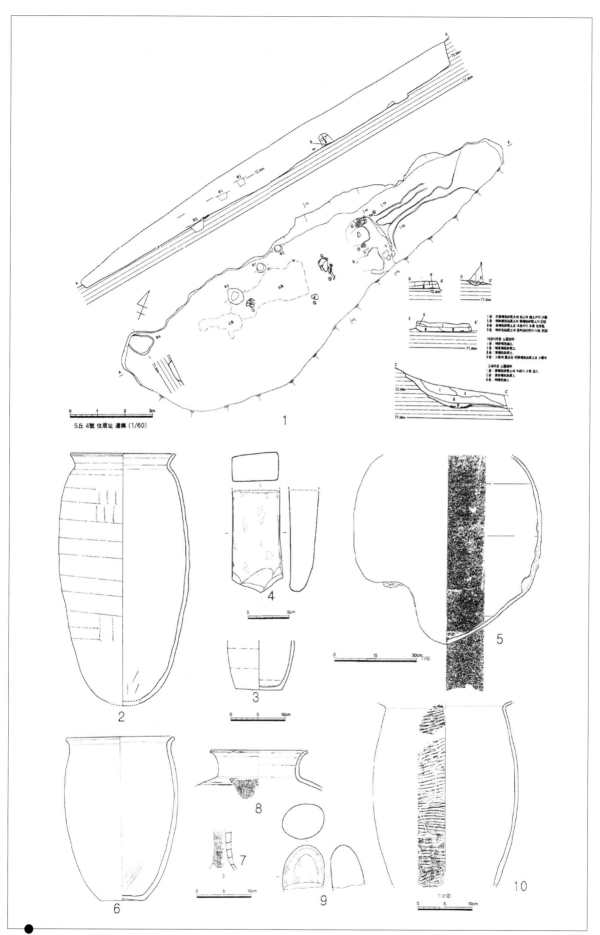

도 13 무촌 5구 주거지 및 출토유물 (1~5 : 4호 주거지, 6~7 : 3호 수혈, 8~10 : 2호 수혈)

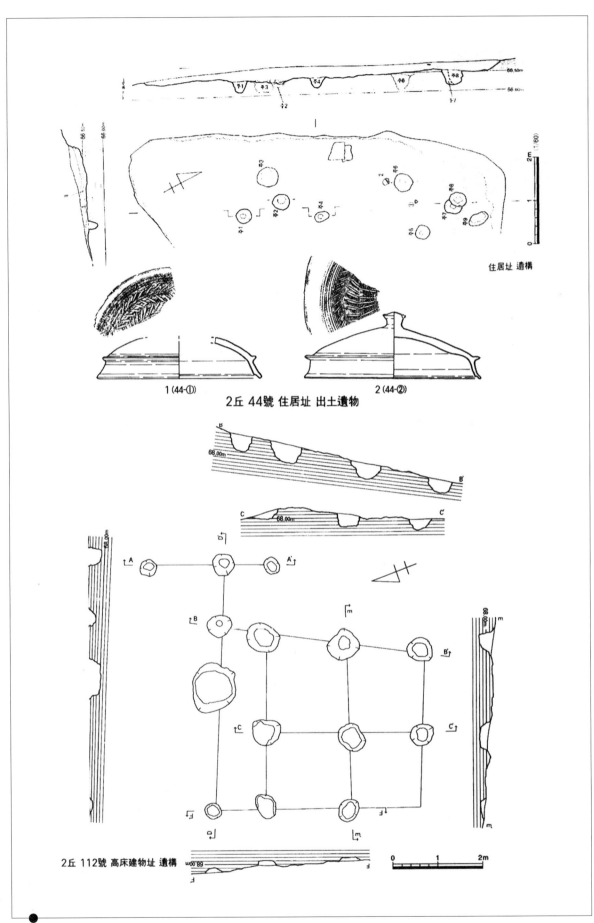

住居址 遺構

1 (44-①)　　　　　2 (44-②)

2丘 44號 住居址 出土遺物

2丘 112號 高床建物址 遺構

도 14 진주 무촌유적 2구 주거지와 고상건물지

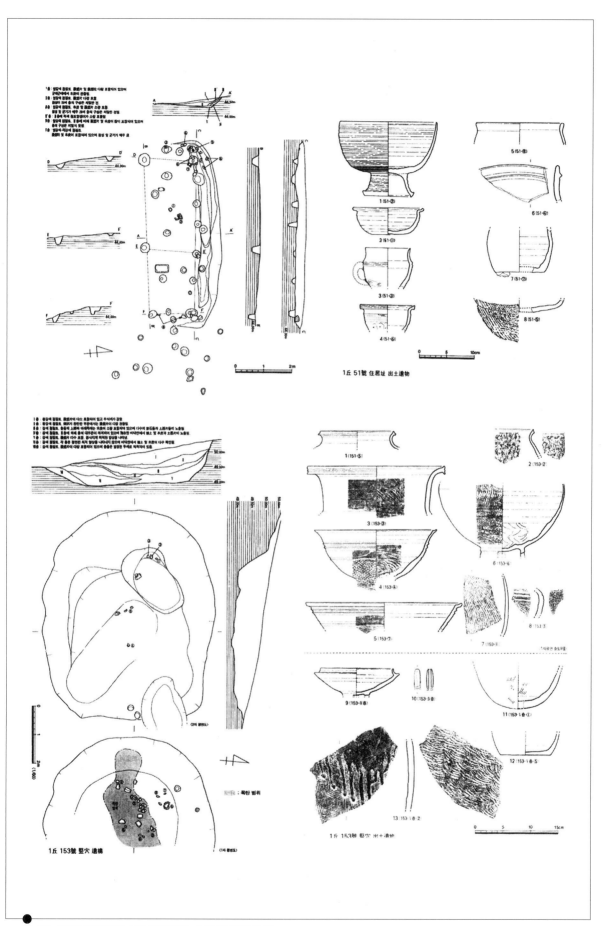

도 15 진주 무촌유적 1구 주거지와 수혈 및 출토유물

●참고문헌●

權鶴洙, 1994, 「역사시대 마을 고고학회 성과와 과제」, 『마을의 考古學』, 韓國考古學會 全國大會 發表要旨.

權五榮, 1996, 「三韓의 國에 대한 硏究」, 서울大學校 大學院 博士學位論文.

권태용, 1997, 「경산임당F-II지구 주구부건물지」, 『제7회 조사연구발표회』, 영남매장문화재연구원.

金昌億, 2000, 「三國時代 時至聚落의 展開過程과 性格」, 『嶺南考古學』 27.

박순발, 1998, 「百濟 國家의 形成 硏究」, 서울大學校 大學院 博士學位論文.

李賢惠, 1984, 『三韓社會形成過程硏究』, 一潮閣.

_____, 1996, 「金海地域의 古代 聚落과 城」, 『韓國古代史論叢』 8.

李熙濬, 2000, 「삼한 소국의 형성 과정에 대한 고고학적 접근의 틀 -취락 분포 정형을 중심으로-」, 『韓國考古學報』.

임영옥, 2000, 「嶺南地方 原三國時代의 住居址 硏究」, 漢陽大學校 大學院 碩士學位論文.

張容碩, 2001, 「慶山 林堂遺蹟의 空間構成에 대한 硏究」, 영남대학교 대학원 문화인류학과 석사학위논문.

崔鍾圭, 1989, 「金海期 貝塚의 立地」, 『古代研究』 2.

_____, 1990, 「廣場에 대한 認識」, 『歷史敎育論集』 13·14合輯.

_____, 1996, 「한국 원시의 방어집락의 출현과 전망」, 『韓國古代史論叢』.

武末純一, 2005, 「韓國·東川洞遺蹟の集落構造」, 『考古論集 -川越哲志先生退官記念論文集-』, 川越哲志先生退官記念事業會.

※ 발굴보고서는 할애하였음.

4~6世紀 南江水系 聚落 出土 土器의 編年

河承哲

1. 南江水系 聚落의 分布(도 1)

남강은 함양과 산청을 통과하여 진주, 함안을 거쳐 낙동강에 합류한다. 경남 서부지역은 지리적으로 함안 이서, 섬진강 이동의 남강수계와 남해안이 해당된다. 남강은 경남 서부지역의 문화를 생성하고 연결지어주는 주요한 기능을 수행하였다. 원삼국시대의 경남 서부지역은 와질토기문화권인 경주, 울산, 부산, 김해, 함안과 구별되며 후기무문토기문화가 장기간 지속된 것으로 이해된다. 그 후 3세기 후반에 접어들면서 함안, 김해 등지와 교류가 증가한 것으로 나타난다.

남강수계에서 조사된 취락은 咸陽 花山里遺蹟, 山淸 下村里遺蹟, 晋州 內村里遺蹟, 晋州 加佐洞遺蹟, 晋州 平居洞遺蹟, 晋州 安磵里遺蹟, 泗川 鳳溪里遺蹟 등이며 황강상류의 居昌 大也里遺蹟도 동일한 문화권에 포함된다 (도 1).

현재까지 남강수계의 취락에 대한 연구는 주거지 내부구조, 삼한~삼국 취락의 변천에 대한 연구에 중점을 두어 왔다.(李昌熙 2006, 공봉석 2008)

본고에서는 남강수계 취락 출토 토기에 대한 연구가 빈약한 것으로 판단하여 취락 출토 일상토기에 대한 편년을 마련하고자 한다.

2. 聚落 出土 土器의 編年

1) 1단계(도 8)

사천 봉계리유적, 진주 내촌리유적, 진주 가좌동유적, 진주 평거동유적, 진주 안간리유적, 함양 화산리유적에서 확인된 원형계주거지 출토품들이 해당한다. 완형무투창고배, 평저양이부호, 평저호, 양이부호, 구연이 짧은 장동옹, 다공시루 등이 중점 제작되는 단계이다. 토기는 기벽이 두텁고 낮은 회전력으로 정면되었으며 승석문타날이 주로 행해졌다. 완형무투창고배는 배부가 깊고 편평하며 각기부의 폭이 넓다. 파수부배나 시루는 동체에 비해 파수가 크다. 시루의 동체부와 구연은 직선적으로 이어지며 구연에 비해 저부가 좁고 투공이 조밀하게 뚫려 있다. 함양 화산리 28호 출토 양이부호는 격자타날된 것으로 제작수법이 차이를 보이고 있어 이입된 것으로 판단된다. 함양 화산리 23호 출토 옹은 축약된 저부, 손눌림으로 외반시킨 구연부 등은 무문토기 제작수법과 연결된다. 시기는 도질토기 출현기에 해당할 것으로 판단되며 화산리 15-1호 양이부호는 金海 大成洞 29호, 金海 良洞里 235호 출토품과 동일한 시기로 판단된다. 1단계는 4세기 전엽으로 설정할 수 있다.

2) 2단계(도 8)

2단계는 함안토기의 유입으로 토기제작 기법이 크게 변한다. 함안토기의 유입과 토기제작 기법의 변화로 'エ'자형고배, 횡침선 승석문타날단경호, 발형기대, 대부파수부배 등 신기종이 등장한다. 토기는 기벽이 얇아지고 회전물손질 정면이나 횡침선이 증가하였다. 완형무투창고배는 대각에 비해 배부가 작아졌고 구연이 강하게 외반하며 각기부 폭이 줄어들었다. 공자형고배는 대각에 투공, 장식이 많이 베풀어진다. 산청 하촌리 6호, 8호에서 출토된 공자형고배는 釜山 福泉洞 54호 출토품과 유사한 것으로 동일한 시기로 설정할 수 있다. 호는 승석문, 격자문. 평행선문 등 다양한 타날기법으로 제작된다. 장동옹은 구연이 길어지고 꺾임이 강해지며 1단계에 비해 저부가 넓어졌고 蒸氣孔의 숫자가 줄어드는 대신 크기가 커졌다. 바닥이 편평한 발, 반, 바닥이 둥근 파수부 동이 등이 증가한다.

2단계는 함안토기가 낙동강 하류역은 물론 남강 중·상류지역으로 넓게 확산되는 시기에 해당하며 4세기 중엽으로 설정한다.

3) 3단계(도 9)

완형무투창고배는 배부가 곡선적이고 구연이 길게 외반하며 각부는 팔자상으로 벌어진다. 공자형고배는 점차 사라지고 삼각형투창고배가 등장한다. 파수부배는 배부가 좀 더 곡선적으로 변하였고 타날문단경호는 평행타날이 많아졌다. 시루는 말각이나 곡선적인 저부를 가진 예가 증가하였다. 장동옹은 평행타날, 격자타날로 성형하였고 구연부는 길고 외반도가 증가하였다. 노형기대가 감소하고 발형기대가 증가한다. 발형기대는 거치문이 시문되며 각부에 삼각형, 방형투창이 등장하였다. 3단계는 4세기 후엽에 해당한다.

4) 4단계(도 9)

다투창고배, 이단일렬투창고배 등 다양한 형태의 고배가 제작된다. 낙동강하류역에서 유행한 광구소호, 유개대부파수부호 등이 새롭게 나타난다. 발형기대 역시 다양한 형태가 등장하는데 거치문이 주로 시문된다. 시루는 바닥이 둥근 형태가 많고 蒸氣孔은 원형과 길게 째진 孔이 공존한다. 4단계는 5세기 전엽에 해당한다.

5) 5단계(도 10)

5단계는 삼각투창고배, 점열문개 등 소가야양식토기가 정형화된다. 개배는 구경이 크고 뚜껑받이턱이 길게 돌출한 형태이다. 시루는 중앙의 원공을 중심으로 주위로 소형 공이 배치되는 형식이 등장한다. 의례용으로 사용된 통형기대가 등장한다. 5단계는 5세기 중엽에 해당한다.

6) 6단계(도 10)

개배는 깊이가 얕아졌고 구연이 짧게 내경한다. 저부는 깎기로 정면되었다. 동체부 중앙에 파수가 붙은 단경호는 동체부 중상위가 강조된 형태이다. 진주 평거동유적 등 산청, 진주 지역에는 소가야토기가 중심이지만 남강 상류인 산청 하촌리유적을 중심으로 대가야 소형기대, 장경호, 통형기대 등이 등장한다. 6단계는 5세기 후엽에 해당한다.

7) 7단계(도 10)

개배는 낮고 편평하며 구연은 짧게 직립한다. 대가야 소형기대는 기고가 낮아졌고 파수부호는 동체부가 처진 상태로 변하였다. 시루는 사다리꼴형태의 공이 뚫린 것이 나타난다. 산청 하촌리유적에는 대가야토기의 비율이 월등히 높으므로 대가야문화권에 속하는 것으로 파악된다. 7단계는 6세기 전엽에 해당한다.

8) 8단계(도 11)

개배는 천정과 바닥이 편평하며 구연은 극히 짧다. 연질개나 유개연질옹의 제작이 증가한다. 연질옹은 동체부가 처진 형태가 많고 구연은 강하게 외반하는데 끝부분은 요상으로 처리되었다. 8단계는 6세기 중엽에 해당한다.

9) 9단계(도 11)

9단계는 가야가 멸망한 이후에 해당한다. 산청 하촌리유적에서 조사된 주거지, 수혈 등이 해당되며 주거지는 지상식 건물지로 와를 사용했던 것으로 확인된다. 토기는 평저완, 단각고배, 구연 끝부분이 둥글게 처리된 단경호 등이 해당된다. 대부분의 토기에 점원문, 'ⅹ' 등이 새겨져 있는데 생산자, 수요자의 표식이거나 토기생산에 대한 통제로 나타난 흔적일 가능성이 제기된다. 시기는 6세기 말 또는 7세기 전엽에 해당할 것으로 판단된다.

3. 南江水系 聚落의 變遷

1) 居昌 大也里遺蹟(도 2, 東義大學校博物館 1989)

유적은 하천 충적대지에 입지하며 삼국시대 주거지 5동이 조사되었다. 모두 타원형주거지며 벽과 바닥은 점토를 바르고 불다짐하였다. 16호 주거지에서는 굵고 긴 파수가 달린 평저발, 격자타날된 단경호가 출토되었는데 남강수계 토기변화 1단계에 해당한다. 12호 주거지에서는 무경식철족, 장동옹, 원공이 뚫린 시루, 연질옹 등이 출토되었는데 남강수계 토기변화 2단계에 해당한다.

2) 咸陽 花山里遺蹟(도 3, 慶南發展研究院 2007)

유적은 하안단구에 입지하며, 삼국시대 주거지 43동이 조사되었다. 주거지 폐기 후 상당량의 토사로 덮인 채 확인되어 유물의 공반관계를 살피 수 있는 호조건에 있었다. 주거지는 모두 원형계이며 면적은 20~40㎡에 해당되었다. 주거지 내부에서 주혈은 대부분 확인되지 않았으나 41호 주거지에서는 유일하게 벽주혈이 확인되었다. 벽을 따라 부뚜막과 고래가 설치된 것이 특징이다. 출토유물은 완형무투창고배, 평저옹, 평저호를 표지로 하는 남강수계 토기변화 1단계에 해당한다.

3) 晋州 安礀里遺蹟(도 4, 慶南發展研究院 2008)

안간리취락은 구릉을 경계로 2곳으로 구분된다. 취락 1은 목곽묘 3·수혈 1가 조사되었다. 취락 2는 주거영역, 매장영역으로 구분되는데 주거지 29, 수혈 20, 구 7, 주혈 1과 목곽묘 8가 조사되었다. 주거지는 모두 타원형이며 내부시설은 벽구, 수혈, 주혈, 저장혈 등이다. 부뚜막은 거의 확인되지 않으며 주혈은 정형성이 없다. 출토유물은 남강수계 토기변화 2~3단계에 해당한다. 2단계는 승문타날 단경호, 파수부잔, 공자형고배, 노형기대 등 함안양식 토기와 완형무투창고배를 표지로 하는 경남서부지역 토기문화가 혼재한다. 3단계는 함안토기문화권으로 편입된 시기며 咸安 篁沙里 1호묘, 馬山 縣洞 51호묘 출토품과 유사한 토기들이 출토된다.

4) 泗川 鳳溪里遺蹟(도 5, 慶南考古學研究所 2002)

삼국시대 주거지 152동이 조사되었다. 주거지는 A, B, C 구릉으로 나뉘어 분포하는데 C구릉에 밀집도가 높다. 주거지의 중복이 심한 것이 특징이다. 주거지 평면형태는 방형 2동을 제외하면 전부 타원형이다. 주거지 내부시설은 벽구와 벽주, 부뚜막 등이 있다. 벽주는 벽구와 동반 설치된 경우가 있고 부뚜막은 배연시설이 확인되는 경우가 있다.

출토유물은 대부분 남강수계 토기변화 1단계에 해당하며 95호 주거지 등 극히 일부는 2단계 해당한다. 또한

101-6호, 121호, 133-2호, 147호 주거지 출토품은 점토대토기 제작기법이 잔존하는 것으로 향후 검토를 통해 3세기 후반으로 상향될 가능성이 높음을 밝혀둔다.

5) 晉州 晉州 平居洞遺蹟(3-1地區, 慶南發展研究院 2011)

평거동유적 3-1지구 A지구에서는 삼국시대 주거지 95동, 고상건물지 4동, 구 1기, 수혈 47기, 소성유구 1기, 도로유구 7개소, 수전, 전 등이 확인되었다. B지구에서는 구 2기, 수혈 11기, 주혈군 1개소, 도로유구 3개소, 밭 등이 확인되었다.

주거지 중 (타)원형계주거지는 54동이며 방형계주거지는 34동이다. 원형계주거지는 함양 화산리유적과 평면형태, 내부시설, 출토유물이 거의 동일하다. 토기는 양이부격자타날단경호, 다공시루, 짧고 강하게 꺾이는 구연을 가진 장동옹 등 대부분 토기변화 1단계에 해당하고 일부는 토기변화 2단계에 속할 것으로 판단한다.

토기변화 3단계에 이르면 주거지는 방형계로 바뀌고 4군으로 분할된다. 4개의 군집 중 1군에 속하는 주거지가 대체로 큰 편이며 4군은 가장 작은 편이다. 또한 1군은 주거지 83호, 2군은 주거지 69호 · 72호, 3군은 77호 등 대형급(25㎡)을 중심으로 중 · 소형급이 모여 있는 상태이다.

또 하나의 주요한 변화는 방형계주거지의 등장과 함께 주거지 주변에 수혈이 증가하고 있다는 사실이다. 원형계주거지의 경우 주거지만 밀집 조성되어 있고 수혈은 2~3기에 지나지 않는다. 그러나 방형계주거지 군집에서는 많은 수의 수혈이 확인 된다. 수혈은 저장 등의 용도로 활용되었을 가능성이 높다. 방형계주거지는 원형계주거지보다 5㎡ 작아졌지만 주거 공간의 활용변화가 일어났던 것을 짐작할 수 있다. 따라서 주거지의 평면형태 변화는 생활방식의 변화와 직결되는 것으로 주목해서 관찰해야 할 사항임에 틀림없다.

평거동 7호 · 9호 · 10호 · 11호 · 17호 · 23호 · 31호 등이 1~2단계에 해당하고 52호 · 56호 · 57호 · 58호 · 59호 · 61호 · 67호 · 70호 · 71호 · 92호 등이 3단계에 해당하는 주거지이다.

한편 경남문화재연구원에서 조사한 평거동유적 3-2지구는 3-1지구와 동일한 자연제방대에 위치하며 축조시기도 비슷하다. 삼국시대 주거지는 137동이 조사되었는데 모두 원형계주거지이다. 원형계주거지가 밀집조성되어 있고 외곽에 고상건물지가 다량 축조된 것이 특징이다. 고상건물지가 주거용도인지 창고용인지 불확실하지만 원형계주거지와 분리된 채 조성된 점, 주변에 넓은 면적의 水田과 田이 조성된 점 등으로 보아 동일 시기의 창고용 건물일 것으로 판단된다(도 6).

6) 晉州 加佐洞遺蹟(慶南文化財研究院 2005)

가좌동유적에서는 구릉에서 삼국시대 주거지 47동이 확인되었다. 모두 타원형주거지며 방형계주거지는 확인되지 않았다. 주거지는 벽구시설과 벽주혈이 확인되며 온돌시설은 확인되지 않았다. 이러한 사실은 동일시기에 강변 충적지에 축조된 진주 평거동유적과의 가장 큰 차이점으로 지적할 수 있다. 구릉 정상부를 감싸듯이 설치된 주거지는 모두 4개의 군집으로 분할된다. 그러나 평거동방형계주거지와 달리 주거지의 면적 차이는 크지 않고 주거지에 딸린 수혈유구도 확인되지 않는다. 출토유물은 많지 않지만 완형무투창고배, 공자형고배, 격자문타날단경호, 파수부배 등이 혼재하는 상황이며 토기변화 1~2단계에 해당한다.

4. 南江水系 住居址의 變遷(도 12)

1) 방형계주거지 출현시기

남강수계에서 조사된 주거지는 수혈식주거지와 지상식주거지(지면식건물지, 고상건물지 포함)로 구분해 볼 수 있다. 수혈식주거지의 평면형태는 (타)원형, 방형, 장방형에 해당되며, 지상식주거지는 부정형한 얕은 수혈로 확인되거나 등간격의 주혈로 확인된다.

남강수계의 주거지는 원형계 주거지의 비율이 높게 나타나지만 산청 하촌리(慶南發展硏究院 2011) 유적에서는 50기의 주거지 중 39기, 晋州 中川里遺蹟에서는 11기 중 9기가 방형계주거지였고, 咸陽 牛鳴里遺蹟에서는 11기 모두 방형계주거지로 확인되었다. 진주 평거동 3-1지구(慶南發展硏究院 2011) 유적에서는 원형계주거지 54동, 방형계주거지 34동으로 확인되었다.

주거지의 출현 시기는 대체로 원형계주거지가 3~4세기, 방형계주거지가 5~6세기에 해당하는 것으로 이해되어 왔지만, 검토결과 산청 하촌리 IIA11호, IIA27호 장방형주거지 등은 4세기 후엽에 해당하였다. 따라서 남강수계 방형계주거지의 출현은 4세기 후반대로 이해할 필요가 있다.

2) 원형계주거지의 변천

4세기 전반대외 원형계주거지의 면적은 대부분 20~30㎡에 속하며 이후에 출현하는 방형계주거지에 비해 면적이 넓고 부뚜막과 고래로 연결되는 온돌시설을 갖춘 것이 특징이다. 주혈은 정형성이 없으나 주거지 내부에 수혈 또는 저장시설이 있는 경우가 많다. 4세기 후엽에 이르면 원형계주거지의 숫자는 급감하며 5세기 전엽은 대부분 방형계 주거지로 대체된다. 4세기 후엽에 해당하는 원형계주거지는 면적이 작아지고 부뚜막과 연결된 고래시설이 사라지며 부뚜막의 위치도 주거지 벽면과 직교하거나 내부로 이행하는 것으로 변화한다.

3) 방형계주거지의 변천

4세기 후엽에 출현한 방형계주거지는 장방형에서 방형으로 점차 변화한다. 부뚜막은 벽면의 중앙이나 모서리부분에 벽면과 직교하는 형태로 설치되고 주변에 점토로 보강하여 단을 만든 것이 다수 확인된다. 5세기대의 주거지는 큰 변동을 보이지 않지만 부뚜막은 벽면에서 이격되어 주거지 내부로 이동한 것이 다수 확인된다. 앞서 진주 평거동유적, 산청 하촌리유적에서 살펴본 바와 같이 방형계주거지의 출현과 함께 주거지에 부속된 수혈이 증가하고 있음을 확인할 수 있었다. 주거지 구조의 변화와 함께 내부 공간활용의 변화도 진행되었던 것으로 이해할 수 있다.

끝으로 산청 하촌리유적을 보면 가야가 멸망한 이후 반세기 정도의 공白을 가진 이후 신라토기가 출토되는 주거지가 출현한다. 출토된 신라토기는 점원문 등이 새겨져 있어 계획적인 생산체계를 갖추었던 것으로 판단되며 가야와 다른 사회 시스템을 엿볼 수 있다. 주거지는 지상식이며 내부에서 벽 축조에 사용된 것으로 추정되는 다량의 할석이 출토되었고 기와도 다수 수습되었다. 또한 천석으로 축조한 고래시설도 확인할 수 있었다. 다른 주거지역시 얕은 수혈로 확인되는 것으로 보아 지상식건물들로 대체된 것으로 파악된다.

4) 출토유물의 변동

방형계주거지의 출현과 함께 주거지 내부 출토유물에서도 변화가 나타난다. 대표적인 것이 철정, 철부, 철도자, 숫돌 등 철기사용과 관련된 유물의 증가이다. 5세기 전엽에 해당하는 진주 평거동 56호, 93호 주거지 등이 대표적인 유구이다. 수혈주거지의 대부분이 화재로 소실되었지만 원형계주거지에서 출토된 철기의 수량은 많지 않았다. 반면 방형주거지에서는 각종의 철기는 물론 철기 사용과 관련된 숫돌 등의 출토가 증가하였다. 취락에서 철기제작이 본격화된 것으로 이해할 수 있고 낙동강하류역에서 유행한 광구소호, 대부파수부호 등이 새롭게 등장하는 것으로 보아 남강수계 취락의 교역범위가 확대되었음을 알 수 있다.

5. 外來系 土器의 出現을 通해 본 交流關係의 變化

끝으로 남강수계 출토 외래계토기의 출현과 변동을 통해 집단의 교류관계 변화를 추적해보고자 한다.

4세기 전반대까지의 남강수계는 와질토기문화권과 구별되는 토기문화권을 형성하고 있었다. 원형계주거지는 방형계주거지가 우세한 동부경남지역과 구별되는 문화요소이다. 오히려 전남동부지역과 유사함이 지적된다(李東熙 2010).

4세기 중엽에 이르면 남강을 통해 함안토기가 본격적으로 이입된다. 더불어 신기종이 등장하고 토기제작 기술의 변화가 가속화된다. 함안과 가까운 진주 안간리유적에서는 함안양식토기가 부장된 분묘가 확인되었다. 4세기 전·중엽의 시기에 남강수계에서 분묘가 확인되지 않는 사실은 주목할 필요가 있으며 와질토기문화권과 다른 장묘문화가 존재할 가능성도 고려된다. 추후 조사결과를 응시해야 할 것이지만 함안문화의 파급과 함께 장묘문화도 바뀌는 것이 아닐까 궁금하다.

5세기 전엽이 되면 함안을 넘어 교류의 폭이 확대된 것으로 나타난다. 진주 평거동유적에서 출토된 광구소호, 대부파수부호, 철기사용의 증가 등은 낙동강하류역과의 교류로 이입된 새로운 문화로 판단된다.

5~6세기 중엽의 남강 중류역은 소가야문화권에 해당되지만, 상류의 山淸 生草圈은 대가야토기문화권에 포함된다. 산청 하촌리유적과 인접한 生草古墳群은 중심고분군으로 대가야계 수장층 묘역임이 밝혀졌다.

이상으로 남강수계 취락 출토 토기의 변화를 통해 살펴본 결과, 남강수계 집단은 함안, 김해 가야권과의 교류를 통해 선진문물을 습득하였고 그들의 생활방식을 변동시켜 나갔던 것으로 이해할 수 있었다.

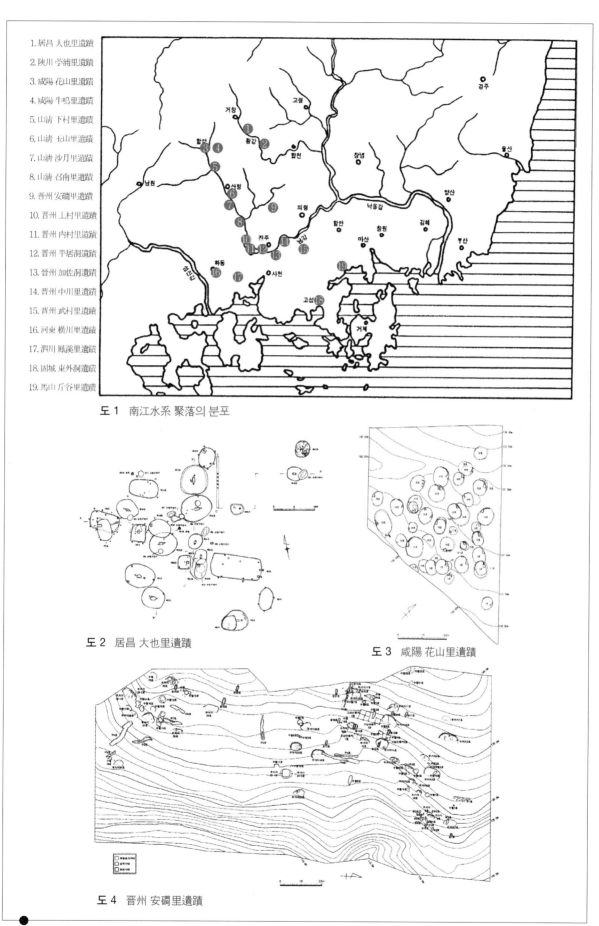

1. 居昌 大也里遺蹟
2. 陜川 苧浦里遺蹟
3. 咸陽 花山里遺蹟
4. 咸陽 牛鳴里遺蹟
5. 山淸 下村里遺蹟
6. 山淸 玉山里遺蹟
7. 山淸 沙月里遺蹟
8. 山淸 召南里遺蹟
9. 晋州 安磵里遺蹟
10. 晋州 上村里遺蹟
11. 晋州 內村里遺蹟
12. 晋州 平居洞遺蹟
13. 晋州 加佐洞遺蹟
14. 晋州 中川里遺蹟
15. 晋州 武村里遺蹟
16. 河東 橫川里遺蹟
17. 泗川 鳳溪里遺蹟
18. 固城 東外洞遺蹟
19. 馬山 斤谷里遺蹟

도 1 南江水系 聚落의 분포

도 2 居昌 大也里遺蹟

도 3 咸陽 花山里遺蹟

도 4 晋州 安磵里遺蹟

도 1~4

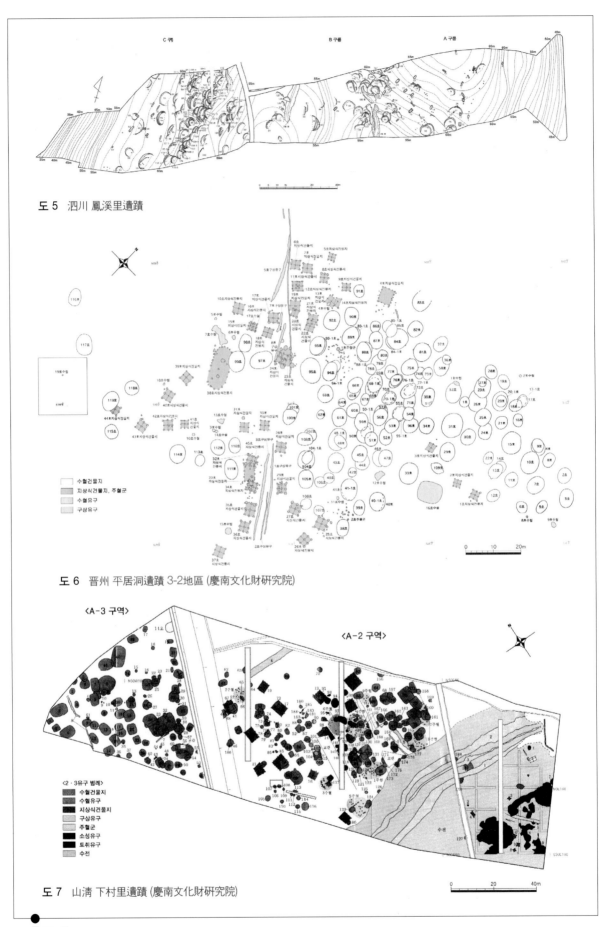

도 5 　泗川 鳳溪里遺蹟

도 6 　晋州 平居洞遺蹟 3-2地區 (慶南文化財研究院)

도 7 　山清 下村里遺蹟 (慶南文化財研究院)

도 5~7

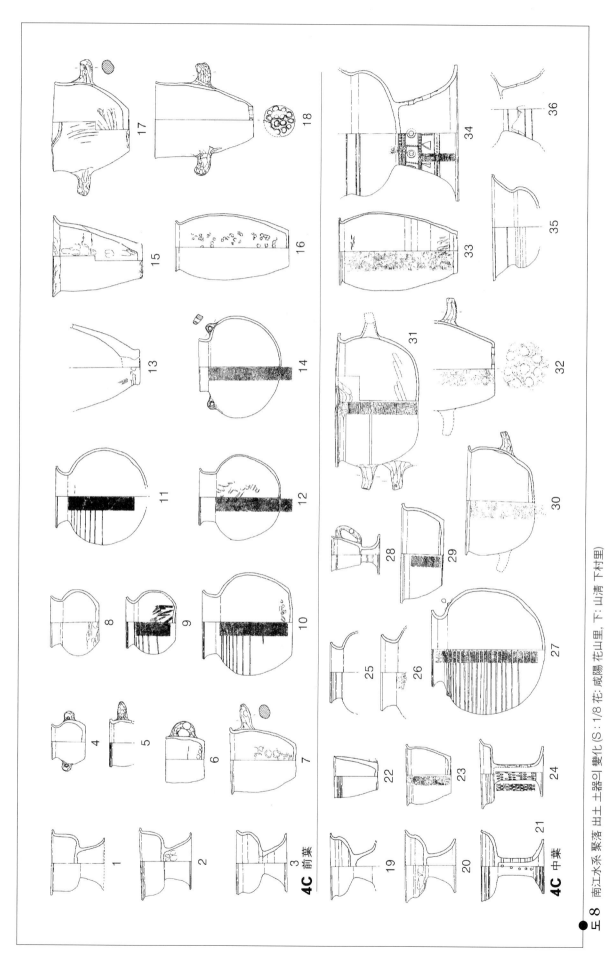

圖 8 南江水系 聚落 出土 土器의 變化 (S : 1/8 花: 咸陽 花山里, 下: 山淸 下村里)
1: 花3號, 2: 花33號, 3 · 4 · 9 · 12: 花29號, 5: 花28號, 7 · 16 · 18: 花9號, 10 · 14: 花15-1號, 11 · 13 · 15 · 17: 花23號,
19 · 22 · 25 · 26 · 30 · 32 · 33 · 35 · 36: 下ⅡA-103號, 20 · 21 · 23 · 27 · 28 · 31 · 34: 下6號, 24 · 29: 下8號

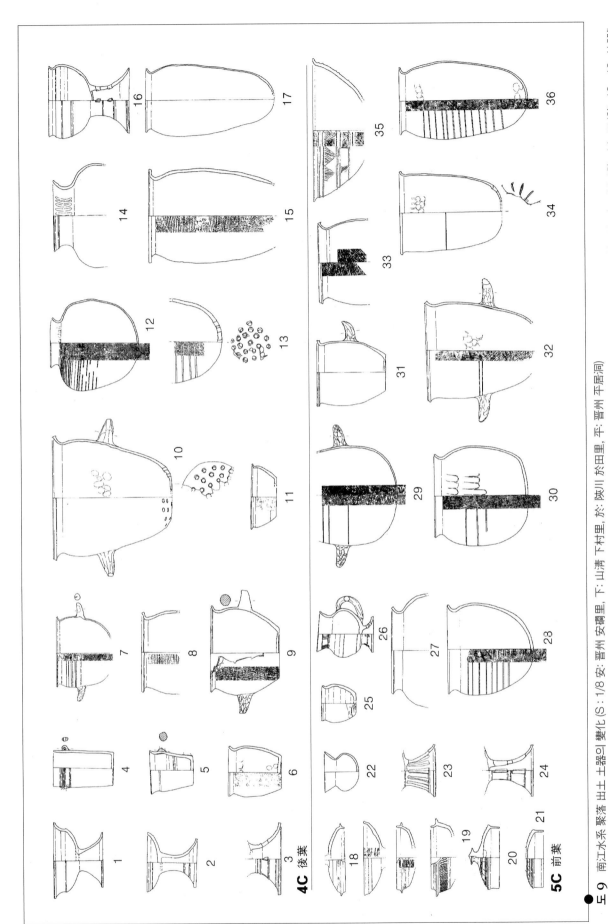

圖 9 南江水系聚落 出土土器의 變化 (S:1/8 安:晉州 安調里, 下:山清 下村里, 於:陜川 於田里, 平:晉州 平居洞)
1·6·11: 下ⅡA-245號, 2: 安Ⅲ29-1號, 3·7·8: 下4號, 4·16·17: 山清 下村里, 13: 安Ⅲ21-1號, 14: 下4號, 18·19: 於6號,
20·21·23·24: 於西里 窯, 22: 於西里 窯, 25·30·34: 平52號, 26: 下70號, 27·31: 下67號, 29·33: 平61號, 32: 平57號, 35: 平58號
5·15: 安Ⅲ15號, 9·12: 安Ⅲ21號, 10: 下65號, 28: 平59號, 36: 平58號

4C 後葉

5C 前葉

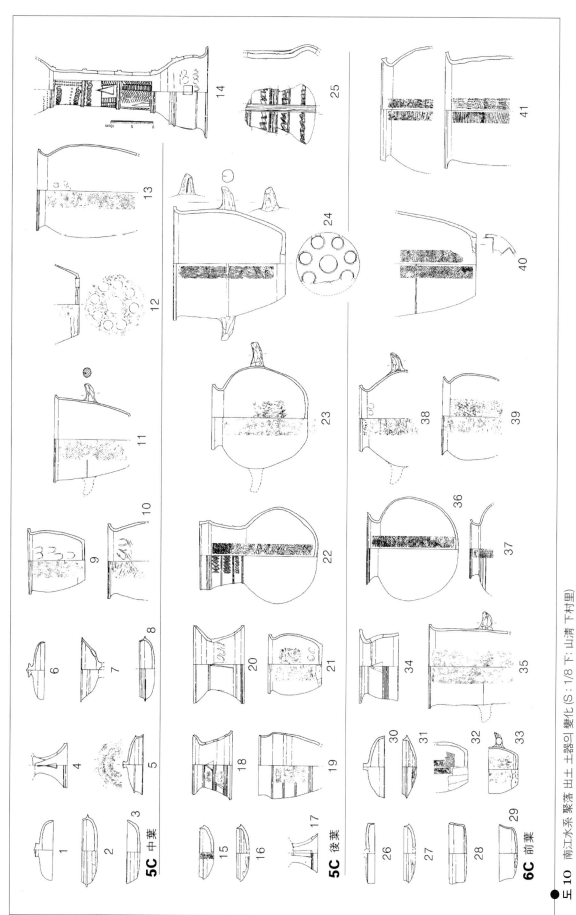

표 10 南江水系 聚落 出土 土器의 變化 (S : 1/8 下 : 山淸 下村里)
1~5・8・9・12・13: 下ⅠA77號, 6・7・10: 下ⅠA68號, 11: 下ⅠA61號, 14: 下ⅠB12號, 15・22・24・25: 下47號, 16・18~21: 下ⅠA71號, 17・23: 下ⅡA16號, 26~29・33・35: 下ⅠA45號, 30・31・38・39: 下ⅡA85號, 32: 下27, 34・36・37・40・41: 下ⅡA85號

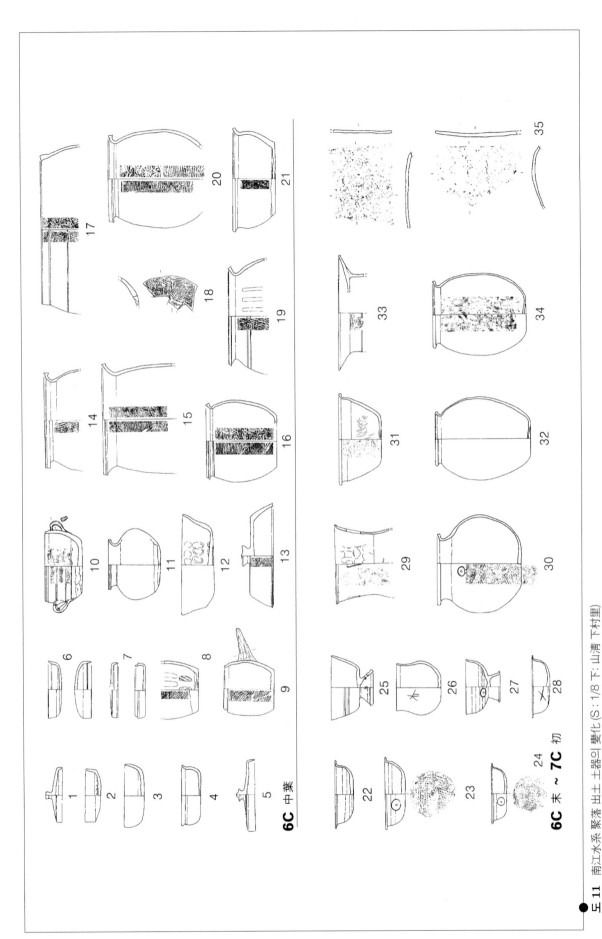

圖 11 南江水系 聚落 出土器의 變化 (S：1/8 下：山淸 下村里)
1~4・10・12：下ⅠB7號, 5~9・13~21：下9號, 22~26・29~35：下ⅠA21號, 27・28下ⅠB12號

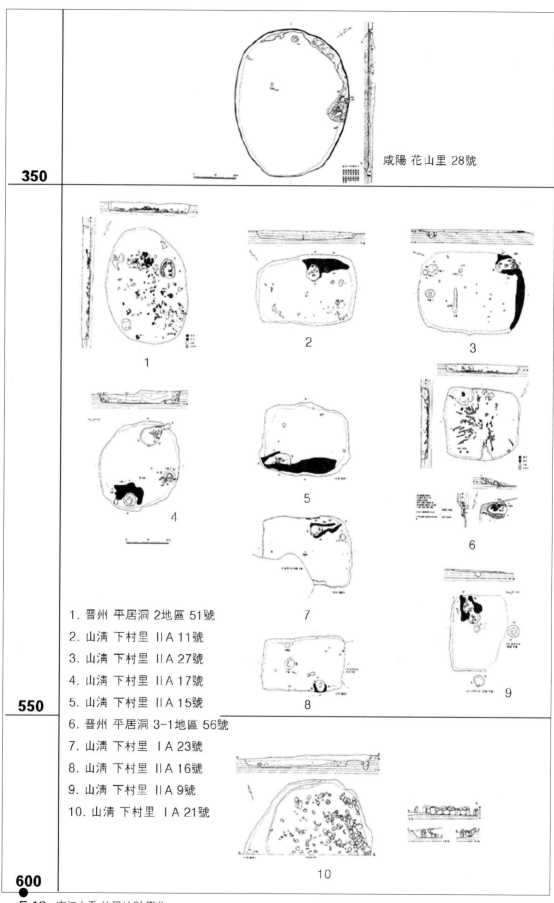

350

咸陽 花山里 28號

1

2

3

4

5

6

7

1. 晋州 平居洞 2地區 51號
2. 山淸 下村里 ⅡA 11號
3. 山淸 下村里 ⅡA 27號
4. 山淸 下村里 ⅡA 17號
5. 山淸 下村里 ⅡA 15號

550

6. 晋州 平居洞 3-1地區 56號
7. 山淸 下村里 ⅠA 23號
8. 山淸 下村里 ⅡA 16號
9. 山淸 下村里 ⅡA 9號
10. 山淸 下村里 ⅠA 21號

8

9

10

600

도 12 南江水系 住居址의 變化

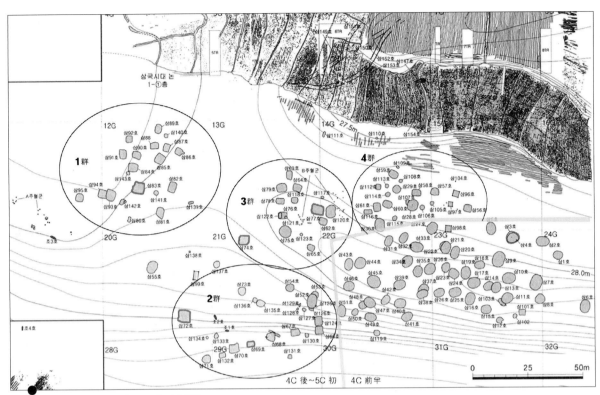

도 13 晉州 平居洞遺蹟 聚落의 變遷

●참고문헌●

공봉석, 2008, 「慶南 西部地域 三國時代 竪穴建物址의 구들 硏究」, 『韓國考古學報』 66, 한국고고학회.

_____, 2009, 「慶南 西部地域 三國時代 住居와 聚落」, 『嶺南地方 原三國·三國時代 住居와 聚落』 1, 第18回 嶺南考古學會 學術發表會.

李羅英, 2010, 「3~4世紀 圓形系 竪穴住居址의 復原에 대한 硏究」, 『慶南硏究』 2, 慶南發展硏究院 歷史文化센터.

李東熙, 2010, 「全南東部地域 加耶文化의 起源과 變遷」, 『湖南東部地域의 加耶와 百濟』, 第18回 湖南考古學會 學術發表會.

日常用土器 生産의 專門化
-打捺文 甕과 鉢의 生産-

李 盛 周

1. 머리말

옹형토기와 발형토기는 삼국시대 주거지에서 빈도가 가장 높게 출토되는 기종이다. 삼국시대 취락 내에서 가장 흔하게 사용되었던 기종이기에 그러할 것이다. 이런 점에서 옹과 발은 당시 일상적인 생활 속의 기본 용기였다고 해도 틀린 말은 아닐 것이다. 삼국시대 중부지방, 호서·호남지방 그리고 영남지방의 취락에서 출토되는 옹과 발은 기형과 제작수법이 서로 약간 다르긴 하지만 다음과 같은 점에서는 공통적인 특징이라 할 수 있다. 첫째 분화된 기종으로서 옹과 발은 정형화된 형태로 제작된다는 점, 둘째 지역을 불문하고 물레질 - 타날법으로 제작된다는 점, 셋째 대부분의 주거지에서 지배적인 빈도를 보이는 기종이며 복수로 발견되는 경우가 많다는 사실이다.

이처럼 삼국시대의 취락에서는 옹형토기와 발형토기가 뚜렷하게 분화된 기종으로 나타나지만 과연 언제부터 명확한 기종분화가 나타났으며 지배적인 기종으로 등장하였는가? 하는 점이 궁금하다. 취락 내에서 토기와 관련된 일상생활은 저장, 운반, 취사 혹은 조리, 식사 등이 예상된다. 흔히 삼국시대 옹(장란형토기)은 음식, 혹은 물을 끓이는 용도로 사용되었을 것이라 추측되어 왔고 사용흔에 대한 연구를 통해서도 그 해석의 타당성이 높아지고 있다(鄭修鈺 2007, 허진아 2008, 韓志仙 2009, 飲食考古硏究會 2011). 이에 비해 발(심발형토기)의 용도에 대해서는 명확하지 않았으나 역시 조리흔이 있다는 연구가 있다(鄭修鈺 2008). 옹과는 다른 방식으로 다른 종류의 음식을 조리하거나(飲食考古硏究會 2011) 운반이나 임시저장 혹은 식사를 위한 용기로도 추측해 볼 수 있다. 타날문 옹과 발이 백제, 신라, 또는 가야의 주거에서 표준화된 형태의 기본용기로 나타나는 것은 공통된 취사문화의 정형화로 인한 것이라 할 수 있다.

타날문옹과 발의 등장은 생활방식, 특히 취사와 식사방식의 변화에 기인한 것이겠지만 여기서는 그 생산과 보급을 가능하게 했던 생산의 전문화와 기술의 전승에 대해 검토하고자 한다. 원삼국시대 개시를 전후하여 유입된 신기술요소들은 지역과 기종에 따라 적용의 편차가 있었다. 지역을 불문하고 기종으로 보면 옹과 발은 환원소성법, 물레질법, 및 타날법 등의 신기술요소가 가장 늦게 적용되는 편이다. 생산의 전문화도 타날문단경호와 같은 기종과 비교 하면 상대적으로 늦고 그 과정에 대해서도 아직 명확하게 설명되어 있지 않다.

2. 南韓 諸地域 打捺文 甕과 鉢의 登場

1) 중부지방

중부지방의 대표적인 원삼국시대 취락인 加平 大成里遺蹟은 제 I 기와 제 II 기로 편년된다(金一圭 2009). B.C.2세기 말에서 A.D.1세기 전반에 해당하는 제 I 기에는 중도식무문토기의 존재가 불분명하고 타날문단경호,

대호, 화분형토기 등으로 구성되어 있다. A.D.2~3세기로 편년되는 제II기에는 중도식무문토기와 타날문단경호로 구성되어 있다. 중도식무문토기는 기종별로 크기와 외형이 정형화 되어 있지 않아 기종분화를 명확하게 파악하기 힘들지만(韓官熙·李盛周 2009) 대개 대, 중, 소형의 옹과 호, 혹은 발, 그리고 개 등으로 구성되어 있다. 회색 타날문토기는 단경호 기종에만 국한된다. 타날문옹과 발의 출현은 長峴里·發安里 II단계의 개시기 즉 4세기 중엽 이전으로 보기 어렵다(李盛周 2011a). 따라서 타날문옹과 발이 등장하기 전까지 물레질 - 타날기법으로 성형된 기종은 단경호와 대호 밖에 없으며 이중 대호는 취락 내 출토 빈도가 극히 적다.

4세기 전반까지 중부지방의 주거지에서 출토되는 토기는 중도식무문토기 대, 중, 소형 옹과 호, 발, 개, 완 그리고 타날문단경호로 구성되어 있었다. 타날문옹과 발이 등장하게 되면 중도식토기가 소멸되어 간다. 중도식무문토기의 기종이 옹과 발에 국한된 것도 아니고 대형의 저장용 옹과 호, 그리고 소형 개나 완도 포함되지만 타날문옹과 발이 등장하면서 그 제작전통이 막을 내린다. 대형 중도식무문토기는 주거 내 토기저장 방식이 없어지면서 주거지가 소형화되고 저장용 대형토기의 제작이 중단되는 것과도 관련이 있을 것이다. 이러한 변화는 한강유역 백제 중심지에서 시작되어 주변으로 확산된다. 주변지역으로 갈수록 타날문옹과 발의 제작은 지체되고 대형의 중도식주거지 축조도 지속된다. 타날문옹과 발의 생산과 맞물린 중도식무문토기와 주거지는 중심지와 주변의 시차가 커서 특히 북한강과 남한강 상류에서는 6세기까지도 지속되는 것 같다.

타날문옹과 발은 물레질 - 타날법에 의해 제작되었다. 이전 시기의 물레질 - 타날법은 타날문단경호와 대호를 제작할 때만 적용되었다. 4세기 전반까지 중부지방의 경우, 중도식무문토기와 타날문단경호의 제작전통이 기술적으로 완전 분리되어 있었고 제작공인 자체가 달랐던 것으로 보인다. 즉 물레질 - 타날법을 익혀 적용하는 공인과 그렇지 않은 공인이 있었다는 것이다. 중도식무문토기 제작자가 이따금 단경호를 모방 제작하는 일은 있어도 물레질과 타날법은 도입하지 못한다(李盛周 2010). 다만 타날문단경호 중에 매우 서툰 물레질 - 타날 솜씨로 제작된 것이 있는데 간혹 소성과 태토가 중도식무문토기의 그것과 유사한 경우도 있다. 그러나 극히 예외적인 현상이라 할 수 있다. 가평 대성리유적의 자료를 통해 보는 한 중부지방 원삼국시대 도공이 타날문단경호를 제작하는 기술체계는 몇 개의 갈래로 나누어 볼 수 있다. 첫째, 낙랑 도공의 물레질 - 타날법, 둘째, 낙랑 기술을 도입하여 토착공인에 의해 변형되었지만 숙련된 기술, 셋째, 낙랑의 기술이든 혹은 토착화된 기술이든 물레질 - 타날법이 어설프게 재현된 것 등으로 나눌 수 있다. 그중 첫 번째와 두 번째 계열의 기술은 작업행위요소와 그 배열(즉 작업연쇄)의 차이에 따라 다시 몇 가지 기술체계로 세분된다. 요컨대 대성리유적의 타날문단경호 성형기술체계는 상당히 여러 갈래로 세분된다는 것이다(도 2-d, e). 그러나 대성리 II기 이후 장현리 - 발안리 I 기가 되면 제작기술체계가 정돈되어 2~3가지 이하의 공정으로 축소된다. 이러한 기술체계의 정비 혹은 단순화를 거치는 과정에서 타날문옹과 발이 생산된다(李盛周 2011).

중부지방 원삼국시대 타날문단경호 제작기술체계는 호남지방이나 영남지방과 비교하면 두 가지 점에서 특징적이다. 첫째, 여러 갈래의 성형기술체계가 동시기, 동일취락에서 공존한다는 점 둘째, 일찍부터(대성리 I 기) 타날기법이 물레질기법과 결합되어 매우 숙련된 물레질 - 타날법 형성기술체계를 구성하고 있다는 점이다. 특히 물레질이 거의 적용되지 못했던 영남지방 전·후기 와질토기 단경호와는 커다란 차이가 있다. 그리고 호남지방과 비교하면 이 지역에서는 처음부터 정해진 타날구와 한 가지의 타날성형공정으로 단경호가 제작되기 때문에 물레질 - 타날법 복잡한 기술체계의 공존상황을 겪지 않은 듯은 하다.

중부지방의 타날문옹과 발은 타날문단경호 전문제작자가 자신의 생산 품목을 옹과 발로 확장하면서 출현했다. 중도식무문토기 제작자가 새로운 물레질 - 타날기술을 익혀 타날문옹과 발을 생산한 것이 아니라는 필자의 의견에는 아래와 같은 이유가 있다. 첫째, 만일 중도식무문토기 제작자가 타날문옹과 발의 제작을 시도했다면 중도식무문토기에 타날법과 물레질의 실험적 작업이 이루어진 예가 많아야 하는데 현재로서는 남양주 장현리 취락의 사례 몇몇 등 극소수에 불과하다는 점 둘째, 중도식무문토기 제작자가 시도한 타날작업의 결과는 평저의 중도식토기일 뿐, 원저의 완성된 타날문옹을 지향하고 있지 않다는 점이 이유이다. 그리고 셋째로는, 타날문옹과 발이 등장하면서 취락 내에서 성용되는 타날문단경호의 기형이 서서히 변하여 장동화 되어 가고 타날문옹을 닮아가게 된다. 이는 타날문단경호 제작자가 동일한 공정으로 타날문옹과 발, 그리고 타날문단경호를 함께 제작하는 과정에서 서로의 기형이 닮아갔기 때문으로 보인다(도 3-a).

중부지방에서 타날문옹과 발의 생산은 규모가 큰 전문 토기생산 공방에서 진행된 것이 아닌 듯하다. 전문화된 생산이기는 하나 취락 내 혹은 몇몇 취락 간에 공유된 생산시설에서 생산되어 공급된 것으로 보인다. 한성백제기의 토기제작소로 보이는 華城 佳才里와 龍仁 農書里 토기요지에서 가장 중요한 생산 기종은 대호와 단경호, 분형토기였던 것으로 보이며 타날문옹과 발은 비중 있게 생산된 기종이 아닌 듯하다(도 4). 5세기가 중심연대일 것으로 추정되는 三龍里·山水里 토기요지에서도 취락에서 흔히 보이는 타날문옹과 발은 생산의 주요기종은 아닌 듯하다(도 5). 특히 서로 떨어져 있는 각 취락유적에서 발견된 타날문옹(도 2-b)을 보면 기본적인 물레질 - 타날법의 제작기술은 동일해도 기형상의 미묘한 차이가 관찰된다. 이는 각 취락마다 독자적으로 타날문 옹과 발을 제작했기 때문에 나타나는 현상으로 이해된다.

2) 호남지방

호남지방의 경우 타날기법은 상당히 늦은 시기인 A.D.2세기 경에 도입된 것으로 알려져 있으며 그 이전까지 경질무문토기가 사용되어 왔다(崔盛洛 1993, 李暎澈 2005). 최초로 타날기법이 적용된 기종은 역시 단경호이며 중부지방처럼 타날문옹과 발은 훨씬 뒤에 등장하는 것으로 이해된다. 따라서 원삼국시대 이래 주거유적에서 확인되는 토기유물군은 (경질무문토기군) → (경질무문토기 + 타날문단경호군) → (타날문토기군) 으로 변천한다. 시기와 지속기간은 차이가 있더라도 중부지방과 마찬가지로 타날문단경호가 먼저 등장하고 경질무문토기 옹 및 발과 공존하다 타날문옹과 발이 출현하면서 경질무문토기가 소멸한다는 것이다. 역시 경질무문토기는 대, 중, 소형, 옹과 호, 완, 시루 등으로 구성되어 있는데 역시 기종구성이 분명치 않았다. 타날문단경호와 공존하는 단계가 되면 경질무문토기의 기종분화가 분명해진다. 潭陽 台木里 140호 및 110호 주거지의 경질무문토기는 꺾임구연옹, 내만구연옹, 발, 대호, 시루 등으로 기종분화가 뚜렷해지며 이 각각의 기종이 다음 단계에서 타날문토기화 한다. 타날문토기의 등장과 함께 기종분화가 분명해지는 중부지방과는 대조적이다.

(도 6-b)의 海南 新今 1호 주거지의 토기유물군처럼 타날문단경호와 대호, 타날문옹과 발, 그리고 시루가 조합된 기종구성의 출현시기가 언제인가? 이점은 이중구연호에 타날문이 적용되는 시점과 관련이 있을 것으로 보이는데 비교적 이른 시기에 속하는 高敞 萬洞 墳丘墓 등의 유물편년을 참고하면(徐賢珠 2008, 이보람 2009) 타날문이 없는 고식의 이중구연호는 3세기 후반경일 것으로 보이고(李盛周 2011b) 타날문이 등장하는 시점은 그보다 약간 후행할 것으로 추정된다. 호남지방에서는 3세기 후반 이후에 타날문옹과 발이 등장하는 것이 아닐까 하며 전남 동부지역의 경우, 順天 月坪遺蹟이나 寶城 鳥城里遺蹟에서처럼 그 보다는 지체될 것으로 보인다.

호남지방에서도 타날문옹과 발의 성형기술체계는 타날문단경호 제작기술로부터 전이된 것으로 보는데 문제가 없다. 그러나 중부지방처럼 이전 단계에 경질무문토기 제작자와 타날문토기 제작자가 엄격히 구분되어 있었는지에 대해서는 명확히 알 수 없다. 사실 타날문옹과 발의 등장 이전의 경질무문토기 단계에서 제반 기종이 정형화된 상태였고 이후 취락 내 토기요지에서 취락 내의 모든 기종이 제작되는 것으로 보아 경질무문토기 단계부터 타날문단경호와 경질무문토기 옹과 발, 시루, 대호 등을 함께 제작하였을 가능성이 크다.

타날문옹의 제작에 적용된 물레질 - 타날법은 타날문발의 제작에 적용된 기법과 극히 유사하다. 옹을 제작하는 성형공정에서 공정의 뒷부분이 생략된 정도가 타날문발을 제작하는 공정이라 할 수 있을 정도이다. 그러나 중부지방의 경우와는 달리 타날문옹과 발의 제작기술체계는 타날문단경호와 서로 상통되는 점이 적다. 기본적으로 물레질 - 타날법이 거치는 성형공정은 유사하다고는 할 수 있지만 그 이상의 기술적 공통점을 찾기 어렵다. 이를테면 호남지방의 타날문단경호는 동체에는 평행타날구를 이용하고 저부는 격자타날구를 사용하지만 타날문옹과 발은 격자타날에 의해서만 제작된다. 그리고 상부와 하부를 따로 제작하여 붙임으로서 타날문옹이 완성되는데 이는 타날문단경호 제작에서는 볼 수 없는 방식이다.

호남지방 삼국시대 취락에서 사용되었던 주기종인 타날문옹과 발, 시루, 단경호 등은 취락 내 전문토기제작자에 의해 생산되었다. 말하자면 취락 내 토기생산의 전문화 과정을 거쳐 자체 생산되었다는 뜻이다. 全州 松川洞遺蹟과 같이 규모가 큰 취락은 취락 가까이에 따로 토기 가마와 토기제작 공방이 설치되었던 것 같다(도 7). 그러나 靈光 郡洞 토기가마 유적처럼(도 6-d) 인근에 몇몇 취락이 공유했던 토기요와 공방도 있었다. 이와 같은 취락 내 토기생산시설에서는 그 취락에서 사용되었던 모든 기종을 물레질 - 타날법에 의해 생산하였다. 5세기 경 중심지, 혹은 거점취락을 끼고 고분부장토기를 비롯한 다양한 기종을 회청색경질로 대량생산한 가마가 출현하는데 그 생산품이 주변의 일반취락으로 보급되는 것은 제한적이었을 것이다. 그래서 그 이후에도 여전히 제 지역의 취락에서는 취락 내 토기생산시설이 활용되어 왔을 것이다.

3) 영남지방

영남지방에는 타날기법과 환원소성기술이 일찍 도입된다. 낙랑 설치 이전부터 신제도기술이 도입되었을 가능성을 배제하기 어렵다(鄭仁盛 2008 · 2010). 그러나 물레질법이 타날기법과 처음부터 접목되지 못한다. 원삼국시대 기술혁신의 제 요소 중에서 환원소성법과 타날기법이 먼저 도입되는 것으로 보이는데 이 신기술요소가 처음부터 적용되며 등장하는 것은 타날문단경호이다. 다음으로 환원소성법은 대상호와 파수부장경호에 적용되고 뒤에 파수부장경호도 타날성형법으로 제작된다. 결국 타날기법과 같은 신기술요소는 부장용 와질토기에 먼저 적용되고 뒤에 옹과 같은 일상용토기의 제작에 도입된다.

A.D.2세기를 전후한 시기, 즉 목관묘의 늦은 단계, 혹은 목곽묘의 이른 시기에 해당되는 분묘와 주거유적에서는 옹이 출토된다. 이 때의 옹은 종래 삼각형점토대 전통의 경질무문토기 옹이 아니다. 바닥이 원저이거나 환원소성되기도 하고, 타날성형되기도 하여 무문토기전통으로부터 벗어나 있다. 이 시기의 옹형토기들은 같은 영남지방 안에서도 각 지역에 따라 기형 및 제작기법의 차이가 크다(도 8). 이를테면 이 시기 승문타날된 세장한 옹은 영남 전역에서 보이지만 와질토기 무문원저옹은 경주를 중심으로 하여 琴湖江流域에서, 평행타날 위에 목리조정한 적갈색 연질옹은 부산, 김해 및 울산 일부지역에서, 그리고 목리조정과 마연 위주의 평저옹은 경남 서부지역에 분포한다. 이후 변화의 과정도 서로 상이하기 때문에 혼란이 초래될 우려가 있어 여기서는 경주와 울산 일원의 영남 동남부지역을 중심으로 검토해 보고자 한다.

삼국 공통의 세장한 원저타날옹은 영남지역 안에서도 경주일원에서 가장 먼저 등장한다. 평행타날구도 사용되지만 이 지역 원저타날옹의 제작에는 격자타날구를 주로 이용된다. 浦項 虎洞遺蹟은 3세기가 중심연대이지만 4세기까지 주거가 지속되고 일부 주거지는 5세기에 속한다. 300여 기에 가까운 주거지가 발굴됨으로써 포항 호동유적은 영남 동남부의 일상용토기의 변화를 이해하는데(尹溫植 2010) 핵심자료이다. 포항 호동유적의 3세기 타날문옹(도 9-a-1~3)은 바닥이 없는 긴 동체부를 물레 위에 세워놓고 타날한 다음 물레질로 구연부를 정면하였다. 회전정면이 끝난 다음 물레에서 떼어 내어 저부를 부착하고 문지르거나 마연한 것으로 보인다. 이와 같은 성형공정은 동시기 격자 - 평행 타날문단경호의 제작법과 일치한다. 이에 비해 4세기의 타날문옹은 물레 위에서의 타날과 회전정면까지는 동일한 절차이나 뒤에 저부를 붙이고 난 다음 저부 구획타날한다는 점에서 차이가 있다. 이러한 물레질-타날공정은 역시 4세기 타날문단경호의 제작방법과 동일하다.

이상과 같은 3~4세기 격자타날문옹의 성형기술체계는 동시기 와질토기 타날단경호의 제작법과 동일하다. 세장한 격자타날문옹이 영남 동남부지역에서 출현하는 시기은 이르면 3세기 전반경부터라고 보는데 이전 시기에 정착했던 후기와질토기 격자 - 평행 타날문단경호의 제작자에 의해 생산되었을 것으로 이해된다. 하지만 후기와질토기 생산시설이나 조업형태는 고고학 자료로 전혀 남아 있지 않다. 그리고 같은 목곽묘나 주거지에서 출토되더라도 유개대부호나 노형토기와 같은 후기와질토기 주요기종들과 격자 - 평행타날단경호는 제작기술체계가 완전히 다르다. 그래서 같은 공인이 제작했다고 보기 힘든 정도인데 이 모든 기종들이 동일한 생산시설에서 제작되었는지에 대해서도 궁금하다. 어째든 격자타날문옹의 전통은 5세기 전반까지는 지속되는 것으로 보인다. 蔚山

川上里 平川遺蹟의 자료로 보는 한 영남 동남부에서 5세기 전중엽까지는 격자타날문옹이 사용되었던 것으로 보인다.

영남지역에서 최초로 도질토기를 대량생산했던 공방은 咸安 法水面 窯址群이다. 발굴조사된 于巨里 토기요지에서는 가장 많은 생산량을 보이는 것이 승문타날단경호, 고배, 노형토기, 파배 등이고 장식개나 대호도 일정량 출토된다. 여기에서는 적색연질 타날문옹은 볼 수 없고, 타날이 없는 적색연질 발형토기는 소량이지만 생산되었다. 4세기에 속하는 昌寧 余草里 토기가마 역시 비슷한 기종구성을 보인다. 4세기 요지에서는 물레질 - 타날법을 토대로 거의 도질토기만을 생산했으며 고배나 노형토기와 같은 부장용 토기기종과 함께 대·중·소형의 단경호류를 집중생산했다. 그러나 5세기 후반의 토기요지인 大邱 新塘洞窯址와 慶山 玉山洞窯址(도 10)의 기종구성은 4세기 가마와는 큰차이가 있다. 고분 부장용의 제 기종이 생산될 뿐만 아니라 적색연질의 타날문옹과 발이 대량생산되고 있는 것이다. 신당동요지나 옥산동요지는 조업의 규모로 보나 생산기종으로 보나 신라·가야의 한 정치체에서 운영했음직한 생산시설이다. 이런 점에서 영남지역에서는 5세기 되면 일반취락에서 흔히 쓰는 일상용토기도 대규모 생산시설에서 제작되어 공급되었다고 할 수 있다.

3. 打捺文 甕·鉢 生産의 過程

전국시대 말 요동으로 확산되고 뒤에 남한지역까지 퍼진 회도기술은 실요 - 환원소성, 물레질법, 타날성형기법 등이다. 남한의 제 지역 즉, 중부지방, 호서·호남지방, 영남지방에서는 각각 신제도기술의 요소들을 수용하는 시점과 내용이 달랐다. 이러한 변이는 타날문옹과 발의 형태와 제작기술, 및 생산시점에서도 차이를 가져왔다.

중부지방의 경우 아주 일찍부터 대호와 타날단경호의 제작을 위한 다양한 물레질 - 타날법과 환원소성법 등이 도입되었는데 이중 단순화된 물레질-타날법 한 갈래가 타날문옹 생산에 적용되었다. 호남지방에서는 타날문단경호 제작기술의 도입이 매우 늦어 2세기 이후에나 성사된다. 3세기 후반 이후에는 물레질 - 타날법이 다른 일상용 경질무문토기 제작에 적용되어 다양한 타날문토기가 제작된다. 영남지역에서는 타날기법이 물레질기법과 결합되지 않은 채 원삼국시대 초기에 도입되어 승문타날단경호가 제작된다. 승문타날기법은 뒤에 옹의 제작에도 영향을 미치지만 목리조정과 평행타날법에 의한 경질무문토기 전통의 옹과도 공존한다. 영남 동남부지역의 격자타날문옹은 삼국 공통의 세장형(장란형) 원저타날옹으로서 가장 먼저 출현한 것이다. 이 옹의 성형기술체계는 동시기 와질토기 타날문단경호의 제작공정과 동일하므로 같은 공인에 의해 제작되었음을 알 수 있다.

삼국시대 주거유적에서는 타날문옹과 발이 최대빈도를 보이는 기종이다. 음식물의 임시저장, 운반, 취사 및 조리, 식사에 가장 빈번히, 광범하게 사용되었을 것으로 보인다. 가장 많이 사용되었기에 가장 많이 파손되어 가장 많이 생산되었던 기종으로 이해된다. 따라서 타날문옹과 발의 생산과 보급은 취락경제에서 중요한 부분이었다. 중부지방과 호서·호남지방에서는 타날문옹과 발이 대규모 취락 인근이나 몇 개의 취락을 끼고 있는 장소에 설치된 소규모 공방과 요에서 제작, 보급되었다. 생산도 단속적이었다고 보는 것이 옳을 것 같다. 이에 비해 영남지방에서는 4세기까지 어떠한 성격의 생산시설에서 어떤 방식의 조업형태로 제작되었는지 알 수 없다. 다만 5세기 중엽 이후부터는 대규모 생산시설에서 생산되었던 것은 분명한데 이점 중부지방이나 호서·호남과는 상이한 점이다.

4. 맺음말

타날문옹과 발은 남한 전역의 삼국시대 취락에서 가장 흔히 사용되었던 공통기종이다. 중부지방과 호서 및 호남, 그리고 영남지역의 타날문옹과 발은 겉보기에는 서로 유사하지만 타날구와 타날방법이 조금씩 달라서 기형에 뚜렷한 차이가 있다. 이는 원삼국시대 초기부터 남한지역으로 보급된 물레질법과 타날법이 어떻게 수용되고 정리되어 갔는가의 차이에 따라 달라진 것으로 이해할 수 있다. 타날문옹과 발의 생산 개시는 지역마다 시차가 있지만 토기생산에 있어서 무언가 공통된 배경이 있는 듯하고 그 결과가 미친 영향이 있는 듯하다.

타날문옹과 발의 등장이 가진 의미에 대해 말하라면 첫째로는 기형의 표준화이다. 무문토기 말기가 되면 옹과 발이라는 것이 어느 정도 분화된 기종으로 인식되고 사용되었을 가능성이 있다. 그러나 정형화된 형태를 갖추지는 못했다. 아마 표준화된 제품으로 등장하는 것은 삼국시대 타날문옹과 타날문발이 출현하면서 부터이다. 둘째 이러한 표준화된 제품은 생산에서도 기계적인 동작에 의해 대량의 제품을 효율적으로 제작할 수 있게 되었음을 의미한다. 그리고 사용의 측면에서도 무언가 규격화된 가옥시설과 생활방식을 떠올리게 한다. 이러한 생활의 변화는 초기국가의 형성과정과 맞물려 있어서 국가형성기의 가족관계 및 취락경제의 변화와 관련시켜 해석이 필요한 문제라고 생각된다.

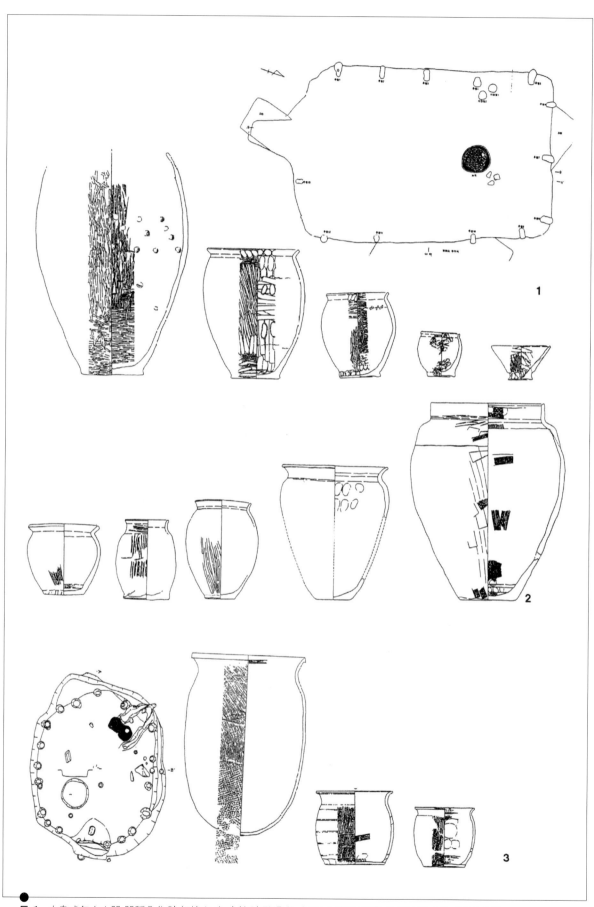

도 1 中島式無文土器 器種分化와 打捺文 甕과 鉢의 登場 (1. 加平 大成里 10호 住居址와 中島式無文土器,
2. 南楊州 長峴里 43호 住居址 中島式無文土器, 3. 河南 渼沙里 B-1호 住居址 打捺文 甕과 鉢)

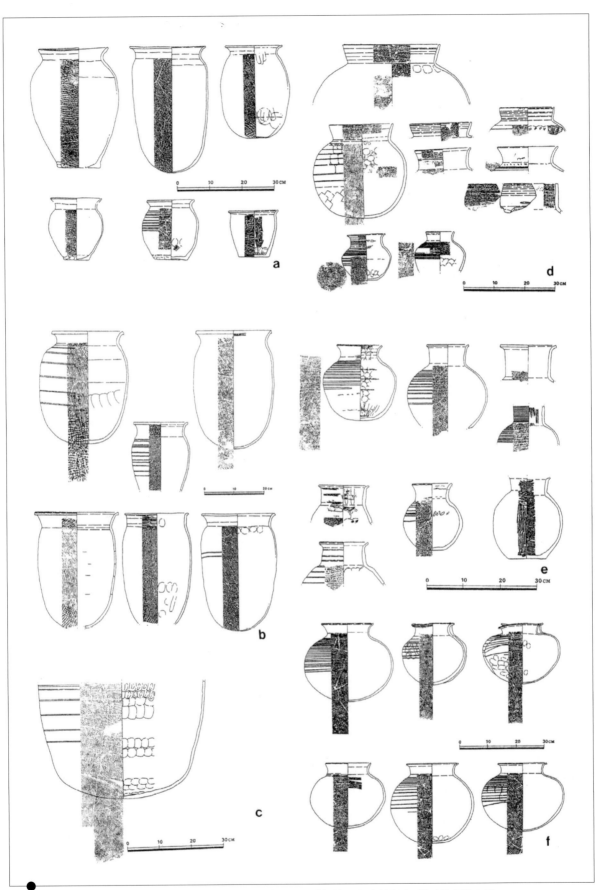

도 2　a. 南楊州 長峴里遺蹟에서 中島式無文土器 甕과 鉢로부터 打捺文甕과 鉢로, b. 각지의 打捺文甕,
　　　c. 大成里 37호 住居址出土 打捺文 大壺, d. 加平 大成里 第Ⅱ期 樂浪系 打捺文 短頸壺,
　　　e. 加平 大成里 第Ⅱ期 打捺文短頸壺, f. 島山 水淸洞 土壙墓群 打捺文短頸壺

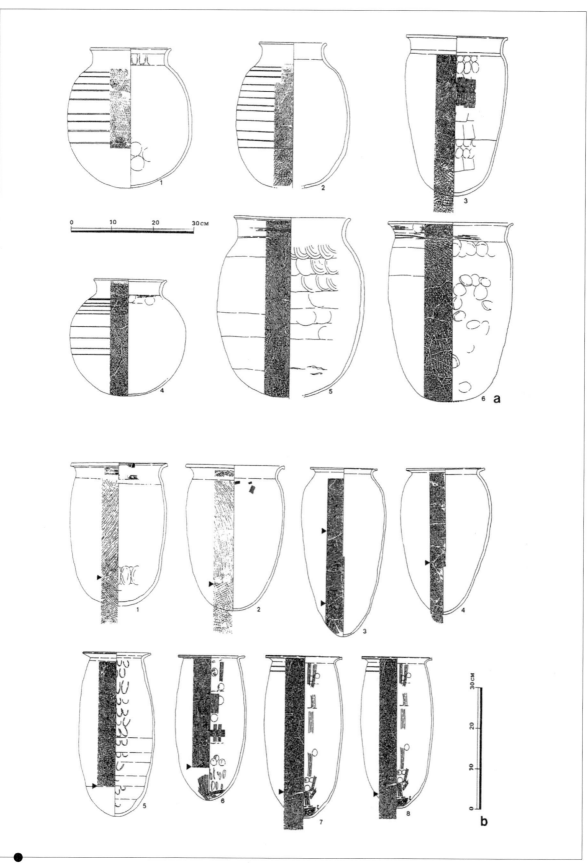

도 3　a. 長峴里·發安里 II期 以後 打捺文短頸壺와 甕의 製作(1·2: 長峴里 74호, 3: 長峴里 80호, 4: 項沙里 나-17호, 5: 項
沙里 가-2호, 6: 項沙里 나-1호), b. 原三國·三國時代 南韓 各處의 打捺文甕의 製作技術: 中部地方(1·2), 호남지방
(3·4), 嶺南地方 3세기 후반(5·6) 嶺南地方 4세기(7·8) (1: 渼沙里 B2호, 2: 發安里 53호, 3: 台木里 195호, 4: 台木里
263호, 5~8: 虎洞 19호, 269호, 226호, 206호: ▶ 표가 있는 지점은 打捺具나 打捺方向이 바뀐 곳, 또는 接合部位임)

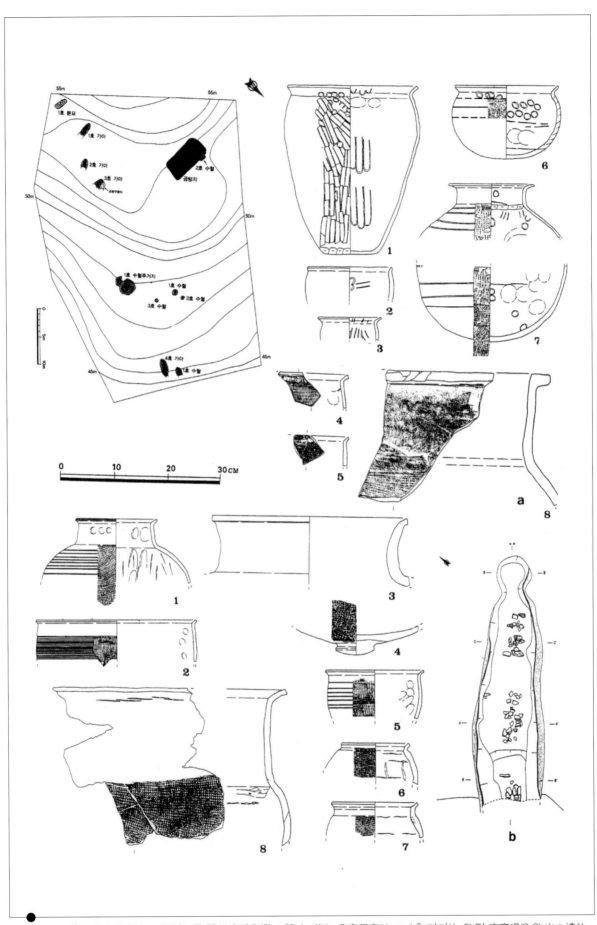

도 4   a. 華城 佳才里窯址 工房址(1~7) 및 地表採集(8) 土器, b. 龍仁 農書里窯址 II-1호 가마(1~2) 및 廢棄場(3-8) 出土遺物

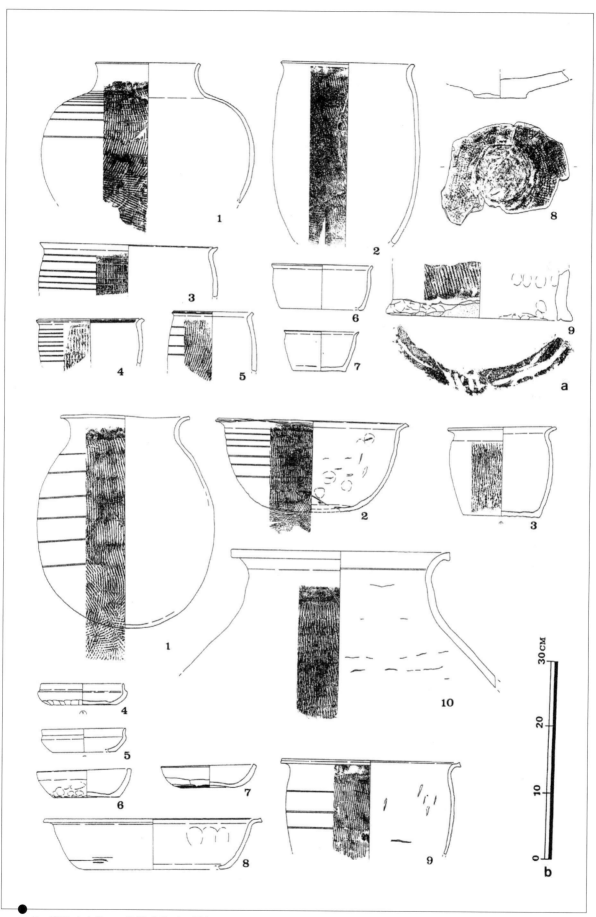

도 5 鎭川 山水里·三龍里 窯址 出土遺物

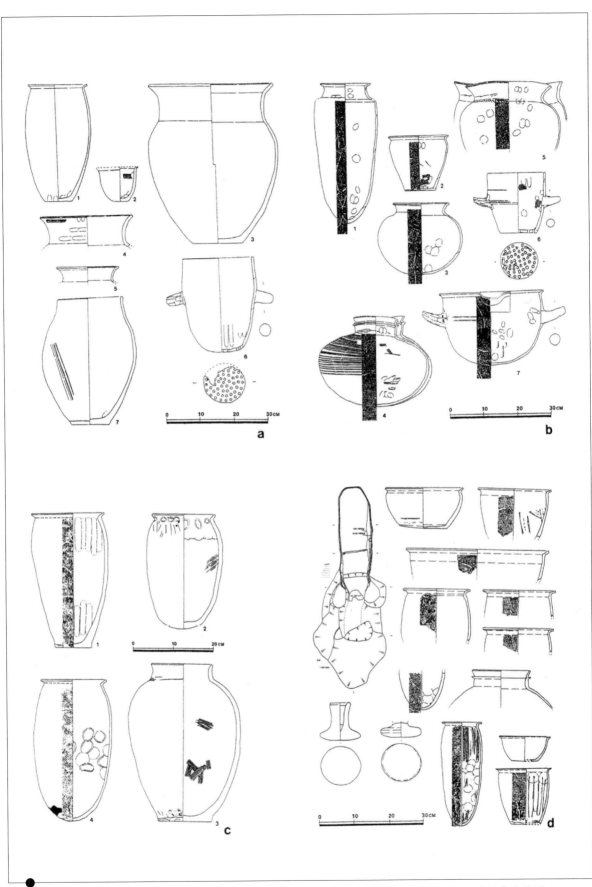

도 6 a. 潭陽 台木里遺蹟 硬質無文土器 段階 住居址 出土遺物(1~3 · 7: IV-140호 住居址, 4~6: IV-110호 住居址),
　　　 b. 打捺文土器 段階 海南 新今 1호 住居址 出土遺物, c. 順天 月岩里 月坪 3호 住居址 出土 甕과 長胴壺,
　　　 d. 靈光 郡洞 1호 가마와 工房址 및 周邊 溝 出土遺物

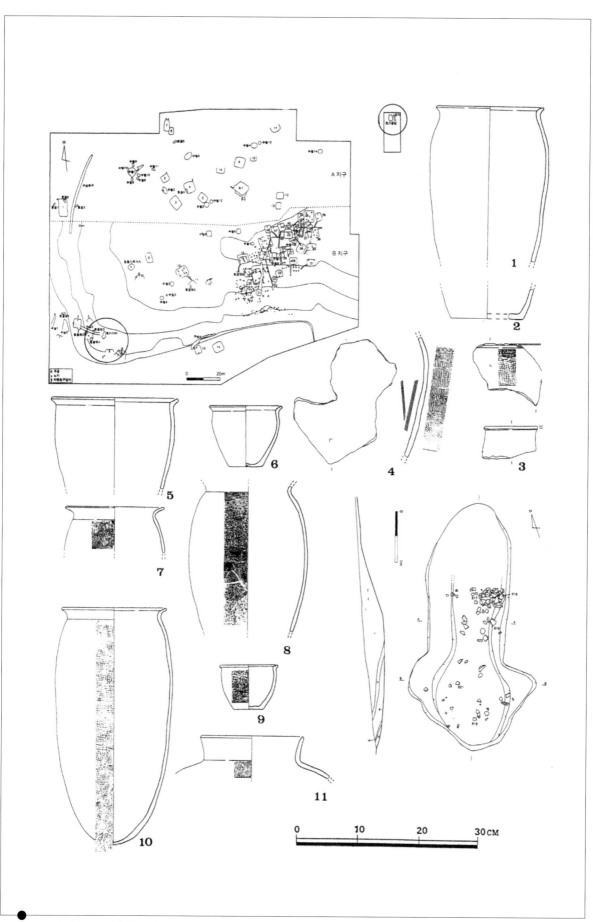

도 7 全州 松川洞 聚落遺蹟과 土器窯: 土器窯(1~4), 土器窯 隣近 6호 住居址(5~8), 48호 住居址(10~11) 出土遺物

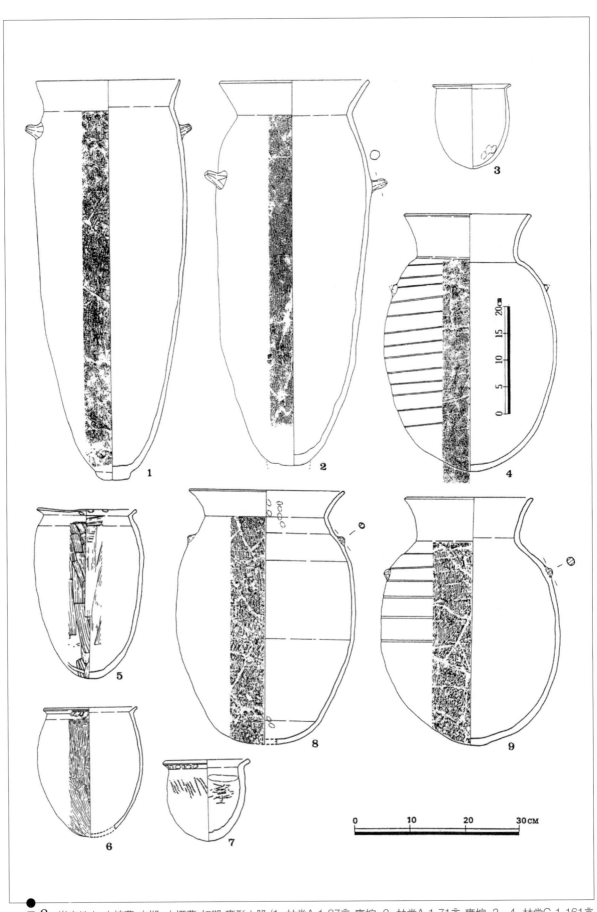

도8 嶺南地方 木棺墓 末期~木槨墓 初期 甕形土器 (1. 林堂A-1-37호 甕棺, 2. 林堂A-1-71호 甕棺, 3·4. 林堂C-1-161호 甕棺, 5. 坪山里 7호 住居址, 6. 坪山里 8호 住居址, 7·8. 坪山里 12호 住居址, 9. 坪山里 12-2호 住居址)

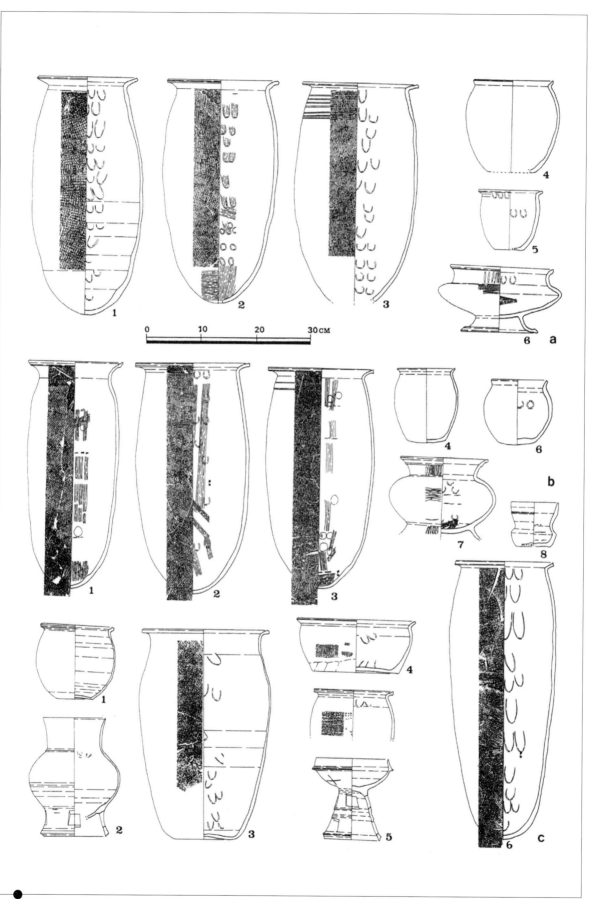

도 9   浦項 虎洞遺蹟 出土遺物: a. 3世紀 住居址 出土遺物(1. 19호, 2~6. 214호), b. 4世紀 住居址 出土遺物(1·4·7. 197
호, 2·6. 249호, 3·8. 226호), c. 5世紀 住居址 出土遺物(1~3. 2호, 4~5. 96호, 6. 1호)

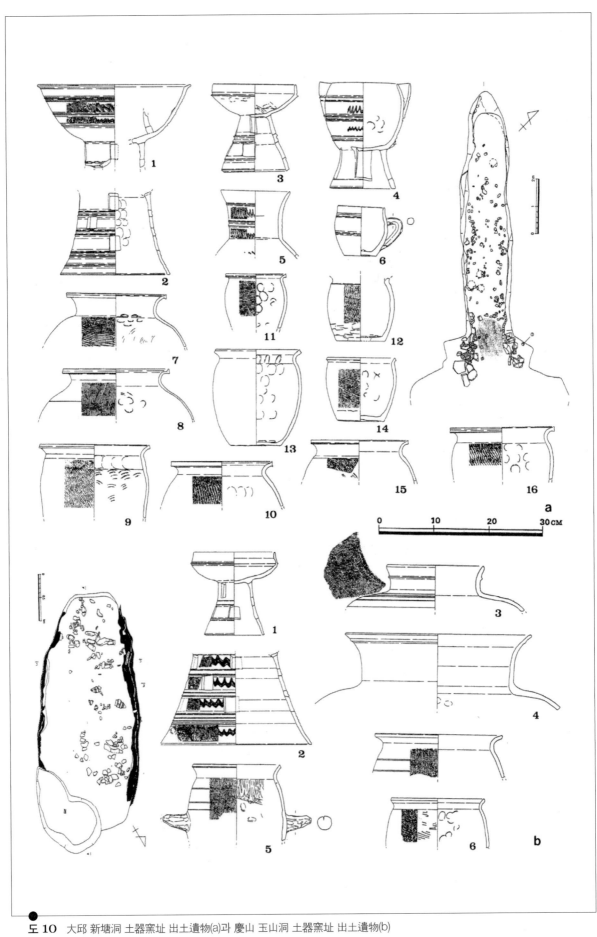

도 10　大邱 新塘洞 土器窯址 出土遺物(a)과 慶山 玉山洞 土器窯址 出土遺物(b)

●참고문헌●

金武重, 2004,「華城 旗安里製鐵遺蹟 出土 樂浪系土器에 대하여」,『百濟研究』40.

_____, 2005,「漢江流域 原三國時代의 土器」,『원삼국시대 문화의 지역성과 변동』, 제29회 한국고고학전국대회 발표자료집.

金成南, 2001,「中部地方 3~4세기 古墳群 細部編年」,『百濟研究』33.

_____, 2004,「百濟 漢城樣式土器의 形成과 變遷에 대하여」,『考古學』3-1.

金一圭, 2006,「漢江 中・下流域의 中島式土器 編年小考」,『石軒 鄭澄元教授 停年退任紀念論叢』, 釜山考古學研究會.

_____, 2009,「단계설정과 편년」,『加平 大成里遺蹟 -본문2-』, 경기문화재단・경기문화재연 구원.

朴淳發, 1989,「漢江流域 原三國時代 土器의 樣相과 變遷」,『韓國考古學報』23.

_____, 2001,『漢城百濟의 誕生』, 서울: 서경.

徐賢珠, 2008,「二重口緣土器 小考」,『百濟研究』33.

_____, 2008,「영산강유역권 3-5세기 고분 출토유물의 변천 양상」,『湖南考古學報』28.

尹溫植, 2010,「嶺南地域 原三國時代 後期 祭儀土器의 設定」,『韓國考古學報』76.

飮食考古研究會, 2011,『炊事實驗의 考古學』, 서울: 서경문화사.

이보람, 2009,「금강유역 원삼국~삼국시대 환두도 연구」,『동북아 고대철기 문화의 형성과 전개』, 전북대학교 BK21사업단.

李盛周, 2008,「圓底短頸壺의 生産」,『韓國考古學報』68.

_____, 2010,「原三國時代의 無文土器 傳統」,『중도식무문토기의 전개와 성격』, 제7회 매산기념강좌, 숭실대학교.

_____, 2011a,「漢城百濟 形成期의 土器遺物群의 變遷과 生産體系의 變動」,『韓國上古史學報』71.

_____, 2011b,「南韓의 原三國土器」,『慶北大學校考古人類學科30周年紀念考古學論叢』, 大邱: 慶北大學校出版部.

_____, 2011c,「原三國時代 물레질-打捺法의 傳承과 土器生産의 專門化」,『湖南考古學報』39.

李暎澈, 2005,「榮山江流域의 原三國時代 土器相」,『원삼국시대 문화의 지역성과 변동』, 제29회 한국고고학전국대회 발표자료집.

鄭修鈺, 2007,「風納土城 炊事用土器의 調理痕과 使用方法」,『湖西考古學』17.

_____, 2008,「심발형토기의 조리흔 분석 -풍납토성 출토품을 중심으로-」, 食文化探究會 編,『炊事의 考古學』, 서울: 서경문화사.

鄭仁盛, 2007,「낙랑 '타날문단경호' 연구」,『江原考古學報』9.

_____, 2008,「'瓦質土器 樂浪影響說'의 검토」,『嶺南考古學』47.

_____, 2010,「동북아시아에서 타날문단경호 확산」,『중도식무문토기의 전개와 성격』, 제7회 매산기념강좌, 숭실대학교.

진수정, 2009,「가평 대성리유적 출토유물-원삼국시대를 중심으로-」,『加平 大成里遺蹟 -본문2-』, 경기문화재단・경기문화재 연구원.

崔盛洛, 1993,『韓國 原三國文化의 研究』, 서울: 學研文化社.

韓志仙, 2007,「중도식 경질무문토기에서 보이는 조리방법의 검토」,『고고학』6-2.

_____, 2008,「장란형토기의 사용흔 분석을 통한 지역성 검토」, 식문화탐구회 編,『炊事의 考古學』, 서울: 서경문화사.

허진아, 2008,「호남지역 3~5세기 취사용기의 시공간적 변천양상」, 식문화탐구회 編,『炊事의 考古學』, 서울: 서경문화사.

洪潽植, 2000,「연질옹과 시루에 의한 지역권 설정」,『韓國 古代史와 考古學』-鶴山 金廷鶴博士 頌壽紀念論叢, 서울: 學研文化社.

百濟 土器가마(窯)의 特徵과 生産體系

鄭 一

1. 序言

최근 고고학적 자료 증가와 더불어 생산유적에 대한 관심도 급증하고 있다. 특히 요적, 야철지, 경작지 등이 활발하게 연구되고 있다. 이 중 토기는 취락 내에서 인간이 가장 일반적으로 사용하는 식생활 도구라는 측면에서 정치·경제사를 이해할 수 있다는 점에서 주목받고 있다. 토기를 생산하는 토기요 연구는 신라·가야요지의 지표조사(李殷昌 1982)를 시작으로, 80년대는 백제권역에서 주로 확인되었고, 90년대는 경주, 대구 등에서 대규모 토기요가 확인되었다. 2000년에는 많은 연구논문이 발표되면서 토기 요의 구조뿐만 아니라 요의 운영방법과 유통, 나아가 토기의 소성실험 까지 폭넓은 연구가 진행되고 있다. 특히, 최근에 마한·백제권역의 요는 취락조사와 함께 확인되고 있어 생산체계를 밝히는 연구가 진전되고 있다.

이러한 점에 착안하여 범 백제권에서 확인된 토기요의 구축방법과 운용방법을 연구해 봄으로써 고대국가 체제하에서 생산유적이 어떻게 운영되는지를 파악해 보고자 한다. 이는 생산유적을 이해함으로써 지역권을 파악할 수 있고, 또한 각 지역권끼리의 교류흔적을 살펴볼 수 있기 때문이다.

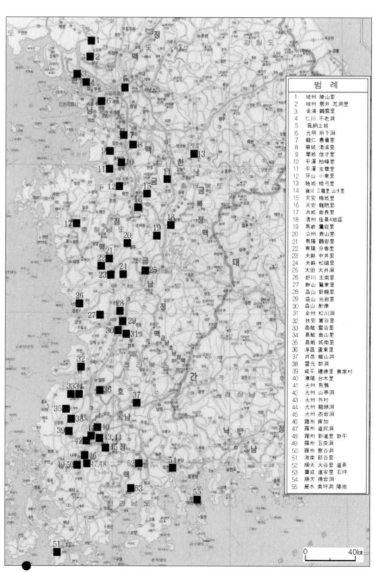

범 례	
1	城州 陵山里
2	城州 篁井 瓦洞里
3	金浦 鶴雲里
4	仁川 不老洞
5	嵐納土城
6	光明 所下洞
7	龍仁 懸菴里
8	華城 淸溪里
9	華城 佳才里
10	平澤 栢峰里
11	平澤 玄華里
12	牙山 小東里
13	陰城 梧弓里
14	鎭川 三龍里·山水里
15	天安 栢城里
16	天安 龍院里
17	洪城 南長里
18	淸州 佳景4地區
19	燕岐 蓮岩里
20	公州 貴山里
21	靑陽 鶴岩里
22	靑陽 分香里
23	大興 中井里
24	大田 松菊里
25	大田 大井里
26	舒川 玉南里
27	群山 驚岩里
28	益山 新龍里
29	益山 元光里
30	完山 射溝
31	全州 松川洞
32	扶安 富谷里
33	高敞 雲谷里
34	高敞 梅山里
35	高敞 城南里
36	淳昌 道東里
37	井邑 輔山洞
38	靈光 郡雄
39	咸平 建興里 萬窯村
40	潭陽 台木里
41	光州 長鵠
42	光州 山亭洞
43	光州 外村
44	光州 龍頭洞
45	光州 杏岩洞
46	羅州 廣加
47	羅州 道民洞
48	羅州 新道里 新干
49	羅州 五良洞
50	羅州 繁谷洞
51	海南 郡谷里
52	康津 大谷里 道菴
53	寶成 道安里 石坪
54	順天 德岩洞
55	麗水 美坪洞 陽地

도 1 百濟地域 土器窯蹟 분포도

표1_ 백제 토기요적 현황표

	지역	유적명	요수	연대	참고문헌
1	서울경기지역	坡州 陵山里遺蹟	2	4C대(1호) 4~5C대(2호)	畿湖文化財研究院 2010
2		坡州 雲井遺蹟Ⅰ·Ⅱ	3	4C 후엽	中央文化財研究院 2011
3		坡州 瓦洞里Ⅱ遺蹟	2	5C 초엽	京畿文化財研究院 2010
4		金浦 鶴雲里遺蹟	2	4C 초엽~5C	韓國文化財保護財團 2009
5		仁川 不老洞遺蹟	1	3C대	韓國文化財保護財團 2007
6		風納土城	1	3C 중반	國立文化財研究所 2001
7		光明 所下洞遺蹟	1	4C 후반~5C 초	李秀珍 外 2008, 韓國考古環境研究所
8		龍仁 農書里遺蹟	4	3C대	畿湖文化財研究院 2009
9		華城 淸溪里遺蹟	7	3C대	한백문화재연구원 2008
10		華城 佳才里遺蹟	4	3C 중엽	權五榮 外 2007, 한신大學校博物館
11		平澤 柏峰里遺蹟	1	3C대	畿湖文化財研究院 2010
12		平澤 玄華里遺蹟	1	4C대	박선주, 1996, 忠北大學校先史文化研究所
13		牙山 小東里遺蹟	3	5C대	錦江文化遺産研究院 2009
		13개소	32기		
1	충청지역	洪城 南長里遺蹟	1	6C대	忠淸南道歷史文化研究院 2008a
2		鎭川 三龍里·山水里遺蹟	19	3C~4C대	崔秉鉉 外 2006, 韓南大學校中央博物館
3		天安 梅城里遺蹟	2	5C 중반	中央文化財研究院 2005
4		天安 龍院里遺蹟	1	4C대	吳圭珍 外 1998, 忠淸埋藏文化財研究院
5		淸州 佳景4地區遺蹟(Ⅱ)	1	4C대	禹鐘允 外 2004, 忠北大學校博物館
6		燕岐 鷹岩里 가마골遺蹟 (A地區)	6		韓國考古環境研究所 2008
7		公州 貴山里遺蹟	2	4C대	李尙燁 外 2000, 忠淸埋藏文化財研究院
8		靑陽 鶴岩里遺蹟	2	6C대	忠淸南道歷史文化院 2006
9		靑陽 分香里遺蹟	1	3C 후반	忠淸南道歷史文化院 2006
10		扶餘 中井里 (85·86-3番地)遺蹟	2	6C대	忠淸南道歷史文化研究院 2008b
11		扶餘 松菊里遺蹟	4?	6C대	權五榮 1991, 韓國傳統文化學校 韓國傳統文化研究所 2008
12		舒川 玉南里遺蹟	1	6C대	柳昌善 외 2008, 忠淸文化財研究院
13		大田 大井洞遺蹟	1	4C대	李弘鍾 外 2002, 高麗大學校埋藏文化財研究所
14		陰城 梧弓里遺蹟	1	나말여초	韓國文化財保護財團 2001
		14개소	44기		
1	전북지역	群山 鷲東里遺蹟	1	4C대	崔完奎 外 2007, 圓光大學校 馬韓·百濟文化研究所
2		益山 新龍里遺蹟	2	6C대	全榮來 1988
3		益山 光岩里遺蹟	2		全北文化財研究院 2007
4		益山 射德遺蹟	4	3C대, 6C대(4호)	湖南文化財研究院 2007
5		全州 松川洞遺蹟	1	3C대	金承玉 外 2004, 全北大學校博物館
6		扶安 富谷里遺蹟	1	4C대	尹德香 外 2003, 全北大學校博物館
7		高敞 雲谷里遺蹟	1	6C대	全榮來 1988
8		高敞 南山里遺蹟	1	4C대	全北文化財研究院 2007
9		高敞 城南里遺蹟	3		圓光大學校 馬韓·百濟文化研究所 外 略報告書 2000
10		淳昌 蘆東里遺蹟	1	4C대	金承玉 外 2006, 全北大學校博物館
11		井邑 龍山洞遺蹟	4		全北文化財研究院 2009
		11개소	21기		
1	전남지역	靈光 郡洞遺蹟	3	3C대	이기길 外 2003, 朝鮮大學校博物館
2		潭陽 台木里遺蹟	1	4C대	湖南文化財研究院 2005
3		咸平 禮德里 萬家村遺蹟	2	4C대	林永珍 外 2004, 全南大學校博物館
4		光州 飛鴉遺蹟	4	5C 후반~6C대	湖南文化財研究院 2007
5		光州 山亭洞遺蹟	3	4C~5C대	湖南文化財研究院 2008
6		光州 外村遺蹟	1	?	湖南文化財研究院 2005

7		光州 龍頭洞遺蹟	2	5C 후반~6C 전반	全南大學校博物館 2006
8		光州 杏岩洞遺蹟	22	5C 중반~6C 중반	全南文化財研究院 2009
9		羅州 唐加遺蹟	6	6C중반	東新大學校文化博物館 2002
10		羅州 道民洞遺蹟	5	4C~5C대	馬韓文化研究院 2010
11		羅州 新道里 新平遺蹟	1	4C~5C대	大韓文化遺産研究센터 2011
12		羅州 五良洞(2002)遺蹟	5	5C대	崔盛洛 外 2004, 木浦大學校博物館·東新大學校文化博物館
13		羅州 五良洞(2009)遺蹟	3	5C대	國立羅州文化財研究所 2009
14		羅州 雲谷洞遺蹟	4	3C~4C대	金貞愛 外 2009, 曺根佑 外 2011, 馬韓文化研究院
15		羅州 五良洞(2008)遺蹟	3	5C대	國立羅州文化財研究所 2008
16		寶成 道安里 石坪遺蹟	2	3C대	馬韓文化研究院 2010
17		順天 大谷里 道弄遺蹟	1	3C대	崔夢龍 外 1989, 서울大學校博物館
18		順天 德岩洞遺蹟	1	5C대	曺根佑 外 2010, 馬韓文化研究院
19		麗水 美坪洞 陽地遺蹟	1	3C대	林永珍 外 1998, 全南大學校博物館
20		海南 郡谷里遺蹟	1	3C대	崔盛洛 1989, 木浦大學校博物館
		20개소	71기		

2. 土器窯 現況

백제권역에서 출토되는 토기요는 기존까지 총 58개소 이상이 확인되고 있다. 지역적인 분포는 서울·경기지역이 13개소 32기, 충청지역은 14개소 44기, 전북지역은 11개소 21기, 전남지역은 20개소 71기이다. 분포현황을 보면 전남지역에서 가장 활발한 조사가 진행되고 있다〈표 1〉. 수계별로는 漢江流域 6개소, 發安川·振威川의 牙山灣圈 7개소, 錦江流域 12개소, 萬頃江流域 5개소, 東津江流域 1개소, 西海岸地域 6개소, 榮山江流域 11개소, 蟾津江流域 1개소, 寶城江流域 2개소, 南海岸地域 3개소이다. 영산강유역과 금강유역의 백제 웅진·사비기에 높은 분포비율을 차지하고 있다.

현재까지 자료로 보면 대다수의 유적이 한성기에 집중되고, 웅진기에는 전남지역의 비율이 높아지고, 사비기에는 高敞, 益山, 羅州 등지에서 주로 확인되고 있다. 이러한 연유는 원삼국기 이후 소지역별로 취락이 증가하면서 단위취락별로 생산과 소비위주의 생산유적을 운영하다가, 웅진기에는 거점이나 중심취락과 같은 대규모 취락이 등장함으로써 전문적인 공인집단으로 인해 요적수는 감소하지만 요의 규모나 생산량은 늘어나기 때문이다.

3. 土器窯 特徵

1) 입지

백제권에는 3세기에서 6세기대(한성기에서 사비기) 때까지 전역에서 요적이 확인되고 있다. 요의 입지는 자연지형, 원료조달, 교통로 등 복합적인 조건이 필요하지만, 토기 생산의 주체인 인간이 사는 취락과 가장 밀접한 관계가 있다고 보인다. 이는 인간이 거주하는 단위취락 내, 거점취락 주변, 대규모 중심취락의 별도 공간에 요가 위치하고 있기 때문에 환경적인 요인과 더불어 취락 점유지의 변화에 따라 입지를 달리하고 있음을 알 수 있다.

취락이 충적지나 사면부에 위치하면 토기요도 동일한 지형에 위치하게 된다. 한성기 토기요는 취락의 중심이나 한쪽에 위치하게 되며, 공인은 취락내의 여러 일반민이 담당하게 된다. 웅진기 이후에는 한성기의 입지요건을 유지하면서 취락과는 별개의 독립구릉이나 사면부에 군집을 이룬다. 이때 별도의 공인집단도 인근에 취락을 형성하게 된다. 사비기에는 부여나 나주처럼 중앙이나 지방세력의 인근지역에 입지하는 경향이 두드러진다.

2) 구조

요는 천장의 위치, 제작기술의 발전에 따라 변화되고 반지하식과 지하식이 지역과 시기별로 공존하는 양상을 보인다. 토기요는 대부분 등요이지만 風納土城과 順天 大谷里 道弄은 평요로 중국 전국시대의 圓窯의 흡사한 형태로 보고(崔夢龍 외 1988), 중국의 영향으로 인해 등요의 구조적인 발전이 있었던 것으로 생각된다.

요전부는 요의 폐기과정을 살펴볼 수 있는 장소이지만 후대 삭토로 정연한 형태를 찾아보기 어렵다. 요의 운영상 많은 작업과 준비작업을 했던 공간으로 연소실보다는 크게 축조되고, 배수시설도 확인된다. 회구부와 구별하기 힘들지만 나주지역 요에서 확인된다. 연소실은 4개 형태가 보이는데 이중 垂直有段式(垂直燃燒式과 同構造)은 백제요의 대표적인 요소 중 하나이다. 垂直有段式은 3세기 鎭川 三龍里·山水里遺蹟에서 처음으로 확인되어 한강 하류지역의 坡州·仁川地域에 파급되고 웅진기에는 마한세력이 가장 오랫동안 잔존한 영산강 중·상류의 나주와 광주지역에서 확인된다. 사비기에는 水平燃燒式이 일반적이지만 부여 도성에서는 와도겸업의 階段式燒成室 요가 확인된다. 계단식소성실은 5세기 중엽의 光州 쌈岩洞 5호, 6세기대의 羅州 唐加窯에서 확인되는데 웅진기에 영산강유역에서 먼저 확인된다는 점이 흥미롭다. 또한, 광주 행암동 3호, 益山 新龍里 2호요는 영남지역에서 주로 보이는 火口積石式 구조도 확인된다.

소성실은 바닥의 형태와 측벽의 구조물 설치 등으로 구분되는데 경사면을 이용한 홈이나 단시설을 두고 昇溫을 위한 구조물 등 대량생산의 재임방법으로 변화된다. 연도부는 3개 형태를 보이는데 火焰이나 灰를 처리하는 방법에 따라 약간의 차이를 보이고 있다.

3) 특징

원삼국기 이후 한성기까지는 강의 하류나 해안변에 위치한다. 한강유역은 도성인 풍납토성을 제외하고 하류에 집중되고 아산만 일원의 華城 淸溪里·佳才里, 平澤 柏峰里 등은 發安川, 安城川, 振威川변에 위치하고 있다. 전남지방은 보성강의 石坪요지를 제외하고 麗水, 海南, 靈光 등 해양 교류가 빈번했던 지역에 집중된다. 이는 원삼국기 이후 취락이 해안가에 다수가 위치하기 때문이다. 구조는 일부 중국의 원요가 확인되고, 수직유단식 구조가 등장하여 전남지역까지 파급되는 시기이다.

웅진기에는 정치적인 거점지역의 강의 본류나 지천에 위치한다. 영산강유역은 5세기 이후 羅州 潘南面·伏岩里의 중류나 光州·潭陽과 같은 상류에 중심취락이 형성되는데, 요적군은 일정한 거리를 두고 독립적으로 존재하게 된다. 웅진기에는 수직연소식이 다른 지역에 비해 영산강유역의 토기요에서 지속되고, 광주 행암동 5호에서는 계단식요의 시원적인 형태가 등장한다. 그리고 영남지역과의 교류를 통한 채용, 전파에 의해 화구적석요가 광주, 익산지역의 요에서 확인된다. 영산강유역은 정치적으로 백제의 간접지배를 받는 시기이지만, 생산유적에 있어서는 백제 중앙의 특징적 요소를 유지하면서 새로운 요소를 접목시켜 독창적인 구조로 발전시키는 시기이다. 이러한 요인에는 정치적인 독립성도 있지만 3세기 이후부터 영산강유역의 주 묘제로 사용된 옹관을 제작하고 운영하는 숙련된 기술이 발전에 기여한 것이 아닌가 생각된다.

사비기는 백제의 중앙집권화로 인해 취락 내에서 자급자족하는 요지를 제외하고 주요한 지점에 확대되는 것으로 이해하고 있으나 사비기의 자료가 부족하여 별도의 검토가 필요하다.

4. 生産體系

토기기술의 변화는 원삼국기 이후 새로운 기술의 유입과 무문토기 이래의 자체 기술적인 변화에 기인한다고 할 수 있다.

토기요의 생산체계는 가내수공업의 비전업적인 형태에서 전문 장인집단이 운영하는 대량체계로 변화된다. 한성기의 초기형태는 취락 내에서 토기 제작기술의 발전과 지하식등요라는 선진기술이 유입되면서 다양한 변화를 보이는 시기이지만, 자급자족적인 한계를 크게 벗어나질 못하는 시기이다. 4세기 때는 취락 내·외부에서 복수의 생산형태를 취하고 있다. 전 단계의 가내 수공업의 특징을 유지하면서 외부에서 별도로 생산하는 요업형태가 등장하는 것이다. 취락내부는 토기의 수요가 증가하게 되면서 전문적인 장인이 출현하게 되고, 이러한 수요가 확대되면서 외부에 별도의 토기요를 마련하여 각지의 취락에 공급하는 대량 생산체계도 등장하게 되는 시기이다. 華城 淸溪里·佳才里·龍仁 農書里窯의 대옹은 주변의 소하천을 따라 주변 취락에 일차적으로 공급되었고, 특히 경기남부의 탄천을 교통루트로 해서 한성 도읍지인 풍납토성, 몽촌토성의 국가 중심지역, 또는 인근 대규모취락에 공급된 것으로 파악하고 있다. 이는 백제의 농업 장려에 따른 생산량 증가로 인해 잉여생산물의 저장용기에 대옹이 필요하게 된 것이다(강아리 2009). 이러한 대옹(옹관)은 전북지역의 扶安 富谷里, 高敞 南山里, 淳昌 蘆東里遺蹟에서도 옹관편과 도침이 함께 출토되고 있어 상위의 사례와 유사한 생산체계였을 것으로 판단된다.

웅진기의 5세기 중반이후에서 6세기 초는 중심취락이 증가되면서 생산기반을 구축하기 위해 정치·경제적으로 전문적인 장인집단을 운영하게 된다. 영산강유역의 대표적인 옹관가마의 유통경로를 보면, 五良洞窯蹟은 대규모로 집단 조영하여 지배세력에 관리, 운영된 관요(崔盛洛 外 2004)의 성격으로 동 시기의 전용옹관을 사용한 집단에 분배되었을 것이다. 교통로는 옹관의 무게로 인해 막대한 노동력이 필요함으로 오량동요적 앞의 정수리들까지 영산강 물이 들어오는 지형적 요건을 고려했을 것이다. 오량동 근처는 강변에 나루터(浦)가 근대까지 존속했고 최근 오량동요적의 주변 발굴조사(馬韓文化硏究院 2011)에서 수레바퀴의 도로유구가 확인된 것은 옹관의 운송이 강을 통해 이루어졌음을 입증한다.

그렇다면, 옹관은 영산강을 통해 어느 지역까지 공급되었을까? 이와 관련하여 요가 조영된 5세기 후반대의 전용옹관의 분포권을 통해 실마리를 찾아볼 수 있다. 이 시기는 海南 院津里를 제외하고 영산강 중하류역과 三浦江流域의 직경 20km 내외에 집중분포하고, 지역적으로 나주 반남·복암리, 무안 사창리 일대로 영산강유역의 핵심적 거점에 분포한다(金洛中 2009). 오량동요적의 시기가 5세기 후반대를 상회하지 않고, 관요적 성격을 갖는 것이라면, 오량동요적 옹관은 핵심적 거점지역을 중심으로 유통된 것으로 보인다(鄭一 2009).

사비기의 6세기 중반 이후에는 백제의 세력확장으로 인해 전북지역까지 백제적인 요 속성, 백제 양식의 토기 등이 나타나게 된다. 이는 백제 중앙과 지방정부의 통제속에서 일률적인 생산체계를 갖췄음을 의미할 것이다. 한편, 전남지역은 계단식요, 영산강식 토기 등 백제토기와는 이질적인 특징을 계속 가지고 있어 지방의 고유한 지역집단의 생산체계를 유지하고 있는 것으로 추정된다.

5. 結論

원삼국 이후 백제권에서는 많은 양의 토기요가 확인되고 있다. 여기서는 토기요의 분포권을 살펴보고 백제가마의 특징과 시기별로 변화되는 생산체계를 살펴보았다. 그러나 요의 생산품인 토기의 분석이 없이 운영과 생산체계를 파악하는 것은 한계가 있음을 짐작할 수 있다. 즉, 취락내, 혹은 취락간, 그리고 중앙정부와 지방사회간의 분배를 위한 생산의 전문화(李盛周 2011)를 파악하기란 많은 검토가 필요할 것으로 생각된다.

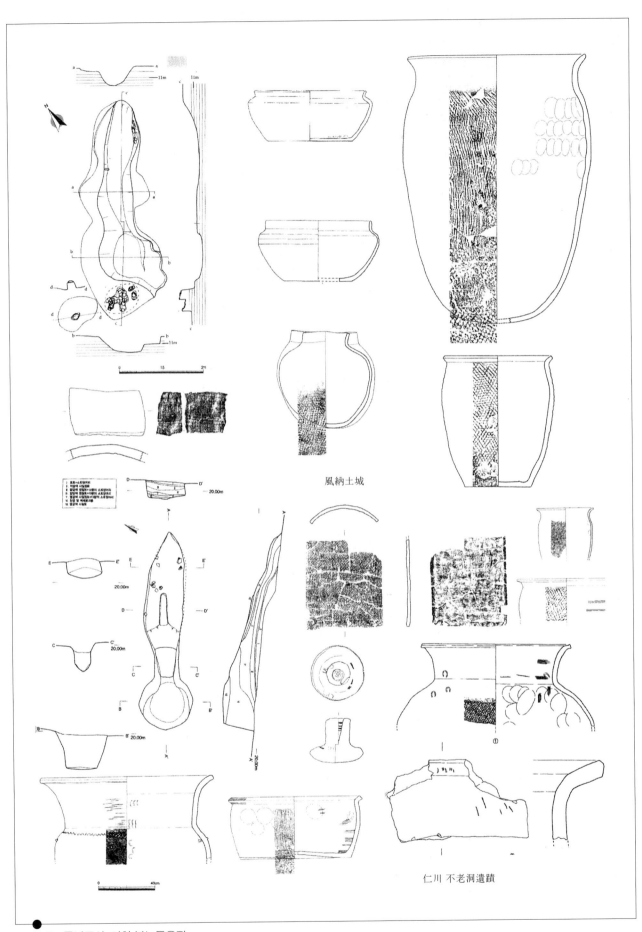

風納土城

仁川 不老洞遺蹟

도 2　풍납토성, 인천 불노동유적

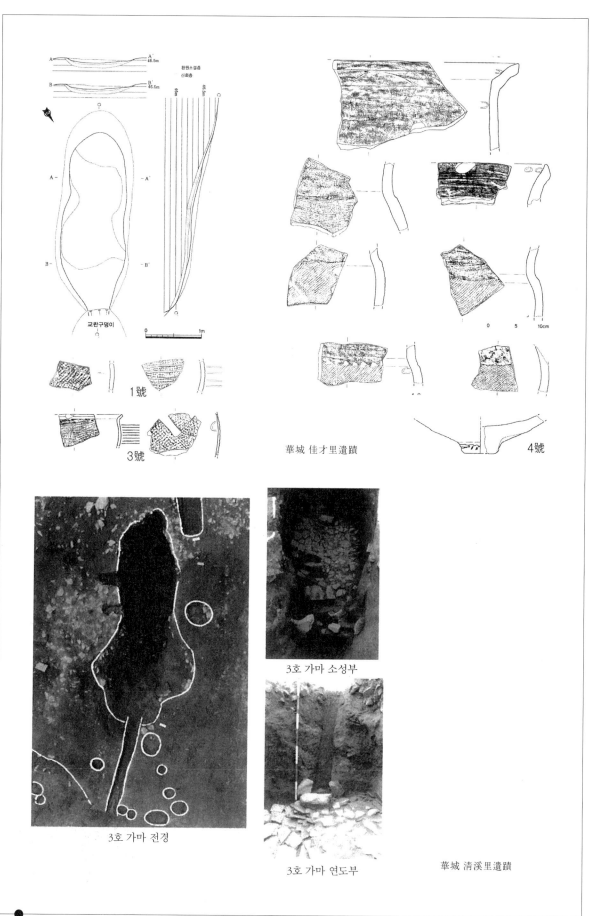

華城 佳才里遺蹟

1號

3號

4號

3호 가마 소성부

3호 가마 전경

3호 가마 연도부

華城 清溪里遺蹟

도3 화성 가재리유적, 화성 청계리유적

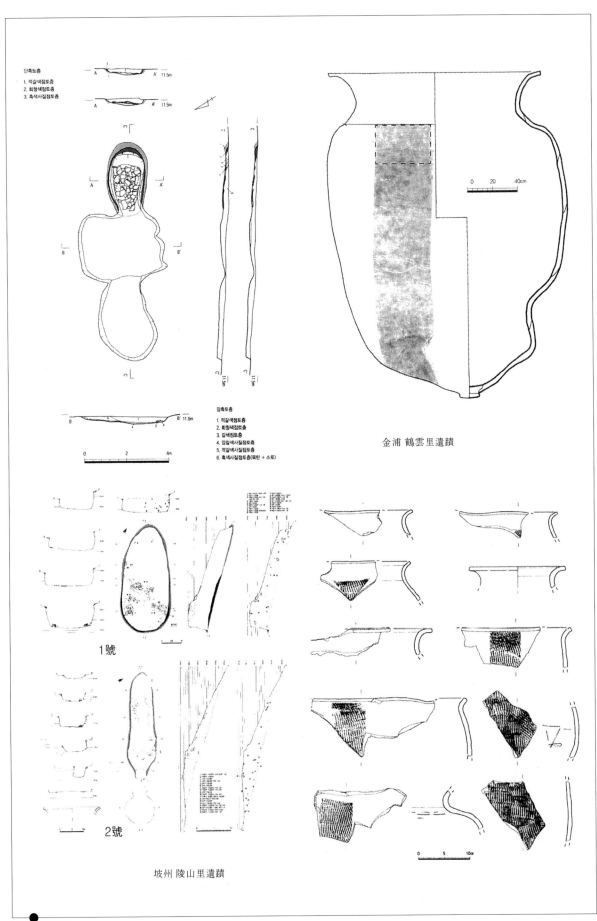

단축토층
1. 적갈색점토층
2. 회청색점토층
3. 흑색사질점토층

장축토층
1. 적갈색점토층
2. 회청색점토층
3. 갈색점토층
4. 암갈색사질점토층
5. 적갈색사질점토층
6. 흑색사질점토층(목탄 + 소토)

金浦 鶴雲里遺蹟

1號

2號

坡州 陵山里遺蹟

도 4 김포 학운리유적, 파주 능산리유적

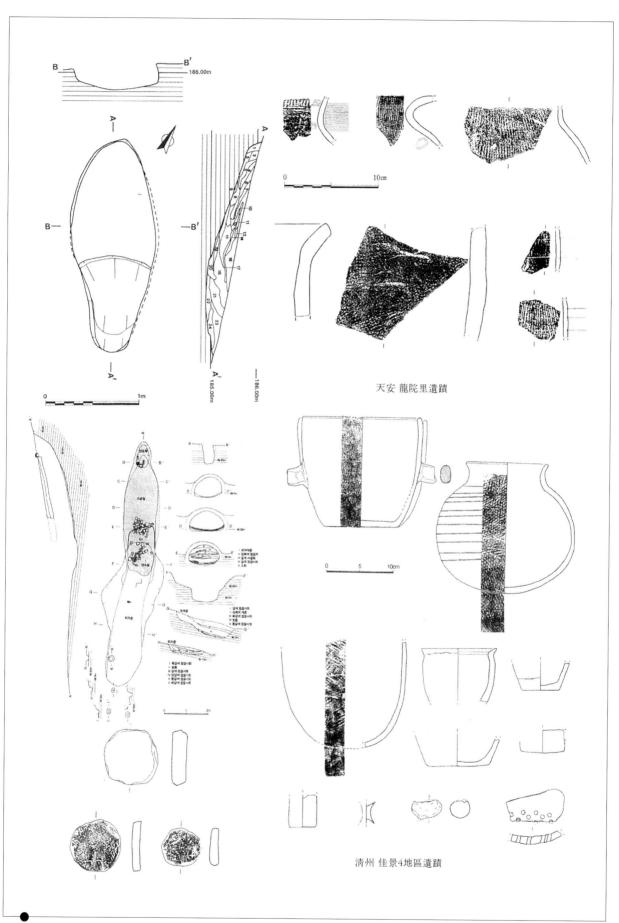

天安 龍院里遺蹟

淸州 佳景4地區遺蹟

도 5 천안 용원리유적, 청주 가경4지구유적

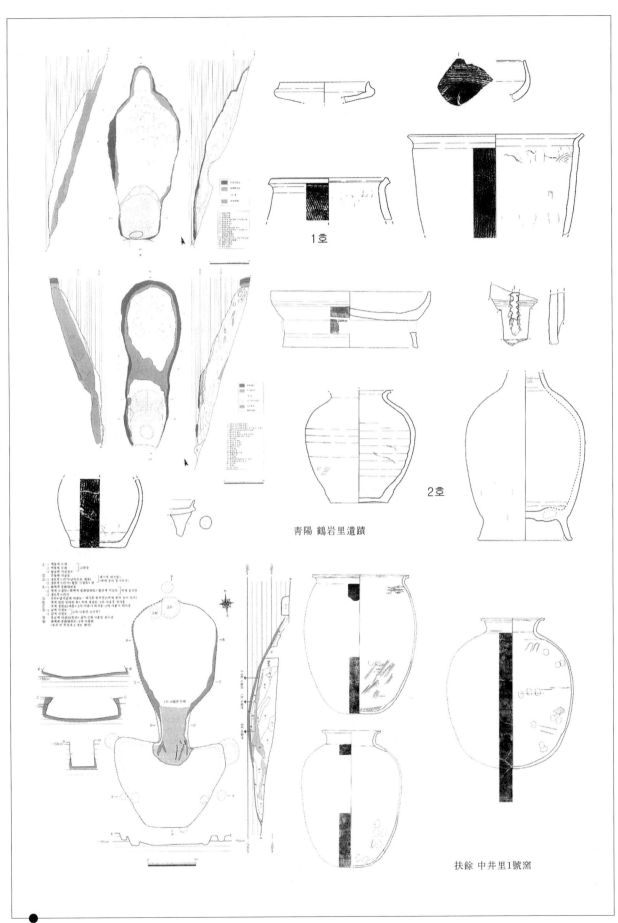

1호

2호

靑陽 鶴岩里遺蹟

扶餘 中井里1號窯

도 6 청양 학암리유적, 부여 중정리1호요

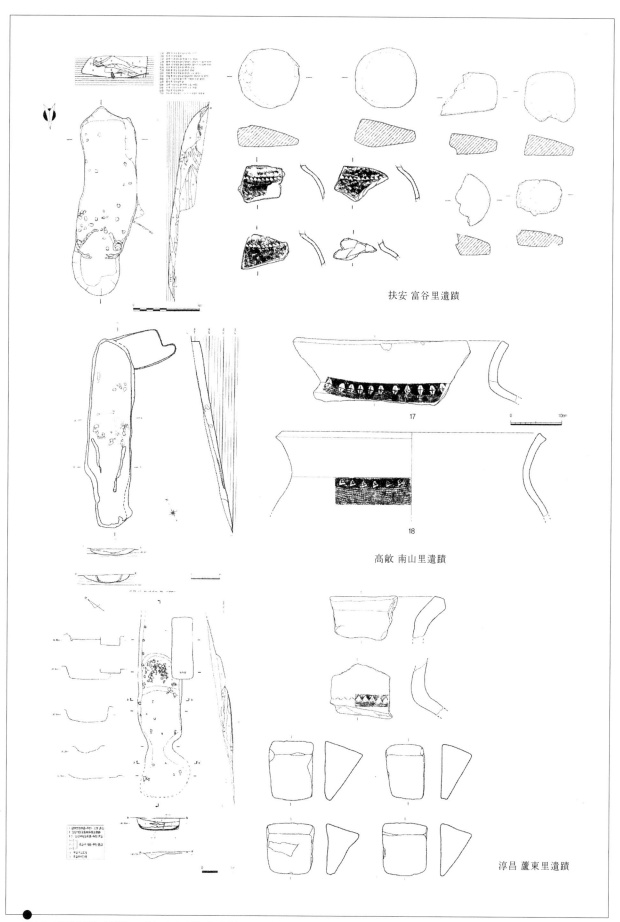

扶安 富谷里遺蹟

高敞 南山里遺蹟

淳昌 蘆東里遺蹟

도 7 부안 부곡리유적, 고창 남산리유적, 순창 노동리유적

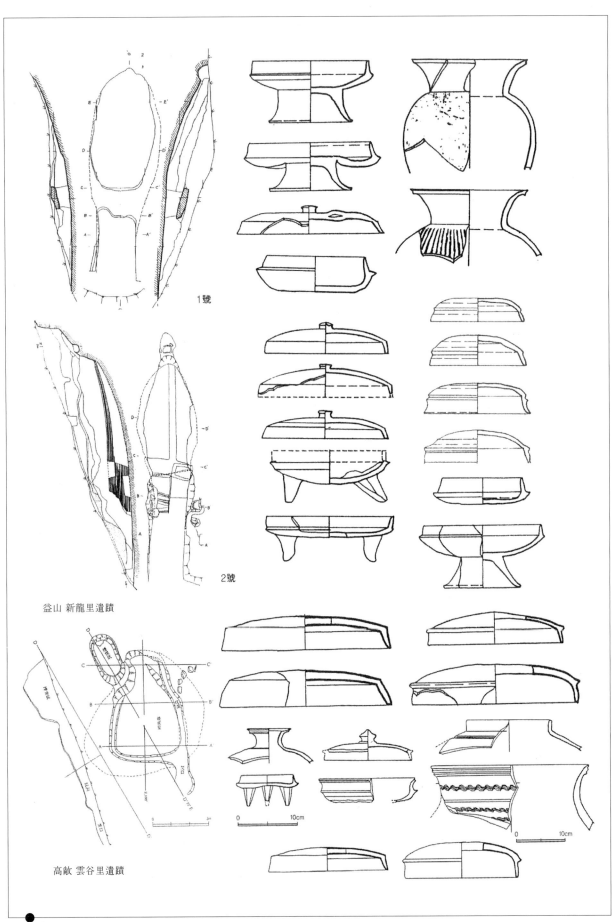

1號

2號

益山 新龍里遺蹟

高敞 雲谷里遺蹟

도 8 익산 신용리유적, 고창 운곡리유적

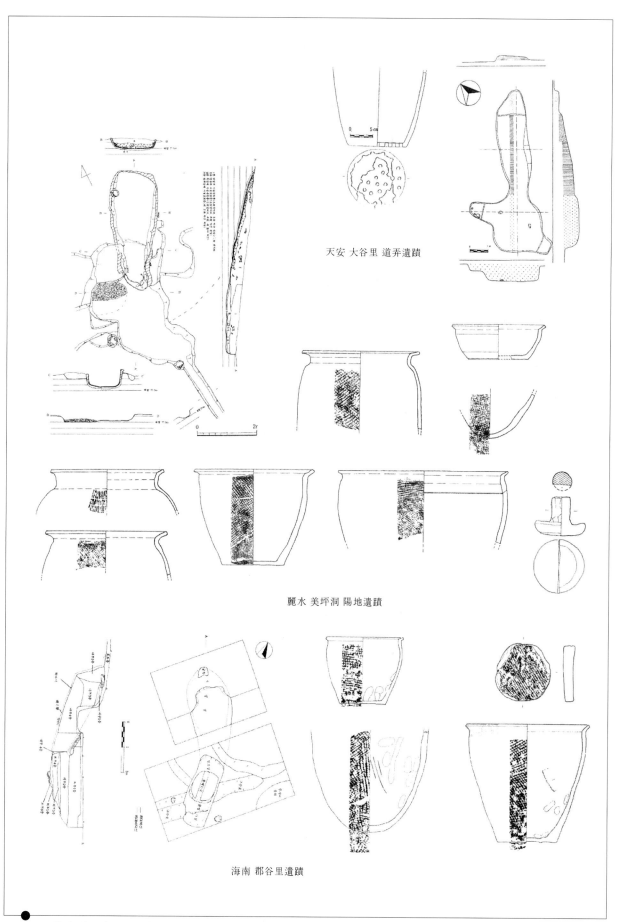

天安 大谷里 道弄遺蹟

麗水 美坪洞 陽地遺蹟

海南 郡谷里遺蹟

도 9 천안 대곡리 도롱유적, 여수 미평동 양지유적, 해남 군곡리유적

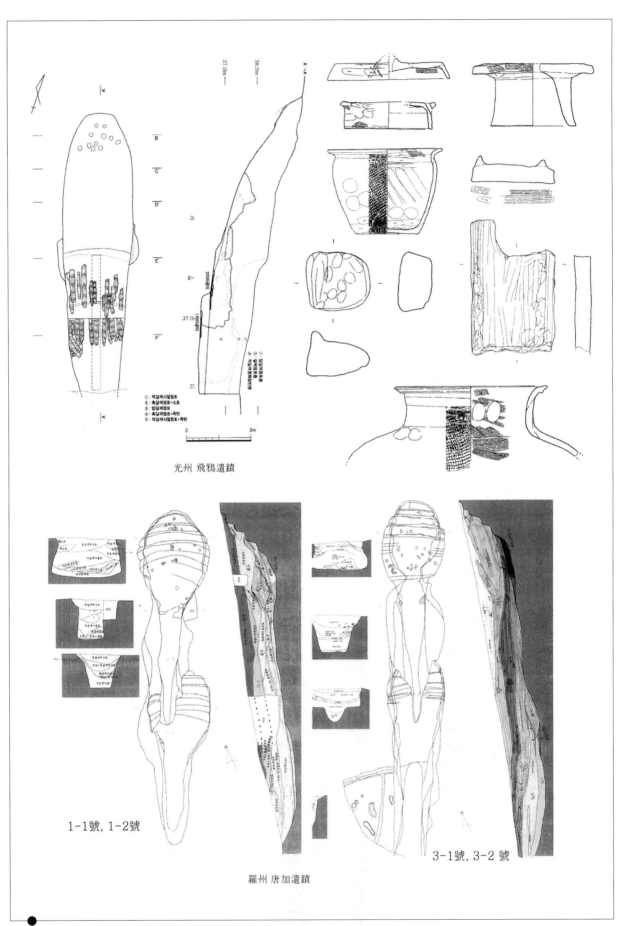

光州 飛鴉遺蹟

1-1號, 1-2號

3-1號, 3-2 號

羅州 唐加遺蹟

도 10 광주 비아유적, 나주 당가유적

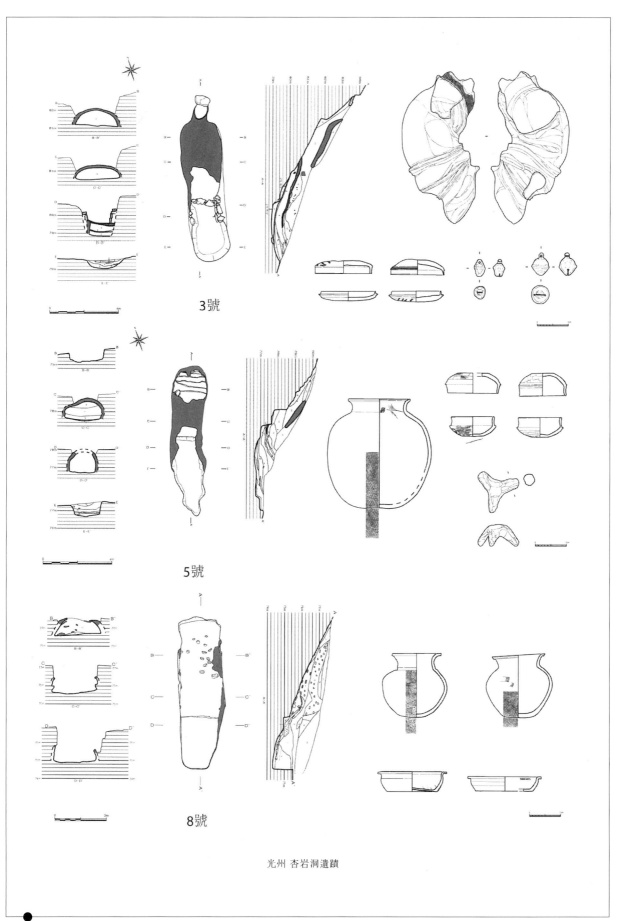

3號

5號

8號

光州 杏岩洞遺蹟

●참고문헌●

강아리, 2009, 『漢城百濟時代 大甕窯 硏究 -華城 淸溪里遺蹟 大甕窯를 中心으로-』, 檀國大學校碩士學位論文.

權五榮, 2007, 「華城 佳才里遺蹟의 原三國期 窯에 대한 몇가지 斷想」, 『華城 佳才里 原三國土器 窯址』, 한신大學校博物館.

_____, 2008, 「百濟의 生産技術과 流通體系 理解를 위하여」, 『百濟 生産技術의 發達과 流通體系擴大의 政治社會的 含意』, 學研文化社.

金洛中, 2009, 『榮山江流域 古墳硏究』, 서울大學校博士學位論文.

李盛周, 2011, 「漢城百濟 形成期 土器遺物群의 變遷과 生産體系의 變動 -實用土器 生産의 專門化에 대한 檢討-」, 『韓國上古史學報』 第71號, 韓國上古史學會.

李殷昌, 1982, 『新羅伽倻土器窯蹟址』, 曉星女子大學校博物館.

李志映, 2008, 『湖南地方 3~6世紀 土器窯 變化狀 硏究』, 全北大學校大學院碩士學位.

鄭 一, 2009, 「湖南地域 馬韓·百濟土器의 生産과 流通」, 『湖南考古學에서 바라본 生産과 流通』, 弟17回 湖南考古學會 學術大會, 湖南考古學會.

鄭 一·李知泳 2010, 「榮山江流域의 三國時代 窯蹟について」, 『地域發表及び初期須惠器窯の諸樣相』, 第22回 東アジア古代史·考古學硏究會 交流會, 大阪朝鮮考古學硏究會.

崔卿煥, 2010, 『百濟 土器窯址에 대한 硏究』, 忠南大學校大學院碩士學位.

崔夢龍·權五榮·金承玉, 1988, 『百濟時代의 窯址硏究』.

崔盛洛 外, 2004, 『五良洞窯蹟』, 木浦大學校博物館·東新大學校文化博物館.

馬韓文化硏究院, 2011, 『羅州市官內 國道代替 迂回道路(多侍-旺谷)建設工事區間內 羅州 五良洞 道路遺蹟 情密發掘調査』, 現場說明會資料集.

牧의 考古學
-古墳時代 목장(牧)과 牛馬飼育集團의 聚落·墓-

桃崎祐輔(모모사키 유우스케)

1. 들어가며

古墳時代 중·후기(5~7세기)의 일본열도는 동아시아에서 가장 많은 마구가 출토되는 지역이다. 九州(큐슈)에는 福岡縣(후쿠오카현) 300기 이상, 佐賀縣(사가현) 50기 이상, 宮崎縣(미야자키현) 71기 이상(東 2004), 熊本縣(쿠마모토현) 75기 이상(宮代 1996), 大分縣(오이타현) 30기 이상, 長崎縣(나가사키현) 10기 전후, 鹿兒島(가고시미현) 6기, 합계 500기 이상의 馬具出土古墳이 분포하고 있다.

그 중에서도 福岡縣域에 집중되는 것은 甲冑出土古墳의 집중과 함께 중국·한반도의 정치·군사적동향에 주목한 것으로 생각되지만, 이 지역은 반드시 마필생산에 적합한 지역은 아니며, 九州 中南部의 馬産地로부터의 이동과 집중이 상정된다.

일본에서 마구출토고분이 가장 집중된 곳은 福岡縣·群馬縣(군마현)·長野縣(나가노현)·靜岡縣(시즈오카현)으로 모두 약 300기의 마구출토고분이 확인되었다. 이중 동일본 지역은 『延喜式』(927)에 기재된 諸 國의 古代馬牧과 관련된 기재와 겹친다. 1970년대 이후, 大阪府(오사카부) 生駒山麓(이코마산록)·長野縣 등에서 대량의 말뼈·말이빨과 목제마구, 도질토기, 제염토기 등이 공반되는 우마사육과 관련된 유적이 잇달아 발견되었다. 이것과, 현재 일본에서 약 200기 발견된 牛馬供犧(순장마·희생 등)이 공반되는 고분의 분포를 조합한다면, 古墳時代의 우마사육집단의 실태에 가까워질 수 있다. 본고에서는 목장 연구의 현상과 과제를 정리하고 관련유적을 검토하도록 한다.

2. 硏究史

1) 馬具 副葬古墳과 牧의 關係

藤森榮一氏는 중부지방의 마구출토고분과 고대 목장과의 관계에 주목하였다(藤森榮一 1970·1974). 土屋長久氏는 기존의 고대 목장의 比定地 연구와 실제의 목장 관련유적을 대비하면서, 마구출토고분이 고대 목장의 비정지 주변에 집중되기 때문에 중부고지의 고대 목장에서의 馬匹生産이 古墳時代까지 소급됨을 지적하였다(土屋長久 1975).

岡安光彦氏는 마구 출토량이 탁월한 長野·靜岡의 상황은 欽明朝와 敏達朝의 舍人騎兵의 조직화가 반영되고 있음을 지적하고, 東國騎馬武人層에 마필사육의 역할도 담당하는 屯牧兵的인 성격을 상정하였다(岡安光彦 1986).

2) 古墳 殉葬馬와 遺蹟 出土 牛馬骨의 研究

野島稔氏와 瀨川芳則氏 등은 生駒山麓의 大阪府 四條畷市(시죠나와테시) 주변에 도질토기·제염토기가 공반되고 馬骨·馬의 供犧가 확인되는 고분과 제사유구가 집중되는 것에 주목하여 마사집단과의 관계를 지적하고(野島稔 1984·2008, 瀨川芳則 1991), 최근에는 蔀屋北遺蹟(시토미야기타유적)에서도 보다 양호한 상황이 판명되고 있다(宮崎泰史 2002, 奧村茂輝 2008).

奧村茂輝氏는 말의 사료인 풀 등은 염분의 함유가 극히 적기 때문에 풀 이외에 염분을 제공해 줄 필요가 있으며, 奈良時代(나라시대)의 「養老廐牧令1廐細馬條」에는 하루에 말에게 배당되는 염분량은 一夕(一勺 = 18g)으로 되어 있어, 대량의 제염토기 출토는 말의 사육을 시사하는 요소(奧村茂輝 2008)로 언급하였다.

桃崎祐輔는 전국 규모에서 우마의 순장·供獻古墳과 고대 목장 비정지를 비교 검토하고, 양자에 대응관계가 있음을 밝혔다(桃崎祐輔 1993·1999). 宮田浩之氏는 福岡縣 小郡市(오고리시) 三澤古墳群(미츠사와고분군)에서 6세기 후반~7세기 전반에 보이는 말의 순장 집중이나 영산강유역의 도질토기 출토, 築紫野市(치쿠시노시) 五郎山古墳(고로야마고분)의 벽화에 그려진 騎馬武人像과 築紫(치쿠시)에서 백제로의 馬匹供與의 관계를 논하였다(宮田浩之 1990·1996).

朴天秀氏는 일본열도의 영산강계 토기의 출토유적이 북부구주와 河內(카와치), 특히 四條畷 주변에 집중됨을 지적하고 河內의 마사집단이 전라도에 출자를 가진 도래인이었다고 언급하였다(朴天秀 2005).

3) 聚落 出土 馬具와 駄馬生産·牛馬耕

古墳時代의 목제마구(鞍·壺鐙·輪鐙)가 취락 내의 유로나 저습지에서 출토되는 예가 많다. 山田良三氏는 木製鞍論을 집성하였고(山田良三 1994), 그 후 神谷正弘氏는 木製鞍을 망라적으로 검토하였다(神谷正弘 2006).

저습지유적에서 목제 안장과 공반하는 경우가 많은 木製壺鐙의 확실한 사례로는 長野縣 長野市 稼田遺蹟(에노키다유적)에서 5세기 중엽경의 층위에서 杓子形의 黑漆塗壺鐙이 출토된 것이 가장 오래된 사례이다. 6~8세기의 木製壺鐙에 대해서는 永井宏幸氏의 집성과 검토(永井 1996)가 있는데, 山形縣(야마가타현)에서 福岡縣에 이르는 범위의 사례들을 집성하였다.

최근에는 木製輪鐙의 출토가 증가하여 宮城縣(미야기현) 藤田新田遺蹟(후지다신덴유적)(5세기 중엽), 滋賀縣(시가현) 神宮寺遺蹟(진구우지유적)(5세기 후반~6세기 전반), 大阪府 蔀屋北遺蹟(5세기 후반~6세기 전반)의 예가 알려져 있으며, 奈良縣(나라현) 箸墓古墳(하시하카고분)(4세기 초두?)의 사례가 鐙이라고 한다면, 세계 최고의 遺品이 되지만, 적극적으로 평가히기는 어렵다.

한편 山田昌久氏는 唐犁·馬鍬·頸木·鼻輪 등의 牛馬裝具와 유적 출토의 우마 유체나 발자국, 긴 이랑의 밭의 출현 등을 종합하여 古墳時代에 본격적인 牛馬耕이 개시되었을 가능성을 논하였다(山田昌久 1986).

4) 足蹟研究와 土壤學的 접근

목장은 가축 방목을 위한 공한지가 대부분을 점하여 본체 부분에 인위적인 유구는 없다. 따라서 유구의 복합이나 계층분석을 전제로 하는 취락분석과는 전혀 반대의 방법론이 요구된다. 그러한 無遺構地帶의 확인에 유효한 것은 가축의 足蹟研究와 土壤學的 접근이다.

말의 足蹟은 홍수퇴적층으로 덮힌 수전면이나 화산재 바로 아래에서 확인되는 경우가 있으며, 특히 群馬縣과 埼玉縣(사이타마현)에서는 榛名山(하루나산) 二ッ嶽(후다츠다케)의 6세기 전반의 화산재(FA) 이후, 특히 6세기 후반의 輕石(FP)層 아래에서 확인된 다수의 말과 소의 足蹟 분석을 바탕으로 牛馬耕의 실태, 휴경지에서의 방목에 따른 지력회복기술, 足蹟의 크기와 개체 수 비율로 본 연령·馬格構成 등이 점차로 밝혀졌다(高井佳弘 2000).

渡邊眞紀子氏는 일본열도 국토의 16%를 점하는 쿠로보쿠토(黑ボク土)는 억새(ススキ) 등의 벼科 草本草原이 장기간 유지되어 형성된 토양으로, 자연적으로 만들어지지 않기 때문에 고대부터의 목장 경영에 의해 草原이 유

지되었음을 추정하였다(渡邊 1991).

5) 牧關連 遺構의 研究(도 1)

목장 관련 유구의 연구는 우선 지표관찰로 가능한 野馬土手부터 시작되어, 이어서 발굴로 확인되는 溝와 柵列, 그리고 관아 시설, 마구생산공방, 피혁·뼈가공시설에 이르고, 최종적으로는 축사까지 이른다. 그러나 대부분은 고대~중근세의 것으로 古墳時代의 목장 관련 유구가 남아있는 것은 적어 원래 간략한 것이었을 가능성이 높다.

篠崎譲治氏는「發掘 馬小屋의 構造をめぐって」(2003)·「古代의 厩舍遺構について」(2006)에서 축사 유구를 본격적으로 논하면서, 굴립주건물 내부에 馬房의 구획이 있고, 바닥면을 경사지게 하여 소변을 담는 溝를 설치한다든지 바닥에 깐 짚과 분뇨를 발효시키는 퇴비용의 토광, 모기와 등에 등의 해충구제의 훈증 흔적인 식물 탄화물의 확인이 보인다는 점을 지적하였다. 또한 명확한 마굿간은 7세기 후반의 驛傳制에 수반되는 마굿간(厩)의 설치 이후에 출현한다고 한다.

다만 최근 鄀屋北遺蹟에서 5세기의 馬小屋遺構로 보이는 것이 발견되었고, 또한 群馬縣 黑井峯遺蹟(쿠로이미네유적)에서는 가축 5頭의 축사로 생각되는 것이 확인되었다.

6) 斃死 牛馬 処理와 皮革·骨·肉利用의 研究

목장에서는 폐사 우마를 매장하는 토광이 확인되었고, 牛馬骨의 성별과 연령의 검토를 통해 牧馬의 생산형태를 밝힐 수 있다. 예를 들면 長野縣 佐久(사쿠) 野火付遺蹟(노비즈케유적)(平安時代)에서는 소수의 노령의 수컷 말, 다수의 암컷말·새끼 말의 매장이 확인되었고, 소수의 종마와 출산 연령의 암컷말·새끼말 무리, 소위 할렘의 상황에 있는 牧馬組成을 나타내고 있다(堤隆 1989). 그러나 이러한 전신 매장은 오히려 적으며, 牛馬의 피혁을 벗기고 해체하여 고기와 뼈를 취하고, 가죽 무두질을 위해 두개골을 깨트려 뇌수를 적출하는 예가 각지에서 보고되었으며(松井章 1987·1990·1991), 古墳時代에는 奈良縣 布留遺蹟(후루유적), 8세기에는 平城京과 宮城縣 多賀城市(타가조시) 山王遺蹟(산노유적) 등에서 解體馬骨이 집중 출토되었다.

7) 牧關連 遺物

목장 특유의 유물로서 牛馬에 새기는 燒印(대부분은 철제로 긴 손잡이가 붙음)·牛馬帳木簡 등을 생각할 수 있다. 燒印은 일본에서는 8세기 이후에 출현하며 7세기 이전의 사례는 알려져 있지 않다(田中廣明 2008).

3. 研究의 現狀과 課題

1) 綜合的 分析

종래 고대 목장의 비정은 주로 『延喜式』, 『政事要錄』, 『吾妻鏡』 등의 문헌 기록 목장의 역사지리학적 검토를 바탕으로 이루어져 왔지만, ① 목장 비정지의 근거는 충분한가 ② 만약 비정지가 맞더라도 平安(헤이안)·鎌倉時代(카마쿠라시대)의 목장이 과연 古墳時代 목장과 동일한가 등의 문제가 있다. ①에 대해서는 역사지리학적인 연구에 바탕을 둔 목장 비정지를 고고학적으로 검증하는 작업이 진행되고 있으며, ②에 대해서도 群馬縣 子持村(코모치무라)의 黑井峯遺蹟에는 말 5頭를 수용할 수 있는 마굿간 유구가 존재하며, 그리고 白井遺蹟(시로이유적)에서는 FP 아래에서 다수의 馬足蹟과 柵列이 확인되어, 木曾馬(키소우마) 정도의 중형말를 사육하였던 古墳時代 목장이라고 보는 견해가 유력하게 되었으며, 牧畑經營에 의한 순환농법의 실시도 상정되고 있다(石井 1990, 石井·梅澤 1994). 이 지역은 『延喜式』에 기재되어 있는 上野國(코우즈케노쿠니) 利刈牧 比定地와 가깝다.

山川守男氏는 동일본의 上野利刈牧와 白井遺蹟群·黑井峯·西組遺蹟(니시쿠미유적), 上野有馬馬牧과 半田中原(한다나카하라)·南原遺蹟(미나미하라유적)·大久保(오오쿠보)A遺蹟, 信濃鹽野牧와 鑄師屋遺蹟群(이모지

야유적군)을 대비하고, ① 수전경영에 적합하지 않은 생산성이 낮은 대지상에 전개된다. ② 복수의 취락이 목장 경영에 관계한다. 黑井峯·西組遺蹟의 상황으로 보아 古墳時代에는 농경취락의 성격도 함께 지니고 있지만, 律令 期에는 생산성이 낮은 대지상에 나타난 半田中原·南原遺蹟이나 大久保A遺蹟과 같이 목장 경영이 주체가 되었다 고 생각된다. ③ 古墳時代에서 목장의 전신을 찾을 수 있다고 말하였다(山川 1996).

또한 白石太一郎氏는 중세~근세의 下総佐倉牧에 대해서도 千葉縣(치바현) 佐倉市(사쿠라시) 大作(오오사쿠) 31號墳의 5세기 말~6세기 초두경의 순장마를 근거로 古墳時代로 소급될 가능성을 지적하였다(白石 2000).

古墳時代의 기술 수준에서는 지력이나 수리가 좋지 않은 대지·산록·하천부지와 고위단구 등의 황폐한 지역 에 방대한 개발 노력을 투하하거나 群馬縣 榛名山의 FA, FP 등 거듭되는 화산재 강하로 밭을 유지하기 위해 소모 하기보다 목장으로 교환가치가 높은 牛馬를 생산하는 편이 합리적인 토지이용이었다고 생각된다.

4. 研究의 方法

1) 牧의 認定

奧村茂輝氏는「牧·馬飼聚落이란 말을 방목하기 위한 목장, 사람의 손으로 말을 관리하고, 수컷말과 암컷말을 교배시키기 위한 축사, 목장·축사를 관리하는 사람들의 취락의 총칭을 가리킨다. 이와 같은 목장·馬飼聚落의 구조는 사회변천 속에 古墳時代에서 중세에 걸쳐 변모한다고 생각된다」(奧村茂輝 2008)고 언급하였다.

목장과 馬飼聚落으로 인정하는데 있어서는 아래와 같은 방법이 고려된다.

① 延喜式과 諸 문헌의 목장 비정지·마사집단 거주지에 그것과 대응하는 유적이 발견되는 경우

　　長野縣 佐久郡 鹽野牧·群馬縣 白井牧·大阪府 生駒山麓

② 牛馬骨 出土 古墳群과 대응관계에 있는 취락유적

　　福岡縣 大刀洗町·小郡市, 長野縣 飯田市·宮崎縣 宮崎市內

③ 화산재의 아래에서 가축의 足蹟과 축사 유구 등이 발견되는 경우

　　群馬縣 黑井峯遺蹟·白井遺蹟

④ 토루와 책렬, 野馬土手 등 목장 특유의 유구가 있는 것

　　長野縣 佐久郡 鹽野牧·東京都 日野落川遺蹟

⑤ 취락에 수반하여 어린 말과 해체 흔적이 있는 말뼈, 마구가 발견되는 것

　　群馬縣 長瀞西遺蹟·埼玉縣 深谷市 城北遺蹟·岩手縣 水澤市 中半入遺蹟

2) 牧 關連 遺構와 空間 機能

牛馬의 사육을 목적으로 한 목장 유구와 그 관련시설은 대개 ①「牧場地區」, ②「繫飼地區」, ③「管理地區」, ④ 「居住地區」, ⑤「牧田地區」 등으로 구성된다(土屋長久 1975).

①「牧場地區」는 목장의 본체이지만, 실제로는 광대한 초원으로 유구가 적고, 유적 확인이 어렵다. 다만 최근 에는 群馬·埼玉·長野 등에서 화산재로 덮인 牧牛馬의 足蹟의 검출기회가 늘어나고 있다. 6세기의 예가 많다.

또한 목장은 그 주위를「野馬土手」라고 불리는 토루와 구, 책열 등으로 구획되고, 牧馬의 도망 방지와 농경지 와 경계를 구분하기 때문에 이들이 목장 인정의 근거가 된다. 다만 연대 결정의 유물이 적은 것이 많다. 또한 성곽 과 거관의 토루, 猪土手 등의 토지 구획과의 구분이 필요하다. 7세기 이후의 것이 대부분을 차지한다.

②「繫飼地區」는 목장 주위의 축사로 가축을 사육하는 경우에 목초가 적어 폐사가 많은 동계에 牛馬를 보호 하거나 성장한 牛馬를 조교 사역, 축사 내에서 퇴비 생산을 실시하는 경우 등이 있다. 축사는 驛路와 館·官衙· 宮都에 부설되는 외에, 寺社에 봉납되는 神馬를 위해 설치하는 경우도 있는데, 7세기 이후의 것이 대부분을 차지 한다.

③「管理地區」는 목장 주변에 牛馬 관리의 시설을 설치한 것으로 官牧과 莊園이라면 관아적인 사무 공간(檢印, 礎石建物, 文房具, 馬具工房), 檢印을 위한 토루·책열로 만들어진 誘導路와 매어두기 위한 시설이 설치된다. 7세기 이후의 것이 대부분을 차지한다.

④「居住地區」는 牛馬 사육 집단의 거주취락이지만, 목장과 아주 가깝거나 중복되는 경우와 목장 관리자의 계층차로 조금 떨어져 있는 경우가 있다. 牛馬 뼈와 마구의 출토, 피혁가공 등의 흔적이 수반된다. 5세기에 출현한다.

⑤「牧田地區」는 牛馬 사육집단이 자영하기 위한 논밭이 부속되는 경우. 5세기에 출현한다고 추정된다. 그리고 순장마가 집중되는 고분군에 인접하는 취락에서는 잡곡과 콩 등 밭농사를 나타내는 화분과 식물 유체의 검출 례가 많다.

⑥「墳墓·祭祀地區」는 埋葬牛馬와 牛馬殉葬, 殺牛馬儀禮 등이 보이는 경우. 5세기에 출현한다.

3) 聚落과 社會階層

목장의 경영에는 다양한 계층의 인간이 참여한다. 고대 목장의 경영 규정이나 문서기록과 목장 관련 취락내의 구조나 고분의 계층차에서 그러한 점을 해명할 수 있다고 생각된다.

宮崎由利江와 大澤伸啓는 馬形埴輪, 특히 裸馬(牧馬)埴輪에 공반되는 人物埴輪을 분석하고, 이들이 飼葉刈用으로 추정되는 낫을 허리에 찬 馬飼임을 지적하였다(宮崎 1990, 大澤 1991).

甲斐國 小笠原牧의 비정지인 山梨縣(야마나시현) 茅ヶ嶽山麓(카야가타케산록)에서는 목장 관련 취락의 출토 陶器·須惠器(스에키)·土師器(하지키)의 비율, 철제품의 출토량 등 유물격차, 굴립주건물과 수혈주거의 비율 등, 유물 간에 격차가 있는데, 목장 내에서 상위의 牧監·牧長·牧帳, 하위의 牧子·飼丁·稲丁이라는 계층차의 반영으로 보는 견해가 있다(佐野隆 2008). 또한 埼玉縣(사이타마현) 本庄市(혼죠시) 中堀遺蹟(나카보리유적)에서는 「石」「令」의 燒印이 출토되는데, 「石」은 14km 떨어진 武藏國 石田牧의 것으로 보이며, 國印과 勅旨牧의 燒印은 관리자인 國司가 거주하는 거점유적에 보관되었다고 보여진다(田中 2008).

古墳時代의 牛馬 사육집단의 사회계층 해명은 아직 진전되지 않았지만, 大阪府 蔀屋北遺蹟에서는 표고가 약간 높은 F조사구에 대형주거지가 집중적으로 확인되고, 다른 지구와 비교하여 입지, 주거 규모가 우위에 있기 때문에 취락 내에 계층분화에 의한 거주 구분이 이루어졌을 가능성이 있다고 한다(岡田賢 2009).

宮田浩之氏는 ① 대형의 횡혈식석실에 기마인물벽화가 있으며, 金銅裝馬具를 부장한 五郎山古墳, ② 철제마구·대도·철촉이 부장된 三澤古墳群(능선상과 사면부의 차이), ③ 鐵鏃과 貝輪·耳環 등의 장신구를 부장하고 馬具를 수반하지 않는 橫穴墓群, ④ 土壙墓라는 군사계층모델을 제시하였다(宮田浩之 1996).

더욱이 長野縣·福岡·熊本·宮崎 등 각지의 殉葬馬 集中地域에서는 古墳群 중에 마구가 없으며 철촉과 소수의 토기를 부장하는 토광묘가 산재하여, 하위의 牧子·飼丁·稲丁 등의 묘에 해당될 가능성이 있을 것이다.

5. 馬飼集團·牧의 存在가 추정되는 地域

1) 馬殉葬集中이 나타내는 馬飼集團의 分布

騎馬가 귀중한 위신재였던 열도의 古墳時代·한반도의 삼국시대에서 말은 유력계층이 보유하고, 그 제사와 도살도 독점하였다고 생각되는 편이지만, 말의 供犧는 특정지역의 中小古墳에 집중되는 경향이 있어, 직경 10~20m 정도의 소규모 고분에서 말의 供犧가 검출되는 경우가 많으며, 1기의 고분에 3~4頭에서 8~9頭나 확인되는 예가 있다. 이러한 고분의 피장자는 계층이 그다지 높지 않음에도 불구하고 말을 대량으로 보유하였던 집단의 성원으로 생각된다. 더욱이 古墳 出土 馬骨에는 새끼 말이 포함되어 있어 집단은 말의 번식과 사육에도 관여하였을 가능성이 높다고 생각된다.

(1) 長野縣 伊那谷(이나다니)·善光寺平(젠코우지다이치)·佐久平(사쿠다이치)의 馬飼集團(도 3)

　　伊那谷에서는 飯田市(이이다시)를 중심으로 현재 30기 이상의 殉葬馬 흔적이 발견되었다. 대부분은 5세기 중엽~후반의 것으로 物見塚古墳(모노미즈카고분)의 周溝 서측의 저부에서 1체분의 馬齒가 확인되었다. 茶柄山9號墳에서는 분구 남동측의 周溝 외부에서 6기의 馬壙이 확인되었다. 그 중 2기의 토광에서 출토된 5세기 중엽의 土師器 甕片이 접합되었다. 茶柄山2號墳에서는 2기의 馬壙이 검출되었고, 그 중 토광 10의 下顎骨下部에서 철제의 輪金具와 三環鈴이 출토되었다. 新井原遺蹟(아라이바라유적)에서는 5地點에서 6體의 馬齒·馬骨이 검출되었다. TK216期의 木心鐵醫板張輪鐙이 출토된 新井原2號墳의 周溝 바닥에서는 3기의 土壙(70號·71號)이 확인되었고, 2체분의 馬齒가 출토되었다. 新井原12號墳는 2기의 馬壙이 확인되며, 그 중 4호 토광에서는 5세기 후반의 金銅裝f字型鏡板轡·面繫·劍菱形杏葉을 장착한 馬骨이 출토되었다. 宮垣外遺蹟(미야가이토유적)에서는 土壙 2(SK10, SK11)에서 鐵製f字形鏡板付轡·劍菱形杏葉·木心鐵板張輪鐙을 장착한 馬骨이 검출되었다. 方形周溝墓 周溝3에서도 馬齒가 확인되었다. 寺所遺蹟(테라도코유적)에서는 4地點에서 4체분의 馬齒가 출토되었다. 神送塚古墳(코우즈카고분)에서는 陶馬가 출토되었다. 또한 飯田市 恒川遺蹟群(곤가유적군)의 新屋敷遺蹟(아라야시키유적)에서는 백제계 도질토기인 兩耳付壺의 蓋가 출토되었고, 이 유적을 검토한 酒井淸治氏는 전라남도 승주 대곡리 한실 A地區·B地區 B-1호 주거지, 무안 양장리유적 94-9호·11호 주거지·무안 사창리 등에 유례가 보이고, 5세기 중엽의 영산강 유역산 토기일 가능성이 높아 馬匹生産과 관련된 도래인이 가지고 온 것으로 추정하였다(酒井淸治 2002).

2) 牧關連施設·聚落遺蹟의 具體相

(1) 讚良馬牧과 生駒山麓의 牧關連遺蹟(도 4)

　　四條畷市에서 東大阪市(히가시오사카시)에 걸친 지역은 河內國(카와치노쿠니) 讚良郡(사라라노코오리)에 해당되어, 天武朝에 連의 姓을 받은 娑羅羅馬飼氏·菟野馬飼氏는 讚良牧(公私牧) 주변에 주재하였던 馬飼集團 출신의 씨족으로 생각된다. 松本政春氏에 따르면 娑羅羅馬飼氏는 백제계, 兎野馬飼氏는 신라계의 씨족이라고 한다(松本政春 1991).

　　大阪府 四條畷市의 奈良井遺蹟(나라이유적), 更良岡山1號(사라오카야마1호), 淸瀧2號(키요타키2호), 四條畷D古墳에서 고분에 공반된 牛馬骨이 출토되었다.

　　奈良井遺蹟은 四條畷市의 生駒山地 飯盛山系의 西麓에 위치하며, 부정형의 周溝狀遺構에서 7체분의 馬骨과 제염토기, 5세기 중경~6세기 후반의 須惠器·土師器, 土製·滑石製模造品 등이 출토되었다. 7體의 馬骨은 제사에 따른 희생마로 보이지만, 인플루엔자와 파라티푸스 등의 전염병에 의한 대량 사망의 가능성도 지적되고 있다.

　　中野遺蹟은 奈良井遺蹟의 남측에 위치하고, 다량의 馬骨과 방대한 제염토기가 출토되어, 제염과 일체화된 馬匹生産이 추정된다. 가야계 도질토기와 初期須惠器의 출토로 5세기 전반부터 도래계의 馬飼集團이 거주하였다고 보이며, 6세기 후반에 걸쳐 존속했지만 취락의 최성기는 6세기의 제1·2사분기로 생각된다.

　　讚良郡條里遺蹟(사라군죠리유적)은 중추취락인 蔀屋北遺蹟의 북쪽에 접하는 위성 취락으로, 鞍·輪鐙 등의 마구, 대량의 馬骨, 대량의 제염토기가 출토되었다. 2004~2005년의 조사에서 古墳時代의 沼地狀 堆積土 約 0.5m² 의 물체질로 620g의 제염토기편이 확인되었다. 취락은 5세기 중엽~7세기 초두에 걸쳐 존속하였으며 최성기는 6세기대로 생각된다.

　　長保寺遺蹟(쵸보지유적)은 讚良郡條里遺蹟에서 북서 1km의 평야부에 소재한다. 木製鞍과 馬骨, 제염토기 등이 출토되었다. 출토 須惠器로 5세기 중엽에서 6세기 제4사분기가 취락의 존속연대로 생각된다.

　　蔀屋北遺蹟은 岡部川(오카베가와)의 자연제방 위와 그 뒤의 배후습지에 입지하였는데, 古墳時代에는 河內湖 동안이었다. 취락은 5세기 중엽에서 6세기 제4사분기(TK208~TK43)까지 존속하였고, 최성기는 굴립주건물이 급증하는 5세기 중엽에서 6세기 후반이다. 2001年의 第2次 試掘調查(E地區)에서는 土壙1에서 다량의 須惠器·土師

器와 함께 조족문타날을 포함한 韓式系土器와 滑石製雙孔圓板·臼玉, 이동식 부뚜막과 U字形板狀土製品이 출토되었다. 더욱이 목탄층와 재층에 섞여 상당히 많은 수의 제염토기(추정 1500개체, 중량 약 76kg)가 동시에 발견되어, 粗鹽을 정제하였다고 보인다.

2002年의 조사 第1次調査(H地區)의 古墳時代 大溝11의 퇴적토는 6층으로 크게 나누어지는데, 3層(5세기 후반)에서는 須惠器, 土師器, 이동식 부뚜막, 琴柱·建築部材·有頭狀木製品, 滑石製臼玉·雙孔圓板, 유리玉, 지석, 제염토기·韓式系土器(硬質), 鐵製曲刀子, 馬·犬·猪·鮫等, 桃核과 瓜·瓢箪과 함께 木製輪鐙 2點이 출토되었다. 떡갈나무의 판재를 파내어 제작되어, 宮城縣 仙台市 藤田新田遺蹟 SD302流路, 滋賀縣 長浜市 神宮寺遺蹟 SR01溝에 이은 사례이다. 鐙A는 短柄이고 타원형의 輪部는 단면 제형을 나타내어 古式木心鐵板張輪鐙과 유사하다. 실용적으로 만든 것으로 柄部上端, 鐙革旦孔內緣, 輪部의 한쪽 緣의 마찰흔에서 실제로 사용되었다고 판명되었다. 또한 輪部의 上位內側이 경사진 것으로 보아 乘馬者의 右脚用으로 생각된다. 鐙B는 鐙A와 달리 비교적 조잡하게 만든 것이다.

2次調査에서는 SK940 土壙(세로 2m, 가로 1.5m, 깊이 30cm)에서 5세기 후반의 埋葬馬의 전신 골격이 출토되어 체고 약 125cm, 추정 5~6세, 宮崎縣의 禦崎馬에 가까운 말로 추정된다. SK1345 토광도 전신 매장으로 생각되지만, 토광 끝부분에 이빨만 남아있다. 그리고 SK655 토광은 소형의 토광으로, 말의 頭部만 매장되었다고 추정된다. 이외 SK1632 토광에서는 제염토기가 11개체 이상 집중 출토되었고, SK1135 토광에서는 조족문타날의 도질토기 호와 須惠器, 滑石製 玉類와 함께 제염토기가 12개체 이상 출토되었다. 또한 SE494 우물은 刳舟를 전용한 우물틀이 확인되며, 우물 바닥에는 토기의 매납 토광이 있어 30점 이상의 土師器·須惠器가 투기되어 있다. 그 사이에 말의 頭骨片, 개의 頸椎·腰椎가 출토되어 제사행위가 추정된다. 또한 SE590 우물은 폐기할 때에 백제토기 호 등이 공헌되었다.

2005年의 조사에서는 大溝 09000에서 遊環付鑣轡·鹿角鑣·鐵鎌·刀子·鐵鏃·풀무 송풍관·鐵滓, 신라토기·전라도계의 도질토기, 須惠器, 土師器, 木製砧·베틀용 작은 나무망치 등이 출토되었다. 遊環付 표비는 백제계의 특징을 나타내지만, 재갈의 꼬는 방법이 다르고 단야관계유물이 공반된다는 점으로 보아 이 지역에서 제작되었을 가능성이 있다.

2005~2006年의 조사에서는 韓式系土器와 철부가 공반되는 것을 포함하여 5세기 후반~6세기 전반의 19기의 수혈주거지, 굴립주건물 10동, 우물 6이 등과 함께 大溝가 검출되었고, 퇴적토는 大溝 9001과 공통된다. 大溝는 上層(5세기 후반~말)·中層a(5세기 중경)·中層b(5세기 전반~중경)·下層(5세기 전반~중경)으로 대별되고, 中層에서 다량의 韓式系土器와 鐵鑿·捩刀子가 출토되는 것 외에, 中層a에서는 黑漆塗木製鞍이 출토되었다.

총 수혈주거지 67동, 굴립주건물 74동, 우물 23기 등이 얕은 계곡과 溝로 구획된 5개의 거주역(北東·南西·南東·西·北西의 각 거주역)에서 발견되었고, 그 중에서도 말의 전신 골격이 출토된 토광, 다량의 馬齒, 馬骨, 馬具(鐙·轡·鞍)의 출토로 이 취락이 말을 사육하였던 사람들(馬飼)의 취락임이 밝혀지게 되었다 또한 2010년에는 幼齡馬 2체의 매장이 확인되어 번식이 증명되었다.

더욱이 四條畷市 南山下遺蹟(미나미사게유적)에서는 鑣轡·鞍·輪鐙을 착장한 땅딸막한 체형으로 머리가 크고 다리가 짧은 말의 埴輪(하니와)가 출토되었는데, 蔀屋北遺蹟에서 출토된 馬骨과 馬具를 방불케 한다.

上記의 奈良井·中野遺蹟에서 蔀屋北遺蹟까지는 직선거리로 1km 가까이 떨어져 있기 때문에 복수의 馬飼集團이 거주하고 있었던 상황을 상정할 수 있다. 한편 讚良郡條里·長保寺遺蹟에서는 주거지와 건물지는 확인되었지만, 蔀屋北遺蹟과 비교하면 밀도가 낮아 취락의 주변적인 상황을 나타낸다. 河內湖의 육지에 접하는 경계선 부근이라는 입지는, 개개의 취락 근방에 두어진 방목지＝목장의 성격이 있었다고 생각해도 좋을 것이다(奧村茂輝 2008).

朴天秀氏는 영산강유역의 토기가 집중적으로 출토되는 四條畷市 주변의 四條畷 小學校內遺蹟, 南野米崎遺蹟(미나미노코메자키유적), 楠遺蹟(쿠스노키유적), 木間池北方遺蹟(코마이케홋포유적), 讚良郡條里遺蹟, 長保寺遺蹟, 蔀屋北遺蹟은 말뼈와 말을 기르기 위한 제염토기가 공반되고, 또한 讚良郡條里遺蹟, 長保寺遺蹟, 蔀屋北遺蹟

에서 출토된 부뚜막의 부속품 전체적인 형태가 U字形이고 외연에 돌대를 붙인 것으로 광주 월계동1호분 주구, 광주 월전동유적, 나주 신촌리9호분 등 영산강 유역의 출토품(徐賢珠 2003)과 가장 유사한 형식이라는 점에서 近畿地方의 목장이 영산강유역으로부터의 도래인에 의해 성립되었다고 언급하였다(朴天秀 2005).

大阪市 長原遺蹟에서는 七ノ坪古墳의 축조시 기저부에서 쿠로보쿠토(黑ボク土)가 확인되어, 5세기말의 고분 축조에 앞서 이 지역에 벼科 草本草原이 전개되었을 가능성이 높아져 부근에 말 목장이 있었을 가능성이 등장하였다. 따라서 長原南口古墳(나가하라미나미구치고분)에서 말의 供犧가 확인된 의미도 그러한 연장선상에서 생각할 필요가 있다.

6. 古墳時代 馬飼集團·牧의 歷史的意義

1) 九州의 馬飼集團과 韓半島로의 馬匹供與

(1) 熊本縣의 事例

熊本縣 山本郡(야마모토군) 三重味取는 肥後國(비고노쿠니) 二重馬牧(國牧)의 비정지로, 菊池川(키쿠치가와) 상류역의 合志市(코우시시) 부근에 해당한다. 合志市 八反田古墳群(야츠탄다고분군)에서는 2號墳(TK73 이전?)에 無引手鑣轡, 3號墳(TK73)에 無遊環鑣轡가 공반된다. 周溝에는 古式須惠器를 공헌하였다. 그리고 合志市 上生(와브) 上ノ原遺蹟(우에노하라유적)에서는 3號 석관 옆에서 振引手의 鑣轡이 출토되어 供犧痕蹟의 가능성이 있다. 2號 석관 위에서는 眉庇付冑殘欠과 橫矧板鋲留短甲片이 출토되었다. 부근은 古代 二重馬牧의 故地로, 古墳時代 중기 전반부터 도래계인에 의한 조직적인 馬匹繁殖이 추정된다.

인접하는 植木町(우에키쵸)의 石川山古墳群(이시가와야마고분군)8號墳은 石障系橫穴式石室을 주체부로 하는 지름 9.5m의 원분으로, 周溝 북서부의 장방형토광은 殉葬馬의 흔적으로 보인다. TK47~TK10 形式의 須惠器가 출토되었다. 9號墳은 지름 12.2m의 원분으로, 組合式家形石棺을 매장주체부로 한다. 周溝 북서부에서 타원형 鏡板付轡를 장착한 殉葬馬의 흔적이 확인되었고, 土師器壺, TK23~TK47型式의 須惠器杯가 공반되었다. 태토분석에 따르면, 須惠器에는 陶邑産이 포함된다(植木町敎育委員會 1996). 더욱이 고분군에 인접하는 石川遺蹟(이시가와유적)에서는 5세기 말~7세기 전반의 취락지가 확인되어, 29기의 주거 중 11기에서 23개체의 天草型 제염토기가 확인되었다(植木町敎育委員會 2002). 그리고 石川遺蹟 10區 7호주거지에서는 이 지역에서 가장 오래된 부뚜막이 확인된다. 또한 菊池市 泗水町(시스이마치) 篠原遺蹟(시노하라유적)도 合志川유역에 TK10~TK43期에 성립된 취락유적으로, 11기의 주거 중 10기에서 340편의 제염토기편이 출토되었는데, 특히 31호 주거지에서는 약 180편, 20개체 상당이 출토되었다. 이들 유적을 분석한 中原幹彦氏는 有明海(아리아케가이) 연안, 宇土半島(우토반도)의 大田尾製鹽遺蹟(오오타오제염유적) 등으로부터 제염토기의 반입이 제사와 관계된다고 생각하였고(中原幹彦 2007), 大林元氏가 「본래 말의 사료로 필요한 소금(製鹽土器)을 말제사에도 공헌하는, 마사 독특의 의례가 각지의 거점을 중심으로 하는 近畿地方 내륙부로 확산되었다」(大林元 2005)는 견해를 피력하고 있다. 河內湖岸과 동일하게 馬匹生産에 따른 제염토기의 반입이 이루어졌을 가능성을 생각할 수 있을 것이다.

天平勝寶2年(750)의 正倉院 문서 중에 「肥後國宇土郡大宅鄕戶主額田部君得萬呂」라고 되어 있어, 宇土半島 주변에 額田部가 거주하였을 것으로 판명되는데, 板楠和子氏는 이것과 당초의 推古陵으로 생각되었던 奈良縣 橿原市(카시하라시) 植山古墳(우에야마고분)에서 宇土半島産의 阿蘇핑크石 石棺이 출토된 점을 관련시키는 흥미깊은 견해를 제시하였다(板楠和子 2002).

額田部는 ① 應神天皇의 皇子 額田大中彦의 子代(코시로)로 보는 설(岸俊男 1985)이 유력하지만, ② 額田部皇女(推古天皇)의 이름에 의한 것이라는 설도 있다. 다만 額田部連의 이름이 이미 『日本書紀』 欽明天皇 二十二年(561)條에 보인다(白崎昭一郎·門脇禎二 1993). 『新撰姓氏錄』에 보이는 額田氏의 祖先傳承에 따르면, 隼人(하야토)과의 싸움에서 이긴 額에게 「町形(점을 볼때 鹿角과 龜甲에 새긴 田字形)의 廻毛」가 있는 말을 隼人으로부터 가져온 공으로 額田의 名을 수여하였다는 기록이 보인다(森浩一 1986). 따라서 額田部氏는 隼人이나 熊襲(쿠마소), 土蜘蛛(츠치쿠모)나 佐伯(사에키) 등으로 불리웠던 지방집단을 통괄·지배하고, 야마토정권에의 복속을 촉진함과 동시에 왕권에 봉사시키는 군사적인 집단이었다고 상상된다.

推古女帝의「馬이라면 日向의 駒, 太刀라면 吳의 眞刀」라는 노래는 蘇我를 찬미하는 노래의 한 구절이지만, 여기에서의 日向는 薩摩나 大隈를 포함한 南九州 전역을 가리키고,「日向의 駒」는 즉「隼人의 駒」였을 가능성이 높다. 더욱이 宇土半島의 핑크석산지 주변에는 고대의 大宅牧이 있었기 때문에 額田部 슬하 馬飼集團의 존재가 추정된다.

(2) 福岡縣 大刀洗町은 馬飼臣의 **據點**인가?(도 5)

福岡縣 朝倉市(아사쿠라시)의 古寺(코테라)·池ノ上遺蹟(이케노우에유적)은 도래계 집단묘지로, 부장된「朝倉産 須惠器」는 가야 서부 미상지역의 도질토기에서 그 원형을 찾을 수 있다. 池ノ上 6號墳에서는 5세기 전반의 鑛鐸와 함께 집게 등의 단야구가 출토되어, 馬匹 도입 당초부터 마구생산이 이루어졌음을 시사하고 있다.

福岡縣 大刀洗町(타치아라이마치) 西森田遺蹟(니시모리타유적) 3號溝에서는 백제토기 脚杯, TK23 新相의 須惠器 短脚高杯·蓋杯·평저유공광구소호(山隈窯産?), 土師器杯·甑·壺·甕 등이 출토되었다. 인접하는 1號溝도 동일 연장상의 溝로 보이며 朝倉産 須惠器를 포함한 다량의 유물이 출토되었다(大刀洗町敎育委員會 2000). 武末純一氏는 호족 거관이나 도래계취락의 구획溝로 추정하고 있다(武末純一 2008). 백제토기 脚杯는 몽촌토성 3號土壙에서 TK208~TK23型式의 須惠器杯와 공반되는 脚杯보다 후속하여, 한성 최말기(~475)나 웅진 전기(475~)의 것이다.

町浦遺蹟(마치우라유적)에서는 1호 방형 주구묘에 공반되는 타원형토광·횡혈상토광과 朝倉産 須惠器甕(池の上Ⅲ式)의 合口甕棺墓가 확인되어(大刀洗町敎育委員會 1993), 백제·마한의 영향을 살필 수 있다.

高橋官衙周辺遺蹟(타카하시관아주변유적) 第4次調査에서 지름 16m정도의 削平圓墳이 검출되었는데, 周溝 내에 장방형 토광의 파인 부분이 있어 회색의 퇴적토 중에서는 獸骨片도 출토되었다. 溝內에서는 5세기 후반의 須惠器·土師器가 출토되었고, 이 지역 最古의 순장마 흔적일 가능성이 높다(大刀洗町敎育委員會 2007).

本鄕野開遺蹟(혼고노비라키유적) Ⅴ·Ⅶ地點에서는 두 기의 마구 출토 토광이 조사되었는데, 장방형으로 깊으며 馬齒가 잔존해 있었던 점에서 本鄕鶯塚古墳群(혼고우구이스즈카고분군)에 따른 5세기 후반~말의 고분에 공반하는 순장마 흔적으로 생각된다.

UZ6(鶯塚6號墳)은 지름 6m의 削平圓墳으로, 석관계의 횡구식석실에서 鐵鏃·鐵鎌, 周溝 내에서 土師器 鉢이 출토되었다. 周溝 外 동남동쪽의 SR101 토광묘에서는 緣에 각목이 있는 鐵製內灣楕圓鏡板轡·組合式十字形辻金具 등을 착장한 순장마 흔적이 검출되었다. 게다가 동쪽의 SR27 土壙墓에서는 평저의 특징있는 須惠器유공광구소호와 土師器 鉢이 출토되었다. 또한 이 토광 북쪽의 표토에서 須惠器甕·杯身·高杯脚, 土師器杯·埴輪片이 출토되었다.

UZ4(鶯塚4號墳)는 지름 9m의 削平圓墳으로, 수혈계 횡구식석실에서 金環·鐵鏃·鐵鎌·須惠器片이 출토되었다. 6세기 전반경으로 추정된다. UZ5(鶯塚5號墳)는 지름 5m의 削平圓墳으로, 주체부는 箱式石棺이나 石棺系係石室이다. 이들의 남쪽에 위치하는 SR102에서는 鐵製f字形鏡板付轡·組合式十字形辻金具·鉸具·環狀雲珠·木心鐵板張輪鐙이 순장마에 장착된 상태로 출토되었다(大刀洗町敎育委員會 2009).

本鄕鶯塚3號墳은 지름 20m의 원분으로 분구 남측 3분의 1이 조사되었다. 주체부는 평면 L字形의 횡혈식석실로, 鐵斧·鐵鏃·刀子·玉類·繁根木型고호우라貝輪, 木心鐵板張輪鐙(?)이 부장되었으며, 周溝에서는 須惠器細片, 鑛鐸殘欠이 출토되어 순장마 흔적의 가능성이 높다. TK47~MT15期로 비정된다.

그리고 繁根木型고호우라貝輪의 출토 고분을 보면, 熊本縣 傳佐山(繁根木)古墳에서는 眉庇付坦冑·橫矧板鋲留短甲·素環刀·馬具, 佐賀縣 関行丸古墳(세키교마루고분)에서는 金銅製冠·金銅製半筒形裝身具·馬具·三環鈴, 福岡縣 塚堂古墳(즈칸도고분)에서는 三角板鋲留短甲·橫矧板鋲留衝角付冑·短甲·掛甲·호록(화살통)·

金銅裝馬具, 福岡縣 櫨山古墳(하제야마고분)에서는 金銅裝馬具・新羅製 金銅製垂飾付帶金具가 공반되고 있어 (中村友昭 2008), 외교와 국제적인 군사활동에 관여했던 피장자상을 엿볼 수 있으며, 또한 中・南九州의 馬産地에서 北部 九州 연안부로의 수송로상에 분포하는 것이 적지 않다. 고호우라貝輪은 구주 남방 도서부에서 제작되고, 宮崎縣 東諸縣郡(히가시모로카타군) 大坪(오오츠보) 1號・えびの市(에비노시) 島內(시마우치) 89號 등, 鐵製馬具・武具가 출토되는 지하식 횡혈묘군에서도 확인되기 때문에 南九州의 隼人・熊襲 등이 왜 정권의 군사편성과 馬匹生産에 편입되는 과정에서 南海産 貝輪의 보유가 확대되었다고 추정된다. 따라서 한국 전라남도 해남군의 월송리 조산고분에서 f字形鏡板付轡・扁圓劍菱形杏葉과 함께 출토된 繁根木型고호우라貝輪도 종래의 有明海 沿岸 勢力과 한반도의 교섭을 나타내고 있다는 견해에서 한층 더 나아가, 왜 정권의 백제에 대한 군사지원과 馬匹供與 를 배경으로 하여 南九州의 隼人 등도 직접 관여하여 유입되었다고 보아야 할 것이다.

本鄕鶯塚1號墳은 지름 약 15m의 圓墳으로 조사면적이 좁다. 주체부는 평면L字形이지만, 3號墳과는 돌출된 부분이 반대로 直刀, 刀子, 鎌, 鐵鏃多數, 圓環轡, 方形立聞付素環轡가 출토되었다. 須惠器는 MT15~TK10型式이다.

鶯塚1號・3號와 같은 L字形의 매장시설은 한반도에 조형이 있으며, 일본의 예는 馬産地에 위치하고 우수한 마구를 부장하는 것도 많다. 이상 西森田・本鄕野開遺蹟에서는 5세기 중엽~6세기 전반에 걸쳐 백제계의 도래계집단을 산하에 거느린 수장에 의해 馬匹 생산도 이루어졌을 가능성이 높다.

雄略 20年(475), 고구려 장수왕의 공격으로 백제 한성이 함락되어 개로왕이 살해되고, 478년에는 倭王武 = 雄略이 南朝宋에 遣使하여 고구려의 非道를 호소하였다. 雄略紀 23年(479)年4月條에 따르면, 백제의 文斤王이 죽자 雄略은 昆支王의 5人 皇子 중에서 가장 총명한 2男의 末多王(牟大)에게 병기를 주어 築紫國의 병사 500인을 보내어 백제로 호송하고, 東城王이 즉위하도록 하였다. 同年, 築紫의 安致臣・馬飼臣 등이 船軍을 거느리고 高麗를 쳤다고 한다. 게다가 『日本書紀』繼體六年(512頃)條에는 「六年 夏四月 辛酉朔 丙寅에 穗積臣押山을 보내어 百濟로 가도록 하였다. 인하여 築紫國의 馬四十匹을 내렸다」고 하고, 同年, 소위 「任那四縣割讓問題」에도 관여한 穗積臣 押山가 築紫의 馬 40頭를 百濟救援을 위해 보냈다는 기사가 있다. 『三國史記』武寧王紀에 의하면, 당시 백제왕도는 靺鞨과 이를 지원하는 고구려의 공격으로 위기적인 상황에 있었고, 武寧王 十二年(512)年秋九月에는 고구려군이 침입하여 加弗城・圓山城을 격파했지만, 武寧王은 겨우 三千騎를 거느리고 奇策을 가지고 高句麗軍을 强襲, 壞滅시켰다고 한다. 백제의 영산강 유역으로의 남진과 왜 정권에 의한 馬匹供與가 깊이 관련되어 있는 듯하다.

이상 근거는 충분하지 않지만 雄略朝에 百濟救援을 맡아 高句麗軍과 교전한 馬飼臣이야말로 西森田遺蹟・本鄕野開遺蹟을 거점으로 하였던 집단으로 추정된다. 繼體朝에 武寧王治世의 백제에 보내진 築紫의 馬 40頭에 대해서도 大刀洗町 주변의 産馬라고 생각한다면, 유적의 내용과 연대도 잘 합치된다. 繼體朝에 九州의 軍事掌握者는 築紫君磐井였다. 磐井의 亂에서는 繼體二十二年(528)十一月에 磐井와 物部大連麁鹿火가 서느린 朝廷軍의 결전이 築紫禦井郡(三井郡)에서 이루어졌는데, 그것은 大刀洗・小郡 주변에 해당된다.

繼體二十三年에는 백제왕으로부터 穗積臣押山에 대해, 加羅의 多沙津의 領有을 구하는 요청이 있고, 왜 왕권은 이것을 용인하고, 이에 반발한 大伽耶는 점점 新羅에 가까워지는 입장을 취하게 되었다. 大刀洗에서 小郡로의 馬殉葬古墳과 須惠器生産 중심의 이동은 磐井의 亂 후의 집단 재편과 무관하지는 않을 것이다.

(3) 福岡縣 小郡市 三澤古墳群의 馬飼集團(도 6)

朝倉市 池ノ上6號墳과 大刀洗町 주변의 5세기 중엽~6세기 전반의 馬殉葬古墳은 福岡縣에서 가장 일찍 馬匹을 보유하고, 사육을 개시한 집단이 남긴 것이라고 생각된다. 이에 비해 小郡市 三澤古墳群・ハサコの宮古墳群(하사코노미야고분군)・三國의 鼻古墳群(미쿠니노하나고분군), 花立山古墳群(하나타테야마고분군), 築紫野市 諸田仮塚古墳群(모로타칸즈카고분군), 朝倉市 山田古墳群(야마다고분군) 등에서는 6세기 후반 이후의 馬殉葬이 집중되어 발견된다. 古墳의 馬殉葬이 古代牧 比定地 주변에 집중되는 전국적 경향 속에서 古代牧의 비정지가 없는 福岡縣 남부에서 馬殉葬의 밀집은 특이하다.

福岡縣은 福岡市 能古島(노코노시마)의 能臣島牛牧을 제외하면, 律令期에도 官의 馬牧은 설치되지 않았다. 쿠

로보쿠토(黑ボク土)의 분포가 적으며 산록이 급사면으로, 평야부의 농지화가 진행되어 있는 것도 馬匹飼育에 적합한 지역이라고는 말하기 어렵다.

殉葬馬의 집중으로 다수의 馬匹과 馬飼集團의 거주가 추정되는 小郡市 三澤古墳群 주변에서는 현재의 西鐵 三國が丘澤 북측~三澤驛 북측까지의 구릉상 길이 약 1km의 범위에 고분시대 후기의 유적이 전혀 존재하지 않아 목장 본체인 공한지였을 가능성이 있다. 게다가 三澤東古賀遺蹟(미츠사와히가시코가유적)에서는 계곡과 평행하여 이어지는 단면 逆台形의 폭 2m, 깊이 1m의 溝가 확인되어, 목장의 구획시설이었을 가능성이 있다. 이 지역에서는 1941~1981년에 걸쳐 福岡縣 種畜場이 있었기 때문에 목장의 適地라고 할 수 있다. 古墳時代 후기에는 목장 추정지의 계곡부 면한 구릉부와 동측의 사면에는 三國の鼻遺蹟, 橫隈鍋倉遺蹟(요코구마나베쿠라유적), 橫隈北田遺蹟(요코구마키타다유적), 津古土取遺蹟(츠코츠치도리유적) 등이 형성되었고, 서측에는 三澤遺蹟, ハサコの宮古墳群이 계곡부를 포함하듯이 분포하고 있다. 橫隈鍋鞍遺蹟에서는 6세기 중엽~후반의 1호 수혈주거지에서 대량의 철제무기가 출토되었는데, 鐵鏃, 鐵鐸, 小札의 가능성이 있는 鐵板이 포함된다. 주거지의 밀집 장소와 空地를 확인할 수 있는데, 공백지는 밭으로 이용되었던 듯 하다. 또한 津古生掛遺蹟(츠코쇼가케유적) 1·18·19·21·59·79·88·104호 주거지에서 鐵鏃, 橫隈北田遺蹟·三國の鼻遺蹟 13·21호 수혈주거지에서 鐵鏃과 鐵刀가 출토되는 등, 무기류의 출토가 주변의 일반취락과 비교해 압도적으로 많고, 또한 三國の鼻遺蹟 25호 주거지에서는 송풍관이 출토되어 단야공방에서의 무기와 마구의 생산을 추측할 수 있다(宮田 1996).

또한 三澤丘陵으로부터 동쪽의 花立山古墳群에서는 橫穴墓群에 집게와 金槌 등의 단야구, 이모가이雲珠와 이모가이貝輪의 부장이 많으며, 조잡한 轡을 수반한 殉葬馬壙도 있어 실용적인 철제마구제작이 이루어졌다고 생각된다. 이모가이製品의 집중은 隼人·熊襲領域의 목장과의 강한 관계를 시사한다. 花立山西麓의 幹潟遺蹟(히카타유적)에서도 7세기 후반의 주거지에서 단야도구가 출토되는 것 외에, 계곡부의 퇴적토에서 메밀 화분이 확인되었다.

三澤丘陵에서 가장 오래된 殉葬馬는 ハサコの宮2號墳의 예로, 6세기 후반 영산강 유역의 토기가 공반된다.

『日本書紀』에는 磐井의 난 이후 粕屋屯倉設置(529), 宣化元年(536)의 那津官家設置 이후, 한반도로의 출병·馬匹供與의 기사가 많아지며, 또한 河內馬飼首에 관한 기사가 빈번하게 나온다.

欽明天皇七年(546) 「七年 春正月 甲辰朔 丙午에 百濟의 使人 中部奈率己連等 파하고 돌아갔다. 良馬七十匹·船一十隻을 사여하였다」

欽明天皇十四年(553) 「六月, 內臣(名을 闕하다)을 보내어 百濟로 사행하게 하였다. 인하여 良馬二匹·同船二隻·弓五十張·箭五十具를 사여하였다」

欽明天皇十五年(554) 築紫에 체재하고 있던 內臣은 재차 百濟로부터 원군의 요청을 받고 「즉 원조군의 數一千, 馬一百匹, 船四十隻을 보낸다」라고 답한다.

欽明天皇十七年(556) 「春正月에 百濟의 왕자 惠, 파하고자 청하다. 인하여 兵仗·良馬을 사여함이 매우 많았다. (中略)이에 阿倍臣·佐伯連·播磨直을 보내어 築紫國의 舟師를 이끌고, 衛送하여 國에 도달하게 하였다. 별도로 築紫火君(百濟本紀에 말하기를, 築紫君의 兒, 火中君의 弟가 된다고 한다)을 보내어 勇士一千을 이끌고 호위하여 彌弓(彌弓은 津의 이름이다)에 보냈다. 인하여 津의 路의 要害地를 지키게 하였다」

이상 기록에 남아 있는 것으로 512년에는 築紫馬 40頭, 546년에는 良馬 70頭, 553년에는 良馬 2頭, 554~556년에는 100頭의 말을 보낸 기록이 있고, 6세기에는 백제구원을 위해 200頭 이상의 마필이 공여되었으며, 그들 대다수는 築紫을 비롯한 九州의 産馬가 충당된 것으로 생각된다.

天智天皇紀七年(668) 七月條에는 일련의 국방 정책이 기록되어 「以栗前王拜築紫率, 幹時, 近江國講武, 又多置牧而放馬」라고 하여, 皇族을 太宰府率에 임명하는 것과 동시에 목장이 설치되는 것이 주목된다.

律令期에는 太宰府 관내 西海道 諸國의 官牧 馬匹은 畿內의 左右馬寮에 공납하지 않고 太宰府에 모아 馬帳만을 兵部省에 貢進하는 구조였다(本位田菊士 1987). 그것들은 兵馬로서 北部九州의 軍團에 공급되었다고 생각되기 때문에, 太宰府 주변에 馬匹이 집중되게 된다. 6세기대의 백제로의 馬匹供與 이래, 畿內政權에 의한 九州 각지의 馬匹 장악과 九州地方의 군사적인 자립 경향의 용인이 제도화된 것일 것이다.

繼體·欽明朝에 築紫의 말이 백제로 보내졌던 것은 築紫에 九州 각지의 馬匹을 모으는 기관이 있었으며, 한반도의 군사 행동에 동원되는 장병에게 군마를 공급하고 있었음을 엿볼 수 있다. 따라서 小郡市를 비롯한 福岡平野와 築後平野 사이의 회랑부에 집중되는 6세기 후반~7세기 중엽의 殉葬馬壙이 수반되는 古墳群의 피장자는 한반도의 유사시 대비하여 軍用馬의 집적과 調教·管理에 관여한 군사적인 직능 집단이었다고 이해하고자 한다.

大野城에 인접한 糟屋郡(카스야군) 宇美町(우미마치) 正籠(쇼고모리)3號墳에서는 鐵地金銅張楕圓形十字文鏡板付轡·複素環式轡·圓環轡 等 5세트의 轡, 鐵製輪鐙, 壺鐙兵庫鎖 등 다량의 마구, 상감옥, MT15~TK43期의 須惠器가 출토되는 것 외에 영산강 유역산의 甕이 부서져 묘도와 분구에 파편이 흩뿌려져 있다. 또한 宇美町 觀音浦古墳群(칸논우라고분군)에서는 6세기 후반~7세기의 마구와 裝飾大刀, 騎馬人物線刻須惠器 등이 집중적으로 출토되고 있어, 宮田浩之氏는 小郡市 三澤古墳群의 집단에 의해 조교된 馬匹의 일부는 觀音浦古墳群의 집단에 의해 大宰府의 동측에서 糟屋郡으로 북상하는 현재의 국도 35호선에 해당하는 루트를 통해 연안부로 보내졌다고 상정하고 있다.

거기에서 주목되는 것으로 古賀市 楠浦(쿠스우라)·中里古墳群(나가사토고분군)에서 SK1 土壙(素環轡), SK2 土壙(素環轡), SP6 土壙(轡片·鐙兵庫鎖), SK3 土壙(素環轡·鐙兵庫鎖·釵具) 등 6세기 후반의 殉葬馬痕蹟이 4기가 집중되어 확인되고 있어 馬匹管理集團의 존재를 엿볼 수 있다(古賀市敎育委員會 2005). 그 동북쪽에 있는 古賀市 鹿部田渕遺蹟(시시부타부치유적)에서는 6세기대의 대규모 굴립주건물군이 확인되어 糟屋屯倉(카스야노미야케)의 중핵시설로 추정되고 있다. 糟屋屯倉은 磐井의 亂 後, 그 아들인 葛子가 헌상한 지역으로 설정되어 한반도로의 도항 및 軍糧集積地로 생각된다. 糟屋郡 해상의 新宮町(신구마치) 相ノ島(아이노시마)는 섬 북안에 위치한 200기 이상의 積石塚古墳에서 土師器·須惠器와 섞여 영산강유역산·백제·가야토기도 출토되어 한반도와의 통행에 관여한 해인집단이 거주하였다는 것을 엿볼 수 있다.

따라서 小郡市域에서 훈련 받은 말은 糟屋屯倉을 통과해 연안부에서 한반도로 반출되었다고 해석된다.

(4) 玄界灘沿岸의 殉葬馬 痕蹟과 渡來系 聚落이 나타내는 韓半島와의 관계

7~11세기의 대외 교섭창구였던 大宰府 鴻臚館은 현재의 福岡市 中央區, 古代의 早良郡과 那珂郡에걸치는 古鳥飼灣(草香江津)의 연안에 위치한다. 鴻臚館 동쪽의 구릉에 위치하는 警固丸山古墳(케이고마루야마고분)은 현재 완전히 삭평되어 있지만, 본래는 전장 50m 정도의 대규모적인 帆立貝式古墳으로, 川西 IV期의 埴輪가 공반되어 5세기 후반에 축조된 것으로 생각된다. 시기적으로 雄略朝에 대외 교섭창구를 지배하고 있던 首長墳으로 생각된다. 인섭하여 확인된 SK07 土壙墓에서는 轡殘欠(瓢形引手壺?)이 출토되어(山崎龍雄 2006), 殉葬馬痕蹟으로 생각된다.

남쪽의 油山(아부라야마)山麓, 福岡市 城南區의 梅林古墳(우메바야시고분)은 전장 약 27m의 前方後圓墳으로, 수혈계 횡구식석실내에서는 鞍金具, 甄, 須惠器, 陶質土器 등이 출토되었다. 鳥足文타날의 壺는 전라남도 영산강유역의 제품으로 보인다(福岡市敎育委員會 1991, 重藤他 2005, 朴 2005). 인접한 梅林遺蹟에서는 1次調査에서 大壁建物 13동, 일정한 공백을 두고 総柱建物 10동이 발견되었다. 3次調査에서는 大壁建物群의 서쪽에서 柵狀遺構가 확인되어 建物群을 구획하고 있다. 柵狀遺構 서쪽의 第2次調査에서는 부뚜막이 설치된 수혈주거지 6기와 大壁建物 1동이 조사되었다. 수혈주거지는 6기 모두 벽을 따라 돌려진 煙道를 설치하여 부뚜막의 열기를 순환시키는 온돌상 시설을 갖추고 있다(井澤 2001). 6세기 전반~중경을 주체로 하며, 보고자는 那津官家(536~) 관련시설로 보고 있지만, 그 보다 이른 단계부터 존재한다. 梅林古墳의 前庭部와 梅林遺蹟의 수혈주거지 내에서는 鐵滓가 출토되어 단야집단과의 관련을 나타내고 있다. 부근에는 5세기 후반~6세기 전반의 수혈계횡구식석실분이 집중되는데, 분구·석실 규모에서 계층차가 인정되며, 小袖古墳(코소데고분)에서는 영산강유역의 토기도 출토된다. 또한 東京國立博物館藏「早良郡田隈村大字梅林字川原出土鐵製輪鐙」은 赤阪亨氏의 추적 조사로 大正二年에 福岡大學에 가까운 城南區 梅林中尾池北遺蹟 부근의 고분에서 출토된 것으로 판명되었다.

クエゾノ5號墳(쿠에조노5호분)은 지름 8m 정도의 削平圓墳으로, 劍·鐵鏃·弓金具 등의 무기, 철제집게·金槌, 철소재로 보이는 布가 부착된 鑄造鐵斧, 鍛冶製品인 鍛造鐵斧, 鐵鏃, 刀子가 출토되었다. 梅林古墳 피장자의 산하에 있는 단야집단 長의 묘로 생각된다. 5세기 말~6세기 초두경의 須惠器와 한반도계의 土師質土器도 다수 출토되었다. 油山西麓의 福岡市 早良區 東入部遺蹟 第2次調査에서도 0504號古墳(지름 15m의 削平圓墳)의 周溝 內에서 ① 鑄造鐵斧, ② 刀子, ③ 철제집게, ④ 鐵鎌, ⑤ 刀子, ⑥ 刀子 등 6개체 이상의 철기가 천에 싸여 녹이 슨 상태로 출토된 것 외에, 周溝 반대측의 장방형 토광 SX0995는 馬具裝著馬의 殉葬痕蹟으로 생각된다. 또한 이 周溝 서쪽 5m의 장방형토광 SX0418은 圓環轡裝著의 殉葬馬痕蹟이다. SX0418의 남쪽에 인접한 0502號 削平古墳의 周溝로부터 6세기 후반~7세기 후반의 須惠器片이 출토되었다(福岡市教育委員會 2001). 東入部遺蹟 3次調査에서는 溝 0901와 1042주거지 등에서 7세기 초두 전후의 有溝把手付甁이 출토되고 있어, 한반도 토기제작기술의 영향하에 있다고 보여진다(上田龍兒 2011). 유적군 동쪽에는 6세기 전반의 重留須惠器窯蹟도 있고, 출토된 鳥頭付 유공광구소호는 福岡縣 苅田町 番塚古墳과 부안 죽막동 제사유적에서도 동형품이 출토되었다. 東入部遺蹟에서도 鑄造鐵斧를 소재로 단야구로 철기류를 단조하고, 馬匹飼育과 마구생산에도 관여하였던 도래계집단의 존재를 추측할 수 있다.

油山 동쪽의 片繩山麓(카타나와야마산록)에 해당하는 福岡縣 那珂川町의 カクチガ浦(카쿠치가우라) 10號墳에는 TK208~23期의 須惠器가 공반되고, 분구상에 家型埴輪, 鐙·障泥를 표현한 馬埴輪가 놓여져 있다. カクチガ浦 3號墳에서는 고분의 북동모서리에 須惠器杯 4개, 남동쪽 周溝 바닥에서 鉗子와 小刀·責金具·鐵鐸, 2.5m 떨어져 轡와 刀子가 출토되었다(那珂川町 1990). 轡는 角柱狀의 철봉을 꼬은 간소한 無引手鑣轡으로, 떨어져 출토된 鋋狀의 金具는 有機質鑣의 立聞으로 보인다. 馬具裝著馬를 죽여 刀子로 해체하였을 가능성이 높다. 단야구와 鐵鐸의 공반으로 보아 5세기 후반에는 鐵棒을 구부려 간소한 마구를 제작하였다고 생각된다. 野口(노구치) 10號墳에서는 중심 주체에서 철기류와 석제방추차, 第二主體部에서 鐵矛가 출토되었다. 분구 기저부에서 土師器 高杯와 須惠器片(TK47~MT15), 백제계 연질평저호, 지석이 공반되고 대형의 圓環轡가 출토되었다. 觀音山1號墳은 전장 23.5m의 小型 前方後圓墳으로, 횡혈식석실에서 MT15~TK10型式의 須惠器와 鐵滓供獻이 확인되었으며, 後圓部 서쪽 기저부의 장방형 토광에서 馬齒·立聞付素環轡가 출토되어, 馬具裝著馬를 순장하였다고 생각된다.

春日市 宮의 下遺蹟 圓墳 周溝內 土壙에서도 鉸具 2점 뿐인 殉葬馬痕蹟이 확인되었다. 또한 前原市 西堂四反田遺蹟(니시노도우시탄다유적)에서도 5~6세기에 조영된 고분군의 일각에서 6세기 중엽의 殉葬馬痕蹟이 발견된 것 외에, 岩上祭祀에서 木製壺鐙에 공반되는 兵庫鎖가 출토되었다.

福岡縣 糸島市 志摩町 御床松原遺蹟(미토코마츠바라유적)의 27호 주거지에서 鳥足文타날의 甕片과 須惠器蓋杯, 47호 주거지에서 須惠器 短脚高杯, 유공광구소호片과 거의 완형의 영산강유역산의 도질토기 호가 출토되었다. E2區에서는 동서 1.82m×남북 1.63m의 말각방형의 토광 내에서 말의 頭骨, 前脚骨, 後脚骨, 肋骨이 꺾어진 듯한 상태로 출토되었다. トカラ馬 정도의 소형마로 보이며, 奈良時代 전후의 연대로 추정된다(志摩町教育委員會 1983). 또한 인접한 新町遺蹟에서도 S46·W2點 부근의 3호 토광의 상면에서 馬齒2체분이 출토되었는데, 1號馬는 2歲의 幼齡馬로 체고 128cm 전후, 2號馬는 8~9歲로 체고 126~127cm 전후로 추정된다(西中川駿·小山田和央 2006). 포함층에서는 6세기~8세기대의 須惠器, 石製紡錘車, 鐵鏃, 刀子, 鎌, 馬具의 부품으로 생각되는 鉸具가 출토되었다(志摩町教育委員會 1990). 新町遺蹟의 99-1트렌치에서는 영산강유역 토기 파편이 집중 출토되었다(志摩町教育委員會 2006). 또한 과거의 조사에서도 영산강유역 土器甕片과 통일신라의 有蓋高台付碗 등이 출토되었다(志摩町教育委員會 1987).

(5) 日下部(구사카베)氏와 馬飼集團의 擴散

大阪府 枚方市 小倉東遺蹟 E1號墳은 5세기 전반의 前方後圓墳인 牧野車塚(마키노구르마즈카)(107.5m)의 陪塚群을 구성하는 削平方墳으로, 周溝 내에서 TK73~216型式의 須惠器와 鑣轡가 검출되어 관서지역 最古의 殉葬馬로 생각된다.

이 지역은 澱川流域牧의 비정지로, 河內에서도 馬匹飼育의 개시와 殉葬馬가 밀접히 관련되어 있는 점을 엿볼 수 있다.

大阪府 生駒山西麓, 東大阪市 石切의 植附1號墳(우에츠케1호분)은 小型의 削平方墳에 TK216~208의 須惠器·韓式土器·製鹽土器·鐵滓·鐵鏃의 供獻이 확인되고 馬齒가 출토되어, 植附古墳群은 도래인을 시조로 하는 유력 가부장의 역대 분묘이며, 시조로 보이는 1號墳의 피장자의 職掌은 鐵滓·鐵鏃·馬上顎骨이 출토되는 것에서 馬의 사육과 小鍛治(馬具製作 可能性)에 관련되어 있다고 보인다(福永信雄 1994). 『古事記』仁德天皇段에는 「또한 大日下王의 饗名代로서 大日下部을 정하고, 若日下王의 饗名代로서 若日下部를 정하다」라고 하지만, 『古事記』의 雄略天皇段에는 日下에 있던 若日下部王을 방문한 雄略天皇의 求婚說話와 관련하여 皇後인 若日下皇女의 名代로서 各地에 日下部가 설치되었음이 기술되어 있고, 이쪽이 실태와 가깝다고 생각된다. 日下는 大阪府 東大阪市 日下로 비정되기 때문에 植附1號墳의 피장자는 日下部의 시조이고, 또한 「河內의 馬飼」이기도 했다고 상정된다.

佐賀縣 唐津市의 中原遺蹟은 해안 사구지대에 위치하고, 奈良時代의 大溝에서 木製壺鐙·荷鞍 등의 마구류가 출토되어, 마구제작기술자의 거주지로 추정된다. 이 溝에서는 「日下部」라는 墨書가 있는 목간도 출토되어, 『肥前國風土記』에 大伴狹手彦와의 悲戀을 전하는 松浦小夜姬가 肥前의 日下部의 祖라고 기록된 것과 일치한다. 中原遺蹟 주변에는 古代氏族인 日下部氏가 거주하였고, 551年頃 漢城의 高句麗軍과 교전한 大伴狹手彦은 이 지역에서 출격하였음을 알 수 있다.

中原遺蹟 내에는 削平圓墳 4기(중기)·前方後圓墳 2기(전기·후기), 周溝墓群이 확인되며, 이 중 5號 圓墳(ST11141)은 지름 약 20m의 圓墳으로, 唐津市敎育委員會가 분구의 4분의 1을 조사하였을 당시, 鐵鐸 6, 鐵鎌 2, 摘鎌 1, 刀子 1, 鐵鉇 1, 滑石雙孔圓盤 1, 滑石製臼玉 356, 유리小玉 11, 琥珀小玉 6, 須惠器(TK208~23), 土師器가 출토되어 제사유구로 추정되었다. 有蓋短脚高杯를 주체로 한 須惠器群은 江田船山古墳(에다후나야마고분)과 埼玉稻荷山(사이타마이나리야마) 등, 雄略朝와 강한 관계를 나타내는 고분과 유사한 조성을 보여주고 있다. 그 후 佐賀縣敎育委員會의 조사로 周溝 내에서 鑣轡 2점이 출토되어 殉葬馬 흔적으로 보인다. 那珂川町 カクチガ浦3號墳과 유물 내용에 공통되는 점이 많다. 또한 ST11067 古墳(圓墳)에서는 TK47型式의 須惠器와 함께 초기의 圓環轡가 출토되어 殉葬馬 흔적으로 보인다. 더욱이 ST11002 古墳의 周溝에서는 6세기의 須惠器와 함께 전라도産을 포함한 도질토기 4점이 출토되었다.

게다가 주변에는 銅鋺과 金銅冠, 眉庇付胄, MT15型式의 須惠器, 馬具가 출토된 島田塚古墳(시마다츠카고분)이 있다. 銅鋺은 熊本縣 宇城市 國越古墳(쿠니고에고분)의 것과 거의 동일하고, 武寧王陵 출토품과도 유사하여 백제를 경유하여 입수된 中國 南朝製로 보인다. 또한 樋ノ口古墳(히노구치고분)에서는 고립되어 石障이 딸려 있는 肥後型石室이 채용되고 있는데, 『日本靈異記』下卷, 三十五話에 「白壁天皇의 시대에 築紫의 肥前國 松浦郡人, 火君氏가 홀연히 죽어 閻魔의 國에 이르다」고 보이는 것에서 松浦는 火(肥)君의 勢力圈이었음을 알 수 있다.

또한 松浦의 日下部氏는 肥後國合志郡擬大領日下部辰吉(『續日本紀』), 阿蘇神宮權宮司草部氏(『阿蘇系圖』) 등과 함께 모두 同族으로 생각되지만, 阿蘇山麓은 古墳時代 중기부터 馬匹生産이 이루어지고, 특히 合志郡域의 合志市 八反原古墳群과 上生 上의 原古墳群, 植木市 石川古墳群에는 5세기 전반~6세기 전반의 馬殉葬과 初期須惠器나 제염토기의 출토가 집중되어 있어, 畿內와 연결되는 馬飼集團이 일찍부터 거주하였을 가능성을 생각할 수 있다.

「阿蘇略系圖」의 阿蘇國造系譜에는 馬甘(우마가이)의 이름이 보이고, 「長谷朝倉大宮朝 / 穴穗都供奉, 因負 / 穴穗部」라고 되어 있어, 阿蘇馬甘(馬飼)라는 인물이 雄略朝(長谷朝倉大宮朝)에 供奉하고 있다. 穴穗部는 『日本書紀』에 의하면, 雄略天皇十九年三月에 설치된 穴穗皇子(安康天皇)의 名代部이다. 穴穗部造·穴穗部首 등이 문헌에 보이지만(『日本書紀』『新撰姓氏錄』, 馬甘은 國造의 일족이기 때문에 穴穗部直가 된 것이다(大和岩雄 1990). 따라서 阿蘇山麓의 馬匹生産은 그 이른 단계에 雄略朝의 대백제 군사원조체제에 편입되었다고 생각할 수 있다.

따라서 唐津市 中原遺蹟에서는 5號圓墳이 조영된 5세기 후반경까지 肥後의 合志郡·阿蘇郡에서 생산된 馬匹을 肥前唐津·全羅道를 경유해 백제에 보내는 시스템이 구축되었다고 추정된다. 따라서 이 지역의 日下部氏는 肥

後合志郡과 阿蘇郡, 더 나아가서는 河內의 日下部氏와도 擬制的 同祖同族関係에 있는 馬飼集團이었다고 추측된다.

또한 唐津市 浜玉의 仁田古墳群(니타고분군)에서는 격자타날의 圓筒埴輪 燒成窯가 발견되었다. 坂本和俊氏는「격자타날의 埴輪도 韓式系土器의 공인이 제작하였다고 생각하는 것이 타당할 것이다」라고 말하며, 関東에서는 도래인집단이나 목장과의 밀접한 관계가 지적되고 있다(坂本和俊 2003). 전라남도 함평 老迪遺蹟의 주거지에서 출토된 격자타날 埴輪片을 상기시킨다.

이와 같은 馬匹飼育과 草部氏의 관계를 보면, 博多灣岸에「草香江津」이 있고, 그곳에 면하는 警固丸山古墳이나 油山西麓 金屑川流域의 東入部遺蹟에 馬具裝著殉葬馬 2례나 鍛冶具副葬古墳이 수반되고, 樋井川(히이카와)·七隈川(나나쿠마가와)을 거슬러 올라간 西油山 經塚出土의 承得三年(1099) 經筒銘에「草部氏」가 보이는 것도 우연은 아닐 것이다.

馬가 서일본 각지, 특히 九州 중남부의 것이라 하더라도 백제로 보내는 것은 築前과 肥前 연안에서 이루어졌다고 생각되기 때문에 港灣 가까이에 馬匹의 集積地도 있었다고 생각해야 할 것이다. 5세기 전반~중엽에 개시되었던 九州 각지의 馬匹生産은 雄略朝의 百濟漢城陷落(475)·牟大護送·東城王卽位(479)支援時에 九州 각지에 점재하고 있던 馬匹生産集團이 결합되고, 현해탄 연안의 糟屋郡·博多灣·絲島郡·唐津灣 주변에 集積據點이 설치되었던 구체적인 상황을 엿볼 수 있다. 『日本書紀』顕宗天皇二年(486?)條에는 당시 이미 牛馬野에 가득 찬 상태였다고 기술되어 있는 것도 雄略期의 조직적인 馬繁殖의 성과를 웅변하고 있는 것이다.

九州의 有力豪族이 장악하였던 목장과 馬匹, 積出港은 畿內政權에 의해 점차로 收公되고, 武寧王 卽位後는 百濟로의 傾斜配分이 한층 강화되며, 磐井의 亂 후의 屯倉設置에서는 馬飼集團의 配置轉換도 추정된다. 현해탄 연안의 殉葬馬가 공반되는 古墳群은 港灣 주변의 馬匹集積과 한반도로의 해상수송에 관여한 집단의 묘지일 것이다.

이기성 번역

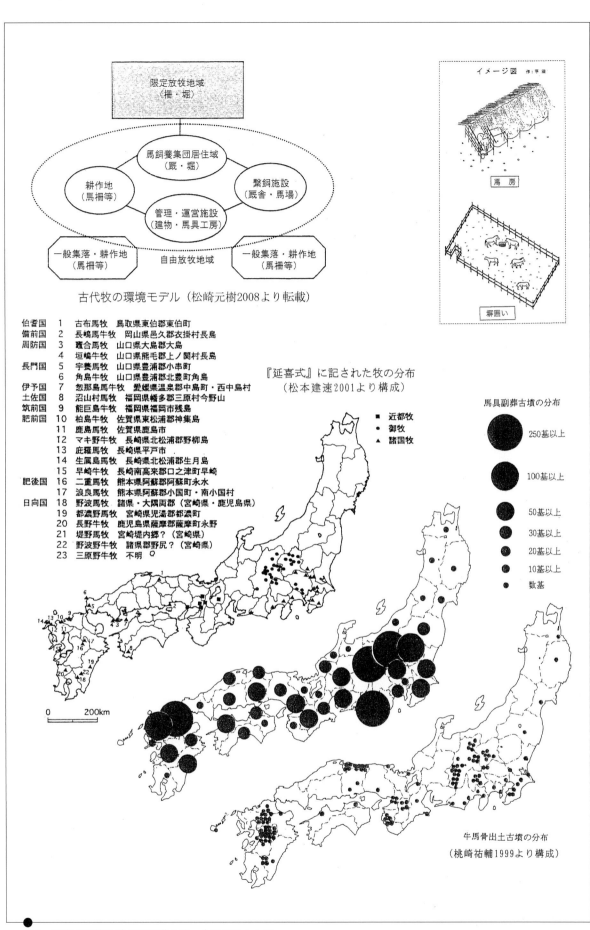

限定放牧地域
（柵・堀）

馬飼養集団居住域
（厩・堀）

耕作地
（馬柵等）

繋飼施設
（厩舎・馬場）

管理・運営施設
（建物・馬具工房）

一般集落・耕作地
（馬柵等）

自由放牧地域

一般集落・耕作地
（馬柵等）

古代牧の環境モデル（松崎元樹2008より転載）

イメージ図　作：平田

馬房

塀囲い

伯耆国　1　古布馬牧　鳥取県東伯郡東伯町
備前国　2　長嶋馬牛牧　岡山県邑久郡衣掛村長島
周防国　3　覆合牛牧　山口県大島郡大島
　　　　4　垣嶋牛牧　山口県熊毛郡上ノ関村長島
長門国　5　宇養馬牧　山口県豊浦郡小串町
　　　　6　角島牛牧　山口県豊浦郡北豊町角島
伊予国　7　忽那村馬牛牧　愛媛県温泉郡中島町・西中島村
土佐国　8　沼山村馬牧　福岡県幡多郡三原村今野山
筑前国　9　能巨牛牧　福岡県福岡市残島
肥前国　10　柏島牛牧　佐賀県東松浦郡神集島
　　　　11　鹿島馬牧　佐賀県鹿島市
　　　　12　マキ野牛牧　長崎県北松浦郡野柳島
　　　　13　庇羅馬牧　長崎県平戸市
　　　　14　生属島馬牧　長崎県北松浦郡生月島
　　　　15　早崎牛牧　長崎県南高来郡口之津町早崎
肥後国　16　二重馬牧　熊本県阿蘇郡阿蘇町永水
　　　　17　浪良馬牧　熊本県阿蘇郡小国町・南小国村
日向国　18　野波馬牧　諸県・大隅両郡（宮崎県・鹿児島県）
　　　　19　都農野馬牧　宮崎県児湯郡都濃町
　　　　20　長野牛牧　鹿児島県薩摩郡薩摩町永野
　　　　21　堤野馬牧　宮崎堤内郷？（宮崎県）
　　　　22　野波野牛牧　諸県郡野尻？（宮崎県）
　　　　23　三原野牛牧　不明

『延喜式』に記された牧の分布
（松本建速2001より構成）

■　近都牧
●　御牧
▲　諸国牧

馬具副葬古墳の分布

● 250基以上
● 100基以上
● 50基以上
● 30基以上
● 20基以上
● 10基以上
・ 数基

0　　200km

牛馬骨出土古墳の分布
（桃崎祐輔1999より構成）

도 1　延喜式記載牧과 馬具副葬古墳・牛馬骨出土古墳

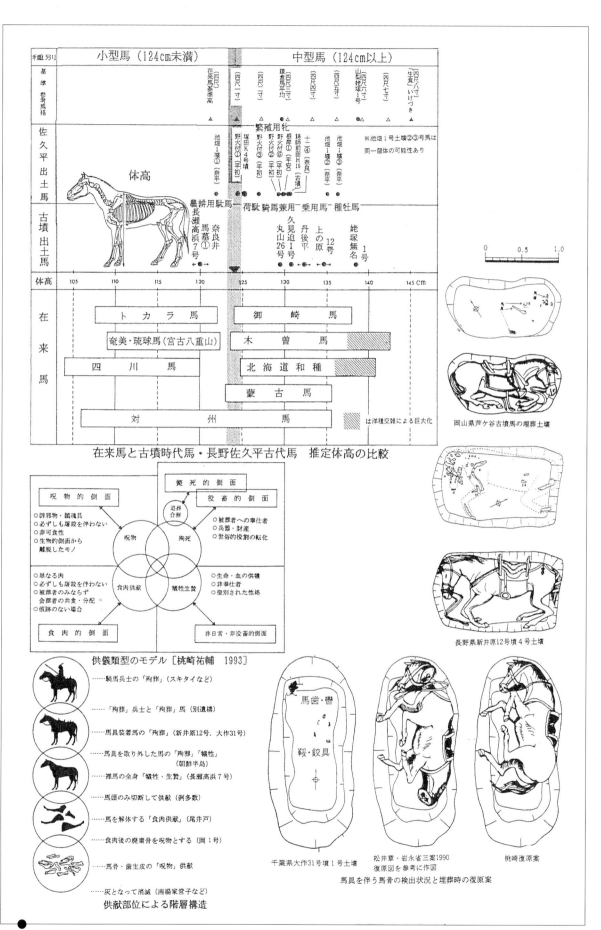

도 2 遺蹟出土馬骨과 體高分布의 殉葬馬埋葬壯態와 復元案 (桃崎祐輔 1993·1994·1999에서 構成)

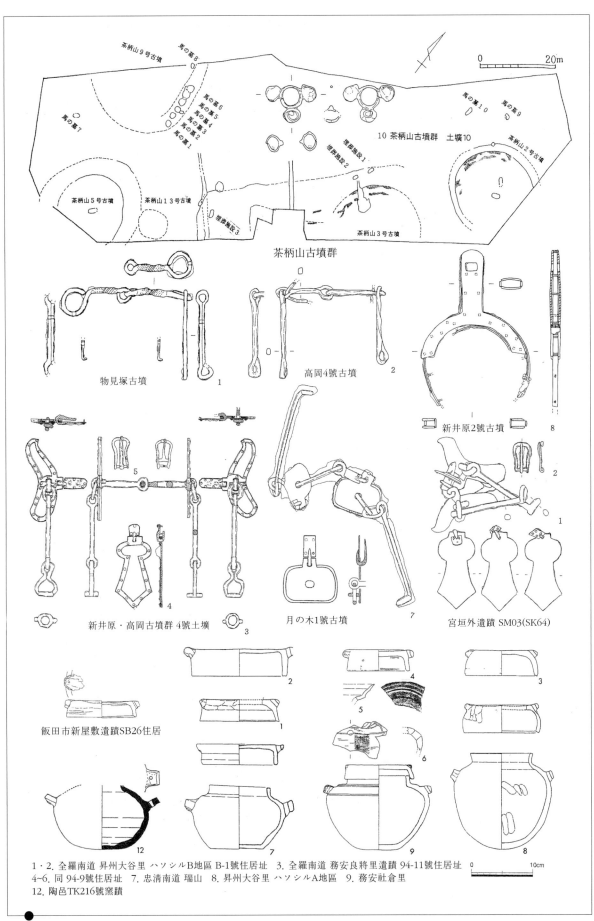

1 · 2. 全羅南道 昇州大谷里 ハソシルB地區 B-1號住居址　3. 全羅南道 務安良將里遺蹟 94-11號住居址
4~6. 同 94-9號住居址　7. 忠淸南道 瑞山　8. 昇州大谷里 ハソシルA地區　9. 務安社倉里
12. 陶邑TK216號窯蹟

도 3　長野縣 飯田市의 殉葬馬에 공반되는 馬具와 新屋敷遺蹟SB26住居出土의 榮山江系 陶質土器
　　（飯田市敎育委員會 2004 · 2006 · 2007, 酒井淸治 2002의 構成）

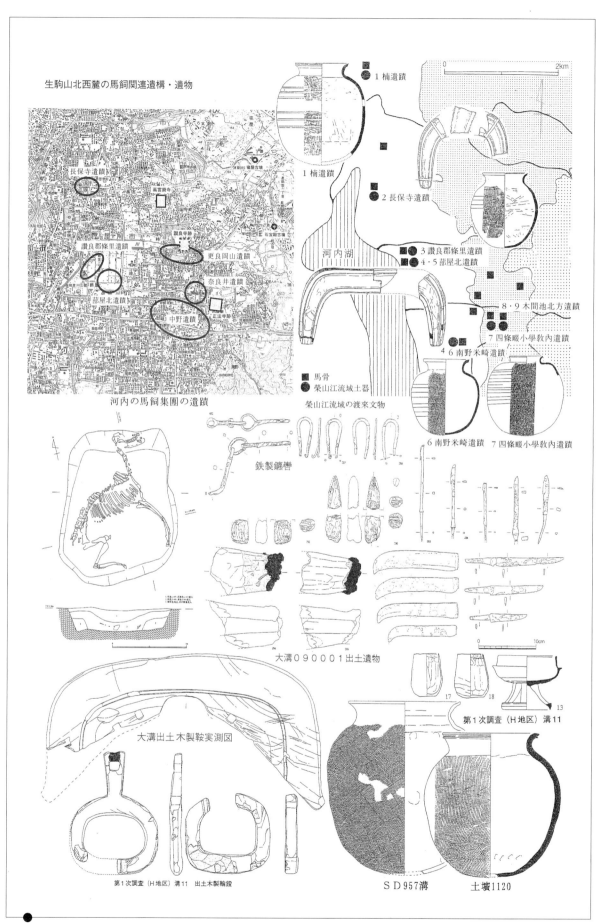

生駒山北西麓の馬飼関連遺構・遺物

市

長保寺遺蹟

河内の馬飼集団の遺蹟

1 楠遺蹟

1 楠遺蹟

2 長保寺遺蹟

河内湖

3 讃良郡條里遺蹟
4・5 蔀屋北遺蹟

8・9 木間池北方遺蹟

7 四條畷小學校內遺蹟

4 6 南野米崎遺蹟

■ 馬骨
● 榮山江流域土器

榮山江流域の渡來文物

6 南野米崎遺蹟　　7 四條畷小學校內遺蹟

鉄製銜轡

大溝090001出土遺物

大溝出土木製鞍実測図

第1次調査（H地区）溝11

第1次調査（H地区）溝11　出土木製輪鐙

ＳＤ957溝　　土壙1120

2km

0　　　　　10cm

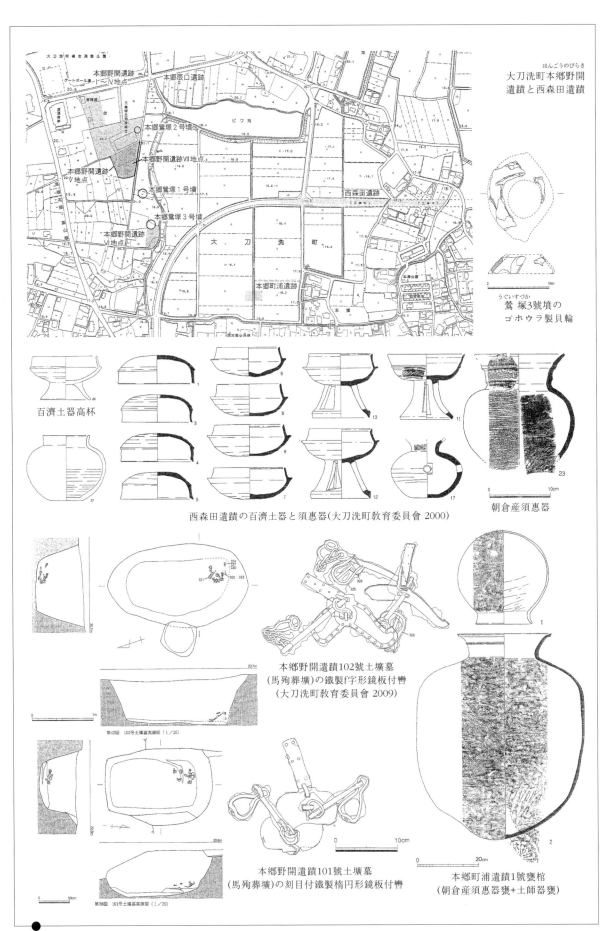

ほんごうのびらき
大刀洗町本郷野開
遺蹟と西森田遺蹟

うぐいすづか
鶯塚3號墳の
ゴホウラ製貝輪

百濟土器高杯

西森田遺蹟の百濟土器と須惠器(大刀洗町教育委員會 2000)

朝倉産須惠器

本郷野開遺蹟102號土壙墓
(馬殉葬壙)の鐵製f字形鏡板付轡
(大刀洗町教育委員會 2009)

本郷野開遺蹟101號土壙墓
(馬殉葬壙)の刻目付鐵製楕円形鏡板付轡

本郷町浦遺蹟1號甕棺
(朝倉産須惠器甕+土師器甕)

도 5 福岡縣 三井郡 大刀洗町 주변의 馬飼集團 관련 유적 · 유물

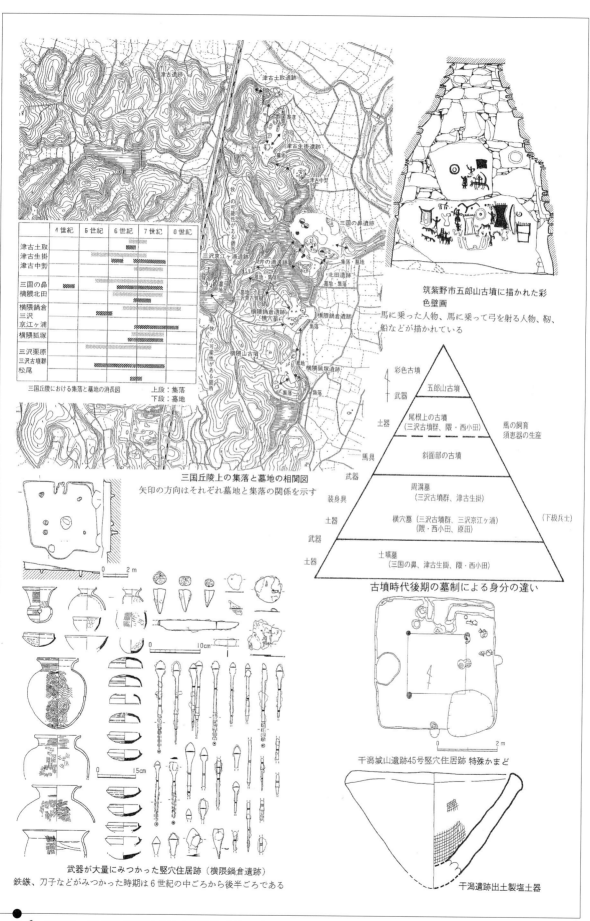

	4世紀	5世紀	6世紀	7世紀	0世紀
津古土取					
津古生掛					
津古中剤					
三国の鼻					
横隈北田					
横隈鍋倉					
三沢					
京江ヶ浦					
横隈狐塚					
三沢栗原					
三沢古墳群					
松尾					

三国丘陵における集落と墓地の消長図　　上段：集落　下段：墓地

三国丘陵上の集落と墓地の相関図
矢印の方向はそれぞれ墓地と集落の関係を示す

筑紫野市五郎山古墳に描かれた彩色壁画
馬に乗った人物、馬に乗って弓を射る人物、靱、船などが描かれている

古墳時代後期の墓制による身分の違い

武器が大量にみつかった竪穴住居跡（横隈鍋倉遺跡）
鉄鏃、刀子などがみつかった時期は６世紀の中ごろから後半ごろである

干潟城山遺跡45号竪穴住居跡 特殊かまど

干潟遺跡出土製塩土器

도 6　福岡縣 三國丘陵 주변의 古墳時代聚落의 消長과 墳墓의 階層構造 (宮田浩之 1996에서 구성)

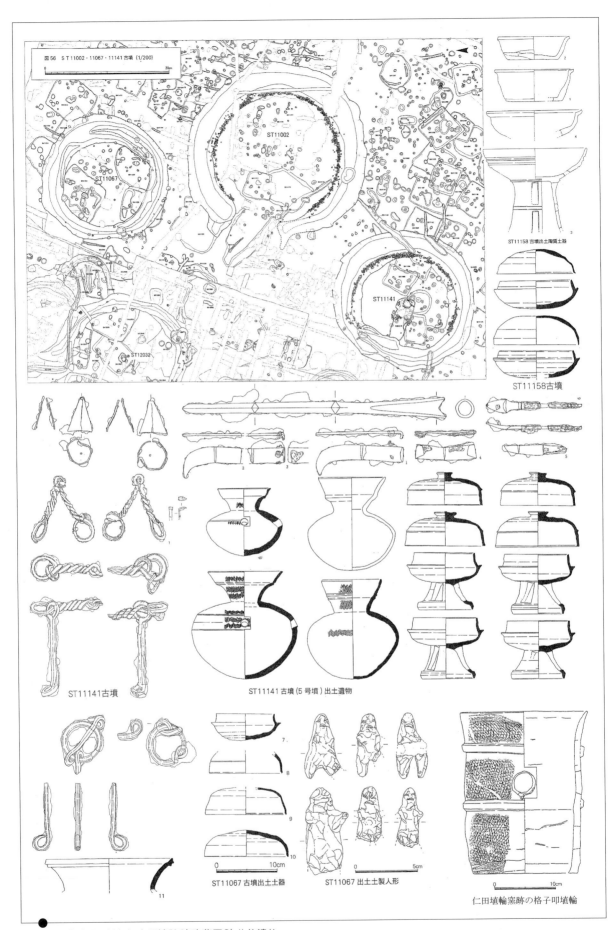

図56 ＳＴ11002・11067・11141古墳 (1/200)

ST11002

ST11067

ST11141

ST12032

ST11158 古墳出土陶質土器

ST11158古墳

ST11141古墳

ST11141古墳 (5 号墳) 出土遺物

ST11067 古墳出土器

ST11067 出土土製人形

仁田埴輪窯跡の格子叩埴輪

도7 佐賀縣 唐津市 中原遺蹟의 殉葬馬와 共伴遺物

●참고문헌●

板楠和子, 2007, 「宇土半島のピンク石石棺と額田部」, 『大王の棺を運ぶ實驗航海 -研究編-』, pp.180~190.

上田龍兒, 2011, 「博多灣沿岸地域における古墳時代後半期の陶質土器・朝鮮半島系土器」, 『古文化談叢』 第65集 發刊35周年 ・小田富士雄先生喜壽記念號(4), 九州 古文化研究會, pp.125~143.

入間田宣夫・谷口一夫, 2008, 『牧の考古學』, 高志書院.

植木町教育委員會, 1996, 『石川山古墳群II』植木町文化財調査報告書第8集.

＿＿＿＿＿＿, 2002, 『石川遺蹟 山東地區縣營は場整備事業に伴う埋藏文化財調査報告』報告書第14集.

大阪府教育委員會, 2004~2007, 『蔀屋北遺蹟發掘調査概要』I~VI.

大澤伸啓, 1991, 「馬飼いの人物埴輪について」, 『栃木縣考古學會誌』第13號, 栃木縣考古學會, pp.175~183.

大谷猛, 1984, 「住居址出土の馬具」, 『學芸研究紀要』第一集, 東京都教育委員會.

大林元, 2005, 「製鹽土器を伴う祭祀の起原と特質」, 『待兼山考古學論集』, 大阪大學考古學研究室.

岡安光彥, 1986, 「馬具副葬古墳と東國舍人騎兵」, 『考古學雜誌』第71卷 第4號, 日本考古學會.

奧村茂輝, 2008, 「北河內における初期寺院と馬飼集落」, 『吾々の考古學』, pp.417~436.

小郡市教育委員會, 2000, 『花立山古墳群1』小郡市文化財調査報告書 第147集.

甲斐貴充, 2009, 「宮崎縣における古墳時代の馬埋葬土壙」, 『宮崎縣立西都原考古博物館研究紀要』第5號, pp.10~25.

古賀市教育委員會, 2005, 『楠浦・中里遺蹟』古, 賀市文化財調査報告書.

小林正春, 1994, 「長野の古墳 -下伊那の古墳時代の馬埋葬」, 『馬の埋葬』日本考古學協會1994年度大會研究發表要旨.

佐伯有淸, 1967, 『牛と古代人の生活 -近代につながる牛殺しの習俗-』, 至文堂.

＿＿＿＿, 1974, 「馬の傳承と馬飼の成立」, 『日本古代文化の研究 馬』, 社會思想社.

酒井淸治, 2002, 「長野縣飯田市新屋敷遺蹟出土の百濟系土器」, 『駒澤考古』, 駒澤大學考古學研究室, pp.183~191.

坂本和俊, 2003, 「檜前馬牧設置の前史」, 『新世紀の考古學』, 大塚初重先生喜壽記念論文集刊行會, pp.587~602.

佐藤虎雄, 1969, 「平安時代前期における馬政 - 特に『延喜式』の牧馬飼育について」, 『延喜 天歷時代の研究』.

篠崎讓治, 2003, 「發掘された馬小屋の構造をめぐって」, 『土壁』第7號, 考古學を樂しむ會, pp.1~52.

＿＿＿＿, 2006, 「古代の廐舍構造について」, 『土壁』第10號, 考古學を樂しむ會, pp.3~28.

柴田博子, 2008, 「古代南九州の牧と馬牛」, 『牧の考古學』入間田宣夫・谷口一夫, 高志書院, pp.33~58.

白石太一郎, 2000, 「古代日本の牧と馬の文化(上)(下) -騎馬民族征服王朝說をめぐって-」, 『東アジアの古代文化』103・104號, 大和書房, pp.102~120・pp.196~212.

瀨川芳則, 1991, 「馬飼集團の神まつり」, 『古墳時代の研究』3, 雄山閣.

大和岩雄, 1990, 「馬と科野國造」, 『古代信濃史考』, 名著出版, pp.38~59.

高井佳弘, 2000, 「馬のいる風景 -古代日本における馬の飼育の景觀復元-」, 『財團法人群馬 縣埋藏文化財調査事業團 研究紀要』18, (財)群馬縣埋藏文化財調査事業團.

高島英之, 1996, 「牧と古代の土地開發」, 『帝京大學山梨文化財研究所研究報告』7, 帝京大 學山梨文化財研究所.

＿＿＿＿, 2006, 「古代東國の牧と土地開發」, 『古代地域史と出土文字資料』, 東京堂出版.

大刀洗町教育委員會, 2000, 『西森田遺蹟2 IV・V・VI地點』大刀洗町文化財調査報告書 第19集.

＿＿＿＿＿＿＿, 2009, 『本鄉野開遺蹟V・VII』大刀洗町文化財調査報告書 第47集.

田中廣明, 2006, 「古代の地域開發と牛馬の管理」, 『古代地域史と出土文字資料』, 東京堂出版.

＿＿＿＿, 2008, 「牧の管理と地域開發」, 『牧の考古學』入間田宣夫・谷口一夫, 高志書院, pp.9~32.

土屋長久, 1975, 「信濃古牧の成立と性格」, 『信濃佐久平古氏族の性格とまつり』, pp.193~226.

堤隆, 1989, 「野火付遺蹟における平安時代の埋葬馬」, 『信濃』第38卷 4號, 信濃史學會, pp.31~45.

永井宏幸, 1996, 「古代木製鐙小考 -愛知縣一宮市大毛沖遺蹟出土例の位置付け-」, 『古代』102號, pp.149~158.

中原幹彦, 2007,「石棺輸送と製鹽土器祭祀に関する試論 -古墳時代後期集落成立の背景-」,『大王の棺を運ぶ實驗航海 -研究編-』, 石棺文化研究會, pp.168~179.

中村友昭, 2008,「第6章 岡崎18號墳2號地下式横穴墓出土の貝釧」,『大隅串良 岡崎古墳群の研究』, 鹿兒島大學總合博物館研究報告 No.3, pp.243~256.

西中川駿他, 1989~1991,『古代遺蹟出土骨からみたわが國の牛, 馬の起原, 系統に関する研究』, 鹿兒島大學農學部.

野島稔, 1984,「河內の馬飼」,『萬葉集の考古學』, 築摩書房.

_____, 2008,「王權を支えた馬」,『牧の考古學』入間田宣夫・谷口一夫, 高志書院, pp.187~198.

福岡市教育委員會, 2001,『入部XI -東入部遺蹟群第2次調査報告(3)-』.

藤森榮一, 1970,「甲斐の黑駒と望月の牧」,『古代の日本 六』.

_____, 1974,「下伊那の古墳文化と牧馬」,『考古學・考古學者』, 學生社.

本位田菊士, 1987,「河內馬飼部と倭馬飼部 -馬文化と古代豪族の消長-」,『東アジアと日本 歴史編』, 田村圓澄先生古稀記念會編, 吉川弘文館, pp.37~66.

松井章, 1987,「養老厩牧令の考古學的考察」,『信濃』第39卷 第4號, 信濃史學會.

_____, 1990,「動物遺存體から見た馬の起原と普及」,『日本馬具大鑑』1, 日本中央競馬會.

_____, 1991,「家畜と牧ー馬の生産」,『古墳時代の研究』4, 雄山閣.

松井章・神谷正弘, 1994,「古代の朝鮮半島および日本列島における馬の殉殺について」,『考古學雜誌』80-1.

松原弘宣, 1998,「孝德立評について」,『日本古代の國家と村落』, 吉田晶編, 塙書房, pp.403~430.

松本建速, 2001,「蕨手刀と牧」,『海と考古學』第4號, 海交史研究會, pp.45~58.

松本政春, 1991,「官人騎兵制について」,『ヒストリア』第128號, 大阪歴史學會, pp.23~24.

宮崎泰史, 2002,「蔀屋北遺蹟出土の木製輪鐙」,『古代武器研究』Vol.3, 古代武器研究會, pp.88~91.

宮崎由利江, 1990,「馬形埴輪に伴出する人物埴輪について」,『古代』第90號, 早稻田大學考古學會, pp.188~205.

宮田浩之, 1990,「北部九州の馬具と馬飼」,『古墳時代における朝鮮系文物の傳播』第34回埋, 藏文化財研究集會.

_____, 1996,「朝鮮半島に渡った築後の馬」,『小郡市史 第一卷 通史編 地理・原始・古代』, 小郡市.

桃崎祐輔, 1993,「古墳に伴う牛馬供犧の檢討 -日本列島・朝鮮半島・中國東北地方の事例を比較して-」,『古文化談叢』31集　九州古文化研究會, pp.1~141.

_____, 1999,「日本列島における騎馬文化の受容と擴散 -殺馬儀禮と初期馬具の擴散にみる慕容鮮卑・朝鮮三國伽耶の影響-」,『渡來文化の受容と展開』第46回埋藏文化財研究集會, pp.373~420.

山川守男, 1992,「古墳時代馬小考」,『研究紀要』第9號, 財團法人 埼玉縣埋藏文化財調査事業團, pp.103~118.

_____, 1996,「北武藏の古墳時代馬飼地域」,『研究紀要』第12號, (財)埼玉縣埋藏文化財 調査事業團, pp.95~112.

山口英男, 1992,「農耕生活と馬の飼育」,『新版 古代の日本 8・関東』, 角川書店.

山田昌久, 1989,「日本における古墳時代牛馬耕開始説再論」,『歴史人類』第17號築波大學歴史, 人類學系, pp.175~202.

渡邊眞紀子, 1991,「土壤の資源的価値に関する比較文化的考察 -黑ボク土と農耕文化-」,『比較文化』6, 中央學院大學比較文化研究所紀要, pp.189~210.

朴天秀, 2005,「日本列島における6世紀代の榮山江流域産の土器が提起する諸問題」,『待兼山考古學論集 -都出比呂志先生退任記念-』, pp.627~640.

第 6 部

聚落과 渡來人

41. 渡來人의 마을을 생각하다 / 42. 粘土帶土器文化期의 移住와 聚落 /
43. 近畿의 渡來人 聚落 / 44. 奈良盆地의 支配據点과 渡來人 /
45. 三國時代 壁柱(大壁)建物 研究, 그 後 / 46. 四國 槪觀

渡來人의 마을을 생각하다

龜田修一(가메다 슈이치)

1. 들어가며

「渡來人의 마을(ムラ)」을 생각할 경우, 그 마을이 도래인의 마을인지, 그 마을에 도래인이 살고 있었는지 등을 먼저 검토해야만 한다.

그리고 그곳에 도래인과 그 자손들이 살고 있었다 하더라도 어떠한 생활을 하였고, 어떠한 생업을 통해 식량을 얻었는지, 그리고 죽었을 때에는 어디에 어떻게 묻혔는지, 그 무덤은 어떠한 것이었는지 등이 우선적인 검토과제라고 생각된다.

다음은 도래인과 그 자손들의 생활배경에 있는 사람들은 어떠한 사람들이었는지, 같은 레벨의 단순한 마을 사람들이었는지, 아니면 그들을 지배·활용하는 사람들이었는지 등도 당연히 검토하지 않으면 안 되는 과제이다.

다만 이번에는 지면의 한계로 도래인 마을의 인정방법, 마을의 존재 양상, 그리고 그와 관련된 작업장과 무덤에 대해 서술하고자 한다.

그리고 본고를 작성하는데 있어 지금까지 발표자가 발표한 성과(龜田 1993·2003·2005 등)를 바탕으로 하고 있음을 명시해 둔다.

2. 渡來人 마을의 認定 方法

1) 遺構

도래인의 마을을 생각할 경우, 우선 주거지가 대상이 된다. 그 외에도 우물(鐘方 2011) 등도 검토 자료가 될 가능성은 있지만, 금후의 과제가 될 것이다. 여기에서는 주거지로 온돌주거지, 초기의 부뚜막(カマド)주거지, 그리고 大壁建物을 들도록 한다.

• **온돌주거** : 온돌주거는 뒤에서 언급할 일반적인 부뚜막주거지와 달리, 煙道가 L字形, 逆L字形으로 굽어진 부뚜막이 붙어 있는 것을 이렇게 부른다. 기본적으로 일본열도 사람들에게 받아들여지지 않은 주거지였던 것 같고, 지금까지 확인된 예를 보더라도 한반도와의 관계, 도래인과의 관계로 이해해도 문제는 없는 듯 하다.

초기의 대표적인 예가 福岡縣(후쿠오카현) 福岡市(후쿠오카시) 西新町遺蹟(니시진마치유적)으로, 많은 한반도계 자료가 출토되고 있다(도 1). 시기는 古墳時代 전기를 중심으로 하고 있다(福岡市 1982~2002, 福岡縣 1985~2009).

그 외, 예를 들면 福岡縣 동부의 舊 上毛郡地域(코우게군)에 5, 6세기의 온돌주거지를 포함한 유적이 확인되었다. 5세기대의 上毛町(코우게마치) 池ノ口遺蹟(이케노구치유적)에서 수는 적지만, 한반도와의 관계를 추측할 수 있는 자료가 출토되고 있다(福岡縣 1996). 6세기대의 豊前市(부젠시) 小石原泉遺蹟(코이시와라이즈미유적)에서는 온돌주거지가 비교적 집중된 상태로 확인되었고 大壁建物도 검출되었지만, 유물은 기본적으로 일본열도 재래의 것이다(豊前市 1998).

또한 7세기의 石川縣(이시가와현) 小松市(코마츠시) 額見町遺蹟(메가미마치유적)에서도 돌로 쌓은 L字形 부뚜막이 설치된 온돌주거지가 집중된 상태로 확인되었으며 단야관계의 자료가 출토되었다(小松市 2006~2011). 토기 등은 재래의 하지키(土師器)가 한반도의 陶質土器와 軟質土器의 영향을 받아 변화한 것으로 추정되는 것이 출토되었다.

  •초기 부뚜막 주거지 : 일반적인 부뚜막은 고분시대 초기의 福岡縣 西新町遺蹟의 사례(도 1)와 같이 선구적으로 축조된 것이 있지만, 기본적으로는 5세기에 나타나게 된다. 그리고 이 부뚜막은 앞서 언급한 L字形 부뚜막과는 달리, 일본열도의 사람들에게 받아들여져 6세기 이후는 本州(혼슈)·九州(큐슈)·四國(시코쿠) 등 각지에 나타나게 된다.

다만 5세기 전반단계에는 일본열도에 그다지 확산되지 않고, 이 단계의 부뚜막 주거지에서 생활하였던 사람들은 도래인과 그 자손들, 그리고 일부 그들과 관계가 깊었던 일본열도의 사람들이었을 것으로 생각된다. 5세기 후반이 되면 일본열도의 사람들도 부뚜막을 사용하게 되고 6세기가 되면 부뚜막은 일본열도의 일반적인 조리용 시설이 되어 도래인과의 관련을 언급하기 어렵게 된다.

부뚜막 주거지에서 출토된 유물도 비교적 5세기 중엽 이전은 한반도와의 관련을 추측할 수 있는 것들이 보이지만 그 이후는 잘 알 수 없다.

즉 5세기 중엽경 이전의 부뚜막 주거지에 대해서는 도래인과의 관련을 생각해도 좋은 것이다.

이와 같이 5세기 전반대의 부뚜막 주거지가 집중된 유적으로 岡山縣(오카야마현) 岡山市(오카야마시) 高塚遺蹟(타카츠카유적)을 제시해 둔다(도 2)(岡山縣 2000). 한반도계의 軟質土器, 吉備(키비)産으로 추측되는 초기 스에키(須惠器) 등이 출토되고, 단야관계의 자료도 출토되고 있다. 그리고 이 마을에서 생활하였던 도래인들의 작업장 후보 중 하나가 서쪽으로 약 2km 떨어진 곳에 위치하는 철기생산유적인 総社市(소우쟈시) 窪木藥師遺蹟(쿠보키야쿠시유적)이다(岡山縣 1993). 동시기의 首長墳으로서는 岡山市 造山古墳(츠꾸리야마고분, 墳長 약 360m의 前方後円墳)이 있고, 그 피장자 밑에서 단야을 하였던 사람들의 생활장소로서 高塚遺蹟, 작업장으로서 窪木藥師遺蹟이었을 가능성이 추정된다(龜田 2004).

  •大壁建物 : 대벽건물에 대해서는 부뚜막 주거지와 비교하면 그 확인 예는 많지 않지만, 近畿地方(킨키지방)을 중심으로 동쪽은 信濃(시나노)·三河(미카와), 서쪽은 筑前(치쿠젠)·豊前(부젠)까지 5세기부터 7세기대의 것이 확인된다(靑柳 2005, 花田 2005). 주거지의 벽 속에 기둥을 끼워 넣은 구조로 추측되지만, 발굴조사에서 확인된 것은 長方形·方形의 溝에 기둥 구멍이 줄지어 있는 것이다.

한반도에서는 百濟地域에서 많이 확인되고 있어, 그 계보를 추측할 수 있다(權五榮·李亨源 2006).

 2) 遺物

도래인의 마을에 관한 유물로서, 土器·土製品, 金屬製品, 木製品 등 여러 가지를 생각할 수 있다.

(1) 土器·土製品
  •軟質土器·軟質系土器 : 우선 토기로서는 바로 일상생활에 사용하는 토기인 軟質土器(軟質系土器)를 들 수 있다. 그 중 앞에서 언급한 유구와 같이 일본열도의 사람들에게 받아들여지지 않았던 것과 받아들여졌던 것을 고려한다면, 보다 효율적으로 도래인을 찾을 수 있을 것이다.

우선 받아들여지지 않았던 것의 대표적 사례가 平底의 淺鉢·深鉢 등의 鉢類, 그리고 세부적인 특징이지만, 甑과 鍋 등의 把手의 홈(溝), 즉 有溝把手이다.

平底鉢은 그을음이 부착된 것이 자주 보이고 있어 도래인들이 그 안에 무언가를 넣고 끓이는 등 식사에 사용했던 것으로 추측된다. 그와 같은 平底鉢 전체를 불에 올려 만든 요리가 일본인에게 받아들여지지 않았던 것인지, 그 조리방법이 받아들여지지 않은 것인지, 단순히 平底가 받아들여지지 않았던 것이지 잘 알 수는 없지만, 기본적으로 주로 서일본지역의 사람들에게는 받아들여지지 않았던 것 같다. 繩文時代(죠몽시대)와 彌生時代(야요이시대)에 많이 나타나는 平底의 토기가 왜 고분시대의 서일본지역에 받아들여지지 않았는지 잘 알 수 없지만, 이로 인해 서일본지역에서는 平底鉢이 도래인을 찾는데 도움될 것으로 생각된다.

有溝把手도 마찬가지이다. 把手付 甑과 鍋 등은 받아들였음에도 왜인지 파수에 홈(溝)을 파는 행위는 전개되지 않았다. 한반도 사람들과 일본열도의 사람들 사이에 무언가 다른 것이 있는 것일까. 다만 한반도에도 홈(溝)이 없는 把手는 존재한다.

그 외 土師器에서 타날을 베풀지 않은 것도 기본적으로는 보이지 않는다. 때때로 보이는 타날 土師器는 須惠器 제작기법의 영향일 가능성도 당연히 무시할 수 없지만, 軟質土器의 영향일 것으로 생각된다.

한편, 일본열도 사람들에게 받아들여졌던 토기인 甑과 鍋, 長胴甕 등도 5세기 중엽정도까지는 주로 도래인과 그 자손들이 생산·사용하였던 것으로 생각되어 도래인을 찾는데 도움이 될 것이다.

이들 軟質系土器는 6세기 이후 일본열도 사람들에게 받아들여지고, 土師器로 전개되어 간다. 예를 들면 甑은 5세기 단계에는 저부의 증기 구멍이 수 개에서 10개를 넘는 것이 있지만, 5세기 후반부터 6세기에 들어 올 즈음에는 그 수가 감소하고, 6세기 후반부터 7세기에는 대체로 반월형의 구멍이 2개, 또는 둥근 구멍이 한 개 뚫리게 되는 지역이 많다. 그러나 그와 같은 양상 속에서 7세기 단계에 다공의 甑이 몇 지역에서 생산·사용되고 있다. 필자는 이 양상에 관해 새롭게 한반도로부터 多孔甑이 받아들여진 것으로 생각한다. 적어도 한반도 이 시기의 유적에서는 多孔甑을 일반적으로 볼 수 있다(龜田 2006).

• **이동식 부뚜막** : 이동식 부뚜막은 일본열도 사람들에게 받아들여지고 그 후 발전한다(도 3). 따라서 초기단계의 것은 도래인을 찾는데 유효하지만, 6세기 이후 도래인을 확인하는데 사용하기는 어렵다. 다만 실물크기, 미니어처도 포함해 이동식 부뚜막을 포함한 취사용구의 고분 부장은 일본열도 사람들에게는 받아들여지진 않은 의례이고, 도래인을 찾는데 도움이 된다(水野 1969, 関川 1988). 더욱이 이 被葬者像으로 중국계 도래인일 가능성이 지적되고 있다. 현시점에서 수는 적지만, 한반도 남부지역에서도 출토되고 있기 때문에 한반도 경유일 가능성이 높다고 생각된다.

취사용구의 부장은 近畿地方을 중심으로 전개되고 있지만, 岡山縣에 있어서도 일부 실물크기 자료의 부장이 확인되고, 福岡縣 春日市(카스가시) 西浦(니시우라) 2號墳에서는 미니어처 甑 등이 부장되었다(春日市 1982). 피장자가 한반도에서 직접 이 지역으로 와서 매장되었는지, 아니면 畿內(키나이)를 경유한 도래계의 인물이었는지 매우 흥미롭다(龜田 2008).

• **부뚜막 아궁이 틀** : 부뚜막의 장식으로 생각되는 U字形 板狀土製品은 일본열도 사람들에게는 받아들여지지 않았던 것 같고, 현시점에서는 大阪(오사카)를 중심으로 奈良縣(나라현) 등에서 뿐이 출토되지 않는다(도 3). 상당히 지역적으로 한정된 자료이다. 시기는 5세기 전반에서 6세기대의 것이 확인되고 있다. 한반도에서는 高句麗와 百濟에 유사한 예가 있고, 新羅·伽耶에서는 확인되지 않는 듯하다. 그리고 일본열도의 것과 유사한 자료는 백제 서울지역, 전라도의 영산강유역에 있으며, 후자의 지역과 관계가 깊다고 생각된다(田中 2003, 濱田 2004, 徐 2004, 權五榮·李亨源 2006).

• **圓筒形土製品** : 굴뚝(煙突)으로 생각되는 圓筒形土製品은 나팔상의 것, 위아래로 직경의 차가 거의 없는 것, 〈字로 구부러진 것, 차양 형태의 돌대가 붙은 것, 把手가 붙은 것 등 다양한 형태가 있지만, 현시점에서는 福岡縣 西新町遺蹟의 예가 山陰型(산인형) 甑이 아니라고 한다면 가장 오래된 것으로 4세기까지 올라가며 동일본지역에서는 9세기경까지 예가 있는 듯 하다. 지역적으로는 북부 구주에서 관동지방까지 분포되어 있다. 한반도에서는 百濟에 사례가 있어 그 계보로 이해된다. 일본열도의 원통형 토제품이 전부 한반도계 고고자료라고 할 수 있을지 금후 조금 더 검토해야만 하지만, 5~6세기대에는 별로 예가 없는 듯 하여, 이 시기의 것은 도래인과의 관련으로 이

해할 수 있을지 모르겠다(德網 2005, 權五榮・李亨源 2006, 坂 2007). 또한 山陰型 甑도 이 원통형 토제품과 마찬가지로 굴뚝(煙突)이라고 보는 의견이 있다. 그렇다면 彌生時代 종말기까지 원통형 토제품이 올라가게 된다(長友 2008).

- **주판알모양 방추차(算盤玉形紡錘車)** : 주판알모양방추차는 한반도와의 관련이 오래전부터 지적되어 왔던 자료이다(西谷 1983, 門田 1992). 일반적인 방추차와 달리, 그 단면 형태가 육각형을 이루는 특징이 있으며, 일본 열도에는 받아들여지지 않았던 것이다. 土師質, 須惠質, 瓦質의 것이 있고, 滑石製의 것도 있다. 취락, 고분, 가마 등에서 출토된다. 북부 구주에서 동북지방까지 퍼져있지만, 대다수는 近畿地方에서 보인다. 5세기의 것이 많지 만, 6세기에서도 나타난다. 이 주판알모양방추차 자체도 그렇지만, 이것을 부장하는 행위도 일본열도의 사람들에 게는 받아들여지지 않았던 것으로 도래인을 찾는데 유효한 자료이다(滋賀縣 2001, 平尾 2010).

(2) 金屬製品

주거지 등에서 출토되며 한반도와 관련되어 있다고 생각되는 금속제품으로서는 단야구, 鐵鋌, 초기 단계의 마구 등이 있다.

단야구의 경우, 鉆은 이른 단계부터 보이지만, 鐵鉗 등은 5세기경부터 나타나게 된다. 이것들은 한반도계의 자료라고 할 수 있을 것이다. 또한 鐵鋌도 기본적으로 5세기 전반경부터 보이며, 단야관계 사람들의 생활 장소 또는 작업장에서 출토되는 것이 있다.

岡山縣 総社市 窪木藥師遺蹟에서는 5세기 전반의 부뚜막주거지인 竪穴住居 13에서 鐵鋌과 鐵滓, 한반도의 부산시 복천동 21・22號墳 등에서 출토되는 鐵鏃과 유사한 鐵鏃이 砥石, 多孔甑 등과 함께 출토되어 낙동강 하류역 유역의 사람들이 이 주거지에서 단야 작업을 했을 가능성이 상정된다(도 2)(岡山縣 1993, 龜田 2004). 이 주거지가 단지 공방이었는지, 공방과 주거를 겸한 것이었는지는 잘 알 수 없지만, 이와 같은 주거지는 각지에서 자주 볼 수 있다.

또한 岡山縣 赤磐市(아카이와시) 齋富遺蹟(사이토미유적)의 竪穴住居 58에서는 불확실하지만 부뚜막의 존재 가 추측되고, 5세기 후반의 新羅 陶質土器와 함께 馬具(辻金具)기 출토되고 있다(岡山縣 1996). 일반적으로 주거 지에서의 마구 출토는 드물어 도래계의 인물이 마구를 수리했을지도 모른다. 마구의 수리가 바로 도래인의 존재 를 가리키는 것은 아니지만, 초기의 마구생산・수리에는 도래계의 사람들이 관여했을 가능성이 있고, 주거지(공 방)에서 출토되는 초기단계의 마구 등도 검토 자료이다.

(3) 木製品

목제품에서 한반도와의 관련을 추측할 수 있는 것은 잘 알 수 없지만, 초기단계의 馬鍬 등이 그 후보이다. 현 시점에서는 滋賀縣(시가현) 能登川町(노도가와쵸) 石田遺蹟(이시다유적)의 馬鍬가 最古의 것으로, 4세기 말~5세 기 초경의 것으로 생각된다. 이 시기의 일본열도에는 말은 거의 없었을 것으로 생각되고 있어, 한반도계 고고자료 라고 할 수 있을 것이다. 또한 시기는 약간 불확실하지만, 兵庫縣(효고현) 神戸市(코베시) 出合遺蹟(데아이유적) 에서도 馬鍬와 5세기 전반경의 軟質系土器가 溝의 바닥에서 공반되었다(龜田 1993).

(4) 文字資料

주거지에서 출토되는 자료로서, 한반도와의 관계를 추측할 수 있게 하는 것으로서는 토기・토제품과 금속제 품 등에 남겨진 문자가 있다. 고분시대의 일본열도 사람들은 기본적으로 문자를 알지 못했고, 적어도 문장을 쓰기 는 어려웠을 것으로 생각된다. 당시 문자를 사용한 사람들은 아마도 한반도로부터의 도래인과 그 자손들, 그리고 극히 일부의 일본열도 사람들이었다고 추측된다.

지금까지의 문자자료를 살피면, 7세기 후반 이후는 일본열도의 사람들도 문자를 사용했던 것으로 추측된다. 그와 같이 생각한다면, 7세기 중엽 이전의 문자자료에 대해서는 도래인들이 관여했을 가능성이 높은 것으로 추측할 수 있다.

7세기 중엽 이전의 취락과 주거지에서 문자자료가 출토되는 일은 극히 드물지만, 그 하나로서 福岡縣 春日市 惣利西遺蹟(소우리니시유적) 2號住居의 「西北方角一」文字瓦를 들 수 있다(春日市 1985). 大棟에 사용되었던 것으로 추정되는 특수한 기와에 쓰여져 있는데, 그 자체가 이 시기의 일본열도에서는 볼 수 없는 것이다. 그 외에도 百濟(?)로부터 가져왔을 가능성이 있는 玉緣式丸瓦, 토기 제작의 기법으로 만들어진 玉緣式 無文軒丸瓦, 百濟와의 관계가 추정되는 원통형토제품, 有溝把手付甑 등도 출토되어, 이 주거지에 百濟로부터의 도래인, 그 가족이 생활하였을 가능성을 추측할 수 있다(龜田 2008).

3. 渡來人 마을의 존재 양상

앞장에서는 도래인들이 생활하였던 마을을 어떻게 찾을지를 설명하였다. 다음은 그 마을의 존재 양상을 살펴보고자 한다.

그것은 도래인들만의 마을이었는지, 일본열도 사람들의 마을 안에 도래인들의 주거지가 있었는지, 일본열도 사람들의 마을 주변부에 도래인들의 주거지가 한데 모여 위치했는지, 아니면 도래인들의 주거지는 한데 모여 있는 것이 아니라, 여기 저기 일본열도 사람들의 주거지 사이에 존재했는지 등, 다양한 상황을 추정할 수 있다.

이 경우 역시 한반도에 면해있는 해안부의 시골이나 인적이 드문 산속 등과 近畿地方의 大王이나 大豪族들이 생활하는 지역, 그리고 지방 호족들이 생활하는 지역에서 당연히 양상은 다를 것으로 생각된다.

특히 최첨단의 기술·지식·정보 등을 가지고 건너 온 사람들이 大王이나 大豪族·地方豪族들 아래로 받아들여진 경우의 생활 형태는 그 받아들이는 측의 의식에 의해 달라진다고 추정된다. 어떤 이유로 떨어져 살게 된 경우도 있었을 것이고, 원래의 일본열도 사람들 속이나 주변에 살게 된 경우도 있었을 것으로 추측된다.

광대한 토지 개발이 요구되고 그리고 특별한 광산 자원의 개발에 종사하기위해 그들만이 그 장소로 보내진 경우는 그들만의 마을, 도래인만의 마을이 존재하였을 가능성도 있다.

다만 기본적으로 이와 같은 마을의 존재 양상도 시간과 함께 변화하는 것은 당연한 것이다. 사용하는 토기나 도구도 일본열도의 것이 된다고 상정된다.

이와 같은 시간적인 움직임을 알 수 있는 귀중한 유적으로서 大阪府(오사카부) 四條畷市(시조나와테시) 蔀屋北遺蹟(시토미야키타유적)(大阪府 2010, 藤田 2011, 藤田道子氏의 敎示에 감사드린다)을 예로 들어 이전의 龜田 1993의 분류를 사용하여 살펴보기로 한다.

蔀屋北遺蹟은 말사육과 관련된 유적으로 유명하지만, 5세기 전반부터 6세기 후반경까지의 유구·유물이 확인되어 1기부터 5기로 시기 구분된다.

1期의 5세기 전반에는 이 주변에 전라도지역으로부터의 도래인이 존재했다는 사실이 추정되고, 2期의 5세기 전반~중엽이 되면 마을이 확인되고, 각 거주역에서 전라도계의 토기가 출토된다. 그리고 이 단계에는 土師器의 기법인 하케메조정을 사용한 軟質系土器도 출토되고, 도래계의 사람들과 재지 사람들의 동화가 시작되었다고 생각된다. 龜田의 「一部日本型生活」의 단계일 것이다.

그러나 3期의 5세기 중엽~후반이 되면, 전라도지역으로부터 도래인의 새로운 이주가 추정되고, 말사육이 왕성하게 행해졌다고 추측된다(도 3). 새로운 도래인들은 당초에는 「朝鮮半島型生活」, 또는 처음부터 「一部日本型生活」을 하였으며, 점차로 「一部日本型生活」로 변화해갔던 것으로 추측된다.

4期의 5세기 말~6세기 전반이 되면, 한반도계 토기가 거의 보이지 않게 되고, 재지토기로 동화되었다고 보인다. 「一部日本型生活」에서 「大部分日本型生活」로 변화해 가는 단계일것이다. 그리고 5期의 6세기 중엽~후반에는 약간 특이한 토기가 나타나지만, 기본적으로 재지의 토기를 사용하고 있다. 「大部分日本型生活」이며 일부 정신적인 부분도 포함하여 「完全日本型生活」로 변해가는 사람들도 있을지 모른다.

이와 같이 蔀屋北遺蹟에 관해서는 遺蹟의 성격, 양호한 잔존상태 그리고 조사담당자의 노력의 성과로 많은 부분이 해명되었다. 「시간과 함께 변화해 가는 도래인의 마을」을 알 수 있는 모델적인 유적 중의 하나인 것이다.

이 蔀屋北遺蹟은 「도래인의 마을」 연구와 관련된 최근의 좋은 예로, 이 외에도 각지에서 검토되고 있으며 또한 검토 가능한 사례가 있다. 이처럼 「시간의 변화」를 고려하면서 도래인 마을의 연구를 진행해야 한다고 생각한다.

4. 취락과 관련된 작업장과 무덤

1) 작업장

2장에서 도래인들이 생활하였을 것으로 추측되는 마을을 어떻게 찾을 것인가를 설명하였는데, 간혹 그 출토유물 속에는 그 자체가 그들의 일을 추정할 수 있게 해주는 것이 보인다.

예를 들면, 토기 제작의 도구 등이 있으면, 軟質系土器나 須惠器 제작, 馬具 등이 출토되면 말의 사육이나 마구의 제작·수리 등, 단야구나 鐵滓 등이 있으면 철기 제작 등을 생각해 볼 수 있다.

그 작업은 그 마을 안에서 행해진 것도 있지만, 마을 밖에서 행해진 것도 당연히 여러 가지 있었을 것으로 생각된다. 아래에서는 그 일 자체가 한반도와의 관계를 추측할 수 있게 하는 대표적인 예를 들어 보도록 한다.

• 초기의 須惠器 가마 : 일본열도에 있어서 須惠器 생산은 기본적으로 5세기에 시작되지만, 그 가마 등은 당연히 당시의 일본열도에는 존재하지 않았던 것이다. 5세기 후반이 되면 수는 많지 않지만, 지방에서도 陶邑系의 須惠器를 생산하는 가마가 축조된다. 이 즈음에는 일본열도의 재지 사람들도 須惠器 생산에 관여하게 되었다고 추정되는데, 그 이전 즉 5세기 중엽 이전의 須惠器 생산은 많은 부분이 도래계 사람들에 의해 이루어졌다고 생각된다.

요컨대 5세기 중엽 이전 須惠器 가마의 축조, 須惠器 생산에는 도래인들의 관여가 추정되며, 그와 같은 가마가 확인된다면, 그 주변에 그들의 생활 장소, 즉 도래인과 그 자손들이 생활하는 마을이 존재하였다고 생각되는 것이다.

그것이 도래인들만의 마을이었는지, 기본적으로는 일본열도 사람들의 마을로, 그 속에 도래인들이 함께 생활하였는지 등에 대해서는 가마 주변의 취락유적을 검토해야만 한다. 다만 도래인들이 생활하는 마을은 확실히 존재했을 것이다.

덧붙이면 마을과 작업장(仕事場)의 거리는 어느 정도 떨어져 있었던 것일까? 당연히 각 지역, 각 유적군에서 다르겠지만, 예를 들어 현시점에서 일본열도 最古의 須惠器 가마라고 생각되는 兵庫縣 出合窯蹟의 경우는 주변 유적의 존재 양상으로 보아 그들의 생활 장소가 그렇게 멀리 떨어져 있었다고는 생각하기 어렵다(龜田 2008). 大阪府 陶邑窯蹟群(스에무라요적군)의 경우도 大庭寺遺蹟(오바데라유적)과 TG232號窯蹟은 200m 정도 밖에 떨어져 있지 않다((財)大阪府埋藏文化財協會 1993). 당연히 조금 멀리 떨어진 작업장도 있었을 것으로 추정된다.

• 초기의 목장(牧) : 고분시대의 목장 유적(桃崎 2009)으로 유명한 예가 群馬縣(군마현) 澁川市(시부가와시) 白井遺蹟群(시로이유적군)이다. 6세기 중엽에 내린 榛名(하루나) 二ッ嶽(호타츠다케) 伊香保(이카호) 테프라(FP)에 덮인 목장으로 생각되는 유적이다(高井 1996). 동일한 화산재로 덮인 마을로서 유명한 黑井峯遺蹟(쿠로이미네유적)의 동남쪽 약 2km 떨어진 장소로, 『延喜式』左右馬寮御牧條에 기록된 利刈牧이 이 지역으로 상정되고 있다. 이 유적 자체에서 한반도와의 관계를 확인할 수 있는 자료는 잘 알 수 없지만, 5세기대의 한반도계 토기를 출토하는 吹屋糀屋遺蹟(후키야코우지야유적), 空擇古墳群(카라사와고분군) 등이 주변에 있어, 5세기대부터의 관련이 추정된다(かみつけの里博物館 2006).

또한 古代 東國에 있어 한반도와의 관련을 추정할 수 있는 유적으로 유명한 群馬縣 高崎市(타카사키시) 劍崎長瀞西遺蹟(켄자키나가토로니시유적)에서는 5세기 전반의 부뚜막주거지인 114號 주거지의 저장수혈 속에서 1세 전후의 幼年馬 뼈가 출토되고 말이 매장된 토광도 확인되었다. 그리고 주변에서 말 사육이 이루어졌을 것으로 추측되고 있다(高崎市 2001, 黑田 2002).

한편, 近畿地方에서는 前述한 바와 같이 大阪府 蔀屋北遺蹟이 유명하다. 명확한 목장은 확인되지 않았지만,

도래인과 그 자손들에 의해 말이 사육되었다는 것은 틀림없는 사실일 것이다(大阪府 2010, 藤田 2011). 또한 이 취락 안을 흐르는 大溝에서 무문의 토제 도구가 출토되고 있어 도래인들이 스스로 사용하는 토기를 제작하였다는 것, 그리고 가마를 축조하였을 것도 추측할 수 있다.

• **초기의 製鐵遺蹟** : 현시점에서 일본열도 最古段階의 제철유적은 6세기 후반이고, 그에 가까운 시기의 것으로 岡山縣 津山市(츠야마시) 大藏池南遺蹟(오오조이케미나미유적, 6세기 후반~7세기 전반)이 있다(도 4). 이 제철유적 자체에서 한반도계의 자료는 확인되지 않았지만, 가까운 稼山古墳群(스쿠모야마고분군)에서 발굴조사된 17基의 고분시대 중 6세기 후반~7세기 후반의 9基의 고분에서 鐵滓(대부분은 製鍊滓)가 출토되었다. 그 중 コウデン(코우덴) 2號墳에서 百濟系로 생각되는 三足壺와 甁形土器, 稼山4號墳에서 鳥形瓶, 荒神西古墳(코진니시고분)에서 銅鏃과 銅滓가 출토되고, 蘆ケ谷古墳(아시가타니고분)의 周溝에서는 마구를 착장한 상태의 말 매장이 확인되었다(村上 1980, 森田・村上 1982, 龜田 2000).

이 製鐵遺蹟・古墳群과 직접적으로 관련된 취락은 잘 알 수 없지만, 이 마을에 도래계의 사람들이 생활하였다는 사실은 충분히 추측할 수 있다.

2) 墓

생활의 장소가 있고, 작업장이 있으면, 당연히 가까운 곳에 무덤이 있었을 것으로 생각된다. 적어도 이들은 일체이고, 함께 검토하지 않으면 안 되는 것이다.

그러나 본고에서는 무덤과 관련하여 항목만을 제시하고, 검토는 다음의 기회로 미루고자 한다. 양해를 부탁드린다.

• **遺構** : 우선 유구로서는 예를 들면 兵庫縣 姫路市(히메지시) 宮山古墳(미야야마고분)과 같은 한반도계 수혈식석실(姫路市教育委員會 1971・1973), 大阪府 柏原市(카시와라시) 高井田山古墳(타카이다야마고분)과 같은 초기의 횡혈식석실(柏原市教育委員會 1996), 島根縣(시마네현) 松江市(마츠에시) 金崎(킨자키) 1號墳과 같은 全面割石閉塞의 竪穴系橫口式石室(松江市教育委員會 1978), 香川縣(카가와현) 東かがわ市(히가시카가와시) 原間(와라마) 6號墳((財)香川縣埋藏文化財センター 2002)과 같은 목곽묘 등이 도래인이나 그 자손들과 관련된 무덤이라고 생각된다.

또한 사람의 무덤은 아니지만, 群馬縣 劍崎長瀞西遺蹟과 같은 馬土壙도 도래인과 관련된 것으로 생각된다. 이 유적에는 馬土壙 이외에 초기의 부뚜막주거지나 積石塚, 그리고 多角形袋部鐵矛를 부장한 劍崎長瀞西古墳 등이 있다.

이와 같이 한반도와의 관련을 추측할 수 있는 무덤이 있다면 그 주변의 취락을 의식적으로 검토해야 할 것이다.

• **遺物** : 도래인과 관련되었을 가능성이 있는 무덤 관계의 유물로는 초기의 釘・鎹, 한반도계 토기, 장신구(垂飾付耳飾, 有刻銅釧, 金層유리玉, 상감玉, 冠, 飾履, 帶金具, 簪 등), 무기(環頭大刀, 多角形袋部鐵矛 등), 무구, 마구(초기 마구 등), 그리고 살포(サルポ), 鐵鐸, 鑄造鐵斧, 초기의 曲刃鎌, 초기의 U字形鐵鍬・鋤先, 鐵鋌, 유리용기, 馬形帶鉤, 銅鋺, 匙, 箸, 火熨斗 등이 있다.

• **儀禮** : 도래인과의 관련을 추정할 수 있는 儀禮로서는 초기의 토기부장(土生田 1985 등), 취사구 부장(水野 1969, 関川 1988 등), 주판알모양방추차 부장(西谷 1983, 門田 1992, 平尾 2010 등) 등이 있다.

5. 맺음말

이상, 도래인 마을의 확인 방법에 대해서 그리고 그 마을의 존재 양상에 대해 시간적인 변화를 의식하여 논하였으며, 다음으로 마을이 주거지 등만으로 구성되는 것이 아니라 그 주변의 작업장이나 무덤 등도 함께 생각해야 할 것으로 보고, 관련된 사례를 들어가면서 설명하였다. 본래는 구체적인 유적을 들어 검토해야 하겠지만 본고에서는 다루지 못하였다.

　다만 마지막으로 취락・작업장・무덤 등을 종합적으로 고려할 경우의 범위에 대해서 언급해 두고자 한다. 이들 유적군의 위치관계(거리)로서는 우선 직선거리로 2km 정도의 것은 충분히 관계가 있다고 생각된다. 도보로 약 30분의 거리로, 매일 다니는 거주지와 작업장의 거리로서는 충분히 가능할 것이다. 그리고 무덤 등은 조금 떨어져 있어도 괜찮을 것이다.

　奈良縣 御所市(고세시) 南鄕遺蹟群(난고유적군)의 규모는 남북 약 2km, 동서 약 1.4km로 그 북측에는 名柄遺蹟(나가라유적), 동측에는 巨勢山古墳群(코세야마고분군)이 펼쳐져 있고, 葛城을 대표하는 5세기 전반의 전방후원분인 室宮山古墳(무로미야야마고분)은 極樂寺ヒビキ遺蹟(코쿠라쿠지히비키유적)의 북동쪽 약 3km 정도 떨어져 있다. 또한 五條猫塚古墳(고죠네코즈카고분) 등도 南鄕遺蹟群의 남쪽 약 5km 떨어진 위치에 있다(奈良縣立橿原考古學研究所 1996~2000).

　吉備 中樞部에서도 造山古墳을 중심으로 반경 5km 정도 범위 내의 것은 관련이 있을 것이다. 5km는 도보로 약 1시간 거리인 것이다.

　이상과 같이 취락을 검토할 경우, 우선 취락 자체를 검토하는 것은 당연히 필요한 작업이다. 다만 사람들은 일을 하고, 일상의 생활을 영위하며, 그리고 죽는다. 취락연구에 있어서는 작업장과 무덤도 당연히 관련된 유적인 것이다. 「도래인의 마을」연구도 마찬가지이다.

이기성 번역

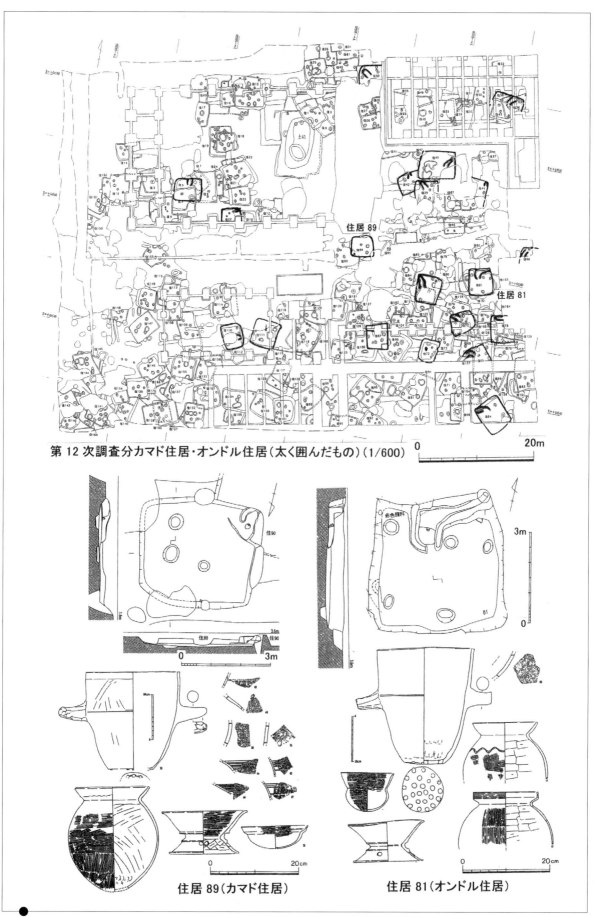

第 12 次調査分カマド住居・オンドル住居（太く囲んだもの）（1/600）

0　　　　　20m

住居 89

住居 81

住居 89（カマド住居）　　　　　住居 81（オンドル住居）

도 1　福岡縣 西新町遺蹟의 부뚜막 住居址와 온돌住居址 (住居址 : 1/ 120, 遺物 : 1/8) (福岡縣敎育委員會 2000)

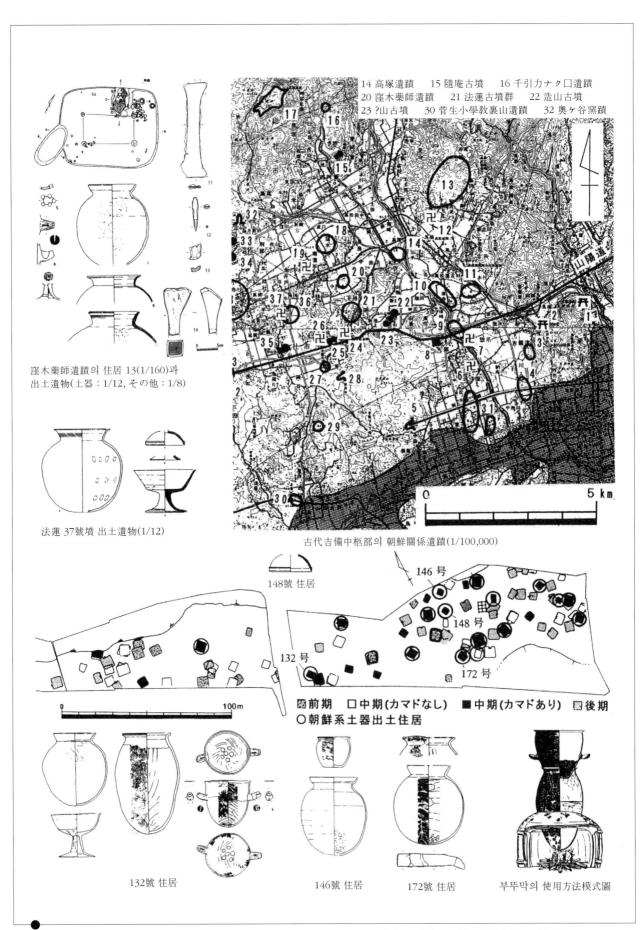

14 高塚遺蹟　　15 隨庵古墳　　16 千引力ナク口遺蹟
20 窪木藥師遺蹟　　21 法蓮古墳群　　22 造山古墳
23 ?山古墳　　30 菅生小學敎裏山遺蹟　　32 奧ヶ谷窯蹟

窪木藥師遺蹟의 住居 13(1/160)과
出土遺物(土器：1/12, その他：1/8)

法蓮 37號墳 出土遺物(1/12)

古代吉備中枢部의 朝鮮關係遺蹟(1/100,000)

148號 住居

146 号

148 号

132 号

172 号

▨前期　□中期(カマドなし)　■中期(カマドあり)　▨後期
○朝鮮系土器出土住居

132號 住居

146號 住居

172號 住居

부뚜막의 使用方法模式圖

도 2　古代吉備 中樞部의 朝鮮系資料와 關連한 資料 高塚遺蹟 住居址 位置圖(1/2000)와 出土遺物(1/12) (龜田 2003)

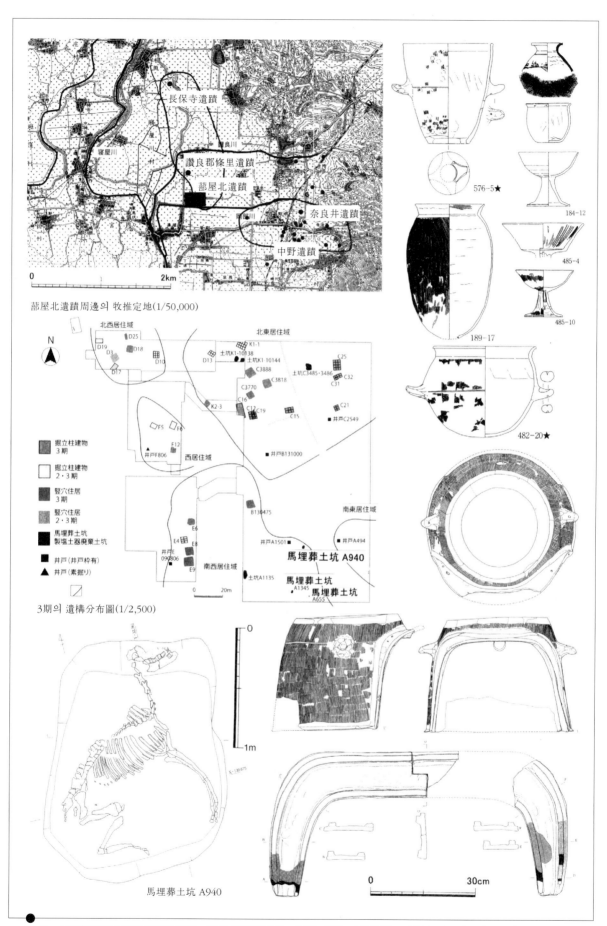

蔀屋北遺蹟周邊의 牧推定地(1/50,000)

長保寺遺蹟

讚良郡條里遺蹟

蔀屋北遺蹟

奈良井遺蹟

中野遺蹟

0   1   2km

北西居住域

北東居住域

N

D19
D3
D25
D18
D10
D17
D13
土坑K1-10138
土坑K1 10144
C3888
土坑C3485・3486
C3770
C3818
K1-1
C25
C32
C31
K2・3
C16
C12 C19
C15
C21
井戸C2549
F5
F6
F12
井戸F806
西居住域
井戸B131000
掘立柱建物
3期
掘立柱建物
2・3期
竪穴住居
3期
竪穴住居
2・3期
馬埋葬土坑
製塩土器廢棄土坑
井戸(井戸枠有)
井戸(素掘り)
B130475
南東居住域
E6
E4
E8
E9
井戸E
097806
土坑A1135
南西居住域
井戸A1501
井戸A494
馬埋葬土坑 A940
馬埋葬土坑
A1345
馬埋葬土坑
A655
0   20m

3期의 遺構分布圖(1/2,500)

576-5★

184-12

485-4

485-10

189-17

482-20★

0

1m

馬埋葬土坑 A940

0   30cm

도 3 大阪府 蔀屋北遺蹟 3期의 遺構・遺物 (馬埋葬土坑：1/30, 遺物：1/10) (藤田 2011, 大阪府教育委員會 2010)

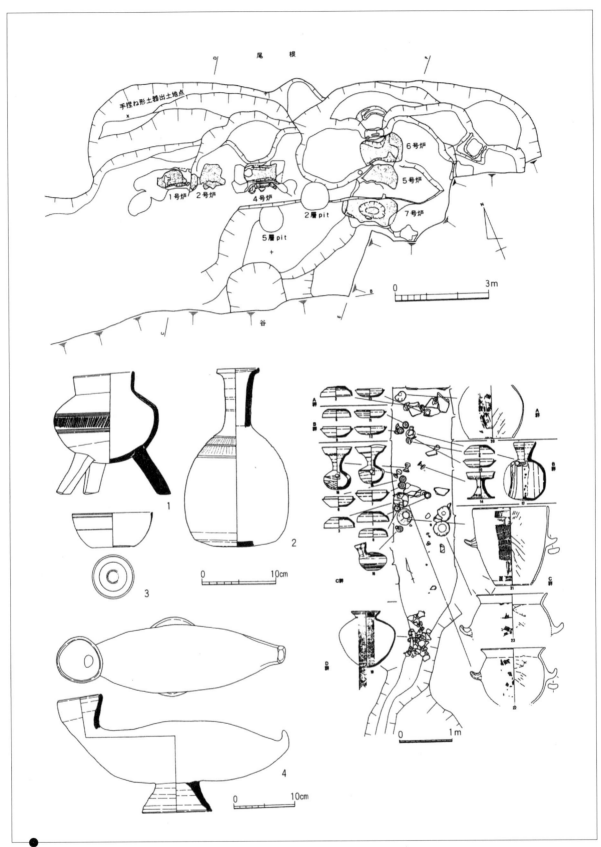

도 4 岡山縣 大藏池南遺蹟 製鐵遺蹟(上 : 1/120)·粳山古墳群 出土遺物(左下 : 1~3 - 1/5, 4 - 1/6)·
畑ノ平6號墳 遺物出土 狀況(右下 遺構 : 1/70, 遺物 : 1/14) (龜田 2000)

●참고문헌●

青柳泰介, 2005, 「大和の渡來人」, 『ヤマト王權と渡來人』, サンライズ出版.

大阪府敎育委員會, 2010, 『蔀屋北遺蹟』Ⅰ.

岡山縣敎育委員會, 1993, 『窪木藥師遺蹟』.

_____, 1996, 『齋富遺蹟』.

_____, 2000, 『高塚遺蹟・三手遺蹟』2.

柏原市敎育委員會, 1996, 『高井田山古墳』.

春日市敎育委員會, 1982, 『西浦古墳群』.

_____, 1985, 『春日地區遺蹟群Ⅲ』.

鐘方正樹, 2011, 「積み上げ式横板組相欠き仕口方井戶の起源と系譜」, 『堀田啓一先生喜壽記念獻呈論文集』堀田啓一先生喜壽記念獻呈論文集作成委員會.

かみつけの里博物館, 2006, 『はるな30年物語』.

龜田修一, 1993, 「考古學から見た渡來人」, 『古文化談叢』30(中), 九州古文化硏究會.

_____, 2000, 「鐵と渡來人」, 『福岡大學總合硏究所報』240.

_____, 2003, 「渡來人の考古學」, 『七隈史學』4, 七隈史學會.

_____, 2004, 「5世紀の吉備と朝鮮半島」, 『吉備地方文化硏究』14, 就實大學吉備地方文化硏究所.

_____, 2005, 「地域における渡來人の認定方法」, 『九州における渡來人の受容と展開』, 第8回九州前方後円墳硏究會實行委員會.

_____, 2006, 「第Ⅱ部 第5章 東國の朝鮮系瓦」, 『日韓古代瓦の硏究』, 吉川弘文館.

_____, 2008, 「牛頸窯蹟群と渡來人」, 『九州と東アジアの考古學』, 九州大學考古學硏究室.

黑田晃, 2002, 「劍崎長瀞西遺蹟と渡來人」, 『高崎市史硏究』12, 高崎市.

權五榮・李亨源, 2006, 「壁柱(大壁)建物硏究のために」, 『日韓集落硏究の現狀と課題(Ⅱ)』, 日韓集落硏究會.

小松市敎育委員會, 2006~2011, 『額見町遺蹟』Ⅰ~Ⅵ.

(財)大阪府埋藏文化財協會, 1993, 『須惠器の始まりをさぐる』.

(財)香川縣埋藏文化財センター, 2002, 『四國横斷自動車道建設に伴う埋藏文化財發掘調査報告第42冊 原間遺蹟』.

滋賀縣立安土城考古博物館, 2001, 『韓國より渡り來て』.

徐賢珠(大竹弘之 譯), 2004, 「三國時代の竈の焚き口柱についての考察」, 『韓式系土器硏究』Ⅷ, 韓式系土器硏究會.

関川尙功, 1988, 「古墳時代の渡來人」, 『橿原考古學硏究所論集』9, 吉川弘文館.

高井佳弘, 1996, 「FP下面の土地利用について」, 『白井北中道Ⅱ遺蹟・吹屋犬子塚遺蹟・吹屋中原遺蹟』1(古代・中近世編), (財)群馬縣埋藏文化財調査事業團.

高崎市敎育委員會, 2001, 『劍崎長瀞西遺蹟』1.

田中淸美, 2003, 「造付け竈の付屬具」, 『續文化財學論集』, 文化財學論集刊行會.

德網克己, 2005, 「カマドに伴う円筒形土製品について」, 『龍谷大學考古學論集』Ⅰ, 龍谷大學考古學論集刊行會.

長友朋子, 2008, 「彌生時代終末期における丸底土器の成立とその歷史的意義」, 『吾々の考古學』, 和田晴吾先生還歷記念論集刊行會.

奈良縣立橿原考古學硏究所, 1996~2000, 『南鄕遺蹟群』Ⅰ~Ⅴ.

西谷正, 1983, 「加耶地域と北部九州」, 『大宰府古文化論叢』上, 吉川弘文館.

花田勝廣, 2005, 「畿內の渡來人とその課題」, 『九州における渡來人の受容と展開』, 九州前方後円墳硏究會.

土生田純之, 1985, 「古墳出土の須惠器(一)」, 『末永先生米壽記念獻呈論文集』.

濱田延充, 2004, 「U字形板狀土製品考」, 『古代學硏究』167.

坂靖, 2007, 「筒形土製品からみた百濟地域と日本列島」, 『考古學論究』, 小笠原好彦先生退任記念論集刊行會.

姬路市教育委員會, 1971, 『宮山古墳發掘調查槪要』.

_____, 1973, 『宮山古墳第2次發掘調查槪要』.

平尾和久, 2010, 「墳墓に副葬・供獻される紡錘車の基礎的考察」, 『還歷, 還歷?, 還歷!』, 武末純一先生還歷記念事業會.

福岡縣教育委員會, 1996, 『池ノ口遺蹟』.

_____, 1985~2009, 『西新町遺蹟』I ~IX.

_____, 1982~2002, 『西新町遺蹟』1~7.

藤田道子, 2011, 「蔀屋北遺蹟の渡來人と牧」, 『ヒストリア』229, 大阪歷史學會.

豊前市教育委員會, 1998, 『小石原泉遺蹟』.

松江市教育委員會, 1978, 『史蹟金崎古墳群』.

水野正好, 1969, 「滋賀郡所在の漢人系氣化氏族とその墓制」, 『滋賀縣文化財調查報告書』4.

村上幸雄, 1980, 『稼山遺蹟群』II.

桃崎祐輔, 2009, 「牧の考古學 -古墳時代牧と牛馬飼育集團の集落・墓-」, 『日韓集落研究の新たな視角を求めて』, 日韓集落研究會.

森田友子・村上幸雄, 1982, 『稼山遺蹟群』IV.

門田誠一, 1992, 『海からみた日本の古代』, 新人物往來社.

粘土帶土器文化期의 移住와 聚落

李昌熙

야요이문화의 성립에 한반도의 무문토기문화가 막대한 영향을 미치고 있었다는 것은 이미 잘 알려진 사실이다. 수전도작문화의 도래[1]와 확산에서 청동기생산과 철기의 출현에 이르기까지 반도에서 열도로의 문화전파는 지속적으로 이루어져왔다. 片岡(2008)가 언급한 것처럼 무문토기문화의 일본열도로의 도래는 크게 두 가지 시점으로 나누어 볼 수 있다. 하나는 수전도작문화가 한반도에서 일본열도로 정착·확산하는 단계인데, 이 단계에는 도래계문물을 도래인이 가지고 왔는지 아닌지를 명확하게 판단하기 어렵다. 도래계라고 할지라도 농경취락에서 출토된 유물·유구를 재지계와 비교해 보아도 위화감이 없기 때문이다. 이에 반해 야요이시대 전기말 이후에 출토되는 도래계유물은 재지계와 이질적이어서 도래인과의 직접적인 관계를 나타내는 근거로 생각할 수 있다. 이 시기 서일본에서는 야요이문화를 발전시켜 한반도와는 다른 독자적인 수전농경문화를 형성하고 있었다. 본고에서는 후자에 해당되는 야요이시대 전기말부터를 중심으로 한일 양지역의 주민이동을 양지역에서 출토된 외래계토기에 대한 연구성과를 기초로 하여 보다 구체적으로 의미를 부여해 보고자 한다. 이 시기의 한반도에서 일본열도로의 이주는 점토대토기를 사용한 집단으로 한정된다. 또한 점토대토기의 출현은 한반도의 재지계토기와는 달라 외부로부터 유입된 것으로 널리 인식되고 있는 바, 같은 외부로부터의 유입이라 할지라도 한반도 남부와 서일본에서 그 출토양상이 판이하게 다른 점에 주목해 본다. 이러한 차이의 원인을 취락이라는 시점에서 생각해 보는 것으로 취락연구회의 일원으로서 조금이나마 그 임무를 다하고자 한다. 나아가 이러한 시점의 전환을 통해 앞으로 많은 연구과제가 산적해 있음을 알 수 있는 계기가 되길 기대한다.

1. 現況

한일 양지역에서 출토되는 외래계토기에 대해서는 보통 점토대토기인과 야요이인의 교역의 산물, 혹은 교섭의 증거로써 인식되고 있다. 사례의 발견과 연구의 시발점으로부터 30년이 지났음에도 불구하고 해석에 있어서는 큰 진전이 없는 셈이다. 즉 재지의 토기와 다른 이질적인 토기가 양지역에서 나오는 것으로 양지역에서 교역이나 교섭이 이루어졌다는 당연적 해석에 그치고 있다. 흔히 교역이나 교섭이라는 용어를 사용하고 있지만 이 조차도 과연 야요이시대 전기 말에 점토대토기인과 야요이인 사이에서 교역이 있었는가, 그렇다면 무엇을 교환하였는가 등 확실치 않은 사안이 많다.

---

1) 본고에서는 도래와 이주라는 용어를 혼용하고 있는데, 용어에 대한 필자의 견해는 전고를 참고하기 바란다(李昌熙 2011·2009a).

이러한 교류의 흐름 속에서 보다 구체적으로 교역인가 이주인가 등을 파악하기 위해서는 왜 주민이 이동하였는가에 대해서 생각해 보아야 할 것이다. 여기에는 하나의 커다란 전제가 있다. 원형점토대토기문화의 외래기원설이다. 한반도 남부에 출현한 원형점토대토기는 중국동북지방의 그것과 직접적으로 관련되는 것이며, 유입된 이유는 당시의 역사적 배경에 기인한다는 것이다. 이로 인해 북에서 남으로의 연쇄적인 주민이동이 이루어진 것이다. 즉, 하나의 역사적인 배경이 가설로써 존재하며 이를 계기로 점토대토기인이 한반도 남부로 이주하였고, 이로 인해 한반도 남부의 주민이 일본열도로 이주한 것이다. 문헌기사(燕將秦開)에 동조시키는 방법은 차치하고서라도 여기에는 커다란 맹점이 하나 존재한다. 결론적으로 일본열도에 이주한 한반도 남부의 점토대토기인은 북쪽에서 이주한 점토대토기인에 의한 것이 되어버리기 때문이다. 이러한 전제가 있는 한 한일 양지역 토기의 교차편년, 청동기와 철기의 생산과 출현 등이 모두 경사편년 되어야 하며, 그러한 시간적인 갭을 객관적으로 특정하는 것은 불가능하기 때문에 계속해서 난관에 봉착하게 될 것이다.

2. 問題提起

필자의 문제제기는 당시의 이주나 도래의 실태가 획일화되어 있지 않았을 것이라는 생각에서 출발한다. 따라서 한반도 출토 야요이토기와 일본열도 출토 점토대토기에 대한 해석도 다양해 질 수 있을 것이다. 이러한 맥락에서 가장 간단하고도 중요한 첫번째 물음이 전부 교역이나 교섭의 잔존물로 볼 수 있는가이다. 어디까지나 고고학적 사실에 근거해야 하며 상상은 금물이다. 두번째로는 일본열도의 점토대토기인이 전부 한반도 남부로부터 이주했는가이다. 전술한 바와 같이 이주민이 이주민을 몰아내는 것은 모순으로 생각된다. 다시 말해 당시 한반도 남부의 재지문화를 송국리문화라고 한다면 원형점토대토기인은 송국리인에게 이주민, 혹은 도래인이다. 야요이인에게도 마찬가지이다. 결국 한일 양지역에서 원형점토대토기인은 모두 이주민이 되는 셈이다.

세번째, 그렇다면 원형점토대토기인은 왜 일본열도로 이주했는가이다. 이것은 이주의 배경과 목적이 무엇인가에 대한 물음이다. 네번째로는 같은 점토대토기라 할지라도 원형점토대토기와 삼각형점토대토기는 명확하게 구별해서 파악할 필요가 있는 점이다. 일본에서는 조선계무문토기로 총칭되어 큼지막한 형식의 변화로 인식되고 있는데, 도래문화라는 커다란 틀에서 함께 다루어져 왔다. 하지만 일본열도에서는 두 종의 점토대토기가 단절적으로 출토되며, 출토양상에도 큰 차이가 있기 때문에 구별해서 해석할 필요가 있다.

3. 移住의 證據

토기를 통해 이주에 대해 구체적으로 생각해 볼 수 있는 필자의 해석 포인트는 크게 두 가지이다.

첫째, 토기의 생산여부이다.

토기는 교역품이 아니다. 단기간의 교역일정에서는 토기를 생산할 필요가 없다. 교역지에서 숙식을 제공받았을 가능성이 높다. 이에 따라 소량의 외래계토기가 유적에서 발견되는 경우가 가장 많은 사례라 할 수 있겠다. 舶載品으로 생각되는 이러한 토기들은 도항 일정에 필요한 최소한의 용기, 혹은 컨테이너의 역할을 했을 것으로 생각되는 대형토기 등이 포함되어 있을 것이다.

하지만 교역지에서 장기간 在留하게 될 경우에도 대교역집단 측에서 지속적으로 숙식을 제공했다고 생각하긴 힘들다. 특히 선진문물을 입수해야 하는 측이 도항한 교역지라면 더욱 그러할 것이다. 변·진한인과 야요이인의 교역을 염두에 둘 경우, 야요이인이 청동기나 철기라는 금속기, 혹은 그 소재나 기술의 입수를 목적으로 하는 것처럼 말이다. 즉, 장기간 재류하게 되면 토기의 생산이 불가피할 것으로 생각된다. 이러할 경우 유적에서는 다량의 외래계토기가 발견될 것이다. 필자는 이 장기간이란 시간의 장단을 특정할 수는 없지만, 큰 의미에서 모두 이주의 카테고리에 포함시키고자 한다. 따라서 토기의 생산은 이주의 증거가 될 수 있다.

둘째, 토기의 조합상을 중요시 한다.

한반도 남부에서 출토되는 야요이토기 중 板付Ⅱb式, 板付Ⅱc式, 城ノ越式토기는 극소량으로 발견되고 있고, 그마저도 대부분이 옹의 구연부 파편이다. 그런데 須玖式토기는 옹, 호, 개, 고배, 대상구연호 등 북부큐슈 야요이토기의 세트가 그대로 출토되고 있다. 기대를 제외하고는 제의용 토기로 여겨지는 단도마연된 고배나 대상구연호도 함께 출토되고 있다. 취사용, 저장용, 제의용 토기 등 생활전반에 걸쳐 행해지는 행위의 토기가 전부 출토되고 있는 것이다. 이러한 현상은 교역을 위해 단기간 도래했다기 보다는 장기간 재류, 다시 말해 이주의 결과로 생각해 볼 수 있다.

4. 外來系土器의 檢討

한일 양지역에서 출토된 외래계토기에 대한 近年의 필자의 연구성과를 토대로 아래와 같이 정리해 볼 수 있다 (李昌熙 2011 · 2010 · 2009a · 2009b).[2] 전장의 이주의 증거를 고려하면서 고고학적 사실을 바탕으로 내린 결론이다.

1) 한반도 출토 야요이토기

야요이시대 전기 후반(板付Ⅱb式)에서 중기초(城ノ越式)의 시기는 이주라고 보기 어렵다. 교역이 이루어졌다고 판단할 수 있는 증거도 없다. 중기 전반(須玖Ⅰ式)에서 중기후반(須玖Ⅱ式)의 시기는 교역이 이루어진 것으로 볼 수 있으며, 야요이인의 한반도 남부로의 이주도 인정된다.

한반도에서 실질적으로 야요이토기가 증가하는 것은 須玖式段階부터인데, 須玖Ⅰ式段階에 야요이인의 입수대상은 청동기와 철기(소재 · 원료포함)이며, 須玖Ⅱ式段階에는 철기(소재 · 원료포함)와 제작기술, 낙랑과 관련된 위신재가 포함되었을 것이다.

한반도 남부에서 출토된 다량의 수구식토기를 전부 박재품으로 생각하긴 어렵다. 한반도 내에서 생산된 야요이토기가 반드시 존재할 것이며, 이는 야요이인의 이주를 말해줄 것이다.

동시기 극소량의 박재품으로 출토되는 낙랑토기의 출토양상과는 완전히 다른 양상인데, 이로 보아 야요이인과는 달리 漢人(?)의 이주는 이루어지지 않았을 것으로 생각된다.

2) 일본열도 출토 점토대토기

결론에 앞서 다음의 문구를 인용해 둔다. 지역A와 지역B에서 각각 생산되는 교역품A와 교역품B가 교환될 경우, 지역A의 주민인 사람A에게 있어 교역품B가 절실히 필요할 때, 사람A는 지역B로 가서 교역을 행한다(白井克也 2001).

점토대토기인이 일본열도로부터 절실히 필요했던 것은 없다. 그렇다면 점토대토기인은 왜 일본열도로 건너갔을까? 필자는 뚜렷한 목적을 지니지 않은 자신들의 생활터전을 확보하기 위한 도래라고 파악한 바 있다(李昌熙 2009a). 이것은 금속기의 입수나 원료확보를 위해 한반도로 도래한 야요이인과는 완전히 다른 성격의 도래라고 할 수 있다. 燕將秦開와 관련된 문헌기사에 동조시키는 견해에 대해서는 비판적인 시각을 가지고 있지만, 현재로써는 원형점토대토기인의 일본열도로의 도래배경은 역시 한반도의 정황에서 파악하는 것이 타당할 것 같다. 물론 정세와 관련되어 있을 가능성도 있다.

---

2) 점토대토기문화기의 한일교류에 있어 이주에 대한 필자의 최신 견해는 다음의 문헌을 참고하기 바란다(李昌熙, 2011, 「토기로 본 가야성립 이전의 한일교류」, 『가야의 포구와 해상활동』, 제17회 가야사학술회의, 가야문화연구소 · 김해시).

일본열도에서 원형점토대토기는 다량으로 출토되고 있다. 여기에는 열도에서 생산된 원형점토대토기가 다량으로 포함되어 있을 가능성이 높고 옹, 호, 개, 고배 등이 세트로 출토되고 있기 때문에 이주로 볼 수 있다. (도 1)의 모델 I 과 II가 모두 존재한다. 하지만 원형점토대토기인은 日製에 대한 수요가 없었기 때문에 교역을 위한 이주로 볼 수는 없다. 정세에 의한 피동적 이주, 그리고 집단적인 대규모 이주가 존재했던 것으로 요약될 수 있다.

삼각형점토대토기는 원형점토대토기와는 달리 극소량으로 출토되고 있고 모방품은 출토되지 않았다. 원형점토대토기보다 기종이 다양해졌음에도 불구하고 그러한 기종구성도 보이지 않는다. 따라서 이주로 판단하긴 어렵다. 이러한 현상은 이주에 대한 동기와 목적이 결여되어 있을 뿐만 아니라 이미 한반도 동남해안의 거점을 통해 야요이인과의 교역이 활발히 이루어지고 있었기 때문이다. 海村(武末純一 2009) 주민의 산발적인 소규모 왕래에 의한 산물로 생각된다.

5. 移住와 聚落

원형점토대토기문화는 한반도에서 청동기시대를 종식시키고 관련 주민들은 초기철기시대의 주체적인 재지주민으로 정착한다. 반면 일본열도에서는 기술적인 임팩트는 컸지만 점점 야요이사회로 동화되어 가는 현상이 보인다. 이러한 차이의 원인을 취락과의 관계 속에서 생각해 보고자 한다.

도래문화와 이주민은 재지문화와의 접변양상과 이주지의 환경과 입지에 따라 달라질 수 있다. 한반도로 이주한 원형점토대토기인은 기존의 송국리집단과의 마찰 때문인지는 모르겠으나 대규모 취락을 형성하지 못하고 고지에 정착하는 경우가 대부분이다. 정주도가 낮은 편이다. 안성 반제리유적이나 강릉 방동리유적 등과 같이 비교적 중소규모 취락의 형태를 갖춘다고 할지라도 고지에 입지하며 송국리문화와의 공존을 허락하지 않는다.[3] 이에 비해 일본열도로 이주한 원형점토대토기인의 양상은 완전히 다르다. 다음의 표를 살펴보도록 한다.

〈표 1〉은 일본열도에서 순수 원형점토대토기가 출토된 유적의 입지를 정리한 것이다. 한반도 남부와는 달리 하나 같이 低地에 입지하고 있는 것을 알 수 있다. 많은 야요이취락이 입지하고 있는 충적평야에 입지하는 경우가 대부분이다. 구릉이라 할지라도 미고지이기 때문에 한반도 남부의 점토대토기유적의 구릉성입지와는 성격이 다른 低地이다.

표 1 _ 일본열도 출토 원형점토대토기유적 입지[4]

유적	입지	유적	입지
諸岡(福岡)	충적평야 표고 23m 구릉	御幸木部(熊本)	자연제방 저지 표고 3.5m
土生(佐賀)	사가평야서부 선상지近 표고 7~10m	里田原(長崎)	구릉으로 둘러싸인 평지
曲り田(福岡)	배후습지近	板付(福岡)	충적평야 표고 10~12m
鍋島本村(佐賀)	충적평야 미고지 표고 5~6m	天ヶ原(長崎)	壹岐島최북단 砂上
大橋E(福岡)	후쿠오카평야서남부 표고 10m	三國の鼻(福岡)	基山에서 뻗은 낮은 구릉
姪浜(福岡)	早良평야서단 연안부	江津湖(熊本)	쿠마모토평야동부
那珂君休(福岡)	후쿠오카평야 충적지(現수전면표고 7m)	護藤(熊本)	쿠마모토평야서부
橫隈鍋倉(福岡)	평야로 뻗은 구릉말단부 미쿠니구릉 위와 경사부(頂上표고 39m)	上高橋高田(熊本)	쿠마모토평야서부
宇土城三ノ丸(熊本)	평야 위 얕은 구릉	吉田(長崎)	對馬서안 표고 4~10m 三根灣近
石ノ瀨(熊本)	미고지 표고 4.2~4.6m 宇土基部	綾羅木鄕(山口)	珪砂台地 표고 20~30m
八ノ坪(熊本)	충적평야 미고지 표고 1~2m 쿠마모토평야서부	吉野ヶ里(佐賀)	사가평야동부 저습지-구릉 표고 7~20m
上東(山口)	야마구치분지서부 선상지 표고 18m	原の辻(長崎)	壹岐島남동부 최대평지

---

3) 중서부지역의 일부유적에서는 송국리형주거지에서 극소수의 원형점토대토기편이 공반되는 사례가 있기도 하지만, 한반도 남부 전체의 일반적 현상이 아니라는 것은 부연설명할 필요가 없을 것으로 생각된다.

야요이취락과 거의 동일한 입지인 이유는 결국 이들 유적의 대부분이 야요이시대 취락유적이기 때문이다. 즉 원형점토대토기는 야요이취락에서 발견되고 있는 것이다. 수전도작을 기반으로 하고 있는 송국리문화의 대규모 취락에서 원형점토대토기가 출토되지 않는 것과는 대조적인 현상이다. 또한 반제리유적이나 방동리유적과 같은 원형점토대토기 단순유적도 존재하지 않는다. 단독구릉에 원형점토대토기문화 단독취락이 존재하지 않는 것이다.

이것은 이주민들이 새로운 취락을 형성하는가, 기존의 취락 속으로 들어가는가라는 중요한 문제이다. 고지에 새로운 취락을 형성한다는 것은 결국 전망이 좋고(송국리집단의 가시권) 방어적이며, 이동성이 강하다는 것을 의미할 수도 있다. 이러한 점에서 일본열도의 야요이취락 내부, 이와 멀리 떨어지지 않은 미고지, 쌍방(이주민과 재지민) 가시권에 있는 곳에 이주한 원형점토대토기인들은 그 이주패턴이 완전히 다르다고 할 수 있겠다.

비록 야요이문화가 송국리문화의 수전도작이 전해지면서 시작되지만 원형점토대토기인의 입장에서는 한반도의 송국리인과 일본열도의 야요이인 사이에서의 상대적 격차를 크게 느끼지 않았을 것으로 생각된다. 양지역 모두 수전도작문화를 기반으로 한 대규모 농경취락을 형성하고 있었던 점에서는 큰 차이가 없었던 재지문화이다.

원형점토대토기인들은 금속기생산이라는 고급기술을 소지하고 있었다. 수전도작문화의 전파 이래로 일본열도로는 지속적으로 북에서 남으로의 방향성을 가진(대륙으로부터의) 물자와 정보, 기술의 이동이 이루어져 왔다. 당시 최고급품이었던 금속기의 생산에 있어서도 열도의 鑛床不在는 커다란 약점으로 존재하고 있었다. 이러한 흐름 속에서 전파의 종착역인 일본열도, 야요이사회에서는 이주민에 대한 포지티브적인 인식이 형성되어 있었던 것으로 생각된다.

현상으로 보는 한 송국리문화와 원형점토대토기문화는 대립적이고 그 변화도 급작스러워서 야요이문화와 원형점토대토기문화가 공존했던 일본열도와는 큰 차이가 있다. 게다가 열도에 이주한 원형점토대토기인들은 점점 야요이사회에 동화 · 흡수되어 가는 현상을 보이는 것도 특징이다. 이는 청동기시대에서 초기철기시대로 넘어가는 중요한 사안과도 연동되는데, 이러한 변화에 대해 심각하게 고민해 볼 필요가 있다. 원형점토대토기인들이 송국리취락 내부로 이주할 수도 없었기에 야요이취락보다도 더 안정적이고 세력이 강했던 것으로도 볼 수 있는 송국리취락이 어떻게 원형점토대토기인들에게 주도권을 내주었는가이다. 전쟁에 대한 근거도 송국리문화가 종식된 후의 평야 및 저지의 취락에 대한 존재여부와 그 기반문화에 대한 근거도 고고학적 증거는 불확실한 지금이다. 송국리문화가 사라지고 초기철기시대가 끝날 때까지 그들은 왜 대규모취락을 형성하지 못하고 고지에 입지하였으며 안정적인 수전도작문화를 영위하지 못하였는지에 대해서 구명해 볼 필요가 있다. 그들의 생산기반에 대해서도 고민해 봐야 할 것이다.

---

4) 擬朝鮮系無文土器(擬원형점토대토기 or 擬야요이토기)를 제외한 순수 원형점토대토기가 출토된 유적이다.

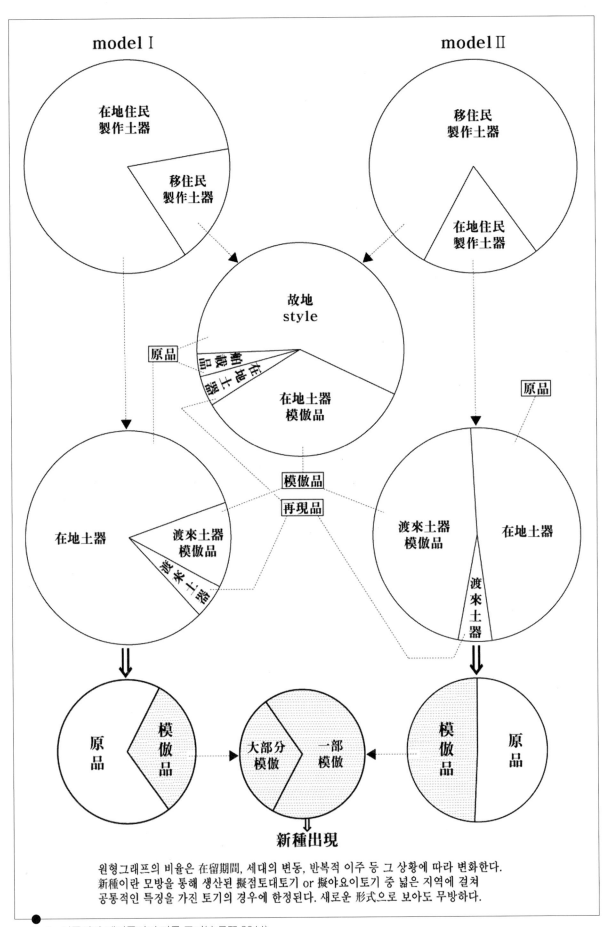

model Ⅰ

model Ⅱ

在地住民
製作土器

移住民
製作土器

移住民
製作土器

在地住民
製作土器

故地
style

原品

新地土器

在地土器
模倣品

原品

模倣品

再現品

在地土器

渡來土器
模倣品

渡來土器

渡來土器
模倣品

在地土器

渡來土器

原品

模倣品

大部分
模倣

一部
模倣

模倣品

原品

新種出現

원형그래프의 비율은 在留期間, 세대의 변동, 반복적 이주 등 그 상황에 따라 변화한다.
新種이란 모방을 통해 생산된 擬점토대토기 or 擬야요이토기 중 넓은 지역에 걸쳐
공통적인 특징을 가진 토기의 경우에 한정된다. 새로운 形式으로 보아도 무방하다.

도 1 이주민과 재지주민이 만든 토기(李昌熙 2011)

● 참고문헌 ●

李昌熙, 2009a, 「在來人と渡來人」, 『彌生文化の誕生 彌生時代の考古學』 2, 學生社.

_____, 2009b, 「西日本 出土 勒島式土器」, 『考古廣場』 제4호, 부산고고학연구회.

李昌熙・石丸あゆみ, 2010, 「勒島遺蹟 出土 彌生土器」, 『釜山大學校 考古學科 創設20周年 記念論文集』, 釜山大學校 考古學科.

李昌熙, 2011, 「토기로 본 가야성립 이전의 한일교류」, 『가야의 포구와 해상활동』, 가야문화연구소・김해시(제17회 가야사학술회의).

武末純一, 2009, 「茶戶里遺蹟과 日本」, 『考古學誌』 特輯號, 국립중앙박물관(보고서 생략).

白井克也, 2001, 「勒島貿易と原の辻遺蹟 -粘土帶土器・三韓土器・樂浪土器からみた彌生時代の交易-」, 『彌生時代の交易 -モノの動きとその担い手』, 埋藏文化財研究會.

片岡宏二, 2008, 「彌生時代における渡來集團の問題」, 『考古學ジャーナル』 No.568.

近畿의 渡來人 聚落

田中淸美(다나카 키요미)

1. 들어가며

古墳時代 중·후기의 近畿地方(킨키지방)은 삼국시대 백제·가야지역의 연질토기와 흡사한 韓式系土器와 한반도계의 건축양식인 대벽건물, 부뚜막 아궁이 틀·연통형 토제품 및 온돌유구 등의 주방과 주거의 부속시설이 등장하는 점으로 보아 한반도 남부지역을 故地로 하는 사람들이 도래한 것으로 보인다. 도래인이 열도에 온 4세기말에서 5세기 후엽의 한반도 정세는 고구려의 남하정책에 의한 백제의 동요, 신라에 의한 가야제국의 병합 등으로 정세가 불안정하고, 이것이 열도로 향한 도래의 계기가 되었다고 생각된다. 도래인이 왜왕권내에서 수공업생산의 기술혁신을 촉진시키고 왕권의 정치기구와 지배구조에도 큰 영향을 미쳤다는 점은 『記紀』의 倭五王과 관련된 생산기반의 개발과 토목사업, 今來才伎(이마키노테히토)로 불리웠던 기술자집단과 지식인에 관련된 기사로부터 알 수 있다.

본고에서는 近畿地方, 그 중에서도 大阪府(오사카부)에 있어서 도래인의 동향을 구명하는 데 중요한 자료가 되고 있는 한반도계의 건축양식인 대벽건물 및 동 계열의 건물을 확인함과 함께 그것들로 구성된 도래인과 관계가 깊은 취락(이하 도래인취락)의 구체적인 상황에 대해 검토한다. 그리고 『記紀』에 기재된 왜왕권하에서 도래인이 관여하였던 難波堀江(나니와노호리에)의 굴삭과 茨田堤(만다노츠즈미)의 구축에 의한 河內湖(카와치호) 주변의 충적저지의 개발기사를 증명하는 듯한 大阪市의 長原遺蹟(나가하라유적), 八尾市(야오시)의 八尾南遺蹟(야오미나미유적)·久寶寺遺蹟(큐호지유적) 등의 생산기반의 확대를 목표로 하는 「경지개발형취락」과 堺市(사카이시)의 大庭寺遺蹟(오바데라유적)·小阪遺蹟(코사카유적)·伏尾遺蹟(후세오유적) 등의 陶邑(스에무라)古窯址群 內의 須惠器(스에키) 생산과 柏原市(카시와라시)의 大縣遺蹟(오오가타유적)과 같은 단야를 전업으로 하는 「수공업전업취락」에 대해서도 검토를 더하고, 도래인의 역할에 대해서도 약간의 고찰을 시도하고자 한다.[1]

2. 大阪府下의 渡來人聚落의 性格과 槪要

大阪府下에서 古墳時代 중기(4세기 말~5세기 말) 이후에 도래인이 거주하였을 가능성이 있는 취락은 현재의

---

1) 경지개발형취락 및 수공업생산 전업취락 이외에도 上町台地 북단의 大川(難波堀江)을 따라 상정되는 難波津(나니와츠)를 비롯해 四條畷市(시조나와테시) 蔀屋北遺蹟(시토미야키타유적)이나 大東市(다이토시) 北新町遺蹟(키타신마치유적)과 같은 항만 기능을 함께 지닌 취락(津)이 있다. 여기에서도 왜왕권의 외교협력과 교역의 촉진에 힘을 발휘한, 통역과 항해술에 뛰어난 도래인이 거주하였다고 생각된다.

大阪平野(오사카평야)에 있었던 河內湖의 연안과 이곳에 유입하는 大和川(야마토가와)와 澱川(요도가와)의 유역 및 지류역, 泉北(센보쿠)구릉에서 紀淡海峽(키탄해협)에 걸친 大阪灣 연안지역에 83개소 이상 분포하고 있어 열도 굴지의 도래인이 집주하는 지역으로서 주목되고 있다(도 1). 도래인취락은 攝津(세즈)・河內地域(카와치지역)에 집중되는 경향이 엿보이는데, 이들에 대해서는 河內湖를 중심으로 枚方台地(히라카타대지)~北河內遺蹟群(키타카와치유적군), 中河內遺蹟群(나카카와치유적군), 河內低地 및 河內台地北緣遺蹟群, 南河內遺蹟群, 上町台地(우에마치대지)와 北方砂堆 遺蹟群로 구분하고, 각각을 검토한 적이 있다(田中淸美 2005). 그 결과 河內湖 주변에 분포하는 古墳時代 중기의 도래인취락의 수와 平安時代(헤이안시대) 초기에 편찬된 『新選姓氏錄』에 기재된 古墳時代 이래의 도래인의 자손으로 보이는 도래계씨족의 존재양태는 크게 변하지 않았음이 판명되었다. 즉, 河內湖 주변의 최초의 도래인취락은 古墳時代 중기전엽(4세기 말~5세기 전엽)에 河內台地 北緣에서 河內低地 緣辺의 생산기반의 확대에 따른 개발이 시작하였을 즈음에 등장하고, 그것이 정점을 맞이하는 古墳時代 중기 중엽(5세기 중엽)까지 河內低地의 중앙부로 진출하였음을 확인하였다. 더욱이 枚方台地~北河內遺蹟群 및 上町台地와 北方砂堆遺蹟群의 韓式系土器의 출토량이 증가하는 古墳時代 중기 후엽(5세기 후엽)에는 河內低地에서 河內台地 北緣遺蹟群에 한층 더 도래인유입의 파동이 일어난 점을 지적하였다. 이상과 같은 河內湖 주변지역을 목표로 한 백제와 가야지역으로부터의 사람들의 파상적인 유출이 최초로 일어난 것은 고구려 好太王碑에 기록된 고구려세력의 남하(西曆 391・399・400年)에 의한 가능성이 높고, 서력 475년의 백제한성의 함락시에는 백제지역을 중심으로 한 많은 사람들이 도래했다고 보았다(田中淸美 2005・2011).

도래인취락을 특정하는데 韓式系土器와 함께 한반도계 건축양식인 대벽건물은 중요한 위치를 차지하는 고고자료이다. 대벽건물에 대해서는 宮本長二郎氏 및 花田勝廣氏의 연구성과에 따르는 부분이 많은데, 宮本氏는 처음으로 滋賀縣(시가현)의 穴太遺蹟(아노우유적)의 6세기 후반대 대벽건물을 도래인의 존재를 증명하는 한반도계 건축양식의 건물로 제시하고 구조를 복원함과 더불어 도래계씨족인 穴太氏 거택의 가능성이 높다고 지적하였다(宮本長二郎 1986). 花田勝廣氏는 宮本長二郎氏의 대벽건물의 연구성과를 이어받아 대벽건물의 구축공정을 건물의 하부구조를 만드는 제1단계, 상부구조를 만드는 제2단계, 내장의 제3단계로 하였고, 穴太遺蹟・穴太南遺蹟(아노우미나미유적)・滋賀里遺蹟(시가사토유적) 대벽건물의 구조와 시기, 건물배치 및 온돌유구와 초석건물을 더한 종합적 분석을 실시하고, 穴太遺蹟에서 北大津遺蹟(키타오오츠유적) 사이에서 밖에 보이지 않는 대벽건물 등, 일련의 특이한 건물을 近江(오우미)의 도래인과 관계가 깊은 건물이라고 지적하였다(花田勝廣 2002). 또한 대벽건물을 평면형이 방형 또는 장방형으로 주구를 판 것, 지붕은 맞배지붕(切妻) 및 우진각지붕(寄棟)으로 棟持柱・間柱에 따라 벽을 만드는 掘立柱大壁造로 규정하고, 近畿地方의 대벽건물을 집성하였다(花田勝廣 2002). 그에 따르면 대벽건물은 近江 43사례, 大和(야마토) 15사례, 攝津 2사례, 河內 1사례,[2] 和泉(이즈미) 1사례, 山城(야마시로) 1사례, 播磨(하리마) 2사례로 그 소속 시기는 하한이 奈良縣(나라현) 南鄕柳原遺蹟(난고야나기하라유적)의 5세기 전엽이고, 상한은 滋賀縣 野洲郡(야스군) 中主町(츄즈쵸) 光相寺(코소지유적)의 8세기로 이야기되고 있다. 집성시 대벽건물의 대부분은 滋賀縣에 집중되는 경향이 있었는데, 그 시기는 6세기 후반~7세기 전반에 걸친 것으로, 본고에서 분석하는 古墳時代 중기에 속하는 확실한 예는 극히 적었다. 대벽건물은 후술할 바와 같이 茨木市(이바라키시)의 安威遺蹟(아이유적)과 大阪市(오사카시)의 長原遺蹟에서 5세기 전엽에 속하는 것이 확인되었고, 宮本長二郎氏와 花田勝廣氏가 이미 지적한 바와 같이 도래인과의 관련이 깊은 건물이라고 말할 수 있다.

『魏志倭人傳』에 3세기의 邪馬台國(야마타이코쿠)에는 말이 없었다고 기재되어 있지만, 古墳時代 중기가 되면

---

2) 長原遺蹟(NG84-25次)에서는 한변 7.4×7m의 평면형 방형에, 건물의 남변에 주혈이 있는 폭 0.7~0.8m의 溝가 존재하는 평지식건물 1, 한변 7m의 방형 플랜으로 건물의 서변에 주혈이 있는 폭 0.6~0.9m의 溝가 있는 평지식건물 3, 한변 6.3×8m이고 네 모퉁이에 주혈이 없는 굴립주건물 3에 대해서는 대벽건물과 유사한 특이건물로 설정하고 있지만, 건물 1・2는 대벽수혈건물, 건물 3은 평지식의 대벽건물로 보고자 한다(花田勝廣 2002).

近畿地方에서는 최초의 전신 골격이 남아 있는 말의 매장 사례인 東大阪市(히가시오사카시)의 日下遺蹟(쿠사카이유적)(堅田直 1967)을 비롯해 四條畷市內(시죠나와테시)의 전신 골격과 두부를 포함한 복수의 매장이 확인된 蔀屋北遺蹟(시토미야키타유적)(大阪府敎育委員會 2010), 두골과 다량의 제염토기가 확인되었던 中野遺蹟(나카노유적), 5세기 후엽~6세기 전엽의 方形周溝遺構의 溝 內에서 5頭分의 馬齒·骨과 土製馬形(사람이나 말)가 출토된 奈良井遺蹟(나라이유적), 5세기 후엽의 溝內에서 馬齒·骨과 악기인 스리자사라(スリザサラ), 제사구로 보이는 鏃形·刀形木製品, 목제장식대가 출토된 鎌田遺蹟(카마타유적)(四條畷市立歷史民俗資料館 2004) 등, 말과 관련되어 주목할 고고자료의 출토예가 증가한다. 이들과 공반하여 백제·마한 및 가야지역 서남부의 도래인과 관련된 고고자료[3]도 증가한다는 점에서 말도 이 방면에서 반입되었을 가능성이 있어, 北河內地域에서는 늦어도 古墳時代 중기에는 말의 사육과 증산, 희생마와 말의 머리를 바치는 제사의례가 시작되었음을 알 수 있다(瀨川芳則 1983, 四條畷市立歷史民俗資料館 2004). 게다가 四條畷市內에서 확인된 말 매장과 순장의 양상은 平安時代 초기에 편찬된 『日本靈異記』의 河內國更羅郡 馬甘의 里(우마카이노사토)와 연계되는 자료로도 주목되고 있으며, 이와 같은 北河內를 중심으로 河內湖 주변에 점재하는 말을 사육하였던 흔적들은 『日本書紀』 履中天皇紀의 「河內馬飼部」, 繼體紀元年(507)에 大伴大連의 密使로서 繼體天皇의 옹위에 관련되었던 「河內馬飼首荒籠」, 欽明天皇紀의 「河內馬飼首禦狩」·「河內馬飼首歌衣」, 『萬葉集』卷20에 天平勝寶 8年(756)에 노래를 남긴 河內國伎人鄕의 「馬史國人」 등 도래계씨족과 연계되는 도래인과 그 자손이 관여하였다고 생각된다(佐伯有淸 1974).

한편, 弘仁 6年(815)에 嵯峨天皇의 명에 의해 平安京내 및 畿內(키나이)에 거주하는 유력씨족 1182氏의 출자를 조사한 『新撰姓氏錄』에는 324氏의 도래계씨족이 기재되어 있는데, 그 내역은 漢이 37%, 百濟가 23%, 高麗(高句麗) 12%, 新羅 2.7%, 加耶 2.7%, 所屬不明 35%로, 백제출신의 도래계씨족이 신라와 가야의 도래계씨족과 비교해 다수를 점하고 있음을 알 수 있다. 지역별로 보면 攝津 29氏, 河內 55氏, 和泉 20氏로, 河內에 많은 도래계씨족이 거주하였던 것 같다. 『新撰姓氏錄』은 抄本이라는 점과 그 편찬 시점에서 350年이나 올라가는 古墳時代 중기의 도래인의 실태를 지금에서 추정하는 것은 어렵지만, 攝津·河內·和泉地域(이하 攝河泉地域)의 도래인은 늦어도 古墳時代 중기에는 한반도의 남부지역에서 도래한 사람들이라고 생각된다.

이상과 같이 古墳時代 중기 大阪府의 도래인취락을 특정하기 위해서는 취사구인 韓式系土器, 소지품과 주거지인 한반도계의 건물은 물론, 횡혈식석실과 장송의례 등에 대해서도 검토할 필요가 있다. 다음의 ㄱ~ㅅ의 항목은 도래인취락을 특정할 때의 기준으로 삼은 것으로, 해당하는 항목이 많을수록 도래인이 거주하였을 가능성이 높은 취락이라고 보아도 좋을 것이다.

ㄱ : 도래인의 취사구인 산화염소성의 甑·長胴甕·鍋·平底鉢 등의 韓式系土器를 비롯해 부뚜막의 아궁이틀(U字形土製品)·연통형 토제품이 출토된다.

ㄴ : 주조철부·주판알형 방추차·적갈색유리옥 등, 도래인의 소지품일 가능성이 높은 것이 출토된다.

ㄷ : 평지식의 대벽건물과 대벽구조의 수혈건물, 부뚜막, 온돌유구가 공반된다.

ㄹ : 취락 내에 단야·유리·칠제품·무기·마구·須惠器 등 도래인이 전해 준 첨단기술의 공방이 공반된다.

ㅁ : 말을 사육하고 있다(馬齒·馬骨이 출토된다).

ㅂ : 취락 인근의 논밭, 수리시설에 한반도계의 토목기술이 보인다.

ㅅ : 취락 인근에 피장자가 도래인으로 보이는 고분이 있다.

여기에서는 상술한 도래인취락의 인정항목에 해당하는 大阪府 내 古墳時代 중기의 대표적인 도래인취락(경지

---

3) 적갈색 유리 소옥, 기부 단부를 왼쪽으로 꺾어 구부린 한반도에 많은 曲刀鎌·손잡이를 꺾어 구부린 曲柄刀子·鑣轡, 木製 輪鐙·鞍(後輪)을 비롯해 조족문으로 정형된 도질토기광구호·平底瓶, 陶質土器·杯, 부뚜막 틀(U자형 토제품) 16~19개체, 韓式系土器甑·長胴甕·鍋·平底鉢·羽釜·移動式竈, 算盤玉形紡錘車 등 蔀屋北遺蹟에 거주한 도래인과 그들의 出自를 시사하는, 5세기 후엽에 속하는 백제·마한관계의 고고자료가 출토되고 있다(大阪府敎育委員會 2010).

개발형취락·수공업 전업형취락)을 골라내고, 그곳의 한반도계 건축양식의 건물형태와 구조, 취락 내의 건물구성에 대해 순서대로 다루어 보도록 한다.

3. 攝津地域의 渡來人聚落

攝津地域에서는 安威川(아이가와) 유역에 溝咋遺蹟(미조쿠이유적)·總持寺遺蹟(소우지지유적)·太田遺蹟(오오타유적)·安威遺蹟(아이유적) 등의 韓式系土器가 출토되는 도래인취락이 0.7~1.2km 간격으로 점재하고 있다(도 1). 이 가운데 安威遺蹟에서는 大阪府教育委員會의 조사에 의해 이 지역 最古의 주목해야 할 한반도계 건축양식의 건물로 구성된 도래인취락이 확인되었다(大阪府教育委員會 2003). 여기에서는 7群으로 이루어진 古墳時代 중기 전엽의 초기 須惠器(TG232型式·ON231型式)에서 古墳時代 후기전·중엽의 須惠器(MT15型式·TK10型式)가 공반되는 35동의 수혈건물과 다수의 굴립주건물 등, 약 100년간 지속되었다고 보이는 취락이 영위되었다(도 2). 이 중 바닥면에 主柱穴이 없는 수혈건물에 대해서는 壁建式住居(이하 대벽수혈건물)로 추정되며, 이들의 대부분에는 벽의 한면 중앙이나 코너에 부뚜막이 있다. 또한 대벽수혈건물의 지붕 구조에 대해서는 건물의 평면플랜이 정방형으로 규모가 큰 것은 우진각지붕(寄棟造), 방형으로 규모가 작은 것은 사못집지붕(寶形造), 장방형의 것은 맞배지붕(切り妻造)로 복원되며, 지붕을 떠받치는 側柱는 두께가 있는 대벽의 상부에 선단이 뾰족한 것을 끼워 넣어 스스로 서 있도록 한다(大阪府教育委員會 2003).[4] 이와 같이 대벽수혈건물을 복원하는데 C區 第1群 중 5세기 말~6세기 초두의 주거1~3의 대벽 유구는 귀중한 자료이다. 건물의 거의 전체 내용이 알려진 주거지 1의 구조는 우선 옥내의 외주에 周壁溝을 파고 이로부터 바깥측을 향하여 대벽의 기부를 만들고 있다. 대벽의 안에는 小舞를 겸한 側柱를 배치한 것 외에 서측의 대벽내에는 2개의 약간 두꺼운 기둥이 있다(도 3). 주거지 2·3의 대벽 구조도 주거1과 같으며, 이와 같은 주거지 1~3의 바닥면에는 主柱穴이 존재하지 않는 점 외에도 바닥면을 파내지 않았다는 점에서 평지식의 대벽건물이라고 할 수 있다. 즉 대벽건물에는 바닥을 파는 수혈건물과 지표면과 가까운 입지에 바닥면을 만드는 평지식 건물의 2종류가 있음을 지적해 두고자 한다. 평지식의 대벽건물에 대해서는 앞서 언급했던 滋賀縣 穴太遺蹟의 6세기 후반대의 대벽건물과 같은 구조로 생각된다. 더욱이 대벽의 布掘溝(圍溝)内의 小舞穴의 유무로, 바닥을 판 것과 그렇지 않은 것도 세로 방향의 小舞를 배치하는 구조이기 때문에 小舞의 구멍이 없는 것은 地中部가 얕았다고 생각된다. 또한 대벽수혈건물의 굴광의 외측에 세로 방향의 小舞를 겸한 기둥이 보이지 않는 것은 基部가 후세에 삭평되었을 가능성이 있다. 安威遺蹟의 대벽수혈건물은 평면플랜이 방형 혹은 장방형이며 바닥면에 主柱穴이 보이지 않는다는 공통점이 있지만, 같은 형태의 건물은 후술할 河内·和泉地域에서도 확인되는 것 외에 근년 한반도 남부지역의 원삼국~삼국시대의 건물로 주목되고 있으며 그 계보와 구조적인 연구가 진행되고 있다(權五榮·李亨源 2006, 權五榮 2011).

安威遺蹟의 대벽수혈건물은 第1群(주거지 1~주거지 3), 第2群(주거지 5~주거지 9), 第3群(주거지 12·주거지 14), 第4·5群(주거지 15~주거지 20), 第6群(주거지 24~주거지 26), 第7群(주거지 32·주거지 33·주거지 35)와 같이 복수의 그룹으로 나뉘어져 있다(도 2). 이것은 주거지 1·주거지 2, 주거지 6·주거지 9, 주거지 18·주거지 19, 주거지 24·주거지 26, 주거지 25·주거지 27, 주거지 33·주거지 35와 같이 본채 2동이 한 조 혹은 여기에 굴립주건물 등 부속 건물이 1동 공반될 가능성이 높다.[5] 또한 본채는 주거지 18·주거지 19, 주거지 17·주거지 20, 주거지 24·주거지 26, 주거지 12·주거지 14와 같이 맞배지붕(切妻造)와 우진각지붕(寄棟造), 切妻造와 사못집지붕(寶形造)의 건물로 구성되어 있는 듯 하다. 第1·2群, 第4·5群, 第6·7群으로 이루어진 그룹은 각각 혈연관

---

4) 大阪府教育委員會의 復元案에서는 지붕을 지탱하는 側柱는 두께가 있는 大壁의 上部에 先端이 뾰족한 것을 끼어 넣어 스스로 서 있게 하였지만, 小舞를 겸한 通柱가 아니면 大壁은 스스로 서지 못한다는 日韓聚落研究會主催 심포지움에서 회원으로부터의 지적이 있었다. 필자도 小舞를 겸한 通柱로 벽이나 지붕을 지탱하였다고 생각한다. 大壁의 구조를 복원하는데 中國 新疆 위구르자치구에 있는 니야유적의 N3房屋의 壁 構造(垂直支撐)가 참고 된다(日中共同ニヤ遺蹟學術調査隊 1996).

계로 맺어진 가족의 최소단위로 추정되지만, 건물의 중복관계 및 유물로 보아 第7群→第3~5群→第1·2群으로 변천하였을 가능성이 높다. 이들 대부분이 도래인의 주거인지 아닌지에 대해서는 단정하기 어려우나 취락의 존속기간이 약 100년간임을 고려한다면 이 취락 안에 도래인 혹은 그들의 먼 후손이 있었다고 봐도 아무런 문제가 없을 것이다. 그것은 내부에 설치된 부뚜막의 보급율이 동시기의 인근 취락과 비교해 높은 점에서도 엿볼 수 있다. 近畿地方에서는 부뚜막은 安威遺蹟과 마찬가지로 5세기 전엽이 되어 등장하며 韓式系土器인 甑·長胴甕·鍋 등의 취사구가 하지키(土師器)의 새로운 기형으로 채용되어 정착되는 5세기 후엽 이후에 보급되었다. 安威遺蹟에서의 부뚜막은 近畿地方에서도 빠른 단계의 채용이라고 할 수 있지만, 이것도 한반도계 건축양식의 건물에 더하여 도래인취락의 특징의 하나로 보고자 한다.

安威遺蹟 도래인의 故地는 어디였을까, 이에 대해서는 자료가 적어 즉단하기 어렵지만 건물에 공반되는 韓式系土器로 보면, 주거지 24에서는 TG232型式의 初期須惠器에 6개의 원형 증기공을 뚫은 시루가 3개체분, 平底鉢이 1개체, 주거지 14에서도 ON321型式의 初期須惠器에 둥그스름한 布留式系甕의 저부에 추정 11개의 원형 증기공을 뚫어 시루로 만든 것과 6개의 원형 증기공을 뚫은 시루가 공반되는데, 전자는 백제지역, 후자는 가야지역의 연질토기 계보를 잇는 것이다(도 4-1·2). 주거 9·28에서는 평저로 土師器化한 6개의 원형증기공을 뚫은 시루 및 저부에 다수의 작은 원형증기공을 뚫은 시루가 출토되어, 전자는 백제지역, 후자는 가야지역의 연질토기 계보를 잇는 것으로 본다(도 4-1). 더욱이 주거지 33에서는 백제지역의 연질토기의 계보를 잇는 환저로 원형증기공의 주위에 타원형(小判形)의 증기공을 4공 뚫은 시루, 주거지 34에서는 격자문양의 와질토기 광구호, 주거지 35에서는 평저의 저부에 다수의 원형증기공을 뚫은 가야지역 연질토기의 계보를 잇는 시루 외에, 유사승석문타날로 보이는 옹과 평저발이 출토되고 있다(도 4-2). 이것은 安威遺蹟 도래인의 故地가 한반도의 남서부지역임을 시사함과 함께 韓式系土器가 5세기 전엽에서 6세기 중엽에 걸쳐 土師器化를 이루는 과정과 궤를 같이 하며, 대벽수혈건물도 평지식의 대벽건물로 이행한다. 그런데 安威川流域에서 安威遺蹟 이외에 도래인의 존재를 나타내는 고고자료로서는 이 유적의 남쪽 약 1km에 있는 太田遺蹟에서 조족문양의 韓式系土器가 출토되 는 것 외(名神高速道路內遺蹟調查會 1998), 4.5km 떨어진 安威川下流의 좌안에 위치하는 溝咋遺蹟에서는 부뚜막의 아궁이틀(U字形土製品)과 금속제의 鍑을 모방한 鍋, 중앙의 원공, 주위에 원형의 증기공을 뚫은 甑, 격자문양을 시문한 토기편 등, 해당지역 도래인의 故地가 한반도의 남서부지역(백제·마한 및 가야 남서부지역)임을 증명하는 韓式系土器가 출토되고 있다(大阪府文化財センター 2000). 이들 유적의 조사는 이제 막 궤도에 올랐을 뿐으로, 그 실태가 명확하지 않은 부분도 있지만, 安威川流域에 펼쳐진 충적저지와 단구말단의 미개발지에 대한 경지화에 도래인이 관여했다고 보아도 좋을 것이다. 여기에 점재하는 경지개발형취락 중에 安威遺蹟은 오랫동안 중핵적인 역할을 담당하였던 도래인취락이라고 할 수 있다.

4. 河內地域의 渡來人聚落

河內는 大和盆地(야마토분지)로부터 흐르는 大和川(야마토가와)와 관련이 있는 지역으로, 邪馬台國(야마타이코쿠)와 古墳時代 전기의 초기 야마토정권의 성립 이래, 大和를 본관으로 한 정권과 관계가 깊은 지역이었다. 大和川은 生駒山(이코마야마)을 넘어 石川과 합류하는 지점에서 玉櫛川(타마쿠시가와)·因智川·長瀬川(나가세가

---

5) 大阪府 枚方市에 소재하는 倉治遺蹟(쿠라지유적)에서도 古墳時代 중기 중엽의 바닥면에 主柱穴이 보이지 않는 대벽수혈건물이 2棟 나란히 확인되었다. 2棟의 건물(수혈주거 1·2)은 약 4m 떨어져 세워져 있고, 수혈주거 2의 벽면 중앙에는 부뚜막이 있다. 모두 바닥면에서 TK208型式에 속하는 須惠器가 출토되었다는 것 외에 수혈주거 1에서는 격자문양의 韓式系土器平底鉢이 공반하고 있다(大阪府教育委員會 2010). 韓式系土器가 공반되는 2棟의 대벽수혈건물은 주변에 동시기의 건물이 보이지 않는다는 점에서 2동 한 단위가 일반적인 가족의 최소단위로 생각된다. 安威遺蹟과 小阪遺蹟 및 伏尾遺蹟에서도 본채 2동에 창고나 곳간(納屋)과 같은 부속건물로 구성되는 경향을 엿볼 수 있다.

와)·平野川(히라노가와)로 分流하여 河內湖로 흘러들었는데, 이 유역에는 광대한 충적저지(河內低地)가 형성되어 彌生時代 전기 이래 거듭되는 홍수와 싸워가면서 경지의 개척이 이루어져 왔다. 河內低地에 본격적인 개발이 시작된 것은 古墳時代 중기가 되어서부터이다. 東除川(히가시요케가와)에서 平野川의 유역에는 久寶寺北遺蹟(큐호우지키타유적)·久寶寺南遺蹟(큐호우지미나미유적)·久寶寺遺蹟·澁川廢寺遺蹟(시부카와하이지유적)·龜井遺蹟(카메이유적)·城山遺蹟(시로야마유적)·長原遺蹟·八尾南遺蹟·木の本遺蹟(키노모토유적)·津堂遺蹟(츠도유적) 등, 충적저지의 개발에 관여한 대소의 경지개발형취락이 점재한다. 이들 유적에서는 백제·마한지역과 가야남서부지역의 연질토기와 아주 흡사한 韓式系土器를 비롯해, 도질토기와 와질토기가 출토되는 것 외에, 久寶寺遺蹟 및 龜井遺蹟에서는 『記紀』에 기재된 倭五王에 의한 攝津·河內地域의 개발기사를 증명하는 것 같은 敷葉工法과 枡形 등의 한반도계의 토목기술에 의해 堤防을 쌓아 유로를 고정시키고 있다(田中淸美 1989). 敷葉工法과 敷粗朶工法으로 불리는 토목기술은 한반도에 남아있는 삼국시대의 풍납토성 성벽과 벽골제 등의 조사에 의해 그 실태가 밝혀진 것과 함께 近畿地方에는 늦어도 古墳時代 중기에는 도래인에 의해 전해졌음이 밝혀지고 있다(小山田宏一 2001).

한편 東除川에서 平野川流域에 점재하는 경지개발형취락에서는 선술한 바와 같이 馬의 사육을 증명하는 馬齒·骨이 출토되고 있음이 근년의 조사에서 밝혀지고 있으며(久保和志 1998), 이는 말이 단순히 권위의 상징과 騎馬로서만 사육된 것이 아니고, 충적저지의 개발과 물자의 수송수단으로서도 사용되었음을 나타내고 있다. 大阪市에서 八尾市域에 걸쳐 점재하는 木の本遺蹟·八尾南遺蹟·長原遺蹟·瓜破遺蹟(우리와리유적)·喜連東遺蹟(키레히가시유적) 등에서 출토되는 馬齒·骨을 고려한다면 해당 지역은 주변지역보다 비교적 일찍부터 말이 보급되어 있었다고 보아도 큰 잘못은 없을 것이다. 長原遺蹟 서부의 「馬池谷」을 따라 전개되는 서쪽 취락에서 喜連東遺蹟의 일대에 분포하는 馬齒·骨은 이미 언급한 바와 같이 8세기에 河內國 伎人鄕의 「馬史國人」으로 불리웠던, 말을 사육하고 목장을 관리한 도래계씨족과 연계되는 도래인이 실재하였음을 증명하는 근거의 하나가 되고 있다. 다음으로 八尾南遺蹟 및 長原遺蹟의 경지개발형취락에 있어서 한반도계 건축양식의 건물에 대해서 살펴보고자 한다.

八尾南遺蹟은 羽曳野(하비키노)丘陵의 홍적단구면이 북쪽을 향해 매몰된 북쪽의 河內低地와 비교해 비교적 표고가 높은 건조한 장소에 위치하는 도래인취락이다. 1978~1979년에 地下鐵 谷町線 延長工事에 따른 조사(이하 八尾南遺蹟 78·79次調査區)에서 검출된 古墳時代 중기의 취락은 굴립주건물만으로 구성되어 있다는 점, 이에 부수하는 우물에서 많은 韓式系土器와 初期須惠器가 출토된다는 점에서 도래인취락으로 주목되어 왔다(八尾南遺蹟調査會 1981). 취락의 근간을 이루는 굴립주건물·우물·토광 등은 미고지의 거의 중앙부에 집중되어 있으며 굴립주건물군은 장축의 방향에 따라 A·B·C의 3群으로 나뉘어져 있다(도 5).

우선 A군의 굴립주건물로, SB2~5·7·8·14·17·19 등과 같이 건물의 주축을 남북방향으로 취하는 것이 많으며, SB2~4, SB7~9, SB12·14, SB17·19와 같이 2 내지 3동의 굴립주건물로 구성되어 있는데, 이와 같은 점은 건물의 구조가 다르기는 하지만 旣述한 安威遺蹟의 건물단위와 다르지 않다.[6] SB7~9의 가까이에 위치하는 우물 SE5는 TK73~TK216型式의 初期須惠器와 韓式系土器 平底鉢 등이 출토되는 점에서 건물군에 공반되는 우물로 생각된다(도 6).

B군의 굴립주건물은 주축이 A군의 건물보다 크게 동쪽으로 방향을 틀고, SB6·15·16의 3棟의 건물로 구성되어 있는데, 이 중 SB15·16은 건물의 주축과 위치로 보아 같은 단위로 생각된다. SB6은 SB15·16에서 남쪽으로

---

6) 八尾南遺蹟 78·79次調査區의 굴립주건물은 유구 검출면이 후세의 경작 등으로 삭평되었고, 건물 중에는 본래 있어야 할 주혈이 남아 있지 않은 것이 존재하는 것 외, 소속 시기에 대해서도 단정하기 어려운 것이 많다. 그러나 건물군에 부수하는 복수의 우물에서 韓式系土器와 TG232~TK73型式의 初期須惠器가 출토되는 것 외에 유구의 하한은 TK216型式의 初期須惠器가 공반되는 단계이다. 이것은 이 유적의 서쪽으로 펼쳐지는 長原遺蹟의 도래인취락인 東聚落의 須惠器의 존재 양상과 다르지 않다. 八尾南遺蹟이나 長原遺蹟의 도래인취락의 존속기간과 흐름은 궤를 같이 한다고 생각된다.

약 25m 떨어진 위치에 있는 2間×2間의 굴립주건물로, 건물의 조합에 대해서는 명확하지 않다. SB6의 동남쪽에 있는 소혈군은 복수의 굴립주건물의 주혈이었을 가능성이 있는데, 이것도 유구의 성격은 미확정이고, SB16과 중복관계에 있는 SB13은 주축이 SB16과 조금 다르지만, SB16의 개축이 아닐까 생각된다. B군에는 韓式系土器가 공반되는 유구가 보이지 않는다는 점에서 거주자를 판단하기는 어렵다.

C군은 건물의 주축이 A군과 B군의 중간에 가까운 것으로, SB1·10·11·18·20이 있으며, SB10·11·18과 SB1·20의 南北으로 나누어지는 듯 하다.

각 군의 굴립주건물의 평면형태로는 방형(SB3·4·7·8·10·13·14)과 장방형(SB2·5·9·11·12·17~19)의 2종류가 보이는데, 바닥 면적은 전자와 비교해 후자가 크고, 특히 건물군 중 桁行이 3間 이상으로 규모가 큰 A군의 SB14·17, B군의 SB13 등의 굴립주건물은 취락의 일반계층 건물과는 다른 특정계급의 본채(母屋)로 여겨지는 것으로, 이들 중에는 유력한 도래인가족의 건물이 포함되어 있을 가능성이 있다.

이상의 건물의 시기는 생활면이 후세에 교란되어 있기도 해 단정하기 어렵지만, 여기에서는 보고서에 게재되어 있는 건물 주변의 우물과 토광의 출토유물을 바탕으로 시기를 추정하였다. A군의 굴립주건물이 조영된 시기는 韓式系土器甑가 출토된 SB7~9 가까이의 우물 SE5 및 SB2~4의 북측의 우물 SE11, 韓式系土器甑 혹은 鍋의 손잡이가 출토된 SB17·19 서쪽의 우물 SE27, 연통형토제품(도 6)이 출토된 SB5 북측의 토광 SK2에 수반한 TG232型式~TK216型式의 初期須惠器로 보아 5세기 第1四半期~同 第2四半期로 생각된다(田中淸美 1999·2011). B군 및 C군의 건물군의 시기도 TK216型式의 初期須惠器와 韓式系土器 鉢이 출토된 토광 SK28, TK216型式의 初期須惠器와 가야계 연질토기의 계보를 잇는 土師器 甑·平底鉢(도 6)이 출토된 우물 SE2, ON46단계의 初期須惠器와 土師器가 출토된 우물 SE1 등에서 보아 5세기 第2四半期~5세기 第3四半期로 생각된다. 따라서 八尾南遺蹟 78·79次調査地의 굴립주건물군은 A군에서 B·C군으로 변천되었으며, 각 群은 2동 내지 3동의 굴립주건물의 단위로 구성되어 있을 가능성이 높다. 또한 건물군 주변의 우물 SE5·11·14·22·27, 토광 SK2·28·62 등에서 출토된 韓式系土器(도6)는 도래인의 故地가 한반도의 경상남도 남서부에서 전라남도에 걸친 지역으로, SE21→SE1·2·5·27→SK2·28로 변천한다는 점에서 최저 2세대의 취락이었음을 뒷받침하고 있다. 그런데 SE21의 韓式系土器 시루는 가야지역 서부에서 백제·마한지역에 걸친 지역의 시루와 유사하고, SE5에서 출토된 동체부 외면을 하케메조정한 土師器 시루는 포탄상을 나타내는 저부의 증기공이 작은 원공으로, 가야지역의 시루에 유사한 예가 있다(李海蓮 1993). 동체부 외면을 右上방향 혹은 橫方向의 평행타날과 승석문타날로 정면한 平底鉢도 구연부의 형태를 포함하여 가야지역 남서부의 연질토기 平底鉢에, SE11의 韓式系土器 시루도 가야지역 서남부에서 백제·마한지역에 걸치는 지역의 시룽화 유사하며, SK2에서 출토된 기체의 상부가 筒狀이고, 하부가 크게 퍼져 동체부에 하향의 손잡이가 붙은 연통형토제품은 금강 좌안 이남의 전라남도 지역에 분포하는 백제·마한지역과 관계가 깊은 기형이다(湖南文化財研究院 2006). 게다가 백제·마한지역과 관계되는 것으로 八尾南遺蹟 第8次調査地에서 출토된 부뚜막 아궁이테두리(U字形土製品 : 도 6)이 있다(八尾市文化財調査研究會 1995). 더욱이 연통형토제품이 출토된 SK2는 방형의 얕은 파여진 형태의 유구이며, 남쪽 모서리에서 小溝가 남쪽으로 10m 이상 연장되는 점과 바닥면에 主柱穴이 보이지 않는 점에서 대벽수혈건물(취사용의 가옥)[7]의 가능성이 있다. 또한 SB10의 동쪽에 위치한 SE15 외, SE21에서는 토제의 算盤玉形紡錘車가 출토되었는데 이것도 도래인의 존재를 뒷받침하는 것이라 할 수 있을 것이다.

---

7) 같은 형태의 대벽수혈건물(취사용의 가옥)로서는 柏原市 大縣遺蹟의 평면형이 장방형이고, 바닥면에 主柱穴이 보이지 않는 토광 4로 불리는 수혈건물이 있다. 여기에서는 굴토해서 조성한 벽에 부뚜막을 설치하고, 바닥면에는 도질토기의 대형호, 사격자 문양으로 정면한 백제계 韓式系土器 시루, 土師器 甕 등의 취사구가 남아 있다(柏原市敎育委員會 1988). 土師器와 韓式系土器로 보아 5세기 전엽에 속하는 취사용의 가옥으로 생각된다.

취락의 동측에서 확인된 약 1600㎡에 이르는 수전지에서는 사람의 발자욱과 섞여 牛馬의 足蹟群이 검출된 외, 78·79次調査地의 남쪽에 있는 八尾南遺蹟 第8次調査地의 우물에서 TK216型式의 初期須惠器에 공반하여 木製鞍의 前輪이 출토되었는데, 이들은 八尾南遺蹟의 도래인취락에서도 말이 사육되는 것과 함께 농경과 교역용의 말로 사용되었음을 나타내고 있다(八尾市文化財調査研究會 1995).

이상과 같이 八尾南遺蹟 78·79次調査區의 古墳時代 중기 전엽~중엽의 도래인취락에는 각 시기를 통해 백제·마한 및 가야 남서부지역을 故地로 하는 도래인이 거주하였음은 틀림없다고 생각된다. 그들의 취락 내에서의 지위도 왜인과 크게 다르지 않았음이 굴립주건물에서 알 수 있음과 동시에 韓式系土器와 土製紡錘車는 그들이 고유의 문화와 습속을 유지하고 있었음을 말하고 있다. 또한 도래인과 왜인 쌍방의 융합도 빨랐다는 점이 韓式系土器에 土師器의 조정기법인 빗질 또는 목판긁기와 주걱깎기가 이른 단계부터 채용되었다는 점에서 간취된다. 더욱이 78·79次調査地의 북측에 위치하는 八尾南遺蹟 第18次調査地에서 조족문타날이 시문된 백제·마한계의 韓式系土器甑·鍋가 출토되는 것 외, 「ㄱ」字形으로 溝가 돌아가는 유구와 풀무 송풍관 및 지석이 출토된 토광이 확인되어 도래인공인에 의한 단야공방이 존재하였던 듯하다(八尾市文化財調査研究會 2008). 이는 78·79次調査地의 경지개발형취락(母村)을 핵으로 하여 그 주변에 단야공방을 수반하는 취락(子村)이 점재하였음을 나타내고 있어, 이와 같은 형태가 古墳時代 중기의 동일 지역내에 있어서 중층적인 취락(武末純一 2011)이라고 생각된다.[8]

長原遺蹟은 八尾南遺蹟에 동쪽으로 근접해 있는 유적으로, 도래인이 거주한 취락은 유적의 동북부에 형성된 동서 약 400m, 남북 약 600m의 出戸自然堤防上에 조영된 東聚落 및 유적 서부의 「馬池谷」의 동측에 조영된 西聚落이 주체이며 八尾南遺蹟의 78·79次調査地와 가까운 南地區에도 八尾南遺蹟의 도래인취락에 포함되는 취락이 있다(도 7-1). 이들 취락은 경지개발형의 취락으로, 韓式系土器가 출토되는 외에(田中清美 2010a), 동서취락에서는 평지식의 대벽건물·대벽수혈건물·凸形수혈건물 등의 한반도계 건축양식의 건물이 확인되었다(田中清美 2011). 長原遺蹟의 도래인취락 중, 가장 빨리 성립한 것은 TG232型式의 初期 須惠器가 등장할 즈음의 東聚落으로, 이 취락은 5세기의 중엽 경에 정점을 맞이하며, 그 후 거듭되는 홍수를 입어 5세기의 후엽까지는 유적 서쪽의 西聚落으로 이동하였다(高橋工 1999, 大阪市文化財協會 2002). 그런데 동서취락에서 유적의 남단에 걸쳐있는 미고지상에는 추정 400기 정도의 소규모적인 저분구의 方墳(이하 方墳)으로 이루어진 長原古墳群(大阪市文化財協會 2006)이 형성되어 있으며, 群中에는 韓式系土器가 공반되는 복수의 方墳과 河內地域의 초현기의 횡혈식석실분으로 주목되는 帆立貝形前方後円墳의 七ノ坪古墳(나나노츠보고분) 등, 피장자가 도래인 혹은 도래인과 관계가 깊은 고분이 있다(도 7-1·2).

우선, 東聚落에 대해서 살펴보자(도 8). 북미고지의 NG99-15地區에는 凸形수혈건물 SB701 및 평지식의 대벽건물 SB710이, 중앙미고지에는 대벽수혈건물 SB020, 평지식의 대벽건물 SB011·012, 단야공방으로 보이는 SB005·006 등의 도래인과 관계가 깊은 건물이 확인되었다(도 9 : 大阪市文化財協會 2005).

凸形수혈건물 SB701은 한 변이 약 7m, 깊이 약 0.2m 이상의 주축을 남북으로 하는 수혈건물로, 남변의 중앙이 폭 3m 정도 입구처럼 튀어나왔으며, 바닥면에는 4개의 主柱穴이 있다(도 9). 북벽의 중앙부에는 부뚜막이 설치되어 있고 바닥면에서 거주자가 도래인임을 시사하는 韓式系土器 長胴甕이 출토되었다(도 9). 이러한 종류의 수혈건물은 한국에서는 경기도 화성의 기안리유적(京畿文化財團付設畿甸文化財研究院 2003) 외, 경기도방면의 백제 취락유적 등에 사례가 있다.

SB710은 북미고지의 NG99-15地區에 있는 梁行 2間×桁行 3間의 평지식 대벽건물이지만, 梁行에는 布掘溝(圍溝)가 보이지 않는다. 더욱이 梁·桁行 모두 기둥 흔적이 일반의 굴립주건물과 비교해 좁은데, 이것은 세로 방향

---

8) 武末純一氏는 도래인이 거주한 古墳時代 전·중기의 취락에 대해 동일지역 및 지역간의 취락 연결(多軸性·重層性) 및 동일지역에 있어서 다른 취락과의 관계(多樣性)를 밝혀야 한다고 지적하고 있다(武末純一 2010). 八尾南遺蹟의 도래인취락과 근린취락의 경우는 동일 지역내에서의 연결이 강한 중층적인 취락관계였을 공산이 높다.

의 小舞를 겸하고 있기 때문일 것이다(도 9). 건물의 방향과 유구의 중복관계로 보아 凸形수혈건물 SB701과 동시기일 가능성이 있다. SB011·012는 NG02−8次地區, 중앙미고지의 남부에 위치하는 평지식의 대벽건물이다(도 10). 건물은 조사범위 외의 부분도 있지만, 건물 서변의 길이가 SB011은 약 7.6m, SB012가 5.6m로, 모두 직경 10cm 미만의 기둥흔적이 0.5~1.2m 간격으로 불규칙하게 늘어서있다(大阪市文化財協會 2005). 2동 모두 기둥열에는 布掘溝가 확인되지 않기 때문에 앞에서 설명한 安威遺蹟의 대벽구조와 같이 원래부터 布掘溝가 없었다고 생각된다. 건물의 시기는 SB012의 주공에서 TG232型式의 初期須惠器가 출토된 점에서 東聚落의 형성기에 속하는 것일 것이다.

SB020은 NG03-6次調査地에 위치하는 방형플랜의 대벽수혈건물이다. 바닥면 중앙부에 소혈이 있는 것 외 主柱穴은 존재하지 않는다. 서변의 거의 중앙에 부뚜막을 설치하였으며 건물의 주축은 남북방향이다. 바닥면 가까이에서 주조철부, 와질소성의 시루, 주판알형태의 방추차, 적갈색을 띠는 인도 혹은 동남아시아로부터 반입된 유리 소옥 등, 도래인의 소지품일 가능성이 높은 것이 출토되었다(도 9 : 大阪市文化財協會 2005). 더욱이 파여진 면의 깊이에 대해서는 후세에 교란되어 분명하지 않지만, 旣述한 安威遺蹟의 나머지의 양호한 대벽수혈건물로 보아 0.5m는 되었다고 생각된다. 또한 SB020의 서측에 있는 굴립주건물 SB021~023은 분실 칸막이를 설치한 특이한 건물로, 가까이에 있는 토광 SK068에서 출토한 승석문타날 정면의 韓式系土器 平底鉢과 하케메조정의 平底鉢 등으로 보아 도래인과 관계가 있는 건물로 생각된다. 이들 외에도 중앙미고지에 위치하는 북변 중앙에 부뚜막이 있는 수혈건물 SB019도 건물 옆에서 승석문타날로 정형된 시루가 출토되어, 도래인이 거주하였을 가능성이 있다. 또한, SB020의 남측에서는 말의 머리를 매납한 토광 SK082를 비롯해 馬齒·骨이 출토된 점에서 東聚落에서도 말이 사육되었음을 알 수 있다.

SB005·006은 모두 평지식의 대벽건물 SB011·012의 서측에 위치하는, 건물 내에 건물의 주축을 따르듯이 2개의 주혈이 있는 단야공방으로 생각되는 특수한 건물이다(도 10). 모두 건물 바깥에 「ㄷ」字形의 폭 0.6~1.6m의 溝가 돌아가고 있고, 매토에는 소토와 목탄·재가 다량으로 섞여 있으며, 유리화한 미세한 슬랙狀 물질이 채집된 외, SB005의 溝內에서 韓式系土器와 金床石, SB006에서는 韓式系土器와 봉상철기의 세편, 철분과 흙이 굳어진 것 등, 단야공방을 뒷받침할 수 있는 것이 있다(大阪市文化財協會 2005, 田中淸美 2010b). SB005·006은 출토유물로 보아 東聚落이 최성기를 맞이할 즈음의 단야공방일 것이다. 같은 「ㄷ」字形의 溝를 수반하는 단야공방으로 보이는 유구는 八尾南遺蹟에도 5세기로 소급되는 예가 있는 것 외, 柏原市의 大縣遺蹟에서는 屋內에 단야로와 金床石을 설치하고, 羽子板狀의 溝로 둘러싼 6세기 말의 단야공방이 확인되었다(柏原市教育委員會 1995). 이와 같이 屋外에 배수용의 溝를 판 단야공방은 한국 경기도에 있는 화성 기안리유적에서 원삼국시대에 속하는 것이 확인되었고, 그 계보는 漢 낙랑군까지 소급된다고 한다(京畿文化財團付設 畿甸文化財研究院 2003).

한편 東聚落이 있는 중앙미고지 남측의 얕은 움푹하게 패인 땅을 끼고 대치하는 남미고지(NG95-36次調査地)에는 서측은 柵, 북측은 남동에서 북서방향으로 2줄의 溝, 남측은 1줄의 溝로 구획하고 棟持柱가 있는 2間×3間의 굴립주건물, 2間×3間의 總柱建物, 2間×2間 이상의 굴립주건물, 방형플랜의 수혈건물 등으로 이루어진 구획이 있다(도 8 : 櫻井久之 1996, 大阪市文化財協會 2005). 棟持柱가 있는 서측에 사다리를 설치한 굴립주건물은 彌生時代 이래의 전통적인 건물로, 東聚落의 수장 거택일 가능성이 있다. 이 건물의 남측에는 앞에서 이야기한 단야공방이 東聚落 수장의 관리하에 두어졌음을 시사하는 듯한 풀무 송풍관과 椀形鍛冶滓이 집적되어 있다(大阪市文化財協會 2005). 東聚落의 수장 거택으로 보이는 구획 안에는 한반도계 건축양식의 건물이 보이지 않는다는 점에서 이 취락에서는 왜인과 도래인이라는 출자와 계층적인 격차가 건물의 구조와 규모로 나타나고 있음이 간취된다. 이상과 같은 양상의 長原遺蹟의 東聚落은 도래인과 왜인이 혼재한 규모가 큰 경지개발형취락의 전형적인 예라 할 수 있고, 북방의 河內低地의 경지개발에 관여하였다고 생각된다.

5. 陶邑古窯址群과 渡來人聚落

일본 열도 최고이자 최대의 왜왕권 관할 須惠器의 생산지였던 陶邑古窯址群이 있는 泉北丘陵의 하안단구 및 구릉상에는 大庭寺遺蹟·小阪遺蹟·伏尾遺蹟 등의 도래인취락이 분포하고 있다. 이중 大庭寺遺蹟에서는 현재 陶邑古窯址群에서 最古인 TG232型式과 후속하는 初期 須惠器의 생산 공방이 확인되었고, 여기에서는 TG231·232號窯의 灰原 및 初期須惠器를 생산하면서 생기는 불량품을 버리는 장소인 작은 谷地形 1-OL·2-OL의 동측에 있는 구릉 1로 불리우는 미고지상에 初期 須惠器의 생산이 실시된 공방으로 이루어진 古墳時代 중기전엽~중엽에 걸친 수공업 전업취락이 조영되어 있다(도 11 : 大阪府敎育委員會·大阪府文化財セ ン タ ー 1996). 여기에서는 굴립주건물군으로 구성된 지구와 공방 및 거주지구가 광장을 경계로 대치하고 있는데, 전자는 初期須惠器를 보관하는 창고로, 후자는 初期須惠器의 생산공방을 포함한 거주지로 생각된다(岡戶哲紀 1994). 이 취락에서 初期須惠器가 생산되었다는 것은 거주역과 谷地形 1-OL·2-OL에 버려진 初期須惠器로 엿볼 수 있지만, 백제나 가야지역의 도질토기와 아주 흡사한 初期須惠器와 韓式系土器, 거주역에 있는 165-OD와 서측의 120-OD와 같은 평면형 정방형 혹은 장방형의 평지식 대벽건물(도 11) 등에서 거주자의 주체는 도래인이었음이 간취된다. 게다가 TG231·232號 窯 및 393-OL 120-OD에서는 경상남도 남서부를 주체로 하는 도질토기나 연질토기와 흡사한 初期須惠器와 韓式系土器가 출토되는 점에서 공인의 故地는 가야지역 남서부일 가능성이 높다. 또한 120-OD에는 공인 중에 백제계의 도래인이 존재했음을 나타내는 연통형토제품의 筒部 및 구연부가 수평으로 벌어진 杯 등을 포함하고 있어, 이것은 당초부터 도래계공인이 단일한 계통이 아니었음을 시사하고 있다. 이상과 같은 소규모적인 계곡 지형과 구릉 평탄면의 광장을 끼고 전개되는 유구군을 일반의 농경취락+공방으로 보는 견해도 제시되고 있지만, 窯의 구축과 보수, 태토 및 연료의 확보, 제품의 제작 등, 일련의 初期須惠器 생산공정을 생각하면, 농경의 사이사이에 初期須惠器를 생산하기는 어려우며, 수공업전업취락으로 해석해야 한다고 생각한다. 즉 601-OS는 수공업 전업취락의 북단을 한정하는 溝이며, 이로부터 남측으로 전개되는 1·44·115·153·120·11075·165의 각 OD 및 257-OS를 수반하는 OD 등으로 이루어진 건물군과 광장을 끼고 서측으로 전개되는 總柱의 굴립주건물군은 전자가 공방 및 주거지이고, 후자는 선별된 初期須惠器를 수납하는 창고군으로 해석된다(도 11). 여기에서 생산되고, 선별된 初期須惠器는 취락의 동측에서 북쪽으로 흐르는 56-OR에서 배로 石津川에 실어 보내졌을 것이다.

小阪遺蹟은 大庭寺遺蹟에 후속해 初期須惠器를 생산하는 수공업 전업취락으로, 여기에서는 대벽수혈건물의 가능성이 있는 수혈건물 2·3, 옥내에 부뚜막을 설치한 수혈건물 4, 벽의 중앙부 및 모퉁이에 입구를 설치한 평지식의 대벽건물 1·2 등 도래인과의 관계가 깊은 건물이 있다(도 12 : 大阪府敎育委員會·大阪府文化財硏究セ ン タ ー 1992). 이들 건물의 주위에는 3동의, 창고였을 總柱建物과 수혈건물이 위치해 있어, 창고 및 공방·주거라는 건물의 조합은 선행하는 大庭寺遺蹟의 수공업 전업취락과 기본적으로 변하지 않았다. 이와 같은 건물구성은 大庭寺遺蹟 이후, 陶邑古窯址群에 있어서 수공업 전업취락의 기본적인 형태였다는 것을 지적해 두고자 한다. 더욱이 수혈건물 5는 主柱穴이 없는 대벽수혈건물일 가능성이 높은 건물로, 바닥면에는 2개소의 녹로 축혈의 가능성이 있는 소혈이 있는 점에서 공방의 가능성이 있다.[9] 이 건물에서는 전라남도 남부에서 경상남도 남서부의 연질토기의 계보를 잇는 韓式系土器 시루와 平底鉢, 가야지역 남서부의 도질토기와 유사한 初期須惠器를 비롯해 형식이 다른 5점의 철촉이 출토된 점도 주의해야 한다. 수혈건물 1·4·6에서 출토된 韓式系土器도 백제계이기 때문에 小阪遺蹟의 初期須惠器를 생산한 공인은 백제지역를 故地로 하는 도래인 혹은 관계가 깊은 공인집단이었다고 생각된다. 더욱이 평지식인 대벽건물 1의 옥내 중심에는 장축방향으로 5개소의 주혈이 늘어서 있는데, 통상의 대벽

---

9) 大庭寺遺蹟의 동쪽 石津川의 右岸에 있는 豊田 STK99地點에서는 古墳時代 중기 후엽의 須惠器 생산공방의 조사가 이루어졌고, 굴립주건물로 구성된 취락 내에서 3基의 녹로의 축혈로 보여지는 피트(SP199·203·464)가 확인되었다(小谷城鄕土館發掘調査團 2001). 小阪遺蹟의 小穴도 STK99地點의 녹로 피트와 크기와 매토의 양상이 유사하다.

건물 옥내에는 주혈이 존재하지 않는다는 점에서 일부는 녹로의 축혈일 가능성이 있다.

伏尾遺蹟은 陶器川(토키가와)을 북쪽으로 면한 TK73·83·85·87號 窯가 분포하는 구릉의 북서부에 조영된 古墳時代 중기 중엽의 굴립주건물을 주체로 하는 수공업 전업취락이다. A地區에 위치하는 취락은 북쪽 및 동측의 계곡으로 구획된 구릉의 평탄부에 입지하고 있는데, 건물의 방위와 위치, 출토유물 등에서 I~III群으로 나뉘어진다(도 13). 이중 I군은 SB1710·1856·1846·1826·2192·2125·1861·1868·1872·1943, 1510·1640·1557·1558, SB1883·2100·2051, SB363·760·765의 각 군으로 세분할 수 있다. II군은 SB841·918·258·211, SB776·889·1040·1239, SB153·3662·3730, III군은 SB307·735·3122·3168·3321 등으로 이루어져 있다(도 13). 이중 I군 남서부의 SB3406 및 II군 서부에 있는 SB3402는 바닥면에 主柱穴이 없는 대벽견혈건물로 보이는 것이다. 또한 II군 동부의 피트군 1 및 III군 북부의 피트군 2는 구조는 단정하기 어렵지만 대형의 건물로, 공방의 가능성이 있다고 한다(大阪府教育委員會·大阪府埋藏文化財協會 1990). 이들 건물군의 양상은 주거지로 보이는 굴립주건물은 46%임에 비해 창고로 보이는 總柱建物이 43%(평면형이 방형의 2間×2間의 總柱建物일 가능성이 있는 것을 포함), 헛간(納屋)이 11%로, 일반의 취락과 비교해 창고가 많은 점이 지적되고 있다(岡戶哲紀 1991). 또한 피트군 1·2 및 대벽수혈건물로 보는 3406·3402를 비롯해 A지구 북부에 있는 평면형 방형플랜의 대벽수혈건물일 가능성이 높은 토광 1·2를 공방으로 보더라도 주거지와 창고가 모두 반수를 점하는 건물구성으로 보아 이곳이 初期須惠器 생산공방의 거점이었다고는 생각하기 어렵다. 창고가 건물군의 반수 가깝게 차지하는 伏尾遺蹟의 수공업 전업취락은 小阪遺蹟·大平寺遺蹟·萬崎池遺蹟(만자키이케유적) 외의 근교에 있는 初期須惠器를 제작한 수공업 생산취락을 통솔한 거점적인 취락이었다고 생각된다. 伏尾遺蹟의 수공업 생산취락이 성립된 시기는 陶邑古窯址群에서 정형화한 須惠器의 생산이 시작되는 이행기에 해당되고, 취락의 최소단위인 건물구성과 기본적인 구조는 전단계의 형태를 답습하고 있지만, II群에 비교적 규모가 큰 창고가 집중되고 수도 증가하여 취락의 규모가 확대되는 배경에는 왕권 주도하에서 須惠器의 정형화와 보급를 향한 증산 체제의 정비와 기구 개혁이 이루어졌던 것일 것이다. 이 취락에 거주한 공인집단 중에는 천정이 돔형태를 띠고, 동체에 円筒埴輪과 동일한 돌대(タガ)가 있는 이동식 부뚜막과 연통형토제품, 주판알형방추차, 土師器化가 진행된 韓式系土器, TK216型式~ON46段階의 初期須惠器의 검토로 알 수 있듯이 陶邑古窯址群의 성립기에 가야 서남부지역과 백제지역에서 건너 온 공인집단의 혈연자가 포함되어 있었음이 틀림없지만, 韓式系土器와 土師器의 비율로는 후자가 우세한 점에서 재지화가 진행된 도래인공인이었다고 생각된다. 이와 같은 도래인의 재지화는 古墳時代 중기 중엽이 되면 陶邑古窯址群內의 도래인취락에서만 일어나는 것이 아니며, 畿內地域의 도래인취락에서는 거의 동시에 진행되었다고 추측된다. 이는 단순히 시간적인 경과 속에서 도래인과 왜인 쌍방의 융합과 도래인의 재지화가 진행된 것은 아니며, 최초로 도래인을 畿內의 각지로 배치한 단계에서 왜 왕권에 의한 정책으로서 진행된 것으로 보아야 할 것이다.

伏尾遺蹟의 수공업 전업취락을 통괄한 재지 수장은 이 유적과 계곡을 사이에 두고 남측의 구릉상에 축조된 方墳群에 매장되었을 가능성이 높으며, 이 고분군에는 북쪽에 있는 百舌鳥古墳群(모즈고분군)과 동일한 形象埴輪과 円筒埴輪이 공급되었다는 점을 고려한다면, 피장자는 왜 왕권과도 관계가 깊었음을 알 수 있다.

6. 渡來人聚落의 構造

본고에서는 既述한 바와 같이 大阪府의 도래인취락을 경지개발형취락 및 수공업전업형취락으로 대별하고 평지식의 대벽건물·대벽수혈건물·凸形수혈건물 등 한반도계 건축양식의 건물에 대해서 검토하였다. 그 결과 河內低地를 북쪽으로 접한 長原遺蹟과 같은 대형의 경지개발형취락에서는 도래인이 거주하였을 평지식의 대벽건물·대벽수혈건물·凸形수혈건물 등에 더하여 취락내의 일정 구획에 철제품을 생산한 단야공방이 병설되어 있음이 판명되었다. 長原遺蹟의 SB005·006과 같은 「ㄱ」字形 溝로 구획된 단야공방은 溝의 형태와 규모는 약간 다르지만, 八尾南遺蹟과 交野市(카타노시) 森遺蹟(모리유적)에서도 확인되는 외에 河內湖 동남쪽의 生駒西麓의 저위 단구상에 위치하는 東大阪市의 神並遺蹟(코우나미유적)(大阪府敎育委員會 1984), 西ノ辻遺蹟(니시노츠지유적)(東大阪市文化財協會 1979), 繩手遺蹟(나와테유적)에서는 椀型鍛冶滓·송풍관·지석 등, 단야공방의 존재를 뒷받침하는 유물이 확인되고 있다. 또한 舊 大和 쪽과 石川가 합류하는 生駒南麓에 있는 大縣遺蹟에서는 5세기 전엽~7세기 전엽의 단야관련시설이 연속해서 조영되었고, 韓式系土器와 제염토기, 지석을 비롯해 일반취락과 비교해 분명히 출토량이 많은 동물뼈와 녹각제품 등, 공방의 성격과 도래인의 유무를 시사하는 자료가 출토되고 있다. 여기에서는 도래인 및 왜인 양측의 공인이 세대를 넘어 무기와 농기구를 생산한 단야공방을 중심으로 하는 소위 기업결합(コンビナート)적인 성격의 수공업 전업취락이었다고 생각된다(柏原市敎育委員會 1985). 이와 같은 5세기 전엽이 되어 등장하는 단야공방의 의의에 대하여 花田勝廣氏는 이 시기를 畿內地域의 철기생산에 있어서 일대 획기로 파악하고 단야공방이 河內平野 및 石津川流域에 분포한다는 점에서 왜 왕권에 의한 평야부의 치수사업에 수반되는 것으로 지적하였다(花田勝廣 2002). 河內低地로 진출한 일반의 경지개발형취락은 근린의 비슷한 취락과 지연적인 결연이 강하고, 여기에서는 大縣遺蹟의 수공업 전업형취락 및 동일 지역내에 있는 경지개발형취락의 단야공방으로부터도 철제품이 공급되었을 가능성이 높다.[10] 이와 같은 도래인취락의 양상을 검토하는데 있어 경상남도 서남부에 있는 창녕 계성유적의 삼국시대 취락에서 安威遺蹟 외에서 확인된 대벽수혈건물[11]과 같은 구조의 건물이 수혈건물과 혼재하여 복수 확인되고 있어 주의를 끈다. 여기에서는 鳳凰Ⅰ區의 8호 수혈건물에서 왜인과의 교류를 나타내는 瀨戶內系의 대형 土師器 이중구연호가 출토되는 것 외에, 同 區의 9호 수혈건물은 철정이 공반되는 단야공방으로, 건물구성과 단야공방이 공반되는 점은 상술한 大阪府의 도래인취락과 다르지 않다(우리文化財硏究院 2008, 兪炳琭 2008). 이와 같은 삼국시대 취락의 구체적인 조사례는 古墳時代 중기의 도래인취락의 건물구성과 변천, 집단의 규모를 해명하는데 주목해야할 내용을 포함하고 있어, 금후 연구가 진전된다면 본고에서 검토한 도래인취락의 구체적인 상황과 한반도계 건축양식 건물의 도입 경위도 밝혀질 것으로 생각된다.

八尾南遺蹟의 도래인취락은 굴립주건물로 구성되어 있다는 점을 중시한다면, 한반도계의 건축양식 건물을 포함하는 長原遺蹟이나 安威遺蹟의 도래인취락과 비교해 취락의 양상이 약간 다른 듯하다. 이 취락의 굴립주건물은 앞에서 설명한 것과 같이 주축을 남북방향으로 하는 것이 많으며, 이들에 부수될 가능성이 높은 우물에서 출토된 韓式系土器와 初期須惠器의 형식으로 보아 남북방향의 건물군에서 서쪽으로 주축을 돌린 건물군으로 변천되었을 가능성이 높다. 이는 창건시의 건물군이 처음부터 주축을 남북으로 가지도록 설계된 기획성이 높은 건물군이었음을 알 수 있다. 또한 건물군에 부수되는 우물과 토광에서 출토된 韓式系土器가 취락이 폐절하기까지 2세대의 도래인이 거주하고 있었음을 나타내고 있고, 이와 같은 도래인취락은 인근의 長原遺蹟의 취락을 포함한 河內台地의 연변에 전개되는 경지개발형취락을 통솔하는 왜왕권과 관계가 깊은 거점적인 취락이었다고 생각된다. 八尾南遺蹟의 도래인취락에서 한반도계의 건축양식 건물은 일부 竈屋의 가능성이 있는 유구 이외에는 보이지 않지만, 이는 최초부터 도래인집단과 그들의 통솔자를 살게하려는 정치적인 의도가 있었기 때문일 것이다.

陶邑古窯址群內에서 전개되는 大庭寺遺蹟·小阪遺蹟·伏尾遺蹟 등의 도래인취락이 형성된 시기는 和泉丘陵에서 파생한 대지상에 축조된 百舌鳥古墳群의 축조시기와 중복되는 점에서 이들 수공업전업형취락은 왜왕권과 밀접한 관계에 있으며, 여기에서 생산된 初期須惠器의 일부는 왕권 슬하의 각지 수장층에게 하사되었던 것으로 생각된다. 또한 그 시기는 倭五王이 南朝에 조공을 바치고, 南朝의 후원을 얻은 왜가 한반도의 철자원의 안정적인

---

10) 鄯屋北遺蹟에서는 북동·북서·남서 거주역에서 송풍공이 뒤쪽을 향하여 「ハ」字로 넓어지는 풀무 송풍관이 출토된 것 외에, 모든 거주역의 유구와 포함층에서 단조박편·粒狀滓·철재·철가루 등 재결합재 및 유리질재가 출토되어 취락내에 단야공방이 있었음을 알 수 잇다(大阪府敎育委員會 2010).

11) 大阪府에서 확인된 대벽수혈건물은 福岡市의 西新町遺蹟의 古墳時代 전기의 바닥면에 主柱穴이 없고, 벽의 모서리에 부뚜막을 설치하고 원삼국시대 말기의 와질토기가 공반되는 수혈건물(福岡縣敎育委員會 2000·2009)이나 岡山縣 高塚遺蹟의 古墳時代 중기의 같은 형태의 수혈건물(岡山縣古代吉備文化財センター 2000, 龜田修一 2006)과 아주 흡사하다는 점에서 원삼국~삼국시대에 한반도의 남부지역에서 도래인에 의해 전해진 한반도계의 건축양식으로 생각된다.

확보를 위해 백제·가야지역과 교섭이나 교역을 빈번하게 실시하였던 시기였다. 이즈음의 大庭寺遺蹟과 小阪遺蹟의 수공업 전업취락에는 왕권이 배치한 도래인이 거주하였음을 나타내는 한반도계 건축양식인 평지식의 대벽건물과 대벽수혈건물이 세워졌지만, 初期須惠器에서 정형화한 須惠器로의 이행기에 번성한 伏尾遺蹟의 수공업 전업형취락에서는 한반도계 건축양식의 건물은 공방으로 보이는 대벽수혈건물이 조금 세워졌을 뿐으로, 주체는 굴립주건물이었다. 또한 이 취락에서는 창고가 많다는 점이 지적되는데, 이는 陶邑古窯址群에서 생산된 初期須惠器의 선별과 수납 및 보관이 이루어졌을 뿐만 아니라, 왜왕권의 경제기반을 지탱하는 경지개발형취락이거나 왕권 슬하의 각 지역의 취락에 공급하기 위한 初期須惠器를 관리하는 성격을 가진 중심지적인 취락이었다고 생각된다.

이와 같은 陶邑古窯址群內의 취락의 성격에 대해서는 岡戶哲紀氏(岡戶哲紀 1991·1994, 大阪府文化財協會·大阪府敎育委員會 1990·1995·1996·1997), 三宮昌弘氏(三宮昌弘 1989) 및 植野浩三氏(植野浩三 2005)에 의한 일련의 연구성과가 있는데 이에 의하면, 한반도적인 요소가 강한 5세기 전엽의 大庭寺遺蹟에는 初期須惠器의 생산에 종사한 다수의 도래인이 거주하고 있었지만, 일정량의 土師器의 존재로 왜인과 도래인의 협업 단계였다고 한다. 그리고 5세기 중엽 이후에 土師器의 출토량이 증가하여 한반도적인 요소가 大庭寺遺蹟의 단계와 비교하여 감소된다. 初期須惠器에서 정형화한 須惠器로 이행하는 단계는 도래인과 왜인집단이 차지하는 비율이 역전된 것은 아닐까라고 지적하고 있다. 이는 TG232型式 및 ON231型式의 初期須惠器가 가야지역의 도질토기의 계보를 잇는 것에서 엿볼 수 있는 것처럼 陶邑古窯蹟群內에서 최초의 初期須惠器의 생산이 시작된 즈음의 공인집단은 도래인이 주체였음을 뒷받침하고 있다. 그 후 TK216型式의 初期須惠器가 등장할 때에는 왜인이 주체가 된 初期須惠器의 생산으로 이행되고, 정형화한 須惠器인 TK208型式이 등장하는 단계의 공인은 그때까지 須惠器生産에 종사한 왜인 및 도래인공인과 혈연적인 관계에 있는 후계자들이었다.

7. 종합

본고에서는 大阪府의 대표적인 한반도계 건축양식인 평지식의 대벽건물·대벽수혈건물·凸形수혈건물을 개관하고, 이를 포함한 취락의 건물구성에 대해서도 고찰하였다. 한반도계 건물에 대해서는 선학이 지적한 바와 같이 한반도 남부지역 원삼국~삼국시대의 건축양식의 계보를 잇고 있다는 것을 재인식하였다. 특히 평지식의 대벽건물에 대해서는 U자형토제품과 연통형토제품을 포함하여 백제·마한지역에 분포하고 있는 같은 양식의 건물과 다르지 않음을 알 수 있었다. 이는 한반도계 건축양식의 건물이 백제·마한지역을 故地로 하는 도래인에 의해 近畿地方에 도입된 것을 나타내는 것일 것이다. 또한 福岡市 西新町遺蹟의 古墳時代 전기의 바닥면에 主柱穴이 없고, 벽 코너에 부뚜막을 설치한 수혈건물은 安威遺蹟의 대벽수혈건물과 같은 구조이기 때문에, 近畿地方 대벽수혈건물의 선행형태 건물로서 주목받았지만, 양자의 시기폭이 큰 점, 西新町遺蹟의 대벽수혈건물은 북부구주에 일정기간 체재한 도래인의 주거일 가능성이 높고, 도래인의 활동범위 바깥으로는 확산되지 않았다고 생각된다. 그러나 岡山市 高塚遺蹟의 古墳時代 중기 대벽수혈건물의 가능성이 있는 건물은 한반도의 남부지역과 近畿地方을 잇는 루트의 중계지라고 해야 할 교통의 요충에 있는 도래인취락으로 확인되어, 邪馬台國시대의 주요한 루트였던 한반도 남단의 狗耶韓國에서 북부구주의 諸 國을 거쳐 中部瀨戶內에서 邪馬台國에 이르는 루트가 古墳時代 중기에도 기능하고 있었음을 뒷받침하는 주목해야할 자료라고 할 수 있다. 이 문제에 대해서는 북부구주에서 中部瀨戶內地域을 거쳐 近畿地方에 이르는 루트에 西新町遺蹟과 같은 대벽수혈건물이 존재하는지 아닌지, 이어서 자료조사를 계속하고자 한다.

大阪府의 경지개발형취락에 대해서는 安威遺蹟과 같이 평지식의 대벽건물과 대벽수혈건물이 건물구성의 주체를 이루는 경우와 長原遺蹟의 東聚落과 같이 평지식의 대벽건물과 대벽수혈건물이 굴립주건물이나 수혈건물과 혼재하는 경우가 있는 외에, 八尾南遺蹟과 같이 대벽수혈건물일 가능성이 있는 건물 1동 이외는 모두 굴립주건물로 구성되는 점이 확인되었다. 이들 취락에 거주한 왜인 및 도래인의 정확한 비율은 유구와 유물에서 구하기 어렵지만, 八尾南遺蹟과 같은 한반도계의 건축양식 건물이 보이지 않는 취락의 경우도 우물에서 출토된 韓式系

土器와 주판알형방추차는 도래인이 거주하였음을 말하고 있는 것이다. 이와 같은 한반도계의 건축양식 건물을 기본적으로 포함하지 않는 八尾南遺蹟과 같은 도래인취락은 安威遺蹟이나 長原遺蹟의 도래인취락과는 성격이 다른 취락으로, 河內台地 北緣部라는 동일 지역 내에서의 결속이 강한 중층적인 취락의 중핵을 이루고 있었다고 생각된다.

　이번은 주로 한반도계 건축양식의 건물을 확인하여 검토하였으며, 금후는 왜인사회에 있어서 도래인의 지위와 계층적인 위치에 대하여 長原遺蹟이나 八尾南遺蹟과 같은 취락 가까이에 분포하는 古墳群과의 관계도 검토하고자 한다. 또한 한반도계 건축양식의 건물은 도래인의 故地와 집단간의 동향을 구명하기 위한 열쇠가 되는 자료로, 武末純一氏가 제시한 동일지역과 지역간 취락의 연결(多軸性·重層性) 및 동일 지역에서 다른 취락과의 관계(多樣性)를 밝히는데 있어 빠져서는 안되는 자료라고 할 수 있다. 近畿地方의 도래인취락에 대해서는 상술한 과제역시 시야에 넣은 종합적인 검토가 이루어질 단계에 와 있으며, 이에 대해서도 금후에 계속적으로 검토해보고자 한다.

이기성 번역

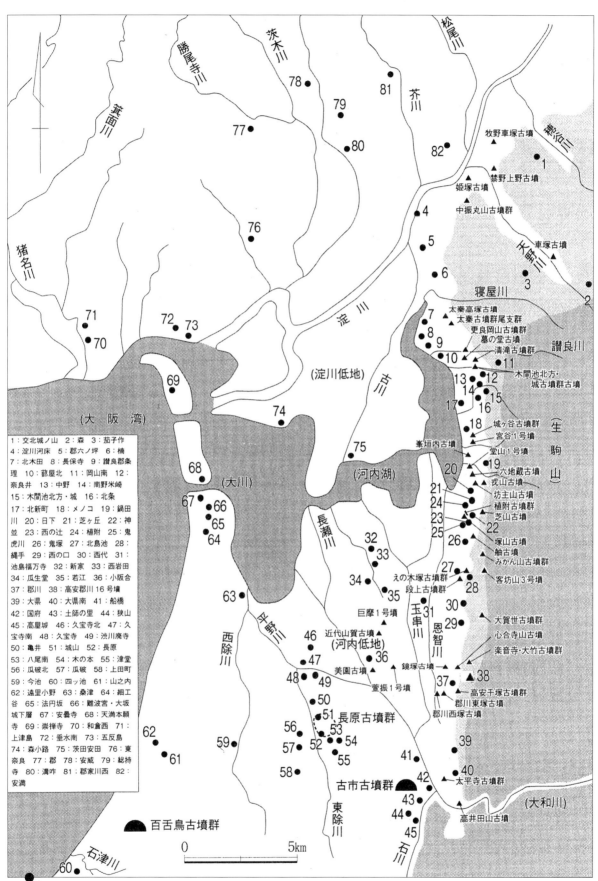

도 1 河內湖 周邊地域 韓式系土器 出土遺蹟의 主要古墳 分布

1：交北城ノ山 2：森 3：茄子作
4：淀川河床 5：郡六ノ坪 6：楠
7：北木田 8：長保寺 9：讃良郡条
理 10：郡屋北 11：岡山南 12：
奈良井 13：中野 14：南野米崎
15：木間池北方・城 16：北条
17：北新町 18：メノコ 19：鍋田
川 20：日下 21：芝ヶ丘 22：神
並 23：西の辻 24：植附 25：鬼
虎川 26：鬼塚 27：北島池 28：
縄手 29：西の口 30：西代 31：
池島福万寺 32：新家 33：西岩田
34：瓜生堂 35：若江 36：小阪合
37：郡川 38：高安郡川16号墳
39：大県 40：大県南 41：船橋
42：国府 43：土師の里 44：狭山
45：高屋城 46：久宝寺北 47：久
宝寺南 48：久宝寺 49：渋川廃寺
50：亀井 51：城山 52：長原
53：八尾南 54：木の本 55：津堂
56：瓜破 57：瓜破北 58：上田町
59：今池 60：四ッ池 61：山之内
62：遠里小野 63：桑津 64：細工
谷 65：法円坂 66：難波宮・大坂
城下層 67：安曇寺 68：天満本願
寺 69：崇禅寺 70：和倉西 71：
上津島 72：垂水南 73：五反島
74：森小路 75：茨田安田 76：東
奈良 77：郡 78：安威 79：総持
寺 80：溝咋 81：郡家川西 82：
安満

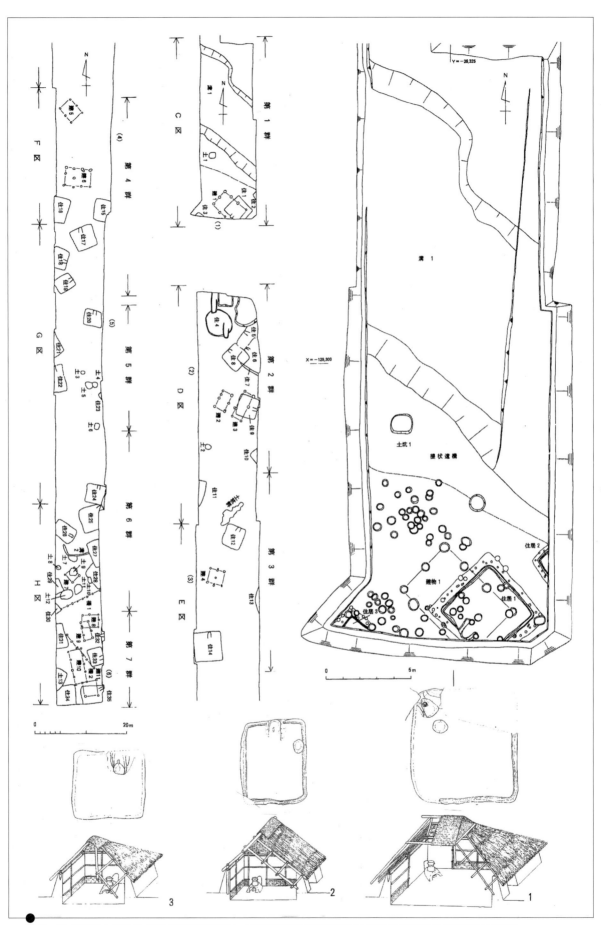

도 2 安威遺蹟 古墳時代 聚落 遺構配置圖(上), 大壁竪穴建物復元圖(下) (大阪府教育委員會 2003에서 轉載)

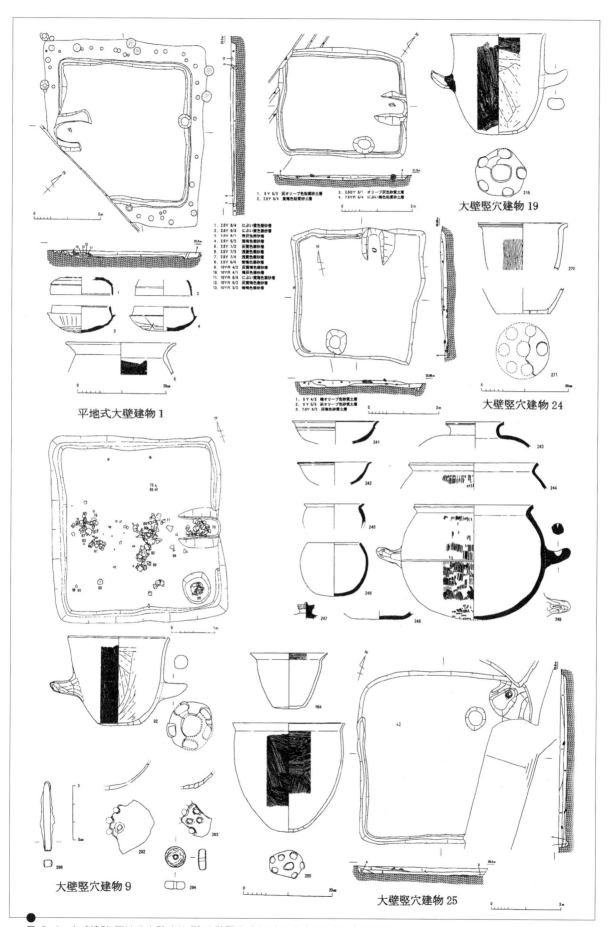

大壁竪穴建物 19

平地式大壁建物 1

大壁竪穴建物 24

大壁竪穴建物 9

大壁竪穴建物 25

도 3-1   安威遺蹟 平地式大壁建物 및 大壁竪穴建物 實測圖 (大阪府教育委員會 2003에서 轉載)

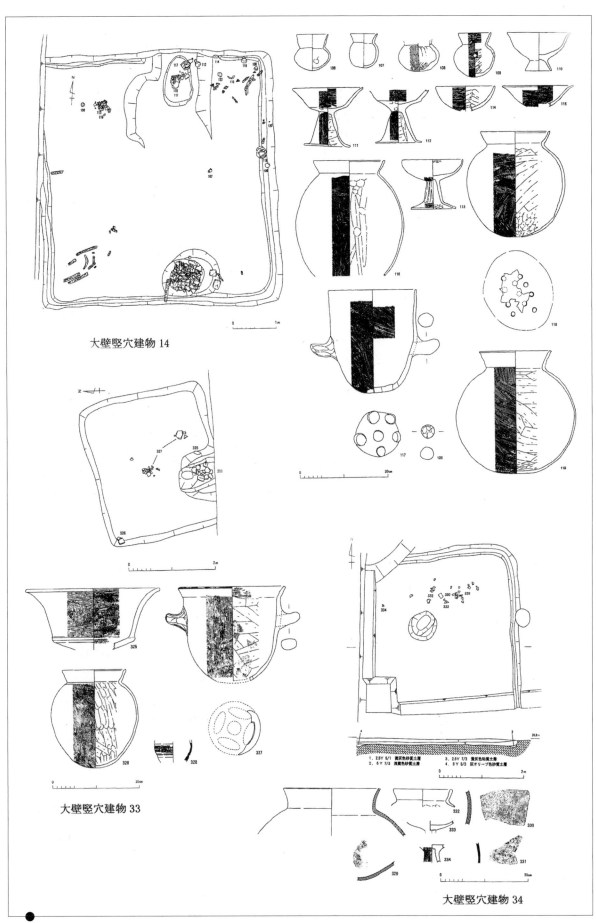

大壁竪穴建物 14

大壁竪穴建物 33

大壁竪穴建物 34

도 3-2　安威遺蹟 大壁竪穴建物 實測圖 (大阪府教育委員會 2003에서 轉載)

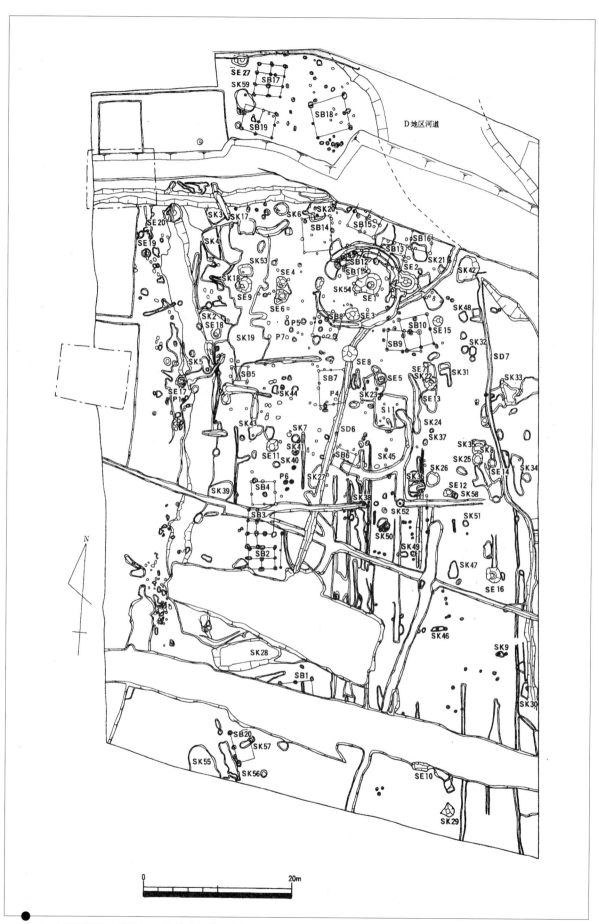

도 4 八尾南遺蹟 古墳時代 中期 聚落遺構 配置圖 (八尾南遺蹟調査會 1981에서 轉載)

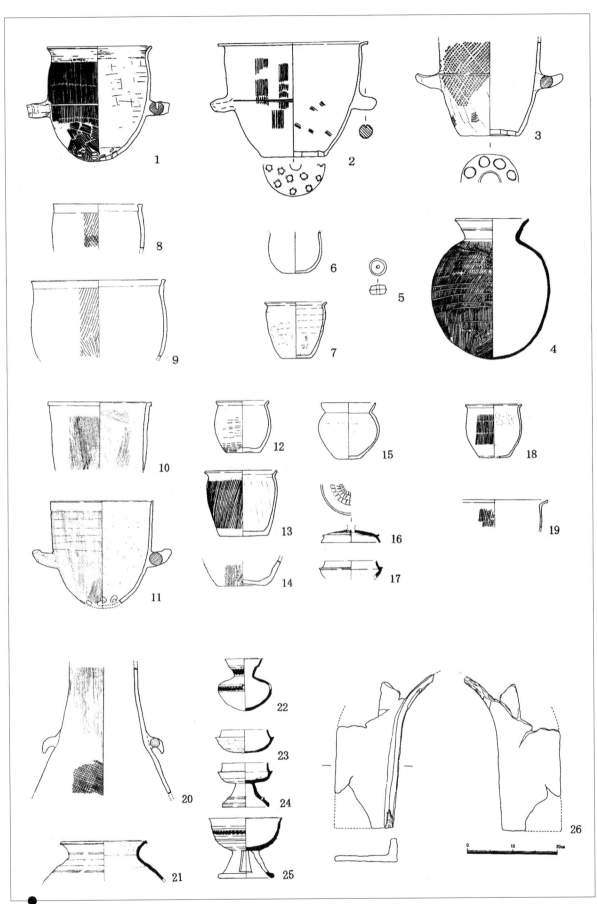

도 5 八尾南遺蹟 出土韓式系 土器 등 實測圖 (八尾南遺蹟調査會 1981, 八尾市文化財調査研究會 1995)
1 : SE14, 2 : SE11, 3~7 : SE21, 8 · 9 : SK28, 10~17 : SE5, 18 : 包含層, 19 : SK2, 26 : 第8次調査西區第4層

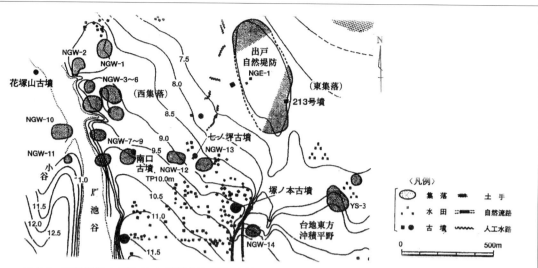

도 6-1   長原遺蹟 古墳時代 中期 聚落分布圖(高橋工 1999를 一部改變)

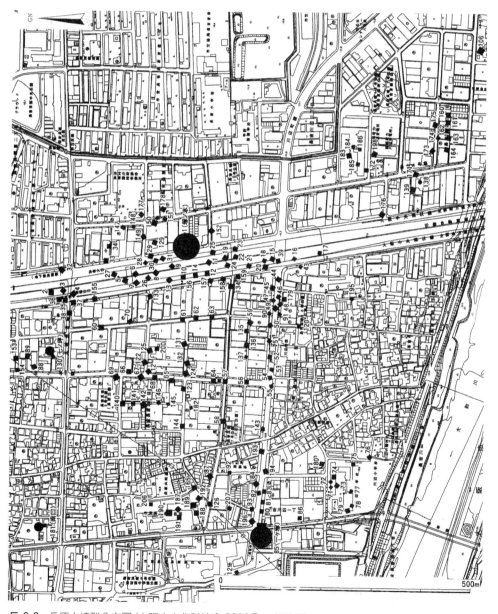

도 6-2   長原古墳群分布圖(大阪市文化財協會 2006을 一部改變)

도 6

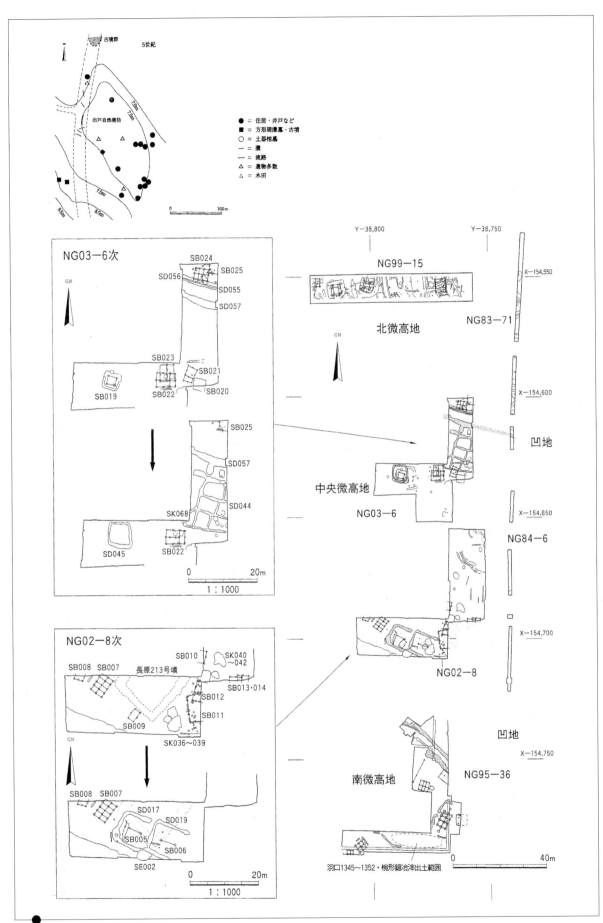

도7 長原 東聚落과 古墳時代 中期 主要遺構 配置圖 (大阪市文化財敎委會 2002·2005를 一部改變)

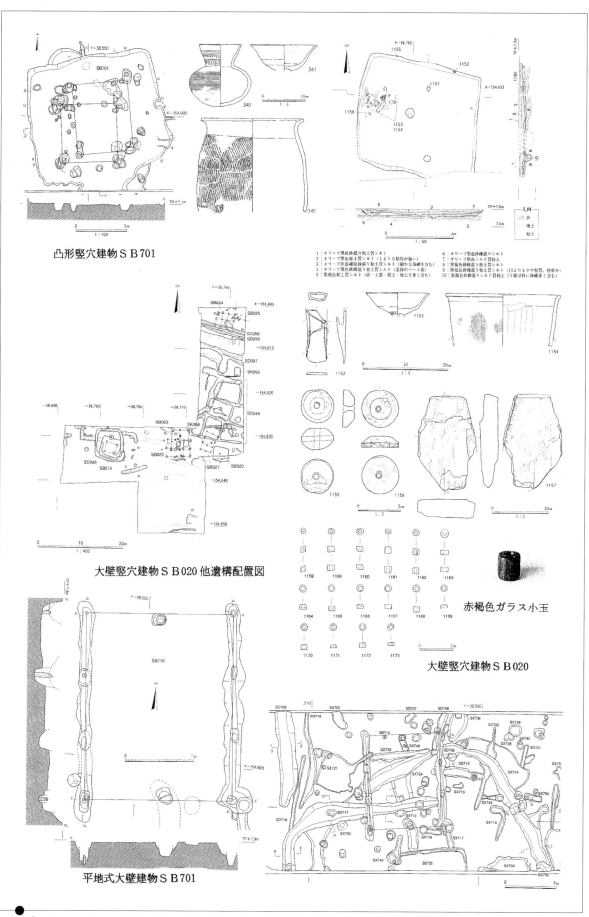

凸形竪穴建物ＳＢ701

大壁竪穴建物ＳＢ020他遺構配置図

平地式大壁建物ＳＢ701

赤褐色ガラス小玉

大壁竪穴建物ＳＢ020

도 8 長原遺蹟 凸形竪穴建物, 大壁竪穴建物, 平地式大壁建物 實測圖 (大阪市文化財教委會 2002 · 2005를 一部改變)

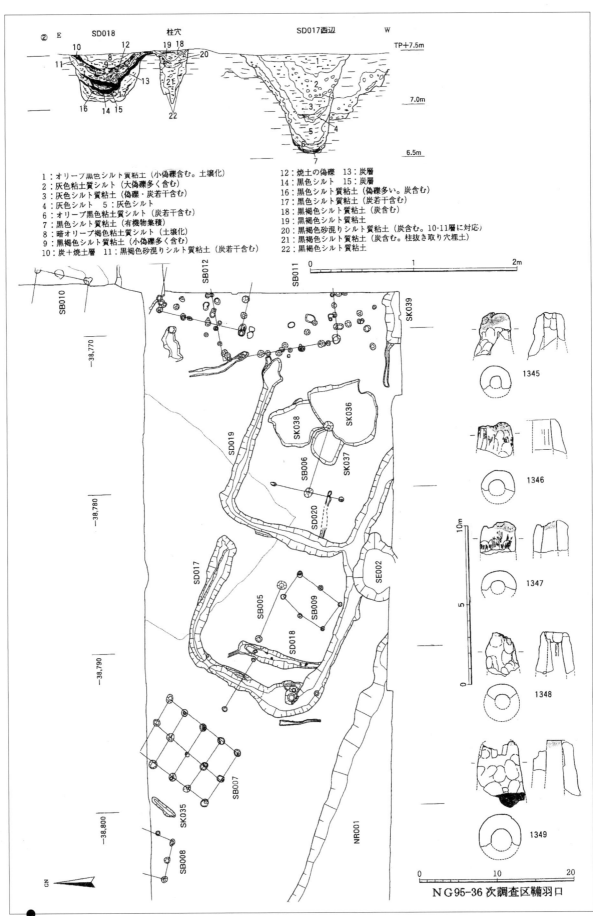

1：オリーブ黒色シルト質粘土（小偽礫含む。土壌化） 　12：焼土の偽礫　13：炭層
2：灰色粘土質シルト（大偽礫多く含む） 　　　　　　14：黒色シルト　15：炭層
3：灰色シルト質粘土（偽礫・炭若干含む） 　　　　　16：黒色シルト質粘土（偽礫多い。炭含む）
4：灰色シルト　5：灰色シルト 　　　　　　　　　　17：黒褐色シルト質粘土（炭若干含む）
6：オリーブ黒色粘土質シルト（有機物集積） 　　　　18：黒褐色シルト質粘土（炭含む）
7：黒色シルト質粘土（有機物集積） 　　　　　　　　19：黒褐色シルト質粘土
8：暗オリーブ褐色粘土質シルト（土壌化） 　　　　　20：黒褐色砂混りシルト質粘土（炭含む。10・11層に対応）
9：黒褐色シルト質粘土（小偽礫多く含む） 　　　　　21：黒褐色シルト質粘土（炭含む。柱抜き取り穴埋土）
10：炭＋焼土層　11：黒褐色砂混りシルト質粘土（炭若干含む） 　22：黒褐色シルト質粘土

1345
1346
1347
1348
1349

NG95-36次調査区鞴羽口

도 9　長原遺蹟 平地式大壁建物 SB011・012, 鍛治工房 SB005・006 實測圖 (大阪市文化財協會 2006을 一部改變)

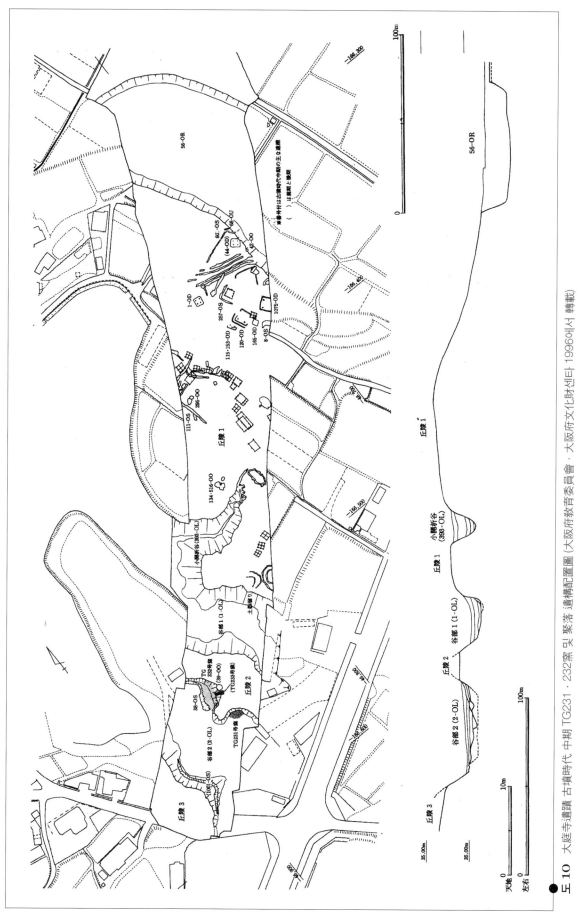

圖 10 大庭寺遺蹟 古墳時代 中期 TG231 · 232窯 및 聚落 遺構配置圖 (大阪府敎育委員會 · 大阪府文化財센터 1996에서 轉載)

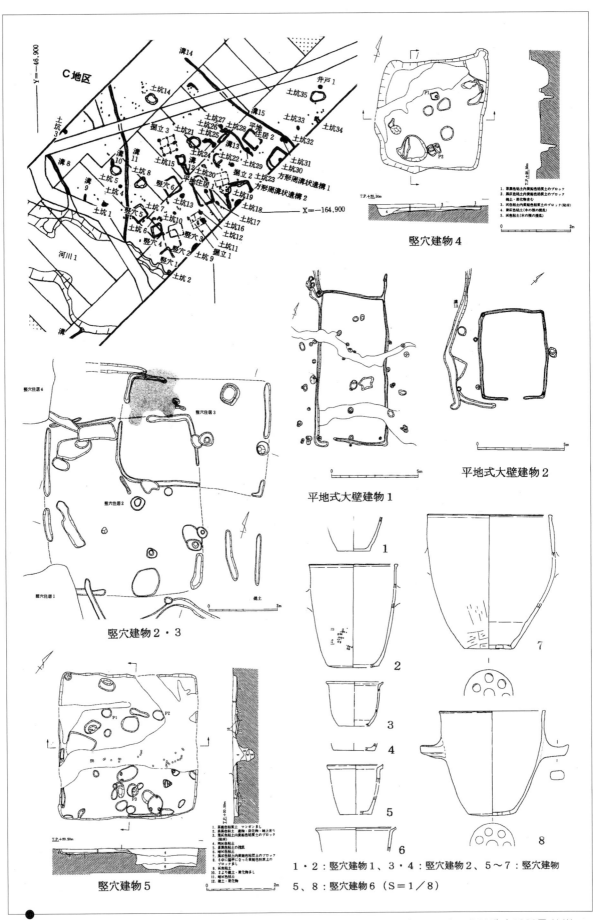

도 11 小阪遺蹟 C地區 古墳時代 聚落 遺構配置圖 및 建物實測圖 (大阪府敎育委員會·大阪府文化財센타 1992를 轉載)

伏尾遺蹟의 聚落과 古墳群의 位置圖

도 12 伏尾遺蹟 A地區 古墳時代 中期 聚落 遺構配置圖 및 古墳群의 配置圖
        (大阪府教育委員會·大阪府埋藏文化財協會 1990을 轉載)

●참고문헌●

靑柳泰介, 2005, 「大和の渡來人」, 大橋信彌・花田勝弘編, 『ヤマト王權と渡來人』, サンライズ出版.

植野浩三, 2005, 「渡來人と手工業生産の展開」, 大橋信彌・花田勝弘編, 『ヤマト王權と渡來人』, サンライズ出版.

우리文化財研究院, 2008, 『昌寧桂城里遺蹟』.

岡戶哲紀, 1991, 「陶邑・伏尾遺蹟の檢討」, 『韓式系土器研究』Ⅲ, 韓式系土器研究會.

_____, 1994, 「搖籃期の陶邑」, 『文化財學論集』, 文化財學論集刊行會.

岡山縣古代吉備文化財センター, 2000, 『高塚遺蹟・三手遺蹟』2.

大阪府教育委員會, 1984, 『神並・西ノ辻・鬼虎川遺蹟發掘調查概要』Ⅰ.

_____, 2003, 『安威遺蹟』.

_____, 2009, 『蔀屋北遺蹟 -なわて水みらいセンター建設に伴う發掘調查-』Ⅰ.

_____, 2010, 『倉治遺蹟』.

大阪府教育委員會・大阪府埋藏文化財協會, 1990, 『陶邑・伏尾遺蹟A地區』.

_____, 1995, 『陶邑・大庭寺遺蹟』Ⅳ.

_____, 1997, 『陶邑・伏尾遺蹟』Ⅲ.

大阪府教育委員會・大阪府文化財調查研究センター, 1992, 『小阪遺蹟』.

_____, 1996, 『陶邑・大庭寺遺蹟』Ⅴ.

大阪府文化財センター, 2000, 『溝咋遺蹟』その3・4.

大阪市文化財協會, 2002, 『長原遺蹟發掘調查報告』Ⅷ.

_____, 2005, 『長原遺蹟發掘調查報告』Ⅻ.

_____, 2006, 『長原遺蹟發掘調查報告』ⅩⅤ.

堅田直, 1967, 『東大阪市日下遺蹟調查概報』, 考古學シリーズ2 帝塚山大學考古學研究室.

龜田修一, 2006, 「渡來人のムラをさがす」, 『第2回共同研究會日韓集落研究の現狀と課題』Ⅱ, 日韓集落研究會.

柏原市教育委員會, 1985, 『大縣・大縣南遺蹟』.

_____, 1988, 『大縣遺蹟 -堅下小學校內運動場に伴う-1985年度』.

京畿文化財團付設畿甸文化財研究院, 2003, 『現場說明會資料14 華城發安里集落遺蹟・旗安里製鐵遺蹟發掘調查』.

金 鐘萬(譯・比喜えりか), 2010, 「鳥足文土器の起源と展開樣相」, 『古文化談叢』第63集, 九州古文化研究會.

久保和志, 1998, 「動物遺體の分析」, 『長原遺蹟東部地區發掘調查報告』Ⅰ.

_____, 1999, 「第二部ウマ・ウシをめぐる祭祀」, 『動物と人間の考古學』, 眞陽社.

小山田宏一, 2001, 「古代河內の開發と渡來人 -碧骨堤・茨田堤・狹山池-」, 『檢證古代の河 內と百濟』, 枚方歷史フォーラム實行
	委員會.

小谷城鄕土館發掘調查團, 2001, 『陶邑 -陶邑窯蹟群堺市豊田・STK99地點發掘調查報告書-』.

權五榮・李亨源, 2006, 「三國時代壁柱建物研究」, 『韓國考古學報』60, 韓國考古學會.

_____, 2006, 「壁柱(大壁)建物研究のために」, 『第2回共同研究會日韓集落研究の現狀と課題』Ⅱ, 日韓集落研究會.

權五榮, 2011, 「三國時代壁柱(大壁)建物研究, その後」, 『第7回共同研究會日韓集落研究の展開』, 日韓集落研究會.

湖南文化財研究院, 2006, 『高興寒東遺蹟』.

佐伯有淸, 1974, 「馬の傳承と馬飼の成立」, 『日本文化の探求馬』, 社會思想社.

櫻井久之, 1998, 「鳥足文タタキメのある土器の一群」, 『大阪市文化財協會紀要』創刊號, 大阪市文化財協會.

三宮昌弘, 1989, 「初期須惠器製作集團と韓式系土器」, 『韓式系土器研究』Ⅱ, 韓式系土器研究會.

四條畷市立歷史民俗資料館, 2004, 『開館20周年記念特別展馬と生きる』.

瀨川芳則, 1983, 「イネと民族 -マツリと信仰-」, 『日本文化大系』第3卷, 小學館.

高橋 工, 1999, 「長原遺蹟および北部周辺地域における古墳時代中期から飛鳥時代の地形環 境の變化と集落の動態」, 『長原遺蹟東部地區發掘調査報告』II, 大阪市文化財協會.

武末純一, 2010, 「集落からみた渡來人」, 『古文化談叢』第63集, 九州古文化研究會.

田中靑美, 1989, 「5世紀における攝津・河內の開發と渡來人」, 『ヒストリア』第125號, 大阪歷史學會.

_____, 1999, 「SE703出土韓式系土器と土師器の編年的位置付け」, 『長原遺蹟發掘調査 報告』VII, 大阪市文化財協會.

_____, 2002, 「須惠器定型化への過程」, 『田辺昭三先生古稀記念論文集』, 田辺昭三先生 古稀記念の會.

_____, 2005, 「河內湖周辺の韓式系土器と渡來人」, 大橋信彌・花田勝弘編, 『ヤマト王權と 渡來人』, サンライズ出版.

_____, 2007, 「集落としての陶邑」, 『第3回韓日集落研究の現狀と課題』III, 韓日集落研究會.

_____, 2010a, 「長原遺蹟出土の韓式系土器」, 『韓式系土器研究』XI, 韓式系土器研究會.

_____, 2010b, 「長原遺蹟の5世紀前葉の鍛冶工房と韓國の關連遺蹟」, 『鍛冶研究會シンポジュウム2010韓鍛冶と倭鍛冶 -古墳時代における鍛冶工の系譜-』, 鍛冶研究會.

_____, 2011, 「近畿の渡來人集落」, 『第7回共同研究會日韓集落研究の展開』, 日韓集落研究會.

日中共同ニヤ遺蹟學術調査隊, 1996, 『日中共同尼雅遺蹟學術調査報告書』第1卷.

花田勝廣, 1989, 「倭政權と鍛冶工房 -畿內の鍛冶敷業集落を中心に-」, 『考古學研究』第36卷 第3號, 考古學研究會.

_____, 2002, 『古代の鐵生産と渡來人 -倭政權の形成と生産組織-』, 雄山閣.

_____, 2005, 「古墳時代の畿內渡來人」, 大橋信彌・花田勝弘編, 『ヤマト王權と渡來人』, サンライズ出版.

坂靖・靑柳泰介, 2011, 『葛城の王都南鄕遺蹟群』シリーズ「遺蹟を學ぶ」79, 新泉社.

東大阪市文化財協會, 1979, 『甦る河內の歷史』.

菱田哲郎, 2010, 「古墳時代畿內の渡來系文物」, 『古文化談叢』第63集, 九州古文化研究會.

福岡縣敎育委員會, 2002, 『西新町遺蹟』II.

_____, 2009, 『西新町遺蹟』IX.

宮本長二郎, 1986, 「住居」, 『岩波講座日本考古學』4, 岩波書店.

名神高速道路內遺蹟調査會, 1998, 『太田遺蹟發掘調査報告書』.

八尾南遺蹟調査會, 1981, 『八尾南遺蹟』.

八尾市文化財調査研究會, 1995, 「八尾南遺蹟(第8次調査)」, 『八尾南遺蹟』.

_____, 2008, 『八尾南遺蹟第18次發掘調査報告書』.

兪炳琭, 2008, 「最近の成果からみた嶺南地域の4~5世紀の三國時代集落」, 『第4回共同研究會日韓集落の研究 -生産遺蹟と集落遺蹟-』, 日韓集落研究會.

李海蓮, 1993, 「嶺南地域の甑について -三國時代を中心に-」, 『博物館研究論集』2, 釜山直轄市立博物館.

奈良盆地의 支配據点과 渡來人

坂 靖(반 야스시)

들어가며

나라분지(奈良盆地, 이하 분지)는 일본열도, 本州(혼슈)의 중앙부 서쪽에 치우쳐 위치한다. 분지 주위의 산지에서 시작하는 하천은 모두 大和川(야마토가와)의 지류로, 大和川은 분지 서북부에서 합류하고, 서쪽으로 흘러 그 하류는 오사카평야에 이른다.

古墳時代(3세기 후반경~6세기 후반경)의 정권 중추부는 분지 및 그 하류의 오사카 평야에 위치하고 있었다. 그러한 사실은 일본열도의 大型前方後圓墳이 해당 지역에 집중하고,「오오야마토(おおやまと)」・佐紀(사키)・古市(후루이치)・百舌鳥(모즈) 등의 大型古墳群이 존재한다는 사실로 자명하다고 할 수 있다. 본고에서는 이 정권을 「야마토(ヤマト)王權」으로 칭하지만, 그 기원과 권력 구조 등 불분명한 점이 많다. 이러한 중에 최근 발굴조사의 진척으로 야마토왕권과 그를 지지하였던 豪族層이 분지내 1km² 이상에 이르는 광대한 면적을 점유하는 거대취락내에 다양한 시설을 두고, 여러 가지 정치적・경제적 활동을 했음이 밝혀졌다. 야마토왕권에게는 정치적 지배의, 나라분지내에서 발흥했던 호족층에게는 지역 지배를 위한 거점으로서 이 거대취락이 기능했다고 생각된다. 필자는 이전 전자를 樞軸聚落, 후자를 中核聚落으로 명명하고, 그 의미를 언급하였다(坂 2008).

한편, 이러한 거대취락 외에도 나라 분지 내에는 다양한 규모・성격을 가진 취락이 존재한다. 야마토왕권과 호족층의 산하에 首長層・中間層・一般層이 있었고, 거대 취락의 내외에 居館・취락을 설치하여 왕성하게 활동하였다. 그 중에 도래계집단이 중요한 역할을 하였다는 점은 많은 설명이 필요하지 않을 것이다. 居館과 취락에서 선진기술의 이식과 왕성한 생산활동이 있었고, 야마토왕권과 호족층 권력의 원천이 이러한 도래계집단에 의한 생산활동에 있었다고 생각된다.

본고에서는 나라분지의 거대취락을 야마토왕권과 호족층에 의한 지배거점으로 의미를 부여하고, 우선은 나라분지의 취락과 首長居館의 성립기반을 그 지리적・역사적 배경을 검토하면서 그려보고자 한다. 나아가 나라분지의 韓式系土器 분포로 한반도계 도래계집단의 동향을 추정해보고자 한다. 그리고 韓式系土器뿐 아니라 도래계집단에 관련된 유구・유물을 포함하여 개별 거관과 취락유적에 대해 각각 그 의의와 도래인의 역할에 대해 생각해보고자 한다(도 1).

1. 나라분지의 취락과 韓式系土器의 분포

1) 각 취락의 성립기반

古墳時代에 있어서 분지의 거대취락유적 중 발굴조사가 이루어지고 있는 것은 纏向遺蹟(마키무쿠유적)・菅

原東遺蹟(스가와라히가시유적)·和爾遺蹟(와니유적)·布留遺蹟(후루유적)·南鄕遺蹟群(난고유적군)이다. 纏向遺蹟·菅原東遺蹟은「오오야마토」古墳群 및 佐紀古墳群의 피장자와 직접 관련된 고분시대 전기 야마토왕권의 지배거점이며, 和爾遺蹟·布留遺蹟·南鄕遺蹟群은 각각 분지 동남부 및 서남부지역의 대형 전방후원분의 피장자인 호족층의 지배거점이다.

야마토왕권의 생산기반은 初瀨川(하츠세가와)·寺川(테라가와) 유역을 중심으로 한 분지 중앙부와 동남부에 있다. 필자는 이 지역을「오오야마토」地域으로 총칭하였다. 그리고 伴堂東遺蹟(토몬도히가시유적)을 중심으로 한 분지 중앙부의 취락 동태로부터 고분시대 전기 상류부에 지배거점으로 纏向遺蹟을 두고, 그 하류부에 야마토왕권 직영으로 토지개발과 농업생산이 이루어졌음을 증명하였다. 전국 각지로부터 들어온 移住民이 소규모 취락에 살며 토지를 개발한 양상은 원초적인「미야케(ミヤケ)」라고 해야 할 것이며, 이러한 소규모 취락을「미야케(ミヤケ)遺蹟群」이라고 가칭하였다(坂 2009).

「오오야마토」地域에는 彌生時代(야요이시대)의 거점취락으로서 분지 최대규모의 唐古·鍵遺蹟(카라코·카기유적)을 비롯해, 多遺蹟(오오유적), 坪井·大福遺蹟(츠보이·다이후쿠유적), 保津·宮古遺蹟(호즈·미야코유적) 등이 있으며, 그 생산기반을 그대로 이어받아 그 위에 새로운 토지개발을 실시했던 것으로 이해할 수 있다. 이러한 거점취락은 모두 고분시대 전기로 이어지고, 새로운 개발·생산거점으로서의 의미를 가지게 되었다. 각 거점취락에 首長居館이 영위되고, 그 수장 아래에서 새로운 개발이 시작되었던 것이다. 더욱이 大型古墳造營의 생산자 집단을 총괄하는 首長居館도 존재하였다. 이와 같이 야마토왕권의 지배거점이 있었던「오오야마토」地域에는 분지내에서 다른 집단을 압도하는 생산력을 유지하면서 다채롭고 중층적인 취락이 영위되었던 것이다.

한편, 마찬가지로「오오야마토」地域 이외의 분지내 각지에 있어서도 彌生時代 거점취락의 생산기반을 이어받은 지역집단이 발호하였다(坂 2010b).

彌生時代의 생산기반을 이어 받은 집단을 필자는「在地集團」이라고 칭한다. 그 중에서도 분지 동북부에는 彌生時代 후기~고분시대 전기에 걸친 森本·窪之庄遺蹟(모리모토·쿠보노쇼유적)이 있으며 중규모의 전방후원분도 축조되었다. 그 생산기반을 이어 받은 在地集團은 고분시대 전기 후반에 크게 성장하였으며 和爾遺蹟群을 지배거점으로 하는 강대한 지역집단이 되었다. 이 지역집단이야말로 후에 와니(ワニ)氏로 칭해졌던, 야마토왕권을 지탱하였던 호족층이다(岸 1966). 이 지역집단은 분지 북부에서 纏向遺蹟을 대신할 새로운 야마토왕권의 지배거점이 형성되는데 있어 중요한 역할을 하였다고 생각된다.

분지 북부는 平城京 造營 등 奈良時代 이후의 토지개발로 그 이전의 취락 상황이 명확한 것은 아니지만, 彌生時代의 거점취락으로서 佐紀遺蹟·大安寺西遺蹟(다이안지니시유적)이 있다. 또한 고분시대 전기의 취락유적도 산재해 있는 것으로 알려져 있다. 佐紀古墳群의 조영이 전기 후반에 시작되었고, 그것에 관련된 야마토왕권의 지배거점으로 추정할 수 있는 것이 菅原東遺蹟과 西大寺東遺蹟(사이다이지히가시유적)이다. 그리고 佐紀古墳群의 양상으로 보아 야마토왕권의 지배거점이 이외에도 여러 개소 존재했을 가능성이 있다(坂 2011a).

한편, 분지 동북부의 布留遺蹟과 분지 서남부의 南鄕遺蹟群도 지역 집단의 지배거점이다(도 2).

布留遺蹟은 和爾遺蹟의 남측, 布留川(후루가와) 선상지에서 발흥한 지역집단의 지배거점이고, 고분시대 중기 후반~후기 전반에 전성기를 맞는다. 布留川 하류에는 彌生時代의 거점취락이며, 고분시대 전기에는 그것을 이어받은 재지집단이 首長居館을 만든 平等坊·岩室遺蹟(뵤우도보·이와무로유적)이 있다. 布留遺蹟은 그 생산기반을 배경으로 하면서 중기 후반 이후에 강대한 세력을 가지게 되는 지역집단의 지배거점이다. 이 지역집단이야 말로 나중에 物部氏(모노노베우지)라고 칭해진 호족층임은 설명이 필요없을 것이다.

南鄕遺蹟群은 金剛山 山麓으로부터 山腹에 걸쳐 펼쳐진 거대 취락유적으로, 분지 서남부지역 일대를 지배했던 지역집단의 지배거점이다. 해당지역은 葛城川(가츠라기가와)의 상류역에 해당하지만, 하류역에는 彌生時代의 거점취락이며, 고분시대 전기까지 지속되는 鴨都波遺蹟(카모츠바유적)이 있다. 더욱이 동 유적군내에는 三角緣神獸鏡 등 풍부한 유물이 출토된 鴨都波1號墳이 있다. 또한 같은 하류역에 고분시대 전기 후반~중기에 걸친 首長居館과 취락역이 확인되었던 秋津遺蹟(아카츠유적)이 존재하는 것도 놓칠 수 없는 사실이다. 그리고 분지 서남부

최대의 前方後圓墳인 室宮山古墳(무로미야야마고분)이 축조되고, 양 유적이 쇠퇴한 직후에 南郷遺蹟群이 발흥한 것이다. 彌生時代의 취락기반을 이어받으면서 서서히 성장하는 지역 집단의 상황을 명확히 파악할 수 있다. 후에 葛城氏로 불리웠던 호족층으로, 南郷遺蹟群은 이 집단이 그 전성기에 경영하였던 지배거점이라고 생각된다(坂 2009, 坂·靑柳 2011).

2) 韓式系土器의 分布

여기에서 말하는 韓式系土器는 한반도로부터 반입된 토기와 한반도에서 유래한 제작기법을 가진 토기를 가리킨다. 반입품의 경우, 교역품으로서의 의미를 가진 경우가 있지만, 취락출토 자료의 대부분은 도래인이 정착했음을 나타내는 것이고, 정착과정과 재래 사람들과의 관계, 도래인의 출자를 확인하는데 있어 중요하다. 酸化焰燒成의 軟質土器와 窯窯에 의한 還元焰燒成의 陶質土器의 두 종류가 있다. 軟質土器의 경우, 재래 土師器의 제작기법인 빗질 또는 목판긁기가 아닌, 한반도에서 유래한 격자타날·평행타날·조족문타날 등이 시문된다. 기종도 재래의 土師器에는 인정되지 않는 甑·平底鉢·長胴甕·短頸壺 등으로 구성된다. 그리고 여기에서는 재래의 V樣式系 甕과 壺 등에 그러한 제작기법을 베푼 것도 韓式系土器에 포함된다. 陶質土器의 경우는 須惠器와 기형이나 제작기술이 명확히 다른 것으로, 조족문타날를 행한 것, 火焰形투공을 가진 高坏, 船形土器 등의 특수한 기형·기술을 가진 것을 韓式系土器로 이번 집성에 포함하였다〈표 1〉(도 3). 이제까지 분지내 韓式系土器의 집성 및 분포에 대해 연구가 있었는데(關川 1998, 靑柳 2005, 中野 2008), 자료가 증가하여 그 계보가 밝혀졌다. 필자도 이에 미니어처 炊飯具·釵子·筒形土製品(坂 2008) 등을 포함해 논한 적이 있는데(坂 2009·2010c·2011c), 이번 집성에서는 토기에 한정하여 분지내의 집성표를 작성하였다.

(도 3)으로 명확하듯이 분지 북부의 분포가 극히 희박하다.「오오야마토」地域에 집중되는 것 외에, 布留遺蹟·南郷遺蹟群 등 지역집단의 지배거점, 더욱이 7세기에 宮都가 두어진 분지 남부, 특히 飛鳥地域의 분포가 눈에 띄는 점이 주목된다.

시기별로 보면, 우선 전기~중기 초두에 있어서는 纏向遺蹟·伴堂東遺蹟·多遺蹟·乙木佐保庄遺蹟(오토기사보노쇼유적)·田町遺蹟(타마치유적) 등, 그 분포는 대략「오오야마토」地域에 한정된다. 한편 중기 이후가 되면 그 분포범위는 크게 넓어진다. 분지 동남부의 布留遺蹟이나 南郷遺蹟群 등 호족층의 지배거점에 분포하는 것 외에, 분지 북서부 壹分遺蹟群 등의 首長居館 관련유적, 분지 동남부의 脇本遺蹟(와키모토유적)·阿部寺下層遺蹟(아베데라하층유적)·谷遺蹟(타니유적) 등 鳥見山(토미야마) 주변부, 분지 남부의 藤原宮下層遺蹟(후지와라큐하층유적)과 明日香村(아스카무라)으로부터 高取町(타카도리쵸)에 걸친 檜前(히노쿠마) 주변 유적 등, 야마토왕권의 지배거점과 그것에 관련된 교통루트 주변 등에 분포하여, 각각 야마토왕권이나 호족층의 산하에 있었던 도래계집단의 존재를 나타내는 것으로서 주목할 수 있다.

2. 야마토 王權의 支配據點과 渡來人

1) 纏向遺蹟

분지 동남부에 위치하는 纏向遺蹟은 庄內期(쇼나이기)~布留期(후루기)의 야마토왕권 지배거점으로 의미를 부여할 수 있다. 纏向古墳群을 비롯해「오오야마토」古墳群의 대형전방후원분의 피장자와 관련된 취락·居館인 것이다. 庄內期의 취락규모와 비교하면 布留期에 취락의 규모·범위가 확대된다. 布留期 유적의 범위는 약 2.7km²에 이른다. 庄內期의 중심시설로 주목된 建物群은 辻(츠지)地區에 있으며「邪馬台國의 宮殿인가」라고 보도되기도 하였다. 建物群의 북동쪽에 인접하여 祭祀土坑群이 있다. 布留期의 중심시설은 捲之内地區에서 導水施設이나 방형구획 등의 유구, 腕輪形石製品, 철기생산관련유물, 주머니(巾著) 등의 유물이 알려져 있다. 또한 辻地區의 조사에서는 布留後 후반의 大溝도 검출되었다. 纏向遺蹟은 庄內期~布留期에 걸쳐「오오야마토」古墳群의 피장자와 관련된 유구·유물이 연속적으로 전개되고 있다.

한편, 도래계집단과 관련된 유물의 수는 적은데, 韓式系土器의 파편, 三翼形의 木鏃, 馬具(輪鐙) 등이 있다. 모두 기원·연대 등 미확정인 부분이 많다. 전기 고분의 다량의 철제무기, 中國鏡 부장 등에서 초기의 야마토왕권과 中國과의 교섭·외교관계는 상정할 수 있지만, 한반도계 도래인에 대해서는 현상황에서는 약간 불명확하다. 그러던 중, 纏向遺蹟 102次調査에서는 博多遺蹟群(하카타유적군)에서 확인되었던 단야관련유물과 동일한 형식의 송풍관, 鍛冶生産과 관련된 소철편과 승석문타날의 陶質土器 小片이 출토되어, 한반도계 도래인이 생산에 관련되었을 가능성이 높다. 또한 ホケノ山古墳(호케노야마고분)의 매장시설과 그곳에서 출토된 살포형 철제품에 대해서도 한반도와의 관련을 상정할 수 있지만, 현 상황에서 한반도와의 계보관계는 확정되지 않았다.

2) 菅原東遺蹟·西大寺東遺蹟

분지 북부에 위치하는 菅原東遺蹟은 布留2式期 야마토왕권의 지배거점으로 추정된다. 특정은 할 수 없지만, 佐紀古墳群 西群의 1基와 관련된 취락·居館이다. 취락의 규모는 약 9000m²이다. 중심에 925m² 면적의 방형의 居館이 있다. 腕輪形石製品과 미제품이 출토되었다. 고분시대 후기에는 埴輪(하니와) 생산이 실시되었고, 전기의 方形居館이 생산자 통괄층의 居館으로 변모한다.

西大寺東遺蹟에서는 極樂寺ヒビキ遺蹟(고쿠라쿠지히비키유적)과 공통되는 板狀柱를 가진 대형건물이 확인되었다. 佐紀古墳群의 피장자과 관련된 것일 가능성이 있다.

佐紀古墳群의 피장자와 한반도와의 관계가 명확해지는 것은 고분시대 중기 후반이다. ウワナベ古墳(우와나베고분)의 外堤에 있는 大和6號墳에서는 대량의 鐵鋌과 미니어처 농공구가 출토되었다. 철 소재의 유입과 단야 관련유물로부터 佐紀古墳群 근방에서 도래계집단에 의한 활발한 생산활동이 상정되는 곳이기는 하지만, 현 상황에서는 불명확하다. 더구나 분지 북부의 韓式系土器 출토지로 알려진 것은 古市遺蹟에서 1點이 알려져 있을 뿐이다.

3) 脇本遺蹟·城島遺蹟

중기 후반 및 후기 초두에 야마토왕권의 지배거점으로 기능하였던 유적으로 脇本遺蹟이 있다. 5세기 후반대와 6세기 전반대의 大型掘立柱建物이 확인되었다. 분지 동남부의 東國地方(토우고쿠지방)으로 향하는 교통의 요충에 해당되며, 취락의 경영은 彌生時代 후기 이후 특히 활발해진다. 庄內期에 주조관련유물이 출토되었고, 銅生産이 이루어졌다. 韓式系土器의 출토는 매우 적어, 전기~후기까지 도래계집단과의 관계는 명확하지 않다.

전기 전반의 大型前方後圓墳인 櫻井茶臼山古墳(사쿠라이챠우스야마고분)의 북쪽 일대에 펼쳐진 城島遺蹟(시키시마유적)은 대량의 목제토목구가 출토되고 東海系土器를 중심으로 하는 전국 각지의 토기가 출토된다는 점에서 古墳造營集團과의 관련이 주목되었는데, 후기 초두에 야마토왕권의 지배거점이 존재하였을 가능성이 있다. 대형건물은 확인되지 않지만, 6세기대의 掘立柱建物, 百濟系筒形土製品, 鍛冶關連遺物 등이 출토되었다. 야마토왕권 직영 도래계집단의 활동흔적으로 보아도 좋을 것이다.

4) 「오오야마토」地域의 首長居館

唐古·鍵遺蹟, 保津·宮古遺蹟, 多遺蹟, 坪井·大福遺蹟 등의 彌生時代 거점취락은 고분시대가 되어서도 계속되고, 纏向遺蹟의 산하로 들어가게 되지만, 거점적 성격은 계속 유지한다. 唐古·鍵遺蹟과 保津·宮古遺蹟에서는 유구·유물로 首長居館의 존재를 지적할 수 있고, 각각의 취락에서 「오오야마토」古墳群의 피장자가 될만한 首長이 배출되었다고 생각된다. 더욱이 「오오야마토」古墳群 근방의 乙木·佐保庄遺蹟, 島の山古墳(시마노야마고분) 근방의 下永東城遺蹟(시모나가히가시유적)·伴堂東遺蹟 등에서 수장층과 관련된 유구·유물이 검출되었다. 대형고분 피장자라고는 생각할 수 없지만, 고분 조영 집단과 생산자집단을 총괄한 수장층과 관련된 것이라고 추정할 수 있다.

전기~중기 초두의 단계에 乙木·佐保庄遺蹟, 伴堂東遺蹟, 多遺蹟에서 韓式系土器가 출토되었고, 중기 중엽 이후에는 唐古·鍵遺蹟, 保津·宮古遺蹟, 伴堂東遺蹟 등에서 韓式系土器가 출토되었다. 이른 단계부터 「오오야마토」地域의 수장층에 개재하는 형태로 도래계집단이 토지개발 등에 관계하였던 증거일 것이다.

5) 飛鳥地域의 首長居館과 소규모 취락

분지 남부에는 고분시대의 소규모 취락이 점재해 있다. 首長居館에 해당하는 것이 藤原宮下層遺蹟으로, 5세기대에는 대형건물이, 6세기대에는 구획시설과 대형건물이 확인되었다. 다만 대형 전방후원분과 관련된 것은 아니고 야마토왕권 슬하의 首長·中間層이 구축한 개발거점으로 인식할 수 있다.

분지 내에서 韓式系土器가 가장 집중되는 곳은 이 藤原宮下層遺蹟을 중심으로 한 曾我川(소가가와)·飛鳥川(아스카가와)·寺川의 상류역이며, 지역적으로는 飛鳥 및 그 주연부에 해당된다[〈표 1〉의 28~58, 大和高田市(야마토다카다시)·橿原市(카시하라시)·明日香村(아스카무라)·高取町(타카도리쵸)의 유적]. 또한 阿部·山田道(아베·야마다미치) 연변의 분포 역시 밀집되어 있다. 연대는 5세기대 이후이고, 야마토왕권 슬하의 수장이 도래계집단을 개입시켜 새로운 토지개발에 착수하는 한편, 도래계 기술자집단을 이주시켜 활발한 수공업생산을 전개한 증거이다. 이 개발이 7세기 이후 飛鳥에 都가 집중적으로 설치되고, 藤原京이 조영되는 전제가 되었을 것으로 추정할 수 있다.

3. 豪族層의 支配據點과 渡來人

1) 和爾遺蹟群

유적의 범위는 약 2km², 縣營圃場整備事業에 따른 발굴조사로 上殿古墳(카미도노고분) 근방에서 중기 전반대의 대형건물과 굴립주건물군이 확인되었다. 和爾地域 前方後圓墳의 피장자와 관련된 것으로 생각된다. 遺蹟群 및 북쪽에서 園池遺構가 확인된 南紀寺遺蹟(난키데라유적) 등을 포함한 광역 지역집단의 지배거점이다.

和爾地域의 前方後圓墳으로 전기~중기 초두에 축조된 東大寺山古墳·和爾下神社古墳(와니시타진쟈고분)·赤土山古墳(아카츠치야마고분) 등이 있다. 그 중 東大寺山古墳의 鐵刀에 後漢의 年號인 「中平二年」의 銘文이 있음은 잘 알려져 있다. 中國과의 관련은 물론이고, 입수하는데 있어 한반도계 도래인을 상정하는 것도 무모한 것은 아닐 것이다.

2) 布留遺蹟

유적의 범위는 약 3km², 중기 중엽~후기 전반의 석축이 있는 대형건물(杣之內アゼクラ地區, 소마노우치 아세쿠라지구)과 대형창고군(杣之內ドウドウ地區, 소마노우치도우도우지구), 무기 생산 공방(三島里中地區, 미시마사토나카지구) 등의 유구가 확인되었다(山內編 1995, 天理大學 2010). 石上大塚古墳(이소노가미오오츠카고분)·ウワナリ塚古墳(우와나리츠카고분)·別所大塚古墳(벳쇼오오츠카고분) 등 후기의 大型前方後圓墳과 石上·豊田古墳群(이소노가미·도요타고분군) 등 群集墳의 피장자와 관련된 것으로 생각된다.

韓式系土器의 특징으로 보아 百濟系·加耶(安羅伽耶)系 도래인의 관여는 명확하다. 철기생산, 특히 무기생산에 깊이 관여하였다고 생각된다. 石上神宮의 七支刀의 전래 역시 그 맥락 속에서 다뤄야 할 것이다.

3) 名柄·南鄉遺蹟群

유적의 범위는 4.7km², 각각이 완전하게 단일한 성격을 가진 것은 아니지만, 특징적인 부분을 제외하고 열거하면 다음과 같다. 수장층의 「高殿」「祭殿」과 導水施設(極樂寺ヒビキ遺蹟·南鄉安田遺蹟·南鄉大東遺蹟), 首長

의 거주지(多田檜木本遺蹟, 오이타히노키모토유적), 무기 생산이 이루어진 특수공방(南鄕角田遺蹟, 난고카도타유적), 대형창고군(井戶大田台遺蹟), 수공업생산을 지도한 우두머리(中間)層의 거주지[南鄕柳原遺蹟(난고야나기하라유적)·井戶井柄遺蹟(이도이가라유적)], 철기생산·옥생산·요업생산·유리생산 등 왕성한 수공업생산이 이루어진 일반 주민의 거주지[下茶屋カマ田遺蹟(시모차야마카마타유적)·南鄕千部遺蹟(난고센베유적)·南鄕生家遺蹟(난고쇼케유적)·南鄕田鶴遺蹟·佐田柚ノ木遺蹟(사다유노키유적)·佐田クノ木遺蹟(사다쿠노키유적)·林遺蹟(하야시유적)·井戶池田遺蹟(이도이케다유적)], 土器棺墓로 이루어진 일반주민의 묘지[南鄕九山遺蹟(난고쿠야먀유적)·南鄕岩下遺蹟(난고이와시타유적)] 등이다. 名柄遺蹟(나가라유적)에서는 首長居館이 확인되었다. 名柄·南鄕遺蹟群의 전성기는 중기 중엽~말엽이다.

중기 전반 室宮山古墳 축조 직후에 취락·居館의 형성이 시작된다. 掖上鑵子塚古墳(와키가미칸스즈카고분) 및 巨勢山古墳群(코세야마고분)의 피장자와 직접 관련된 취락·居館이다.

大壁建物, 韓式系土器, 鑄造鐵斧, 陶製算盤玉形紡錘車 등, 百濟·加耶系 도래집단의 깊은 관여가 명확하다. 특히 철기생산 등 수공업 생산기술의 도입에 도래계집단이 깊게 관여하였음이 증명되었다. 이 유적 및 분지 서남부지역 전체의 도래계집단의 활동에 대해서는 別稿에서 詳論하였기 때문에 그것을 참조하기 바란다(坂 2010c).

4) 그 외

平群町(혜구리쵸)의 西宮遺蹟(니시미야유적), 斑鳩町(이카루가쵸)에서 大和郡山市(야마토코리야마시)에 걸친 原田(法起寺南)遺蹟[하라다(홋키지데라미나미)유적], 生駒市(이코마시)의 壹分遺蹟群 등에서 대형건물과 방형구획 등이 확인되어, 수장층 관련유적이라고 인식할 수 있다. 原田遺蹟과 壹分遺蹟群에서는 伽耶系 및 百濟系의 韓式系土器가 출토되어 도래계집단과의 관련은 명백하다.

맺음말

이제까지 언급한 것 처럼 야마토왕권과 호족층은 분지 내 광대한 면적을 점하는 거대취락을 지배거점으로 하였음이 고고자료에 의해 선명하게 밝혀졌다. 야마토왕권의 지배거점은 「王宮」 혹은 「王都」로 표현할 수도 있어, 史料批判를 거친 후의 문헌자료와의 정합성도 검토되어야만 한다(古市 2011). 그러나 고고학적으로는 겨우 유적의 존재가 명확해진 것에 불과하며, 불확정적인 요소가 많다. 이제부터 유구의 연대가 보다 명확해져야만 할 것이며, 유적과 유적군의 상세한 구조를 파악하여 지역내에서 그것을 위치지우는 작업이야말로 급선무이다.

본고에서 언급한 분지 내에 지배거점을 구축한 호족층은 문헌자료 속에서 氏族으로 취급되고 있는 집단이다. 그러나 6세기 이전에 이들이 氏族으로서의 실태적인 활동을 했는지에 대해서는 매우 의문이다 혈연관계를 기조로 하여 「大王家」와의 인척관계를 맺음으로 정치적 권력을 얻는 것과 같은 활동을 행했는지 어떠한지에 대해서는 의문을 가질 수 밖에 없다. 본래 氏姓制度의 성립은 6세기가 되어서야 이루어지는 것이다.

그 한편으로 본고에서 상술한 바와 같이 각각의 집단이 고분시대 전기에는 彌生時代의 생산기반을 이어받은 형태로 각각 지역집단으로 발흥하고, 고분시대 중기에는 거대한 지배거점을 구축하기까지 성장해 가는 과정이 점차 명확해졌다. 그러한 의미에서 야마토왕권도 분지 최대의 생산기반을 자랑하는 「오오야마토」地域을 기반으로 하는 지역집단에 지나지 않다고 말할 수 있을 것이다. 그러한 지역집단의 合從連衡이 야마토왕권의 정치를 지탱하고, 긴박한 동아시아 정세 속에서 대외교섭를 하였던 것으로 추정된다.

그러한 중에 지리적으로 가까운 한반도로부터는 다수의 도래계집단이 분지 내에 유입되었다. 야마토왕권과 호족층은 개발의 진척, 생산기술의 이식과 생활양식의 변화 등 모든 것에 있어 도래계집단의 힘을 절묘하게 받아들여 그 실력의 배경으로 삼은 것이다.

전기의 분지 내 韓式系土器 출토지는 「오오야마토」地域에 거의 한정된다. 야마토왕권 직영지의 생산을 지탱하였다는 점은 명백하며, 농업생산과 토지개발에 중요한 역할을 하였다고 추정할 수 있다.

중기 이후는 「오오야마토」地域에 더하여 남부지역의 도래계집단이 지역개발과 수공업생산에 깊이 관련되었다고 생각된다(坂 2009). 중기에는 상술한 바와 같이 분지에 야마토왕권의 지배거점이 존재하지 않던 것은 아니지만, 古市古墳群·百舌鳥古墳群의 大型前方後圓墳과 法圓坂遺蹟(호엔자카유적)의 巨大倉庫群으로 상징되는 것처럼 河內平野의 중요성이 증가하였다는 것은 말할 필요도 없다. 현재 조사 사례는 부족하지만 上町台地를 중심으로 한 大阪平野에도 야마토왕권의 지배거점이 존재하였음은 의심의 여지가 없을 것이다.

이러한 와중에 중기 이후도 야마토왕권은 그 직영지의 토지개발을 계속 진척시켰다. 앞에서 설명한 脇本遺蹟·城島遺蹟과 佐紀古墳群·馬見古墳群(우마미고분군)의 존재로 大和川 水運 및 東國으로 향하는 육상교통의 요충으로서 나라분지와 河內平野(카와치평야)가 하나가 되고, 넓은 범위가 야마토왕권의 직영지가 되었다고 추정할 수 있다. 분지가 풍부한 생산력을 자랑하는 곡창지대로서의 의미가 줄어드는 일은 결코 없었으며, 그 토지개발에 도래계집단이 깊이 관련되었음은 명백하다. 더욱이 河內平野의 陶邑古窯址群의 요업생산, 大縣遺蹟(오오가타유적)·森遺蹟(모리유적)의 철기생산 등의 대규모적인 수공업생산과 마찬가지로 분지 내에서도 曾我遺蹟(소가유적)에서 옥생산 등의 수공업생산을 왕성하게 전개하였다. 그곳에서의 도래계집단의 역할은 명백하다.

분지 내에 지배거점을 구축한 호족층도 중기 이후 도래계집단의 활동을 활발하게 하고 왕성한 수공업생산을 전개한다. 지배거점마다의 생산활동이 명확하고, 각각의 지역집단마다 특색있는 私的인 생산활동을 실시하였던 것이다.

그리고 飛鳥地域에서 토지개발과 수공업생산은 6세기에 도래계집단을 산하에 둔 蘇我氏(소가우지)가 주도하고, 그 권력의 원천으로 삼았다는 점은 말할 것도 없다. 7세기에는 飛鳥地域이 야마토왕권의 중추가 되어 「王宮」이 설치되었다라고 하는, 문자 그대로의 飛鳥時代로의 과정을 여기에서 볼 수 있는 것이다.

이기성 번역

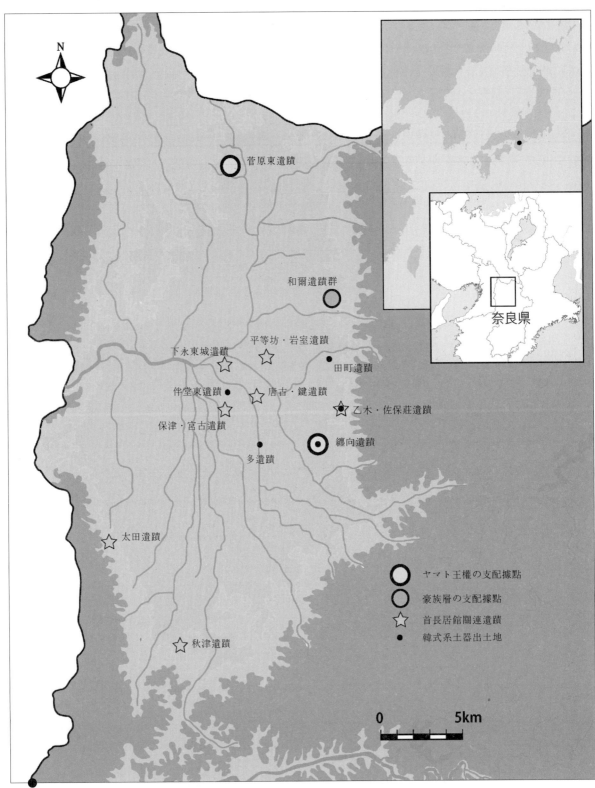

図の凡例:

○ ヤマト王權の支配據點
○ 豪族層の支配據點
☆ 首長居館關連遺蹟
● 韓式系土器出土地

地図上のラベル:
菅原東遺蹟
和爾遺蹟群
平等坊・岩室遺蹟
下永東城遺蹟
田町遺蹟
伴堂東遺蹟
唐古・鍵遺蹟
乙木・佐保莊遺蹟
保津・宮古遺蹟
纒向遺蹟
多遺蹟
太田遺蹟
秋津遺蹟
奈良県

0 5km

도 1 야마토 王權과 豪族層의 支配據點(前期~中期初頭)

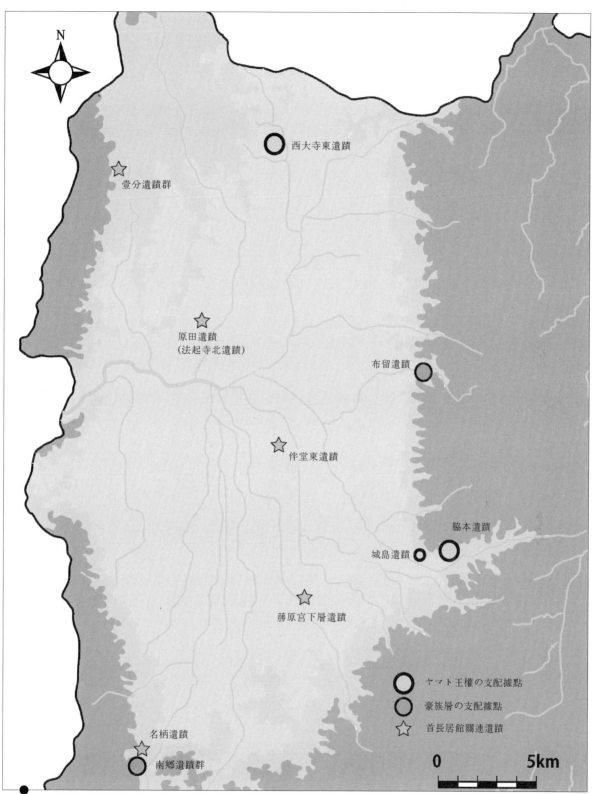

西大寺東遺蹟

壹分遺蹟群

原田遺蹟
(法起寺北遺蹟)

布留遺蹟

伴堂東遺蹟

脇本遺蹟

城島遺蹟

藤原宮下層遺蹟

○ ヤマト王權の支配據點

○ 豪族層の支配據點

☆ 首長居館關連遺蹟

0   5km

名柄遺蹟

南鄉遺蹟群

도 2 야마토 王權과 豪族層의 支配據點(中期~後期)

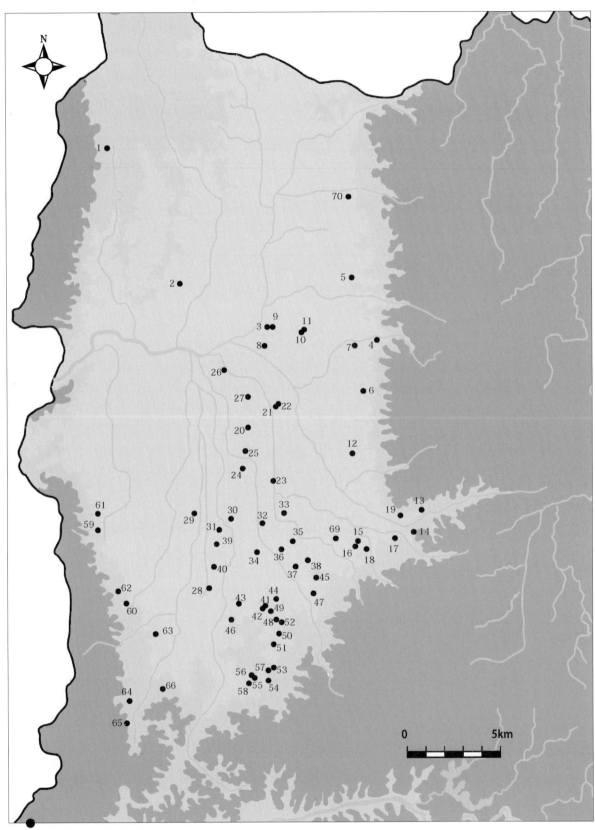

도 3　韓式系土器 分布圖

표 1 _ 나라현 한식계토기 집성표

番号	所在地	遺跡名	遺構・出土地点等	韓式系土器 焼成	調整	器種	渡来系集団関連遺構・遺物	特記事項	時期	文献
1	生駒市	壱分遺跡群	壱分西畑	陶質	火焔スカシ	高坏		伽耶(咸安)系	中期中葉	1
	〃	〃	壱分宮ノ前	陶質	平行タタキ	甑			中期中葉	
			壱分宮ノ前	軟質	格子タタキ	甑・鉢・甕			中期中葉	2
2	大和郡山市	原田遺跡		軟質	格子タタキ	体部片			中期中葉～	4
3	〃	八条遺跡	SX02	軟質	ナデ	平底壺			中期中葉	5
	〃	〃	SD17	軟質	縄蓆紋タタキ	甑			中期中葉	
	〃	〃	中世素掘溝・井戸	軟質	格子タタキ	体部片				
4	天理市	布留遺跡	杣の内(樋の下ドウド)溝1	陶質	鳥足文タタキ	壺	鍛冶関係遺物、製塩土器、馬歯	石上大溝 全南系	中期中葉～後期	6
	〃	〃	杣の内(樋の下ドウド)	軟質	格子タタキ				中期中葉～後期	7
	〃	〃	杣の内(樋の下ドウド)	軟質		器台			中期中葉～後期	7
	〃	〃	三島(里中)西地区・東地区	軟質	格子タタキ	体部片・把手	鍛冶関連遺物	武器生産工房	中期中葉～後期	7
	〃	〃	布留(西小路)地区LN26・43	軟質	格子タタキ	鍋	ガラス小玉・滑石製品・鉄製鋤先・		中期中葉～後期	8
	〃	〃		陶質	ナデ	平底壺		百済系	後期前半	
	〃	〃		陶質	火焔スカシ	高坏		伽耶(咸安)系		9
	〃	〃		軟質	格子タタキ					
5	〃	和爾・森本遺跡	谷地形	軟質	格子タタキ	体部片				10
6	〃	乙木・佐保庄遺跡	1次調査SD03	軟質	格子タタキ	甑ほか			前期前半	11
7	〃	田町遺跡	SK01	陶質	斜格子タタキ	体部片			前期	12
8	〃	角田遺跡	SK566	軟質	平行タタキ	甕			中期中葉	13
9	〃	中町西遺跡	B地区自然流路04	軟質	格子タタキ	甑	鍛冶関係遺物		中期中葉～後期	14
	〃	〃	B地区自然流路05	軟質	ナデ	竈枠			中期中葉～後期	
	〃	〃	B地区包含層	軟質	格子タタキ	甑				
	〃	〃	C地区自然流路07	陶質	平行タタキ・ナ	平底壺・竈枠		百済系	中期末葉	
	〃	〃	C地区自然流路08	軟質	格子タタキ	鉢			中期末葉	
	〃	〃	C地区方形竪穴建物1	軟質	格子タタキ	鉢			中期末葉	
	〃	〃	D地区井戸12	軟質	平行タタキ	鍋			中期末葉	
	〃	〃	D地区土坑22	軟質	格子タタキ	鍋			中期末葉	
10	〃	小路遺跡	土坑11	軟質	平行タタキ・格子タタキ	平底壺・体部片・把手	製塩土器			15
	〃	〃	包含層	陶質	平行タタキ・圈	甕		百済系		
11	〃	星塚1号墳	周濠	陶質	格子タタキ・鳥足文タタキ、平行タタキ・圈線	壺		全南系		15
	〃	〃	〃	陶質		器台		伽耶系?		
12	桜井市	纒向遺跡	90次調査SD2001	瓦質	タタキ・ハケ	口縁部・体部片			前期	16
	〃	〃	102次調査SK04	陶質	ハケ	短頸壺	鍛冶関係遺物		前期	17
13	〃	脇本遺跡	採集資料	軟質	縄蓆文タタキ	体部片			中期	18
	〃		朝倉小学校所蔵	軟質	縄蓆文タタキ	体部片				19
14	〃	忍阪遺跡		瓦質・陶質			鍛冶関連遺物・鉄鉾			20
15	〃	安倍寺遺跡	12次調査竪穴住居3	軟質	格子タタキ	竈	鍛冶関係遺物、製塩土器、馬歯		後期前半	21
16		谷遺跡	2次	軟質	ハケ	甑		玉作り関係遺物	後期	22
	〃	〃	14次 流路	軟質	格子タタキ	甕	鍛冶関連遺物	6・17・19次鍛冶関連遺物	後期後半	23
	〃	〃	15次	軟質	縄蓆文タタキ					24
17		赤尾崩谷古墳群	1号墳斜面	陶質	鳥足文タタキ	短頸壺		垂飾付耳 玉類多数	中期末	25
18		上之宮遺跡	建物12、柱掘方	瓦質	ナデ	脚台付杯				26
19		城島遺跡	20次調査SX1003	軟質	ハケ	筒形土製品	鍛冶関連遺物	周辺より鍛冶関連遺物	後期後半	27
20	田原本町	保津・宮古遺跡	29次SD2130	陶質		短頸壺			中期後半	28
21		唐古・鍵古墳群	84次方墳ST101	陶質	特殊タタキ	広口壺		百済系	後期初	29
22		唐古・鍵遺跡	第59次調査	陶質	平行タタキ	甑			中期	30
23	〃	多遺跡	SK2019	軟質	縄蓆文	直口壺			中期前半	31

番号	所在地	遺跡名	遺構・出土地点等	韓式系土器 焼成	調整	器種	渡来系集団関連遺構・遺物	特記事項	時期	文献
24	〃	矢部遺跡	SD-303	軟質	格子タタキ	体部片			前期？	32
25	〃	十六面・薬王寺遺跡	南Ⅰ区SD03	陶質	縄蓆文タタキ	甕				33
26	川西町	南吐田遺跡	採集資料	軟質	格子タタキ	鉢			中期	34
27	三宅町	伴堂東遺跡	土坑SK2480	軟質	格子タタキ	体部片			前期前半	35
	〃	〃	土坑SK1088	陶質・軟質	ナデ・格子タタキ・ハケ	大甕・広口甕			中期中葉	
	〃	〃	土坑SK2066	軟質	格子タタキ	鉢			中期中葉	
	〃	〃	土坑SK2505	陶質	ナデ	広口壺			中期中葉	
	〃	〃	井戸SE2004	軟質	格子タタキ	長胴甕			中期中葉	
	〃	〃	井戸SE2180	軟質	ナデ	支柱			後期前半	
	〃	〃	溝SD2100	軟質	格子タタキ	竈			中期後半	
	〃	〃	溝SD3080	軟質	ナデ	鉢			中期中葉	
	〃	〃	方形周溝墓ST2001	軟質	格子タタキ	甑・鍋			中期中葉	
28	大和高田市	西坊城遺跡	河道SR01	陶質	格子タタキ	甕			中期中葉	36
29	〃	土庫長田遺跡	包含層3	陶質		平底壺			中期～後	37
	〃	〃	包含層3	軟質	格子タタキ	壺・体部片			中期～後	
	〃	〃	大河道斜面3層	軟質	縄蓆文タタキ	壺			中期～後	
30	橿原市	曽我遺跡	試掘第2トレンチ	軟質	格子タタキ	甑		玉作り関係遺物		38
	〃	〃	A・D地区包含層	軟質	平行タタキ・格子タタキ	甑・甕・口縁部片				
	〃	〃	SG01	軟質	格子タタキ	体部片			後期	
	〃	〃	SG02	陶質	ヘラケズリ	杯			中・後期	
	〃	〃	SD24	軟質・陶質		甑・蓋			中・後期	
31	〃	曲川古墳群	包含層	軟質・陶質	縄蓆文・格子タタキ	甕・器台				39
32	〃	内膳・北八木遺跡群（大藤原京右京北三条五坊）	SD01・斜行溝SD02	軟質	格子タタキ	鍋・鉢	鍛冶関連遺物	橋脚・護岸施設、鍛冶工房？	中期後半	40
33	〃	下明寺池		軟質	縄蓆文	広口壺				41
34	〃	四条大田中	弧状溝	軟質	格子タタキ	鉢・甑		古墳周濠の可能性あり	中期中葉	42
	〃	四条遺跡	第18次調査	軟質	平行タタキ	甑				
35	〃	四分遺跡	SK580	軟質	格子タタキ	甑				43
	〃	〃	37-2次包含層							44
	〃	〃	39次包含層							45
36	〃	四分遺跡 藤原宮西方官衙	82次斜行溝SD3100	軟質	平行タタキ	鉢			中期中～後半	46
37	〃	高所寺池遺跡	井戸SE9570	軟質	格子タタキ	鉢			中期後半	47
	〃	〃	不詳	陶質・軟質	格子タタキ	甕・鉢				
38	〃	木之本町（藤原京左京六条二坊）	竪穴住居SB4236ほか	瓦質・軟質	格子タタキ	双耳壺の蓋・鉢・甑			中期	48
39	〃	新堂遺跡・西新堂遺跡・東坊城遺跡	河川跡	陶質・軟質	平行タタキ・縄蓆文タタキ	鍋・甑・高杯	鍛冶関連遺物	帯	中期中葉～	49
	〃	〃	角田地区土坑	陶質	火焔スカシ	高杯・杯・器台	鍛冶関連遺物	伽耶（咸安）系	中期中葉	50
	〃	〃	六反田地区溝				鍛冶関連遺物・鋳造鉄斧			51
40	〃	川西町地区	第4区上層 自然流路	軟質	格子タタキ	体部片			中期中葉	52
41	〃	和田廃寺								53
42	〃	藤原京左京十二条一坊	SK（SD）05	軟質	格子タタキ	体部片			中期中葉	54
43	〃	久米石橋	包含層	軟質	格子タタキ	体部片			不明	55
44	〃	紀寺南	谷2	軟質	格子タタキ	口縁部・体部片			中期	56
45	〃	南山古墳群	4号墳墳丘	陶質		異形高杯・壺付	鉄・	伽耶（咸安）系	中期中葉	57
46	〃	新沢千塚古墳群	281号墳頂部土器群	陶質	平行タタキ	壺・異形高杯	鉄鉾	百済系	後期初	58
47	明日香村	山田道下層	SD2570	陶質・軟質	格子タタキ・平行タタキ、黒色	甑・鉢・高杯・蓋			中期中葉	59
48	〃	水落遺跡	9次調査	陶質・軟質	縄蓆文タタキ・格子タタキ					60
49	〃	小墾田宮下層	2次調査 竪穴住居・土坑							61
50	〃	飛鳥京跡下層	包含層	軟質	平行タタキ	甑				62

番号	所在地	遺跡名	遺構・出土地点等	韓式系土器			渡来系集団関連遺構・遺物	特記事項	時期	文献
				焼成	調整	器種				
51	〃	東橘遺跡	SB8302柱抜き取り穴	陶質	縄蓆文タタキ		鍛冶関係遺物		中期末	63
52	〃	飛鳥寺下層	竪穴住居						後期初	64
53	〃	ホラント遺跡	包含層	軟質	ハケ	筒形土製品	大壁建物		飛鳥時	65
54	高取町	清水谷遺跡	ナルミ地区第3トレンチ	軟質	格子タタキ	鉢	大壁建物・オンドル状遺構		中期～後期	66
55	〃	薩摩遺跡	甕棺墓SK1463	軟質	格子タタキ	長胴甕		百済系	中期中葉	67
56	〃	松山遺跡	試掘	軟質	格子タタキ	体部片				68
57	〃	観覚寺遺跡	7次調査	軟質	格子タタキ	体部片	L字形竈・大壁建物、塀、オンドル状遺構	石組方形池	中期後半～平安時代	69
58	〃	イノヲク古墳群	2号墳墳丘	軟質	格子タタキ	鉢	1号墳鍛冶工具		後期後半	70
	〃	〃	12号墳造出し	軟質	ハケ	筒形土製品	11号墳ミニチュア鉄斧		後期中葉	
59	葛城市	竹内遺跡	6・13次 大溝	軟質・瓦質	格子タタキ・縄蓆紋タタキ	甑・鉢・体部片		製塩土器	中期中葉	71
	〃	〃	6・13次 大溝	陶質	平行タタキ・圏	甕			中期中葉	
60	〃	笛吹古墳群西方(散布地)		軟質	平行タタキ・圏線	長胴甕			中期中葉	72
61	〃	兵家古墳群	4号墳	陶質		平底壺		百済系	中期末葉	73
62	〃	寺口忍海古墳群	H13号墳	陶質		平底壺	異形鉄矛	百済系	中期末葉	74
63	御所市	石光山古墳群	43号墳	陶質					後期初	75
64	〃	名柄遺跡		軟質	格子タタキ	甑・体部片		新羅系	中期末葉	76
65	〃	南郷遺跡群	南郷角田　SK10	軟質	格子タタキ、平行タタキ・圏線	体部片・長胴甕	銀・銅・鉄・ガラス、鹿	特殊工房	中期中葉	77
	〃	〃	下茶屋カマ田　SB10	軟質	格子タタキ・平行タタキ	長胴甕・鉢			中期中葉	
	〃	〃	下茶屋カマ田　SD02・04	軟質	格子タタキ	甑・体部片	手捏ね土器	玉作り関係遺物	中期中葉	
	〃	〃	下茶屋カマ田　SX02	軟質	ハケ	筒形土製品		百済系	後期前半	
	〃	〃	下茶屋カマ田　包含層	軟質・陶質	平行タタキ・格子タタキ	坏・長胴甕・甑	鍛冶関係遺物		中期中葉	
	〃	〃	下茶屋カマ田　SB68-71	軟質	格子タタキ	甑	鍛冶関係遺物		中期中葉	78
	〃	〃	佐田柚ノ木　SB08	軟質	格子タタキ	体部片			中期中葉	
	〃	〃	佐田柚ノ木　柱穴	軟質	格子タタキ	体部片	ガラス小玉鋳型		中期中葉	
	〃	〃	南郷大東　SX01	軟質	格子タタキ・平行タタキ	甑・鍋・壺		導水施設 製塩土器	中期中葉	79
	〃	〃	南郷大東　SX01	陶質		蓋		高霊系	中期中葉	
	〃	〃	南郷大東　SX02	陶質	平行タタキ・圏	壺		全南系	中期末	
	〃	〃	南郷大東　不明その他	軟質	平行タタキ・圏線、格子タタキ・ナデ	鉢・甑			中期中葉	
	〃	〃	南郷岩下　土器棺	軟質	平行タタキ	体部片			中期中葉	80
	〃	〃	南郷九山	瓦質・陶質・軟質	格子タタキ・鳥足文タタキ	短頸壺・甑・壺・蓋			中期中葉	81
	〃	〃	井戸井柄　SB02・03	軟質	格子タタキ	鉢・甑			中期中葉	82
	〃	〃	南郷田鶴	軟質	平行タタキ	壺			中期中葉	83
	〃	〃	多田檜木本	軟質	格子タタキ	体片		居館 製塩土器	中期中葉～	84
66	〃	室宮山古墳	北主体部	陶質		船形土器		伽耶(咸安)系	中期前半	85
67	〃	秋津遺跡								86
68	五條市	西河内堂田遺跡								87
70	奈良市	古市遺跡	SK211	軟質	?	甑			中期後半～後期	3

●참고문헌●

靑柳 泰介, 2005, 「大和の渡來人」, 『大和王權と到渡來人』, サンライズ出版.

岸 俊男, 1966, 「ワニ氏に関する基礎的考察」, 『日本古代史政治史研究』, 塙書房.

関川 尙功, 1998, 「大和の渡來人」, 『橿原考古學研究所論集』第九, 吉川弘文館.

天理大學附屬天理參考館, 2010, 『布留遺蹟杣之内(樋ノ下・ドウドウ)地區發掘調査報告書1980・1988~1989年調査遺構編』, 考古學調査研究中間報告25, 埋藏文化財天理教調査團.

中野 咲, 2008, 「『韓式系土器』分布論の現狀と課題」, 『橿原考古學研究所論集』第十五, 八木書店.

坂 靖, 2007, 「筒形土製品からみた百濟地域と日本列島」, 『考古學論究 -小笠原好彦先生退任記念論集-』.

____, 2008, 「奈良盆地の古墳時代集落と居館」, 『考古學研究』第55巻第2號.

____, 2009, 『古墳時代の遺蹟學』, 雄山閣.

____, 2010a, 「近畿の首長居館と三ッ寺Ⅰ遺蹟」, 『豪族居館三ッ寺Ⅰ遺蹟のすべて』, かみつけの里博物館.

____, 2010b, 「前方後円墳出現期の聚落 -奈良盆地における彌生據点集落の展開-」, 松藤和人編, 『考古學は何を語れるか』, 同志社大學考古學シリーズ.

____, 2010c, 「葛城の渡來人 -豪族の本據を支えた人々-」, 『研究紀要』第15集, (財)由良大和古代文化研究協會.

____, 2011a, 「ヤマト王權と奈良盆地の在地集團 -古墳時代前半期の集落と古墳-」, 『勝部明生先生喜壽記念論文集』, 勝部明生先生喜壽記念論文集刊行會.

____, 2011b, 「ヤマト王權と豪族層の支配據点と渡來人」, 『第7回共同研究會日韓集落研究の展開』, 日韓集落研究會.

____, 2011c, 「奈良盆地の渡來系集團関連遺物」, 『秋季特別展仏教傳來』, 奈良縣立橿原考古學研究所附屬博物館.

坂 靖・靑柳泰介, 2011, 『葛城の王都南鄉遺蹟群』, 新泉社.

古市 晃, 2011, 「5・6世紀における王宮の存在形態 -王名と叛逆傳承-」, 『日本史研究』587.

山内 紀嗣, 1995, 『布留遺蹟三島(里中)地區發掘調査報告書』, 埋藏文化財天理教調査團.

1. 見須俊介, 1995, 「壹分遺蹟群コモリ・宮ノ前地區發掘調査槪報」, 『奈良縣遺蹟調査槪報1994年度(第1分冊)』.

2. 小栗明彦, 2003, 「古墳時代生駒谷の物流據点」, 石野博信, 『古代近畿と物流の考古學』, 學生社.

3. 安井宣也, 1997, 「古市遺蹟の調査」, 『奈良市埋藏文化財調査槪要報告書平成8年度』, 奈良市教育委員會.

4. 山川均, 1992, 『原田遺蹟第3次發掘調査報告』, 大和郡山市埋藏文化財發掘調査報告書.

5. 坂 靖 編, 2006, 『八條遺蹟』, 奈良縣立橿原考古學研究所調査報告第94冊.

6. 2001, 『天理參考館常設展示圖錄』.

   山内紀嗣 編, 1995, 『布留遺蹟三島(里中)地區發掘調査報告書』, 埋藏文化財天理教調査團.

7. 高野政昭ほか, 1996, 『布留遺蹟布留(西小路)地區古墳時代の遺構と遺物』, 埋藏文化財天理教調査團.

8. 山内紀嗣 編, 1991, 『發掘調査20年』, 埋藏文化財天理教調査團.

9. 竹谷俊夫, 1992, 『布留遺蹟出土の初期須惠器と韓式系土器』, 埋藏文化財天理教調査團.

10. 中井一夫 編, 1983, 『和爾・森本遺蹟』, 奈良縣史蹟名勝天然記念物調査報告第45冊.

11. 鈴木裕明 編, 2006, 『乙木・佐保庄遺蹟』, 奈良縣立橿原考古學研究所調査報告書第92冊.

12. 靑木勘時, 2006, 「田町遺蹟」, 『天理市埋藏文化財調査槪報平成10・11・12年度』, 天理市教育委員會.

13. 宮原晋一, 1999, 「角田遺蹟」, 『奈良縣遺蹟調査槪報1998年度』.

14. 伊藤雅和・本村充保, 2003, 『中町西遺蹟』, 奈良縣立橿原考古學研究所調査報告第85冊.

15. 泉 武 編, 1990, 『星塚・小路遺蹟の調査』, 天理市埋藏文化財調査報告第4集.

16. 橋本輝彦, 1997, 「纏向遺蹟第90次發掘調査槪要報告」, 『平成8年度國庫補助事業による發掘調査報告書』, 櫻井市教育委員會.

17. 靑木香津江, 1998,「纏向遺蹟第102次」,『奈良縣遺蹟調査槪報1997年度(第2分冊)』.

18. 淸水眞一, 1987,「脇本遺蹟」,『彌生・古墳時代の大陸系土器の諸問題』, 埋藏文化財硏究會・(財)大阪府埋藏文化財協會.

19. 関川尙功・上田喜美, 1978,「脇本遺蹟出土遺物(朝倉小學校藏)」,『櫻井市外鎌山北麓古墳群』, 奈良縣史蹟名勝天然記念物
     調査報告第34冊.

20. 関川尙功・橋詰淸孝ほか, 1987,「忍阪遺蹟發掘調査槪報」,『奈良縣遺蹟調査槪報1986年度』.

21. 淸水哲, 2004,「安部寺遺蹟第12次發掘調査槪要」,『平成15年度奈良縣市町村埋藏文化財發掘調査報告會資料』.

22. 淸水眞一, 1994,『櫻井市內埋藏文化財1992年度發掘調査報告書2 -谷遺蹟第5次調査-』, (財)櫻井市文化財協會.

23. 松宮昌樹, 2000,「谷遺蹟第14次調査報告」,『櫻井市平成11年度國庫補助による發掘調査報告書』, 櫻井市立埋藏文化財セン
     ター發掘調査報告書第21集.

24. 龜田博, 1978,『大福遺蹟』, 奈良縣史蹟名勝天然記念物調査報告第36冊.

25. 橋本輝彦・木場佳子, 2004,「赤尾崩谷古墳群の調査」,『今來の才伎古墳・飛鳥の渡來人』, 大阪府立近つ飛鳥博物館圖錄36.

26. 淸水眞一, 1989,「櫻井市上之宮遺蹟出土の瓦質土器について」,『古文化談叢』第20集(中), 九州古文化硏究會.

27. 橋本輝彦, 2001,「城島遺蹟第20次調査報告」,『櫻井市平成12年度國庫補助による發掘調査報告書』, 櫻井市埋藏文化財セン
     ター.

28. 藤田三郎ほか, 2002,「保津・宮古遺蹟第29次調査」,『田原本町埋藏文化財年報2001年度』, 田原本町敎育委員會.

29. 豆谷和之ほか, 2002,「唐古・鍵遺蹟第84次調査」,『田原本町埋藏文化財年報2001年度』, 田原本町敎育委員會.

30. 唐古・鍵ミュージアム, 2007,『彌生の王都唐古・鍵』.

31. 寺澤薰 編, 1998,『多遺蹟第10次調査發掘調査槪報』, 奈良縣立橿原考古學硏究所.

32. 寺澤薰 編, 1986,『矢部遺蹟』, 奈良縣史蹟名勝天然記念物調査報告第49冊.

33. 埋藏文化財硏究會, 1987,「十六面・藥王寺遺蹟」,『彌生・古墳時代の大陸系土器の諸問題』.

34. 1991,『飛鳥時代の埋藏文化財に関する一考察』, 飛鳥資料館圖錄第24冊.

35. 坂 靖 編, 2003,『伴堂東遺蹟』, 奈良縣立橿原考古學硏究所調査報告第80冊.

36. 大西貴夫 編, 1999,『西坊城遺蹟』, 奈良縣文化財調査報告書第83集.

37. 前澤郁浩 編, 2010,『土庫遺蹟群』, 大和高田市埋藏文化財調査報告第9集.

38. 関川尙功 編, 1988,『曾我遺蹟(遺構・土器編)』, 奈良縣史蹟名勝天然記念物調査報告第55冊.

39. 竹田正則, 2006,「橿原市內の朝鮮半島系土器」,『海を越えたはるかな交流 -橿原の古墳と渡來人-』, 奈良縣立橿原考古學硏
     究所附屬博物館圖錄特別展圖錄第66冊.

40. 露口眞廣, 2001,「大藤原京右京北三條五坊の調査」,『平成12年度埋藏文化財發掘調査成果展かしはらの歷史をさぐる9』.

41. 塩井孝順, 1956,「橿原市大字新賀下明寺遺蹟」,『奈良縣史蹟名勝天然記念物調査抄報』第9輯.

42. 齋藤明彦, 1993,「四條大田中遺蹟」,『韓式系土器硏究Ⅲ』, 韓式系土器硏究會.

43. 奈良國立文化財硏究所, 1980,『飛鳥藤原宮發掘調査報告Ⅲ -藤原宮西辺地區・內裏東外郭の調査-』, 奈良國立文化財硏究
     所學報第37冊.

44. 1986,「宮西南地域の調査(第37-2次)」,『飛鳥・藤原宮發掘調査槪報』14.

45. 奈良國立文化財硏究所, 1985,「右京二條三坊・三條二坊の調査(39・43次)」,『飛鳥・藤原宮發掘調査槪報』15, 奈良國立文
     化財硏究所.

46. 千田剛道・西口壽生, 1997,「西方官衙南地區の調査 - 第82次」,『奈良國立文化財硏究所年報1997-Ⅱ』.

47. 奈良文化財硏究所, 2006,『高所寺池遺蹟發掘調査報告 -藤原宮および藤原京左京七條二坊の調査-』.

48. 奈良國立文化財硏究所, 1986,「左京六條三坊の調査(第45・46次)」,『飛鳥・藤原宮發掘調査槪報』16.

49. 川部浩司・桝田治, 2004,「新堂遺蹟・西新堂遺蹟の調査」,『平成14年度埋藏文化財發掘調査成果展かしはらの歷史をさぐ
     る』11.

50. 平岩欣太・桝田治, 2007,「新堂遺蹟」,『大和を掘る25 2006年度發掘調査速報展』.

51. 齋藤明彥, 1992, 「東坊城遺蹟六反田地區」, 『大和を掘る12 1991年度發掘調查速報展』.

52. 平松良雄・鈴木一議, 2007, 「京奈和御所道路 川西地區の調査(第4區)」, 『大和を掘る25 2006年度發掘速報展』.

53. 1975, 「和田廢寺の調査」, 『飛鳥・藤原宮發掘調查概報』5, 奈良國立文化財研究所.

54. 齋藤明彥, 1993, 「藤原京左京十二條一坊の調査」, 『橿原市埋藏文化財發掘調查概報平成4年度』, 橿原市敎育委員會.

55. 川上洋一 編, 2003, 『久米石橋遺蹟(藤原京右京十二條五坊)』, 奈良縣文化財調查報告書第96集.

56. 關川尙功, 1994, 「紀寺南遺蹟發掘調查概報」, 『奈良縣遺蹟調查概報1993年度』.

57. 阪口俊幸, 1986, 「奈良縣南山古墳群」, 『日本考古學協會年報』36.

58. 河上邦彥, 1981, 「新澤281號墳」, 『新澤千塚古墳群』, 奈良縣史蹟名勝天然記念物調查報告第39冊.

59. 奈良國立文化財研究所, 1991, 「山田道第2・3次調査」, 『飛鳥・藤原宮發掘調查概報』21.

60. 深澤芳樹, 1997, 「水落遺蹟の調査 -第9次・1995-1次」, 『奈良國立文化財研究所年報1997-II』.

61. 奈良國立文化財研究所, 1974, 「小墾田宮推定地の第2次調査」, 『飛鳥・藤原宮發掘調查概報』4.

62. 奈良國立文化財研究所, 1961, 『平城宮蹟第1次・傳飛鳥板蓋宮蹟發掘調查報告』I.

63. 西藤淸秀, 1984, 「飛鳥京蹟第第100次調査(東橘遺蹟)發掘調查概報」, 『奈良縣遺蹟調查概報1983年度』.

64. 奈良國立文化財研究所, 1985, 「飛鳥寺とその周辺地域の調査」, 『飛鳥・藤原宮發掘調查概報』15.

65. 松井一晃 編, 2005, 『ホラント遺蹟』, 奈良縣文化財調查報告書第112集.

66. 木場幸弘, 2002, 「淸水谷遺蹟ナルミ地區第3トレンチ」, 『大和を掘る20 2001年度發掘調查速報展』.

67. 北山峰生, 2005, 「薩摩遺蹟第5次」, 『奈良縣遺蹟調查概報2004年』, 2005年.

68. 宮原晉一, 2005, 「高取町松山・羽內地區の試掘調査」, 『奈良縣遺蹟調查概報2004年』.

69. 木場幸弘, 2007, 「觀覺寺遺蹟第7次調査・第9次調査」, 『大和を掘る25 2006年度發掘調查速報展』.

70. 松永博明, 1989, 『イノヲク古墳群發掘調查報告』, 高取町文化財調查報告第8冊.

71. 木場幸弘・中川佳三, 1992, 『イノヲク古墳群第4次發掘調查報告書』, 高取町文化財調查報告第12冊.

72. 木下亘, 2006, 「須惠器から見た葛城の物流據点」, 『葛城氏の實像 -葛城の首長とその集落-』, 奈良縣立橿原考古學研究所附
　　　　屬博物館.

73. 伊藤勇輔 編, 1978, 『兵家古墳群』, 奈良縣史蹟名勝天然記念物調查報告第37冊.

74. 千賀久 編, 1988, 『寺口忍海古墳群』, 新庄町文化財調查報告第一集.

75. 白石太一郎・河上邦彥・龜田博・千賀久, 1976, 『葛城・石光山古墳群』, 奈良縣史蹟名勝天然記念物調查報告第31冊.

76. 藤田和尊, 1991, 「奈良縣御所市名柄遺蹟」, 『日本考古學年報』42, 日本考古學協會.

77. 坂靖・福田さよ子他, 1995, 『南鄕遺蹟群』I, 奈良縣史蹟名勝天然記念物調查報告第69冊.

78. 佐々木好直ほか, 1999, 『南鄕遺蹟群』II, 奈良縣史蹟名勝天然記念物調查報告第73冊.

79. 靑柳泰介ほか, 2003, 『南鄕遺蹟群』III, 奈良縣史蹟名勝天然記念物調查報告第74冊.

80. 靑柳泰介, 1996, 「井戶遺蹟・南鄕安田遺蹟發掘調查概報」, 『奈良縣遺蹟調查概報1995年度』.

81. 坂靖, 2010, 「葛城の渡來人一豪族の本據地を支えた人々一」, 『研究紀要』第15集, 財團法人由良大和古代文化研究協會.

82. 坂靖, 1994, 「佐田遺蹟(南鄕・井戶地區)發掘調查概報」, 『奈良縣遺蹟調查概報1993年度』.

83. 靑柳泰介・辻宏幸, 1998, 「南鄕遺蹟群(南鄕岩田・南鄕鍋田・井戶大田台・南鄕田鶴・佐田柚ノ木地區)發掘調查概報」,
　　　　『奈良縣遺蹟調查概報1997年度』.

84. 佐々木好直ほか, 2000, 『南鄕遺蹟群』V, 奈良縣立橿原考古學研究所調查報告第77冊.

85. 藤田和尊・木許守, 1999, 『台風7號被害による室宮山古墳出土遺物』, 御所市文化財調查報告書第24集.

86. 秋津遺蹟現地說明會資料.

87. 前坂尙志, 2006, 「奈良縣五條市西河內堂田遺蹟 -大和西南部の古墳時代祭祀遺蹟-」, 『博古研究』第32號.

三國時代 壁柱(大壁)建物 研究, 그 後

權 五 榮

1. 序言

필자는 한일취락연구회의 멤버로서 벽주(대벽)건물에 대한 2편의 논문을 발표한 바 있다. 2006년도에 발표된 첫 번째 논문은[1] 공동연구의 형태로서 삼국시대 벽주건물에 대한 포괄적인 접근이었다. 벽주건물의 구조, 시공간적 분포양상, 취락 및 도성과의 관련, 그리고 일본열도와의 관계에 대한 개관이 그 내용이었다. 2년 후인 2008년도에는 일본열도에서 발견되는 벽주건물을 백제(계) 이주민의 이주와 정착이란 시각에서 정리하고 그 의미를 추적한 바 있다.[2]

두 편의 논문을 통하여 벽주건물을 둘러싼 몇 가지 중요논점을 추출할 수 있었다. 그 내용은 아래와 같다.

- 벽주건물의 개념
- 벽주건물의 출현시점과 그 계기, 그리고 변천과정
- 고대 건축사에서 벽주건물의 위치
- 일본고고학과 관련하여 소위 도래계문물로서의 의미 부여

최초의 글을 발표한 이후 이미 6년이란 시간이 흘렀고 그 사이에 지속적으로 새로운 자료가 출현하였다. 신 자료의 출현에 의해 기존 설을 수정하거나 보완할 필요가 생기기도 하였고 한편으로는 자료가 부족한 상태에서 과거에 내려진 억측이 입증된 경우도 있었다.

이 글은 벽주건물에 대한 체계적인 정리를 목적으로 한 것이 아니라 필자 나름의 입장에서 중요하다고 판단한 위의 논점 중 일부를 재조명하고 의미부여하는 것을 목적으로 삼고 있다. 한반도와 일본열도를 아우르는 벽주건물에 대한 연구는 아직도 진행형이기 때문이다.

2. 壁柱建物의 概念과 範疇

1) 벽주건물의 개념에 관한 재고

한반도에서 벽주건물에 대한 분명한 인식이 싹튼 것은 公州 艇止山遺蹟에[3] 대한 발굴조사부터였다. 벽주의

---

1) 權五榮·李亨源, 2006, 「三國時代 壁柱建物 研究」, 『韓國考古學報』 60, 韓國考古學會.
2) 權五榮, 2008, 「壁柱建物에 나타난 百濟系 移住民의 日本 畿內地域 定着」, 『韓國古代史研究』 49, 韓國古代史學會.

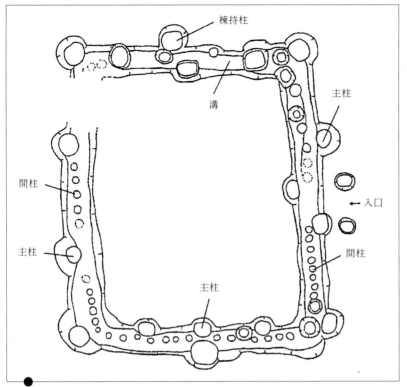

도 1 벽주건물의 세부 명칭 (靑柳泰介 2002에서)

또 다른 표현인 소위 대벽식, 혹은 대벽조 건물에 대한 인식과 연구는 일본학계에서 먼저 시작되었다. 특히 2002년도에 발표된 靑柳泰介씨의 논문은[4] 한국고고학계에서 벽주건물 연구가 진행되는 데에 중요한 역할을 하였다. 벽주건물의 개념과 정의, 명칭과 분류 등은 대개 그의 논문(도 1)을 디딤돌로 삼고 있다고 해도 과언이 아니다. 필자 역시 그의 연구성과에 크게 의지하고 있다. 다만 일본에서 대벽(벽주)건물로 정의할 때의 개념을 한반도 발견 자료에 곧바로 대입시킬 때 몇 가지 의문이 발생하게 된다.

첫째, 벽구는 벽주건물의 필요조건인가?

일본에서 대벽건물을 판정할 때에는 기둥이 박히는 벽구의 존재가 필수적이다. 그런데 한반도에 존재하는 삼국시대 건물(주거)지 중에는 벽구가 부재하면서 수많은 주공이 확인되는 예가 종종 확인된다. 일반적인 굴립주건물과도 다른 이러한 건물(주거)지를 벽주건물에 포함시킬지 여부가 문제로 된다.

둘째, 벽주건물의 벽체는 토벽인가?

일반적인 수혈주거지와 달리 다수의 기둥이 벽체를 이루고 이것만으로 지붕의 하중을 지탱하는 벽주건물의 구조를 고려할 때, 벽체는 점토, 혹은 여기에 풀을 섞은 토벽 구조일 것으로 추정되었다. 하지만 실제 벽주건물의 조사과정에서 토벽의 적극적인 증거는 발견되지 않았다. 후대의 삭평이란 변수를 고려하더라도 점토에 풀을 섞은 벽체가 거의 발견되지 않는 원인을 더 이상 자료의 부족만으로 돌릴 수는 없다.

셋째, 모든 벽주건물은 지상식인가?

벽주건물과 일반적인 수혈주거지를 구분하는 중요한 기준 중의 하나는 전자가 지상식이란 차이점이다. 하지만 수혈의 깊이가 깊지 않고 삭평이 심하게 진행되어 수혈 주거지의 벽이 모두 파괴되어 벽구와 주공만이 남았을 경우 이 가옥이 원래 수혈식이었는지 지상식이었는지를 판정하기는 쉽지 않다. 백제지역에서는 벽주건물=지상식이란 인식 속에서 한성기에는 벽주건물이 존재하지 않는 것으로 인식되었지만 실상은 그렇지 않다.

2) 벽주건물의 범주

앞에서 언급하였듯이 벽구의 존재가 벽주건물 판정의 필요조건은 아니다. 벽주건물 중에는 한 변이나 두 변, 심지어 세 변에서 벽구가 확인되지 않는 경우도 많다. 扶餘 軍守里遺蹟과 東南里遺蹟에서 발견된 벽주건물이 모두 그러한 예이다(도 2). 반대로 벽구가 존재하지만 그 내부에 주공이 확인되지 않는 경우도 비일비재하다. 그 이

---

3) 國立公州博物館, 1999, 『艇止山』.
4) 靑木泰介, 2002, 「大壁建物考」, 『百濟研究』 35, 忠南大學校 百濟研究所.

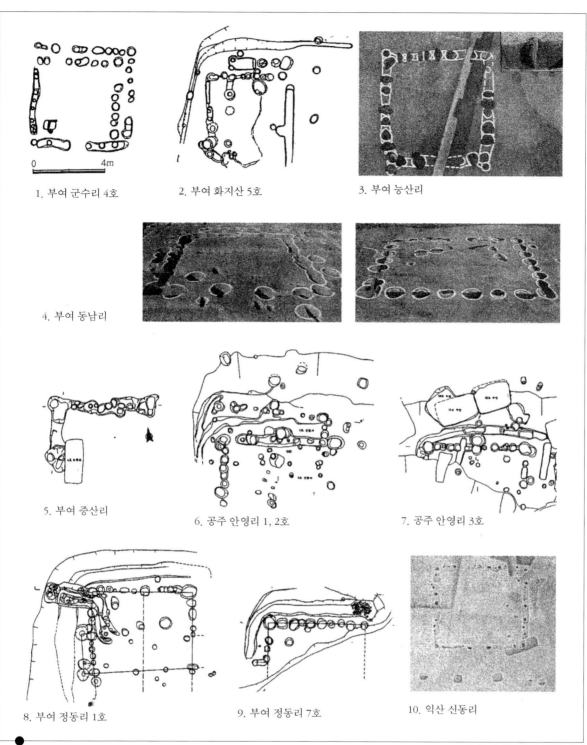

1. 부여 군수리 4호   2. 부여 화지산 5호   3. 부여 능산리

0   4m

4. 부여 동남리

5. 부여 증산리   6. 공주 안영리 1, 2호   7. 공주 안영리 3호

8. 부여 정동리 1호   9. 부여 정동리 7호   10. 익산 신동리

도 2 웅진 - 사비기의 벽주건물 각종 (권오영 · 이형원 2006에서)

유는 원래부터 벽구 안에 기둥이 없어서가 아니라 벽주건물의 건축방식과 관련될 것이다. 벽주건물의 건축은 "벽구 굴착→기둥 수립→벽구 내부 충전"의 순서를 밟는 경우와 "벽구 굴착→벽구 내부 충전→기둥 수립"의 순서를 밟는 경우가[5] 공존한 것 같다. 후자의 경우 발굴조사 과정에서 벽구 내부의 흙을 제거하고 바닥면에서 주공을 확인하고자 할 경우에는 기둥의 존재 자체를 찾을 수 없게 된다. 물론 기둥의 하단이 벽주의 바닥면보다 아래에 위치하는 경우 기둥의 존재를 인정할 수 있지만 이런 까닭에 벽구 내에 기둥의 흔적이 아예 없거나 듬성듬성 확인되는 경우가 발생하는 것이다.

벽구가 전혀 확인되지 않지만 다수의 기둥이 평면 방형, 혹은 장방형으로 배치된 경우, 원래는 벽구가 있었던 벽주건물이 삭평된 결과일 가능성, 원래부터 벽구가 없었던 경우가 모두 가능하다. 完州 배매산유적이나 順天 檢丹山城의 일부 건물지는 후자의 예이다. 필자는 이러한 경우도 벽주건물의 범주에 포함시켜야 한다고 본다(벽주건물 Ⅰ류).

다만 순천 검단산성 발견 건물지를 벽주건물로 파악하면서 지붕에 기와를 올린 것으로 본 종전 견해는 재고할 필요가 있다. 이 건물은 사비기로 추정되는데 현재까지의 자료로 보는 한 사비기까지 벽주건물에 기와를 올린 분명한 증거는 없기 때문이다.

최근 발굴조사가 진행된 부여 동남리 202-1번지 벽주건물의 경우,[6] 비교적 원형을 잘 간직하고 있는 상태로 조사되었는데 기와는 전혀 발견되지 않았다. 따라서 벽주건물은 지붕에 기와가 아닌 다른 물체, 예를 들어 수피 등을 씌웠을 가능성이 높아 보인다.

벽체는 토벽구조가 아니라 비교적 굵은 기둥을 빽빽하게 세우고 그 사이를 종횡으로 통나무, 판자, 나무줄기 등으로 엮은 것으로 판단된다. 그 과정에서 빈틈을 점토로 채울 수는 있겠으나 애초 일본학계에서 추정하였던 것처럼 토벽 안에 기둥이 모두 들어가서 외부에서 기둥이 보이지 않는 구조는 아니었던 셈이다. 가장 유사한 구조는 서울 - 경기 - 강원영서지역에서 발견되는 평면 육각형, 오각형에 출입시설 달린 한성기 백제 수혈주거지의 벽체(도 3)이다.[7]

이론의 여지가 없이 벽주건물로 간주한 경우도 실상은 삭평으로 인해 벽면 대부분이 사라진 수혈주거지가 포함될 수 있다. 실제로 백제 한성기의 수혈 주거지 중에는 수혈이란 속성만 제외하면 벽주건물로 분류되어 마땅한 주거지들이 다수 존재한다. 특히 횡방향으로 출입이 이루어지는 수혈 주거지 중 일부는 벽구를 갖추거나, 혹은 벽구가 없는 경우에도 다수의 기둥을 촘촘히 세워 벽체만으로 지붕의 하중을 지탱하도록 설계된 예들이 많다. 이러한 구조는 충청-전라의 서부지역에서 번성하는 사주식 주거지와는 근본적으로 다른 구조이다. 따라서 벽주건물의 범주 내에서 수혈식과 지상식으로 구분하는 것이 보다 합리적이다.

이상 벽주건물의 개념과 범주를 정하였지만 아직 해결되지 못한 부분이 많다. 현재 한국 고고학계 일각에서는 수혈식 주거지를 기둥의 위치에 따라 내주식, 외주식, 벽주식으로 구분하는 분류법이 통하고 있다. 이 경우 벽주건물과는 전혀 다른 형태임에도 불구하고 용어의 혼란이 야기될 수 있으므로 앞으로 조정이 필요하다.

도 3 중부지역 수혈식 주거지의 벽체복원안 (朴信明 2012에서)

---

5) 백제를 비롯한 고대 건축물에서 자주 보이는 되파기 공법과 그 원리가 통한다. 한성1기에 속하는 風納土城 경당 44호 건물지가 대표적인 예이다.

6) 부여군문화재보존센터, 2012, 「부여 동남리 202-1번지 공동주택 신축부지 정밀발굴조사 학술검토회의 자료집」.

7) 朴信明, 2011, 「原三國-漢城百濟期 六角形 住居址 築造方法의 變化」, 한신大學校 大學院 碩士學位論文.

3. 壁柱建物의 出現과 變遷

1) 벽주건물의 출현시점

　백제의 벽주건물로 인정되는 것은 대부분 公州, 扶餘, 益山에 소재하며 그 시기는 모두 웅진 - 사비기(475~660)에 속한다. 반면 백제 벽주건물의 전파로 인해 등장한 일본 奈良縣 南鄕柳原遺蹟의 벽주건물은 5세기 전반대로 편년된다. 그렇다면 백제와 왜의 벽주건물의 연대는 역전된 셈이다. 일본의 연대를 하향조정하거나 백제의 사례를 상향조정하지 않으면 안 된다. 한반도 벽주건물의 출현시점을 웅진기 이후로 보는 종전 연대관으로는 이 문제를 해결할 수 없다.

　그런데 백제권역에서 벽주건물의 출현 시점은 한성기 혹은 그 이전으로 소급되어야 한다. 그 이유는 세 가지이다.

　첫째, 원삼국기 북한강유역의 거점 취락 중의 하나인 加平 大成里遺蹟[8]의 목책(A지구 구1)의 존재이다. 원삼국기 취락을 양분하는 이 구는 그 안에 기둥을 박아 세운 담장 구조물로서 벽주건물의 벽체 구조와 완전 동일하다. 따라서 벽체의 구조만 볼 때 벽주건물은 원삼국기 담장과 상통한다.

　둘째, 앞 장에서 언급하였듯이 한강유역 원삼국 - 한성백제기 수혈 주거지 중 일부는 그 내부에 벽주건물과 동일한 벽구와 기둥의 흔적을 보이므로 최소한 벽의 구조와 형태면에서 양자는 상통한다. 원삼국 - 한성 1기에 축조된 南楊州 長峴里遺蹟이 대표적인 예이다.

　그런데 웅진 - 사비기의 벽주건물, 그리고 일본열도의 벽주건물이 방형 내지 장방형인 점에 비하여 원삼국-한성기 수혈주거지의 평면은 방형과 함께 육각형이 공존하는 점이 다르다. 그런데 최근 한성 1기에 속하는 楊州 佳石地區 취락에서 발견된 7호 주거지(도 4)[9]는 평면 장방형에 지상식일 가능성이 높아서 주목된다. 이 유구의 존재가 셋째 이유이다.

　이상의 세가지 이유로 인해 벽주건물이 늦어도 한성기에 출현하였음은 분명해 보인다.

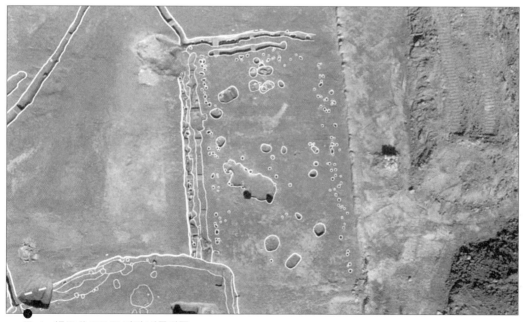

도 4　楊州 佳石地區 발견 벽주건물

---

8) 京畿文化財硏究院, 2009, 『加平 大成里遺蹟』.
9) 國防文化財硏究院, 2010, 「楊州 佳石都市開發事業敷地內 遺蹟 發掘調査 略報告書」.

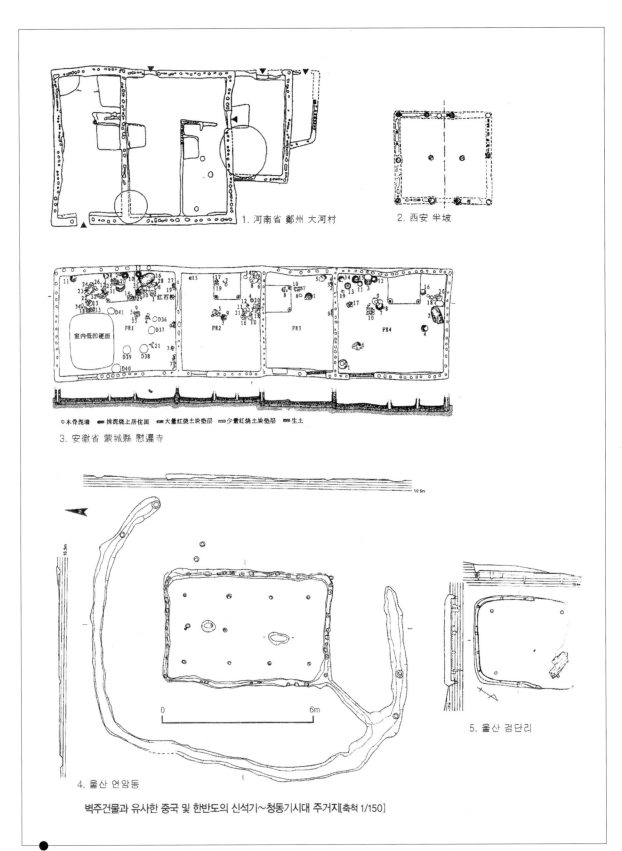

1. 河南省 鄭州 大河村

2. 西安 半坡

○木骨泥墻　■抹泥燒上居住面　■大量紅燒土塊墊層　□少量紅燒土塊墊層　■生土

3. 安徽省 蒙城縣 尉遲寺

4. 울산 연암동

5. 울산 검단리

벽주건물과 유사한 중국 및 한반도의 신석기~청동기시대 주거지[축척 1/150]

도 5 벽주건물과 유사한 주거지들 (權五榮 · 李亨源 2006에서)

2) 벽주건물 출현의 계기

한성백제기에 벽주건물이 출현하였다고 한다면 그 계기는 무엇일까? 필자는 종전에 발표한 글[10]에서 벽주건물과 벽구가 달린 청동기시대 주거지는 그 형태적 유사성에도 불구하고 상호 연결되기 어렵다고 주장한 바 있다.

울산지역 청동기시대의 수혈 주거지 중에는 벽 가까이에 벽구가 있고 심지어는 그 내부에서 주공이 발견되기도 하지만(도 5), 근본적인 차이는 내부에서 별도의 주공이 발견된다는 점이다. 즉 지붕의 하중을 지탱하는 역할은 벽체가 아니라 주거 상면을 굴착하고 세운 기둥이 맡는다는 점에서 벽주건물과 근본적인 차이가 있다. 중국의 신석기-한대 가옥 중에 형태적, 구조적으로 유사한 예는 분명히 존재하지만[11] 백제의 벽주건물과 직접 연결시키기는 곤란하다. 후대의 발해 건축물을 벽주건물의 범주 안에서 다루는 것도[12] 곤란하다.

그렇다면 벽주건물은 백제에서 자생하였고 통일신라 이후에는 쇠퇴한 것으로 보는 것이 타당할 것이다. 벽주건물이란 것이 구조 원리나 형태면에서 유별난 가옥은 아니기 때문에 충분히 사체적인 발전과정에서 등장할 수 있다고 판단한다.[13] 그렇다면 왜 하필 서울-경기권역에서 발생하였을까?

앞에서도 누차 언급하였듯이 이 지역의 원삼국기 이후 수혈주거지는 구조적인 공통성을 지니고 있다. 그것은 출입이 횡방향으로 이루어지는 구조란 점이다.

출입시설을 제외한 주실의 평면 형태는 방형, 장방형, 오각형, 육각형 등 다양한 변이를 보이지만 이러한 차이점은 본질적인 것이 아니다. 충청 - 전라지역 서부에서 크게 발달한 사주식주거지와 비교해 볼 때 양자의 차이는 평면형태의 차이에서 머무는 것이 아니라 가옥의 근본 원리면에서 현저한 차이를 보인다.[14] 횡방향 출입주거지의 대부분은 이미 벽구와 빽빽한 기둥이란 벽주건물의 요소를 지니고 있는 것이다(도 6). 이렇듯 중부지역 횡방향 출입 주거지에서 벽주건물이 분리, 발전된 것으로 정리하더라도 남아 있는 문제는 적지 않다.

우선, 출입이 횡방향으로 이루어지는 주거지에서 벽주건물이 발생한 것과 달리[15] 사주식 주거지에서는 왜 벽주건물이 나오지 않았는지에 대한 설명이다. 이에 대해서는 周堤의 유무, 천정부의 재료와 구조에 따른 하중의 차이 등 몇 가지 변수를 상정할 수 있으나 모두 추론의 영역을 넘지 못한다.

둘째, 최근 경기 해안지대에서는 방형의 평면, 사주식 구조, 단시설 등을 갖춘 신석기시대 주거지가 속속 발견되고 있다. 仁川 永宗島 中山洞,[16] 雲西洞,[17] 金浦 陽村地區,[18] 華城 石橋里遺蹟[19] 등이 대표적인데 그 중에는 횡방향의 출입시설이 달린 경우도 혼재한다. 이러한 주거지들의 구조적 속성이 왜 청동기시대에는 일시 사라졌다가 원삼국기 이후 재등장하는지가 문제가 된다.

---

10) 權五榮·李亨源, 2006, 「三國時代 壁柱建物 硏究」, 『韓國考古學報』 60, 韓國考古學會, pp.168~169.

11) 靑木泰介, 2002, 「大壁建物考」, 『百濟硏究』 35, 忠南大學校 百濟硏究所, p.108.

12) 金憲, 2011, 「韓半島 壁柱建物 硏究」, 한양대학교 대학원 석사학위 논문.

13) 서아시아와 중앙아시아에서 유행한 벌집형 지상가옥도 구조면에서 벽주식을 취하고 있다. 그 재료는 점토브릭, 점토와 돌의 혼합 등 다양한 편이며 간혹 나무 기둥을 보조재로 사용하는 경우도 있다. 지붕은 벽체 상부에 간단한 나무틀을 세우고 그 위에 올리거나 아니면 그냥 벽체 위에 올리는 방식이다. 백제, 일본의 벽체가 나무로 구성된 점에서 차이가 있지만 기본 원리는 동일할 것이다.

14) 權五榮, 2010, 「原三國期 漢江流域 政治體의 存在樣態와 百濟國家의 統合樣相」, 『考古學』 8-2, 서울京畿考古學會.

15) 횡방향 출입시설이 달린 중부지역 수혈식 주거지가 모두 벽주건물로 이행하는 것은 아니다. 이러한 수혈주거지는 한성 말까지 의연히 존속한다. 따라서 한성기의 어느 시점에 벽주건물이 횡방향 출입시설이 달린 수혈주거지에서 분리된 후 양자는 기능의 차이를 지닌 채 병존하면서 발전한 것으로 보아야 할 것이다.

16) 漢江文化財硏究院, 2009, 「仁川經濟自由區域 永宗地區(永宗地域) 文化財 發掘調査 略報告書」.

17) 李相馥, 2010, 「永宗島 雲西洞 新石器時代 遺蹟」, 『永宗島의 考古學』, 仁川學 學術大會 資料集.
    中央文化財硏究院, 2010, 『仁川 雲西洞遺蹟』 I · II.

18) 漢江文化財硏究院, 2011, 「金浦 陽村 宅地開發事業地區 2段階 文化財 發掘調査 略報告書」.

19) 具滋各, 2011, 「華城 石橋里 新石器時代 聚落에 대하여」, 『中部地域 古代와 中世의 最新 硏究成果』, 한신大學校博物館 開館 20週年 記念 學術大會.

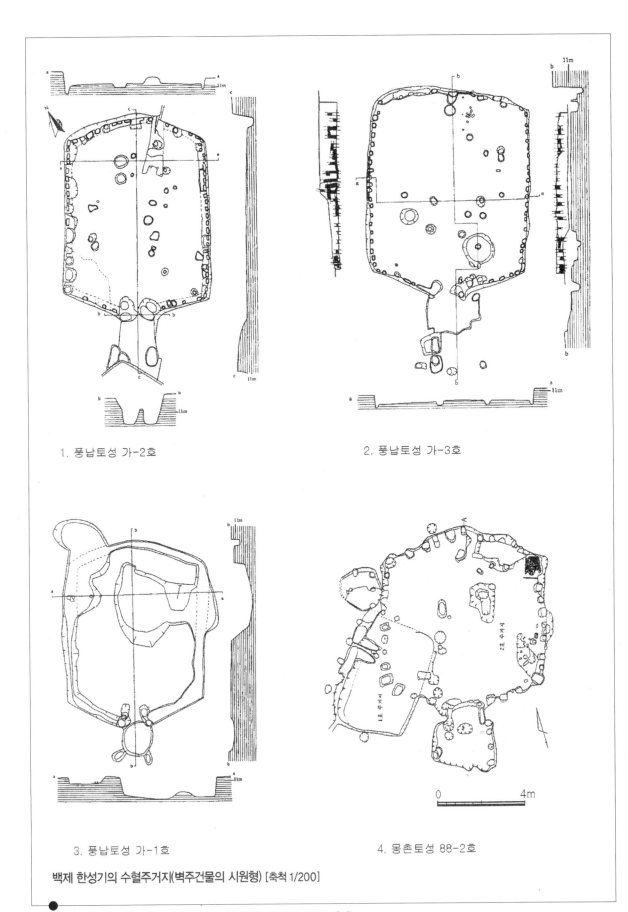

1. 풍납토성 가-2호

2. 풍납토성 가-3호

3. 풍납토성 가-1호

4. 몽촌토성 88-2호

백제 한성기의 수혈주거지(벽주건물의 시원형) [축척 1/200]

도 6 벽주건물의 시원형 수혈 주거지 (權五榮 · 李亨源 2006에서)

3) 벽주건물의 변천

이상의 논의를 통하여 한성기에 이미 벽주건물이 출현하였음은 충분히 논증되었을 것이다. 문제는 웅진기, 사비기로 이어지는 변천과정, 그리고 일본 벽주건물의 전래시점 및 그 계기, 관련 지역 등이다.

2006년도에 발표된 필자와 이형원씨의 공동연구에서는 벽구를 갖추지 않은 벽주건물을 I류, 갖춘 건물을 II류로 양분한 후, II류는 다시 주주가 벽구 내외로 돌출한 IIA류, 돌출하지 않은 IIB류로 구분한 바 있다.[20] 아울러 IIA류는 웅진기에, IIB류는 사비기에 유행한 형식으로 간주하였다.

그런데 최근 발굴조사가 진행된 扶餘 東南里 202-1番地에서는 벽주식 담장, 배수로 등으로 감싸여진 벽주건물 2동이 나란히 발견되었는데(도 7)[21] 동지주가 딸려 있고 주주가 벽구의 내외로 돌출한 점에서 기존 분류안 IIA류에 속한다. 방형의 평면, 남측으로 개구된 출입시설, 주주와 간주의 구분, 동서에 딸린 동지주 등 정형화된 모습인데 평면 형태를 고려할 때 公州 公山城 성안마을 발견례(도 8)와[22] 매우 흡사하다. 부여에서 발견되었나는 이유만으로 동남리의 예를 사비기로, 공주에서 발견되었다는 이유만으로 성안마을 예를 웅진기로 간주할 수는 없는 셈이어서 주주와 벽구의 위치관계 만으로 건물의 시기를 결정하기는 용이하지 않아 보인다.[23]

양 유적의 공통성은 축조 기획성 및 단위의 구성이란 점에서도 나타난다. 동남리유적에서는 2동의 벽주건물 사이에 도로가 위치하며 서편에 위치한 1호 벽주건물의 서편으로 배수로가 정연하게 이어지는 것을 볼 때 원래는 이 지점에도 벽주건물이 들어설 예정이었지만 모종의 이유로 건설되지 않았던 것 같다. 성안마을에서는 방형의 구역 내에 3-4동의 벽주건물이 정연하게 배치되면서 하나의 단위를 이룬 모습을 보인다. 따라서 사비기에도 의연

도 7   扶餘 東南里 202-1番地 벽주건물 (扶餘郡文化財保存센터 2012에서)

---

20) 權五榮 · 李亨源, 2006, 「三國時代 壁柱建物 硏究」, 『韓國考古學報』 60, 韓國考古學會, p.168.

21) 扶餘郡文化財保存센터, 2012, 「扶餘 東南里 202-1番地 共同住宅 新築敷地 精密發掘調査 學術檢討會議 資料集」.

22) 公州大學校博物館 · 公州市, 2011, 「史蹟12號 公山城 성안마을 內 百濟遺蹟 第4次 發掘調査」, 發掘調査 現場資料.

23) 주주가 벽구 내부에 정연하게 배치된 것을 발전된 형식으로 본 배경에는 벽주건물의 벽면이 토벽을 이루며 기둥이 바깥으로 드러나지 않을 것이라는 선입견이 작용하였는지도 모르겠다. 하지만 벽주건물의 벽이 토벽구조일 가능성이 줄어든 지금, 주주가 벽구 안팎으로 돌출하는 이유는 지반의 차이 등 다른 변수를 고려할 필요가 있다.

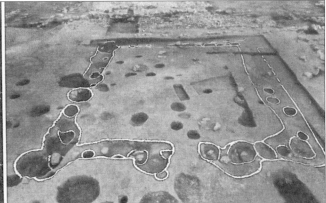

도 8 公州 公山城 성안마을 내 벽주건물

도 9 奈良 南鄕柳原의 벽주건물

히 IIA류가 발전하였을 가능성, 웅진기에 이미 복수의 벽주건물로 구성된 도성 내 하위 단위가 존재하였을 가능성 모두를 열어 놓을 필요가 있다. 양 유적 모두 최근에 발굴조사가 이루어진 채 아직 정식보고서가 발간되지 않은 상태이므로 결론은 유보하고자 한다.

웅진기와 사비기의 구분이 이렇듯 애매한 반면 한성기에는 아직 정형화된 벽주건물이 등장하지 않았음은 분명해 보인다. 양주 가석지구의 예 역시 구조적으로 벽주건물에 속하지만 웅진, 사비기의 전형과는 차이를 보이며 남양주 장현리의 예는 수혈식이란 점에서 근본적인 차이를 보이는 것이다.

이런 점에서 南鄕柳原의 벽주건물은 아직 정형화되지 않은 평면구조는 한성기와 통하지만 지상화된 점은 웅진기 이후와 통한다. 따라서 南鄕柳原 벽주건물(도 9)의 직접적인 기원지는 여전히 미해결 상태이다.

4. 壁柱建物과 所謂 渡來系 文物

한반도에서 벽주건물의 분포는 백제권역에 국한되어 있다. 대가야의 중심인 고령에서 벽주건물의 보고례가 있지만[24] 대구, 경북지역의 삼국시대 주거지 조사 성과를 감안할 때 벽주건물의 벽체였을 가능성 못지않게 온돌

---

24) 慶北大學校博物館, 2001, 『高靈 大加耶 宮城址 發掘調査 經過 略報告書』.

시설이었을 가능성도 있다. 일본에서 벽주건물은 奈良와 大阪, 滋賀, 京都 등 畿內와 그 주변지역에 집중되어 있다.[25] 이러한 분포의 편중성으로 인해 벽주건물은 백제와 일본 畿內地域 간 인적 교류의 흔적으로 간주된다.[26]

이 점에 착안하여 필자는 大阪 長原와 桑津遺蹟, 奈良의 南鄕(도 9)와 高取地域, 京都의 森垣外遺蹟, 滋賀와 東海의 壁柱建物들을 종합하고 이를 백제계 주민의 일본열도 이주와 정착이란 틀에서 바라본 바 있다.[27]

당시의 내용을 다시 반복할 필요는 느끼지 않지만 기존 自說을 보완하는 차원에서 두 가지 사항만 재삼 강조하고자 한다.

우선 벽주건물은 백제계라고 인정하는 한편, 非벽주건물은 백제계가 아니라고 간주하는 경향의 문제점이다. 한성기에 백제 영역 전체에서 벽주건물이 발견되는 것은 아니며 웅진기와 사비기에 이르러서도 전형적인 벽주건물은 공주, 부여, 익산 등지에 국한된다. 완주와 순천 등 지방에서도 넓은 의미의 벽주건물(Ⅰ류)이 발견되기는 하지만 일본의 近畿地域에서 발견되는 벽주건물과는 구조적으로 많은 차이가 있다. 이러한 와중에 방형 평면, 사주식 구조, 부뚜막이 달린 주거지는 백제와 무관한 것으로 치부되는 경향이 있지만 이는 마한계, 혹은 백제 지방계로 인식하는 것이 옳다.

인식 전환의 필요성은 고분연구에서도 마찬가지이다. 近畿地域에는 직경 10~20m의 봉토로 포장되고, 소형의 횡혈식석실을 매장주체로 삼은 군집분이 다수 분포하고 있다. 大阪의 飛鳥千塚古墳群, 一須賀古墳群, 平尾山古墳群, 奈良의 石光山古墳群, 巨勢山古墳群, 寺口忍海古墳群,[28] 滋賀의 太鼓塚古墳群[29] 등이 대표적이다. 그 내부에서는 이동식, 혹은 미니어처 부뚜막(도 10), 가랑비녀 등이 발견되는 경우가 많은데 이럴 경우 대부분의 연구자들은 도래인, 특히 백제계 무덤으로 간주한다.

하지만 백제에서 횡혈식석실분이 묘제로 채택되는 과정은 그리 간단치 않다. 한성기에는 서울-경기-충남북-전북의 일부 수장층만이 횡혈식석실분에 매장되며 웅진기에 들어와서도 마한단계 이래의 분구묘, 혹은 분구식 고분이 지방 수장묘로 장기간 유지된 지역이 적지 않았다. 따라서 일본 近畿地域에서 횡혈식석실분에 매장된 인물들은 단순히 백제계라고 간주할 것이 아니라 중앙과 밀접한 관련을 맺은, 혹은 중앙의 영향을 받은 인물들로 보아야 한다.

도 10 ─ 一須賀古墳群 출토 미니어처 부뚜막

25) 花田勝廣, 2005, 「古墳時代の畿內渡來人」, 『ヤマト王權と渡來人』.
26) 禹在柄, 2006, 「5-6世紀 百濟 住居・煖房・墓制文化의 倭國 傳播와 그 背景」, 『韓國史學報』23, 高麗史學會.
　　禹在柄, 2007, 「百濟文化의 倭國 傳播와 그 影響」, 『百濟의 文物交流』百濟文化史大系研究叢書10, 忠淸南道歷史文化研究院.
27) 權五榮, 2008, 「壁柱建物에 나타난 百濟계 移住民의 日本 畿內地域 定着」, 『韓國古代史研究』49, 韓國古代史學會.
28) 靑柳泰介, 2005, 「大和の渡來人」, 『ヤマト王權と渡來人』.
29) 吉水眞彥, 2005, 「6・7世紀における近江の渡來文化」, 『ヤマト王權と渡來人』.

주구를 갖춘 방형 평면의 분구 내에 목관이나 옹관을 매장주체로 삼은 고분은 일본 古墳時代 연구사에서는 방분으로 정의되며 그 기원은 彌生時代 이후의 방형분구묘에 닿는 것으로 보는 것이 대세이다.[30] 하지만 철검, 철제 U자형 삽날, 미니어쳐 농공구, 도자, 금환 등이 발견된 大阪 長原 166호분, 한식계토기가 출토된 45, 47, 161, 162, 166, 167, 168, 181호분 등의 방분은 충청-전라지역의 분구식고분과 관련지을 수 있다.

물론 近畿地域의 방분을 모두 백제 지방의 분구식고분으로 보는 것은 곤란하지만 목관의 사용, 한식계토기나 철기 부장 등이 이루어진 방분 중 일부가 백제와 유관할 가능성은 매우 높다. 따라서 한반도와 일본열도에 분포하는 벽주건물과 사주식 주거지, 횡혈식석실분과 분구식고분 등은 개별적으로가 아니라 종합적으로 비교분석되어야 할 것이다.

5. 結言

이상 벽주건물에 대한 필자의 현 상태에서의 소감을 정리해보았다. 한일 양국 모두 아직 정식보고서가 발간되지 않은 경우가 많으므로 본 보고서가 발간되면 수정하여야 할 부분이 적지 않을 것이다.

한 가지 분명한 사실은 벽주건물에 대한 연구는 선행하는 수혈식 주거지의 구조, 출토유물, 이러한 가옥에 거주하던 인물의 묘제와 부장품에 대한 종합적인 고려 속에서 이루어져야 그 의미가 부각된다는 사실이다. 금공품이나 마구, 갑주, 須惠器와 한식계토기 등 주로 유물을 대상으로 이루어지고 있는 고대 한반도와 일본열도 사이의 교섭의 역사를 규명하는 데에 앞으로 벽주건물이 큰 역할을 할 것으로 기대된다.

---

30) 京嶋覺, 1997, 「初期群集墳の形成過程 -河內長原古墳群の被葬者像をまとめて-」, 『立命館大學考古學論集Ⅰ』, 立命館大學考古學論集刊行會.

四國 槪觀

梅木謙一(우메키 켄이치)

1. 머리말

본고에서는 四國[시코쿠 - 愛媛縣(에히메현)·高知縣(코치현)·香川縣(카가와현)·德島縣(토쿠시마현)]의 彌生時代(야요이시대)에서 古墳時代(고분시대)에 이르는 취락유적에서 출토된 한반도계 자료를 개관함과 동시에 고분시대 중기(5세기) 에히메현 松山平野(마쯔야마평야)에서 풍부하게 확인된 한반도계 자료를 상세하게 소개하고자 한다.

2. 彌生時代(야요이시대) 취락 출토 한반도계 자료

먼저 야요이시대 전기를 주체로 하는 무문토기(粘土帶)와 松菊里型住居의 확인사례를 살펴보자.

1) 토기

점토대를 부착하는 토기는 愛媛縣에서 2점, 高知縣에서 1점 출토되었다(도 1). 에히메현에서는 松山市(마츠야마시) 宮前川(미야마에가와)유적 別府地區(벳부지구) 포함층에서 2점 출토되었고, 공반되는 토기로 보아 야요이시대중기·야요이Ⅱ기로 판단된다(조사보고서에 기재된 것은 1점뿐). 코치현에서는 南國市(난코쿠시) 田村(타무라)유적군에서 1점 출토되었는데, 유로 출토품이라 시기는 확실치 않다. 한편, 타무라유적에서는 구연부에 점토대가 없는 松菊里型土器가 송국리형주거에서 1점, 포함층에서 1점 출토되었다.

2) 주거

시코쿠의 송국리형주거 검출사례에 대해서는 2006년 8월에 西南(세이난)대학에서 열린 제55회 매장문화재연구집회 「彌生集落の成立と展開(야요이 취락의 성립과 전개)」에서 상세하게 보고되었다. 그 후 특필할 만한 검출예가 없으므로 여기에서는 연구회 발표요지 및 자료집을 기초로 시코쿠의 송국리형주거를 정리하겠다. 전기 송국리형주거는 에히메현 5예, 코치현 20예, 카가와현 4예, 토쿠시마현 2예로 총 31예가 확인되었다(도 2·3)〈표 1〉.

에히메현(5예) : 전기전반의 마츠야마시 文京(분쿄)유적에서 1예, 전기후반 西條市(사이죠시) 旦ノ上(단노우에)유적에서 3예, 전기말 新居浜市(니이하마시) 星原市東(호시바라이치히가시)유적에서 1예가 있다. 규모는 직경 3.5~6.2m(9.6~30.1m²)이고, 모두 원형이며, 분쿄유적에서는 벽체를 따라 주혈이 확인되었다.

코치현(20예) : 전기초두~전기말의 타무라유적군에서 18예, 전기중엽~말의 春野町(하루노쵸우) 西分增井(니시분마스이)유적에서 1예, 전기말 四萬十市(시만토시) 具同中山(구도우나카야마)유적군에서 1예가 있다. 타무라유적군에서는 전기가 Ⅰa기~Ⅰd기로 구분되고 Ⅰa기에는 주거의 60%가 송국리형주거이다. 평면형태는 2종류(원형 4·방형 2)가 있고, 원형주거는 직경 2.6~8.0m(40~78m²), 방형주거는 한 변 4.4~5.6m(21~31m²)로 원형주거가 방형주거보다도 크다. Ⅰb기·Ⅰc기에는 주거의 40~50%가 송국리형주거로 모두 원형이며 규모는 직경 2.6~5.2m(6~19m² 전후)와 직경 5.6~8.0m(25~49m²)의 두 종류가 있다. 가장 늦은 Ⅰd기에는 송국리형주거가 확인되지 않는다. 니시분마스이유적에서는 직경 3.5m(약 10m²)의 원형주거, 구도우나카야마유적군에서는 직경 4.2m(약 14m²)의 원형주거가 있다.

  카아와현(4예) : 전기전반~중기초두의 丸龜市(마루카메시) 中の池(나카노이케)유적에서 1예, 전기말의 さぬき市(사누키시) 鴨部(카모베)·川田(카와다)유적에서 2예, 전기말의 觀音寺市(칸논지시) 一の谷(이치노타니)유적에서 1예가 있다. 모두 원형주거로 규모는 두 종류가 있는데, 직경 5.0~5.8m(19~26m²)와 추정직경 7m 전후(40m² 전후)가 있다.

  토쿠시마현(2예) : 전기중엽의 토쿠시마시 南藏本(미나미쿠라모토)유적에서 1예, 전기후반 板野町(이타노쵸우) 黑谷川郡頭(쿠로다니가와코오즈)유적에서 1예가 확인되었다. 모두 원형주거이며 규모는 직경 3~4m(7~12m²)이다.

  이상으로 시코쿠의 전기 무문토기(주로 점토대토기)와 송국리형주거였다. 시코쿠에서 무문토기 출토는 예가 있고 모두 모방품이다. 출토유적을 보면, 타무라유적군은 코치현내에서 가장 큰 야요이취락이고, 미야마에가와유적은 취락 전모가 불확실하지만, 고분시대 초두 에히메현에서 외래계토기 출토량이 가장 많은 유적이다. 하구에 가깝다는 입지를 고려하면 해당시기에 교류의 거점이었을 가능성이 높다. 시코쿠의 경향은 각지의 교류거점이 되는 취락유적에서 모방 무문토기가 소수 출토됨을 알 수 있다.

  한편, 시코쿠의 송국리형주거는 타무라유적군은 제외하고 각지의 전기를 대표하는 유적으로 취락 일부에 10~40m²의 대형 원형주거로 건축되고 취락의 주요 거주형태가 아님을 볼 수 있다. 이러한 경향과 완전히 다른 것이 코치현 타무라유적군이다. 특히 가장 오래된 Ⅰa기에는 차이가 현저해져, 주거의 60%가 송국리형주거이고 평면형태는 방형이며, 원형주거의 규모는 50m²를 넘는 등 타지역과 큰 차이가 보인다. 그러나 타무라유적군도 시간이 흐름과 함께 송국리형주거 비율이 40~50%로 감소하고 가장 늦은 Ⅰd기(전기말)에는 송국리형주거가 보이지 않게 되는 등 타 지역과 동일한 상황으로 이행한다.

  시코쿠 전기(중기초두를 포함)의 송국리형주거는 중기전엽 이후, 어떻게 변화는가? 주목할 만한 사실은 중앙토광과 그 양단에 위치한 주혈을 갖춘 주거가 확인된다는 점이다(도 4). 이 주거는 에히메현 사이죠시 大開(다이카이)유적, 카가와현 高松市(타카마츠시) 松並·中所(마츠나미·나카쇼)유적, 香川縣 阪出市(사카이데시) 川津一ノ叉(카와즈이치노마타)유적, 토쿠시마현 阿波市(아와시) 日吉谷(히요시다니)유적 등에서 확인되었고, 코치현 타무라유적군에서는 중기~후기사이에 약 30예가 확인되었다. 이들 주거에 대하여, 제55회 매장문화재연구집회에서 柴田昌兒(시바타쇼지 2006a)는 中間研志(나카마켄시)와 石野博信(이시노히로노부) 등의 선행연구와 현상을 정리하여 중기전엽~중기중엽에 에히메현 동부에서 카가와현, 瀬戸内海(세토나이카이)의 대안지역[岡山縣(오카야마현)~廣島縣(히로시마현) 동부에 직경 6m 전후(30m² 전후)의 원형주거에 중앙수혈이 있고 그 안에 대치하는 주혈이 있으며, 주주혈은 6개로 구성된 특이한 주거형태가 있음을 지적하고, 이를 송국리형주거의 변화로 추정하였다. 시바타쇼지 등의 주장을 받아들이면 시코쿠에서는 전의 송국리형주거의 주요 구조 일부가 중기 일부 주거에 계속 이어졌다고 이해할 수 있다.

3. 고분시대 취락 출토 한반도계 자료

  다음으로 고분시대 중기(5세기) 취락유적에서 출토된 한반도계 자료를 살펴보겠다. 여기에서는 陶質土器·軟質土器 등을 포함하는 소위 韓式系土器가 다수 출토된 취락유적을 예로 들어 그 경향성을 파악하고자 한다. 취락의 성격과 양상을 검토할 목적으로 한식계토기 등을 편의적으로 아래와 같이 분류하여 기재한다.

·한반도에서 제작되어 운반되었다고 추정되는 반입품(도질토기·연질토기·瓦質土器)

·반입토기 형태에 가깝지만 일본제로 추정되는 모방품(도질계토기·연질계토기)

·大阪府(오사카후) 陶邑(스에무라) 가마제가 아닌 須惠器(스에키)(非陶邑系須惠器)

愛媛縣 松山市(마츠야마시) 船ケ谷(후나가타니)유적 : 松山平野(마츠야마평야) 북부에 위치하고, 유적에서 현재의 해안선까지 약 3km로, 繩文時代(죠몽시대) 만기 야요이시대 조기의 가지문 대형호가 출토된 大渕(오오붙이)유적 남쪽에 있다. 2000년의 발굴조사에서 유로의 매몰토에서 반입품 14점, 모방품 124점, 비스에무라계 토기 25점이 출토되었다(도 5·6)〈표 2〉. 반입품가운데, 도질토기 2점은 거의 완형품으로 높이 12cm의 小型器台이다. 반부와 대각의 투공 형태로 보아 가야계 토기로 추정된다. 연질토기 1점은 甕의 구연부파편이고, 와질토기는 기대편(6점)이다. 모방품 가운데, 도질계토기는 32점, 연질계토기는 파편으로 92점으로 長胴甕·平底鉢(壺)·把手付き鍋(파수부가마) 등이 있다. 비스에무라계 스에키로는 재지에서 생산된 市場南組(이치바미나미구미)가마계 스에키 25점이 있다. 또한 甲冑와 盾(방패)의 미니어처토제품, 石製勾玉, 의도적으로 나눈 유공광구소호 등도 출토되었다. 출토품과 출토상황으로 보면 5세기에서 6세기에 이 장소에서 하천제사가 이루어졌다고 추정된다.

에히메현 마츠야마시 樽味(타루미)유적군[樽味高木遺蹟(타루미타카기유적)·樽味四反地遺蹟(타루미시탄지유적) 등] : 마츠야마시 동북부 石手川(이시테가와) 중유역에 위치하고 고분시대 초두에서 전기의 초대형건물(130m² 전후) 3동이 확인되었다. 발굴조사는 도로공사에 따른 것으로(폭 10m·길이 약 500m), 5세기에서 6세기의 취락 일부가 확인되었다. 여기에서는 편의상 몇 개로 이루어진 유적을 타루미유적군으로 총칭한다. 타루미유적군에서는 반입토기 3점, 모방품 95점이 출토되었다. 반입품에는 도질토기 大甕 1점과 와질토기 2점(호·시루)이 있다. 대옹은 높이 70cm 정도의 동부편으로 견부에 능형상 압압문이 시문된 점으로 보아 백제계토기로 추정된다(도 7). 모방품에는 도질계토기 40점과 연질계토기 55점이 있고, 연질계토기에는 완형품에 가까운 장동옹과 시루 등이 있다(도 7). 시루는 평저인 것과 환저로 구멍이 많은 것이 있는데, 전자는 백제계, 후자는 신라 혹은 가야계로 생각된다. 이밖에 비스에무라계 스에키 7점과 주판알모양의 紡錘車 2점(須惠質1·土師質1)이 출토되었다.

한편, 본 유적에서는 완형에 가깝고 대형편의 한식계토기는 대부분 주거에서 출토되었다. (도 7)의 주거지는 전형적인 예로 한식계토기는 고의도 파쇄한 토기와 완형품을 안치한 토기와 함께 출토되며, 매몰토의 퇴적상에서 단시간에 메워졌음을 관찰할 수 있다. 따라서 이 주거 출토 토기는 제사용의 토기로 이용되다가 파기되었을 가능성이 높다.

게다가 한식계토기가 출토된 주거에서는 바닥에서 구가 확인된 예가 몇몇 있다(도 7 상단). 용도는 분명하지 않지만, 한식계토기와 어떠한 관계가 있는 것으로 생각된다.

香川縣(카가와현) さぬき市(사누키시) 尾崎西(오자키니시)유적 : 高松平野(타카마츠평야) 동부의 鴨部川(카모베가와) 지류인 清水川(시미즈카와)에 연해 있는데, 시코쿠 최대의 전방후원분인 고분시대 중기 富田茶臼山(토미타챠우스야마)고분(전장 139m)은 동으로 6km 떨어져 있다. 1992년 발굴조사에서 도질토기 3점(2개체분)과 연질계토기 29점이 출토되었고, 취락내 한식계토기 출토량으로는 카가와현에서 가장 많다(도 8 상단). 도질토기 2개체분은 대소의 호로 동부에 승석문 타날과 침선문이 시문되어 있다. 연질계토기 29점 대부분은 유로에서 파편으로 출토되었는데, 호·平底鉢·直口鉢·옹·시루 등이 있다. 조사보고서에 의하면, 연질계토기는 「평저발과 호의 형태에서 백제 남부 영산강유역의 토기양식에 가까운 것」으로 추정된다. 그리고 출토품에는 土師器 기법과 형태를 가진 절충토기도 있다. 그 외에 카가와현에서는 비스에무라계 스에키 가마[三谷三郎池西岸(미타니사부로이케서안)가마터·宮山(미야야마)가마터가 확인되었고, 본유적에서 三谷三郎池西岸가마 제품으로 보이는 것이 출토되었다.

한편, 한식계토기 등의 출토상황으로 보아 상세한 사용상황에 대한 정보는 얻을 수 없지만, 본 유적에서 고분시대 중기 주거지가 확인되었고 이들은 동시대 주거지에 비해 면적이 넓다고 보고 되어 있어 주변 취락과는 성격이 다를 것으로 추정된다.

카가와현내에서는 타카마츠시 六條·上所(로쿠죠죠우쇼)유적 주거에서 한식계토기가 3점 출토되었다(도 8

하단). 2점은 연질토기일 가능성이 있는 대호 동부편이고, 1점은 도질토기일 가능성도 있는 소형호의 동부편이다. 이 주거에서는 하지키도 출토되었고, 그 중에는 완형의 小型丸底壺도 포함되어 있다. 출토 토기군은 주거제사에 사용된 도구로 생각된다.

이상으로 시코쿠를 대표하는 고분시대 중기 취락에서 한식계토기 출토상황 등을 제시하였다. 그 결과, 모든 유적이 역사적인 배경을 가진 하천 가까운 장소에 입지하는 유적이고, 한식계토기는 제사 도구로서 선택되어 사용되었음을 알 수 있다. 그리고 이들 취락에서는 소량의 반입품과 이보다는 많은 모방품과 비스에무라계 스에키가 출토된다.

시코쿠내 취락에서 출토된 도질토기는 상기 유적외에 코치현 土佐市(토사시) 居德(이토쿠)유적군 포함층에서 높이 7cm의 평저 소형 坩(도가니) 1점이 출토되었다.

4. 松山平野 고분시대 중기(5세기)의 한반도계 자료

계속해서 시코쿠내에서 가장 많은 한식계토기, 비스에무라계 스에키가 출토되었고 초기 스에키가마터가 확인된 에히메현 마츠야마평야를 대상으로 초기 스에키의 생산과 공급, 한식계토기 수용에 대하여 고찰하겠다.

초기 스에키가마 : 마츠야마시 남서부 구릉 표고 약 60m, 해안까지 약 2km 떨어진 지점에 市場南組(이치바미나미구미)가마터가 있다(도 10). 1991년 땅주인이 토기를 발견하여 그 해 長井數秋(나가이카즈아키)가 자료를 보고하였다. 그후 三吉秀充(미요시히데미치)와 山之內志郞(야마노우치지로우) 등에 의해 연구가 진행되었다. 가마터는 미요시히데미치와 에히메현매장문화재조사센터에 의해 일부 조사되었지만, 가마 본체는 미조사상태이다. 지표채집과 조사에서는 파편 수십점이 확인되었고, 高壞 · 器台 · 壺 · 유공광구소호 · 把付きの甑(파수부 시루) 혹은 鍋(솥) · 甕 · 土錘 등이 있다(도 9). 그 중에서도 고배의 구연부와 대각부, 호의 구연부 형태가 특징적으로 스에무라가마계 스에키와 구별되므로 이치바미나미구미가마계 스에키와 취락출토 자료 등을 통합하여「出作 · 市場南組窯型須惠器」로 불린다. 이들 토기는 현재까지 평야의 20개소 이상에서 출토되었고, 출토량은 100점을 넘는다. 시기는 취락유적의 공반상으로 보아 5세기 중엽에서 후반사이로 판단된다.

본고에서는 해당자료를 「市場南組窯系須惠器」로 기재하고 해당자료와 한식계토기의 인정 및 수집은 「出土物整理 古墳時代の朝鮮半島系土器」 『松山市埋藏文化財調査年報 16』(松山市敎育委員會 2004)를 기초로 하였다.

취락에서의 출토상황 : 지금까지의 한식계토기는 평야내 10개소 정도의 취락유적에서 270점 이상이 출토되었다〈표 2〉. 반입품 약 20점, 모방품 약 150점, 이지바미나미구미가마세 스에키 약 100점으로 모방품과 이치바미니미구미가마계 스에키로 약 250점의 90%에 달하고 반입품은 10% 미만으로 적다. 그리고 취락유적내에서 3자의 출토조합은 2대별 3분류된다.

Ⅰ류 : 반입품＋모방품＋이치바미나미구미가마계 스에키
Ⅱa류 :　　　　모방품＋이치바미나미구미가마계 스에키
Ⅱb류 :　　　　　　　이치바미나미구미가마계 스에키

Ⅰ류는 3자 모두 출토되는 것으로 반입품인 도질토기 · 연질토기 · 와질토기는 각각 소수이고, 모방품 · 이치바미나미구미가마계 스에키의 출토가 많다. 船ヶ谷(후나가타니)유적 · 樽味(타루미)유적군이 해당한다. Ⅱa류는 모방품과 이치바미나미구미가마계 스에키가 출토되는 것으로 모방품가운데 연질계토기가 가장 많다. 福音寺地區(후쿠온지지구)[福音小學校構內(후쿠온소학교구내)유적 · 筋違(스지카이)유적 등가 해당한다. Ⅱb류는 이치바미나미구미가마계 스에키가 출토되지만 몇 점의 모방품을 포함하는 경우도 보인다. 北井門(키타이도)유적이 해당한다.

그리고 이들 분류는 앞서 타루미유적군에서 설명한 주거 바닥에 구를 설치하는 주거의 유무로 대응될 가능성이 있다. Ⅰ류의 타루미유적군에서는 한식계토기가 출토되는 주거에서 이 구조가 보이지만, Ⅱb류의 키타이도유적에서는 고분시대 중기 수혈주거 약 100동에 해당하는 구조는 보이지 않는다. 따라서 한식계토기, 특히 반입품

유무가 주거구조와 관계될 가능성이 높다.

고분에서의 출토상황 : 한식계토기·이치바미나미구미가마계 스에키가 출토되는 고분 및 고분군은 9개소가 있는데, 모두 5세기대의 고식 군집분이라는 공통점이 있다. 이들 고분 및 고분군은 반입품(도질토기에 한정된) 출토유무로 2분류된다.

A류 : 반입품이 출토되는 고분 및 고분군

B류 : 반입품이 없고, 이치바미나미구미가마계 스에키가 출토되는 고분 및 고분군

A류에는 土壇原(돈다바라)고분군·猿ケ谷(사루가타니)고분·傳天山(전텐잔)·傳小野(전오노)가 해당하고, B류에는 船ケ谷向山(후나가타니무카이야마)고분·東野お茶屋台(히가시노오챠야다이)고분군 등이 해당한다. 현상으로는 이 분류에 해당하는 고분 분포가 편재되는 경향이 보이는데(도 10), A류는 평야남부와 평야중앙부를 동서로 흐르는 小野川(오노가와)유적에 있고, B류는 오노가와를 경계로 평야의 북반부에 분포한다. 그리고 돈다바라고분군에서는 도질토기와 이치바미나미구미가마계 스에키가 출토되어 다른 고분 및 고분군과의 차이가 확연하다.

지금까지 마츠야마평야의 고분시대 중기 취락유적과 고분출토 한식계토기·이치바미나미구미가마계 스에키는 토기 종류, 조합, 출토량 등을 정리하여 유형화할 수 있고, 취락유적간 그리고 고분군간의 차이를 추출할 수 있었다.

이들 결과를 바탕으로 마츠야마평야에서 고분시대 중기의 초기 스에키 생산과 공급, 한식토기의 수용에 대하여 고찰을 진행하고자 한다.

생산과 공급 : 이치바미나미구미가마계 스에키는 생산지가 분명하고 특징적인 형상과 색조로 생산지와 공급지간의 관계를 분석하기 위한 좋은 자료이다. 그 분포는 평야의 넓은 범위에 걸쳐 확인되고 20개소 이상에서 100점에 이른다. 이로 보아 이치바미나미구미가마는 특정 취락에 딸려있는 것이 아니라, 양적 차이는 있지만 평야전체에 공급하는 역할을 담당한 것으로 생각된다.

취락과 무덤(고분) : 공급처 가운데, 이치바미나미구미가마계 스에키가 많이 출토되는 후나가타니유적과 타루미유적군에서는 이들 무덤이라고 추정되는 후나가타니무카이야마고분과 히가시노오챠야다이고분군 등에서도 이치바미나미구미가마계 스에키가 출토되므로 취락과 무덤에서 모두 이치바미나미구미가마계 스에키가 사용되었다.

주목할 부분 데사쿠유적과 猪の窪(이노시시노쿠보)고분이다. 데사쿠유적은 이치바미나미구미가마계 스에키가 처음으로 확인된 유적으로 제사유적으로서 전국적으로 알려져 있다. 불뗀흔적과 대량의 토기가 출토되는 유구가 확인되었고, 출토품에는 제사도구로서의 하지키, 스에키(이치바미나미구미가마계 스에키를 포함)·소형모조토기 외에, 석제품(수천의 석제곡옥, 원반, 방추차, 미완성품을 포함하는 활석제품)이 출토되었다. 게다가 단야와 관련된 철기(鐵鋌·농경구·수확구·공구·무기·미니어처·단야박편·미완성품)가 다수 출토되어 단야 제사의 일면을 엿볼 수 있다. 데사쿠유적에서 남동으로 2km 떨어진 구릉지(표고 176m)에 있는 것이 이노시시노쿠보고분이다. 직경 18m의 원분으로 상식석관에서 남성인골 2체와 철기·옥류·하지키 등이 출토되었고, 철기에는 끌과 등의 단야구도 포함되어 있어 피장자가 철기생산과 깊은 관계가 있었다고 여겨진다. 데사쿠유적과 이노시시노쿠보고분 모두 5세기로 판단되어 양자는 단야를 매개로 직접 혹은 간접적인 연관이 있었다고 볼 수 있는 취락유적과 무덤간의 관계가 인정되는 좋은 예이다.

한식계토기의 수용과 용도 : 반입품인 도질토기, 연질토기, 와질토기는 취락유적인 후나가타니유적, 타루미유적군, 下三谷片山太郎丸(시모산타니가타야마타로마루)유적에서 20점정도, 분묘인 돈다바라고분군, 사루가타니고분, 전텐잔, 전오노에서 7점정도 출토되었다. 마츠야마평야의 고분시대중기의 취락유적 수, 고분 수 및 토기 출토량을 보면, 반입품의 출토지점수와 출토량은 매우 적다고 할 수 있다.

또한 현상에서 한식계토기를 매개로 취락유적과 고분을 직접 관계지을 수 있는 자료는 없다. 다만, 취락분석에서 얻어진「반입품은 취락내 제사구로서 선택된 도구」라는 점에서 적어도 평야북부에서 반입품은 취락내 제사

에 한정되었고, 이치바미나미구미가마계 스에키가 취락내 제사 및 분묘에서 사용된 것과는 차이가 있다. 반입품과 이치바미나미구미가마계 스에키와의 용도차를 엿볼 수 있다.

5. 맺음말

본고에서는 시코쿠의 야요이시대에서 고분시대의 한반도계토기와 그 출토 상황을 개관하였다. 그리고 한식계토기 및 초기스에키를 소재로 하여 마츠야마평야에서 고분시대 중기 사회의 일단을 고찰하였다. 한반도와 직접적인 관계를 보여주는 토기로는 무문토기(점토대)의 반입은 없고, 도질토기, 연질토기는 희소하였다. 그러나 형상모방과 기술 도입 등은 적지 않게 확인되었다. 그 중에서도 고분시대 중기(5세기)의 에히메현 마츠야마평야에서는 반입품·모방품·초기 스에키의 분포차, 취락과 고분에서의 용도차 등이 있음을 밝힐 수 있었다. 한편, 마츠야마평야에서도 아직 과제는 많은데, 이치마미나미구미가마터의 전모, 동 스에키의 정의와 인식의 공유, 가마의 계보 등을 들 수 있다.

본고에서는 야요이시대, 고분시대 취락 출토 한반도계 문물을 정리하여 세토나이카이를 매개로한 사람, 물건, 기술의 이동, 수용양상을 구체적으로 알 수 있는 자료를 확보 할 수 있었다고 생각한다.

마지막으로 자료수집시에 시코쿠의 매장문화재 담당자들, 그중에서도 岡田敏彦, 北村健一, 坂本憲昭, 柴田昌兒, 德平凉子, 信里芳紀, 宮內愼一, 宮崎哲治, 三吉秀充, 山之內志郎과 마츠야마시매장문화재 센터에서 많은 협력을 받았다. 감사의 뜻을 전한다.

천선행 번역

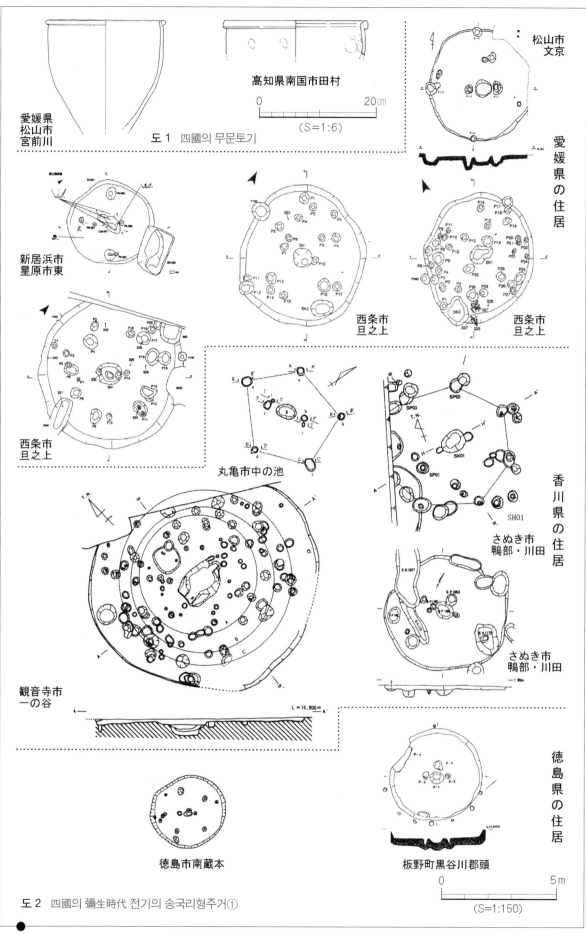

高知県南国市田村

0   20㎝

(S=1:6)

愛媛県
松山市
宮前川

도 1   四國의 무문토기

松山市
文京

愛媛県の住居

新居浜市
星原市東

西条市
旦之上

西条市
旦之上

西条市
旦之上

丸亀市中の池

香川県の住居

さぬき市
鴨部・川田

さぬき市
鴨部・川田

観音寺市
一の谷

L＝15,900ｍ

徳島県の住居

徳島市南蔵本

板野町黒谷川郡頭

0   5ｍ

(S=1:150)

도 2   四國의 彌生時代 전기의 송국리형주거①

도 1~2

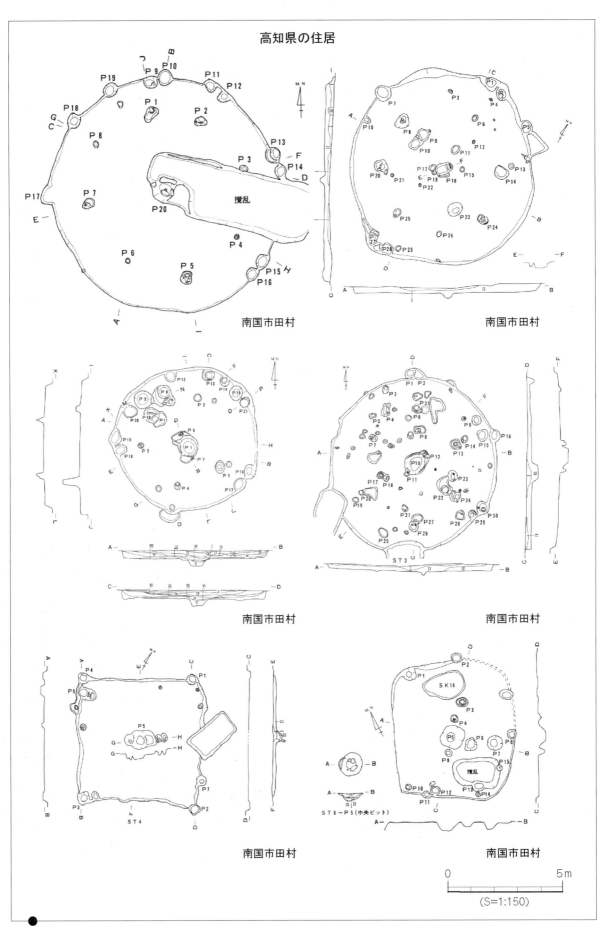

高知県の住居

南国市田村

南国市田村

南国市田村

南国市田村

南国市田村

南国市田村

0　　　　　　　　5m

(S=1:150)

도 3　四國의 彌生時代 전기의 송국리형주거②

표 1_ 四國의 彌生時代 전기의 송국리형주거

縣 名	遺蹟名	所在地	時 期	住居の形状		
				圓形	方形	不明
愛媛縣	文京	松山市	前期前半	1		
	旦ノ上	西条市	前期後半	3		
	星原市東	新居浜市	前期末	1		
高知縣	田村	南国市	前期	16	2	
			中期~後期	29	1	1
	西分増井	春野町	前期中葉~末	1		
	具同中山	四万十市	前期末	1		
香川縣	中の池	丸亀市	前期前半~中期初頭	1		
	鴨部・川田	さぬき市	前期末	2		
	一の谷	観音寺市	前期末	1		
徳島縣	南蔵本	徳島市	前期中葉	1		
	黒谷川郡頭	板野町	前期後半	1		

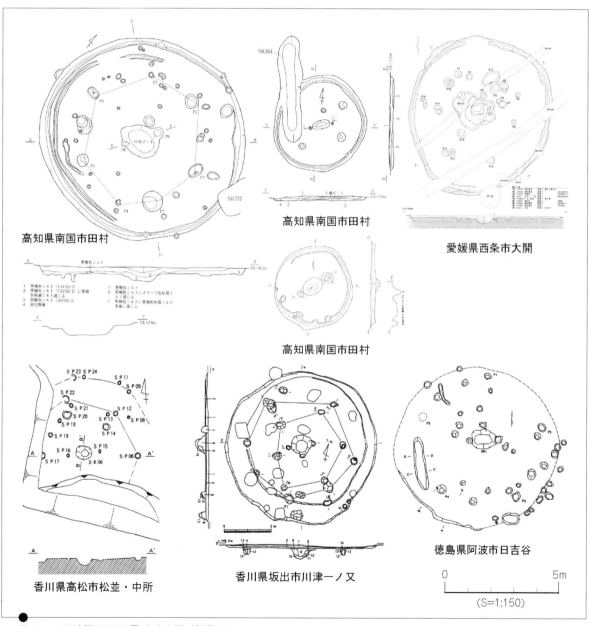

高知県南国市田村

高知県南国市田村

愛媛県西条市大開

高知県南国市田村

香川県高松市松並・中所

香川県坂出市川津一ノ又

徳島県阿波市日吉谷

0   5m
(S=1:150)

도 4 四國의 彌生時代 중기의 송국리형주거

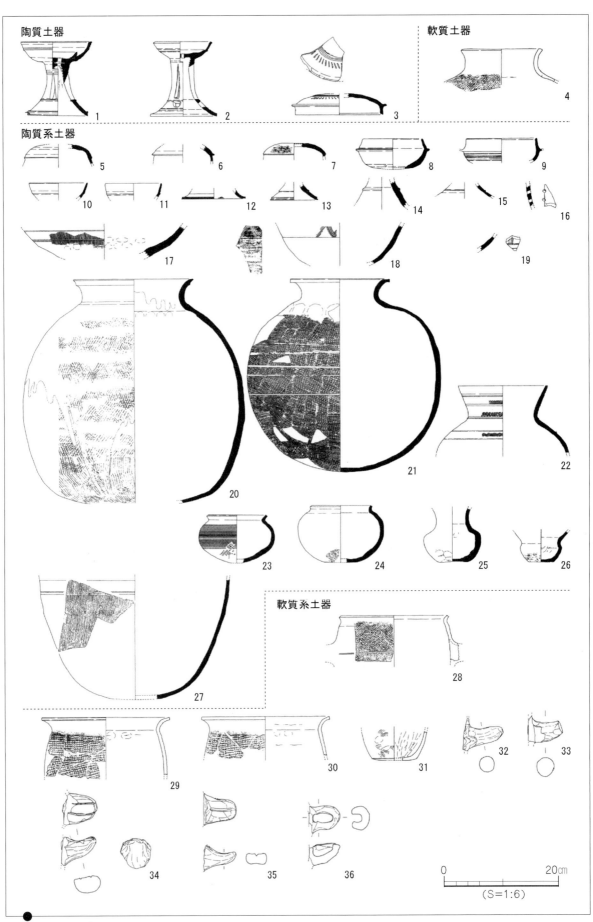

陶質土器

軟質土器

陶質系土器

軟質系土器

도5　松山市 船ヶ谷遺蹟①

市場南組窯系須恵器

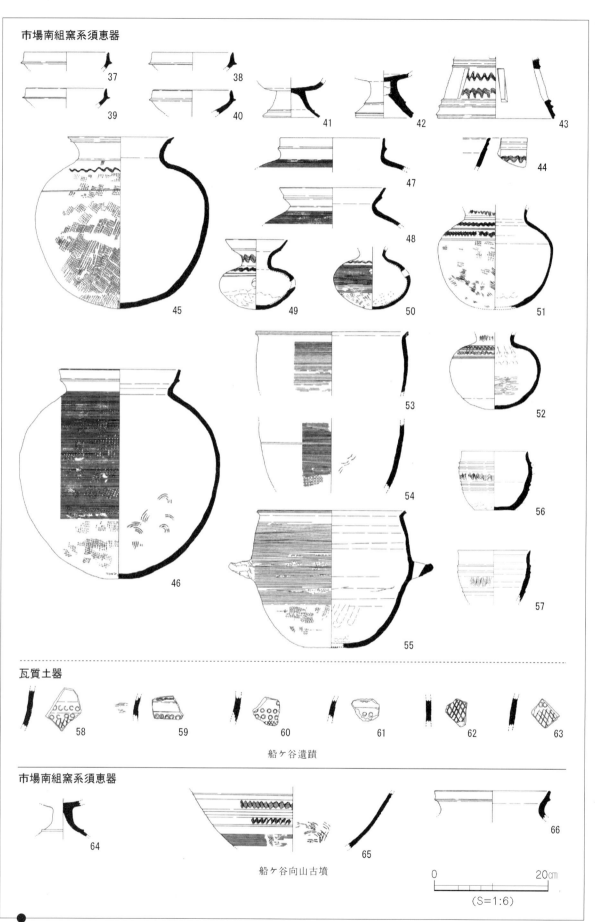

瓦質土器

船ヶ谷遺蹟

市場南組窯系須恵器

船ヶ谷向山古墳

0   20㎝

(S=1:6)

도 6 松山市 船ヶ谷遺蹟② · 船ヶ谷向山古墳

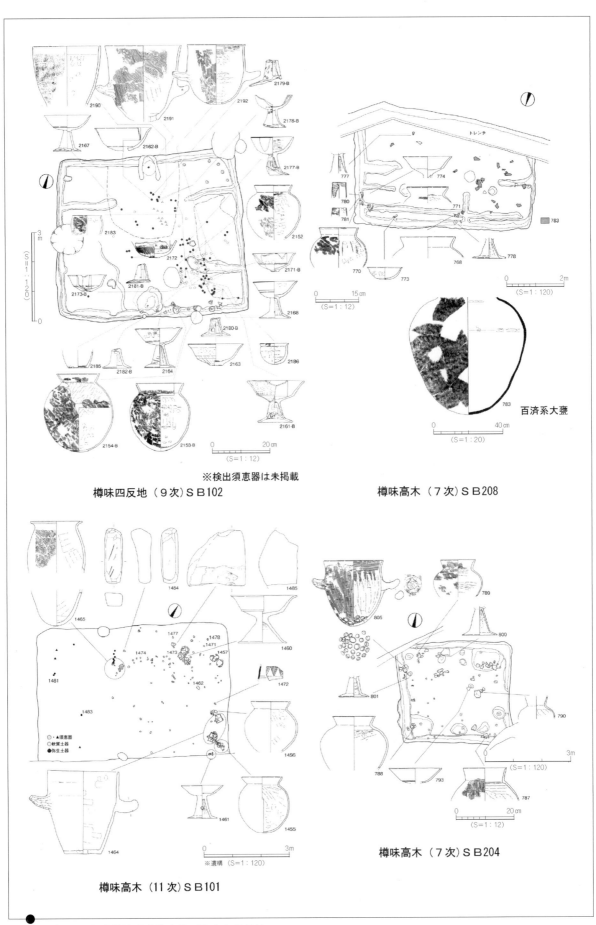

2190
2191
2192
2179-B
2178-B
2167
2162-B
2177-B
2152
2183
2172
2171-B
2173-B
2181-B
2168
2180-B
2185
2182-B
2164
2163
2186
2154-B
2153-B
2161-B

3 m
(S=1:120)
0

20 cm
(S=1:12)

※検出須恵器は未掲載

樽味四反地（9次）SB102

777
774
780
781
771
783
768
770
773
778

百済系大甕
783

0   15cm
(S=1:12)

0   2m
(S=1:120)

0   40cm
(S=1:20)

樽味高木（7次）SB208

1484
1485
1465
1477
1478
1474   1473 1471 1457
1460
1481
1462
1472
1483
1456
○・▲須恵器
○軟質土器
●弥生土器
1461
1455
1464

3m
※遺構　(S=1:120)

樽味高木（11次）SB101

805
789
800
801
790
788
793
787

3m
(S=1:120)

0   20cm
(S=1:12)

樽味高木（7次）SB204

도7 松山市 樽味遺蹟群의 韓式系土器 出土 住居址

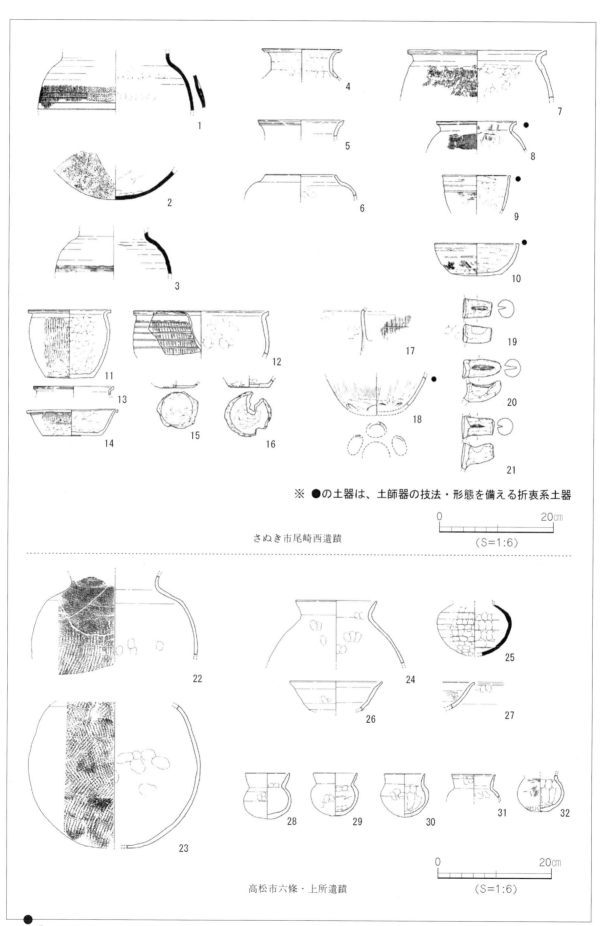

※ ●の土器は、土師器の技法・形態を備える折衷系土器

さぬき市尾崎西遺蹟

0   20㎝

(S=1:6)

高松市六條・上所遺蹟

0   20㎝

(S=1:6)

도 8   香川縣의 韓式系土器 出土 住居址

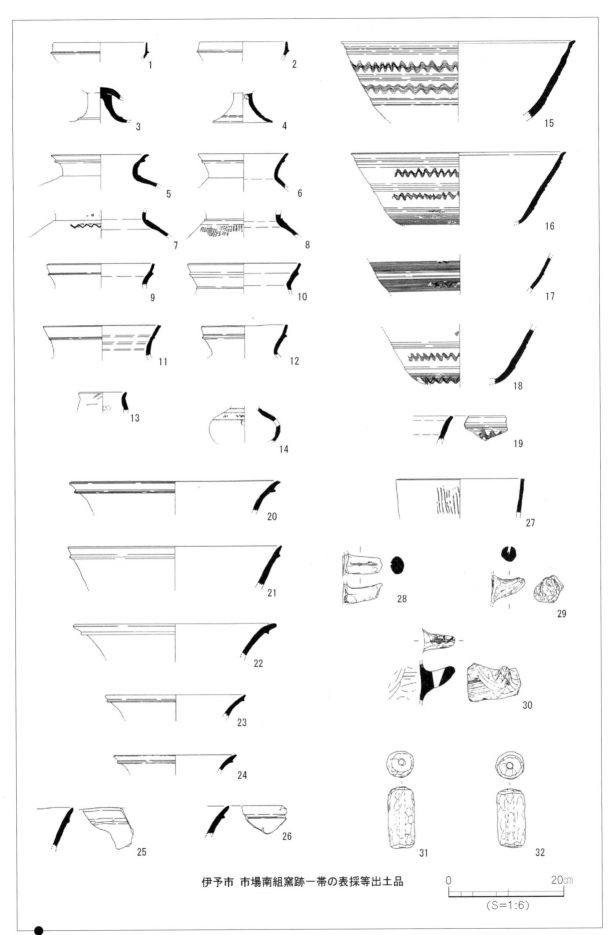

伊予市 市場南組窯跡一帯の表採等出土品

0   20㎝

(S=1:6)

도 9 松山平野의 初期 須恵器窯

758_韓日聚落研究

표 2_ 松山平野의 韓式系土器·非陶邑系土器　　　　　　　　　　　　　　◎10점 이상　　○10점 미만

遺跡種類	松山平野	遺蹟	搬入品						模倣品				非陶邑		算盤球形紡錘車
			陶質土器		軟質土器		瓦質土器		陶質系土器		軟質系土器		市場南組土器		
			数量	器種と数	数量	器種と数	数量	器種と数	数量	器種と数	数量	器種と数	数量	器種と数	
窯		市場南組											◎	壺·甕·高坏·ハソウ·器台·土錘	
聚落	1	船ヶ谷	4	小型器台2·蓋1·壺1	1	甕1	9	器台9	32	壺12·坏蓋3·坏身2·高坏か器台9·器台1·不明5	92	甑12·甑か甕76(口縁3·胴部73)·鉢1	25	壺13·高坏1·器台2·把手付鍋5·把手付椀2·ハソウ2	
	2	辻町									2	甕1·鉢1	1	高坏1	
	3	美沢							1	広口小壺1					
	4	松環古照											3	高坏3	
	5	樽味	1	大甕1			2	壺1·甑1	40	壺6·坏蓋4·器台11·甕10·坩3·高坏3·把手付椀	55	甑28·甕9·鉢6·高坏1·甑か甕3(胴部)·不明8	7	壺3·高坏4	須恵1 土師1
	6	枝松									3	甑か甕3(胴部)			
	7	桑原									1	甕1			
	8	束本町											1	壺1	
	9	素鵞小学校構内									1	甑か甕1(胴部)	3	壺2·把手付鍋1	
	10	中村松田									1	甑か甕1(胴部)			
	11	福音小学校構内											5	壺5	
	12	福音寺竹ノ下											1	壺1	
	13	星ノ岡(旗立)											2	壺1·器台1	
	14	筋違							1	不明1	10	甑3·甑か甕3(胴部)·甕1·壺1·鉢1·不明1	3	壺2·高坏1	須恵1
	15	北久米浄蓮寺											1	壺1	
	16	川附									2	甑2			
	17	西石井									15	壺14(胴部多)·不明1			
	18	西石井荒神堂											1	把手付鍋1	
	19	北井門											◎	壺·高坏·把手付鍋等	
	20	水泥							1	不明1					
	21	出作											◎	壺·高坏·ハソウ·器台等	
	22	新池											○	壺·器台等	
	23	下三谷 片山太郎丸	○		○								◎	壺·高坏·器台·ハソウ·把手付椀等	土師1
古墳	a	鶴が峠									1	甕1			
	b	船ヶ谷向山											3	壺1·高坏1·器台1	
	c	東雲神社											1	壺1	
	d	東野お茶屋台											3	壺1·器台1·ハソウ1	
	e	畑寺竹ヶ谷											1	壺1	
	f	五郎兵衛谷											1	高坏1	
	g	東山									1	壺1	6	壺2·高坏4	
	h	土壇原	○	坏付壺									◎	壺·高坏·器台·ハソウ等	
	i	猿ヶ谷	○	小壺·高坏·器台·神仙炉形?											須恵1
その他		(伝)天山	1	鈴坏1											
		(伝)小野周辺	1	壺1											
		伊予市立図書館蔵											1	高坏1	

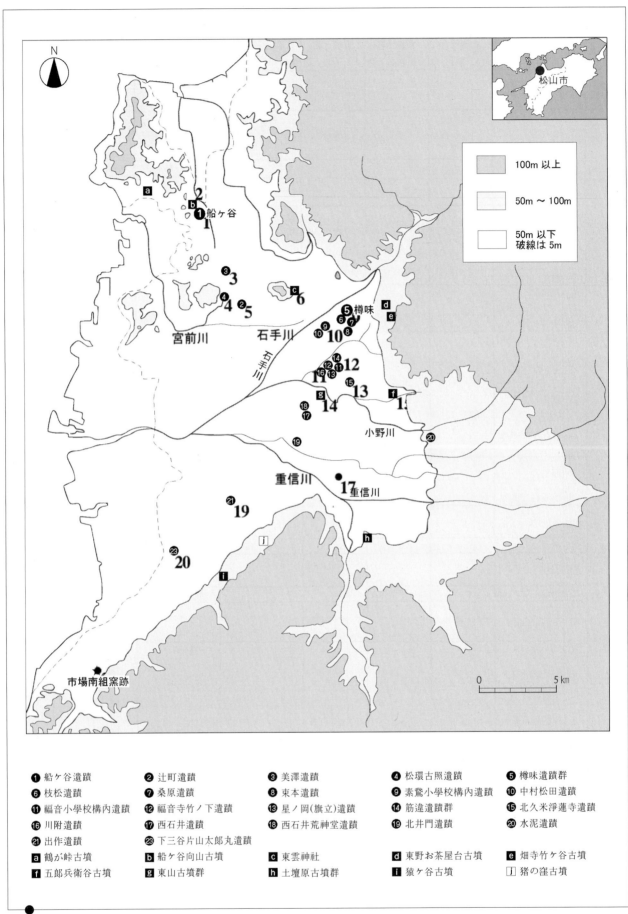

도 10 松山平野의 韓式系土器·市場南組窯系 須惠器 出土地點

❶ 船ケ谷遺蹟	❷ 辻町遺蹟	❸ 美澤遺蹟	❹ 松環古照遺蹟	❺ 樽味遺蹟群
❻ 枝松遺蹟	❼ 桑原遺蹟	❽ 束本遺蹟	❾ 素鷲小學校構內遺蹟	❿ 中村松田遺蹟
⓫ 福音小學校構內遺蹟	⓬ 福音寺竹ノ下遺蹟	⓭ 星ノ岡(旗立)遺蹟	⓮ 筋違遺蹟群	⓯ 北久米淨蓮寺遺蹟
⓰ 川附遺蹟	⓱ 西石井遺蹟	⓲ 西石井荒神堂遺蹟	⓳ 北井門遺蹟	⓴ 水泥遺蹟
㉑ 出作遺蹟	㉓ 下三谷片山太郎丸遺蹟			
ⓐ 鶴が峠古墳	ⓑ 船ケ谷向山古墳	ⓒ 東雲神社	ⓓ 東野お茶屋台古墳	ⓔ 畑寺竹ケ谷古墳
ⓕ 五郎兵衛谷古墳	ⓖ 東山古墳群	ⓗ 土壇原古墳群	ⓘ 猿ケ谷古墳	ⓙ 猪の窪古墳

●참고문헌●

坂本憲昭, 2006, 「南四國 田村遺蹟群の事例について」, 『第55回埋藏文化財研究集會「彌生集落の成立と展開」發表要旨集』.

坂本憲昭・久家隆芳, 2006, 「高知縣」, 『第55回埋藏文化財研究集會「彌生集落の成立と展開」資料集』.

柴田昌兒, 2006a, 「北四國(瀨戶內海沿岸部)地域における前・中期彌生集落の居住形態」, 『第55回埋藏文化財研究集會「彌生集落の成立と展開」發表要旨集』.

_____, 2006b, 「愛媛縣」, 『第55回埋藏文化財研究集會「彌生集落の成立と展開」資料集』.

出原惠三, 2009, 『南國土佐から問う彌生時代像』, 新潮社.

長井數秋, 1992, 「松山平野の須惠器編年」, 『愛媛考古學』第12號, 愛媛考古學協會.

_____, 1994, 「伊予市市場南組1號窯蹟出土の須惠器」, 『ソーシャル・リサーチ』第20號.

中村豊　近藤玲, 2006, 「德島縣」, 『第55回埋藏文化財研究集會「彌生集落の成立と展開」資料集』.

信里芳紀, 2006, 「香川縣」, 『第55回埋藏文化財研究集會「彌生集落の成立と展開」資料集』.

三吉秀充, 2002, 「伊予出土の陶質系土器と市場南窯系須惠器をめぐって」, 『第2回 愛媛大學考古學研究室公開シンポジウム 陶質土器の受容と初期須惠器の生産』, 愛媛大學考古學研究室.

_____, 2003, 「伊予出土陶質土器に關する基礎的研究」, 『古文化談叢』第49號, 古文化研究會.

_____, 2010, 「伊予市市場南組窯蹟の研究」, 『愛媛大學 法文學部論集』第28號, 愛媛大學法文學部.

山之內志郎, 2002, 『海を渡ってきた ひと・もの・わざ』, 松山市考古館.

_____, 2004a, 「愛媛縣における初期須惠器の一樣相」, 『韓式系土器研究會Ⅷ』, 韓式土器研究會.

_____, 2004b, 「第5章考察 愛媛縣內出土の渡來系遺物」, 『東山古墳群Ⅱ』, 松山市教育委員會ほか.

_____, 2008, 「松山市樽味溝辺線關連遺蹟出土の韓式系土器」, 『韓式系土器研究會Ⅹ』, 韓式土器研究會.

伊予市敎育委員會, 1995, 『下三谷片山・太郎丸遺蹟埋藏文化財調査報告書』.

財團法人 愛媛縣埋藏文化財調査センター編, 1986, 『宮前川遺蹟』.

_____, 2000, 『新池遺蹟・市場南組窯蹟』.

_____, 2005, 『福成寺遺蹟・旦之上遺蹟』.

_____, 2010, 『北井門遺蹟』.

松前町敎育委員會, 1993, 『出作遺蹟』.

_____, 1994, 『出作遺蹟とそのマツリ』.

松山市敎育委員會ほか, 1992, 『道後城北遺蹟群 －文京4次・道後今市6次ほか－』.

_____, 2002, 『船ケ谷遺蹟 －4次調査－』.

_____, 2003, 『船ケ谷遺蹟4次調査Ⅱ 福音小學校校內遺蹟Ⅲ』.

_____, 2004, 「出土物整理 古墳時代の朝鮮半島系土器」, 『松山市埋藏文化財調査年報 16』.

_____, 2004, 『東山古墳群Ⅱ －3次調査・6次調査－』.

_____, 2007, 『松山市文化財調査報告書117(東野森ノ木遺蹟・樽味立添遺蹟・樽味高木遺蹟・樽味四反地遺蹟・枝松遺蹟)』, 樽味遺蹟.

高知縣敎育委員會, 1986, 『田村遺蹟群　第3分冊』.

春野市敎育委員會, 1990, 『西分增井遺蹟』.

財團法人 高知縣文化財團埋藏文化財センター, 1997, 『具同中山遺蹟群Ⅰ』.

香川縣敎育委員會, 1984, 「三谷三郞池西岸窯蹟」, 『香川縣埋藏文化財調査年報 昭和58年度』.

_____, 1990, 『一の谷遺蹟群』.

_____, 1995, 『六條・上所遺蹟』.

_____, 1997, 『鴨部・川田遺蹟Ⅰ』.

_____, 1998, 『川津一ノ又遺蹟 II』.

_____, 2000, 『鴨部・川田遺蹟 II』.

_____, 2001, 『松並・中所遺蹟』.

_____, 2008, 『尾崎西遺蹟』.

瀬戸內海歷史民俗資料館, 1982, 「香川縣出土の古式須惠器 宮山窯蹟の須惠器」, 『瀬戸內海歷史民俗資料館年報』 7號.

丸龜市教育委員會, 2003, 『中の池遺蹟第8次調査』.

_____, 2006, 『中の池遺蹟第12次調査』.

德島縣教育委員會文化課, 1994, 「黑谷川郡頭遺蹟」, 『埋藏文化財資料展 掘ったでよ阿波』.

德島市教育委員會, 1898, 「南藏本遺蹟(住宅開發工事)」, 『德島縣埋藏文化發掘調査槪要9』.

韓日聚落研究會 活動 現況 및 會則

●한일취락연구회 간행 도서 일람●

『第1回 韓日聚落研究會共同研究會,「韓日聚落研究의 現況과 課題(Ⅰ)」』,韓日聚落研究會 總85쪽 2005.9

『第2回 日韓集落研究會共同研究會,「日韓集落研究の現況と課題(Ⅱ)」』,日韓集落研究會 總192쪽 2006.8

『第3回 韓日聚落研究會共同研究會,「韓日聚落研究의 現況과 課題(Ⅲ)」』,韓日聚落研究會 總243쪽 2007.8

『第4回 日韓集落研究會共同研究會,「日韓集落の研究 -生産遺蹟과 集落遺蹟-」,日韓集落研究會 總221쪽 2008.8

『日韓集落の研究 -彌生 古墳時代 および 無文土器~三國時代-(中間報告1)』,日韓集落研究會 總163쪽 2009.3

『第5回 韓日聚落研究會共同研究會,「韓日聚落研究의 새로운 視角을 찾아서」』,韓日聚落研究會 總238쪽 2009.9

『日韓集落の研究 -彌生 古墳時代および無文土器~三國時代-(中間報告2)』,日韓集落研究會 總107쪽 2010.3

『第6回 日韓集落研究會共同研究會,「日韓集落の新たな視角を求めてⅡ」』,日韓集落研究會 總158쪽 2010.8

『日韓集落の研究 -彌生 古墳時代および無文土器~三國時代-(中間報告3)』,日韓集落研究會 總36쪽 2011.3

『第7回 韓日聚落研究會共同研究會,「韓日聚落研究의 展開」』,韓日聚落研究會 總258쪽 2011.8

●한일취락연구회 공동연구회 일람●

第1回 共同研究會 2005年9月10日~9月11日,高麗大學校 考古環境研究所 會議室

「韓日聚落研究의 現況과 課題(Ⅰ)」

金賢,「嶺南地域 無文土器時代~三韓時代 聚落研究의 現況과 課題」

禰宜田佳男,「彌生時代集落の研究史 -研究の現狀と課題-」

安在晧,「嶺南地方 靑銅器時代 三韓時代의 編年」

武末純一,「彌生土器・土師器・須惠器の編年」

第2回 共同研究會 2006年8月10日~8月11日,福岡大學 세미나하우스・福岡大學 文系센터棟

「日韓集落研究の現況と課題(Ⅱ)」

權五榮・李亨源,「壁柱(大壁)建物 研究를 위하여」

李暎澈,「榮山江流域 三國時代 聚落 研究 現況과 課題」

坂靖,「葛城の集落構成と墓域」

龜田修一,「渡來人のムラを探す -吉備 豊前を例として-」

金武重,「漢江流域 原三國時代~百濟時代 聚落研究의 現況과 課題」

橋本博文,「日本における古墳時代首長層居宅研究の現狀と課題 -豪族居館および關連施設をめぐって-」

第3回 共同研究會 2007年8月31日~9月1日,韓國考古環境研究所 會議室

「韓日聚落研究의 現況과 課題(Ⅲ)」

李東熙,「全南 東部地域의 馬韓~百濟 住居址의 變遷」

重藤輝行,「筑後川流域の古墳時代集落 -浮羽地域を中心として-」

金承玉,「錦江流域 原三國~三國時代 聚落의 展開過程 研究」

田中淸美,「集落としての陶邑」

金昌億,「嶺南地域 三國時代 聚落研究의 現況과 聚落의 變遷」

高久健二,「北武藏における古墳時代の集落動態と外來系文化の定着過程について -中期~後期前半における竈の定着過程と
　　　器種構成變化の分析を中心に-」

第4回 共同研究會 2008年8月2日~8月3日, 大阪歷史博物館 4階 第1研修室・第3會議室
「日韓集落の研究 -生産遺蹟と集落遺蹟-」
李陽浩,「建築技法からみた原始~古代日本における大型建物の諸相」
金權中,「江原 嶺西地域 靑銅器時代 住居址와 聚落構造의 變遷」
武末純一,「北部九州の彌生時代生産遺蹟」
兪炳琭,「최근의 성과로 본 嶺南地域 4~5世紀 三國時代 聚落」
角田德幸,「山陰における彌生 古墳時代の鍛冶集落」
朴泰洪,「榮山江 上流地域의 5~6世紀代 集落과 土器生産」

第5回 共同研究會 2009年9月18日~9月19日, 江陵原州大學校 海洋生物研究會育센터
「韓日聚落研究 의 새로운 視角을 찾아서」
河眞鎬,「聚落考古學의 觀点에서 본 大邱地域 靑銅器時代 聚落」
庄田愼矢,「円形粘土帶土器期の集落構造論(1) -中部地方-」
兪炳琭,「日本 九州地方 松菊里文化의 向方」
松木武彦,「山陽地域の彌生 古墳時代集落」
韓官熙・李盛周,「中部地方 原三國時代 聚落과 活動區域 分析」
桃崎祐輔,「牧の考古學 -古墳時代牧と牛馬飼育集團の集落墓-」

第6回 共同研究會 2010年8月21日~8月22日, 日本大學 文理學部 百周年記念會館
「日韓集落の新たな視角を求めてⅡ」
金奎正,「湖南地域 靑銅器時代 前期聚落의 檢討」
禰宜田佳男,「彌生時代の大規模集落について -環濠集落と高地性集落を中心に-」
宋滿榮,「中部地方 靑銅器時代 中期 編年의 再檢討 -聚落 編年을 中心으로-」
浜田晋介,「大規模集落 集住論檢討のための基礎的分析 -上屋のある廢屋住居の檢證-」
朴榮九,「嶺東地域 圓形粘土帶土器文化의 展開樣相」
七田忠昭,「據點集落の首長とその墳墓 -彌生時代中期から後期の地域集落群の動向の一例-」
朴升圭,「嶺南地域 3~4世紀 生活土器의 研究現況 課題」

第7回 共同研究會 2011年8月26日~8月28日, 京畿道博物館 講堂
「韓日聚落研究의 展開」
武末純一,「彌生 古墳時代集落構造論序說」
李基星,「日本 繩文・彌生時代 聚落의 '單位集團'에 對한 檢討」
尹昊弼,「沖積地 立地 聚落의 空間配置 檢討」
庄田愼矢,「円形粘土帶土器期の集落構造論(2) -曆年代と時期區分-」
裵德煥,「靑銅器~原三國時代 環濠集落의 展開樣相」
七田忠昭,「彌生時代集落における中國城郭構造の模倣とその背景について -彌生時代中期から後期の佐賀 神崎地方の地域集
　　　落群とその首長墳墓群の動向から-」
李暎澈,「據點聚落 變異를 통해 본 榮山江流域 古代社會」
山本孝文,「百濟の泗沘遷都と周辺集落の動向に關する試論」

俞炳琭,「三國時代 嶺南地方의 特殊聚落 檢討」

李弘鍾,「漢城百濟期 地方의 都市區畵 -燕岐 羅城里遺蹟의 檢討를 바탕으로-」

李亨源,「西北韓地域의 靑銅器時代 聚落에 對하여」

金權中,「江原 嶺西地域 靑銅器時代 聚落의 編年과 變遷」

浜田晋介,「南關東の彌生時代集落概觀」

金奎正,「湖南 北西部海岸地域의 靑銅器時代 聚落研究」

河眞鎬,「洛東江 中流域 靑銅器時代 聚落의 變遷 -大邱地域을 中心으로-」

孔敏奎,「錦江 中流域 靑銅器時代 前期 集落의 成長」

朴榮九,「南部東海岸地域 靑銅器時代 聚落」

安在晧,「蔚山 東川江流域의 靑銅器時代 聚落 構造와 네트워크」

宋滿榮,「中部地方 粘土帶土器 段階 聚落과 社會 性格」

禰宜田佳男,「北部九州と近畿における據點集落の比較研究試論」

朴泰洪,「全南 南海岸 一帶 1~3世紀 聚落의 動向」

重藤輝行,「北部九州の古墳時代集落」

李東熙,「三國時代 南海岸地域 住居・聚落의 地域性과 變動」

千羨幸,「雙砣子文化 住居樣相과 變化」

寺井誠,「彌生時代から古墳時代にかけての竪穴建物の變遷過程 -西日本彌生時代後期から古墳時代中期前半を中心に-」

李昌熙,「粘土帶土器文化期의 移住와 聚落」

田中清美,「近畿の渡來人集落」

坂靖,「ヤマト王權と豪族層の支配據點と渡來人」

權五榮,「三國時代 壁柱(大壁)建物 研究, 그 後」

橋本博文,「日本の古墳時代豪族居館の槪觀と若干の日韓比較」

桃崎祐輔,「牧の考古學 -古墳時代の牧と牛馬飼育集團の集落・墓-」

金武重,「原三國~百濟漢城期 鐵器 및 鐵生産 聚落의 動向」

朴升圭,「嶺南地域 3~4世紀 日常土器의 몇 가지 問題」

河承哲,「4~5世紀 慶南 西部地域 聚落 出土 土器의 編年」

李盛周,「聚落 內 土器生産의 專門化와 技術의 傳承 -中部地方을 中心으로-」

鄭一,「百濟 土器가마(窯)の特徵과 生産體系」

●한일취락연구회 회칙●

第1條 本會는 韓日聚落研究會라 한다.

第2條 本會는 韓日 兩國의 취락(韓國의 無文土器・原三國・三國時代의 聚落과 日本의 彌生・古墳時代의 聚落)의 調査 研究와 會員 相互間 情報交換, 年 1回의 韓日共同研究會・會員 會議의 開催 그리고 研究報告論集의 作成을 主된 目的으로 한다.

第3條 會員은 第2條의 目的을 위하여 以下의 者로 구성한다.

第4條 本會의 發足 後 共同研究會를 거쳐 研究報告論集을 作成한다.

第5條 共同研究會・會員 會議는 原則的으로 韓國과 日本에서 交代로 開催한다. 더불어 共同研究會에 會員 以外의 參加는 研究會에 支障을 주지 않는 한 無妨하다.

第6條 年會費는 韓貨 10만원, 日貨 1萬円으로 하며, 連絡 및 會議場所 設置와 運營은 그 외의 費用으로 充當한다.

第7條 韓日 會員 相互의 連絡·調整을 위하여 韓國側과 日本側에 각각 事務局을 둔다.

第8條 本會의 運營을 위하여 아래와 같은 組織을 둔다.

　　1. 兩側代表 各 1 名

　　2. 兩側 事務擔當 各 1 名

第9條 會計年度는 每年으로 한다.

第10條 本會의 會則은 2005年 9月 10日부터 施行한다.

●執筆者 所屬 一覽●

李健茂	龍仁大學校	武末純一	福岡大學(日本側 代表)
安在晧	東國大學校(韓國側 代表)	重藤輝行	佐賀大學
池賢柄	江原考古文化研究院	七田忠昭	佐賀縣立博物館・美術館
李弘鍾	高麗大學校	龜田修一	岡山理科大學
朴升圭	嶺南文化財研究院	高久健二	專修大學
權五榮	한신大學校	禰宜田佳男	文化廳 記念物課
李盛周	慶北大學校	坂 靖	奈良縣立橿原考古學研究所
金武重	前 中部考古學研究所	田中淸美	大阪文化財研究所
金昌億	世宗文化財研究院	松木武彦	岡山大學
宋滿榮	京畿道博物館	橋本博文	新潟大學
李暎澈	大韓文化財研究院	桃崎祐輔	福岡大學
李東熙	順天大學校博物館	角田德行	島根縣敎育廳 文化財課
河眞鎬	嶺南文化財研究院	浜田晉介	日本大學
金權中	中部考古學研究所	梅木謙一	松山市考古館
金奎正	全北文化財研究院	寺井 誠	大阪歷史博物館
李宗哲	全北大學校博物館	山本孝文	日本大學
朴榮九	江陵原州大學校博物館	庄田愼矢	奈良文化財研究所
李亨源	한신大學校博物館		
鄭 一	全南文化財研究院		
朴泰洪	大韓文化財研究院		
兪炳琭	우리文化財研究院		
孔敏奎	韓國考古環境研究所		
河承哲	慶南發展研究院 歷史文化센터		
尹昊弼	慶南發展研究院 歷史文化센터		
李基星	韓國傳統文化大學校		
裵德煥	東亞細亞文化財研究院		
李昌熙	國立歷史民俗博物館		
千羨幸	全北大學校 BK21事業團		
故 金賢	前 釜山大學校博士課程		

韓日聚落研究

초판인쇄일 2013년 2월 20일
초판발행일 2013년 2월 25일
발 행 기 관 한일취락연구회 (대표 안재호)
발 행 인 김선경
책 임 편 집 김윤희, 김소라
발 행 처 도서출판 서경문화사
　　　　　　주소 : 서울 종로구 동숭동 199 - 15 (105호)
　　　　　　전화 : 743 - 8203, 8205 / 팩스 : 743 - 8210
　　　　　　메일 : sk8203@chol.com
등 록 번 호 제 300-1994-41호

ISBN 978-89-6062-102-2   93910

　정가 75,000원